実体への旅

1760年－1840年における
美術、科学、自然と絵入り旅行記

バーバラ・M・スタフォード
高山　宏 訳

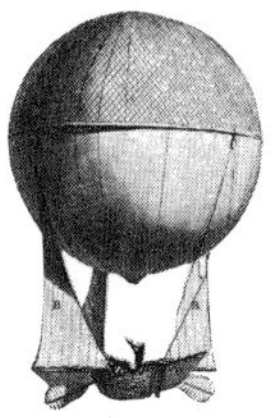

産業図書

VOYAGE INTO SUBSTANCE

Art, Science, Nature, and the Illustrated Travel Account

by Barbara Maria Stafford

This translation published by arrangement with The MIT Press
through The English Agency (Japan) Ltd.

謝　辞

まずは全国人文科学助成基金に感謝しなければならない。独立研究の研究員に選んでもらった御陰で研究をまとめることができた。それからワシントンの国立美術館の高等視覚芸術研究センター（CASVA）にも感謝したい。上級研究員の資格をいただいて、本当に人文色濃厚の環境で議論をし、最終稿を仕上げることができた。学問的な創造と交流にはこれ以上ないという環境づくりをしていただいたということでは、とりわけてもCASVAの所長、ヘンリー・A・ミロン、及び副所長のマリアンナ・シュリーヴ・シンプソンには特段の御世話になった。1981年－1982年度のCASVA研究員の方々、とりわけアイリーン・ビアマン、ピーター・ブリュネット、ドナルド・プレジオーシ、クレア・シャーマンは、いてくれるだけで刺激になる人たちで、鋭い質問も大変有難かった。

啓蒙時代の哲学の厄介なところを解きほぐしていただいたのはジョン・W・ヨールトン教授で、1981年秋にフォルジャー協会で行なわれた英国18世紀唯物論をめぐる教授のセミナーに参加させていただいたのが大いに役に立った。

さらに長期にわたる御力添としては、ロンドンのインド公文書館版画・素描画部のミルドレッド・アーチャー部長に感謝しなければならない。なんとも寛大に門戸を開いていただいたのである。それからグリニッジの国立海事博物館の版画・素描画部ロジャー・クォーム副部長にも感謝したい。実に多くの図書館の関係者の方々に私の調査に辛抱強くお付き合い願った。ごく近いところではマーゴ・グライアー、トム・マックギル、それから国立美術館図書部の皆さんである。しかし有難いと言えば、加えて二度までもD室に机を与えていただいた国会図書館の方々の御高配が一番だった。

研究の初めから終りまで、友人、同僚、研究員仲間がずっと関心を持って督励し続けてくれた。特にといえばデヴィン・バーネルとドラ・ウィーベンソンの御二人で、広い知識を惜しみなく与えていただけたし、第一、その18世紀への熱い思いがよく伝わって私も大いに意を強くすることができた。さらには草稿に丁寧に目を通していただいたパーシー・アダムズ、それから写真複製の版権料他、最終段階での経費の面倒をみていただいたシカゴ大学のカール・J・ワイントローブ学部長にも感謝しておきたい。

アイリーン・ガラスとセシーリア・ガラハーにも非常に御世話になった。しかし草稿のタイプ打ちを御引き受け願えたデボラ・ゴメスへの感謝はまた特別である。まさに恩人。

末尾にはなったが、MIT出版局の皆様にも御力添に心から感謝したい。

目　次

謝　辞　iii
緒　言　vii

序　章　発見という趣味 …… 1
意志して見る　2
エナルゲイアとエネルゲイア　7
性格曖昧的人工、性格読解的自然　11
脱装飾庭園　18

第 1 章　科学が「凝視」した …… 29
17 世紀「平明体」　31
透明性を求めて　43
世界を学習　48

第 2 章　自然の傑作 …… 53
生命元素　54
「アクトする」物質　79
「海なす」廃墟　109
個物纏綿　141

第 3 章　世界、とらえがたなし …… 161
融けていく絶対　163
サブスタンシャル・ヴィジョン　173
実体ないものを表象する　180
変《へん》化《げ》しやまぬ宇宙　211

第 4 章　文化無用の風景……245
自証するフェノメナ　247
天然の聖刻文字　263
「裸の」場所　277
貫入される構造　294

第 5 章　未知界各分派……303
充満世界の形成　304
環境に分け入る　316
航海の先に立つ世界　332

第 6 章　外なるもののヘゲモニー……347
直《じ》かにが大事　348
継起性と同時性　359
地形さえ文脈次第で　366
限らせる　368

終　章　自然を「リアル」に、ということ……381
ノミナル・モード　385
地に地層、心には襞《ひだ》　392
旅、この芸術と生のメタファー　411

原　注　429
文　献　553
訳者あとがき：世界ってそんなに「平明」だろうか　623
人名索引　629
事項索引　649

緒　言

本書は、大体1760年から1840年にかけてヨーロッパで刊行された絵入り旅行記が扱った風景に関わるさまざまな要素を調べてみようとする。それら絵の入った旅行記の黄金時代から写真の出現までの時期と言ってもよい。と言いながら、必要なものは、問題の時代の前からも後からも、別にこだわりなくとってくるつもりでいる。このことは絵の入っていない旅行実録であっても、ジェファーソンに依嘱されたルイスとクラークのルイジアナ地方探険隊のそれなどがそうだが、多様な地域への時代の関心のあり方をわからせてくれる重要なものならば、躊躇なくとりあげる方針についても同様である。

18世紀から19世紀初めにかけての旅行記録の出版はなにしろ厖大なものがあり、選択ということが仲々大変だが、私としては問題の時期に刊行された博物学志向の勝った科学的旅行・探険の主なものは残らずとろうと思うし、広汎な関心を煽ったものは特に注意深く拾うつもりである。また国籍、国別ということにも極力こだわりなく、広く網を張って、ドイツ、スウェーデン、スペイン、ロシアの材料も、英仏に併せ、とりあげようとした（特に注記のない限り、私自身が訳している）。とりあげる旅の話は地域・気候のぎりぎり僻遠の地に伸びていくわけだが、遙か近くにあって人跡未踏の地という場所も然るべく拾う。こういうばらばらな条件をひとつ一貫して貫いているものこそ、探険家たちの自然現象への飽くなき渇仰であり、文字と絵に爆発せずに措《お》かなかった強烈な熱狂である。

かくて本書の焦点は啓蒙時代につくりあげられたアートと科学の強い絆であり、その後にこの理念が、「期するところあって」敢行された陸海と蒼穹の探険行に体現されていったところの百態ということになる。これが眼目の本ということになると、グランド・ツアーの旅行者、あるいはピクチャレスク風景を漁って歩くただの遊山客がどっと群がって形づくった美学から科学的な発見美学をきちんと分け、区別するのが大変である。この点では本書は架空旅行、嘘の旅という主題を論じたこれまでのどの研究とも、まるでちがっている。さらに、紀行フィクションに関してはパーシー・G・アダムズ、フィリップ・バブコック・ゴーヴ、ハンス・ヨアーヒム・ポッシン、ポール・ヴァン・ティーゲムのすばらしい研究があるし、文化や地理に関わるところではクラレンス・J・グラッケン、イ・フー・トゥアン、ヌーマ・ブロックの名著があるのに、美術史からのアプローチはまだまだ全然不足である。

ピクチャレスクの旅行と庭園についての研究はこのところまさしく汗牛充棟の気配があるが（ドラ・ウィーベンソン、ロナルド・ポールソン、ジョン・ディクソン・ハント、ジェラルド・フィンレイらの近著がすぐ思い浮かべられる）、アンガス・フレッチャーがいみじくも「事実《ファクト》の文芸」と呼んだところのものに目を向ける研究者は今なお一握りいるか、いないかである。実際、文学史家までもが ── ただ二人、『快ある啓蒙 ── 18 世紀旅行文学の形式と定型』（バークレー。カリフォルニア大学出版局。1978）のチャールズ・L・バッテン、『サミュエル・ジョンソンと新科学』（ミルウォーキー。ウィスコンシン大学出版局。1971）のリチャード・B・シュウォーツを重要な例外として ── 18 世紀後半における美術と経験科学が交叉する局面を見事に等閑に付してきた。本書はこの交叉と融通の局面が旅行実録と、描写のため付随する版画に、どう表れたか、そのありようと種類を問題にする。言い換えれば、事実の文学と絵による陳述の双方を、科学的な報告（*compte-rendu*）と博物学の両方を抱えこんだ双面的（bivalent）な一ジャンルを扱う。描写する言葉が精確な画像と結びついたジャンル、である。フィクションよりもファクツを、虚構よりも事実をという強烈な渇仰あればこそうまれ、そして進展していったジャンルである。

序章で過去および現在の風景観の伝統を、科学的旅の文章と絵に表されたそれと比較対照した後、第 1 章で経験主義に立つ自然観の誕生と発展をたどってみる。そのために先ずは、17 世紀初めの英仏に興った、上っすべりな比喩表現を廃し、並列文体を推進しようとした激しい言語改革の諸相に焦点を当ててみる。そうしてから、「リアルな物」を正確に捉え、それを「透明」で「男性的」な語句に「平明」に移し換えるのに、「情熱的な知性」とベーコンの帰納的な「瞑想」が必須と考えられるようになっていく事情を示してみる。

第 2 章と第 3 章では、旅行記が地球の相貌《フィジオノミー》を形づくるものとして明らかにし、記録した個々の牢固たる事物と束《つか》の間の効果の百態を拾いあげる。そういう展開を通して、「ハード」な物体と「ソフト」な物体をめぐる 17、18 世紀の地質学、物理学、化学の諸理論を、とは即ち大きく言えば、この宇宙には金剛不壊《ふえ》の物質もあれば間欠的で束の間の幽霊現象や自然力もあるのだという宇宙観の普及ぶりをつぶさに見てみたい。

こうして、物質の無限の代謝《メタボリズム》はこれを読みとること、つまり分け入っていくことが可能だという 18 世紀人士の根本感覚を見ていくことになるだろう。第 4 章では、俗に向けての地球の解放、生気と活力に溢《あふ》れた宇宙と強烈に混り合った特異な痕跡の解放の主題を展開する。それらの痕跡は、神学者の変容うべなう世界観ではなく博物学、自然誌の辞書的凝視をこそ必要とする記号である。絵の入った地質学、鉱物学、生物学の論文こそは旅行記録の強力な先輩であり伴侶《みちずれ》であったことが判るだろう。この双方において探究者は近代のプリニウス、現代のエンペドクレスの役を果たす。自然の綴る文字に対峙探索し、あるがままに読みとろうとするのである。ろくろく見もしないまま擬人化したりはしない。そうあるはずと予め考えられているものに変えてしまう、ということは最早しないのである。

次には、国籍と関係なく旅行家を刻印づけるかに見えるある心理的特徴を洗いだし、それらが彼の世界観をどう形づくったかを問う。集団行動であってさえ、科学的探険者たちは環境世界への攻勢《アタック》を自由への逃走と感じていた。過剰なるものが、垂直な、水平の、とは即ち高さ、深さ、広さと直《じ》かに体験される空間に融けあわされて、孤独な彼の前にある。最大眼目は未知なるものを発見すること、不可視なものを見ること、世界の周縁《はて》に最初の一歩を踏みしめることであった。

第6章では、昂揚した探索が、空間の新たな次元を強調することによって、また時間の中のある個別の瞬間を切りだすことによって、美学的にも大変な結果をもたらした経緯をたどる。ある特定の瞬間に、ある個別の現象を直《じ》かに具体的に知るのは、「その現場にいて」観察することでのみ可能なのである。自然の事物を驚異しつつ、これを立証しようとするともなれば、相手が一個の独立した力ある存在で、人間の歴史とは別な一個の歴史を持つものであることへの深い意識が前提である。さらに、それは事物の方から見た見方を育みもした。そうやって事物の時間と持続の方に呑みこまれていくのは、夢想や瞑想、世界からの引き籠りによって没時間的に自分自身に没入していくのとは180度逆である。

科学的旅行記は19世紀になってもずっと盛行したが、伝達形式は決定的に変わった。それを最終章に書く。さらに、19世紀を迎える前に既に反動が生じていて、アートとサイエンスの結託（まさしくこうした旅行記が依拠した実用的大前提である）を批判し、勝手気儘な想像力の手が届かない自然の事実が強調されることへの不快を表現していた。たしかにそういう批判はあったが、私としては18世紀後半が錬りあげた事実執着の旅行記の遺産が、いかに19世紀人士の風景表象観を形づくっていたか、それを殊更に確認しておきたいのである。ある場所への強迫観念的入れ込み、絵画面内部の中心に配されるとか彫刻や建築の一本石《モノリス》として記念されるとかの孤立孤高の自然の傑作、ラスキン流美学に見てとれる「素材への忠実」観念、風景中の捉えがたなきものを捉えようとする試み、あるいは「ロマン派的」な内なるものへの逃走、見え過ぎることへの、「物（thingness）」がすべてである外世界への反動。これらすべて、おのがじし旅行実録が美学に遺した遺産と言えるのである。

序　章

発見という趣味

物たちは牢固としていて、決して我々が考えるようにはならず、流行のように変わることもなく、大自然中にそのあるがままに、あるのである。

シャフツベリー

本書が大前提にしているのは、17 世紀初めのどこかの時点で、何かはたしかに外界に実在するのであり、かつアートも言語もたしかな「リアル・シング」を摑《つか》むために、模倣を越える、というか何となく聖化されているアートとしての言語を越えるような使い方をされなければならないとする大きな確信が一貫して表現されたという事態である。こうして、確立されたある心的構造を意図的に拒否したことが、言語および視覚言語の定型定式を捨てて、何ものにも媒介されることのない自然を追求しようというもっと大きな啓蒙主義の気概にと連なっていくはずである。

18 世紀を通して、現象界の真実を、聞かずともわかる何かに予め閉じこめない形で捉えようという感心な運動が続けられた。唯名論《ノミナリズム》の志向が強かった時期というのが、古代以来の現実観のうそに反撥する俗化志向の近代史の中にちゃんと位置ずけられる、ということも見よう。

事実即応の絵入り旅行記というものは、事物の真底《ボトム》を摑めるかもしれないというこういう視覚形態に本質的と考えられるさまざまな可能態そのものとも言える典型例であろうが、まさしくその「アート」(というよりは技巧《アート》のなさ) が、一般にすぐ利用されがちだったどんな意味作用の定型定石とも無縁だったからである。未踏の地の報告という建て前からして、探険者たちの相手が何か既知の商品などであるはずはない。知られざる、文字通りの異境なのであった。

この世界の個々独自の個別相に比喩《メタファー》を介さず対峙しようという決意に発する発見方法を、そうした探険者たちが工夫していく中で、真実のモノ語りが一個の美学に昂《たか》まっていった。アレゴリーその他の非光学的な変形方式を良しとしない事実追求の旅人は、17 世紀流の経験科学の探究方法と呼応し合う方法によってたった。ディテールに富み、日頃なじみのパターン化、一般化、図式化とはどうしても相容れない個々のモノたちで溢れた可触の (かつ幻想《イリュージョン》で曇らぬ) 世界を必ずや発見できるという信念では、これら探険家と、科学者とで何の径庭《ちがい》もなかった。

結果のひとつは重要である。個々の（particularな）ものが、曇りなき強烈な視線の圧の下、またいわゆる旅行記の卑しく「低級な」記述の域を脱するにつれ、普通には「高級な」伝統的ジャンルのものとされていた強度と、英雄的なもの、崇高美のものとされていた「昂《たか》い」情動を回復していったのである。こうして、知の一般的普及の具となり、科学の示すような実証可能な真をと言う真摯な要求に応える「事実《ファクト》の文学」が、モノよりワザにばかり流れて随分くだらぬものと化していた「高級」芸術《ハイ・アート》を救うことにもなったのである。

科学的な探険家‒画家‒著述家は、独我論、習俗、表象習慣の限界を越えようというわけで、予め何の参照物も持たない。エクストラ・リファレンシャル（extra-referential）である。彼らの画文を見るにつけ、人間である自分を世界の方へ押しつけないようという気遣いなり、注意深さなり、その感じが印象的だ。幻想に、指針なき想像力に決して身をゆだねてはならないというこの張りつめた警戒心、自分の押しつけは否《だめ》というこの気概が、彼らの書いたものに独特な本物という感じ（authenticity）を与える。

18世紀後半の人々の自然現象への関心は大体において、ザ・ピクチャレスク（the Picturesque）と呼ばれた美学が歴史のいたる所で幅をきかせていたことへの反撥だった、というところから議論を始めよう。同じ伝で、経験が無意識裡に個人に及ぼす影響 —— 18世紀美学の心理優先、オーディエンス優先 —— よりも、経験そのものが実証可能なところではどういうものなのであるかに、これらの探究者は興味を持った。（時に見ることが難しいこともあるにしろ）完全に読みとり可能な自然に入って行こうとして、事実追究者は、この世の上《うわ》っ面《つら》をおちこち徘徊しては気紛れにそれに手を加えていくばかりの感覚追究者とは対蹠《たいせき》の地にあった。

しかしこれとて、物質世界をそのまま平易短簡に記し移すことが、ただ贅語を費やして高尚に書くことより大事とする息の長い美学のする重い挑戦の歴史のひとコマなのである。それを前に、ピクチャレスク・トラヴェルの旅行記者も時には、敵の真似をした方がまともかなと感じないわけにはいかなかった。絢爛と潤色した旅行記中にさえ、記者が自然哲学の人間の顔になって、比喩や修辞に極力意を用いず淡々と伝え記す感じの文章がある。ここにしも雄弁に歴史は続くということを示す例ありということだが、ルネサンス期に、装飾三昧のマニエリスム文体の核の所で「簡にして潔」なる自然現象の平明記述が頑張っていたのと同様に、18世紀にあっても、具体の事物とその明快な影響の飾りない描写的表象が、自動化してはっきり連想三昧の風景観の只中に、しっかりとひとつの軌範《コード》になっていた。

●意志して見る

> どんな馬鹿でもそれ位はやる。この私のグランド・ツアーは世界を一周するものにならねばならない。
>
> —— ジョゼフ・バンクス

18世紀後半に流行の「趣味（taste）」あまたある中、いかにも時代という革新的な欲望ということになれば発見（discovery）狂いを措《お》いてあるまい。それは汎欧的にザ・ピクチャレスクと併行して盛え、かつその好敵手であった。自然中の絵（the *pittoresco*）を求める趣味と旅行記作者がよくいっしょくたにされるが、この観念のはっきりしたある局面 —— 驚異（the astonishing）、新奇（the novel）、異常（the unusual）、偏倚《へんい》（the extraordinary） —— を検討してみる必要がある[1]。絵入りの「ピトレスクな」、あるいは「ロマンティックな」旅行記においても、同じ形容詞が付けられた風景庭園においても、自然は絵として（ピクトリアルに）眺められる —— とは即ち自動的な美的快感を刺激するよう組み立てられた絵たちの連続体《シリーズ》として見られる —— ようになっていった。高地ピレネー山巓へのジョゼフ・ハーディの好みが一般化したが、「大自然の魁偉にして興味津々たる相貌に恍《こつ》として魅入られていく」こうした応接の典型である[2]。しかし所謂ピクチャレスク・トラヴェルの撓《たゆ》まぬ開拓者ということになれば「ザ・ピクチャレスク教司祭」のウィリアム・ギルピン師で、粗い肌理《きめ》、不規則な輪郭、雑色混在というその際立った（余り快とも思えぬ）特徴を、画中でなら快いある特異な種類の美と結びつけたのがこの人物である[3]。この立場を 18 世紀末に蒸し返すのがユヴデイル・プライス卿とリチャード・ペイン・ナイトの二人である[4]。（といいながら、問題の性質がどこに存するかという段になって、この二人、見事に意見がくいちがった。プライスはそれは外なる事物にありとし、ナイトは見る側の内在的な知覚様態に、精神の推進エネルギーの裡にこそ存すると主張して互いに譲らなかった）。

フランスを見ると、同じ複雑で驚かせる強烈な対照といった性質は 1730 年頃の、自然で単純な〈摂政《レジャンス》〉様式の跡を継いだ人工庭園に見られた[5]。そうした性質が、30 年ほど後の英国式ピクチャレスク・トラヴェルでお目にかかるはずの自然物同様、人の情動を抑制なく引きだす狙いの下、くさぐさ「構成」されていた。それによって人の知的判断力は停止し、見る者の中には事物そのものの個たることへの重い関心など起こるわけもなく、ただただアハアハ面白い、面白いというだけの対応であった。つまりは、外界の事物はひたすら挑発ということのためだけに存するに過ぎないのであった。

ちょうどクロード・ロランやニコラ・プーサンの風景画におけるように、天然自然を人間精神の変容させるエネルギーに服さしめるということでは、ピクチャレスク・ガーデンきっての名苑ストウの木立や芝も、同様であろう。作庭でも有名な詩人アレグザンダー・ポープがトゥイックナム庭園に穿《うが》った洞窟《グロット》で出会う粗い石や鉱物層は —— 地質学的には正しいのだが —— ウィリアム・ケントの造園を支配した哲学、即ち自然素材を予め人間が決めた調和物に従って再編成しようという哲学を共有している[6]。この役の振り方には根本的なパラドックスがある。物質が物質として介入してくることを否とせず、むしろ有機の生成衰滅を協力者として容れる唯一の芸術形式が、風景庭園たるものの本来であるはずだからだ。この皮肉の核のところには観念連合哲学（Associationism）の中心的問題と、庭園形式への個人の反応の問題がある。自然の事物がピクチャレスクであるか否かは、それがそれを模倣したもの、即ち絵画中のその表象を思いださせるか否かに掛かっている。「自然のありふれた業《わざ》に天才が着せ、芸術が選《えら》み、良き趣味を以て表す……」という次第だ[7]。この第一の循環する連想から次々、別の連想がうまれる。すべては、性質上、事物から遠のく観念から観念への連続をどんどん引き起こせるかどうかに掛かっている。ここにいたって、この旅人と、ただ風光明媚、ひたすらピクチャレスクなもののみ追って行く旅行者と、我々が検討する類の旅行者とでは、まるでちがってくる。前者は直観的反応が惹起《じゃっき》されることに関心があり、後者は外なる個物（singulars）を慎重に吟味することに興味がある。科学の訓練を受けたジョゼフ・バンクスが、ジェイムズ・クックと共に南太平洋に向かうなど愚の骨頂だ、ヨーロッパ大陸グランド・ツアーに行くべきだと、考えの古い友人たちに忠告されて怒ったというのはここである。その返答や小気味よし。「どんな馬鹿でもそれ位はやる。この私のグランド・ツアーは世界を一周するものにならねばならない」と言ってのけたのだ[8]。

この科学的な真摯な旅行家は、単に「何をなにがしと見立てる」メタフォリカルな感覚を脱けだそうと心に決めていた[9]。物たちの拡大した宇宙を前にどこかに焦点を絞らねばならず、こうも異質な自然景観を前にひたすら観察する他はなかった。先例も先蹤《せんしょう》もないこういう見方に意識して即《つ》くのは、まさしくヘラクレス的難事だった。すべてが抵抗勢力だったし、観念連合哲学の心理学的狭窄衣が一番きつかった。この哲学は浸透ぶり著しく、美学を論じた英国人の大半の論ずるところとなった理論である。トマス・ホッブズ、ジョン・ロック、ジョゼフ・アディソン、フランシス・ハッチソン、そしてケイムズ卿ヘンリー・ホームまで、皆論じた。厄介なことに論点がしょっちゅう変わった議論だが、ホッブズ以降、中心となる論点はただひとつ、運動が全精神活動を決定するということになった。つまり、感覚の集めた情報からつくられた単一映像群が精神中に無意志的に観念の「連続体」をうむのだ、とする。すると連続する視もしくは空想《ファンシー》が生じる、と[10]。

ピクチャレスク庭園は普通になら敵手と思われそうな幾何学的な刈り込み装飾《トピアリー》と、原理的にはどこもちがわない。トピアリーにあっては支配する人間が自然や自然の物体を、機知と人工の勝った融通きかない形に文字通り刈り込む。風景庭園においても、飾り気のない自然の形態は自然の形態ということでやはり無視される。連想の力が圧倒的で実際の接触が忌避されてしまい、精神は抑制なき彷徨を 恣《ほしいまま》 にし、視線は視線で想像力を刺激する相手を選ぶのである[11]。ピクチャレスク庭園にしろトピアリーにしろ、興は生動する世界（the working world）にではなく、造り物の世界（the worked-upon world）にある。

モノとしての物質のこういう弱体化は、遠くの異土異郷はヒトの介入などなくても存在すると信じる旅人にとっては本質的に困ったものであった。ヨーロッパとはちがって、昔の文明のすぐそれとわかる有名な遺跡や西洋の神話・伝承の記憶で一杯の史跡がそこいらじゅうにあるというわけではない異土辺境に赴こうとする族《うから》にしてみれば、それが役にも立たぬ哲学とは、固《もと》より知れたところであったのだ。

理論的には空っぽにしろ、観念連合の哲学と、その伴侶《ともがら》たるザ・ピクチャレスクは、18世紀も暮れ方の異郷風景描写には形式上の一定貢献をした。特に何がと言われれば、ウィリアム・ギルピン創案の「カプセル入り」風景画[12]、前景に個別具体の景色を入れて想像力を掻きたてるギルピンのやり方など、（大きく修正はされるが）重要な遺産となるはずである。やがて環境の持つ表現力が、暗示にしろ剝《む》きだしにしろ、ザ・ピクチャレスクの人間中心主義にひそまずに措《お》かぬ人間の側の動機なり情熱なりと、必ずや衝突するはずである[13]。

ところが、風景庭園の代表的造園家の一人がピクチャレスク庭園《パーク》の作庭者たちとはちがって、土地そのものの形を助長しようという方向を選ぶ。土地の持つ可能性（capability）を引きだすというのでそのまま「ケイパビリティ」・ブラウンと綽名《あだな》されたランスロット・ブラウンである。いかにもという構成要素はこれを片端から丁寧に除去することで、その場所その場所の基本的素材を大いに前に出し、アートレスというかワザ無用の自然愛好に先鞭をつけたように思われる。ブラウンは、かつて精神に霊感を吹きこもうというので配された木立、神殿、碑銘、彫刻の類を庭から一掃した[14]。鋭い知覚と判断、所与の事実への忠実によって知を得るのが任の科学的旅行家にそっくり通ずる態度であった。ウィリアム・チェンバーズが馬鹿にして言った言い方によれば、「どこにでもある地べた」そっくりの「丸裸な」ブラウン式作庭法は、庭も ── 邪魔なガラクタがなければ ── 経験主義哲学の新しい土地のひとつに数えられてもよいということを示していた[15]。

ピクチャレスク趣味が造園術の中で衰滅する定めであったにはとどまらないで（止めの一撃を加えたのはハンフリー・レプトンである）、ブラウン流さえ含めて、そもそも人工構築物たる庭苑そのものが、より広い世界へというためには見捨てられる他はない。旅人は装飾だらけの舞台から広大な経験宇宙に引き出されないではすまない。なにもイングランドだけの革命でもなかった。フランスは後期フランスのピクチャレスク庭園 ── たとえば 1784 年創設のメレヴィル庭園 ── の劇的効果をスイスから汲《く》もうとしたが、最後には自然に直《じ》かに対峙する方向に転じたのである。重要な風景画家で理論家のピエール＝アンリ・ヴァランシエンヌが造園術にふれて短簡にも「自然を創造することはできない」と喝破した時には、まさしくこういう立場を擁護していたのである[16]。

常に拡大しやまぬ体感宇宙の現実を前にした装飾庭園の無力ぶりが旅行記の示導主題《ライトモティーフ》になっていくだろう。1790 年刊の『アフリカ奥地旅行』でフランソワ・ル・ヴェヤンは英国式庭園をこきおろし、その涓流《けんりゅう》、人工丘、小綺麗な道、腐れ橋、拵《こしら》え廃墟など、特に南アフリカはパンパス村落《クラール》の天然の緑豊かな原野など見知っている目や心にとっては疲れさせ、萎えさせるだけのものに思われると言っている[17]。1824 年の『スイス書簡』で英国式庭園の「寄生虫然たる装飾」に噛みついているのはデジレ・ラウール＝ロシェットで、方法的につくられ過ぎ、多様性とか称しても効果たるや惨めなまでに単調だと言い、要するに人間のわざくれなど、取り巻くスイス山巓の重みに比して余りにも力不足だと言いたげである[18]。こうした批判は、その種の庭園は娯楽の具としてしか意味がない、散歩誘う風光奇観を差しだす舞台装置以上の何でもないという感じ方からうまれている。

今舞台と言ったが、ザ・ピクチャレスクが自らが劇場的であること、アートが荒ぶる自然の堅城と格闘するあら捜し表層遊戯であることを自認していたことにも触れておく。アレグザンダー・ポープはトゥイックナムに幾つも「名場面（scenes）」を用意したし、ユベール・ロベールはメレヴィルに「大舞台（*grands tableaux*）」を演出した。いずれにおいても自然の単純な要素が絢爛と構想され、エキゾティックなことが多い一連のイヴェントに変えられ、見る者を完全に包み込んでしまった[19]。自然の営みの表象にとって舞台デザインがいかに重要だったかは言うまでもないことだが、その点については我々の問題に直接かかわる歴史局面をのみ取りあげる。

ヘレニズムの時代から岩山画（rock painting）と風景は深い繋がりを持っている。様式化された険峻の、つまるところ舞台大道具のような大岩の姿が、初期キリスト教期やビザンティンの頃のモザイク画に見え、ジオット［ディ・ボンドーネ］、フラ・アンジェリコ、そしてヤンとヒューベルトのヴァン・エイク（ファン・アイク）兄弟にまで下ってくる[20]。イタリア舞台の遠近法が15世紀ネーデルラントはヨアーヒム・パティニール、ヘリ・メット・デ・ブレスの突兀《とつこつ》たる一枚岩奇観画に影響を与え、自然景観が前景の中核モティーフと化していく力となった[21]。逆に南が北の影響を蒙ったのは16世紀後半のことで、（二人ともヴェネツィアで仕事をした）パオロ・フィアミンゴとローデウエイク・トゥープートの絵を見たジャーコモ・トレㇽリが、巨大で劇的な風景の只中、人間の姿がけし粒のようにしか見えない風景画をよくしたのである。

人の手の入らぬ荒ぶる環境の姿を前に出す洞穴、岩の断崖《きりぎし》、森の木立ち、入江といった語彙が舞台《いた》の上にどんどん溢れるようになった。この「牧神風《サテュロス》」モードと言うべき田舎ぶりは一定概念としてはウィトルウィウスにまで遡る。その不吉な巣穴、暗い洞穴、異臭の立つ湿地など、ルネサンス期に再び姿を現わした。フィレンツェの舞台デザイナー、天才ベルナルド・ブオンタレンティによって、サテュロス風、風景的な舞台装置は重要極まるものとなった[22]。ガㇽリ・ダ・ビビエーナ一族が好んだ遠近法舞台（*scena per angola*：角度ある情景）にさらに手を加えたフィリッポ・ユヴァーラがこの峻険で気分を盛りあげる景観を18世紀へと媒介した。

錯雑たる野生は、自然を、スペクタキュラーとは言わないまでも劇的な効果として扱うことで表象できるというのが造園理論にとっての要石《かなめ》であった。劇場のイリュージョンと現実世界の様相と自在に入れ替えられるのだと感じたクロード＝アンリ・ワトレは1774年の『庭園論』で「自然の見得芝居《スペクタークル》」を論じたし、続く十年、この関心はフィリップ＝ジャック・ド・ルーテルブール（ラウザーバーグ）の光学興行「エイドフューシコン（*Eidophusikon*）」が幻燈魔景《ファンタスマゴリア》として現出した自然の推移し行く姿の中に流れこんでいった[23]。

本書にとっての最大関心事はこういう劇場性（theatricality）、というかつくりだされる経験と、異国趣味（exoticism）の密にして不可分の関係である。そういうものは17世紀、18世紀を通じてイエズス会宣教師たちの書き物を通して知られていたわけで、とりわけ岩山や人工洞窟制作の権威ずけに中国の庭園が引き合いに出されたが、ここにも舞台デザインの大きな影響力がうかがえよう。風聞によれば「美《は》しき」、「魔法の」、あるいは「恐怖の」北京故宮風景は、バーク言うところの崇高美と、それが見る者の判断を攪乱することをもってウィリアム・チェンバーズ卿に圧倒的な印象を与えたらしく、影響力絶大の卿の『支那建築・家具・衣裳デザイン集』（1757）にそのことが如実である[24]。

ピクチャレスク・ガーデンで言えば、自然は人間の匠《たくみ》が入って人を驚かせることができてはじめて価値があるという話のわけだが、こういう計算ずくの人工性の展開に付随して出てきたのが、興あるもので完全に天然というものもあるのだとする真反対の観念であったのが面白い。反自然の装飾のことを伝える同じ旅行記が極東の人々が自然物をいかに深く尊崇しているかを縷説《るせつ》してやまなかった。どの土地もがそこだけで独特、聖なるものでさえあるという考えが強くなって、エキゾティック観念の意味するところが拡がった[25]。こうしたふたつの応接の最も重要な出所は――そしてこのふたつながらその語り中に実に巧く共存併行しているのだが──オランダ語、ドイツ語、英語で出て、繰り返し版を重ねたヨーハン・ニーウホフの『阿蘭陀諸州連合東印度会社使節入華布教記』(1669) である[26]。ニーウホフは北京で目にした幾つかの古苑にあった中を刳《く》り貫《ぬ》いた巨大岩塊 (*Steinrotzen*) を感嘆をこめて生き生きと描いている。これら「技巧になる摩崖」を褒めた上、中国の大小奇山、太古より地卜《ちぼく》の人間が相手にしてきた比類なき自然の傑作のことを細々《こまごま》と描写している。この文章など、行きつくところ、道教の自然観と呼ぶべきもっと大きな観法を仄望《そくぼう》させる。地を一個の有機生命と見る感覚に基礎を置くこの「哲学」は、ライプニッツの普遍宗教幻想、地へ戻れという重農主義者たちの呼び掛け、旅人たちによる有情有感の地の発見など、18 世紀のさまざまな知的動向に影響を与えていく[27]。ニーウホフが中国に対してしたことを日本に対してしてみせたのがエンゲルベルト・ケンプファー［ケンペル］である。ケンプファーの絵入り旅行記はアニミズムで一杯の神道を論じているばかりか、日本人にとって自然は聖なるものだと記してもいる。日本人の庭造りにおいては (禅と繋がりある石や乾いた風景を除いて) 自然に手を入れることは、一層自然に見せようとしているのでもない限り許されず、その点は中国人と同じであった[28]。

●エナルゲイアとエネルゲイア

> エカテリーナ帝ははじめて台座を目にして、驚きと不興の声音で、「一体、この石に何たることをしたのか！」と仰有られた。
>
> ──ロバート・カー・ポーター

自然 (nature) と芸術 (art) は千古の敵手である。西洋では、それこそ前ソクラテス時代から近代にいたるまで、このふたつの観念は対立物同士と考えられていた。その一方、いかに別々だろうと、ある内在的知的緊張によって両者は結びつけられ、自然は即ち人の手の技によっては変えられなかったもの、ということになっていた[29]。しかし、古代において既に "*natura*" という語は多くの意味を孕んでいた[30]。まともな意味ではこの語は一事物の客観的で自然な外観もしくは表われを指し、自然的なるものと、客観的に価値あるもの、一般的なるものとの一致を暗に示す。この立場を広げていくと、自然はまた始源的段階では宇宙的な秩序として、誤りと偶然に基く人の、人工的、文明的な社会とはっきり対峙する善きもの、神さびたものとして理解された。本論では、宇宙には精神が充満し、宇宙を形づくる小止みなき運動が宇宙に知性と活力を与えるという立場をとる。フィロストラトゥスの『ティアーナのアポロニオス伝』は一匹の魁偉なる動物としての宇宙というピュタゴラス宇宙論を堂々述べたてるが、この汎生気論 (panvitalism) は、ターレスの昔からルネサンスまで、汎《ひろ》くその生気をも保ったものなのである[31]。

15 世紀《クアトロチェント》の間に「ナトゥーラ」の複雑な意味は整理され、その後の芸術理論においてはギリシア思想に由来するふたつの意味に落着した。「所産的自然 (*natura naturata*)」は創造された自然の複製、「能産的自然 (*natura naturans*)」は自然創造のプロセスの模倣である。後者を追求したデモクリトスは、芸術を運動する自然の表われと解したし、この立場を竿頭一歩進めたプロティノスのネオプラトニズムは (『エネアデス』5 の 8 の 1)、芸術とは可視の事物を単にコピーするだけでなく自然の基盤を形づくる生産原理に力を汲《く》むものである点を力説する。ひとつの力としての自然が、芸術家を取り囲む日常世界にあるリアル・シングズの個別の自然的表われなど凌駕するのだ、とこれを言い換えてみると、この観念がいかに重要で、いかに息が長いものか、わかろうというものだ[32]。この理論がいろいろ錯綜する中から、自然は一個の全体としては完全だが、部分をとると必ずしもそうではないから、芸術家はその一番美しい部分を看破していかねばならないのだし、良い判断による選択を通して、芸術作品は自然の作物と比べて完全により近くあるのでなければならないとするアルベルティの理屈がうまれた[33]。ディドロを筆頭に無数の 18 世紀批評家が、自然の作物は不完全、偶然のわざくれで、真の目的、導く力に欠けており、それ故、自然現象は模倣の対象でしかないのであって、創造的なのは芸術の方だとする主張に即《つ》いた[34]。つまりはこれがピクチャレスク趣味をつくりだした人間たちの立場である。プルタルコスやホラティウスの言い方でなら、芸術のそのエネルギー（*energeia*）によって生命を与える力は、無生物を「生あるものの如くに動かす」ことを指す。芸術は死せる物質に動《キネーシス》をうみ、あらゆる実際的目的のため、何かを無から創造する。芸術の力は霊験あらたかで、作品は覿面《てきめん》に「生あるもの」と見えるのである[35]。

18 世紀を通じて芸術と自然の確執はどんどんきつくなっていた。押えるべき岐路は、自然がもはや芸術〈として〉見られなくなり、逆に芸術がもはや自然を補完し幇助するものと考えられなくなった地点である。18 世紀もぴったり劈頭も劈頭に、アディソンが古来の問、「芸術と自然、いずれが上か」という問を改めて発し、これでお誂《あつら》え向きに舞台の下準備ができた[36]。アディソンは双方に分《ぶ》を認め、甲が論じ乙が駁《ばく》す格好の闘争場をしつらえたのである。自然が立派に美とみなされるのにははっきり特徴があって、宇宙という建築に今まで知られていなかった規則性を見つけられることで惹起される喜びが生じた時、というのである。自然の事物も人工産品と同じ地位を得ることができるし、自然が美しいと言えるのは自然が自然自身とは似ず、芸術と似ている場合だ、という話なのである。この後の方の議論はオーガスタン時代の人士からカントまで、優に一世紀続いた。それだけで全てではなかったし、そればかりいつも口の端《は》にのぼせられていたわけでは別にないが[37]、丁度観念連合哲学と同じで、根強く伏在して甲論乙駁を呼びこんだのである。

自然は芸術作品に満ちており、芸術は自然の珍奇物で一杯だというのが、極東から遺贈された二項対立、およびその 18 世紀エキゾティシズムへの主たる貢献の遺産である。それはまた、プリニウスが広汎にとりあげ、中世、ルネサンスに送り届けられた〈造化ノ戯レ（*ludus*；sport of nature）〉の記録にも見出されるだろう[38]。国籍を問わず絵入りの科学的旅行記はこういう見解と微妙に力点をずらせながら、手に手を取り合う。「火山に恋」したウィリアム・ハミルトン卿はその『火の平原、両シチリア島の火山について』（1776）で観察に細かいところを見せ、「火山［ヴェスヴィオ］の険しい山腹を流れ下る溶岩流はきちんとした狭い道をつくるが、実にきちんとして宛然《まるで》芸術作品さながらで、溶岩は自らつくったこの溝道の中をのみ流れるのである」と書いている[39]。同様に、フィンガルの洞窟「発見者」のジョゼフ・バンクス、そこな有名な玄武岩柱が「建築に使うものの形そっくり」と記している。スイス人生物学者シャルル・ボネは化石と寄木細工が似、塩の結晶がオベリスクに似ていると書いている[40]。フランス人探険家ジャン＝バティスト・ル・ジャンティはモーリシャス島のすばらしい石切場の露わにされた地層を見て、余りに見事なので「鋳型に」とった後、人の手が積みあげていったのではないかと疑われるほど、と弁じている[41]。ジョージ・ヴァンクーヴァーはその『北部太平洋発見航海』（1798）で、モンタレー近辺で「自らが目にした最も偏奇なる山」に驚かされた時のことを記している。「一方の側でそれは頽壊しゆく豪奢輪奐の建築の風情と見え、孜々《しし》とし営々として建立されたかの如き柱式のその巨魁なることと言えば、……」、と[42]。スイス人洞窟学者のカール・ラングは世界中の有名な天然洞窟を調査する旅に出て、アンティパロスでは鐘乳石のピクチャレスクな群立ぶりがまるで一幅の絵だと言っている[43]。まるで絵というところで話はひとめぐり、幾星霜、自然より芸術に目を向けた批評家たちのところに戻る。

さて今見たようなものとは別の見方がひとつあって、時にはふたつ同じ文章中に併存していたりするのである。この見方は個物（the particular）── ただの外観、〈所産的自然〉── を芸術作品の上位に置くが、神こそ至上の芸術家であり、世界はこの神がつくった偉大な作品だという感覚があるためである。このテーマはその敵手ともども、18 世紀劈頭、強力に主張された。シャフツベリーにとっては自然の際立った驚異を認めるのに、それらが人間が骨折った何かに似ている必要もなければ、何か世界の内容物が合体しているものとそれらが一致しているという必要もない。そうではなくて、「どのひとつの業《わざ》を見ても芸術の呈し得るよりは存分の景色を、より高貴なる展観を示すもの」なるが故、栄光の自然は見事なものなのだ。「いかな人の匠み、人の思いつき、奇想を以てしても勝つことかなわなかったような自然事物」をシャフツベリーが言祝《ことほ》ぐのは、それらが規則持つものだからというのではなく、個々の「粗い」岩、「苔蒸した洞穴」、洞窟といった不様な形態であり、つまりは自然の生命を包む圧倒的な混沌《カオス》を何《なに》作為何《なに》人工も容れず体現しているのだという感覚を基にしていた[44]。

自然が昔の魔術的性質を一部回復するにいたる大きな要因として、自然は生きているのだという感覚があった。生あるは人工ならず、自然なのである[45]。驚くべき逆転は 18 世紀半ばに生じた。アベ・ロージエの解釈によれば原始の小屋は、ウィトルウィウスが仮定的に考えていた人の匠みの最初の試行段階などなぞってはいず、自然の発明力をそっくり体現しているのであった[46]。ジョヴァンニ・バッティスタ・ピラネージの版画はローマ建築の残骸を力感溢れる自然の形態に変えて、見る者の目にけざやかに見せつけた。大邸宅の前通路《クリュプトポルティクス》は天然拱門（*arco naturale*）となり、コロセウムの残骸はもはや頽壊した火山噴火口以外のものに見えないのである[47]。あらゆる種類の旅行文学がこういう逆転に大いに力を貸す。ジャン・ウーエルの『ピトレスク紀行』（1782）はアグリジェント［アグリゲントゥム］のゼウス神殿遺跡を残骸の「海」「大洋」と記している[48]。そういうものとして写したというばかりか、それこそ自分の意図でもあると言っている。「セリヌンテ最大の神殿の遺跡」についてウーエルは、「円柱群はかくも遠方から見えるため、まるで海の真只中にいて、これらが船の舵取りたちの水先案内であるといった風情である」と記している[49]。

廃墟趣味には、それらが久しく土中にしっかり根を張り、土と同化し、芸術作品というより自然の一部として振舞ってきたという感じ方もはっきりとあった。J・H・ベルナルダン・ド・サン＝ピエールは、そこでは人工が襲いくる自然との戦いに押されて解体していく、物質に埋もれた考古学的残滓《ざんし》と、自然の砕片そのものの両方に目を向け、きちんと切られてもおらず磨かれてもいない岩山、即ち自然の傑作、天然のモニュマンを前に、人の手が建てた壮麗な建築物ことごとくいかに役立たぬ不毛のものかと長嘆息するばかりである[50]。

英独を結ぶ重要人物で科学者、世界旅行家のゲオルク・フォルスターはキャプテン・クックの第二次航海に随伴していった人物だが、同様なはやりのプリミティヴィズムに加担している。その『低ライン風景論』(1791－94)を見ると、ケルン大聖堂身廊部の細く丈高い柱式が「原始の森の木立さながらに」見える、とある[51]。同様にゲーテとヨーハン・ヤーコプ・ヴィルヘルム・ハインゼはストラスブルク大聖堂全体が植物でもあるかの描写に余念がないが、芸術の力など有機的自然の表われの一局面に過ぎないという信念に徴して是非そうあるべきなのである[52]。しかし、とうとう行き着くところへ行き着いたかというのは1789年のことである。この年、ドイツ人学者ザムエル・ヴィッテがピラミッド起源論を公刊したのだが、聖なる顕示《エピファニー》を経験した人間にふさわしく惚《こつ》として爆発的な――といって真摯な学究でもあり、フランス人火山学者、ニコラ・デマレ、バルテレミ・フォージャ・ド・サン=フォンの研究を基にした――筆で、エジプトのピラミッド、ペルセポリスのダーレイオス宮殿、ペルーのインカ神殿、エローラの大岩窟は皆、玄武岩噴出の所産であると記した。要するに、考古学的な古代文明遺跡の悉くを自然物と断じ切ったのである[53]。

人工がどうしてこうも蔑《なみ》されるにいたったのか。原因は科学にあった。しばしジョージ・アダムズの意見に耳傾けてみよう。1787年刊の『顕微鏡論』でこの英国人著述家は、普通は人工とか手技の勝利と目《もく》されている事物を顕微鏡レヴェルで眺めるとショックを受けざるをえないと書いている。「著しいちがいには愕然とする他はない」、と。人の手に成ったものはいたる所、歪みと不完全ばかりであるが、自然の(昔の人間たちを仰天させた)優れた規則性よりもさらに凄いのはその無尽蔵とも見える多様性であろう、と[54]。自然は直《じ》かに、豊かに惜しみなく創造するのである。地震、噴火その他の自然災害が巨大な古代壮麗建築を創りだしたとするヴィッテの言い分も、一所懸命の植物学者たちのそのものずばりの言い分と根本的にちがわない。植物実物の組織を彫版にする、というか葉の葉脈を型押しして直接版画にしてしまうというやり方のために芸術が無用になりもした[55]。束の間の大気現象さえ芸術家と呼べなくもなかった。太陽からして日々、水面に自らの姿を映し、幻日だとか虹とかに自らを「絵にする」わけで、絵と実物に区別がまったくつかないほどに見事な肖像画であるといった言い方さえされた[56]。環境全体が人手の介入ないまま歴たる一個の芸術品になろうとしていた。世界周航者ブルニー・ダントルカストーがその『ラ・ペルーズ探索行』(1792)でこの辺うまくまとめて、活力ある自然はいつも古く、永遠に新しいと言っている[57]。

こういう議論の流れとして、自然こそが創造的で、そのエネルギーを個々の現象に具体化しているのだということになれば、芸術はメカニカル、というかつまりは単なる機械であることになる。フランス人生気論者のジャン=バティスト=ルネ・ロビネの明快の弁はこうだ。「人間は力学の法則を発見したといっても、完全に人工的かつ外在の機械についての法則なのである。……彼の機械すべては無機のもの、迷ったかの如くに彼がさまよう巨大建造物は所詮命なき、運動なき物塊に過ぎまい。反対に、自然の中では万事に生命あり、それらが生みだすもの悉く本質的に有機のものである」[58]。絵が「大なる機械」なりとする明喩が世紀中葉、アベ・ジャン＝ベルナール・ルブラン、ラ・フォン・ド・サンティエンヌ、アントワーヌ＝ジョセフ・デザリエ・ダルジャンヴィルの論文に姿を見せるのは重要だ[59]。この命なき、型にはまり何でも一般化してしまい、何か一貫する全体を部分から寄せ集めようとする芸術という名の機械をこそ、ロビネは糾弾しようとする。「機械」とは何か、物質の自由な力と堅牢には非ず、技倆、見る人間の操作であるもの、というのがその定義の核心である[60]。

自然の営みが自動機械《オートマトン》じみた芸術より上とする具体的な場面が、両者がエティエンヌ・ファルコネ作のピョートル大帝騎馬像にせめぎ合ったところに見られる。このモニュマンの台座部分をめぐる批評の過熱ぶりは目下の話題にぴったりだ。フォージャ・ド・サン＝フォンは、カレリア地方の沼地から大変な苦労をしてもってきた不壊《ふえ》にして巨大な花剛岩の岩塊が、その『地質論』(1803−9) 中に取りあげるに値するものと考えた。その主張するところ、大王の偉大を永劫に讃えるのはこの台座の岩ではあっても、いつ崩れるかわからぬファルコネの青銅像の方ではない[61]。10年後、ロシア旅行中のロバート・カー・ポーターが嘆くのは、今でも大きいは大きいが「昔はもっと人を驚嘆させた」岩塊をファルコネがいじくり回したという事態である。このフランス人彫刻家が何の抑制もなく台座に鑿《のみ》をふるって、「細い曲線と計算ずくめの形でもって石の崇高美を駄目にした」、文字通りの台無しだ、と。「自然はなく、自然の成分のひとつが残されただけのことだ」、と。(一時ベンジャミン・ウエストの弟子だったこともある) ポーターは、強力で生き生きした物質を芸術の迫力なき規律と装飾癖の犠牲にしようとしたこの企てを女帝エカテリーナが憎んでいた、と報じている[62]。女帝は腹立ちまぎれにこう言ってファルコネを詰《なじ》ったのだとか。「一体、この石に何たることをしたのか！」[63]

●性格曖昧的人工、性格読解的自然

> 泉水の岩に鎮座まします像の類について申さば、古い彫像がひとつあって空気にさらされ、霜が原因で崩れては、さらに古色がよく出るであろう。次のものは田舎ぶりに刻まれた岩で、苔蒸し僅かな草も付き、きづたの枝が一杯からみ付いて、まさしく古色蒼然の風があろう。
>
> ——ベルナール・パリッシー

ある物を同時に幾つかの見方で眺めるというオーガスタン人士の習癖は、それがピクチャレスク庭園の意味多重 (polysemous) な諸形態や[64]、グランド・ツアーの多重な遠近法をうんだ当のものだが、同時に一方では、自然事物は自らに内在する一性格を持つとする科学的、生気論的認識からしっぺ返しを食いつつあった。この内を外に表現する個 (particularity) という概念は、観念史ではなく美術史ということではいつ頃出来《しゅったい》したものであろうか。よりによって一番計算ずくの人工的様式たるマニエリスム (Mannerism) の時代のどこかであるらしいというのが何とも皮肉である。16世紀末に典型を見たこの曖昧な自然観が一番はっきりわかるのは噴泉を中心とするニュンファエウム (nymphaeum ；*baignerie*) の建造物であった[65]。しかし18世紀造園術に、あるいはベルナール・ド・フォントネルやビュフォン伯ジョルジュ＝ルイ・ルクレール、ジョルジュ・キュヴィエが進めた18世紀科学に影響力を揮《ふる》ったものと言えば、テュイルリー宮とエクアン宮に一代の陶工ベルナール・パリッシー（1510頃－1590）が造った陶器岩窟に指を屈すだろう。パリッシーの絶妙な田園様式（*style rustique*）によって[66]、それらは人の手が入ったものとは見えなかった。パリッシーはいつも人工を自然の等価物と見ず、自然の一部なるものとして見せたいと冀望《きぼう》していた。〈能産的自然（*natura naturans*）〉のエネルゲイアに興味があるばかりか〈自然物（*naturalia*）〉、即ち一個の卑しい〈所産的自然（*natura naturata*）〉の個々の表現に心底魅了されてもいたのである。『真の方法』（1563）や『建築妙論』（1577）に論じられているパリッシーの地質学的、古生物学的研究は驚異の陶芸に具体的な結実を見ることになった。彼の所謂、〈田園器物（*rustique figulines*）〉制作は、石や植物、そして爬虫類の型をとり、次に迫真のエナメル賦彩を施したものだが、この鉛釉処理は工程促進ということもあるが、何よりも迫真の効果のためであった[67]。

この難しい技法が、対象の雨風《あめかぜ》にさらされた粗さと千古の古色に一致させたいというパリッシーの熱望とそのまま一体化したのである。モンモランシー公やカトリーヌ・ド・メディシスのために設計した人工岩窟《グロット》では、自然の力が物質の特徴にゆっくり変化をもたらすように思われた[68]。

彼を他の〈未完様式（*stilo nonfinito*）〉の人間から分けているのは、パリッシーの「科学」である[69]。彼は帰納と実証を信じていたので、他の同時代人が偶然、戯れ（*scherzo*）、気紛れ（*capriccio*）をしか見ない所に目的と完全とを見出した。マニエリスム芸術の肝《きも》たる〈呆然自失（*stupore*）〉、即ち「造化の戯れ（freaks of nature）」に直面しての知的判断の宙吊り状態が、このパリッシーとともに、諸事どこまでも現象として牢固たりという明晰透徹の意識にと変わっていく。一方ではプラトリーノ、カステルロ、ボボリの有名な人工岩窟《グロット》、あるいはフォンテーヌブローにフランチェスコ・プリマティッチオが造った「パーン洞穴」などでは形と無形の間、芸術と自然の間の不断の緊張が遊びに供されたのだが、見る者を解けざる曖昧に宙吊りし続ける必要のある仲々の「縄抜け（*difficultà*）」難事だった。これらの奇苑でも、人や動物の形象がその環境と融け合い、形象は解釈され切らぬまま放りだされる（ジョヴァンニ・ダ・ボローニャ作のプラトリーノのアペニン巨像とか、カステルロにバルトロメオ・アンマナーティが造った同主題像、ミケランジェロがボボリ庭に刻んだ奴隷像）。しかしそれとて瞞《だま》しや不明瞭を意図したものばかりで、「リアル・シング」に対するはっきりした畏敬などとはまるで無縁だった[70]。

同様なパラドックス嗜好が北方の〈世界風景（*Weltlandschaft*）〉の絵に現れるが、これは地勢全体を丸ごと掌握しようとするもので、宇宙の知見が拡大中であったことの影響であるとしても不思議はない[71]。わけてもヨアーヒム・パティニールとヤン・モスタールトだが、彼らが描く幻想的で不安を醸す地勢形成は点景人物悉くと混らないし、はっきり衝突する。描かれた敵意ある荒涼風景は（アルブレヒト・アルトドルファー描く野生の環境にも見つけられる）始原の粘砂への直観を表現したもののようだし、聳立する白亜の断崖は今にも生命を得て襲いかかってもきそうな気配である[72]。

擬人的（anthropomorphic）な、獣形的（zoomorphic）な謎‐絵もしくは回転させる騙《だま》し絵（*Vexierbild*）は意味多重性（polysemousness）という性格をマニエリストと共有した。人や動物の頭部が岩と水のある風景と合成された絵柄は、変形しやまぬ形態への多重解釈のひとつの出発点を示しているに過ぎず、そうやって構図が本来明晰を欠く点を強調する[73]。アルチンボルド風（Arcimboldesque）な寄せ絵 ── 人間とは全創造物の合成混淆体（*mixtum compositum*）だという感覚に基くものである ── が17世紀初め、ずっとはやり続けた。時代を考えると、土地の形態の中に巨大な造物神《デミウルゴス》、龍や虎の姿を認め、そうすることで宇宙の隠された変容力をば可触の形に捉えようとした回教国や極東の習俗とも関係があったとせねばなるまい[74]。

後期マニエリスムの風景画が形式としてした最も重要な貢献ということで、そしてこれはザ・ピクチャレスクの中に再浮上する教義にもなるのだが、絵画面前景を、印象的な個々の風景的要素を装飾的にひとまとめにすることで活性化する工夫があった[75]。1590年代に発する、ピーテル・ステーフェンス、コルネリス・ファン・ダレム、ルーカス・ファン・ファルケンボルヒ、ヒリス・ファン・コニンクスローなどの風景画についてハインリッヒ・フランツが説得的に指摘したことだが、絶頂期マニエリスム風景画を構成する幻想的な多重の景観から支配的な岩塊がひとつ選びだされた。カルトゥーシュの形式に囲まれて今や自律すると言えるこの地形構造は唐突に遠景と併置され、弁証法的にというか、「対峙」しつつ「遮蔽」もする[76]。これら孤立した大きな断片が、パティニールとその後継者たちの中ではパノラマ様に展《ひろ》がる〈世界風景〉に貢献するモティーフ群のうちのひとつでしかなかったのが、絵の主要テーマと化し、構図の爾余の部分の意味とは切り離された。

同時に、ひとつ世代の画家たちが、この連続性断絶にしぶとく抵抗した。風景が幻想の球形空間を囲むのでなく、自然の一部という形をとる純粋な「展観」画が発展して、これは基本的にマニエリスム美学を覆えすものだった[77]。それはそうだが、後期マニエリスムが崇高な個体に焦点を当て、また日常の陳腐凡庸を避けるという傾向は18世紀、そして19世紀初めの絵入り旅行記に蘇るはずである。同様に、それが開拓した直線的抽象、光学的不安定、装飾的なフレーミングの仕掛けなどは、ロココ期に繰り返されてもいく。

バロック期に明確化への動きがあって、事物に黒白《こくびゃく》はっきり振る舞わせるように、芸術なのか自然なのか画然とさせるように働き、「恰《あたか》も……であるかのような」あり方は否とされた[78]。さまざまな風景範疇から出ようとして、曖昧根絶がめざされたのである。たとえばロージエ・ド・ピールはその『絵画講義』（1708）でこの分離化を定式にし、風景画を二種類に限定している。英雄的風景画と田園牧歌の田舎ぶりのものの二種類である。この挙に出る一方で、「風景画とは田舎を、そこにある悉くとともに表す類の絵である」とし、「自然と芸術がつくり出したもので、こういう絵の構成に入れることのできぬものなど、ない」と、ルネサンス人士の発想を繰り返してもいる[79]。つまり一ジャンルとして、それは他のジャンルに劣るとか、下位にあるとかいうことはないのである。

英雄的《ヒロイック》な ── 思いつきの奇想《カプリース》から極力離れた、プーサンのある絵に示されるような ── 風景の用い方とはつまり、自然にははっきり個の相貌《フィジオノミー》があるということである。それは人間の行為と人間の歴史に対応し、文字《PM》通り谺《こだま》を返すものであって、（昔の道徳的風景［*paysage moralisé*］のように）古いアレゴリー言語に従わず、表現《エキスプレス》する新しい感覚を持っている[80]。他のことでは全く似たところのない後期マニエリスムの画風とここのみ通じるが、自然がもはや人間の営みの単なる背景とか気分を出す小道具にとどまることがない。しかるに叙事詩《エピック》感覚では、芸術の力は、個別の仕方で表わされるが、あくまでひとつの全体たる自然の魁偉の一般的な効果をつくりだすという一点に収斂していく。

たしかにプーサン、クロード［・ロラン］との対照は歴然とはしているが、サルヴァトール・ローザが突兀《とつこつ》とし峨々《がが》とした岩山を誇張して描く荒ぶる画面は、個別化のない一般化された表現に満たされてもいる。『列伝』のジョシュア・レノルズ卿がこのナポリ人画家について言うには、「全てが同質である。彼の岩山、樹木、空が、彼の筆の前に同じ《イーヴン》であり、彼の人物たちに力を与えた同じ粗野で荒々しい性格を帯びている」[81]。レノルズが喝破したのは、荘厳様式の高尚と言おうが個性的な様式（装飾的なとまでは言わなくとも）の特異と言おうが、こうした呼称こそあれ、自然界裡の諸物がはっきり個の相貌《フィジオノミー》を持っているということにはなっていないということである。まったく逆だ。どちらの様式にしろ、自然の事物にはひとつの統一された鋳型がはめられていて、これがあれやこれ、一般的性格こそ与えるのだが、はっきりと個別化された特徴はおそらく与えることがない。かくて、ローザの声望は18世紀後半、うなぎ昇りに上っていったのだが、個別（particularity）を前面に出したからといって称讃されたわけではない。彼がピクチャレスク・トラヴェラーたちの紀行報告中に大人気というのも、想像に難くない[82]。

美の起源をたずねる旅でいま少し実《じつ》をあげようということになれば、巨大な建築・彫刻と自然の統一を予言しやまぬマニエリスムから、そのままバロックへということになろう。オーストリア人バロック建築家のヨーハン・ベルンハルト・フィッシャー・フォン・エルラッハ（1656－1723）は影響力絶大の銅版画集『歴史的建築図集（*Entwurf einer historische Architektur*）』（1721）によって、巨大スケール、溢れる力感、そして天然の崇高とたちうちしようという趣の大厦《たいか》高楼の輪奐《りんかん》美への趣味の浸透に与《あずか》って力あった。実際、フィッシャーの――17世紀の旅行記によって形づくられた――バロックのカテゴリーは、巨大、暗黒、不透明、そして物質の四大的量塊をうべなうエドマンド・バークの論を、はるかに先取りしたものであった[83]。

フィッシャー・フォン・エルラッハを引き合いに出したのは彼の国際的な様式あってのことである。それは、オランダ人、ポルトガル人による交易がはっきり念頭にあり、中国入華の宣教師団が育んだ国際主義に通じ、かつアタナシウス・キルヒャーのような非正統派の博識家たちが企てた奇異そのものの異文化への秘教的探究をも視野に入れてのコスモポリタニズムであった[84]。ギリシア・ローマには目もくれず、フィッシャー・フォン・エルラッハは古代の近東、極東の巨大構造物を次々に並べてみせた。当時知られていた有名なモニュマンを全て見たというのも初めてなら、その区々《いちいち》をそれぞれの歴史的、地理的コンテクストの中に配してみせたのも、当然、初めてのことであった。そうした驚異の構築物が配された場所がいかに自然多き所か見せつけたばかりか、自然の驚異、そこいら曖昧な驚異の幾つかも絵にして含めも

図 1 J. B. Fischer von Erlach, *Mount Athos Transformed into Alexander the Great*, from *Historische Architektur*, 1721, I, pl. 18. Engraving.

した[85]。人工と天然の巨大な形態がそれらが存する状態のまま保たれ、また自然な統一性を保つ姿を描いたフィッシャー・フォン・エルラッハの絵が 18 世紀人士にいかに決定的だったか、いくら力説しても足るまい。要するにフィッシャー・フォン・エルラッハは事実志向の旅行記の方法を採り、有用な美的目的に使ったということができる。

フィッシャー・フォン・エルラッハ最強の銅版画の一枚がヘレニズム時代にデイノクラテスが抱いた野望、アトス山をアレクサンドロス大王の姿に彫り刻もうという大計画の実現想像図であろう［図 1］[86]。この再構成物が目下実にぴったりなのは、はっきり風景としての人物像を見させるからである。こうした焦点を遊戯三昧の曖昧なマニエリスム風騙し絵、その恰《あたか》も偶然であるかのように幻想《ファンタシア》を即《そく》惹き起こすやり方と混同してはならない。アレクサンドロス大王の身体が区別できぬまでに石と同化しているようには描かれてはおらず、むしろ両者それぞれの物質的組成のちがいが強調される。かくて人間を自然物質からこうして分けること、地は地で自ら叙事詩的生を ── 英雄のように ── 送ると視覚的に暗示することが 18 世紀博物誌の示導動機《ライトモティーフ》となるだろう。それはまた、芸術の上へ自然を押しあげる進化過程の一部を表象してもいる。結局、フィッシャー・フォン・エルラッハは、人の匠みを示す気紛れな場や機会としての外界、そこでは物自体がその芸術作中での表れから分けられる劇場としての外界には関心がないのである。

古代の傑作建造物を抱く場所を飽くまで正確にフィッシャー・フォン・エルラッハは描写しようとしたから、科学的写実と、地誌の本当らしさの追求という大問題が生じる[87]。現実のモデルをどう見るかに基づき、自然界の視覚的分析に基づく「ゼロ度」の様式の成立が科学的関心と関係があったことは、ルネサンスの巨匠たちのいくたりかを見れば一目瞭然だ。アンドレーア・マンテーニャの伝説的な「地質学趣味」はその作に繰り返し現れるが、ウフィーツィ美術館の『石切場の聖母』の玄武岩の結晶風景など、とりわけ目を惹く[88]。同様に自然の大岩塊組成が実に綿密な観察を受けて、レオナルド・ダ・ヴィンチとアルブレヒト・デューラーの絵や素描に屢々顔を出している[89]。北方芸術に目を転じると、ヒエロニムス・ボス［ボッシュ］、ピーテル・ブリューゲル父の鉱物趣味、パティニール描くムーズ河畔の劇的な目印物、ヘラルト・ダヴィットの突兀《とつこつ》たる土手など、どれも物質の組成を親しく知りたいという新しい関心の所在を証すものである[90]。その頃、錬金術も多くの点で経験科学のひとつだったが、まさしくさまざまな物質の振舞いに分け入る実践の知がそれだったはずである[91]。

それにしてもルネサンスの共感的で探究的な自然観はヘレニズム時代にまで遡る。ぴったりヘレニズム科学はプトレマイオス［・クラウディオス］という人物を介し、漠然として広大な世界を示すよりも、地図を用いて諸地方の固有の輪郭を再現することに基づいた図解形式を発展させた。地図つくりの地方地誌学（chorographies）は「トポグラフィー（topography）」、即ち典型的だったり特徴的だったりする場所や地勢の表現を含む[92]（伝説ではアペレースは眼前に広がるものを再現できる魔術的な力を持っていたそうである）。驚異博物室入りがふさわしい珍奇物ではなくある特殊な局面、どこと判る場所を描くことが、17世紀、特に低地諸国で整備されて景観図になったものの核心部にある[93]。兄ジョヴァンニ・アントーニオ、弟フランチェスコのグァルディ兄弟やジョヴァンニ・パオロ・パンニーニといった18世紀ヴェネツィア人画家たちの「発明の景観《ヴェドウータ・イデアータ》（*veduta ideata*）」、「奇想画《カプリッチオ》（*capriccio*）」、あるいは空想情景とはちがって、地誌景観画は正確さを旨《むね》とした。これは1760年以降、科学的航海の後を受けてヨーロッパの主な都の悉くに溢れていった絵のふんだんに入った旅行本の盛行によって大変な規模で引き継がれていく[94]。地誌画の流行は、人は郷国（*paesi*）を以て宇宙のことが想像できるというジョヴァンニ・パオロ・ロマッツォの言葉の正しさを確証するもののようであった[95]。

18世紀初め、（叙事詩的、アルカディア的、田舎ぶり野生風、いずれにもしろ風景の一理念を架空界裡に構成したものとしての）風景画と、（実際の野外の場所をあるがまま描いた肖像画としての）地誌画の区別がなくなり始めた。科学がクロード・ロランやヤコブ・ファン・ロイスダール流の風景漁りの定法を去って、それ自体の価値を認められた風景を写実的に描写する方に転じるよう要請したのである。地誌画家も、科学者に入り込み身につけられた鋭い観察の習慣を真似る限りにおいて、風景画家より上ではないにしろ同じ位置を占めることになったのである[96]。このプロセスは美の価値が人工物よりは自然をこそという向きに変わっていった趨勢をなぞったものであった。

地誌画的描法にはふたつ基本的な視覚様態がある。ひとつは、深い浅いは別としてともかく広いパノラマへの嗜好となる。これは前景を無視し、相対的に空っぽになった所を飛び越えて、含まれる風景や事物に距離と遠方の印象を与える[97]。第二の様態は細密さと狭《せば》まった視野への情熱で、これは珍しい場所の「外観」を細かく記録するのにぴったりである。この前景に焦点がというのは、眼前にある個（particularity）の外観を注意深く吸収する博物誌家・画家の伝統に負うところがある[98]。ふたつの視覚方法とも、それぞれ芸術の外なる関心系（即ち自然事物の世界）と繋がっているというそのことのため、同じように外在事物の外観を探る他の分野と繋がる。そしてこの関係が、地誌として正確かどうか証明することは不可能とするきつい批判をかわす新しい解決法をうみだすのである。

18 世紀一杯、アーティストたちは、地質学者、鉱物学者、そして植物学者が、とは即ち地、地球について実証可能な新知見を促進する人々が独特に理解し、肌で体験した風景の多面多重を徐々に発見していくのである。

アリアドネの糸さながら、さまざまな主題や様式の議論を縫いとり、マニエリスムからバロックへの全音域にわたったのは、自然の物質の人間五感に訴える物質性を捉えるか、顚覆せしめるかどちらかという、アーティストたちの努力である。これと対照的というのか、ジャック・ラ・ジュー、ジュスト＝オーレル・メッソニエ、ニコラ・ピノーが始めたロココ様式は世界を非物質化するものというふうに見えた[99]。

鋭い目で物をしっかり凝視せよというのから、たまゆら、かりそめの夢見心地ほど遠いものがまたとあろうか、と。しかしロココの蒸気くゆる霧もよいの絵は、詩的儚《はかな》さが科学に霊感されたかりそめ《エフェメラ》に ── 特に、事実に即《つ》いた旅行記のページ上にも見られる星雲状のもの、鼠《ねずみ》色のもの（*grisâtre*）に ── 変わっていく成り行きの毛色の変った先ぶれ、前哨戦とも言えるのである。してみると、そうした旅行記が牢固たる自然の傑作、地の示すモニュマンさながらの特徴にばかりか、宇宙に遍満する捉えがたなき気象効果、不可触の物理力にも目を向けたいわれもよくわかってくるだろう。なるほど、雅びな宴（*fête galante*）を手掛けた族《うから》が黄金時代の〈甘き場所（*locus amoenus*）〉の装飾幻想や人工的舞台、曖昧の視野に淫したありようほど、地誌画的現実の直截《ちょくせつ》に遠いものはない[100]。それを否定するつもりはないが、もう少し深いところを見るなら、16 世紀唯物論の語法を竿頭一歩進めるロココ様式が〈蘇ったマニエリスム（Mannerism *redivivus*）〉とも知れ、かくて議論はぐるりとひとめぐり、である。

18 世紀奇苑の人工洞窟《グロット》にさかんに用いられたロカイユ（パラドキシカルな自然改造で巧妙に積層された軽石、鍾乳石、岩塊のアマルガム）は、自然をそのまま型にとる。パリッシーの奇手への呑気な先祖帰りであった。たしかにここでも、ご先祖の〈田園様式（*style rustique*）〉の構成成分となった手のこんだ岩石個体への、多様な岩石の砕片や残骸、石の標本への同じ耽溺が感じられるが、勿論今回は完全に遊びである。こうした遊びと騙《かた》りに満ちた装飾は、芸術と自然の縫目なき境界線上に位置し、両方の制作に成るものというふうに感じられていた[101]。

様式としても物質的意味においても、ロココは少なくともふたつの局面で我々の議論を助けてくれる。装飾版画の有機的力動的アラベスクに体現され、その意味では 16 世紀生気論の軟骨様式（*Knorpelstil*）に先祖帰りした。表現の力がこうやって示されると、それは自然の具体的な力を科学が評価しつつあった、それと同じことを、人工的媒材を使って視覚化してみせたものとも言えた[102]。一方「描き難き美」── 消え去ることをこそ本質とする物象物質 ── を捉えることに対するロココ芸術家一統の関心は、無機界に活性を与える気の実在に力を得る。さらに、一枚岩となったロカイユは ── 天然世界中のものであろうと、画中のものであろうと ── 時の流れと腐蝕の力に自らをさらす（というか、さらされる）。かくしてそれは自然のものであろうが芸術のものであろうが、どんな物質的媒体にも内在している力を確認し直すことになる[103]。

科学精神はロココの牧歌的儚《はかな》さのアートの敵ではあったが、時代は貪欲なコレクターやアーティストがつくった博物学キャビネ［ット］（cabinet）で一杯である[104]。それらキャビネは、自然を木石のピクチャレスクな形態で複雑に示す標本類ではちきれそうだった。この娯楽目的の自然展示のやり方が結局は装飾を美の領域から、生き、生長する世界にと押しだしていくことになったのが、皮肉と言えば皮肉である。

●脱装飾庭園

あらゆる分野における発見趣味こそが各啓蒙世紀を特徴付ける印である。

―― レイモン・ド・ソーニエ

人跡未踏の地に歩み入り、**科学**の領域で新発見をすること、意匠を発明し、**芸術**の産物を完璧に仕上げること、すべて**天才**ひとりの世界で……こうした目的の成就はただひとり啓蒙された深く広い少数の人間にのみ手の届くところであるが、それらは人間の知と人間の幸福を大きくすべく摂理によって定められた人々のように見える。

―― ウィリアム・ダフ

18 世紀には、丁度ルネサンスがそうだったわけだが、大探険が突如、文化と地理の地平《ホリツオント》を拡げた。人々の住む現実の世界は変化し、広がり、可能性に満ち、ついには限界なきものとなった。発見また発見の感覚世界の英雄的なまでに広闊な描写をこそ 18 世紀は企て、そしてほぼやりとげた。「発見趣味（the taste for discovery）」なる語がちゃんと理解できるのはこういう背景あってのことである[105]。

それまで神と結びつけられていた〈無限（infinity）〉、という語が既にして 17 世紀に、拡大された宇宙について用いられだしていた。「新科学（The New Science）」、とりわけニュートンの宇宙物理学が、脱超越の自然の全体像を瞥見させてくれた[106]。その伝で行けば 18 世紀の爾余の時間は、この物象宇宙をその極微の個にいたるまで征服し尽くことに傾注されることになるはずだ。発見の讃歌が、必ずしも同時にではないが、フランスとイングランドでさかんに歌われた。ピエール＝ルイ・モロー・ド・モーペルテュイ（1698－1759）は、フリードリッヒ大王に向けて書いた『科学の進歩を論ず』（1750）で、彼が同時代焦眉の三大懸案 ―― アジア域への北西航路、謎多きパタゴニア人たちの実身長、そして大南方大陸の発見 ―― を論じている[107]。その強く主張するには、凡そ啓蒙君主たる者、ただひたすらこの種の厄介な問題を解くというだけのために毎年二隻か三隻か船を出すべきであり、万一この提起された目的が果たされぬにしろ、この地球上になお未知のままある諸事を考え併わせるにつけても、何か大発見が遂げられえないことなど考えられない、と楽観的である[108]。とつおいつ考えるうちにモーペルテュイは、珍奇かつ重要な「新たなる驚異」の探究を長々と論じ始め、それには政府の督励が必要と言う。その一覧表は電気から夢まで時代の主な科学的関心事を印象的に総覧させる体《てい》のものだが、肝心なのはその結論である。ユートピア的予言とでもいうのか、モーペルテュイは、科学者の時代が来たとし、近い将来に哲学者にとって代るだろう、なぜならば抽象と理屈が幾星霜さかえてはきたが、そうした時代に形而上学は少しも進歩しなかったからだと言う[109]。思弁の（とはつまりキャビネ［ット］の）哲学は物象界を征服させることは決してないであろう。モーペルテュイ以降、多くの人間がそう断じるはずである。

とりわけドニ・ディドロである。科学の進歩を支持した。モーペルテュイ論文刊行から5年後、ディドロは「今この時」科学に大革命が生じつつある様を熱烈に描いた。『自然解釈論』でディドロは、発明家が社会に重用される時代は科学隆昌の時代だという定石をたしかなものとし、先輩たち同様に彼も、同時代人の誰しもが後世から何か傑出した発見によって讃えられることを望むのは驚くばかりである、としている[110]。期を一《いつ》にしてディドロの『百科全書』は、「発見」という語は諸芸諸学に新しく現れてきたもの万般に使われてきたが、こういういい加減な用法のせいで随分間違った意味にも使われてしまっている、とした。新奇さを指すばかりでなく、知識、有用性、そして困難という意味をも持つ、とディドロは指摘している[111]。

科学的発見と探究旅行の目的は完全に両立しうるという点をはっきりさせたのは（自身有名な旅行家であった）モーペルテュイだったが、客観的な科学探険という目的を事実に即《つ》く旅行記の枠組の中で正当化した功績はシャルル・ド・ブロスのものである。発見の心理学と呼べそうなものを一番初めに記したとまでは言えなくても、一番初めに定式化したうちの一人とは呼んでよいだろう。ド・ブロスの記念碑的大作、『南方大陸航海史』（1756）は、衝撃の壮図にちがいなかった航海の報告である。探険はともかく巧く行くということ以外の何の目標もあるべきでなく、儲けるの儲けないのは航海が完全に成功してからの話にすべし、と言い分は短簡である。発見の事実あってそれなりの経緯があって自らそうした現実的な話になっていくはずだ、と。そして重要な一文だ。「目論見の実《じつ》を求めるに急過ぎるならば失敗が必定《ひつじょう》である。初めはひたすら地理学のみ念頭にあるべきだ。発見したいという純粋な熱望のみ、宇宙のために新たな地、新たな住人を獲得することのみが……」。敢為に出る真剣な旅行家は正格の数学者の仕事を見習うべきだが、まずは純粋に知りたいという気持ちだけで抽象的内容に懸命に取り組み、然る後にそれらが応用科学の対象になっていくのを目にするのである[112]。

フランス人に遅れること僅か、別の分野で科学的発見の重要性を議論し始めたのが英国人たちだった。別段一人突出というわけではないが影響力は絶大だったその『独創的制作法』（1759）で、エドワード・ヤングは詩に発明が見られなくなっていることを嘆き、想像力涸渇のこの無人の荒地を再び賑やかにするためには書き手たちはその作物の中に科学の収穫を取りこむべきだと提言する。ヤングの提案がなされたのが、折りしも物理学や数学、科学の知見が増大中で「真面目な著述家の天才に新しい滋養がいろいろと補給される」タイミングだったこともあって、目下の議論の中でのこの提案はさらに目はし利《き》いたものに思われる[113]。つまり、詩は自らの発明力欠如の窮状を脱しようと思えば科学的天才、科学的発明の力を借るべきなのだ。以降、18世紀の終りに向けて科学的天才の優位が論じられていく。探究者たちの発明と切れ目ない発見は、『独創的天才論』（1767）のウィリアム・ダフに言わせれば、詩の「ぼやけた」光とちがって「収斂し集中した鋭い光線」のように諸物遍照しやまぬ生命力と可塑性に富んだ強力な「想像力」の所産である。さらに、（最高形態たる）独創的天才（original genius）は、つまりは「精神がその力を向けるあらゆる相手に何か新しい、常ならぬものを発見する」その精神の根源的パワーに他ならぬ、ともされる[114]。

しかし発見についての最も包括的かつ意味深い定義は、旅を含む定義だということを思いださせてくれるということになれば、海将ジョン・バイロンやサミュエル・ウォリス、フィリップ・カータレット、それにキャプテン・クックの航海記を編纂して悪評嘖々《さくさく》のジョン・ホークスワースであろう。1764年、王位に就いた直後のジョージ3世は人跡未踏地探険のキャンペーンを始める。王の航海者たちは、ド・ブロスが10年ほど前《ぜん》に記したのと同じ、漠《ばく》としてわざと尻切れとんぼの指示を与えられた。簡単に言えば、南半球で数々の発見をなせというのである[115]。

この時代がそっくり旅行者たちに支配されたのである。ミッシェル・フーコーのぴったりのコメントを思い出そう。18世紀の根本的な知覚構造はふたつ、盲目で誕生しながら後から視力を得た子供、そして未知の圏域に突然投げこまれた外国人観察者のショックなのだというのである[116]。これら始源体験は何か根本的な発見がなされた時にのみありうるような仕方で、ものの見え方を変える。

キャプテン・ジェイムズ・クックとラ・ペルーズ伯ジャン＝フランソワ・ド・ガロープの同時代人たちはチャールズ・ダーウィンの時代の人間とはちがって、自然が新奇のものと見える時代に生きていた。発見を待つ風景が一杯残っていた。地球はその果てまで人の足が入り、知識も極限まで行きついたというヴィクトリア人士の感覚とは無縁の時代だった。クックの最初の南洋航海に随伴したスウェーデン人博物学者のアンドレアス・スパルマンは彼らの話が人気などというのは1777年までなかったことと記しているが、まさにこの大探険航海狂いの動向を物語っているのだ。こうした話を歓迎する人々の「貪欲」、読もうとする人々の「熱心」に感激しているスパルマンだが、同時代の「実験好き」「探究欲」の否みがたい証言というわけである[117]。

そう、そろそろ探険旅行家たち自身の言葉で語ってもらう時が来ているように思う。

1737年刊、コルネリウス・ル・ブロインの『モスクワ大公国及びペルシア旅行記』に早くも、発見旅行を迫《せ》かされるように企てていく気分がうかがえる。19年間も途切れなく旅に出てデン・ハーグ［ヘーグ］に戻ってくるや、その途端、病身老耄も顧ず、もう旅に出たくてたまらないル・ブロインの姿がある。「昔できたのより」遙かに重要な発見がなおいくらもできると、学者たちが彼を迫《せ》かせて仕方がない、と自慢気に読者に書いてみせている[118]。17世紀および18世紀初めの紳士らしく、ル・ブロインの目的も主に、訪れた地域の往昔《いにしえ》をさぐる尚古の旅と瞑想だったのだが、次の世代は旅の目的が変っていた。クックは最初の金星の子午線通過観測の航海の事跡を振り返って、こんなふうに記している。「……発見が航海の第一の目的ではなかったが、私は過去の航海者が一度の航海でやったどれと比べても、その時までに船で回られたことのないさらに広大なる海域を渡り、南洋の高緯度、低緯度のさらに広大なる地域を発見し、こうして発見された地域の長い海岸をさらに長い時間をかけて探索し、さらに正確に測量しようと腐心した」、と[119]。もっと強烈な信仰告白がジョージ・ヴァンクーヴァーの

図 2　John Franklin, *The Expedition Discovering the Coppermine River*, from *The Polar Sea*, 1823, pl. p. 237. Drawing by Lt. Hood, engraving by Edward Finden. Photo courtesy British Library, London.

口から聴ける。「18 世紀初めこの方の諸科学の急発展と知識の一般的普及に思いをいたすならば、地球僻遠の地をさえ探索せずには措《お》かぬ積極の発見精神をば讃仰しつつ維持していくことを改めて心に誓うの他はない」、と[120]。

「旅行と探究の精神」に抱きとめられぬ何もないという勢いだったようだ[121]。その世界周航記（1813）の中でエストニア人のアダム・ヨーハン・フォン・クルーゼンシュテルンは、「はっきりと発見目的でない」旅の話など読んでも自分の好奇心は「発見第一とするそれを読む時に比べれば掻き立てるところ少ない」、と記している[122]。重点が次第に新しいものを見ること、知覚の純粋にと移っていった挙句、19 世紀 ── 新奇の地平《ホリツオント》は、どんどん縮小中の時代 ── は発見行為そのものの表象をうんだ。典型的なのが、ジョン・フランクリン卿の第一次北極探険に随行したフッド大尉の素描画で、「コパーマイン川発見行」の瞬間を記念した作である［図 2］[123]。

発見趣味が、啓蒙時代直前に瀰漫《びまん》したとされたトリヴィアルなもの（triviality）、つまらなさに対する解毒薬、抗鬱剤の役を果したことの厖大な証拠がある。つまらなさ打破の声はフランスから出てくると一層声高だった。熱気球の発明や「宇宙」旅行の可否を報じて『ジュルナル・ド・ムッシウ』誌は、驚異で一杯の 1780 年代を世紀の「不名誉なる過去」と対比してみせる。その逸名の記者がはっきり言ってのけるのは、凡そ人類の年代記中、すばらしいイヴェント、特異な発見ということで 1777 年から 1783 年にかけての時代に太刀打ちできる時代がどれほどあるかということであった[124]。

気球飛行は浅薄という非難を免れたが、他の科学研究にも当てはめられていたベーコン的な実用巧利の規範に訴えるところがあったからである。かのド・ブロスにしてからが発見の必要を説く文章をベーコンの『学知増大の大革新（*Instauratio Magna Augmentis Scientarum*）』からの引用句で始めていた。ド・ブロスは、不幸にして〈栄光〉は王たちの情熱となり、しかも彼らがそれを専ら戦場に求めてきたところにいつにも変らぬ大間違いがあったのだと、戦《いく》さ、戦《いく》さで熱くなったヨーロッパに思いださせようとする。彼に言わせれば、フランシス・ベーコンは一歩先を行っていた。目的の崇高は発見においてのみ有用性とマッチするのである。「地にひとつ新世界を殖《ふや》し、旧世界に〈新世界〉の自然産品、有用なる習俗を恵む、これこそそのような発見の実《じつ》であろう」、とド・ブロスは結論している[125]。ベーコン卿は人類福利のための学知の進歩を科学者の目標に掲げていた。そのような研究の目的は名望を得ることにも、奇跡の現出にもなく、人類の状況を改善することにこそありとするベーコン流は、あらゆる探険家–科学者たちの血肉と化していた[126]。

兄ジョゼフ=ミッシェル、弟ジャック=エティエンヌのモンゴルフィエ兄弟は1782年、生地アノネで軽気球を製造し、未来の予言者となったが、それを契機に軽航空機学のいやましに「為になる旅」に深入りしていくことになった。頑張り屋の気球人間たちは彼らの発見が「科学に資する」ようになりさえすれば、不滅になる、と当時の大衆誌紙は予言めかして書いた[127]。この自然の根本的拡大の持つ途方もない意味に最初に気付いたのは気象学の人間だった。フランス人気象学者ピエール・ベルトロンは「軽気球」のために熱く弁じながら、それを潜水鐘に匹敵するものと言い、大気高く、深海深く行なわれるはずの蒙《もう》を啓《ひら》く研究には限界などないとまで言っている[128]。実際、気球飛行を指して用いられた“*expérience*”という語は、いうまでもなく「実験(experiment)」と同意の語だった。

まずは、多様な気象条件の謎をめぐる古来の問いに気球が答を出してくれ、もって知識のまったく新しい分野を開いてくれることが期待された[129]。空中冒険家はとりわけ、海路のお仲間同様、湿度と気圧を測定することを期待されたのだが、音と電気の関係の各種実験を空中でやってもらいたいとも言われた。しかし、何といっても大気現象《メテオール》(meteors)の振舞いについて知りうることなら全てを検討し、こと細かに記録するのが第一の任であった。かくてベルトロンは、昇空者のカメラ・オブスクーラ携行を必須とした。天気や風の状況がまさしく眼前で刻々変化する雲間に漂う時の恍惚感を記しているのが、このベルトロンである。そこでは水蒸気が氷結し、凝集して雪片となったし、月の光冠《コロナ》、太陽の幻日《パーヘリオン》現象がはっきりと見え、虹も不完全な弧ではなく、最後には完全な円に見えた[130]。さらには、博物学者のティベリウス・カヴァルロとフォージャ・ド・サン=フォンも書いているように、ある陸海の地形は旧式に陸路、海路を行って描くより、こうした驚異の飛行機械を用いる方が絶対正確だし、何といってもお手軽！ 気球乗りが瘴気罩《こ》むる沼沢や峨々《がが》たる山系山脈、危険多い平原、荒涼の氷冠を呑気に睥睨《へいげい》する時、眼下では地表這《は》うお仲間の塗炭の苦しみ！[131]。シャルルの法則に名を残すパリ工芸学校物理学教授ジャック・アレクサンドル・セザール・シャルルは1783年、水素気球(その名に因んで“*charlière*”)を製作したが、気圧や気温の測定具を搭載して昇った最初の気球乗りという栄誉に浴した。1803年にもう一人の物理学者、ファンタスマゴリア幻燈興行で一世風靡の多才多芸なベルギー人「教授」、E・G・ロベルトソンがハンブルクを出発、最初の真に科学的な飛行を号した。それは世界中の耳目を集めた。これほど華やかではなかったが、ピエール=シモン・ド・ラプラス、クロード=ルイ・ベルトレ、ジャン=バティスト・ビオ、ジャン=ルイ・ゲイ=リュサックといった天文学者や化学者たちが、成層圏の実験室で行うべきさまざまな新実験をひねりだすのに余念がなかった[132]。ゲイ＝リュサックとビオは、1804 年、自身も気球上の人となっている。7,000 メートルの高空で空気を採集し、空気の組成が地上と大して違わないことを証明した。

勇敢にもシャルル・ド・ブロスが王の注意を戦争から純粋無私の発見競争の方に逸らそうと努めたのにも拘わらず、気球の軍事利用が 1793 年、コンデ市包囲戦で始まってしまった。国民公会は気球兵部隊をつくろうとし、ムードンに軽航空機学校を創設した。エジプト遠征から帰ってきたナポレオンは、創立者ニコラ＝ジャック・コンテの熱烈な自由主義をうとましがって、この学校を閉鎖させた。いずれにしろ気球による攻撃には（ナポレオンにはドーヴァー海峡を越えて奇襲攻撃に出る考えがあった）相変わらず操縦困難という大問題があった[133]。これは科学的探索にもひびいた難点であった。操縦が厄介というのでスパイの具、戦争の具としての気球利用にはブレーキがかかったかもしれない。が、旅人たちの気勢は一向殺《そ》がれることはなかった。

気球飛行が科学的探険の最高のとまでは言えずとも有効な方法とは考えられていたことが、ベルトロンの言葉からもわかる。

> 他の気候、他の空の下に旅が行なわれ、こうした世界周航旅がかくも珍奇に満ち、興に溢れ、その差し示す異なる文物の比較によって科学の限界をかくも効率よく押し広げてくれるものとするならば、我れらの地の遙か頭上、広大無辺の大気圏で敢行される旅がさらにずっと為にならぬ筈が、好奇心をもっと掻き立ててくれぬ筈があろうか。そうとも、我々は早晩、勇敢なる空の船乗りたち、天空のコロンブスやヴァスコ・ダ・ガマ、蒼穹のブーガンヴィルやクックにパジェスの族《うから》が、高貴なる熱《ほとぼ》りに駆られて平原なす澄空に天翔《あまが》け、物理学とモンゴルフィエに天佑と冥助受けて、気球の旅をば、人には禁ぜられてあるかと見える圏域に向けて敢行するのを目のあたりにする日が来るだろう[134]。

陸路、海路、そして空路いずれにしろ、1760 年から 1830 年代にかけ、空間発見が大展開する時代に我々はどうしようもなく突入する。そしてこうした危険多い無数の冒険行のすばらしい点は、おのがじしに大きな喜びなり快が伴っているところであろう。こうした旅行記に宿る喜びだの快感だのは、科学的探険の仕事はつまらぬ仕事ではなく、実に役に立つものだという信念から生まれる。「教へ且《カ》ツ娯《タノ》シマシムル（*utile et dulce*）」と昔ホラティウスが文学の真諦を喝破したが、クック以外に改めてそう言い切れる者が他にいようか。「よしんばただの砂地、ただの汀《みぎわ》に過ぎずとも、自らがその第一の発見者たることより自《おの》づから湧いて出る喜びなければ、此処［オーストラリア］の如き僻遠の地で食料その他必需の物にも悉くこと欠きつつのこの仕事など、一体何であろうか。自ら発見せる海岸をば探険もせずに立ち去る莫迦《ばか》の言い分など、世間が聞くはずもないだろう」、と[135]。ラ・ペルーズがこのコーラスに声を合わせて、昔は探険といえば野心、利己心からだったと歌う。そうした動機を、「人類に福利もたらし、学の間口広げるを目的とする発見の旅」の生む爽快感とごっちゃにすることなどできない、と。こうした公的な面子《めんつ》を何としても立てなくてはならないので、凡そ博愛だの寛大だのと縁のない商いごとでさえ、まったく金《かね》のためというのだけは避けなければならなかった。こうして例えば『ハドソン湾から北洋へ』（1796）のサミュエル・ハーンにしても、読者に、会社は「あらゆる発見に努めるに吝《やぶさ》か」でないと断りを入れておかねばならなかったのである[136]。

かくて科学的な、まずは事実に即《つ》く旅は、他のあらゆる形式の彷徨旅とは決定的に異っていた。『ナイル水源探険記』（1790）のジェイムズ・ブルースは、人類愛的関心と科学的興味がついに手を握るにいたったこの新しい黄金時代のお蔭で、自由な精神と教育ある人物で「あらゆる仕事の中で最も高貴な、即ち地球の僻遠の地を探険する仕事に従事」している人々には「もはや堕落もなければ、海賊扱いということもない」、と言っている[137]。私掠船の海賊だの、紳士尚古家、ひたすらピクチャレスク狂いの好事家たちの動機とは対照的に、科学的探険家たちの強力な動機は、ヨーロッパ中に敵愾《てきがい》心が満ちていた時代にあってさえ、国際協力であった。

超越的関心としての科学が、商業、軍事、植民地経営の搾取の狭い世界の上に出て頑張っていることが少なくなかった。その頂点は、1761年から1769年にかけての金星の子午線通過観測に多国籍探険隊が集結した時であろう[138]。一昔前ならこうした探険行の成果の上を「秘密のヴェール」が覆って、有益な情報が「ヨーロッパ中の国に、いかなる遠方にある国にでも」伝播していく妨げとなっていた。そう記しているのはキャプテン・クックである[139]。

フランス人たちさえもが（こと気球の発明者は誰かという一点を除いては）この寛大博愛の精神をよく口にした。革命政局裡に断頭されることになった政治家ジャン=シルヴァン・バイイは天文学者でもあったが、クックがハワイで非業《ひごう》の最期を遂げた後で、クックを偉人の手本ということで熱烈に讃えて、こう記している。「この人の思い出が滅ぶことはないであろう。……英国は一人の偉大な人物を悼み、フランスはこの人物を讃えよと言う。或る者はタヒティで、かの無垢の習俗の聖域で彼の為に泣いている。或る者は彼が死と遭遇したかの不幸の島で泣いている。そしてこの野蛮の民、開化の民を問わぬ悲惆《かなしみ》こそは、徳と天才がかつて受けとった最も美しい讃美である」[140]。

科学的な（とは即ち事実重視の）紀行文は、平明で装飾の修辞を持たず、見たところ技巧のない書法でという方向をもたらしもした。飾らぬ物語をするということは、科学を言う書き手

図3
Nicolas-Jacques Conté, *A Balloon at a Military Camp*, ca. 1794. Watercolor. Photo courtesy Musée de l'Air, Paris.

がヘロドトス、クセノフォン、パウサニウス、ストラボン、ホラティウスといった古典作家に頼りきりなどということがありえぬことを意味した[141]。目《ま》のあたりにした物質的状況の新奇さに見合う説得力を持った言語表現、絵画表現の無垢のかたちをめざして工夫ということが、18 世紀半ばから 19 世紀半ばにかけて刊行されたどの名だたる発見旅行記の序文にも記されている。綿密でいて平明なもの言い、（とりわけ自然現象の描写における）ディテールの物語的配列の問題に頭を悩ませるなどということは、「架空旅行（*voyages imaginaires*）」、「驚異旅行（*voyages extraordinaires*）」、そして「法螺吹き紀行（travel lie）」というこのジャンルのさまざまな変奏形のどこを見ても先蹤《せんしょう》と言えるものを見ない[142]。それから真実らしさでは、内容が適当な表現と見合うかということになると、啓蒙哲学者《フィロゾーフ》たちが夢掻《か》き立てた南太平洋への旅で彼らが希求してみせた無可有郷をなお彩り続けていたところの、地上の楽園を謳《うた》うパストラルな伝説も、等しく何の手助けにもならなかった。デフォー、ポープ、ルソー、そしてシャトーブリアンの「高貴なる野蛮人（*bon sauvage*）」にしろ、モンテスキューやアベ・レイナル

図 4
Nicolas-Jacques Conté, *Preparation of the Varnish*, ca. 1794. Watercolor. Photo courtesy Musée de l'Ar.

図 5
Nicolas-Jacques Conté, *Varnishing the Balloon,* ca. 1794. Watercolor. Photo courtesy Musée de l'Ar.

図 6　T. C. Nauder, *Battle of Fleurus*, 1793-94. Etching. Photo courtesy Library of Congress, Landauer Collection.

の「支那賢者（*sage chinois*）」やトルコ人、ペルシア人あるいはその末裔たちは皆捏造《でっちあげ》で、こと地理や物理の事実がどうかという段になると、もはや反面教師という以外の何ものでもなかった[143]。

自然に目を向けるといくら言い張ってみたところで、1770 年代に絶頂のピクチャレスク・スタイル、装飾過多の遊山《ゆさん》文体（*style touriste*）では、とにかく自らは道具に徹して物質界の再現をめざすアートの役になど立つはずがなかった。山川、森、湖の詩的性格を強調する焦点なく喚起される情緒をそうやって集めてみたところで、大概は一個人の娯しみの種以上のものではない。風光明媚（the scenic）大好き人間にとって、とにかく事実《ファクツ》を集めろという要求ほど性《しょう》に合わないものもなかったであろう[144]。

それでは、1750 年から盛りあがり、グランド・ツアーおよびそのもう少し知的だった後産の中から出てきたことがはっきりしているレヴァント考古学探険行はどうか。リチャード・ポコック、ロバート・ウッド、ルイ・ルロワ、（初期の）ヤーコプ・シュポン、そしてジョージ・ウェラー卿といった個人の紳士冒険家たちは、はっきり建築の劫初《いやさき》の起源に戻ってみようという目的を持っていたが、自然に向けての同じような探索行を刺激したかもしれない[145]。ポコックはその『東方詳記』（1743−1745）序文で、ほとんど未踏というに近く、「古代史でかつて非常に名高かったか、現在博物学方面で珍奇をもって鳴るかいずれか」のヨーロッパの幾つかの地域を見てきたので、「特にそうした観点からそれらの簡明な記述を試みてみるのも喜びある仕事と思った」と、書いている[146]。19世紀半ば以降には当然とされる古遺跡描写の精確さが、博物学の方では必須のものとされていたそれと重ねられているのが面白い。

過去の文明への遡行旅は、悲歌好みの廃墟趣味、それに随伴する崇高永遠の無常観の暗い感覚とも軌を一《いつ》にしていた。アダム・ニールの次の言葉はどうだろう。「詩人に歌われ、歴史家に讃えられる古代の英雄何某かを想起させぬ岩山も断崖もない、木立も神殿廃墟もありはしない……」[147]。客観的詳細な廃墟描写を最近の科学研究の対象としてやる伝統と、文化頽壊や大自然災害のシンボルとしてやる伝統の永遠のせめぎ合いがあればこそ、考古学論文が我々のトピックと繋がりができるのである。しかしもっと決定的な影響力は綺麗な絵が入った鉱物学や地質学の論文が揮《ふる》った。科学的な旅行記が、この新知の役立つ鉱脈を引き継ぎ、完成させるはずである。見る者の目を自分自身から、力溢《あふ》れる世界のもろもろの個物（individualities）へと力いっぱい向けさせせようというのである。

人文主義（Humanism）死せず。これは忘れてはならない。この時期の旅行家たちに共通することとして、決して狭い専門に跼蹐《きょくせき》せずという決意がひとつある。彼らにとって、彼らのオーディエンスにとって、芸術と科学は互いに対蹠《たいせき》物でなどなかった。科学の領域に入ってきたものはすぐに芸術の領野をも拡げた。もっと言えば、外界についていろいろ発見するのが探険隊の任であり、職分であり、旅行記記者はこの才において何よりもまず研究者であった。我々が追求する主題が、人間の現象ばかりか自然現象をも直《じ》かに経験しようというこの意志、この獲得された場所知、そして陸海空からのこの情報の一大結集である。それは船乗りを芸術家にし、彷徨者から学者をつくり、眼前の風景についてただ思弁を進めるのでなく深く入りこんで発《あば》き立て、もって人の手でなお変化されないままの特徴を発見するように仕向けた。「学者と芸術家がこれら探険行の中核となっている」と、ラ・ペルーズも言っている[148] 描写心酔派にとって、彼らが目を凝らす景色はまさしく酔える相手であり、彼らのつくりだす景観はいやましに広く、そして深かった。暫時、芸術は再び実際的目的に役立ち、汚れなき知識獲得の手段たりえた。実際、芸術家が、ラ・ペルーズのような探険家、ソシュールのごとき科学者を先例として、自らの意志で危険に身をさらす図は英雄的そのものだった[149]。旅は風景感覚に、生きられた経験、物質的実体との熱い出合いの取り換え不能な部分をつけ加えたのだが、その部分がこうして記録に残っているのは、ひたぶるに転写という役割り上、その大方は無名の闇にとどまるしかない記録者たちの、いわば影の功績《いさおし》なのである。

XII

第１章

科学が「凝視」した

今もし人々が、虚偽を潤色し支持し、かつて夢中だった一システム、一利害、一党利党略の維持をめざしていた時のあらゆる努力と発想を、真理発見の方法を改善するのに真摯かつ自由な精神を以て試みてみるならば、人間の知識は過去見たこともないほどに前進するに相違ない。

— ジョン・ロック

あらゆる物が向こうから比方に来るのであって、私の方からその物の中にあれやこれら無理に見つけるというのでないようにしたい。……丁度自然を見てきたように今芸術を見ており……この局面からも私の精神は発展して、さらに自在な展観を得る。

— ヨーハン・ヴォルフガング・フォン・ゲーテ

慣習の介在なしに現実を「再−現《リ・プリゼント》」しようという苦闘は、17 世紀思想家たちの念頭を離れることがなかった「真理とは何か」というもっと大きな強迫観念の一部と言うべきものだった。ローレンス・マンリーが指摘した通り、デカルトもマルブランシュも、ホッブズもロックも孜々《しし》として確実性（certainty）の根拠をさぐり、そして以前は没時間な指導原理として自然の裡《うち》に宿ると考えられていた規範が人間精神の所産でしかないという結論を得るにいたっていた。この大転換から危機が生じ、何が真理か決める主観的基準が強調される。かくて（プラトン、アリストテレスより継承の）合理主義哲学は、先験的《ア・プリオリ》という言い方に頼り、経験主義者の批判にさらされることとなった。経験主義は世界が形成されるのに個々人が参加して占める役割りを強調し、知の、芸術も科学も含むあらゆる社会的制度の起源と展開に焦点を絞ろうとした。近代的な主観性の誕生を見たこの時代、開花し始めた「客観」諸科学の目的は、意見一致の理念に基づく確かな真理への、徐々に進んでいく探究にあった。ロンドン王立協会は実験者たちが必ずしも同じ世界観にいたるとは限らないことを認めながら、公式には「蓋然論《プロバビリズム》（probabilism）」の立場をとった。即ち、王立協会員（と他の科学アカデミーのメンバー）は、皆で慎重に検討してみて一番「蓋然性の高い《プロバブル》」と思われるものに同意する、というのである。

こうして発見物は、直接報告、観察、確証、たえず更新されていく発見次第の、仮説群の上向き螺旋の連続の一部ということで表わさるべきものであった。

古ギリシアもソクラテス以降は、自然哲学は不易不変の自然を瞑想するものとされたわけだが、ひたすら前向きなベーコン主義科学はこの永遠不変の自然という観念を認めなかった。ウェルラム男爵［F・ベーコン］の科学的方法は古代の伝統と権威の制約的規範を、「感覚とその対象物の一致」に基礎を置く現代の、現在進行形の研究と対置してみせた（『新機関』Ⅳ）。かくて科学は現象界の微細元素中に真理をさぐり当てることを任とし始める。

ベーコン流の方法にはドグマ的でない寛容なところがあるために、（個人が真摯に見ることを基にする）真理の主観的基準も、研究の結果として普遍的秩序が見つかるはずという固い信念と結びついていた。

逆に、デカルト（『省察』Ⅲ）が思惟と存在を等しいとしたことで出発した大陸側の科学は、「経験科学の父」（ヴォルテールはベーコンをそう呼んだ）唱導の常識の精神によって和げられることがなかった。17 世紀末英国の理論家たちは、人間の心理だとか社会的価値観の変化なども併せ考え、個をもっと一般的な原理として述べる傾向があったが、フランス人たちは偶発的なものをきちんと不動の法則の中に抑えこむという方向に一層の関心を抱いた。まさしくこの精神で、『古代人と近代人の比較（*Parallèles des anciens et des modernes*）』（1688－97）のシャルル・ペローは、普遍的理性に基礎を持つ知と盲目的な主観に緊縛された知のデカルト的な画然たる分離という考えに基づいて、後者の例が芸術であり、自然科学が前者を体現していると論じた。ペローと後継者フォントネルのこうした見方では、近代科学の進歩によって人々は古代人とは異れる自然観を持ち、しかもこちらの方がより正しい自然観である、ということになる。

他の点でどれほどちがっていようと、まさしく知のこの深いレヴェルで、英国哲学とフランス哲学は手を握り合ったのである。対立する両方の極にあって両者は 18 世紀論壇に、視とは個人的なものとする意識をもたらしたが、これはこれで自然また等しく個別にして変化《へんげ》を常とする個で構成されたものとして定義し直せる相手だという認識に補完されていた。

しかしながら、自然を進歩する科学研究の対象と見る近代的自然観を英仏双方のために明文化したのは何と言ってもジョン・ロックである。この「新しい」自然は、古代以来、人間のすること、つくりだす物に対する捉え方の規範を支配してきた寒々とした異和剝《む》きだしの知的原理でもなければ、（ニュートンが体現したような）ラルフ・カドワース言うところの単なる鈍い「裸の物質」（『宇宙の知的体系』。1678）でもなかった。この新しい世界探究の基礎としたものは、生きた現象に対する、「人類の」でなく、飽くまで「個人 某《なにがし》 の」個人的追求なのであった。

ロックは『人間悟性論』（1690）で、物体の第一次的、というか真の性質（固体性、延長、形象、数、運動もしくは停止）、物体の内部にいつも存し、時に我々に知覚される物性を、第二次的、想定的な物性から分けるのに腐心した。ロックがカントまで含めて後世の全哲学者に遺した知の難問というべきだが、もし知識が我々の抱く観念に過ぎず、観念は観念で我々の感覚から生じる映像にしか過ぎないとすれば、我々の知識がカヴァーするものは外世界の事物の現実には絶対手が届かないのではないか、というのである。避けがたい懐疑から唯一済度される道を、17 世紀諸科学アカデミーが予言している。たえずしっかりその目で見て、精神の外に何があるか知るように、というのである。かくて科学的凝視（scientific gaze）が疲れ知らぬ徹底した視覚による探険、外に世界が確在することを「証明」しようという断然たる意志と定義された。この発想はひとつの美学にまで高められて、第一次的快（primary pleasures）こそが格上という言い方になる。アディソンが『スペクテイター』誌第 416 号に書いているように、経験の衝撃力は自然と直《じ》かに対して感じようとする個人の気構えと比例している。諸精神活動の組み合せから生じる水ましの第二次的快（secondary pleasures）とは全然ちがうものだ（『スペクテイター』447）。物そのものと対そう ── ニュートンやゲーテが言う通りだと、その目で確かめよう ── というまさしくこの科学者側の決意において、芸術と科学の実《じつ》ある繋がりが決定的に固められるのである。触れる何をも変容させることのないこうした眼差《まなざ》し、物理データに対する意識的に分析的な対応が、やがてブレイクやワーズワースといった、絵や詩という媒体に透明な自己表現が可能と信じてやまぬ族《うから》をひとしきり激怒させることになる。

◉17 世紀「平明体」

> 私はここで旅行者という言葉が、ただ旅する人というのではなく、仲々珍しい広い好奇心を持ち、さらに珍しい良く見る能力に恵まれている人々を指すものと思っている。
>
> ── ジョゼフ・ピトン・ド・トゥルヌフォール

> 彼の行いに法を押しつけるどころか、彼ら［英国の立法者たち］は彼らの選んだ人間が、もって生れた科学への愛に動かされるまま、その航海より可能な最大の益を引き出すものと考えた。彼はかくて、そのすべての才能を発揮し、その観察力を目を引く一切の物の上に向けていくことになった。
>
> ── ゲオルク・フォルスター

詩人ウィリアム・ブレイクはその『四つのゾア』の中で、（肉眼でのみ見る）「狭い」「単一視」への批判を、当時勃興中の経験科学を標的に行っている。神気の吹きこまれた予言者の視をブレイクは良しとするのだが、これはミッシェル・フーコーが一望看視的《パノプティック》な「観察的凝視」と呼んだもの、見る者が自己の干渉を極力避けて事物をそのあるがままに見ようとする意識的な知覚のあり方とは、当然敵同士であった。この観察的凝視の結果生じるさまざまな連想作用をどう抑えるか、それを示すのが感覚可能な直截《ちょくせつ》性、その前では想像力による変容作用も、根絶はなしとしても、その力を抑えられざるを得ない強力な、見えるものの言語がほとんど決定ずけている修辞である。ロラン・バルトによると、そういう真面目かつロマンティックならざる識別作用の「神話」ははっきり古典主義様式のものということになるが、私としてはさらに一歩進めて、現象の個々をじっくりと見ることで相手の真相に迫ろうとする熟達の科学的研究者のもの、と言いたい[1]。この応接の両極化の根本にあるのは、人間はそれと折り合い良くやっていくために自らがつくりだした世界に住んでいるのだという認識である。片や現実に住んでいる世界と、片や実現が望まれる精神－世界、両者の関係やいかに。

（おおよそ）1600年から1800年にかけて自然科学こそが真理到達の具であり、従って自然事物を綿密忠実に観察すべきとする立場ができ、これが外界優先へのブレイクやコールリッジの苛立《いらだ》ちを引き起こすのである。想像力に構成や贖いの力を認める彼らの理論によれば、非連続的な物質界をなぞるだけでは精神の内的な発明能力は弱まり、死に、廃されてしまう。「……理性は飽食し、想像力は飢える。理性は己が楽土に贅《ぜい》を愉しみ、想像力は荒涼の砂漠を倦《う》み旅す……」。これとまったく逆に、アンドレアス・スパルマンは知ることの純粋な喜びを言う。フォルスターが喜望峰で助手に雇ったこのスウェーデン人博物学者の1785年の日誌を見ると、いかに「科学と真理への愛で身も心も熱《ほて》って」いたものかがわかる。クックの上陸部隊に加わったスパルマンは「アフリカの人気《ひとけ》ない荒野」も何するものぞ、科学の大義のためには「富も安楽も健康をも犠牲にして顧ぬ」心意気である。決して「他人の口にすることを信じず」に、「全てを我れと我が目で見、自らの五感の報じ来ることをのみ信じる」、と[2]。

環境世界を直《じ》かに感じることというスパルマンの感心な決意は、ひとつひとつの物がその物質としての性質をさらし、客観的現実を知ることに寄与しなければならぬとする科学的方法が念頭にあっての決意であることは間違いない。探険のプロセスはこうして、事物を悉く可視のものにする作業がらみになるが、当然である[3]。ブレイクふうに言えば表面の掻《か》いなでということになるのかもしれないが、どうしてどうして科学の具としての視線は、最初こそ対象を分離しがちにはしろ、深く世界に入りこんでいくのである。スパルマンが熱狂的に弁じているように、自然研究は時経《た》つうち、理解を深め、自から高まっていくし、真の感情を遅らせることはあっても弱めることはない。瞑想を許さぬということも、ない。正確さ好みが精神をして事実《ファクツ》に目を向けさせ、事物個々の形態に通じさせてくれて初めて、精神はその究竟《くっきょう》の目的 — 宇宙を体系的、有機的に知ること — を達するはずである。博物学者は微妙の差違に敏感たれ。あらゆる変化過程に反応できよ。即ち、事物に対峙したそこで事物の言語をあらわにすることができなければならない[4]。何か別のものを介して見るなど断じて無効と強いことを言ってのけた時、スパルマンは科学訓練を受けた旅人たちすべての気概を代表して弁じていたのである。

多様きわまる物質のことを伝え、自然の発生事を追って行く旅行家のもの言いを形づくるディスクールの公的最簡約のスタイルは、確立して久しい「古典主義的」透明言語の理想に基づいている。ゴットホルト・エフライム・レッシング、ヨーハン・ヨアーヒム・ヴィンケルマン、そして円熟期ゲーテの隣接的（contiguous）もしくは並列的（paratactic）な美学を特徴付ける明晰と読みやすさへの要請は、等しく先ず併置（juxtaposition）をと言う。もっとも旅行家-科学者の場合、この並列による分類の方法は、古代彫刻を静かに観想するように仕向けることとは関係なく、自然を何が構成しているか知る方法を積極的に差し示すことに関係する。この描写装置はホメロス叙事詩を出発点とする模倣《ミメーシス》の伝統に棹《さお》さす。『ミメーシス』のエーリッヒ・アウエルバッハが指摘したように、ホメロスは外在する非心理的な現実を呈示し、事物がおのがじしの性質に応じて別々の存在となり、境を接して動くあり方に気を配った描き方をしている。文体の問題として見ればこれは、可視の現象は、悉くの部分で明々白々で、決して混り合わずに、時間的、空間的に近接し合うことを意味する。前景で、また現在において、隣人同士として振る舞うのである[5]。

近代の科学的眼差しは、歴史的にもっと近いコンテクストで言えば、功利主義的な散文《プローズ》の文体と手に手をとり合った。この散文の方は17世紀各科学アカデミーと、そこでの言語改革運動にまで遡ることができる。科学と合理の集束光 —— 18世紀もかなり遅くにまで入りこんでいく重要なイメージだ —— は、こうしたアカデミーに認可された記録記述を明るま《イリュミネートす》せるものとされていた。

物体としての事物を記録することとも折り合い良い目的持つ散文の確立をめざす修辞学革命は、語は客観たり物質たる現実にぴたり見合うべきと主張する反キケロ主義の理論から発した。比喩的言語を根本的に追放することが、1660年、チャールズ2世勅許のロンドン王立協会の核心的イデオロギーであった。大規模なデータ蓄積によって科学知を改善することを謳《うた》う王立協会が育んだ科学的ヒューマニズムの核心部に、言語と精神から不正確、曖昧、韜晦《とうかい》を根絶すべしということがあった。重要なのは、協会機関誌として1665年に創刊された『哲学紀要（*Philosophical Transactions*）』が、英国科学の枠を遙かに超える国際主義と協働精神を謳歌した点であろう[6]。

「新哲学」、「科学運動」の担い手たちが集める生《な》まの感覚データが言語革命をうんだのである。王立協会史を書いたロチェスター司教トマス・スプラット（1635－1713）は古代と近代の心象《イメジャリー》を検討し、今現在の使用に耐えぬものと、ちゃんと使えるものに分けてみようと言った。歴史、各国各気候の習俗慣習、そして聖書はなお生命を保っていると思われたが、古代の神話も哲学ももはや不毛のものにしか見えない。スプラットは文学的イメージは具体的にして、直接の感覚経験に基づいていなければならないと考えた。こうして機械技術と自然の作品が今現在の作家にとっての豊かな鉱脈となる。近代人の経験優位の敏活とは対照的に、古代人は物象をめぐる知に疎《うと》いと判明し、これで古代人の創造の力ある想像力も差し引きゼロの感じになる。情報蓄積も僅かだから、そこから出てくるイメージも僅かな使い古しのイメージのみで、いつもその使い回しだ。スプラットは、わくわくさせる新しいデータが散文や詩に入ることで誰しもがそのデータを理解できるし、かくてそれらは一個の普遍言語、科学言語を構成するはずだと言う。スプラットはさらに、余剰部分のないアフォリズムのような言語を理想的と言う。「言葉の贅沢と冗長」を、美しい嘘をうむばかりの「暗喩の手妻」、古代人の発明した喩や形象が知をそれに変えてしまう「霧」は、これを許せぬと言う。スプラットに言わせれば、王立協会は実に厳密に「そのような言葉の放埒への唯一の治療［を］……あらゆる冗舌、脱線、膨満文体を拒み、人々が“**言葉**”の数とほとんど同じ数の“**物**”をうみ出していた原初の純粋と短簡に戻ろうとする不退転の大決心」を形づくってきていた。スプラットは続けて、「彼らはあらゆる数から、自然な裸の喋り方を抽《ひ》き出した。積極的表現、明晰な意味、本来の容易さ、を。そして彼らは、それら全て打って一丸《いちがん》として極力数学的平明に近いものとし、才人や学者の言語よりも職人、地方人、商人の言語を好む」、と記す。つまり、どう洒落た言い方をするかよりも内容に重きを置くというのが英国人の才幹なのだ。この目的のために王立協会はその研究者を動員して、外国やそこでの博物の具合について船乗りや旅行者と語を交すようにさせた方が良い、とスプラットは提案している。

絵の仕事も言語の仕事も同じ、とスプラットは言う。経験主義的哲学者たちの目標とは「つまりは手の届く限りの“**自然**”もしくは“**芸術**”のあらゆる作物の忠実な“**記録**”を残すことで、それによって現在、そして未来の人間が、長く通用することで更に救い難いものとなるに至っている誤謬を糺《ただ》すことができ、久しく顧みられることないままの真理を復権させることができ、既知の事柄をさらに多様の用にと開くこともでき、未知のままの相手への道をもっと通行し易いものにすること……」、と。さらに記して、「実験の天才は自然への知識を百宝色《ひゃっぽうじき》の修辞、空想の修辞技巧、寓話の愉しい嘘と区別しようと腐心してきた」、と言う。こうした探究者たちは「確実で、永続きし、人気高い、途切れぬ仕事」をしたいと望む。20年ほど後のフランスで、『古代人と近代人の比較』(1688)のシャルル・ペローがこのスプラットの後塵を拝して、「自然物への知識」の進歩の正確な歴史を世間にわからせた功をもって実験家、観察力鋭い啓蒙哲学者《フィロゾーフ》を褒める。近代人は望遠鏡と顕微鏡の助けを借りて何を発見したかというと、「大小物体に潜む一種の無限で、これがそれらを対象とする“**科学**”にほとんど無限と言ってよい広がりを与える」のだ[7]。

書く人間の個性だの情緒だのには一顧だに払わぬ文体を周到に使って途切れなく情報蓄積が行なわれていくことを予言するスプラットの『王立協会史(*History of the Royal Society of London, For the Improving of Natural Knowledge*)』(1667)はまた、新主題の追求、その個たることが前面に出てくる物質の追究をさらに宜《うべ》なって大いに力あった。17世紀の科学、擬似科学の科学書は、汚されていない、あるいは平明に示されている経験をこそという主張のさらなる展開を、「新しい(new)」と「未聞の(unheard-of)」という形容詞の頻用に示している。

フランスで、活力ある世紀の生きて伸び行く知と古代人の概して不毛な発想の確執を体現したのは科学アカデミーの『紀要(*Mémoires*)』ではなく、『哲人雑誌(*Journal des sçavans*)』であった。デカルトの「新しい方法」を主たる霊感源とし、実験(*expérience*)に基づいた科学書の増加が、改革者の顔にずっと興奮の続くこうした状況を準備した。「役にも立たぬ真理」の文学的意味合いを見抜いたのはヴォルテールも同じで、その『哲学書簡』(英国で出版。1733)はフランス翰林院が年毎に出版する「阿諛《あゆ》追従」の塊を、英国王立協会の『哲学紀要』に比べてこきおろし、鼻で笑う。英仏海峡越しの言語純正化運動にも染まり、この点ではシャルル・ペローの弟子として名乗りをあげたヴォルテール、偉大な近代人たち――とはルイ14世時代の著述家たちのこと――の作を活字にすべきと同国人たちを煽った。トマ・コルネーユ、モリエール、そしてジャン・ド・ラ・フォンテーヌの文章を「入り込んだ幾つかの語法の誤りを取り除いた」上で、「最も純粋な形」で国語を教育するための御手本にと変えるべきだろう、と[8]。

知識は進歩するという、スプラットの『王立協会史』、ペローの『古代人と近代人の比較』に入りこんだ観念を先に唱導していたのは勿論フランシス・ベーコンで、先ずは『学問の進歩』(1605)で、次に『新機関』(1620)と『学知増大の大革新』(1623)で、ということだが、こうした論文、また『新アトランティス』(1628)でベーコンは、科学全体を革新する哲学綱領をぶちあげ、そしてこれが王立協会の創立メンバーとディドロの『百科全書』に影響を及ぼした。新しいものを体系的に追求する、既成の意味はこれの受け入れを否とする。これらは協力を通して科学の協働進歩を目指す超個人の近代的研究こそ理想だとするベーコンの呼びかけの中に、当然含まれるものである。研究者、発見者は国籍不問、誰もが世界を描写するという

(describing the worldなる) 共通の目標に向けて力を尽くすものという前提である[9]。

ウェルラム男爵［ベーコン］の科学の進歩という理念は完成ということのあり得ないプロセスである。サン・ヴィクトルのフゴに汲《く》む彼の洞察によれば、科学知は、つくり修正を加える幾世代もの探究者たちの尽力によって一歩また一歩とできていくものであって、自己表出に基づく贅沢でもなければ、何となく真理をという漠たる野心といったものでもない。こういう功利主義の観点から見ると、芸術など主観のお遊びで、ただあやかしをつくりだす能しかない。言語は説明のための具という狭い機能しか持たず、データを写すだけのものでよいとするベーコン流の遺産が、伝統の中で美術と呼ばれてきたものを、ただの絵空事と見させる。科学の「人間精神への勇敢な旅」のプロメテウス的表現とはほど遠いものなのだ、と[10]。

オーガスタン時代に人文主義の立場から経験科学批判をした人々は、大法官［ベーコン］の経験科学の進歩礼讃に潜むもうひとつの危険が自分たちには見える、とした。新しい論理学の中で強調される感覚による観察、そして環境の研究にどっぷりはまれというようなことでは、人間世界は早晩、自然の只中に沈みこんでしまうということなのか、と[11]。この脱-擬人化 (deanthropomorphization) への恐怖、文明化された人間とせめぎ合う現象界の純粋への恐怖感には先見の明があったと知れる。産出力抜群の巨大実験室としての自然というイメージが、事実に即《つ》く旅行記の英仏人著述家によっていつも徴用されるようになるだろう。こうして、人類向上のための豊かな貯蔵庫が科学だというベーコン流の科学観のお蔭で、何にしろ自然状態にあるものに古い神学が抱いていた不信感は大いに払拭《ふっしょく》される。18世紀初めには、自足して尊重さるべき物象事物で一杯という世界が、なお余喘《よぜん》保つどんな人間中心主義 (anthropocentricity) の単純にも疑問を投げつける[12]。

まさしく経験主義 (empiricism) が問題になっている。ジョン・ロックの『人間悟性論』(1690) はデカルトの「新哲学」、ベーコンおよび王立協会の「新科学」の残響とかまびすしく響き合う。彼ら同様、ロックもまた思惟における視覚と経験の優勢を言いながら、最後は認識の限界をめぐる激しい懐疑に行きついてしまう他なかった。ロックが我々の目下の議論にとって関心あるとすれば、彼の公然たるペシミズムの故などではなく、人が知っていることは必ずや精神の前に現前するのでなければならないこと、そしてこの対象は虚構でなく何かの観念であることの変らぬ主張の故である。この点ではロックはベーコンに通じる。ベーコンの美学に谺返《こだまがえ》ししているとも言える。「教育に関する論若干」(第174項) でロックは詩人と盗人、博徒をうそ吐きということでひと括《くく》りにしている。知覚や悟性に徴してみる限り空虚《うつろ》でしかないもので頭を一杯にしている詩人など、段々に軽蔑されて然るべきである。こういう絵空事をよくしながら、悩み、ただの暇潰しと思われたくないのなら、ひたすら正しく写す表象形式と「単純」な修辞の枠の中で仕事するのでなければならない[13]。

ロックは、物質的実体のいかなるか知ることはできず、(固体性、延長、形象といった抽象的性質は別として) その観念をいろいろ形づくることができるだけなどとしている割には、少なくともその性質を示すあり得る仮説として差しあたり粒子説はありだと感じている。ヴォルテールが狭隘な人間知の理論と断じたものを促進しながら、ロックはこの問題ではプラグマティックな立場をとる。彼自身の懐疑にブレーキをかけて我々に向うと、自然研究によって知識の安定状態をできる限り ── 理想は単なる主観、主体性の彼方へ ── 突破せよなどと忠告してくれるのである。こういうふうに見ていくと、心的イメージが、それがそれらの観念であるところの当の事物に似ているか否かという彼の問いは、科学的発見の目的と密接に関係あり、広教会派（Latitudinarians）と王立協会が展開した言葉と物の正確な対応の達成に基づく諸方法論にも関係あり、と見なければならない。

ロック思想の否《いな》み難い相対主義、あらゆる知がコンテクスト次第というその鋭い 18 世紀的意識は、古代的規範秩序に金属疲労が来ているというロックおよび新科学の側からの見方の必然的な系と解釈さるべきものでもあろう。ロック認識論はひとつの古代的な視のパターンの権威にではなく、世界とその内容物に対する知覚を間断なく変化させる前向き個別の研究に依存している。ヴォルテールがデカルト体系とニュートンの体系を比較しつつ、こんなふうに言った状況である。「まさしく事物の精髄が一変した。霊魂の定義にしろ、物質の定義にしろ、およそ一致を見ることはないのである」。

しかしながら、知覚とは受身の「知の入口」で、そこから精神がその気になって観念を形づくるのだとするロックの仲々厄介な考え方と、後の観念連合論者の考える自動的な精神運動のちがいは大きい。ロックは同時代人ニコラ・マルブランシュが『真理論』（1674。3 の 2 の 1。第 1 節）で示した、我々が知ることのできるのはいつも緊密に魂と繋がっているもののみとする急進的かつ代表的な知覚理論の餌食にはならない。たしかにロックは我々は物理的事物を直《じ》かに見はしないとは認めるものの、各個人のする個々の外観の吟味は ── 確証が得られるなら ── その個人を越え、その精神の埒《らち》外で、世界の出来方について何か真実を語らせてくれるかもしれないと考えている。こうしてロックの態度が経験主義の根本的な方法原理 ── どういう意見であろうと、揺ぎない観察によって間違いないことを証されない限り、確たる知識とは認められない ── を形成する[14]。

それにしても、18 世紀の思想家たちを悩ませた認識の問題をさらっておく必要があろう。自分とは種類もちがえば、自分の外にありもする物質物体を、精神がイメージでにしろ観念としてにしろ、どうやって十分に把捉するのであろう。色々と曖昧なロックだが、観念を他の観念の記号、もしくは精神の営みとするバークレーやスピノザといった哲学者たちとははっきりちがっている。知ることと目で見ることのアナロジーにしっかり賭けたのである[15]。

精神とその働きを示す経験主義的モデルは精神的ならざる自然から、いろいろなやり方でとられた。たとえば「インプレッション（impression）」、印象というのは 18 世紀人士賞玩の比喩表現だが、外界から文字通り「中に押してくること（pressing in）」、仮想物質による執拗なノイズを意味している。科学的凝視の作用の説明はロック心理学の根本教義 ── 思惟は感覚的知覚と不可分 ── と一致するように見える[16]。さらに、ロックは物性を第一次的なものと第二次的なものに分けた。第一次的物性は眼前にある物体からすべて生じるが、第二次的物性は可視物体を見たことで刺激された観念の連続から出てくるのだ、と。エッセイストのジョゼフ・アディソンはこの点を展開して、第一次的快はその性質が大いなるもの、尋常ならざるもの、新奇なるものを目にすることから発するが、第二次的快は、かつて目にされながら現在はなくて、ただ精神に想起されるだけのものから出てくる、とした。従って、間に割って入って、思いだされた遠いイメージをぼんやり描いてみせるばかりの記憶など、現場即物主義の科学的研究にとっては甚だ有害なものとなる[17]。

フランスでは経験主義は、ある意味では今概述したような流れに関係しつつ、しかし別の展開を遂げた。18 世紀も中葉には、ロック哲学が権威となっていたのはイングランドのみか、大陸でも同じであった。感覚主義（*sensualisme*）の哲学である。エティエンヌ＝ボノ・ド・コンディヤック、ジャン・ダランベール、そしてモンテスキューといったところがとりわけ、ロックとニュートンの細心の観察の方法を彼らの特殊な領域に援用し、宇宙を神学でなく合理で説明するにいたる意識的知覚を歓迎した[18]。英仏の経験主義者で一番ちがっていたところは、英国のそれが感覚能（*sensibilité*）よりも感覚（sensations）に訴えようとした点であろう。いずれにしろ双方において、生理と心理が相互嵌入し、感覚的な現実経験が優位となり、自然の事物という新しい美の貯蔵庫が認められ、物質は機械的運動ではなく生気論的運動と共鳴するものである。しかし、宇宙に存在する霊的諸力よりは生物学的力の方により関心を向けていったように見えるのはフランス人たちの方である[19]。

英国経験論にロックの『人間悟性論』の占めた中核的位置をフランスのそれに占めたのがコンディヤックの『認識起源論（*Essai sur l'origine des connaissances humaines*）』（1746）である。ロック同様、コンディヤックも（個別の観察の暇があれば一般的な扱いで全てを相手にしようとした）アリストテレス形而上学を払拭《ふっしょく》しようと願い、科学的言語が真理の発見を助けるはず、と信じていた。実際、彼が一番最初にやろうとしたのが 17 世紀の合理主義形而上学をロックの経験主義哲学に切り換えようということだった。ロックの抱えた曖昧さまで共有し、感覚をある時、外的現実のうむものとしたかと思うと、ある時には存在の内的状態への反応としていることもある[20]。加えて『感覚論（*Traité des sensations*）』（1754）に略述されるコンディヤックの感覚主義心理学は、フランスの生気論的唯物論の展開にとって重要きわまるニュートン主義的物質観にどっぷりである[21]。ラ・メトリやディドロといったコンディヤック周辺にこぞった人々は、原子の動的で攻撃的な世界を思い描き、それがそのもう一方の片割れ、動く感覚イメージの内的世界にどう翻訳されるかの表象の問題に思いをいたしたのである[22]。

不撓《ふとう》の経験主義が探険者たちの知覚の方法を底支えし、人跡未踏人語未入の自然に直面して周章狼狽、言葉もない体《てい》たらくに陥らずにすむようにしてくれた。昇り坂上げ潮の科学から出た感覚主導の明晰な語彙を身につけていたればこそ、彼らはそこにしっかと彳《た》ち、しっかと頭を働かせることもできたのである。描写と挿絵の紙背に明瞭な意図、それは可視の世界を変容させることではなく、とにかく定型《ステロタイプ》に陥らぬこと、初心者の目の前に地球の新しい、未知の、かつて描かれたことのないさまざまな現実を再現してみせることであった[23]。

わけても科学的な見方 ── 実践者たちがそう言っているもの ── の構造は 18 世紀の他のものの見方とはちがう。科学的観察者は、探索する相手を見るのであって、向こうは見ない。目は、見る人間がそれに対して自分の位置をとるある個別の物が強烈に主張する自己というものに激しく捉われる[24]。見る者は、物の上に無自覚に視線を走らせるのでなく、それを焦点として目を凝らすから、見え方も自ずからちがってくるし、実際、彼らはいろいろちがった世界に探究を進めていく。私のこの論文も、旅人が自ら見出したばかりの「新しい」自然の聖顕《エピファニー》を前にしてした「目からうろこ」、「電撃」、「洪水」といった反応を説明する一助にでも、と願って綴られている次第である。

科学的凝視に必要なのは目的持つ好奇心だが、これが功利主義的な「知識伝播」の理念と手を結んでいればなお結構である[25]。H・W・ビーチーに言わせれば、旅行者が大衆の前を大手を振って歩けるとすれば「科学と一般的知識の前進」のためというお墨付きあればこそだった[26]。英仏著述家とも観察の方法に含まれる進歩的な意味合いには搦手《からめて》から触れている。『トレヴー報知』の（1732年に始まった）連続記事が北極光（aurora borealis）の「性質」を論じる中で、「我々がそれを熱心に観察しまさるにつれ、天空はますます壮麗なスペクタクルになってきた」と記している。記者はR・P・デュ・フェスといい、啓蒙以前の時代に北極光は存在さえ知られないが、経験主義の時代には最低でも年に数回目撃されないということがない、と結論する。この記者は、これらの光がたまにしか出現しないというのではなく、近時観察の頻度が増したから、北極光出現の規則性が知覚できるようになったというのが真相だろう、と推断する[27]。50年後、新科学創立の立役者の一人がこのテーマをそっくり蒸し返した。ペール・コットで、その『気象学論叢』（1788）で、年毎の常ならぬ物象観察の数には驚くばかりだと言っている。コット師は問題の核心を突いている。「観察ということで言うなら、気象研究が現今ほど、注意深い観察者、優秀な機器、そして正確な記録に恵まれた時代はなかったわけだが、いかにも無念なことにこういう便宜が享有できたのはほんの最近も最近のことなので、理論の遅れにしてもここに因する」、と[28]。こうした著述家たちはこういうところから帰納して、見る者がしっかり観察するほど多く見えてくる、そして見えるものが増すほど体系化の必要も増してくると考えるようになる。コットの行文の紙背には、本質的に研究に値し、どんどん価値を高めていく事物からしっかり目を離さぬのは科学者だという前提がある。そうした敏活を身に帯びたのは、互いに相容れぬ見解に現場での観察や実験を通して黒白をつけなければならない探険者である。科学アカデミー（ルイ＝アントワーヌ・ド・ブーガンヴィルとラ・ペルーズの初期の事例を想起されたい）、そして王立協会が（1768年のクックの劇的な第一次航海以降、ということだが）さまざま探険行を組織したのも、こうした累重輻輳する報告が因の論争に決着をつけようと思ったからである。金星の子午線通過から北西航路の確定まで、論争は実にくさぐさあった。「純粋培養」の研究者が実験室で苦労するように、新しい土地の発見者、古くに知られながら知的になお吸収し切れていない土地の再発見者一統の、未消化の材料相手の格闘が続く[29]。経験を綴ろうとする旅人たちは混沌とした経験に何とか目に見える形を与えなければならないが、ロックも言うように、形のみが意識に入ることができるからである。謎だろうが驚異だろうが、説明も、再現も可能とみなされていた。この知的征服の基準によれば、描写（description）も絵（illustration）も、それらが似ようとしている当の事物にどこか何か足りないということは許されなかった[30]。

英国では敏活な凝視と「文学的」見え方の乖離《かいり》はベーコン主義に発し、18世紀中葉頃に流行した詩的想像力をめぐる論文にその特殊な調子を与えていく。このジャンルを代表するのはウィリアム・ダフの『独創的天才論』（1767）だろう。ダフは発明力旺盛の哲学的天才の特徴を規則性、明晰さ、そして正確さとしているが、要するに科学的観察に必要な要件である。自然哲学者の精神は空想の「光束」を集束し、一点に収斂させ、ディテールを精査してひとつの全体《デザイン》をつくりだす。逆に独創的な詩的天才の知性の特徴は不規則性、エネルギー、そして熱狂であって、空想の光は分離分散し、その光の透徹力は弱い[31]。これら二種類の想像力の二極分解的働きを強調しながら、経験的価値の序列内部での両者合同――「私は感じる」の詩的蒙《くら》さを「私は見る」の科学的明るみと繋げる合同――の必要をダフは言おうとする。ジャン＝バティスト・デュ・ボス師は 1719 年刊の『詩画批判』で、美術は不易の理性に支配される領域のものに非ず、個人の趣味、情動的知覚の領域のものとする立場を既に前面に出していた。芸術作品は規則によらず情趣をもって判断さるべし、とは即ち見る個々別々の人間の判断に拠るべしというのである。状況変化に反応する一定の感じ方を誰しもが共有しているということになるある普遍的な人間性というものを措定するなら、気紛れ《カプリース》など埒外につまみだせよう。絶えずひりひり開かれてある知覚は、かくして常套のどんな形の視よりも世界の動いていくのに直接触れているように見えるのである。異った立場をとったシャルル・バトゥー師が到達したのは、情報の一全体としての感覚の科学ではなく、情報を入れられた感覚（informed sensation）の科学であった。デュ・ボス師とは対照的に、芸術家たちよ、データを集める自然哲学者たちを真似よ、と呼びかける。さらにバトゥーは、芸術家たちは次に、ニュートンのように、そうしたデータの累積を全部を一貫するまとめ原理の下に従わせる全体的な画像システムをつくり出さねばならないと言う。デュ・ボスとバトゥーはいろいろ画然とちがうが、十分に見、世界の構成要素個々を判断する時に情動の果たす複雑な役割を一所懸命論じようとしている点は、二人同じである[32]。

バトゥーが言葉にしているのは、明敏な科学と識別力ある「情動」が、自然のチェック・アンド・バランスに即《つ》く限りは、正反対の道を行くはずがないという確信だろう。科学的な旅行家の目が恍《こう》然として感覚を追う片割れのそれと微妙にちがっているのは、まさしくこのためである。探険家は、指針なき情動など、真の知覚の階梯の最下段だとするライプニッツの言い分に声を合わせるだろう。『近代画家論』（1843－60）のラスキンによる鋭い「情動の虚偽（pathetic fallacy）」分析が出てくるはるか以前に、この注意深い旅行者は、卓越の視を実践できるのは、直接の情意情動に動かされずに正しく了解できる人間だということを知悉していた[33]。ただ目を開けているというだけのことで、（感覚は働いているのに）呆《ぼお》っと面倒臭がって、何かに焦点を合わせないようにするなど、発見志願者にはあるまじきことである。こういう警告が念頭にあってか、事実に即《つ》く旅行記は、探険家－科学者が勇躍地球征服に突入していく気魄気概も如実な力強い行動を記録する言語を見せつける。しかし、この躍動する好奇心も、まともな観察というより大きな任、あるいはまともな観察への「意志」に動かされていたのである[34]。ウィリアム・ソーンが『ジャワ誌』（1815）でオランダ人批判をしたのも、そこである。二世紀もその東方の帝国の上に胡座《あぐら》をかきながら、「そこの作物がかくも激しい需要の対象となってきた地域のことを少しでも知りたいという自然な好奇心の方は」一向に満たそうとはしなかったではないか、と。「科学的関心と人間精神の進歩というものへの木石のごとき不感無覚」とまで断じて、ソーンは軽蔑を隠さない[35]。世界のさまざまな地域で、たとえば（1786 年から1796年にかけて出た記念碑的な『アルプス登攀記』の）オラース・ベネディクト・ド・ソシュールが、あるいは（1772年のクックの第二次南太平洋行随伴の）ゲオルク・フォルスターが、冷静にして熱い観察の目を未知の圏域に向けていた。科学的目的と心情の真摯の一致を示すこの「情熱の知」は、と言っているのはサミュエル・ジョンソンである、「どうでもいい仕事、重箱の隅つつき」に終始せる「くだらない穿鑿《せんさく》癖」とは隔絶しているのだ、と[36]。それが自分のいわば客観的相関物として要求したのが、星雲から花崗岩上の苔まで全物質界への細かい徹底した検討というに他ならない。閃いた名案、生き生きした感覚もひとつ残らず、事実《ファクツ》と並べ、しっかり綴っておく必要がある。

そうした必須要件に内在する本質的な矛盾に取り組んだ主だった書き手としてはベルナルダン・ド・サン＝ピエールが第一号であろう。その『モーリシャス島周航記』（1773）で、この面白いが難しいジャンルを相手にする厄介に思いをめぐらせている。彼に言わせれば、旅行記の書き手には普遍的、というか広い知識が必要だし、はっきりした秩序感覚が構成に表現されなければならない。文体に温かみも要るし、真摯と知的誠実が結びつく必要もあるが、良心的書き手は全てについて書かねばならないからである。こうした企てにさまざま障害があることをベルナルダンはあっさり認めていて、却ってすがすがしいくらいだ。話題がひとつ抜けても話は不完全だし、一方、何もかもを話に取りあげると、いかにもごちゃごちゃして見え、興を殺《そ》ぐこと必定《ひつじょう》だろうと、書いている[37]。

ある感覚が17世紀から18世紀に入っていく時の要《かなめ》石になっているのが、このベルナルダンであった。科学が美への反応によりしっかりした基礎を与え、逆に芸術の方も科学の邪魔になどならないとする感覚である。科学は自然界の表現力や重要性を強調した。それらは手の入っていない事物の持つ美を感じ、文化の埒《らち》の外でも完全ということはあり得ることを言う。見たところパラドキシカルな情熱的な知性というものだが、ベーコン主義科学の相続者たちが無私の快を鍛えあげて、外的自然理解にこれ以上なくぴったりな知覚の方法に仕立てていったと知れば、歴史年表中にちゃんと位置付けられるものなのである。別の言い方をすれば、彼らは感情を意志的に観察の下にコントロールし、これを作品の中に移された温かみと熱狂とに結びつけたのだ。科学者の目的は熱狂者たち（enthusiasts）をつくりながら、自らは熱狂者にならないでいることであった。アレクサンダー・フォン・フンボルトはこの点でエドマンド・バークと意見を異にした。我々が自然に対して無知であればこそ、讃嘆の気分も起き、感情が興奮もさせられるとする相手の言い分を宜《うべ》なう気になどなれない[38]。いや何も19世紀の文章をさがす必要もない。ゲオルク・フォルスター（1754−94）は「事実渉猟の激情」と言っている[39]。過酷をきわめたニジェール川探険の背後にあった動機についてマンゴ・パーク（1771−1806）ははっきりと、「まるで未知の国が何を産出するのか知りたくてたまらなかったし、そこでの暮しぶり、住んでいるのはどういう人々か、体験を通して知りたくてたまらなかった」と言っている[40]。

「知への渇望」、「喰《くら》い尽くす好奇心」、万象への心の開け、知的大胆が――ベーコン主義者、経験主義者、『百科全書』推進者たちの最良の伝統の中で――その刻印を、こうした活字の冒険の上に捺《お》す[41]。国境越え（時には計算ずくの国家越え）の修辞が、ダニエル・ソランダー、

H・D・シュペーリンク、そしてA・スパルマンのもっと正確な「自然研究」熱を特徴付け、フィリベール・コメルソンの「見る狂熱」を刻印する[42]。荒涼のイースター島上にあろうと、ブラジルの鬱然たる大樹林中にいようと、活火山に登攀中であろうと、博物学者たちは、フォージャ・ド・サン=フォンの名台詞、「何としても……あそこに戻りたい（*Je désirois ardemment .... y retourner*）」に喜んで声を和したいはずだ[43]。ル・ヴェヤンの『アフリカ奥地旅行』（1790）は、科学的熱狂が激情の絶巓に達して、「少しずつ発見の精霊がその翼を拡げた。芸術と文学は科学に場を譲った。旅への熱情がさらに癒せぬ知と比較の渇望をめざめさせ、それらはそれらが引き起こした奇跡に応じて大きくなった。もはや誰も限界というものを知らないほどに」、と言う[44]。名誉を鼻で笑うところがフランス人らしからぬ鳥類学者のル・ヴェヤンは、もはや「暴力」に近い探険欲はただひたすら発見の旅にうちこむことでしか和らげられないとまで言う。「私はアフリカの幾つか未知の砂漠に自ら埋没した。地球のほんの一部を征服したのみ。……名声など考えたこともない」、と[45]。要するに、知ある熱烈な視の勝利者の栄誉は「より深く見る人々」が手にしたわけだが[46]、その深きを見る洞察の視力はその分野での経験主義の手続きを ── つくり出しながら ── 働かせてみることで得られた。創出か応用かは時と場合による。その場合、科学的プランに従って周到な気配り怠りない限り、本質的に価値あるもので、可視界の追求の守備範囲外のものなど、まず何もないはずというのが大前提になっていた。

真理の客観的基準の追究と、事物をありのまま見ようとする構えは、すぐヴィクトリア朝のものとされがちだ。ジョン・ラスキン、マシュー・アーノルド、トマス・カーライル、ジョン・ステュアート・ミルからトマス・ハーディまで、それから絵で言えばラファエル前派が、主観は歪めるという前提に立って「より微細な目（finer optic）」を一貫して開発していった[47]。こうしたヴィクトリア朝人たちは一昔前の経験主義者たち同様に、真理の科学的な基準を真似たが、細部（minutiae）への（異様にはしろ）自棄なこだわりは、具体の個に喜びを感じる18世紀人とは対蹠《たいせき》的だと言わざるをえない。そう言い切ろうとすると、少し説明がいる。個（particularity）を否とする美的偏見がいかに執念《しうね》きものだったかは周知であろう[48]。まとめ役の立場からジョシュア・レノルズ卿の第三講義は、美と壮麗の効果は選択による、「ばらばらな個全ての上に」出るか否かできまる、とする。この問題では、レノルズは、偶然的なものと重なってしまうからと言って個を嫌ったオーガスタン時代の伝統の影響力絶対の後継者にして完成者だと見なければならない。レノルズは第四講義でもこの問題を取りあげ、「私としては細密と個の状況が作品によく真実の感じを与えがちだし、見る者に異様な感興を催さしめるということを認めるに吝《やぶさ》かではない［が］……普通でありながら危険きわまりない誤ちは細密の側にある」、とする。時に現場《アクチャル》的なものに寛容だが、是非誤解なきようにと念押しのつもりか、レノルズは画家に「真の素晴らしさを成り立たせるのは一般的の観念である」と改めて思いださせている。ここでも「発明に於るように表現に於いてまた、個別に亘《わた》らぬように気を配らねばならない」、と[49]。アレグザンダー・カズンズがパンフレット、『風景画発明試論』（1785）で、風景画家が自然のディテールに入りこみすぎて絵の本旨を見失うのを叱っているのも同じである。カズンズの「斑点画（blottesque）」の方法は一般的概念を優先させることの重要性を改めて言い募る[50]。

科学的でもない旅行記までもがこうした趨勢を反映することが多かったとしても不思議ではない。『東方詳記』（1743－45）のポコックも、（挿絵について）自分は「幾つか細かい部分に低徊（descend）した」とコメントしているが、こういうことなのだろう[51]。偶発的な物はこれをそれ自体としては嫌う傾向はピクチャレスク・トラヴェルにも顕著だが、そこでは区々《いちいち》の個物は何かの象徴だったり、精神の旅へのきっかけというに過ぎなかった。ピレネー山系を彷徨中のジョージ・ヘリオットは、彼が生の出鱈目な偶発事と感じたもの、ヨーロッパ大陸の「ロマンティックかつ最も興味津々《しんしん》たる部分」に、目を何かに定めぬ文字通り彷徨の旅をする[52]。

もっとも、同じ18世紀後半、ヨーロッパ中に昔ながらの模倣《ミメーシス》理解に疑問を呈するというリアリズムの情況もあった[53]。ジョンソンの『ラセラス』（1751）、ケイムズ卿の批評や修辞学書、ジョン・オーグルヴィ、ジョージ・キャンベル、そしてヒュー・ブレアの作品、そして『百科全書』の寄稿記事などが、現実の量的側面に価値を認めた。レノルズ卿が言うように、余りに細部に入れこむと（文にしろ画にしろ）作の値打ちを損うのだが、これら影響力大なる著述家たちは一般化（generality）も同じくらい有害だということを認めていた[54]。ちがいはアリストテレスがらみである。『詩学』でアリストテレスは詩人と歴史家の仕事を区別した。詩人は普遍を扱い、偶発事を除外するが、歴史家は個別を扱う、と。アリストテレスは、詩人、画家に幻想的個別の罠を怖れるようにさせる美学のシステムに執した[55]。啓蒙時代、17世紀以来の科学の後押しを受けた反革命がアリストテレス教義に対抗し、一般化すればするだけ絵はぼんやりし、逆に特殊化すればするほど、より明確で鋭くなるはず、とした。この確信に、遠い（ないしは記憶がベースの）イメージであるほど上すべりなイメージであり、より近い（とは経験がベースになった）表象ほど意味ある、「リアルな」表象だという感覚が重なった[56]。

自らに固有のエネルギーで人間意識に飛びこんでくるかの、ことさら個たることを際立たせられた物質の単位は、体《てい》になりつつあった新しい風景観とも符節が合っている。ある土地、地形、地理的な固有の領域の相貌《フィジオノミー》に対する科学的感覚のお蔭で、その明白な強烈な個性がわかってくる。早くもトムソンの『四季』（1730）がそうだが、描写詩（descriptive poetry）が土地の各部分を自然としての特徴（features）、かたち（configurations）の故に讃美していた。ある地域の紛れようのない貌《かお》（aspect）──自然の記号や印──は、「貌《かお》」などと言いながら、もはや人間心性の媒《なかだち》や重ね合わせは必要ないように見えた。土地はそれそのものとして、堂々たる視覚的存在として見られたがった[57]。そうした根本的な知覚再編成が一朝一夕に成ったわけではないことを、ゲーテが証言している。1786年にシュトルベルク伯とスイス旅行をしたときにゲーテは、アルプスを一幅の絵として、先在し、一般化された絵画法の伝統の文字通り額縁の中にあるものとしては決して見まいとした自分を、自分で褒めている。相手の環境を把捉し、忠実にその特性をスケッチできたのも、相手を調査してしっかり見きわめようという透徹した心構えのお蔭であった[58]。絵描きも文章家もゲーテの経験主義の立場に即《つ》けばこそ眼前の景色を十全に表わせるのだ。フランス新古典主義風景画の画家・理論家のP・H・ヴァランシエンヌも言うように、画家の感性も「彼が崇高な風景を描く障《さわ》りになることはない」。噴火口そばでひやひやしながら、真の風景研究者は「この崇高の景観を仔細吟味できるのでなければならない」[59]。

事実第一の旅行報告は、個の連続的累積の裡《うち》に証明可能な現実像を追うという方向に認知認識の作用が動いていく知の経験主義的構造に従ってつくられているように見える。精神外部に世界があるという命題に基づきながらもうひとつ居心地悪いロック心理学は、その鋭いことこの上ない知覚の具を、近と遠をともに見なければならぬ船乗りの「刺す」目に、地底探険家、境なき地の発見者、目凝らして良く見ようとする気球乗りの「貫く」目に見出したふうだ[60]。船乗りに絵の描き方を教えるべきだと言うリチャード・ウォルターにはわかっていたわけだが、「事物の輪郭を描く習慣ある者はその心得なき者より明瞭に事物を知覚する」のである[61]。

経験主義的構想をもって、発見者たちは現実の環境のありのままに探りを入れていった。ミッシェル・アダンソンはセネガルで「ひとり自然研究に挺身」した[62]。タヒティのジョゼフ・バンクスは「何か観察に値する物」に出遭いたいと願っている[63]。ジュゼッペ・アチェルビはフィンランド、スウェーデンで「自然の無制約な研究」に没入した[64]。ヴァランシエンヌの学生でモーリシャス島を探査したジャック＝ジェラール・ミルベールは「正確かつ真」でないものには一切触れないと決心していた[65]。フレシネの探険隊に加わったジャック＝エティエンヌ＝ヴィクトール・アラゴーは「忠実なる表象」、「正確なる展観」を残すこと専一に励んだようである[66]。

●透明性を求めて

これにもうひとつ別の倒錯が結びついた。実物よりも表象の方を好む傾向である。実物にある欠陥は表象されないことが多いのだ。私は現われてくる事物が好きだった。そして確信した［のだが］、モナーク夫人は実物《ザ・リアル・シング》だったが、しかしいつも同じ物であった。

—ヘンリー・ジェイムズ

今や、巧く書かれた本物の旅行記はどれもが、実際、経験論哲学の論文と言える。

—アンドレアス・スパルマン

美術が始まって以来ずっとその核心にあった問題を、タイトルもそのものズバリの「ザ・リアル・シング」という短篇に簡潔にまとめているのは小説家ヘンリー・ジェイムズである[67]。ジェイムズはアリストテレス文学理論の根本基準を明快に引き合いに出しているが、それが即ちふたつの主なもの言いの間のちがいである。修辞、弁証論理と詩学（即ち政治や哲学の論文に対する劇、叙事詩、抒情詩）である。ディアレクティケー（*διαλεκτική*；dialectic）、即ち弁証論理は問答の形をとり、今日なら形式的科学記述のモデルないし理論とでも呼びそうなものが古代人にとってはこれであったので、とりわけ興味深い。ひとつの種《しゅ》としてそれはトマス・ド・クィンシーが 1823 年にした区分に倣《なら》って言えば「**知**の文（literature of Knowledge）」（教育するのが目的）で、「**力**の文（literature of Power）」（感動を狙う）の対蹠《たいせき》物である[68]。（ド・クィンシーから見ると、つまらない）前者の「文」は、発明よりも、そこにあるものを転写するもので、従って辞書、百科事典、文法書、歴史書、伝記、旅行記、科学書などがこれに入る。ところで、ド・クィンシー、コールリッジ、ブレイク、その他の 19 世紀著述家たちがより高度な創造的能力の方を礼讃したのに対し、これら二種類の言語表現を、アリストテレス自身は明瞭画然と区別していたわけではない。二極対立という単純な定式で、ふたつのシステムで働く理論や技術の間に厳しい区別、対立関係を立てようなど、してはいないのである。『トピカ』のアリストテレスは、科学的記述の中で真理を伝えるのに感情に訴えて説得する雄弁術の方法を用いても構わない、としている[69]。この点ではアリストテレスは明白な「陳述の文（literature of statememt）」形成を良しとする手掛かりさえ与えている。現実と出会ってした自らの経験をできるだけ正確に、できるだけヴィヴィッドに表現するならば、読者を的確、効果的に説得できるだろうというのである。言語（そして絵）による科学的スタイルの問題は、言語的、絵画的現象としての陳述（もしくは画像）と、語や絵が指示《リファー》する事実との関係の探究をめぐることになる。

とりわけ厄介な問題は、言葉と絵による現実の描写と現実そのものの間の対応関係が、多くの大衆にこの描写が説得力を持つには、どういうものであり、どの程度の対応であるべきかという点である。この難問にふたつばかりすぐ出る答えが、事実第一の旅行記から出された。過剰メタファーの追放と、「平明な」男性的言語の開発のふたつ。この「生き生きした図示」、「表象」の明快スタイルの強味はいろいろあるが、物語るより自然景観を展示するように見える点など、そのひとつであろう。スタイルは透明然と、自分自身に注意を惹《ひ》くことはないし、比喩も直喩ならばすっとすり抜けていく[70]。科学的もの言いは詩とは逆に、個別ディテールの配列によって蓋然性、と言うかありそうな感じを高めていかねばならない。科学書を読み、科学図を見る者は、新しい内容ばかりか、その内容がとる形式をも意識した。真理の発見はスタイルにも力を借りたのである[71]。もちろん情報美学においても伝達される内容が第一ではあるが、見たところ媒介物なしの直《じ》かで「技巧なし《アートレス》」な伝達形式も、本当らしさ演出に一役買うのだ。こうした立証スタイルは暗示や連想、いかにもメタファーというメタファーを避けなければならないが、現象界と表象の同型（isomorphism）が前提されたスタイルだからである[72]。つまり「ザ・リアル・シング」と張り合おうというのだからである。

アリストテレスのメタファー論は修辞家に、遠く離れた形象を結び付ける力を与えている[73]。話し手は不可視のものを可視化し、それらを新しい結合にと繫ぎ、元々は命も価値も持たない映像を生彩と運動で満たす。想像力が喩と連想を恣《ほしいまま》にする敏活さは、理性の「平明」な光とも、事物に命名しようと強い意欲を持つ科学の唯名論的態度とも根本的にちがっている。このちがいはエネルゲイア（*ἐνεργεια*；energeia 即ち力強い記述）とエナルゲイア（*ἐναργεια*；enargeia 生き生きした描写）のちがいと言い換えることもできよう。エネルゲイアは想像力のパワーを介して自然に文字通り入魂（ensoul）するメタファー作業であり、つまりは外的記号がほんの部分的にしか示さないところを補完する心的ダイナミズムを投影したもの。対してエナルゲイアはイリュージョンをつくり出す[74]。

雄弁の武器としてのパラタクシス（parataxis）、即ち並列は、目立ちたがり屋の詩的百宝色《じき》とは対蹠的な働きをする。およそ「非文学的な」直接表現だが、根幹の内容を支える役は果たせるので、外世界の充満（plenitude）を「忠実に」言うには非常に向く。増殖と自己隠蔽の仕掛けではあっても、だからと言って高尚文体の基本部分として取りこまれないということにはならない。パラタクシスと「単純」文体は、範囲も広く人数も多いオーディエンスに分かってもらいたい一心という時に採用される。この目的のためにその効利的な力は、併置され、孤立し、独立した言葉と絵の塊を並べることで、身近さと簡潔さの効果をつくりだそうとする。そうした計算ずくの圧縮は巨大な内容を引き立てる。「併置される第三項（*tertium comparationes*）」なき「裸の」陳述は強烈に存在感と直截《ちょくせつ》性をかちとる[75]。言語と表象の透明、そして原初的簡潔という理念に基づいたパラタクシス文は、自然科学の発見物の明確な記録にぴったりである。それはまた、風景の特徴を描写、ないし「公示」するのにも、事実第一の旅行記に望まれた直截《ちょくせつ》と明晰という印象をうみ出す必要にも、同様に答えるだろう。感覚が示す証拠からほど遠い曖昧で不十分、誤りの因ともなる比喩表現を一掃すべく周到に選びとられた技術なのだが、多くの旅行家がそのことを明言している。ゲオルク・フォルスターは『世界周航記』序文で、「奇にして雅」など目ざさず、「明瞭」を旨《むね》として、事実の「哲学的」記録に不可欠なこの文体の特色に細心の気配りを心掛けたと書いている。ブーガンヴィルの『世界一周』（1772）を見ると、彼が若い頃、数学者ダランベールの所で時を過ごしていたことがわかる。しかし、この経験で何か「文学的」文体がブーガンヴィルの身についたわけではない。逆である。その書く物に刻印されているのは、過去 12 年のほとんどをカナダの森林か荒ぶる海かで過ごした「野蛮なさすらい暮し」である。ブーガンヴィルが誇らしげに言うには、彼は「旅人にして船乗りである。とはつまり、ひねもすも書斎の薄暗がりで世界とその住人について思いをめぐらし、そうやって不遜にも自然を自分の想像力に服《ふく》せしめる怠慢にして傲慢の書き手たちに言わせれば、法螺吹きにして間抜けである……」。

ペルシア探険のジェイムズ・モリアーは自分がその地で見聞したものの報告は決して「何かのやり方への偏りのために不純だったり、他の人間の文章や論が色眼鏡になっていたりすることはない」と言う。『ポルトガル見聞記』（1818）のジョージ・ランドマンは、彼の本が個人的冒険だけで一杯という読まれ方を否とする。「しっかりした何かの情報を伝えもせず目を喜ばしめる」のを否とし、この作業は「平明な描写、明快な事物の正確な表象」によって果たされると言う。アレクザンダー・フォン・フンボルトはラテン・アメリカ発見記の歴史を通観して、征服者《コンキスタドーレス》たちの「率直な言葉」と正確な描写と、後発の宣教師たちのお説教だらけの冗慢、皮相なもの知りぶりの書きものを比較している[76]。

あからさまなメタファーに飾られ、事物に本来別物の名前を付けていくスタイルというものは、個重視の趣味とも反《そ》りが合わない。およそ状況は概念的構造を当てはめなければ見えないにも拘わらず、差異の ── 異《い》なる物の ── 認識は、他の物を一時宙吊りにして敢えてひとつの事物に集中することを要求する[77]。してみると、パラタクシス修辞を使うこと、世界に対して区別立てにうるさい唯名論的スタンスをとることは美術とも関係するはずだ。18 世紀言語理論は、実詞（substantives ：名詞）の反映専一の結晶化に絵の方で相当するものを古代の「文字-絵」システムに見出した。ピクトグラム（pictograms：絵文字）は強烈な存在の絶頂を体現し、個々の音ではなく事物そのものをイメージ化しているものとされた。18 世紀に思弁的語源学を始めた人々（ウィリアム・ウォーバントン、ジャン＝ジャック・ルソー、ヨーハン・ハインリッヒ・ランベルト、そしてアントワーヌ・クール・ド・ジェブラン）は、その歴史の劫初《いやさき》にメキシコ人やエジプト人たちは直接出て来て、ひとつひとつの事物に根《こん》ないし絵化し得る固有の観念を創っては当てていったが、これらがメタファーによる転移ということもなく自然の代役をつとめたのだ、というふうに考えた[78]。彼らの考えでは、これと逆のことになっているのが近代であって、比喩的表現の後に正確精確な表現が登場する。ディドロがそうまとめることになるだろうが、研究の「哲学的精神」がもっと厳密に、もっと厳格にと言い始めて、比喩の支配終わり、事物の時代が幕をあけたのである[79]。

「平明な」描写に息長くついてまわった一面として、それが綺麗一途の文芸の女性的繊美とは対照的に根元的に男性的（masculine）なものと前提されていた点がある。理性的な**絶妙の英知**（*acumen ingenii*）即ち明敏な判断力は、大人になってのみ可能な感情の適正と穏当、表現の率直と男性的活力の一部である[80]。こうして男性的強壮が旅人の科学教育を施された目には是非という必要条件になる。著述家たちが、船乗りたちの無駄も飾りもない物語の力溢れる「率直さ」が自分も欲しいという言い方をよくしているのも、このあたりである。ド・ブロッスもラ・ペルーズも「水夫《かこ》の荒々しくむき出しの簡明な言葉」こそ是非、と言っている[81]。マシュー・フリンダーズが『南方大陸航海記』（1814）で、「従って、洗練された文体など別に目指しはしなかった。はっきりと理解できるものを、と腐心した」、としている。「言い方より中身」というのが「所期の眼目」である、と[82]。オットー・フォン・コッツェブーの『南洋探険記』（1821）の英訳者がこの点、一番かもしれない。「英国海軍の将校の手になると言ってもおかしくない自然かつ男らしい言葉で」、と言うのである[83]。

男性的で飾りのない文体の修辞モデルは視覚的片割れを、歴史を一貫して現象に即《つ》く〈自然主義（Naturalism）〉に見出す。この議論紛糾の語は、自然現象を淡々と、忠実に描きだすことに専心する表象形式を特徴付ける。美術の方では、少なくともルネサンス以降、それは特に、鋭い観察に基づく自然研究と、世界をつくり上げている個物の飾り気ない記録と同じものとされてきた。しかし自然主義的特徴はヨーロッパ古典古代以後、特に盛期中世以降にも、たとえば彩飾写本の縁部を取り囲む唐草模様《アラベスク》に、またランスやナウムブルクの聖堂の建築部材を飾る植生デザインに、たしかに認めることができる。同様な、中立的もしくは価値から自由と見える（とは即ち、いかなる文学的、歴史的環境《ミリュウ》ともはっきりした関係を持たない）描き方が、現象がどう働くか視覚的に問うことで答を得ようとする植物絵や技術絵の中にある。同様なテクニックは19世紀開始直前の美術史で前に出てきた。頭も気性もまるでまちまちなのに、目立ちたがり屋の表現形式を抑えて、自然の物質の方により目を向ける能力ということでは、デューラー、レオナルド・ダ・ヴィンチ、ファビアン・G・ダゴティ、J・R・カズンズ、そしてカスパール・ダーフィット・フリードリッヒは一線上に並ぶ[84]。誰にでも可能だ。誰であろうが、平明に写すことによって、風景自体から出る呼びかけに応じることができる。

旅行家－画家はこういう態度に目を向けたというばかりではない。それが形づくられるのに与《あずか》って大いに力あったのである。ナポレオンのエジプト遠征に随行した学者画家のドミニック・ヴィヴァン＝ドゥノンは、「ヨーロッパがその名も知らぬ所を横切る」のである以上、「その全てを記述するのが至上命令となった」と言う。彼が――以前以降の多くの人間と口調を合わせて――言うことには、自分の「目の前に存する」事物をのみ描いたのであり、そしてフランスに帰ればいきなり諸般の厄介重なり、見た物を描く手間暇が割けなさそうとわかって気が重かった。人跡未踏の砂漠を馬で行く、新しいイメージ捜しに夢中の絵師の姿がある。馬の背にゆられ、いつ変更がないとも限らないナポレオン軍の作戦計画に従いながら、ヴィヴァン＝ドゥノンはそれでも少なくとも「詳細に相渉《わた》れなくとも偉大なる相手への最初のちらり見」は自分がと心に決めていた。それからこの人物のすばらしいのは、同業者につきものの自己中心主義を免れていたことである。ことを始めたらば画家は描くと決めた場所の様子にだけ気を回すべきだ、とヴィヴァン＝ドゥノンは諭す[85]。『オットマン帝国旅行』(1804)を記した同時代人、G・A・オリヴィエの言葉を借りるなら、画家は「観察ができ、事実《ファクツ》が集められるあらゆる場所に体を運ぶ」ものと期待されていた[86]。要するに、「現にそこにあるものだけが美しい(Nothing is beautiful but the real)」のである[87]。

こうした見方を巧くひとつにまとめようと思えば、旅行者たちが〈現実界《レアリタス》(*realitas*)〉と〈実情界《アクトゥアリタス》(*actualitas*)〉の両方と取り組んだのだということを忘れてはならない。後者は人間の干渉を、現実を変性させ形を変えて人間の条件に一致させていくことを暗に示しているが、前者は生じる純粋な現象としての現実を指している。どんな事物でも、知覚する主体の認識作用とは無縁に、あるいはそれ以前にして「自ら立」っていると考えるのは、物理的な万象が世界の仕組みの中に自らの時と場所を占めているとする自然主義的前提にとって重要なメンタリティを表わしている[88]。この前提はアートの営みをプラトニズムの模倣観と結び付けるので、偽りの外観の模倣は**イデア**からも、〈芸術は事物より上(*arte et supra res*)〉理論からも等しく遠い。17世紀、18世紀のアカデミー理論の規範化されたイデア美学の中で風景画一般が、中でも地誌としては正しい展観画《ヴェドゥータ》が低く見られていたとすれば、それはこの反唯物論的な偏見《バイアス》のせいである。しかるに18世紀も暮れ方近く、視と触をもって経験された現実が、発明された美の虚構への必要な矯正剤となるはずという主張に次第に頻繁に出会うようになる[89]。事実第一の旅行記も、外なる世界が現象として「そこに在る」とはっきり見せることをもって、この〈レアリタス〉形成に一役買った[90]。描写によるばかりか、イラストレーションによっても、ということである。

18世紀末に〈イラストレーション(illustration)〉という語は大体、彫版《エングレーヴィング》の同意語になっていた。その意味は広くなって、「説明」、「知的解明」の他に「装飾」の意味にもなっていた[91]。ただ単なる装飾(とかピクチャレスク)という意味合いは我々には関心はない。関心があるのは、ずっと一貫する説明としての、絵で示すという意味合いの方である。区々《いちいち》の事物に対応する語を持った言語は、その言語なしでは獲得し得ない情報をもたらすというベーコン的観念が、画文一体で学習プロセスを形成する絵入り旅行記流行をうんだ明快な動機であった。文章だけでは、いかに書き手が疲れ知らずの知覚力の持主であっても、ある景色のあらゆる面を完璧に表象し切れるわけがない。それでイラストレーションが事物世界の絵として言語テクストの中に挿入され、全体的意味をめざそうという身振り《ゲベルデ》を表象しようとしたのである。

科学的言語をこうして眺めてみると、それは元々、はっきり描写的な、というか本質的に絵化された語法であったようだ。かくてそれは風景を、現象としての具体的な個の相において描写するにこの上なく向いていた。経験主義者たちが知識は感覚できるイメージの形で伝えられると言っていたことからすれば、絵はなお言葉にまつわりついて永らえていた曖昧さを払拭する助けになりそうである[92]。積極面を見れば、それは現象界の物質的エネルギーを精神の前に現前させられるのである。散文に保たれていようが、イラストレーション中に固定されていようが、全部をと言う本能は、間接的な思弁よりは直接的な観察と余程馬が合う。言い換えてみると、旅の途次で目にしたものを連続的に展開するのは、そうやって見たものが後から惹き起こす統一指向の哲学的、道徳的、政治的な思弁とは、量から、時間からまるでちがうのである[93]。この精神をもって、長く苦しんだゲオルク・フォルスターの筋金入りの父親、J・R・フォルスターは、クックの第二次航海で自らした観察を一本に編んで、海軍省認可の公式報告にぶつけた[94]。いわば野放しの多くの旅行者が忽ち父フォルスターのやり方に従う。新データはそれらと出遭った時のコンテクストの中で示されることを「要求」したが、そうすることで新しい現実は同化され易くなるだろう。この目的達成のための技術が、区別し、定義する観察の術《アルテ》だった。文章家たちが事物を個物化するのに、それらの表徴を「透明に」記述したように、画家たちはアクワティント（英国では1775年くらいから後）といった近代的技術や、カメラ・オブスクーラ他の光学装置を利用して迅速転写をめざした[95]。こうした絶妙な結び付きを宜《うべ》なっているのはゲオルク・フォルスターの方だ。フォルスターはクックの航海の背景を概述しながら、科学的探険が勝利をおさめる近代はそうした三つの大発見に恵まれていて、やがてジョージ3世が「この時代最高の航海者」に、自然を隈《くま》なく研究する科学の人間［J・R・フォルスター］、及び自然の奇この上なき所産を写しとる絵画の人間［ウィリアム・ホッジズ］が随行すべきと断を下すことになるのだ、と書いている[96]。

科学的言語の誕生、経験主義の影響、自然主義の興隆 ― すべて合して「科学的凝視」、即ち知を獲得するための視の能力の形成をもたらした状況 ― を次々議論してきたが、博物学が巷間に広く入りこんでいたということを前提としている。17世紀以来の科学革命で、一般大衆が同じ考えに触れられるスピードは格段に速くなっていた。ピュジューの18世紀末パリ讃歌（1801）は、科学を教育ある者、教育ない大衆の区別ない共有財産にしたいという久しい宿願が成就した刹那を言祝《ことほ》いでいるが、50年も前にディドロが見て、「可及的迅《すみやか》に科学を大衆化すべし」と言っていた夢である[97]。

この議論の縁《ふち》の所には、科学が真理への近道を、宇宙的な力の支配、精神の拡大の新しい可能性を約束してくれるという観念がある。科学の公明にして「男っぽい」研究が、古代の僭王を、そして18世紀も前半の「浮わついた」文化を特徴付けた「女性的な」よしなしごとを、ふたつながら一遍に吹きとばした[98]。それはそうなのだが、18世紀後半を特徴付け、ベーコンの時代とも別物にしているそのはっきり際立《きわだ》った点は、教えられ、大衆化され、手の届くものになった科学が、まさしく現実に昨日今日進行中の科学でもあった点であろう。最新の発見、最近の理論が忽ち巷間に知られるところとなり、活潑な甲論乙駁をうんだのである。

●世界を学習

> 天地創造の所産の壮麗と美、規則と利便、有用によってこれ以上ない喜びを味わぬ者はなく、それらの大方を目にし吟味してきたなら、世界を偉大なる天地創造者の御業《おんわざ》として心から愛し、かつ讃嘆しなければなるまい。
>
> ― リンネ

> 物理学以上に、博物学研究以上に驚くべきものが他にあろうか。動物の生理現象、豊かな植物、結晶形成が示す現象以上に興あり、魅力もあり、人を驚かせるものが他にあるだろうか。
>
> ——J・B・ピュジュー

何か専門の一分野を持つというよりは、ただ単に知的でありさえすればよかった。フォントネルからアベ・ラ・プリュシュまで、ベンジャミン・フランクリンからジョゼフ・プリーストリーまで、アブラハム・ヴェルナーからゲーテまで、科学は手が届くものということで、自づから魔術の嘘や人目を避ける世界とは別乾坤《べつけんこん》であった[99]。（17世紀末に興隆して、自然の奇物を収容した）「科学ミュージアム」から[100]、18世紀末大人気の気球昇空まで、誰もが実験のひたすら前向きな娯しみを共有した[101]。

この民衆的幻想の腐葉土に芽を出した天真な熱中は、自然科学が新しい神話系をつくるという観念と無碍《むげ》に折り合った[102]。難解なメタファーや蒼古たるアレゴリーが近代人には廃《すた》れていく傍らで、古伝説の嘘じみた奇怪事が、信じるに足る驚異の反撃を啖《くら》っていく。当時の理解では、まさしく観察作業が新しい物質史のはっきりした出発点であり、究極的には新しい風景画史の出発点でもあった。ギリシア人やローマ人たちの人工的な物語は、昔そうした古代人たちに霊感を与えたはずの直接的な自然経験をもはや呼びさますことができないでいたのに対して、科学的研究は地球と祖型的に出会った刹那の無垢の目を蘇らせた。人跡未踏の森、文明国家を遠く離れた僻遠の極地方に入りこんだ旅行家が差し出すことになる若い地球の裸型のイメージは、宇宙との劫初《いやさき》の遭遇をさぐる科学者の念頭にあったものと何径庭《けいてい》もなかった[103]。

科学の目的が本来的に宇宙の非神話的説明にあるとか、錬金術や宗教とは対照的に、それは合理的説明によって世界を発明したとか言うと、すぐにも反論が出そうだ[104]。しかし18世紀を通じて、この目標が、法外なとまでは言わないが英雄的《ヒロイック》な重みを持ったのだ。生物のせめぎ合う力、地質の天変地異の力の明々白々の現実が、無根拠な臆論、でっちあげの教説を打ち砕いた。そしてあまた流行の科学中にも、新しい神話の真なることを体現したのが博物学、別名自然史（natural history）だった。自然史の「考古学的な」方法は、一存在、一事物の構造、形態、存在環境を「掘り起こ」して、その個の正体をむき出しにさせる分析を強いた。道具としての視覚の厳密を改めて評価し、整備され説明用に使われていたヴィジュアリズムを自然観察に応用しようとすれば、これ以上ないぴったりの手続きだった[105]。

18世紀の継承者たちがその中で仕事をする自然史研究の職能の限界線を画定したリンネ［リネー］とビュフォンのことに立ち入る前に、自然史（natural history）の「史」、即ち歴史《ヒストリー》（history）という語の意味がこの時期に変った（というか、ミッシェル・フーコー風に言えば、始源の意味に帰った）ことを理解しておく必要がある。17世紀半ばまで、歴史家の仕事は記録文書をめいっぱい集め、それを再編成し、追復することだった。その後、19世紀初めにかけて、このジャンルにはまったく新しい機能が課されていった。人事の万般を研究する人間が細心の目線を事物そのものに向けよ、集められたものを中立明晰の散文に移し換えよと命じられたのは、これが最初である[106]。逆に言えば、こういう純粋な事物観は、データを歪めることのない透明言語があり得ると信じるかどうかに掛かっていた。こうした差し迫った必要の結果ということであるが、歴史学の語法が、個別の特性がなお見られず言われてもいないままの自然現象の描写に不思議にぴったりだった。一方、生物事象のイメージがモンテスキュー、ヴォルテール、ギボン、そしてヒュームの手に掛って現われてきてみると、これがもう些事と偽瞞で一杯の劇場のイメージであった。これら嗤《わら》うべきけちな人間界と、自然史家たちが記す自然界の雄勁と、一体この懸隔は何だ！ 自然構造に ── その最も取るに足らぬ細部にいたるまでに ── これ以上ない大きな畏敬の念を抱くのを旨《むね》とするビュフォンやエラズマス・ダーウィンの態度と、人類の過去を通覧するとか称するモンテスキューやギボンの色眼鏡パノラマの、この天と地の差は一体何か！[107] 要するに、物と地誌と物質の崇高美（sublimity）は、人間の営みを凌駕せぬまでもそれと併立する歴史的で可触の営みとして自然を描く科学的な自然表象の産物なのである。

人間の条件が、地球の無窮に変化しやまぬ相貌と比べて余りにもこせこせ狭苦しいものと見えたばかりでなく、スミルナ、ポンペイ、ヘルクラネウム、リマ、リスボンの惨劇が、宇宙を秩序化するのなら、人間にとって不都合な大天変地異も入れてのことだと教えているようにも見えた[108]。有名な言語学者ソシュールの曾祖父に当たる登山家で地質学者、ジュネーヴ大学自然科学教授のオラース・ベネディクト・ド・ソシュール（1740－99）が、虚栄の人間中心主義からのこのドラマティックな転換を実に痛切に記事にしている。モン・ブラン山頂に立ち、四周の鋭峰の壮大な無秩序に呆然見入るソシュールは、地球の限りない歴史の情念《パトス》を垣間見る[109]。アルプス山脈きっての高峰のひとつに命賭けのアタックを試みたソシュールの登攀こそは、近代の自然史家と旧時代の思弁哲学者の分離の生ける証拠であった。前者が後者の悪影響をすっぱりと断ちおおせた。「部屋で書読む族《うから》」、「根も葉もない体系の捏造」に一生を捧げ、どう努力しても「カードの家を拵《こしら》える」ことにしか行きつくことのない思弁派の悪影響を、ということである[110]。

地球讃美、訳知りな地球愛は自然史もしくは博物学の趣味から出てきた。動・植・鉱の標本探究が、さまざまな生命科学の成長さなかの伝統と繋がった。基本的な実験の具として数学を使うことを拒み、唯名論に傾いていくこの線は、ラヴォアジエ、モーペルテュイ、ディドロ、そしてルソーに影響を与えた。生物学は植物学、鉱物学と同じように、はっきりした物理的特性を研究し、有機・無機の物質形成に環境の与える影響を大いに言った。ふたつの分野ともに、生命は万象横溢する地球より発したとし、かくて地球を歴史的に重要な一大貯蔵庫と見た[111]。

相対立するカルル・フォン・リンネ（1707－78）とビュフォン伯ジョルジュ・ルイ・ルクレール（1707－88）の二人が偉大なる分類学の時代を縮約する。種（species）と属（genera）の区分をどうし、どう編成するかで論争は加熱した。リンネの体系がビュフォンには反動的に見えたが、単純な固定作業に終始しているとしか思えなかったからだ。およそ方法という方法を迂散臭がるビュフォンは逆に、自然言語の問題を実際的に考えるに際して、形式的命名法を無理につくろうとしないで事物の完全な記述をこそめざすべきだとした[112]。いずれの場合でも、注意深い描写の技術が声高に言われている。自然現象の複雑によく対応できる技術である。

リンネは『自然研究論』（1754）で、彼の科学が観察を基礎とし、自然の「複雑さ」の探究に捧げられたものであることを言う。第一波の大探険時代が到来する直前の十年間《ディケード》に、リンネはもう早々と、無数の驚異がつくりあげている地球そのものが創造神の御業《おんわざ》で一杯、三つの世界に分けて配列されているミュージアムだと言っている。博物学研究が持つ高貴さに触れてリンネが言うには「今日……贅沢あまたある中に一番純粋純真なものと言えば、自然の産品のコレクションのそれである。そこを覗けば地球上のあらゆる国民《くにたみ》からと言えるが如くの贈り物あり、世界で一番遠い汀《みぎわ》からの品が我々に見てもらいたがり、考えてもらいたがっているのだ。……これ以上無垢な快、これ以上高貴にして洗練された贅沢があるだろうか、これ以上の多様さで我々を魅了する他の何があるだろうか」[113]。

リンネの生物分類システムでは、植物、動物から人間さえもが、個体の特徴にはよらず、それらがひとつの種類ということで共通して持つ特徴に従って記述される。未知のものを種類とかタイプとかいった明快な観念にこうやって組織すると、ばらばらなデータの集塊を前に理解できないで困惑するということもあるまい。ビュフォンのやり方はこれとは反対に、個別の特徴を本質へとすぐ結晶化することを嫌い、すべてを記述するというもっと乱れるかもしれない世界に跳びこんでいく。

> 最も広義に考えられたナチュラル・ヒストリーは、これはまた巨大なるヒストリーではあって、宇宙の示す万有万象を相手にするのである。四足獣、鳥類、魚類、昆虫、植物、鉱物等々が研究熱心な頭脳の前に巨大スペクタクルを現前させている。……精神と知的勇気に特徴的な強さがあって、自然をその無限に多様な産品のまま、別に驚くこともなく見ることができ、自分はそれらを理解したり、比較したりすることも自在と思わせる。それらを好む或る趣味があるが、これは個物のみを相手にしようとする趣味よりは余程大きい。そして自然研究への愛は知性の互いに相容れそうにもないふたつの性質を前提にしていて、そのふたつとは全てを一瞥にして捉える猛烈な天才の広大な通覧力と、ただ一点にひたすら執する骨折り本能の狭い集中力である[114]。

してみると、ナチュラル・ヒストリー、博物学研究は、科学と詩、思考と感情の二項対立をうみだした厳密なベーコン的伝統にブレーキをかける助けになった。この革命は大体が、リンネとビュフォンの後継者たちによってもたらされた。英、仏、独で、科学的研究の創造的冒険と経験的冒険の間に独特かつ実《じつ》のある関係が模索された[115]。場所の視覚的ドキュメンテーションを始めることができた[116]。このジャンルは科学的側面によって十分意味あるものだという前提に立って、博物学者スパルマンは、軽薄だ、怠惰だ、いろいろけなされることの多い時代を擁護する。「その実験好き……事実究明の傾向はよく知られているはずだ。今や、巧く書かれた本物の旅行記はどれもが、実際、経験論哲学の論文と言える。……かくして、旅行記、紀行文の独創的な書き手にこそ、哲学者は本物の真理、正しい観察を求めるのである」、と[117]。

第2章

自然の傑作

まるで解きほぐし得ぬと言う感じにこの研究が難しそうと思い込まねばならないいわれ[は]……ない。反対なのだ。研究が単純なる性質のものを相手にすればするだけ一切が平明容易になるだろうし、仕事が複雑から単純へ、測り得ぬものから測定可能なものへ、割り切れぬ量から割り切れる量へ、無限かつ朧然たるものから有限にして確実なるものへと転じていくのは、さながらにアルファベットの活字箱のなかのようである。

— フランシス・ベーコン

事実に即《つ》く旅行記が眼目としたのは、読む人見る者の前に、世界についての正確な情報を幅広く絵《グラフィックに》として繰り展《ひろ》げることにあった。この科学とアートの結託が示していたのは、正確な本文《テクスト》に精確な画像《イメージ》が結びつくなら、宇宙に現在進行形で働いている物理作用を理解するための進歩主義規範《パラダイム》になってくれるはずだということである。ところで、自然の働きを観察し、記録したり、地図化したりということになれば、18世紀が物質の構造に抱いたもっと大きな関心に拠《よ》るところが大なのだ。ノンヒューマンというか人間《ヒト》と無関係没交渉の環境の相貌《フィジオノミー》への意味ある接近を試みよう — 個々の岩層形成物や境界標《ランドマーク》を、ヒトの側からではなく、それら側に立って理解しよう — とするなら、それら個々の物質としての組成に対する讃嘆《おどろき》(admiration)と深い洞察《わけいり》(penetration)が必要だった。自然の傑作(natural masterpiece 完全に物象のみの、人手の入らぬ地球形成のこと)への視覚的意識と形態描写が隆昌したのも、その媒体《メディウム》を媒体《メディウム》として明快に調べることに掛っており、この作業は少なくとも、18世紀初めから進行し始めていた。

18世紀目玉人間の異様な岩石形成への関心はヘレニズム後期の「世界七不思議」の伝統と比べてみると面白いかもしれない。普通巨大建築、巨大彫刻と結び付けられる古代人の〈驚異(*mirabilia*; marvel)〉概念は、自然の宇宙が創りだした魁偉なるものどもと競い合えるという意味合いのものであった。16、17世紀には驚異(*mirabilia*)と傑作(masterpiece)概念の間が密に繋がる。人工の驚異と作為の入らぬ驚異の間になお区別がないこともなかった。この区別が曖昧になっていったのは、(意識的に手技の入ったものという近代的「傑作」観発祥の地と目《もく》される）フランスではなくて、英国においてであった。まさしく人工と自然の境界《あわい》にイ《た》つストーンヘンジが象徴的で、以後のどちらつかずのモニュメント類の嚆矢《はしり》ともなった。ウォルター・カーンの傑作–概念の研究が、この厄介な語と、人間の技倆と努力がそれで聖化されてきた歴史をたどってみせてくれている。比類なきアートの驚異（wonder）が、リンネの所謂世界という「ミュージアム」に満ちる大小表われはまちまちな自然の不可思議（prodigy）に凌駕されていった経緯《ゆくたて》を追う、逆の研究がひとつあって然るべきと思う次第である。

互いにちがってはいながら重ならぬ訳でもないそれぞれの観点から、本章と次の章でこの問題を扱ってみよう。17 世紀に科学は自然という名の状態を再定義し始め、ユートピア的静謐《せいひつ》の状態から、物質の変化と多様が反映するような変化変相の状態まで、いろいろ考えついたのだったが、18 世紀のニュートン主義と諸種の唯物論哲学は、見たところ安定し切った事物にさえ、その構成分子のレヴェルにいたるまで、実はひそみ隠れているダイナミズム、力と動きに意識を集中した。この再定義によって自然現象は時間の経過を記録するもの（records）たると同時に記念するもの（memorials）として見え始めた。そうした自然現象の時間的、歴史的な次元に目が向くこと ── 歴史記述学（historiography）へのより大きな 18 世紀的関心の一部とも言える ── で、自然現象は先史の過去と劫初の状態を今に保つものということになったばかりか、地球進化の激動激変にずっとさらされ続け、そういう地の「情念」の標徴と痕跡を今に悠然ととどめてある英雄的《ヒロイック》な物象世界ということになった。かくして物質の歴史が地から掘り起こされるか否かは、旅する自然史家・博物学者の、地の情念の表現を人間の干渉とは無縁な文字通りのランドマーク（landmarks）、地の印の裡《うち》に看《み》抜《ぬ》く力、自然の文字通りの行いを忠実に解剖しようという気構えに掛っているのであった。

●生命元素

> ［私は］こんな広大な土地を解剖し、それを形づくる微小部分すべてのこれ以上なく正確な表象を行った。
>
> ── ウィリアム・ハミルトン卿

> 広大なるかな、物質の塵界。
>
> ── トマス・ダニエル、ウィリアム・ダニエル

永遠に自己延命する物質という物質の再定義は、ずっと哲学者の頭を悩ませてきた謎々《コナンドラム》であろう。ソクラテス前派およびストア派は大地はその構成部分の区々《いちいち》にいたるまで生あるものと考えていた。鉱物、金属、石は生命力（vital force）を持ち、宇宙同様、成長するものというふうに考えられていた。一般的に言って、世界が生ある《アニメートな》ものとされていたのはルネサンス期までで、その後は、17 世紀の間に、この古い**物活の虚偽**（hylozoistic fallacy）は、宇宙の構造を知性も生命も持たぬ機械とする見方に徐々に道を譲っていった[1]。

しかし、デカルト主義が宇宙は時計仕掛けだと言い、ものを考える物体と考えない物体を根元的に分けながら世上席巻を遂げても、「物質に生命がある」観念が根絶されるには、なお

少し暇がかかった。最も強力な批判は 1678 年になって、所謂ケンブリッジ・プラトニズムの主唱者たる英国人牧師ラルフ・カドワースから出てきたが、カドワースは古代から近代に伝えられた唯物論を 4 つに分けた上、区々《いちいち》について批判を展開した。その一覧表によると、まず物質を「死んで無覚」とする立場があり、次にデモクリトスがそう考えたが、自然万象は粗い、滑らかな、「鉤《かぎ》だらけ」な、あるいは曲がった原子が偶然に「固まっ」てできたとする立場がある。エピクロスとストア派の無神論者は物質には感覚もあるし、繰り返しもある、とする。ランプサコスのストラトンの考え方だと、あらゆる物理素材の幾つかの部分には内的で造形的な生命が存し、それによって物理素材は一片の意識的知識なくても「人工的に」最良の自己形成ができる。この最後の、思考せず、必ずしも動く物とも言えないが「造形力」ある物活の（hylozoicな）生命が無覚の物質の幾つかの部分全部に存するというのである。いかな装いをしようとも唯物論は唯物論なので宗教的正統にさまざま脅威となるはずと鋭く見抜き切っていたカドワースから見れば、物活（hylozoism）など所詮「眠りこけて鈍い、造形有精（*Plastick and Spermatick*）の生命に過ぎず、一切の意識と自己喜悦に欠けている」のである。「物質の生命をその無限にある原子にまで」増殖させ、あまつさえ「盲《めし》いたる女神」、「完全な無-意味」を神とするような物活論物質主義者に、カドワースは非難の雨をふらせた。

やや遅れてフランスで、ユグノー派哲学者のピエール・ベール（1647－1706）が『歴史的批評的辞典（*Dictionnaire historique et critique*）』（1697）に、古代の地理学者にして哲学者のディカイアルコスの、霊魂は「あらゆる生ある事物に共通せる力にして、生けるものと呼ばれる物体を以て唯一存在を形づくる」という厄介な議論を、同じように取りあげている。この立場が人間中心主義にとって脅威となり、宇宙の上下層序《ハイアラルキー》で人間を優位とする伝統にとって脅威となることを、洞察力あるベールが見抜かないわけがない。誰にしろ、骨と神経の集合体が感じ、思惟する以上は、完璧に同じ論理だからして、物質のどんな集塊にしろ考えることをするはず、とせざるを得ないだろう、と[2]。石も感じるはずだとしたディドロの推断にさえ、もう一歩だ。

この哲学論争から出てきた構成要素の幾つかが、18 世紀の展開局面にとって重要だ。ソクラテス前派の物活論観念のあるものが既に── たとえば美術だったら、ルネサンス末期の**軟骨様式**（*Knorpelstil*）に── 蘇っていた。無機物が文字通り生きものとされ（汎心論［panpsychism］の表現と解釈され）るこの装飾パターン化の軟骨様式は、ロココ装飾版画に大きな影響を与えていく[3]。同じ頃、宇宙構造論《コスモグラフィー》ではブノワ・ド・マイエが、イオニア自然哲学者ターレスの、万物の根源は大洋の流れとする理論に戻っている。啓蒙哲学者《フィロゾーフ》のジャン＝クロード＝イズアール・ド・リール・ド・サルは、世界をダイナミックな「巨大有機体」とするピュタゴラス主義の観念について解説を加えている[4]。世紀の終わりには、インド旅行の旅人たちの物語に影響を受けて、神秘家のアントワーヌ・ファーブル・ドリヴェが輪廻転生（metempsychosis）を論じ、それを普遍的アニミズムの古代教説と関係付けている[5]。

しかし、自然がプラトニストたちの言うような動きのない鈍い物質などではもはやないと主張したのは何もフランス人だけではなかった。ドイツでは詩人のクリストフ・マルティン・ヴィーラントと批評家のヨーハン・ゴットフリート・フォン・ヘルダーが── スピノザ思想に依拠しつつ——宇宙は生きて、感じて、動く有機体だということを知った。英国では『種の起源』著者の祖父に当たるエラズマス・ダーウィンの『植物の愛』(1789) が、エンペドクレスの愛と憎の確執そっくりな擬似-性的な力で再び宇宙を満たした。

エラズマス・ダーウィンの名が出たので思いだせるのは、物質がアニメートされる、というか生命を持つかもしれないという危険な思想が人の口の端《は》にのぼったのは、そもそもが18世紀劈頭の英国だったことである。神は自ら望めば、洗練された物質に思考を「足し加える」も自在のはずという仮説を立てて論争に火を点《つ》けたのはジョン・ロックである。バークレーへの駁論ということで、ロックは最初の永遠にして、思考する存在は、もしその者が自ら望めば、「創造された不感無覚の物質の、彼が良しと思ってひとつにまとめたあるシステムに、一定程度の感覚、知覚、そして思考を与え得た」とする観念にどこも矛盾などない、とした。ロックの主張がデカルトが火《ひ》点《つ》け役の人間機械論の論争を背景にしたものだということははっきりしていたし、物質に創造できる可能性はないとロックの懸命な念押しがあったにも拘わらず、議論は覿面《てきめん》に熱くなっていった。

ロックはカドワースやベール同様、**物活の虚偽**には反対の立場だった。『人間悟性論』が並べる反唯物論の各論点を見るに (4の10の14−17)、ロックが**世界霊** (*animus mundi*) を宣《うべな》っていないことは確かである。この「謬論」を駁すにロックは、物質に「その精髄に内包されぬ美質」の何が足し加えられるにしろ、それは、「もしそれが物質を拡張された堅固な実体のまま残しているのだとすれば、物質の精髄を滅《めつ》することはない」と考える限りで、物質の裡に永遠の思考もあり得るという仮説を出した。彼のこの最後の釈明から見て、論敵がどう言っていたにしろ、ロックがなお物質を一個のむきだし裸形《らぎょう》の実体と見ていたことははっきりしている。英国において、実体は堅固な「死せる」物象であり、部分的になら運動することもあるというこういう見方が、生彩あり、力に満ち、およそ機械論とは無縁のエーテルの遍満を言う見方に転じるのは、ニュートン主義者台頭の1740年代を俟《ま》たねばならない。こうしてみると、距離を置いての作用としての引力の理論の役割と、それが「オカルトな」力を復権させると考えられた点についての議論を次章に構えるのが筋かと思う[6]。ここではロック理論が拡張解釈されてしまうことがただちに判明したということを確認しておけば足りる。もし物質を、その精髄の一部となればその性質をこわさずに措《お》かぬ特性甲《こう》(即ち思考) を加えて大きくすることができるのなら、特性の乙《おつ》や丙《へい》を加えて大きくできないわけはないのではないか。第一、そのプロセスはどこで終わりになるのか、と。

半世紀の後、デカルトおよびフランス機械論の伝統から切れようと、引き裂かれながらの苦闘のさなかのディドロが、物質は常時変容状態にあるという議論を展開する。ディドロの唯物論的一元論、変容を宣《うべな》う生気論は、宇宙の唯一実体の外にいかなる存在もないとするスピノザの形而上学的汎神論と対立した[7]。ディドロに言わせれば、あるのは唯一の実体 (substance)——即ち物質 (matter)——で、感覚能はその物質の本性なのであって、かくて「石は感じていなければならない」[8]。

ロックを見ないでシャフツベリー、ライプニッツ、そしてフランスの生物学的生気論者に目をやるディドロは、物象物質のする自発運動 (self-motion) の観念を十全に展開した。ライプニッツは、人間の霊魂から植物界に下り、どう見ても無機的な物質の単子《モナド》まで、全てのモナドのダイナミックな共生世界を強調していた[9]。ディドロは宇宙を一個のプロセスと見る。もはや機械的ではない仕方で応答し合い繋がり合う発展する個体間の一有機的統一体と見る。ディドロはライプニッツのモナド論に内在する曖昧さを引き受けた。伝統的に三分割される動・植・鉱の三つの領域《キングダム》は単純に分離し難く、互いに流動し合うという感覚である。実際、ダランベールはこう言わざるをえなかった。「どんな動物も大なり小なり人間のようだし、どんな鉱物にしろ多少なりとも動物だし、どんな植物も多かれ少なかれ動物である。自然界裡に画然たる区分など、ない……」、と[10]。

スイス人生物学者、哲学者のシャルル・ボネ（1720－93）もディドロと同様、存在の大いなる連鎖（a great chain of being）、最高形態から最低形態へ諸段階が切れ目なく連続するものが、不壊《ふえ》遍満の生命胚種によって動いていく様を幻視した。ボネはポリプ論争（Polyp controversy）に深入りすることで、自ら識らぬ間に、自然三界を区々区別する困難を永遠化したと言える。科学者たちが植物か動物か決めかねるポリプは厄介きわまった。「ポリプは、それはそれで一人のコロンブス、一人のアメリゴ・ヴェスプッチの出現を待つ別宇宙の辺境に棲む」[11]。動物と植物の境界線がかほどに曖昧だとすれば、とボネは言う、植物と鉱物の間《あわい》には一体如何なる謎の生き物が我々を待っていることか、と。

こうして物質を構成する最も内奥の分子をめぐる推定作業に「科学」が参画した。その研究は顕微鏡が見せる間断なく変化する自然の姿によって加速された。過剰、横溢、多産の姿で、生命で「うじゃうじゃ」と、「漲《みなぎ》って」いた[12]。顕微鏡という楽しい道具のお蔭で、どう見ても死んだ細片でしかない物が実は生命ある相手だと判ってきた。「ひとつの世界が我々の目の前に姿現わし、透明となった自然はその歩みを遅めることもなく、その研究室、実験室が御開帳になるだろう」[13]。サミュエル・ウォリス、フィリップ・カータレット、ブーガンヴィル、

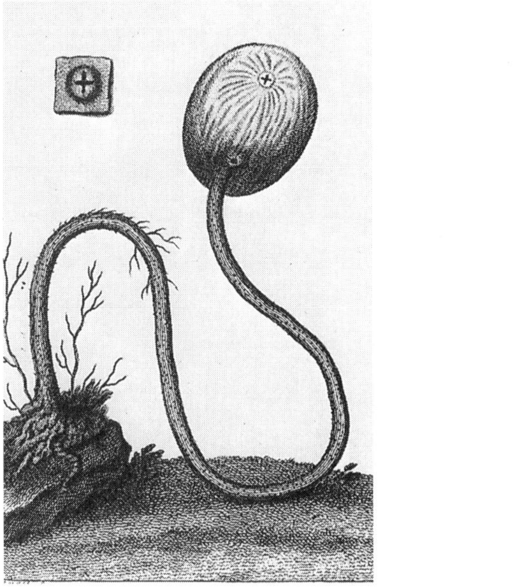

図7　J. B. Robinet, *Priapus Pedunculer Filiformi,* from *De la nature*, 1766, IV, pl. p. 44.
Engraving by J. Y. Schley. Photo courtesy Library of Congress.

ブルース、そしてクックなどの科学的探険の主だったものが進行中だったタイミング（1761－68）にぴったり雁行して、ボネとロビネはその潑剌たる発見を――可視の地勢の拡張を――記録していたことになる。そうした「探究」から生気論の発想がうまれ、岩石が成長し、貝が水を吹き、混り合った形態のものを大地が吐きだすのを旅人が目にするささやかな宇宙劇場の一幕となる。ルイ＝セバスティアン・メルシエはジェローラモ・カルダーノとパラケルススを讃えて、とは即ちニュートンに抗って、叫ぶ。「鉱物どもは自らを産み、石は成長する。……産出力は金剛不壊《ふえ》の岩石にさえ入り込み、鉱脈が自らの組織を持つのは絶巓に揺れるカシの木と変らない」、と[14]。18世紀初めの鉱物学は化石形成の因を「種子（*semina*）」に、結晶の出発点を「胚種（germs）」に、求めることが多く、とはつまり相手に性《セックス》の存在を仮定したわけだ[15]。静物画家たちは貝殻や珊瑚が花卉《はな》の真似をするところを絵に描いている。真面目なイエズス会士のフレジエはパリッシーを引き合いに出しながら、銀銅が日々、地下で生命の更新を遂げている、と主張した[16]。逆も言え、ちょうど島や岩石はうまれるように、ロビネの言葉を借りれば、岩石は死にもするのである[17]。

こうした唯物論的確信はすべてが――その根が「多感物質」の古代哲学の復活、ロック誤読、科学的思弁のどこにあろうと――地球核心部に生産力が潜むとする感覚に基いていた。この感覚はそもそも無生物なるものの存在を認めず、あらゆる自然の形態に表現、もしくは「力《フォース》」が内在する、とした[18]。こういう論は、ギリシアの古《いにし》えこの方、生命を吹き込むのはアートの仕事と主張し、この章で扱うような地球の諸形態、諸「奇観」のような無機的事象事物に美を自らうみ出すことなど不可能と言い張る大方の西欧美学に反するものだったのは言うまでもない[19]。そちらの姿勢の代表格はフランスのアカデミーで、芸術家の任は「命なきものに命を与える」こと、「不感無覚の物質に」生命を刻印すること、というのを金科玉条としていた[20]。

逆に18世紀では無機の物への評価は、それに命がないことをきっぱり否定したことに発したのであって、牢固として温度なく、それ自体としては面白くも何ともない事物に（連想によって）人間の生を押しつけていく**情動の虚偽**（pathetic fallacy）によったものではない[21]。ピクチャレスク美学に対立したこのもうひとつの美学は、ギリシア・ローマ以前の芸術が用いていた自然の象徴表現に自説の拠点《よすが》を見出した。18世紀の思想家は、ギリシア・ローマ以前の芸術では風景の特徴が「生ける巌」、何かはっきり命あるものの姿をしたものと見られていたことを知っており、そうした原始の感覚がウィリアム・ボーラスやアントワーヌ＝クリュソストーム・カトルメール・ド・カンシーといった好古家尚古家の注意を惹《ひ》かないわけはなかった[22]。似たような観念なら非西欧文化にも見られ、17世紀、18世紀の極東への旅行者たちがこれを喧伝した。前にも触れたが、イエズス会宣教師ヨーハン・ニーウホフが『入華布教記』（1669）を通して、風水の地誌地卜の方法を伝えているが、生けるもの一切に個のしるしありという考えに基いて自然の隠された内なる精髄を明らかにしようというのがこの体系であり、地のこうした出来方によって中国人は丘や山の位置配置を、あたかもそれらが惑星を動かすものでもあるかのように解釈する[23]。ニーウホフとかアタナシウス・キルヒャーとかがこうした解説によって西欧に伝えた道教《タオ》の自然観によれば、自然は一個の有機体であり、その生ける物質素材を民は畏敬を以て遇していた[24]。

どういう形をとったにしろ、物質は自足しているとする感覚は、啓蒙時代の哲学者たちの頭を占領した美学教説と混り合うだろう。原始アート、非西欧アートいずれもが、特に生命力溢れるヴァイタル（vital）な形に自らを表わす無－人の（nonhumanized な）地のまとまりというものに敬意を払うというまさにそのこと故に、定型逸脱のものと見える[25]。非ギリシア・ローマ的異文化へのこうした評価と併行する形で、頭脳明晰の旅人たちのした科学的、擬似科学的な発見が、地球は見慣れぬ物象事物に満ち満ちた〈形の充溢（a *plenum formarum*）〉であることを示した[26]。今や六塵俗界裡の奇跡とでも呼べそうな世界を研究せよというこういう声高な主張が、およそ観念は内在するものではなく、感覚、そして視覚による探索から生じてくべきものとする精神の経験主義的モデルと繋がるのは、前にも少し見ておいた通りである。

18 世紀の唯物論者たちは、物質が一旦運動を始めたなら、聖なる青写真の助けなどなく現実に宇宙を組成するにいたる、と論じた。こういう考え方は行きつくところ、運動するあらゆる物質が、規則的で組織された感じる物体 —— 即ち真の自然の傑作 —— をうみだすとまで考えるようになる。こうした自己システム化論の論理的帰結が英仏競い合っての活動物質（active matter）概念の追究で、マイエの『テリアメッド（*Telliamed*）』（1748）、ビュフォンの『地球の理論（*Théorie de la terre*）』（1770－81）、ロビネの『哲学的考察（*Considérations philosophiques*）』（1768）、そしてプリーストリーの『物質と霊性（*Disquisitions Relating to Matter and Spirit*）』（1777）など、さまざまな所で見られる。

対照的に、プラトン的、イデア論的実体観によれば、芸術作品の基本的な任は物質を昇華すること、重さをなくさせること、巧くいけば取るに足らぬものに変えて克服してしまうことにあった。オウィディウスは、鍛冶神ウルカヌスがアポローンの神殿のための高価な金属扉を鍛造する物語に、この話柄をめいっぱい盛りこんでいる。芸術による変容を俟《ま》って卑しい素材は高められるだろう。プラトン、アリストテレス、修道院長シュジエ、ニコラウス・クサーヌス、スコラ学者たちにネオプラトニストたちは皆、完璧な状態の万象のイデアは完全に非物質的であることに同意するはずだ。この伝で行けば、アーティストの腕は、物質を精神的抽象形式に従わせられるか否かに示され、こうして美術理論の中で、布地に無関心な意図《コンチェット》（*concetto*）に、ほとんど実体のない意匠《ディセーニョ》（*diségno*）に、身体なき単純な輪郭付け（circumscription）に自づからウェイトが移っていくのである[27]。

この章で扱おうとしているのは、時としてイデア哲学の体系内におこぼれの位置をもらっているのも我れが現象であることを我れから消し去ったように見えるから、といった透明な物質などではない。原始の荒ぶる不透明な物質の自ら押しまくるタイプの諸種、即ち牢固として粗い岩石、人跡未踏の山巓、鋤の入らぬ荒野、原始の森、人渡れぬ川といった〈自然の傑作〉の百態をこそ、扱う。

旅するアーティストの目には、伝統的四大 —— 水火地風 —— が持つ価値は自づからちがったようだ。洗練とか純化とか受けつけぬモノ性ということから、地の元素《エレメント》が一番興を催さしめたようである。四大中に文字通り最も根底的かつ大地的（chthonic）なこの元素の表現は、塵《ちり》、塊、泥と、まさしく百態である。見るからにがっちりがっしりし、まさしく金剛不壊《ふえ》な物塊のこうした雄弁な百態こそは、18 世紀博物学が喜んで個が物質の普遍的な変形変態《メタボリズム》から出現

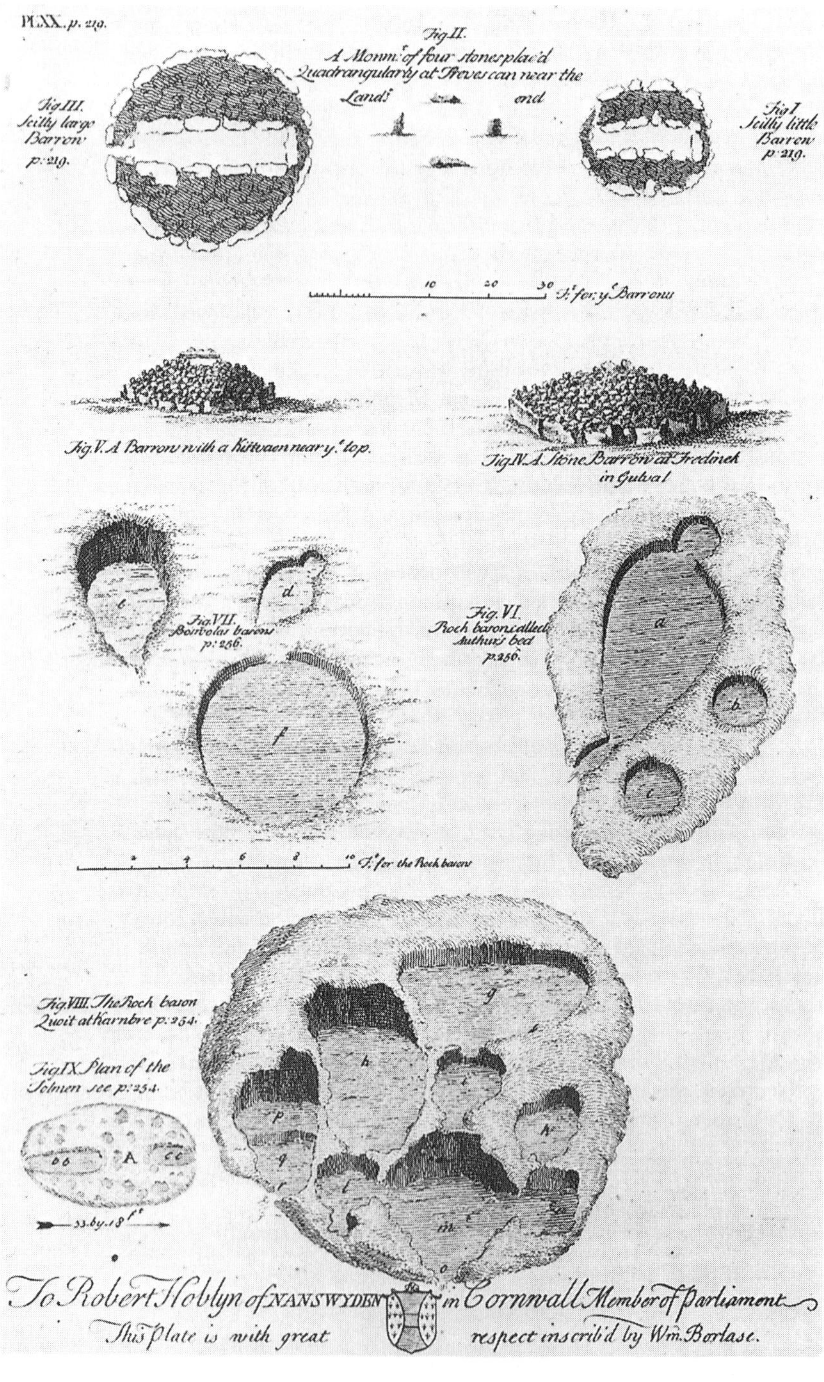

図8　W. Borlase, *King Arthur's Bed,* from *Antiquities ... of the County of Cornwall*, 1769, pl. 20. Engraving. Photo courtesy Library of Congress.

図9　J. Nieuhof, *Suytjeen: The Mountain of the Five Horses' Heads,* from *Embassy ... to China,* 1669, pl. p. 55. Engraving. Photo courtesy India Office Library, London.

図10
A. Kircher, *Fe of Fokien Province,* from *China Monumentis*, 1667, pl. p. 172. Engraving. Photo courtesy Newberry Library, Chicago.

すると称した状態の、これ以上ない具体例であった[28]。こうして、ある場所の一番際立った顔貌《フィジオノミー》は、その地を支える岩石が決めることになる。そうした堅固な特徴こそ、石に働き、石内部で進む地質学的条件、物理学的作用に支配されるのであって、人間による干渉など、出る幕はない[29]。それはまさしく金剛不壊の特徴であって、世界が不透明であること、牢固として自律したものであることを身をもって示していながら、岩に徴《しるし》（characters）あるをもって、この世界を理解する術《すべ》を暗に示しもするのである。

天然の巨礫《きょれき》（boulders *; pierres brutes*）、屹立する絶壁、山巓、深い渓谷、亀裂など皆、17世紀末以降、好意的に眺められてきていた。ロージエ・ド・ピールは1708年、そうした巨大な実例はその多様性によって、画家が「実物を（*sur le naturel*に）」見ない限り捉えられない「ある徴《しるし》（*certains caractères*）」を帯びる、と言っている。岩だらけの土手、成層岩、突出したり陥没したりの岩塊、密集したり孤立したりの塊体 ── それぞれの地質学的な種《しゅ》がおのがししに固有の徴《キャラクター》／性格を持つ。表面に表われた腐蝕頽壊の結果も絶対見落とすべきでない、とド・ピールは注意喚起をする。割れ目、断裂、穴、裂溝、そこここを覆う低木や地衣、そして時の経過がつけた斑点などすべて、画家の処理が巧ければ大いに写生写真（verisimilitude）の観念を盛りあげるだろう[30]。ド・ピールに言わせれば、巨礫、山岳その他異様の場所は牧歌風景よりは英雄的《ヒロイック》な風景のものであって、それが憂愁を喚起する時には特にそうである。しかしド・ピールは荒ぶる崇高な荒蕪地にばかり止まってはいない。こういう厳しい景色を和げる水に思いを移す。「ある意味、それらをなごやかに変える」霊魂を、そうした景色に与えようとするのである[31]。

石の持つ野生個別の特徴への意識や関心は東洋にあっては、西洋でそうした美認識が何か出てくるより遙かに古い[32]。12世紀というから相当早いが、素人弄石家のトゥ・ワンが、ひとつの私蔵コレクションに集められた114個の石の一覧記述を成している。大半が厳密に用途を言われている（薬用が多い）が、見たところ目的があるようでいて実は人の手の入っていない形、色、肌理《きめ》が素晴らしい石が、大きさには拘わらず、高い評価を受けている。李流芳の画譜を清初に王概が編んだ中国の有名な画論、『芥子園画伝《かいしえんがでん》（*Jieziyuan Huazhuan*）』（1688）は、オランダ使節に随行して北京に入ったこともあるエンゲルベルト・ケンプファー［ケンペル］の手で、1692年にドイツに持ちこまれた。事物は生命力と霊性を持ち、「生動」すべき「気韻（ki-yun）」を持つという道教教義による画論であった[33]。日本の旅の俳聖、松尾芭蕉は旅日記『奥の細道』（1689）に同じような岩石への関心を綴った。有毒の瘴気で小動物を殺す黒羽《くろばね》の殺生石《せっしょうせき》とか信夫《しのぶ》の天然紋様の斑石《まだらいし》とか、である[34]。

オランダ人医師コルネリウス・ル・ブロイン（と後にはノルデン）は1703年、キャラヴァンを仕立ててペルシア旅行をしたが、周囲の砂漠の中に突然出現し、動物や人間の顔の形をした複雑な岩塊群に仰天した。同様な獣形の風景は回教圏のミニチュア画にもあるが、宋や元の中国の動物譚から引き写したものである。「我々はいつの間にか」、とル・ブロインは書いている、「砂の平原に入り込み、流沙の砂丘にまぎれ込んでしまっていたが、危険なく旅などできない場所である。砂丘の向こうには高い山なみがあって、サワ、コムへの道が間を通っている。……11時に我々はひとつの岩だらけの山に着いたが、その岩々ときたらありとあらゆる物に似ていて、見るも驚きであった。私は遠くからそれらを、町の右側の山と一緒に描いた。

図11
Cornelius Le Bruyn, *Singular Rocks,* from *Travels to Muscovy, Persia* ..., 1737, I, pl. p. 62. Engraving. Photo courtesy Library of Congress.

……最初のものは動物の頭と首そっくりで、爾余のものもまったく同じくらい興がある……」、と[35]。

ル・ブロインのこの言葉から逆にわかってくるように思えるのは、獣形をとらぬ（nonzoomorphicな）表現的モニュメント、一枚岩《モノリス》への関心は、では18世紀の後半に生じたのか、ということだ。この時期は（むろん一本槍ということではないが）岩に内在する、非模倣的な霊性を評価し始める。スマトラに赴任したウィリアム・マースデンがパードレ・ロック景観を選んだのもそうだ[36]。ジョン・バロウの『1792年と1793年のコーチシナ旅行記』がフンチャルのイルヘオ岩、別名ルー・ロックを描くサミュエル・ダニエルのアクワティントを複製したのもそうである。バロウは嵐を孕む空気はよくわかったが、目の方は「上に砲台を載せたぽつんと孤立した黒い溶岩の巨大塊［が］汀《みぎわ》の景の壮麗にぴったりの前景と化している」のに釘付けになる[37]。その後、喜望峰からカルー高原、別名「乾燥」高原にいたる旅をしたバロウは（1801）、「真珠山《パアルベルグ》」というそこそこの大きさの山のことを記している。この山が王立協会の『哲学紀要』での議論に値するのは、「丸い大石が鎖となって山頂を越える様が真珠の頸飾りにそっくり」だからだ、と[38]。これら南アフリカの花崗岩塊の、見た目にも、そして英雄的《ヒロイック》にも孤立している様は、ジョン・ウェッバーの巌に囲まれたタルー港風景のような並列して群を成す巨礫と通じるところがある［図12］。何かの形になっている、なっていない、いずれにしろ巨岩露頭部の特徴として、垂直に屹立して孤立ということがよく言われた。ウィリアム・ダ

図12　John Webber, *View of the Harbour of Taloo, in the Island of Eimee* (October 1777), for *Views in the South Seas* ..., 1808, pl. 7. Watercolor. Photo courtesy National Maritime Museum, Greenwich, England.

図13
William Daniell, *Rocks at Sandy Bay, Saint Helena* (June 1794). Watercolor W. D. 240. Photo courtesy India Office Library.

図14　G. H. Bellasis, *The Friar Rock in Friars Valley*, from *Views of Saint Helena*, 1815, pl. 5. Color aquatint. Photo courtesy India Office Library.

ニエルとジョージ・ベラシスが人目惹《ひ》かぬではおかぬ僧侶岩《フライア・ロック》の記録を絵と文で残しているのを見よう。「フライア渓谷に東側から入って行くと、中心にあるのは海抜800フィートの高さに垂直に切り立つ巨大な岩の堆積である。右側に大西洋に開ける口がぽっかりとあき、左側の開いた口の真中には非常に興のある5つの奇岩あり、しっかりと繋ぎ合わせられているその様が宗派の僧服を身にまとった修道僧に酷似していて阿笑《おか》しい」、とある。同様に、というか地質学への一層鋭い目をもってクラーク・エイベルの『支那航海記』(1815) はそこの風景の「特異」なることを言うのだが、その全体的効果はそこだけのユニークな個物に対する知覚がつくりだす。この山がちの世界に屹立しているのは「右側土手の大理石の岩で、海抜200ないし300フィートの高さに聳《そび》えては、注意を惹《ひ》かずに措《お》かない」。「角礫岩が」、とさらに続けて、「海抜2、3フィートのところにある。その上に載る岩塊本体には地層が見えず、肌色の石灰岩の目の細かい細礫がひとつの塊になったものと思われた」、と言っている[39]。

トマス・ダニエル、ウィリアム・ダニエルという叔父と甥は、二人で編んだ『東洋風景』で、「孤立した」物塊の物質的存在感に敏感なところを見せている。ベンジャミン・ウエストがジョゼフ・ファリントンに言ったように、この二人のダニエルは特異な場所を忠実に描いた肖像画で名が高かった。最も水際立った作のひとつが、ガンジス河域、スータングンジェ近傍の「行者岩 (Fakeer's Rock)」の絵であろう [図15]。白花崗岩の圧倒的岩塊が「途方もなく太古」の昔のものとされたのは岩の組成のこともあったが、その表面に見えた古代の浮彫り彫刻の故であった[40]。二人のダニエルは1785年、インドへの途次、中国を訪う。通称「驢馬の耳」を通ってマカオに入る二人はここでもまた、今回は彫刻等ないがやはり巨大な花崗岩柱を目撃している。マラッカ海峡では白く屹立する岩、「白亜岩《ペドロ・ブランカ》」を目にとめているが、先《さきん》ずることおよそ40年、提督ジョージ・アンソンの世界一周航海に随行のリチャード・チェンバーズが人の干渉なき絶景と言ったのがこの同じ岩塊なのであった[41]。

ひとり際立《きわだ》って聳立《しょうりつ》する岩塊 —— 多くは「裸」で、組成は混成、外観はまちまち —— が世界中に突き立っている。エルベ川沿いに旅したアダム・ニールは、彼を囲繞する「生ける巖」に一驚を喫した。ドレスデンから上流へ16マイル、ケーニッヒシュタインの要塞の建造物は「フリーストーンの巨大岩塊の天辺にあるが、ぽつり孤立してあるはダンバートン城の場合と似

図15
Thomas and William Daniell, *S.W. View of the Fakeer's Rock,* from *Antiquities of India*, 1799, pl. 9. Color aquatint. Photo courtesy India Office Library.

図16
D. Vivant-Denon, *Djebelein, or the Two Mountains*, from *Voyage dans la Haute et la Basse Egypte*, 1801, II, pl. 52. Engraving. Photo courtesy British Library.

図 17　John Edy, *A Remarkable Stone*, from *Boydell's Scenery of Norway*, 1820, II, pl. 68. Color aquatint. Photo courtesy British Library.

て、そのダンバートンがクライド川に突き出るように、こちらはエルベの水面《みのも》の上に突き出している」[42]。『ザイール探険記』(1818) でタッキー大尉は、花崗岩、石英、雲母の混ったフェティシュロックがひとつきり水面から屹立し、「川を睥睨《へいげい》」している偉容を目にした[43]。こうした驚くべき仮象、束の間の出現とも見えながら可触、文字通りに盤石《ばんじゃく》のものたちは、エティオピアはジェベル・エル・ベルベルの「聖岩《セイクレッド・ロック》」、ノルウェー山巓頂上に文字通り孤高屹立する「巍然《ぎぜん》たる大岩」、セイロン、インド中に散在する「魁偉《おおい》なる偉容」で「ぽつねん孤絶」の巨礫と、底支えする不壊《ふえ》の荒ぶる存在の重みを共有した[44]。

岩石形成 (formation) で、いかにも天然の記念建築《モニュメント》という把え方に値し、かつ論争の種になったということでは、しかし玄武岩 (basalt) の岩以上のものはなかった。変化なき花崗岩の巖の不滅のライヴァルである。始原地層がゆっくり変化を験《けみ》し、そのことで長大な持続性の象徴になるのとは逆に、玄武岩は (此方《こなた》の科学感覚に応じて) 火山活動の所産とみなされた。特に角柱状玄武岩は海底火山噴火の結果とされていた。フランス人地質学者ニコラ・デマレ、ドイツ人地質学者ルドルフ・エーリッヒ・ラスペの二人が 1770 年代劈頭にこの何とも遠大な結論に達した[45]。角柱のさまざまな形の集合体が峻険なひとつの岩山、一望千里の断崖になったとされた。噴火口、というかこの溶けた物質の出口が、英国人地質学者ジョン・ホワイトハーストの言い方で言えば、「大昔のどこかで沈降し切って大地に呑みこまれ、大西洋海底と化した」のは「いかなる歴史的モニュメントも、いや伝統そのものさえも全然手の届かぬような昔のこと」であった。ホワイトハーストがこういうふうに考えだしたきっかけとしては、

図 18　William Daniell, *Hindu Temple near Madanpur, Bihar* (February 1790). Watercolor. Photo courtesy India Office Library.

「フィンガルの洞窟」とか、「巨人の畷《なわて》」[図 19] もあるが、旅人たちが記述にのこした「自然の壮麗作」の数々もあるのだ。そのひとつだが、ホッジズが (1781 年のイタリア旅行中に) 記したマタジェーナという名の玄武岩の断崖の記録が引き合いに出されている[46]。こうしたイラストレーションを見ていると、岩石形成をなぞり描くのに、まるで絵自体が大地の構造や輪郭に根を発する物象の一部であり、そうやって大地が創られる作用そのものを映しだそうとでもするかの強烈な衝迫を感じる。

ジャン=バンジャマン・ド・ラボルドは『フランス実記』(1781−96) で一瞬、綺麗な風景をという意図から逸《そ》れる。ローマ河の黒い土手の上に聳《そび》えていながら観相学的にはそれと一体化しているロシュモール城描写のくだりが問題だ [図 22]。描かれている画題は鋭角的な角柱群の方なのであって、その上に聳える一見小ぶりな人工の建築物ではない、とラボルドは言うのである。ぎっしり密集した玄武岩の小柱と、それらの配置、多様な位置を宰領する自然のシステムとの統一こそがド・ラボルドの最大関心事であって、こんなふうに記している。「人はここに険峻な玄武岩の穹窿《ヴォールト》が、啓明された建築家造築の穹窿の徹底した幾何学を以て、自然によって彫刻を施されているものを見るか、さなくばさまざまな同心円の層で形成される玄武

図19 Thomas and William Daniell, *Giants Causeway*, from *Animated Nature*, 1807–1812, pl. 47. Aquatint. Photo courtesy Newberry Library.

図20 T. Black, *Singular Rocks at Doobrajpoor*, from Sir Charles D'Oyly's *Scrapbook*, 1829, fol. 121. Lithograph. Photo courtesy India Office Library.

図21　Thomas Postans, *Rock Inscriptions near Girnar*, 1838, fol. 99. Wash drawing W.D. 485. Photo courtesy India Office Library.

岩の球《きゅう》を見るかなのである」[47]。南仏《ミディ》にあってもシチリアにいてもジャン・ウーエルまた、同じような目を火成岩にある多彩な形態学的表現に向ける。その旅で、丸天井形《ドーム》から長球《スフェロイド》まで、少くとも５つか６つの異なる「こうした驚異」のタイプを見出し、記述している[48]。メキシコのレグラ高原の天辺に彳《た》つフンボルトは孤立して屹立する玄武の岩塊を前に、自然が石で造った傑作がいずこにもあるのだという思いにかられる。「あらゆる風土において、地球の岩石の殻は見る者に同じ顔を見せる。……いずこにまれ同じモニュメントが、地球表面をゆっくりと変えることになる地殻変革に行きつく同じ結果を証しているのだ」、と。動物、植物は遠く隔たった場所で異なるかもしれないが、岩塊はそうではない[49]。

生《き》そのままで讃仰の対象になったものが他にもいろいろある。スコットランド北西岸のウエスタン・アイルズ辺の片麻岩の曲った岩脈から、南太平洋の海底ででき、トンガの海岸に姿現わし、「海面より突出し、満ち潮に洗われる岩さながら凸凹の穴のあいた」複雑な珊瑚まで、である[50]。ほとんどの科学者がこうした海の「植物」を命あり、成長もする有機生物と考えていたわけで、それらの精彩ある一生など、森や林を扱う所で論じられて然るべきなのだ。「石化した物」としてそこにあるわけで、議論好きの博物家や旅行者の書く論文では定番のテーマなのであった。アベ・ラ・プリュッシュはこの海中現象について、「こうした［酒石と塩の層

図 22　J.-B. de Laborde, *Basaltic Rocks* (Château de Rochemaure), from *Description de la France*, 1781, II, pl. 3. Engraving by Née after drawing by Le May. Photo courtesy Bibliothèque Nationale.

が並び、頭をいつも底の方に向けている］構造から見るに、この種の低木は、洞窟天井部分に付着するもの同様、単に石化を遂げただけのものではないかと、どうしても思いたくなる」と言っている[51]。

岩石形成の奇観と言うなら、一番よく文に綴られ絵に描かれるのは、間違いなく天然の拱門《アーチ》である。マニエリスム風景画によく出てくるし、この時代、そしてそれ以降ずっと劇場の道具《セット》に登場する[52]。しかし事実第一の旅行記で穴あき岩は、自然を仮装するアートという奇想やパラドックスのアウラを喪失するが、リアル・シングズの牢固に近付こうとするからである。ニュージーランドはトラガ湾に見つかったそうした天然のアーチのことをジョゼフ・バンクスが文章にし、そしてH・D・シュペーリンクが絵にしている［図 23］。バンクスは書いている、「我々は……異様なる天然奇観を目のあたりにした。過去経験した驚異中、壮麗さではおそらく一番のものであったが、純粋天然はこれら事例では人工の業《わざ》を圧倒し止まぬ。人の手になるそうした場所を見たこともあるが、中から見るに、幅 6 フィート、高さ 7 フィートといった穴を通して海が見えてきた。ところがここではアーチは奥行き 25 ヤード、幅 7 ヤード、そして高さは少くとも 15 ヤードはある……」。約 2 週間後、ここで話題の驚異と対面し、日誌に記録しているが、石の大部分が「うつろになって拱門《アーチ》状になっているから、完全に通り抜けも可能」ということで、一段と「ロマンティック」と書いている。同じ航海に随行した公式画家はシドニー・パーキンソンだが、同じことを「最大級の天然拱門」について言っている。その上にあるのはマオリ族のヒッパ、避難所である。パーキンソンは人工と天然の視覚的緊張に興を催し、この高台の片側が陸に繋がっているのに、もう一方の側が気ままに「海から踊り出ている」感じを興がってもいる[53]。

もう少し加える。ジョン・ヘンリー・グロースだが、東インドへの途次、ボンベイのマラバル・ヒルで彼が目にした「割れ目」は、「最後に海に向って口をあけて終る空洞」に通じてい

図 23　H. D. Spöring, *A Fortified Town or Village, Called a Hippah, Built on a Perforated Rock at Tolaga in New Zealand*, from John Hawkesworth's *Voyages*, 1768, pl. 18. Engraving. Photo courtesy National Maritime Museum.

図 24　A. de Cappell Brooke, *Mountain and Caverns of Torghatten,* from *Travels through Sweden* ..., 1822, pl. p. 208. Engraving.

図 25　John Ross, *A Remarkable Iceberg*, from *Voyage of Discovery*, 1819, pl. 58. Aquatint by Havell and Son. Photo courtesy British Library.

た。クリスマス・ハーバーのクックは（1776）、大穴があいて橋のアーチのようになった「丈高い岩」の奇観に遭遇した。コーディナーはスコットランドで「カレドニアのオベリスク」に魅了されたが、これはごつごつとした「巨大な岩塊［で］広々とした穹窿がその中を完全に貫通」していた。ウィリアム・アレグザンダーは中国で「鍵の形に口を開いた断崖《きりぎし》」を見て、描いている[54]。画家がこの驚異を（シリアにおけるカサス、スウェーデンにおけるブルックのように）「隧道《トンネル》」と呼ぼうが、（マダカスカルにおけるオーエンズのように）「拱門の亀裂」と呼ぼうが、うつろ ― そこから時には陽光がこぼれてくる ― と、同時に目に入る磐石《ばんじゃく》の量感の結びつきが絶妙で、面白いのである。何かはっきり突き出たものがいきなり波間に姿を現わすとか、地べたに垂直に屹立突起するとかいうと、この視覚効果は覿面に倍加する［図 24–26］[55]。穴あき岩は知覚の上でも本質的にも、環境の力の働いた他の現象、たとえば荒涼たる丸天井の形になった突出の断崖と結びつき易い。ケルゲレーヌ＝トレマレクは（1771）、海がつくったそうした「懸崖、摩崖」をシェットランド諸島で目撃した[56]。

穴あき岩に次いで、誰彼の注意をまとめて惹《ひ》いたとなれば、それは天然橋ということになろう。ラボルドに言わせれば、ローヌ県は地の奇景奇観を目にしたいと願うナチュラリストにとってはいろいろ天国だが、ラボルドは一例としてアンジャンの教区の上に架かる天然の橋を引き合いに出している[57]。（12世紀からという）スイスの「悪魔橋（Pont du diable）」はカスパール・ヴォルフの筆にかかると、それを中心とする自然風景の性格に一段と拍車をかけるものとされた［図 27］。海抜 2,500 ないし 3,000 メートルの高みにあるイコノーソ（Iconozo）の石英橋はさしものチンボラソ、コトパヒ、アンティサーナ各火山の威力さえ少しく減じさせるほ

図 26　D. Raoul-Rochette, *Pierre Pertuis*, from *Lettres sur la Suisse*, 1824, I, part II, pl. 15. Lithograph by Villeneuve and Engelmann. Photo courtesy Cabinet des Estampes, Bibliothèque Nationale.

どだと書くアレクザンダー・フォン・フンボルトも、この変らぬ天然橋の人気にあやかるというところがあったわけである[58]。

岩石に対するこういう反応の早さにはまた別の結果もあって、制約ありといえども集合して一個の全体を絵としてつくりだす岩と岩の糾合体《アッサンブラージュ》への関心が同時に盛りあがったことなどもそうである。アンソンの『世界周航記』(1744) の中に、チェンバーズがばらばらな 5 つの岩に心惹《ひ》かれる場面がある。それらの岩は熱帯の海鳥の糞化石《グアノ》で白く見える。メキシコのパタプランの山のすぐ後の湾の水上に突き出ているのだが、チェンバーズは仲々利発なところを見せ、この 5 つをまとめてはっきりしたひとつの形象にする。「うち 4 つは丈高く、大きいし、もっと小ぶりの幾つかと併せ、少しばかり想像力を発揮すれば、十字架とも見え、かくて『白き修道僧たち』とは呼ばれているわけである」、と[59]。ジョージ・マカートニー卿の中国皇帝への北京参府行に随行したウィリアム・アレグザンダーが、広東川沿いに散在した岩を大量の水彩画に描いているが、彼はそれを一枚岩がきっちりと密に併立しているものと見ている [図 28]。カナリア諸島のテネリフェ島でジョージ・ストーントンは、巨大円錐の山頂に隣接する「突兀《とつこつ》たる堆積」と「奇異なる組合せ」を列挙している[60]。ルイ = フランソワ・カサスはダルマティアで、各頂上でできる巨大壁が文字通り孤塁を守る不壊《ふえ》無敵な塁壁となる、そうした垂直の「岩々」を調査している[61]。ラボルドは東南フランスのドーフィネ州で土手が、集まって「奇妙な形」になる石灰の片岩でできているのを確認した。マンゴ・パークはその最後のアフリカ行で、その地域は見たところひとつだが、実際には混り合いの土壌でできていることを知る。旅した「優に 2 マイルは、大きな塊が周囲に一杯の白石英であって、他の石を見ることは

図 27　Caspar Wolf, *Pont du Diable*, from *Vues remarquables de la Suisse*, second edition, 1785, pl. 7. Color aquatint by J. F. Janinet and C.-M. Descourtis. Photo courtesy Cabinet des Estampes, Bibliothèque Nationale.

図28　William Alexander, *Rocks by the Canton River*, for *Lord Macartney's Embassy* ..., 1797, pl. p. 79. Watercolor no. 252. Photo courtesy India Office Library.

なかった」[62]。アフリカの二人のダニエル（叔父と甥）と、コンゴ河を船でのぼるタッキーは、蝟集する蟻塚を有機のものと言う［図29］[63]。

怖しそうな突出物、いかめしい断崖や絶壁は、互いに近接して存在するとか、近付けられたとかいう凝集の岩塊、土塊テーマの変奏である。1821年にプリンス・オヴ・ウェールズ島にいたキャプテン・ロバート・スミスはアースキン山の輪郭を形づくる尾根岩を決して小さくは描かないし［図30］、小島エレファンタの上に並立散在する岩塊の牢固たる量感をジェイムズ・ウェールズはしっかりと描き出している［図83］。1821年に奥地セイロンにいたジョン・デイヴィーは、つまりは「巨大岩塊」と称すべき孤立した小山が、だだっぴろい乾燥平原のあちこちに点在していると記している。1822年にペルシア横断の旅をしたロバート・カー・

図29　Thomas and William Daniell, *White Ants Nest*, from *Animated Nature*, 1807–1812, pl. 29. Aquatint. Photo courtesy Newberry Library.

図 30　R. Smith, *View of Mount Erskine and Pulo Ticoose Bay*, from *Views of Prince of Wales Island*, 1821, pl. 1. Color aquatint by William Daniell. Photo courtesy India Office Library.

ポーターは、分離され断片化していることで繋がり合う「裸岩の圏域」がペルシアだと観じた。コクバーン少佐は、1822 年、スイスのモンスニ山、シンプロン峠周辺の地域のやたら何もかも隣り合う映像を呼び起こし、深淵の底から突出するものがふたつ隣り合う図を誇らしげに描いた [図 32]。ベンガルにいたフォレスト中佐はコルゴングの巨礫《きょれき》を讃え、そこがガンジス河に佇立する「三本の巨大奇岩」によって常軌を超える場所になっていると書いている[64]。

突出して目立つ形態といえば、突兀《とつこつ》たる谷の深みや、ほこりっぽい平野から、自分の中からの力と見えるものによって九蒼に聳立《しょうりつ》していくものとばかりは限らなかった。通身凍《い》てつく極北の凍りついた海が ── 最初切れ目もなく滑らかに見えるのに ── 忽如《こつじょ》荒々しくなり、元々その海を荒ぶらせていた騒ぐ波濤の波頭そっくりの動の外観と化す。1802 年、ボスニア湾からフィンランドへ氷上の旅に出たジュゼッペ・アチェルビは単調な旅程を覚悟していたようだ。だから橇《そり》が進むにつれてびっくりし始める。「氷塊が氷塊の上に堆積し、或るは宙空に浮くかと見えれば、或はピラミッド形状に盛り上る」奇観を目のあたりにしたからである。「概してそれらは」、と続く。「これ以上ない荒々しい野生の混沌図を呈し、異景奇観をもって目を驚かしめた。氷なす廃墟の猛烈なる混沌が、ありとあらゆる形をとり、碧緑の鐘乳石の美麗をもってその綺羅とはしていた」、と[65]。

図31　R. K. Porter, *Views of the Akarkouff*, from *Travels in Georgia* ..., 1822, II, pl. 68. Aquatint by J. Clark.

図32 J. P. Cockburn, *View Taken in the Valley of the Grande Chartreuse*, from *Views to Illustrate the Route of Mont Cenis*, 1822, pl. 7. Lithograph by C. Hullmandel. Photo courtesy British Library.

「アクトする」物質

なんと怖ろしい荒地［ローラン狭間《はざま》］に私はいることか。草木なく、フランス側にもの凄く深く積もった雪は、スペイン側ではたいしたこともなく、長くも持たないのだが、南フランスの温暖に負けて、長い渓谷、幅広い土砂崩れがいたる所……フランス側は険しく屹立し、スペイン側はなだらか。……頂どもの形状と白さはどこか怒っているという感じを呼び起こす。……ほら、壮大な見通しが開けてくる。

— ラモン・ド・カルボニエール

他の山城なら断崖というか、垂直に上昇する部分は通常頂上かその付近にあるものなのに、ドウルスタバードでは付け根の所にある。……ひとつだけ孤立した山からでき、平原にぽつんと立つ様は、まるで洪水に震撼して、高地から分離されたという風情である。

— ロバート・エリオット

「個別な大地現象（singular figures of earth）」がそれと認められて報告され始めたことで、現実と芸術の間を往還する新しい道が開かれた。旅行者たちの綴る文章に、自然の事物の存在をそれ自体でダイナミックな一事象と見る感覚が徐々にはっきりしてくる。個別性（singularity）があって、自己生産のドラマを感じさせるものと言えば山、山岳しかあるまい。18世紀後半という時期は、国籍無用の探険家や漂遊者がヴァレー州、テシノ州、グリゾン［グラウビュンデン］州など、4つの州《カントン》のアルプスを踏破した時代である。こうした攻略の大喜利は何と言ってもベルン・アルプス［ベルンオーバーラント］で、「疲れ知らず」のマルク＝テオドール・ブーリと、モン・ブラン登攀の功労者、オラース＝ベネディクト・ド・ソシュールによって計画的に探険されていった。この地域を1779年、ウィリアム・コックスが回る。その2年前、ラモン・ド・カルボニエール — 既に有名だった — がスイスの地に足跡を残していた。その同じ頃、徴税請負人ラボルドは豪華本、『スイス地誌譜（*Tableaux topographiques de la Suisse*）』（1777）を準備中で、いろいろと算段する中に博物誌家イポリット・ビソンをヴァレー州に送っている[66]。彼らのこうした骨折りを屹立せる突出部を研究している族《うから》と結び付けるもの、それは現象の多様な相貌、現象との手触りある解逅《であい》への一貫せる希求であった。真の科学の道のひとつ、ということである。

知識もあって自然を見て歩くという人間を初めて真剣に魅了したのは海でもなければ僻遠の異郷でもない。（荒々しい特異な岩石への関心の一変奏としての）山岳風景であった[67]。荒寥の絶域の抽象的描写は（たとえば、ヴァン・ダイクが最初の「山岳画家（*pictor montium*）」と称したヨッセ・デ・モンペール子［1564－1635］のマニエリスム山巓画が典型だが）どうしようもなくぺたりと平たいシルエット、急峻な勾配、千尋の渓谷を特徴とし、植生は一掃されていた。強烈な曲線、剝きだしのコントラストに、この遊戯三昧、計算ずくに人工的な描法の世界が如実である[68]。前のところで私は18世紀人士の山岳観とマニエリスムのそれとで似通う所があるということを書いたわけだが、大きなちがいがひとつあることはここで是非ひとこと言っておくべきかと思う。ディドロは自然の傑作の物質的多様性を説く中で、それまで表沙汰になっていなかった点を表だって論じた。1765年のその『サロン』の中で、多様性に次いで自然が我々を瞠目驚嘆させるのは量塊（mass）であるとしているのである。雛型としてはピラミッド、象、鯨、無際限の大海、深々とした森など挙げられるが、筆頭格はアルプスとピレネー両山脈である[69]。ディドロは18世紀人士が、浮き上がってくるように風景が見えることに魅了された事情を検討してみようとする。それは単純雄勁にして可触の量塊が忽ちに引き出す反応である、と。ディドロが示したように、このずっしりした量感を祖型的に体現しているのが巨大花崗岩の岩塊であった。その大きさだけでも、これでもかというその垂直の屹立感だけでも、山は此方に必ず反応を起こす。屹立と言っても、それを支える水平の構造の堅牢もが実は同時に示されている相手なのだ。

17世紀に生じた物質の復権と時代を同じくし、かつそれに依拠していたのが、山は畸型の何かなどではなく「牢固充実の恵沢《めぐみ》」であるとする感覚であった。1680年代、1690年代にヘンリー・モア以下のケンブリッジ・プラトニストたちが、聖職者ラルフ・カドワース、そして高名の博物学者ジョン・レイとともに造形力ある（plasticな）自然という観念に改めて焦点を当てた。宇宙は機械だとする観念にブレーキをかけようというダイナミックな原理であった。ストア派的な「種子《たね》たる言葉」、ロゴス・スペルマティコス（*logos spermatikos*）の観念を武器に機械論に戦いを挑んでいったのだが、地べただけに土臭いもろもろ不完全なところをトマス・バーネットが嗤《わら》った、そういう軽視軽蔑を取り除くにはいたらない[70]。

もっと決定的だったのは、1708年にロンドンでヨーハン・ヤーコプ・ショイヒツァーの『瑞西旅行（*Itinera Helvetica*）』が、巍然たる山容を珍らかな図版におさめて板行されたことである。続けてエイブラム・スタニョンの『スイス紀行』（1714）、アルブレヒト・ハラーの長詩『アルプス』（1729）、そしてルソーの『ジュリー、或は新エロイーズ』（1761）が出るのだが、我々の目下の目的のために一番興味があるものとしては図版も見事な『スイス山岳偉容（*Vues remarquables des montagnes de la Swisse*）』（1785）に指を屈する。デクルティ、ジャニネがアクワティントに彫版したその原画はスイスの画家カスパール・ヴォルフによる油絵。このヴォルフは問題の場所の個別個性にしっかりした感覚を持ち、巨礫や山頂を彫刻のように鋭く描く。見て歩く学ある族《うから》と同様、自然事物を近視眼的に熟視し、死せるディテールとしてではなく生命ある物質という感覚で見ている。こうして、それら鶏冠《とさか》頭の鋭峰たちは、時代の猖獗《はやり》病だった科学的精確さがうんだ近代的ナチュラリズムの世界のものであった[71]。

『山岳偉容』には博物学観察がめいっぱいに入っていたが、高地アルプス地域への地質学者たちの旅は歴然たる科学書でありながら、美的な仕事でもあった。1776年にジャン＝アンドレ・ドリュックが匿名で『フォーシニー・アルプス紀行』を刊行。この専門書の出る直前に、画家で牧師のブーリは『氷河記録』連作を出し始めたが（1773－85）、ヨーハン・ゲオルク・アルトマン、ゴットリープ・ジークムント・グルナーの尊い足跡に従ったのである。

目下論究中の諸観念の特殊な進展にとってとりわけても重要なのはジュネーヴの人、ド・ソシュールの仕事である。1760年以降、20年間に亘《わた》ってモン・ブラン攻略の登攀行に余念のなかった地質学者、植物学者である。ド・ソシュールの『アルプス登攀記』（1779、1786、1796）は先行出版を軒並み凌駕し汎く愛読された。『登攀記』の文学的価値を評価したフランス

図 33　Caspar Wolf, *View of Hospice and Chapel of Capucins, Mont Saint-Gothard*, from *Vues remarquables de la Suisse*, second edition, 1785, pl. 11. Color aquatint by J. F. Janinet and C.-M. Descourtis. Photo courtesy Cabinet des Estampes, Bibliothèque Nationale.

人批評家サント＝ブーヴは『コンスティテューシオネル』紙の名物連載「月曜閑談」を 1 回分それに当てている[72]。ド・ソシュールの記念碑的述作をもって山岳学（orography）はついに科学的段階に入ったと言える。彼のモン・ブラン登高を俟《ま》ってやっと、個々の山の貌《かお》を知り尽くしてのアルプス全体の組成構造が知られる。有名な文章の中でド・ソシュールは、アルプスが一線に沿い秩序を以て並んでいるとする誤解を粉砕した。ピクチャレスクな展観を描きだす代りに、山々が互いに離れる大きな三角形と奇妙な塊を成して分布する図を示したのである。この発見に勢いを得て、偶然に撒《ま》きちらされた第一次山岳と規則的配列を以て並べられる第二次山岳の（後続の形態学的研究にとって重大きわまる）区別をしてみせる。そうした山系の外観の検討で満足せず、デオダ・ド・ドロミューを同僚に、初めて様々な山脈がちがった鉱物学的構造をしていることを理解した[73]。

そうした地質学者たちの旅で、石の荒野の始原の英雄的な大きさが、わかる読者にはよくわかった。アルプスの顔貌《フィジオノミー》が画文に明らかとなっていった。でこぼこの山頂の骨みたいな、頭蓋骨のような、げじげじ眉じみた姿が伝えられた。雪を冠した頂が我れこそニュートンのプリズムをうんだ原型なりと言っているようだった。同じようにつくられた凸と凹が、石化した海を思わせた[74]。

形態学のふたつの主要解釈が世界の主たる山について美的重要性を帯びた。ひとつは山脈同士の連続説だった（ヴィヴァレ山脈はローヌ川の向うに再発し、アペニン山脈はシチリアに再び顔を出し、北西アフリカのアトラス山脈はアラビアの地に改めて始まる）。もうひとつはひとり際立《きわだ》った孤立山巓の法で、平原からぽつんと噴き出したような一枚岩の独立不覊の山の存在を認めた（こうした独《ひと》り山としてはエトナ、ヴェスヴィオ、アダムズ・ピーク、テネリフェ山、ピック・デュ・ミディが挙げられる）[75]。

スイスがヨーロッパ人の意識に本格的に入ってきたのが1760年代のことだったのに比して、ピレネー山脈へのなじみはやっと1780年代のことである。ド・ローアン枢機卿の秘書官（で、後に悪名高いダイアモンド頸《くび》飾り事件で追放される枢機卿に同伴しもした）、若きラモン・ド・カルボニエールがウィリアム・コックスの『スイス書簡』を仏訳し、自らの『ピレネー観察記』（1789）を加えて増補版とした。こうした科学的仕事から代表作、1801年の『モン・ペルデュ登山記』まで、ラモンはピレネーの石灰岩山脈に対して、丁度時満ちてウィリアム・ブロックドンとコクバーン少佐がアルプス花崗岩山脈にしたことを、した。彼がバニェールからピック・デュ・ミディ山を見て綴った一文を引いてみるが、こうした鋭峰が想像力を掻き立てるいわれを簡潔に掬《すく》った文章だからである。

> ただ今私がさまよい歩いている場所に歩を進み入れたなら、あらゆるものがピック・デュミディに思いをつき戻そうとする。この地域で一番有名な場所の宰領者で、どこから見てもこの風景中一番に圧倒的な見物《みもの》である。平原中に聳立するので、近くからはまずわからぬほどの異様な高さの見物だし、目に入る大きさが、高さも加わって、背後で塊になっているもっと高い山々さえ圧してしまう感じである。それが一番壮麗に見える側からは登れず、くねり曲った登攀路を使って徐々に山頂に行くのである[76]。

聳え立つ自然のモニュメントを説得力豊かに熱烈讃美するくだりには、半円形になったガヴァルニー滝の氷河圏谷や、伝説にもなったローラン狭間《はざま》、大理石岩塊「ペンナ・ブランカ」の頂上から見られるマラデッタの堅城難攻不落の風情など描き、名文と知れる。今、滝と霜の世界にいたかと思えば、大きな呪われ山《ラ・モーディット》の界隈にいるという敏捷なアルザス人彫版家、著述家にして博物誌家、ラモン・ド・カルボニエールは、ピレネーの魔を呪呼し、それが絵にも科学にも好適な相手だと言う[77]。ラモンの『観察記』も、『ピレネー手帖』（1789）もこういう領域の研究だろうが、その無数の登攀行が（1787年から1810年にかけてモン・ペルデュ登高は35回を数えている）冒険という名の物見遊山などでは絶対になかったからである。彼がピレネーに赴いたのはそこの地質を研究し、気象天候を見て平均の気温と気圧を算出し、卓越風を測定し、雲が湧く構造を知り、大気現象を体験し、植生をカタログ化するためであった。こうした情報はアルプスにいる好敵手［ド・ソシュール］のものと言ってもおかしくない情報量も、温《ぬく》もりもある名文で伝えられる。このジュネーヴ人［ド・ソシュール］同様、ラモンも好事家《ディレッタント》ではない。アントワーヌ＝ローラン・ド・ジュシューと一緒に生物学を修めている。大革命より前に、テイラー男爵の浩瀚な『ピトレスクな旅』が批評家にちゃんと受けとめられるための素地を築いた（テイラーのピレネー本が出るのはやっと1843年）。ラモンが示した発明の旅の定式に影響されて、テイラーのためにシャピュイのした仕事など、自然の場所やモニュメントを検討するに際し、先達の厳密な観測に倣《なら》おうという気配りを示している[78]。

地球上のもっと遠隔の地の山脈や一枚岩の探険ではナチュラリストたちも重要な役を果たした。シャルル＝マリ・ド・ラ・コンダミーヌ（アマゾン河の最初の科学的探険家である）の航海に随行したピエール・ブゲールはコルディエラス山系最初の絵を描いた一人である［図34］。16世紀にピサロやドン・ペドロ・アルヴァラードの通った途を辿りながら、ブゲールはどしゃぶり雨の曲りくねった行程のことを生き生きと書いている。グアヤキルから徒歩でチンボラソ山に登高、ペルー山脈が東西に水平に展《ひろ》がっているところを見た。「コルディエラスは」、とブゲールは書いている、「要するに山々の長い連なりで、尖峰は油雲の中に消え、渓谷を経なければ横断して行くことはできない」、と[79]。

18世紀にスペインが行った主だった科学的探険では唯一の企てで（1790－94）、ジェノヴァ人海洋探険家のアレハンドロ・マラスピーナは、征服者《コンキスタドール》だった先蹤《せんしょう》たちが切り開いた途を辿る。その探険行はメンドーソで美しいサンティアーゴ・デ・チリ峠に遭わせたが、船の画家たちが記念して絵にしている。指揮官として、カヤオから出した手紙でその航海の目的をまとめ、「試みられた仕事の成就と我が国の赫々たる国威発揚に、地球一周の達成のみか、マラッカ海峡の探険、そしてとりわけ我々が1793年に予め決めてあった本航海の限界点の探険に挺身すべきである」、と言っている。マラスピーナはスペイン海軍省に「正確を旨《むね》と」していること、特にチンボラソ山頂からの展観と天文観測についてはそうであることを伝えている[80]。

それにしても、アンデス山脈と聞いてすぐ思い浮かぶパンパスや噴火口と先ず結びつけられるのはドイツ人地理学者のアレクザンダー・フォン・フンボルト（1769－1859）の名であろ

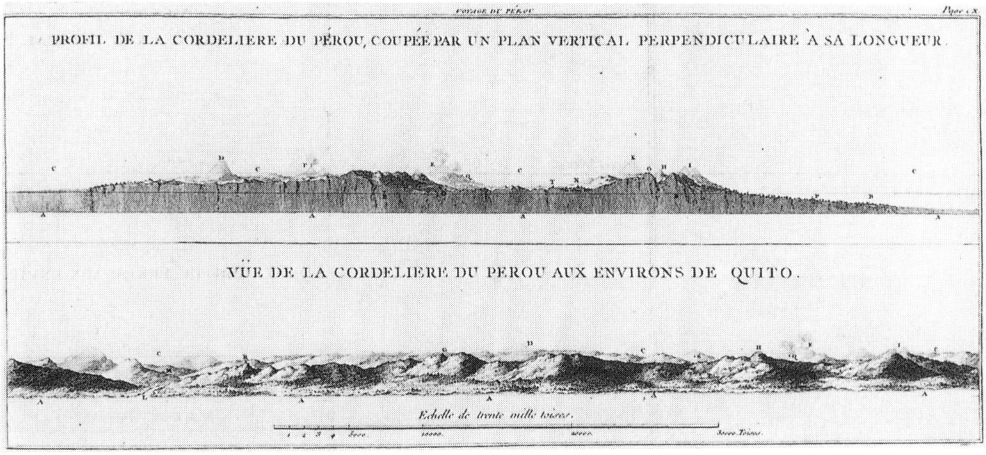

図34　P. Bouguer, *Section and View of the Cordillera in Peru*, from *La figure de la terre*, 1749, pl. p. 110. Engraving. Photo courtesy British Library.

図 35　A. von Humboldt, *Chimborazo from the Plateau of Tapua*, from *Vues des Cordillères*, 1814, pl. 25. Color aquatint by Boguet. Photo courtesy British Library.

う。1799 年、君侯や学者の国際的人脈の友であったフンボルトはフランス人植物学者エーメ・J・A・ボンプランとともに、5 年間の南米・メキシコ探険に出る。フンボルトがグラフィックの技術に精通していた上、野外スケッチを転写する 50 人からの画家を親しく監督したから、出来した作は科学的正確さにも美的できばえにも欠けるところがなかった[81]。

フンボルトの『歴史的報告』(1810) の序文を見ると、南アメリカの地質構造を調べるのが目的とある。フンボルトは新大陸を目で見てわかるように分析し、岩石の連続が西半球のどこか他の場所のそれと同じだと知る。ペルー山系の花崗岩、雲母片岩、石膏はスイス・アルプスのそれらと同じ時期のもので、組成もそっくりなので、「地球全体が同一の天変地異を験《けみ》したものと思われる」という結論にいたった[82]。この発見をもってフンボルトは、遍在し永続する大地のモニュメントという考えを下支えする重要な物質観念を確認し、定式化した。フンボルトの測鉛はなおも深い。アンデス形成の地質学理論について、こう加えている。「どういう気候においても、個別の性格を風景に残すのは山の絶対的な高度というよりは、その相貌、その形態、その構成の方なのである。線描図連作を以て私が示そうとしたのが、まさしくこの山巓の顔貌《フィジオノミー》に他ならない」、と。

三つの山系がはっきりちがった顔をしているとしながら、フンボルトはひとつのパラドックスに気付く。コルディエラス山脈を横切りながら人は、それがちくちく痛いミモザに覆われ遠くの山々に囲まれる茫々たる平野の一部だと感じる。こういう見方をする限り、高さまちまちの山たちは —— ピチンチャも、カヤンベも、コトパヒも —— 孤立してある一山二山なのだと、つい人は思うであろう。かくてアンデスは遠くから眺める時にのみ一個の山脈と見える。中央高原から見るなら、お互い重なり合わない山々は、おのがじしの「真の姿」をそのまま稜線として見せつけるので、はっきり一山というイリュージョンを与えるのである[83]。フンボルト以降、チリやボゴダを旅する真面目な探険家は、この大コルディエラスと対決しないではすまない。これらの中ではアレグザンダー・コールドクラフ、チャールズ・コクラン、そしてチャールズ・ダーウィンが卓越しており、ダーウィンが乗ったビーグル号には画家のコンラッド・マーテンスも同乗していた[84]。

17 世紀のイエズス会士ジェロニモ・ロボはその論文「エティオピアもしくはアビシニア」でアンバラ王国の「峻険の岩山」について、「その多くが見る者には大なる都市のように見え、相当近くに寄ってみてさえ市壁や塔、要塞を目にしているのだと思うのが普通である」と記している[85]。都市の比喩は突兀《とつこつ》峨々たる山の描写に建築の語句がよく用いられる、その典型と言える。こうした建築の語彙は、後世の戯画的な〈慄然美（*beauté horrible*）〉の理念を俟《ま》ってのみ完成するある伝統の出発点だと言ってよいかもしれない。セバスティアン・メルシエからヴィクトル・ユゴーまでが、荒ぶる屹立物、裸形《らぎょう》の峻険を、ゴシックの塔、怖ろしそうな柱式、蛮族の神殿がグロテスクに蝟集して何やらん幻想都市となっているものと見るはずである[86]。具体的で比喩の出てこない報告でこれらの山のことを知りたければ、ジェイムズ・ブルースに限る。

> アビシニアの山々は此處［ラベルベイ］からだと面白く見える。三つの山脈のように見受けられ、第一のものは非常に高く、雨裂や亀裂だらけ、覆う低木類も無きに等しい。二番目のものはもっと高く、さらに険しく、突兀として岩も剝きだしだ。三番目はでこぼこな稜線の鋭峰が一列になったもので、欧州のどの国にもっていっても高い山々とされるであろう。全ての上に聳える途方もない量塊こそタランタ山で、頂は雲の中に消え、最高の天気の日でも仲々姿が拝めぬ、私など世界最高峰の一とみなしている山である。……驚倒すべきはアビシニア山岳の異様な高さなのではなく、その数であり、目に見えるその形の異様さである。ぺったりして薄く四角いものもあれば……ピラミッドに似たもの、オベリスク角柱に似たものもあるし、中にも異様なのは逆さになったピラミッドがあって、てっぺんが底になっている[87]。

いかにしっちゃかめっちゃかな山たちかと、ここはいやが上にも無骨に徹したヘンリー・ソールトの絵を見るとよい［図 36・37］[88]。

帝国でも何でもぶんどれるものはぶんどるという英国だから、インドのガーツもドルーグも、やはり英国人が一番巧く押えている。ガーツ（ghauts）はインド半島を北から南に走る峻険な峠や山脈を指し、マイソール州の州境ともなる。そうした大変な山塊がコロマンデル、マラバル両海岸のモンスーン地帯を分ける。ドルーグ（droogs）は山や岩の要塞で、カルナティックやマイソールに特に多い。キャプテン・チャールズ・ゴールドの言葉を借りると、「ジブラルタルの小型版」ということになろうか[89]。ガーツを描いて巧みだったのは、1803 年

図36 Henry Salt, *View near the Village of Asceriah in Abyssinia*, from George Annesley's (Viscount Valentia's) *Voyages and Travels to ... Abyssini and Egypt*, 1809, pl. 17. Engraving. Photo courtesy India Office Library.

図37 Henry Salt, *Town of Abha in Abyssinia*, from *Twenty-Four Views taken in Saint Helena, the Cape, India, Ceylon, and Abyssinia*, 1809, pl. 16. Color aquatint by R. Havell. Photo courtesy India Office Library.

図38　R. H. Colebrooke, *Prospect of the Country near Mooty Tallaow*, from *Twelve Views of Places in the Kingdom of Mysore*, second edition, 1805, pl. 3. Color aquatint by J. Harding. Photo courtesy India Office Library.

図39　William Hodges, *A View of the Ravines at Etawa*, from *Select Views in India*, 1786, pl. 21. Aquatint. Photo courtesy India Office Library.

図 40　Alexander Allen, *View of Anchittidrug (Mysore)*, for *Views*, 1794, pl. 4. Pen and wash W.D. 107. Photo courtesy India Office Library.

図 41
Anonymous, *View of Dindigul*, from *Colin MacKenzie Collection*, 1790. Watercolor W.D. 640. Photo courtesy India Office Library.

の中国探険のウィリアム・ウェストール、1809 年の旅のヴァレンシア卿、1826 年西インド旅行のロバート・グリンドレーといったところである[90]。一方、主たるドルーグの絵を描いたのはウィリアム・ホッジズ（クックの第二次航海の公式画家として有名）、インド会社軍のアラン、コルブルック両少佐、コーンウォリス卿の軍とともに 1792 年にセリンガパタムに随行した画家のロバート・ホーム、といったところである。ホッジズの『精選インド景観』(1786) は、粗削りな断崖と田舎ぶりな要塞がいかに密に同質な量塊となるか描いて見飽かせない[91]。少し力不足になるが、アレグザンダー・アランがアンチッチドルーグ (マイソール) をスケッチした絵には荒涼として岩の散在する岡が描かれている[92]。インド風景専門のロバート・ホームは「不毛の岩」や虎ひそむ木立ちの荒と蛮を心から好きで描いているようだ。その『精選マイソール景観』(1794) には、バンガロールから2日の行軍で着くサヴェンドルーグの「不落要塞」の絵が入っている。剝きだしの岩山が直径8ないし10マイルの基盤から垂直に約半マイルほども屹立しているのは、絵にするのも大変だ (サヴェンドルーグは有毒ガス発生もあって別名を「死の岩」と言った)。叔父、甥のふたりのダニエルも、画面では人手無用の墳丘にしか見えないこれらいかつい要塞の魅力に参ってしまった有名な探険者たちのリストに、その名を連ねている[93]。

敵意に満ちた手強《てごわ》い世界ではあるが、まだどうにでもとれるインドのガーツやドルーグは、大きさ、複雑、厳酷どの一点からしても、19世紀初めにやっと探険が始まったばかりだったティベット山岳地帯にかなうわけがなかった。ウィリアム・オームは『ヒンドスタン終日の景』(1805) で、ヒマラヤ山脈を描いたウィリアム・ダニエルの筆の正確さに改めて拍手を送る。その山々は「この地球の表面にある最も異様なる偏倚《へんい》であろう」。「遠望するならば [図42] 巨大なる氷の山塊……前景右方には巨岩出来のヒンドゥー寺院があり、どう見ても荒々しい天然

図42　William Orme, *Thebet Mountains*, from *Twenty-Four Views in Hindostan*, 1805, pl. 10. Color aquatint by William Daniell. Photo courtesy India Office Library.

の仕業なのだが、住人、とりわけ太古の昔より口碑を伝承し来るバラモン階級の大なる尊崇の対象なのである。ソールズベリーにあるストーンヘンジの同類かと察せられる」。この人を寄せつけぬ圏域についてはオームには先達がいて、それは1783年、パンチェンラマに会う旅をしたキャプテン・ターナーである[94]。

ティベットへの科学的探険は英国軍のたゆまぬ努力に負うところ大である。1793年、中国からの脅威に対抗するのに、ネパールの中枢部から（英国の保護下の）ベンガル政庁に助けを求めてきた。東インド会社最大の財産のひとつを守る役は、ベンガル駐屯軍のカークパトリック大佐（当時は大尉）にまかされた。『ネパール始末』（1811）という歴史文献の中でカークパトリックは「ティベットの荒寥の山岳地帯」に大軍を派兵する千辛万苦の区々《いちいち》を年代記に仕上げている。派兵計画そのものは頓挫したのだが、カトマンドゥの天をも摩する「雪の驚くべき塁壁」、「この壮大な相手」のことを言う絵入りの回想記をカークパトリックに書かせた。「それのみが正確な情報をもたらす」自由な探険などにはおよそほど遠い過酷な状況の旅であり、7週

図43
J. B. Fraser, *The Ridge and Fort of Jytock*, from *Views in the Himala Mountains*, 1820, pl. 7. Color aquatint by Robert Havell & Son. Photo courtesy India Office Library.

図44　J. B. Fraser, *Bheem Ke Udar*, from *Views in the Himala Mountains*, 1820, pl. 12. Color aquatint by Robert Havell and Son. Photo courtesy India Office Library.

図45　J. B. Fraser, *Fort of Raeengurh*, from *Views in the Himala Mountains*, 1820, pl. 9. Color aquatint by Robert Havell and Son. Photo courtesy India Office Library.

あったかなかったかの旅ではあったが、カークパトリックは土地の地質をよく観察している。9マイルにもわたって、「南と北を非常な高山に囲まれた」渓谷を一幅のパノラマ画として総覧している[95]。

1814年、英軍はネパールの支配部族、好戦的バラモンのグルカ兵を攻撃し始めた。スコットランド予備役の兵隊と一緒に画家のジェイムズ・バリー・フレーザーがやってきた。平地と山岳を平気で行き来できる人物だったが、ネパールの美に魅了されて軍を離れ、ソウトレジ渓谷を上り、ヒマラヤの未踏峰をめざした。1820年、ヨーロッパに戻ると、迷宮さながらの景観図を二つ折り本《フォリオ》、ロバート・ハヴェルのアクワティント彫版で刊行した。カークパトリックのいかにも軍人のという版画とは比べものにならない。捩《ね》じれながら上昇する尾根の近接図は、さらに科学情報の補いも十全であった。同年、フレーザーは『ヒマラヤ雪中行日誌』も出したが、軍事作戦のこととは別に地質学観察の内容のことにもふれていた[96]。フレーザーの跡を襲ったのはジェイムズ・マンソン、ヒマラヤの地質学調査監督部付きになり、氷漬けのアルモラ山景を公刊した人物である[97]。

「好判断と科学愛」がベンガル測量局長、クローフォード大佐が雇った画家たちの特徴だった。大佐の関心はシッキム州にまで広がる。カークパトリック、フレーザー、そしてハミルトンが「未だ知られざる邦《くに》」の発見に火をともした。彼らは「絶対に踏破不能」な「雪のアルプス」山嶺に近付いた[98]。

図46 James Manson, *View of Part of the Himalya at Snowy Range from Kalee-Mundee Pass*, from *Twelve Drawings of Almorah*, 1826, pl. 12. Color aquatint. Photo courtesy India Office Library.

図47 James Manson, *Village of Ghour*, from *Twelve Views of Almorah*, 1826, pl. 6. Color aquatint. Photo courtesy India Office Library.

こうした複雑巨大な山脈と比べるなら、他の山系は第二義的な役どころであった。カストラヴァン山脈[99]、(古代から有名だった)月の山脈[100]、西部・南部バルバリのアトラス山脈[101]、アゾレス山系[102]、中国のメイ・リン山脈[103]、南アフリカの西方山系もしくはリック山脈など[104]、文献にもたまさか現われるにすぎない。しかし、それらの探険者たちはたしかに「巍然たる断崖」だの、「猛烈に高い」「魁偉なる堆積」だの、「無数の岩塊」、「人気《ひとけ》なき障壁」などにしっかり反応している。要は、「個別な地質現象」に直《じ》かに遭遇することによって[105]、たしかに発見趣味を形づくっているのである。

輪郭もさまざまな遠くの山脈への正確かつパノラマ的な展望への表向きの深甚な関心に、個々の山への近視眼的な吟味の目が平行していた。単発の山は本性上、だらり連なった山脈《やまなみ》などより見易いわけだ。「ぽつり孤立した山」は事実第一の旅行記気に入りの小道具で、陸の道しるべとしても海上標識としても機能する[106]。中で最も異様なものは火山起源のもので、つまりは間歇《かんけつ》的現象ということで次章で論じらるべきものである。しかし、永続するモニュメントという点で言えば、たしかにここでも取りあげられて然るべきものだ。そういう感覚で言えば、典型的絵画表現は「名山」という形をとる。ポコックは随分早々と、ナザレ近傍のタボル山を孤高の山にして身近な山と言って褒めていた。

しかし18世紀にとって孤高の山の典型と言えばテネリフェ山だったのではなかろうか。ヴァスコ・ダ・ガマが1497年、最初の航海で発見したが、後にフランス人たちが我がもの顔に振舞った。インド洋にフランス人が顔を出すようになったのは(1750年から1770年にかけて目ざましいものがあった)、主としてピエール・ポワーヴルの尽力によるものであった。ポワーヴルの『哲学者旅行』(1768)は、フィリピン、インドシナ、そしてマダカスカルへと彼を繰り返し派遣した東インド会社のために重ねた苦労の数々の記録だが、そうした行く先々で科学センターを創建、発展させている[107]。テネリフェ火山という「海の驚異」は「不動の巨山(*colosse immobile*)」など呼ばれては、たしかに不壊《ふえ》の自然の傑作の仲間入りである。海上を

図48　E. Brenton, *Apes Hill, Atlas Mountains*, from *Voyage of Captain Edward Pelham*, 1796. Watercolor. Photo courtesy National Maritime Museum.

図49　Anonymous, *Ice Islands*. Engraving. Photo courtesy National Maritime Museum.

図50
Joseph Acerbi, *A Mountain Laplander's Tent*, from *Travels through Sweden, Finland* ..., 1802, II, pl. p. 107. Engraving by J. Smith. Photo courtesy British Library.

睥睨《へいげい》する山容を見てこう言ったのはジャック=ジェラール・ミルベールだが、この一枚岩の「独自の美」が注意深い観察者たちにいかに大きな感興を催さしめたかも書き足している[108]。

水彩画家ウィリアム・パース、ジュリアス・シーザー・イベットソンの画学生だったウィリアム・アレグザンダーは、サンタ・クルスの天然のモニュメントの威力にとりわけまいっ

図51
Samuel Davis, *View between Murichan and Choka*, from William Daniell's *Views in Bootan*, 1813, pl. 5. Color aquatint. Photo courtesy India Office Library.

た。1792年、マカートニー卿に随行して中国に向う途次にて、「空晴れなば遙か遠くより見え／雲の上翔《か》けるかの風情に／2マイル方も海より高い名山」の偉容をスケッチしている[109]。

モーリシャス島（*L'Ile de France*）を有名にしたのはポワーヴルとベルナルダン・ド・サン＝ピエールだが、カナリア諸島からすぐの潮路である。穏やかな海を行くと、石灰華が堆積した海岸がいきなり視野にとびこんでくる。ル・ジャンティの『インド洋航海記』（1779）が峻岳鋭峰、突兀巍峨たる山頂に対する時代の入れ込みを、改めて繰り返してみせる[110]。

喜望峰のテーブル湾を見下すライオン山、もしくはテーブル山と呼ばれる山も、天然のモニュメントということで文献に登場してきた。ベルナルダン・ド・サン＝ピエールは『モーリシャス島周航記』（1773）の中で、「その頭部は切り離され、それを成す一個の巨岩の地層はまさしく獅子の鬣《たてがみ》。体は幾つもの岡の尻からできている」と言っている。ゲオルク・フォルスターは懸命な登高を試み、界隈に仲々詳しいことを示す報告をしている。海側から見るなら（ベルナルダンが見た方向だ）「荒寥の乾燥地という風情」に見える。植物採集をしながらフォルスターはこの山が無数の顔を——とりわけ「垂直の壁成す凄い大亀裂、層を成し屢々此方に迫り来る巖《いわお》」を——中腹辺りに見せ始めることに気付く。ダニエル叔父・甥もジョン・ウェッバーもこの「裸の大岩」のはっきり乾いた「平たい頂部」に目を向けているが、実際には三つの山が連続したものということを見落としてもいない。それらは「大きな卓状の塊となって互い

図52　Anonymous, *The Peak Mountain upon the Island Teneriffe*, 1670. Engraving. Photo courtesy National Maritime Museum.

の上に堆積した」無数の層からでき、寄り集まっては一頭のライオンの姿になるのである[111]。さまざまな一枚岩《モノリス》が見る人間、周囲の環境の知覚をどう支配したかを言う同様な言葉が無数にあるわけだが、典型例をいくつか。

ジャック＝ジュリアン・ウートン・ド・ラビヤルディエールは、南太平洋域で消息を絶ったラ・ペルーズ捜索の甲斐なき航海の際、ダントルカストーの港で、「先が尖った円錐形の小さな山頂」が珍しい山のそばをうろうろして時間をつぶしている（1799）。ジョージ・ヴァンクーヴァーは『北部太平洋発見航海』（1798）でレーニア［タコマ］山がいかに険呑に急峻であるか言い、カサスはスパラトロを見やって、それが飛び出さんかの「巨山」の脚下に埋もれて見える、と言っている。カタロニアでラボルドは、サン・ブノワの僧院が幾つもの多角錐で潰《つぶ》されそうだとし、セイロン測量行のジェイムズ・コーディナーは、オランダ人が「アダム山」と名付けた立方体の「巨大岩山」に目を奪われると書いたたくさんの人間の一人である。ヴァレンシア卿はその力ある「尖い頂」に参っている。メキシコではフンボルトが、「ロス・オルガノス」の名で通る斑岩山アクトパンの突出した山容から目を離せなかった。アンデスの巨人たち――（ヒマラヤ発見までは世界最高峰とされていた）チンボラソは、イリマニは、あるいは孤峰コトパヒはどうなのか。ペルーでは銀山で有名なポトシ山が赤い頭を持ちあげていた。果てに突き出した黒い岩を持つ隆起地形から、海のモニュメントの最右翼だったのが、言うまでもなくジブラルタルである[112]。

順番は最後になったが中身は凄いというのが、我々の議論の出発点でもあったスイスの峻岳重巒《ちょうらん》であろう。ヴェッテルホルン、アイガー、ユングフラウ、そしてモンク。18世紀後半から次世紀頭の三分の一くらいにかけて、モン・ブラン、リギ、モン・ピラトゥスといった巨嶺が旅行記の主役だった。とりわけピラトゥス山は「異様なる奇趣（extraordinary curiosity）」と言われ、英雄的な〈造化の戯れ（*lusus naturæ*）〉とみなされていた[113]。ウェールズのスノウドン山同様、ひとつだけどんとあるというもの珍しさで、古くから人々の目を惹きつけていた[114]。

物理データへの生気論的な斬新アプローチの応用篇が洞窟探険に見られる。山腹にあいたそれらの空洞は今や物質の普遍的母胎を示すもの、そして地球熱芯部の力をこれも個別に表現しているものとされた[115]。陶聖パリッシーの奔放な「田園式洞窟（*crotte rustique*）」から、もっと曖昧なルネサンスの庭園洞窟まで、自然の変容神《プロテウス》さながらのダイナミズムが洞窟制作を宰領しているものとされていた[116]。この科学的に更新された意識を以て、アレグザンダー・ポープは ── 尚古家で自然哲学者で画家のウィリアム・ボーラス司教の力を借りて ── トウィックナム庭園に彼のグロットを「仕上げ」た。ポープは ── もっと伝統的な建築要素を抑えて ── 田

図53　William Hodges, *Table Mountain, Cape of Good Hope* (November 1772). Oil, 38 × 49inches. Photo courtesy National Maritime Museum, on loan from Ministry of Defence (Navy).

図 54　John Webber, *Table Mountain, Cape of Good Hope*, from *Sketchbook*, B.M. Add. MS 15, 514. fol. 58. Watercolor. Photo courtesy British Library.

図 55
A. de Laborde, *View of the Hermitage of Saint Benedict*, from *Voyage pittoresque en Espagne*, 1806, I, pl. 34. Etching by Guyot. Photo courtesy British Library.

園式部屋を、石切り場や鉱山に似た洞窟にした。こうして彼がモデルにしたのはアートではなく、自然の生《き》の要素（岩層、結晶、鐘乳石）であった[117]。

18世紀末にルネサンス期、バロック期の建築的グロットはどんどんアート性を奪われ――アートあり、アート無しが並ぶのが皮肉ということが多かった――「脱構築」されて、天然のうろ、穴あき巨礫という始原状態［図 60］に突き戻されつつあった。この転倒、この野生化の試みの背後に、旅人たちのしたギリシア、あるいはさらに僻遠の地の洞穴の描写があった[118]。こうした人工の手の入らぬ穴で一番有名だったのは、これなくば別に何の興もないはずのアン

図56　A. von Humboldt, *Volcano of Cotopaxi*, from *Vues des Cordillères*, 1814, pl. 10. Color aquatint by Arnold. Photo courtesy British Library.

図57　Paul Decker, *The Fortress of Gibraltar*, 1705. Engraving by John August Cervinus. Photo courtesy National Maritime Museum.

図 58　H. A. West, *Gibraltar*, from *Six Views of Gibraltar*, 1828, II, pl. 2. Hand-colored lithograph by T. M. Baynes. Photo courtesy Yale Center for British Art, Paul Mellon Collection, New Haven, Conn.

ティパロス島の洞穴だった。ルイ 14 世の命を受けて極東に赴いた一人のフランス人植物学者がそれを、石の「植物化」という古い仮説の証拠ということで使った。開口部の「怖るべき断崖」を這《は》いおりるピトン・ド・トゥルヌフォール、最後に地下の圏域に達する。洞窟内部の詳細については後に第 4 章で取りあげる。ここではそれが物質として自律し、一貫した構造を持っていることだけが問題である。この洞窟は後にショワスール＝グーフィエ、アベ・ド・サン＝ノンによって調査された[119]。地下のこの自律した別世界の作用に孕まれる隠された論理が探険家たちを魅了したのは間違いない。こうして杳《くら》い穹窿の個々の形態がチェックされ、地図にされ始める。もうひとつ別の宇宙を発見という精神で、スイス人の洞窟学者（speleologist）のカール・ラングはその『地下の驚異ギャラリー（*Gallerie der unterirdischen Wunder*）』（1806−7）で、天井高い石室《いしむろ》のうむ輝く広闊さと、星の天空の無際限で同様に自然の、煌めく茫漠を宇宙的アナロジーとしてみせている[120]。

岩から切り出しのインド寺院が 18 世紀後半に発見されていくが、これも美の世界に実りを約束する。寺院の四大《しだい》的壮麗、突兀《とつこつ》の形態が大部分、自然がうみ、自然と結託したものだったからである。エレファンタ（ガーラプリ）やエローラ（エールーラ）の石窟は時代や起源もはっきりしないし、とにかく巨大ということで、アンティパロス洞窟のような絶対的な大地の表出現象と結びつけられた。ウィリアム・ホッジズ、トマス・ダニエルとウィリアム・ダニエル、

図59　P. Benucci, *View in Gibraltar taken near the Naval Hospital*, from *Six Views of Gibraltar and its Neighbourhood*, 1825, pl. 6. Hand-colored lithograph. Photo courtesy Yale Center for British Art, Paul Mellon Collection.

ジェイムズ・ウェールズ、ヘンリー・ソールト、ロバート・グリンドレーなど、こうしたインド宗教の聖所の圧倒的な物質的アウラを仰天理解した者は多い[121]。ホッジズの『インド旅行記』(1794) を見ると、石窟どもは蒼古として聖なる (numinousな)、しかし物質としても強烈な性質をなお保っている。聖なるものなどと言ってみても、18世紀唯物論がだまってはいない。聖性はタフなモノ性の主張と不可分なのだった。これらの語り口は伴走する図版ともど

図60　A. de Laborde, *The Chateau of Plessis-Chamand*, from *Nouveaux jardins de la France*, 1808, pl. 67. Engraving by Niquet after drawing by Constant Bourgeoisie. Photo courtesy Cabinet des Estampes, Bibliothèque Nationale.

図61　J. Pitton de Tournefort, *Grotto of Antiparos*, from *Voyage du Levant*, 1717, pl. p. 190. Engraving. Photo courtesy British Library.

図62
M. G. A. Choiseul-Gouffier, *Plan and Section of the Grotto of Antiparos*, from *Voyages pittoresques de la Grèce*, 1782, I, pl. 37. Engraving by J. B. Tilliard.

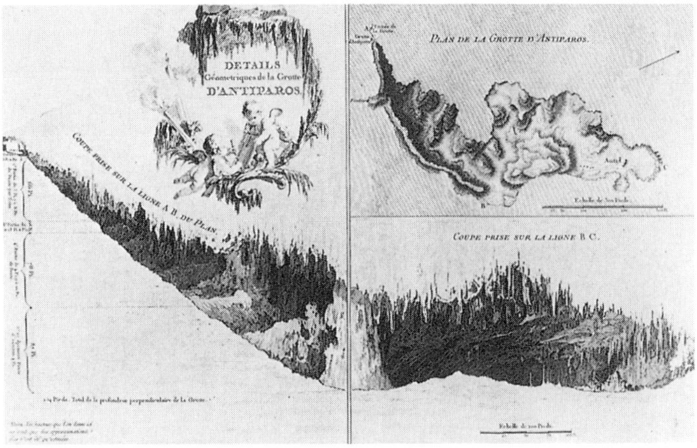

図63　M. G. A. Choiseul-Gouffier, *Entrance to Grotto of Antiparos*, from *Voyages pittoresques de la Grèce*, 1782, I, pl. 36. Engraving by J. B. Tilliard.

も、妥協なき荒々しさ、男っぽさ、泰然自若、濃さ、重たい暗さ、不動の巣窟を表わすこれ見よがしに可触（tangible）な語、実体的（substantial）な映像に満ち満ちている[122]。ジェイムズ・フォーブスはボンベイ滞在中、よくサルセッタ、エレファンタ両島の崩れかかりの地下墓地に足を運び、人工ならぬ生《き》の自然が「これらカナラの彫刻された山」の中に働いているのを目にした[123]。これらにしろ、ベナレスの聖窟にしろ、自然に近いものであればこその魅力なのだとすれば、ずばり地球の「貪り啖《くら》う」力の結果たる洞穴はさらに魅力的と知れる。トマス・アンブレーはグンデコッタ峠北口近くに黒い大口をあける穴に惹《ひ》かれたし、トマス・ポスタンスは「クラチ砂丘の本当に美しい天然洞穴」を描いている[124]。

図64 Thomas and William Daniell, *Caves 10 and 12, Kanheri, Salsette (Bombay)*, 1793. Watercolor W.D. 547. Photo courtesy India Office Library.

図65 James Wales, *Deemar Leyna*, from *Hindoo Excavations in the Mountains of Ellora* ..., 1816, pl. 9. Color aquatint by Thomas Daniell. Photo courtesy India Office Library.

図66　Henry Salt, *Rock Temple, Carli (Bombay)*, from *Twenty-Four Views Taken in Saint Helena, the Cape, India ...*, 1809, pl. 14. Color aquatint by R. Havell. Photo courtesy India Office Library.

図67　R. N. Grindlay, *Hermitage at Currungale in Ceylon*, from *Scenery ... Chiefly on the Western Side of India*, 1826, I, pl. 15. Sketch by Capt. Charles Auber, drawing by William Westall, color aquatint by R. G. Reeve. Photo courtesy India Office Library.

図68　Thomas Anburey, *Northern Entrance of Gundecotta Pass*, from *Hindoostan Scenery*, 1799, pl. 7. Color aquatint. Photo courtesy India Office Library.

図69
Jan Knops, *Stalactite Cavern at Manchigan (Java)*, from *Raffles Drawings*, no. 23. Watercolor W.D. 2991. Photo courtesy India Office Library.

フンボルトは別の大陸にあって、ヴェネズエラのカリペ洞窟に入る。入口は70フィート高の口をあけ、アブラヨタカ《グアチエロ》の鳴き声が入口空間に鋭く反響した。1804年、マルタ島をふらふら徘徊中にボワジュラン・ド・ケルデュは「カリプソ洞窟」に出くわした[125]。ジャワ侯国南海岸を測量したオランダ人ヤン・クノープスはヌーソ・カンバガン島のムシギッド・セロのまるで呼吸《いき》づいているかのような鐘乳石の回廊部の多層の断面図を発表した［図69］[126]。フリンダーズと画期的なオーストラリア探険をしてかなりたった頃、ウィリアム・ウェストールはヨークシャーのヨーダス洞窟の「深い闇黒」を探険する。溝だらけで粘着質の壁にびっくり見

図 70　William Westall, *Stalactites in Yordas Cave*, from *Views of the Caves near Ingleton, Gordale Scar, and Malham Cove in Yorkshire*, 1818, pl. 6. Aquatint. Photo courtesy British Library.

入りながら、この洞窟の石灰岩形成をダービシャーのそれと比較している。原始の古いつくりの洞窟のテーマの変奏ということか、ウィリアム・マリナー目撃の水没洞窟など、床《ゆか》がそのまま太平洋の匠みであった[127]。

図 71　Thomas and William Daniell, *Interior of a Salt Mine*, from *Animated Nature*, 1807–1812, pl. 18. Aquatint. Photo courtesy Newberry Library.

洞窟降下は鉱山降下と関係なくもない。石切り場、岩塩掘り場、鉱山など、天然の曖昧な洞窟の、はっきり商いを目的とするお仲間である。1766 年に有名なフライブルク鉱山アカデミー——その種のものとしては世界最初の学校、ヨーロッパの科学研究機関としても第一級のものであった[128]——ができる随分前にして既に旅人たちは大地の腸部《はらわた》に真直ぐに降下していた[129]。フライブルク鉱山アカデミー創建は、鉱夫たちが露わにし、かつ形づくる地下世界の顔貌《フィジオノミー》探究の方向に大きな力を与えた。といって、ヘリ・メット・デ・ブレス他のフランドル・マニエリスム画家の風景画に鉱山の景色があったことを否定しようというのではない。しかしそれらは 17 世紀中に既に、画家たちが広角の展観図の方に興味を移すと、覿面に人気をなくしてしまった[130]。関心再燃は 18 世紀後半のことである。ジャン・ウーエルがルーアン近傍の岩塩鉱を描き、ペール・ヒレストレームがファルンの鉄鉱山を描き、レオナール・ドフランスが地下風景、地底の祭を描き、ポール・サンドビーとジョゼフ・ライト・オヴ・ダービーが炭鉱、粘板岩鉱を描く[131]。しかしこうした冥府魔界の最大の探険家といえば、ここでも物質のさまざまな表現力をたしかめようとする旅行家たちであった。ふたりダニエルは『命ある自然』（1807－12）中にホワイト・ヘヴンの高い弓形天井の岩塩鉱を描いている［図 71］。ボワジュラン・ド・ケルデュの『デンマーク・スウェーデン旅行記』（1810）を見ると、サフラ、アフネスタット、ゼーター、そしてむろん（E・T・A・ホフマン他のドイツ・ロマン派に特に好まれた）ファルンの大口をあいた地の奥処《おくが》に体系的に測鉛をおろしており、エルフダールの「異常に面白い斑岩採石場」について触れてもいる。R・K・ポーターはスウェーデン横断旅（1813）の途次、「巨大岩塊」を見ようとして、今や必須のファルン降下をする気にさせられた。ノルウェー旅行（1820）のジョン・エディはケーニヒスベルク銀鉱やフォッスムのコバルト鉱など踏査しているが、しかし近傍の「秀れた石英鉱山」に一番魅了された。ビーチー大尉は1828年、アフリカ北海岸から出帆し、その昔ベレニス建市に資した「奇態な掘り穴」と採石場を調査した[132]。

まとめ。鉱山や洞窟の探険は、石のある場所や大地のモニュメントへの広汎な趣味の成立に大いに資した。一枚岩、山脈山系、巨大山嶺、人工洞窟、炭鉱、洞穴などは、物質内部に造形と構造のエネルギーがあることをはっきりと証しだてるものなのであった。

●「海なす」廃墟

> ［シベリアの］平原たるや、高みより見るなら、大陸の央《もなか》に突然ひとつ新しい海が生じたかの如くである。
>
> ── ジャン・シャップ・ドートロッシュ

> これら［の木］は遠くからだと小さな島々のように見えるが、近付いて見ると互いにつながって見える。そして徐々に海から立ち上る丈《たけ》高い森はついにその壮観をあらわすのである。
>
> ── アイザック・ウェルド

海軍抱えの画家たちに海岸の状態を描かせる息の長いやり方は、船からの距離の許す限りで地図なき地の形を ── 地質の構造、輪郭、生えた植生も含めて ── 正確に知ることを目的としていた。この正確な観察法は厳密にはジグザグ移動のトラヴァース測量の世界である。逆に土地の高所からのパノラマ的視野は、中から重要な目印を見る三角測量と関係があった。こうしてウィリアム・ホッジズはせっせと沿岸、内陸双方の水彩画を描いていった。このやり方を引き継いで、風景画家ウィリアム・ウェストールはオーストラリア沿岸の岩石形成の新奇さを伝えた。1809年、ウェストールに海軍省から注文が出た。フリンダーズによる探険の公式記録を飾る図版を彫るその基になる絵を描け、というのだった。これらの絵は1812年、ロイヤル・アカデミーで展示されると大反響を呼んだ。キャプテン・W・E・パリーの北西航路発見航海（1821）の士官たちによるスケッチを基に線描画、版画が描かれたのも、同じような注文であった[133]。こうした画家たちが寄与したこの地図制作の大規模企画には当然、浅瀬の刻々変わる深浅の具合の指示、岸の縁部の変化の明示も含まれる。この骨折りな観測作業は洗練されていくと、気象変化、雲の形成、大気の状況の記録をも含むようになる。

入江が入りこみ荒々しい断崖を抱えるといった劇的な海岸のイメージは、風景画の多くの要素がそうであるように、ヘレニズムの古代に淵源する。ヴァティカーノにあるユリシーズ［オデュッセウス］のフリーズ彫刻のファンはその荒ぶる地を眺めると、南イタリアかシチリア島の海岸を思いだすわけだが、英雄の冒険譚の舞台設定では必ず現実より幻想が先になっている[134]。正確さへの転換は、長い、精確を要する「海岸地形」の現実を俟《ま》って生じる。この実践の目をその企ての英雄的な大きさをもって二度と消えぬまでに確立したのはここでもキャプテン・クック、金星の子午線通過を追うその最初の航海（1768）である。クックがニュー・サウス・ウェールズ沖を回ると、2,000マイルからの海岸線が正確に海図上に記された。この探険、以後の探険で彼が岬や湾を進み行くにつれて、自然のモニュメントは名をもらい、輪郭付けられていった。それらは生《な》まの経験、実際の特徴、後にはクックその人の気分を基にしたものだった。羊の頭《ラム・ヘッド》、ふるさと岬《ケープ・ホーム》、らくだ山《マウント・ドロムダリ》、ベイトマン湾、真直地点《ポイント・アップライト》、鳩の小屋《ピジョン・ハウス》、長い鼻《ロング・ノーズ》、赤い地点《レッド・ポイント》、お寂びし地点《ポイント・デソレーション》、クリスマス港《ハーバー》……、とその航海日誌を見ると、次々によくもよくもという名の付け方である[135]。

勿論クックは桁《けた》ちがいだが、海から岩山を見た形を記録した海の男は、前後にいくらもいた。『セネガル博物学航海』(1757)のミッシェル・アダンソンはカポヴェルデ諸島横断の興奮を記している。乾き切ったアフリカ奥地に4ヶ月いて、アダンソンは海岸を見たことがなかった。岩の岸辺、無数の貝、そして飛魚に夢中になっている。コンスタンティン・フィップス(数学と天文学に長じ、ニューファンドランド探険の「ニジェール」号上でバンクスの一番の僚友だった)が発見の旅を試みたのはただ一度。1773年、北極航路をさぐったこの旅は失敗したが、これで大熊野郎《ほっきょくおとこ》の綽名がついた。極洋を進みながらフィップスは現われては消える目立った風景を描きとめる。ハクルート岬と裸岩(「天辺が割れ蹄《ひずめ》に似ているところからその名あり、いつもその同じ姿でいて、この海域によく出入りした最初のオランダ人船乗りの幾たりかによって名付けられた」)が、島の残りの部分と繋がった他の山々からは、長い地峡で切り離されていた。目に見て独特だし、航海に有用だが、どんな状況にあっても同じ姿をし、雪で姿を変えることなど決してないからである、とフィップスは一生懸命、論じている[136]。

不幸なるケルゲレーヌ=トレマレクは南極指折りの岬のひとつにその名を残す。その航海記出版はフランスでは抑えられたが、彼とアルーアルンが1771年、「幸運《ラ・フォルチュン》」号、「太鼓腹《グロ・ヴォントル》」号でモーリシャス島を出帆していったことが知られている。翌年の1月中旬、彼は「幸運《フォルチュン》」島、

図72
Willian Alexander, *Profiles of Hey-san Islands on the Coast of China*, for *Lord Macartney's Embassy to ... China*, 1797, pl. p. 42. Watercolor W.D. 960. Photo courtesy India Office Library.

図73　William Hodges, *Christmas Sound, Tierra del Fuego* (December 1774), from *Plates to Cook's Voyage 1777*, II, pl. 32. Engraving by William Watts. Photo courtesy National Maritime Museum.

図74
John Ross, *Coburg Bay, Cape Leopold & Princess Charlottes Monument*, from *Voyage of Discovery*, 1819, pl. p. 161. Aquatint by R. Havell and Son. Photo courtesy British Library.

「円形《イル・ロンド》」島、ふたつの島を目にし、その直後に陸を見る。2船の船は突然別れさせられ、ケルゲレーヌはモーリシャスに帰還させられる。ヨーロッパに戻るとすぐ、64門装備の「ロラン」号とフリゲート艦「鳥《ロワゾー》」号でもう一度南極に行くよう命じられた。以前発見した怖ろしそうな陸（クックが付け直したお寂びし地点《デソレーション・ポイント》の名がぴったりだ）を目にするかしないかで、帰国、公民権喪失、ソーミュール獄への収監が待っていて、それ以上の発見航海は、ない。

同じように不幸だが、こちらは不名誉は蒙ってはいないのが科学者にして啓蒙哲学者、ラ・ペルーズの運命である。太平洋を広範囲に亘《わた》って探険したあとだし、大革命の前夜、意気揚々とブレストに凱旋帰国すべきだったのだが、「ラ・ブーソール」号はある嵐の夜、ヴァニコロ沖で座礁、生存者は一人もいなかった。ラ・ペルーズ探険隊の名は航海記出版とともに広がり、ラ・ペルーズの名もハワイ西方の山の名に、北海道北方の海峡の名に残った。ラ・ペルーズの書きものが示す観察の多彩、分析の質、広い視野は、ブーガンヴィル、ケルゲレーヌ＝トレマレクのそれを、いやクックのそれをさえ上回るものである。船乗りの男っぽい文体でもあり、経験的なものの見方というのにもぴったりで、ラ・ペルーズの航海記は科学的旅行記と呼ばれるにふさわしいものだ。生真面目に、しかし仲々印象に残る筆致で、霧深い日本の海岸を描写している。「こういう霧深い海域なればこそ、非常に広大な水平線を、それも珍しいほどに見渡せるのだ。まるで自然が、これら海域の上に重く、ほとんど永劫に罩《こ》める闇を、これ以上ない絢《あか》るい光の時間《とき》を以て償おうとでも言いたげだ」、と[137]。もっと恵まれた天気の下でコーチシナ沿岸を行くのは、ふたりダニエルおよびウィリアム・アレグザンダーである。「線こそ太いが不毛の海岸、植生気配なし、文化なし。岩山覆う森の木もなく、その上に油然生じる嵐の雲が迫る。水田も見えず、陸《くが》も海も、粗野ながら崇高な寂漠《じゃくまく》の気あり」、と[138]。

ジョージ・ヴァンクーヴァー（1758−98）はクックズ・インレットからプリンス・ウィリアムズ・サウンドへ穏やかな潮路をたどっていて、ジョン・ウェッバー同様、ポート・ディックに驚かされた。突き出た岬で、西端が「屹立の絶壁」に終わっている。ヴァンクーヴァーにとり、彼以前ではラ・ペルーズ一行にとってさらに荒涼としていたのはセント・エライアス山であった。「欝然の気」、「荒涼たる昏《くら》さ」、「一陣の突風」が、ひび割れた汀に聳えるアラスカの「唐突の断崖《きりぎし》」を、さらに厳しいものにしている。それは切れ目ない氷の鞘《さや》で囲まれ、東方では険しい急坂から連山が立ち上るが「その頂など、そこよりセント・エライアスが永久凍土の地に巍然として聳立していくための底の部分というに過ぎない」。『世界周航記』（1813）のクルーゼンシュテルンは、ワシントン諸島航海を記し、ナカヒワ海岸が同様に「野生ながら美」と述べているが、『極洋探険』（1823）のフランクリンはケープ・バロウのいかめしい岩の海岸を見ても別段の感懐もなかったようだ[139]。

乾燥地域だからといって堂々の岬がないわけではない。ジェイムズ・モリアーはボンベイから［ペルシア湾の］ブシェールに向う航海で大陸ひとついかに巨大なものか実感する。その大陸はあちこち見事な岬を突きだし、モリアーはそこに草食《は》む駱駝の姿を見た。ライセットとペロンはピラー岬の海漂に目を凝らし、ファン・ディーメンスラント［タスマニア］の灼熱の表

図 75
John Webber, *Kerguelen's Land* (December 1776), from *Sketchbook*, B.M. Add. MS 15, 513, fol. 3. Watercolor. Photo courtesy British Library.

図76　John Webber, A *View of Snug Corner Cove in Prince Williams Sound* (May 1778), from *Sketchbook*, B.M. Add. MS 23, 901, fol. 88. Watercolor. Photo courtesy British Library.

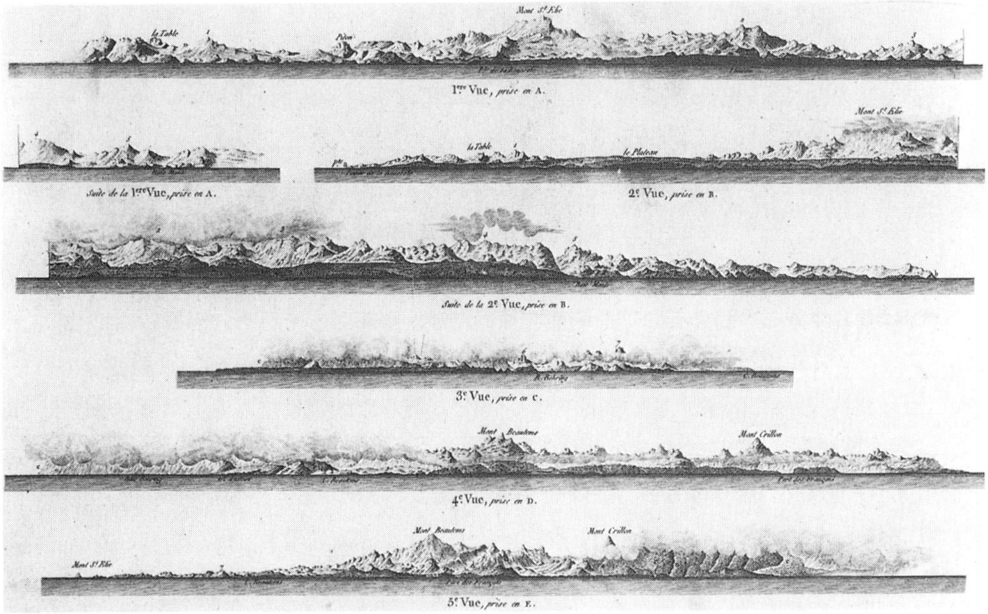

図77　Duché de Vancy (?), *Views of the Northwest Coast of North America with Mount Saint Elias* (June 1786), from *Voyage de La Pérouse, Atlas*, 1797, pl. 18. Engraving. Photo courtesy Library of Congress.

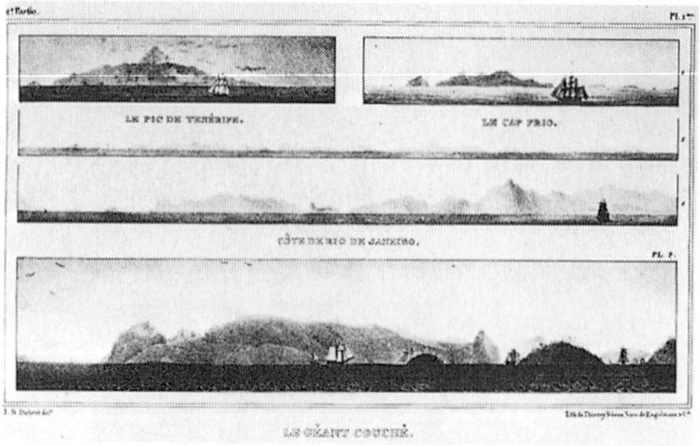

図 78
J. B. Debret, *The Peak of Teneriffe; Cape Frio; Coast of Rio de Janeiro; The Recumbent Giant.* From *Voyage pittoresque au Brésil*, 1834, II, pl. 1. Lithograph by Thierry Bros. Photo courtesy Newberry Library.

面からラクダ山が聳え立つのを見ている。ビーチー大尉はトリポリからベンガジに向いながら、「ゾフラン海岸の怖るべき光景」を描く。「大量の砂と海藻が……こうした大石とともに打ちあげられ」ており、強風が吼え、荒れ狂う」。J・B・ドゥブレはブラジルへの歴史的滞在中に（1816－31）、「リオ・デ・ジャネイロの海岸線を形成する連山」を絵にしたが、「その山々の中には、すりばち山とか眠り巨人山とかいった珍妙の名でよく知られたものもあった」[140]。

でもなければ何もなかったはずの海中から忽然姿を現わした砂や岩の環礁（atoll）の理解は基本的には、しっかり形を持つ海岸の巧くいった研究と関連する。新大陸発見に夢中だった16 世紀に対するに、18 世紀は島嶼《とうしょ》出現に魅了された世紀だった。時代を一番騒がせた「発見」がブーガンヴィルによるタヒティの紹介で、1769 年夏のパリはその噂でもちきりだった。これはつまるところ、そうした鴻業はすべて英国人の専売特許のように思われていた時代にフランス人が一矢を報いたものであった。「新しいシテール島」への旅の物語がディドロ他の啓蒙哲学者たちの心を捉えたのは、同探険隊中の博物学者フィリベール・コメルソンの解釈が効《き》いたのである。太平洋のど真中に何故ルソー風ユートピアを創らねばならなかったの理由は我々の関心の埒《らち》外にあるが、このエデンのような島の物理的相貌がブーガンヴィルのずっと地味な解説から出てきている点はよく覚えておこう。かつてダランベールの直《まな》弟子でもあったブーガンヴィルは峻しく厳しい島の楽しげな側面を描いたが、賢明だった。その海外の輪郭はなんだか半円劇場そっくりだった。「山々はかなりな高さなのだが」、とブーガンヴィルは書いている、「むきだしの岩などなく、すべて木《こ》の下《した》である」、と。疲れた船乗りたちは山が頂上まで木に覆われていたのが判っても、仲々目が信じられない。ふもとでは海岸にも緑が広がる[141]。シドニー・パーキンソンの描写はもっと短簡で、「その地はくしゃくしゃにした紙みたいに凸凹で、出鱈目に山あり、谷ありなのだが、山も谷も美しい緑が、最高峰のてっぺんまでを覆っているのであった」、と記している[142]。

ヨーハン・ラインホルト・フォルスターは島一般が多様な形をしていることにじっくり思いを凝らす。重要なその『観測航海記』（1778）で、フォルスターは多くの島を物理的外観から注意深く区分けしてみせる。熱帯にあるか、温帯にあるのか、考える。熱帯にある島なら、浮彫になっている具合の深いか、浅いか。熱帯の突き出る島は、たとえばタヒティ、そのタヒティを含むソシエテ諸島、かなりの高さのフレンドリー諸島、トンガ島群、そしてニュー・カレドニアだが、環礁に囲まれ、汀《みぎわ》近くは浅瀬である。しかし熱帯の島でも、マルケサス諸島やニュー・ヘブリディーズ諸島のように、環礁を持たないものもある。この周到な観察からうまれた分類作業で、フォルスターは自然論をひとつ定式化しおおせる。「オタヘイティ［タヒティ］その他の高い島は低い島、中くらいの高さの島より概してより幸福かつ、より豊沃である。高い島の央《もなか》の高い山は近傍を行く蒸気や油雲《ゆううん》をばその位置からして皆引きつけるが故にその山頂が霧や雲に包まれぬ日はほとんどない」、と。この方式に従って彼は物質的特徴による島嶼分類を実行した。高く環礁のないイースター島、火山性のサンドイッチ諸島、密集し岩の多いファン・フェルナンデス諸島と、そしてティエラ・デル・フエゴの諸島、である[143]。

深い湾や海峡によって分けられ、「その気味悪い声で、我々の耳を驚かせる」無数の海鳥に孤立した棲家を提供するこうした異様の島は——ひとつの知的秩序に取りこまれて——船乗りの地誌遺産の一部である。トマス・ペナントは『スコットランド旅行とヘブリディーズ島航海記』(1772) で、フィンガルの洞窟そばのブーシャラ島が目には成層のしるし見えぬ柱群でできているとする。ジェイムズ・ウエールズはエレファンタ島の有名な聖所をスケッチするに際し、そもそも島の名がそこに由来する巨像を描きながら、右側には丈低いバッチャー島を、背景にはクロス島の瘤《こぶ》を描きこんでいるし、左遠方にはかすかにボンベイ港とオールド・ウーマン島があって、先端には燈台がある。ウィリアム・ウエストールはマシュー・フリンダーズと一緒にペリュー群島にいて、群島の間を舸《ふね》で回り、目のつんだ硬い砂岩でできた様子を調べている。1809年にアビシニア旅行をしたヘンリー・ソールトは、アンフィラ諸島の密集塊を形づくる海の礫質沖積層の絵を描いた。アイスランドはエッゲルト・オラーフソンとエディの記述では、表面こそあちこちに美しい平野があるが、実は崩れた岩山、山頂は永久に氷結して雪をいただく未踏の山々から成る島であった。同様に、フェロー、スタペン諸島は遠くから

図79　William Hodges, *Oparee (Tahiti)*. Oil, $30^{1/2} \times 48^{1/2}$ inches. Photo courtesy National Maritime Museum.

図80　William Hodges, *Huahine (Society Islands)*. Oil, 13 × 20 inches. Photo courtesy National Maritime Museum.

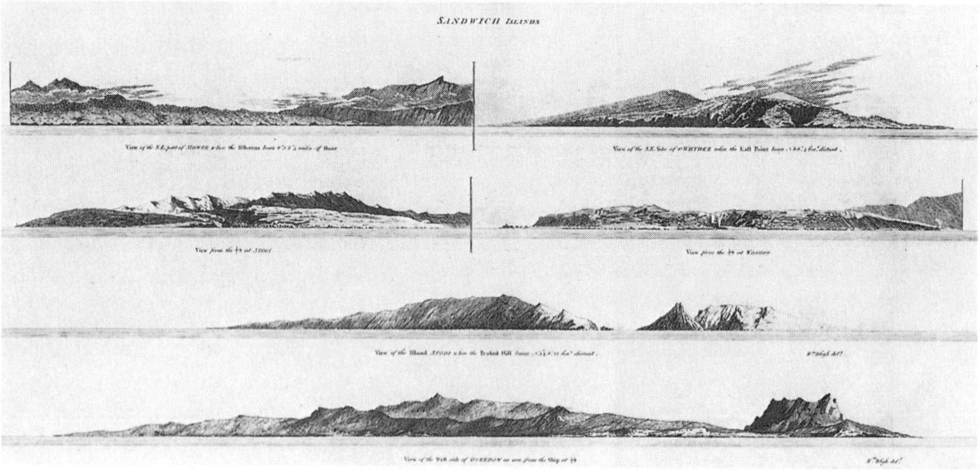

図81　William Bligh, *Sandwich Islands* (November 1778), from James Cook's *Voyage to the Pacific Ocean*, 1784, II, pl. 83. Engraving. Photo courtesy Library of Congress.

見ると、まるで人を寄せつけたがらぬ障害の風《ふう》があった。もう少し魅力的なのはセイロン島で、隣のジャフナパタ島と巧く繋げて眺めると、なんだかハートの形に見えるのであった。そして「オウヘー」は少くともオットー・コッツェブーの目には、あらゆる敵手を抜く存在に見えた。「切れ目ない大なる線を描いて波間から威風堂々立ち上ると、巨大塊となり、三つ別々の山頂となる」、と[144]。

図 82　Piercy Brett, *Juan Fernandez, Chile: East View,* from *Anson's Voyage*, 1761 edition, pl. p. 94. Engraving by F. de Bakker. Photo courtesy National Maritime Museum.

図 83　James Wales, *View from the Island of Elephanta*, from *Twelve Views of the Island of Bombay*, 1804, pl. 12. Color aquatint. Photo courtesy India Office Library.

しかし一面から考えるなら、海岸といい島といっても限界ははっきりしていた。フレシネ探険隊に加わったこともあるジャック・アラゴーが、世界周航者への悪口を、フランス科学アカデミーに出した報告書で批判しているが、そういう議論であった。「地球一周とはいっても見えるのは島とか海岸とかいう小物ばかりだから、土壌の性質を示すはずの地層の連続体とか、地層の古さ、累重とかについては如何なる観念ももたらし得ない。我れらが世界周航者は必然、狭い観察に封じられる他ない。その量塊からして多様の地域を決定し、性格付けているように見える地層から切り離された岩塊の標本にどうしても甘んじざるを得ないのである」[145]。

平坦地踏査をしたいという思いがどんなふうな具体的表現を得たかを見る番だろう。山岳探険者に言わせれば、平野がその地層を見せるのはたまたま侵食の生じている場所のみである。どこを見てもぺったりの平場を、物質としても形態を見ても無限に多様な山岳に比べて、ぶつぶつけなしているのはド・ソシュールその人である。モン・ブランやエトナ山の高みからなら、と彼は言う、脚下に何が広々と輾転反側しているか忽ちにして、明瞭に理解することができる、と。凍りつく塁壁、地下の火炎、果てなき綿津見は、世界の頂に立つ自然哲学者をこそ魅するのだ、と[146]。

図 84
William Westall, *View in Sir Edward Pellew's Group – Gulph of Carpentaria*, from Matthew Flinders's *Voyage to Terra-Australis*, 1814, II, pl. p. 172. Engraving by John Pye. Photo courtesy British Library.

平地平野に魅力が感じられ始めたのは、単調のうらみが魁偉（immensity）というもので、完全払拭とはいかないまでも軽減はできるのだということになったからである。緒言でも少し触れておいたが、18 世紀考古学出版のお蔭で、廃墟（ruins）がそれを取り巻く自然環境と融通し合い、人間精神の所産が万物を呑みこむ物質のエネルギーの只中に溺れこんでいく絵柄が随分巷に出回った。事実第一の旅行記がこうした絵柄を強化、拡大し、巨大な人工の遺物を、横に広がる不毛の空間にすんなり繋げることを宜《うべな》った。コルネリウス・ル・ブロインはその 1711 年の『ペルシア紀行』── フランス人宝石商ジャン・シャルダンの 1686 年の生気に乏しい『ジャン・シャルダン卿のペルシア・東インド紀行』より段然良い ── を見るに、こうした趨勢の嚆矢《はしり》と言える。彼がダーレイオス宮殿廃墟を描く正確な描写を見ると、石の遺跡が文化の痕跡をすっかり拭い去って、それらがそこに散在し、そして遠い地平線の彼方へと伸びる巨大平野に融けこんでいるのである。「ペルセポリスの都について言うなら、その痕跡今やさらになく、両側に岩山のみあって、今まで描いてきた建物［ダーレイオス宮］の遙か彼方へと、かつてはたしかに建築物があったのだと感じさせる。この都は平野にあり、まことに宏壮なものだった、とペルシア人たちは言うし、その書き物から推してもそのようである」。ル・ブロインこそは、頽壊する彫刻、建築の破片の巨大塊が沈み、四囲環境に根張り、「転覆し、地に半ば埋もれる」ことをおそらく初めて強調した旅行者である[147]。

このモティーフの息の長さはすぐ約束される。ウィリアム・ブラウンとルイージ・マイヤーがキプロスとエジプトのことを書きながら、西洋人にとってそれがいかに執念《しうね》き魅惑であるかを指摘している。「建築の呆然たらしむる集塊、今日その平地に散在する巨大芸術作品からしても、時の業《わざ》に今なお果敢に抗うそれらの堅城牢固よりしても、往昔《そのかみ》人口厖大だったことは確実である」、と記しているのがウィリアム・ブラウンだ。生ける巖よりそっくり掘られたスフィンクス巨像の胸部が「今や砂に埋もれて朽ち果てている」とは、マイヤーの哀傷の筆だ[148]。そのような果《はた》てなき地は完全に物質の圏域という感じを与える。アートがイデアや形相への隷属から解き放たれ得る具体的な場として働くのである。まさしく大廈《たいか》高楼の倒れんとして広い平野、そのありうべき力を再びも手にし、平坦の場、覿面に目で見て興あるものと化すのである。

そうした人気《ひとけ》絶えた沈黙の風景の野生の美は世界中に見つけられる。1812 年夏、スイス人探険家ヨーハン・ルートヴィッヒ・ブルックハルトは英国アフリカ協会の仕事でアラビアを旅しながら、古代都市ペトラの遺跡を発見した。この死滅都市《ネクロポリス》の残骸が与える衝撃について記すブルックハルトは、その暗然たる壮麗さが概して、不毛の環境と頽壊していく墓廟の「驚くべき結婚」に起因する、と大事なことを言っている[149]。

古代エジプトの謎の遺跡についても同じような対応だったことが判る。「ドルイドの」遺構モニュメント類 ── 「柱」と「揺るぎ」岩、メンヒル、クロムレック、バイトゥイリア、テルム、トルメンス ── がコーンウォール、ウィルトシャー、ブリタニー［ブルターニュ］原頭に散在する。ローランズの『古代モナ復元』(1766)、ボーラスの『コーンウォール集古』(1769)、ダンカルヴィルの『ギリシア藝術の起源、精神、進歩』(1785)、ナイトの『古代藝術の象徴言語』(1818)、グリムの『テュートン神話学』(1835−36) など皆、元の木阿弥《もくあみ》に帰し、人手が触れることもない岩の記念物、石の墳丘を、あたかもそれらが立つ人気《ひとけ》なき場所の生と切り離せぬものでもあるかのように論じているのが面白い[150]。

新石器時代の小丘は地塊の上に地域の現実の材料が累積することでつくられ、それでできた塚《ブルト》が時間の経過とともに侵食され、窪む。こうした生《まんま》の窪地、墓のようなへこみが、低木ある粗削りな盆状構造や堂々の柱石と混って、滅びつつあるにしろ高名ではある古代近東文明の聖所よりさらに「自然な」、もっとその土地の実際の物質とさらに密に混り合った ── 土地の有為転変を験《けみ》し、それによって形成されつつある ── 廃墟を形づくる［図 8・91］[151]。

そうした合成の沃土から、平地を良しとする美学が躍り出る。ストーンヘンジやエイヴベレーのようなドルイド文化の謎多い生き残りは、「首魁《アーチ》ドルイド」ことウィリアム・ステュークレーの巧い言い方を借りれば、「その場所にキノコのように頭を出し」てきたものと信ぜられた。隣接して目の邪魔になるものがないわけだから、〈巨人の輪 (*chorea gigantum*)〉はソールズベリー平野の単調を破る始原の広闊感をうみだした。他に目を配ることがないので、カルナックのアリニュマン (*alignement*) を成す大型列石《メンヒル》群は、ブルターニュのカンブリがいかに

図 85　Cornelius Le Bruyn, *Stairway Leading to the North Facade, Palace of Darius, Persepolis*, from *Travels in Muscovy, Persia ...*, 1737, II, pls. 124, 125. Engraving.

図86　Cornelius Le Bruyn, *Second View of Persepolis*, from *Travels in Muscovy, Persia* ..., 1737, II, pl. 118. Engraving.

図87　Cornelius Le Bruyn, *Pilaster from a Portico*, from *Travels in Muscovy, Persia* ..., 1737, II, pls. 148, 149.

図88　Luigi Mayer, *A Colossal Vase near Limisso in Cyprus*, from *Views in the Ottoman Empire*, 1803, pl. 23. Color aquatint by T. Milton. Photo courtesy British Library.

図89　Luigi Mayer, *Head of the Colossal Sphinx*, from *Views in Egypt*, 1801, pl. 22. Color aquatint by T. Milton. Photo courtesy British Library.

障害なく広い所であるかを示すことになった。ゴドフリー・ヒギンズは加えてこう言っている。「これらの石の異様な外観は一体何なのか。木も低木もない大平野にぽつねんとあり――その足もとの砂の中には燧石《すいせき》ひとつ、石のかけらひとつない。何の基礎もなく、可動のものもある。……歴史をも計算の埒《らち》をも越える時代のものなのか」、と[152]。ヨーロッパ、アジア、そして太平洋を通じて、厳めしい変容の一枚岩《モノリス》たちが、それなくば救いなく単調なはずの平地の央《もなか》に彳《た》ち、全地平に向け悠然と顔を向けていることがわかってくる。セイロンにもあるとジェイムズ・コーディナーは書き、スウェーデンの平地にも見つかったとロバート・ポーターは記している[153]。

文明とか人間とかのものではなく、始原のもの、現象のものとすることで、必要な繋りが起源不明の岩の断片が集まる砂の平地と、さほど人馴れしていない田園部の間にできた。新しい対応の如何なるか、わかり易い例をひとつあげよう。シチリア島の活火山周辺の破壊された地域こそは、昔は軽んじられた自然形式でありながら、今やそこで地球史が美的表現を持つものとされる場になった典型例である。ヴェスヴィオ山やエトナ山の足もとに展がる開拓地は、見た目には穏やかな南イタリア地方を舞台に戦われる豊饒と、確実に来る破壊との激闘を映す鏡であった。ハミルトン、ブライダン、ゲーテ、そしてフンボルトがこの世界大の闘争の英雄的スケールに思いを馳せた。こうして宏大な平地が――人手に掛るものの廃墟を抱く単なる器から、地下を壮大に露頭させる、地異地震の座を体現させるところへと徐々に進んでいって――

図 90　William Borlase, *The Wringcheese; The Altar Stone in Wendron; The Altar Stone in Trescan Scilly; The Tolmen in St. Mary's Scilly; The Tolmen in Northnethel Scilly*. From *Antiquities of Cornwall*, 1769, p. 12. Engraving. Photo courtesy Library of Congress.

図91　A. de Laborde, *Ancient Sepulchral Remains in the Town of Olderdola*, from *Voyage pittoresque en Espagne*, 1806, I, pl. 41. Etching by Reveille. Photo courtesy British Library.

図92　Godfrey Higgins, *Entrance to Stonehenge from the Northeast*, from *Celtic Druids*, 1829, pl. 5. Lithograph by W. Day.

目で見ても頭で考えても、劇的かつ永続する山の堂々たる地質学的敵手というところにまでのしあがった[154]。

むきだしの平地の多様な表われだが、幾つか主だった見出しの下にまとまりそうだ。ジャン・シャップ・ドートロッシュはシベリアの見はるかす凍原《ツンドラ》の最初期のファンである。「この広大な野はあらゆる方向に溝が走り、致るところ混沌と荒涼［のしるし］である。かくてこの平原たるや高みより見るなら、大陸の央《もなか》に突然ひとつ新しい海が生じたかの如くである」。モルダヴィアを旅するアダム・ニールは「うねっていく巨大な」草地《ステップ》を「豊かきわまる草に覆われ、美と広大そのもの」と見た。その「始原の性格」あればこそ、「小さな丸い沼が時たま破る

図93
Godfrey Higgins, *Monuments of Carnac*, from *Celtic Druids*, 1829, pl. 42. Lithograph by W. Day.

図94
Godfrey Higgins, *Monuments of Carnac*, from *Celtic Druids*, 1829, pl. 44. Lithograph by W. Day.

図95 William Hodges, *Monuments in Easter Island*. Oil, $30 \times 47^{1/2}$ inches. Photo courtesy National Maritime Museum.

だけの」大いなる単調さも随分と緩げられるのである、と。

通詞役をつとめたレセップス男爵ジャン＝バティスト＝バルテルミーはカムチャッカ上陸の後、ラ・ペルーズ、ラングルによってパリに派遣されて探険の進捗具合を報告したが、厳冬酷寒のユーラシアの身を切るような姿を伝えている。犬橇による横断旅に困憊《こんぱい》し、飢えに悩み、死と隣り合せの旅人は、緑が青々と広がっていた平原が今は凍てつく荒野だと記す。倦怠どころの話ではない。自らの立つ位置がそもそも最大関心事である。「雪に埋もれ、森もなく、山も川も見えぬこの測りがたなき平原にあって、いかに自らの位置を知るか。……小さな丘、低木の一本もあれば、道はわかるのだが……」、と。クックも橇引く犬たちの「哀れな吼え声」

図96　William Hamilton, *Mount Etna and Environs*, from *Campi Phlegraei*, 1776, II, pl. 12. Color aquatint by Peter Fabris. Photo courtesy British Library.

図97
Joseph Acerbi, *Travelling on the Ice over the Gulf of Bothnia to Iceland*, from *Travels through Sweden, Finland* ..., 1802, I, pl. p.183. Engraving by John Pye. Photo courtesy British Library.

以外、ただ茫々《ぼうぼう》とし漠々《ばくばく》とした似たような経験を第三次航海でしているし、アチェルビはスカンディナヴィアの果《はた》てない氷原で、すべての道を見失った[155]。

蜿々続く荒野ということでロシアと良い勝負の「広大の地」のイメージというなら、合衆国であろう。『北米旅行』(1778) のジョナサン・カーヴァーが、シャンプレーン湖をジョージ湖とオンタリア湖に繋ぐ「広大な空間」に先ず足を踏み入れた。オハイオからミシシッピに広がる中西部大平原《プレーリー》を見てヴォルネは思わず「アメリカのタタール」と名付けたが、余りの広さが御本家のタタールを思わせたからである。ミズーリ川沿いの地域を探査中のルイスとクラークは、切れ目なく広がるプレーリーの宏大を、いかにもという簡略な文章に綴っている。蚊もバッファローの襲撃も、マンダン族の攻撃も大変だが、ともかく「滑らかで際限のない」空間に先ずは勝てない、と[156]。

南米は、ホルージョの下、あるいはボゴタ高原の大草原《サヴァンナ》が、フンボルトの文章を通して古典的表現を得た。同じ系統に繋がる、ブエノス・アイレス、モンテヴィデオの彼方の草原《パンパス》も、美しい所として通る。移動するアルゼンチンのインディオたちの昔ながらの家郷ということで、それは南緯36度から39度に渉《わた》る「広大な平原」を形成する。アルマジロ、駝鳥、野生悍馬が棲むその地域に旅した人間はおよそ農耕のしるしを何ひとつ見ない。「眼路《めじ》の限り、見えるは平原のみ」。灼熱の昼を避けて、ブエノス・アイレスからメンドーソに行く旅は夜である。ヴィダルの伝える茫漠たる平たさのイメージは、長く続くだろう。

図98　E. E. Vidal, *A Country Public House & Travellers*, from *Buenos Ayres and Monte Video* ..., 1820, pl. p. 67. Color aquatint by T. Sutherland. Photo courtesy British Library.

図99　E. E. Vidal, *Balling Ostriches,* from *Buenos Ayres and Monte Video* ..., 1820, pl. p. 85. Color Aquatint by T. Sutherland. Photo courtesy British Library.

……そこかしこ、野生のラマのひと群れ、というか、ひと塊が見える以外は、何も見えない。美しい大型の鳥やウズラの類が随分いるし、野兎もいれば、野牛、野生馬がこの茫々たる原野を我がもの顔に動いているが、無限に伸びる巨大な地平線以外、他に視野を遮る何ものもないのである。スペイン人たちが「エスカンブラーダス」、びっくり原の名で呼ぶのもむべなるかなで、日が昇ってきても、地平線から少し上まで来ないと光が見えないのだ。日の入りも同じで、光が消えてから後に、太陽本体が沈んでいく。

ビーグル号艦長だったロバート・フィッロイが、「こうしたパンパスと呼ばれる大平原」にいかに木がないかをきちんと報告している。

……石ころだらけの荒野は人気《ひとけ》なく荒涼たるものだが、木が一本も — ニワトコ《オンブ》の低木一本も — 見えない。いつもぴりぴりした野生のラマの群れが人の近付くのに驚いて、啼き声をあげ、地を踏み、やさしげな首をもたげる。遠くの地平線を駝鳥数頭が走る。そこここにはぐれコンドルが天翔《あまか》ける。目に入るものといえばそれくらいだ。成程、じっと目を凝らしてみれば、枯れ低木の一本や二本、黄色い葉叢のひとつやふたつは見つかるだろうし、現に歩いてみると棘《とげ》や茨《いばら》がちくりとくるので、まったくの荒地ではないことはわかるのだが、ともかく全体として受ける印象は不毛石胎の荒野である。水の作用で丸くなった大砂利や洪積層でこの平原の大部分ができているというのが驚きではなかろうか。今はパタゴニア荒地地下に潜るこれら水の作用はいかなる大規模なもの、いかに長期に亘《わた》ったものなのだろうか。

対照的に、（自称神学者でなく）地質学者の実際的、客観的な目を、この平行する平原の広大な展《ひろ》がりを形づくる石灰−粘土質の大堆積に向けたのがダーウィンである。

> マジェラン海峡から［アルゼンチン中部の］コロラド河にいたる約800マイルの間、土地表面はいたる所、大砂利であるが、石は大概斑岩で、起源はおそらくコルディエラス山系の岩である。コロラド河北部で地層は薄くなり、石は非常に小さくなり、ここでパタゴニア特有の植生が終っている[157]。

この平坦そのものの砂漠平原《プラーヤ》、サンタ・クルス河の両岸に展がるとぎれない南米の「大草原《ステップ》」のことはマーテンスも書いている。

蒼穹を漂う旅人たちも地表のことを忘れてはいない。気球昇空のもたらした最も重大な結果として、土地は上から見ると何もかもを抱く平野と見えるという感覚が定着していったことが、ひとつある。英国の地から初めて気球飛行をしたのはイタリア人気球飛行士ヴィンチェンゾ・ルナルディだが、「地は以前通り、広がった平野だし、表面がいろいろというのも同じで、事物が判別しにくいというだけのこと」、と記している。モンク・メイソンはその1837年刊の『気球飛行史』で、こういう視覚現象は、飛行士が気流に乗って飛ぶからということで説明がつく、としている。天頂から見ると、あらゆる既知の安定固定の事物が「眼下の平地では」高速に退行していく。たしかにそうだと言っているのはトマス・ボールドウィンである[158]。こうして気球旅も、眼下に展がる表面世界の途切れなさを改めて確認するのに与《あずか》って力あった。

眩《めくら》む高みから見ないということだと、地上のくしゃくしゃした平地はずっと地味に見える。前述したが、ポリネシアは魅惑的な島で一杯だが、島の道が聖遺跡《マラエ》から岩だらけの海岸まで、

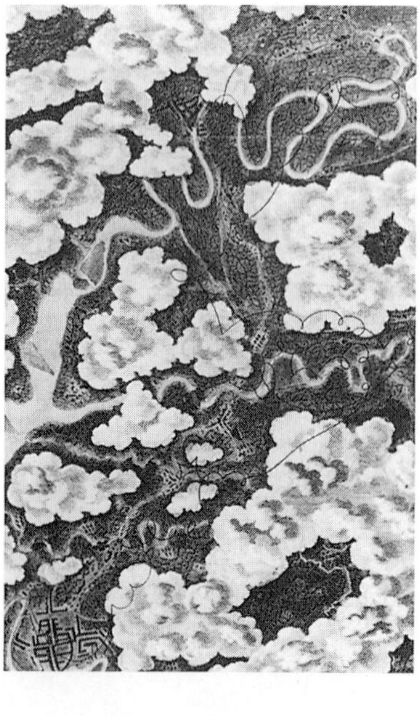

図100　Thomas Baldwin, *A Balloon Prospect from Above the Clouds,* from *Airopaidia*, 1786, pl. p. 154. Color engraving by Angus. Photo courtesy Smithsonian Institution, Washington, D.C.

ぺったんこの緑のプランテーションを縫って走る。ナイル洪水直後にこの大河を上流に進んだジョン・レドヤードはゆくりなくも、「すばらしい地の涯《はて》ない平原」を目のあたりにした[159]。こうした豊饒の地は、人気《ひとけ》絶え、まっすぐ遠くに展がる岩だらけの土地と、見るからに互いに引き立て役である。そのアルバニア旅行がバイロン卿を刺激したJ・C・ホブハウスはマラトンのみっちりした地味な土に思いを致す。R・H・コルブルックはマイソールで、ムーティ・タラオウの人棲まぬ岩だらけで果《はた》てない茫漠を一幅の展観図《プロスペクト》に仕上げた[図38]。ネパールのフランシス・ハミルトンは「一山、他山に累重」する遠方のパノラマ景観から目を転じて、ヒンドスタン平原の中に自分はいるという自覚を持つ。もっと手強い相手は、シナイに向うブラウンや、南アフリカのライオンだらけの場所でリヒテンシュタインが出遭った「岩多い強敵」な低地地帯であろう。チンボラソ登攀中のフンボルトや、チリ探険のマリア・グレアムが見下す「乾燥平原」の岩の奇観は、あちこちまばらなサボテンやリュウゼツランぐらいで和げられるものではない[図35・102]。ラパスに赴いたエドモンド・テンプルは、大砂利が一杯で、「実に500マイルの間、草木一本を目にし得ない」きびしい台地を行った時のことを回想して記している。

ニュー・サウス・ウェールズの永遠の乾燥はフェルディナント・バウアーから見ても、オーストラリア国産第一号詩人で『地質学的回想』(1825)を書いたバロン・フィールドから見ても、およそ人間のにとも関係ない。ジョン・オクスレーがラクロー河川下りを記録したのも同じで、川の流れでできた深い湾曲部分を別とすれば、通過地域は「非常に低」いし、「広い」。ナイル河岸のアブシンベルに上陸したベルツォーニは西岸に「広大な平地」があって、黒い丸い石が一杯、と知る。ジョン・レドヤードが経験した豊かな沖積土とはちがい、第二瀑布近くの土地は「目に入るもの、裸の石と砂」、そしてたまさかスズカケノキの一、二本あるばかりであった[160]。

ハミルトン、マッケンジー、そしてポーターの記している、火山噴火で引っ掻き回された地域も同様に、陰々滅々の大景観を成し、表土の上に降った灰で植生は根だやしである。地下冥府は、かつての緑野がこうやって根こぎの荒地となった地表風景と見た目に区別ないものなのだろう。荒蕪の地表から唯一、縦坑をつたって降下すると、拱門《アーチ》のようになった壮麗な横坑道があり、これがどこへ開けているかと言うと、「川に洗われ、一度も日《ひ》の光《め》を見たことがない地底平原にであり、これはこれで凝結しているのみか、今は凍って結晶になっているが、かつては奔流でもあった水によって造られ、我々の無数のたいまつの光を隅《くま》なく反射する万余の絢爛たるピラミッドで、きらきらと煌《きら》めいていた」[161]。

北の極限、南の果てで大洋を掩《おお》う氷の無量無際限の「広野」はさらに荒涼として漂遊する。極の霧に包まれてクックが位置を見失う一方で、フォルスターはなお、眼路《めじ》の限りに輝き展《ひろ》がる半透明な幕を目にしている。クックが第二次航海で三度も横切った南極圏だ。その何もない世界に叢氷《パック・アイス》が出現するが、牢固として取りつく島もないか、崩れていて危険かのどちらかだった。1820年代、パリー、フランクリン、そしてロスが、氷の筏《いかだ》、煌《きら》めく小艦隊が脅やかしながら傍を漂流していくこの痛切な孤独を初期の航海者がどう感じていたかを、身をもって伝えてくれたことになる[162]。

こうした海岸現象への入れこみのひとつが浅瀬（shoals）や礁《しょう》（reefs）の探険促進というものである。島や大陸の縁部にあって波に沈むか沈まないかという障害物はついには大堡礁、グレート・バリア・リーフになる。西パプアとクィーンズランドを連ねる大陸棚で1,000マイル以上に渉《わた》ってできた平瀬《フラット》から成るが、大体は干潮で乾くか、少し波に洗われるというほどの別々の州《す》（cays）無数からできている。その区々《ひとつひとつ》が石灰質の有機堆積塊《デトリタス》（detritus）と、珊瑚、軟体動物、珊瑚藻、棘皮《きょくひ》類、甲殻類、そしてコケムシといった無数の海生有機体の組織で構成されている。グレート・バリア・リーフは南西太平洋に生じたそうした地域のひとつというに過ぎない。オーストラリアの海岸を周航したマシュー・フリンダーズは、こうした浅堆もしくは堆《たい》（banks）とその形成を詳しく報告した最初期の科学的探険家の一人である。それらが相異なる発展段階にあると見た目は仲々に鋭い。「……中にはこれ［ハーフウェー島］のように島にはなっているものの、なお棲むのは無理なものもあるし、高水位線よりは上ながら植生はなしというものもある。満潮のたびに水没というものもある。海洋底で珊瑚形成をする微小生物が死ぬと、その構造が互いに繋がり……ついに岩塊が形成されるのである」、と。アーデルベルト・フォン・シャミッソーといえば、影を悪魔に売った男の悲劇を書いた幻妖譚の詩人としてばかり有名だが、コッツェブーの発見航海（1815－18）に参加した植物学者でもある。彼もこの陸《くが》と大洋《わた》を繋ぐ同じ現象を目にしており、（ラドロネ群島北部の手強い火山島の）アサンプション島の風下部分に「輝いて、白色むきだし、波の上に出た相当広大な無数の砂堆《さたい》」を見たと記している。海と言える場所にしっかり平地を確認する勘の良さが、「巨人の畷《なわて》」を記録した文と絵［図19］にも見られる。「アイルランドはアントリム海岸に、一種岬を形成する玄武岩柱の巨大塊があって、海へと広がっていく最先端部分では波頭が白く泡を噛んでいるの

図101　Heinrich Lichtenstein, *View of a Group of the Karree Mountains*, from *Reisen im Südlichen Afrika*, 1811, II, pl. p. 338. Engraving. Photo courtesy British Museum, London.

図102　Maria Graham, *From the Foot of the Cuesta de Prado,* from *Journal of a Residence in Chile,* 1824, pl. p. 196. Aquatint by Edward Finden. Photo courtesy British Library.

である」、と書かれている[163]。

ツンドラ（tundra）、ステップ（steppe）、サヴァンナ（savannah）、フェルト（veldt 南アフリカの草原）、マキー（maquis 低木地帯）、氷冠（ice cap）など、いや、眺望（prospect）までも含むテーマが順列組合せになったあらゆる形態への旅人たちの入れこみは、「デザート（desert）」、「デセール（*désert*）」探険に行きつく。荒原とでも訳すか。避難する所がない、雨露をしのげる場所がないというのなら、完全にむきだしの荒れはてた環境は大なり小なりそうである。生きるのを楽にしてくれるものがない、人間には無論のこと、あらゆる有機生命にきついということでは、何といっても孤絶した荒地（wasteland）であろう。どこをつついても同じ、そして横にずっと広がり続けるということがあらゆる平たい土地の前提条件とするなら、それを極端にしたものが即ち水平性の極限表現たるデザートというものに他ならない[164]。

これらデザートは砂漠と訳されることもあるが、何も灼熱に焦がされるものとは限らない。ニュー・カレドニアでクックは「荒地（wastes）」と「均一な広がり（uniformities）」を同じ扱いでいく。「ここでは何をどうしても我々は当地を絶域（a solitude）と考えるの他はない。……集落のひとつなく……大部分は不毛《バレン》にして荒蕪《デザート》だ」、と。セイロンのコーディナーも ― これまた、そういうことを言いそうにない印象の人物だが ― ペナクラッチ近傍の「人手入らぬ荒野」を「魅力的」と感じている。同じ場所を訪れたジョン・デイヴィーの如きは「魅力溢るる荒原《チャーミング・デザーツ》」と、形容矛盾の讃辞を呈する。もっと重い言葉だと、フンボルトが砦そっ

図103　J. C. Ross, *Part of the South Polar Barrier ... 2 February, 1841*, from *Voyages*, 1847, I, pl. p. 17. Lithograph by J. Murray. Photo courtesy National Maritime Museum.

くりのアンデス山容を「荒蕪《デザート》な絶域（desert solitude）」と呼んでいるし、イースター島は、少くともロッヘフェーン、クック、ラ・ペルーズ以来、「鉄に囲まれた海岸」と旱魃《かんばつ》にやられた地表面が特徴だとされた[165]。

「デザート」「デセール」という名称は、元々は新旧両聖書の語法に発するのだが、ごく近くは庭園とも縁を結んでいたのである。未耕の地というルソーの理想が牧歌文学伝統の田園的イメジャリーを形づくった。アディソンが『スペクテイター』誌（412 号）で「デザート」の多数ある意味を一覧している。「魁偉《おおいさ》（greatness）の語で私が意味させようとするのは何かひとつの対象の容量のみではなく、全体をもってひとつと看做《みな》された一全景の大きさである。たとえば開豁なる平地の展《ひろ》ごり、山岳の巨大堆積の広大なる未耕の荒蕪地《デザート》、聳立せる巖磐と絶壁……」、と[166]。天然荒地の模倣がフランスのピクチャレスク庭園、就中《なかんずく》ジョルジュ＝ルイ・ル・ルージュの作庭法の中に入りこんでいった。クレルモン伯爵お抱えの地理学者だったル・ルージュは加うるに、いわゆる「英国支那庭園（*jardin anglois chinois*）をめぐる浩瀚な覚え書き帖の書き手でもあった（1774−89）。二項対立をパラドックスに仕立てるマニエリスムの綺想《コンチエッティ》に着想して、ル・ルージュは「自然」の効果を劇場風に、あるいは驚異として組み立て、「甘美の苑《その》」から「戦慄の荒地《デセール》」に客を突然放りこむのが肝《きも》と言い放つのである。戦慄のデセールという言い方で、見る者を不毛の景、天然の景色に対峙させねばならないなどと、ル・ルージュは言っているわけではない。そういう区域が「侘《わ》び地（forlorn）」とされるのは先ず、緑もなく、棲む人間もいないからだし、第二にがらくた《デブリ》が散乱し、焼け果てた家、廃墟と化した家、枯れた木、怪物が一杯の洞窟、そして「ヴェスヴィオそっくり《イリュージョン》山」などがあちこちしているからである。

ジャン＝バンジャマン・ド・ラボルドはエルムノンヴィルの「デセール」の説明の中で、抱えたさまざまな新奇な事物を独特周到に併置させている「宏大の」場所と定義している。いろいろな高さのエニシダ、スギ、ビャクシン、モミの古木が乾燥した土地に不規則に並び、大きな奇岩あり、そして涓流《けんりゅう》ありだ（泥土や砂岩を底にしてゆっくり流れるものもあれば、動かず淀んで、農耕なき世界の仮想現実を気取るか、沼や湖になったものもある）。「人々は慄然歩み、勝手に振る舞う自然の無秩序に言《もの》もなく思いを致す」、とラボルドは書いている[167]。想像通り、ここを飾れそうなものといえば、やはりルソーの小屋くらいしかあるまい。

図104　William Hodges, *Monuments in Easter Island*, from James Cook, *Voyage towards the South Pole*, I, 1777, pl. 49. Engraved by William Woollett. Photo courtesy Newberry Library.

こういう奇態な混淆三昧に徴して、ピクチャレスク美学での「デセール」がただ単に、農耕や意識的経営がないというだけの意味だとわかる。こうした虚構の奇矯庭園（*folie*）を駁《ばく》するには、ギリシアの地理学者ストラボンの『ゲオグラフィア』を引いてくるしかない。とにかく未耕の地なら何でもデゼールと呼びかねない作庭家たちの感覚とはまるで無縁に、ストラボンの念頭にあるのはたしかにひとつ、灼熱の荒野なのである。リビアは人気《ひとけ》なき場所、荒原が斑《まだら》になっていて、まるで豹の皮の模様みたいだ。その奥地は「シデムシの類を産む」が、大部分が「岩と砂の荒原」にて、「生きていけるだけの糧《かて》は無きに等しい」。ストラボンは似たような表現を使って、カルタゴから「ヘラクレスの柱」までの地域を描写し（「野の獣に満ち」）、アラビア、エティオピアを描写している（「水なく、ほんのあちこち棲めるくらい」）[168]。

現実に存するデセールというものに近代において執したのがコルネリウス・ル・ブロインで、ここでも往昔《むかし》の人間の実物志向をこの人物はよく代表している。キャラヴァンを組織してペルシア横断をしたル・ブロインは、かつては美しい平原であった様子なのに今では「太陽の炎熱と旱魃に干上ってしまった」場所に到達した。「苦い味の丈高い草」、「砂利ほど固い」砂くらいしか、ない。大きな影響力を持つフランス人述作家マイエは、その独特な宇宙発生論《コスモゴニー》の一部ということで、シリアとエジプトのデザートの強力イメージを追い続けた。その『テリアメッド』は、現在の地球がその有機体生命もろもろと共にうみ出されてきた自然のプロセスの輪郭を描こうとしている。厳密な科学文書としては多々疑問はあるが、旅人が読む分には近東地誌の結晶晶出とでも言わるべき特徴を巧く説明してくれる『テリアメッド』ではあった。マイエはこうした地域は、原始の大海が蒸発して、後に塩の沈澱塊のみ残してできたのだ、と説く[169]。

こういう思いに沈んだアイルズ・アーウィン、むきだしの「テーバイの荒原《デザーツ》」の央《もなか》で、「再

図 105
J.-B. de Laborde, *View of the Desert at Ermenonville*, from *Description de la France*, 1789, V, pl. 25. Engraving by Fessard l'aîné after a drawing by Tavernier. Photo courtesy Cabinet des Estampes, Bibliothèque Nationale.

び渾沌《カオス》来たれり」と叫んだ。ナイル水源探索のジェイムズ・ブルースは「大デザートの茫漠の広がり」を改めて礼讃する。人の手の入らぬ塩の柱、動き止まぬ流沙など、「世界最高の見物《みもの》」で一杯だ、と。自作献呈の辞中に、我れと我が仕事を顧てブルースの記す文章は、仲々読ませる。

> アラビアの片側を通り、エジプトからこの地に入ったのだ。毒ある風吹き、ぎらぎら照りつけぬことない太陽の鬱にして荒蕪の荒原《デザーツ》を通過したのだが、それらの名が地図の上で知られていないのはまるでノア大洪水以前の世界も同じである。この探険行 6 年の間に、その最長軸が緯度で 20 と 2 度にも及ぶ大円の中の仔細を記したのだが、この恐怖の円の内部には、心を慄然とさせるもの、健康に害となるもの、そも人の命をさえ奪うものの悉くが集まっていた。

これほど弁は達者ではないが、マンゴ・パークもセネガル侯国の、未耕のひび割れた地の記録を残している[170]。

エジプトにはふたつの顔がある。太陽と同じ頃合にシリウスが出てくるようになると、熱帯の雨季が始まり、ナイルが膨れあがって堤が決壊する。この年毎の洪水がないと、全土が「永遠に続くと思える旱魃でひび割れ」してしまう。ナポレオンと共にアスワンまで騎行したヴィヴァン=ドゥノンは、陽動ということでムーラド=ベイと交戦する命《めい》を受けた分遣小隊と一緒だった。スエーネを立って忘れられぬ 24 日の間、フランス人画家はこうした原野にあって、「探険の足をファイレの上のヌビアにまで進」めた。ナポレオンのエジプト遠征にヴィヴァン=ドゥノンの努力が重なって（彼は遠征の所産たる記念碑的な科学的報告の文章の方の編集を担当し、一団のアーティストたちの監督をつとめた）、エジプトの広大な荒地地域の細密な描写は、はっきり言ってフランスの鴻業《いさおし》と言ってよいのである。漠々と広がる荒野 ── 幅はぎりぎ

図106　Mungo Park, *A View of a Bridge over the Ba-Fing or Black River*, from *Travels in Africa*, 1799, I, pl. p. 338. Engraving by W. C. Wilson. Photo courtesy British Library.

り圧縮されながら横には長々展《ひろ》がるフォーマットに初めて存分に描きとられた──の特徴が、ヴィヴァン=ドゥノンの絵入り旅行記を見るとよくわかってくる。テーバイは破壊された聖所であり、その廃墟化した花崗岩出来の住人たちは「遺棄され」、「孤独」で、「征服者たる荒原《デザート》の下に沈んでいく」のである。喉の喝きに苦しみつつ小隊が横切って行くのは「花崗岩という始原の構成物質からだけでできた砂」の上である。ナイルがうねうねと蛇行するデザートの広闊は、高い台地に立った時、初めて見えてきた。ヴィヴァン=ドゥノンはこの土地の多様な様相にも触れている。崩れていく原始の岩塊の破片が足に痛い、灼《や》かれて固くなった地表もあれば、ガゼルの華奢な脚の残した足跡をとどめ、風が立てた細かな風紋をとどめるやわらかで弾力ある所もある、と[171]。

オスマン帝国が、就中《なかんずく》「石のアラビア（*Aravia Petrea*）」と聖地《ホーリーランド》が、実は聖書にあるような緑濃い山、豊かな谷とはおよそ真反対の世界であることが、旅人たちのお蔭で一般人にも手にとるようにわかったのであった。いま一人のフランス人探険家G・A・オリヴィエがバビロニアの荒野のイメージにもうひとつ別の次元を加える。仮借なき荒地ではなく、微妙でささやかな生命の萌えがあるというのである。オリヴィエはエジプト滞留中にこの天啓を得た。この過酷の地をずっと広く歩いてみれば、仲々観察がしにくそうな植生を発見できる、とオリヴィエは言った。塵を被った白い小さな植物が、厳しい土と混り合い、土に服して生きている。これら脆いが意力ある生存者たちを目視したオリヴィエの認識は一遍に広がって、地球上で人棲めぬ広大な地域（アフリカ、アジア、エジプトのデザート）への一般の俗信、通念が誇張であり、誤りであると悟る。なにしろ完全に剝きだしで、あるのは熱砂の海ばかり、動植の生きていけるはずもない、と人々は思いこんでいた。どっこい、砂漠は生きている。永久に不毛というそうした荒原観を打破したのは、植物をその目で直《じ》かに見、さまざまな昆虫、爬虫類、鳥たちの姿を目にとめたこれら旅人たちだったのである[172]。

近東のイメージはこうしてオリヴィエが少しはまともにしたわけだが、北アフリカの方はなお旧態依然であった。サハラはなお荒原《デザート》界のヒマラヤのままであった。大体が「サハラ」というアラビア語自体がデザートの意味である。『マロッコ帝国紀行』のジェイムズ・ジャクソンは、時々オアシスという例外があるにはあるが、北アフリカの大荒原を通して、「石のある場所で蛇蝎《だかつ》が喜んでいるくらい」だと記している。さらさらして何時《いつ》でも崩れる巨大な砂山が「時々には風でくさぐさ形を変え」、そうして「何マイルも海にいたるまで、空気中には砂の分子が一杯になる余り、靄《もや》か霞《かすみ》かという天候に見えてしまうほどだ」、と。ビュート（butte）と

図 107　D. Vivant-Denon, *Desert Scenes*, from *Voyage dans la Haute et la Basse Egypte*, 1801, II, pl. 73. Engraving by J. Garreau. Photo courtesy British Library.

いうか、間断なく場所を変える小山だらけで、一息つけるオアシスがわずかに散在するだけというこういうサハラ観は、かつてソーニエの『アフリカの海岸《コート・ダフリーク》』が早々と示していたものである。『英国アフリカ協会紀要』は、果《はた》てなき不毛地が熱気で窒息もしかねない「荒涼たる砂の荒地」という説明文だらけで、これも大きな証言となってしまった。1788 年にフェズに向う途上のルーカス、1799 年にスーダン人隊商と旅をしたブラウン、同じ年、命賭けの旅をした

図108　D. Vivant-Denon, *Statues of Memnon*, from *Voyage dans la Haute et la Basse Egypte*, 1801, II, pl. 44. Engraving by L. Petit. Photo courtesy British Library.

レイデン、皆一様にその目的地は大文字で書く荒原の中の荒原、「ザ・グレート・デザート」、サハラであった。その誰もの描写にひとつ共通点があった。（それなりの例外はなくはないが）眼路《めじ》を遮る植生なく、大気現象さえない漠々たる展観、それである。旅人たちが仮借なく曝される過酷な平地、というところにピントが合わせられている[173]。

サハラというのは、バーバリという名の狭い地域と、ケープ・ヴェルデ南を紅海にまでいたるもう少し楽しみある地域の間に展《ひろ》がる帯状の土地である。この帯状地域をアフリカ人たちは「スーダン」と呼んでいる。面積はヨーロッパの半分ほどもあり、少しは人も棲む実に豊饒な島も幾つか含む。18世紀一杯、19世紀初めまで、フェズから大西洋にいたる西半分は南北に縦はキャラヴァンで約50日の旅程（約800マイル）とされ、横はその倍と算定されていた。『北アフリカ紀行』のライオン、そして（とりわけと言うべき）生彩ある『ティンブクトゥー報

図 109
Richard Pococke, *The Statue of Memnon*, from *Description of the East*, 1745–1747, I, pl. 37. Engraving. Photo courtesy Library of Congress.

告』のジャクソンが、メッカのキャラヴァンで3月初旬にフェズを立つと大体こうなるというところを書いている。最初の20日間、旅人たちは大海原じみた埃の平原にはまって出られない。テントを張ったなら、夜中にテントの天辺から土ぼこりを払い落としておかねば、朝には生き埋め必至である。いろいろと迫り来る危険をアラビア人シャビーニが淡々と簡単な口調で伝える（のをジャクソンが引用する）のだが、不吉の度を増していく。次の20日間でキャラヴァンはまったく水のない荒地にはいる。地を掘り返してさえ、文字通り水一滴見つからない。この界域の境界地帯をベドウィン族が徘徊している。ここでもなお、エッシューメという熱風中の熱風が東から西へ吹きわたる。さらに20日経て、疲憊し切った一隊が達する地域は、たまさか豊かな場所もあり、名ばかりのものとは言え野生のキンバイカの低木もあって、少しは目先の変る場所ではある[174]。

世界のデザートへの科学的探険は、なにも英国人、フランス人の専売特許ではない。ゲッティンゲン大学で博物学教授ヨーハン・フリードリッヒ・ブルーメンバッハに師事したフリードリッヒ・ホルネマンが1797年、アフリカ奥地指して出発する。先ずアラビア語修得を志すあたりが独自で、エジプトで修得に励む。ナポレオンがアレクサンドレイアに上陸した時、（いかにも彼という寛仁大度を学者にまで見せるその流儀で）ホルネマンを召喚し、旅券と路銀を世話し、キャラヴァンに加わってカイロから出発できるようにしてやった。1799年9月8日、ホルネマンはストラボン以来恐怖の対象であり続けてきたリビア砂漠《デザート》に入った。「そこを旅して行く砂の荒地の表面は、嵐の後で水が引いていった海岸もさながら」という見方は、マイエの理論への谺返《こだまがえ》しだ。（実力が上というわけではないにしろ、同じようにアラビア語に通じ、化学、天文学、鉱物学、医学の専門知識も持つ）ヨーハン・ルートヴィッヒ・ブルッ

図110　James Jackson, *West View of the City of Marocco with the Mountains of Atlas*, from *History of Marocco*, 1811 edition, Pl. p. 116. Engraving by J. C. Sadler. Photo courtesy British Library.

図111　G. F. Lyon, *A Slave Kaffle*, from *Travels in North Africa*, 1821, pl. p. 325. Lithograph by J. Lighton. Photo courtesy British Library.

クハルトが1809年、ホルネマンを先蹤《せんしょう》として動きだす。ブルックハルトの死でニジェール諸地方の探険は遅れた（後はリチャード・バートン卿とジョン・スピークの出を俟《ま》つわけだ）が、ともかく紅海にまでは抜けた。

ヌビア諸神殿の特異なイタリア人発掘者、ジョヴァンニ・バッティスタ・ベルツォーニ（1778－1823）も、いや増すデゼール文献に重要な１ページを加えている。シウートとタータの間の寂しい道にキャンプを張るベドウィンたちについて共感溢れる記録を残している。ベドウィンたちは周りのデザート中に一族の老人たちを置いていく。荒涼たる砂丘に埋もれ、これら漂遊の民《ノマド》たちはデザートが敵の奇襲から自分たちを守ってくれればと願っている。ベルツォーニのスケッチにその辺のところが描かれている[175]。

まとめてみる。1820年代には、人棲まぬ、あるいは人棲む所の周縁部にある荒野が事実第一の旅行記に、いや増しに頻繁に出てくるようになっている。ビーチー大尉が辛苦して不毛のグレート・シルティスを横断し、ライセットはオーストラリア奥地の「デザート」で悪戦苦闘した。『カルデア紀行』のロベール・ミニャンが言うには、ティグリス河畔を後に北行すれば、「道なき荒原《デセール》」の絶域 ── ディオドロス・シクルスの文章や旧約聖書『ヨエル書』を思いださせる ── が待つのみなのである[176]。

平原《プレーン》と荒原《デザート》が蜿々続く地平線で悪名高いものとすると、谷が ── 迫力では負けるが ── 見る者の意識に引っ掛ってくるのは、それが絶対的に平たいものの一貫性を断裂させるからである。沈下や窪みが地表を切り裂いて、地質学情報満載のうろや断面を創りだす。ここでも考古学の出版物が、後の天然の大口開けた亀裂の描写趣味に先鞭をつけた。ポコックが良い例である。その『東方詳記』(1743−45) には、「非常に狭い谷」が真直にテーバイの王家の墓に通じているという話が出てくる。同様に、1780年代に英国人がインドでした探険行では、ビハールその他の山に掘りこまれた石窟寺院の探険が好まれた。こうした驚異探索の旅をする軍人、画家、博物学者、測量技師たちは谷また谷を越えて行った[177]。

ウィリアム・ホッジズはドアーブはエタワにあって、ジュムナ河とガンジス河の間に大きな口を開けている深い峡谷を絵に描いた[図39]。そうした深淵は「雨が土壌の一番やわらかい部分を洗い流して、後に幅、深さとも尋常でない大きな裂け目を残すことでつくられる」。川の西岸地域も「同様にこういう渓谷が一杯」である。叔父・甥のふたりダニエルも谷の絵になる可能性に無感覚ではなかった。彼らの描く川の絵の多く ── たとえばコア・ムラー川の絵 ── で実際に主題になっているのは、一方が峻険で真直ぐそそり立つ岩山、もう一方が大きな平板の堆積になっている間に流れがある峡谷のつくる突然の裂け目、である[178]。

地誌の裂け目としての谷は他の際立った大地形象に比べて損をしていなくもない。旅人たちの目が、亀裂という本質的な部分より、その中に納まっているものの方に行きがちだからである。『舟行陸行』(1801) のジョージ・アンズレーがセント・ヘレナ島サンディ・ベイの「特異な」旅を褒めるのも、そこに「目を惹《ひ》く一物」、人工ならざるロトの柱がその「家族」に囲まれている奇観あるが故である[図13・14]。目でものを見るこうした法にももちろん例外はある。コルディエラス地域の一番荘厳かつ形も多彩な現象として間違いなくその大峡谷がある、と言うのはフンボルトである。そこに立ってそこから見る高台自体が2,500メートルから3,000メートルあるものだから、山頂がもの凄く遠くからでないと実は見えない山々とはちがって、そうした裂け目の方はこうして小さく見えるという非難を免れるのである。これら裂溝はアルプスやピレネーのお仲間をただの罅《ひび》割《わ》れに見せてしまうほどの幅と深さである。裂け目によっては、ヴェスヴィオとピュイ・ド・ドームの山をそっくり納めてその山頂が上にはみ出ることがないほどである。

同じような感覚をもって、同じように果《はた》てない圏域を旅したマルティン・ハインリッヒ・リヒテンシュタインは忠実なホッテントットたちを伴っただけで、南アフリカの地を断ち割る峡谷渓壑《けいがん》を踏査し歩いた。谷から谷へいくら歩いても人のいた気配はなかった、とその『南アフリカ紀行』で言っている[179]。内気な駝鳥を見かけるくらいで、野生馬はいるらしいのだが姿は見えないというこうした道なき道行くリヒテンシュタインが、大小問わず、単調きわまる地べたに罅《ひび》を入れてくれるものなら何でも話題にするというのも、よくわかる［図 101］。アレン・ガーディナーもズールー族の世界に見つかった涸れ谷《アロヨ》に同じような反応をしている。テーバイを隠す乾燥した山地の息抜きのつもりか、ベルツォーニまたベバン・エル・マルークの巨渓を見下し、エジプトの峡谷全体を見下した。目の利《き》くジョージ・ライオンはガール山脈の高みから、今自分が昇ってきたトリポリからの径《みち》が「草木なく、しかし美しくロマンティックな」峠をたらたら這《は》い進むのを眺めた[180]。

●個物纏綿

> 異様に大きくなることと、インド人たちが神樹と崇めることで知られるベンガル菩提樹、学名フィクス・インディカ……が聳立し、やがて枝を落とす、根付くで次々新しい茎を出し、ついにはアーチのような木蔭が広い土地を掩《おお》う。それ一本だけで、アーチ道が幾つもある森ひとつ、日の光の射さず小径が入り乱れる迷路にはなる。
>
> ―― キャプテン・チャールズ・ゴールド

聖書の熱い言葉、ストラボンの乾いた語法が荒地イメージに随分聖なる出発をさせた。セネカの甥で詩人のルカヌスが凝りあげた章句をもって、マッサリア近傍のケルトの杜《もり》の聖所がカエサル軍の襲撃を受け、ついには破壊されていく様を活写したが、その中からいまひとつ描写の祖型《プロトタイプ》がつくられていった。「其処に数多《あまた》／杳《くら》き泉の流れ、姿厳《いつく》しき神々おどろ／白き朽木《くちき》より斧の彫りたるものども」、と。鬱然として不気味な森の聖所《ネメトン》は、今まで見てきた多面の開豁空間とは、見るからに対蹠《たいせき》的なものであろう。ギリシアやローマの述作家はそうした儀礼の閉域にばかりか、それを掩《おお》う濃い深森の方にも興を感じた[181]。緑濃い野生の森は道なき荒野《デザート》同様、開墾され農耕された陸《くが》の田園世界と激しく対立する。見通しきかぬ混沌の森林は明快な都市型の生活パターンとも対立し合う。森は森であるそのことによって、町、平地、海岸、何にしろ開けたものと対立する。かくて劫初《いやさき》より、閉ざされた藪は ―― 洞窟、聖なる泉水と同様、逆に平地《フラットランド》とは対蹠的に ―― 物として聖なるもの《ヌミノーゼ》を「納めて」きたのである。この有機的な神の座の秘められた力はその錯雑たる深みより発する。表面的なところからではない。さらに、そのもっと近代的な美的評価も元はと言えば、ガリア人たちによる深にして玄なる「ドルイド」の密儀《カルト》に根を持っている[182]。

本章の主題 ―― 人手の入らぬ自然が創り出した天然の傑作 ―― は最後に人跡未踏の処女森に達する。不倒の木々の広大な展開、それがかつてブリテンやゲルマンを掩《おお》っていたことの記憶がフランス革命前夜に蘇ったについては、北欧神話への関心の深まりが与《あずか》って大いに力があった。『エッダ』やマクファーソンの『オシアン』に現われる力に満ちた始原の宇宙を批判的

図112　G. Belzoni, *Bedouins Camp*, from *Plates Illustrative of the Researches of ... in Egypt and Nubia*, 1820, pl. 25. Hand-colored lithograph by A. Aglio. Photo courtesy British Library.

図113　Richard Pococke, *The Sepulchres of the Kings of Thebes*, from *Description of the East*, 1745–1747, I, pl. 30. Etching. Photo courtesy Library of Congress.

に受け容れることと、あらゆる有機的実体に生命ありとする科学的信念が同じ時代に軌を一《いつ》にした。植物を単なる植生以上のものと扱うリンネやベルナルダン・ド・サン＝ピエールの主張で、青々と繁茂する森にひとつ威厳があらたに加えられる[183]。

地質学の方から言えば、原生林（forest primeval）第一の場所は北アメリカに指を屈する。アイザック・ウェルドの『紀行』は、ニューヨーク南岸に近付く者の目に先ず入るのは樹木先端が描きだす稜線だ、と書いている。接近するほどにそれらは一体に融けて、「徐々に海から立ち上る丈《たけ》高い森」となり、そしてやがては壮麗この上ない雄姿を現わすのであった。ウェル

図114
Thomas and William Daniell, *View in the Koah Mullah*, from *Oriental Scenery*, 1797, II, pl. 15. Color aquatint. Photo courtesy India Office Library.

図115　A. von Humboldt, *Volcano of Torullo*, from *Vues des Cordillères*, 1814, pl. 43. Color aquatint by Boguet. Photo courtesy British Library.

図116　G. Belzoni, *General View of the Scite of Thebes*, from *Six New Plates Illustrative of the Researches and Operations of ... in Egypt and Nubia*, 1822, pl. 1. Hand-colored lithograph by A. Aglio. Photo courtesy British Library.

ドはこれらの海岸に着いた思慮深いヨーロッパ人ならば誰しもの如く（たとえばアレグザンダー・マケンジーの如く）、アメリカ人の「どうしようもない樹木嫌悪」も嗅ぎ付けている。先ず「無慈悲な乱伐」をされている、それから地表が「完全にそれらに覆われて」いて、住民たちはどこを見ても木というのに飽き飽きしているようだ、というふたつの根拠からそう断じたのだった。ヴォルネ伯コンスタンタン=フランソワ・ド・シャスブーフはこの同時代人の言い分に同意した上で、もう少し広い展望を立てて話を進める。エジプト、アジア、そして地中海岸の草木なき地域を巡り歩いてきたこのフランス人旅行家にしてみれば、アメリカの特徴は何と言っても、海岸から海岸までほとんど国土を横断して伸び、奥地になればなるだけ稠密になりまさる巨大一枚岩《モノリス》のような深森叢樹である他ない。ところが、デラウェア、ペンシルヴァニア、メリーランド、ヴァージニア、ケンタッキー各州を見て歩くうち、乱伐と言うほかない大伐採の惨状を見て、第一印象は粉微塵と砕けた。旅程の間中、倒された木、腐っていく切り株で道の両側は一杯だった。ヨーロッパの都市の安楽椅子でぬくぬくと夢を見ていればすむ小説家たちが書いた孤独の魅惑などどこにもなく、あるのはただ沈黙と単調、そして無味と乾燥と。実際、ヴォルネ伯は、スペイン人ならサヴァンナ、北米人ならプレーリーと呼ぶ「広い荒原《デセール》」が「赤肌人《インディアン》」や開拓民の放つ野火によって出現中、と記している。1828年には、ヴォルネの沈黙の嘆き節が公然たる悲歌と化していた。ハドソン河沿いに歩いたジャック=ジェラール・ミルベールが追悼の哀歌を唱すのだ。「遍在せる神さびし森」のひとつ世紀も経ぬ間の仮借なき破壊が嘆かれた[184]。

もっとも、「錯綜不可侵」の森林は世界の僻遠の地方ではなお原始状態の姿で見られた。ゲオルク・フォルスターはそれらの堂々たる姿をカナダのクィーン・シャーロット湾やニュージーランドのダスキー湾に見た[185]。さらにクックが熱帯の緑の楽土観念成立に大貢献したというのも、タヒティ、ニュー・アイルランド、アムステルダム、デューク・オヴ・ヨーク諸島の叢林の描写をしたからだし、フランス人探険家クロゼは、人の手の入りこんだ形跡が何もないグアムの樹海にひたすら溺れた。途切れ知らずの有機結界が人の干渉を排除した。少くとも立ち入る邪魔をした。パラドックスじみた話だが、普通には雪と氷、あるいは太陽の灼熱と熱砂の荒地と目《もく》されていた地域に樹木は繁茂した。フランス海軍地理学者のオイエ・ド・グランプレはコンゴの深い森を讃えているし、シナイ半島を行くブルックハルトは常緑のギョリュウ族の低木で一杯で、たまさか駱駝が棘だらけの枝をむしゃむしゃやっているところに出遭う緑林に、まさしくゆくりなく出くわした[186]。

鬱蒼たる密林の体験に付きものの、この堅城には足を踏み入れられないのではないかという感じを最も鮮明に体現したもの、それが熱帯雨林で、人間にとっての異物、もしくははっきり敵というその感じは他の森林と比べものにならない。静態《スターシス》の敵というのか、植物エネルギーの神格化と最終勝利を大規模に肉化したものなのだ。他の何あろう、ブラジル原生林を絵にして普及ということなら、ドイツ人博物学者、画家、探険家のヨーハン・モーリッツ・ルゲンダスの名が先ず出てこざるをえない。1821年にリオに到着すると四年間、原住民とその世界についてデータを収集し、帰欧後（当時パリにいた）フンボルトと出会うと、フンボルトは『植物地理学（*Geographie der Pflanzen*）』（1807）の新版の挿絵描きにこの青年画家を参加

図117　John Webber, *A Morai in Atooi*, B.M. Add. MS 23, 921, 1778, fol. 73. Engraving by Lerpernere. Photo courtesy British Library.

図118　John Webber, *A View in Otaheite* (*1777*), from *Sketchbook*, B.M. Add. MS 15, 513, fol. 13. Watercolor. Photo courtesy British Library.

図 119　J. B. Fraser, *Gungotree, The Holy Shrine of Mahadeo*, from *Views in the Himala Mountains*, 1820, pl. 11. Color aquatint by R. Havell and Son. Photo courtesy India Office Library.

図 120　A. Cappell Brooke, *Scene in the Forests of Russian Lapland*, from *Winter Sketches in Lapland*, 1827, pl. 22. Hand-colored lithograph by J. D. Harding. Photo courtesy British Library.

させようと考えた。ルゲンダスがブラジルの密林で描いていたドローイングがこの大労作の一部になるはずだった。フンボルト書の改訂版は結局日の光《め》を見なかったが、ルゲンダスの第1回目の旅の成果 ── エンゲルマンが石板に彫った版画 100 点 ── は『ブラジル・ピトレスク旅（*Voyage pittoresque dans Brésil*）』（1835）として板行された。原住民習俗を描くだけではなく、ルゲンダスは豊かな熱帯の風景を描く腕の冴えをも示した。ルゲンダスの跡を襲ったの

図 121　François Le Vaillant, *Camp at Pampoen-kraal*, from *Voyage de ... dans l'intérieur de l'Afrique*, 1790, I, pl. p. 166. Engraving. Photo courtesy British Library.

は、ヴェネズエラ行きのフェルディナント・ベレルマンと、ルゲンダスと同じブラジルの地を踏んだエドゥアルト・ヒルデブラントである。アレグザンダー・コールドクラフは緑のマングローヴ、屹立する棕櫚の近寄り難い叢林の、木のようになるシダ、長角果《シリーク》をつける植物、そして倒木でできる「杳《くら》い荒地」に魅了されてしまう。その『南米紀行』（1825）の中に、結局はフンボルトの呼びかけに自分も応じたのだ、と書いた。慰安は一切ないし、高温多湿は辛いが、いかにヨーロッパ人向きでなかったにしろ、熱帯風景にはそれ以上の蠱惑《こわく》があった[187]。

緑が温気に潤うブラジルの密林からシャムやインドの杳く湿ったジャングルまではほんの一歩だ。ドイツ人探険家エンゲルベルト・ケンプファーは、繁茂するシダ、茂みになったイトスギ数種、そしてジャワやラオス徘徊の人間に足止めをくわせる洪水地帯の絵を描く。ビルマ帝国やセイロンは、もっと温和な気候しか知らない英国人の眼前に、「勢いある巨木」の海を見せ、めいっぱい睡蓮を浮かべる川を見せ、永遠に沛然《はいぜん》たる雨で繁りに繁る草木を見せつける。ラングーンの住人は錨地から市街を眺め、踏み入り難い密林から無数の寺院の黄金の尖塔が出しぬけに屹立するのを見るが、仏教巡礼はそこに聖なるモニュメントをさがさねばならないという風情である。ジャワは、ムンミプール、アサム、アラカン山脈の「広大な荒地」に囲繞され、「象だらけ」だ。象、ジャッカル、鹿、カモシカの群が、葉叢も暗い洪水地帯に棲息している。ウィリアム・ホッジズはベンガルの密林の渡し舸《ぶね》での月明の夜景を、あるいはその昼間版の明暗対比も鮮烈なアクワティントを『精選インド景観』（1786）のために描いている。「何やらん天然の大揺れで上に押し上げられたものと観ぜらるる山の上にいると、これらの山が大きなひとつの岩塊かのように見え、そこから生《お》い立つ木々があって、何とも異様の奇観である」。トマス・ウィリアムソンは1807年の生彩ある『東洋の野外猟獣』(「入市税関吏《ドワニエ》」ルソー［アンリ・ルソー］の素朴派密林の絵に影響を与えたのは確実)で、同じ界隈での虎狩りの景を描いている。同様に、ロバート・エリオットは同地域がガンジスの泥水で肥沃になると書いている[188]。「虎その他の獣が棲む」インドの常夏の叢林や藪が事実第一の旅行記の示導主題《ライトモティーフ》となる。コルブルックはラムゲリーでそれらに出くわし、ジョンソンはサルセッタ島中心部の「猛虎出る場所」でびくびくする[189]。

密林の温気も仲々のものだが、温気ということでは文字通りの湿地(swamp)にかなわない。『ボルネオ紀行』(1718)のダニエル・ビークマンは、ジャワ北方、スマトラ東方のオランウータンの地が「泥の巨大湿原」で一杯だと記している。チリ海岸を少し離れたジョン・バイロンはその地域の「異様な」様相のことをいろいろと記す。同地の土地柄としては何と言っても「深い湿地」で、そこでは木々は生《は》える、というより浮いていると言うべきだ、と[190]。北へ行くと、そのうら寂しい兄弟分が「モラース(morass)」と呼ばれる沼地である。ジョゼフ・バンクスはニュー・ファンドランド、ラブラドル探険日誌(1766)の中で、クロークという小さな町が、「蚊や虻を猛烈に」発生させる沼地に囲まれて、熱く鬱陶しい場所だと書いている。アダム・ニールはモルダヴィア地域の特異なところを思い出しているが、カシの森の残骸が沼沢地と交錯している景色がそれだ。こうした観察からは、耕作が始まる以前のメクレンブルクやフランスのヴァンデ県界隈がどういうふうだったかも推察がつく。ゲオルク・フォルスターの『全自

図122　A. von Humboldt, *Air Volcanoes of Turbaco*, from *Vues des Cordillères*, 1814, pl. 41. Color aquatint by Boguet. Photo courtesy British Library.

然展観』は、朽ち果てた木で一杯で、花咲き匂う植物の代りに、地衣や苔の類ばかりという地域の観察記録も含む。溜り水とヘドロで水は飲めなくなり、空中には異臭がこもる。沼地は毒虫や悪臭放つ植物で一杯になる。この文章を綴るフォルスターは、マングローヴで掩われていたカレドニアの海岸とソシエテ諸島の汚臭紛々の干潟を探険した時のことを思いだしていたのにちがいない。アイザック・ウェルドは、ヴァージニア州からノース・カロライナ州にかけて15万エーカーを占めるディズマル大湿地帯《スウオンプ》を避けなかった。この巨大なイトスギやビャクシンの古木で一杯の地域はとにかく低木の茂みが凄くて、ほとんどがまるで「立ち入り不可」で、奥地には噂によると野牛、熊、狼、鹿から「野人」まで棲んでいることになっていた。葦、つた、あらゆる種類の蔓《つる》とシダ、茨に多種多様の蘚苔《こけ》がまるで罠を張り、そこに恐ろしい蛇、蟇《ひき》、そして鰐までひそむこの「徒渉不能の迷宮」に、(相手が湖沼だけに)同様「故障だらけの(miryな)」突入を企てたのがミルベールである[191]。湿地の盲目的、本能的生は密林や処女林のそれに輪がかかっていて、文明の洗練からまるで隔絶していた。

もう少し精妙だが関連した世界としては水中の植生の世界があり、これは陸上にいる人間、流れに入った人間がその目で見られた。

ポコックは紅海で二度泳いで、「珊瑚もしくはイシサンゴの上で」のんびり浮いていた。アベ・ラ・プリュッシュはその『自然のスペクタクル』の読者に、大洋底は「我々の知る植物とはまるで異なる植生に覆われ」ており、「その森、その平原を持ち、その水域に棲むものたちは必要な滋養をそこで摂《と》り、安息の場所をそこに見出す」と教える。澄明きわまるインド洋をのぞきこむル・ジャンティは水面《みのも》に影落とす代りに水裡に浸る森のテーマを雅びにも蘇らせて、こんなふうに言っている。「海が静かで天気上々の時［にする］次のような娯しみ以上のものはない。くさぐさの珊瑚の森の央《もなか》を行くと、それらの枝が水面に白泡立てる。個虫《ポリプ》がその棲いを離れるところを時には目にすることもできる。……極彩鮮美の魚《いろくず》や、海キノコやに出遭うだろう。加うるに、砂はさまざまな種類のウニの絨毯のようだ」、と[192]。

水生植物に限って特殊個体が関心の対象になってきたところで思いだされることがある。まさしく木を見て森を見ずの逆で我々も森のことばかり見てきたわけだが、木一本一々がその一本のたたずまいということで、一個の個として見られる時もあったのである。ロージエ・ド・ピールが示していることだが、伝統的には風景画の装飾のひとつだったところ、18世紀後半、このジャンルは、事実第一の旅行記に分類された無数の異国種を入れて一挙拡大したのである。自然を識別の至微玄妙をもって観察することに長《た》けた東洋文化はかなり早い時期から、気に入りの植物をはっきり際立《きわだ》たせてきた。日本の俳聖は、中国起源の異国種植物の和名を俳号とした。芭蕉である。本州僻遠の地を巡る俳句旅 ── 困難かつ危険多い旅だった ── の間、彼の綴った紀行では植物が重要な役目を果たす。武隈の松を崇めるあたり深い神秘思想が底流している。太古以来、地より出てふたつの幹に分かれるというのである。日本一の美景とされる松島は、ぴんと空を指す指のように丈高いもの、波間にぺたりと平伏したものなど、無数の島でできた名所であるが、視覚的には興は海の潮風に吹かれ、独特に雅びな形に曲った緑濃い松の風情にこそある。

極東への旅人は地元の植生《フローラ》の重厚と優美とを結構とりあげている。マカートニー卿は、神さびた廃墟という感じのするチュー・サンの島の矮性の古木について随分紙幅を割いている[193]。しかし熱帯樹で一番頻繁に引き合いに出されているものと言えば、何と言ってもバンヤンジュ（the Banyan）、即ちベンガルボダイジュであろう。古代から知られ、プリニウスにも出てくる。アレクサンドロス大王の気に入りで、それに力を借りて、ミルトンはこれを神苑に植えた。このヒンドゥーの聖木の存在を近代人に改めて知らしめたのはコルネリウス・ル・ブロインである。「恵まれたるアラビア（Arabia Felix）」南岸、イスパハンからさほど遠からぬ地点でル・ブロインは胴まわり52掌尺《スパン》［1スパンは約9インチ］という「驚くべき巨木」を目にした。「ドラグトウ（Dragtoe）」の名でも知られ、近東を通じて聖樹神木であった。聳える高さ、複雑な樹容を、ウィリアム・ホッジズが巧く描いている。キャプテン・ゴールドの『東洋線描』（1806）やチャールズ・ドイリー卿の『拾遺雑記』（1823—25）によると、この木は異様な大木ぶりで有名であり、その錯綜する枝の下でヨーガ行者たちは禁欲の苦行をするのである。マリア・グレアムのインド滞在日誌（1812）に記されていることだが、主幹から文字通り蛸足の如く枝や巻きひげを出して地上に垂らし、広い面積を掩《おお》うこの巨木の下、聖なるものに心動かされたというのである。後にブラジル行きとなった時、マリア・グレアムはアレクザンダー・フォン・フンボルトが讃えたテネリフェの不思議のひとつを急ぎ調べてみようとしたのだが、残念、「ドラゴンの木」は1819年には早、「高貴なる廃墟」と化していた。

複雑さということでバンヤンジュに匹敵するのは、絡まり合う根があらゆる方向に伸び、「入江や干潟の終りない迷路」の泥に塗《まみ》れるマングローヴぐらいのものである[194]。マリア・グレアム言うところのこの「神さびた植物」に見合うもう少し堂々の競争相手ということならレバノンシーダーがあるが、きちっと一枚岩《モノリス》じみた恰好は迷宮の複雑さを持つバンヤンジュと比較

図123　Captain J. Kershaw, *View from Pagoda, Rangoon, Burma,* from *Description of a Series of Views in the Burman Empire,* 1831? Color aquatint by William Daniell. Photo courtesy National Maritime Museum.

図124　Samuel Daniell, *View between Galle and Mattura*, from *Ceylon*, 1808, pl. 4. Color aquatint. Photo courtesy India Office Library.

図125　William Hodges, *A View in the Jungle Ferry*, from *Views in India*, 1786, pl. 2. Color aquatint. Photo courtesy India Office Library.

の仕様がないだろう。レバノンシーダーを見たポコックは「枝を張った特大のカシ」に似ていると言う。しかしシーダーは落葉樹とはちがい、フィンランドの丈高いモミ、カリフォルニアのアメリカスギ同様、永遠不滅の感じを漂わせ、忘れがたい香りを放つ[195]。

さて、北米の湖からインド、中国の川、そして大洋と、大きな水塊についてはまだ何も言っ

図 126　Cornelius Le Bruyn, *Banyan Tree*, from *Travels to Muscovy, Persia* ..., 1737, II, pl. 233. Engraving. Photo courtesy Library of Congress.

ていなかった。それらの相貌は普通、何かの運動によって決定づけられていたから、本章で論じてきたような現象のありようを支配する、活力はあるにしても永続性を保つ物質の顔を示しはしなかった。しかし時には、流動を第一の特徴としていそうなそうしたものにおいてさえ、静止こそが要諦《かなめ》と観じられることがあった。たとえばアイザック・ウェルドだが、エリー湖とヒューロン湖を論じながら、寄せては返す波だけでなく、一全体としての湖面、水塊の巨大さにも論じ及ぶ。ジョージ・ヘリオットも地誌好き旅行家だった人物だが、ケベックとオンタリオのあらかたを巡ってから、1816 年帰英している。彼が北米風景を描いた水彩画は、1787 年、早々とロンドンで展覧に供されている。その『カナダ紀行』(1807) は、カナダの湖や川は「広大壮麗のもので、驚異と満足の念を起こさせるようにできている」と書いている。特にそれらの「容量の大いさ」がナチュラリストの辛苦の研究に嬉しく報うのは、セント・ローレンス川の「途方もない流量」と同断である、と。

静かな水面をのぞきこむことは、北米の大湖沼地帯でジョナサン・カーヴァーが始めた。カーヴァーはエリー湖の「厖大な面積」に及ぶ表面ばかりか、その大いなる深さにも目を向けた。ラ・ロシュフーコー＝リャンクールは 1790 年代の合衆国旅行の時、この湖を眼路《めじ》限りなき海と称している。ウーエルは火山群島リパリの噴火孔がたたえた水をのぞきこんで同じような経験をしたことを記している。大口あいたカルデラも見物《みもの》なのに、もっぱら水の「広大な領域」にばかり目が向いた、と[196]。

澄みきった静かな水塊はランドマンの『ポルトガル見聞録』(1818) の主題でもある。ポルトガル南端アルガルヴェの古都シルヴェスに向う彼は、波立たぬ「広大な水鏡」の上を滑って行った。スイスの湖はアメリカの湖の何もない岸辺とちがって、大体は村落があるから、どうしても水の深み、水の澄明から注意が逸《そ》らされてしまわざるをえない。特異な例外はヴァルトシュテッテン湖で、大変壮麗で魂を揺すぶらないでは措《お》かない[197]。大体同じようなことがコンゴ河の「大なる深み」にも、ガンジス川やスルスウテー川の水の「大平原」にも言えた。南米ではアンデスの真のライヴァルは、パラナ川、パラグアイ川、ウルグアイ川その他この他の支流が合流を重ねてできたラ・プラタ川の広大な流域であろう。それらは合流して、「川幅といい壮大さといい、地球の他の領域でこれと競いうるもののない巨大な真水の水塊」とはなる。コロンビアの「驚異のひとつ」で、フンボルトもよく引き合いに出すマグダレーナ川にしても、流れる潜在（*in potentia*）のエネルギー一杯のこの隙間なき水塊に比疇すべくもない。川幅も深さも十分ながら、すぐ割れ目に当って、その間を流れていかざるを得ないボゴタ川にしても然りであった。

ロシアでは、水がどんどん加わって大河になっていくイメージが強烈なのはドン川である。小タタールを横断して長い間ゆっくりと東流してから「川幅を広げてヴォルガに」合流する[198]。けだし世界の大河を描写する言葉は概して動のイメージに沿うのであるが、湖沼の場合と同じく、時に静の感覚が浮上することもある。ブラウンはそういう静穏のナイルを目にした。アシュート指して、年毎の洪水直後の滔々たる水量に運ばれて行きながら、ブラウンは「まったく静かで漣《さざなみ》も立てない」巨大水塊に驚嘆している。ヴィヴァン=ドゥノンはナイル川がいよいよエジプトに入るところを観察しながら、それが花崗岩の尖り岩の間にはいると洪水がゆっくり広がっていくのを目にする。水源に立っていようが、ブルックハルト、リー、スメ

図 127　Sir Charles D'Oyly, *Sculptures under a Great Pipal Tree*, from *Sketchbook*, 1823–1825, fol. 72. Lithograph. Photo courtesy India Office Library.

ルト、ベルツォーニと一緒に第二瀑布直前にいようが、ヴィヴァン=ドゥノンはそれが時間と関係なく一様というか、同じ体《てい》のもの、と感じる。「激流のニジェール川」ですら、英国アフリカ協会にルーカスの送った報告によると、カシュナ市南方100マイルのその出口辺の川幅の広さのせいで、切れ目なく調和ある持続を感じさせる[199]。かくて、始点、終点が19世紀も大分たつ頃までずっと謎のままだったこれらすべての川に人知寄せつけぬ雰囲気があり、たまさか波立ち滝落ちても、何変化もない。

海という主題は英仏では1760年から1800年にかけてが一番人口に膾炙《かいしゃ》したのだが、火をつけたのがブーガンヴィルとクックの航海であったのは言うまでもない。世界の大海は河川同様、「巨大な広がり（immense expanse）」として観ぜられる限りにおいて本章の対象となる。クックは太平洋をこういう観点で語ることが時々ある。クロゼはそれを、我れら棲む惑星全

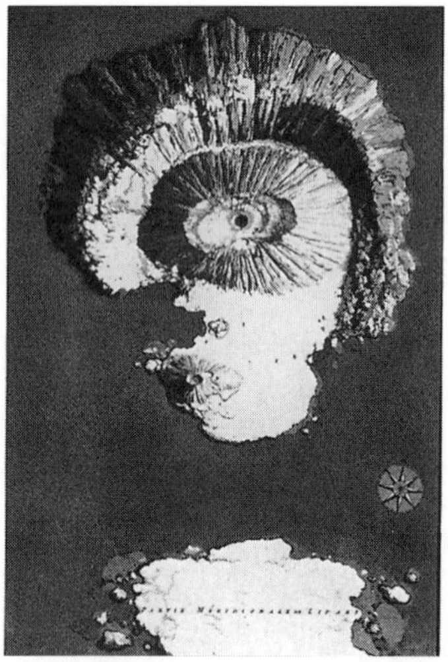

図128　J. Houel, *Plan of the Island of the Volcano* (Lipari Islands), from *Voyage pittoresque des isles de Sicile, de Malte et de Lipari*, 1782, I, pl. 63. Aquatint. Photo courtesy British Library.

図129　G. Landman, *Silves, The Ancient Capital of Algarve*, from *Historical ... Observations on Portugal*, 1818, II, pl. 124. Color aquatint by J. C. Stadler. Photo courtesy British Library.

図130　R. M. Grindlay, *The Mountains of Abon in Guzerat, with the Source of the River Suruswutee*, from *Scenery ... Chiefly on the Western Side of India*, 1826, I, pl. 6. Drawing by William Westall, color aquatint by T. Fielding. Photo courtesy India Office Library.

体をその東の水平線に繋ぎ止める「巨大な空間」と呼んだ。ルイスとクラークはコロンビア川の「荒ぶる景色」の憤怒相をよく知る一方で、この川がその果てなき水塊を「広げ」、伸ばそうとしている、と言っている。動かざる広がりの印象ということなら多分死海が一番だろうが、長い年月をかけての陸への蚕食は、そこを訪ねたポコックによって早々と証言されている[200]。してみると、静かな水の塊もまた、見えるもの見えないもの含め、あらゆる四大、あらゆる元素《エレマン》がたえず間も働いて地球の相貌（physiognomy）を形づくっていくもっと大きな宇宙的プロセスの一部であることに間違いはない。

図131　J. Lycett, *Scene of the River Huon, Van Diemens Land*, from *Views in Australia*, 1824, II, pl. 12. Color aquatint. Photo courtesy India Office Library.

図 132　D. Vivant-Denon, *Views of the Nile*, from *Voyage dans la Haute et la Basse Egypte*, 1801, II, pl. 64. Engraving by Paris. Photo courtesy British Library.

図 133　G. Belzoni, *Exterior View of the Two Temples at Ybsambul*, from *Plates Illustrative of the Researches & Operations of ... in Egypt and Nubia*, 1820, pl. 42. Hand-colored lithograph by A. Aglio. Photo courtesy British Library.

第3章

世界、とらえがたなし

多くの理由あってこう考えるのだが、それら［運動］はすべて、それによって物体の分子が何か未知の原因で……互いに互いへと動かし合う或る力に依るのである。……それらの力のことが知られぬをもって、今まで哲学者はいくら**自然**を探究してみたところで無駄であった。

—アイザック・ニュートン

ニュートンを持つことで我が国は、人類を飾り、かつ教化するために生まれた最大にして稀有の天才を持ったのである。実験に依らぬいかなる原理も認めず、逆にそういう原理は、いかに新奇、いかに異様なものでも、決然採用に及んだ。……ニュートンは自然の神秘のヴェールを剝ぐように見える一方で、機械論哲学の不備を示しもし、もって、自然の秘密をば、自然が過去そうあり、未来ずっとそうあるだろう昏《くら》い世界に戻したのだ。

—デイヴィッド・ヒューム

アイザック・ニュートンはその『自然哲学の数学的原理』、俗に言う『プリンキピア』（1687）と『光学』（1704）において、それまで二項対立でできていた物質観を、存在の同じひとつのレヴェルないし状態のものだと、18世紀人士に向って強力に説いた。その自然哲学、それに連動する形而上学の衝撃が余りに強くて、経験科学は超物質的な力を世界の組成、天の構造からしめだすことはないという前提が、ニュートンがこちらも強力に論じ立てた現実はハードな粒子でできているという主張と結びついていった。かくて自然は不可触でありながら可触とするニュートンの自然観が、アレクサンドル・コイレの言うように、時代の予言となるはずである。

ニュートンによれば物質は本質的に粒状《グラニュラーな》の組成をしていた。真空が間に入る形の小さな砂粒様の粒子からできていて、既にホッブズ、ロックその他、近代経験論哲学者たちが明らかにしていた性質（延長、堅さ、不可入性、運動性）を持つ上に、重要な性質ひとつ—慣性—を新たに帯びたわけである。「自然の傑作」への感受性が生まれ描写もふえていく経緯に照らしみて、ニュートンが我々に経験を通して示されるもののみを物質の本質的性質としようとしたことは大きい。つまり、物体の性質は感覚を通しての実験と発見によってのみ知られるのだとした（してみるとニュートンの構想はベーコン流の「学問の進歩」運動の達成、「学の大革新（*Instauratio magna*）」の必然の結果とも言える）。横溢する物質 ── 無限にある物質と言ってもよい ── はハード、というか手触りあり、可触の表層の言語を語るということを、我々は環境を直接さぐって知る。17 世紀に先触れあり、他ならぬニュートンが締め括りをつけ、ニュートンが結実させた「新科学（the New Science）」によって培われたこういう世界理解が、前章でとりあげたような天然のモニュメント類への美的評価と具体描写の中に姿を現わしたのである。

こうした新しい科学的世界観の第二の側面に目を転じてみなければならない。（ニュートン理論への誤解なのだが）「霊的」な作用因《エージェンシー》が浸透する無限の空間に存在し、関係し合う厖大な数（と言うよりおそらく無限の数）の物質的現象はニュートンの万有引力則に従っていた。ニュートンが牽引力（attraction）をリアルな物質力としてではなく、一個の「数学的」法則と考えていたことはよく知られている。即ち物質は自発的、擬似-物活論的な推進力によって距離あるままの仮想運動をするか、生命を吹きこまれるかするのである。しかしこの点でニュートンが曖昧な結果、引力の「因となる」「作用因」は厳密な数学の法にのみ従って動いているのではなく、非物質的なもの ── おそらくは**神**あるいはもっとそれらしくは、ラルフ・カドワース、ヘンリー・モア他の所謂ケンブリッジ・プラトニストたちの言う「自然の霊」── なのだと考える人間が出てきた。

『プリンキピア』（ラテン語から英訳されるのは 1729 年）でニュートンは、あらゆる物体が自らの現状を維持しようとする抵抗の力に当る物質の内在力たる〈静止力（*vis insita*）〉もしくは〈停止力（*vis inertia*）〉と、他方、鉄が磁石に「向う」ようにあらゆる物体を地球中心に向かわせる ── 引力、磁力、電気などの ──〈求心力（*vis centripea*）〉を区別している。かくて引力、そしてそれと関係ある牽引力と斥《せき》力の物理的表現態が宇宙に働いているものと仮説された。さらに、「ハード」な物体でさえその作用因《エージェンシー》なくては、分子の飛散、空間への放散をそれが防いでくれている以上、存在しえないはずなのである。同書「一般的傍注」で、分割不能な空間の構造とシステムの問題が扱われる。ニュートンが言うには我々は絶対的な空間を知覚することはできず、その中にある物、それらの相互間の運動を知覚できるにすぎない。即ち我々が知ることができるのは相対の空間、相対の運動、相対の場所のみなのである。我々の太陽系の空間を満たす非常に薄く弾力ある物質、純粋なエーテルに見える運動の物質的効果、物質の運動しか、経験知が手を出せるものはないのである。しかし延長のあらゆる所で働くこの牽引力、ヴォルテールの言う「**自然**の全部を動かす巨大発条《ばね》」は、ほとんど発動するや否や、何とかそこに位置付けようとニュートンが苦労した「力学の法」からは逸《そ》れて、自然の中で働くとされた未知の霊物学的（pneumatological）な原理のエネルギーの動界のものになった。

『プリンキピア』と『光学』がはっきり断定していたことを、ニュートンの『光と色彩新論』（1672）はぼかしている。ヴォルテールの『哲学書簡、或はイギリス書簡』（1733）によれば、自然界に色が発生するのは、ひたすら物体にある種の光線を反射、その他の光線を吸収する「秘密の傾向」あるが故である。同じ伝で光もまさしく、不透明な物体の「孔」の「奥」から出て我々の目に反射する。ヴォルテールの言うには、ニュートンの示しているのは「我々が宇宙にただ一立方インチの牢固たる物質ありとも確信を持てぬ、それほどにも物質とは何かがまともに考えられていないからだ」ということである。「間断なく去来する光の顫動もしくは激動」は、非物質的なもの、不可視のものとの境界辺にあるのをニュートンが理解不能なものにしたこうした多くの効果のうちのひとつというに過ぎない。まとめてみる。我々が物質が「ハード」で分割不能のものと考えることで個体のモニュメントに達しようが、あるいは物体の中にあって物体を構成する賦活の力が間歇的に現われるのを認めようがいずれにまれ、ニュートンとニュートン派がはっきり示したのは、宇宙を解釈しようとすれば、観察（observation）と、想像力抑制が唯一の鍵、とそういうことなのである。

してみるとニュートン粒子物理学の核になっているのは現実の希薄繊細の部分さえ経験できるはずという仮説であり、そこから旅人とその探索のプロセスが重要ということになってくる。ライプニッツとバークレーから論難されたニュートンは、自分は理論に「隠秘《オカルト》な性質」だの魔術的原因だのを持ちこまず、研究と分析を観察可能な現象に、「リアル・シングズ」の別の物理様態に顕現した標徴《キャラクター》に限定していると釈明した。この釈明がニュートンのシステムを目下の最大の問題に結びつける。ニュートン解釈学がなかったためかつて知られなかったが、突然見慣れぬものとして現われてくる自然、それである。この自然は研究の値打ちがあり過ぎるほどあるばかりではなく、人間の介入なく勝手に動く自然でもあった。

●融けていく絶対

水の球に、また煌《きら》めく宝石に、いかに薄く、またいかに濃くあろうと、流れの中の物質は散じ、また吸いながら流れる。かくてあらゆるものすべて繋がる、人や獣、石のしなやかな命もまた。この遍在し賦活する流れなくば覿面に粘性は失せ、形崩れ、物質壊れて漠たる混沌と化す。

—— ジョン（・「ウォーキング」）・ステュワート

天がその黄金の門、四方に開け放ち、
その窓は霞一片もなく、天の住人たちの
声なお澄みて聞え、その姿なお
鮮《けざ》やかに見え、我が苫屋《とまや》また
彼らが住いの影なるべし。

—— ウィリアム・ブレイク

ある物体を、ある特別な一瞬にそれがその中にある偶然偶発の状況から切り出して、その永続的な標徴《キャラクター》／性格を読みとるという方法ほど、本書の究極の主題である束の間の（evanescentな）効果というものへの目から遠いものはあるまい。我々はいかに18世紀の科学、文学、美術が、五感に訴える物質的実体への関心の昂まりを証しているかを見た。

環境の細かい分析 —— 人手の入らぬ傑作、自然の永続するモニュメントに関連して前章で見た —— は展開するところ、その視覚的系 —— 表現される解釈可能な物質の活動《アクト》 —— をも含むはずである。気が、水が、火が、そして光がする多元と変容の表現、宇宙に浸透する不可触の力が描きだす身振り、そうしたものは高度に個別化された物質を解読（decipher）することと密接に結びついている。

「実体的なもの（corporeals）」対「非実体的なもの（incorporeals）」という科学的問題は啓蒙時代の大問題で、物質の理論、認知理論、知覚理論にいろいろと派生していった。何世紀も自然哲学者たちは固体と液体に、役に立つ程度の理解をかちとってきていたが、もっと不可触の方に近い作用因はどれも曖昧、もしくは混沌たる扱いのままだった。特に「発散気（effluvia）」（虹、磁力の影響、力の場、ガス等、曖昧至極のカテゴリーだ）の扱い、炎、熱、寒さという厄介な相手の扱いが困難を極めた。1780年代にこうした「しなやかな気状流体」はかなりの程度理解され、不可触ではあろうと物質的実体ではあって、はっきりした特性をも持つものと理解されていた。長い激しい論争の結果であった。伝統的にはどんな物質理論にしろ、物体であるというか文字通り真に体《てい》を成しているものと成していないものを、「物質的な実体」と「非物質的な作用因」とを、「実体的なもの（corporeals）」と「非実体的なもの（incorporeals）」とを、「秤量可なもの（ponderables）」と「秤量不可能なもの（imponderables）」とを区別できていて当然とされていた。1700年には誰もが固体と液体は実体を持つものと了解していたが、そこから先のことは支離滅裂だった。一世紀をかけて、「物質」を他の現象から分かつための基準が三つほど捻《ひね》りだされていく。物理的効果をうみだせるあらゆる作用者が実体ありとみなされたが、普通にはその内部へ不可入な物のみとされたし（もっとも水蒸気《スティーム》のような蒸気類《ヴェイパーズ》は可とされた）、引力の影響を蒙り、故に質量《マッス》を持つ物だけを物体とみるという考えもあった[1]。

1750年代になると、「ハード」物体論と「ソフト」物体論の間にとりわけ激しい論争が生じた。スイス人数学者ダニエル・ベルヌーイとライプニッツ派がモロー・ド・モーペルテュイおよびレオンハルト・オイラーに挑戦したが、金剛不壊《ふえ》の物など存在せず、それ以上還元不可能とされている物塊も実は柔軟《フレキシブル》なものなのであり、全体がきちんとおさまっているから部分の自在さが感得できないというだけのこと、と主張した。この論争で一昔前の甲論乙駁が再燃することになるのだが、それがニュートンの空間観、質量感、引力観の遺産を反映したものであったからだ。

ニュートン――自身、「光粒子」とエーテル分子を捻りだしていたはず――が、ソフトな、「秤量不可」の物体ありという可能性を完全に締め出して良いなど、簡単に考えていたとは思えない。わけても1717年の『光学』第二版刊行の時だが、物質的原子が空虚な空間を動き、短間隔の力で相互作用し合うとした1706年版のルクレティウス、エピクロス的世界観からは離れた新しい宇宙観を示した。今やニュートンは宇宙を、空気より「遙かに希薄にして至微、遙かに弾性あり、動的な」エーテル的媒体《メディウム》に満たされたものとして描く。それはその中に見出しうるあらゆる関係に先在し、かつそれらを可能ならしめる質的、実体的な統一を表わすのであって、単に抽象的格子《ラティス》を成す量的関係などではない[2]。こうしてエーテル理論は、牢固として独立した物という概念そのものを取り巻くさまざまな概念的限界をあばき示す。こういうテニュアス（tenuous）というか極薄希薄の物質とその「環境」ないし状況を念頭に論争を仕掛けていくことが化学理論に浸透していくは無論のこと、哲学や美学思考をも形づくっていく。

科学のレヴェルで言えば、この論争はプラトンによるソフィスト攻撃に疑問を呈し、ソフィストたちが物質と形相を「ごっちゃ」にしたことを宜《うべな》ったことになる。仮象世界では、我々が直《じ》かに意識するあらゆる物が変化しうる。ある混淆、ある運動はそれらの本然で、イデア界のものとされる絶対的な不易不変と好対照で、可変性（potency）の名で呼ばれる。かくて、物質的事物は — まさにその物であるまま多様な形になる。流動するのである。ニュートン科学が示すのは物理的実体を明確さと曖昧模糊のふたつがつくるということだ[3]。さらにニュートンのエーテル仮説、また謎めいた力を含めてニュートンの繰りだす語彙が手掛りとなって、デモクリトス、ルクレティウス流の個々別個のハードな原子モデルから、あらゆる物があらゆる物に参加するヘラクレイトス・モデルへと思考転換が生じる。ニュートンは物質の現実に流動する曖昧さ、もしくは「可変性」を科学的に宜《うべな》ったわけである。本質的に没関係の粒子を言う理論が、連繋する精髄、繋ぎ合う胚（熱素、電気、磁気）が遙か遼遠の星から波や光となって流れ来るとする理論によってどんどん追いつめられていった。実際、ニュートンは物体の中に、それによって物体が互いの距離がいかようであれ相互に作用し合う力があると言うことで、物質の粒子的なりたちを、一方で否定しつつ、肯定したのである[4]。

世紀の始めと終りで対応がどうちがったか — そして物体中を力が貫くとしたニュートン以降の唯物論を特徴付けた曖昧さのいかなりしか — は、次のふたつの文章でもわかる。プラトニズム趣味の『モラリストたち』中にシオクリーズの声を借りて、シャフツベリーが言う。

> もし［物質が］かくも無数の個別の形態を我々に示し、それらがそれによって現にひとつであり、生き、動く単純な原理を共有し、自らに固有の、自らの福利に目を向ける傾向を持つものだとして、我々は同時にこれを全体についてはどうして見損ね、世界の偉大にして遍在の一をどうして否むのであろうか。

対照的に、逍遙派の奇人ジョン・ステュワートは『自然啓示』の中で、擬似科学的、霊物学的立場を擁護し、同体論《ホモウシオス》の、自然の子らの血盟結社の提案をしながら、物質の貌《かお》に二面あることを言う。物質は

> いかに薄く、またいかに濃くあろうと、水の球に、また煌《きら》めく宝石に存す……[5]。

光、磁力、引力、エーテルなどすべて、物質的存在の「気（atmosphere）」に属し、構成する。ニュートン宇宙観の相続者としてステュワートは、自然に機械以上の作用因 —「霊気（spirit）」— が内属し、物体内に、物体上に作用する、とした。

秤量不可物をめぐる論は、人間は目には見えないが感得はできぬでもない作用者に取り囲まれているとするもっと大きな理解と切り離せない。ニュートン以降の物理学と化学は、融け合う力、重さなき微粒子のモデルをもって、可触の物質とどうやら実体のないエネルギーに関係を付けるべく結託した。重きもの、不動のものが、軽きもの、流れるものとしっかり結び付けられ、表《おもて》立ったものが裏と結び付けられた。科学に（どころかメスメルやカリオストロ

の擬似科学にさえ）倣《なら》って、フランス革命前夜にさかえたフリーメーソンの夢想家や啓明派《イリュミナーティ》は、天や地に、あるいは霊魂に、有機生命に力を及ぼす普通の流れ、流体の存在を言った。そうした発散気（effluvia）はあらゆる堅い肉を貫くので、その侵入を免れうるものなどない、と信ぜられた。巷《ちまた》の文字、真面目な出版物を見ると、剛が柔と混ざり、物質が聖化され、不可触な物には肉がさずけられている。一面では、こうして巷に出ていったこと自体、18 世紀あらゆる分野で進行した、心身の、霊物のデカルト的二元論の融解の結果なのである。物質の分裂自我を、おそらく誰よりも巧くひとつに繋ぎ止めたのがニュートンと言える。古今の物活論者（hylozoists）が言ったようには、世界は霊魂を持たないかもしれない。「動物体《アニマル》」ではないのだ。かといって、デカルトの言う時計でもありえぬことを、ニュートンが決定的に示したのである[6]。

大地を洗う可触エネルギーがしばしば話題になるのは気球旅行家たちの報告記であろう。それらの実在がほとんど肉感として感じられるのが、この旅行形式であり、飛行士がエーテル中を漂遊するからだ、とされた。琥珀織《タフタ》り製モルゴルフィエ熱気球（*montgolfière*）のモンゴルフィエ兄弟、シャリエール（*charlière*）水素ガス気球の物理学者シャルル、そして布張りの頼りない籠に命託したダルランド侯爵とピラートル・ド・ロジエはすべて、「大気中に昇空し、不可視の力に支えられるように見える巨大球体の初スペクタクル」の謎に対峙する[7]。気球乗りの眼路《めじ》の展《ひろ》がりは、安定したもの、固定したものなどないという感覚をさらに強くさせた。事物もその四囲の形なき媒質《メディウム》もたえず間も動いており、眼下遙か滑るがごとくに去来し、精神の追う目を置き去りにする。初期の気球飛行士たちは、宇宙の物理組成をめぐって科学と宇宙論の議論がさかんになっていくのに決定的な力となった。「充満」空間論擁護派として、気球乗りたちは物質空裡に超物質的諸力が凝集していると生き生きとした報告をすることで、ニュートン的世界観を劇的なまでに証拠立てたことになる。

含まれる変化しやまぬ分子、可触の「霊気《スピリッツ》」が観察不能なものにまでされた世界への知覚の活性化は、もう少し大きく見れば自然の中に静止、静態がなくなったことの一環なのである。石の中に生命の震えるのを見た新参の「より繊細の光学（finer optic）」はまた、かすかな発散、微妙な動揺を感受することもできた。気球乗りたちがした実体空間の体験は、地の動かぬ記録庫《アーカイヴ》への応答である。岩山、荒原《デザート》、密林に表わされる変容の観相学的多様には、変化の巨大実験室としての定めなき 気 圏《アトモスフィア》が、重厚の性格学（characterology）には至微（subtlety）の現象学美学が応答したわけである[8]。とはいうものの、星雲状（nebulous）にぼんやりしたもの（即ち 気《アトモスフィア》 がつくる現実）はこれを積極的に評価しようとすると、空気の始原の清浄は有機の生と死の異臭紛々たる流れによって間断なく汚されていると主張する医学的見解が邪魔に入り続けたのである。このかつては澄みわたっていた流体が命にかかわるような物質で一杯になっているという感覚が、大気はたえず健康に悪い蒸発気に侵されているということを前提に出てきたが、そこいらの都市に現に悪臭が満ちて人々を圧迫するという時代相ともぴったり見合ってしまった。大革命にいたる四半世紀、アントワーヌ・ローラン・ラヴォアジェ、アベ・ベルトロンはパリの便所や汚水溜めから危険な気体が発せられていることに、とりわけ熱心に警告を発していた。芝居小屋、病院、納骨堂から、動物の死骸や野菜屑から、腐敗物から、溜って腐り始めた水から出る異臭腐臭が環境を毒に変えつつあると考えられていた[9]。

別に新しい考え方などではない。ジョン・イーヴリンには『煤煙対策論（*Fumifugium*）』（1661）があって、英国産瀝青炭を燃した煤《すす》だらけの雲がいかに「いつも空を圧す」かを論じていた。イーヴリンに言わせれば、ロンドンはエトナ山、鍛冶神ウルカヌスの仕事場、ストロンボリ火山そっくりだ。地獄というのもこんなふうなのだろう。「怖ろしい煙霧」はこうして、あらゆる発散気の上に悪評を招く。同様な偏見が、霧も風も雨も、雹《ひょう》も雪も、暖も寒も旱魃も、人間の汚れた手によって自然の構造の中にもちこまれたものとする環境保護論をうんだ。川の流れを変え、沼を涸らし、縦坑を掘り、山を貫き、港をつくることで自然の静謐を掻き乱し、しかも人間干渉と商業のもたらす害は地球大《グローバル》である。こういう議論は明らかに急進的神学の意見を反映してもいたが、そもそも人間は食べ、消化し、呼吸するだけで、吐く息、出す排泄物を大いなる大気の貯蔵庫中に垂れ流し、その元々持つ浄化作用を妨げると考えた。ところが18世紀後半には別の科学者たちが、大気の健全を保つ摂理や秩序があるはずだと主張した。ジョゼフ・プリーストリー、カール・ヴィルヘルム・シェーレ、ヤン・インヘンホウスといった科学者たちである。この立場で見ると、植物の蒸散作用および「反撥力（reverberation）」のような物質の作用が、空中の腐敗分子を吸収することで大気を浄化賦活するはずなのであり、日光を受けた植物が炭酸ガスを分解、酸素を出すことを明らかにしたのはインヘンホウスであった[10]。しかしこういう動きは例外で、古代以来、発散気のかけらさえ含まぬ澄明な空気こそという清浄信仰は微動だにしない。ヒポクラテスが『空気、水、場所』で示した議論を気象理論と結び付けたのはアルベルティのような後世の思想家たちで、アルベルティなど（ウィトルウィウスにまで遡りながら）、アテナイ人の吸う乾いた空気が彼らを明敏にしたのに、テーバイ人を取り巻くぼってり湿った空気がテーバイ人を鈍重にしたとまで言っている。

17世紀も終る頃には、特定の場所の空気は良いと判り、空気にもいろいろあることが認められ、転地というか文字通り「空気を変えること《チェンジ・オヴ・エア》」の効能が知られるようになって、来るべき自然学のいかなるかが見えてきた[11]。この点ではアベ・ラ・プリュッシュの立場が科学以前の時代をよく表わしている。その『自然のスペクタクル』（1740―48）が言うには、理念的には空気はひとつの清浄な全体を成していることになっているが、構成する諸性質はいつもまちまちの表われをする。文字通り気が多いというのか、この流体は軽いし、どうにでもなる。圧縮にも膨満にも耐えうるし、第一その弾力、発条《ばね》じみたところで始原のエネルギーのアウラを帯びる[12]。これらがどこよりも問題になったのは、1700年頃、ハレ大学医学・化学教授だったゲオルク・エルンスト・シュタールが火を点《つ》け、全科学界を巻きこみ、1780年代末に混乱のクライマックスを迎えることになる燃素《フロギストン》（phlogiston）論争であろう。空気が単体ではないとして「要素」に分解する作業に専念してきていたラヴォアジェとプリーストリーが論争の一方を担う。といって私はここで歴史上の諍《いさか》いの各段階を追ってみるつもりなどない。酸素（oxygen　［ラヴォアジェ命名］。フロギストン、または「火の物質」）の発見によって、丁度エーテルが電気のような元型的エネルギーに分解されていた先例そっくり、ある可触の自然が多元的でダイナミックなさまざまな性質を有するということに改めて目を向け直させたという点のみ強調しておきたい[13]。空気を生命力（vital force）とするということになると、その気体成分の発見に後押しされ、ベルトロン、コットといった気象学者たちの研究にも力を得て、空気は不純有害な毒素の単なるはきだめとする立場を突き崩す。実際、空気は古代に持っていた聖なる立場を幾分か回復しさえした。

ニュートン流の内在エネルギー観とヘラクレイトス風永劫流転の追求は ── もっと大きなところでの空間の間隙の克服ということと結びついて ── 科学者、探険家たち一統が牢固この上ない物質の中にさえ存することを示した原始以来の〈気《プネウマ》〉を、美的にも思想的にも蘇らせた。

図134 Le Noir, *To the Honor of Messrs. Charles and Robert*, 1783. Ibl, fol. 82. Etching. Photo courtesy Cabinet des Estampes, Bibliothèque Nationale.

見るところ、成層圏から地表に降りてくるか、地表から昇って雲だの隕石だのに凝固する水成蒸気の帯に囲まれている地球とは、呼吸宇宙（cosmic respiration）を近代化、世俗化した捉え方である[14]。神さびたる世界霊（a world soul）理論が18世紀唯物論の只中に新たに呼び出され、啓蒙時代の物質論の核芯に巣食った。これらの理論は物理の流れと霊の流れは相互浸透し、共存するばかりか、同じひとつの実体のふたつの相貌を具体化しているのだとする考え方に根を持つ。こうして近代科学の「力」と古代的ダイナミズムが混ざり合う。

　宇宙を生長し、呼吸する存在とする観念は古代、大いに支持されていた。ストラボンによればトロイア戦争より前に生きていたらしいモスコスは、宇宙はひとりで存在しているし、形と運動を与えられ、小止《おや》みもなく自己生成、自己滅却、自己更新をする分割不能の分子からできていると唱えていた。レウキッポス、デモクリトス、エピクロス、（モスコスの宇宙観に即《つ》いた）ルクレティウス、スピノザ、ライプニッツ、そしてディドロが、原子を生命あり、感受性あるものとした。古今の唯物論者が、物体を動かす固有の力から神の摂理の痕跡一切を追放するのとは逆に、一元論者たちは、自らが形を変えた多様な変形物をもって宇宙を満たし、すべ

図135
Etienne, Chevalier de Lorimier, *First Aerial Voyage made in the Presence of the Dauphin*, 1783, from B. Faujas de Saint-Fond, *Description des expériences de la machine aérostatique*, 1738, I, frontispiece. Engraving by N. de Launay. Photo courtesy Library of Congress.

図136
J. F. Janinet, Entrance ticket to Luxembourg "experiment" of July 11, 1784. Collection Hennin, CXV, fol. 9. Etching. Photo courtesy Cabinet des Estampes, Bibliothèque Nationale.

ての現象に決定的に責任を負う単一の非物質的実体、〈一者(One)〉を受けいれた。パルメニデス、エレアのゼノン、プラトン、ピュタゴラス、ネオプラトニストたち、マルブランシュ、バークリー、ヘムステルホイスは、物質などただの幻妖《イリュージョン》、肉体はただの仮象《アパランス》と断じて憚らない。四大の背後に隠れる『ティマイオス』に言う質量《ヒューレ》(ὕλη;*hyle*)さえ、五感でこそ感受できぬながら基礎となり働きかけ止まぬ作用者《エージェント》が存在することを言っているように見える[15]。

後に続く幾星霜、古代唯物論の唱えた生命力(life force)はいかにも強力な擁護者たちに恵まれ続けた。イタリアとドイツのルネサンスにあたかも風土病のごとくとり憑いたヘルメス主義、隠秘哲学は、コルネリウス・アグリッパ、ニコラウス・クサーヌス、そしてジョルダーノ・ブルーノの所説が代表的だが、宇宙は霊の棲う一個の有機存在だと言い切った。白魔術や錬金術の作業を支えるこの確信から万物照応(correspondences)の教説が、万有に浸透して各個物を繋ぐのに、それら個物を宇宙の律動《リズム》と調和《ハルモニア》に繋げる普遍の諧和があるとする感覚がうまれた。17世紀の間に錬金術師たちがエーテル理論の唱えていたところを極限までもっていく。ソクラテス前派やネオプラトニストたちが生命力ある物質もあると言っていたのを、すべての物質にあると言い切ったのである。ニュートンやデカルトの数学的方法で表向きこうした魔道方士たちは打破されたはずだが、完全に沈黙させられはしない。機械論上げ潮を片方《かたえ》に見ながら、この伝統を守《も》り立て続けた筆頭格はパラケルススであろう。その信条はラヴォアジェに影響を与え、この偉大なフランス人化学者が物理的物質に生命ありと考える手掛りとなったが、ヘンリー・モアの霊物学《ニューマトロジー》(pneumatology)がニュートンの力の理論に反映されていたのと同じである[16]。

18世紀後半の独仏に大なる影響力を揮《ふる》ったライプニッツ心理学が、不連続の間隙などないとするこの物質の充満(plenum)の理論を、知覚理論と結びつけることで、さらに竿頭一歩進めた。人間の霊魂から植物界へ、果ては無機としか思われぬ物質まで、あらゆる単子《モナド》の相互依存の連繋を、ライプニッツは唱えた。はっきり反ニュートン主義でありながら、ライプニッツの思考は、エネルギーを持った力の意味付けという点では啓蒙主義思考一般の進化論的方向に従っていた。「形而上学の改革と実体概念」という1694年のエッセーではライプニッツはその語でひとつの機械的作用を意味させている。それが1705年の「生命原理と形成的自然論」ではそれは、展開する知覚的霊魂を変化する宇宙と結びつけるほとんど汎神論的な(霊的ではなく)物理的な運動エネルギーを宰領する法になっていた。予定調和(preestablished harmony)の問題に触れながらライプニッツが言うには、「無数の有機的生命的物体が詰まっていない物質部分などないし、その中に私は動植物ばかりか我々にとってまったく未知の他の種をもおそらくは入れてよかろう。ではあるが、あらゆる物質部分が生命を持つと言ってはなるまい。……」

最後の最後の歯切れ悪い保留を気にとめるライプニッツ信奉者などいなかった。ヘルダーはその「認識と感覚」(1778)で、(生物学的な感受繊維の体系と解された)エーテル的媒質《メディウム》の中で生じる「振動」に基くデイヴィッド・ハートレーの心理学を受けいれる一方で、物体は、天漢《あまのがわ》のもやもやが星明りの所産、雲が雨滴の所産であるように、〈精神(*Geist*)〉の具体化された明白な効果というに過ぎないと言いたげなライプニッツの反機械論的な言い分に従ってもいる[17]。

英国ではもっと物理から遠い精妙流体（subtle fluids）の概念がバークレーによって唱えられたが、その論文『シリス』（1744）は後世の電気論に大なる影響を及ぼした。ニュートン最強の敵の一人たるバークレーは、力は「抽象的、霊的、非実体的」で、重力や物質から逸《そ》れるものだと言った。宇宙霊魂としての神は空間全体に精妙な火を配する。それに比べればニュートンの言うエーテルなどお粗末のいたりではないか。今までに名を挙げた近代思想家誰しもの例に漏れず、バークレーもニュートン前のさまざまな観念 ── ヘンリー・モア他のケンブリッジ・プラトニストたちの質量《ヒュレー》-原理にも根ざす観念 ── を永続化した[18]。

自然の物質を何が形成し、それはどうすれば知られるかをめぐる時代の考え方を理解しようとすると、バークレーの「唯心論」、ライプニッツの力動説《ダイナミズム》ともに重要である。それらは、ニュートン理論の粒子論的半分の神学的意味合いも、神は物理的実体とするホッブズ的観念をも認めようとしなかった。とりわけバークレーはその形而上学から第一元素《プリマ・マテリア》（prime matter）概念を放逐することによって、質量の分割不可を言い、物体を個体とするニュートン説に抗った。有体物（corporeals）の実体はついには無と化す ── 知覚者の精神内部にのみ存在する ── か、神にのみなり、この神は彼が適当と考える空間の部分に特別な形で振舞うか、である。多様多彩のはずのこうした哲学者たちが、自在な霊気、霊的流体、力動的な発散物で頭が一杯という点で軌を一にしたのが面白い。物活論《アニミズム》と感受物質の長い宇宙論的伝統が 18 世紀半ば、エーテル理論や空気分解の新しい化学とゆっくりと混り合っていった中から、強力な宇宙融解のイメージが浮かび出てくる。物体がだからといって無条件に、徹底してハードなものとはもはや思われず、有体世界全体が体《てい》を無くし、その「ハード」な実体は消え、あるいは変化し止まぬ効果へと吹き散らされた。こうした表《おもて》立った「物質の振舞い」は、実体そのものに宿る隠れた作用者の動きと一致していた。18 世紀の自然理解に決定的に重要なのは、物質を堂々たる物塊実体、もしくは原子に似た牢固たる連続体とする物質観が、その異質性、「多孔性（porosity）」、流動性を言う立場によって逆転させられ、「廃物」扱いされながら、両者が共存していたことである。つまり物質は、知覚する精神（バークレー）同様、微妙な組成の複雑を持つか、統覚的（apperceptive）な個（ライプニッツ）と同じくらい変り易いものになったのである。エネルギーを得た物質的宇宙が、積極的観察者によって、流動し、それ故精神的に消化可能（と同時に五感でも経験可能）な効果へと融解されていくところを見るこのもっと複雑な見方は、靄《もや》のかかった空気遠近法（aerial perspective）で描く受身の伝統的描法とは峻別されなければならない。旅行記に明らかなはっきりした裂け目があって、見て気持の良い重ね合せの霞《かすみ》たなびく風景で事物を包みこむ息長い芸術慣習（骨折らぬイリュージョン美学）と、ぼんやりした蒸気、驚くべく短命な生きもの、文字通り「気」まぐれ（atmospheric）な大気現象《メテオール》に体現される物質の仮想的過程（virtual processes）を 18 世紀人士が訳知りに表現したものとを分かつのである。

春何月とか温和な気候の夜明け、黄昏《たそがれ》時、地より昇る蒸発気はその濃度を弱める、というところを突くのがピクチャレスクの常道である。イタリア、とりわけクロード・ロラン発明のローマ抱くカンパーニャ平原の風景がそうだが、心地よさそうに蒸気に浴《ゆあみ》する事物を、可視の希薄化とでも呼べそうなものが変容させ、脱物質化する。『百科全書』の該当項を見ると、「空気遠近法が絵の中できちんと実践され、非常に繊細な靄《もや》が事物を文字通り靄然《あいぜん》たらしむる時、人はこの絵を美しい蒸気が支配していると言う。まこと柔美の画藻なり、と。ワウウェルマン、そしてクロードがこの領分に長《た》けている」、とある。35 年後、ピエール・アンリ・ド・ヴァランシエンヌ（1750－1819）は既成パターンを無視し、『百科全書』の科学関係項目に目を向ける。ヴァランシエンヌの『画家のための実用遠近法提要（*Eléments de perspective pratique à l'usage des artistes*）』（1800）には新しい唯物論と、折りしも勃興中の気象学に力を得た自己活性化の可触の言語が反映されている。蒸気類（vapors）は地や水面《みのも》からのぼって霧と化す水成の蒸散気である、とヴァランシエンヌは書く。なお上空に上げられてそれらの水滴は雲となるが、雲の究極の原因は絶え間なく地の発する放散物なのである、と。ある高度にまでしか上らずに大気の清浄を乱し、空気が不可視澄明にして分離した色を変えることがない時とはまったくちがって光をあちこちに屈折させる。ヴァランシエンヌは新米風景画家に、「自然がどういう効果をうみ出しているかよく考え」よ、と忠告する。即ち画家は構図を決めていきながら、一体何時なのか、蒸気はどんな色で、どんなふうに見えるかを頭に入れておく必要がある、と。さらにヴァランシエンヌは環境による変数にも気が付いていたらしい。たとえば蒸気類は湿地沼沢地の方が、すぐ凝集して雲となる山頂などの方より多い、とかである。

目端《めはし》がきくヴァランシエンヌはとにかく事物を可能な限り見たいということで、霧もよいだったり荒れて厳しかったりという天候やかすかにしか見えない月明りなどにも否とは言わない。見る人間として世界の相貌をめぐるさまざまな事実《ファクツ》、「自然の諸原理」に科学的な喜びを感じるというスタンスである。『百科全書』にある言い方だが、「感じられぬ程度」に始まってやがて、「歴然と大気を惑乱する」にいたる物理的作用因に喜びを感じるというわけである[19]。

フランス人気象学者ジェローム・リシャールはその『大気と気象の博物誌』（1770）で、「日の出の最初の光線が空気塊に惑乱を起こし、それは明るく、色彩に染まり、やがて上って行って放散され、後には快い冷気、濡れた真珠を残し、光を反射する輝く畝《うね》を残す」と、鋭いことを言っている。リシャールはそうしたもやった状態が電気を帯びていることを言い、とはつまり細かく至微な物理的力が絶えずせめぎ合う原理に触れる。しかし凝縮と発散はリシャールにとっては全宇宙像のごく一部でしかない。そうした「活動《アクト》」に、我々の地球のもっと大きな生命活動の特徴と言われる唐突な開幕とだしぬけの終幕がくっ付いているのだ。天文学者アレクサンドル＝ギー・パングレは『百科雑誌』に、「我々が住む地球は間断なく有為にして転変である」と、洒落たことを言っている[20]。新たに科学の分析対象となった地球の最も厳酷な相貌さえ、島の誕生や、火山の活動、雪崩、氷河の動きに見られるがごとく、根っから変容神《マーキュリー》の子としてまことに移り気《マーキュリアル》（mercurial）なものと知れたのである。

こうして、自足した多孔質の物質へのニュートン主義的な再定義が──流動やエネルギーに可変力（potency）ありとする広汎なヘラクレイトス的感覚と複雑にからみ合って──1740 年以降、間に介在（し、侵略さえ）する空間を舞台にして、さらにはもっと牢固たる実体の揮発に行きつく物質の効果もろもろに対する鋭い知覚を、見合うようにうみだし、発展させた。ニュートンの各種発見によって、事物はもはやかちりと没時間的に一枚岩の真空中に固定もされ得なければ、仮象の不易で没関係的な集塊という形で研究もされ得ないということになったのである。

●サブスタンシャル・ヴィジョン

> 知性の混乱は……表面的観察者が簡単にそう信じるよりは遙かに屢《しば》々生ずる。実は厳密正確に口がきけているとすると、人の心はその時正しい状態だとは言えない。時に理性が想像力に負けるという目にも遭わず、注意力を全面的に意志で統禦でき、その考えが心のままに去来するような、そういう人間など、いない。そのとりとめない観念が時に専制君主然と、その人間に然るべき埒《らち》を越えて希望を持たせ、また恐怖を感じさせる、そういうことのない人間のいるわけがない。
>
> —サミュエル・ジョンソン

「ハード」な物体、「ソフト」な物体について議論をしてきたが、復習も兼ねて、不透明、密度、堅牢を特徴とする永続的媒質の物質としての個と平行するかのように、生動する物理的実体に不確かさがつきまとうということを光学的にはっきりさせてしまう証拠への怖れもまた大きくなっていった事態を見ておこう。微光、微明、曙光（*lueur*）が虚に広がり、虚を変形させる。可視のものの彼岸へと溢れ、みなぎる。変らぬ巨礫でなく、ぼんやり曇った光、堂々の泰山ではなく、くゆる煙のような巻きひげ、絶対的な輪郭ではなく、かすんだ空間の世界である[21]。

18世紀初めの詩人たちが「ニュートンの太陽」を（とりわけ南中時の最高の光輝の太陽が、雲や霞で分散されること少なく、真直ぐな光を走らせる時）崇拝したものとすると、後の作家、画家たちはそれほどこの大気の強烈な青に魅了されることはない。プーサンのような風景画家は太陽に背を向け、すると眼前の事物が直射光を浴び、量感もたっぷりに、明るい光と明快な影でくっきり彫刻のような輪郭をあらわすのを見る。クロード・ロランのような風景画家は遠い地平線の方に目を向け、事物を絶妙に輝発させおおせる。1797年、コンスタンティノープルにいたジェイムズ・ダロウェイが、入り日に絢々《あかあか》と照らされたブルサの夕景色を描写した文章などが問題となる。「地平線はこの上ない透明度の紺碧であり、取り巻く雲は羊毛のように、剝き出しの絶壁の下に軽やかに浮いていた。この生き生きした風景のどの部分にも浸透した色調の明晰さを上回るものなどあり得なかった。空気のこれ以上ない希薄さのため非常に遠くの事物がイングランドで見られるよりずっと前に来て、輝きさえ帯びて見えるのであり、限定された視野をさえぼんやりさせることのよくあるもやもやなど、ここにはまずない」というのである[22]。

古代、「純粋な大理《なめ》石のような気」が健康的効能をもって高い評価を受けたのだとすると、その真反対のものが、物質的事物の直《ちょく》の視覚的衝撃を抑えてくれるという美的理由から評価された。プトレマイオス［・クラウディオス］は『光学』の中で、壁画に光沢もしくは微光を入れることで、事物の色を遠方にあるとかヴェールを被ったもののように見せるやり方を紹介している。プリニウスはアペレースの有名な暗い上塗り《コーティング》を仕上った絵の上にかける方法（*tramentum*）のことを伝えている。こうした上塗りの最大目的は色の絢《あか》るさが目にきつすぎることのないようにというところにあった。見る者が滑石《タルク》の窓越しに見ているという感じの朦朧の印象を与えるのである[23]。（ヘレニズムの何かを祖型に造られたと思《おぼ》しい）オデュッセウスのフリーズも、元はぼんやりとしたものではなく、よりふわふわとして曖昧だったのは前景の人物ではなく、後景の岩山と人物たちだった、ということが最近の研究で明らかとなっている。具体的だった物をそこいらじゅうの蒸気へと幻視的にぼんやりとさせたのは 19 世紀の修復家であった。しかし、測り難さ、無限、夢と見紛う蜃気楼《ミラージュ》は同時代の詩的な聖にして牧歌的（sacro-idyllic）なボスコトレカーセ風景の絵に見ることができ、これはいろいろな機会に 18 世紀ヴェネツィアの画家たちに翻案利用されていく[24]。

実体感や測定できるような奥行感を消そうとする靄《もや》の使い方は宋から清にいたる山水画にも見られる。西洋にはこれは 17 世紀、18 世紀に入華したイエズス会宣教師たちによって知られることになった。ぴったりの有名な例がジュゼッペ・カスティリョーネ（郎世寧。1688－1766）で、彼はイエズス会士であるばかりか、卓越した画家でもあった。1765 年、カスティリョーネは『乾隆帝諸国征服』のために線描を描く。乾隆帝はその宮廷にいる西洋人画家たちが描いた線描画を基に 16 点の銅版画をヨーロッパで彫るよう命じていた。200 枚刷った見本の一枚も彫版師の手もとに残ることのないようにとの厳命であったが、どうやら何点かは巷に流出し、禁中蔵書閣の外に出回ってしまった[25]。中国の大画家たちの「無私」の骨法を我がものとしたカスティリョーネが山頂と周りの靄との複雑な関係を巧く描いているところは仲々の妙である。

ギリシア、ローマの壁画、中国の絵巻や帛画《はくが》に見る蒸気表現とまで言えば、我々は人工の効果と天然の（とはつまり物理的事実が具体化する）効果のちがいという美学的問題に対していることになる[26]。18 世紀を通して、美術で機能した効果（*effet*；effect）の概念は要するに多くの意味の複合体であった。絵を論じた『百科全書』の項目を見ると、最終的な作品は幾つかの部分からでき、その各部分が全体の与える衝撃力にそれぞれ資する、とある。かくして、各部分が連続的に喚起する感情がアーティストの手練で結びつけられてできあがる全体的効果、見る者に伝えられるのがこれである。それ以前にもロージエ・ド・ピールが、絵の効果は予め決められている構図上の統一に、即ち光と影の按配を通して人工的連関をばらばらの事物に押しつけていく上位の調和に直接結びつけられていると言っており、この定義が『百科全書』に採られたのである。『百科全書』は言う。「実際、自然は金でも銀でもなく、全体としての色など有してはおらず、その色合はばらばらの色が混り合い、反射を得、多様化を得たものである」、と[27]。

自然をあるがままのはっきりしないスケッチと見るのでなく、粗描きの絵画の下図と観ずるアートでもっと近いところの先蹤《せんしょう》と言えば、ロココ以上にぴったりの様式はない。その時代は把えようのない香水の匂いや、動く仮象が鏡、光、儚い媒材《フラジャイルなメディア》で乱反射を遂げる図に ── 合理による膠着をすり抜ける官能の人工虚構に夢中になった[28]。とりわけ、アントワーヌ・ヴァトー、フランソワ・ブーシェ、その中でも特にジャン=オノレ・フラゴナールの画風にとり憑いた強烈な光の効果《エフェ》は、自律的な物質の活動（act）と同じく独立不覊な画家の作為（activity）の対立をはっきりさせるにぴったりである。フラゴナール 1770 年代の庭園風景、1780 年代の「狂乱のオルランド」構想を見ると、絢《あか》るい淡い光と波打つような蒸気塊の濃度がどんどん増していって、奥行きというものがまるで感覚できない。空気の抑え気味な包みが距離をわからなくしながら事物を覆うところをその雅宴《フェート・ギャラント》（*fête galante*）に既に描いたヴァトーが、勿論いて、そうやってそうした庭園風景では、個の現象がつくりだされた気で一様に和らげられ、触れることもできそうにないあえかな風情で絵の表層にとどまるのである[29]。しかし、あらゆる物を脱物質化された幻想にたゆたわせる絢《あか》るく輝く靄《もや》で形態を包みとるように見えると言えば、やはりフラゴナール、あのアベ・ド・サン＝ノンの若き友、旅の伴侶《ともがら》であった人物に尽きる。

フラゴナールの色調の至微はベルナール・ピカールの〈レンブラント張り（*Rymbranesques*）〉に先取りされている。絵具に「命を与える」フラゴナールの画筆はジョヴァンニ・バッティスタ・ティエポロの金髪の魔術的な〈さりげなさ（*sprezzatura*）〉と、グァルディ一族の神経質な能書描法《カリグラフィー》に相当する。それはジャン＝バティスト・シャルダンの静物画中のティー・ポットやカップから屢々《しばしば》もくゆりたつ──実態も色も持った──蒸気によって準備されていた[30]。

工夫された朦朧体はジョヴァンニ・バッティスタ・カスティリョーネがやったようなソフト・グラウンド・エッチングの製版技法に特に鮮やかに見られる。この技法はソフトに線をぼかすからである。しかし製版の世界では、大釜の上にまるで触れられるかという感じに漂う煙、壺器からの煙を描かせるとヴェネツィア人建築家ピラネージ以上の人間はいない。しかしそのピラネージの作品集『オーペレ・ヴァリエ（*Opere Varie*）』（1750）中の「グロテスキ（*Grotteschi*）」に先触れされているように見えるのは、靄《もや》と蒸気のロココ画家たちが示した巧妙なパラフレーズの美学というよりはもっとずっと唯物論的な美学である。エドマンド・バークの一時代を画す『崇高と美の観念』（1757）にさえ先立つこと6年、ピラネージは絵画宇宙の構造的特性たりうるものは、単に曖昧というのでなく、実体持つ暗黒であると断じている。重たい霞や靄が『カプリッチ（*Capricci*）』（1743）や『幻想牢獄（*Carceri d'invenzione*）』（1741－50）に溢れ、石と水と沈黙の広大で理解を絶する地下世界の壁上に跼《わだか》まる時、不可触な霊気《スピリット》のメタファーとしてのロココの光は覿面《てきめん》に曇らされる[31]。物質存在の情念《パトス》と一致、または平行するいや増す茫漠と、陰々たるモノクロームがピラネージの作品を、フラゴナールの実体なき不明瞭とは峻別するのだ。

幻想を深化させて具体的神秘にし、装飾を石の崇高美（sublimity）に変える詩的想像力が世界の濃度を昇華（sublimate）することへのこうした大地からの反撃は、文学にも見られる。ベルナルダン・ド・サン＝ピエールは『自然の調和』（1794頃）の中で、漂い行く明暗対比《キアロスクーロ》、静かな黎明、蒸気罩《こ》むる黄昏、「星明かり」、摑みどころなき油雲《ゆううん》、抑え気味の色調でできる現実への感度の良さを示している。ゲーテはブロッケン山、次にシャモニーに登攀の冬の旅で、微妙な蒸気、灰色の霧海の様子を細かく観察している。さらにその遙か以前に英国詩人ジェイムズ・トムソンが秀作『四季』（1930）の秋の景でカーター・フェル地方を描いて、こっそりと動いていく靄、輾転する霧、ぶ厚い蒸気、「ぼんやり見える川」で一杯の地方を描きだしてみせていた。独仏作家たちと同様、トムソンも事物の独立した輪郭を示すのを嫌い、大気の効果がゆるやかな諸物連携の華光《けこう》となるように描く。ここでも、そして「冬」の部立てでも、蒸気が五官にまるで触れてくるようだし、朦朧の気が実際の天気もこういうふうだという現実感を与える[32]。ヒュー・ブレアは『オシアン批評』(1763) で、北方神話の英雄たちの白い亡霊がいかに歌で言祝《ことほ》がれたか明らかにしている。これらの死者の半ば物質たる幽霊は「葦の湖の片えの濃き靄《もや》の央《さなか》彷徨《さすら》」う他はなかった、と[33]。こうして抽象的な何かに気の物体を与えようという趣向は、不正確なもの、曖昧な物を視覚的に同定固定しようと夢中のもっと大きな唯物論美学の一部というふうに見える。

曖昧さ自体がこうしてピラネージ流に、ケルト流に形を与えられ、直接伝えられる。可触の絵画言語、言葉言語が、濃い霧に包まれた四大風景が五感に及ぼす蠱惑の力を揮《ふる》う。現実のさまざまな効果、月明にほのかな蒸気、奇態な大気現象、青味を帯びた微光のほのめき、霊体に幻妖に強烈な焦点が当って、いかに気紛れ《カプリース》が科学に変ったか明らかにする。鍵語が「ゴースト (ghost)」だというのが皮肉である。前述したことだが、医学理論は久しく、空気が人間に影響を及ぼすことを言ってきてはいたのだが、それが頭脳に、知性や意志に支配される身体部位に影響を与える力あることはまだ言われたことはなかった。有機構造の他の部位より一段と複雑で、一段と外の影響力にさらされている精神《マインド》に夢も幻想も宿るのである。大気《アトモスフェール》のいかなるかによって――これはこれで気候のいかんによるわけだが――外界への知覚は想像界裡に雲ったり、心の雲が晴れたりするのだ[34]。この仮説の線を18世紀はさらに竿頭一歩進める。ヴィーンの医師アントン・フランツ・メスメルの高弟中にピュイセギュール三兄弟がいて、1784年に夢遊病 (somnambulism) を発見する。強烈に意志された視、もしくは催眠術家の凝視の力によって、「帯磁した」眠りが生じるのだという。空間を介して伝えられる物理的な「流れ (fluxions)」の惹き起こすこの恍惚裡に、下等動物はおろか植物や鉱物も含めてあらゆる生命形態によって大なり小なり訳知りに夢みられる普遍の実体夢へと、夢見の者は運ばれていった。「物質」間の照応関係を言うピュイセギュール兄弟の研究は、霊魂と身体、精神と物質の、どうやら眠りの中で開陳される親密な結びつきへの啓蒙時代人士の関心というものを少し派手に演出してみせただけという気もする。そういう鋭いメンタルな目を「科学的」に検証することによって、とりわけ唯物論者たちは、それがフィジカルな現実に近づいていくことを示そうと思った。かくして、広がった視野は扱い得る自然現象へと、ぐっと狭められる[35]。

夜中の枕頭に現《げん》ずる視野［夢］をその実体成分に分けてみる作業は、もっと以前の英国人の「鬱気《ヴェイパーズ》(the vapors)」分析が形を変えたものである。鬱 (the splenetic) 気取りは、ギリシアの体液病理学 (humoral pathology) を基にしたフランス人たちの流行の倦怠《アンニュイ》病たる“*les vapeurs*《ヴァペール》”を真似て、ウィリアムとメアリーの宮廷 (1689－1702) に生じた。古代教説によれば、メランコリー病は胸骨下部に生じたふさぎの気が空洞の繊維を通じて上昇、脳の白く澄んだ動物精気 (animal spirit) を曇らせることで幻妖《ファンタスム》が現じて、起るのであった。こうして、気鬱症者が無から形をつくること、生き生きした想像力だけから形を想像する営みは、環境保護理論の歴史と関係し、医学史とも関係した。流れない水、暗い湿地、霜と霧の気候が、ヒポクラテスからロバート・バートンにいたる医学史中ずっと、「呪わしいあやかし」の症状を伴う苦い鬱病《メランコリア》を (体現しはしないが) 生み出しはすると考えられたのである[36]。

見えるもの、ヴィジョンの実体をめぐる問題が18世紀美学理論の中核を占める。あらゆる物質的データが視覚を通して想像力にもたらされるとしたのはトマス・ホッブズだが、この立場はロックにも、アディソンにも（『スペクテイター』419）、そしてディドロにも引き継がれる。経験主義心理学によるなら、事物を回想の中に再現するには第二のプロセスが必要だが、回想裡にそれは「不在のもの、虚構のものいずれにしろ……事物の快い姿《ヴィジョン》に形づくられる」。後日ダフが同じことを言うはずだが、アディソンは霧もよいの英国の昏《くら》さ、気質の偏倚《へんい》が行きつくところ、同様に生彩ある妖精、邪鬼、妖怪の詩的表現である、とした。ディドロは『百科全書』に「幻妖（*Fantômes*）」の項を寄稿して、こういう伝統的な体液理論を駁したが、ホッブズが幽霊を怖れているという逸事を引き、そういう脅迫的霊など、直接経験と自然哲学によって霧消させられるだろうと断じた[37]。こうした議論はつまるところ、非現実の対象を絵が具体化してしまうという問題をめぐっている。1761年の『サロン』で、ディドロはユリシーズがティレシアスの霊を呼び出すところを描いたエドメ・ブーシャルドンの線描を褒めて、この彫刻家による構図がその古代の祖型に比べても遙かに劇的であり、古代人たちは犠牲の祭壇からくゆり立つ匂いに魅《ひ》かれている「これら霊妙の人物像（*ces figures aériennes*）」を描いていない、とした。ディドロはヨーハン・カスパール・ラファーター、ヨーハン・トビーアス・フォン・セルゲル、そして、ヨーハン・ハインリッヒ・フュッスリなどに十年も先立ち、それらの物質的な霊妙（diaphanousness）、流動、投影されたエネルギーに関心があった。これらダイモーン（*δαίμων*）、もしくはデミウルゴス（*δημιουργός*）には強烈な身体的実在感があり、その自足の一貫性はこれを無視しようがない[38]。

ディドロの言葉がぴったりなのは、夢占い的現象の解釈にどんな科学と唯物論の偏向《バイアス》がかかったかがよくわかるからである。1751年、アベ・ルングレ=デュフレノワが「幻妖、幻視及び夢」の研究に献げられた古今の論の完璧な論集を編んでいる。「自然の幻妖」がたえず空裡に姿を消していくことを「証明」する十分な材料を自分が提供しているのだ、とディドロは間違いなく自覚しただろう。腐る物体は、処置を誤れば異臭ある蒸気を永遠に放ち、この蒸気はディドロ理論によれば、それを発する亡骸《むくろ》の形をとり、そうした「本物の」幻妖は微風によっても遠隔地に吹き運ばれていくが、微風がそれらを構成分子に分解することがないからである。かくて、とルングレ=デュフレノワは結論する、そのような亡霊どもは神秘とは無関係で、これとても物質の活動の一例という以上のものではない、と。実際、それらのでき方を見れば、雲が人、動物、樹木の形になる形態論的プロセスのいかなるかがわかってくる[39]。

霊的とされる効果の現実性、物質性にかかわるこの仮説は、クロード=ルイ・ベルトレ、アントワーヌ=フランソワ・フルクロア、ピエール=ジョセフ・マケール、ラヴォアジェ、そしてプリーストリーといった化学者たちが空気を分析し、それがガスの複合したものと証したことを考え併せれば、そう奇妙なものでもなかったのだと知れる。ダランベール、シャルル・ボシュ、ジャン=ジャック・ラランドといった唯物論者たちが、霊魂の自然誌は身体のそれと一致すると論じた。今「ガス」と言ったが、物質的実体の輝発、もしくは物質が別の形をとることとしてのガス（*gaz*）は、英語の「スピリット（spirit）」、フランス語の「エスプリ（*esprit*）」に当るオランダ語の「ホアスト（*ghoast*）」に由来している。かくてニュートンが『光学』のラテン語初版（1704）で「スペクトルム（*spectrum*）」の語を用いているのは曇りないプリズムのつくりだす純粋色彩の帯を意味させたいためではなく、物質的形態から発するなべてのゴースト風（*ghost*likeな）光学的像を指すためだったのである。実際、ルーの『紳士雑誌《ジュルナル・ド・ムッシウ》』の1781年の記事にもあるように、美術に流行がある如くに科学にも流行があるのである。「現今主役は化学と見える。ガス、熱素、吸水土、燐酸、輝発アルカリ、熱素抜き空気等々、口の端にのぼるのはそればかりだ。この科学は余りにはやりになり過ぎ、専門用語の海の中、即妙の機知、洒落、掛け言葉に夢中の軽薄科学をうんでしまったが、フランス人たちの口に合う」。もう少し機嫌良い時のルーが、物質にあり得る肉感的（？）作用を列挙している。化学ほど魅力的なものはなく、それは結婚させ、かつ離婚を早め、それは混ぜ、それは分けさせ、「ついには存在を創りだし、それを見えるようにするのも、次に意の儘に消させるためである」、と。もっと真面目な話、これらのウイット満点の変形作用で思いださせられるのは、ニュートン以来、ガスとゴーストが、水中でも泡だてられない、瓶にきちんと詰められないような無体物の大きな範疇に属したのだということである。重力、エーテル、生命気、いや、人間霊魂さえもがそれ自身では不可視なのに、物理的には経験され得た。一握の熱素《フロギストン》を、磁気を、電気を見せてみろと要求するなど愚かの極みながら、たしかに存在はしているのである。リチャード・ワトソンが1781年刊の『化学随想』で次のように簡潔に纏めている。「**自然**の中にはそのうみだす効果によってのみ感覚の対象になる、そうした力があるのだ」、と[40]。

（人工的に創られた物か自然にある物かは問わず）儚《はかな》い現象へのいや増さる関心を、古代以来の描かれ得ぬ美を言う美的伝統と比べ、対照してみると面白そうだ。伝統的には芸術は目に見える光学的事実のみを相手にすることになっているが、再現–絵画が事物の文字通りの、生《な》まのデータと一致するかといえば必ずしもそうではない。実際に古代この方、画家に描き得ないものはないとする観念は、描かれ得ないままの物もあるのだという概念とずっと共存してきている。

画聖アペレースは「雷鳴や稲光り［といったような］描き得ぬものを描いた」、とプリニウスは言っている。「どうやら」、と続けて、「テオフィラクトゥス・シンプカトゥスが何かこうした話に目を向けたのは、**画家たち**が**自然**が成し得ぬようなことどもを表現しようとすると言おうとしているためである」、とある。ユニウスは『古代人の絵画』で、この文章に触れて、細工人間にとっては二種類の模倣があるとした。ユニウスは、ただの模倣を出《いで》て放胆にも「人の目には現われぬようなことども」を相手にする敢為の画工を批判する。古来有名な理論を編んだこの16世紀人がアウソニウスの第17書簡を引いて、内なる想像力ないし創意に全幅の信を置くべきでないという警告としているのが目を引く。画家が外の自然を真似るにとどまらず、自らの「幻想《ファンタジー》」に従うのは大したものだとは思うが、常識によって導かれる必要はあるのだ、と。「描かれた霧［は］……それが一添景だという限りで我々を愉しましむるに過ぎぬ。同じアウソニウスが別の箇所（『エイディリオ』6）で言っているような描かれた靄《もや》である場合、即ち画家が冥府の黒洞々《こくとうとう》たる暗黒をば、描かれた靄《もや》で表わし、そのことによって、大昔、女人たちが責苦《せめく》の愛神《クピド》を地獄で、英傑たちの住昔《むかし》にあっていかに彼女らに恥をかかせたかと言って苦しめるか示す、そのような場合はこの限りでない」[41]。

物語の組立てに役立っているのであれば、単に意味のない、自足した靄《もや》や雲を壁上にそっくり描くことにそう目角《めくじら》立てることもない、とアウソニウスは虚構制作者を気楽にさせようとする。しかし、非在のもの、実体なき外観を「現想《リアライズ》(realize)」することが、何かはっきりした意図というものもなく、デューラーやレオナルド・ダ・ヴィンチにとって重要な画題となったのがルネサンスという時代であった。模倣し難いものを模倣したい、「朦朧体（*sfumato; mezzo confuso*)」と呼ばれる各種絵画パラドックスを試してみたい、自然の効果に芸術力で勝負してみたいという執念《しうね》き宿願が、パルマの雲湧く聖堂大天井から、アレッシオ・デ・マルキス、フランチェスコ・グァルディの「火炎画」、ジョセフ・ヴェルネ、ピエール＝ジャック・ヴォレールの火山画にまでさぐれる[42]。空模様が急変して、油然《ゆうぜん》と雲湧き、陣風吼えて塵埃を巻くという嵐迫るの図をプーサンが描いたのをアンドレ・フェリビアンが褒めるのも、こういう流れである。プーサンの二枚一組画《ペンダント》をアペレースにも比べるのだが、「一（『嵐』）に於いても他（『凪《なぎ》』）に於ても、この種の画題を巧く描きおおせており、模倣し難きを完全に模倣し得ていると言えるから」である。およそ描き得るとしも思えぬ自然の効果に、プーサンは再三再四、手をそめる。ルーヴル所蔵の美しい『エコーとナルキッソス』では、水に死ぬ美青年をいかにも水っぽく表現するばかりか、自然にはできない何かをもやってのけた。ナルキッソスに恋い焦がれ、やつれ霧消していく森の女精《エコー》を谺返《こだまがえ》す風の水鏡（an acoustic reflection）にと絶妙に変えおおせているのだ[43]。

ロージエ・ド・ピールがその『絵画講義』(1708) に「風景画演習」なる章を設けて、時折り自然中に生じる取りとめない一過現象を論じている。物質を論じるさまざまな18世紀科学の正確さ信仰とは逆に、ド・ピールは画家が自ら素晴らしいと見る相手をしっかり固定しようと腐心するのは無益だと言う。異様と感じた相手を速筆でささっとスケッチする方が実《じつ》が上がるだろう、と。「不可能」な個物相手に正確さを望まないで全体的効果の方を捉えよというのである。こうした「驚異の効果」に（勿論、変り易い自然を絵具に移す段に必要な注意によって相殺されながらも）はっきりド・ピールは淫していて、18世紀の新古典主義的傾向の典型である。『1747年［の］展覧会を論ず』のアベ・ベルナール・ルブランともなれば、「模倣不可能なものを正確に模倣するなどあり得ぬ」と断じて、一停止状態をこそ、とレッシングやヴィンケルマンを先取りするようなことを言っている[44]。ここでは大事なことを二点ばかり押さえておく。第一に、古典主義派理論家たちが画家に対してした、「人の目には現われぬようなことども」の模倣は止めろという警告など、物質と空間の複雑な組成をめぐってニュートンが明らかにしていた事実を前に、完全に時代遅れになっていたはずである。仮想生命感（virtual animation）と、物質実体の諸現象は〈幻想《ファンタシア》〉にも呼び出せぬものを現前させたのだ。第二には18世紀末にかけてある重要な機械の発展があって、そうした傾向をさらに表沙汰にしたこともある。この自らのすることを隠す機械の一見動し手不在の運動は、絵具《ファクテュール》の妙も、想像力のパワーも凌駕しようとした。自然の中では幽霊《ファントム》でしかないものを物質として「実現《リアライズ》」できるという信念が、フィリップ＝ジャック・ド・ルーテルブール、英国名ド・ラウザーバーグ考案の「エイドフューシコン（Eidophusikon)」(1781) の根本にはあった。この動くパノラマは、小舞台全景をたゆたう気《アトモスフィア》の効果で満たす風景透し絵《トランスペアレンシー》によって、生命ある《アニメートな》イメージを現前させた。このアルザス出身の画家で舞台装置家がした発明は完全にテクノロジーの力に頼って光と、その多様な現われを利用するという大層パラドキシカルなものである。結果、自然の効果が、誇張された舞台装置、即ち日の出、日没、雹《ひょう》、嵐、大火、天変地異の人工的再現を介してうみだされることになった[45]。

ド・ラウザーバーグが幻想異界《ファンタスマゴリア》を召喚して、（再現的想像力を介して自然と対抗しようとするものとされた）絵画が幽霊然とした相手を模倣する力がもはや余分、せいぜいで時代遅れというふうになるはずのところ、大気研究が次々と助け舟を出した。こうしてヴァランシエンヌは、遠方が靄《もや》るという定型の美の語彙を克服し、科学的な自然研究に基いた忠告を風景画家たちにすることができた。画家‐実験家として、あらゆる気象現象《メテオール》に躊躇なく取り組む「芸術家‐観察者」という新しいカテゴリーをつくりだす。ヴァランシエンヌが空気遠近法（aerial perspective）を相手にする時には、その「空気」の定義また物理学者の流《りゅう》に、「無色にして自然全体に分布、あらゆる方向に広がる無臭で軽く、透明で弾力ある気体」というのである。しかしすぐ付け足して言うには、成層圏が虚だというのは理念にして抽象観念であり、実際には大体、地上からの蒸気類が多少とも入りこんでいる。光が波動となって太陽から出、あらゆる実体的物体に浸透し、気海が経験する超物質的変質によって「驚嘆すべき効果」をうむとするニュートン主義の仮説をも知っていた[46]。

かくて18世紀一杯の気象学（meteorology）と[47]、大気科学（atmospheric sciences）の勃興と[48]、世紀末にいたってのその大流行を俟《ま》って始めて、天候気象のあらゆる捉え難い個別現象が――今や物質的現実とされて――風景画叙景に入り込むこととなったのである。こうした探究は旅行者たちが自然を発見するプロセスで育ったし、精力的に実行された。この意味では、自らの身体、精神のすべてを物象物理の現実の探険プロセスに投入した旅行者たちは、直接観察をするといっても他の種類の族《うから》からは断然図抜けていたはずである。

●実体ないものを表象する

特に博物研究を目的とし、気象関係の大規模自然現象をよりよく理解しようと目論まれた私の何度かの航海で……（私が観察したのは）地上近くのものより遙かに上の方の大なる靄《もや》であった。

――P・ベルトロン

夜が明けつつあり、荒ぶる綿津見の遙かな上方に浮く気球が見えたが、広い水平線も眼路《めじ》の限り、陸《くが》の一片も見つからなかった。

――エドガー・アラン・ポー

科学、哲学、そして美学の互いに関連し合う関心――ニュートンの二価的実体、唯物論、幽霊じみたガス、描き得ないあれこれの性質、勃興中の大気研究――が一緒くたになって、事実第一の旅行記（factual travel account）をうむ。これらすべてが合《がっ》して、「リアライズ（realize）」することに、常に変化《へんげ》し止まぬ仮象の世界を存分に生写／理解することに資するのである。そうした探究は、束の間で儚《はかな》い、一見実体のない存在であるだけの現象に幅広く目配りをするさまざまなやり方で進んでいく。気象現象《メテオール》（大気の現象・仮象）が広く巷間に知られていき始めたのも、捉《とら》え方《がた》なきものを絵画化することも含むこの気宇大なる運動の一局面として、ということであった。

形態に境がないので囲いこめないとか、ともかく何かこれと決めかねる自然現象を、アリストテレスは実に短簡に定義した。天空に現われては消える曖昧なしるしを、迫り来る動乱や混乱の前兆と読んだのである[49]。それらの中では霞《かすみ》が一番読みにくい、というかキャラクタライズしにくいとされた。18世紀になると、アベ・リシャールが物質生命史の微妙な小事件、細い束となって薄明の空にやわらかく立ちのぼる「湿り靄」の克明な観察を続けて、アリストテレス気象学の分類表を修正充実させた。旅行家たちは現場主義をもって、自然の「不可能な」効果を記録するのに与《あずか》って力あった。アーサー・ブルックは極圏を横断中、冬至直前の数日、天空を支配する薄明裡に光の走る大気の状況を記述している。もはや月は支配力を揮《ふる》わない。「微かな靄《もや》でこの時にはさらにおぼろになっていた月面からは、遠方の山々の広がり、雪に掩われたマツの森の上に柔かな光が降っていた。私はトルネアの凍りついた流れを確認できるに過ぎなかった……」。紗《しゃ》のかかった奇景を呈する点では極北も同じであった。フォルスター父子も、クックの第二次航海に随伴の天文学者ウィリアム・ウェールズも、浮氷の反射光による「氷の煌《きら》めき」のことを記している。北極点をめざしていたコンスタンティン・フィップスは、操舵手が氷山が接近中と知るのはいつも、「水平線近くに明るいものが」見えるからだと書いている[50]。

いつも寒冷な地域や季節と結びつけられることの多い霧も、多くの旅行記で細かく分析されている。しかし広汎な人間に霧が一番劇的に力ある物質的現象として現われたのは1783年のことである。ベルトロンはじめ、当時の有力誌紙の記者たちが書いているように、その年、数ヶ月にわたってヨーロッパ全土を「ただひとつの」霧が掩ったのである。濃い霧で、特別な眼鏡を使わずに裸眼で太陽を直視できるほどであった。ぼんやりとした太陽は血の紅から黄色まで、その色をさまざまに変えた。どうしても改宗しようとしない者をもいきなり改宗させてしまえるほどの椿事ではあり、どんな鈍い人間でも、大気現象の物理的な力を感じないわけにはいかなかった。この奇妙な、しかしこれ一回切りというわけでもない朦朧現象を説明しようとして挙げられた理由としては、神罰応報というのはなく、物質的エネルギーが可視化したのだとか、自然にも革命が生じているのだとかいう議論が出た。科学界は純粋に自然界内の原因の連鎖だとした。先立つ秋は一寸ないくらい冷たく湿気があった。同じ頃、大地震がカラブリアを揺らせ、震動《ない》は5ヶ月も続いた。引き続きアイスランドの海岸近くに島が出現、その因は同時に生じたヴェスヴィオ火山の噴火と繋げられていった。南イタリアの天変地異こそはこの「電気」と「硫黄」のカーテンの直因と解され、帯電した蒸気が卓越風に運ばれると嵐が生じた[51]。ありとあらゆる暴風雨の因が、見るからに濃密な大気に帰せられた。ラ・ペルーズの探険行随伴の歴史誌家、ジャン＝バティスト＝バルテレミー・レセップスは1788年冬、ロシアで大変な吹雪に遭遇したが、空が雪片で一杯だっただけでなく、地上に積ったものがたえず強風に煽られて乱流となり、濃霧が発生して、もはや六歩先も見えないほどだと書いている。

ブルックはラップランドで似たような経験をしたことを報告しているが、橇《そり》がソリヴァラ山脈を滑り落ちた後、小人数の一隊が「ゆっくりと漂う濃い靄」の中に姿隠れ、「その中に入った者が後続の者からは完全に見えなくなってしまった」。降雪表面全体が「突然嵐に煽られたように見え」、細かい結晶の形になると厚い「雪霧」となった。1820 年にウイリアム・スコールズビーが北極域についてした報告は、見るからに「ハード」「ソフト」両物質を綯《ないま》ぜにしてみせる。ヤン・マイエン島に上ったスコールズビーはあるクレーターの天辺に登って「巨大な溶岩塊」を見やると同時に、北に見えた「濃い霧［が］我々に向って悠然と迫って来ながら、徐々に遠景を包み込み、ついには一番間近な山並みまで遠くの暗黒に包まれてしまった」。第二次北極洋探険（1828）のジョン・フランクリンはその名も霧島《フォギー・アイランド》にキャンプを張ったが、湿気を含んだ靄《もや》、「不透明」で荒涼たる天候に呑みこまれるような気分にさせるのでその名がついていた[52]。

ラ・ペルーズがカリフォルニア沖で、モンタレーを押し包む「永遠の霧」のことを記し、これこそ界隈一帯の豊穣の源と言って讃美している。同じ航海中、1787 年 5 月、日本と中国の沿岸を航行しつつ、タタールの山並と渓谷に目を止める。「かつて目にしたことのない異様な靄の堤がこの朦朧の因であった。それは拡散し、形も色も上空にのぼって雲の圏域に紛れていき、こうしてさらに数日たつ頃にはこれが幻妖《キメラ》の島だということにもはや一片の疑いもなくなっていた」。変化をもたらす靄はとりわけ注目に値した（熱帯では雷鳴がはたはたとよもすのが雨季の合図である）。『アフリカ奥地の旅』（1820）のジョージ・モリエンが、嵐が「我れらの眼路《めじ》の限り最高峰の山々をも包む濃い霧さながら」瞬く間に東の空に発生する迅速さに驚いている。マリア・グレアムはこの現象は比較的暖かい気象に生じると言い、フンボルトはコルディエラス山系をくっきりと浮かびあがらせる真澄の蒼穹《そら》のことを記して、渦巻く霧がゆっくり谷々に沈んで晴れていくにつれて、アンデスの山容が天辺まで見えてくる、としている。コロンビアを行くチャールズ・コクランはシラ山のカラカス側ではなくラ・グアイラ側に特有の霧のことをとりあげている。科学的観察になれたグレアムそっくりに、コクランまた、この現象に訳知りな説明を加えている。太陽の熱が岩塊に当り、反射で温まると、低い層の湿った空気を動かし、それが上昇して大気となると、そこで凝結して降下するのである、と[53]。

時折りこうした話の中で話題にされる山と靄、ハードとソフトの結びつきは極東域の蒸気靉靆《あいたい》たる帛画《はくが》、水墨画のことを思いださせる。そうした地域を扱った物語中に道《タオ》教の教えが籠《こ》められる。『日本誌』（1717）のケンプファーは、「燃えながら」も滅びぬ富士山の美たるや何ものにも凌駕されないと記している。「その山頂は久遠の雪に覆われ、雪は業風の威力で吹き散らされて、宛然《さながら》烟霧の帽子に異ならぬ」、と。

叔父・甥のダニエルの『東洋風景』はちがった角度からヒンドゥスタンの山脈《やまなみ》が、日に照らされたかと思うと昏《くら》く翳り、天辺に大きな靄を被る様子を描く。大体が湿気をたっぷり含む空に現われる柔かな白い霞《かすみ》を表現するには粒状の肌理《きめ》を持つアクワティントがぴったりだ。ボンベイ近傍のカリアンから見た朝の景色をグリンドレーが線描に描いた（そして、ウィリアム・ダニエルが賦彩した）ものを見ると、突き出た山塊が白い霧の海に漂っている。このテーマを広げたのがジェイムズ・ウェールズで、デール・ワーラの石窟寺院を探険して、捉え難い透

図137　A. Cappell Brooke, *Preparations for Passing a Night in a Fishing Hut ... with the Effect of the Aurora Borealis*, from *Winter Sketches in Lapland*, 1827, pl. 18. Lithograph by C. Hullmandel. Photo courtesy British Library.

図138　A. Cappell Brooke, *Laplanders Encountering the Snow Drift*, from *Winter Sketches in Lapland*, 1827, pl. 11 Lithograph by J. D. Harding. Photo courtesy British Library.

図 139
George Back, *Expedition Doubling Cape Barrow, July 25, 1821*, from John Franklin, *Polar Sea*, 1823, pl. p. 366. Engraving by Edward Finden. Photo courtesy British Library.

明な靄が黒く汚れた壁上に凝結してぼんやりした模様を残す物質的効果に注目している。同じような弁証法によってヘンリー・ソールトは、アビシニアのサマユート山に触れたり、カラート渓谷に入りこんだりする巻きひげのような漂遊気塊に目を付けている[54]。

空間をめいっぱいに満たされた物質をニュートン流に再定義すると、もっと凝縮した実体も揮発してしまうことになった。滝の水煙を物質の物理力のほとんど目には見えないが確かに感じることはできる記号と 18 世紀の旅行家たちは解釈しようとして、ジェローム・リシャールが科学から祝福したような野外での浸透劇を刺激した。この気象学者の旅行家はテルニの瀑布を自然の経済の格好の例と見る。それはマルモーレ山から 200 フィート下の滝壺になだれこむ。そこで流れは岩頭に飛散し、帯電した「水の埃《ほこり》」の小さな雲とはなって宙に漂う。この水

図 140　Thomas and William Daniell, *Between Taka Ca Munda and Sirinagur*, from *Oriental Scenery*, 1797, II, pl. 22. Color aquatint. Photo courtesy India Office Library.

図141 Thomas and William Daniell, *Cape Comorin, Taken near Calcad*, from *Oriental Scenery*, 1797, II, pl. 1. Color aquatint. Photo courtesy India Office Library.

図142 R. M. Grindlay, *Morning View from Calliann near Bombay*, from *Scenery ... Chiefly on the Western Side of India*, 1826, I, pl. 18. Painted by William Daniell, color aquatint by R. G. Reeve. Photo courtesy India Office Library.

図 143
James Wales, *Dehr Warra,* From *Hindoo Excavations in the Mountains of Ellora*, 1816, pl. 24. Color aquatint by Thomas Daniell. Photo courtesy India Office Library.

の靄はリシャールに魅力的であるばかりか、環境について教えるところ大《だい》なるものがあった。この飛沫と化した液体が遠くからする作用のせいで四囲は、土壌に浸みこみはするが濡らすほどではない濃いが軽い霧にいつも包まれており、「全体的な涼味、それとわかる程度の湿潤」がそこいら一帯を潤おしている。向う側の岸から見ると滝は「物質の状態変化の驚奇の観」を呈する。とりわけそれが太陽光線に断ち切られて何重もの虹となる時だ。この虹たちが水圧と風向きによって上に上がったり下に下がったりするのである。

スイス人風景画家にしてアルプス登山家でもあったカスパール・ヴォルフは、現場で見る物理実体が演じる朦朧の劇に特に注目した人物であった。彼が野外で無数に描いた絵やスケッチ

図 144
Caspar *Wolf, Second Fall of the Staubbach,* from *Vues remarquables de la Suisse*, 1776, pl. 6. Color aquatint by M. Pfenninger. Photo courtesy Cabinet des Estampes, Bibliothèque Nationale.

図 145
Caspar Wolf, *Second Fall of the Staubbach in Winter*, from *Vues remarquables de la Suisse*, second edition, 1785, pl. 6. Color aquatint by J. F. Janinet and C.-M. Descourtis. Photo courtesy Cabinet des Estampes, Bibliothèque Nationale.

を見ると、シュタウプバッハの滝がその幾つもの物質的成分《エッセンス》に対応するさまざまな変化を験《けみ》する様子がよくわかる。一時間毎に、大きな楓の木のそばに立つ見物人はその厖大な分量の分子に現われる、異った効果を目にすることになる。「銀の遮幕」がモンク山と、渓谷底の氷河の上に漂う。景色に見入っていた者は「猛烈な量の水塊の落下で小さな透明の雲が無数に湧く」のを見る。ヴォルフは、南風が吹いて、少なくとも二分間、それとわかるほどの水滴が落ちず、見えるのは細い「空裡の線」、「白い糸」のみというおよそ絵にも描けぬ瞬間を捉えて、博物学に強いところ、実は何かで一杯なのに虚と見えてしまう空間にすばらしく目の利《き》くところを見せたわけである。

シュタウプバッハの滝は 18 世紀、19 世紀を通してファンの多かった名瀑である。ラウール＝ロシェットもヴォルフ同様、何者かが動かすのではなく自発の作用因がさまざま働き合う様に目を凝らしている。

やがて風に吹き煽られると二つの流れはずっと向きと形を変え続ける。空中へと膨れあがって……ついには砕けると細かい湿った埃と化し、巨礫の底の所で再び一緒になってから、ルットシーネに合流していく。こうした水はまるでふわふわした紗のように空裡に波動を演出する。水の柱の傍で揺れる円環の虹たちは多彩な組合せ、まさしく百宝色《ひゃつぽうじき》の煌めきを同時に見せ、それら埃と真珠の波［は］何やらん目に見えぬ力によって宙に漂っているが、やがて地上に玉置く優しい露となって降る（傍点スタフォード）。

この急湍は冬にも魅力を失うことがない。自然の創造する力がそれを結晶の柱、奇態な鍾乳石、空の色したラッカーに変える。ガスから液体へ、液体から固体へという絶妙な化学変化は既にヴォルフのよく表現し得ていたものである[55]。

もはや牢固たらざる物質の、人の手にも神の配剤にも頼らぬ自発自動の各種表現形態は、もう少し遠い地についての物語の中にも現われてきた。よくわからないナイルの水源をめざしていたジェイムズ・ブルースは突然新しい絶景、アラタ瀑布にどう出くわしたかの経過を記している。先般からの雨で水量の増した川がそのままひとつ塊になって落下していく。「濃い霞、もしくは烟霧が滝全体を覆い、上にしろ下にしろ流れの上を掩い、流れはたしかにあるのだが水は見えない」。同じように触覚的な感じが、テクェンダーマでボゴタ川、マグダレーナ川が合流する出会いの時にある。この巨大水塊が暗い割れ目から奔出すると、「堂々たる幅の、輝くアーチを形づくる」。少し落ちると「白い羊の毛にさも似」、さらに下へ落ちると「万余の奇妙な形が飛び出し、何よりも花火にそっくりだ」。蒸散も「迅やか、かつ大《だい》なるもの」あり、変化ぶりも「多彩かつ美しい」のは、この巨大な水塊が「濃い蒸気を吐くと、それが上って大気と混り合い、美しい虹橋をいくらも架ける」からである[56]。

例の二価的物質観で言えば、水蒸気は、非物質的に振舞う物質のグループにも属し得る。それを非実体的と感じるかどうかは相対的である。つまり、もっとソリッド、もっと固体的な何か —— 実際には反対物の物質に現われた自分自身 —— との比較あって初めてわかるのである。たとえばインド洋上で竜巻を目撃したグロースは、それが出現時、密な海面から立ち上る「黒い煙」そっくりだったと言っている。同じ海域を帆走中のル・ジャンティはジャワ沖で自然変化《へんげ》の似たような奇観を目撃した。微かで、ほとんど感じられぬほどの流れが、見る間にもぐんぐん希薄化しては、「細いが見事に黒い繊細きわまる輪郭をもって海面に接するばかりである」、と[57]。

火山が同様に、その構成各部位のレヴェルで物質の確執葛藤を示すのは、海を無限の表面、相対的に固体的なものとする海表象と、束の間の幻妖、祖型的パワーとして示すそれとの間の弁証法的均衡と似ていなくもない。実際、(現実にもそうであり絵の中でもそうされた)「ハード」な物体、山なすモニュマンとしての火山規定は、シャップ・ドートロッシュとかウーエルとかいった旅行家が火山活動の最中、前後に執念《しうね》く「濃い煙」が出現することを証示したことをもって怪しくなっていた。ヴェスヴィオが1767年に噴火した時、ナポリの火山学者ジョヴァンニ・マリア・デルラ・トルレは最初の噴火後に山頂に残っていた噴気の組成を調べた。動揺し止まぬその噴火口の歴史を、岩滓《がんさい》とともに噴き出す帯電した烟霧 —— 泡から閃光へ、化学の昇華作用にも似た灰まじりのガラス化から黒く濃い羽毛状の煙まで、組成もさまざまな —— を分析することで辿りおおせた。リシャールは、ヴェスヴィオ火口が吐き出す厖大量の蒸気が形づくる細い雲を巧く論じている。それらは、さまざまな幅の蒸気に支えられ、しなやかな紐のように山の麓《ふもと》から山頂へ滑り上り、噴火口から溢れる煙と混り合ってから、「大気の波間に」雲散していく。同様にタンナのキャプテン・クック、エトナ山上のパトリック・ブライダンが —— 二人ながら「地獄の深淵」をのぞきこみながら —— 一心に注目しているのは牢固たる相貌《フィジオノミー》ではなく、周囲の空気よりかなり重い朦々たる「硫黄の煙」次第でどうにでもなる物の

図146　P. Bertholon, *Erupting Volcano*, from *De l'électricité des météores*, 1787, II, pl. 2. Engraving by L. LeGrand. Photo courtesy Smithsonian Institution.

輪郭であった。それは急湍のごとくに山麓を（上るのでなく）下りて、「大気中の自分と同じ比重の部分に達する」と、水平に這《は》い始め、風向きに従って空裡に大きな道をつくりだした」[58]。

煙を発する実体、「硫黄の煙」は、溶けた物質の海にばかりでなく、鉱山の深みでも際立《きわだ》つ。エルンスト・モーリッツ・アールントがその『瑞典《スウェーデン》紀行』（1806）に、ヨーハン・フリードリッヒ・ルートヴィッヒ・ハウスマンがその『スカンディナヴィア旅行記』（1818）に描いたファルン鉱山は、突然の風で現われたり消えたりする謎の異臭気で悪評嘖々《さくさく》だった。地上では命取りのものではなくなり、日の光を浴びると魔法の煌《きら》めきに映えるのだった。ボアジュラン・ド・ケルデュがファルンにはまだ大分ある所で硫黄の臭いに鼻をひくつかせ始めたのも不思議ではない。「夜到着した時、鉱石を焼く炎で夜空を焦がす無数の炉のせいで、大気がま

図147　J. Houel, *View of the Upper Crater of Etna*, from *Voyage pittoresque des isles de Sicile, de Malte et de Lipari*, 1787, I, pl. 123. Aquatint. Photo courtesy British Library.

図 148　William Hamilton, *Interior View of the Crater of Mount Vesuvius*, from *Campi Phlegraei*, 1776, II, pl. 10. Color aquatint by Peter Fabris. Photo courtesy British Library.

図 149
J. Houel, *View of the Crater of Stromboli*, from *Voyage pittoresque des îles de Sicile, de Malte et de Lipari*, 1782, I, pl. 72. Aquatint. Photo courtesy British Library.

るで町の火事のように真赤だった。鉱山は濃霧に包まれていた」。好古家ウィリアム・ボーラスも、コーンウォールの各炭鉱の上方や内部に漂う同じように可燃性の坑内ガスのことに触れている。それらは「その蒸気によって……部分が分離して上昇していく迅やかさによって、空気に影響せずには措《お》かない」、と[59]。

漂う霞や霧が凝結して星雲状になるのは時間の問題である。必ずそうなるので興味津々の旅行家たちは、上昇する蒸気と山が似ていると知覚する。これらの光学的見物《みもの》はふたつながら、或る（蒸発気の場合のように、全てのではない）秩序感覚の否定に依るものであり、（火山の場合がそうだが）ふたつながら牢固たると同時に儚《はかな》くもある。地のモニュマンと同様、雲形成は、見る者をその布置に人に似た（anthropomorphicな）、動物に似た（zoomorphicな）形態を見たいという誘惑に駆る。この視覚の挑発は、物理的実体のいろいろある力に与《あずか》る ― すべて本質的にダイナミックな ― 多様な形態が互いに交換可能であることを前提としている。岩や廃墟と同様、雲も音もなく崩れ解体し、表面を失って、動揺するもの、完成なきものの領域に再び入っていく。輪郭はないのに靄より大きな塊を成し、そうして、大気中に見た目にも離合と集散をしながら、もっと可触のパワーを揮《ふる》いもする[60]。こうして雲こそは自然がうんだ生命ある宇宙の完璧な絵文字《ピクトグラム》であって、同時に出現と霧消を、不易と無常を、開豁と閉鎖を、物質と精神を孕むのである。

雲形成の細部を緻密に観察するのに旅行記を利用したのはリシャールばかりではない。英国の気象学者たち、また然りであった。J・F・ダニエルは『気象論』で、キャプテン・スコールズビーとパリーの北極探険行を見ると、北極圏域に独特な風と天気の揺れ、大気圏のより高い部分を形成する擾乱についてよくわかるとしている。同様にスイスの山という「気象台」が空気の希薄によって朦朧現象の解明を楽にさせてくれた[61]。

温帯地域へ行った英国人旅行家たちも、模糊たる物質が発生する様子を記録している。マカートニー卿はテネリフェ山に登った時、その一枚岩の円錐の基底部を目にすることができなかった。それを高速で渦巻く「山々」が「巨大な海のように」視野から遮ったからで、それらは遙か眼下の谷に入りこみ、最後には海に達すると、一部は海上に残り、一部は波間に消えたという。テーブル・マウンテンはハード、ソフト両物質のせめぎ合いに関心を持つ雲の研究家にとっては、さらに面白い場所であると知れる。クックの第三次航海随行画家のジョン・ウェッバーは喜望峰《ケープ》を睥睨《へいげい》するこの天然のモニュメントの威風堂々、無骨の押し出しに興味を持った。低い視点を保ち、ケープタウン越しにこの山に目を凝らすということで、あと二つあった山は無視であった。ところでウェッバー、ホッジズを含め、これら科学の心得ある航海者たちは――芳しい香りと微風といった不可触要素に加えて――「テーブル・クロス」が山の量塊の上に広がっているのに、半球《ヘミスフィア》の残り部分は真澄の青空で、一点の蒸気も見当らぬ対比の妙もちゃんと押えている［図52・53］。山の尾根に立つバロウも、山を物質が代りばんこに相手に反応を返す劇だと感じる。億万の石英の岩の「骨」が、牢固だったものが今は砂と砕けている頭上では、さらに激しい変化が起きている。夏の炎熱で海水が蒸発して生じた羊の毛のような雲が台地の上に湧く。（1788年、雲の発生と成長を論じたド・ソシュールもスイス山岳にくっ付いた似たような「寄生物」を論じている）。『東方航海者』（1807）のジェイムズ・ジョンソンはさらに、このケープタウン現象はモンスーンの時に起きると言っている。水が蒸発した気が大陸棚の所にまで運ばれて凝結して、ぶ厚い毛布のように漂い浮くのだ。そして地峡を越えるや忽ち『嵐《テンペスト》』の妖精たちさながら「霞と消え――跡形もなく」なる[62]。

北緯10度、南緯5度の間の熱帯は朝な夕な、太陽近くに湧いて太陽の色に染まる「幻想的な雲塊」を生じさせるが、極域に特有の光背《ニンバス》効果には比ぶべくもなかった。1818年、捕鯨船に同乗してグリーンランドに向かったバーナード・オライリーは「北洋の気象にかかわる科学的データの絶対的不足」を何とかしたいと思って赴いたのだが、「科学者にとって未知だった大気現象」を正確に線描した。オライリーが現場で描いたスケッチに一枚、幻日（weather gall）を描いたものがある。船乗りたちが幻日を怖れるのは、それが出ている辺からは突風が来ることが多いからである。「濃い青なのに黄の斑があるので緑がかって見える奇妙な色の雲」で、「大体は他の雲に抱かれて、占めるスペースは僅かである」[63]。

両極域に固有の朦朧の珍現象がいろいろと紹介されていく一方で、雲研究家をたしかに一歩

図 150　B. O'Reilly, *Luminous Arch and Weather Gall*, from *Greenland* ..., 1818, pl. p. 196. Aquatint by F. C. Lewis after S. Koenig. Photo courtesy British Library.

図151　B. Faujas de Saint-Fond, *Inflation of the Balloon*, from *Description des expériences de la machine aérostatique*, 1783, I, pl. 3. Engaving by Bertault. Photo courtesy Library of Congress.

図152　J. Houel, *Aerostatic Balloon*, 1783. Aquatint. Photo courtesy Cabinet des Estampes, Bibiothèque Nationale.

進めるのに最大の貢献をしたものと言えばやはり気球の昇空であろう。フォージャ・ド・サン＝フォンがその『飛行機械（*La machine aérostatique*）』（1783）で言っているように、この発見用途の機械は風のまにまに漂うばかりではなく、その構造そのものが自然の最も主要な作用のひとつをそっくりなぞるものなのである。薄い膜の大型の殻構造に浮揚力ある蒸気を詰めるという大胆な発想は「一種の人工雲」を造りだすのに成功したわけだ。こうして気球飛行士（aerostat）は空気より軽い気体の浮揚という原理に則り、ラヴォアジェのいわゆる「弾力流体」の間を通過し、その源でニュートンのいわゆる「電気霊」に出会うのだが、要するに一片の雲とはなって、嵐その他の気象現象が発生する圏域に昇っていくのである。

こうした「実験機械」発出の巷の騒ぎは新聞好個の話題であった。こうしたイヴェントにまつわる大騒ぎは、そうした機会に上版された厖大量の版画が賑々しく伝える。『百科雑誌』が言うには、1783年11月21日「お狩場《ラ・ミュエット》」からモンゴルフィエ気球が上るに際しては「パリ中が」

人類最大の発明品のひとつを見ようと集まった。「男ざかりの科学狂いの二人が 3,000 ないし 4,000 フィートの高空に、ただ一枚の簡単な布で炎の炉から仕切られているだけ、吊るされた籠は燃え易いことこの上ない物品で一杯という仕掛けで昇って行くのを見て震撼しない者などいただろうか。この光景に想像力もちぢみあがる。とは言え、見物人たちの拍手喝采によって、この二名の勇敢な企ては報われて余りあるのであった」。

驚嘆はいつでも激しい恋に変わるものだ。フランス人物理学者で気球飛行家のジャック・シャルルは、1783 年 12 月 1 日の歴史的昇空の後で、図 153 のような愛すべき鉛筆画スケッチ付きの次のような匿名の手紙を受けとった。「貴方様は私が今何を想ってもそこへ行きついて仕舞う御方、私の心の英雄、私の心を釘付けにした天才なので御座居ます。貴方様に生涯名を明さずに置こうと決心しましたことをこうして書いておりますだけで、おぼこな胸裡《むなち》がもうどきどき致しますほどで御座居ます。集まった女たちに御目をお向けになられる時、一番目を惹いた者にお尋ね下さいませ、汝はテュイルリーでの実験の時にいたか、と。この戦車《シャリオ》で再び昇られる時、涙で一杯の私の目はいつまでもそれを追い、私の魂はそこにあることで御座居ましょう」[64]。

娯楽とか軍事とかの目的とは別に、コロンブス、ヴェスプッチ、ニュートン、ラヴォアジェ、そして気象学者たちの名が引き合いに出されることが多いことからして、これらの飛行が単に面白いエピソードとして見られていなかったことはたしかだ。シャルル、ピラートル・ド・ロジエ、ビオ、ゲイ＝リュサック等は科学的意図をもって大地を離れた。こうした気球観覧の入場券を見ると、絵柄は大気の波間に活躍の飛行士と相場は決っており、失敗して大いに嘲笑されたミオランとジャニネの飛行実験の破られた半券にさえ、自称探険家たちが渦巻く雲海相手に熱心に調査を行っている図が描かれている［図 154・図 136 も］。

ドーヴァー海峡越えのトマス・ボールドウィンが雲の上の、自然が自己創造するところが観察される景色のことを述べている。「ほとんどわからぬほど緩慢だが絶え間ない変化を雲はしていて、大いなるバークレー、ひいては古代哲学者たちの**空気が事物に形を与える**という見解をたしかに思い出させたが、さりとて空気の一息ですら、それらの一般的な**秩序**を乱すようには見えなかった」。ヴィンチェンゾ・ルナルディの気球に乗ってチェスターの町の上を滑空中のボールドウィンは最高度から円形パノラマ図を描く。彼の喫驚の目が見たものは、「硫黄や金属の色をした雷雲がきちんと隊列を組み、絢《あか》るさや大きさが小から大へ順序正しく並び、一種軍の陣形のようで、考えられぬほど壮大にして美麗、上を通過しながら日《ママ》に止めぬなど、あり得ない俯瞰図」であった。「模糊たる地平線の見はるかす距離の巨大な円環」、と。ボールドウィン、さらに続けて、「眼路の限り少なくとも 102 マイルに広がって［は］崇高美の大なる源泉であった」。ボールドウィンは、その半透明な色彩が青から青紫というこれら壮麗な雷雲の上を滑空しただけでなく、フランス人同時代人ブランシャール同様、雲中を通過して、「ソフト」な物質の核に、他の旅行形式では絶対あり得ぬ仕方で貫かれ、かつ貫きもした[65]。

今しも勃興中の軽飛行機学（aerostatics）テクノロジーを推進した人々の楽しくも真面目な鴻業は、とりわけ 18 世紀末に幅を広げた気象現象分類学を思いださせる。ペール・コットは既に引いたその重要論文で、それらを 4 つのグループに分けている。水成（aqueous 最大グ

図153　Anonymous, *Young Woman gazing at a Charlière,* 1784. Pencil drawing. Photo courtesy Library of Congress, Tissandier Collection.

ループである）というのは靄、霧、雲、露、雪、雹《ひょう》が含まれ、気性（aerial）には風と竜巻が、炎性（igneous）には雷、狐火、セント・エルモの火その他、炎を放つ幻妖現象が、そして輝性（luminous）には虹、幻日、そして北極光（Aurora Borealis）が含まれる、とする。この分類、命名とも役に立つが、厳密なものではない。このあたりを念頭に、白さと輝発性で雲に通じるところを持ちながら、それらの領域を流雲さながら超えて漂う、絢《あか》るく「際立った」気象現象を以下拾ってみよう。

現実とよく合致するもっと専門的、もっと正確な語と絵への要求 ── 陸の諸形態に対する観

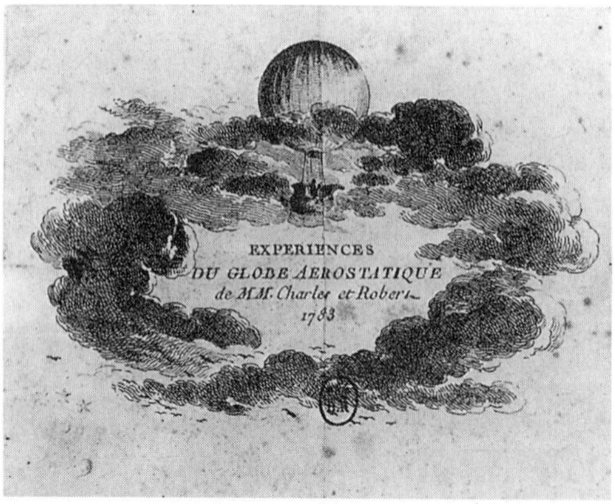

図 154
Anonymous, *Entrance ticket for "experiment" of Messrs. Charles and Robert*, 1783. Ibz, fol. 102. Etching. Photo courtesy Cabinet des Estampes, Bibliothèque Nationale.

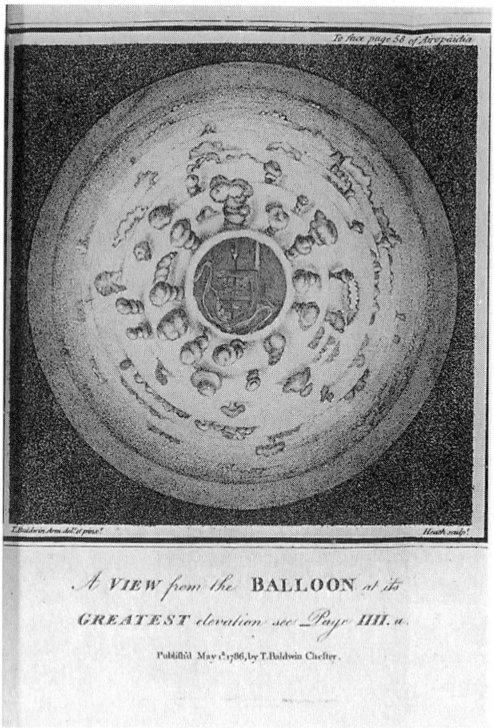

図 155
Thomas Baldwin, *A View from the balloon at Its Greatest Elevation*, from *Airopaidia*, 1786, pl. p. 58. Color aquatint by C. Heath. Photo courtesy Smithsonian Instiution.

察では主流化 —— は天空にまで拡がる。ニュートン的な光が「一枚岩」の引き伸ばされた純粋さということで 18 世紀初めの詩、散文のいたる所に現れていたわけだが、激しく唐突な効果をうむ極端な揺らぎ、ゆらめきを美学的に認めるのは、同じ世紀の暮れ方であった[66]。

ゆっくり漂い、凝結して雲と化したり、もっとはっきり実体的な現象（滝、大洋、火山、濃い大気）と、細いが親密な結び付きを持つ靄《もや》の類とはちがって、暈《うん》(halos)、コロナ、オーロラは見たところ、何の基盤も「基層」も持たない。不可視のエネルギーの束の間の効果の極致《アクメ》ということで、それらが一時的に可視になること、相対的に何も無い空間の染《し》みと見えることで定義がもらえる妙な現象だ。1752 年、ベンジャミン・フランクリンが空中電気

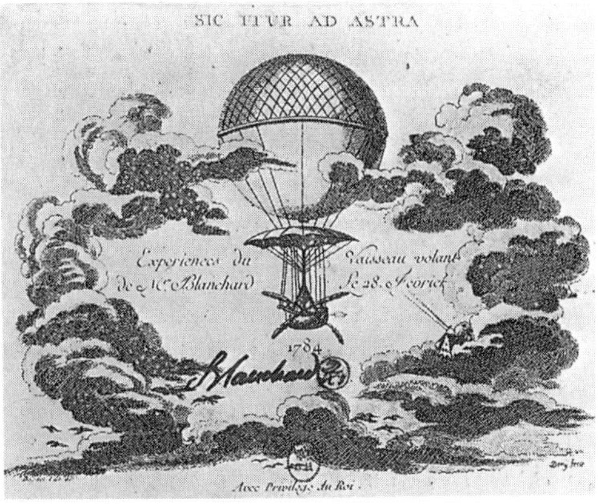

図156
Balsset fils, *Sic Itur ad Astra*. Entrance ticket for Blanchard's "experiment" of February 28, 1784. Ibz, fol. 15. Etching by Dery. Photo courtesy Cabinet des Estampes, Bibliothèque Nationale.

(atomospheric electricity) を発見してから、そのような輝く現象のすべてが、その隠された源泉の活動を表わしているのだという考え方が一挙助長されていく。

暈《うん》その他、太陽や月に特に関係深い気象現象《メテオール》は、大気中に湿気がある時にだけ知覚できる。幻日もしくは仮日 (parhelion) も湿気必須で、太陽の火輪《ディスク》が通過する雲に映り、すると雲は光線を受けると同時に、鏡のように反射するのである。こうしていろいろと孕《はら》んだ大気がペルーに現われた時にラ・コンダミンとピエール・ブゲールは「世にも珍しい見世物」を見たのである。ふたつの太陽が同時に没していったのだ。ウィリアム・ソーンはジャワの日の出に、これと似たような現象を目撃している。太陽がまるで巨大な炎の気球のように、白い靄の中に飛び出して来たのである。グリーンランドに向かうオライリーによる描写が一番正確だ。こう、ある。

……水を含んだ暗い巻層雲その他の雲の影が北に向かう。オオカモメ目撃。午後10時、ディスコ上空に美しい幻日出現。この現象は天道《てんとう》もどきと呼ばれるのが一般的だが、その光体周囲の輝く円のふたつ別々の部分を水平線と平行になっているように示す。太陽から出る光でなく、虹の絢《あか》るい色が、太陽の光から巻層雲の濃い焦茶の底部に反射されたもので、太陽の光はその雲間で分光する[67]。

この長い説明の中でオライリーは、伝統的な「天道もどき」という呼び方をちがうとし、自分の目にしているのは虹の輝く実体の無さに一番近い何かだとしている。聖書の時代この方、拝みたてまつられ続けてきた虹、余りにもよく知られていて、今さら根本的に何か新しいものを探険旅行家に伝えることはない。昔は一人勝ちだったのに、今や光る気象現象のお仲間がいろいろいる。それでもその現象のふたつが近代人の関心を惹《ひ》くことになった。ひとつは既に我々の知るところである。滝壺の帯電した水煙から立ち上る色のついた細い弧である。そしてもうひとつがブロッケン妖怪 (Brocken Specter) であった。古くはラ・コンダミン、ブゲールがペルーについて記した文章 (1737) に出てくるし、後にはアルプス山脈からハルツ山系まで各所で目撃される。この空裡の「スケッチ」は、物質の最終形態がなおはっきりしない時間的転換点に出現する。普通は上昇蒸気の凝結がなお生じていない日の出時のことだ。登攀者は怪物のように大きい人間の幽霊じみた姿に驚くが、雲に投影された彼の影に他ならない。ある一瞬にはこの巨大幽霊はほとんど見えないが、次の刹那、輪郭も強烈に、彼のささやかな存在を圧倒的な存在感にして見せてくれる。

遠くの（とはつまり効果としては不可触の）物体からの光の反射が、靄、霞、雲として経験される大気の干渉と結びつけられて、発見の探険旅行に出る人々にとって興味津々の科学問題となった。ウィリアム・ウェールズはクックに随伴して、天体が蒸気類で一部見えなくなる現象をさまざまな気候風土において観察できる無数の機会に恵まれた。太陽面の変化（1785年から1789年にかけてハーシェルの望遠鏡で特に鮮明に見られた）のみではない。もやもやとかすむ遠い星、月の「顔」の観察も進んでいった[68]。ベルナルダン・ド・サン＝ピエールは、いかにもエキゾティックな自然奇物《ナトウラリア》をさがしにインド諸島へ長の旅に出るばかりで、ロンドンに戻って「望遠鏡が見せる太陽」を描こうとしない漂泊の画家たちを叱っている。ベルナルダンは ── 自ら旅に出たくてうずうずしながら ── 我々の太陽系の中心とされているこの不動の支点（と、こうして徹底して観察されるあらゆる「固定」の星体）が示す「多彩な効果」によって、それらの基本的構造に対する理解が一層深まるはずと力説した。

特に海洋航海の人間は、ぼんやりする光に敏感だった。アベ・ド・ラ・カイユとジョン・バロウは大嵐の央《さなか》には天体が奇異に、戦慄的に見え始める、と記している。「星はより大きく見え、踊っているように見える」、とバロウ。「月はふるふるとふるえだすし、惑星は帚星のような髯《ひげ》を持つ」[69]。しかし驚くばかり異様なものと映じたのが、低緯度、高緯度地域に現われる北極光（aurora borealis）、南極光（aurora australis）であった。ジェイムズ・クック、ジョンとジェイムズの叔父・甥コンビのクラーク・ロス卿、ジョージ・バック、エドワード・パリー、ジョン・フランクリンの時代以来、人々は奇妙な「幻妖」（“loomings”『白鯨』冒頭章の章名だ）で溢れる異土異郷の知見に恵まれていた。南極、北極を合理的、科学的に描こうとして、これら北西航路捜しの航海者たちは光の性状にことさらに神経を集中した。目くらむようなものから昏《くら》いものへ、奇妙な現象、奇態な視覚的効果からは、無機宇宙の勝利に対する鋭い感覚がうまれた。漠々たる空《くう》、そして鳥の細い声、氷河の呻き、氷の割れ音、浮氷の動きといった不気味な音が、宇宙は変化《へんげ》しやまぬ不安定なものという感じを強めるのである[70]。

特にオーロラは（と言って、他のものはちがうということでは決してない）、ジョゼフ・プリーストリーの『電気の歴史』（1767）で、大気が常に帯電状態にあることで生じるとされていた。実際、ジョヴァンニ・バッティスタ・ベッカリーアが証示したように静穏な天気であってさえ、大気は目に見えぬ働きをする小さな電荷の残滓なのである。オーロラを記述した文章の多くで、その展開の各段階が細かく追跡されている。R・P・デュ・フェスによれば、最初は「薄い靄《もや》じみた輝く煙」として出現することが多い。時に蒸気の幕が余りに薄くて、向うに瞬く星が透かし見される。まったく動かない時もあれば脈動する時もあり、渦巻き輾転する濃霧が無数の弧を、帯を、斑を、幕を、光線を放出する。この動揺する蒸気の央《さなか》から光の柱が立ち上る。黒い混沌が地平線を跨《また》ぐ弧となり、白っぽい弓の形がその上に丸天井をつくる。この

図157　B. O'Reilly. *Disco near Lievely with Parhelion*, from *Greenland* ..., 1818, pl. p. 44. Aquatint by F. C. Lewis after S. Koenig. Photo courtesy British Library.

図158　George Back, *Boats in a Swell amongst Ice*, from John Franklin's *Second Journey to the Polar Sea*, 1828, pl. p. 171. Engraving by Edward Finden. Photo courtesy British Library.

プラズマの劇も徐々に薄れ、それでできた細い雲がほぼ全天を覆い、そしてついにはまったく消えていく。「煙」が消える刹那、多色の光線がその核部分から垂直に走る。これら刺すような光線の彼方に、他から分けられたかのように、もうひとつ絢《あか》るい光があり、光の束どもが色薄れた後も、この光ばかり、エネルギーの静かな劇の中、数時間も消えないでいる。

北極光論をひとつ書いているドイツ人物理学者、フリードリッヒ・ダニエル・ベーンはその美しい変化し続けの光の戯れ、屈折、変化《へんげ》する蒸気はアートによって表現などされ得ぬもの、としている。大気全体で一面の巨大鏡然と振舞い、輝く不可触の映像を映し返してくる[71]。あるいは、薄い雲の不完全な表面にその光でよく「色塗る」月の光の「営み」とのアナロジーで言えば、太陽光線は空裡の蒸気を刺し貫いて色をつけ、反射によってそれらを弧の形にする一方、赤や青の輝きで染める。ベルトロンの『気象現象電気論（*De l'électricité des météores*）』（1787）が北極光を讃え、まるで最優秀の観察者さえ欺くためとでも言いたげに変化し、脈動し、さまざま遠心的な形をとるのを「これぞ真の変容神《プロテウス》」と呼ぶのは、こうした脈絡においてである。マラーの友人にして科学では自称ニュートンの子、物理学者ジャン＝ルイ・カーラまた、この捉えどころのない光輝がいかに束の間のものかを論じこんでいる[72]。

18 世紀は太陽黒点と北極光に相関関係ありとも知っていた。そのオーロラ論が当該主題最初の教科書ともなったドルトゥス・ド・メランは、1688 年にオーロラ光が弱くなってこの方、太陽黒点も見えなくなっていたことに気付いている。状況は 1720 年まで続いており、はさまれた期間が世に言う「小氷河期」である。しかし 1730 年頃から、メランはオーロラやコロナ現象が活発になり、太陽黒点の活動が再び盛んになるのを確認する。18 世紀に科学者たちが資料から示した温度曲線を見ると、ある季節、とりわけ冬だが、気温がはっきりと 20 世紀より低かったことが判る。普通なら寒冷の気候、凍結の地域と結びつけられる現象にどんどん意識が行くのに、この状況が重要きわまる役目を果たした[73]。科学的旅行家たちが、この事実を証示するさらなる確証と新データをもちこんだ。南極のゲオルク・フォルスターはこの「美しい現象」の再びの絢爛を確証したが、「白い華光の長い柱が水平線から東方へ、ほとんど天頂へと伸び上って、やがて天空の南部分全体に広がった」。北極ではケルゲレーヌ＝トレマレクが、炎の分子が大気中で「爆発」して多彩な形と百宝色《じき》が見られたことを克明に記録している。ジョン・フランクリンは北極光が北極点で磁石にいかなる種類の影響をどれだけ及ぼすか、「その現象が何らかの音響を伴うか」を特に注意して観察すべしという指示を受けていた。「その原因がさらにどう展開するか、それがいかな法によるものかがわかるように他にもくさ

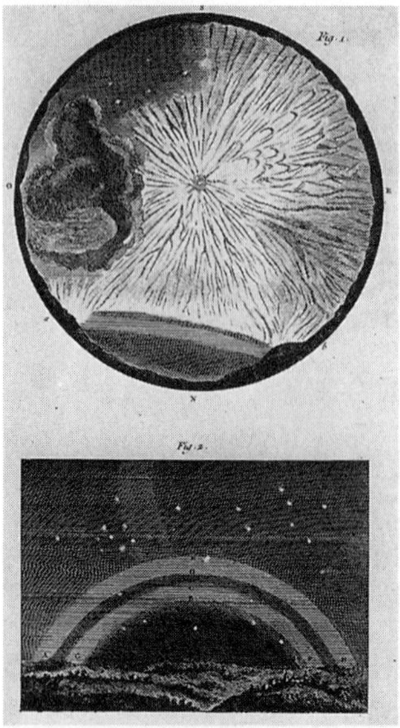

図 159　(After Dortous de Mairan), *Aurora Borealis and Northern Lights,* from *Encyclopédie*, 1767, IV, "Physique," pl. 1. figs. 1 and 2. Engraving by Bernard after drawing by Goussier. Photo courtesy Library of Congress.

ぐさ観察せよ」、と。これは期せずして、異常気象を正確に記録することをめざす海軍当局の意向ともはっきり一致していた。王立協会による『海事指南』（1666）は船乗りたちに、「あらゆる異常なる気象、閃光、雷鳴、燐火、彗星等々を観察、記録し、それらの出現・継続の場所・時間も余念なく記しておくこと」、と命じている。

ラップランドにいたアーサー・ブルックが、冬が間近だと、この煌《きら》めき現象も規則的に見られるはずと、さらに念押ししている。この「珍らかの現象」を目撃したい一心で、ブルックはある霜もおりる晴れた深夜に頑張ってみる。天空が、「信じ難い速さで去来し、青白い大きな斑入りだが、いかなる明確な形をもとらぬこの驚異の光に完全に遍照される」のに［図137］びっくりさせられた。文字通り仰天の夜。続くひと月の間、どんどん「光り増さっていく」この輝きには、音は何も伴わなかった。19世紀初めの10年のことだが、パラシュートの発明家にして、夜間飛行の名手だったジャック・ガルヌランが空中高く、結晶柱をぼんやりした謎の火が燃やすという効果の演出でもってパリジャンたちをひとしきり陶然たらしめるということもあった[74]。

ペール・コットが『気象論（*Traité de météorologie*）』（1774）で論じていることだが、北極光は、同じように日の出、日の入りの直後、周期的に観察される銀河（Via Lactea 天漢《あまのがわ》）のゆらめく光にさも似ている。星のこの無限の帯のぼんやりした煌《きら》めきは北極光と変り易さで通じる。両現象とも輝きの気象現象《メテオール》として分類され、細かい蒸気と流れる光が結びついた結果とい

図160　P. Bertholon, *Aurora Borealis and Northern Lights*, from *De l'électricité des météores*, 1787, II, pl. 3. Engraving by L. LeGrand. Photo courtesy Smithsonian Institution.

うばかりか、ふたつとも間断なく変化しやまず、如法闇夜をほんのり息ずかせる。固定物体が蝟集した動きなきものでなく、天空を横断する天の川ということで、このぎっしり溢れ返る星塊は、煌《きら》めく他の現象と、分散と、紗綃《うすはた》のごとき見掛けで通じ合う。トマス・ライトが『宇宙の独創理論新仮説』（1750）で天を囲繞するこの朧ろな星明りを丁寧に調べていたし、こうした先行研究を大幅に前進させた英国人天文学者、ウィリアム・ハーシェル（1738−1822）は観察の結果を『天界構造解明の観察』（1784）にまとめた。彼の反射望遠鏡の —— 17 世紀における顕微鏡のそれにも匹敵する —— 最大貢献は視野、視圏を広げた点に尽きる。この場合で言えば、裸眼では捉えられない光度を捉えた点である。ハーシェルによって根本的に改良されたこの強力装置ではっきりしたのは、この川のような帯が一個一個別の無数の星が宙空に、（アベ・ラ・プリュッシュの言葉を借りると）浜の真砂《まさご》の如くに撒《ま》きちらされたものであるということだった。ダランベールはこの得測られぬ「皚白《しろ》」の精随に迫ろうとし、言わばそれと競《せ》り合う遠い空の他の繊弱な光芒とははっきり区別した。ダランベールもメランも、稠密な星雲と北極光が見た目も構造も根本的に似通う、とした。

大も小も発光は、個々の小さい星を取り巻くとされた大気の効果に帰せられた。右へならえで旅行家たちも、この大と小をよく結びつけた。アンデルス・シェルデブランドの『ノール岬《カップ》旅行記』を見ると、「北方の美しい冬の夜空を見たことのない人間には、それらを記した文章が信じられまい」、とある。「そこでは」と続いて、「画才などと称して何の役に立つだろう。星の数が倍にもなったかと思われる穏やかな真澄の星空が誰に描けよう。月明かりにも恰も玉《ぎょく》出来とも見紛われ、輝やかしきこと金剛石を千倍もしようという雪の星を……。水平線は色のついた動く光の塊が、時に輝く円となり、時に不規則な形となりながら、これを照らす」、とある[75]。

星雲状に朧然たる発光現象を論じてきたら次はその逆の、鋭く鮮やかな発光現象を見る番である。微妙な発光の効果、特に北極光や天漢《あまのがわ》と相対するのは、夜の空を舞台に短いが忘れ難い役をけざやかに演じ切る炎の族《うから》であった。ベルトロンも言うように人はこれら発光現象のうむ強烈な印象に決して馴れることはないが、それらが現実《リアリティ》の強烈な絢《あか》るさと、幻妖《イリュージョン》の儚《はか》なさを結びつけているからである。あらゆる気象現象《メテオール》、とりわけこの最初の二種類のものは、その軌道によって、それらが泳ぎ駆けるエーテルの茫漠を強調する。恒星、惑星その他輝やく星体と気紛れに共存しつつ、それらはとにかく天を仰がせる。穹《そら》そのものが、力漲《みなぎ》る自然をそっくり容れる額《がく》とも見えるのであった[76]。

コットはセント・エルモの火（Saint Elmo’s fire ；Castor and Pollux’s fire）や鬼火、狐火（will-o’-the wisps ；jack-o’-lanterns）といった束の間の光球のことを説明しようとする。天空を横切る彗星、帚星の壮大な尾とはちがい、こうした燐火の類は海の嵐の最中、ずっと海面近く、船のマストや索具、甲板で青白く燃えるし、地上だと秋の宵の沼や墓地をふわふわ小さな火球となって謎の（そして民間伝承だと、邪悪の）振舞いをする。これら輝く微片は、「燃える」原子を雷と結びつける大いなる電気の燃える鎖の最初の小さな環と解された[77]。こうした閃く微小な謎の、時には呼称もない気象現象《メテオール》は思いついたように旅行家の目を惹くぐらいで

図161　Edward Hawke Locker, *Garnerin, ... from a Sketch made on [the] Aerial Voyage, July 5, 1802*. Engraving. Photo courtesy Library of Congress, Tissandier Collection.

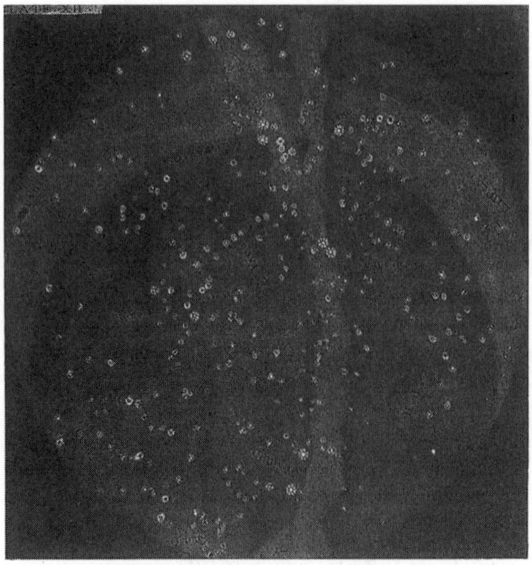

図162　Thomas Wright, *The Via Lactea,* from *An Original Theory or New Hypothesis of the Universe*, 1750, pl. 12. Mezzotint. Photo courtesy Library of Congress.

図163　Thomas Wright, *The Via Lactea,* from *An Original Theory or New Hypothesis of the Universe*, 1750, pl. 14. Mezzotint. Photo courtesy Library of Congress.

あった。ベルツォーニはそれをデンデラで目にした。「それは最初青に近く、やがて白となり、最後に赤くなり、過ぎる行程に多数の光点を残していく」、とある。バンコクを出てメナム川を下るケンプファーは、万というツチボタルが「樹に止るので宛然《さながら》に炎の雲であって、驚くことに、この虫の一大集団が一本の樹に止るとその枝一杯になり、時に一斉に光を隠すかと思えば瞬後に見事に規則的、見事に正確に再び光らせるのは、収縮と拡張の無窮動かと思われた」、と記している[78]。

学問的関心はもっと華やかな発光現象の上に注がれた。18世紀後半に一番熱い話題になった発光現象は燐光（phosphorescence）で、論争で中心的役割を果たしたのが海の旅行家たちであった。現在なら生物発光《ルミネセンス》（bioluminescence）と呼ぶはずの現象こそ、フランソワ・ペロン、シャルル=アレクサンドル・ルシュウールが1800年から4年に亘《わた》る南洋探険でした最大の発見のひとつと言える。この発光現象は大洋に存し、赤道域にも、ノルウェーやシベリア、南極近海にも生ずる、とペロンは報じている。しかしその一番重要な結論は、この燐光を発する海水は、見た所がいかようであれ、いかに離れた場所同士であれ、海の小動物、とりわけ軟体動物や植虫類の仕業である点は同じ、というものである。クックの日誌がペロンの総論を補完する。「レゾリューション」号は、1774年の3月と4月、無風と暑熱にたたられたが、その状況でJ・R・フォルスターは広大な「腐海」の「驚異」を記録している。「腐敗してひどい異臭を放つその海域で、死んだ無数の動物の死骸が発光するのに我々はただただ驚いて見入るばかりであった」、と。この現象を電気の効果とするところがペロンとはちがい、コットに近い。「エンデヴァー」号の日誌の1768年10月29日の所にバンクスが、「海は尋常でない美しさ。そこより出ずる光はまるで小さい稲妻であり、余りに頻繁で、時には同時に八つも十もが見られた」、と記載している[79]。

ベルナルダン・ド・サン＝ピエールは1768年、モーリシャス島に向った時、航海の無聊《ぶりょう》を、とりわけ海水温の高い海域でお目に掛る、嵐や凪《なぎ》の央《もなか》に船の航跡に確認される光のような面白い景色が慰めてくれると記している。それからかなりして『自然の調和』（1794）で再びこの主題をとりあげることになるが、この時は青味がかった燐光を発したのは動物ばかりではなく、陽光、また月明の波に洗われる植物でもあった[80]。

ヤコウチュウ属への興味にひかされて、他の旅行家たちも右にならえである。スマトラのマカートニーは嵐の暗雲の下、黒縄《こくじょう》の稲光り、はためく雷《らい》のとよもしの只中、燐光が海面に浮くのを見た。真夜中前の帰路を急ぐブルックは日没のラップランドを見て、こう書いている。

> 私は北洋にこの異様の光彩を初めて目撃する機会を得た。何たる高緯度での燐光であることか。自ら長く大海にあってこの美しい光景を目にしたことがないと言う人間は少ないだろうが、それがこれほど鮮やかに見えるのはやはり高緯度なればこそで、その海域には燐光の直因とされるクラゲその他の極微生物がまことに豊かにいるからである。我々の軽舟《ボート》はまるで炎の海を渡るかに見えること多く、櫂《かい》のひと漕ぎ毎に、櫂の現われた場所に突然、ぼうっと青白い炎が見え、数秒の間燃えるのであった。そういう具合に航跡がはっきり軌跡されるのは実に美しいというか奇怪というか、この見物《みもの》を前に、それがなくなることでこういう景色を見ることが可能になった太陽が沈んでしまったことなど惜しくも何ともなかった[81]。

大気中の気象現象の原因また、久しく問題とされ、いずこにも働く電気（electricity）のせいとされていた。コットはこの「動揺せる気」を、一定速度で一定方向に動く流れと同様に動く大気の浄化し活性化させる部分、とみた。博物学のピーテル・ファン・ミュッセンブルーク、ジョルジュ・ビュフォン、そしてジェローム・リシャールは、それらがエーテルの「大海」の中で均衡が破れて生じるものとし、ダランベールはその海に生じる干《かん》と満《まん》という考え方だった。いずれにしろこうした理論は、地球と地球周囲の間を循環する——重力に禦された——電気の流れの中でさまざまな動揺擾乱が生じているいうことを前提としていた[82]。

事実第一の旅行記が風の研究に貢献したとすれば、何となくいろいろあるというのを科学的秩序をもつ地水火風の分類表にと微分割したことであろう。タヒティを見た最初の日にゲオルク・フォルスターを包み、「陸《くが》より芳しき香り」を運び届けた「微風」から、支那海でケンプファーに死ぬ思いをさせた季節風《モンスーン》まで、というわけである。「モンスーン」の怒りは強烈な力もろとも怪物的な中のうつろな高波を引き起こしてイエメン沖のグランプレを強撃した。11月終りから6月まで、南から南東方向にそれは吹きまくるのである。途中、アビシニアの吐きだす蒸気をたっぷり吸い、砂を盗むものだから、結果、それがやってくると空気は燃えているかのように、空は紅に染まるのである。ウィリアム・ウエストールは沛然たる豪雨の怖るべき前触れ現象を『ポバソス島から見たマレー湾』と『レック・リーフ』に描いた。ダニエルの叔父・甥もその破壊力をよく知っていて、嵐に吹き寄せられた海水塊がエレファンタの大岩窟をさえ洗う様子を描いている。そしてグリンドレーはそれがはっきりとでき、やがて消えていく様を、ボンベイ港北方に目を凝らしながら描いたが、「雨期の荒天」に傷《いた》んだ船の柱や索具を修理修繕する漁師の姿が描きこまれている[83]。

湿の惨禍をシロッコ(sirocco)、即ち南イタリアやマルタ島に7月の間中吹き、パトリック・ブライダンの言い方を借りれば「熱の暴力」をもたらす東南風の乾の惨害と比べてみることができる。この灼熱の突風は「竈《オーヴン》の中の口から燃える蒸気」さながらで、「アフリカの各砂漠に吼えたけるものどもの同族」である。有難や、突然吹きだすと同様、忽ちにトラモンターネ(tramontane)、清々《すがすが》しい北風たるアルプスおろしが代りに吹きだす。ジェイムズ・ジャクソンの『マロッコ帝国紀行』(1809)によると、彼は「道なき」サハラを「シューメという名の猛烈な熱風」に追われて横断したが、「大砂漠を動く海に……水なき海、気紛れな海原の波どもよりさらに危険な海に変えてしまう」のである。ベルツォーニはエジプト、ヌビアで、4月に吹き始めて50日間続く熱風カムシーン(camseen)を体験するが、「大砂塵」を巻きあげ「そこいらじゅうぶ厚い雲となったので、何かで掩《おお》っていなければ目も開けていられないほどだった」。

インドはジュムナ川西岸を吹きまくる剣の刃のような風で悪名高かった。ウィリアム・ソーン少佐は英国陸軍がこの火のような熱風の名状しがたい猛威にいかに苦しめられたか回想しているが、それは「大砂漠を吹き抜けてやって来ると、これらは地域の大気に、真昼の太陽の灼熱に馴れた者にさえ考え及ばぬような強烈な熱を与える」のである。この「仮借なき業風」に一番近いものと言えば「真夏の鉱炉の吐く高熱」なのだが、「これさえ譬《たと》えとしては力足らぬ、と云うのもなお熱い余燼のように風に運ばれて来ては肌を剝《は》ぎとり、当れば所構わず水泡を腫《は》らさずに措《お》かない砂の粒子の如何に苛烈かは、そう簡単には理解できないからだ」。同様のことをキャプテン・フィッツロイが、干上ったパタゴニアの地に吹きまくる「パンペロの狂風」について書いているが、結果、その地にはほんのまばらな草と巨大な薊《あざみ》しか生えていないのだそうだ[84]。

水上にできる猛烈な竜巻(waterspout)も、熱い旋風がまとう、撃ちのめしては行く塔の形と関係なくはない。『百科全書』はそれを、特に暖い乾いた気象下に船を危険に陥しいれる大気気象のひとつに数えている。この海上の颶風《ぐふう》は陸上のそれと混同しないこと。文字通り雲集した雲で、一部分はふたつの風が反対に吹いて衝突し合ってできる円運動である。挙句は重みのため地表に下り、円錐ないし円筒が蛇のようにうねる漏斗《じょうご》となる。基部は雲中にあり、頂点が海中にある形である。

この現象を何とか電気として説明しようと、ベルトロンが相手にしたのはクックによる報告と、セレベス島近傍で「トルネード」発見と記したダンピアによる報告だった。クックの第二次航海中に遭遇の多くの自然の効果の中でも際立って興味尽きぬのが、1773年5月17日にニュージーランドはクック海峡で出くわした海竜巻であった。クック、フォルスター、そしてウェールズがそれらの結集から霧消までの委細を記録している。フォルスターは、旋風や海竜巻はともに電気が原因としたベンジャミン・フランクリン説を信奉していたが、観察の結果、これが確信となった。

フランス人たちの関心も遅れをとってはいない。ル・ジャンティの『インド洋航海記』(1779) はインド南西部マラバル海岸の沖すぐの地点で、雲の峰から蛇のようにほどけて騒ぐ海水面と繋がる雲を細かく記録し、絵にも描いている。ジョンソンの『東方航海者』(1807) はこの「奇妙な現象」を讃えて、「流体の大柱」、その「白泡噛む基底」に悠々と聳立せる「流体の渦」と記している。ペーター・シュミットマイヤーは雨の時分にチリめざして航海するうち、海の竜巻を目撃、時計にして12分ないし15分続いたものらしい。ひとしきりあばれると、コールリッジの所謂「自然の魁偉《かいい》(tremendities of nature)」のひとつが今通過したことのよすがとでも言いたげに「泡のひとつ」立つばかりであった。[85]

こうした諸々の活動にはっきり示される自然の迸出するエネルギー、となれば熱泉温泉の噴出を並び挙げずにはすまない。ビリングズ提督の北露地質・天文探険隊(1785) に随行の秘書官マルティン・ザウアーはウィリアム・アレグザンダーの『カムチャッカ近傍オゼルノイ温泉を望む』を複製している。煙の柱、熱水、そしてくぐもったような音で、この突き上げてくる現象が極く間近いことがわかる。同じように、アイスランドの間欠泉群 (gaysers) の発作のような湯の奔出にすっかり魅了されたのがジョージ・マケンジーであった。マケンジーは有名なグレート・ゲイザーの湯の噴出の物理的推移を美しくも正確な文章に綴っている。「今眼前なる夜中などそう滅多に見られるものではない。いかにも言詮に絶すとはこのことである。……猛烈にたけり狂うと見事に続けて噴き上げ、一番高く上った回など少なくとも90フィートはあった。その時私はスケッチをし、それを基に彫版が成った。しかし線描にしろ版画にしろ、噴出の轟音も高速も写し能わず、驚くべき速度で次々と噴き上げられる蒸気雲の迅速の輾転を得表わすべくもないであろう」、と。ニュー・ゲイザーの活動も同様に、捉えようもなければ絵に描きようもなかった。マケンジーが縷々《るる》述べるのは、「強烈な風が吹きつけても、版

図164　William Westall, *View of Wreck-Reef Bank, Taken at Low Water*, from Matthew Flinders's *Voyage to Terra-Australis*, 1814. II, pl. p. 312. Aquatint by John Pye. Photo courtesy British Library.

図 165　R. M. Grindlay, *Approach of the Monsoon, Bombay Harbor*, from *Scenery ... Chiefly on the Western Side of India*, 1826, I, pl. 2. Drawing by William Westall, engraving by T. Fielding, color by J. B. Hogarth. Photo courtesy India Office Library.

画に描かれし如く、その蒸気の柱が真直ぐ微動だにせず上っているその熱湯の力」の途方のなさについてである。「この堂々の噴出が」と、それは続く、「半時間以上もあったので、その間にこの美しい間欠泉をじっくり正確に描くことができた。蒸気塊より俄かに湯が降って、何とか描こうとしたわけだが、その素晴らしい効果はもとより絵になどなり得べきものではないのである」、と。

幾度となく1820年代に『発見旅行雑誌』が、巨大水塊が飛沫となって散ることが知覚に及ぼす力について述べた文章を、同時代文献から集めている。垂直の猛烈な噴出、暴力的な一枚岩のような奔出塊から白糸のような雨や靄へという様態変化、そして地に降った後の地下での忽如の消尽、英人仏人を問わず、そうしたありように驚倒したのは明白である[86]。それら観察に夢中の人間たちは、今の今まで牢固と見えたものが湯水と砕け散るその刹那に、まさしく通身その飛沫を陶然《うっとり》と浴びてはいたのである。

干と満、寄せと引き（flux and reflux）が束の間の現象の核である。流れる水 ── 久しく波どもの舞台であり、水の気象事象《メテオール》の源泉であるもの ── が、そのリズミックな運動で太古から人を魅了してきていた。微から激へのこの振幅は、可視かつどうしようもなく物質的な世界のはるか彼方の現実の領域でも、非物質的な振舞いに出る現象に見られる。18世紀末から19世

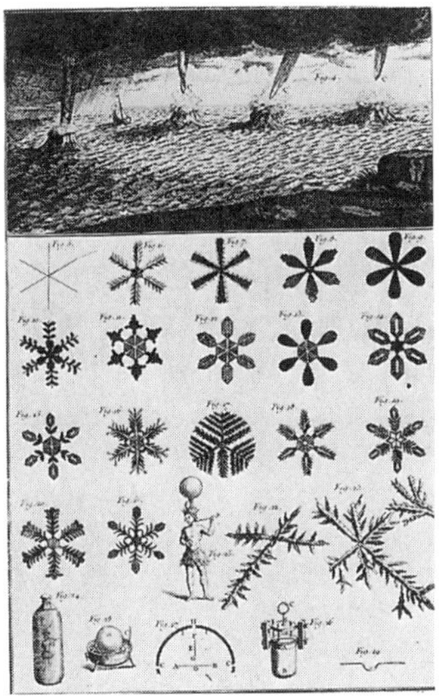

図 166　Anonymous, *Waterspouts and Snow Crystals*, from *Encyclopédie*, 1767, IV, “Physique,” pl. 2, figs. 2 and 3. Engraving by Bernard after drawing by Goussier. Photo courtesy Library of Congress.

図 167
F. W. Beechey, Waterspouts and eclipse of the sun, from *Narrative of a Voyage to the Pacific* ..., 1831, pl. p. 149. Engraving by Edward Finden. Photo courtesy British Library.

紀初めにかけての、たとえばペール・コット、ハーシェル、そしてヨーハン・ヴィルヘルム・リッターといった科学者たちは、可触の仮象も不可触の仮象も皆等しく、反射、屈折、回析の同じ法則に従うのだということを証示した。

聖アウグスティヌスからドミニック・ブーウールまで、大洋の干満は神の巨大、そして神の叡智の隠された深淵をばかりか、神という存在の充満と純粋をも象徴した。勿論、逆もまた真で、大洋はその不安定をもって、不安定さ、人間努力の虚妄《むなしさ》を象徴しもした[87]。この第二の表現が、つまり今や本当に生じている変化の具だという新解釈を通して、たとえばフランス海軍の物理学者グランプレの心を捉えた。モカ平野を望みながら、グランプレは海が「目に見えて後退した」のを見た。実際に、アラビアの山々を載せた基底部が日に日に大洋の軛《くびき》を逃れつつあった。「海がほんの昨日、それ［平野］を見捨てたというふうに見える。場所によっては、潮が退いたために浜辺にいる感じがしてしまう」。いかにも 18 世紀末流だが、グランプレはこうした感慨をひとつの歴史的展望におさめた口のきき方をする。アデンの海岸から大洋が完全に退潮するになおどれ位長い時間がかかるか考えて、頭は混乱を来《きた》す。「海に一杯の島や礁が、海が見棄てた結果、はっきり山の頂上だし、緩慢ながら退潮は歴然としていて……この巨大な湾がただの谷に変るのは何時《いつ》いつくらいと、今から計算しないではおられぬ」、と。

ヴァランシエンヌは風景画家のために、砕け波の混沌たるエネルギーを細かく分解し、空と周囲の事物をばらばらに映しだす多くの面を、見る目の前にさし出す。波どもの見るからなる混沌、せめぎ合い、隠れもない軋轢《あつれき》は「大浪の浸透力」の凄さを想像させる。自然の自己主張

図 168　G. MacKenzie, *Eruption of the Great Geyser*, from *Travels in the Island of Iceland*, 1811, pl. p. 224. Engraving by J. Clark. Photo courtesy Yale Center for British Art, Paul Mellon Collection.

を言うこういう言語が、北東スコットランドはマレー沖に冬の嵐が荒れ狂う間に大西洋が「こうしたロマンティックな洞穴をからにし、コーシーを石の孤島だらけにした」と言うコーディナーの言い方に現われている。ベンガルはコルゴングの奇巖を眺めていたフォレストも、こうした巨礫に同様な「奇しき事態」が生じている、というかそれらがガンジス川との位置関係を変化させたということに気付く。約 40 年ないし 50 年前、それら大石は大地《テラ・フィルマ》にしっかり根を張っていたばかりか、水辺から遠いかなり陸の内側に位置していた。ヒマラヤ山脈に水源を発するガンジス川は春秋に季節の大洪水を起こす。そうなると豊かな沖積土の河底は急流に削られ続け、脆弱な土手は間断なく抉《えぐ》られるため、「破壊の業は驚くばかり急である」。コルゴングの巨礫群は「こういうゆっくり進む大変化に現在の位置を負う」。「もとはかなり奥地にあった」はずのものが、今や「深々とガンジスの懐《ふところ》に、抱かれる」[88]。

生気論的発想の延長線上で、18 世紀はこの要素［水］を嵐の貯蔵庫、世界創世の時の最初の動力というふうに観じていた。マイエの疑似科学的宇宙論《コスモロジー》によれば、洪水や天変地異を通じて水が徐々に陸《くが》となる。この混沌が伴う、風、雲、竜巻、燐光群といった劇的で捉えにくい活動を、ここまで区々《いちいち》列挙してきた。それにしても嵐（storm）だけは、その広く、かつ深くという力の及ぼされ方からして、単に気象現象《メテオール》の集積所とか、洪水や天変地異の定型表現にはとどまらぬ扱いを受ける時がある。シャップ・ドートロッシュはシベリアで、これから大擾乱が始まるという最初の兆候を得る。兆候は、大気は見たところ何事もないのに、たしかにあった。突然、息苦しくなる。静穏そのものがぐっと重たくなって肉感にも圧迫感があった。正午にかけ「一片の黒雲が地平線に現われた」。「それがいつのまにか広がった」かと思うと、雷鳴と強風、地吹雪と稲光りとなり、ついには太陽も色を失った。ウィリアム・ホッジズはイースター島内部や希望峰に生じた豪雨混沌の図を絵にしている［図52・95］。ベルナルダン・ド・サン＝ピエールは1768年6月、海上で経験した大風の状況を克明に追っている。夜明けの船橋で彼は白雲、銅色の雲が空をふっ飛んで行くのを目にした。今まさにそこから太陽が昇るかのごとき火の赤さに輝く西の水平線から風は吹いてきた。逆に東はなお闇のままである。「海が峰を幾重にも連ねた山脈という感じに怪物のような波濤をぐっと持ち上げた。その天辺は虹の色に輝く泡を大きく噛み……颶風は索具を轟々とならすので、自分の発する声さえも聞こえぬ始末であった」。夜明けとともに風の威力はさらに倍化し、「雲なす泡」が甲板を洪水に変えた。朝鮮行きのバジル・ホールは火山島たる硫黄島で一息ついていたところ、むっとした天気と大風に出くわした。波もだが、いかに大きな波だったかはホールの本の扉絵になったウィリアム・ハヴェルのアクワティントが巧く描いている。クルーゼンシュテルンまた、アラスカを出て日本に向う途中、「大台風」と遭遇した。「東南より山のような波が押し寄せてきた。日は真白になり、同じ方向から吹きとばされてくる雲にすぐに隠れてしまい、そして何しろ風が……この颶風の猛威にたぐえ得るものが何かあるだろうか。支那と日本近海の台風についてはいろいろ聞かされてはいたが、予想を遙かに上回るものであった」[89]。

●変化《へんげ》しやまぬ宇宙

ヴェスヴィオ山そのものは背景にあって、もの凄い火と煙を吐きだし、我々の頭上の空裡に幅広い軌道をつくりだすと、切れ目もなく掻き消えもせず、地平線のぎりぎりまで広がっていく。

―― パトリック・ブライダン

輝く白一色の氷が聳えるピラミッドという体《てい》をなして、それらが横切り、下に圧するサパンの森の央《さなか》、いかにも異様である。かくて我々は遠くからボアの大氷河を望むのだが、これはシャモニー渓谷に沿ってくねり下っていく。……いくつもの大森林で分けられ、頭に大きなオベリスクの形に刻まれた見上げるばかりの花崗岩の大石をのせ、雪や氷と混り合う壮大な氷河たちは凡そ想像を絶する一大奇観を呈している。

―― オラース・ベネディクト・ド・ソシュール

海を水の気象現象《メテオール》のもろもろせめぎ合う舞台、ないし背景とみるだけでなく、画期的変化の場ともみなしたが、そうなると滝（cataract）もまた、少なくともその靄の「永劫の烟霧」は勿論水の気象現象《メテオール》の結果でありながら、見た目には堂々の積極的作用者としてありうるだろう。

地球に「彫刻」を施す侵食作用の役割を早々と知っていたのは流石にレオナルド・ダ・ヴィンチで、地球表面を変えていく流水のいかに重要かを言っている。しかしその活動のパワーを、その迅速にして壮大、破壊的な現われ — 急湍、川、雪崩 — に認める仕事は何と言っても、河食輪廻論（fluvialism）か天変地異説（catastrophism）かいろいろにはしろ、18 世紀の理論家たちを俟《ま》たねばならない。

こういう感覚でヨーロッパ大陸を旅した人々は（ゲーテやエティエンヌ・ピヴェール・ド・セナンクールの名がすぐ出てくるが、当然それだけのはずはない）必ず滝に目を惹《ひ》かれた。アベルリに師事し、パリのド・ルーテルブール［ラウザーバーグ］の所で修行を積んだカスパール・ヴォルフが 1775 年、芸術的傑作を発表する。ベルンアルプス［オーバーラント］で目にした風景の「画廊」たる『スイス山岳偉容（*Merkwürdige Prospekte aus den Schweitzer Gebürgen und Derselben Beschreibung*）』が山岳世界をそっくり再現してみせた。序文を寄せてくれた同国人のアルブレヒト・フォン・ハラー同様、ヴォルフも現場でのスケッチを眼目に自ら高山登攀を試みた。そして滝や雪崩の多彩な「絵に描けない」効果に対処しうる直截優美の複雑な絵画言語を発明した。一点透視によって距離感を出すのを止めて、ラウテルブルネンのシュタウプバッハ滝の構造的な小道具類をどんどん隣り合せに近付けるのである。それが流れ、細い流れになり、飛沫《しぶき》をあげ、落ちるところを、岩のうつろ部分の中で囁《つつめ》き合うところをさえ描くことで、水がいかに変容するものか描いた。サン・モリッツ近傍のピス＝ヴァッシュは次の一世紀間も大勢の見物《けんぶつ》をずっと惹きつけ続ける。コクバーン少佐は他の人々のように目にも鮮やかな飛沫のことに紙数を費すことがない。それが絶えず落下していくこと、「目もくらむ

図 169　D. Vivant-Denon, *Luxor at Dawn and Luxor in a Hurricane*, from *Voyage dans la Haute et la Basse Egypte*, 1801, II, pl. 47. Engraving by Baltart. Photo courtesy British Library.

図170　Caspar Wolf, *First Fall of the Staubbach*, from *Vues remarquables de la Suisse*, second edition, 1785. Color aquatint by J. F. Janinet. Photo courtesy Cabinet des Estampes, Bibliothèque Nationale.

山の頂から垂直に突っこんでいくところ」に目を凝らしているが、サランシュでウェッバーが目を凝らしたのも同じ水の落下風景である[90]。

スカンディナヴィア域の石走《いわばし》る急湍もスイスのそれに劣らぬもの故、ウィリアム・コックス、ジョン・ボイデル、そしてボワジュラン・ド・ケルデュらが熱心かつ正確な研究に専念した。さらに遡るとシェルデブランドがいて、トロールヘータの滝や運河に目をつけていた(1804)。就中トッペーの滝をシェルデブランドがどう描いているかが面白い。その猛烈な急落下は、段々の付いた一個の大岩が突然の障碍となり、流れを無体に結集させ、搾りこんでから断崖より突き落とすことで生じている。ポルヘムの急湍を光学的に分析しているが、一切邪魔のない水の輝く表面が透明で、泡の巻きひげと混り合った緑の水塊と化して、割れ目の巨礫を撃ち、砕け散って雪の波の滝登りの奇観とはなる。ボワジュラン・ド・ケルデュはシェルデブランドの観察の正しさを確認し、「瞬きする間に現われ、消える」自然の効果についてシェルデブランドの言ったことをほとんど逐語的に言い直している[91]。例をもうひとつということなら、1802年のルイ＝フランソワ・カサスによるイストリア、ダルマティア旅行であろう。画家で探険家、建築家で考古学者というこの忙しい人物の経歴はその絵入り旅行記と密接に結びついている。ヨゼフ2世を筆頭にする一団の通人《コノスール》に資金援助を仰ぐ彼のダルマティア海岸域の旅は多くの奇景奇観のスケッチ画となって結実した。自然の奇観あれば人工の奇景もある。自然の奇観の方では何と言ってもケルカの「暴力的な」流れであり、スカルドナの滝であろう。今までに引いた旅行家たち同様、流れる彫刻という言葉遣いで、滝と、そこからルエッカの川が吐き出される深淵のことを論じる。「水の動く表面」はその流速故に「艶《つや》」を得て、純粋な結晶という風情に流れる。遠くから見ると、およそ角《かど》張る所がすべて丸く見えるので、見る者は

図 171
John Webber, *The Nan Darpenaz Waterfall*, from *Sketchbook*, B.M. Add. MS 17, 277, fol. 59. Watercolor. Photo courtesy British Library.

まるで透明な筒を見ているという気分にもなる[92]。

もっと僻遠のエキゾティックな異郷に赴いた人々も同じようなことを繰り返し口にする。ニューブリテン島のブーガンヴィルと部下一統は「芸術が王の宮殿のためにそっくりのものをいくら願ってもむなしい」のに、「自然が人住まぬ絶域にこうして何と言うこともなく捨て置く」「驚異の滝」を、わざわざ見に行く。ブーガンヴィルは滝の一枚岩の表情に裂け目や分かれ目をつくるぬるぬるした塊に特に感心している。これら水の「大量塊」が多様な形の百という水盤を穿《うが》つと、たまる透明な流れが四周の木々の色に染まる。造形力が内在しているという感じは、クックがホッジズを伴ってダスキー・ベイの滝を見に行った時の行文にもはっきりある。「この滝の滝壺には大きな石がごろごろしていたが、この流れが近傍の山々から砕きとっては運んできたものだった。……あるゆる石の標本を集めたのだが、あたり一体が、というか石でできた部分のことだが、これらの石でだけ形づくられているように思えたからであった」。ゲオルク・フォルスターは、コウブの滝が大変な高度から「奔出」して「透明な大柱と」化し、覆いかぶさるぎざぎざの木立ちの暗がりから現われ出るのだ、と記している[93]。

しかし、永劫に作用し続ける洪水の最高に水量多い最高にスペクタキュラーな象形紋様《ヒエログリフ》ということになれば、北アメリカに指を屈する他ない。無数の断崖絶壁を駆け落ちる厖大な水塊を次々記録した人物に、1680年代のエヌパ神父があり、一世紀後のジョナサン・カーヴァーがいる。力感溢れるということでは勿論ナイアガラであった。フランスの外交官で作家でもあったフランソワ=オーギュスト=ルネ・ド・シャトーブリアン（1768−1848）はこの名瀑に向う旅の各行程を克明に記録している。原生林での野営、孤独感、そして最後に「すべて帳消しにし去る」大壮観との出合い。ジョージ・ヘリオットはカナダじゅう回りながら、「急落下する水の広さと深さ」を、「下に落ちて行く水の小休みなき膨張と怖るべき流速」、「轟々たる峻厳の音響」を訪ね歩いた。ヴァランシエンヌに師事し、1815年に合衆国を訪れたジャック・ミルベールはその地の多くの滝に魅了され呪縛されたが、彼にして、あるいはアイザック・ウェルドにして、この大自然の生気論の驚異を見事写しとれる言葉も絵筆もないと思い知らされる。そうした絵に描き得ぬ束の間《エフェメラ》事を描こうとすることの根本的無理、「そうした効果を掠《かす》め取る」ことの不可能を、ミルベールは嘆く。この動く活人画《ムーヴィング・タブロー》は見る者の目の前で蜿々変化《へんげ》を止めない。雲は流れ、もっと明るい陽光のいきなりこぼれ落ち、夜明けが来たかと思えば誰《た》そ彼《がれ》に彼《か》は誰《たれ》、凪《な》ぐかと思うと風の颯《さつ》と立つ。これらの自然現象すべて、それ自身既に捉《とら》え方《がた》ないものだが、「その［滝の自然かつ多様な］効果にくさぐさの変化」をうむ。かくて、この流れ行く巨人の色と形をペンで、絵筆でいかよう力を尽くして表わし切ったと思おうが、須臾《しゅゆ》の間《ま》もあらせず、既に文字通り絵空事にしか見えまい[94]。

パノラマ全景を描くことも一点に集中することも芸術にはかなわぬとするこの長嘆息がさまざまな語りに主導動機《ライトモティーフ》として織りこまれていく。天候が突然好転してヴァレンシア伯爵は喜望峰のフレンチ・フックの滝の真前におり、山の裂け目にその水が溢れ漲るのを目のあたりにしている。最初、ヴァレンシア伯は、雨季に目撃した人間たちによってマドラスで讃美されていたコーヴェリ滝に幻惑された人間であった。しかし仮に水がなくとも、乾いた水路も印象深く、伯爵は大地塊を切り裂くに必要な「怖るべき力」のことにちゃんと思いを馳せたのである。滝は旅人の期待に答えることもあれば、既に見ておいたが、がっかりさせることもあって、ナイルの伝説の滝など、さしずめその代表格であった。アビシニアやヌビアの地を裂き、さまざまな支流を呑みこんで、さぞかしナイルの流速は驚くべき速さなのだろうと想像される。当然の想像だろうし、現に所々では、ある程度、速い。しかし流れがアスワン近傍のふたつの山脈に挟まる細い谷に流れこんでいく地点で、伝説の最後の滝は早瀬といった感じでしかないのだ。ポコックは幻滅を隠さない。「私はいつ滝がおがめるのかと［住民に］聞いたが、ほらそれが、そうだと言われてびっくりした」。マイヤーとヴィヴァン＝ドゥノンも、相手の伝説と現実の落差に驚かされている。テーバイの巨像を切り出した高名な石切場の石と同じ花崗岩の岩

図172
A. F. Skjöldebrand, *Fall at Toppö*, from *Description des cataractes et du canal Trollhätta en Suède*, 1804, pl. 3. Aquatint. Photo courtesy British Library.

図 173　A. F. Skjöldebrand, *The Cascade at the Sluice of Polhem*, from *Description des cataractes et du canal de Trollhätta en Suède*, 1804, pl. 4. Aquatint. Photo courtesy British Library.

塊を流れ下ってきたと言う割には、大の付くはずのナイル滝は落差ほんの数インチである。これでは目で確認もできず、絵に描きようもない、とヴィヴァン＝ドゥノンはがっかりしているが、川が狭まったその地点にさ昏《ぐら》く映し出された黒々とした山容に心動かされ、その独特な色合を出せれば画題として十分悪くないとしている。「真正にして新奇な自然像が同時に得られるという妙な利点があるからだ」、と[95]。

要するに、変化しこそすれ不壊《ふえ》不滅の流れに対する経験主義の応接というのがこういうものだったのである。この分かり易さは水に対してとばかりは限らなかった。ウィリアム・ハミルトン（1730－1803）は、ヴェスヴィオ火山から出てレシーナの方向に流れる溶岩流を「50 フィート以上も真逆様に落ち、岩滓《スコリア》から純粋な形で、流体のまま逃げ出す美しい炎の滝」と呼んでいる。それは「うつろな道に落ち込むと、想像を絶する素晴らしい効果をうんだ」と。この流れは、以前の活力が少しずつ硬化して斜方晶系の玄武岩や破断ある黒曜岩となって山麓を走る段になっても、やはり美しい。洞穴の壁を這《は》い下る地下の流れ石《フローストーン》は、その不安定とぴったり見合った言葉で描写される。際限なく変化し、見たところまた変化しようとしかかっている限りない凝固が旅の科学者たちの興味を惹《ひ》いた。ロメ・ド・リールの『結晶学（*Cristallographie*）』（1783）以降、宙吊りの形やうねる量塊に凝固した垂布状の鍾乳石は鉱化の長い進化過程の、はっきり我れは、我れと言えるまでに物質が苦しみつつ成長していく過程の最初の吃《ども》り吃《ども》りの喃語《かたこと》なのだ、と解釈された。要するに、最終的石化の侵略力に積極的に抗おうとするこれら凝結作用は、元々原子の混沌の水裡に闘われた闘いを間断もなく闘い続けているのである[96]。

図174　Thomas Fraser, *The Great Falls of the Cauvery River, Sivasamudram (Madras)*, ca. 1800. Watercolor W.D. 365. Photo courtesy India Office Library.

図175　James Manson, *View of the Road from Namik to the Village of Sune*, from *Twelve Drawings of Almorah*, 1826, pl. 9. Color aquatint. Photo courtesy British Library.

図 176 D. Vivant-Denon, *Cataracts of the Nile*, from *Voyage dans la Haute et la Basse Egypte*, 1801, II, pl. 69. Engraving by Paris. Photo courtesy British Library.

「フォール」即ち滝は文字通り「落下《フォール》」するわけで、中身にかかわらず、常に、そして一貫して下降の線に沿うのだが、これに対して、内在する予測し難い上向きの運動の裡に永劫の自己蕩尽を遂げるのが火山（volcanos）である。稲妻、オーロラ、地震、旋風、燐光といった束の間《エフェメラ》現象に対する18世紀の科学的解釈大方の例に漏れず、この死の大釜の火を燃やし続ける生命線もまた電気であろうという仮説が行なわれた。これ以上に欺《あざむ》きの、そして同時にこれ以上に誘惑的な現象が他にあろうか。死火山は豊穣肥沃の土壌を残し、活火山はいつも破壊の恫喝を続けた。いずれにしろ、ちらりと束の間、目に見える徴候が、隠された秩序、大地の懐《ふところ》深く宿る宇宙的エネルギーの存在を垣間見させる。アタナシウス・キルヒャーの『地下世界（*Mundus subterraneus*）』（1655）がずばり示すのがこの解釈である。このイエズス会の博学僧《カリスマ》が深遠晦冥の主題を次々と論じる中に、地底深くに進む火山形成作用と、太陽表面の噴火の相貌《フィジオノミー》もとり上げ、それらの見事な断面図を併載している。しかし18世紀の思想家たちを特に興がらせたのは、火山が山脈とはちがって、いつもいつもは存在しないという事実であった。（フォージャ・ド・サン＝フォンの専門知識にもたれかかって）ヴァランシエンヌ風に言えば、火山は誕生して生成を遂げ、そして地下の炎にもはや滋養分がもらえなくなると覿面に消滅してしまうのである。

古い破壊跡にも今現在の激動にもシチリアはこと欠かなかった。18世紀半ばには南イタリアは、物質の振舞いが天変地異として記録されている現場を丁寧にたずね歩くパトリック・ブライダン、ウィリアム・ハミルトン、ヘンリー・スウィンバーン、フォレスタ侯爵、フォルバン伯爵のような旅人たち一統にとって恰好の実験室と化していた[97]。専門家、好事家を問わず火山学者《ヴァルカニスト》たちが旺盛に展開した研究を、18世紀、19世紀にナポリその他で盛行した火山

図177　William Hamilton, *Part of the View inside the Mountain of Somma*, from *Campi Phlegraei*, 1776, II, pl. 35. Color aquatint by Peter Fabris. Photo courtesy British Library.

図 178　B. Faujas de Saint-Fond, *Crater of Montagne de la Coupe*, from *Recherches sur les volcans éteints*, 1783, pl. p. 298. Engraving by Claude Fessard after drawing by De Veyrene. Photo courtesy Library of Congress.

絵画のジャンルとはきちんと区別しなければならない。自然の作用というよりは花火を思いださせるこちらの光の人工的見物《みもの》はアレッシオ・デ・マルキス、ヴェルネ、そしてヴォレールの時代以来、美的扱いを謳歌していた。マニエリスム劇場の書割《かきわり》の「燃える町」主題から、ボス［ボッシュ］とブリューゲルの地獄風景画まで、それらは人工の効果をこれ見よがしに見せつけることをこそ眼目としており、何かを研究するなどという気《け》はさらにない[98]。

何かを研究というのなら、何と言ってもウィリアム・ハミルトンによる明快そのものの記述と、それに付けられたピーター・ファブリスによる精密なアクワティント版画であろう。二人は 1767、1776、1777、1779 年、至近から、また遠望で日々、ヴェスヴィオ火山を観察し、ファブリスの彫版に英国駐ナポリ公使［W・ハミルトン］はうるさく口を出した。電気じみたところ、吹き飛ばす様相の何ひとつ、ハミルトンの目を逃れたものはない。それらは夜間、一段と鮮《けざや》かである。噴火間近になると「煙が円の形に吹き出してくることが多く……この輪は大きくなっていって、やがて消えていく」。イスキアから 30 マイルほどのヴェントティエーネ島のカーポ・デルラルコという聳える岬を海側からスケッチしながら、ハミルトンはこれらの島はすべて大元のカルデラの円錐の廃墟、というか残滓に過ぎず、カルデラの大部分は海流に洗い取られていったのだ、と言う。ハミルトンは外輪山の活動休止中の噴火口に挑んだが、「これら水平の、垂直の奇態な溶岩の層がどういうものか、もっと正確に把握したかった」からだと言う。

図179　Carl Lang, *Fountain Stone at Muggendorf*, from *Gallerie der Unterirdischen Wunder*, 1806–1807, II, pl. p. 34. Color aquatint. Photo courtesy Bibliothèque Nationale.

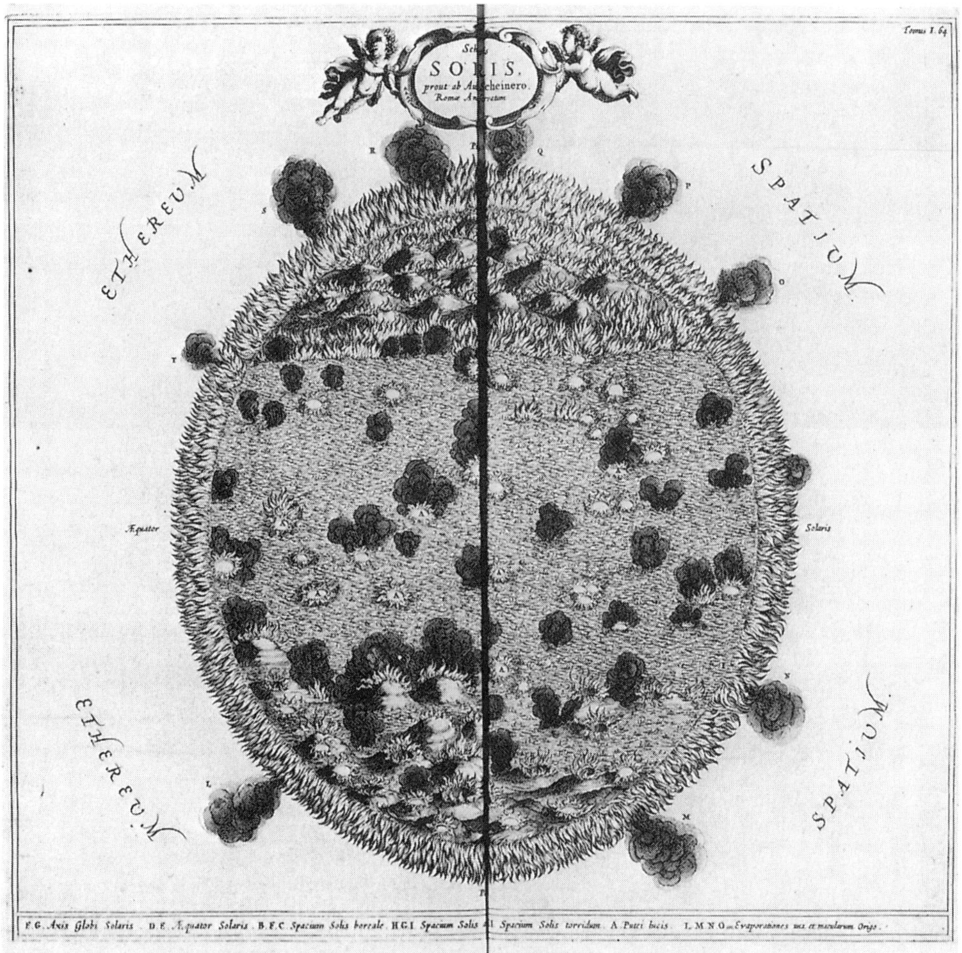

図180　A. Kircher, *The Volcanic Face of the Sun*, from *Mundus Subterraneus*, 1664–65, pl. p. 64. Engraving. Photo courtesy Library of Congress.

図 181　A. Kircher, *Mount Vesuvius*, from *Mundus Subterraneus*, 1664–65, pl. p. 1. Engraving. Photo courtesy Library of Congress.

パトリック・ブライダンの『シチリア、マルタ旅行記』（1770）はこの英国人公使が見事に凝然《じつ》と見つめ、崇高美《サブリミティ》を掠めとった顰《ひそみ》に倣《なら》うことで、科学の美的要素と美の科学的補完部分を強力に充実せしめた。そしてここでも「真に哲学的な目」を甚《いた》く刺激するのは火山である。ブライダンが感に打たれたように言うには、エトナとヴェスヴィオは何ヶ月も、いや何年も休止してしまい炎のかけらも発さないことが珍しくないのに、「ストロンボリはずっと活動し続け、星替り時移ってもいつもこれらの海の大いなる燈台と看做《みな》されてきている」のである。「本当に素晴らしいことではないか」、とブライダンは続ける、「このように炎とだえぬ巨大な火が大海の央《もなか》に何千年もの間、燃え続けてきたとは。リパリ諸島のそれは今やほとんど死んだふうだが、全体の源が今やストロンボリひとつに凝ったように見え、ストロンボリがすべての唯一大きな捌《は》け口という役どころである」、と。ジャン＝ピエール・ウーエルは記念碑的作たる『シチリア諸島ピトレスク旅行記』（1782）のためのかなりの数のグワッシュ画を旧エオーリエ

［リパリ］諸島に割《さ》いた［図28］。まるで眼窓（oculus）のように描かれた風景は連続する構造的成層を区々《いちいち》剝いで、それらが地底の火の目に見える所産であると言おうとする。ウーエルはまた、束の間の環境効果、すべての「風のもたらせるもの……この汀《みぎわ》で人の楽しめる感嘆すべき絶景《タブロー》がいかなるか完全にわかりたいと願えば［必ずや心須となる］光と翳の戯れ、水の反射」にも魅了された[99]。タイトルにこそピクチャレスクを謳うが、世界の真の基底に測鉛をおろしたい、それこそが眼目と主張し、ハミルトンの博物学の冒険と軌を一《いつ》にせんとする。

シチリア島で行なわれた火山研究と切り離し得ないのが同時期のオーヴェルニュ山系攻略であろう。早くも1768年にフランス人の火山地質学者ニコラ・デマレ（1725−1815）が火山玄武岩起源を言う画期的理論を唱え、これがラスペとゲーテによってすぐにドイツに移入された。玄武岩を堆積岩とする既成概念を間違いとするこの重要な結論が、今まで顧られることのなかった諸地域へ無数の探険行を促すことになる。フォージャ・ド・サン＝フォンは『死火山群』（1778）によって独力でオーヴェルニュを火山学者の実験室に変えた。物質がぎっしりで、個別性にこだわる（とりわけても）ファビアン・ゴーティエ・ダゴティやド・ヴェイレーヌらの挿絵を介して、個別的に特異な岩、穴だらけの岩滓《がんさい》、焦げた亀裂、断裂、どろんとした溶岩流、

図182　William Hamilton. *Eruption of Mount Vesuvius on Monday Morning, August 9, 1779*, from *Campi Phlegraei, Supplement*, 1779, pl. 3. Color aquatint by Peter Fabris. Photo courtesy British Museum.

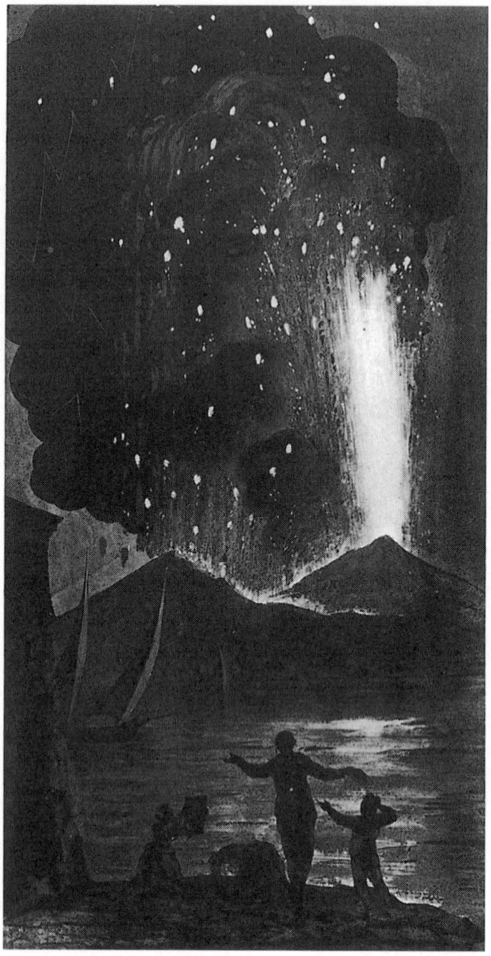

図 183　William Hamilton. *View of the Great Eruption of Vesuvius Sunday Night, August 8,1779*, from *Campi Phlegraei, Supplement*, 1779, pl. 2. Color aquatint by Peter Fabris. Photo courtesy British Library.

傾いた六角石柱などが、南イタリアの金剛不壊《ふえ》の効果に対するフランス側からの応答になっていく。フォージャはローヌ川を睥睨する赤い岩《ロッシュ・ルージュ》やロシュモール城を、突如過激に突出した玄武岩の孤丘《ビュート》として描く。頑丈な花崗岩のたがにはまって、その上に坐っているものとして描いてはいない[100]。

玄武岩論争は他の科学的旅行の記録にも入りこんでいく。アレクザンダー・フォン・フンボルトはエクアドルの活火山コトパヒの完全な円錐形に感心しているが、その南西側に針ねずみのような巨大岩塊がぽつんと突き出ているのは何か、と思う。伝承では、この孤立した「インカ王の頭」はかつてこのアンデス巨山の山頂の一部だったのが最初の噴火で、この断片が吹き飛ばされてここに突き刺さったということだった［図 56］。フンボルトはコトパヒの怒りっぽい気性が目に見えるどういう効果を残しているか、さらに調べていく。表面には砕岩の山があちこちで目立つ。不吉な地響きもすれば、間欠的な降灰もあった。

大口をあいて溶岩を吐きだす噴火口とかそういう激しい効果の他には[101]、海上に突きだしたぎざぎざな輪郭の火山島の姿がよく視覚素材にされた。18 世紀の旅行家たちは、自然が島

図184　William Hamilton. *The Promontory called Capo dell'Arco*, from *Campi Phlegraei*, 1776, II, pl. 34. Color aquatint by Peter Fabris. Photo courtesy British Library.

を造るところを特に研究したがった。事実、そうした記録類があって、玄武岩は火成岩だというデマレの議論はうまれたのである。ゲオルク・フォルスターは（ソシエテ諸島の）フアヒネに行き、ニュー・ヘブリディーズのタンナに赴いては、そこの打ちのばされたような斜面が元は火山だった所だと感じた。実際、1774年8月にタンナに上陸したフォルスターは「夕刻火山の炎を見、五分に一度かそこらの爆発を耳にした」。「当時の学界紀要など、この驚異の現象を論じないようということだったが、それはいつもぶるぶると震動していたのだ」、とも書いている。スパルマンも加えて、クック滞在中、この火山は乗組たちに灰を降らせたと記しているが、回りじゅうがそういう景色になるのに夢中の様子だ。「煙、炎、轟音がこの山から噴き出すと、美にして崇高の絶景となった」、と。（ラ・ペルーズ探険隊の「エトワール」号艦長の）ラングルも、英国人先達たちと同様、イースター島が火山島であるとした。島の南端に昔の円錐山の残骸を認めた。

こうした文書は、南太平洋域の楽園島の悉くがかつて活火山の噴火口であったものの崩れゆく山頂部で、海上に現われたり沈んだりの繰り返しだという、さらに大胆な説をうんでいった。我々がアトランティスの神話の反響を聞くのはここだけではない。いたる所、だ。ベルナルダン・ド・サン＝ピエールは、カナリア諸島、殊にその堂々の遺跡たるテネリフェ島の名山は、プラトンが沈める大陸として伝えたものの残骸だと書いているが、広く行なわれていた説の引き写しにすぎない。ビュフォン地質学に心酔のル・ジャンティはモーリシャス島の黒ずんだ土を検証した結果、地震がらみの衝撃に見舞われたことがあり、島の表面にでたらめに飛び散るこれら岩の悉くが、かなり以前に火山噴火で飛散したものではないかという結論にいたったのである[102]。

極北（far north）が忘れられていたわけではない。1772年にバンクスが、ユートピアが期待

図185　B. Faujas de Saint-Fond. *Basaltic Crag of Roche-Rauge*, from *Recherches sur les volcans éteints*, 1783, pl. 19. Engraving by Claude Fessard after a drawing by De Veyrene. Photo courtesy British Library.

図186　B. Faujas de Saint-Fond. *Chateau de Rochemaure*, from *Recherches sur les volcans éteints*, 1783, pl. 2. Engraving by P. C. Le Bas after a drawing by A. F. Gautier-Dagoty. Photo courtesy British Library.

できるかということでは固《もと》より南太平洋の敵たりうべきもないのに、アイスランドに向ったのも、偏《ひとえ》にそこの火山が呼んでいたからである。同方向へ旅したジョージ・マケンジーとウジェーヌ・ロベールは、シングフェリール近くで最初に溶岩流を目撃した時の報告を、こう記している。

溶けた岩塊があらゆる方向に盛り上がっていって、あらゆる幻想的な形態をとったのであり、四方八方に亀裂や洞穴が口を開いていた。……そこを過ぎた地点には地下の熱の怖ろしい限りの効果がそこいらじゅう遍満し、広大な平原の眼路《めじ》の限り、界隈全部を壊滅させ

図187　J. Houel, *Baziluzzo, Dattalo, and Strombolino*, from *Voyage pittoresque des isles de Sicile, de Malte et de Lipari*, 1782, I, pl. 69. Aquatint. Photo courtesy British Library.

図 188　John Webber, *Three Views of Arched Point on Kerguelen's Land [Island of Desolation]* (December 1776), from James Cook's *Voyage to the Pacific Ocean*, 1784, I, pl. 82. Engraving. Photo courtesy Library of Congress.

た黒い凸凹の溶岩の暴威を免れ得たものなど何もない景色だった。表面は膨れて、直径数フィートの小塊から直径 4、50 フィートの円丘となっていて、その多くは破裂して、溶けた物質が鍾乳石のように垂れる洞窟を露わにしていた [103]。

噴火の厄介な後産で、煙や火よりも人々を驚かせたのが地震であった。1755 年のリスボン、1812 年のカラカスといった震災を見ればわかるが、その猛烈なエネルギーの無差別破壊は言詮に絶した。しかし 20 年後、メッシーナを破壊し、カラブリアを焼き、アイスランドの火山を活動させた地震は、時代の科学的驚異に分類された。

地震そのものは短い時間の運動だから絵に描くことは難しいが、それが生ぜしめる破壊、塵埃、廃墟は絵にされた。地質学者たちは、リスボン震災の背後には神の怒りとは別の物理的原因ありと考えた。息長い「牢固たる大地《テラ・フィルマ》(terra firma)」観念を鼻で笑う地下洞窟が地中に潜んで、いつでも陥没してしまうのだ、と。鉱物学者デオダ・ド・ドロミューがエトナ山のことに触れ、どうやって溶岩が地下通廊を造るものか明快に整理している。溶解物質が地核から地殻直下へと上昇してきたものが、再び沈んで行く時に、広い空虚な穴を残していくのだ、と。そうしたものが世界中にあるとされた。やがて自然の永劫の変化の必然として、空洞は石灰質の沈澱物で埋っていき、そしていつとは言えぬ時期に怖るべき展開がまたぞろ繰り返される [104]。

図189　William Hodges, *Oaetepha Bay, Tahiti*, Oil. $36^{1/2} \times 54^{1/2}$ inches. Photo courtesy National Maritime Museum.

図190　G. Tobin, *Santa Cruz, in the Island of Teneriffe*, 1791. Engaving by Wells. Photo courtesy National Maritime Museum.

ブーリの回想によると、リスボン震災の時、スイス・アルプスがシンプロン近傍で鳴動し、谷が南北に激動して、数ヶ所、大きく口をあけた。先立つこと十年、チェンバーズはティエラ・デル・フエゴ島の針のような形をして近寄り難い巨礫群を調べたが、島の床岩は亀裂で割れ放題だった。亀裂は地震でできたものと想定されたが、ほとんど垂直で、それらを支える原初の核にひび割れを起させたものと思われた。ドム・ペルヌティは1769年、マルーイン諸島でそうした目に遭ってなお一命をとりとめたのが、怖い思いとは別に「自然の素晴らしい効果」を讃え、こうした大小さまざまの岩が無茶苦茶に転がり落ちながら、何やらゆるい秩序をもって並んでいるのが不思議だと訝しんでいる。ウィリアム・ホッジズはそのインド探険の間に「山々の怖るべき破壊と崩落」に起因する亀裂、地層断裂、花崗岩破砕をたびたび目にし

図 191　John Edy, *View in Torredal River,* from *Boydell's Scenery of Norway*, 1820, I, pl. 11. Color aquatint. Photo courtesy British Library.

図 192　Anonymous, *Lisbon Earthquake*. Engraving. Photo courtesy National Maritime Museum.

た。アレクサンドル・ラボルドは、地震によって親から引き裂かれたそういう一枚岩がモルフォンテーヌの庭園にある、としている。この岩はアベ・ドリールの「庭苑」からの一行をその表面に刻まれる値打ちありとされた。その「不壊《ふえ》の石塊、よく時をも飽かしむ」、と[105]。

以上の議論をした後には、18 世紀の探険家たちに氷河（glacier）の揮《ふる》った魅惑を分析してみるのが筋である。火山や地震同様、氷河は ── その活動の種類が多彩だという理由からだけでも ── 驚愕（astonishment）という科学的好奇心の核たるべき感情を惹き起こすに足る力を持っていた。間欠的なものではあるが、それら同様に大破壊の具でありえた。しかし今まで論じたどの天変地異ともちがい、我々が相手にしている時期より前に、氷河の細かな描写というものがほとんどない。1749年、サヴォイ・アルプスの大氷河の最初期の報告がペーター・マルテルによってなされている。ゴットリープ・ジークムント・グルナーがそれまで他の人間が書いていたことを編集して、初めての氷河学（glaciology）の大型理論書に仕上げたのが1760年代。1775年以降は、新氷河の発見はブーリの主な仕事となっていった。しかし決定的に重要なのは、ド・ソシュールがモン・ブランの謎にずっと取り組んだことに刺激され、1780年以降一挙盛行していく登山、登攀であった。初期に正面からメール・ド・グラス氷河、デ・ボソン氷河、ベルニーナやグリンデルヴァルトといった各氷河を描いた挿絵類を見ると、小塔《タレット》を備えて攻め来る氷の海であり、石の台風、這い進む怪物トカゲとでも言う他ない氷塊であるという描き方であった。

カスパール・ヴォルフの『スイス山岳偉容』に付いた博物学的注を見ると、氷河の形態に各種あるということが徐々にわかっていく様子が知られて、これらは重要な注である。雪が谷で凝固すると、尾根が平たく潰されたような平たい一枚岩の塊になる。他方、最高度の山頂同士、凍結雪面《クラスト》もしくは粒雪《フイルン》で繋げられ、危険なドーム状地形や橋など呑みこんでは、嵐の海が天辺に波頭を載せて突如凍りついたとしか見えない。ずっと固まるばかりできた氷が最後に砕け、急湍につき動かされて、さらに低い谷へと落ち下って行く。

氷河はまた当然気象史の中で見られるべきものである。18世紀初めにアルプスの氷河後退は年に500メートルというところであったのに、20世紀には1キロから2キロになっている。もっと言えば、1700年には今日のような世界中どことも同じ後退といったものはなく、ある地域限定の退流でしかなかった。大規模氷河活動は1550年から1760年という期間に生じており、実際その最高潮時代なのである。概して、1850年以前に氷塊は大きさも量塊も最大、その後落ちだしたと言ってよいと思う。シャモニーのメール・ド・グラス氷河が良い例である。18世紀からジョン・ラスキンにそのひび割れの壮観を眺められる時までは、この氷河は今みたいにモテの暗い岩山の背後に隠れてはいなかった。隠れるどころか一貫して広がり続けてボアの村にまで入り込み、アルヴ川の平野部からもはっきり見えた。拡大一途で近郷近在の脅威となったのはデ・ボソン氷河、ダルジェンティエール氷河、そしてグリンデルヴァルト氷河、どれも同じである[106]。

こうした生成し、動揺し、確実に前進して行く巨人たちが無数の旅のスケッチに描かれている。カスパール・ヴォルフはこの圧倒的な前進の効果ばかりか、氷河下を走るアルベイロン川がアルジュニエール、ロシエール両氷河の間から力強く流れたり、ルートシーネ川がグリンデルヴァルト氷河の下から吹き出て来たりという効果にもじっと見入っている。こうした急流による副産物も見逃すわけはなく、岸辺に雑然堆積の巨礫が古く、しかも刻々と細っていく氷堆石《モレーン》に目をつけている。荒涼と解体の一緒になった景観はブーリの『スイス渓谷新報』（1778）、および同じくブーリの『モンブラン百態』（1783）に、破砕された石が積みあがっていくこうした塚繋がりで出てくる。「何と言っても際立っているのが高みから底に落ちるこれら氷の堆積ないし層の表情である。……それらの奇態な破片《デブリー》が谷の豊かな産物に加わる。こうしたものの取り合せの中にも目立つのは廃墟の都府という風情のもので、塔あり、ピラミッドあり、オベリスクありで……こうした都市の表象の最も壮麗な部分たるや、陽光を浴びたこれらの事物のめくらませる煌《きら》めき、皚白と透明あるばかりである」。

氷河エネルギーの儚《はかな》い姿に、大きな氷丘《ハンモック》と緑に煌《きら》めく鍾乳石で一杯の氷洞があった。シャモニーの氷の洞窟《グロット・ド・グラス》はそのダイアモンド色の四壁、絶えず間も変貌し続ける「密房《へや》」が、マルテル、アベルリ、ヴォルフ、ラボルドといった人間を、強烈な自然のドラマで魅了した[107]。

氷河は別にスイス、オーストリア、ダルマティアのものとは限らず、極北では珍しくもない風景であったが、それらを破壊の手先と見る災害視はサヴォイ・アルプスの氷河としっかり結びついていた[108]。火山噴火と氷河災害は18世紀中続いて、世界は絶えず激変中と見る見方に力を与えた。別に人の介入を俟《ま》たず、それらは洪水と雪崩によって地表を変えた。地表の別の地への旅人、たとえば17世紀の芭蕉、18世紀のシャストリュ侯爵は地すべり現象に目を向けた。日本だろうが北アメリカだろうが、それらが川の流れを変え、道を埋め、人の手の業《わざ》を押し流したのははっきりしていた。通過後に、不安定だった過去をありありと思い出させる負の歴史のモニュマンとして、そして造り直される未来への力溢れる坩堝《るつぼ》として、それらは巨岩を置いて行ったのである。スイス・アルプスでは落石と雪崩は相補現象だった[109]。

セバスティアン・メルシエはヌーシャーテルの上に聳える山々の見たところ不動の美に思いを凝らし、しかしそこから一見平和な田舎暮らしの破壊がやってくると予言する。倒壊する岩、即ちコクバーン少佐、ラウール=ロシェット、ヒレール・サズラックの言葉を借りるなら、「抗う力なき粗い廃墟」という転覆–主題は、シチリアの滅びと裏腹の豊穣と、何もかもを絶滅させる溶岩流との、火山学者たちがよく引き合いに出した絵画的対比を思いださせる。

図193　A. de Laborde, *View of the Great Rock at Morfontaine*, from *Nouveaux jardins de la France*, 1808, pl. 20. Etching by F. Gamble after a drawing by Constant Bourgeois. Photo courtesy Cabinet des Estampes, Bibliothèque Nationale.

図194　G. S. Gruner, *The Mer de Glace*, from *Die Eisgebirge des Schweizerlandes*, 1760, pl. 12. Engraving by A. Zingg after drawing by F. Meyer. Photo courtesy British Library.

図195　G. S. Gruner, *The Bernina Glacier*, from *Die Eisgebirge des Schweizerlandes*, 1760, pl. 17. Engraving by A. Zingg after drawing by G. Walser. Photo courtesy British Library.

『スイス氷河の博物誌』(1761)のグルナーはそうした突然の根こぎの破壊の目撃談をしている。1756年夏のある日、グルナーは不吉な雷鳴のはためきを耳にした。

> 根雪に覆われたヴェッターホルンの山頂から驚いて下を見回すに、雪の塊がちぎれると高い所から、最初の峰の急な斜面を崩れ落ちて行った。一部は埃のように立ち、一部は急流の如く流れて山の中心部から出た岩にぶち当る。この衝突で一種靄《もや》が立ちのぼり、この巨大塊の残り部分が山裾へ崩れ落ちて行った。

アイガー登攀中のカスパール・ヴォルフもまたとよもす雷《いかずち》を聞きながら、覆滅の大雪崩(*Schneelavinen*)が、一番高い岩山から崩れ、亀裂部分を飛び越しては下の谷へと落ち、あっという間に水に白泡を噛ませた。火山島の話につきものの突然消えては突然出てくるという話をしているのはヨーハン・ゲオルク・ズルツァーだが、スイス旅行者がその上を歩かされる岩錐《テーラス》は彼には旧約聖書の大洪水をこそ思いださせる。この耕作可能の地は山々の老衰の結果でなくて何か、と[110]。

ニュートン主義と、18世紀地質学、物理学、化学、博物学、天文学の相互に関連しつつの寄与というものにしっかりした根を持つ、エネルギー化された自然というより広い観念が、氷河や雪崩を、ただ単に怖がってというのではなく合理的に測る方向の下支えとなった。氷河もまた、時には暴力的ながら常には力溢れた宇宙秩序の中にぴたりとおさめられるのでなければならなかった。本章で取りあげてきた束の間《エフェメラ》現象万般と同じく、旅行家たちはそれらの展開過程のどの局面にも、とりわけ出発点に立ち合うのでなければならなかった。南極、北極での氷山形成（とはつまり氷河崩壊）なる関連事象を考えるに、まさしくそうなのである。アルプスの世界よりさらに広大、さらに荒涼たる厳しい極環境は、しかし却って熱い探険欲に火を点けた。その輝やく気象現象《メテオール》がいかに異様で、ほとんど超自然の形態をとって、人々を驚かせ、かつ恐怖させえたものかを、我々はずっと見てきた。そろそろ、どんな生き物の姿もない沈黙、もしくは怖ろしい音の世界たるそれに戻ってみよう。人気《ひとけ》なき無限が多様な氷の表現を通して具体化された。ウィリアム・ホッジズは南極洋上、「レゾリューション」号上にあって驚くべき水彩連作を描き、これは後に彫版される。これら海に解体されていく浮かべる山々を記録するのに、科学者たちが同道していてくれて大助かりであった。同じ航海に同伴していたゲオルク・フォルスターはマスト上から一日に186個もの氷山を数え、周りの空気が寒いのはこれ

図 196　Caspar Wolf, *Lauteraar Glacier*, from *Vues remarquables de la Suisse*, second edition. 1785, pl. 19. Color aquatint by J. F. Janinet. Photo courtesy Library of Congress.

ら大型の凍結塊にも一因ありと考えている。彼はさらに、そうした氷塊が内在させている混在性（polyvalency）にも目が向いていて流石に鋭い。安定していながら、固体を打ち叩いて靄《もや》に変える飛沫に間断なく蚕食されてもいるのだ、と。フォルスター父はこの漂流と変化のありように語を費す。「呆然とするほど丈高い大型の氷島が、堅牢たりながら奇妙に点、尖塔、砕け岩の形にされて、眼路《めじ》の限りに広がっていた。しかし、年により、季節により、海上の場所により、氷が別の所にあるというのもまた驚くべきであった」、と。フィップス、チャペルをはじめとして、こうした「驚くべき氷山」を描いた英国人航海者は多い。スピッツベルゲンに向うジョン・レインは、結霜の寒気が頽壊中の氷塊を恣《ほしいまま》に変形させ、絶えず「珍らかの形」にさせる様子を記している[111]。

ところで、こうした現象を分類した勲《いさお》しはジョン・ロス（1777－1856）のものだ。ロスは1818年度の航海に補佐官ということで、ウィリアム・エドウィン・パリー、ジェイムズ・クラーク・ロス、エドワード・サバインといった将来を担うはずの海の男たちを随伴させた。凍結物質にさまざま可能なありようをロスは細かく区別して、“bergs”（氷山）、“fields”（浮氷

図197　Caspar Wolf, *Grindelwald Glacier with the Lutschine*, from *Vues remarquables de la Suisse*, seccond edition. 1785. Color aquatint by C.-M. Descourtis. Photo courtesy Library of Congress.

図 198 D. Raoul-Rochette, *Lower Section of the Grindelwald Glacier*, from *Letters sur la Suisse*, 1823, I, part I, pl. 15. Lithograph by G. Engelmann after Villeneuve. Photo courtesy Cabinet des Estampes, Bibliothèque Nationale.

原)、"patches"(氷片)、"streams"(流氷)、"loose ice"(遊氷)、"sailing ice"(漂氷)、"brash ice"(砕水塊)、"cakes"(葉氷)、"hummocks"(氷丘)などと称し分けた。こういう生き生きした言い方から、倒壊した山、見渡す限り境というもののない広がり、越えられない境界、突きだされた舌、滅多打ちされた破片、分離され、切り取られた塊、減衰したり穴だらけになった氷、やたら深い氷、(一番怖しいが)押し寄せては岸に打ち上げられる氷の姿がはっきり見える。果てなき大洋の中に閉じこめられたこの信じ難い多様性は、バフィン湾の「長い鎖」の只中のパリーがこれを捉え、「こうした寒帯の驚異の所産で一杯の」ニュー・ファンドランドの浅堆《せんたい》に仲々捕えられない一角鯨《ベルーガ》を追うスコールズビーがこれを描き、スピッツベルゲン沖の氷中に凍《い》てついたり、フラックスマン島近傍、大うねり中に動きのとれなかったりのブキャナンがこれを記録した[112]。ロスおよびその有名な先達、後継者一統、さらに捉え方なき微妙にして至微なるものをも解明した。即ち深紅の雪が峨々たる断崖《きりぎし》の面を汚して「新奇にして興尽きぬ趣を醸し」、凍りついた雨が、消え果てていく結晶の筒を創りだしたりしたのである[113]。

流れる山、漂う氷原の凍てつく逆説世界は流砂の圏域に熱い相関物を持つ。植物学者ミッシェル・アダンソンは『セネガル博物学航海』(1757)の中で、ニジェール川左岸の埃っぽい灼熱の地域の様子を生き生きと記している。同様に、モロッコ探険のジェイムズ・ジャクソンは、「風に運ばれていく流砂が絶えずその位置を変え、大海の波そっくりで、砂の海など呼

図199　Anonymous, *Ice Grotto in the Glacier des Bossons*. Eighteenth century. Etching. Photo courtesy Cabinet des Estampes, Bibliothèque Nationale.

ばれるのも真にむべなるかな」と書き、北アフリカを旅するジョージ・ライオンは、まさしく目くらますほど大量の分子がそこいらじゅう渦巻く様子を報じている。火山が呑み込み、雪崩が掩い尽くし、氷山が攻めかかってくるように、こうした見たところ固体である粒々が解体して物質的エネルギーに変る。熱風に吹きまくられた大砂塵がそうした小丘の輪郭をあっという間に消しとばし、煙と化したもので空も暗い。ジェイムズ・ブルースはヌビア砂漠で、よく熱風《シムーン》に耐えた。「東南より、虹の紫の部分に似た色の、それほど稠密とも見えない霞がやって来るのが見えた。幅20ヤード、そして72フィートほどの高さのものだった。空裡に一点赤味がという趣だったのが、動きが異常に早く、頭を北に向けて地面に伏せようと思う暇《いとま》もあらせず、風の炎熱を顔にまともに受けてしまった」。「青い空気」が出現すると、半透明な砂の柱が幾つもやってくる。どんな足の速い馬に乗ってもこの危機から逃れ得ぬので、キャラヴァン全員、とにかくその場に立ち尽くす他ない。この「呆然の光景」は深い森が太陽をほとんど掩ってしまうという感じに似ていた。巨大な砂柱からひょっと太陽がのぞくと、金の星がきらきら散りばめられた炎の柱に、それは変じた。メンドーサからブエノス・アイレスをめざす長い夏のラバの輸送隊が土を砕いて生じる土煙は南アメリカ・パンパスの風物誌でもある[114]。

こういう変化《へんげ》をことする環境は蜃気楼《ミラージュ》や錯覚《オプティカル・イリュージョン》にお誂え向きということになる。

図 200　Caspar Wolf, *The Great Rock on the Vorderaar Glacier*, from *Vues remarquables de la Suisse*, second edition, 1785. Color aquatint by J. F. Janinet and C.-M. Descourtis. Photo courtesy Library of Congress.

こうして我々の議論もぐるりと廻って元に戻る。湿った蒸気も金属的にきらめく霞も、こうした不可触なるものどもが投影される映写幕だからである。ヌビア砂漠で水を狂い求めていたベルツォーニは静かに澄みきった深い湖を目にしたと思った。そよとの微風《かぜ》も吹かず、湖面の上にあるもの全てがくっきりと水面《みのも》に映っている。ところが近付いて行くにつれ湖は浅くなり、穀物畑のように動くと、渇きに苦しむ旅人たちの前でふっつりと消えた。

しかし、パトリック・ブライダンが断言しているが、「世界一の異常現象」と言えば、よくメッシーナ近傍で観察されてきたあれを措《お》いてあるまい。「哲学的」な目が向けられて昔からいろいろ推測こそされてはいたが、その真の原因はやっと 18 世紀に解明された。古代現代を問わず、夏の炎天下、海も空も風が吹き荒れて後に全たき凪《なぎ》が来ると、夜明けのメッシーナ海峡に「寔《げ》に沢山、或るは静止し、また或るは大変迅速に動く多様で奇態なる形態が」出現することが人々の口の端《は》にのぼっていた。それらの形は徐々に薄れて、日の出直前には完全に消滅した。この蜃気楼《ファアタ・モルガナ》こそイエズス会士ドメニコ・ジャルディーナの博学な論文の主題であったも

図201　D. Raoul-Rochette, *Rock Slide*, from *Lettres sur la Suisse*, 1826, II, part III, pl. 11. Lithograph by G. Englemann after Villeneuve. Photo courtesy Cabinet des Estampes, Bibliothèque Nationale.

図202　William Hodges, *The Ice Islands*, from James Cook's *Voyage towards the South Pole*, 1772–1775, 1777, I, pl. 30. Engraving by B. T. Pouncey. Photo courtesy Newberry Library.

のだ。『談論（*Discorso*）』（1643）でジャルディーナは、天がまるで万華鏡-劇場であって、宮殿、森、庭、人間、動物、さまざま変容し揺動する事象に満ち溢れているように見える、と言う。海峡の水が渦や潮流でさまざま攪乱される時、水面で太陽光が異常な屈折や反射をするためだろう、というのがひとつの仮説だった。もっと進歩し洗練された時代の子たるブライダンは、

図 203　John Ross, *A Remarkable Iceberg*, from *Voyage of Discovery*, 1819, pl. p. 46. Aquatint by R. Havell and Son. Photo courtesy British Library.

図 204　John Ross, *Passage through the Ice*, from *Voyage of Discovery*, 1819, pl. p. 46. Aquatint by R. Havell and Son. Photo courtesy British Library.

その変幻自在のところが北極光に似ており、他の変容の自然現象の多くと同様、電気のエネルギーによるものではないかと、ひそかに考えている。熱帯では、同じような絵にも描けぬ美をベルナルダン・ド・サン＝ピエールが褒めていた。モーリシャス島の黎明もしくは薄暮に、大気が空裡に次々と景色を造っては造り直す一大流動劇を演じるのを見た。物質としも思えぬ岬と険しい岩山が、それらを構成する百宝色《じき》に融けはてていく所に偶然遭遇したのである[115]。

海上のあやかし《イリュージョン》は船乗りの敵であった。クックはこの危険と、見える相手に反応してしまう船乗りの目について考えている。一体自分は、陸ありと思われながら実は何もないと判った海を何度航海してきたのだろうか。「昔の航海者たちがたしかに見たとされてきたのに、船隊が近付くにつれ［それらは］海の懐《ふところ》に沈み、根も葉もない夢まぼろし然と、後に岩くれひとつ残さないのだった」。バイロン卿の祖父たる海将バイロンは 1764 年 11 月 12 日に、リオデジャ

図205　W. Scoresby, *Beluga or White Whale*, from *An Account of the Arctic Regions* ..., 1820, II, pl. 14. Engraving by W. and D. Lizars after drawing by P. Syme. Photo courtesy British Library.

ネイロ僅かの沖合にそうした変幻する「霧の地」を見たと記録している。乗組たちは、青い山脈に覆われた宏大な島を見たと信じた。すぐに、そのうちの何人かは砂の海岸に波が打ち寄せるのを見たようにも思ったのだが、刹那にして、一同が固い陸《くが》と見ていたものは何の痕跡もなく霧消して果てた。

イリュージョン現象がとる形態は多様だ。インド洋航海中のル・ジャンティは幽霊船を二艘までも見た。実際に雲の流れの中に漂遊する気球乗りたちは「太陽の光がこうした大きな蒸気の塊の中で反射して、いかなる想像力も及ばぬ奇矯の蜃気楼をつくりだす」ものか、直《じ》かに体験した。「この光景の崇高な壮麗の美に一体何をたぐえ得るか」、と[116]。こうして蜃気楼（mirage）は永続する自然の傑作の対蹠地にある。そうした「大気の」戯れの目撃者から見れば、この変幻カメレオンの如きイリュージョンは、もっと一定して、もっと実体を持った現実を舞台背景に演出される変幻劇のようなものである。

まとめてみよう。科学における実験は、この世に溢れる個（particulars）の発見同様、その二次的表現と結びつく一次的性質（primary chracteristic）に達することができるのではないかという希望を掻き立てる。事実（fact）を求める研究や旅の核心部には確実性さがし（quest for certainty）がある。スコラ学派の無批判なドグマティズムと経験主義者たちによる近代的懐疑の間で舵取りしながら、旅行者たちは自らが対峙したままの自然の力を、見、そして形にしてみようとした。人間のする探究に開かれた全てを学び、伝える（知識には社会的側面があるのである）のでなければならないという大前提──17世紀半ばからどんどん当然のものになっていった大前提──が、彼らの探究を宜《うべな》ったのである[117]。

図 206　G. F. Lyon, *A Sand Wind on the Desert*, from *Travels in North Africa*, 1821, pl. p. 70. Lithograph by D. Dighton. Photo courtesy British Library.

図 207　E. E. Vidal, *Convoy of Wine Mules*, from *Buenos Ayres and Monte Video*, 1820, pl. p. 91. Color aquatint by T. Sutherland. Photo courtesy British Library.

Salgo nell'
E mi confido ai Venti

第4章

文化無用の風景

［古代人たちは］珍種の石や鉱物、時代の珍品、色、動物の形態、泉や川の効能といったものが集まってくると、博物学者の一番肝心な部分をやりおおせたものと考えた。［が、王立協会は］自然の中で粒々辛苦して掘り続けるのをことととする。

—トマス・スプラット

同様に、その形態が堕落後退ということで時代であり、時代の聖刻文字であるこれらは大きく、素晴らしい自然のモニュマンをば讃えながら、山や谷、それらの配置、それらの構造、それらの多様さ、それらの災害の自然史、物理学が私の眼目で、私は石を集める。

—フランソワ・パシュモ

本章では互いに関連したふたつの大きな関心を扱う。18世紀が現象《フェノメナ》への旅を発明したことと、文化から自由な、文化無用の風景を同時に発見したこと、のふたつである。これら探究の冒険は物質世界を正確な絵《ピクチャー》として描こうとする試みと繋がりがある。

ベーコンによる学の改革に、古代人たちに良しとされた既成の確立した体系や意見から精神を切り離せという指示が含まれていたことを思いだそう。観察者は、あらゆる表現をする具体的な事実《ファクト》、物質的な物《オブジェ》との直接的接触に基づく、自然事物への五感を介した知に戻るべき、とする。このことをめざしてベーコンは、ダーウィン以前の時代のため、決定的な「実験的自然史（Natural and Experimental History）」実践プログラムを書いた。ベーコンが理想とする自然史家［博物学者］、宇宙の第一素材《プリマ・マテリア》の解釈者はいつも自然のデータの中で仕事し、外の世界に一貫して通じていなければならない。そうした自然史［博物学］の誇り高い目的は、R・F・ジョーンズが言っているように、真にして合法的な導きの材料を哲学に供すること、浅薄な形而上学的大系を根絶することであった。

こういう気宇も壮大な構想をベーコンは何とも民主主義的に考えたもので、そこから探険家たちにとって重要な考え方がふたつ出てきた。たぐい稀な知的才能など特に必要でないということと、知の進歩のためには利己を去った協力が必要であるということである。この互いに強め合うふたつの条件ではっきりしてくるのは、自然史は世界の相貌を見る適当な訓練を受けている誰しもが担ってよいということで、さらにそれらは、実にいろいろな所から集まってくる幅広い観察者たちに、この宏壮遠大な企てに目に見える貢献をしたいという熱い思いを吹き込んでいった。

しかし情報集めに対するベーコンの展望は必ずしも楽観的ではなかった。種族の、洞窟の、そして市場の「幻像《イドラ》」── あらゆる人間に通有の、精神をこそ現実を測るものさし、現実の真と見る心的性向というか先入主 ── は自らに事物を服さしめる傾きがあるからである。かくして懐疑主義の種 ── ロック、ニュートン、ヴォルテール、ヒュームの思想中に素晴らしい実を結んだ種 ── が播かれた。かくて、精神とその能力が、自然界裡では自明に真なるものを見つけだしたいといういかなる願いをも潰《つぶ》さずに措かぬということになり、つまりは「幻像《イドラ》」は確実性の敵なのである。

たしかに認識にかかわるこういう厄介な問題はあるが、当面我々に必要なことから言えば、知覚を拘束するこうした曖昧至極の心理的要因に対する突破口を、まさしく博物学者従うべしとされる手続きに示してくれている点こそ重要である。博物学の徒は、理性が予め仕組みおおせている意味をではなく、五感をこそ証拠として信ずべし、さすれば観察と実験を通して精神を肉感の側から抑え、導くことができるはず、というのである。物の世界を究めよというベーコンの要請は、自然の複雑を前にしての人間悟性の無力感というものに強く後押しされたのであり、旅行記の示導主題《ライトモティーフ》にもそのことが反映されている。即ち自然の個物の実体の内に入り込みたい、ペネトレート（penetrate）したい、活動する物質の歴史と葛藤を明らかにしたいというその強い切なる思いに反映されているのである。楽天的な言い方をすれば、帰納的な発見 ── 物質〈内〉への旅（voyage *into* matter）によって行われる ── の方法が、時熟すれば自然の仮面を剝ぎとってくれるはずだ、と、そういうことなのである。

内に入るペネトレーションの視覚-考古学と不可分に結びついているのが、物質の成分の区々《いちいち》が自らの歴史を雄弁に語っているとする ── 間違いなく18世紀のものとせざるをえない ── 重大発見であった。啓蒙時代にあってそれはもはや、かつて聖アウグスティヌスからサン・ヴィクトルのフゴにいたるまでそうであったようには、またいずれはヴィクトリア朝人士が超絶主義者《トランセンデンタリスト》たちに典型を見るであろうようには、自然を聖なるアレゴリーにしてしまうというだけの問題ではなかった。この世界の億万という個が、印、痕跡、イメージ、圧印《インプリント》や刻印《インプレッション》の裡《うち》にひそんでその内奥の実体を明らかにしようという物象の言語を、博物学者の目に晒す具象のテクストを構成していることが認められたのである。つまりそれらはひとつの真正言語（real character）たり、リアルな世界の現実の物質的な形成と進化の真正なアレゴリーたるのであった。最もちっぽけな鉱物の表面に原始的かつ単純に表われるかと思えば、頽岩、原始林のような崇高複雑な出方もする自然の聖刻文字《ヒエログリフィクス》には、まさにその媒体中にひそむしなやかな鍵がいろいろ含まれていて、これらが自然の物質史のみか、脱-超越的（detranscendentalized）に、主役なし（nonauthorial）に働く自然の創造の方法やありようを明かすのである。

人の手枷からも神の足枷からも解放された「裸の」、メタファー抜きの風景が新たに見出されると、ここでも自然〈対〉芸術論争が蒸し返される。まさしく18世紀の入り口で、経験主義心理学が我々自身と外界の区別が不可能と言い放った時、経験の変化《へんげ》しやまぬ諸形態はコンテクスチュアルに物質の内部にあるものと観ぜられたのである。物質の外にあるのではないのだ、と。

●自証するフェノメナ

> **分子**が全的に展開する間、それらはあらゆる時代に同じい**自然**（Nature）と**本**（Texture）の**本体**を構成するだろうが、一旦それらが古くなったり、ばらばらになるとすれば、それらに依存する**事物**の**自然**また変わらずを得まい。古くなった**分子**と**分子**の断片でできた**水**と**地**は**劫初**《いやさき》に全的な**分子**で形成されていた**水**と**地**と同じ**自然**と**本**ではないのである。かくしてこの**自然**は続き、**実体持つ事物**の**変化**はこれら永遠の**分子**のさまざまな**分離**と新たな**統合**と**運動**の中にのみある、とせねばならない。
>
> ――アイザック・ニュートン

> 自然全体を生あるものと見たピュタゴラスは、今日にしたばかりの光景を石に刻もうと思う。岩はそれを刻む刃の下に命を得、哲人は仰天し後退りする。何と！　生きておるのか、と。
>
> ――ドゥ・リール・ド・サル

今までの各章において、まだはっきりそれと言っていない前提がふたつあった。物質は読解可能（legible）だ、そしてペネトレート（進入／理解）可能だとする前提、それである。自然の傑作を理解した、と言う時、それが石のひそめた文書庫《アーカイヴ》（archive）だという感覚が前提なのだ。こうして可触の事物を絵によるテクストとして視覚的に経験することと、宇宙は物質の運動ないし効果で一杯とする感覚が互いに互いを補完する。

18世紀が伝統的な自然観を修正し、またそこから逸《そ》れていく中で、天地創造の聖なる書ないし手稿は地質学のもろもろの発見を介して世俗のテクストと化していき、手相見の〈記号《シグナトゥーラ》〉が石の書いた文字の体系に変じ、ルネサンスの人工廃墟趣味は純粋に自然の遺物遺跡狂いに反転し、聖書では負の役の〈混沌《カオス》〉（霊注入以前の物質）は科学理論中に肯定的な再定義をされ、〈戯れる自然（nature sporting）〉なる古来の常套《トポス》主題が化粧直しされ、この観念が乗る人工（art）と自然（nature）の間の曖昧さが、化石の発する物質の仮想史《ヴァーチャル・ヒストリー》を明証するはっきりした主張に変えられていった。さらに、18世紀末の物質理論と美学理論は共通の一点で出合う。技術と絵具層《ファクチュール》にかかわる議論、というかアートとネイチャーが互いに反対側から散らす物質的「しみ（blots）」、それである。これら別々の糸を、18世紀人士の世界知覚を形成した、意味ある聖刻文字（hieroglyph）、物質の文字（character）の――鉱物学的、言語学的、観相学的、美学的な――上位構造が、すべてひとつに撚《よ》り合わせるはずである。

一冊の書としての自然というメタファーを始めたのはプロティノスで、夜空の星辰を天に永遠に記され続ける文字、決定的に刻まれていながら尚動く文字に譬えた。このイメージは有名なところではダンテに、アラン・ド・リールに、フランシス・ベーコン、シェイクスピアに出てくる。それが18世紀が進むにつれ、この比喩の意味が広がり、世俗化されて、文字通り地質学や鉱物学の言語を掩《おお》うようになったのである。マイエはその『テリアメッド』(1784)で、多くの国の物理物象を徹底究明すると、大洋の水位が昔はもっと高かったことが判る、としている。マイエは世界大の洪水があったとする主流派に有効な一矢を報うのだが、「我が地球の何をとってみても、陸《くが》がはっきりとはわからぬ形でできていき、海の物質がいかに多様であるかを語りいでてはいまいか」と言っている。同様にカルステン・ニーブールも、紅海沿岸を探険しながら、そこいらアラビアの海岸全体で、問わず語りの「標識《インデックス》」に、幾世紀にも亘《わた》る海水の退潮を示す自然の記号群を目にした。ジョン・ホワイトハーストは『地球の始原および形成』(1778)で自己形成論をさらに推し進めた。特に念頭にあったのは何が「巨人の畷《なわて》」を造ったかということである。「こういう異様の事象について人間の手になる記録は何も伝わっていないが」、とホワイトハーストは書く、「その致命の大災害の歴史は自然の書に、万民に等しく理解でき、[そして]それ故誤った理解の余地ないはずの言語や文字に忠実に記録されている。即ち大西洋の一部を取り巻く巨大な断崖群、それである」、と[図19][1]。

辞書としての自然は、さらさら流れる川、ちょろちょろ呟《つつめ》く泉、がさがさいう木立ちを通して音としても「語りいでる」のであって、自然が一冊の開かれた書であることに伝統的に足し加えられた音韻の方からの系《コロラリー》というところである。「地質学者の目から見るなら地球はさながら生ける一冊の大型書で、過去の創造の奇跡を語る。一個の岩が書の一ページで、時には凪《な》いだり壮麗だったり、また時には谺《こだま》が響いたり怖ろしかったり……、大海の緩慢かつ静かな沈澱物を……、時に山々の鳴動と覆滅を[記録する]」[2]。

18世紀末に地質学はふたつの流れに支配されていた。「創造説《クリエーショニズム》(creationism)」神学の理論は、事物が神から流出した瞬間からどう「垂直に」展開し、神の止むことない力をどう証してきたかを説いた。歴史を射程に入れる世俗的仮説の方は、事物は事物自身から、事物自身によって継起的、連続的に展開するとし、こちらのシステムは地球の歴史が永劫の変容の歴史として解釈されるところに特徴がある。こういう見方に立つと、ホワイトハーストの大洪水観と、マイエの『テリアメッド』の宇宙観を比較してみるのが分かり易いかもしれない。ホワイトハーストは地下の火と水が初めて一緒になった遠い昔の刹那《とき》のことを思い描く。当然生じたのが「人知を越える大爆発」で、「この水陸球は斯く無量微塵の破片と化して……残骸の奇態な堆積となったものに相違ない。斯く飛散せる地層破片どもが再び元の秩序、元の規則的状態に復すなど到底あり得べからぬことだからである。この「ビッグ・バン」理論とは対照的にマイエが描いたのはなお進行中の宇宙崩壊の図である。彼が言うには、もしあらゆる惑星の深部を測定できれば、無数にあった洪水の証拠を見つけられるにちがいないし、我々の地球からしてこの仮説の正しさを証示するはずである。地球はその腹中に「互いの上に積層した幾重もの世界の痕跡」を秘めており、「丸ごとの都市、命長い記念物、今日地表[に存する]あらゆる物の積層」である。聖書にあるただ一度の大洪水ではなく何度も続いた洪水が古い世界を破滅させ、新しい世界をうみ、現在の地球は破壊された過去の遺跡であるだけではなく、未来への仮借ない前進の結果でもあるのだ[3]。

18 世紀地質学が何を考えついたかということと必ず関係するはずなのが、ビュフォンの国際的影響力甚大の『自然の年代』(1778) である。地球が火で始まり、凍《い》てついて絶息するまでの、彗星が初めて太陽に衝突した時から、地球滅亡のはっきり算出可能な運命の瞬間にいたる仮借なき地球進化論。この歴史的展開が直線的で不可逆的（とはつまり非循環的）なものであることをビュフォンは強調する。地球が徐々に冷えるにつれ、熱が常に大気中に放たれて、世界終末《キリアズム》的大破壊の力を解き放つのが、これらの原因だ、と。

地球エネルギーが減衰して温度が落ちていくとするこの火成論 (Vulcanism) の見方が決定打となるには、1795 年、ジェイムズ・ハットン (1726－1797) の『地球の理論』刊行を俟《ま》たねばならなかった。このスコットランド人地質学者は地球という物質連続体に始めも終りも見つけることがない。果《はた》てなく水平に延びていく世界の中で、互いに依存し合う事象が動いているだけなのだ。大地の懐《ふところ》深くにあった鉱物が火山活動で上昇してくる時、どうなるのか考えるハットン、それらが海面以上の高さになっても、「崩壊と衰微の普遍の体系」は止むことがないとする。「しかるにそれは新しい方向へ向い、それらが地表にまで上げられるや否や、それらを抑えて、海の支配下に再び置く。地球の羊腸《はらわた》で得られた堅牢も今や形無しだ。そして海洋底がゆるい物質を鉱物化し、石にする大実験室であるように、石が解体して再び土に戻っていくのが大気中、ということになる」。かくて、「硬く牢固たる物体の最も激しい敵」としての水の作用を通して、「あらゆる地相形成作用が解釈容易の言語を語る」。かくて時の痕跡が「普通には最も永劫不易とされている」自然の作に刻印される。「転変の文字が深く印されるのである」。岩の多い険しい海岸、突兀《とつこつ》たる輪郭、深い淵、際《きわ》立った岬などすべて、海の活動力の「印《マーク》」なのである。ハットンは水成論 (Neptunism) の針路《みち》に従いながら、ニュートンの言う重力と協働してこの世界の抵抗する構造を引き裂こうとする疲れを知らぬ物理的作用因の展開を、ビュフォン同様、先史時代にまでさぐろうとした。ハットンは現在の地の個々の断片を読み、するとその残骸にしてなお巨大な始源の構造が、「深み」から初めて姿を現わした時の「裸形、無骨の牢固たる巨大石塊」の、今彼の眼前なる何よりも「比類を絶して大なる」姿が見えるようになった。終りということのない、まったく無作為な物質の壮大な移動ということに疑問の入りこむ余地がないのは「モン・ブランの花崗岩がロンバルディア平原にも、ジュラ山脈山地にも見られ、カルパチア山脈の残骸がバルチック海海岸部にも散在するからである」[4]。

世界を正確に（とは即ち、自分の言語によって）読めるというこの新獲得の自信と繋がるのが、その系とも目すべき、相手に突き通っていく目の、文字通りの眼力に対する信頼である。貫いて内に入る目、穿鑿《せんさく》の精神に長く抗い得る物質の相貌《フィジオノミー》などないという ── ビュフォンやハットンの脳裡では当り前の ── 前提は、自然の正体はその一番深い部分は隠されており、その埒《らち》の外にあるとする古来不易の自然観とはそれこそ天と地の違いである。伝統の中で見ると、アナモルフォーシス利用の遠近法遊戯と手相見、地卜《ちぼく》の方法のふたつが、隠され偽装されたイメージが曖昧なる視覚記号から抽《ひ》き出されるはずという前提に立つものであった。

事物の本質をその外的標徴から取り出す術《アルテ》としての観掌学 (chiromancy) は西洋ではとりわけパラケルスス (1493－1541) と結びつけられている。この 16 世紀の物理学者、自然魔術擁護派は、掌《てのひら》に現われる印に解釈が可能なのと同様に、物理的事物に現われた線 (lines) の意味を明らかにすることができるとした。薬草、葉、木、岩、鉱山、そして川や道が走る風景にも、おのがじしの観掌術がある、とパラケルススは言う。もう少し間尺の大きいところで言えば、地震によるひびが地殻を割った土地の相貌をも同じやり方で調べることができた。観掌術卜者《ぼくしゃ》は、上から下りてきて自然の形態の下に身を潜める隠れたオカルト諸力を表沙汰にすることに夢中である。パラケルススによれば、万有の身体が、その粗雑な物質的な我《われ》を構成する性質とはまた別の霊的性質を示す記号として働くのである[5]。かくして彼の〈署名 (signature)〉理論さえ、真に「語りいでる」ものとしての物質のパラダイムと表向き一致していながら、根本の一点で異なるのである。ここのちがいは、ルネサンスの（コルネリウス・アグリッパの）物質観と近代科学、もしくはニュートンの物質観のちがいでもあるところだ。パラケルススにとって天界の記号（*Zeichen*；astral signature）は、観察者が物体の身体的覆いに貫入し、起源がどこか他所にあるところの霊化された本質、精髄に達するのを助ける。別の言い方をするなら、観掌学また、超越的な照応（correspondences）のシステムを介して物質を贖《あがな》う（redeemする）── 再‐所有する ── ことによって現象の物理物象性の彼方に出る方法を表わしているのである[6]。

逆に博物学者たちの化石への入れこみ、地質学者たちの「天地創造のメダル」、さまざまな石化物に対する喜びというのは、それらが自らの媒体の即物性を離れる捉《とら》え方《がた》ない記号などではないという感覚をこそ要諦としている。地球が文字通り廃墟であり、時は過ぎ行く‐観念への目に見える入口となる無作為の断片からできていることの発見が、風景のどんな単純な特徴にも真正の歴史がひそんでいることを明らかにした。探険する知覚がこうして一個の自然考古学となった。曖昧な人工的記号に代え、自らを越えてパラケルススの所謂「生命気《アルケイウス》（ἀρχαῖος）」や「外星（superior stars）」を指し示すか、人間の文化的痕跡と混り合うかする非物質的な〈署名〉に代え、博物家としての旅行者は文化とは無縁な自然と融通した野生の刻印《インプリント》を回復した。

さらに、石に書きものが（lithic writing）という観念は、18 世紀人士が「ハード」な物質と「ソフト」な物質に区別をつけようと腐心したことと不可分のものである。絶対的なものと見られた頑固堅牢の物質には属性として、抵抗、屈強、そして貫入を許さぬ厳しさが具《そな》わっていた。「ハード」であるとは、語感からして既に視覚的、身体的な排除の原理そのものだ。こういう所から見ると、ニュートンの『プリンキピア』の存在論、『光学』とその「問」の存在論が準備した時代が、稠密物質の廃墟化という見方に即《つ》いたより深い理由が改めてよくわかる。廃墟化の条件は粒子実体に仮想された性格をそっくり表現する。断片化され、孔《あな》だらけで、超物質的エネルギーの縛《いまし》めを受けているのだ。

さらに言えば、ニュートンが「原子」のレヴェルに想定した堅牢さの「廃墟化」は風、天候、天変地異、そして地誌の上に生じつつあると地質学者たちが主張していた進化の、もっと目に見えてダイナミックな営みに映しだされた[7]。自分はもっと大きい、完全に物質的な現実の一断片なのだと主張することによって、自然の染《し》み（*macchia* なお生成途上、なお未完［*non-finito*］の状態にある物象物体）や自然の廃墟は、一見何よりも一枚岩《モノリシック》な要素の只中に変容段階あることを示すのである。こうした粗描きスケッチや、始原形態の標識たるものどもは即ち、それらがかつて何であり、なお何になろうとしていたかを示す沈黙のシニフィアンである[8]。

18 世紀が凡そ廃墟（the ruin）ならどんなものでも好んだが、寓意ではなく歴史の枠組の中で解釈されるダイナミックな物質が新たに理解され始めたということである。自然の切り株や胴像《トルソ》の描写は、地表からふと拾い上げられた何かの断片に、必ずやその運命がそっくり確認できるという自信を反映している。全物質界の構造的複雑を凝縮したこれらのモデルはふたつの大理論と密接に繋がっている。地球老化を言う理論と、変化《へんげ》こそ森羅万象の根本だとする理論である[9]。

この初めの方の観念、自然減衰の理論はヘシオドスに始まり、セネカ、オウィディウス、ヴァッロ、そしてウェルギリウスが繰り返した。現代においては、とこの議論は主張する、黄金時代には大地がひとりでに恵んでくれていたものを手に入れるのに大いなる骨折りが必要なのだ、と。いたる所にある出っぱった印は地球の大変な年齢の印である。時に撃ち負かされた石、倒れた高塔、そして頽壊の岩くれ等々。必ずや訪れてくる死（mortality）の記号には、天然物も人工物もなる。しかし、この哲学の啓蒙時代的表現は重要な一点で、古代のそれとも、その後発形態たる 17 世紀の「新旧論争」中のそれともちがっている。ディドロの活動普遍の観念が面白い。物質に内在する潜在的エネルギーは運動エネルギーになり得る、運動は不動の物体にほとんど遍在する、とディドロは主張する。物質の宏大な海の中、活性と変化がいたるところ明らかである。ディドロは 1767 年の『サロン』でユベール・ロベールの廃墟画を讃えながら、考える。「私を取り巻く事物が終りを告げ、私は私を待つものに身を委ねる」、と。「一体全体」とディドロは問う、「すり減る断崖、倒れる巨礫に比べるに私の蜉蝣《かげろう》の生など何ほどのものか」、と。自然は走り尽くし、今最終的消滅段階へひた走り、というふうにはディドロは思っていない。彼から見て物質的廃墟は、物質の疲弊の印でも変化《へんげ》の不易の徴でもなく、自然の無限の宝物が間断もなく変化し続けていること ── その部分個々の歴史が証示する事実 ── の標示である。古典古代のこの理論の暗黙の了解だった、宇宙も人類も堕落の印を示しているという教説は、今やディドロが根本から脱臼させる。人は生涯のどの時期であろうと、彼の生涯が証すように邪悪にして腐っているが、自然はその歴史を見てもわかるように溌剌《はつらつ》として生気に満ち、自己更新を遂げる。この逆転がはっきりさせられ、拡大されて、セバスティアン・メルシエによる完全人工世界を馬鹿にするのに使われた。メルシエは『私のナイトキャップ』（1784−85）で、「ほんの昨日から」の人工の浅はかな廃墟を、人類より古い歴史を持つ自然の魁偉なる遺跡とひき比べようとする。エラズマス・ダーウィンは『自然の神殿』（1803）で同じように、地球の偉大なる時代、持続する生命力を言うが、この結論を導くのは、現在存在するあらゆる動物、植物が ── 人間が、に非ず ── かつて始源の海に漂っていた微視の塵に発した生存者であることを示す証拠である[10]。

もうひとつの理論（ディドロからその近代自然史的部分を差し引いたもの、と言ってよいかも知れない理論）はピュタゴラス派、ストア派、そしてルクレティウスの理論 ── 18 世紀にとって最重要なもの ── に要約されるだろう。「死ではなく変化こそが宇宙の本質にして、万有の永劫の秩序は生命と進化とである」というのである。宇宙諸事、自らの枠を守り切れるものなど、ない。万物流転、故に物質不壊《ふえ》。都市や山が茫々たる砂漠に沈むのを前にした 18 世紀の旅人たちの旅行記に浸透したのがこの哲学である。それらは完全なるものの破壊を示すばかりではなく、もっと直截には、それらに対する知覚は、滅ぼしながら自らは滅ぼされ得ない実体に包みとられたい、抑えこまれたいというエンペドクレス・コンプレックスの所在を示しもする。ペルセポリスの階段を描写するル・ブロインがこの二重感覚に引き裂かれている。多くの階段が、ひとつには「地表が上った」ために「半ば地に埋ま」っているし、実際、「群像は膝頭まで地中に沈」んでいるし、「他の入口も同様に埋もれ」ている[11]。

18世紀が自然の廃墟を、文明以前の世界のモニュマンが今解体し、やがて別の物質を化身《アヴァタール》として蘇るものとし、人工の廃墟を物質が形態を呑みこもうとする傾向の可触の証拠とする歴史的コンテクストが粒子の混沌への新評価と結びついた。これら二種類の廃墟は型通りに「形無し」であるばかりか、がたがたになった構造は全物象実体が実際に経験した天変地異を偲《しの》ばせるものとも観ぜられた。人類の姿なき先史時代の充満宇宙が、天地創造に先行した未分化状態に今なお与《あずか》っている地域で仄望《そくぼう》され、美的に回復可能とも考えられた。熱帯行くフンボルトは、人間の臭いのほとんどしない処女地に圧倒されてしまった。同様に、収まりきるだの安定だのとはまるで縁のない堆積物、切断だらけの面が出鱈目に積み重なるばかりの高山地域を見てブーリ、ド・ソシュール、ゲーテ、ラモンは「混沌《カオス》」の語を用いたが、流石である。チャールズ・ダーウィンはブラジルの縺《もつ》れた森を通して、自然の馴致されぬ物質的豊穣を見たが、それに比べられると、生垣で囲われたヒトの暮しなど、文字通り顔色なしである[12]。

こうして18世紀に、包みこむ形が何もない物質というばかりでなく、進行中の形態という世俗の定義をもらった〈混沌《カオス》〉は、実体の生命力が精神の押しつけたがるどんな形式的な定型や抑制より優るのだという理解の下に高く評価され始めるようになった。前にも触れたが、ソクラテス前派、ケンブリッジ・プラトニストたち、シャフツベリー、ライプニッツ、ディドロ、ロビネ、ビュフォンの述作に示された「生ける」、力帯びたものとしての自然観がロック流の「力」、ニュートン風の「オカルト」な諸性質と結びついていった。宇宙のどんな細片《かけ》もがダイナミックなのなら、新しい自然現象解釈学は事物の過程性《プロセス》にこそ、その止むことなき進化の歴史に含まれるその営みの事実にこそ基づかねばならない。もっとはっきり言うなら、もし物質の全分子が効果的に歴史的なものなるがゆえこれを読み解くことができるのだとすれば、その内に貫入できぬ形式など、ない[13]。

今までの議論をまとめてみる。18世紀に地質学が漸次神学から分離していったために自然という聖なる書が一冊の辞書《レキシコン》に変わり、記号の「中身」が超越的領域から出されて、物質の「上」や「下」でなく中に内在しているものとされ、そして自然の「廃墟」が物質のダイナミックな歴史を、判読可能でかつ聖書に言う「混沌《カオス》」とはちがった形で追う記録類に変身したように、自然の戯れ（nature sporting）の主題《トポス》にも、ある変化があった。見たところ、戯れ（*ludus*；sport）という古代からの観念も、地は自ら生成するとする近代の観念も、物質は生き、格闘し、変化するという確信に発している。概して言えば、見る者によって押しつけられたのでない力が事物に宿るように思われるのである[14]。

自然が「この上なく豊かな匠《たくみ》」であることは、たとえばストア派が認めていた。『自然問答（*Quaestiones naturales*）』のセネカは「自然は愉快なるその豊穣の央《もなか》に自ら戯れんとした時にはとりわけ見事に描き始める」と言っている。アプレイウスは『弁明』の中で牡蠣《かき》殻の市松模

図 208　J. Houel, *General View of Ruins of Temple at Selinunte*, from *Voyage pittoresque des isles de Sicile, de Malte et de Lipari*, 1782, I, pl. 20. Aquatint. Photo courtesy British Library.

図 209　Cornelius Le Bruyn, *Two Porticos and Two Columns, Persepolis*, from *Travels in Muscovy, Persia*, 1737, II, pl. 121. Engraving.

様と孔雀の尾羽根の意匠を興がっている。プリニウスは虎と豹、その他「色塗られたる」生物の柄《がら》につくづく驚倒させられている。『博物誌』のプリニウスはまた「貴石の多彩の色柄、宝石の斑《ふ》の百宝色《じき》」にも目を瞠《みは》っている。「自然偶成の絵」でできる珍品奇物は「まったくの偶然」で生じると見られている。もっとも、こうした観念を仲々魅力的に要約したユニウスだが、この種の「驚異」や「奇跡」が単に「偶成」の絵であるとは思っていないようだ[15]。

無感無骨の物質が偶然によって勢いで偏倚現象《アベラシオン》をうむという考え方への否《ノン》が、18 世紀後半に頂点に達する。ルイ・ブールジェの『石化物論究』（1742）が模様入り石、化石の主題をめぐって相反し合うふたつの主要思潮を要約してみせている。世紀中葉以前は、動物植物に似た石化物は形、表面特徴とも、まったくの偶然の所産と見るのが普通だった。自然の「戯れ」もしくは戯画化する力の印ということで、輪郭に沿って彫られ、物質の「形態の混沌」に見られるはっきりした飾りは偶発事と解釈された。一方、鉱物学者たちはもう少しそれらしい仮説を段々と出すようになる。像の見える宝石《ジエム》類は海の動・植相の残滓で、歴史の黎明期を分かり易くしてくれそうな、くれなさそうな微妙なもの、と彼らは考えた。

ショィヒツァーの『スイス自然誌（*Natur-Geschichte des Schweizerlandes*）』改訂版（1746）にヨーハン・ゲオルク・ズルツァーの付けた博物学的注は、豊富な「像のある石」、動植物の化石を「今日のそれとは全く異れる地球の過去の姿の新証拠！」と解釈している。ズルツァーは続けて、「反対の半球なるインドが古代にはここ［スイス］だったように思われる。多くの蝸牛、貝、また生きて見られるのが僻遠の陸海に限られる植生が、真の姿で此処に、但し石と化して見られるのだ」、と言う。ここにいたってズルツァーは博物学者がアルプス旅行をすることの重要性を言うのである。同じくらいには科学に明るくない旅行者では100回もスイス横断をしながら「自然の業《わざ》」を目にとめぬ者がいくらもいそうだし、第一、化石が世界の劫初《いやさき》の状態の証人（*Zeuge*）であることなどすっかり失念していることだろう、と。

ヨーハン・フリードリッヒ・ヘンケルの『土星植物（*Flora Saturnis*）』（1722）は化石の自足自証への道の中間段階を示す。紋様石の〈戯れ（*lusibus*）〉としての記号、〈石化（*petrefactis*）〉としての記号を区別するのに腐心し、戯れているのは形状だけで実体（植物か動物かいずれかに属す）はそうではないことを強調する[16]。こうした何を表現しているか曖昧な点、形式と内容を根拠なく二元化することなど、化石を気紛れとも、天体からの感応《インフルエンティア》の結果ともみない新しい博物学によって矯正されていくはずである。

聖書という天地創造の神聖な手稿が世俗化して一冊の辞書になり、内在する聖性の古い言葉が新発見の化石の俗なる発話と混ざる。ローマにおけるイエズス会科学界の領袖は、ターレスが始めアリストテレスが展開した伝統的な大宇宙–小宇宙アナロジーと、熱流動的《エントロピック》な唯物論の啓蒙時代ヴァージョンの間に立った。勿論ルネサンス期にして既に、レオナルドは一見不活発な大地塊の内に生ける有機の力を感じていたし、パリッシーは塩《えん》同士の相互牽引を促す「凝結力」があると仮定することで鉱物の凝固を説明したりもしていた[17]。しかし（17世紀中葉の著述家で、引用されること多い人物あまたある中でも）、静かな地球がその地下に、やがて地文学的（physiographic）な変化を造りだす物質を発生させるところを迫力あるヴィジュアルで見せたとなれば、それは何を措《お》いても先ずアタナシウス・キルヒャーの『地下世界（*Mundus subterraneus*）』（1665）であろう。この書巻はどんどん枝を出す結晶塊や、石に刻印された粗い絵文字《ピクトグラム》のイラストレーションで一杯だ[18]。キルヒャーは、ゆっくりと旧理論になりだしてはいたが、なお18世紀の有名な科学者たちに権威ある信奉者を持てた、金属は亀裂に花咲かせるという理論を繰り返した。鉱山も、もう一度埋めてやると再び「繁茂」する、とキルヒャーは考えた。巨大なランビキや蒸留炉として造形力ある地球を考えるという着想は一向途断えず、ジョン・ウッドウォードのような地質学者、ライプニッツのような哲学者、ロバート・

ボイルのような化学者、そしてスール・ド・ラ・コロンナのような医家をなお夢中にさせるだけの力を持っていた。スール・ド・ラ・コロンナはパリに住むローマ出身者ということで、二大首都間の思想仲介者として重要な役を果たした人物だが、その『自然諸原理、或は事象生成（*Les principes de la nature, ou la génération des choses*)』（1731）の中で、山には樹木のように根がある、金属も結晶も陸を流れる川が沈澱させた「種子」から生長する、と主張している[19]。

旅行者たちもこの議論に巻きこまれて、大地の腹の中で金属や鉱物が再生長するというのが真実か否かはっきりさせるのに一役買うことになる。フレジエの『旅行記』（1716）は ── テオフラトゥスとパリッシーを引きながら ── ハンガリーの鉱山、ペルーの鉱山を問わず、銅や金銀の蘇生は嘘ではないと言っている。証拠として、ポトシの採石場で行なわれた「実験」が引かれている。そこに異物が持ちこまれるが、時満つれば細かい繊維が上を覆い内部にまで貫入して、その縦坑に元々あったもののごとく観ぜられるというのであった。パレスティナでアブデラ師に奇妙な「メロン石」をもらったという話をコルネリウス・ル・ブロインが書いている。カルメル山近傍で「生育」しているところを見つけられた晶洞石（geodes）で、ル・ブロインが断ち割ってみると石化されながら進化もし続ける内部結晶が見つかったというのである。同じくジョセフ・ピトン・ド・トゥルヌフォールは、物質の普遍的変態作用を仮定した鉱物理論に基づいて、「自然界で最も美しい産品の一」を描写している。アンティパロス洞窟を物理学の大法則、鉱石の生長の法則を確証しているものと見たのである。（レヴァントにはルイ 14 世の命で派遣された）このフランス人植物学者とその後継者たちは、先ず現場に旅することでこの「原理」を確かめることが、より確かな哲学的論議に資するものと考えた。ジャン゠バティスト・ロビネは半世紀後にその有名な先達の意見を追復したのだが、そうした洞窟を、自然の神殿に立ち入ることを許された選ばれし少数者にのみ明かされる化石の秘かな生長のための「隠された実験室」と呼んでいる。アレクサンドル・ド・ラボルドはスペインは聖《サント》ミゲル山の堂々の滝を調べた時、奇妙なうつろがこの山の中心に空《あ》いていることを知る。彼をこの山とかモンス・セラートの山に引きつけたのは地球がその「内部」に仕組んだ奇景奇観に他ならない。同様の意図をもってスイス人洞窟学者カール・ラングは無数の洞穴に降りて、いかに「自然が隠しつつ造るか」をその目で見ようとした。人為を越えた宏大な部屋が垂直の展望と斜め上の大穹窿《ヴォールト》をラングに見せた。山の精霊どもの棲家と言っても信じられるような空間だった。マーストリヒトのペータースブルク鉱山でラングは、燈明下の迷宮をのぞく。ラングが心動かされたのは懸命に働く坑夫たちの姿ではなく、幾世代とも知れぬ有機生命を納めた墓地にいるのだという感覚であった[20]。

してみると、ド・リール・ド・サルが「ピュタゴラス 12 の驚愕」の中で、哲人［ピュタゴラス］がある岩の上で体を休める気になれないのは、彼が寄りかかっている物質が無機の死物ではなく、感覚持つ化石だからだと考える時、ただ一人変わった人間というわけでないからだ。実際、この洞察を刻みこもうという分断の尖筆《スタイラス》に抗い、大音声《おんじょう》で、大岩は自分が礫岩と珊瑚の合成物であるのみか「内部は神経と膜組織の絨擅のよう」だと告げる。同様に『ダランベールの夢』（1769）のディドロも、「大地の臓物《はらわた》中に、地表に、大海の懐《ふところ》に、大気の波動中に散在する多様な要素の巨大貯蔵庫」を抱えたダイナミックな世界を前にする。『私のナイトキャップ』のセバスティアン・メルシエは「鉱物がうみ出され、石は生長する」と言った。ディドロの知的後継者たるロビネは、その生気論の本、『生命形態の自然なる漸次変化の哲学的考察』(1768)で、自然の揮《ふる》う画筆の如何なるかを示すそうした石化有機体をただの「戯れ」とする見方に異を唱えている。自然のした「走り書き《スケッチ》」、具体的媒体に表現されたその最初の考えや、行き着いた最後さえ、「教育の素材」になるのである。その粗描きの下描きを見ることで、いかに大地が下等の有機体で実験を積み、心臓、脳、顎骨、腎《じん》、耳、目の、いや性器さえもの見本を石で鋳造し、もってあらゆる物質存在のその後の進化をこれ以上なく歴然と証示しているのだと諒解されるのである。

さらに重要なのが、物象の現実の多様性がそこにそっくり文字通り胚《はい》として収まる簡約な雛型《パラダイム》、縮約された生物、象形文字《ヒエログリフ》を示す祖型を論じたロビネの議論である。貝殻、岩、洞穴、樫《かし》、猿、そしてヒト、すべては唯一の根本物質から紡ぎだされた変奏物に層序がついたのに過ぎない。こうした前成説、進化論的発想は、ある内在の生命力が石から植物、ヒトへ、物質のあらゆる顕現形に存すると前提して初めて成り立つ。こうして、変化しやまぬ宇宙の像に、古来の発酵理論に加えて、生物学的生気論もが肉付けをしていった。ベルナルダン・ド・サン=ピエールの『モーリシャス島周航記』(1773)の言葉を借りれば、「あらゆるものが全方向的に関係の中にあり、どの種《しゅ》もが宇宙-車輪の大いなる輻《や》でもありつつ、さらに下位の圏にとっての中心でもあるのである」[21]。

アントニー・ファン・レーウェンフックの『書簡』(1685−1718)のような論文が、まさしく有機生命の驚くべき回復力をクローズアップして、熱狂的に迎えいれられた。顕微鏡は微小生物の大きさを確定し、もうひとつ無限界が存在することを告げる手助けをする一方、物質

図 210　M. G. A. Choiseul-Gouffier, *Interior View of the Grotto of Antiparos,* from *Voyage pittoresque de la Grèce,* 1782, I, pl. 38. Engraving by J. B. Hilair.

図 211　Thomas and William Daniell, *Grotto of Antiparos*, from *Animated Nature*, 1807–1812, II, pl. 6. Aquatint. Photo courtesy Newberry Library.

の変容と増殖の法に対する理解を促した。レーウェンフックは書いている。「私としては敢えて言いたいのだが、それについて私が書こうとしている微小動物最小の種《しゅ》を私は現に眼前にし能うのである。そしてそれらに命が通っている様子を苦もなく見ることができるのは裸眼で小蝿や虻が空裡に遊ぶのを見るが如くなのだが、しかしこれら微小の生物どもは大き目の砂粒の百万分の一という大きさでしかないのである。それらがあらゆる方向へ動くのが見えるだけでなく、くるりと回る様子、静かにしている様子、時には死んでいく所をも見ることができる」、と。このレーウェンフックの後継者の顕微鏡家、ヤン・スワンメルダムは普通には大の嫌われ者にして、その内器官の繊細が粗い解剖刀の刃にはもつとも思えない小害虫が、気に入りでたまらぬ風《ふう》の愛すべき記述を残している。オランダの植物学者で医師のヘルマン・ブールハーフェはその『自然聖書（*Biblia natura*)』（1737－38）で、顕微鏡の助けを借りて変容変態の秘密に分け入り、芋虫が蝶や蛾になる前に経る漸次の、ほとんど知覚不能の変化を追う科学者を讃えている。この奇跡の器械に助けられて科学者は、未来の蛾のあらゆる特徴が「芋虫の裡に隠されている、というかその皮膚の下に、生長し始めた優しい花がそっくりその蕾の中に隠されているのと同様に隠されている、という驚くべき結論に達するのである」、と。こうして蛾も花も、化石-書きもの（fossil script）同様、その物質の具体的形態、包皮、甲皮の中にのみ存するのである。

18 世紀人士から見て顕微鏡学最大の成果となれば、しかし昆虫の世界ではなく、おそらくは淡水産ヒドラの生態であった。1740 年、アブラハム・トランブレーが 18 世紀初頭最高の昆虫学者、ルネ=アントワーヌ・フェルショー・ド・レオミュールに、ポリプの強靭な回復力をめぐる事実をいくつか伝えている。典型的に 18 世紀的な個体発生理論（ontogenesis）を

図 212 A. de Laborde, *Interior View of Stalactite Grotto of Mont-Serrat*, from *Voyage pittoresque en Espagne*, 1806, I, pl. 36. Etching by L. LeGrand. Photo courtesy British Library.

図 213 Carl Lang, *Interior View of Petersberg at Mastricht*, from *Gallerie der Unterirdischen Wunder*, 1806–1807, I, pl. p. 76. Color aquatint. Photo courtesy Bibliothèque Nationale.

図214
J. C. I. de l'Isle de Sales, *Pythagoras ("What! Everything is animate.")*, from *De la philosophie de la nature*, 1777, II, pl. p. 389. Engraving by F. D. Née. Photo courtesy Cabinet des Estampes, Bibliothèque Nationale.

図215
E.-M. Partin, *Florentine Stone*, from *Histoire naturelle des minéraux*, 1800–1801, III, pl. p. 280. Engaving by Le Villain after drawing by Desene. Photo courtesy Cabinet des Estampes, Bibliothèque Nationale.

展開中のシャルル・ボネは、ポリプは「別の宇宙との辺境域」に存するものなるが故、いつの日か「そのコロンブス、そのアメリゴ・ヴェスプッチ」現われ来るであろう、とはっきり記している。唯物論哲学者のラ・メトリもディドロも、その地精《ノーム》さながらの振舞いを、動植鉱三界を隔つ絶対の境界線などないことの証拠としてとりあげている。でもなければ似もつかぬ貝や珊瑚の営みを真似ながら、でもなければ地味そのもののこの無脊椎動物は、まったく違った次元で暮している生物の生産力、産む性質をなぞる［図 7］[22]。変化《へんげ》のポリプはかくて、その微視の同胞《はらから》同様、物質の無限に「語りいでる」個を伝え、してみると、生長する鉱物と同様、もはや単なる〈戯れ（*ludus*）〉とはみなされない。

これら両方の例からわかるのは、型通りな古代、ルネサンスの汎心論（panpsychism）の思考と、18 世紀末に現われた自然現象を精神の指標でなく物質の文書庫《アーカイヴ》であるかのように感覚的に測沿をおろしていく対応とで、まったく違うということである。この経験主義的で多量多層の探索は、自然現象の生じる環境、それが今や止る環境に、目で見られる展望を開いた。実体の外部を突き抜けることによって博物家は自由に、具体的に、時間の深みを歩き回った。旅人たちの空間的にも時間的にも深く読みとる力が、彼らが自然を、横断し貫通すべき物質として肉感的に経験する敢為に光彩を添える。この何もかも巻きこもうとする身体的方法は ── 考古学の発掘による侵入とも似て ── 失われた現実を可触的に回復したいという啓蒙時代の宿題と密に結びついている。

さて今や、物質に何かが刻まれている記録 ── それも多くの中で模範的な記録 ── という願ってもない観点から、我々は世紀中葉の紋様石のケースに戻ってくることになる。滅びた粒子状物質、地球の生命から引きちぎられたダイナミックな断片として寸鉄詩《エピグラム》そのものの表現たる石は、あらゆる具体的実体に内在する記録者としての潜在力の鉱床的モデルであることが多い。もっと言えば、この世界が示すデータの新しい、型にはまらぬ方法を差しだしてもくれている。

目を介して起源に帰ろうとこうして繰り返される努力と繋がっているのが、フィレンツェ石と、そこに刻まれた大洪水以前の森や崩壊していく都市そのものの姿をめぐるウジェーヌ＝メルシオール・パトランの議論である。アベ・ラ・プリュッシュが雲を見て想像するのにも似てただ偶然の形象としたものを、パトランは、それらをうんだ物理的異変を映しだしている記録と解釈した[23]。ある逸名フランス詩人の 1763 年作の言葉を借りると、鉱物はその訓戒の構造を露わにし、貝殻はその模様を介して語る。それらは「我れらが末裔《すえ》に大洪水［の生ぜしを］示す。／［汝の］破片の山、［汝が］海の印とともに／場所の移動こそが立派な立証」。詩はさらにこう続く。「石化物*！* 何たる大なる立証か*！*／無限がその変化の裡に我れらを攪乱す……」、と[24]。

解読可能なモニュマンとしての化石。それが何よりも雄弁な擁護を得るのはしかし、リンネ［リネー］からである。その『自然研究論』（1754）でリンネは、アルプスの下に眠る石化物、古代世界の残滓を形造り、「凡《およ》そいかなる歴史の記録よりも更に彼方なる」成層に埋めこまれた石化物を讃える。このスウェーデンの植物学者、探険家は森羅万象を創造した者が地球を「ミュージアム」の装いにし、そしてこの絢爛の劇場は、探究心旺盛な探険者に探究をと呼びかける、とまで言う[25]。

山を、そしてそれが抱く古代世界の石化遺物をリンネが讃美するその定式を提供するのは、結晶は権威ある記念物とするロメ・ド・リールの仮説である。画期書『結晶学（*Cristallographie*）』(1783) でロメ・ド・リールが言うには、あらゆる幾何学的図形を研究しなければならないが、どの個別の結晶もどれかの図形になっているからだ。この近代的指示は、切れ目ない存在の連鎖は鉱物界内部にもちゃんとあるのだという意識を強めてくれる。はっきり個別の組成を持つにしても、宝石は形なき石基《マトリックス》から見事に多面な多面体《ポリヘドロン》まで、実にさまざまな表現形態をとりうるのである。こうしてただひとつの鉱石タイプの進化を追うことで明敏な観察者は、そこにその過去のある歴史的瞬間が凍結してとは言い条、石の中にはっきりと見える形式的連続性が完全に外化されているのを目のあたりにすることになる。こうした意味深い刹那は垂直方向にも読まれうるだろう。無色水晶や透明石膏《セレナイト》の中にその親のとは全然ちがう組成の異物が入っていることが多いのに、ロメ・ド・リールは気付いている。その透き通った深みの澄明に目を凝らすロメ・ド・リールは長石柱、黒電気石針晶、雲母片を目にする。区々《いちいち》の混入物が、物質の経験した何らかの地質学的異変のしるしである[26]。パトランの他にもジャン=クロード・ド・ラ・メトリもこの点の論を深め、有機無機こもごもに地球の全史がこの小宇宙のような物質的縮約形《アブリッジメント》の中にそっくり存するようだと考えている[27]。

パリ鉱山学校教授デオダ・ド・ドロミュー（1750－1801）は、たどった道こそ違え（専ら内化学が専門だった）、あらゆる結晶の個別の、原初的な表現の探究者であった。アルプス、ピレネー両山脈に詳しく、苦灰石《ドロマイト》がその人の名に因《ちな》むこの人物は、鉱物学者が野で遭遇するのは実際には断片の海である、と喝破する。始原の全体の断裂し、腐蝕し、形も不全となった部分に過ぎぬ鉱塊を目にするのである。結晶の化学組成の秘密に分け入ることによって、ある鉱物は互いに似る —— 表面上の特徴を見た目に共有しているからでなく、根本的かつ深い所で、選択的親和力（elective affinities）で繋げられた「総合分子」を共有するために似ることがわかってくる。ドロミューはすべての鉱物が物質の中で、片や隠秘、片や公然の二重の生を営むという結論にいたった。隠秘というのはその原初の「化学的」生のこと、公然というのはその現在における物理的表われのことである。このふたつの間に有為にして転変の歴史がひろがっているのだ。

ドロミューの論文は国際ニュートン主義の勝利を意味している。ジョゼフ・プリーストリーが『物質と霊性』(1777) ではっきりさせたように、物質はそれが存在するためだけに牽引力と斥《せき》力という力が必要であって、それまで考えられてきていたような不活性の実体などではない。そうした力は、ニュートン以前にそう思われていたようには、物質と区別される別物ではないのだ。してみると、像を持つ事物の形はその各部分相互の牽引力による。最小の原子にも最大の物体にもこのことは等しく当てはまる。そしてこういう主張を下支えする根本原理は、物質的事物で混沌たるものなどない、自然には偶然事など生じないということである。結晶は、物質に自らを表に明かす力《コミュニカビリティ》があるとする法則、あらゆる物が個別の、解読し得る、標徴的な相貌《フィジオノミー》を持つという事実の絶対の証人ということでは、いかなる複合物の実体よりも強力である。同じように、ドイツ人地質鉱物学者アブラハム・ゴットリープ・ヴェルナー（1749－1817）は影響力絶大な『化石の表出認識記号に就いて（*Von den aüsserlichen*

Kennzeichen der Fossilien)』(1774)で、それらの外に表われた標徴《キャラクター》に(ドロミューとはちがい、あるいはロメ・ド・リールとも少しちがって)論を集中することで鉱物学の面目を見事に一新した。フライブルク鉱山学校の校長としてヴェルナーは、言語文法の科学と、鉱物たちの石の言語が示す大地の統辞の《シンタクティカルな》構造の間には重要な繋がりがあると教えた[28]。

こうして新鉱物学もまた、プリニウス流の〈戯れ(*ludi*)〉観からも、アルベルトゥス流の〈驚異(*mirabilia*)〉観からも我々を遠く引き離す。18世紀末にとって鉱物が運命神フォルトゥーナの奇怪な力の印ではなく、完全に物質の形をとった書きもの《スクリプト》を身に帯びるものとなったことは今や明らかである。『鉱物博物学(*Histoire naturelle des minéraux*)』(1800)のパトラン、『地質論(*Essai de géologie*)』(1803−1809)のフォージャ・ド・サン=フォンが紋様花崗岩の独特な振舞いを詳述する。石英結晶と、時には長石も混ぜてのこの天然の聖刻文字は「妙にヘブライ文字やアラビア文字に似通う」。こうした紋様石の基本アルファベットを明るみに出しながら、ジェイムズ・ハットンはそれをルーン文字(runic writing)と比べる。石英他の結晶が別種実体の岩脈に投げこまれて造りだす秩序正しい区画、仕切りも、この類であろう。これら
262
方形や五角形の房室《セル》は玄武岩の柱《コラム》そっくりだ。両者とも流体が漸次後退した後に残した通過状況の目録ないしカタログなのだ。コーンウォールの錫の鉱山を探険した好古家司祭、ウィリアム・ボーラスも、多色の雷文紋様の形をしたり、巻いて星形になった物質を「証拠」として示す半透明な「硫化鉱(mundics)」のことに触れている。ゲオルク・ヴォルフガング・クノールの四巻本美麗書、『地球蒙れる天変地異記念物集成(*Recueil de monumens des catastrophes que le globe de la terre a essuiées*)』(1768−1775)は、霜の結晶にそっくりな珍しい樹木状の、大理石の森の「絵文字」の図を載せている。紋様が石に表われるのは別に「イデア」によるのでも、パラケルスス流の「生命生気《アルケイウス》」によるのでもない、とクノールは雄弁に説いてみせた[29]。

鉱物‐テクストに力が与えられる動きはドイツ人ザムエル・ヴィッテの理論に頂点を見た。影響力絶大で、若きアレクザンダー・フォン・フンボルトの怒りを買った。ヴィッテによれば、主要な古代モニュマンは自然に生じたのである。探険家ジャン・シャルダンとル・ブロインがペルセポリスで発見した銘刻は実際には溶岩の岩滓が残した痕跡なのである。考古学者

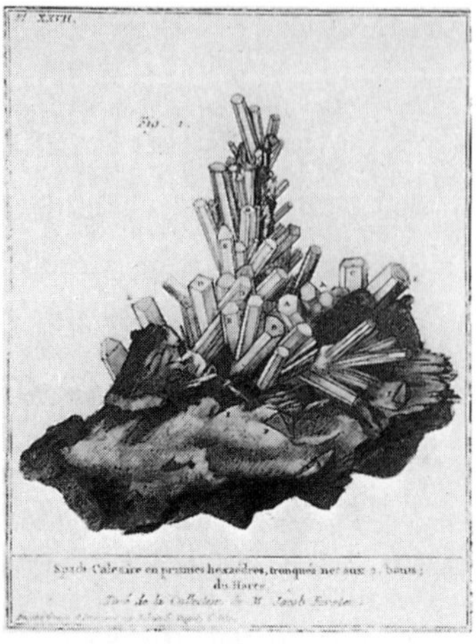

図216　Fabien G. Dagoty, *Hexagonal Calcareous Spar Crystals*, from *Le règne minéral*, 1783, pl. 27. Hand-colored engraving. Photo courtesy British Library.

図 218
E.-M. Patrin, *Graphic Granite of Siberia*, from *Histoire naturelle des minéraux*, 1800–1801, I, pl. p. 101, Engraving by Caquet after drawing by Desene. Photo courtesy British Library.

図 217
Fabien G. Dagoty, *Solitary and Clustered Selenite Crystals*, from *Le règne minéral*, 1783, pl. 11. Hand-colored engraving. Photo courtesy British Library.

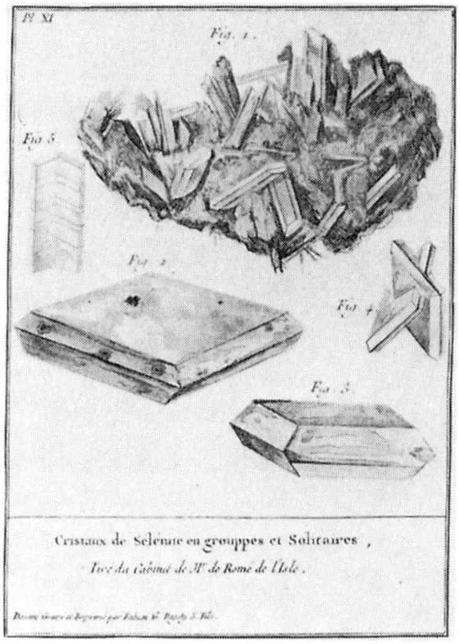

どもがそれらを判読不能と一蹴するのは不思議ではなく、変性玄武岩が綴る物語をちゃんと解せるのはひとり博物学の徒のみ、とヴィッテは言う。対照的にウィリアム・ハミルトンはその美しい『火の平原（*Campi Phlegraei*）』で、ヴェスヴィオ火山火口から採取した噴出物の標本を精密に調べ、硫黄と硫酸塩を含んで奇妙に枝分れして行く溶岩をさまざまに「読んで」みせている[30]。

●天然の聖刻文字

我々が次の大理石墨流しページ（私の作品そのもののだんだら模様だ）の意味を深く知り得ぬのは、世間の人々が、真黒なページの漆黒の面帕《ヴェール》の下に謎めいて横たわるあまたの見解や、やりとり、真理を少しも解きほぐせてこなかったのと同断である。

— ローレンス・スターン

図 219　Fabien G. Dagoty, *Quartzose and Cellular Ludus*, from *Le règne minéral*, 1783, pl. 30. Hand-colored engraving. Photo courtesy British Library.

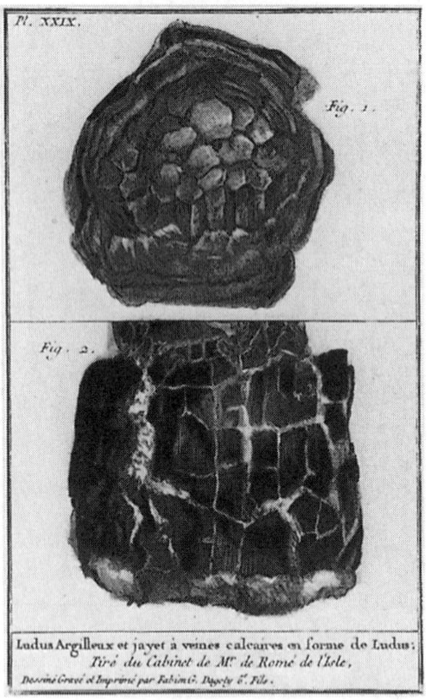

図 220　Fabien G. Dagoty, *Clay Ludus with Calcareous Veins*, from *Le règne minéral*, 1783, pl. 29. Hand-colored engraving. Photo courtesy British Library.

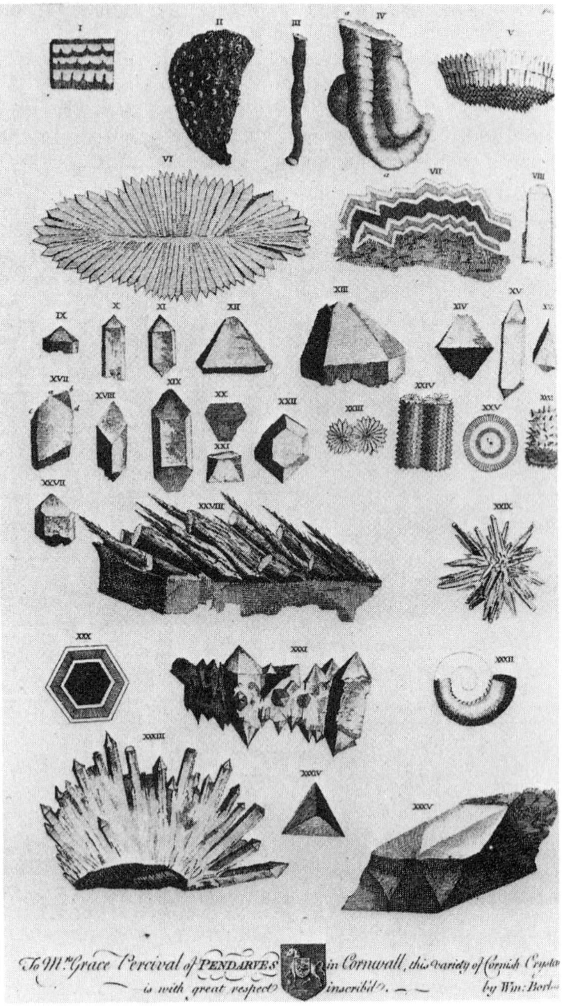

図 221　W. Borlase, *Cornish Crystals*, from *Natural History of Cornwall*, 1758, p. 13. Engraving. Photo courtesy British Library.

自然が刻んだ痕跡がいかに意味を持ち、歴史的にも豊かなものか言うこうした鉱物学の感覚は美学理論と密接に繋げて考えることができる。アレグザンダー・カズンズが同時代の作、『風景画発明試論』（1785）で示した風景画構図と、それを創りだす黒い「斑点《ブロット》（blot）」の役割についての議論は、可触の表面上、空間的に展開される天然の刻印がアクセントになった紋様石と対比してみるのが面白いかもしれない。実際、カズンズが敢えてひとつ虚構の美を「発明」

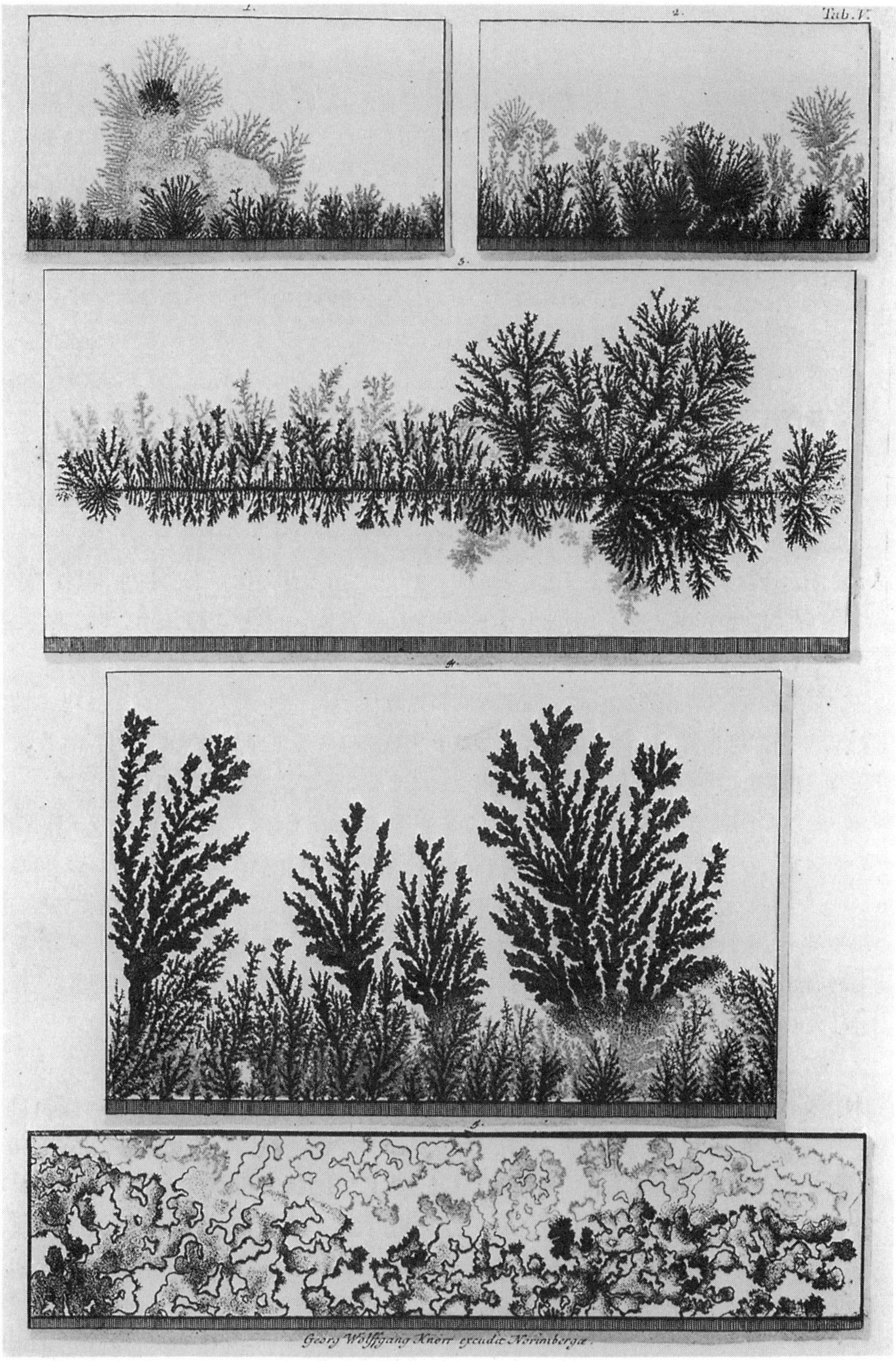

図 222　G. W. Knorr, *Dendritic Agate*, from *Recueil de monuments des catastrophes*, 1768–1785, I, pl. 5. Hand-colored engraving.

しようと言いだしたにについては、人の手の入らぬ自然天然「裸形」の聖刻文字が広く人気をかちとっていたことがあっての挑発であったのは、まず間違いなさそうだからである。

古壁を汚す有機のしみが、レオナルドによれば何かの自然の形に偶然似ているためにアーティストの想像力に火が点《つ》くというのとは対照的に、カズンズが提案する人工的な斑点は（アートが物質に作用、緩衝しない限り）それ自体では読むことの対象とはなり得ない。ここでも問題は意味作用（signification）の場であり、自然と人工とでは表現媒体がちがうということである。鉱物に自然が刻んだ印は近くで深く点検して初めてその真の形が見えてくるのに対して、人工の「斑点《ブロット》」は遠くから見られることで、そのそのものずばりの造り物《もの》性（facticity）のアウラ、物質としての粗さを捨象され、さらに光学イリュージョンを介して、線描画《ドローイング》というさらに一段と人工的、非物質的な構造にどんどん近付いていくわけである。カズンズの「試論」は、本質的に自分自らを自ら表象するものとされる、「リアルな」世界に外在する個にして独自の事物をナチュラリストが間近で（ほとんど官能的に）吟味することと、白い紙の上に展開され、人工産品（*factum*）としての「リアル・シング」にも自然にも背《そびら》を向けるかのアーティストによる一般化され、抽象化され、「発明」された遠い風景が、いかにさまざまちがうものか、改めて認識させる。カズンズ考えるところの「スケッチ」は具体の世界をどんどん離れて、歯止めなき自在の連想、観念連合に力を借りて、完全にメンタルな快感を呼び起こすに夢中になるばかりである。

カズンズにとって意味発生の場は、見る人間の想像力だけ、ということになる。つまり問題の「斑点」は「意境」、見る人間の精神の描写こそすれ、外なる世界が貢献する「身体」を欠くのである。感情をこうして外界の事物から根なしにすることで、見る人間は空白の空間を自由に埋め、紙の上の黒い点々を自由自在に「何かにする《コンストラクト》」ことができる。自然のスケッチの言語、天然の聖刻文字の言語の直截な生《な》まの身体性とは対照的に、何かを表現するのはただ、斑点《ブロット》の大きな塊、可触のディテールを一切持たぬブロットの塊だけなので、この意味ではそれらの塊はもはやイデアを抽象的に翻訳したものという以外にない[31]。これとまったく逆のものが石の書きもの（lapidary writing）で、こちらは自然の持つ文字技倆、物質がひそめた仮想的過程《ヴァーチャルプロセス》ないし制作力《ファクテュール》の所産なのである。

カズンズの理論には先見の明と言うべきものがある。というのは、やがてまさしく両義的な〈戯れ（*ludus*）〉が人工と芸術の両方に関わるならわしのものであったのとちがって、自然の痕跡と人工の斑点（*macchia*）もしくはしみ（*tache*）は二極対立するものとなるからである。自然の辞書と、これと併存する人工の虚構による言語に19世紀人士がつけたこの対立関係を頭に置いておけば、エドガー・アラン・ポーの奇作、『ナンタケット島出身のアーサー・ゴードン・ピムの物語』（1837－38）の結論部がよくわかってくるのではないかと思う。南極洋ツァラル島の黒い花崗岩の割れ目で語り手が目撃したらしい「奇妙な地層」と「自然の紋様」を、ポーは面白い絵と文章とで示している。18世紀探険旅行あまたの記憶に満ち溢れたこの物語の中で、この19世紀作家が物質には歴史があり、読み解くことが可能とした啓蒙時代の発想に敬意を払っているというのもけだし当然のことなのである。黒い花崗岩の穴から距《けづめ》のように出た部分を探険中、ピーターズが泥灰土層表面に何か謎のぎざぎざが列をなして刻まれていると言って、ピムの注意を引く。ピーターズはその印がアルファベット（というつまりは人工の）文字であると「愚かしい説」をとるが、ピムは「それが誤りである」とやっとのことで納得させたが、「まず相手の目をこの割れ目の床部分に向けさせると、たまった埃の中から泥灰土の大きなかけらをひとつひとつ拾い上げ、それらが何かの大きな震動で、ぎざぎざの刻まれている表面から剝落したものに相違なく、というのもかけらの尖った部分とぎざぎざが完全に一致した形をしているからだと言い、そうやって、それらが自然の業《わざ》になるものだということをはっきりさせた」[32]。ピムの無作為の仮説は18世紀鉱物学理論の線上にあって、カズンズの虚構-美学に即《つ》かない。ピムにとって何が肝心かと言えば、断片さえ、自然の営みのどんな小さな可触断片にしてさえ、新しい宇宙を開示する力を持ち、一物質世界全体に、そうでなければ見失われていたはずの具体的な形を与える力を持つのだということである。物質へ旅することによって、ピムも結晶学者も、印のひとつひとつを辿って自然の営みを回復する。それら石の文字は透明な肖像、自然の記号であって、象徴ではない。人工は介入無用なのだ。カント哲学を先駆したヨーハン・ハインリッヒ・ランベルトに言わせれば、自然の記号はただ単に、「物そのもの」が凝集的、簡約に表われ出たもの、素《す》の事実が要約され強化されたものであった。そこでは記号がいつも彼方だの、下だのを（超自然の「もっと」、超自然の「より上」「より下」を）担わされていたバロック時代の精神志向とは対照的に、18世紀末人士はそうした超越の理念などといったものとは無縁だった。前世代の類推《アナログ》、隠喩《メタファー》、象徴《シンボル》、そして擬人化や抽象的寓意などは、人工の作、自然の業《わざ》、いずれにしろ「リアル・シング」の中に場を占めるようになっていった。アフォリズムのような聖刻文字の姿が再び現われ、奇跡的な流行を――18世紀にそうだったように――験《けみ》した時、それは単に伝統的な晦渋にして聖なる判じ物というだけのものではなく、それ自らの俗なる歴史を語り伝える始原の物質的な遺物遺跡でもあった[33]。

18世紀における論述においていかに「キャラクター（character）」、「カラクテール（*caractère*）」という語が広汎に使われたかの研究がこのところ華々しい。明示的意味としては「基本的な性格」を指すことが多かったが、植物学者、鉱物学の人間が言う場合には暗に、秩序だった分類には不可避の物理的な足し引きが意味された。加うるに、なにしろ普遍アルファベット、絵文字、聖刻文字に魅了された世紀である。一番広い意味合いでは自然界のはっきりした「標徴」をも含む書法に妙にぴったりなのがこの語であった[34]。

さらには、18世紀流行の言語起源論がさまざま異なる知の問題の結び目に関わるものであって、啓蒙思想いかなりしかについて、示唆するところ大の入口になってくれる。そうした問題のひとつに人工と自然両方での始原的《プリミティヴ》なものの探究、両方が元来どういう関係だったのかの研究があった。絵と文字の関係、人間発達における慣習の役割と、その束縛から自己解放していく過程、知識をそこに「根」ざさせる地なり意味なりの追求と、多面の歴史意識の発達がさぐられていった。意味形式のこういう圧倒的な構造を背景に、石、金属、鉱物、結晶を含むあらゆる事物に〈かたち《フィギュール》〉を感得しようとする構えが18世紀人の世界観にとっていかに重要になることだろう。こうして物象界を透明と見ることに博物学がした貢献に今や、言語からの協力が、即ちリアルな宇宙を節約された言表をもって表象する〈キャラクター〉、文字通りの文字（a literal characteristic）を創りだそうとするさまざまな試みが重なる[35]。

リアル・キャラクター、即ち「真正言語」の創出、ということになれば、一対一に物を鏡映する事物言語（a sensible language）をつくりだそうとした17世紀の各種構想を先ず思いださなければならない。『学問の進歩』のベーコンは、「文字や語そのものを表わすのでない真正なる文字」ばかりか「事物もしくは運動」をも、特に研究に値するものに掲げた。さらに、言葉と物の類比《アナロジー》を追う哲学的文法の組織こそ喫緊の急務と言った。ベーコンの普遍言語（a universal language）への関心は知識は簡略表現《アフォリズム》によって伝達さるべきで、とはつまり真の発明とは簡約なものであって、物質《マター》はひとつふやすが、様式《マナー》はふやさないはず、という確信から出た。ベーコン流に言えば、そして次に続くものにとって重要なことは、内容を収斂させ結晶と化すアフォリズム書法は、捕捉探索の諸学の帰納という方法《メトーデ》と軌を一《いつ》にするものという点である。具体的個物から生《な》まで取り、個物を直《じ》かに見据えた知をこそ伝達しようという、所謂「平明文体（a plain discourse）」、これだ。大法官［ベーコン］の指示を受けとめたのがロンドン王立協会であった。その完全な表現は、トマス・スプラットがこの協会創建のために書いた綱領、『ロンドン王立協会史』（1667）と、ジョン・ウィルキンズの『真正文字と哲学言語試論』（1668）に見られる。数学と化学はどこへ行っても理解してもらえる記号処理を持つということに着想して、ウィルキンズは世界中の科学者が互いの発見を伝達し合える人工言語をつくろうと提案する。ライプニッツも鼻を突っこんできた。英国滞留中の1673年、ライプニッツはウィルキンズ、そして万国文字《パシグラフィー》考案者のジョージ・ダルガーノの企てを批判し、自らも「人間精神にとって最良の具となり、理性と記憶を大いに幇助し、事物の発明を促進するような真正文字」を発見しようとし始めた[36]。

次の作業は、簡約な形象と「真正」の文字から成り、それによって現象が自らの「行為」をパラフレーズし、いかにもという人工抜きで描き出す物質言語のグラフィックな祖型《プロトタイプ》を示すこ

図223　William Hamilton, *Specimens of Volcanic Matter Found in the Crater of Vesuvius*, from *Campi Phlegraei*, 1776, II, pl. 46. Color aquatint by Peter Fabris. Photo courtesy British Library.

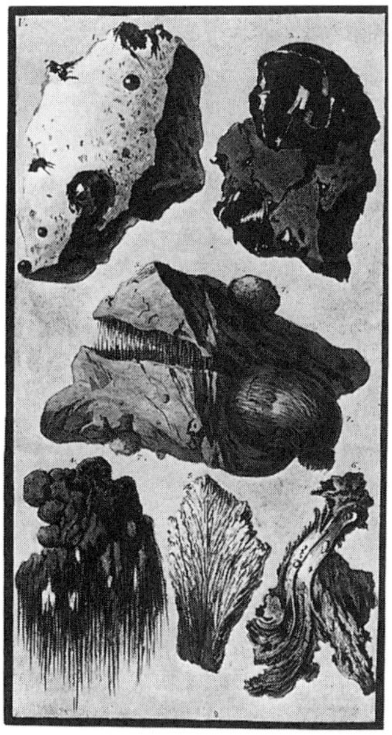

図224　William Hamilton, *Fragment of New Lava Pores filled with Vitrified Matter*, from *Campi Phlegraei, Supplement*, 1779, pl. 5. Color aquatint by Peter Fabris. Photo courtesy British Library.

図225　Edgar Allan Poe, "*Natural Figures*" *from the Island of Tsalal*, from *Narrative of A. Gordon Pym* (Vintage Books Edition, 1975, p. 873). Photo courtesy Kevin Donovan.

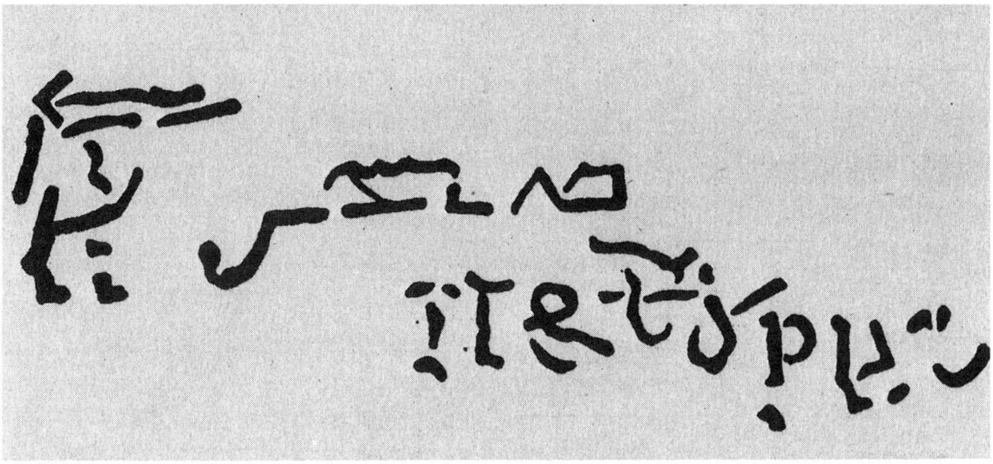

とである。ウィリアム・ウォーバントンはその『神の特使モーセ』(1741)の第二巻で、書字の起源をめぐって影響力大な重要理論を展開しているが、聖刻文字(hieroglyphics)を大元の、簡略された公的な伝達形式だったものと解そうとする。ポルフュリオスとアレクサンドレイアのクレメンスの理論に、とはつまりキリスト教護教派全体の理論に、そして近代であればキルヒャーの理論に非を鳴らし、僧侶階級が教理を秘め隠そうとして発明したのが聖刻文字とする説を駁《ばく》したのである。

ウォーバートンの分析から出てくる議論によると、物質的媒体に「表現」が可能、物象物体は自己証示の絵として、テクストとして存在し得る、そして自然は物質のアフォリズム、物質の寸鉄警句《エピグラム》を創出するのに短簡(brevity)を尊ぶことなどがはっきりする。観念を他に伝達するやり方は、音による、絵による、二通りのやり方がある、とウォーバートンは言う。どちらのカテゴリーにしろ、その一番「自然な」方法は印（marks）と形象（figures）によるものである。ウォーバートンは古代の文明人の中でエジプト人たちを独特と見る――そしてそれと比べてメキシコ人や中国人には辛い点をつける――のだが、彼らの言葉が、始原の聖刻文字の中にリアルな絵とリアルな文字の結合を果たして簡約と思われればこそなのである。しかし、とウォーバートンは付け足している、時間が経つにつれ、縮約の度が増して人工性や洗練が入って来、それとともに一を以て他を代行させ、表象させる習いが普通となっていく、と。この「比喩的」聖刻文字はなお自然の形態の観察に基づいてはいるのだが、今やこの形態同士を組み合わせるのは「機知（wit）」の力というわけなのである。

エジプト人たちは、かつての多元多様を便利に簡約した世界を構成する人工的な文字アルファベットにいたって、それをも含む展開の全段階に亙《わた》って始原の絵を捨てることはなかった。初期の書法が捨てられることはなく、新しい抽象化の所産であるものと共存していた、とウォーバートンは説く。物質的事物を（抽象物に脱物質化しないで）体現させる東方ないし東洋の人間の必要と、思考を教訓と寓話《アポローグ》（apologue）、身体行為で表わすことへの信頼の完璧な一致を見る。事物を仮想イメージで記録することと完全に一致する精神習慣を見る。

ウォーバートンはまた、「語りいでる」被造物の口碑を新しい角度で捉えもする。彼から見れば寓話は、世界創世の初期に盛えたと考えられた「もの言う」獣や樹木の伝承を成文《コード》化したものである。しかし、ギリシア人にとっては、この野生のする発話《スピーチ》は飽くまで人語によって発せられた、とウォーバートンはすぐ言い足す。動物や植物が自らの言語を持っているのだと初めて考えたのはアラブ人とゴート人だけだった。ウォーバートンはこの脱擬人化の動きは、文明と無縁な野生の環境の只中を転々とする「蛮人たち」の放浪生活によるものと考えている。この種の論が、〈他者〉の発する人間とは無縁の発声《スピーチ》に耳傾けるには、荒野や砂漠に住むという、型通りに非文明の誰かの存在が必要という大前提で動くのは言うまでもなかろう。

発話《スピーチ》発展して芸術となるにつれ、教訓寓《アポローグ》や寓話《フェイブル》が展開して明喩となり、次に隠喩に、「小さき類似」になるのだが、こうしたさまざまな洗練への過程共通の基盤として、情報を直《じ》かに目に伝える絵が核の所にはあり続けていた。四種類のエジプト文字を注意深く分析したウォーバートンの仕事はこの議論に特にぴったりであろう。先ずは聖刻文字で、これに素《す》の表意的（curiologic）なものと、もっと人工的かつ場所次第《トピカル》（topical）なものの二種がある。もうひとつの象徴的な文字にも簡単なもの、謎めいたものの二種がある。最初の二種類は押しつけがましく割って入る語などに間を繋いでもらうのでなく、物質的事物と即同体な印（文字ではなく）でできている所が肝心である。アレクサンドレイアのクレメンスやポルフュリオスの解釈とはちがって、ウォーバートンは表意的聖刻文字の反比喩的、反象徴的な性質を強調する。「描こうと思う事物の形象を単純平易に模したわけで、甲を乙の形象で代用表象しようという、まさしく象徴というもののありようとは真反対なのだ」、と。つまり表意の方式では事物とそれを模すものの間にありうるギャップ、ずれは、リアル・シングから離れず、また変えもしないで、ぎりぎり最小ですむのである。さらにウォーバートンが言うには、この簡単な聖刻文字は、トピカルな聖刻文字のように隠喩《メタファー》的に働くのではなく、事物の主たる部分を以て全体に代えて、つまりは換喩《メトニミー》的な働きをする。ウォーバートン自身はっきりそう言っているわけではないが、提喩《メトニミー》への、自然の具体的断片への、あるいは（18 世紀美学理論の枠組の中で言えば）、物質の全体に対する物質の「廃墟」ないし残滓への回帰は、可触の単純への回帰、定型から自由なものへの、人間がつくり出す隙間などなく存在する自然でかつてあった天真なるものへの回帰だという含みがある。

この仮説は、ウォーバートンが発話《スピーチ》の運命また、書かれた聖刻文字の展開と同じで、明晰から晦冥へ、教訓寓話《アポローグ》から寓話、比喩談、謎々へという動きをとると言うに及んで、真実めいてくる。発話にしろ書法にしろ、展開するにつれて、元の「密なる表現」（即ち物質に近接するか一体化し、間の縮められた空間を物理的に占める）── エジプト人、中国人、イロクォイ族の特徴だ ── が芸術や機知やの華やかな外装で飾られていくようになる。これ見よがしに自己誇示する「アジア風《ふう》」修辞や聖書の予言する「晦《くら》い」警句はこの象徴的聖刻文字をモデルにつくられ、一方、「アッティカ風《ふう》」は観念を、媒《なかだち》となる長々しい語でなく簡約化された事物で表意的に表現したものをなぞって出来あがる、とウォーバートンは結論付ける。

ウォーバートンの説明はさらに、どうやって「平明に語りいでる」物質に戻るべきか、さかしらな人間の解釈という名の終りないお喋りから逃げるべきかを教える。象徴的と呼ばれる種類の聖刻文字表記と本物の夢判断（oneirocritic）、夢の解釈術とに関係あり、とされる。ウォーバートンはアルテミドロスとマクロビウスの論文に基づく議論の結論として、鏡映夢、寓意夢、夢に二種あることを言う。最初の種類（鏡となる夢）は事象を直《じ》かに見せるが、第二のものはもやもやしたイメージをはすに見せる。当然、第二のものにのみ解釈が必要になる。エジプト人たちは聖刻文字の発明をしたのも神々なら、夢を送り届けてくるのも神々と考え、かくてこの両方の解き明かしに同じ表現形式を用いることとなった。ウォーバートンは夢判断者が夢の中に見る幻影もしくは「元素《エレメント》」を指すのに用いる専門用語を説明する時、物質内部にある根源的で、他による媒《なかだち》無用の表現力とそれに覆いかぶせられる表現力の相克に改めて目を向けることになる。この用法が奇妙なのは、ウォーバートンによれば、象徴的な聖刻文字に由来しているからである。象徴的な印が元素《エレメント》と呼ばれていた。夢を解くのに象徴を用いる夢判断者たちは、石に刻まれたものか空想に刻印されたものかは問わず、同じ意味持つイメージに同じ名を残した。ウォーバートンの推測するところ、エジプト人たちが彼らの象徴的、聖刻文字的な印を「元素《エレメント》」と呼んだのは、この表記法が人々の抱く観念や心裡の幻影を表わすのに、自然全域に亘《わた》って展開するあらゆる種類のものを動員したからであった。夢判断者たちの元素《エレメント》が、そこから万有の生じ、万有それでできあがる事物の第一原理（即ち「哲学的要素（*philosophia prima*）」）と等しいものであるなら、幻影はあらゆる動・植・鉱の ── 今や存在の別次元に移された ── 可触の象徴として機能するのである。宇宙を形づくる自足した別の絵画的世界を人工的物質によって創出すること（カズンズを思い起こせ）は、物質の自然に形づくられた表現がその物質によってたどられると見える印の中に隠れているのに形を与える表意的聖刻文字とは対蹠《たいせき》的なことなのである。

グロスターの司教〔ウォーバントン〕の理論はフランスに強力に浸透していって、概念分析の具としての言語の原理と起源論はコンディヤックの処女作『認識起源論（*Essai sur l'origine des connoissances humaines*）』（1746）に入りこんでいく。さらには、それが聖刻文字各種に細かく区別をつけたことが、アントワーヌ・クール・ド・ジェブランの自然に起源を持つ原始習俗を集めた記念碑的労作、『原始世界（*Le monde primitif*）』（1773－84）の構造を決定しもした[37]。この九巻本百科の眼目は過去の構造の生き生きした姿を、過去の世界を生き延びた（人工の、天然の）物質的残滓の解釈によって蘇えらせることであった。クール・ド・ジェブランの考えは、フリーメーソンの九姉妹支部《ロージュ・ド・ヌフ・スール》の有力メンバー中には浸透中のものであったが、汚れない地球の「語りいでる」姿を回復せよと、科学者、旅行者たちに呼びかけるものとなった。最も徹底した抽象も、かつて宇宙に存在した現実の物理的条件に見合う肉感ある始原の知覚に戻るべき、とクールは言う。即ち、言語の文法的構造が観念の区々《いちいち》を人間理性や世界の構造と発生的に関係あるものとして示してくれるというのだが、語源研究の功徳《くどく》あまたある中に、間違になった、あるいは型にはまった意味作用に晦《くら》まされた事物に人々を改めて近付けさせてくれる力があるという点をクールは強調している。形象《かたち》－言語（a figured language）に導かれて我々が理解するのは、人間の精神と心が劫初《いやさき》にどういう段階を踏んでいったか、ヒトの知的進化のことのみではなく、区々の根《こん》となる語が自らがかぶさっていく当の事物の簡約にして生彩ある「絵」で──丁度ウォーバートンの言う表意的聖刻文字（curiologic hieroglyphic）さながら──いかにあるのかということなのである。語源学（etymology）は「各語の起源にと我々を導き、そうすることで、その発明者たちの時代に存した始原の状態へと我々を連れ戻す」。単語の成分はその頃に自然の中にあった物理的元素《エレメント》からとられているわけだから、各語が始原の特徴の正確にして力強いイメージになっているはずで、それを我々は語を通して改めて捉えることができることになる[38]。

かくて一握りの事物が結晶と化した、歴史の劫初《いやさき》より存在した語彙にこそ、あらゆる神話（myth）の起源はある。それらは先ずは自然現象そのものによって伝えられ、次に絵文字《ピクトグラム》というほとんど変化せぬ素朴にして崇高な表現によって伝えられ、ついには映像としては曖昧な圧縮されたメッセージと化し、その隠れた意味は理解できる人間にしか理解できないという仕儀となったのである。劫初に聖刻文字は神秘的秘儀的陳述としてあったわけではなく、他の具体的事物と密に結託して被造界全体をつくりあげるはっきりと物理的な存在としてあった。鉱物学者、啓明結社員《イリュミナーティ》、語源学者、神話誌家、皆ひとしく知るところだろう。それは「読む者」や知覚者を自然へと送り戻した。

クール・ド・ジェブランの理論は、現代の人間も遠い祖先《みおや》たちの心性境位を回復できると言うジャンバティスタ・ヴィーコ（1668－1744）の主張を思いださせる。ヴィーコの「新しい学」こと『新科学原理（*Principi di scienza nuova*）』（1725）によると、原始の人間はその無知なるままに、擬人化された形象を始原の発話《スピーチ》に接木したのだが、神話や寓話の伝える前論理的思考の元型的なパターンの中にそれらはなお弱い光芒を保っている。こういう経過があって自然は、詩的言語《キャラクター》即ち隠喩《メタファー》によって外界に名を与え、解釈を加えたプロセスの他の何物でもなくなった[39]。ところで18世紀末の博物学者たちの仕事（今や言語や文化という展望の中に配されつつある）はヴィーコとは狙いがちがう。彼らが人間意識の進化のサイクルを経て元に戻らねばと思っていたのは、人類の劫初の思考プロセスを知りたいというばかりのことではなかった。始原の地とその風景を現前させてくれる手触りある絵が発見したかったということもあったのである。

腑分け（anatomize）し、切りこむ（pierce）知と認識の戦略が一番徹底したのが[40]、18世紀末のある種の風景画（landscape painting）を決定づけた寓話と科学の特異な合体の局面である。個々の記号に物質化された地球の変化する効果や間欠的な生命力——前二章はそれを検討したわけである——がドキュメンタリー神話学の個々のキャラクターになる、というわけである。

ドイツ人画家P・J・F・ヴァイチュが1769年以降、ハルツ山脈中に最も原始的で曖昧なモニュマンのひとつを捉え切るということに専一没頭しているが、壮大なボデタル峡谷がそれである。それが馬蹄形をしている理由を説く地元の縁起伝承が有名だ。伝承では一人の美しい女巨人が邪まな川の霊に追われて、この割れ目に落ちた。追跡者は上空に姿を消したが、その魔の軍馬の巨大な蹄の跡が残った。ある地域の現在の特徴《キャラクター》なり、現実の相貌《フィジオノミー》が抽象的過去について何かを伝えている——自然の営みを擬人化によって隠喩的に伝えているのだという観念は、C. D. フリードリッヒやカール・グスタフ・カールスの画業に、フリードリッヒ・ゴットリープ・クロップシュトック、ゲーテ、A. W. シュレーゲル、そしてゴットヒルフ・ハインリッヒ・シューベルトの文業にしっかりと入りこんでいく[41]。

ボデタルの峡谷が自然物なのか人工物なのか判らないこと、どこかドルイド密儀の臭いがすることで、人々の目は改めてケルトの遺跡遺構に向かう。前に謎の断片が一杯の孤立した平原という話の中でも論じたはずだが、ドイツ、フランス、イングランド土着のこうした突出物は今や、古文書《アーカイヴ》としても価値あるものと見られるようになる。コーンウォールの異様に風雪にさらされたリングチーズとか、ハロウゲート近傍ブリマム・クラッグの天然塔岩《スタック》などは、世界そのものと同じくらい古い物質版聖刻文字という扱いであった。カルナックの巨石《ドルメン》やブルターニュに散在の配列立石《アリュヌマン》などは古代知の貯蔵庫にして、いまだ解読されぬ断片的情報を凝縮してあるものと解された［図93］。司祭ウィリアム・ボーラスの『コーンウォール集古』（1769）を見ると、これらの奇岩が始原の原住民に選びとられたのは、先ず人手が関っていないため、また「物として今になお続く牢固さを誇り、火のように忽ち消えもせねば、漣《さざなみ》も立たねば旱天《ひでり》で消滅し去る水とも、痩せ衰えていく地ともちがい、もってぴったり力、保護、蔭、防備の象徴たる」ためであった。ボーラスの記述からわかるのは、それらが出発点では純粋な存在、物それ自体、自然の記号であって、それが「象徴」となるのは岩が形を得る随分後の時点のことだ、ということである。ベルナール・ド・モンフォーコンはこうした突兀《とつこつ》たる岩のモニュメントは、人手が介入しなければ古代史の嘘だらけの文書《もんじょ》全部を足したより遙かに事実への案内役としては正しいものなのだ、と感じていた[42]。

つまりは人の手や神の拘束から自由に、ドルメンや塔石、森や断崖、山や川、荒々しい壁や傾斜、火山や大洋は地球の昔の振舞いを証言する歴史的「活動《アクト》」として存在する。自然の天変地異、荒寥、変化、持続を文化と無関係《カルチャー・フリー》に体現するものこそ自分、という押し出しだ。それらは事実第一の旅行記が記録にとどめている「裸形の」風景の自然の標徴を形づくる。こうなると、動員される中軸的構造が観相学（physiognomics）の構造であり、話の進め方の中心が貫入（penetration）のそれで概してあるのは何故かもわかってくる。とりあげているような思想家の悉くが——リンネもクール・ド・ジェブランもが——地球骨格内部に隠されているもので、訓練された目が読み明かせないものなどない、と信じていた。構造開示の方法論がラファーターとヴェルナー、ホガースとボーラス、ウォーバートンとフォージャ・ド・サン=フォン、ロメ・ド・リールとド・ソシュールを繋いだが、実際中核的な方法論である。これらの人物の一人一々がそれぞれの分野で、外なる形象を内なる実体と一致させ、可視の形態を不可視のプロセス、力帯びた物質と一致させ、表層を深層と一致させせようと腐心したが、それらすべて、一個の具体的で、歴史に根を持つ事物の中で生じるのである[43]。

この貫入の精神で書かれたブーリの『モン・ブラン百態』(1776)は石の形態が記念碑的スケールで経ていく進化にもっと驚くよう迫る。「巨大氷塊に囲繞されたそれらを見る間にも、天変地異と混沌の映像、永遠に無、革命に秩序といった観念がどっと脳裡にせめぎ合い、想像力は黙る他ない」、と。「そうした効果を上回る何が想像力に思い付けるか」、とブーリは続ける、「宇宙の年輪［を目撃してきた］これら堂々たるモニュマンを眺めつ、思いは数世紀を遡り、これらの場所のつとに認められている圧倒的な古さに思いをいたす」、と。『スイス絶景』(1780)のラボルドが、グリンデルヴァルト氷河の移動跡を見て言うのも同じことである。「これら高山を吟味研究して明らかになる巨大変化に比べるなら、歴史年代など何ほどのものか」と。40年後、ラウール=ロシェットはジュラ山脈の中心部の深い構造に目を奪われる。「一歩行く毎に遭う巨礫のその成層を見れば、かつて怖るべく痙攣してそうなったもので、原始世界に生じたさまざまな大異変の痕跡がなおとどめられている」。人類以前の強烈な変動の印とい

図226　G. Higgins, *Cheese Wring near Liskeard. Cornwall*, from *Celtic Druids*, 1829, pl. 32. Lithograph by W. Day.

図 227　W. Borlase, *Tolmen in Constantine Parish in Cornwall*, from *Antiquities ... of Cornwall*, 1769, pl. 13. Engraving. Photo courtesy Library of Congress.

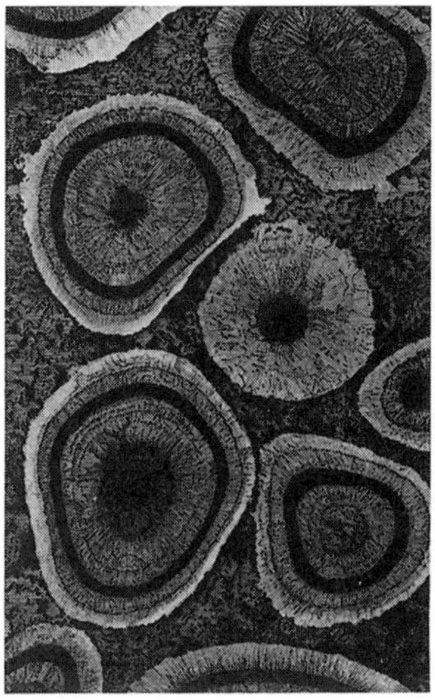

図 228　B. Faujas de Saint-Fond, *Orbicular Granite of Corsica*, from *Essai de géologie*, 1803–1809, II, pl. 20. Engraving. Photo courtesy Bibliothèque Nationale.

うこれらの巨礫は文字通り根幹の文字である。現代では余りはっきり目につかないが永続中の運動を続ける怒りっぽく人に仲々なつかぬ風景の構成要素なのである。この延長線上でラウール＝ロシェットはこうした孤石がアルプスの草地に流されてきた相手を讃美する。これら「牢固」として「息長い」、「永遠の」巨人たちは地球形成過程の「証人」である。大きさといい、内部がごちゃごちゃであり、垂直好みであることといい、世界の初めと終りを綴る印なのである。ヴェッツェルがツーク湖岸に点在する「花崗岩の巨大塊」を見て、「我が地球の老いたる［自然の］モニュメントの神さびたる残骸」と言っているのも同断である。アジア・タタール地域にある対蹠地ではマカートニー卿が、引っくり返った巨礫を、まるで解読できるテクストでもあるかのように読んでいた。何躊躇なくその言うには、巨礫は「古代の表面の高さ［を示す］モニュメントで……人類の記録のどこに言われているのよりも大きな変化が地上にあった［ことを示す］」。ベルナルダン・ド・サン＝ピエールが身を屈めて聴き入った、より静かな声は「我々の川のひとつの、エジプトのピラミッドより古い時代の小石」からのものであった[44]。

トンガのゲオルク・フォルスターも覆いかぶさるようなぎざぎざの珊瑚の絶壁を巧みに解読し、それが「地球に生じた何らかの大変化の歴然たる証拠なのは、この岩が水面下でなければできないものだからだ」と言っている。海に沈澱という一番はっきりした印が珊瑚およびイシサンゴである。『ロシア紀行』（1774）のザムエル・ゲオルク・グメーリンスは、平原からいきなり突き出たボグダ山を仔細に解読して、その「驚くばかりの石化作用」は、現在はるばると広がるだけの草原たる所が昔は漠々と塩水が広がる場所だったことを証している、とした。モリアーはタウリスの豊かな縞目の大理石を記述しているが、その縞模様は古代ペルシアの湖沼が徐々に水位を下げていったことの動かぬ証拠であった。貫入する眼差しはいかにも易々と、石に歴史作用を読みとるのである。同じようにクックはアラスカはノートン湾《サウンド》半島に海面の推移を示す波打つかすかな痕跡を認め、かつては地峡の上に海の水が流れていたはずとしている。こうした「観相学的」研究というものがわかってみると、イースター島は「最近、火によって大変化を蒙った土地の様子」をしているというフォルスター父のような言い方も納得いくものとなる[45]。ノルウェー海岸部を解読したエディ、それが、「廃墟世界の断片に、あるいはまさに創られつつある世界の元素に酷似している」、と言う。南洋諸島を仔細に見たオットー・フォン・コッツェブーは、人類が「古い地球上にあって非常に新しい」という結論に達する。太平洋という巨大な文書館《アーカイヴ》の内容を拡げて、山々の地層が「その下に更に古い世界の廃墟を埋めている」ものとした[46]。

暗号化された信号に標徴《キャラクター》を見るというのは先ず、空間の方位性を言う端的なもの言いにはっきり現われる。『崇高と美の観念』（1756−57）でエドマンド・バークは「力能」について論じながら、「垂直なものはゆっくりした傾斜の平面より強力に崇高美を生む」と言った。この統覚は地球構造学《ジオグノジー》の人々、鉱物学の人間の試みた深い場所への探究を通して流行していった。山々の垂直の構造を見て突然の天変地異の証しと見、水平な地層を前にすると、無限に続く持続の静態を読みとるのである。『自然科学の夜の側』（1808）のシューベルトは原始の花崗岩の山々の曲り、突き出た地層に、地塊内部から溢れ出てくる「放胆な霊の奔出」を感じている。抗う物質の重さが内部の力によって文字通り持ち上げられているのである。原初いたる所に結晶が生じたとするロメ・ド・リールの水成論は、真逆様な深みがあって、そこに原初の物質が外に向けて噴出する図を想定していた[47]。

同じ伝で、鉱山、洞窟、窪地、隠された、あるいは沈んだ風景は降下（fathoming）の語法をうみ、これを地球という母胎《マトリックス》に入って行くことの同義語法とする。その反対が谷間、砂漠、峡谷、川で、水平の分枝、壁の突破、平たい表面の滑走と結びつく。かくて垂直（the vertical）、水平（the horizontal）、対角線（the diagonal）が、世界創成の時に働き、表に裏に今なお働き続けるさまざまな力を物理的に表わす簡略語彙なのである。大地の失われた相貌

図229　D. Raoul-Rochette, *The Roche Ohistein,* from *Letters sur la Suisse*, 1823, I, part I, pl. 21. Lithograph by Villeneuve and Engelmann. Photo courtesy Cabinet des Estampes, Bibliothèque Nationale.

を回復し、以て現在の大地の顔をより十全に理解しようというこの途切れなき発想を、19世紀フランスの彫刻家、ダヴィッド・ダンジェの「山は情念《パッシオン》、地球大の異変の印」という言葉以上に巧く言い表わした言葉はない。言い換えるなら、世界はそのカタストロフィーを一回経験する毎に、必ずやその「顔貌《フィジオノミー》」を変えるのである[48]。

●「裸の」場所

おお、何たる興味津々の見物《みもの》になることだろう。おお、その**大原理**まで入る（pénétrer）ことができるなら、我らの好奇心のいかに快く満たされることだろう。ひとつ新世界が我らが眼前に姿現わし、透明となった〈自然〉はその歩みを隠すことなく、その研究室、その実験室は必ずや開示されるであろう。

—シャルル・ボネ

彼ら〔現代の化学者たち〕は自然の秘所に貫入（penetrate）して、その隠れ場で自然がどう働くものかを示す。彼らは空に昇り、血液の循環、我々の吸う大気の性質を発見し、新しいほとんど無尽蔵の力を獲得した。空の雷に命令し、地震を真似ることもできるし、不可視の世界をその影で嘲弄することさえできる。

—メアリー・シェリー

18世紀に科学的探険が進むのに重要だったのが、自然の働きへの洞察はその生命力ある個別の部分に我れを捨てて感覚良く貫入（penetrate）できるか否かに掛っているというラスキン流発想である。今までしてきた議論も、訳知りに風景を娯《たの》しむことも、土地とその生《き》の鉱物学的成分との繋がりを知ることから生じる知的快感によって補完されるのだという観念にぴったりの話だったのである。要するに表面全体が、無限に重層化する歴史感覚によって増量されていく。場所は埋もれた地質が科学的な根への貫入と全物質の記録に力を借りて古生物学的に掘り起こされねばならない記録庫《アーカイヴ》になる。こうして古い風景が現在の風景の中に役割を占め、その謎だらけの存続が、現在進行中の作用の痕跡として機能する[49]。

鉱物学者が結晶核をさぐる時の近接するも相手を変化させることなき視線が、世界のリアルで具体的な実体への感覚良き貫入の、即ち19世紀前半を通して上り坂たる美意識の、決定的とは言わぬまでも重要ではある知覚的祖型となる。物理的痕跡を解釈する言語と観相の技倆が頼みの実験主義的な組合せ術（*ars combinatoria*）── 元素による新しい普遍記号（universal characteristic）── を創りだしながら、博物誌家たちは未来の旅行家にして真摯な観察者がいかに自信を持って痕跡を見、大小の地殻形成を正しく見ることができるかを示した。

文化史家ミッシェル・フーコーが、視覚的な科学が17世紀後半に始まった分類の大体系から19世紀初めの臨床医学の凝視（gaze）にと展開し、いかに深層構造の検討に傾いていったかを明らかにしたのは、早旧聞に属すか。フーコーは決定と介入の力を持った医者の「目」と、水平に読む力を持つ初期の博物誌家のそれを区別した。フーコーがグザヴィエ・ビシャという人物としっかり結びつけたとりわけても「医学的な」視をそれだけ取り出したのは、それが新たな向きに動く、症候ある表面から細胞核へ垂直に降下して行ける力の故であった[50]。既に見ておいたことだが、層、基底、推積を越えて隠れたもの、遠いものを明々白々のもの、近いものにしようという試みたるこの下向きの視線の旅は、19世紀に初めて出てきたものでもなければ、医学界の紀要に出てきたのでもない。18世紀、それも特に鉱物学の論稿と事実本位の旅行記に現われてきたものなのである。

この深きへの探索（deep inquiry）に対応する所謂客観的相関物を自然の聖刻文字と名付けてもよさそうだ。鉱物の形づくる記号は ── 人工の絵文字（glyph）とはちがって、生ける言語を、理解可能、解読可能で、自然の個々の表現が語る言語を構成した。人工の絵文字がクール・ド・ジェブランによれば、新参者に文化と社会の神話的起源の背後なる秘密を明かすのに対して、この自然の聖刻文字は、博物誌の熟達者に地球の大転換した過去と、現在と、未来のことを知らせる。文化のものであれ、天然のものであれ、遠くのもの、離れてあるものを絵で示すことが、間近で、石の断片という狭い「枠どられた」範囲の中で起きる。（繊細な石英結晶であろうが玄武岩の突兀たる岩塊であろうが）石の塊なり標本は、水平に読まれるか垂直に読まれるかによって、地質学的過去を現在に伝える物質的遺物としても働けば、時空の展観が壊れたことの可触の印としても働く。自然の痕跡は「劫初《いやさき》」という伝説の時間への貫入を許すばかりか、そこが人工物の訳の分からなさとちがうところだが、土地の進化の具合を示しもするのである。

こうした知覚の役割変更が〈発見（discovery）〉という語にまったく新しい意味作用を与え、

この語は一挙により豊かな意味を獲得する。科学的発見者は鉱物学者同様、境界を「押し広げ」、明白な世界を下へ向けて進む。障害を横切りつつ、突き入る。簡単に言えば、はっきり目にしたものをはっきり伝えること、あらゆる自然の仮象の中に、下に、はっきり「読む」ところを簡潔に表現すること、これがその眼目なのである。

今まで言ってきたことからすると、自然への物理的、知的な貫入（penetration）は——なるほど18世紀後半に大流行したことは確かだが——フーコーがそう言いたがっているほど遅くに生じた事態ではなかったし、別に博物学に限った話でもなかった。ドイツの、それも美学の分野では、ヴィンケルマンとヘルダーが大洋の下に、そして人間の神経系の中にひそむ感覚的充溢に惹かれていた。フランスでは詩学の領域で、アンドレ・シェニエが地球の内部に目を向け、偽りの障碍や境界線など一顧だにせずと言ってビュフォンを讃える。シェニエは同じ伝で、天文学者のジャン＝シルヴァン・バイイとウィリアム・ハーシェル卿が望遠鏡を用いて油雲を突き貫いたことを褒めている[51]。道こそちがえ、英国人著述家ジェラードとダフは、科学の天才は賢明な貫入の力を研《と》ぐことで形づくられるのに対して、芸術の天才は浅い「絢爛」に磨きをかけることに掛っている、と殊更らしく書いている。この認識論的二項対立によって、深みさぐる知と表層の絢爛が対立し合うこととなる[52]。

こうした観念は没入同化の詩学（poetics of absorption）とよくなじんだ。フランシス・ハッチソン、ヒュー・ブレア、そしてケイムズ卿 印《ブランド》 のスコットランド道学派が、道徳的良識として自分以外のものへの共感ある融即（a sympathetic participation）があり、何か夢中になることで自らの小我を削除できるという議論をした。自らの活動にこうして共感的に併呑されていること——18世紀前半の特徴だ——が、世紀の終りにかけて異土異郷の探索にと形を変えていった[53]。

同じ伝で、ド・ソシュールからゲーテまで、基本の形態（morphologies）を追った人々も奇態なかたちを古代史へと文字通り深めていった。この労力の要る方向付けられた視線は、意識せぬ間に自然の只中にいる夢しかみないルソーの視線とは根本的に異なっていた[54]。労力無用の五感を謳《うた》うルソーの『孤独な散歩者の夢想』（1782）は、ある種の密儀や原始宗教との霊的親近を感じさせた。こういう受身でいる拝跪の構えを絵にしようと、ダニエルの叔父・甥はパパナサムの滝の景色を描き、疑いを持たぬ熱烈信者たちが岩の彫刻を前に平伏する姿を描きこんだ。（この絵を収めた）『東洋風景』の文章を見ると、早瀬が轟々と峡谷に石走《いわばし》る様を讃えている。こうした光景が自づから尊崇の思いを引き出し、絶大の威神力をもって「印度人たちの心に働き掛けるので人々はこうした相手を前に」思わず発心《ほっしん》するのだ、と[55]。

見る人間と見られる現象との距離のなさ、互いに別個の存在だという認識の欠如がルソーと、世間の自然-崇拝《カルト》に暗に含まれているのを、何としてもしっかりした凝視（hard looking）が是正する必要があった。ルソー流の知覚を特徴付ける人間と自然の間の流動と連続が実体の間隙となって、垂直に貫入する凝視がこれを突破していくことになる。

ゲオルク・フォルスターがその『全自然展観（*Ein Blick in das Ganze der Natur*）』（1781）で、自然科学者たちの見ようという意志を取り上げている。世界旅行家の立場からフォルスターは「自然とは何ぞ」という大疑問を発する。変化し、変化させ、解体し、自ら更新するこの驚異の可塑力の正体は？　これがプラトンとその追随者たちの言っていたものなのか、知性なのか、世界霊なのか、神の直接の営みなのか、全てに力を与え物質を再形成する生ける力なのか？　科学者フォルスターは形而上学の泥沼には敢えて入らず、近代人の対応 ── 真理は観察にこそ宿る ── に出る。英国の唯物論者たち、フランスの生気論者一統と同じく、広く見ながら深く、垂直に見る。宇宙万象は生けるエネルギーに満ちている。実際、大方の同時代人同様に、フォルスターもソクラテス前派の四元素哲学に戻る。「生命なき石胎《うまずめ》の元素など、ない」、と。物質の内臓《はら》に入り、事物の内側を発見するのは、かくてルソー派の受身の好奇心とも東洋風の拝跪する受容ともちがう。讃仰しつつ攻撃する目は実体の個と響き合う[56]。

抗う世界を克服という科学的、かつ完璧に西欧流の衝迫意志は、ピクチャレスクとは無縁な闘争を意味する。復習にも簡単な整理にも便利なのがジェイムズ・ヘイクウェルのケースで

図 230　J. B. Fraser, *Bhyramaghattee*, from *Views in the Himala Mountains*, 1820, pl. 19. Color aquatint by R. Havell and Son. Photo courtesy India Office Library.

図 231　Thomas and William Daniell, *The Water-Fall at Puppanassum,* from *Oriental Scenery*, 1797, II, pl. 2. Color aquatint. Photo courtesy India Office Library.

あろう。その『ジャマイカ・ピクチャレスク旅行』(1825) でヘイクウェルは「ある地域の表層、外観が大体どうであるか伝える目的なら」どんな作にも「ピクチャレスク」という形容詞を付けてよい、と言う。

逆に、博物学者たちの気合の入った凝視が自然の物質的現実に突然開けた口は、水平に連想で展がる想像力より垂直に貫入する知覚をこそという趨勢を象徴している[57]。新しい見方によると、自然は隠された働きの容れものであると同時に、そうした働きの総体《アンサンブル》でもある。かくてモーペルテュイはエジプトのピラミッドはじめ地下に窪み持つそうした記念遺構がいかに無用の長物か、嘆く。地べた内部を王《パロ》たちがその巨大な墓陵の高さと同じくらいに深く掘っていてくれたらなあ、というわけで、「我々はその下の世界については何も知らない。我々の掘る最も深い坑さえその外殻を少しへこませるという程度でしかない。もしその核心部にいきなり到達できさえしたなら、我々の知るものとはまったく異なる実体、非常に特異な現象が見つかるだろうことは想像に難《かた》くない」と言う。メルシエも嘆く。「帝国は倒れ、人々は亡滅、海はその底が変わり、ヨーロッパより大きい大陸も滅び、山々は地下の炎に口開けられるが、地球実体は毫《ごう》も感じない気配で、蜜柑にあいた小穴くらいなものなのだ。その形も大《おお》いさにも変化なく、表面を軽く引っ掻かれた程度のことなのである」、と[58]。

ルソーによる批判はこれとは何とちがっていることだろう。一道徳家として鉱物界を唾棄し、平地《ひらち》の植物界を讃えるのだが、啓蒙主義の趨勢にこうまで背《そびら》を向けられるものか！『孤独な散歩者の夢想』の「散歩その七」で、大地の深みは蔵する宝をもってずっと人間の貪婪《どんらん》を誘い続けると言って嘲る。彼の解釈では、それらの富は表面にある富の補いと言うべきもので、いつの日かもっと適切な形で人の手に入って恵沢《めぐみ》にもなるはずである。人間は「地に坑《あな》し」て、「その中心に真の富に代えて架空の富を求めて、生命を、健康を危険にさらす」のである。その者どもは「太陽からも陽射しからも逃げるが、もはやそれらを目にするにも値しない」し、

「生きながら自らを埋め、もはや開けた地上で生きる値打ちもない」。「採石場、深淵、鍛冶場、炉、機械装置、大鎚、煙、そして炎」が「田園での労働の優しい姿」に取って代る。こうしてルソーが堕落をしか見ないところに『鉱山学（*Bergbaukunst*）』（1773）のクリストフ・トラウゴット・デリウスは「地下の地理」を認めて歓声をあげる。本当に深い所のことはまったく未知のままなので、山岳内部の母胎《マトリックス》に深く入りこむことは科学者にとってこれ以上ない ── 地平線や大洋の広大をも必ずや凌駕する ── 興味を掻き立てるであろう、と[59]。

これらの著述家の言うように、深みにある風景に 18 世紀人が考えた雛形《ひながた》が天然の洞穴、人工洞窟、洞壑《どうがく》、洞鑿《どうさく》のもろもろであった。古代の往昔《そのかみ》より ──、そしてルネサンス期の建築術でもその点は確かだが ── こうしたうつろは、ずっと大地への入口、光なく如法の闇も密な冥府神《プルートー》の冥界への降下を象徴していた[60]。

それにしても、多面的な洞窟趣味も、ある全体的な動向の目に立つ一例というに過ぎない。実際には、18 世紀後半以降、探険する人間のすること全体を、あらゆる面から自然に貫入する試みと言うことができるのである。勿論、貫入は垂直にばかりではない。

こうなると、探険の心理学（psychology of exploration）とでも言えそうなものを御当人たちがどう考えていたのか見るのが、話が確かな気がする。アフリカを研究していたジョン・レイデンはその『発見と旅』（1799）の中で、まさにそうした探究者にとって完全ということがいかに必要か、説いている。その一方で、五感には明白と見える事物の検証には呉々も注意が必要とも言っている。誇張だの詩的放縦（poetic license）だのの罠に加えて知覚の誤りも生じ得よう。そうした根深い行動機制のひとつに、精神が光景を見る目がどう見ても不完全である時にさえ、精神に痛ましい空白を是非満たしてしまうよう働きかける作用がある。レイデンは、進歩の初期段階には是非必要だったこの〈真空恐怖（horror vacuity）〉の法が、19 世紀に入ると、「知覚錯誤だらけの」原理と化していることに警告を発する。「それが惹起するところの不安感から逃れようとして、地理学者は不完全この上ない手段をもって、人の居住可能な世界を構成していると彼が考える空間の全部を埋め尽くそうと腐心する」、と。レイデンが地理学者に特有と言う真空恐怖 ── 完全に貫入し切れるとする信念 ── は、あらゆる種類の探険家にこれを当てはめることができる。

フランス科学アカデミーでピトン・ド・トゥルヌフォール讃美の演説をしたフォントネルは、この同僚が植物学がじっと坐ってする学問などでないことをよくわかっていると言って褒めた。じっと動かず、書斎の薄暗がりの中、安楽椅子に坐っていてはできない研究なのである。行動派地理学者に負けず劣らず、植物研究家は、山越え谷越え、断崖を這《は》って一命賭す覚悟の族《うから》なのだ。「このことで我々に深い教えをもたらす唯一の書〔植物のこと〕は地球表面に出鱈目に散在するが故、これを集め歩かねばならぬ」のである。かくてフォントネルはピトンの稀有の才幹に思いをいたす。「別種の科学者をつくるに十分程度の〔完全への〕情熱では、とてものこと一人の偉大な植物学者をつくるには足りない」、と[61]。

世紀中葉期、同じことをシャルル・ボネが口にするが、その頃「自然の広範にして豊沃なコレクションに目を向け始めた」ばかりの生物学と鉱物学の探険家たちのために弁じたのであった。「それが集めた厖大にして多様なるこうした産品のうち」、とボネは続ける、「我々が想像だにしなかったもの、いやその存在自体考えさえしなかったもののいかに多いことか」、と。ド・ソシュールの口吻はもっと直截だ。「自然愛好家を自称する大方の旅人が珍奇物蒐集を唯一の目的としている。彼らは目を地べたに釘付けに歩く、というか闊歩して、おちこちに小物を拾い集めるばかりで、大きな議論には与《くみ》しようとしない」。ド・ソシュールはこうした実践派を軽侮して、栄光のパンテオンもコロッセウムも見ずに只管《ひたすら》ローマの土を引っ掻き回す好古好事家のたぐいとしている。もっとも、細かい観察をないがしろにして良いと言っているわけではない、とすぐ付言しているわけだ。そうした正確さが牢固たる知識の貴い基礎になる、と。ド・ソシュールの言葉はピトン・ド・トゥルヌフォールの遠い記憶を蘇えらせる。真摯なる山岳観察者たらんとすれば、踏み固められた広い谷間道をはずれて、高嶺に登攀すべきである。馬も車も拒み、粒々辛苦を強いる危険千万な歩みは、下の世界を一望の下にする大眺望で一挙に報われるであろう[62]。

事実第一の旅行記のページ毎に現われ、その挿画に浸透しているのが、まさしくこの完璧をと言う言語である。1786年4月、ラ・ペルーズはイースター島を去ってハワイに向う時、クックのなした巨大な貢献にごく自然に思いをいたす。「無知この上ない人物にも偶然が味方して島を発見ということはあるだろうが、目にした地域に関して遺漏なしということが可能なのは偉大な人物のみの業である」、と。『ラ・ペルーズ探索行』(1808) の序文でダントルカストーが、この隙間を埋めるというテーマを追求している。未知の領域の入口に留ろうとは彼は思わない。ファン・ディーメンス・ラント［現タスマニア］南端を航行しながら、沿岸ぎりぎりを進んだのは全ての屈曲を海図に捉えたかったからである。ジョゼフ・ビリングズに随行のマルティン・ザウアーの『北ロシア探険』(1802) を見ると、アメリカ沿岸をクック川の南まで再び訪れるという計画を季節がはずれたという理由で断念した提督に怒りをぶちまけている。「この決定ほど私をがっかりさせたものなどなかったが、世界一度量広い君主が思い切り好意を示してくれたことで緒につき、あらゆる国民が期待をふくらませ、地球上のこの未知の圏域について最大の地理知識が得られそうと万国民に予想させた探険の終りが、つまりはこれなのかと私は思った」、と[63]。

もっと貫入型の探険をという願いと可能性は、18世紀人の努力ともっと前の時代の冒険行を分けるいくつかの歴史的要因にひそむ。クック讃美のバイイは、コロンブスとマゼランの偉業にも拘らず、地球は辺境域においてはまだまだ未知のままだと言う。この事情は1760年代まで変わらないままであった。経度測定儀《クロノメーター》もなく、科学通の要員も揃わず、旅は上っ面の地理探険以上のものになる由《よし》もない。折角見つけた地域をどうにかして深くさぐる術《すべ》がさらにない。英国人ではジョン・バイロンがさっさと太平洋を横切ってマリアナ諸島に達しながら、どうでもいい島にいくつか手がついただけのことだ。その後継者のサミュエル・ウォリスが、1606年にペドロ・デ・キロスが発見してサジタレアと命名していたタヒティを再発見した。ウォリス遠征隊の第二船をあずかっていたフィリップ・カータレットはマゼラン海峡を出た所で、主船を見失ってしまったまま、ピトケルン島を発見、ポリネシア最末端まで航行して、ソロモン群島の輪郭をより正確に示す海図を描き、ニューブリテン島とニューアイルランド島の間にセント・ジョージ水路《カナル》を見出した[64]。

英国人三人の先達を併せた分よりも科学への、深みでの発見という目標への貢献大なるのがフランス人ルイ＝アントワーヌ・ド・ブーガンヴィル（1729−1811）である。ただ単に太平洋横断を果たした一人ということではない。長期に亘《わた》って南アメリカ、インドネシア、南アフリカに滞留したのみか、リオ湾の忘れ難い姿を伝えてから南洋に向った。モルッカ諸島、セレベス諸島の景観美についての報告記述はたしかに型にはまった部分もあるが、ひとつひとつの場所の個に入りこもうという新種の努力が窺えもする。（その第一次航海と自分の航海が重なった相手たる）クックにも似、ラ・ペルーズにも似て、ブーガンヴィルは太平洋の茫漠、そこには比較的に何もないことを示す力となった。

その第二次航海の時、クックは「西風」を避けるため、太平洋を西から東へと、まだ誰も行ったことのないコースを進んだ。数基の経度測定儀を使ってまったく知られざる海域を行く。未踏というは無論のこと、存在さえ考えられたことのなかった異域に入り、島々を見た。要するに（古代のとはちがう）近代の地理学、とりわけ18世紀後半のそれは、貫入する海洋冒険をその栄光とした。

ところで陸路による旅の進展はどうなっていたのか。18世紀劈頭、多くの大陸が地図上にぽっかり穴を開けていた。アンデスのコルディエラス山系やカナリア諸島の火山は16世紀この方知られていたが、第2章でとりあげた主たる陸地塊の他のものはいずれも、なお探険されていなかった。ビュフォンは1749年、この時代なのにアフリカ中心部がほとんど知られていないのは古代におけると変わりがないと言っている。17世紀にイエズス会士が地図に描いた日本と中国は18世紀には異国人に対して部分的に国を鎖していた。逆がペルシアで、1701年、トゥルヌフォールが植物採集行をした後では、ル・ブロインが踏破していた。

地理学者たちも、さらに僻遠の辺境で着々重要な仕事をしている。学界が組織し、政府が援助した最初の科学的探険のひとつで、ブゲールとラ・コンダミンは1736年、アンデスの地質学調査に赴いている。1750年以降は海の冒険同様、陸路の探険隊も数を増す。女帝エカテリーナはドイツ人博物誌家ペーター・シモン・パラスを招いて、ウラル、シベリアを調べさせた。ジェイムズ・ブルースは青ナイルの水源を発見し、アビシニアの大断層地塊《マッシーフ》の輪郭を摑んだ。ジョージ・マケンジーはカナディアン・ロッキーを踏破し、コンスタンタン＝フランソワ・ド・ヴォルネは1783年にレバノンの山脈を歩き、1803年にはフランスの大衆にアパラチア山脈の仔細を伝えている。それからベルナルダン・ド・サン＝ピエールとル・ジャンティはマダカスカル固有の、インド洋の嵐吹きまくる険しい礁《リーフ》や沿岸州《バリアー》の地形を捉えた[65]。しかし一般的に言えば、熱帯の陸部内奥に理解がもっと行くのは19世紀、フンボルトおよびルゲンダスの超人的活躍を俟《ま》たねばならない。

モンゴルフィエ気球が1783年に発明されると、無限空間への突入も絶頂を迎える。幽閉の逆の飛行は、どういう地域、どういう状況をも俯瞰一望する貫入の目を得るところまで来た。この昇空と風景横断は、もっと一般的な旅のやり方では手の届かぬ領域を飛行士が目で全把握しつつ、大気（atomosphere）の中にすっぽり抱きとられることを意味した[66]。気球飛行士の相手は陸でも海でもなく、処女空間であった。

実際、有人の飛行は新元素《エレメント》の征服を意味した。近代科学神話中の昇空の神々は、英仏の気象学者たちがやっと分析を始めていたばかりの気流の言いなりに浮かんだ。当時のさる説明によると、部分的に水に浸《つか》るだけの船とちがって、気球機械は通身どっぷりで、それは「その中を遊弋《ゆうよく》していくところの流体と一体（*un tout*）となる」[67]。ルーランがその『空気の特性及び現象の歴史的考察』（1784）で繰り返しているのがこの内在（immanence）、文字通り内に在ることのテーマである。気球は「大気の中心部に貫入し、風のまにまに流される一方で非常な短時間に猛烈な距離を旅すること」を可能にしてくれるのだ、と[68]。

この少し変った脈絡で是非強調しておきたいのは、気球飛行が他のどの旅の形式ともちがって、本質的に表面、表層と無縁ということである。この点は当時からはっきり認識されていたことで、フォージャ・ド・サン=フォンの鋭い観察は多数の人間の意見の代表というところである。固い大地に支えられもせず、大洋にゆるく揺すられるでもなく、気球飛行士は空気の中に浮く。このフランス人科学者はその『飛行機械』（1783）の中で、“*navigation*” という語は平面にある牢固たる物体を感じさせる語感あり、従って雲、靄《もや》、蒸気といった柔かく摑みどころのない媒体を表現するには向かない、と言う。大気の表面にいるという言い方はできない。「この流体の深みにさえ」どっぷりなのだ、と[69]。『ユーロピアン・マガジン』が1802年9月21日のアンドレ=ジャック・ガルヌランによるパラシュート降下を報じる記事で、この空間突入のテーマを論じるのにこのフランス人気球飛行家の日誌を引用している。「まったくの沈黙《しじま》の只中を昇り、無限空間の中にとび込んだ。……上昇の推進力を上げて光と薄い蒸気の中

図232　C. Lasinio, *Portrait of the Aeronaut Giovanni Luder*, 1795, Etching. Photo courtesy Library of Congress, Landauer Collection.

図233　Simon Petit, *Garnerin's "Experiment" with a Parachute on October 22, 1797.* Mezzotint. Photo courtesy Library of Congress, Tissandier Collection.

を上っていくと、随分上空へ来ているのだということを寒気が教えてくれた」。実際、この最初のパラシュート常用者は、大気現象のもやもやした圏域を急降下して行くことで、無人境行くめまいする快感にさらに拍車をかけた次第である[70]。

こういうふうに通観してみると、事実第一の旅行記にはプリニウス流の攻撃的衝迫が働いていたと結論できてきそうである。18 世紀後半以後は、気球飛行士ばかりか、あらゆる種類の旅人が、雲や靄《もや》の只中に突っこむ危険と快感を口にする。アリューシャン列島近傍で、ベーリング海峡で、オットー・フォン・コッツェブーは「我々は、永遠にこれらの水域を掩う小暗《さぐら》い紗《ヴェール》に貫入したが、木陰なき汀《みぎわ》が雪いただく山並みの渋面をもって我々を不愉快気に迎える。人間もいるのだと知って改めて慄然!」と感じる。滝や間欠泉に赴いた人々も同じくらい積極的である。ピス=ヴァッシュやシュタウプバッハを描いた画家が「水煙の只中に」いたことを思い出そう [図 144]。『アイスランド紀行』(1811) のマケンジーが、深淵に突き出た危うい足場に立って、「濃い蒸気に包みこまれ、耳は轟々たる音にみみしいた」のも[71]。

もう少し一般的に言うと、研究熱が大胆な敢為に走るというのは自然科学研究者たる者の本然の姿かもしれない。アベ・ド・サン=ノンなどもそういうふうに見ている。父プリニウスの死に思いを馳せるうちに、近代の探究者の種族について考え始める。「好奇心に火がついてひとつの激情と化した放胆というものは、これをいくら褒めても褒め足りまい。炎熱の気の下、冷静に危険に向い悠々従容と歩んでは、手に銘板持ち、目の見得る限り戦慄そのものの光景を観察せずにはやまぬ刹那のプリニウスこそそれ、と私には思えるのである」。息子の書簡によってよく知られたプリニウスの火の最期は、紀元前 5 世紀にシチリアの哲人にして密儀宗教者エンペドクレスのエトナ火口への投身行に先取りされていた[72]。しかし神と呼ばれたいという野心を動機とするこの狂信の贄《にえ》行為ほど、飽くまで冷静なプリニウスのヴェスヴィオ噴火の研究から遠いものもあるまい。ギリシア哲人の謎の道行きはどちらかと言えば自然の茫漠に、あるいは暴力にさえ抱かれて自らを喪いたいというルソー的合一夢のものであって、物質への貫入をめがける知性のものではない。エンペドクレスをつき動かしたものは、プリニウスの方法持つ行為とはちがい、科学の祭壇に献げられた熟慮の贄《いけにえ》ではなかった。まさにここのちがいが、18 世紀の科学的探険家を、そのもっとピクチャレスク好みでもっと主観丸出しの同時代同族たちからたしかに分かつのである。

『火の平原・補遺』(1779) の報告記録を読むと、怖れを知らぬ大胆さで、この古代の大博物学者 [プリニウス] とどうしても比べたくなる。

> 噴火の後、私は奇態千万の地下の、掩い持つ通廊の幾つかを歩き回った。側壁も、上も、下も、何週か続けて運ばれてきた赤熱の溶岩流の暴威によってあらかたの部分は平たく、完璧に滑らかになっており、その他の部分では溶岩が、こうした流れの側面を殻化して、異様この上ない岩滓《スコリア》が美事な枝分かれをしている。滴り落ちる鍾乳石の形をとる白色の塩もまた、こうした掩われた通廊の天井部のあちこちに付着していた。

自然科学のこの分野に対するハミルトン卿の思い入れの激しさは、岩滓一杯でぶつぶつ赤熱の泡を立てる溶岩の「川」そばを行く危険な歩きの記述からも改めてわかる。ある地点では幅約 50 フィートないし 60 フィートの固まり出した殻の上を渡り、熱と煙の中、「その流れを源まで、噴火口から四分の一マイルの所にまで」辿ったのだが、大きな爆発音と硫黄臭が彼を迎えた［図 148］。

ハミルトンは『火の平原（*Campi Phlegraei*）』（1776）で噴火口の変化し止まぬ内部のことを厖大な量の文と絵にしている。このやり方で良いとハミルトンが考えるのは相手が噴火のたびに形を変え続ける結果、「この火山のこの部分のことを記した旅行者の記述が合っていることが滅多にない」からである。ヴェスヴィオ山の中身の標本作りのような接写は科学的研究の要請とも一致する。ウーエルはピクチャレスクを謳う著述の標題とは裏腹に、エトナ山の大口あいた火口を正確に表現するには、マグマ、煙、亀裂を細かく調べなければならないとする立場に同様に執した［図 147］[73]。

しっかり見ることにこうして全身全霊を捧《ささ》げる態度が、水に向うとどうなるか。ゲオルク・フォルスターは 1773 年 5 月、スティーヴンズ岬沖で竜巻を目撃、船がどんな具合に近付き、最後にどんな具合に「渦巻の直《ちょく》上で」動かなくなったか、こと細かに記している。奔騰する海から先細の漏斗《ろうと》雲がゆっくりと立ち昇り、空から降りて来て渦巻く海水と繋がるように見える奇観を前に、水夫たちはふるえあがったのだが、さすがにフォレスター父子は科学者のはしくれ、体に雹《ひょう》が当ってさえひるむ気配がない。「その間ずっと我々の状況は不安を掻き立てる非常に危険なもので、恐怖感を煽る圧倒的な威力を持つ現象は、まず海と雲とを繋げては最も老練の水夫《かこ》たちさえふるえあがり、何をどうしてよいやら自失の体《てい》。彼らの大方は海竜巻を遠くから眺めたことこそあれ、今の我々のように恐懼したことなどなかったはずなのだ」。これと同じようなことを、1787 年 10 月、陸上で経験したのはレセップスである。チェカフキというロシアの小村に突然の颶風が吹き抜ける。猛烈な風の様子を見てまずは地に伏せていたのだが、と続けて、「そこいらを歩いてみたいという気になったが、4、5 歩も行かぬうちに風に捉えられて体がふらついた。しっかりと踏んばり、行ってみようという思いつきを実行してみたかった」、と。川の土手に着いたレセップスはすぐ自分の愚かさを悔いることになった[74]。

自分から始めたハミルトン、フォルスター父子、レセップスの冒険体験と真反対なのが帆走戦艦《コルヴェット》「アトレヴィーダ」号に生じた椿事だ。マラスピーナ探険隊に加わったが、忽如氷山に囲繞されたのである。この事件は 1794 年 1 月 28 日の夜、カディスのすぐ西の場所で起きた。船絵師フェルナンド・ブランビラが絵に描いて後世に伝えた。このスケッチ画は動きのとれぬ船と比べて氷山がいかに丈高いか強調し、船が圧倒的な自然の只中に完全に包み込まれている感じを出している。コッツェブーは南洋探険中、猛烈な嵐の後、氷に閉じこめられているのが突然わかった。ハミルトンとフォルスターの場合に通じぬこともないが、活動さなかの物質内部から外を見るという新しい状況のせいで、遠くから見る限り分からぬままのはずのものを、コッツェブーは見る。乗組一同、「氷山内部が純粋な氷でできていること」が分かって、驚く。こう分かると一同、「かなてこ等を身に帯びては、この驚異をもっと細かく調べに行った」。100 フィートも聳立する氷塊が原-氷（*Ur-Eis*）であったことを、科学的乗組たちは知る。

表面は苔や草蒸してはいるが内の核心部は純粋かつ均質というばかりでなく、陽光に溶け始めてみると中からマンモスの骨や歯が一杯出てきもしたのである。

フランクリンの極洋第一次、第二次航海に随行絵師の役をつとめたキャプテン・バックが、氷海で高波に苦闘させられる軽舟の姿を描いている［図 158］。もっとよく調べようという目的のためにわざわざ船を出したことが説明文からはっきりしている。一行は 1826 年 8 月 24 日の夜明けに出発して、大型の流氷塊の間を数マイル進んだ。直《じ》かに見えているコニーベア山が目標なのだが、突然大きなうねりに捉えられる。このうねりで前夜できた湾の氷が礁《リーフ》の方に寄せられる。「そのため浮氷群の中に入りこみ、礁のそばについていなければならなくなったのだが、そうなると、うねりに乗って迫《せ》り上り、たえず大きな氷片が崩れ落ちる氷塊と氷塊の間の狭い隙間を通る間に潰される大なる危険に舟をさらさざるを得なくなるのである」[75]。

こうして多様な物語をアリアドネの糸のように貫いて縫いとるのが、「只中（*au milieu*）に」いたい、「内部（*das Innere*）」を目撃したい、「横切る（walk across）」ことをしてみたいという願望を糧にする貫通（piercing）、切り開くといういかにもという語彙である。貫入（penetrate）することへのこういう願望の論理的帰結は当然、深層探索に行きつく。前に述べたが、気球昇空が大体において高さとか垂直性とかを言うより、大気の只中への呑入という点を主に強調したのが不思議だった。そっくりその反対で、茫々たる大洋を探険しての周航記に、深みに降下する凝視を言う一面があって、こちらも面白い。潜水鐘（diving bell　17 世紀に天文学者エドマンド・ハレーが実験し、18 世紀末にスウェーデンのトゥリードヴァルドが完成）を手に入れたことで、人間が入って行けない所など自然のどこにもないという思いが強くなった。水深 52 フィートの所で 90 分、苦なく潜っていられるというようなことになる。ジョージ・アダムズは書いている。「鐘《ベル》天辺にガラスが入っていて、晴天で海も穏やかだと光がめいっぱい採れるから［潜水夫は］読み書きも完璧にできるし、底にあるものが全て見えるのだが、曇天で海が荒れていると鐘《ベル》も底も夜さながらに暗い」[76]。

海は（大気とちがって）表面があるわけだが、密度といいうねりといい柔かさがあって、比較して豊かなものが内側にある、波の下に隠されているという思いを誘う。この肉感あればこそ、ベルナルダン・ド・サン＝ピエールは大洋を讃え、潜水鐘による海洋探査を訴えることにもなったのだ。広々とした海原は「揺籃」でも「墓」でもあるのだが、何よりも水漬《みづ》く貯蔵庫であって、その懐《ふところ》に陸《くが》の破片、川や急湍が流した岩くれが累々と眠る。その中には、沿岸の火山を組成していた油、瀝青、硝酸塩が溶けて漂う。そこには幾星霜、あれこれの都府が埋もれ、もろもろの人の野心また沈む。大ローマのことを思うがよい。この帝国の大半はもはや地上になく、テヴェレ河底にたゆたいつ眠るではないか。

波の下に隠れた廃墟を見つけるのには（というか凡そ深みを探ろうというのには）、表層の反射に目を奪われないようにしなければならない。凝視は、こうした水漬く異界の住民たる苔や珊瑚、魚《いろくず》や海底洞穴を見ようと思えば、水面をあちこち滑り遊ぶだけではすまない。そもそも潮の下に生きる自然現象に初めて人々の目を惹いたのが、水中遺跡の存在の報であった。リチャード・ポコックは沈めるアレクサンドレイア遺跡を報じた。クルクルにあるジャイナ教の古文書館の資料に、昔海に没した黄金の巨像のことが載っていると伝えたのは『回想の東洋』（1813）のフォーブズだが、「引き潮の時、今でもなお時々には見える」のだとか[77]。

こういう話の流れだと一番説得力のあるのは当然、独自の論理と一貫性を持つ一個独立した海底世界を、どう目にし、どう認識していったかという話であろう。『東方詳記』（1743−45）のポコックは、彼が「死海」をどう「眺め」、その黒い水をどう味わい、どう試験してみたか、そしてどう「この異様な水に認めたものに大いに満足したか」報じている。その上、彼がその水で「泳ぎ」、あまつさえ「数回潜って」いる。シャップ・ドートロッシュは、大西洋に潜りこそしないが、探究心旺盛な人間にこの大海の表情をよく調べろと強力に働きかけてくる異様な力について思いをめぐらしている。船上の暮らしは通り一遍で退屈だなどと言っている御仁は、自然に何の関心も持てない手合に限る、と。「美しき日の凪《なぎ》は概して、天候荒ぶって、風にあおられた波が空とごっちゃになる時に比べると面白くなどない。いつ見ても深い淵《わだ》が大口を開けるのだ」。そして結論は、「天才と放胆を兼ね具える」人間だけが「[自然の] 宏大を抱き、その驚異に貫入していくに値する」と、謳う。

大綿津身《わだつみ》の奥津城《おくつき》に長く測鉛をおろせと誘う典型が燐光群（phosphorescence）であった。アンドレアス・スパルマンが言うには、いつも海面で光っているものの他に、「船乗りたちがマールスケン、海照と呼びならわしているかなり明るい光が夜間見える」。「そしてこれこそが」、と続けて、「私を深みにある自然の豊かな宝蔵への、言ってみれば戸口とはなり、急いで見回すほどに、何百万という魚の腹を満たし、深みの大巨獣たる鯨内部に並ぶこの溢れかえる驚異を目のあたりにすることができた」と報じている。

枚挙に寧日《いとま》ない。もう一例あげれば、大体の様子はわかろう。熱帯の海に特に多いルミネサンス、生物発光現象（bioluminescence）である。モーリシャス島をめざして航行中のジャック・ミルベールが書いていることだが、毎夕、コルヴェット艦の主船室舷窓に身を寄せるのが博物学者や画家の習いとなっていた。そして、こうなる。

> 一回に何時間も、海底を金や銀の塊が四方八方に動くのに見入るのに我々は費したが、海が荒れ、夜が一段と暗いと、この光は一層けざやかに輝くのであった。……これら動き回る燐光群の輝きによって我々は他の動物、とりわけ旗魚《かじき》が、あるいはこの発光の性質を持たぬためによく見えないはずの魚《いろくず》が、この円を描いているかのような水塊の真中を泳ぐことで [おのがじしの] 大きな影《シルエット》を浮かびあがらせているのが見られた[78]。

こういう垂直の視線が海だけに向けられたわけではないのは無論のことで、北アメリカ旅行中のジョナサン・カーヴァーは悠々と流れる「ウィスコンシン」川を讃嘆して、こう記している。「水は非常に澄み、ほとんど石のない細かい砂の川底が見える」。スペリオル湖のびっくりするような深さと、汚れない透明度をカーヴァーがまるでヴィンケルマンといった口調で讃えた文章が一番かもしれない。因みにファゾムは水深を測る単位で、1 ファゾムは 6 フィート、約 1.83 メートルである。

> 水が石の寝床に横たわっている趣である。水穏やかで日が燦々と照っていると、カヌー

> から見て水深は6ファゾム以上、いろいろな形をし、中には人の手が切りだしたかと見える石の大なる塊が湖底に素《す》で見えた。その頃には水も大気と同じくらい澄みに澄み、私のカヌーも水の中にふうわり浮いているように見えた。この澄みわたる媒質越しに下の方の石に目を凝らして、そう時を経ず、頭がくらくらすると感じられてこないとしたら、その方がおかしいし、第一、目はまばゆい景色をもう眺めてなどいられないはずなのだ。

大分後年のことだが、ジョージ湖のジャック・ミルベールも、もっと深みを見ざるをえない同じような体験をした記録を残している。シチリアの港市カタニアに向う途次、ジャン・ウーエルはラ・ブルッカ水道の水面をのぞくと、さざ波ひとつ立たぬ澄明な流れのせいで、旅人は「底に敷かれた絨毯のような苔と砂を見る」ことができた。ウーエルによるその続き。

> この砂は五色《エナメル》に彩られており、それを形成するさまざまな石の小破片が反射した百宝色《じき》に輝いているのである。この穏やかな水の圏域《くに》でのんびり舟遊びをするとどうなるか。まずその透き通った水の中で遊ぶ魚が見えるだろうが、水が異常に澄みわたっている余りに意識もされず、すると魚が水中を泳ぐのでなく宙を飛んでいるように思えるし、時には乗っているボートも宙にあって何ににも触れておらぬという気にさえなる。これらの魚は時々、花咲く苔の下に、あるいは彼らのために自然自らが造った貝殻《ロカイユ》宮殿の中に、ふと姿を隠す[79]。

アビシニアのタカゼ川の土手についてのヘンリー・ソールトの報告は一寸騒々しい。一隊が上流に進むにつれて、深い穴だらけの浅瀬が行く手を阻む。「我々の北の郷国の山中にある小さな沼《ロッホ》と同じように見える」が、「これらの穴で遊ぶのが河馬である」。動物を撃つと、すぐ静かに底に沈む。「水が非常に澄んでいる」ので、ソールトは「水面から20フィートもある深みにはっきり屍骸を認めることができた」[80]。

水中深くを観察ということにはひとつの視覚的な系《コロラリー》、というかお仲間がある。陸行く者の広さ感覚にそれは現われる。漠々たる地をとにかく水平に動き続けるしかないと、貫入（penetration）に似た感じがうまれてくるのである。ある世界の内部への攻略と言えば、何と言っても今まさに全開のアフリカ探険以上ピンとくるものはない。ジェイムズ・ジャクソンがそのモロッコ紀行（1809）、ティンブクトゥ旅行記（1820）の序文で、暗黒大陸征服の半世紀以上にわたる苦闘の歴史を復習して、相手がいかに「（居住可能な他のどの地域ともちがって）ヨーロッパの野心を挫《くじ》き続けてきたか」を言い、「それがなお閉ざされた本のままであり、その本はよしんば開かれてあるとしても、我々はまだその扉ページより先には行けておらない」と断じている。ジャクソンはもう独り旅は止めるべきだと言う（ジェイムズ・ブルース、マンゴ・パークからキャプテン・ペディ、キャプテン・タッキーのことなど念頭に置いているのだろう）。そして探険隊組織の時代の到来を予告した。こういうやり方の推進力になったのは、1788年創立、創設者の一人にジョゼフ・バンクス卿を数えるアフリカ協会（The African Association）であった。アフリカ協会は「アフリカ内奥部の**発見**を**促進**せんとする目的」を公

図 234　Henry Salt, *View on the Banks of the Tacazze,* from *Voyage to Abyssinia* ..., 1814, pl. p. 357. Engraving by C. Heath. Photo courtesy British Library.

言して出発した。しかしこの集団が表に出した構想はもっと普遍的な意味合いを持っている。18 世紀末に探険行為一般がどのようであったかが、そこに窺知できるのである。学ある者、学ない者を問わず興奮させるものとして、「知られている限り、未だ探険をされていない世界のあちらやこちらの性質や歴史以上のものはない」、と言う。「こういう願いに対しては故キャプテン・クックが大《おおい》なる充足を与えてくれ、今や海路行く研究の対象になり得る相手は南北両極を例外として残っていない。しかるに陸路の方を考えるに**発見**の対象はなお広大で、実に居住可能な地表の少なくとも三分の一がそれである。アジアの大部分、なお大部分のアメリカ、ほとんど全部のアフリカがなお未知未踏である」。『紀要』の促進語調は隠れもない。「この広大なる大陸の海岸や縁部の発見はたしかに進展がみられるが、その内奥部の地図はなお空白部が広く展《ひろ》がり、**地理学者**は、レオ・アフリカヌス、ヌビア人著述家クセリフ・エドリフィを繙《ひもと》きつつ、考え考え、未探険の川、どこかの国のあやふやな名の二つ三つ口に出せるか出せないか、なのだ」[81]。

考えてみればサフェリ、ル・ヴェヤン、ヴォルネ、グランプレと、ずっとフランス人探険家が攻略を試みてきているわけで、この無限の土地をめぐる正確な情報は何も英国人ばかりが欲しがっていたわけではない。レイモン・ソーニエが 1791 年に編んだ『アフリカ海岸、モロッコ、セネガル、ゴレ、ガラム他旅行記』を見ると、フランス人旅行者が赤道周辺の風土に苦しみながら、いかにずっと「内奥に戻ろうという思いに駆られて」いたかがわかる。いろいろな発見ができ、それが「商いに、博物学に非常に有益」と信じていたのである。

フランス人たちの英雄的冒険にも拘らず、西アフリカへの突入の驚くべき計画を立て、恐れ知らずに我慢強く実行したのはスコットランド人マンゴ・パークで、アフリカ協会の構想に従っている。同時に、好奇心と冒険心に駆られて個人で動いたW・G・ブラウンが東から西へというアフリカ横断の挙に出て、結局はうまくいかない。ブラウンはダフール［エジプト］貫入に成功し、アビシニアに入るにはコルドファンから行くと楽と考えていた。ブラウンは1793年5月、これを千途とスーダンのキャラヴァン隊に加わり、不毛の山道を越えて、ジェベル・ラムリ、「所々にナツメヤシ、矮化した灌木があるばかりの石と砂の漠々たる谷」に辿りつく。英国海軍のキャプテン・フィリップ・ビーヴァーが『アフリカン・メモランダ』（1805）で、西海岸にどうやって居留地をつくったか、その結果、政府が内陸との情報伝達にいかに関心を持つようになったかを記録している。ジョージ・モリエンがその紀行に『アフリカ奥地の旅』というまぎらわしい題名を、しかし自信満々で付けたのが1820年のこと。最初こそマンゴ・パークの行った道を辿り直そうとしているが、間もなくモリエンは「新しい道の開発」の方が重要と知る。「この方向に私が踏破してきたあたりはほとんど未知の界域で」、と言っている、「同じくらい数限りない興味津々たる観察の材料がうじゃうじゃとあった」、と。アフリカ西海岸ブランコ岬南方で1816年、「メデューサ」号が難破した時、このフリゲート艦上の人であったフランス人博物学者エイリーの地理の専門知識を大いに利用できたモリエンのセネガル旅行は、海上では随分前からありながら陸の旅では珍しい国際協力の精神の鑑《かがみ》であった[82]。

東アフリカ、南アフリカは、西アフリカに向けられた攻略とはまるで異る攻略を受けた。ヘンリー・ソールトはアビシニアを放浪していたが、1720年にキャプテン・ハミルトンが船で来て以来、近代人によるアフリカの当該地域に関わる唯一の記述を遺した。キャプテン・ビーヴァーは東アフリカの古代首都キロアを徘徊したし、ヴァレンシア卿はその縁をグァルダフィからバベルマンデル海峡までずっと船で回った。南アフリカの海岸はこれとは対照的に、17世紀初め、オランダ人入植者たちがケープ・タウンに入植して以来、よく知られていた。この最前線地をめぐる最初の詳しい記録は1718年、ピーテル・コルベが書いて、半世紀ほども正しい内容と思われていたが、1760年にケープをめざした有名なフランス人天文学者のアベ・ド・ラ・カイユにその不正確さを指摘され、人気を失ってしまう。貫入という観点から一番重要なのはアンドレアス・スパルマンによる幾次かの博物学旅行である。1780年のル・ヴェヤン、1797年のバロウともに、この高名なスウェーデン人科学者の自然の動植鉱三界への深い造詣に大きな影響を受けた。スパルマンは入植地地域をオレンジ川まで踏破しさえした。ジェイムズ・ジャクソンのアフリカ北岸に関する画期的な報告記録はよく知られていたのに、1828年という遅い時期になってなお、ビーチーは「私の通過して来た地域は今日にいたっても一般読者のほとんど知るところとなってはいない」などと言うことができた。ナポレオンによる遠征で本格調査が始まったばかりのエジプトは、19世紀の初めの20年、なお研究の沃野たり続けている。トマス・リーとスメルトが『エジプト旅行』（1816）に記しているところでは、突然「ヌビア奥地に貫入」できることになり、「そこではあらゆる物が一段と重要味を加えた」のであった。ヨーハン・ルートヴィッヒ・ブルックハルトは1812年にその地域の旅を始めたのだが、二度のヌビア探険を彼の主たる目的──「アフリカ奥地へと貫入する」こと──にはずみをつけてくれるものとしている[83]。

どんな地域にしろその未知の中心に行ってみたいというプリニウス的衝迫は未知の大地塊の挑発あってのことで、相手が大きければ大きいほど誘惑も大きい。アンソン提督の艦隊に加わりながら難破し、チリ沖の無人島に漂着のジョン・バイロンが、「ウェイガー」号の生き残りの船乗り一統がどうやって故国に辿りついたかを記している。男たちはマゼラン海峡の西側の口とチリの首都の間に展がる裸の地を踏破しなければならなかった。その荒地に食料などない。「沼地と岩だらけで、何の産品も文化もうみだせそうにない地域の地理と博物を突き止めようとするには、兎角歩きながら目に入って来る細かい状況を全て書き止めていく他はなかった」、とバイロンは『遭難記』(1768) に記している。その同時代、ブーガンヴィルの航海の『補遺』(1772) の中でフィリベール・コメルソンが、まだ貫入しおおせていない地域を列挙している。いかにも時代というわけだが、あれこれ想像をめぐらせるより、とにかくその目で見てみたくてたまらぬその相手は「中国、アジア、タタール、日本、台湾、フィリピンの広大な諸帝国と、南洋の宏大なポリネシアの他の数限りない場所」であった[84]。

ところで、ゲオルク・フォルスターが勘良く見抜いていたように、探索にぴったりと言えばアフリカの次に来べきは多分ニュー・ホランドの宏大な地塊以外になかった。オーストラリアである。かつて誰もその輪郭を示し得た者もいないのに、「内奥に漠々たる広大の土地」を抱え、それは「ヨーロッパ大陸の広さほどもあり、大体に於て熱帯にあり、完全に未知、多分無人」という噂ばかり、解けざる謎の魅惑を放つ。ジョン・オクスレーがオーストラリア奥地への「侵入」の切れ目ない伝説《サーガ》を年代記にしている。『二旅行実記』(1820) はオクスレー自身の探険も加えて、「入植者たちにはブルー山脈の名で通る高原を踏破することで同地内奥部に貫入」しようとした 19 世紀の幾つか先行する探険行を言祝《ことほ》ぐ。ニュー・サウスウェールズを蜿々歩いた探険家たちは忽ち、「長い間、峡谷や深い谷間に迷い込んでは、成功などおぼつかぬという気分になり始めた」。ライセットの『オーストラリア景観』(1824) はもっと激しい。「この地方の表面は……かすり傷さえつけられたことがない」と、ある[85]。

宏闊の挑発は謎めく狭隘という少しだけ控え目な挑発と対《つい》になることが多かった。広い太平洋の中の小さなしみに過ぎないちっぽけなイースター島がゲオルク・フォルスターの中に「この土地の中に歩を進めたい」という思いをめざめさせた。緑濃くもないし格別の魅力もなく、その閉空間全体が、「かつて大火に舐《な》められたらしく黒い石になり孔だらけになった大小さまざまな岩や石に覆われていた」。しかし、それほど画然と狭くもない、萎《しな》びた草の二、三種の生えぬでもない南洋環礁にさえ、クックの一隊は留まろうとはしなかった。探険家や随行する熟練の地理学者たちは、「この海の昔の海図の空虚と単調」に「新島を挿入」することで色を付けることができたように、今度は「哲学的研究」を満足させようと内奥部に入り込んだ。タヒティでは彼らが先ずやったのは「何の科学的発見もなさそうな」「乾いた砂の海岸」を離れ、「栽培場を見て歩く」ことだった。歩きなれた道など、科学精神にとっても、人類にとっても何の益にもならなかった。発見者は「大胆な探究を、驚く観察者の眼路の限り、世界の向こうに世界が見えてくる広大な空間に対して」敢行するのでなければならない[86]。

空白を埋めようと、サミュエル・ハーンは北アメリカという「巨大大陸をずっと」踏破するつもりだったし、マケンジーはこの怖しげな未知の土地を「貫き越える」のが可能か否か考えていた。ミルベールは道もない原始林の「懐《ふところ》に」抱かれ、瘴気出る沼の「央《もなか》に」身をひたした。そして勇ましく宣言するのは、ハドソン川に沿ったこうした探険の全てが、まったく新しい土地を「横切って（*à travers*）」行なわれたということであった。キャプテン・ターナーはブータン旅行の報告（1800）の中で、ヨーロッパ人未踏の地に「我れ貫入せり」と誇らしげに記している。同様に、オランダ人学者レインウァルトが1819年に率いた科学的探険隊は、ジャワ内奥部の解明をその目的にうたっていた。

これらの旅人は、何か値打ちあるものに遭《あ》えるとすれば深みに降りるか、実体の〈内〉へ、あるいは実体を〈越〉えて行くかしかないと皆共通して思っていた。アラゴーが書いているところによると、彼はティニアン島で「有名なものはアンソンの住居ぐらいで痩せた荒蕪の地ばかり」目にするが、「イバラの央《もなか》に貫入して行くと、『往昔《そのかみ》の人々の家』と呼ばれる大きな遺構の前に出、これらの柱を建てた人々が一体どうなったか反問せざるを得ない」。西インド諸島のジョンソンまでもが、「この地の奥地が概して呈する野生の絶域の雰囲気」に魅了されている[87]。

科学的な探険家にとって、人間と距離ある異物なる「他者」に貫入する、とは即ち裸形の自然をそのあらゆる相貌において発見することに他ならない、とそう結論してよいかと思う。やはりここはクックの言葉でしめておくべきだろう。

> 大変な苦心の割りにはただその存在がぼんやり確認できた程度としか言えぬ僻遠の世界に研究の目を向けてみる時、我々の惑星の内容について、我々がそこに置かれ、少くとも居住可能の部分に関してはその辺境地域のことを実地の調査によって検証、記述するすべを持つこの宇宙中の小さな場所について熟知すべく全力を傾けないとしたら、奇妙な怠慢と断ずるの他なく、知的好奇心欠く犯罪とそしられても仕方なきことのように思われる[88]。

●貫入される構造

> 何千という岩が
> 砕かれ、割られ、崩れ、散在している。水域を横切って
> 怖ろしげに突き出る恐怖の尖岩。……
>
> ――ルイ＝フランソワ・カサス

> ミズーリ川全部が一個の傾度ゆるき巨岩に突然堰《せ》き止められるが、この岩塊、窪みひとつなく、まるで人の手になるかのように真直ぐの、すっとした縁をしていて、川の差し渡し、少くとも四分の一マイルをふさいでいる。まさに聳立《しょうりつ》という体《てい》である。
>
> ――ルイスとクラーク

事実第一の旅行記のページで徐々に目につく貫入（penetration）という物理的語が示すのは、文明とは没関係の闘争が自然界裡に進行しているのを直《じ》かに発見するぞということである。物質界は物質的、知的に征服してみよと頑くなで不透明な顔を探険者に向けるばかりではない。この章の初めに言ったように、それ自体、相対立し合う力のせめぎ合いであり易く、結果の印、痕跡をあとに残すのである。この自然というテクストを闘争（combat）の語彙で解析するなら、科学的探険者たちの行動と支配の男性的言語、並列的な平明の文体を論じた第1章の議論にも巧い決着がつけられそうだ。

18世紀後半、どうしようもなく「ハードな」物体でできあがっているとずっと考えられていた宇宙の粒子‐体系に絶えずニュートン主義に言う別のソフトな「力」が入り込み、物質の歴史的変化の動かぬ証拠が鉱物学者たちから次々と示され、そして物活論《アニミズム》の復活形にしろ近代的唯物論にしろ、物質の作用を精神的な上塗り物よりも高く評価する、というようなことが撚《よ》り合わさって、自然が独立の生を営み、それがその能動的な現象《フェノメナ》に記録されているのだということがはっきりしていく。その個に貫入すべしという、博物学者に突きつけられた課題は即ち、変化を記録したテクストを正しく読めという挑戦となった。この変化を読む観相学（physiognomics of change）に従って我々は、18世紀末の語と映像とに生じた再‐野蛮化（rebarbarizing）を考えるのでなければならない。そこでは語も映像も、未知のものへのむきだしの攻略に対応し、同時に、自然界裡の内部で進行するせめぎ合いを反映しもしていたのである[89]。

感覚の良い旅人は、物質の創造を感覚的で連続する激しい作用としたルクレティウス的立場を先に進めていった。『全自然展観』（1781）のゲオルク・フォルスターなど、小止《おや》みなき闘争宜《うべ》なるかなと、あっさり言ってのける。地を形づくる始原の材料は常に運動し、かくて自然は変身を繰り返し、古い形態を呑み新形態を吐き出す。理想的な自然の全一など、実際には分裂し、「廃墟」であり、環境の変転で変わるものという考え方を述べる行文はそれこそ枚挙に遑ない。ダルマティアのケルカ滝やシリアの杉《シダー》の森のそばを流れるナール・カデスのことを記すカサスの文章自体、衝突で軋《きし》む。上を急湍石走《いわばし》る岩は「砕かれ、割られ、崩れ、散在」する。その「怖しげな」姿で、「吼え」、「掻き乱し」、自らを形なき巨人ども、即ちその通行権を認めず立ちはだかる巨礫の上に「投げつける」轟然たる「海」とせめぎ合うのである。「それらの確執は世界とともに始まり、争闘は幾星霜にも亘《わた》り、勝利者はいつも激しく、いつも束の間、それらを打ち、それらを抑えつけ、それらから逃げ、海に隠れ、蒸気で雲を湧かせ、それらを再び地に戻す嵐を起こし、そして自ら大地の臓物《はら》で再生すると再びも姿現わして、互いを再びも対峙させ、千年なお倦《う》むことがない」。

これほど激しくはないが、ルイスとクラークがミズーリ川の滝々を報じた文章にも対立葛藤が秘められている。簡潔な語彙が、突然行く手を阻まれる滔々の大河の姿を伝える。同じようにヴィダルの『ブエノスアイレスとモンテヴィデオ』（1820）も、メンドーサ川とその五つの「支流」の温泉を、穏やかな闘争者として描いている。「上空の湿気ある大気でのこれら敵し合う水同士の争闘が、凡そ想像力のうみうるほとんどありとあらゆる形にそのこれ以上なく美しい結晶を見る」、と[90]。

激しい言葉が火山を冷徹に分析しようとする行文をさえ熱くさせる。パトリック・ブライダンがエトナ山に登った時、「永劫に闘争するふたつの元素《エレメント》」が「永劫の共生」をしているのを見て、（コトパヒ山上のフンボルト同様に）驚嘆している。「自らそれを融かす力を持たぬ相手、雪の只中に永劫に口を開ける火の穴」と、「それを消す力を持たないこの火の大穴を永劫に囲繞する広大な氷雪原」である［図 56］。同じエトナ山上でもウーエルの見る二律背反《パラドックス》はもう少しゆるい。四囲を見わたしながら、どの物質もがいろいろな具合に蒙る変化変性を枚挙して、言う。「一切これ変化《へんげ》なるかな。牢固にして不毛の氷が大気中の温度変化によってそうでなくなり、賦活する善き液体とさえなり……それ自身多くの生命体を含む巨大貯蔵庫の中に身をゆだねるとすぐに目に見えぬ蒸気となって現われ、固まって雲となり、嵐を起こし、風のまにまに空裡に漂い、そして高嶺天頂に見られるような稠密して透明な物体に戻るのである」、と［図 147］。別の文脈でリパリ火山列島のことを記しながら、ウーエルは、噴火口壁がしょっちゅう崩落することと、「火口が位置を変える、即ち火山の噴火が別の口を開けさせ、そこから噴出し始める」ことを報じている。「かくてこの転々とする火口が」、とウーエルは続ける、「その恐怖の内容物を四方八方に吐き出すと、それは何度も場所を変えるうち山なす堆積物に凝固し、これは形も大きさも実に千差万別、それらを一方でうむエネルギーがもう一方で殺すが故、まさしく千差にして万別とはなるのである」、と［図 128］[91]。

大地の激しくも定めなき状態の更なる報告記録をするのはフォージャ・ド・サン＝フォンである。オーヴェルニュ地方の密集玄武岩や断崖絶壁を集中的に調べるうち、強力に「一方向を向いて」突き出た溶岩の球や角錐を発見した。『コーンウォール博物誌』（1758）のウィリアム・ボーラスも似たような表現で力感溢れる突出物、真逆様な溶融状態をまざまざと描きだしている[92]。

実際、こうして我々は今や少し別の角度から、鉱物、金属、石の中にあって此岸に生じた変化を証拠の絵にして見せる天然の聖刻文字 ── この章の出発点となった話緒だった ── と、永劫の生成発酵状態にある物質のあらゆる分子が手書きする激しい書体《スクリプト》との近しさを理解できるだろう。ボーラスやヘンケルが言うように、「化石界のしなやかな流体物質を各種形象に変える」のは、まさしく自然の創出する「形成力（plastick power）」なのである。ルイ・ブールジェの『石化物論究』（1742）の生気論の言い方で言えば、石の形の多様さは地球の自転、水の大循環、そして周囲の物質の多様な抵抗力、牽引力が原因なのである。もっと激しいところではロメ・ド・リールが、物質に働く内在的な形成－意思を自然の根本法と見ている。この捉え方だと、関係し合う結晶物質同士、今でこそ流体中に融けているが、相互の牽引力ないし選択親和力によって再統合され、幾何学的な固体の装いして姿現わさんと「決心」しているのだ、ということになる。

「大震動」のせいで海底より上ってきた熱流の意思的凝固について詳説したのはデマレ、フェルバーの論文だが、とりわけラスペ論文だろう（『スタファ島図説』に引用）。もっと早い時期にダニエル叔父・甥の『命ある自然』（1807 ／ 1812）はジョゼフ・バンクスの証言に基づいて、フィンガルの洞窟の見た目の堅牢をば擾乱の「乳海攪拌《かくはん》」の海にぶっつけ、泡噛む白浪が「壊れた破片の上に激しく当たる」図を描いた[93]。

図 235　L. F. Cassas, *Nahr Qâdes*, from *Voyages pittoresque de l'Istrie ...*, 1802, pl. 62. Engaving.

事実第一の旅行記の筋肉質で剛健な話法は、時間による破壊の現実、四大の荒ぶる働きと対応するものだったわけだが、荒々しくて手に負えないものと柔順なものの、というかもっと微妙な言い方をするなら要するに男性的自然と女性的自然の物質的せめぎ合いの弁証法に則るものでもあった。たとえばウィリアム・ダニエルのスタッファの図に明らかで、すっと滑らかな玄武岩の聳える柱が、柔軟な海に迎えうたれる。ジョン・エディが示すように、ノルウェー

図 236　B. Faujas de Saint-Fond, *Spherical Lava amid Irregular Prisms*, from *Essai de géologie*, 1803–1809, III, pl. 25. Engaving by p. Magne after drawing by A. E. G. Dagoty. Photo courtesy Bibliothèque Nationale.

図 237
B. Faujas de Saint-Fond, *View of a Portion of the Crag of Mallias*, from *Recherches sur les volcans éteints*, 1783. pl. 4. Engraving by P. Boulland after drawing by De Veyrene. Photo courtesy British Library.

では逆らしく、大いなる北海が「その山のような波濤を突兀たる海岸へ巻いて寄せ、島々の剝ぎ出しの岩頭にぶち当り、白泡噛んで、ついに地域辺境となる渋面の防波堤、堂々の花崗岩塊の誇り高い抵抗に遭うのである」。それにしても岩が攻勢に出て海を切り裂くという視角は珍しい。海の破壊力、形ある物を変形させるその力、抵抗せぬ相手に侵入するその営みは、擾乱中のものと完了したもの、野生のものと馴致されたものの間の、現実の拮抗の他に光学的な拮抗をも意味するのだと言っておけば足りようか。この始原的闘争は内陸でもはっきり、風雪にさらされた自然のモニュマンに見られた。ジョン・バロウが回想して記していることが、既に第２章でとりあげた多数の同類を思いださせなければなるまい。その『南アフリカ奥地旅行』（1801）でバロウは「穴兀たる尖岩に分かれた」悪魔山《デヴィルズ・マウンテン》と、「丸い」、がっしりした岩塊たる

図 238　Thomas and William Daniell, *Cave of Fingal*, from *Animated Nature*, 1807–1812. pl. 24. Aquatint. Photo courtesy Newberry Library.

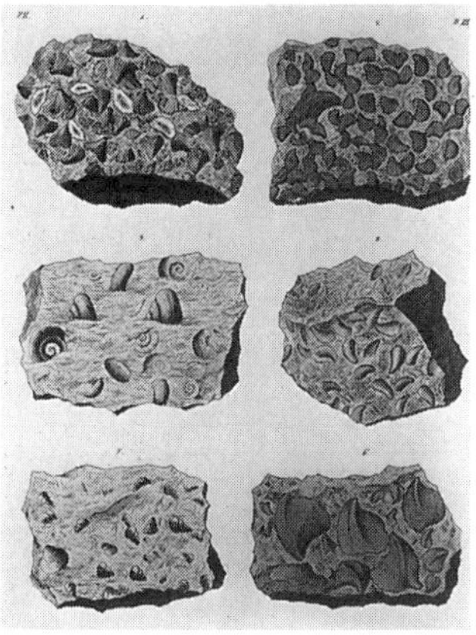

図 239　G. W. Knorr, "*Plaques*" *of Pectonculites,* from *Recueil de monumens des catastrophes*, 1768–1775, II, part I, pl. B-III. Hand-colored engraving.

獅子の頭《ライオンズ・ヘッド》とを、対立が際立つ形に併置してみせた［図 53］[94]。

古代の天変地異の回想と未来の大変事への予感がこうして、ほとんど性的《リビドナス》な二項対立の言語に感覚的に体現された。新しい科学的なカタストロフィズム概念がいろいろと、18 世紀最後の四半世紀に盛行し、1800 年前後に頂点に達した。しかし、人が無力で救われることもなく、自らの運命をさえどうにもできない野蛮かつ狂猛なるものという宇宙観をうみだしたのは、何と言ってもリスボン大震災であった。1755 年の万聖節の大地変。人工の文明世界がいかに脆いものか、いかに簡単に滅亡しうるものか教える、合理を超えるこの大災害がヴォルテール他に与えた衝撃については既に多くが語られてきた。我々の議論にこの惨禍が重要なのは、それがその他の自然現象万般とともに、世界は粒子同士の闘争場だという考えに根拠を与えたからである。人は何も信じることができなくなった。地歩置く地面の堅牢をさえ[95]。

以上まとめてみる。残存する刻まれた石という自然物も、初期文明の具体的なテクストたる事物も可感のタブロー（tableau）の役をし、断片たる形式が変化する内容と本質的に別物でないことを、絵として証す［図 109・239］。化石、鉱物、結晶という自然が「枠《フレーム》どりした」石の書体《スクリプト》が ── 物質的な「周《まわ》り」を持ち、事物を端的に映し出す凝縮された映像を持つ表意型（curiologic）の聖刻文字同様、宇宙にピンで止められた時間層の「リアルな」絵を示すのである。換喩《メトニミー》的部分として、あるいはこの星の物質的連続体からちぎり取られた一断片として、それはアフォリスティックに、先史の激震の風景に降りる視覚的アクセス路を開いてくれながら、それが現在の姿をとる表面の痕跡を消し去ることもない[96]。この大小の大地の遺骸は自然の巧みになる個にして醜い業《わざ》である。訳知りの探険家に調べられたり、手にとられたりすると、それは具体的な板（tablet）でもあり、他に言い換え不能の行為を創りだす自然の力を「語り出る」銘板（tablature）でもあるが、個人的な印象が次々積み重ねられるロック流のタブラ・ラーサ（*tabla rasa*）ではない。かくてまさしくこの実体に向け測鉛下して行く旅が、旅行記（travel literature）という素晴らしいジャンルに 18 世紀がした格別の貢献というふうに考えられてくるのである。

人間という要素の拭《ぬぐ》い去られた世界を回復したいと願う 18 世紀感性の一面が形成されていくのに、プリニウス型旅行家としての博物学者が与《あずか》って大いに力あったのである[97]。人間の目をでなく物質の目をもって、（変容すべくでなく）貫入一途に見ることで、発見者たちは現実世界の構造と、劫初《いやさき》の伝説的時間の構造の両方に近付き、そして再構成した。

第５章

未知界各分派

可能な限り自分自身の外へと注意を向けよう。我々の想像力に天界を、宇宙の涯《はて》を追わせよう。実際には我々自身を一歩も出ることはないし、この狭い範囲に出現する知覚対象以外のいかなる種類の存在も、我々は考えることができない。これが想像力の宇宙というものなのであり、我々が何らかの観念を抱くのはそこにうみ出されたものについてだけなのである。

― デイヴィッド・ヒューム

私の計画では、驚異への愛、驚異への信がからみ合って、私を人々なじみの道の外へとせきたてるのだ。未知の荒蕪の地にさえ。そこを探索してみようと思っている。

― メアリー・シェリー

目的を持った旅からはリアル世界の生《き》の情報を伝えたいという気持ちが生まれてくるというのも本当なら、情報集めの作業、即ち一個の意識の中に入ったものが、伝えられることで一個の意識から出ていくこと、というのもたしかである。次々新しい環境に貫入しようと観察者が旅して行く間、その人間は各景観の特異性を吸収して、それを通りの良い一般的包括的なものに変えていく作業を続けさせられる ― というか、それが未知のものを「分かる（make sense)」という作業に外ならない。既に見たように、探険とは通念となった意見を廃棄させられる営みだ。たえず現象の現実に闖《ちん》入する旅行家は、**自然**は予め決められて不動という自然界を経験裡に棄て去っていく他ない。自然を、人間の行為と生産を支配するものと古代よりずっと考えられてきた抽象的知的原理や規範とのみは、もはや見られなくなるのである。物質界の微細な事実《ファクツ》に日夜立ち入りながら、発見者は現象《フェノメナ》の業《わざ》と密に交感し合う他ない。そうした周到かつ熱烈な凝視が心理と生理に大きな負担を強いることを、オランダ生れの英国人医師、『蜂の寓話』のバーナード・ド・マンデヴィルが、「それは目にもきついが頭にもきつい」と言っている。何となく目をあけて四囲を眺め暮らしている分には別段目は傷《いた》まないし、疲れもないが、「目を凝らし、或る特定の場所に向けて何か非常に小さい点をずっと精査しようとした」刹那に問題が生じる。目の疲労についてのマンディヴィルの言い分は、旅行家が捻《ひね》りだしつつあった没個の世界観（depersonalized vision）の基準をつくろうとする知覚や頭の苦しみとも繋がりがある。ゲオルク・フォルスターが彼と父親の二人を世界周航の旅に派遣したのが単に蝶とか乾燥した植生とかの収集のためだけではなかったことを評価して、こう言っている。「彼らは自分たちの選んだ人間がもって生れた科学への愛から、その旅で得られ得る最大限のものを得る努力をするものと踏んだ。従ってその受けた指示は、持てる限りの才能を発揮し、目立つもの全てを観察するようにというだけの指示であった」。しかるに、分析的によく見るということが、すべてを包括する自然哲学を総合的につくりあげること、自然の無尽蔵の宝の山を人間悟性に受けいれられるよう一貫して秩序化してくれるものの構築を、最終的には意味すると、フォルスターが知らなかった筈もない。本章はこの認識に徴して、かつて目にされたことのない地域を相手にするのに発明されたより深い知覚構造を幾つか見ていくことにする。

世界を支配しようという努力の系《コロラリー》となるのが、知とはそういう意図無き時にさえ、ある程度は個人のものとする考え方である。しかし、土地に対するピクチャレスクな態度と反ピクチャレスクな態度の間にありと予め決めた根本的な区別というのは揺るがない。客観性志向強い旅行家は宇宙を一部ずつ実地に経験することによって真理に達しようと腐心するばかりか、自らの発見を後から来る諸発見に徴し、然る後に全体像というものをつくろうとする。従ってヒュームの『人性論』（1740）に述べられる偉大な懐疑派の相対主義とは意見を異にする。「どのような他の事物が精神によって了解されるものにもしろ、我々自身との関係で考えられるの他はなく、そうでないと事物はそういう情動を惹起することもできないし、それらをほんの僅か増減することさえできないだろう」と、ヒュームは言った。実際には、博物学に通じた観察者はこれとは逆に、知覚は何か立証可能なあり方で事物と対応しており、我々自身と外部事物は全然別のものということを身体的に証明してみせるであろう。

しかし、こういう自律し合う領域がふたつあるという議論は、崇高（the Sublime）と驚異（the marvelous）の主観－言語が発動して、日常的なもの、習慣的なものを回避したり外《はず》したりという新種の現実を描く時、必ずや問題視される。幻想（the fantastic）を徹底分析したツヴェタン・トドロフの『幻想文学』がこの認識知的難問へのひとつの解答を示している。幻想的なるもの（the fantastic）が、未知の法則に動かされる現実を前にしての見る人間の躊躇《ためらい》を表わし、不気味なもの（the uncanny）が、自然の法は手つかずにしておいたまま、描かれる現象を合理的に説明しようとする彼の決心を表わすものとするなら、驚異的なるもの（the marvelous）は（特に異国趣味と科学の装いをしたものは）普遍的現実をトータルに探険するという目標に、自然のものなのに見掛け超自然の効果という世界の枠組内部の仮想存在の検討に対応する。日常生活の連続体の中に可触な神秘（まだ説明されていないもの）が突然、暴力的に闖入して来たからといって、その事象が想像力のもの、架空のものであるとは限らない。さらなる証拠が示されるまで、もっとすっきりした仮説が出て、もうひとつ別の新しい事実が納まるまで、ただ単に解釈を中止する、というだけのことなのだ。

●充満世界の形成

私はその地一体に自然がまき散らした多様な事物の探索に向った。……しかしとりわけき

> ちんと言っておかねばならないのは、同じ物を見るいろいろ異った視点がありうるということ、同じ事実がちがった観念をうむことが屢々《しばしば》だということである。
>
> ── ゲオルク・フォルスター

前章でのさまざまな議論、とりわけ貫入（penetration）の議論からは当然、科学的探険家たちの偏向とか心性は如何《いかに》というもっと大きな問題がくさぐさ生じる。既に述べたが、これら拡大一途の世界をあばき、定式化しようとする族《うから》の実験室は即ち物象的自然（*natura rerum*）である。それにしても、見慣れないものに対し、とりわけ人間の目はどう見ようと苦労し、人間の精神はどうコンタクトをとろうとするのか。当惑させるばかりの未経験な力や場所に直面して、どうやって視覚的秩序と真が同時に達成されるのだろう[1]。ミッシェル・フーコーの論は、要するに18世紀の二大基本経験は、生れつき盲目の人間が文字通り光を恵ま《エンライトンさ》れること（レオミュールによる手術）と、その土地の者でない観察者がその見知らぬ土地に投げこまれること（発見者の置かれる状況）のふたつだという点に尽きる。これにE・H・ゴンブリッチがカール・ポパーの口調で言う、無垢な観察者など存在しないという警告なり、教えが加わるだろう。なるほど表向き科学的旅行者は、外界から目の受けとるあらゆる情報に無私に虚心に対していくことが目的と公言する。選択的であるとは即ち偏向《バイアス》がかかるということ、つまり真実が歪められてしまうからだというわけだが、はっきりした身体的性質にばかり目は行くのである。名目的には「多様な事物」への対応が言われながら、感覚の上で選択作用が生じてしまう（ことはフォルスターも知っていた通りだ）。型通りの知覚がいかに牢獄であるか、ゴンブリッチがこう言っている。

> 摂取しようとすると何かに身体的焦点が合ってしまうように、心理学者がまだ解明し切れていない注意集中なる謎の作用発動にも精神的焦点化と言うべきものがある。この最終的な選択がないと、我々は情報の洪水に溺れて狂ってしまいかねまい。どの刹那にあっても、かねて読み知っている線で多くを受け止めることができなければ、やっていけるはずがない[2]。

しかるに、これも既に議論したことだが、意志的に見ることが物象の横溢世界にトータルに包みとられることと結びついて、旅人はゴンブリッチが指摘する図式化の運命論的な袋小路を突破するのである。予め決った視と貫入がイリュージョン維持には百害ということもある。自然の傑作（natural masterpiece）や捉《とら》え方《がた》なき効果（fugitive effect）を報ずる文章を見ていると、現実の風景がどう経験されたものか、その鍵という感じがする。科学的方法は、現象を我々の情動の単なる共犯者にする擬人化も、道徳的内容を盛ろうとするその寓意《アルゴリー》化も許さない。このふたつのやり方とも、意味を干《ひ》上《あ》げて、無意味な抜け殻世界のみ後に残すのである。こうして新宇宙に対して苦労して得られた個人的な宇宙観は、包括的かつ敬意に満ちた情動と一致する。書き手も描き手もともに、大地の未だ使い古されていない相、なお何かに矮小化されていない、というよりは実際矮小化不可能な局面を見つけて雀躍したのである[3]。

「情熱的知性」が自然の一局面と結びつくことについても、フォルスターの誤たざる判断が教えてくれる。『世界周航記』(1777) の序にフォルスターが書いているのは「水育ちの航海者たちにはなじみながら、陸の人間には新奇に思え、読者たちを大喜びさせる」話柄が山とある、いや海とある。「海の男たちは多くの陸の事物を、他の人種がそれらの経済的用途をしか考えない時に、海上経験を回想する中で考える。要するに、我々が何の学問を学び、どういう気分でいるか、どういう頭、どういう心を持つかで、どう感じ、どう考え、どう表現するか、ちがってくるのである」。フォルスターは3,500リーグを122日かけて航海してきてダスキー湾の原生林を目にして先ずは歓喜にむせんでから、だがまてよ、と思う。「人間というものは長く陸を見ていないと、どんなひどい陸でも素晴らしいと思い込みがちなので、その時、我々もこの土地をばおよそ自然が人の手を借らずうみ出し得る最高の美観のひとつと思った」のである。体力の衰えが目に間違いなく影響を与える、とフォルスターは言う。ニュージーランドからタヒティに向う途次、クックの乗組たちは1773年8月11日、南に丈低い小島を発見した。「海面とほぼすれすれで、幾つかの木の塊が水平線から出ているくらいだが、ココナツの木の二、三本が目立った。長い船旅に飽き飽きした我々のような状況にある人間の目には、何か収穫できるものがあるとも見えないが、その島が見えたというだけで慰めだった。こうしてとりたてて美しい何ものもないこの島が、却って素朴な形というので目を楽しませてくれた」。実際には、終わりなき倦怠は人の感覚を鋭くはさせないで、鈍くさせる方が多い。南極のクックが、とフォルスターは報じている、「鳥が、海豚《いるか》が海豹《あざらし》が、鯨が見えるといっても余りにもおなじみになっては、少しも軽減されることはない船路の倦怠」を嘆いてばかりだ、と。たまに信天翁《アルバトロス》のようなものでも「この荒涼の世界で［彼らが］じっくり過ごしてきた幾時間、幾日、幾月の気鬱な変りばえしない明け暮れに一時《ひととき》の息抜きを与えてくれる」。水夫たちは「いつもいつも濃霧に包まれ、雨に霙《みぞれ》に雹《ひょう》に雪に降り籠められ、いつ何時難破させられるか知れぬ無数の浮水に囲繞されていた」。かくも長い間、天候、病そして死と悪戦し苦闘してきた後で、クックの部下たちがタヒティを眼福の島と思いなして、何の不思議があろう。「どんな期待にも答えてくれる相手と、彼らは教えられていた」のである[4]。

このような経験は別に18世紀の旅行家に限ったことではない。ジャック・アラゴーは書いている。

> いつもいつも同じ景色、興ありと言えば雷のとよもし、そして山麓を明るませる火をさえ上回って一閃する稲妻だけ。なんたる単調な明け暮れ。溶岩ばかり見るなんたる退屈！元気一杯の船乗りさえ萎えしなびる。やる気十分の者さえ灼熱の日射しに弱り果て、船上には重い病が跳梁す。

フィンランドのフィヨルド探険のポーターも、崇高美もやがては興ざめと化すと記す。「巨大なものを見過ぎて倦んだ目と想像力が、小屋が散在する緑の小さな谷を見て快を感じる」、と。逆の体験もある。ポルトガルはオエイラス川河畔の野趣溢れた凸地に攀ったランドマンが、アルカサル・デ・ソルとシエラ・デ・メルテラの間をほとんどそっくり占める地域の平たい、「退屈で興少ない同じい景色」を通過して来たばかりの誰しもに、この山岳地域は「新鮮な喜び」を与える、としている。退屈な単調と新奇さの飽食の間の経験上の緊張関係と、その両極にある旅行者の姿を、ベルツォーニが纏めている。「片や着いたばかりで、地域にかつていたこともなく、当然習俗、事物に知識なく、見るべきものの四分の一も見ることができない。片や異習異族［博物、風景］に余りにずっぽりはまっているので、初め衝撃だったものも彼にはその力を失い、彼もいつもの生彩なく、目にするものが異様なものとか、注意に値するものと観じないのだが、実は多分非常に重要な相手なのである」、と[5]。

これらの著述者たちが物語のある個所で、情動に風景が心理学的な力を及ぼすと考えているのは確かである。意識の中で、外界がもはやそれ自体としては展開せず、ある個人的気分と無体に一致させられていく所を垣間見せる。たとえばフォルスターが報じ、コールリッジを魅了し去った永遠にグレー、社会的には無色透明な南極の荒涼風景のごとき場面は唯我独尊の胸中図になり易い。経験される風景が（知覚の質問好きの、でなく）想像力の流れる作用に同化される個人的刹那に、それは精神の一状態と融け合い、ほんの部分的にしか自己自身でない。もって回った言い方になったが、そういう刹那には自然は事物の世界よりも感情の領域に属していることになり、出遭う客体より思惟する主体に属していることになるのである[6]。見る人間の側の生《き》の反応を俟《ま》っての風景の完成とは、人間が抵抗も受けずエンペドクレス的に自然の中に包みとられていくことを意味する。人間が油断なきプリニウスと化して自然に貫入するのとはちがう。こちらの場合には、ふたつの領域の性格、もしくはそれぞれの独自性はおのがじし明快で、ふたつ画然と分けられたままである。

こういう文脈では、原因の一斑として医学的要因があったことを思いだすのも悪くない。（呼ばれ方はいろいろあった）メランコリーが中心的な病患だったのは16世紀半ば以降で——とはつまりヨーロッパ人、就中《なかんずく》英国人、フランス人が壊血病に苦しめられた時期にも当る。この謎多い精神失調には、心を枯らせながら、時には心に昂揚感をもたらすことも多い身体疾患が伴った。壊血病、マラリアといった悪疫に、極、熱帯の区別なく罹《かか》った旅人の気分を挫《くじ》いたり、かと思うと昂揚もさせる症状が、上に引用したような行文の消化不良か、さなくば多幸症《ユーフォリア》という調子に反映されている。そういう状態、そういう病患があらゆる階層を食いものにしたが、とりわけ船乗りたちがやられた。ジョン・リンド博士の『壊血病論』（1753）がクックの第二次航海（1772 － 75）によって確証されるのである。といって、ライムの果汁が予防に良いとして船上で飲用されるようになるのは1795年を俟《ま》たねばならない。

フランスの都市計画の人間で、1770年代にラヴォアジェがした化学的発見の影響を受けた人々は、人口稠密の都市や船舶に不可避かつ、沼沢地を覆う有毒な蒸散気のことを心から憂慮していた。『空気の特性及び現象の歴史的考察』（1784）のルーランは、こう記している。

> 大気に生じた諸変化で悩まぬ者など一人もいない。天候が雨がちで大気が蒸気で一杯になる時、気分のすぐれなさ（*mal-aise*）や不安を感じ、これで重く暗くなって、自分の地位に見合う仕事の遂行がほとんどできなくなる、という事態はよく知られていよう。……しかし大気がいつも同じ質量を保ったままで清澄となり、内と外の空気の平衡が改めて安

> 定すると、身体は自然な状態となって、陽気に、快活に、活動的になり、各部の働きは自由になり、万事自然の秩序に戻るだろう[7]。

科学者としてよく考えた人物であるフォルスター、「自分がかけた色眼鏡の色」のことを読者にちゃんと知らせる。包括的でありながら客観的であろうとすることの自己葛藤のことを、実際ちゃんと記しているのである。「この話の間中ずっと私は、ちがった事態より生じる諸観念をなんとか繋げて、可能ならば人間精神の如何なるかをもっと明らかにしようとしたし、人に対する御神のなさりようの正しさを教える筈の大観を許す高みへと霊魂を引き上げようと努めてきた積りだ」、と[8]。彼の「昏《くら》い鈍色《にびいろ》が私の視野を曇らせたことなどない」という言葉などは御愛嬌として、普遍を個別において達成し、連続の総覧を隔絶の焦点と結びつけようというフォルスターの両面作戦は重要である。フォルスター、そして精神の虚構でなく具体の現実を追おうとするあらゆる旅人を促えた矛盾《ディレンマ》こそ、専門化せざる人間という理想が台頭中の新分野《ディシプリン》諸々の隔絶化志向と衝突せざるをえない時代に遭遇したということであった。人々を世界の側へと押し出す物理科学があり、他方、機械的な連想主義心理学があって人々を再び精神の方へ引き戻そうとしたのである。ルネサンス人文主義が理論でも、実例によっても、統一とれて完璧な万能人間のモデルを後世に遺していた。経験豊かな精神が従順な感情とよくバランスがとれて、進み始めた専門化と真向うから相いれなかったのである。本質においては専門化自体は、時代のさまざまな圧倒的現実がうんだものである。簡単に言えば、個別へと自らの焦点を狭めるため、自らの凝視を一点集中させることが、切れ目ない注意集中を要求して止まぬ現象《フェノメナ》のごたごたした集塊を前に、ひとつの義務と化した。外なる世界、内なる世界両方ともが巨大かつ際限なく、一層豊かなものと見えた。すると、エーリッヒ・アウエルバッハが16世紀にあの最初の大航海時代の世紀に先ず現われたとしたオリンポスの神々のまさしくオリンピアンな「視点意識(perspective consciousness)」また生じ、遠くからの観察という行為に力を与えた。一個体に絶対的に体現された生のイメージが、唯一あり得る生のイメージではもはやなかった。自然界の条件が多重であるという意識から、その側面を足し続けるとひとつの総合《トータリティ》が見えてくるという感覚がうまれた。16世紀には、シェイクスピアは人間をその状況から分離しようがなかった。宇宙は魔術的かつ多声《ポリフォニック》だとする時代の宗教観念がそれを許さなかったのであるが、これに対して18世紀末にあってはさまざま世俗の理由あって、フォルスターは個人の経験を、多元の事象界と互いに十分な関係に置かざるを得なかった[9]。

旅行家たちは、数は限られてはいるがほとんどの風景に元々内在した空間-記号をいろいろと発見し、これらが多様な環境の現実、また精神の再構成力へ扉を開く。方向と位置の限られた記号が自然現象を積極的に読もうとする解釈のための鍵となる。画文両方の描写に繰り返されるこうした内在的な方向量《ヴェクトル》が、ある地域に見られる表面の痕跡を支える基部構造を形づくり、知覚を下支えする認知基層を形づくる。かくて、まったく別々の国から、科学志向こそ同じながら気質はまるで反対という人間同士によってうみだされた18世紀末、19世紀初めの旅行記に似通うところが多々ある、とは即ち、ある視覚様態が共有されていたということの何よりの証拠であろう[10]。

強力な空間メタファー ── 裂く、越える、漬《つ》ける、貫入する ── が事実の諸関係のイメージを構成する。その全てが探険家たちの、18世紀の熱量移動的《エントロピック》な唯物論が明らかにした宇宙の流動的作用をなぞることで空間を征服しようとするプロメテウス的努力を映しだしている。個の意識が自らの外に自らを置くというのは、古代に各種数えあげられ、エドマンド・バークによって強力に再徴用された各種の（修辞的な、自然の、宗教的な）「崇高美（the Sublime）」と関係がある。ロンギノスのものかどうか疑われている『崇高《たかさ》について（peri hypsous）』で何が「高（*hypsos*）」とされているかと言えば、それを読む者が単に耳にしただけのことを恰《あたか》も身体的に経験したかのように「高」められる相手である。つまり美的に卓《すぐ》れたもの（「修辞的な崇高」）と出会うことが、風景（自然の崇高）との出遭いが観察者内部に励起する超越体験と構造的に同起源とされる。18世紀の崇高美に働いていた二極崩壊が最近ではよく論じられる。高と低があざとく近付けられてしまったのだ、と。ロンギノスでは低み（*bethos*）が何とか高み（*hypsos*）と拮抗しているのだが、ポープなどこの観念に強力に手を入れ、結果、深さをめざす者は反自然的かつ対立処理好きな仕事をし、これ以上なく多様で相互不一致な諸事諸物を気随気儘《きまま》に混ぜ合わせることによって、無理無体にメタファーを連続させることとなった。こうした対立や衝突から発される蠱惑がある。こうしてついには真実と虚構が混ざり、信じられるものと信じ難いものがごっちゃになって「低徊《ひくさ》（peri bathous）」というカテゴリー、即ち驚異（the marvelous）のカテゴリーが生じる。

エドマンド・バークも意図こそちがえ、「自然の中で一番ありふれた、時には一番卑しき諸事を気楽に観察」することを良しとすることで、この高低上下の層序の融解に力を貸している。こういう見方からすると、個人的視野がはっきり拡大して流動と一体化するというのが一番わかり易い。かくて自然という、より古い書は、精神を高め、深め、あるいは広げるものとみなされる新しい現象《フェノメナ》で膨れあがっていった[11]。

事実第一の旅行記で鉱山や洞穴への降下が強調されて、崇高にも危険多い深みに測鉛をおろそうという心理学的欲望と一致する。随分と早いが、ピトン・ド・トゥルヌフォールの『レヴァント紀行』（1717）では闇中への垂直な闖入を、一連の急斜面の通路を「すべり」落ちる話で強調している。最初の通路の底にさらに怖しげな第二の通路の口が開いていて、以下同様である。アンティパロス洞窟の最奥の部屋に到達しようとすると、探険家はすべること、そして最後には匍伏《ほふく》することを覚悟しなければならない。信じられないくらい狭い通路を抜け終ると、広やかな空間が迎えてくれる。丈高いドーム空間には丸い大きな岩塊あり、溝の入った塔あり、流れ石が滝のような垂布となるかと思えば、稲妻様のぎざぎざな釘だらけのもの、長い花綱、葡萄蔓のようなものも垂れている［図61］。一世紀後、ボワジュラン・ド・ケルデュは文字通り身を屈して、サーラ、アフヴェスタッド、セーテル、オルノエス、モラ、エルフダルといった鉱山に降りる。その他でも同じだったが、ファルン鉱山ではバケット昇降装置による降下だった。狭い所での下向きの動きがこの旅行記中では、周期的に道が中断することでさらに強調される。旅人が持つゆらゆらゆらめく灯明で、石に刻まれた廊下が見えるが、時々はロープのままそうした石に激しくぶつけられる。突然身をもって知らされる上と下、狭い広いのコントラストは水平面のコントラストによって強められもする。如法の闇が時折閃めく明りによって和げられるのである。「鉱山《やま》の諸々の照明の火が醸す効果以上の壮麗はない。丸天井は高貴としか言いようがない。通路は広く、万事にきちんとしていることは比類がない」。

旅人を地底に放りこむ真逆様の飛びこみは、そのまま物質表面の下にもぐりこんでいく鉱物学者の目の知覚作用に同じい。差し当り雑多に目の前にある諸々の型《タイプ》の下に隠された原型《プロトタイプ》を露わにしようという、ボネやロビネの見せた精神作用は、金属や鉱物の石基や根本構造への割れ目から侵入して行く結晶学者の視線に同じいのである[12]。潜り、露わにする積極の目が秘密なものを脱神秘化し、閉ざされた相手の閂《かんぬき》をはずす、というかつまりエクスプロアー（explore）する。かくて「底無しと思《おぼ》しき深淵《わだ》」の視覚的魅惑が生じるのだが、考えてみれば轟々と落ちて行く滝も同類だ。ライセットの例が典型である。ライセットはオーストラリアはアプスレーリのベケット滝を褒め、吼える滝つ瀬が落ちて行くのを目で追うと、「峡谷を覆い尽くさんばかりの巨大な岩塊の方に」目を奪われる。モンク・メイソンがその『気球飛行史』（1837）の補注で、飛行家の目が「いつの間にか下向きになって」いて、「忽ち観察や思念で頭が一杯になるのだが、中でも、これほど急で激しい変化なのに異常に静かなことには驚く他ない」。「何の苦もなく」、とメイソンは続けて、「自然の表面全体が説明できない激しい変化を経過中と見える」、と記している。飛行家が、どんどん高速に後に消えて行く形を、今まですぐ横にあったはずの事物の大きさがどんどんけし粒のようになっていくのを見る間にも、「まるで地球が突然、その下の得測られぬ淵の昏《くら》い凹《へこ》みの中に真逆様」というふうに見える［図55］[13]。

飛翔と言えば垂直方向への昇り、もしくは上りということだが、重さの衝突と密室恐怖のイメージや感覚がこれと拮抗している。物質を再浮揚させる、軽くするという精神的欲望が重さと密度の形象に阻まれる。かくて、ある時、山や岡のつくりだした力の印象が、別の折りには頭ごなしに押えつける感じになる。リビアの聳える山々の裾野に立ち、テーバイの岩窟の墓所を眺めるベルツォーニは、それが驚くべき墓としても、圧迫感をうみ出すものとして他に類がないと感じた。いつ果てるとも知れない通路を這《は》い進んだベルツォーニ、やっと坐れるほど高さのある地点にたどりついた。

> しかし落ちつくどころの話ではない！　四方八方遺骸に、ミイラの山に囲まれて、慣れぬ間は恐怖で慄然とさせられた。壁が暗く、空気の薄いせいで松明《たいまつ》の火も弱々しい。私を取り囲むさまざまな物はお互い同士語り合っている感じだし、手に蠟燭や松明を持つアラブ人たちは裸でほこりまみれでは生けるミイラとも見え、あれやこれやで、そこには筆舌を絶する光景が現前していた。

埋められかかっているというベルツォーニの意識——ここでは地下の経験をそっくり一種類分表わすことにされている——は、広い場所と閉ざされた場所の心理的弁証法による。17世紀、ロージエ・ド・ピールがこの弁証法の何たるか、示したのだが、ベルツォーニの行文はピールのつけた明快な区別とは無縁の判断の混乱を意味している[14]。開けた場所、水平な広がりは掩《おお》いがとれたという感情を惹起するが、頽壊する不透明な物質界への土まみれの旅は隠されかかっているという感じをうむ。このあばかれた墓穴から、彼は見られずに見ることができ、脅やかされずに瞑想することができる。

ブーガンヴィルが旅の隠れ里をニューシテールに見出した時の話も同じように面白い。終りありとしも見えぬ波の瀬の瀬に数ヶ月剝《む》きだしで過ごした後、ブーガンヴィルと仲間は、癒しの楽土の幻想そのままの港としてタヒティに投錨した。その山だらけの姿さえ鬱陶しくも野蛮にも少しも見えない。どころか、砂糖キビ、ココナツ、バナナ、そしてパンノキも豊かな楽土 —— エリジウム《シャン・ゼリゼ》の原（*les champs élisées*） —— として、却ってその風景を引き立てるのであった[15]。

旅人は地図なき広大の空間に、太平洋の海図なき海原よりも広い空間に隠れ里を見出すことがありうる。モンゴルフィエ気球を駆っての初めての実験の記録を書くピラートル・ド・ロジエが、気球が初めて雲界から飛び出た時、あらゆるものがごちゃごちゃになった巨大な地域が突然いかにして出現したか、回想している［図 100］。どんな想像力をもってしても及びつかぬものさえ現に目《ま》の当りにし、「嘘から出たあやかしなどではない現実を楽しみながら」、彼の気分は浮き浮きし、思いも高く、であった。ド・ロジエはその気球を高き建物（*bâtiment*）と呼んでいる。知らぬ間に風に運ばれ、彼をその風から守ってもくれる避難所、庇護してくれる建造物である［図 6］[16]。

気球飛行士の持つ裸形の広大さ観念には地上版がある。デザート（desert）、即ち荒原、そして海。このふたつの根源的に何もない場所が蒼穹《そら》と良い勝負である。そういう絶対景観を調べようという旅人は事物を目にすることは滅多になく、あるのはいや増しに広がる地平線、水平線ばかりだ。両者とも人間の時間に無関心で、どこにも境界というものがないことを特徴とする。どう見ても始まりも終わりもない荒原は、その上を人が徒歩で、馬で行くが、地球内部へというようにどこかに入って行くことはない表層連続体として働く。逆に海は貫入を許す。波の下に瞥見できる生命で、それは一杯なのである。

ヴィヴァン＝ドゥノンはアスワンでエジプトの究極の姿を忘れ難い行文に捉えた。分遣隊が去って人気《ひとけ》絶えた聖ラウレンティウス僧院に一人残されたヴィヴァン＝ドゥノンはその絶域の「宏大な蒼穹《そら》、砂の地平線の測り得ぬ展がり、夜の光のように色淡い悲しびの光の広がり」に圧倒されてしまう。別の折りには、この「無の静もり」の中、風が広い地平線に習々と吹き騒ぐばかりで、「我々自身以外に何もそこにない」ことに気付いている。「言《もの》もなく」、と彼は続ける、「暗黒の只中、我々が思いだすのは、我々を囲繞せる魁偉《おおい》にして悲惆《かなしみ》の空間である」、と［図 107］。

地の果てには恐怖も待てば、果てゆえの楽しみも待つ。北アフリカの荒涼たる砂の地を探険のビーチーは、「それが時に示す無限空間という観念自体に堂々たるところ、というより崇高なるところがあるし、何も住まない表面に姿現わすどんなつまらぬ物もが、他の時にはもっと重要な物にも見つけられぬ面白いところを持っている」。ブルースによるアビシニア報告からオクスレー、ライセットのオーストラリア旅行日誌にいたるまで、でなければ坦々として単調な平原が突如垂直に断ち切られるというテーマは多い。完璧に水平とか果てがない土地、「無限」の地域では「何であれ高い物が目には慰めだった」といった行文である[17]。

いつも野外というわけだが、海上生活もパノラマ的知覚をうむ。船乗りは彼を取り巻く海原の「対岸距離(fetch)」をいつも測る。水平線を眺める間にも、観察者の視線は、その上を同時に彼がゆっくりと滑り動いている元素《エレメント》[水] の彼方へとすぐ導かれるだろう。陸路の旅人が経験するのよりはるかに複雑な仕方で、彼は距り、表面、深さがごちゃごちゃし合う感覚にならざるをえない。触れて手触りありそうなのは表面だけである。荒原《デザート》でも同じことだが、大洋の展《ひろ》がりも多重で変り続ける視点(points of view) をもたらす。丘、山、岩山、険しい海岸、突然の孤島、断崖絶壁、木立ちなどが突然ぬうっと突き出てくる視野である。

この揺れる複雑な視に一番近いものと言えば、普通には考えにくい気球飛行士の視点であろう。フォージャ・ド・サン=フォンは、漂遊する人間を「そこを通って」、「その中へ」、「そこを越えて」行くさまざまな濃度の気塊でできた霞んだ環境《ミリュー》の特性を列挙している。シャン・ド・マルスの広場で 1783 年 8 月 27 日に敢行された「昇空実験(*expérience*)」で、気球は余りに急に昇って、二分もしないうちに暗雲の中に「姿が消えた」。と忽ち油雲を「引き裂き」須《しゅ》臾《ゆ》の間姿を見せたかと思うと、再び霧の塊の中に呑みこまれてしまった。昇空時の嵐で事態は厄介だった。「空間を進む間も」、脆い機体に雨滴が降り注いだ。

当時の巷の雑誌や版画を見て面白いのは、モンゴルフィエ兄弟が人工雲、というか止まることがないところが自然物と同じ積雲状の乗り物を発明したという噂である。大きな「帆」に不可視のガスを入れて浮揚し、大気の条件にのみ従う点で大気現象《メテオール》そのものであり、潮汐に合せて動き、他の世界からも見える。アントワーヌ・ド・パルシューの『飛行気球論』(1783) の言い方を借りれば、この「自然」機械は気圏を「泳ぐ」ので、乗組は「魚が水中にあるように」気中に没するのである。さらにこの新時代の冒険水夫《アルゴナウテス》たちは、「大気というものが人が地表から遠ざかるに従って密度が薄くなっていく無限の成層」からできているが故、昇空中の気球が「出遭う空気はどんどん軽くなりまさって、ついにふたつの空気の間《はざま》に泳ぐ平衡状態をかちとるのは、ふたつの流れのあわいに物が泳ぐのとそっくりだ」ということも実によく知っているのだ[18]。

性的イメジャリーまた、風景の秩序化に重要な役を果たした。古代よりずっと、汎生気論宇宙論(a panvitalist cosmology) は宇宙は対立し合いつつ相互牽引もし合う力の充満したものだとしてきていた。既に見た通り、この考えは否定されてデカルト機械論にとって代わられた後、啓蒙時代に、熱量移動《エントロピック》的な唯物論、ニュートン力動《ダイナミズム》論、経験主義的物活論の複合体といった洗練された形式に蘇った。セネカの『自然問答(*Quaestiones naturales*)』は石や岩といった金剛不壊《ふえ》の実体により強い「男性的な」地が秘められ、流動する「女性的な」元素《エレメント》が変化果てない水に宿って、こちらは扱いが容易だ、と論じている。

我々が相手にしているのが物活論《アニミズム》諸理論であって、文学的擬人法ではないというのが、ここでも確かめられる。18 世紀詩人たちは擬人法を気楽に使って、人間をもどいた擬人観的(anthropomorphized) な生、感情そして顔貌を物象物質に押しつけた。性差《ジェンダー》観むきだしのもの言いをするセネカも、ヒト性を自然に押しつけてはいない。朝に「微笑させ」、山に「頷《うなず》かせ」、野原に「愉快がらせ」ることはしていないのである。そうではなくて、自然現象の個々が、形と混沌、ハードとソフト、個体と流体という宇宙の二元的性質と本質的に結びついた或る性格《キャラクター》を表出《エクスプレス》するのである。この唯物主義的な内在（immanence）論はこうして、詩人が自らのヒトの生と情を、彼が生なき物と見る相手に接木《つぎき》しようとする構えとは隔絶している[19]。

男たる地が生《な》まで息長く小技《こわざ》無用の風景に肉化されるという異教的な感覚が、考古学好き、科学趣味の旅行者たちの口から再び語られる。ヒトの手の入らぬコーンウォールの記念物［図90］を描写するウィリアム・ボーラスは、何故それらを選びとったかと言えば「記念遺構を形づくる巨石の数と巨石の形態そのもの、巨石が配された秩序もしくは布置に表現された何か」の故だと言いたげである。『スノードン紀行』（1781）のトマス・ペナントも荒々しいクロムレック巨石群のことを、その「ドルイド教風の」厳《いかめ》しさは謎多い大魔法使いのマーリンを思いださせると評しているが、同工同断であろう。そうした巨大形式が秘める野生（もしくは表層表現の洗練欠如）は、雅びを欠いた剛直の直に通じる。太古に起源する不屈の岩塊に宿る始原の生《き》の活力については、今まで議論の各所で触れてきたわけで、ここでは一例のみ挙げておく。セント・ヘレナ島のフライア・ロック［図14］の野生味は「地下の火によって800フィートにも及ぶ」途方もない垂直性にこそある、とベラシスは記す[20]。

威風あたりを払う巍《ぎ》然たる突起地形ばかりではない。同じように手に負えぬ、とか文明社会の侵入に抗うということがあれば、無骨な一地域がそっくり、醇乎たる男性的領域とされ得る。スウェーデン、フィンランドを旅したアチェルビは、当時（1802）人気絶頂だった極北へ

図240　L. Boisgelin de Kerdu, *Mine at Fahlum,* from *Travels in Denmark, Sweden ...* , 1810, II, pl. p. 221. Aquatint by J. Merigot. Photo courtesy British Library.

図 241　J. Lycett, *Mount Wellington near Hobart Town, Van Diemen's Land*, from *Views in Australia*, 1824, II, pl. 7. Lithograph. Photo courtesy British Library

図 242　Le Vachez, *Monde lunaire*, eighteenth century. Engraving. Photo courtesy Cabinet des Estampes, Bibliothèque Nationale.

の探険行を「試みられるのは正しく男性的な自然愛趣味を有する者のみ」と言い放っている。たしかにこうした「艱難《かんなん》」の地は南欧のこびへつらい（という「女性的」なるもの）とは無縁だ、というのもこうした不壊《ふえ》不屈の地域は、「もっと温順で魅力的な土地が示すのと同じような讃美も、同じ穏やかな気候も、同じ快楽の種も決して示そうとはしないからである」。

　ピレネー山脈とアルプス山脈、いずれがより崇高かという 18 世紀末の論争も、これと同じ図式に嵌《はま》る。スイスの崇山高岳は仏西国境のお仲間より高いし、壮麗だし、性格《キャラ》も濃いから当然軍配はこちらに、と言うのはギベール伯爵である。その水の塁壁の天辺にはこれ以上なく荘重な現象しか見られない。光と影と色の壮麗な効果。そして大型氷河群はヨーロッパ各大河の発祥地に他なるまい。これと比べるに、より小体《こてい》のフランスの山系で、人は総毛立つような目に遭うことはまずない。ギベールが馬鹿にしたような結論を出していて、山の何たるか婦女子に教えるにはピレネー行きで事足るだろうが、「一匹の男、知識欲旺盛の男子は、風景の魅力的なことよりディテールの塊とか強烈な恐怖感の方に即《つ》いて然るべき漢《おのこ》は……是非にもアルプス山中に赴いて自然の観察研究をすべきである」。花崗岩山系についてゲーテが感じたのもこれとそっくりのことである（1783）。ゲーテはこれらの山々の最奥の核と最高の峰に不壊《ふえ》の男性的存在が刻印を残していると言い、この始原の岩山に「自然の最古にして最も牢固たり、最も安らかにして金剛不壊の子」と呼びかけた[21]。

18 世紀を代表する政治哲学者の一人、モンテスキューの理論もろもろは気象学的発想に根を持っている。その『法の精神』（1743）では、一国民特有の賦才の主たる原因は気象である、とする。ジャン・ボダン、ピエール・シャロンといったルネサンス時代の先蹤たち同様、モンテスキューは緯度 30° ずつの三つの大分割 — 北帯、南帯、温帯 — しか地球に認めない。特定地域とその住民が観相学的に一致する、ともした。アルプスの住民が頑固にして反抗的、好戦的なのはアルプスの翳深き尾根そっくり、他方、フランス、イタリア、スペインの民が呑気で潑剌とし、人好きがするのは、ゆったりした土地、温和な気象の反映である、というわけである[22]。

自然の燧石《すいせき》のような石化、聳立《しょうりつ》せる高さへの性的対極として、水その他の気象イメジャリーを考えることができる。エンペドクレス、プラトン、そしてキケロが大気の女性的性質を論じている。中世の錬金術士たちは対照的な熱と冷、乾と湿の物質間の「結婚」をうみだした。もっと近いところでの話をすれば、18 世紀、定義できず分化もできぬ不定形の自然の相貌は女性的性格を持つものとされている。揺れ動くものは女性的で限りなく適応可能と見る美学へ突破口を開いたのがバークの『崇高と美の観念』（1756−57）である。この結びつきには、18 世紀も暮れ方に近付くにつれ、いよいよ頻繁に出会うことになる。ドイツの劇作家で詩人のフリードリッヒ・フォン・シラーは若書きの散文作品で、男は時間、女は空間と截然と区別したレッシングの主張に、ふたつをひとつの見出しの下に纏めることで待ったをかけようとした。「崇高」を力動の美、「美」を融合的（*Schmelzende*）な美と呼んだのだが、前者が男性的、活力と精力に溢れた宇宙観、後者が女性的、柔軟にして適応力ある宇宙観としていて、結局は敵と変ることがない。少しぷくりと膨れた輪郭線に体現され、汚れなく味もせず、ゆっくり流れていく水と同じとされたどちらつかずの官能の雌雄同体性《アンドロギュノス》（androgyny）をこそとしたヴィンケルマン流が、しばし舞台から姿を消してしまう。物象物理をめぐるこういう動きの中にこそ気球飛行士たちの鴻業は位置付けられなければならないだろう。気球家たちは固い大地から文字通りに地歩を絶ち、靄《もや》と蒸気の字義通り雲を摑む気流圏にとおとなしやかに高く運びあげられていく。遺《や》る櫓《ろ》もなくて、あとは束《つか》の間の気象現象《メテオール》の気紛れに全て委《ゆだ》ぬの他はない。「運を天に任す」とは、まさしくこのことだ[23]。

●環境に分け入る

> 自然全体から孤り分かたれて、脚下に見えるのはただ巨大な雲塊のみ、これが太陽の光を反射して、自分のいる空間を無限に輝やかせた。
>
> ― ピラートル・ド・ロジエ

> 茫漠の大洋に、人棲むどんな汀《みぎわ》からも遠く、氷に囲繞され、糧食も底をついて、櫓《ろ》四丁の小舸にいるとどうなるか、恐怖そのものの図であった。彼らは少しくこいで、こぎ音をむなしく響かせたが、周囲は沈黙そのものであった。
>
> ― ゲオルク・フォルスター

初めてのことだから右も左も、というのを、孤独と沈黙なる不可触の神経にこたえる感覚がまたひとしおのものにする。早い時機に孤独の快を言った一人がシャフツベリーで、作中人物のシオクリーズに地下まで含めて自然全部を讃えさせて、こう言わせている。「恐怖とか醜怪の外観こそしているが、他方、その固有の美もいろいろとある。野生は快をもたらす（The wildness pleases）。我々は自然とともに、ひとり生きるのだ。自然をその奥処《おくが》に眺め、そして人工の迷宮、宮殿のでっちあげの野生ぶりより元々の自然の野生を目にする時の逸楽の方が断然大きい」、と。同じくアディソンの構築的な統覚も宇宙に形成原理が働いていると感じる。風景に意味を見出そうとする構えといい、無限なもの、遠いもの、人棲まぬ所への興味といい、孤独な無限（the lonely infinite）の美学の、アディソンがその先駆けをなしている。

このシャフツベリー、アディソンの志を継ぐ理神論の詩人たちは、天地創造者の痕跡が人工の手で隠されることのない人跡未踏地を好んだ[24]。しかし、隠された始原の風景の頂点を1760年代にもたらしたのは、オシアン詩の幽鬼じみた登場人物とその昏《くら》い北方の絶域に取材した画家や作家の国際的なグループである。少し遅れて、どんな場所でも人間の痕跡をとどめず野生である時に一番その場所らしいと言って、ベルナルダン・ド・サン＝ピエールが竿頭一歩進めるだろう。その『モーリシャス島周航記』を見ると、特定の場所がいかに孤独を感じさせたかという話が繰り返し出てくる。不毛な火山島、アセンション島を目にして記した夜景讃《ノクターン》などがいい例だ。「月が昇って、この孤独を照らした。魅力的な場所をさらに快いものに見せるその光が、この島を一層怖ろしく見せた」、とある[25]。

馴致されたというところがないもっと荒々しい、もっと田舎ぶりな壮麗を好んだ旅行記作者の気を惹《ひ》いた最初の地勢地形となれば、多分高地《ハイ》アルプスのそれであった。同時期、美しく興ある渓谷への好み《カルト》がもっと穏やかな渓谷への趣味に席を譲っていた。スイス人物理学教授ショイヒツァーと同国人詩人のフォン・ハラーはかつて等閑《なおざり》視にされていたこうした圏域を求めたが、「人間とその仕業を、ではなく自然を見たい」からであった。そういう剝きだしの厳しい風景の如何なるか記したドイツ人風景設計家ヒルシュフェルトの言葉と比べてみると良い。ヒルシュフェルトはその『造園理論』（1779）で、山頂、亀裂、氷河、深淵などに固有の荒さ（*Rauhigkeit*）や野趣はそれらに独自の崇高な性質に通じるばかりか、普通には希薄な大気と結びつけられる孤独、寂莫《じゃくまく》の経験によってさらに強められる、とした[26]。

ピレネーを直接見知ることで（これをギベールは憫笑していたわけだ）、アレクサンドル・ド・ラボルドは日没時に長く尾曳《ひ》く影、奇巌、大口あける亀裂、そして冷たい夕べの微風の央《もなか》行く「孤りの徒行《あるき》」を勧める。チンボラーソ登攀のアレクザンダー・フォン・フンボルトはその山頂の孤絶して絶対の沈黙《しじま》をモン・ブランやモンテ・ローザのそれと比べずにはおられなかった[27]。

17世紀からヴィクトリア朝出発期にかけて、ヒトのつくる社会なき所に「崇（eminences）」も「高（elevations）」も存したというのがいかにも《ティピカル》である。アルプスやコルディエラスの高嶺《こうれい》は、汚れなき白に輝いていて、冷たく、つまりは僻遠（remoteness）そのものの謂《いい》でもあった。偏倚な形をしたピレネー山脈さえ、その「蛮そのものの構造」をもって「僻地」そのものであった。ところで社会と間遠の高みということなら、大気圏上層部以上のものはあるまい。そこで空気はさらに純粋で、日常生活と通じる気配などさらにない。ピラートル・ド・ロジエは1784年6月23日、モンゴルフィエ気球を駆って最初の昇空飛行の挙に出たが、めまいしそうなほど珍しい自分の立場に改めて興奮している。霧の塊に姿没した気球は忽如として濃い靄《もや》に呑みこまれてしまう。飛行士は「暫らく漂い、この野蛮という以上の劇場の上に初めて遊んだ」。こう、ある。「自然全体から孤り分かたれて、脚下に見えるのはただ巨大な雲塊のみ、これが太陽の光を反射して、自分のいる空間を無限に輝やかせた」、と。英国最初の空中旅行（1784年9月15日）のことを語るルナルディが、地平線が完全な円となる刹那の、「静かな喜び」と「景色の静謐、宏大、壮麗」を記すくだりは説得力がある。いつもは活気でむんむんしているロンドンが、その忙しい手をすべてはたりと止めて見えた。「静謐のかくなる状況にあっては」、とルナルディは書いている、「ユピテルが地球をそういうふうに見るはずと昔の人々が考え、それを表わせる言葉が人語にはないような光景を、どうやって人に伝えればよいというのか。……［ここでは］一切が新しい外観をし、新たな効果を帯びていた」。トマス・ボールドウィンの『エアロパイディア（*Airopaidia*）』も、絶対の孤独と絶対の孤絶から生じる「安らけき静もり」の多幸境《ユーフォリア》に紙数を費している[28]。

眼前に展開される景色の精神と完全に一致する全《まった》き静寂は、もう少し低き圏域にも見つかる。アルプス登攀者はこの感情にはとくに馴染《なじみ》があった。ブーリは『氷河圏谷新報』（1783）で、この原生世界一帯の牧夫たちの独身《ひとりみ》暮しに思いを馳せる。文字通り六塵の下界の欲望とも激情とも無縁に、牧人たちは「自らの吸う大気にも似た魂の平安と静穏」を楽しんでいる。パトリック・ブライダンはエトナ山上の清浄界から下山しながら、人間が登ってくると山はその「不変の純粋」の幾許《いくばく》かを失うのだとも感じている。静かな蒼穹の下に彳《た》ち、脚下に嵐の雲の油然《ゆうぜん》と湧くのを心静かに睥睨《へいげい》しながら、旅人は他の何ものもがしそうにないやり方で彼を時空に宙吊りにする特権的な山巓《さんてん》絶頂には佇立《ちょりつ》するのだ、と[29]。

分離されているという経験が伴うのは精神安定の感覚ではなく、独り引っ込みつつあるというリタイアメント（retirement）の感覚であることが多かった。コルネリウス・ル・ブロインは1704年、ペルセポリスの入口に立って、「こんな寂しい場所」に無条件に放りだされたということを痛感した。ルイ14世政府の駐トルコ大使フェリオル氏は、自分がいかに「独り孤独に」ボスポラス海峡沿いの「各地方に自然と人工が実現した珍らかなことどもを目にしたい」

という衝動に突き動かされているか、記している。一世紀ほど後、ロシアのツンドラ探険のマルティン・ザウアーは、彼を取り巻く景色の雄弁な「寂寞《せきばく》」にひしと胸打たれた。同じ頃、ニジェール川上流のバンバラ王国の「荒野」を行ったマンゴ・パークほど、アフリカの灼熱の荒原の如何なるか、見事に描写し得た者はいない。真昼直後、太陽の熱が砂漠に猛烈に照り返しを受け始めると、くゆり立つ蒸散気越しに、遠くの岡の連なりが、騒ぐ大海もかくやと波打ち、揺れ動き始める。その時、マンゴ・パークの喉は渇きでひび割れるかと思われ、人の棲家のひとつなりともと目を凝らすが、「見えるものと言えば濃い下生え、そして白砂の岡ばかりであった」。

荒地の強力イメージをフランス人も示していて、それはヴィヴァン＝ドゥノンである。テーバイ平原で彼は崩れたメムノン巨像に魅了された［図 108］。この遺構廃墟のスケッチを始めるや否や、「この堂々たる神像の傍、自分は独りぼっちであることに気付き、神像の運命をいろいろと考え込んでしまった」。「その場所が怖ろしくなって」、と話は続く、「私は好奇心旺盛の仲間たちに追いつこうと、思わず歩を早めた」、と。

バソーラからダマスカスに向うパジェスは、目を捉えるのが地平線だけという「宏大な平原」を見る。グレーがかったどこまでもべたっと一様な表面とぴたり見合うのは深い沈黙で、「それを破る四つ足も鳥も、一匹の虫さえ皆無」であった。この単調で埃っぽい大気と唯一張り合える経験と言えば、極地の「白い地の喪《も》のような沈黙《しじま》」のみだろう。

灼熱の平原、どこまで行っても「荒涼」と続く同じ風景の度しがたい孤独は、19 世紀初めの三分の一ほどずっと続いていくモティーフである。厳しくはあるが途切れず人を魅了し続けるその吸引力を知るにはあと三例ほど挙げれば十分だろう。『アビシニア紀行』（1814）のソールトは、かつてブルースの敢行した同地域での孤独な冒険行（1770）に思いを馳せ、それと自らの「砂の荒野」行く旅を比べている。リヒテンシュタインは南アフリカのさらに丸裸の（丸裸

図 243　George Back, *Preparing an Encampment on the Barren Grounds*, from John Ross's *Polar Sea*, 1823, pl. p. 412. Engraving by Edward Finden. Photo courtesy British Library.

図 244　H. W. Williams. *The Alps from Geneva*, from *Travels in Italy, Greece. and the Italian Islands*, 1820, I, pl. p. 36. Aquatint by J. Aberli (?). Photo courtesy Cabinet des Estampes, Bibliothèque Nationale.

に「さらに」と言うのもおかしいが）平原の草木なく涓流さえない広い盆地を横切って行きながら、心も押しひしがれるような憂鬱に襲われた。気球飛行士の多幸感《ユーフォリア》とは正反対の感情を抱いて、ドイツ人探険家は「この怖るべき孤独を前にした静かな恐怖感」の如何なるかを記している。遠くの谷が、そばの山々のふとした隙間から垣間見えるのが、まるで石と化した海のようだ。曲り毎に、この終りなき迷宮《ラビリンス》の次の曲りが見えてくるだけ。岩も灌木も別段邪魔をしているわけでもないのに、人の通った跡がまるでない。ブッシュマンたちさえこうした峡谷を捨てたのであって、その多くは文字通り人跡未踏であった［図 101］。同じ赤土の剝き出しの地にキャラヴァンを組んだバーチェルは、「厳しい、平ぺったく木もない宏大な、そしてその表面は広くどこまでも続くうねりがあるお陰で辛うじて単調さを免れている広々とした地域の只中」を進んで行った。続けて、こうある。

同じ車間距離を保って長々と続く荷馬車の列が巨大風景画中に、延びる遠近法の線のようで、これが目を捉える唯一の相手であった。幌馬車が一番高いうねりを越えようとしている時、最後部は窪地にあって、姿が見えない。一台、また一台と馬車が上っては、視野に入って来る。……目を射る低草木一本だになく、空行く一羽の鳥すらいず、あるのは茫《ぼう》とした地、漠《ばく》とした空のみ。限りない宇宙に広がる紺碧《こんぺき》の穹窿《おおぞら》は地上遙かに遠きものと見えた。

バーチェルも部下たちもヒトの足跡ひとつをも目にしない。目に入ったものはライオンの足あとだけであった[30]。

島、とりわけても、うつろな太平洋でよく出くわすような、楽園とはほど遠い「荒涼の」火山島は、これも孤独な世界の代表選手のように言われた［図 104］。フリンダーズがカンガルー島の様子を記した文章がこの種の記述の寂寥《せきりょう》感をよく表わしている。「あらゆる厄介事から綺麗に無縁ということでまず選ばれるのが、ヨーロッパの対蹠地近傍の未知の海岸の無人島、その秘められた潟《ラグーン》に浮くこうした小島に相異ない。最初に息をし始めた同じ場所で子や孫に看取《みと》られながら静かに息を引きとる時の感情に ── ペリカンどもに感情などというものがあっての話だが ── ぴったりの島々だ」というのである[31]。

時に群島（archipelago）の示す力など比べものにならぬのが人知れぬ密林であろう。ピエール・ポワーヴルがいまいましげに記しているが、その未開墾の奥処《おくが》で何マイルも雑草と邪魔な磯馴根《そなれね》にまろびつころびつ進んでやっと原始的農耕の真似ごとのようなものに出会えたらしいのだ。ポワーヴルがいらだったアフリカの処女密林だけではなく、オーストラリアの鬱蒼たる森林も有機自然の始原の野生と不透明を示しているものとされた。とにかく何ものの闖入も許さぬ文字通り密なる林なので、ダントルカストーなど、それを世界そのものと同じ年齢と称して憚らない。フリンダーズも同地域のことを、こう記している。野生のナツメグにイチジク、二種類の棕櫚が生い繁っているのだが、熱いのと蚊の攻撃のひどいのとで、楽しく暮らせそうなのは「修道僧の団体」ぐらいではなかろうか、と。南米のフンボルトも同様に（皮肉味はなく）、単調な無人の森の越すに越されぬ展《ひろ》がりについて記している。一番良い季節でも繁りに繁った森がキンディウ峠一杯で、縁を回り切るのにも 10 日から 12 日はかかりそうな上、何かの不具合でも生じたら、人を圧する植生がびっしりの道なき暗い森の中に一人孤絶、救いもない状態になるは必定《ひつじょう》。しかし、ニコラ・ボーダンの探険隊に加わった博物学者の一人、アンドレ=ピエール・ルドリューにとっては、プエルト・リコの森深く、聳えるイチジク属の大木（*ficus laurifolia*）がつくるひやりとした屋根通廊《アーケード》にまぎれて迷うのは怖ろしい経験ではなかった。どころか、ひとりぽっちを愉しんだ植物学者たち ──「ピレネーのトゥルヌフォール、ペルーのジュシュー、ラップランドのリンネ」── が「寝食も忘れて大好きな植物採集に夢中」だったのに、自分も加えようとしている。「ここで」、とルドリューは書く、「一歩毎に自然が見せてくれる千もの絵の虜《とりこ》になって道を見失い、花を集めるのが嬉しくて無我夢中で彷徨した」、と。そうした隠れ場の様相は実に多様だ。紅海をめざしたベルツォーニは「美しいこと限りない孤独の景観」を呈する神樹空桑の「見事な森」を目にする[32]。

しかしとりわけ有名だったのは北アメリカ各地の手付かずの野生であった。ジャック・ミルベールはハドソン川流域のサンディ・ヒル周辺を旅したが、「話しかけられる人っこ一人いなかった」。稠密繁茂の密林が恣《ほしいまま》侵入してくる、そして高貴にして狂猛のインディアンたちの遺構がその深い懐《ふところ》に静かに抱かれている深々として、しかも急速に姿消えていく孤独の野の真只中にいてジェイムズ・フェニモア・クーパーが目にしたもの ── その『開拓者』（1823）に書かれている ── に、ミルベールなりの応答をしたのである。もっと遡れば、フランス革命を忌避してアメリカ合衆国行きを夢みていたシャトーブリアンがいる。そのアメリカ旅行の口実は伝説の北西航路（Northwest Passage）探索だったが、自叙伝『墓の彼方の回想（*Mémoires d'outre-tombe*）』（1841）によると大分様子がちがう。将来（ルイジアナが舞台の）『アタラ』を書くはずのこの人物、名声を「孤独の中に」求めた。（インディアンたちのかすかな足跡以外、人気《ひとけ》絶えた）北アメリカの茫々たる大森林のみか、縁《へり》もなさげな大水塊を褒め讃えた。カナダの湖ほど見て寂しいものはない、と言っている。その表面のまったくの無がうつろな土手と一緒になると「他の孤独とは桁《けた》のちがう孤独」となる。「棲む者の姿なき汀《みぎわ》が船の姿なき海に開ける。無人の岸に沿い無人の流れを流れ下るばかりである。」清々《すがすが》しい秋日のグァータヴィータ湖をコクランが回想している文章も同じくらい印象的だ。その水鏡に漣《さざなみ》をたてるそよとの風も立たず、湖面は岸の深い森を静かに映すばかり。「動いていると言えば水鳥の二、三羽が、自分たちの孤独な棲家を何物が侵すかと訝って我々から遠くの方へ静かに滑るように飛び去っていく姿だけであった」[33]。

ティエラ・デル・フエゴの裸の最末端よりさらに「陰々たる《ディズマルな》」景観と言えば、孤独・僻遠いずれからしてもその極たる南北両極地方にしかない［図73］。極北、極南の人気《ひとけ》絶えた虚を描くイメジャリーが、北アメリカの人の手の入らぬ奥地を表わすに用いられるそれより遙かに厳しいものであるのは当然である。ボワジュラン・ド・ケルデュは時折り、ラップランド人たちが家畜に餌をやる姿を見掛けることがあったが、雪と氷河と戦い、深い急湍の上を行くくたくた旅は「その全行程について人ひとりをも見かけず」進んだ。ノルウェー末端地域に言えることは断崖《きりぎし》のアイスランドについてもそっくり当てはまった。「世界で最も奥まった僻遠の地」とアイスランドを呼んだのはエディである[34]。

まず滅多に人跡の入らない野生の地は孤独の極を体現したばかりか、絶対の仲々破られることのない沈黙の領する所でもあった。チャールズ・ダーウィンが、こう記している。

> 初めて一人でブラジルの森をさまよった時の気持ちを表わすのにはしかし、悦びという言葉では足りない。いろいろ素晴らしい物が一杯あったが、緑が横溢していたことが先ず第一である。雅びな草、楽園に咲くかと見えた新奇の植物、美しい花々、緑も艶《つや》やかな葉叢、すべてで第一級である。音と沈黙がパラドックスそのものに混り合って木下《このした》蔭に浸み入る。虫たちのたてる鳴声がいかに大きいかは海岸から数百ヤード離れて投錨している船上にさえ聞こえるほどなのに、森の凹地を宰領しているのは非常に広範囲の沈黙《しじま》である。博物学好きの人間なら、こういう日は二度と再び味えるかどうかという大きな喜びの一日である。

対照的に、絶対の沈黙に含まれる不動と、凍りついた静態の感覚はこれより半世紀ほど早くフォルスター子によって分析されていた。その行文をこの節《せつ》冒頭に掲げておいた。大氷海に浮くちっぽけな小舟に坐した二人のナチュラリスト（J・R・フォルスター、ウィリアム・ウェールズ）は完全な剝きだし状態で、無力そのもの。無駄な叫び声と、それを呑み込む沈黙のぶっきらぼうで崇高な交替が限りなくうつろである。

グメーリンスやオライリーのびっくり瞠《みひら》かれた目の前に音もなく北極光が踊った。アラスカの海岸探険中のラ・ペルーズは、彼が地球上で一番静かで異様の場所と感じる地点にあった。頂きに雪をいただく高嶺に囲まれたフランス湾の奥は永劫の不毛という相貌であった。「一陣の風がこの海域の水面に漣《さざなみ》をたてるのを一度として目にしたことがない。……気はしんと静もり、沈黙のいかに大きいかは、人の普通の声が海鳥の鳴く声ともども半リーグの先でも聞きとれるほどである」。マケンジーもポール・ゲマールも同じように、活火山ヘクラの彼方に氷いただいて「眠りこける」陰鬱で地の裂けた氷雪山《ヨークルー》を押し包む「怖ろしく深い沈黙」に息を呑んでいる。ピエール＝マリ＝フランソワ・パジェス（1782）、エドメ・ド・ラ・ポワ・ド・フレマンヴィル（1819）は北極点に向けゆっくり進みながら、スピッツベルゲンの広大な圏域を包み込む孤独と深い沈黙に驚かされている[35]。

アルプス山中のブーリは氷河の圧倒的な魅力はこの無限無量の世界に何もうごめくものがないことによるとしている。そこでは万象が「あたり払う大きな沈黙」と調和している。この巨大にして異《い》なる静もりはド・ソシュールによっても記述されている[36]。

「厳かな静寂」なる性質は、劫初《いやさき》の天地創造が、見られぬもの、汚されぬものとして描かれるのに通じていた。こうして、絶対的なるものの汚れなき姿、無限空間を予兆するもの、創世の時の地球の顔を映しだす浄玻璃の鏡としての土地という感覚がいたる所に見られる。ゆっくりと北京に向って帆走するある月明の夜、ウィリアム・アレグザンダーは完全な安息の不可触の現前を感じた。新世界の深い木立ちの中に営を設けたシャトーブリアンは真夜中目ざめて、森に静けさが響き合うのを知る。「沈黙に沈黙が続く。……荒野再びも寂々《じゃくじゃく》たり」[37]。静けさもまた響き合うのである。

沈黙は地下世界で、最も反社会という解釈を蒙る。カール・ラングはカッスルトン洞窟がいかに墓のような雰囲気であるか記している。そのうつろで水の溢れたホールでは、ゆらゆらと頼りない松明に不規則に明るまされる険しい急斜面以外、何も見えない。この冥界での暮しに思いめぐらしながら、ラングは「自然が黙々堂々と造る」、聖なる秘密を抱えた人工ならぬこれらの部屋部屋を褒める。その押し黙った進化の聖刻文字《ヒエログリフィクス》が無数のあらわれ方をして、探険者を囲む。即ち、分からぬほど僅かに成長する、涓流《おがわ》にも似た鍾乳石、簡約そのものの鉱物形成、そしてもの言わず成長を遂げるもろもろの結晶などである[38]。

冷たく、狭いかと思えば広い所もある洞窟の閉域はたしかに景色としては砂の荒野の炎熱と、水平の広がりとは正反対のものだが、命にもかかわる連続体（continuum）ということでは通じ合う。大昔から洞窟とくっ付けられてきた聖なる（numinousな）性質は、それが必滅の有機生命の、はっきりせず、妨げるものもない水平の連続をそっくり納めているということに早々に人々が気付いたことにもよる、とラングは論じている。静もった洞穴の中では押し隠されていることが、音なき荒原《デザート》では表沙汰になる。エジプトの夏の強風に耐えるオリヴィエは、生きたいと思うのならただちに地面に身を伏せるべきだと忠告している。全てを枯らせる突風は一度に二、三分吹くぐらいである。吹き抜ける須臾《しゅゆ》の間《ま》に、その熱の耐え難いばかりでなく、「これら荒野の静けさを破るのがただこの風の悲号のみ、これは生きとし生けるあらゆるものへの危険のしるしなのである」。そして忽ちにして絶対の静寂が訪れる。モリエンはジョロフス砂漠を横断した時、その耳は「死の沈黙」にきちんと釘付けだった。陣風に吹きあおられるこれら孤独世界で定まった棲家持つ禽獣のあるはずもない。北アフリカの「真に荒涼としてひどい」地帯を行くビーチーは、命にもかかわる物音無さに耳を奪われた。「沼、砂、荒寥の岩だけが見えるが、人っ子ひとり、草木一本だにない。……夜の静寂たるや、古くからなじみの友たるジャッカルやハイエナの遠吠えで破られることさえない」、と[39]。

この引用でもわかるが、絶対の静寂はしばしば騒音に邪魔された。この対比が一番著しいのが気球昇空記である。飛行に付きもののお祭り騒ぎ── 花火もあれば騒がしく熱狂的な群衆もいる── が上空空間の完璧な音なし、記憶なしと、見事なばかり対比《コントラスト》となる。

この混乱と騒音の光景であるはずのところ、例外的状況をフォージャ・ド・サン=フォンが記録している。ピラートル・ド・ロジエのモンゴルフィエ気球が夜間、プラス・デ・ヴィクトワールからシャン・ド・マルスに運ばれたが、松明で照らされ、傍には関係の随員、そして歩兵騎兵の一分遣隊を伴っていた。夜遅いのと静かなので、「事情知らぬ者どもを気《け》押《お》さずに措かぬ異様で神秘な感じをその行列は醸していた」。事件を記すフォージャの重々しい筆は、粛々とした集まり方が例外的だったことを示している。気球飛行士たち自身が、身心こもごもの離間（detachment）の気分を言い募るのも、連帯感を言《こと》祝《ほ》ぐ大騒ぎ儀式の習わしを背景にすると、また別の意味を持つ。『エアロパイディア』のボールドウィンは、地上から放たれた時の「沈黙の慰籍《なぐさめ》」に触れて、「しばしも、はるか大地から、すべての此岸の思いから離れ、穏やかな碧空、霊気の圏域に包まれ、ほとんど果てない広大の窪みの只中に浮かび、別の惑星からの単なる旅人のようで、自然の呆然たらしむる業《わざ》に囲まれたが、それらの上に……安らかな**精神の静穏**が続いていた」、と書いている。この羨やむべき沈黙の多幸境《ユーフォリア》も、高いと言ってもそうそう高くはないから、下の徴税門界隈で動く荷車の轍《わだち》の音に邪魔される。「轣轆《れきろく》たる車の軋《きし》みが目にこそ見えね、異様に大きい」。ボールドウィンの鋭敏な精神はその少し前の、「**四周全て**を包む崇高なる**沈黙**が面白い対照を成し、甘美な静寂を放っていた」時のことを思い出している。

もっと浮世を離れた混乱も、さらに上空には待っていた。ブランシャールは1784年7月18日の第三回飛行の時、相棒から「嵐襲来」の警告を受けた。その時代のパンフレット記者や絵描きは、気球飛行士が「雷の巣」へと突っこんで行く図を好んで扱った［図154・156］。気球飛行士の叙事詩的冒険はどこでも大変な人気だったが、宇宙の喧噪の只中に遊弋《ゆうよく》する現代人という図がお目当てだった。テステュー=ブリシーの1798年10月16日の華々しい曲芸飛行。本人は科学飛行と言っていたが、これなど良い例かもしれない。気球に爆発の惧《おそ》れを見た飛行士はモンモランシー近くの麦畑に緊急着陸したのだが、損害を蒙って怒り狂った農民に近在の村に引きずられて行って弁償させられそうなのを振り切って上昇した先は嵐の雲の只中だった。漆黒の闇に雨、雪、銀縄一閃、とよもす雷《いかずち》に耐えること何と3時間[40]。

耳聾《ろう》せんばかりの轟音からほとんどあるかない呟《つつめ》きまで、実に大小さまざまな音が、事実第一の旅行記のページには溢れている。轟音と静寂の両極が滝の記述で、ぐっと広がる。モーリシャス島のマングローヴの密林のことを記しながらベルナルダン・ド・サン=ピエールは、侵入した海が密生する木の根の間を蛇行して陰鬱な隠れ場を形づくり、隠れた流れをつくると、これらの流れは静かに屈曲して流れ、そして突然、峡谷の草蒸す斜面を「低い不規則な音」をたてて落ちて行く、と書く。これに加えて時には「オウムの唸《うな》る声、悪戯好きな猿の鋭い叫び声が耳朶を刺す」のであった。

図 245
William Westall, *View on the North Side of Kangaroo Island*, from Matthew Flinders's *Voyage to Terra-Australis*, 1814, I, pl. 184. Engraving by W. Woolnoth. Photo courtesy British Library.

図 246
A. von Humboldt, *The Pass of Quindiu*, from *Vues des Cordillères*, 1814, pl. 5. Color aquatint by Duttenhofer. Photo courtesy British Library.

ニュージーランドはダスキー湾岸に屹立する山々から転がり出てきた険しい褐色の岩や巨石の堆積の只中、ゲオルク・フォルスターは滝の水のちぎれ散る音を耳にした。轟然たるという音響なのは、巨礫と巨礫の間で反響し、他の音ことごとくを圧しているからである。そういう雷《らい》のごとき大音響は、スイスの滝の活動を語る文章中に著しい。雪崩《なだれ》の結果といった一時的なものでは、山頂から亀裂へ、そして平原へ白泡噛みながら、ついには近くの谷に真逆様に落ちて行くものもある。もっと永続的なものは、シュタウプバッハの滝などそうだが、しっかりした斜面を水がざわざわ石走《いわばし》る。しかし冬には凍結が生じて、この急湍も完全に不動となる。巨大つららが宙空の縦坑《たてこう》と化し、時々「猛烈な音をたてて」折れる[41]。

騒ぐ水が最も一貫して静穏な停滞水《プール》の敵手を演じるのは何と言っても北アメリカであった。

シャストリュ侯爵はハドソン川沿いに大瀑布が大昔の地震で露出した巨礫と衝突し「大音声あげて」流れるのに心揺ぶられた。一旦こうした障碍物を過ぎた後は、流れは静かに深い谷にと滑り落ちて行った。ジョージ・ヘリオットはセント・ローレンス川の幾つかの滝が「小止《おや》みなくたてる音」と速い流速がいかに「厳粛な効果」をうむか言い続ける。幅約２マイルの川は河底の急傾斜と、そのために流路が厳しくなる他ない三つの島のせいで流れが加速される。まくれ上るように白泡噛む水塊が裂け、散り、下の岩々を抉《えぐ》る。ナイアガラ瀑布の終らぬとよもしを描くにも、同じような表現を用いたヘリオットである。「蒸気の厖大量が宙に飛散し、

図 247
A. Mayer, *Glacier of Jöknll, Iceland*, from Paul Gaimard's *Voyage en Islande et Groenland*, 1838, II, pl. 80. Lithograph by Sabatier and Bayot. Photo courtesy Newberry Library.

図 248　Carl Lang, *Underground Boating in the Cavern at Castleton*, from *Gallerie der Unterirdischen Wunder*, 1806–1807, I, pl. p. 120. Color aquatint. Photo courtesy Bibliothèque Nationale.

図 249　Anonymous, *View of Bastille Day Celebration*, 1801. Color aquatint. Photo courtesy Library of Congress, Tissandier Collection.

一千門の砲の一斉射撃の音と煙霧と雖《いえど》も対抗し得ぬ」ほど、としている。

崇高《サブライム》かと言えば少し劣るが壮大は壮大であったのが喜望峰フランス岬の滝である。ヴァレンシア卿の『羇旅と紀行』(1809)は、卿とヘンリー・ソールトに遠くからそれが見えたばかりか、遠くから音も聞こえたことを報じている。山の割れ目から巨大な水柱が170フィート垂直に落下しては、低木の下の大きな岩の上で「飜転」するのであった。ボゴタ、マグダレーナ両川が合する所での水塊は一段と猛烈で、トケンダーマの割れ目から膨れあがった流れが一挙奔出する時の、合して、分かれていく壮観をチャールズ・コクランが目撃している。濛々《もうもう》たる煙、面白い形の火花、繁茂する植生、そして「水塊の耳聾《ろう》さんばかりの轟音」が状況の孤独を際《きわ》立たせた[42]。

滝のうるささよりも騒々しいことがありうるのが海のたてる騒がしい音である。ケンプファーは日本の沖にあって鳴門海峡等、「驚くべき危険な渦巻」に立ち向かったが、火を噴く怪獣《ドラゴン》のような「轟然たる」音によって恐怖の風景は一層その怖ろしさを増すのだった。インド洋の不毛のブルボン島の海岸をずっと航行したル・ジャンティは、その縁を形づくる大きな丸石で波が遊び続ける様子を目にした。「びっくりさせるような音を出す一種怒りの激発のよ

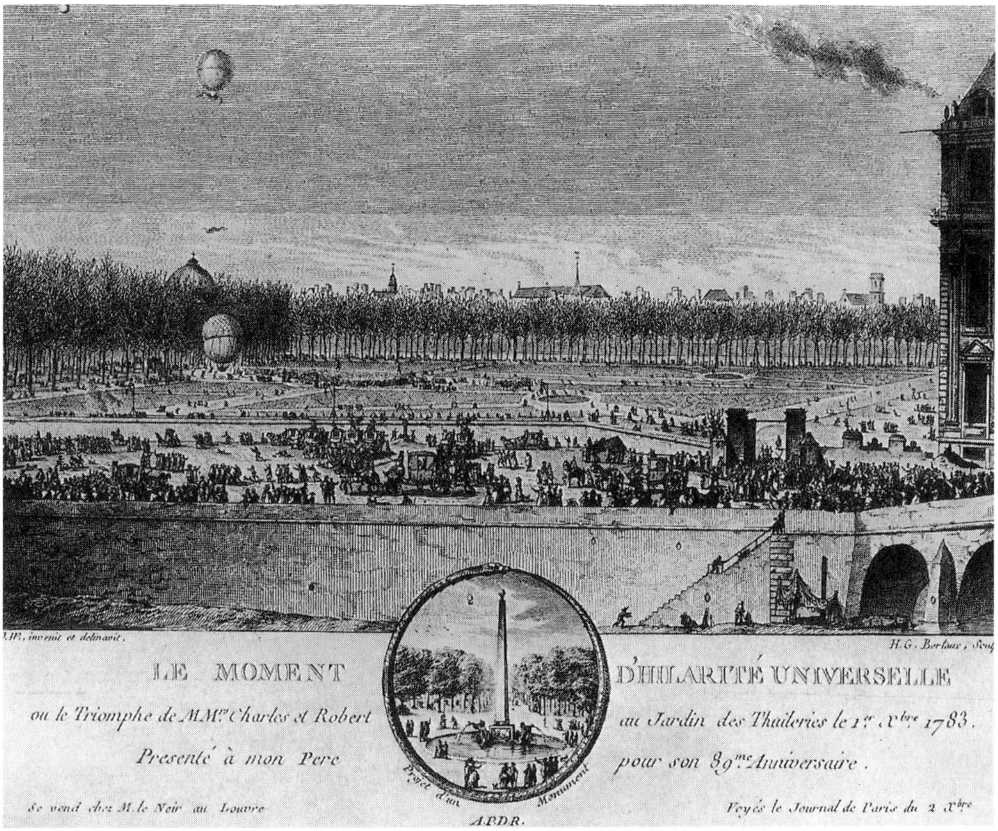

図 250　H. G. Bertaux, *The Moment of Universal Exhilaration over the Triumph of Messrs. Charles and Robert at the Tuileries on October 1, 1783*. Etching. Photo courtesy Library of Congress, Landauer Collection.

うなもので」石はリズミカルに持ち上げられ、そして沈められていた。アゾレス諸島を去った後、ヘリオットも同じようにうるさい海岸にたどり着いている。ニュー・ファンドランドから 40 リーグほどの大西洋海面直下には大きな海山、ザ・グレート・バンクがある。どんな濃霧の中でさえ、船乗りたちがこうした浅瀬の存在を知ることができるのは、船が近付くにつれて波音が大きくなるからである。フィンガル洞窟を訪れた者も同じような音響現象を経験した。波が玄武岩の柱に当ると殷々《いんいん》として和音奏でられ、洞穴《グロット》は巨大な水オルガンと化すが、風吹き抜けると鳴る有名なアイオロスの風鳴琴（aeolian harp）をそっくり巨大化させたものかと疑われた[43]。

大洋の水の和音と好対照なのが氷河の軋《きし》む不協和音であった。グルナーはオール渓谷で氷河の「小止みない軋《きしめ》き」を耳にしたが、その人外《にんがい》の音楽の下の方にはもっと静かに弦線がリフレーンを響かせていた。氷の下を水の流れる「悲しい呟《つつめ》き」である。モン・ブランの氷結荒野を攀るシャーウィルは、大口あいた亀裂の悲号する不快の調べを「荒蕪の乱調」と、巧いことを言っている。この神経にさわる乱調の騒音に対してフーガの対位旋律《カウンターポイント》ということで、彼もまたデ・ボソン氷河の氷の洞穴の腹中にさらさらと呟き声を立てる水の「奇妙な音」を引き合いに出している。

旋律よりは戦慄という南北極地に、和音などどだい無理な話であろう。コンスタンティン・フィップスは氷山に特有の亀裂音と、割れて水中に水柱を立てて落ちて行く氷塊のたてる騒音のことを記している。ジョン・レインはその『スピッツベルゲン紀行』(1818) に、キャプテン・スコールズビーの極氷回想記を採っているが、それを読むと、せめぎ合う氷山同士の「すさまじい衝突」の衝撃が伝わってくるような気がする。「百億トンからの物体が相手と衝突するとなると、結果は火の目を見るより明らかだろう。弱い方の氷原が怖るべき音を発して崩壊するが、時に双方瓦解ということもある」、とある。スコールズビー自身の北極地域報告を見ると、多くの氷山がなぜ輝いているのか、それらの幻想的な形の原因は何なのか、説明がある。そうして脆くなった氷が「氷塊分離 (calf)」するのである。大きな氷塊が崩れて海中に落ちるその「音たるやすさまじく、所によっては近隣の山々に異様な谺《こだま》を引き起こすほど」である。セント・ローレンス川で越冬中のアイザック・ウェルドが氷山が「猛烈な亀裂音」とともに横一文字に裂け始めた刹那の同様なぴしぴしという音のことを報じている。規模から言って、中

図 251
G. S. Gruner, *Glacier with Subglacial Torrent*, from *Die Eisgebirge des Schweizerlandes*, 1760, pl. 2. Engraving by A. Zingg. Photo courtesy British Library.

図 252
M. Bravais, *Aurora Borealis to Northwest, Bossekop, Finnemark, December 30, 1838, 8:32 P.M.*, from Paul Gaimard, *Voyage en Scandinavie, Atlas*, 1839–1852, III, pl. 21. Lithograph by Lottin and Sabatier. Photo courtesy Library of Congress.

南米でこれに対抗できるのは地震くらいのものであろう。キャプテン・フィッツロイの海軍測量船H・M・S・ビーグル号は1835年２月20日、チリ中南部のコンセプシオンに投錨中だった。「突然、怖ろしい力まかせの衝撃が界隈全体に崩壊をもたらした。６秒もしない瞬時にしてこの都は崩壊したのである。倒壊する家屋の呆然とする音、いたる所であっという間に大口をあけ閉じる、を繰り返す大地の怖るべき裂け目、人々の絶望と乱心の絶叫、息もできぬほどの熱、何も見えぬくらい濛々《もうもう》と立つ塵埃の雲、手のほどこしようないほどの大混乱、ともかくその極度の不安と恐怖は言語に絶し、想像に絶した」[44]。

猛烈な内圧が働いた結果の共鳴音はまた、「怖ろしい地下の轟音」ともとられた。ウィリアム・ハミルトンはピッシャレルリという名の熱泉の間欠的噴射を沸々ぐつぐつと煮えたぎる大釜に譬える。そもそも熱泉《ゲイザー》（geyser）という語の語源ともなったアイスランドの「大熱泉《グレート・ゲイザー》」のしゅうという警告音には、硫黄と粘土の美しく結晶した地殻を軽く突き破るほど強力な逃脱蒸気が伴った［図168］。この「少しの水と混った濃い蒸気柱」がいかに「岩の裂け目に猛烈な力で入りこむ」かを、マケンジーが細かく記録している。「その噴出の力がいかに激しいかと言えば」、と記録は続けて、「数マイル先からその音が聞こえることも少なくない」、と。これら間欠的な噴出は訳のわからぬごろごろ音とか吃音という形をとるのが典型的だが、しかしてその実体は地球の臓物《はらわた》から大気中に奔出してくるものの、ごうごう、ばしゃん、であるわけだ[45]。

しかし探険家をあたふたさせる点では、荒地に出没する野獣が一番ではあるまいか。払暁にテーブル・マウンテンに攀ったベルナルダン・サン＝ピエールは有明の月の風情を、狼の鳴き声に妨げられて楽しめなかったし、ウィリアムソンはガンジス河畔を歩き回る狩人たちに巣から燻《いぶ》りだされて吼える豺狼《さいろう》の声を耳にしている。レセップスは1788年にロシアを襲った大飢饉の渦中に、飢えの余り最早人の手に負えなくなった犬が田舎をさまよい歩き、目の前に現われた相手にならば全てに歯を立て、仲間でも弱いものは共食いの餌食になったという犬害の酷烈を記録している。「犬たちが共食いするのを見て震えあがっているうちに、今度は我々のテントを犬どもが取り囲む辛い場面となった。皮肉痩せ衰えた犬どもは憐れを誘った。もうほとんど動けもしない。悲しそうにずっと吼えているのが、助けてくれと言っているようでもあり、状況がそういうことだから助けてやれない我々を責めているようでもあった」[46]。

ユーラシア大陸にも似た北アメリカの大平原《プレーリー》はまた騒がしい動物たちの天国でもあった。ルイスとクラークはバッファローの大群――一遍に一万頭――を見たが、「夜通し怖しげにぼうぼう鳴き続けるので……途切れのない一声の吼え声のようになるのであった」。メディシン川付近の草地を覆い尽くすこれらの巨獣《ビヒモス》どもは、アフリカの葦の平原に棲む「鼻息荒い」河馬や唸《うな》るライオン、また「無数の氷山の間で潮噴く」鯨と同様、未知の世界の沈黙をひとしきり破った[47]。

深い密林に入りこみ、荒野に生気を与える鳥たちの声を一番頻繁に耳にしたのは、当然のこと熱帯地方の探険旅行家たちであった。もっとも、ギアナの密林にハンモックにゆすられながらステッドマンは他にも、大型の吸血コウモリのばたばたいう羽音、蟇《ひき》の小休みない「ぎゅう、ぎゅう、ぎゅう」という鳴声、虎の咆哮、猿の叫び声、蛇のしゅうしゅういわせる声なども耳にした。プリンス・オヴ・ウェールズ島探険のジョンソンは、岩の砕片の上に垂直に落ちる水の音を聞き、一時の雷雨の抑えられたごろごろが松《パイン》の木立ちを抜けていく音を聞いてもいる。さて鳥だが、オーストラリア奥地のユーカリの林の中でアラゴーは青首のシジュウカラ、ありとあらゆる色彩のインコ、鶏冠の黄色い白ボタンインコなどの大群を目にした。彼は「滅多に人跡の入ることのない人外絶域境」に木を切り倒しながら入って行く同族一統に代って記すが、そこでは「鳥の声、葦のそよぎ、半ばちぎれているのを風が裸にしようとしている木のはがれのこすれる音が人の心に強く働きかけ、人はいつの間にかメランコリーになり、瞑想に耽る」のである。沈黙も音もアラゴーに、静けさがたとえば人口稠密な都会のすぐ外の原野で経験されたなら与えてくれると思われる落ち着いた気分を、一向に与えてくれない。静寂も音も、「この深い永遠の森には守ってくれるものが見当らない」まさしくその故、ともに痛苦の思いを引き起こす、とアラゴーらしい鋭いことを言っている[48]。究極的に剝《む》きだしにされている状況にこうして思いを凝らしながら、アラゴーはこれらふたつの、手で触れはしないが知覚はできる性質を繋ぐ必須の関係を明るみに出して、こう要約する。可触（tactile）なもの、即ち直《じ》かに摑《つか》める物だけが、ある場所の特徴的な様相と関係しているわけではない。不可視のものまた、その実体ある聖顕《エピファニー》において（谺《こだま》の「長々と引く振動」、水の切れ目ない表面行く風の習々たる「吹き抜け」、「荒ぶるコーラス」の遠いざわめき、「無数の小さいベルのちりんちりん」、あるいは波間漂うオレンジの花の「馥香」においてさえ）、自然の現象《フェノメナ》理解に決定的な役を果たすのである[49]。

虚無と充溢、そして聞こえないものと聞こえるものの二項対立の定式は、それらを写しとる人間の能力をほとんど超えるあらゆる崇高美というもっと大きな問題に関わる。長い、あるいは一時的な孤独と沈黙は ── 高さ、あるいは低さと同様 ── 本性からして、知的、物理的追求の手には掛からない。荒野に貫入を試みようと苦労する目と、静寂を聴こうと張りつめる耳は同じである。目は頂上に伸び、深淵に下り、地下で言うことをきかなくなる。高い、低い、邪魔な、押し殺された音調《ピッチ》に向けられていく耳も同じである。

科学的旅行家が環境に適合しようとするこうした空間感覚や聴覚の範囲を見ていると、リアルな世界の向うにもうひとつ世界があるもののようだ。記録されているわけだから夢でも蜃気楼でもない彼らの経験は、ヨーロッパの馴致された景色とは異物の何かあたらしい驚異の圏域がたしかにある、と言っていた。

文学と美術の伝統が古代より引き継いだ田園牧歌（bucolics）のイリュージョン装置、一切がその見掛けとちがっていて構わない妖精王国は自然からその恐怖の力を悪魔祓いしている。瞑想好きの私人のための虚構世界だ。接近も接触もできないこのウェルギリウス的風景は現実の生から隔絶した聖域をうみだす[50]。物質の営みなど、別次元の世界なのである。

驚異（the marvelous）という詩的装置が、日常的経験の規則に例外の風穴をあける。この主題《トポス》は形式としても、あるいは内容としてもあり得る。この後者の場合で我々の目的にとって一番重要なのは、神かかわりのもの、人かかわりのもの、奇跡のものではなくて、尋常ならざるということに対して働く我々の好奇心に基づく自然の驚異（the natural marvelous）である。探険家たちの持つ科学的性格が、異常なものを地に足ついたものにし、異《い》なるもの、遠《えん》なるものを、具体化し、真なるものとした。科学的反応の明敏さは、予測不可能(unpredictability)という仕掛けをちゃんと取りこんだところにも見られた。驚動(surprise)、直截(instantaneity)という要素——探険に必須の要素——は日常経験の、予期される、退屈といったところの対蹠物《たいせき》であろう[51]。

目利《めき》きでない人間が思うよりずっと多くのものが現象界にはあると言いたい一心の、旅行家たちの苦労だったのだし、この非日常の側面はイリュージョンなどでもなかったということを示そうと思えば、幾つか実際のケースを挙げてみれば足りる。モンタンヴェールの「氷の海《メール・ド・グラース》」を見つめるブーリは仏伊国境に「魔術」の光景が展開されるのを見ていたことになる。ぎざぎざの山、氷の凍てついた「海」の忿怒《ふんぬ》相は世界混沌《カオス》から立ち現われた時のまんまの顔の自然を見せた。雑誌『発見旅行雑誌』の1825年の号も似たようなやり方で、スイスの百からの高峰が落日の光を浴びて「幻想的なもの」に変わり、「巨大な幽霊」に変《へん》ずる圧倒的な相貌を讃えている。ロングサウンド湾のもっと穏やかな顔貌《フィジオノミー》を描写しようとしてジョン・エディは、深い沈黙の宰領する時を選んでいる。「そういう時、下の湖に反射する事物は魔術的効果を発するのであって、異様なまでの光芒光輝、氷のすばらしい深さと純度、刻々の色の七変化《しちへんげ》、靄《もや》や雲その他この他の珍らかな効果を前に、これら全て再びの宇宙創造かとも思いなしかねない」、と。そしてランドマンだが、ポルトガルのシントラ近傍を歩いていて、巴旦杏《アーモンド》と柘榴《ザクロ》の香りのする静穏の気に、鼻くすぐる魔術の力に屈してしまう。

テーブル・マウンテンで植物採集をしていたアンドレアス・スパルマンも、位置こそ逆《さか》しまだが、同じ鮮烈な儚《はかな》さ体験をしている。「私を取り巻いていた靄というのが霧越しに……私は雲のかけらが北風に吹きちぎられて、その時私が佇立していた場所の上や下を猛烈な速さで飛ばされて行くと、同じ平原上に落ちたそれら雲の影もすぐあとを追って行った。この楽しい大スペクタクルは珍しく、かつ魔術の力を放っていた」。フィンランドのアンドレアス・シェルデブランドも儚い景色を前にしている。霧が真夜中の「柔かい輝き」の中に集まって、大きな影を山や川に落としている「魔法のような風景」だった[52]。

魔力(enchantment)ということになれば、夜景とか、朧ろに照らされた風景とかが最高と感じられている。タッキーはコンゴ川河畔の粘板岩と石英の断崖の上で、煙のような形がぼんやりと踊って見える月明の風景のことを報じている。

空気の霊力で一杯ということなら、洞窟の重たく暗い空間も夜の荒原《デザート》と比べて何遜色はない。ザルツブルク近傍のデュレンベルク塩鉱の暗い穹窿を『発見旅行雑誌』(1819)は、「魔法で」輝いていると報じている。この冥府魔界には、入口も、出口も見当らない。南アフリカ旅行のジョージ・トムソンは、1780年に発見されていた「見事な洞窟」を探険した。その輝く鍾乳石は灯明《みあかし》の火を、「非常に絢《あか》るい魔法のような効果で反射していた」。グロットの誘惑的な〈異〉、黝々たる溶岩の柱廊の異和の〈魔〉は、喜んで半暗世界に入らんとする者にのみ示されたのである[53]。

この半可視状態(the half-seen)のお仲間は、はっきりした明るい日の光の中の眩《まばゆ》いばかりの現象《フェノメナ》に見つかる。マラスピーナは、氷山や靄《もや》が強烈に反射する北極の日射しの幻惑の力について論じている。土中深く、あるいは山麓の隧道《トンネル》となった洞穴とはちがって、雪塊や浮氷に穿《うが》たれた洞穴は、ぴかぴかの鏡面の反射光の燦をもって輝やく［図 25］。ジョージ・ライオンはこういう、太陽が銀のつららを力なく攻める「眩惑」の景を描写している。ブルックも似たような現実のイメージを使って、ラップランドで目にされた北極光の閃きを文章にしている。淡い炎の紗幕が白霜のつくった無数の結晶と見た目に結合して、「魔法の森」の効果をうんだ、と[54]。

リアルな物でさえ幻想的に見える。というより、リアル、ファンタスティックという知覚のカテゴリーそのものも、事実第一の旅行記の論述の中では一が成り立てば他は成り立たぬという類のものでは必ずしもない。というか、驚異的なもの（the marvellous）、魅惑的なもの（the enchanting）、いや魔術的な光景（the magical scene）さえ、あるひとつの発明、一個の幻景をでなく、もうひとつ別世界と見えるもの ── 新しく、そして同化されていない故に見知らぬものと見える世界 ── へと入って行く行き方を表象する。実に鷹揚な守備範囲の科学的物語が示すのは、熱に浮いた空想力《ファンシー》さえ思いもかけないような事象が、自然の中にはいくらも生じるということである。要するに、頭で考えるよりはるかに多くのことが可能なのである。理解も可能、観察も可能なのである[55]。

●航海の先に立つ世界

> 芸術はそれをうまく成就する人間にとって、何と高貴な研究であろう！　それを何も知らぬ人間にとって、科学は何とすばらしいものだろう！　この人々はお蔭で何と多くの厄介を免れていることか！　骨折り仕事を免れ得ていることか！　彼らは狂人のように運を星や風にまかせて、代る代る来る霜と嵐に戦いを挑むことなど、ない。安息の棲家で、なじみの知己に囲まれて、彼らの人生は大禍なく過ぎ、永遠の眠りに就く人生最期の時にも、その思いはなお喜びに満ち、最後に思いだすのも幸福だった時のことばかり！
>
> ── ジャック・アラゴー

> 私の生を満たすこの喜悦の時に匹敵する何ものもなかった。地上を離れていると感じた時、快楽というより浄福の刹那であった。
>
> ── ジャック・シャルル

目に見える仮象を切り裂きたいという科学の欲望は探究の方法論と密接に繋がっている。航海に出るという企てそのものが、全てはそのある場においてさぐらるべきで、本の中とか、諸物蒐集のピクチャレスク・ガーデンの中とかでさえ得られうべきものではないという大前提に立っていた[56]。近代の探険家は中世お定まりの彷徨者の類型《タイプ》、迫害され、悪星の下、さすらいの生涯を逃げ送る「さまよえるユダヤ人」、アハシュエロスとは全然ちがう。自己充足と個人の唯我独尊だけ考えて、混沌として安住のないつまらぬ人生をたどる金の妄者、富の追求者のイメージとも合わない。旅する博物学者、科学的探険家は先ずもって知をさがし求めた。他の旅人たちとはっきりちがうのは、「見つかったものを秩序立った見方に」おさめ、「それを既知のものと繋げ」ようと腐心していたことだ。かくて彷徨者とはちがい、探険家は自らを知覚

する人間、予め評価されている知の総体《スンマ》に貢献する存在と見ていた。既にして 16 世紀にパラケルススが言っていたことだが、

> 自然を探険せんと冀《こいねが》う者は書はこれを足蹴《あしげ》にしなければならぬ。書くことは文字から学ぶが、自然は土地から土地へ旅することから学ばれるのである。これぞ自然ナル書巻（*Codex-Naturæ*）であって、その頁が是非にもめくられなければならない。

一人の観察者が全て見、記録し得るとするパラケルススのナイーヴな見方は、18 世紀には、資料は多くの相手からとって編んだものを公けにし、他の人間がチェックしたり、確証したりする手掛りとするのでなければならないという考え方に取って代わられていた。

ルキアノスの『本当のはなし』以来、冒険者の夢のような大活躍は、生きていくことの本当の意味とは外側にあるもの、と見られてきた。しかし冒険者の複雑な個性には ── どんどん文学から離れて ── 他の何かに還元され得ぬ視覚的ディテールをさがしに行く旅行者の心理《サイコロジー》を明るみに出す別の面も、いろいろとある。生身《なまみ》の生に体当りしていく覇気、喜んで肉体で経験してみよう、いつ何時来るかわからぬ危難にも立ち向かえば、孤独や沈黙も耐え忍ぼうという決意はカサノヴァにも、キャプテン・クックにも共通してある。「大南方大陸（the Great Southern Continent）」への探険を無駄と、ひがみ屋のジョン・ホークスワースは言うわけだが、そこでも「辛抱強い英国人航海者」クックは叙事詩的な身の丈《たけ》を与えられている。太平洋を甲斐なく行き来した後、クックは自分が見つけたのは、「ペンギンやアザラシに隠れる場所さえろくに与えられない不毛の岩山と、寂漠の海、そして氷山が、楽土と想像されてきたこの巨大空間を占める全て」、という図だったと言って、世の謬見を吹きとばした[57]。クックの鉄の意志、真実一路、揺がぬ目的意識は、ホメロス叙事詩が不滅化した放浪の族《うから》に、クックを加えもするが、引き離しもするのである。

「数奇なほど冒険するよう定められた」と噂される性格の（というか、行き当りばったりの傭兵として幾多の戦場を学校として育った）私掠《しりゃく》船船長、ベニョフスキー伯爵とはちがって、真面目な探険行のリーダーは、努力型の天才という名を欲しがった。天才というものが、ベーコンが良い例だが、家伝の血統などでなく、探究意志のうむものと、とりわけクロード＝アドリアン・エルヴェシウスの『精神論』（1758）が力説している。同時代のディドロとも、サン＝ランベールとも質のちがった過激な唯物論を展開するエルヴェシウスは、天才とはその置かれた特殊な状況によってのみうまれるものとする。その成長を文化的風土《クリーマ》が嘉《よみ》するはず、というのだ。エルヴェシウスはさらに、当時の諸般の事情がそうした知の巨人が育つのにいろいろ好都合であることを指摘する。ヨーロッパ人たちが自然現象をもはや想像力（詩人、もしくは文人［*littérateur*］の特権）を介して解釈はせず、今や研究と熱意（科学の天才たちの概念的具）をもってする新事態が好ましいのだ、と。実験によってのみ偉大な知性は自然の秘密を明らかにするのであり、その伝で旅人も研究一途の探険によってのみ、各所の境界線を押し拡げるのである。ふたつの営みには存在の個物に測鉛をおろす同じ方法論が通底している[58]。

天才的（genial）な発見とは即ち地平《ホリツオント》を広げることであって、ある人間はそれで世界市民と

図 253　John Edy, *Scene in Longsound Firth*, from *Boydell's Scenery of Norway*, 1820, II, pl. 39. Color aquatint. Photo courtesy British Library.

なり、かつも広大な精神の領域と身体の領域の両方に棲むことになる。エルヴェシウスの精神を分かち持ったウィリアム・シャープによると、天才的人間は全てを得なければならないが故に、自分の無知をずっと意識し続ける族《うから》である。環境の中を動き回りながら、それに問いかけ続ける。かくてその探究は終りもなく、あらゆる境界を越える。一国家、一地方に狭く執着することの限界は、発明的かつ孜々《しし》として励む精神によって小気味よく突破される。

世界全部が彼の研究室だから、独学独行の天才は全人類に属す。18 世紀後半が称揚した偉大かつ模範的な人間像を体現しており、その普遍性、その名声、いずれからしても彼自身の郷国の境界は越えてしまっている[59]。こうして発見家は野心、訓練、気質から、科学の天才、武者修業の英雄、世界市民《コスモポリタン》として、とはつまり現代のユリシーズとして登録されるにぴったりの存在とされた。自らもオデュッセイア航海に出る英雄は、世界の果てで次々に力づくの功業《いさおし》をたてることに生きがいを見出し、そうすることで、未知の世界に測鉛をおろしたいと思う攻めの人間すべてのモデルとなった。冒険者の祖《みおや》ということだから、その見たままの記述また劫初《いやさき》のものであるはずだった。同じ伝で、1760 ～ 1800 年の探険家たちも、地球上の新しい部分を初めて見るのをその特権とできた[60]。旅行記中にとにかく初めて、初めて、と最初たること（originality）が繰り返し謳《うた》われているが、してみると不思議ではない。

二度目の航海のクックは南極の長い冬の期間をじっと港で待機しているなど ── たえず動を望む性格からして到底我慢ならない ── もってのほか、太平洋の東部、中心部の各諸島をふた巡りして、可能な発見の数をふやそうと決心する。こうして 1770 年 8 月、バリア・リーフ外での絶対絶命の危難を逃れた後、こう記している。

図254　J. K. Tuckey, *Fisherman Inhabiting the Rocks of the Lovers Leap*, from *Voyage in Africa*, 1818, pl. p. 130. Engraving by W. Finden after sketch by Lt. Hawkey. Photo courtesy British Library.

図255　B. Faujas de Saint-Fond, *Basaltic Pavement of the Bridge of Beaume*, from *Recherches sur les volcans éteints*, 1783, pl. 11. Engraving by Claude Fessard after drawing by J. F. Gautier-Dagoty. Photo courtesy British Library.

> このような異変事はこの種の仕事には付きものだし、未知の海行く航海には避けられぬところであろう。自分が最初の発見者だということから人間に自然に湧いてくる喜びがなければ、相手がただの砂山、ただの浅瀬以上の何かでなければ、この仕事は、特に今回のように避遠の地で、食料その他必需のもの悉くが不足しているような場合には、とてものこと遂行しきれるものではない。

誰もしたことがない経験ができそうと思えばこそ、ジェイムズ・ブルースはアフリカの荒原《デザーツ》に赴き、ジョージ３世時代「最初の発見」とされるものをやり遂げる。気球飛行家のヴィンチェンゾ・ルナルディも同様に、「最初の人間に、それも英国の空に浮くというばかりではなく、気球を空裡に静止させることができることを証した最初の人間にもなろうと願った」が故に空をめざしたのである。多くの画家、放浪者が陸路、海路、そして空路に自然の動態、静態を追おうとしたのも同じ理由からだった。ヴォルフのようにアルプスに登攀した者、ホッジズのごとく海に出かけた者、シャルルのように空の鳥となった者の皆が、地図なき世界への最初の訪問者になりたいというのを主たる動機としていた。ヴァランシェンヌは真剣に風景画家になろうと学んでいる相手に、旅に出よと勧めている。「遠くの土地を自分の目で見ること以上に、哲学的、探究好きの画家」に役立つことが他にあろうか、と[61]。

最初の目撃者だとはつまり、良く言えばそれまで未踏だった地に立っているということだが、悪く言えばその地が無意識のうちにいやな所、つまらぬ場所と見られていたということであった。シャップ・ドートロッシュはカリフォルニアが「全然知られてないその故にこそ好奇心をそそる！」土地だと言っている。クックは、自分には野心があって以前の誰よりも遠くへというばかりでなく、凡そ人間にできると思われるいずこへでもと考えたと言って、第三次の最後の航海は自身の先行の発見をさらに越え、「北半球の未踏の道」をめざすことにした。マラスピーナは北の果てへの旅を「氷原の終る所」まで突きつめる。ラ・ペルーズはその『世界周航記』(1797) 読者に風向き図をよく見るように言っているが、そういう緻密の目をもって見るなら、「いつも霧や悪天候、壊血病と戦いながら、知られぬ汀《みぎわ》に歩を進み入れた」「地の果てへの」航海者たちに共感をおぼえずにはいられなくなるはずである、と。

ゲーテは自分が 18 世紀末という時機に ― というかもっとはっきり気球飛行家たち第一世代の同時代に ― 生れたことを幸運と言って大いに感謝している。その人たちの発見が見ていた何千という人間の中に強烈な憧憬《ゼーンズフト》をうえつけた理由を説明するゲーテである。ピラートル・ド・ロジエとシャルルが誰彼に讃嘆の念を抱かしめたのは、人間がかつて海を我がものとしたように、知られざる気圏をもついに宰領する時が間近と感じさせたが故に他ならない、と[62]。

見慣れぬ (strangeな) ものの放つ魅惑の主題は実にくさぐさ変奏されていく。アメリカ人ジョン・レドヤードはアメリカ・インディアンと数年一緒に暮らした後、異郷アフリカを探険したいという「激しい熱望」に突き動かされた。アレグザンダー・マケンジーは『モントリオール紀行』(1801) の序文で、この旅行日誌は軽薄に驚きたいとか、ロマンティックな冒険譚好みとかいう族《うから》に媚《こ》びることはなかろう、としている。その一方では自分のやろうとしたことの展望と真価について自ら信じるところも強く、「かつて原住民のカヌー以外のいかなる舟をも運んだことのない水域を私が探索し、色黒の原住民の目の前にいまだ一人のヨーロッパ人も現われたことのない荒原を私が横断しているのだと、よく分かってもらえているなら……自分で言うのも妙だが、この本は興味を掻《か》きたて、好意をもってもらえるはずなのである」と言っている。似たような経緯でルイージ・マイヤーは、オスマン帝国が「探索がほとんどなされていない異域故、ヨーロッパ人旅行者が入ったことなどない」としている。カナダへの途次に「人気《ひとけ》絶えた」場所はないかと、ジョージ・ヘリオットは「新地域探索」に出る。コンゴ川を遡るタッキーも「まるで新しい世界」にいる気がする。ブラジル原生林のコッツェブーは繁茂する巨大な「新しき世界創造」に呑みこまれていく気分になる。そしてアンデス。フンボルトが幾度も攻略したはずなのに、それはこの科学的研究者とその後継者たちに「なお探険されざる地」を示す。それほどにも南アメリカの地の生成のパワーは豊沃で、限りなかった。要するに死海東岸の「ほとんど未知の地域」に貫入しようというブルックハルトの試みから、オーストラリアの奥地《アウトバック》の「知られざる地帯」に行こうとするライセットの攻略法まで、発見者たちは自分こそが新しきものの先触れとなるのだという思いに「痺《しび》れ」たようになったのである[63]。

革新者とか一人独行の偉人にも似て、探険家は ── 仮に協働企画の一員という場合にしてさえ ──「全てを一人で」やらなければと感じていた。その業績の如何は、彼自身の目にも、また世間の目にも、それが先例のないものか否かという一点に掛っているもののように見えた。マルティン・ザウアーは彼の言い出した企てがいかに特殊なものなのか、要員のよく揃った北部ロシア地質・天文調査隊の多くの人間の一人に過ぎなかったにも拘らず、繰り返しこんなふうに言っている。「私としては［アラスカの］海岸に一人とどまって、未知の地域を部族から部族に訪ねるうちに道に迷うとか、こうした亀裂だらけの道を通ってヨーロッパへの道を見出すとかであれば良いのにと思った。そんなこと、狂気の沙汰と思われたことは知っている。しかし、この狂気、この熱い自恃の思いあれば必ずや成功した、と今思うのである」、と。このザウアーの口吻そっくりな集団行動否定というところを、ベルツォーニも持っていることが、「私の発見がひとりでなされたのは、自分の本は自分ひとりで書きたく思ってきたからだ」という言葉によく示されている。かくて本書が対象にした時代の初めから終りにいたる時代、研究心旺盛にして孤独な探険家たちは、自助独行の科学的天才に倣《なら》って自己成型していった[64]。

独力達成の神話より重要だったのは、本気の探険家に休息あるべからずという感じ方である。旅行家は立ちどまることはないのだ、と。ロマンティックな彷徨者と結びつけられる、どんどん過激化していく経験への休み知らずの熱情になるまでにはなっていなかったものの、探険者は日常的なもの、陳腐凡庸なものから離れていくべしというこの気合は、19世紀人士の逃避心理《エスケーピズム》の先取りとはなった。

ここでも独力独行の天才の性格成型が見習われる。バイイはその『科学起源論』(1777) でベーコンの意見を復習しながら、どんな進歩の形式にしろ、古代人の優勢をのみ云々《うんぬん》する怠惰な心構えによっていかに危険なことになるか、力説している。そうした知的懶惰《らんだ》の言いなりになってしまえば、近代人の努力は消えはて、あらゆる独創性に有害なる沈滞に取って代わられる。攻めを言うバイイの論は貴重だ。もし西洋の学者が中国の賢者を気取って、あるゆる物が東洋の家族や国家の構造を反映して安定し、不易でなければならぬなどと考えていたなら、ヨーロッパはデカルト、ガリレオ、カッシーニ、ニュートンを決してうむことはなかっただろう。これに対応するかのごとく、裁可されぬ例外的たる行いに出るよう、心も熱く、生の倦怠（*tedium vitæ*）も免れて、科学的旅行者は敢えて千辛の労苦を引き受けるのであった[65]。

目的を持つ旅は果然、苦労が多い。さらに、危険や不快事だらけだった。そのピクチャレスク・トラヴェル、ないしグランド・ツァーという敵手と比べても、発見の旅は困難、かつ外なる敵との戦慄的遭遇の機会がはるかに多い。

どんな18世紀の何もわからぬ水夫でさえ、太平洋探険がいかに危険かくらい、すぐわかった。一度出たら数年の間は完全に母港から切り離され、新しくできたばかりの環礁だの、水面すれすれの礁《リーフ》だのがあちこち伏在するほとんど海図なしの水域を行く当時の小型帆船は、屡々も尖岩に串刺しにされ、また気紛れな風や潮の言いなりにされた。狭過ぎる船内、厳し過ぎる規律、それに飢え、そして病。ブーガンヴィルは1768年、ニューギニア南端付近で、海岸探索を諦めたが、飢えた部下が帆桁や索具に使っていたオットセイの皮を食べてしまったからであった。ケルゲレーヌが書いているが、北極に向っていたところ、「周りで怖ろしそうな音をたててよく砕ける」巨大氷塊を目にした途端、乗組が恐れおののいたらしい。砕けもせぬ一面の氷原も怖ろしかった。コンスタンティン・フィップスが「レース・ホース」号、「カーカス」号が浮氷中に閉じこめられた時の様子を記録している。「氷は瞬く間に閉じて船の周りを囲んで、口と言えるものがもはやどこにもなかった」、と。南洋域への侵入者を待つありとあらゆる危険をゲオルク・フォルスターが記録している。テーブル湾を1722年11月に出発、南極圏への長い航海を開始したクック、つまりは「先例なき航路」に突入したことにもなる。突然、荒天と怒濤に見舞われる。この新しい状況下にどう振舞うべきか一切わからぬ科学者たちは、もはや毘藍《びらん》業風の慰みものに過ぎない。甲板は波に洗われ、全船室が水びたしとなる。「嵐が索具に吼え、波濤の雄叫びが激しい船の揺れと一緒になって、凡そ作業などありえない新しくも凄愴の光景は心から恐しく、これ以上ない不愉快であった」。ケルゲレーヌ島を包む濃霧の中、「レゾリューション」号は「アドヴェンチャー」号の船影を見失う。かくて「レゾリューション」号は「単船、南へ暗い潮路をたど」らねばならず、乗組たちは「その凍結の気象の危険」に、「沈没しても助けてくれる僚船なきままに」再び突入しなければならなくなった。そして一同、「この未踏の広大な広がり」の上に見棄てられなかったは良いが、「裸でからっぽ」の島々、「暗い陰気な島々」、「ごつごつの石の堆積」、「汚い穴だの、緑でぬるぬるした水中植物が一杯で、淀んでいるせいで異臭を放つ池だの」で満足せねばならなかった[66]。

しかしエデン神苑とも見える例外もあった。既に見てある。ラ・ペルーズはマウイ島の緑の海岸を一リーグ沖の船からぐるりと見て回ったが、光景に「恍然《うっとり》」となった。なにしろ近距離だから、島の良いところがいろいろと目に入ってきた。「船乗りになって、我々のように一日一本の瓶の水だけでこの暑い気候に立ち向かってみれば、我々が何をどう感じたかがわかるだろう。山々の頂上の木立ち、植物としてはバナナの木が集落を取り巻いており、すべてのものが言葉では表わせない魅惑を我々の五感に対して放っていたのが、海が大変な勢いで汀《みぎわ》に砕けていて、そして手にすることのかなわぬものを目で欲しがり、目で貪り啖《くら》うしかない我々はもはや永遠の欲望に渇くタンタロスの生れかわりの如くであった」。

ジョージ・ヴァンクーヴァーが怖れたのはハワイの縁水域ではなく、その破壊的火山マオナ・ロアであった。クルーゼンシュテルンとリシアンスキーは危険のもっと大きな予感を木々の美しいサンドイッチ諸島に感じている。しかし、「人食いどもの棲家の真中」にいると思うと湧いてきた「不快」も、滝や蛇行する小川、ココナッツやパンノキの叢林を見ているうちに「大いにやわらげられた」。

敵意持つ原住民や野獣になお屈したことがないとしても、いつもあったのが難破の危険である。フリンダーズの航海の随行画家だったウィリアム・ウエストールはマデイラで危うく溺死するところで、島で描いたスケッチをすべてなくしている。オーストラリアに向かった「ポーパス」号は暗礁にのりあげた。ややあって「カトー」号がそこに衝突、微塵に砕けた［図164］。「ブリッジウォーター」号にあったキャプテン・パーマーは絶望的な乗組たちを鮫が一杯の海に放り出したまま、救助しようともしないでバタヴィアに舵をとり、カルカッタ辺で、全員死亡の噂を流した。塩水の犠牲になったのはウエストオールのスケッチばかりではなかった。キュー植物園のための珍奇植物もなくなり、乾燥標本類、それからフリンダーズ自身の鉱物と貝類のささやかな蒐集品もなくなった[67]。終りない苦しみの心理とでも呼べそうなものをレセップスが巧く描いているのが、こういう文脈で見ると仲々面白い。その苛烈な感想 ── 旅の形式いかんにかかわらず、言えそう ── は、1788年冬にユーラシア大陸を舞台にした陸路の大胆不敵な探険行の所産であった。レセップスは書いている。「怒り狂った自然が障害をふやし、我々の苦しみを長引かせようと謀《はか》っているとしか思えなかった。誰でもいいが、これと同じ状況に置かれたことを想像してもらえば、次々襲ってくる障害から逃げられぬのがどれほどきついか、わかるはずだ。気を紛らせようとしても、忍耐強くあっても無駄だ。そしてついには体力尽き、理性の力も失われる。なにしろ終りが見えないというのが一番辛い」。唸る風、吹きつける雪、「怖るべき嵐」、あるいは飢え、実はどれもレセップスの文字通り薄氷踏む難局に比べればどうということもなかった。怒り狂った海と剝きだしの岸壁はるかに高く、レセップスは幅わずか2フィート、深さ1フィート［フット］の岩棚を四つん這いで渡ろうとしていた。彼が大口をあけたクレヴァスや打ちつける大浪を下に見て這い進む姿が仲間には見えず、手を出せない。なんとかなるのに45分もかかった。向う側に行ってしなければいけないことがあるのを思い切り投げだして、行ったところをずっと戻ったレセップス。それはそれで勇敢なことと言って褒めるよりあるまい。

レセップスの冒険は、1779年8月のヴェスヴィオ大噴火の時にウィリアム・ハミルトンが試みた大胆不敵な調査といい勝負だ。もの凄い火の輪が噴火口から広がり、直径2.5マイルまで呑みこんだ。この破壊の光景の壮麗美、崇高美の目撃報告を、ハミルトンはジョゼフ・バンクス卿に書簡でしたくてたまらなかった。噴火はさらに激しくなり、黒煙白煙がもの凄く高く上った。火山弾が本当に砲弾のように空裡に抛物線を描きながら降り注ぐ。隕石が夜空を裂き、流れ星が水平方向に流れては輝く軌跡をあとに残した[68]。

熱帯行く者たちにも似たような体力と大胆が要求される。ヴィヴァン＝ドゥノンが書いていることだが、砂漠の困難きわまる作戦中、彼が絵を描き、手紙を書こうとすると歩兵たちがテーブル代りに膝を出し、激しい炎熱に五体をさらして日蔭をつくってくれたという。モロッコ原野を吹き抜ける熱風《シューメ》に自らも何度か掴まったことのあるジェイムズ・ジャクソンが伝えているのは、ティンブクトゥからタフィレルトまで行くキャラヴァンに一滴の水もなくなった1805年の悲劇の顚末である。「真上にぎらぎらと照る太陽の息もつまる酷熱の下」、2,000人の人間と1,800頭の駱駝が干し上って死んでいった。パラグアイのヴィダルは、夏の耐え難い暑さと大変な渇きを覚悟するよう、旅人に言っている[69]。

止まない雨も同様ひどいことになる。フンボルトは1801年、降り止まぬ雨の中、疲れ切った裸足《はだし》でキンディウ峠を越えている。こちらも南米探険でリオ・コロラド地域に入ったアレグザンダー・コールドクラフも、ごつごつした道を山の急流が寸断する、フンボルトの見た風景を目にした。もっとも、フンボルトより幸運だったのは彼の案内人たちが、いよいよ雪線を越える時のために、足をくるむ羊の革製の履きものや腹巻を準備していてくれたことである。断崖から落下する「究極の危難」の場合にも体が濡れることのないようにという準備であった。ある登攀では一頭のラバが足を踏みはずすと千回も転がって底に落ちたが、「奇跡的に立ち上ると、よろよろと歩きだした」。山酔い(*puna*)といって隔膜肥大が起こると人夫たちだってひどいことになった。しかし何よりも性《たち》の悪いのは勿論疲労で、多くの人夫が倒れ、匙《さじ》を投げられ、無事谷に着くことなく死んでいった。

艱難《かんなん》辛苦というのなら、北限に挑む航海者たちだって負けてはいまい。ヘリオットによれば、ハドソン湾もデーヴィス海峡も、名状し難い寒気を発し、夜陰の中にも白く光る海氷群で危険になったのだし、フランクリン探険隊のような陸路の旅でも、ありようはちがうが、凍結、剝きだしの断崖、一見しっかりと固そうだが危ない雪といった同じような危険が一杯だった[70]。

ある特徴、ある欲望、ある動機はあらゆる種類の探険家に共通のものだったが、ある特殊な探険家にしか結びつかぬ(というか、それにはっきりと目立つ)特徴や欲望、動機もあった。太陽の光の中に飛びこんで行く「新しきイカロス」たちが地上に縛《いま》しめられた同胞を文字通り越えているのは、地上に彳《た》つ観察者、登攀家が苦心惨憺《さんたん》して成しとげることを簡単にやってのけられるにちがいないからというばかりではなく、そのプロメテウス的振舞いが地上人間よりはるかに自由をもたらす者と感じられていたからである。「現代の冒険航海者たち《アルゴナウテス》」は古代の英雄さながら、天空を強襲し、その気象《メテオール》から火を盗むのだ。気球飛行家たちはその定めの営みによって、プロメテウスの気を吹きこまれた天才が天空界に迎え入れられているというイメージを再定義、再活用した。神気に触れた詩人の坐して動かぬ象徴はシャフツベリーこの方批評家たちに受けが良かったのだが、それが今、生きられる生を具現体現し、自然からその暗い秘密を、天上界からフランクリンの電気、アポロンの光を奪取するという科学的目的とからみ合わされた存在に変わりつつあるのだ。

新たに進歩の使徒と解釈し直されたこの巨人族《ティターン》は18世紀末に、迷信ではなく啓明と科学を象徴する神話的形象をひとつもたらしたわけである。この人類愛に満ちた救世主、俗のメシアは忠誠心など説かず、物象の横溢に全身浸すことで自然を略取すべしと勧めた。人類の宇宙的解放を示すに飛昇の現象以上にはっきりした印が他にあろうか。こういう捉え方が1783年の『詩神たちの暦』に載った航空礼讃の一連の詩にはっきり現われている。「新しきプロメテウスたち」が風を縛《いまし》め、荒海を鎮めると謳う読み人知らずの一篇。すぐこういう重要な一聯が続く。

それは我れら生ける御世、
人々その目に見るは……
鷲から空奪わるるところ……

勇敢なモンゴルフィエ兄弟を讃えるアベ・オリエの「空航《わた》る頌」も同様な言語で綴られている。兄弟の偉大な発明品で兄弟は自然を切り裂いて、その「昏《くら》い隠れ所」に達するが、そこでは「もはやその秘密は隠れたままではなく」、そして「地には／ずしりと重く／腹に雷《らい》ころがし／体中ぐるぐる回る元素《エレマン》／その宏大な国を譲り／汝らの猛攻を／防ぐ壁をもはや持たぬ……」。ここでも「浮き浮きした雲の伴侶《とも》たち」は、「創り、発明し、配す」るプロメテウスに譬えられている。この感覚の延長線上でヴェルニナック・ド・サン=モールは兄弟を「新しき二人のイカロス」と言い、アベ・モンティはロベール・モンゴルフィエを「フランスのダイダロス」と詠じた[71]。

啓蒙時代の探険家がその一身に未知界征服を体現しようとすれば、詩的天才にどうしても科学的発明を接木《つぎき》する他なかった。つまり、それまでは想像力で仮想するしかなかったことを「リアライズ（*realize*）」、現－想したのである。この意味で気球飛行家－プロメテウスは阻むものなき発明精神を体現し、今までひたすらに神々の領域であった闘争場裡でした数々の発見に抽象知を身体化させ増殖させる営みを具現したのである。船乗りや陸行く旅人より一段と明確、一段と強力に、気球飛行士は、馴致された地球の陋巷《ろうこう》と規則のがんじがらめから人々を解放した。その鴻業《いさおし》によって人々に上を見上げること、いずれJ・M・W・ターナーとジョン・ラスキンが自らの圏域とするはずの上の世界を探索することを教えた。それから19世紀の旅行喜劇、そして結末の見えない真面目な探険記への道を開きもした。気球飛行家は真に裸の自然をさらし見させ、その中で人間の自由いかなるべきかを示した[72]。

自我を突破し、彼方の世界と接触したいという気持ちは、飛翔したいという、そして飛翔したくないという気持と深く繋がっている。場所に根をおろしていたい、あるいは大いなる人外《にんがい》絶域に自失してしまいたいというのが、18世紀動向の二極を表象している。アディソンも言っているように（『スペクテイター』第415号）、人間精神は何にしろ抑制してくるものを嫌うが、同時に、この批評家その人の時代に一個の現実として認められつつあったもの――空間の飾りけない深奥――を怖れてもいた。この幽閉と飛翔の緊張感が、1804年の8月と9月、物理学者ゲイ=リュサックおよびビオの試みた「実験飛行」についての記録にはっきりと読みとれる。「地球表面に閉じこめられていては、気圏上部に何が生じているか直《じ》かに知ることなどできはしまい。気紛れで手に負えない天候気象のどんな変化も、ごく僅かな単純な原因の組合せで実は生じていることに間違いはない。もし科学者が雲居の彼方に貫入し、雲の形成の状況をつぶ

図 256
A. Caldcleugh, *Crossing the Cordillera,* from *Travels in South America* ..., 1825, II, frontispiece. Aquatint by Edward Finden after drawing by William Daniell. Photo courtesy British Library.

図 257 Anonymous, *Balloon over Mount Etna.* Nineteenth century. Watercolor. Photo courtesy Library of Congress, Landauer Collection.

さに見、どれが卓越風か見きわめることにもなれば、こうした壮大な作用を隠しだてする面帕《ヴェール》をば、一部はめくりあげること必定《ひつじょう》と思われる」[73]。

制約も障碍もない。パノラマが意味し、気球の空中祝祭に体現される自由は、ごみごみした都会の中に幅広の広場を取りこむ 18 世紀都市計画や建築ユートピア家の脳裡をはなれなかった解体《とりこわし》の夢想に、その先蹤《せんしょう》を見る。モナ・ウズーフも言っているが、こうした境ない虚は記憶なし、とは即ち歴史なし、伝統なしという強味があった。こうしてそれは特に空行く旅、広くは人間のいない実体への旅一般にぴったりということになるのだが、社会や文化の濃度を特

図258　Naigeon, *Apollo Welcoming Charles as the New Prometheus*. Eighteenth century. Aquatint by F. A. Tilly. Photo courtesy Library of Congress, Tissandier Collection.

図259　Anonymous, *Caricature of Balloon Travel*, 1843. Engraving. Photo courtesy Library of Congress, Landauer Collection.

徴としない生《き》の世界への入口だからである。文明の痕跡がまったくないというので、気圏上部は何しろピクチャレスクなもの、定まった型が積み重なり、時代がかった錆《さび》をふいたものへの強烈な否《ノン》となる[74]。汚れなき自然は虚空《こくう》にというこの感じがいかにはっきりあったかが1784年に出回った逸名詩人の英語へぼ詩を読むとわかるが、「大王」に、「その臣民、自由にならんと誓い、／自由を空裡に求む」と警告していた。

少し高いレヴェルでは、ゲーテがスイス──自由の国という伝説の国家だ──からの書簡に、「果てなき空間に飛び込みたい」と記している。ちょうど最も卑しい土くれに「貼りつけられ」ているように永遠に「高い所で這《は》い進み」、一番高い岩に「引っ付け」られる運命なのかと悲痛な問を発しているのだが、この嘆きはそのまま求心力から逃脱する気球飛行家の特権的能力へ裏返る。未踏の海を股にかける現代のアルゴナウテスは、ギュダン・ド・ラ・ブルヌルリの詩、「気球昇空」によると、結局、ニュートン流の引力の鎖の役に立つ。

去り、昇り、紺碧《こんぺき》が原に求めよ
……南方の氷の上を穏やかに滑れよ。
北の炎《ほむら》の央《もなか》に大騒ぎし、
かつて禁断の気圏も汝が骨折りで
開かせては我れらに服《まつろ》わしめ
我れらの長上に示された領域を広げ、
……地球最縁部に到れ……

トマス・ボールドウィンの言葉を借りるなら、「地球とはまったく没関係、地球には無関心となった」気球飛行士は、もっと六塵俗界に近い所では現－想不可能な自由を経験した。（クックやラ・ペルーズが体現した）船乗りの危険な生は、たしかに長い間陸を見ないことと、「どこを見ても水、水、水」の手強《てごわ》い世界であることから独立不羈の精神が養われこそすれ、足もとに何もない（baselessな）ことから来る根無し感覚では空裡の生の敵ではない。たとえばフンボルトのように、ロンドンに住んで熱帯を夢み、地上で遠方にあるもの、後方に退くものに憧れる陸路による探険家も、足もとがない無底の（foundationlessな）世界に逃避するまでの気にはなれなかっただろう[75]。

旅人たち（とりわけ気球搭乗の旅人たち）が幽閉の壁を突破して開豁な空間へ出て行きたいのだという議論は、発見の企て全体が一定の個人的自由を許す領域があることに掛っているとの前提に立つ。科学者たちは17世紀以来ずっと、思想と議論に制約あるべからずという原理でやってきていた。この率直さこそが古代の権威に歯止めをかけるにも、既成観念に抗う新しい発見を促進するにも必要だった。博物誌を編むに必要なのと同じ種類の研究がやがて人間を自然の霊長にするだろうというフランシス・ベーコン卿の言い分が、マレとモンテスキューの気象理論と絶妙にブレンドする[76]。この仮説によれば、自由への本性的本能、単純な生活、そして一地域本来の性格特徴の間には有機的関係が存する。かくて英国には独立の神話があり、スイスには「不毛なれど聖なる自由の砦」神話があり、西洋文明の錯雑を知らぬ安逸楽土の南洋神話があり、邪魔されぬ放浪のラップランド神話があり、「乱されざる静謐と独立、そして自由」のアフリカ砂漠の神話があるのだ[77]。

かくて探険家は、飛行《ひぎょう》を言う場所愛《トポフィリア》の欲望を表に出せる未知の領域にと誘われるので、ある地域が ── 彼の故里郷国とはちがって ── 社会の諸制約から自由とする感覚がうまれてくるのにも力を貸す。開豁と横溢のアルカディアが存すると信じることが原因のこの二重性の核のところには、あらゆるエピファニーの形を帯びて旅は人を物象世界の核心へと戻し、垣根なき始原の意識の清浄にと戻す力を持つという確信がある。

山脈を越えて行く登攀者にしろ、上空の雲間に姿没する昇空者にしろ、これら休むことを知らぬ追求者たちは何か（未貫入の充溢《プレヌム》）へ逃げるばかりでなく、何か（閉所恐怖症）から逃げてもいるのである。最近の批評でわかってきたのは、牢獄のイメージと一緒にされる抑圧的な閉空間は執念《しうね》く救済論的（soteriological）なシンボルなのである。プラトニズム、ネオプラトニズムの洞窟神話で説得力を発揮する観点だ。『国家』第7巻を見ると、枷《かせ》をかけられた人間たちが目にするのは地下の壁の上にちらちら明滅する幽霊のような影のみである。この力あるアレゴリーは、より深い真理に心が盲目であることを形にして見せている。プラトンによれば、人は五官の獄《ひとや》に呻吟しながらも、変化《へんげ》果てない仮象界を去って、無時間の真と理の領域に向け、上向きに孜々《しし》として旅していかねばならない。霊性（*anima*）が身体に閉じこめられているとするこの定式が、初期教父たちからパスカル、ヴォルテール、そしてヴィクトル・ユゴーにいたる西洋の文学伝統全体を養っていくことになる二分-寓話を形づくった。二分された身体と精神を最後にひとつにしたのが、現象《フェノメナ》のはざま行く航行者としての役の探険家である。

美術の世界に目をやると、得測られぬものを壁中に閉じこめること、形になりにくい霊性を身体化することが忘れ難い強度で生じているのがピラネージの『幻想の牢獄（*Carceri d'Iinvenzione*）』という連作銅版画である（1745、1760）。それら半暗の牢獄は、恐怖からうまれる崇高美にバークが与えた定義を完全に先取りするばかりか、魁偉とも言うべき巨大さ、地下世界の圧倒的存在感で、誰も逃げられない無限と、じめじめした有機の腐敗を同時に暗示している。このヴェネツィア人建築家による人工の亀裂は抽象的な庇護、善意の空間を囲いこんではいない。身体的に経験されたものとして孤独と沈黙、攻撃誘発性を強調する空間を納めているのである。人棲まぬ空虚が怪物的な仕方で膨れあがり、増殖し、広がり、時間の物理的歪みを伴うが、時間は部屋そのもの同様、伸びるか崩壊するかする。この人工深淵の不可視の住人は自己定位できない。パスカルの窮状に惑い、今や可視のものとなった空間の俘虜となっている[78]。

ピラネージが圧倒的に視覚化した宇宙規模の地下牢《ダンジョン》は探険の暗黒の半面と響き合う。妨げるものなき拡張はジャック・シャルルの喜悦の極にばかりか、完全な方向喪失感 ― 未知にして不可知な大展望に対する一種パスカル的な恐怖と忌避 ― にいたりもする。広過ぎる空間で息が詰まるというパラドックス。南米の大草原《パンパス》や太平洋や大気上層部を終りなく行く。どこまでも同じ地平線、水平線。気圏のどこを見ても茫々漠々。自由過ぎるという感じになってくるかもしれない。こうして知覚的引き裂かれ《アンビヴァレンス》が理解されて、探険がついには外界から離れて精神の私的領域にと内攻していっただけではなく、閉空間の観念が再び頭をもちあげたまさにその時、こういうことになったというところが厄介きわまる。

新しい土地への攻勢が長期間、持続的にやられたというそのことで逆に、新しい機会というものがなくなってしまった。かつては広がり、限界がなかったものが今や規範《コード》化され、限界付けられていた[79]。自由で進行続きの拡張には、この営みの性質そのものに根ざす法によって、止むなき自閉の現-想が続いた。環境が制約をうむことがわかりだしては慄然とせざるをえない。一度踏まれてしまえば当然もはや未踏の地にはなれないのだ[80]。

さて本章では、限りある旅行家が限りない知覚情報をどう処理し、どう秩序化したかを集中して見た。見る、知るという彼の全力投球は、我々がつぶさに見てきたように、18世紀思想にとり憑いた圧倒的なひとつの認識論的、存在論的問題に属している[81]。事実を求めて旅する者は世界を知り、構造化することの問題含み（problematics）を典型例として示す。職業柄、問い続けるのだ。何がリアルなのか、と。仮借なき精神作用と限りなき物象の流動が、ある瞬間に、いかにして結びつき得るものなのか、と。

第6章

外なるもののヘゲモニー

> 視覚は有機体の過去、現在の行動と密にからまったものなので、全体的、統一的、総合的な行動システムによって解釈されなければならない。
>
> ——アーノルド・L・ゲゼル

新しい風景の爆発に直面して実体探索の旅人たちは、そこから世界を検証するための正しい、歪みの少ない視点（point of view）はという難題を抱えることになる。前章では物象宇宙を空間的に組織させてくれる、共有された構造体のレパートリーをさらってみた。現象の真の形を知覚したいと願う博物学、自然史の人々は、経験的観察の追求と分類学的秩序化原理とを結びつけた。彼らは追復可能な経験の分析から得られた情報を、自然の世界に対するパーソナルな研究と結びつけようと腐心した。この説明行為は視点（perspective）が果たす役割を、とはつまり空間中に場所が移動していくことばかりか、生きられている時間——旅するプロセス——にもいろいろあることを考えに入れることの重要性をも自らに含む。旅行者は意識して自らをある状況の中で観察し、それを正確に記述しようとする。さらに、彼が先へ進むほどに、その目、その判断とも、状況に応じて変わっていき、この視と思のプロセス全体が刻々と変わる。こうして、真摯な観察者たらんとすれば、正確な知覚の融通無礙《むげ》を自然仮象の変化《へんげ》自在にぶつけるわけで、疲れたなどとても言っていられないはずだ。

世界を帰納的に理解する／意味《センス》あらしめる（make sense of the worldする）のは人間の精神（mind）である。人間の知力（intellect）こそが物質の連続体を、視覚的発掘行為によって二項対立的に構造化して、垂直、水平の非連続的な推進力《インパルス》にする。それが時間を、持続（*durée*）の個々の成分をはっきりさせるために分けて分節《セグメンツ》にするのと同断である。しかし発見者は現象を現象そのものの内的な時間・空間に従って解釈しようともする。つまり事物内部からという視点に即《つ》くことで、事物をいわば内から見せることができるのだ。自らの知覚作用を、（啓蒙時代の哲学が示した）熱流動的《エントロピック》な物質構造と一致させた時、旅人は物質と精神、二極の世界を一極に統《す》べた。このことが生じるには旅人の凝視（gaze）、視野——というか、もっと限定して、ある正確な一瞬における旅人の瞥見（glance）が、ごく一瞬のことにしろ、物質の生のある特定の瞬間、その歴史の一局面と一致することが必要である。こうしてヒトのパーソナルな視点が自然の振舞いの一定時間なり一時機と調和しうるのである。

環境に対する統合的知覚のふたつの不可欠な条件として、空間と時間は、自然が混沌に見えないようにということで、システム化を要求する。18 世紀の旅行家たちは、視覚は文化的に決定されているとする近代的感覚でまだ動いてなどいなかったのに、ものを見る見方にもいろいろあることはちゃんと知っていた。宇宙を秩序化するのに、ある者は徹底的にディテールを積みあげるが、別の人間は大雑把な輪郭で足りるし、このふたつ混合という者もいる。光学パフォーマンスにもいろいろ種類があり、遠くとか未来とかの事物・事件に注意を向けられるものもあれば、直近の事物・事件がもっと重要とされるものもある。ある視覚モードでは現象はまず見る者との関係で知覚されるのであって、現象同士の関係とか、現象そのものとかを見られることはない。かくて探険家は自分と現実とを選択的に適応、適合、連繫させることになるのだが、ただ単に個人的なものが加わらないようにしながら、文明にとって未知の事物がそれらが決め、枠付けした時間と空間の中で生き、運動する様を個別に見、個々に判断しようとはすることでそうするのである。

●直《じ》かにが大事

物象世界での科学的探険家の探究者としての役割は、身体で直《じ》かにする経験をそっくり写す行動《アクション》－言語の使用を必要とする。かくて、探険家が都会生活の拘束を逃れて未知世界に飛びこむとは、お定りの時間の制約からの逃脱をも示す。そうだろう、全てが新しいという場所で、現在時制以外の時制《テンス》はおかしい。

夢想（reverie）という観念を繰り返し前に出すことで、18 世紀の著述家は自らがいかに直線的時間（rectilinear time）と劫初《いやさき》の時（time immemorial）の根本的ちがいにこだわっているか、示す。直線的時間は、そのままであり続けることがその進行が外からの攻撃や破壊にいつもさらされているため不可能である事象の連続を表わす。劫初の時間の方は純粋持続（pure duration）だ。不純物なしの充溢《プレヌム》で、そこには反復、追復は一切ない。切れ目なしの永遠の今が続く。これらの時間的様態を ── 絶対的に解釈して ── それぞれ都市の時間、自然の時間と名付けてもよい。後者は人間のあらゆる記録より前のもので、つまりは社会と政治の有為転変一切を免れている。ボネが植物論で言っているように、植物たちのありようは「我々には存在というよりは、ただ有るというだけの感じに見える」。しかし既に見たように、その素材、その「生」は永遠であり、脱文化を、前論理に向けての退行をめがける表現的瞬間で形づくられている。かくて、自然の現象《フェノメナ》は世界の中にある（being in the world）という始原にして基礎的な経験を体現していることになる[1]。

（一番はっきりとは）ルソーとセナンクールが夢中になったこのよくわからない心的状態を持ちだしたのも、風景の特徴の現実に生きられている時間と媒《なかだち》を介さず混ざり合うということらしいので、一見正しいことのように思える。しかしサン・ピエール島でのルソーの間狂言《インタールード》は、その瞬間の強度に迅やかに没入する旅行者のそれとは根本的にちがっている。

夢想（reverie）はごたごたとからみ合ったイメージに即《つ》いて、明快な思考を避ける。白昼の夢想者は心的印象の只中に迷うばかりで現象は見ず、事物には一向に乱されることがない。つまり、彼自身の意識と外なる事物が時間的、空間的に別物ということがわからぬまま、手触りある形で関係したり、貫入したりということのない一世界にずるずると入りこむのである。このずるずるの滲入状態（immersion）は、ガストン・バシュラールに言わせれば、柔かく包みこむ性質を帯びた曖々然昧々然たる相手が一番惹《ひ》き起こし易い。靉靆《あいたい》たる霞、水含む蒸気、融けてしまいそうな霧といったものが、縫目なく破綻も許さぬ夢見情趣をつくりだす。実際、古来の体液理論が大前提としていたのが、身体と精神の間に隠れた共感が作用している上、この関係は空気と水、そして場所柄からさらに影響を受けるということであった。ヘラクレイトスやアポロニアのディオゲネスの断片的行文を見ると、水気が思考の敵とする考え方がいかに古くからあるかがわかる。水の放散は知力を抑え、乾いた霊魂が一番知力に活力がある、とする[2]。

こういう環境理論の下にドミニック・ブーウールは海について考える（1671）。ウジェーヌもアリストも、潮の満ち引きの曰く言い難き何か《ジュ・ヌ・セ・クワ》に催眠されて、とり止めない瞑想に捉えられていくのである。ヴィンケルマンが没時間と、動いているとしも見えぬほどの水を重ね合わせたのも、けだしここいら辺のことであろう[3]。

ルソーが「散歩その五」で言う静かな流体のことに戻ってみよう。ビエンヌ湖の明滅する光が彼の意識じゅうに何努力もなく直《じ》かに乱反射するのである。数時間の間、この浮遊の弛緩状態に彼の精神はずっとあって、「千もの混沌とし、しかし甘美な夢想にと飛びこみ、そこに何かはっきりと何と知れる、一定した事物は［見え］なかった」と、ルソーは読者に念押す。批判の契機を欠くこの自己没入は真澄の空を見、透明度抜群の湖面をのぞきこむことで惹き起こされたが、このふたつともが自分たちの姿でなく、ルソーその人の空想の静謐を映し返してくるだけなのである。時たまに「微かに思惟」の頭もたげることのないではないが、切れ目なく岸辺洗う湖水が揺籃のように彼をゆすると、このあるかない印象もたちまちにして消えてしまう。こうして彼の知性は宙吊りのままで、事物に即くことを初手から禁じられている[4]。

ルソーの仲々忘れ難い船遊びこそは、眠りとも覚醒ともつかぬ間に知覚、判断力が徐々に、手もなく圧されて、漂う観念に覆われてしまう遊惰の時間の典型であろう。こうして夢想（reverie）は人間が自然と接し合うことの、ではなく、むしろその支配から記憶なる干渉者の力を借りて離反することの表現なのである。まるでピクチャレスク庭園そっくりだが、想像力が幻妖《キメラ》じみた感覚から、わけなく別の感覚へ流れて行く。この漂遊者は外なる世界と出合うことはなく、一瞬そのかたわらをかすめるばかりである[5]。

一方、自然の中のある目立つディテールを理解しようとすれば、そこはどうしても精神に集中が必要で、これは夢想の対象欠く長引かされた瞬間とは逆のものである。美的に見ようと物象世界のある面にかかずらうとは、つまり積極的にコンテンプレート（contemplate）、観-想することである。この努力を要する知的、精神的営みはプラトン、プロティノス、アウグスティヌス、ボナヴェントゥラ、カント、そしてショーペンハウエルによって是とされている。これら個々別々の哲学者が、自然美の研究が自己-放念（self-forgetfulness）を養い、ルソーの瑕瑾《きず》となった自意識過剰の唯我独尊を克服してくれるとする点では皆一致していた[6]。

宇宙を前にしての畏敬の念涵養を言うこの古くからの伝統に、18 世紀はさらにもうひとつ次元を加える。第 1 章で言ったように、科学的探究は探究に根本的な無私（disinterestedness）を、弛《しま》らない自己-表現の追放をも要求したのである。神を讃えたいとか、人間の視点を投影することで自然を主観に染めたいとかいうのでなく、ともかく知りたい、言葉と物を一致《マッチ》させたいと願うことから、当然そうなった。認識する観察者はその意識を、一時自分を呑みこんでくれる事物の中に、つまり文字通り自分の外に置くことができた[7]。

しっかり覚醒して見るわけだから、骨の折れる仕事である。夢想の受身な吸収とは対蹠《たいせき》的である。つくりあげられる天才を言う理論がここでも役に立ちそうだ。『百科全書』の言い方を借りれば、「天才（*génie*）」を与えられている人間はあらゆるものに「衝《う》たれる」。入ってくる情報を終りなく同化し、適応していくよう仕向けられている。さらに彼の「観察趣味」は迅速という要件もある。知りたいという一瞥は「迅やかに」事物の内部を表沙汰にするからである。あっという間にさぐりとる知覚の言語は、バイイによれば「休み知らずの精神」と結びついている。自在無礙《むげ》の知性がこの異能の人物を、彼自身の向こうにというだけでなく、「世界の諸領域、自然のあらゆる圏域に」移す。こういう勧めの底流にベーコン流の理想があることは、自然を往昔《いにしえ》からずっと知識欲ある人間たちに包囲され続けた要塞だとしたサン・ヴィクトル［のフゴ］流の絶妙の比較をバイイが繰り返すところで、はっきりする。

偉大な精神の敏活俊敏を讃える点では英国人も変りなかった。スコットランド常識学派のアレグザンダー・ジェラードはこの機敏を、人を「これといってはっきりした目的もないままに広いばかりの野に」つれ出す「役にも立たぬもの思い、とめどない夢想」の真反対のもの、としている。真の天才は「定まった方向に行く」、とジェラードは言った。実際、この知的エネルギーは「一瞬にして天壌間を走り抜けることができる」、と。呼応するかのようにウィリアム・ダフも、この種の知性が「精神を迅やかにそれ自身の外に出す」、と言っている[8]。

実際的目的を持って動的に観-想する。それが科学のプロメテウス的英雄たることの標識である。遠心的な観察が分析力を外界の事物の流動にささげよと要求するのであって、この観察は夢想（reverie）の意味する受身とも、宗教者の瞑想（meditation）に典型を見る自己自我への静かな集中とさえも無縁である。エントロピック・コンテンプレーション（entropic contemplation）！ 観察者をして外なる現象に選択的に没入させるにいたるこの熱流動モデルの観-想は、物象事物を一時的にその流動からひとつだけとり出すばかりか（いわゆる「自然の傑作」がこれだ）、凝視がかく何かを見《み》-凝《こ》らすその現実を動かす寸刻を同時にちゃんと意識させもする[9]。

一個の活力溢れる大地のモニュメントの崇高と巨大は、事実、それを世界の他の部分からひとつ別に浮かびあがらせるばかりか、似ることが避けられぬ何かが人間心裡に生成されるのに力を貸す。事物を記録するのに費される時間には空間と時間の座標軸での定位を含む。入り込みのこの強力な瞬間を正確に捉えることに、瞬間を経験することへの関心が強まっていたことの原因のひとつを求められるかもしれない。巨大一枚岩《モノリス》に自己を没入している旅行者は最初の一瞥でその全体を摑む。というか、一人の個人の最初の知覚の統一と、知覚された瞬間にその全体の姿を示す事物の統一の間に、一致、もしくは重合がある。この「孕みの時」― ここでは何か実際の事物の与える具体的なインパクトの謂《いい》で、言葉や絵でする物語中の焦点化装置のことではない ── は長々しい時間的連続とは相いれないし、感覚の一様な流れには断絶を入れるのだ。空間軸の中の一点についてと同様、時間軸の中で一点を正確に位置付けすることで、とりとめなく連想で動いていく精神の運動は制止されるか宙吊りにされ、そうやってできる濃密で豊かな可触の経験の中、空間領域のある部分がその意味を直《じ》かに、意識の感受器に伝えてくる[10]。

瞬間が高く評価されるようになったもうひとつの原因に、束《つか》の間の、あるいはこれ見よがしに揺れ止《や》まぬ現象はその建前からして、いかなる全体感覚、永続感覚とも相いれぬということを博物学の連中がわかっていたことがある。こうした効果は相貌の変化という形をとる。こうして『死火山研究』(1783) のフォージャ・ド・サン＝フォンは、玄武岩塊「マイア岩」の瓦解の断片中に「混乱と地異の瞬間」を認めることができた [図 237]。

変化を目に止める機会は、火山がなお活火山であれば、もはや僥倖である。ウィリアム・ハミルトンは、観察者はヴェスヴィオ山の間欠的な噴火を、それらが発生するに「間髪入れず」観察せねばならないと言うが、「ほんの二、三日も過ぎるだけで」、新たな噴気孔はできるは溶岩ドームは盛りあがるはで、現場の「容子《さま》」は一変してしまいかねないからである。ウーエルはストロンボリに観–想の目を凝らしていたのを、この流動性マグマ火山が雷《らい》ととよもすや火山弾を大気中に噴き出すのに喫驚させられた時、画中に異変を描きとどめることで、変化を絵にしおおせた [図 149]。ゲオルク・フォルスターはニュー・ヘブリディーズのタンナ島で、島の火山の目に見える変化を丸一日、分刻みで追跡している。アイスランド付近に忽然と現われた小島探索のエディは、そういう平野からばかりか「大洋の高い波間」からも火を噴く山がいかにいたる所にあるか論じている[11]。

いつ何時来るか分からぬ破滅への 18 世紀ナチュラリストたちの予感が、崩壊三昧についつい目の行く語彙に罩《こ》められて、いたる所にある。地球上のあらゆる地点にフォルスターはそれこそ「いつ何時」崩れてもおかしくない高峰を認める。ドゥリュックは黙々と攀《のぼ》る登山者の上に轟然落ちかかるアルプスの雪崩を「大爆発」と呼んだ。ド・ソシュールもスイスの来ては去る破壊の自然誌に記されたさらなる 1 ページを読む。モンタンヴェール氷河の立ち騒ぐ海はグリンデルヴァルトとはちがって、数千年前、その表面が窪み、逆波《さかなみ》が立つ「瞬間」には凍結しなかったが、後に風がおさまり、波頭も立たず漣《さざなみ》になる「刹那」に凍ったのだ、と [図 197・198]。スコールズビーが言うには、極の氷河は「大きな滝が流れの最中突然止まって、巨大な霜の力によってその場で氷結したという気配」である。一分半でコンセプシオンの町を倒壊させたものを含め、大地震も、ほとんど瞬時に生じた瓦礫の混沌裡にその「致命の激震」の消しがたい記録を遺す[12]。

特徴ある標識を瞬時に、あるいはゆっくりと遺す大地の営みと良い勝負なのが気象現象の止むことなき変化《へんげ》であった。「エンデヴァー」号上でバンクスのつけた航海日誌を見ると、「熱帯域に入るや否や、空気が著しく熱くなったわけではないが、湿度がはっきりと増した」、とある。このはっきりした「現場」感覚は、パタゴニアに向かう途中で遭った流星についてのウォリスの、それは「水平に一本の筋となって信じ難い (驚異的な) 速さで南西方向へと空を走」ったが、「ほぼ一分の軌跡」であったという報告などにも、たしかに窺われる。インド洋のル・ジャンティは「一分ほども」現れた奇妙な光る「煙」について思いを巡らせる。水なき大草原《パンパス》の平地に貼りつけられながら、ヴィダルの疲弊して喘ぐラバたちが突然、鼻をひくつかせ始める。その刹那には「空には一片の雲もなかった」が、二分もすると「猛烈な雷鳴と閃光、沛然《はいぜん》たる雨」がやって来る。インド英軍とともにあったソーン少佐は、インダス河畔からデリーへ100マイルの地域にまで広がる、何もない赤い荒原《デザート》に、いろいろ大気の珍しい現象が生じる様を記録している。

> 我々の左手にはどこまでも、まるで大海の波濤のように、荒寥茫漠の砂山、また砂山が続き、時々アラビアゴムモドキ（*Mimosa Arabica*）が散在する位であった。この宏大な荒地の正面から右手にかけて、目はアフリカやアジアの荒地にしばしば出現する、フランス語では「ミラージュ」、ペルシア語で「シラウブ」と呼ばれる蜃気楼に欺かれた。この偽りの光学は、樹木その他のあるゆったりとした湖や川の姿を、五感忽ちに瞞されるほど生き生きと現前させる。……我々は自らの想像力に甘く、すぐその気になって期待と幻滅の間に翻弄されることが多く、しかし楽しい幻は今まさに満願成就という刹那、タンタロスの盃さながら忽如消え、我々に残されるものは、輝く灼熱の砂の乾き切った平原のみである。

気球飛行家たちも、時間展開に突然裂け目ができたことの記録を遺している。ピラートル・ド・ロジエは、どんどん展開していく光景を11,732フィートの高度から見て、「一分で」冬が春になったとしている[13]。

気球飛行家の自然走査たるや最広にして最狭な経験、そしておそらく最も瞬時の経験であるにちがいなかった。トマス・ボールドウィンはチェスター上空を飛行しながらの覚え書きに、この奇妙な二律背反のことをメモしている。眼下の地勢が、今白い雲のヴェールに覆われて見えなかったかと思うと、突然の雲間から「二、三秒の間」見える。地上の事物は「ほんの一瞥」で垣間見られたかと思えば、また見えなくなる、その繰り返し［図100］。周期的に見えたり、見えなくなったりする展観に魅了されたのはジャック・シャルルも同じだった。シャルルは1783年11月21日の黄昏《たそがれ》時に昇空し、同じ24時間の中で日没を二度目にする喜びを味った。急速に暗くなっていく高所から、「数呼吸の間、虚空を、そして地上の蒸散気が谷や川の中心部から昇って来る」のを目撃した。雲は「地より湧き、常の形を保ちながらどんどん上へ上へ積み重なっていくように見えた」。この「名状し難い恍惚、この忘我の観想」のさなか、猛烈な痛みが鼓膜を襲って、シャルルはあっと我に帰ったのだった。気球「グレート・ナッソー」号搭乗記のモンク・メイソンは、「余りに独特、余りにも根本的に特異な」移動方法なるが故、そこで得た知覚も当然新奇なものだ、とする。「地上との最後の繋がりが断たれるや否や、あるのは完全な安息、これ以上ない深い静寂である。［浮揚に伴う激しい揺れにあがくことの］全ては一瞬のこと。瞬後に来る静けさはまた強烈なもので、一瞬だが他の一切のことが頭にない感じである」と書いている[14]。

事物は瞬時にして変るという議論と関係があるのは、事物は刻々に変っていくという観察である。ボワジュラン・ド・ケルデュが、マルタ島海岸部をずっと航行しながら、その海岸線近辺にあって「刻々に」姿を現わしてくる岩、山、湾、洞穴洞窟がいかに多様でまちまちであるか、に驚いている[34]。「刻々に（*à chaque instant*）」という言い方、英語でそれに当る言い方は、正確な時刻表示と一体化すれば、もはや無敵だろう[15]。

生きられた探険、というか探険を生きていくその時間的プロセスを直《じ》かになぞれるか否かに賭ける旅行記の仕事にとって、こういう知覚第一の主張は重要である。結果、正確さを示すために自然現象ははっきりこれこれの時間にと言われながらなぞられることになった。コルネリウス・ル・ブロインがペルシアのタウルス山に登り始めたのは「午前3時」であった。岩で凸凹のひどい険しく巍然たる絶壁に夜陰がさらに「恐怖」を加えていた。フォルスター父が燐光の明滅を目撃したのは1772年10月30日の前夜のことであった。海は「一面火の如く」で、砕ける波頭は、船の側壁が海とふれるすべの場所で輝きを放つ」のであった。

はっきりはしているが束《つか》の間の効果を捉えようとすれば、見る者はある正確な瞬間の相手に焦点を当てる他なかった。そのあたりの緯度ではクルーゼンシュテルンはほとんど毎日、海が「光の煌《きら》めき」で冷たく輝くばかりなのを目にする。しかし10月8日夜8時には、そこいらじゅうの水の輝きを断ち切るように絢《あか》るい火球が走るのを目撃した。北西方向に忽ち姿を消したのだが、その光が「余りに強かったため、丸一時間後にも、同じ方向に一本広い明るい線がなお確認できたほどだ」。ライオンの『私記』（1824）には、「徐々に二時間もかけて」完璧な虹が消えていった時のことが記されている。強風もあり、「鯖《さば》雲や馬尾雲」があったのに、虹の輪郭は薄れもしなかった。ガルヌランは1798年8月4日、ティヴォリから初めて夜間昇空を試みた。濃い雲で、下でちらちらしている角燈も見えなくなるほどだった。しかし、「二時頃、星が見え、流星が何個だろうか、気球の周りで舞うのが見えた」、とある[16]。

期待感が——新奇さが絢爛味が、そして危険が——瞬間を充電し強化する。アイスランドの間欠泉グレート・ゲイザーの噴泉を見た後、ジョージ・マケンジーは「決して見飽きることなどあり得ない」体験を何としてももう一度と願う。驚異の可能性によってさらに研ぎ澄まされた期待感を抱えるまま、午後11時30分まで待つ。「ついに」、と彼は報じている、「喜ばしい音響が耳を衝《つ》いた。……今まさに自分の眼前にあるような真夜中の絶景など、そうそう見られるものではあるまい。……怒り狂って、豪勢な噴射をひと続き噴いたが、一番高いのなどはどう見ても90フィートはあった。今回は私はスケッチに描き、それを版画におこした［図168］」。フランスのアイスランド、グリーンランド科学探険隊（1835－36）に参加した地質学者のウジェーヌ・ロベールが、暗い「火山の大動脈」の大穹窿《ドーム》、サートスヘリール洞穴の下で、どういう「凄愴美」「圧倒的静寂」を験《けみ》したか、語っている。この人気《ひとけ》絶した場所に堆積する雪が穹窿にあいた穴からの光に照らされていた。「我々がこの巨大な天然の氷河に足を踏み入れた瞬間、この穴から一条の日の光《め》がはすに入ってきて、我々の持つ松明の光を嗤《わら》い、内奥を一層昏《くら》い所にした」、とロベールは書いている。同様に、太平洋の何もない高緯度海域に浮く巨大氷山に衝撃を受けたのがJ・R・フォルスターである。彼が『観察旅行記』（1778）に記しているところでは、1773年12月26日朝、乗組たちはマスト上から186の氷山を数えた。急な変化も――かつてなら無から有へといった変化も――ここでは必ずしもいつもいつもそう劇的なわけではない。同じ旅行記でフォルスターが海の色を論じて、色合いは場所によってちがいがあると言っている。場所によっては驚くばかり透明で、幾尋《ひろ》もの深度ある底が、まるで、二、三ヤードの水深という感じによく透けて見える、とある。しかし別の折りには同じ海域が濁った灰色で、透明度なしということもある。実体の変化に天候気象が作用もする。真澄の空は波に極上の緑柱石の色を与えるが、一片《ひとひら》雲が通れば、「海上の一点が他とはすっかり変った色になるし、注意深く見ていないと、それ浅瀬だ、それ暗礁だと、船乗りたちを焦らせることも少なくない」。「長い経験で培われて肥えた目だけが、こういう場合にもちゃんと相手を見分けられるのだ」、とフォルスターは続けて書いている[17]。

何にしろある時に限って生じるのだとしても、限られたある瞬間にというだけではない。ある種の探険、またある種の現象の研究にはそれに応じて関わる時間が大なり小なり長くなることが必要となる。チリのクエスタ・デ・プラド登攀のマリア・グレアムなど、谷底から上に向けて、次々出逢う多様な現象を垂直に並べ尽くしている。「我々はこの峨々たる鋭峰に登り始め、時々は振り向いて背後の景観の美しさに息を呑んだり、眼下遙かの緑の深淵をのぞきこんだりした。……やがて山頂に達してみると、アンデス連峰が百という低い山々の連なりの上に何とも神さびた姿を現わしているのが見えたが、しかし最高に美しい場所はまだだった……」、と。

水平に追い続ける目は、ナイアガラ瀑布への旅のヴォルネが典型的で、名瀑の厖大水量の原因が次々重なっていく様を追っている。エリー湖とオハイオの間の高原部はその大陸中のどこよりも高いと言って間違いはない。この卓状地の北限で地は突然落ちて、なくなる。森に覆われたこの広大な平地を、セント・ローレンス川が毎時3マイルそこそこの流速で縫いとっていく。川はエリー湖の下6リーグの所に達してやっと、最後の斜面を流れ落ちる力を急に得ることになる。

高い場所、平たい場所にそのおのがじしの順次展開の相貌があるように、インド西岸に6月から8月にかけて降るモンスーンには時間軸上の展開がある。目に映る各段階をグリンドレーが数えあげているが、まずは豪雨が水平にやってくる最初の瞬間から始まって(「何日も前から」結集し続けていた暗雲の油然《ゆうぜん》たる巨大塊がそれを示している)、ガーツ山脈、マルハッタ山脈を越える所で沛然たる雨量を記録して忽然消えていく[図165]。4ヶ月もの間「灼《や》き尽くされた不毛の様子」だった大地表面が、「ただの三日か四日で」目にしみる緑に満たされるのである。

もっとゆっくりとやって来て、ずっと不吉だったのは1779年8月4日のヴェスヴィオ火山の噴火だった。ウィリアム・ハミルトンが、大異変が間近いことを知らせる予兆、前触れを時間を追って記録している。7月一杯は地鳴り、爆発、火口上の濛々たる煙、そして赤熱の岩滓の噴出がどんどん激しくなっていく。月末にはこれらは「夜間、想像絶して美しい花火を見ているような気にさせるまでに嵩《こう》じた」。

最後になったが、以前発見した場所に再び戻って来た、という記録がある。季節でちがうことを報じるJ・R・フォルスターの証言がこの種の記録の典型だろう。「レゾルーション」号が初めてタヒティに投錨したのは8月のことで、枯れたり死んだりの葉叢が界隈に「不毛荒蕪の地」という感じを与えていた。「それが18ヶ月経った4月に来てみると、山々は山頂まで青々とした緑に覆われていたし、平地の木々はパンノキのたわわな実の重みでしなっており、谷ではこの上ないリンゴの大木に実がうまそうについていたし、海岸はずっとココナツで一杯だった」［図189］[18]。

濃い経験であろうが薄目の経験であろうが、いろいろとある直接性は、感覚に対する直《じ》かの、近接しての刺戟を基にする。間接な、遠くからの刺戟ではない。記憶という迂路を介さず、いきなりその場での知覚というものは暇もあらせず達成される（連続的に展開する現実を理解するには、勿論時間が必要である）。対象に併呑されている観察者が現象の存在、活動に慎重に入り込む時、ヒトの側からのスクリーンを介在させず、裸になって、という形をとるように見える。物質的存在として、どうしようもなく今此所《ここ》にある自然物は──絶対的近接、隣接の条件下では──それが現にそれであるものとしてだけ知覚される。

直截なものの理解で生じる重要な感情は突然（the sudden）という感情である。この場合でなら、仮象出現の生じる時間が余りに短く凝縮される余り、結果たる遭遇感が一層強くなる。ここで議論しているのは本当にだし抜けに生じる何かのことで、迅やかに知覚されるが理解の瞬間には起こっていないというものとはちがう。このちがいは微妙だが、重要なちがいである。前者は同時たることに力点があり、現象の事実は即うまれ、即同化される。後者が強調するのは同時でないということで、自然の事物は想像力が骨折ることでその時間の領域からむしりとられ、見る人間の時間領域に無理やり突っこまれる。つまり、人の視点と人ならぬものの視点が一致するのに自然のやり方と人為のやり方があるのだ。

シャフツベリー、アディソン、ポープ、ハッチンソンという流れで、いきなり爆発する事象は崇高美を得易いという観念を広めるに一番力あったのはバークであろう。こう、言う。

> 力のある音が突然始まり、また突然終ると、この［崇高の］力を帯びる。……目で見えるものであろうと音響であろうと、極端から極端への移行を円滑に行うものは何であれ、恐怖を惹き起こさないし、故に魁偉の感じを帯びることがない。突然の予期せぬものは全て我々を驚駭せしめる。つまり危険という知覚生じ、我々の性質からそれへの警戒心が生じるのである。ある程度の力ある単発の音も、よし短い時間のものであれ、間を置いて反復されると効果は大きいものがある[19]。

まさしくこういう前提に立ってウィリアム・チェンバーズは、支那式庭園に突然の変化と、あざとい形式的対立に満ち満ちた劇場とする西欧流の解釈を下した。ところで英仏のピクチャレスク庭園のこうしたパラドックス三昧の対比対照の機巧《からくり》はまさしくからくり《イリュージョン》として仕組まれたもので、現前してくるのは飽くまでつくりもので、真物ではなかった[20]。舞台の上の何かに見物人が予期せず偶然遭遇することと、久しく追求されて今見つけられたばかりのリアリティが意識の中に闖入してくることとではちがう、ということをケイムズ卿ヘンリー・ホームの『批評原論』（1762）が仲々説得的に論じている。ケイムズはこの問題を観念連合説

(Associationism) の言う連続する機制をめぐる手間暇とった論争の枠の中に捉えて、論じている。観念同士結びつけようという精神の自動化された傾向は、その中で精神はいろいろ類同というものを見もするわけだが、何か新しい事象の闖入によって中断され得る、というのがこの説の要諦である。旅人たる者のお家芸の新奇さ (novelty) が「事物の予期されぬ外観」と定義される。珍らかな実体、常ならざる事件は「ただちに驚異をば惹起し」、暫し精神をすべて占領、他の入り込む余地もない、とする。ケイムズは、ヒューム提起のさまざまな観念を発展させながら、このヒトに変えられてもいず (nontransformative な)、ヒトを映しだしもしない (nonreflective な) 事象を、旅するという行為と結びつける。「人間は新奇な事物をたずねて自らを生国から引きはがし、新奇さが旅の疲れ、いや旅の危険をさえ一個の快に変える」、と。そうした「珍らかな見物《みもの》が好奇心に火を点《つ》け」、「もっと知ろう」と思わせる、と。議論は洗練されていく。驚愕 (surprise) というのはごく普通の物でも、予期されていなければこれを惹き起こし得る。新しい物が仮にどんな珍しい物でも、見られると予期している人間をびっくりさせることはない。してみると見られたことなき物が驚愕を惹き起こすのだが、しかし驚異 (wonder) を惹き起こすのは真に新奇な物だけである。時間の中で生じるのは「瞬時の呆然自失」、もしくは人間の時間からのはみだしである。結論をさまざまこの驚きの上下序列に基づいて出しながら、ケイムズは最高の驚きは未知の事物に、即ち完全に新しく、一人の人間によって一度見られるだけの物に惹き起こされるのでなければならないと言い切る。この仮説の延長線上で、驚愕 (surprise) とちがって驚異 (wonder) には「これと決った性質」はなく、「それを惹起する対象の性質を帯びる」のではないかと推量している[21]。つまり旅行者の凝視は、ある風景の顔貌の上に止まったその瞬間、空間的にも時間的にも、その相手と融通し合っているのである。夢想 (reverie) がうむ主客同一観ではなく、この融通感を深い所で認めさせてくれるのは、いかにもツーリスト然たる旅人のびっくり仰天ではなく (とはつまり事物が通常の風貌を離れてピクチャレスクに演出するところの外見などではなく)、事物がその見えるままの物であるとわかることなのである。

ケイムズの分析も示しているように、異様の物への知覚が旅行者固有の特権である。しかし、発見もしくは科学的探険ということになれば、その先を行く。多くの観察者たちによる長い、「平明な」観察プロセスと概念的同化のプロセスを含み、それでいながら (本性上) 新しい現象、人が備えをしていない現象にきちんと価値を置きもするのだ。この知覚の変化はまさしく革命的だった。発見趣味が生じていたこと自体、世界についての驚くべきことが詳しく明らかにされていたことの証左である。構造的に、1760 年以後流行した科学的企てと、探険の進行には繋がりがある。双方ともに驚愕を、引き出すばかりか作りだす方法論をどんどん模索していったし、双方手を携《たずさえ》え合った時には特にそうであった[22]。

事実第一の旅行記は、予め何も考える暇を与えない自然のその場いきなりの横紙破りな営みへの目配りを養い、そして記録する。そのことがよくわかるのが、ダスキー湾からクィーンシャーロット湾に出る時のことを記したゲオルク・フォルスターの文章で、長文引用に値する。午後 4 時頃、フォルスターはスティーヴンズ岬の向いにいる。

……そのあたりの海上に突然一点、白っぽい点が現われると、その只中からガラス管のような柱が立ち上った。もう一本が雲間から降下して、二本合うように見え、やがて合体して、俗に言う海竜巻ができた。ややあって他にも三柱、確認した。……海竜巻の性質も原因もほとんど知られていないし、我々はその出現時のありとあらゆる状況変化に、どんな些細な点であろうと、じっと目を凝らした。海水が激しく渦巻き、螺旋の蒸気となって上る基底部は幅広い点で、日の光が当って明るい黄色をしていた。これらは円柱状の柱で……海面上を前進し、その高速に雲も追いつけず、途中湾曲した形をし、お互い重なり合うように見えることも屢々であった。

フォレスター父も息子の物語に力を貸している。乗組たちは雲が南西部に黒く集まり、どうやらスティーヴンズ岬の南端では雨が降っているのを見た。「海面の白っぽい点」は、この挿話を絵に描いたホッジズに記録されている。

もっとスケールの小さいところでは、ボワジュラン・ド・ケルデュがマルタ島の製塩所の副産物としてできた噴泉の研究をしている。ゼブッチョ、あるいはゼブーグの山の西側を長い岩の列がゆっくり海岸に向けて下って行く。海抜40フィートの所で岩は突然垂直に向きをとる。巨礫群の下の洞窟は海に通じていた。閉じこめられた水は蒸発しないで、海綿状の石に吸いとられていく。冬の風強い荒天の時には、嵐が大波を洞窟内部に打ちつけてくる。こうしてできたサイホンが自然の井戸を走り抜け、「美しい小麦の一束のように見え……、優に60フィートの高さに上」って、「見事な毛の兜飾り」となるのであった[23]。

第三次航海のクックは太平洋の、でなければ冷たい虚の空間にやがて巨大浮氷が現われる束の間の予兆を得た。肌を切るような冷気、空の暗さ、水平線の明るさが「突然何かが一変することを伝えているようだった」と、ある。「一時間ほどして［現れたのは］巨大氷原［で］……眼路の限り、南西から北東に拡がって、通り抜けなど及びもつかなかった」。翌日生じた予想不能の事態をウェッバーが描いている。セイウチ満載の流氷に船が衝突したのである。

消息を絶ったラ・ペルーズ捜索のため南洋を走破しつつあったラビヤルディエールは、突然現われた北極光を、並んで立つ石の柱の間に描いている。「漆黒の黒だったのに突然大きい輝く柱が雲の下から現われて、海面を明るませた。輝やく海にはまだ暗い部分もあったが、突如、火の塊が転がり出て我々の方に［向って来た］」[24]。

やって来てやがて霧消して行く霧が、予期せぬものへの感覚を体現する言語で一番頻繁に表現された海上現象であった。タヒティ（キング・ジョージ3世島）の発見者のウォリスは1767年6月18日の午後早くに、それを初めて見たわけだが、霧が濃くて5リーグほど沖に離れていなければならなかったところ、やっと霧が晴れてみると、驚いたことに周りを数百の丸木船が取り囲んでいたのである。永遠に靄《もや》っているかと思われるようなアラスカ海岸部をずっと周航するラ・ペルーズは時々――その前にはクックもそうだったが――もやもやが「一発」霧消してセント・エライアス山の厳しい輪郭を拝することもできた［図77］。ジョン・フランクリンが北極洋への旅（1823）でしたのは逆の体験である。一行が朝まだきにバロウ岬を回航した時、陸行の一隊が冷たい微風の中、小舟を漕ぎ出したものの、「濃霧が広がって」陸

図 260　William Hodges, *Waterspouts off Cape Stephens, New Zealand*. Oil, $53^{1/2} \times 76$ inches. Photo courtesy National Maritime Museum.

図 261
John Webber, *Sea Horses*, B.M. Add. MS 23,921, 1778, fol. 112. Engraving by E. Scott. Photo courtesy British Library.

に戻らざるをえなくなった［図 139］。ブルックの橇《そり》がアイスランドの茫々たる広がりを横切っていた時、何もかもを覆い尽くす靄があっという間に遍満してきて、案内人たちは周章狼狽した。トナカイを急がせるも無駄。「周りじゅう……あっという間に闇だった。霧の中だった。二、三分もすると星も見えなくなった。濃い霧に突然包まれ、横にいるのが誰かも識別できなかった。それでも我々の速度は落ちないから、文字通り闇雲な走りであった。……こうやってソリヴァラ山の天辺を橇で吹っとばし、とにかく吹雪の来ないようにと、そればかり祈っていた。

そうなったら、もうどうしようもない」、と［図 138］。

蒸気の靄《もや》が一杯というのは別に恐怖であるばかりでもない。グリンドレーはガーツ連山に日光が「突然に燦《さん》たる」瞬間に目を見張っている［図 142］。巨大鋭峰が「その央《さなか》に漂うかに見える白い靄の海は、次々塊になって捻《うね》り寄せては、強くなる太陽の力を受けて薄れながら、次々連なる山を、森やココナツの林で一杯の眼下の広大な平原を、ゆっくりと包みこんでいく」。ウーエルはエトナの火口をのぞいている。観察に完璧を期そうとぎりぎり高い所まで攀ったウーエル、軋《きし》むような恐ろしい音が出てくる噴火口をめいっぱい満たす煙霧から「その目を離すこともならなかった」。風がその煙を吹き散らした時、直径 100 リーグもある大地の大あくびを見ることになる[25]。

束の間、大気に生じる異変事には、極洋の空に「突然」屹立する煌《きら》めく電気の柱から［図 158］、シチリア島はタオルミーナに「突如」吹き荒れる雷雨まで様々ある。グリーンランドでは極光が地平線を一杯にして真鍮色の炎を遍照させると、すぐに消えた。オライリーが書いているが、「その直後、西方面から天頂に向けて四本の光の輻《や》が走り、それらは上るにつれて広がっていった。……そのひとつのみ残り、巨大アーチとなって天頂に広がったが……なんともかそかな光輝であった」［図 150］。

気象、即ち予測不能、不安定という条件の極だし、そういうふうに表象される。気象の表象、表象の気象。ザイール川河口をめざすタッキー大尉が北回帰線［北緯 23°27′］を越えた時、ウルトラマリーンの水が突然暗い青緑色《ビリジアン》に変った上に、「永劫の沈黙《しじま》の渦中とさんざん噂されてきた惨めな地域」に識らぬ間にいきなり突入したことを大尉は思い知った。セイロン奥地探険のジョン・デイヴィーは、その地の天候の変化は実際「瞬く間」のもので、特に激しいドゥームベラ地方などでは山の片側は雨に濡れ、水色遍満の状態なのに、もう片方の側は、真澄の空からふりそそぐ灼熱の日の光でばりばりに干上っているなど、当り前だ、と記している。

天然現象が突然《ゆくりなく》にも生じることは大衆文化の側も魅力的に感じていたらしく、たとえば雑誌『マガザン・ピトレスク』など、被圧井戸のことをフンボルトが、「突然」大きな空気塊の柱を吹きあげる「小型の火山」みたいだと書いた文章を引いて、巧みなりと褒めていたりする[26]。

●継起性と同時性

誰測るや我れらの深み、誰見るや我れらの浅瀬を
我れらが精神の疾《と》き渦、変化《へんげ》しやまぬ小渦を。
生の流れ、**観察**の前にとどまることなし。
余りに流れ速くてはその行方見定るも難《かた》し。
坐して想うなど徒《あだ》よすべては、
知識の半ば、その手に摑《つか》み取らねば。

—— アレグザンダー・ポープ

旅行家たちの言葉を研《と》ぐ「今」の主題は、顧るに二重の表現をとる。これまで見た例は現象の存在の中での「瞬間」の例だった。これから少し紙幅を費してみるのはもうひとつ別種の知覚に伴うさまざまな状況である。ここでは見る者は一瞬呆然自失し、失語する。この文字通りの忘我の瞬間、知性は渦に巻きこまれ、言葉《ディスコース》の外に、そして同時に自らの分析と知覚の自我との繋がりからも、外なる世界の連続体と繋がるいかなる事物からも外に放りだされる。

直《ちょく》の反応を惹き起こすかどうかを美的に価値あるかどうかの基準にするという考え方が、アディソンからコールリッジまで、英国に続いていた[27]。フランスでは、ディドロかサン＝ランベールかどちらかが書いたと思われる、『百科全書』の「天才（*génie*）」の項が、それを天与の賦才としていた。こつこつと身につける才ではないのだ、と。こうしてこういう賦才ある人間は見ると同時に心動く。長い手間暇かけての所産たる趣味や蘊蓄《うんちく》とはちがって、天与独創のジーニアスは人をただちに、熱い入神の狂《エンシュジアズム》をもってどんな状況にでも移し入れてくれる。事物の側の「過剰な」存在なり可触の性格なりが、精神にその自己言及の力を抑えて批評的力をめざめさせてくれる突然の現象出来《しゅったい》とは対照的に、この場合は想像力に一時的に自らから跳び出たせ、しかる後に自らに再び戻らせてから、世界に戻って行くように働く。まさにこういう脈絡ででも、18 世紀人は崇高美（the Sublime）を倦怠解消の解毒剤と考えたのである。即ち、自然の中に常ならぬものを見ると、一瞬の驚駭（astonishment）の効果の中に強烈な精神的印象、身体的印象が統合され、かくて日常化でなじみができ過ぎ、つまらなくなったものに対する異化（alienation）の典型図となる[28]。ディドロ（と後のフリードリッヒ・フォン・シュレーゲルの）興あるもの（the interesting）の美学は、アディソン、バークの線の著しいもの（the egregious）礼讃と同じくらい、倦み果てた視覚への煽情的癒しとしての「衝《う》つもの（the striking）」という着眼に立つ。

ディドロの 1767 年の『サロン』には、建物の全体を破壊するかばらばらに個別化しなければそれは「興あるもの」にはできないという趣旨の箴言が幾つも出てくる。ヴェルネが「未聞の」対象、めったに目にされないばらばらな現象、「斬新珍奇の映像」を選びとっていることを褒めるディドロ、第一のモデルを自然の特徴的ディテールにすべきと、画家に勧めた。そうした多様で断片化された「独創の業《わざ》」が惹き起こす突然の快を、議論を継起的（serially）に追うことを強いる包括的な書の惹き起こす倦怠と対比《コントラスト》している。この立場に発してディドロは受容者側からもっと大きく、喋っている時、書いている時に興を起こさせ、維持することの難しさに論を進めるが、喋る、書くとはひとつの継起、連続性が必要な営みであるからである[29]。

これらの思想家が認めているように、巨大にして特異な事物は、同じものが続くことに倦《う》む精神を突然活発化させることで、人を内に閉じこめる調和的な事象間の鎖をとりわけ断ち切り易い。びっくりさせるもの、巨怪なるものは、よし短いものにはしろ暴力的な呆然自失（*stupore*）へ何もかも巻きこむ刺激として働くことで、時間を分断した。ジェイムズ・ジョンソンの『東方航海者』（1807）はセイロンの突然の断崖、聳立する絶壁の荒涼風景を、「長の船旅のだらだらとした単調に倦み困じた」船乗りの目には快に満ちた救いである、としている。船乗りの目は自然の全体に向くわけではなく、「放胆な ― 唐突な ― グロテスクな ― 形態に釘付けになる」、と[30]。

しかし、前に論議したモティーフ群でもそうであったが、順に段階を踏む継起体から突出する時間というのは別に船に乗る人間たちだけの特権ではなく、山登りの人間の書き物の中にも入りこんでいる。混りけなしの熱烈な現在の迅速な侵入をド・ソシュール、ラモン、ラボルド、ドゥリュックの書いた行文に認めることができる。高みにあってこれらのナチュラリストたちは、世界の大山脈の渦巻く構造的秘密を一瞬に示す突然の（ただ知的なだけでなく）物質的な啓示を受けた。ドゥリュックはその『物理的・道徳的山岳論』（1778）で、もっと表面に近い所での啓示の複雑な瞬間のことを描いてもいる。それら空気希薄地域のどんどん変わる光の惹起する急な変化で、谷はさらに一層深く見え、山や急斜面はさらに険峻に、さらに画然と周囲世界から切り離され、一層屹立する。結局、地球の始原の混沌《カオス》が真っすぐ浮上しているという感じであるし、逆に暗黒から掘り出されたものという感じにも見える[31]。スコットランドの沼沢地を旅していたフォージャ・ド・サン＝フォンも同様に、昔火山活動で飛ばされてきた黒い孤岩に思わず立ちすくむ。岩だらけのマルケサスでクックは、大昔に長々かかった事態と現代の一人《いちにん》一個の経験とをより直《じ》かに拮抗させた。そこでは峨々たる山が険しい連山となって盛り上ったものがレゾリューション湾からは、塊の一瞬で掌握できる一枚岩《モノリス》のモニュメント群として、まさしく一瞬にして捉えられるのであった。

巨大でなお大きくなりつつある塊の対象を短時間で知覚したというこういう話の強みは同時性（simultaneity）の精彩、探険者の現実の「今」が対象形成の長々とかかった「昔」と混ぜ合わされていることの精彩にある[32]。思考と物質を繋合する始原的結合体の典型例を並べてみれば、この直截の知覚のテーマがはっきりしてくるだろう。ロシアのヴィレキンスコイ＝フレブート山脈を攻略しようとしたレセップスは「少なくとも 100 トワーズ［約 200 メートル］の高さがあって、ほとんど垂直で、大風に乗ってきた雪片も付着しかねる巨礫と岩で一杯の一個の巨大な塊」と記している。ジェイムズ・ダロウェイは「オリュンポス山の根の上に」横たわる古都ブルサを一望して感激する。背景にいきなり「垂直に聳立するもの」のせいで絶景となるのである。同じ 1797 年、カサスはシリアに、その聖なる川を追って旅をした。突然、余りの高さ故に最初は雲かと見えたもの凄い突起地形に目を奪われる。一目見ただけではこの大隆起がどうして生じたのか、カサスにはわからない。自然が投げ捨てて行った試し描きなのか、それとも何かの廃墟の頽壊する残骸なのか、と[33]。ジョン・バロウは「テーブル・マウンテンの如き露岩の巨大塊を最初に目にした時には、自然をどんなにぼんやり見る人間であろうと、一時あらゆるつまらぬ相手からその注意力は奪われずにおられまいし、特に鉱物学の人間は強い関心を掻き立てられずにはすむまい」と記している。キャプテン・ロバート・フィッツロイの報告を見ると、ビーグル号の乗組が集まって、「先ほどまで隠れて見えなかった雪を頭にかぶった山々が徐々に見えてくるのに見入っていた折りも折り、まるで魔法でもあるかのように一段と高い山［サルミエント山］が連山中に屹立する山容が突然眼路《めじ》に躍り出てきたのである。その雪のマントは脅迫をこめて暗い空と強烈な対照を成して、いやが上にも雄壮の風景をつくりだした」とある。カレーベルゲの同じような形の連山のことをウィリアム・バーチェルが記述して、一隊が峠の北の入口に達するや広豁の展望が彼らの眼前に「突如出現した」などと書いている。

溝だらけの朝鮮海岸の沖にいたウィリアム・ブロートンには、直径6ないし7リーグの噴火口が崩れて、ひび割れた突出部となり、そこここの亀裂部からは多様な色の土、灰、軽石、そして硫黄か何かの物質が見えた。この特徴は億万年の昔、「突然押し上げられた」ものに相違ない（と、ウィリアム・ハミルトンも同じことをヴェスヴィオ山について感じている）が、新しいのはパラドキシカルな繋合感（copulæ）である。自然の相貌が大噴火して現在の意識の流れの只中へと噴出し、噴入してくる、と言うべきか。こうして旅という身体行為——物質への時間をかけての貫入の行為——が、ある瞬間、ある地点に見入るという視覚行為に、時間の上で追復される。これら個々の瞬間が一時的に一般的な継起性（sequence）を同時性（simaltaneity）に変えるが、あらゆるものを、全てが全部一緒に精神に現前するかのように直《じ》かに提示することによってそうするのである。

古代エジプトの圧倒的な断片がどうヴィヴァン＝ドゥノンに見えてきたかも、これに似ている。大瀑布地帯をとり巻く花崗岩地域を通過する時、「突然」、ファイレ島に頽壊し行く神殿を発見している。どんどん変化する（とはつまりそれなりの総体《アンサンブル》にならない）風景は、テーバイ平原でのヴィヴァン＝ドゥノンの目移りの速さにもあらわれている。なにしろナポレオン軍がいつも動き回るので、何かのモニュメントをろくに写さぬ間に最早引き離されてしまうのだ、とヴィヴァン＝ドゥノンは嘆いている。「巨大遺構があっても目で測り、[惹起される] 驚きの念で眺めるのみだ。……右には削られ、刻まれた山々、左には一リーグ離れても岩山に見える神殿群。宮殿からも他の神殿からも私は引き裂かれた」、と。

ポープが「コバム書簡詩」に歌ったように、実際、「生の流れ」は「観察の前にとどまること」はないのである。ラパスへの途次、エドモンド・テンプルが「おそらくは世界最高」の日の出を前に次のように書いている。

> 何思うでもなく進んでいると、磨かれた黄金にも似た、見るに眩《めくら》み、なお眼下に罩《こ》むる夜陰とびっくりするような対照をなす一条の絢《あか》るい光線が走るのを見た。まだ太陽の姿はない。去りがての闇を通してコルディエラスの山々の黒い横顔がはっきり見えはしたが、太陽はまだであった。知覚できぬほどの黄金の光が白い野と混り、純粋純潔に輝き、下方に広がりつつあったのが、しだいに巨大基底部持つ銀色のピラミッドの形を帯びてきた。……やがて太陽が上った、というより眩《めくら》ませる曙光の絢爛の奔出を沈黙の世界にぶちまけたが、その刹那、アンデスの名峰イリマニの呆然たらしめる山容が山の偉容とはこれぞという威風をもって私の眼路に突如現われたのである。

流動に立ち向かおうとする旅人は、ひとつの物（the single）、孤立してあるもの（the singular）と同化する。ヒンドゥスタンのウィリアム・オームはトリッチモポリ山の縁から「不意に突出する」塔《パゴダ》付きの柱廊（*choultry*）のことを記している。キャプテン・チャールズ・ゴールドは、マナパール村近くで、彼がその地域の入口からほんの2、3ヤードの所に来た時、「いきなり現われた」ヒンドゥーの巨像群に不意打ちをくらった。ウィリアム・ホッジズが亜大陸のことを述べた昔の文章中に、「ほとんど滅びたと言えるような」場所の古い石造りの廃墟中に佇立する孤立した放浪者ふたり三《み》たり」のことが出てくる[34]。

さらに、ひとつ孤立して「突然立つ」、「突然立ち上る」、「いきなり立つ」、あるいはただ単に「立つ」というふうに知覚された個体巨塊というものは、つまりは急に落ちこむ、沈下するものとしても特徴付けられる。『最新陸海旅行誌』（1802）に掲載された二通の匿名書簡が、いきなりリューゲンの断崖に出てしまった時のことを書いている。「だしぬけ（*aufeinmal*）に森から出て深淵上の岩棚に居るのだが、この角張ってひび割れも慄然とさせる白亜の尖頭は下へ300ほども沈澱物堆積層を数え下って、最後に白泡噛む海に落ちる。……これぞ名高き

図262
J.-B. de Laborde, *Singular Strata of Calcareous Rocks*, from *Description de la France*, 1781, II, pl. 7. Engraving by C. Fessard after drawing by Ballin. Photo courtesy Cabinet des Estampes, Bibliothèque Nationale.

図263　Carl Lang, *View of the Yellow Cavern of Alcantara*, from *Gallerie der Unterirdischen Wunder*, 1806–1807, I, pl. p. 152. Color aquatint. Photo courtesy Bibliothèque Nationale.

切り株部屋《シュトウベンカンマー》(*Stubbenkammer*)、知られたる地球上の何処にも類似品はない」、と。カール・ラングも時間、空間の分割を無理矢理持ち込んで、リスボン近傍アルカンターラの石灰洞を描く。その落ちこんで行く深みは、大口開ける穴に引き裂かれる床で、ほんの時たまだが邪魔される。ロバート・カー・ポーターがスウェーデンのドゥナモーラ鉄鉱山に降ろされた時、切れ切れの景観が彼の目を「衝《う》った」。「上の世界と下の世界の間に宙ぶらりんになって」、彼の目は「上を見れば遠い空、下向けば慄然たる夜の異域」であった。洞穴は大地の連続性を地球上いたる所で無量微塵に切断する。『ロシア奥地論』(1822—25) でフランツ・フォン・エルドマンはカザンのテチュシュ近くの洞穴底からの微光で光る氷のお蔭で暗闇が途切れるのが救いであると書いている。ラウール=ロシェットは『スイス書簡』(1823—26) で、スタンツ近郊の「龍の洞窟」の生石灰の舗石のぶつ切れになった光の効果について記している。

気球降下また、注意を真一文字の地平線から一挙に下に向けさせ、似たような景色の見せ方をした。ボールドウィンは、高度1マイルで (赤い色の) 海が「突然」現われ、遠い地域の円形の風景が眼路に溢れた、と言っている。ロベール兄弟は1784年10月15日の気球操縦の時、降下しようとして乱流するエア・ポケットに入ると「突然雨雲に巻き込まれた」[36]。

コロンビア旅行中のチャールズ・コクランは、剝き出しの壁のようになった地層のことを記している。これらの欄干の間にある谷は「何か突然の自然の大激震で沈下して、そうした山の側面を剝き出しに残したものに相違ないが、それ自体よりも基底部の方がずっと堅固な成分

図264 Peter Schmidmeyer, *Bridge of the Incas*, from *Travels into Chile over the Andes*, 1824, pl. 11. Hand-colored lithograph by A. Aglio. Photo courtesy British Library.

と思われた」、と[37]。この場合で言えば、旅人の下向きの知覚が昔の表沙汰にならぬ地質地層の営みをそっくりなぞり返していることになろう。同様にジェイムズ・ジョンソンは、礫岩群がいかに時間かけて崩れ、（喜望峰の）ライオンズ・ヘッドと海の間の現在の窪みをつくったかを視覚的に分析してみせる。ホブハウスの言うところでは、デルポイのスタディオンから左側に向くと、カストリ山を上から下へ真二つに裂く亀裂を見ることができた。ヨークシャーの名勝ゴーデイル・スカーが「突然」ウィリアム・ウエストールの気を惹いたのは、聳える岩山が何かの激しい揺れで「ちぎられた」ように見えるためだけではなく、今この瞬間にも崩れ続けているように見えたからでもあった。アメリカのさる玄武岩の谷を眺めていたポーターは、破壊され一堆積塊と化した垂直の地層に視線を這わせている[38]。

予測できなかった窪みの地勢がずっと旅人たちに下を見させ続ける。ピレネー山中を流れるガーブ・ド・ポ川のつくる湖の縁に急ぐデュソーは大氷河圏谷シルク・ド・ガヴァルニーに達した。その視線はこの大半円劇場の基部へと、大瀑布ガヴァルニー滝の流水を追いながら落ちて行った。それにしても谷に点在する壮麗な形の美をうみだした「真の作用因」は滝ではなく、飽くまでガーブ・ド・ポの川の方である。「この始原の作用因はこの無尽蔵の流れであり、マルドレの山頂からサン＝ソヴェールへと、川は渦巻いて水路に流れ込み、そこでは時々目では追い切れなくなり、その深みには日の光《め》が入ることもない」。

コーカサス山脈から出たコッツェブーはすぐ花崗岩の障壁に遭遇する。その切り立った絶壁と好対照なのが、激しい風が吹き抜けのせまい隘路であった。苦労して攀ったエトナ山の「大きな亀裂」を突然目のあたりにしたコクバーンは「本当に言詮絶する」印象を受ける。「この壮大華麗の噴火口」は「小さな山々とその噴火口を幾つも含み、うち或るものは旺盛なガラス工場か蒸気工場かというふうにもくもくと煙を吐いている」が、その噴火口の「底までまともに」見た。アイスランドを行くマケンジーはハーヴネフィヨルドの溶岩流を最初に見た時、今やいたる所にある「割れ目と洞窟の沈降部分」にそれを譬えていた[39]。

コウヴ瀑布の切り立った岩から噴き出る滝の流れを見たクックは「その強烈な力」を目で追う他なかった。モリエンはバーデット山脈の山道を攀るうち、下方に先《せん》まで隠れて見えなかったもの、ガンビア川、リオ・グランデ川の水源を発見した。リヴァプール平原の同様な高台に佇立したオクスレーはバサースト滝が地域を真二つに割り、根本のところまで立ち割っているのを見て「驚駭自失」してしまう。オーストラリアも探険したライセットはアプスレー川上流を追ううち、ベケット滝に遭遇した。余りに多くの滝があるのにも驚いたが、中でも多分一番重要なこの滝が150フィートも、底あるようにも見えない深淵に向って落ちていくのに「目を奪われた」。もっと荒涼としていないピレネー山脈では、ヘリオットが、深い峡谷を流れ、急斜面に出て泡と消えるオ＝ボンヌ川に出くわしている[40]。

船上生活をしていると大洋底に注目することがどうしても多くなる。クックは1770年６月、トリニティ湾からエンデヴァー川まで危険な航路をとっていたが、その海はいきなり突き出るように見える危険な浅堆を隠していた。不注意な水夫の目には、こうした深みは「だしぬけに」浅くなるとしか映らなかった。東オーストラリア沿岸を行くフリンダーズは水面下の珊瑚礁のことを記している。ウエストールはこれを形がよりよく分かるようにと、海面に顔を出している姿で描いている［図 164］。しかし実際にはこの浅瀬で波に隠れていない部分はきわめて少なく、航海者は海面下 150 ファゾムをのぞいて浅瀬の蜿々続くのに驚駭したのである。アンドレアス・シェルデブランドにとって同じくらい怖しかったのが氷海の凄愴図で、これは同時的知覚（simultaneous perception）の代表格と言わねばなるまい。彼の船がフィンランドの海岸を離れると、その氷河群がいきなり大流氷群に取って代わられた。破片氷塊の高さはひび割れたその深さに比べれば本当に何でもなかった。どんな見張りの眼光でも捉えられぬ深さを秘めていたのである[41]。

まとめてみる。旅人は探険行為によって、継起の経験と同時の体験をその一身に協調させる。長い間を費した現象《フェノメナ》が「闖入」「乱入」して旅人の意識を圧し、それらの瞬間と彼の瞬間を身体的に混ぜ合わせる。そうした観察者が結局は自然存在の虜《とりこ》になるは、自然史が垂直につくられて行くのを分析する観察者と変りない。力ある知覚のこのふたつのタイプは活発な物質が人間心裡に透入する営みを含み、夢想（reverie）のしまりない漂遊とは対蹠《たいせき》地にある。結局、身と心の統一をうむ突然なるもの（the sudden）の二価値的構造が物質と精神の一致点を表象するのである[42]。

●地形さえ文脈次第で

……微小生物たちの深淵に入ってみなければいけないのは、測り難く茫々たる天空に飛翔せねばならぬのと同じで、多種なる億万の生物で一杯なのだと知れる一滴の水の中の世界は、我々の地球よりも多くの変革を験《けみ》しているものに相違ない。

—J・C・I・ドリール・ド・サル

時間の直截《ちょくせつ》は空間の近接を含む。こうして旅人たちはそのメモ書きやスケッチ画が「現場」での写しであることを繰り返し我々に言い募るのである。そう言い募ることで旅人たちは同時性というさらなる要件をも満たそうとした。描かれる事象はその生起した時において「扱われて」いるべきだ、というのがその要件であった[43]。

ロマン派の人々がある特定の場所に執着したことについては随分いろいろと論じられている。ウィリアム・ワーズワースが自らの自我がグラスミア村にありとして強烈に執《しゅう》したのが有名であろう。しかし、ある場所にそうやって心情レヴェルで執心なのと、未踏の地の特徴に旅人が敏感な反応を示すのとではちがうのである。なじみ深い場所と結びついた心理の濃度、個人化された肌合いほど、新しい土地の情意ゼロ状態とかけ離れたものはない。処女地というか未踏の環境が近代の探険家の注意を惹いたのは、よく知られ愛着もされたそれらの特徴の何がしかによるのではなく、まったくの裸、過去の言及絶無という点にこそよるのである[44]。

一度感情とからみを演じたり、言祝《ことほ》がれたりした風景は、定義上最早、無媒介に生《き》のものとして付き合いようがない。対照的に、記憶にではなく現実に生きて動いていることに賭け、風景と媾《まぐわ》ってもいず、風土がまさしく風土病としてとり憑いてもいない探険家なるものは、彼などなくても動いて行く生《な》まの世界の一介の闖入者に過ぎない。かくて彼があらゆる新現象を虚から突然、聖刻文字ふうにさえ現われ出て来るものと見るのも当然なのである。さらに、人間が深く根を張り、人間がどうにかして魔術的に結び付く秩序ある場所という観念、即ち静の、というか不動の場ということであろう。装飾庭園と同じで、こうした私有財ほど、閉じと無縁の荒地に対する発見者の反応の動に遠い静は、ない。

未踏未墾の地域が存在するという地質学の証拠を直《じ》かに示したいという気持ちで、1776年の大噴火直前、ウィリアム・ハミルトンはヴェスヴィオ火山火口に降りて行った。図版に付けられた説明文を見ると、これらのスケッチが「現場で描かれた」ものとわかる［図148］。ヴァランシエンヌが風景画家たちに、旅をして、「自分の目で」スケッチする習慣を身につけるよう勧めるのも同じ趣意である。空、海、霧、嵐を正確に描こうと思えば海岸辺をうろつくばかりでは仕方がない、陸を離れて海の只中に出よ、と。フォルスターやブルースの旅行記が一杯詰まったヴァランシエンヌの夢は、奇怪な禽獣の棲むアジア、アフリカの野をもかけめぐった。風景画家たちにその目で見よと彼が言ったのはこうした、なお飽かれていない景色であった[45]。「自分の目で見届けてきたものしか見つからない」ことを言う旅行記の息長い主題だが、そういう言い分の説得力ある例をふたつほど。コルネリウス・ル・ブロインも同じ気持ちから、彼が攻撃しようとする著述家たちが「現地に、正しい記述ができるほど長くいなかった」と言って批判している。世界周航の公式記録官によると、アンソン提督は、嘘を伝えて大衆を欺く輩は許せぬと言っていたそうだし、リチャード・ウォルター牧師は憶測や捏造を打破するには「彼らの描いた現場に赴き、彼らの偽りの情報がもたらす危ない状況に自ら体をさらしてみる」他はないとまで言っている[46]。

まともに真実に向い合った「全《また》き知」を得たいなら、『欧州紀行』のアエギディウス・ファン・エグモントの言葉を借りれば、「そこにいて見聞」するしかない。精神を陶冶《とうや》し、かつ発見もしたいという二重の野心に危険はつきものであろう。「自然から」直接生写する、「事件発生時において事実を短簡に」綴るとは、言うは易しいが、その場面がいかに一瞬で、いかに危険かを知る精神の敏活が必須である。

『エジプト紀行』（1802）でヴィヴァン＝ドゥノンが、ヨーロッパに持ち帰った素描画の点数の「厖大」を自慢しているが、それだけのことはあろう。なにしろその大多数が「四つん這《ば》いで、立ったまま、あるいは馬上で」描かれているからである。彼が「その一点として満足のいく仕上りではない」と嘆くのは、丸一年もの間、「まともに水平になるテーブルひとつなかった」からであった。二度と取り返しがつかぬという感覚を簡潔にこう述懐している。「百の事実を目にしつつ、千の事実を逃してしまった」、と。同様に正確な観察に必要な根気を具《そな》えたブルックハルトはそのヌビア回想記がどういうふうに書かれたかを面白く報告している。現場で走り書き殴り描きをし、日々、「巷路の一隅で、ラクダの横で、熱砂と熱風に苦しみながら、眼炎に耐えながら、綴られていったのだ」、と[47]。

自分の旅の地図のために描いたスケッチは事物をこれ以上望めぬまでに正確に描いているばかりでなく、「その場で」しかも「大体は非常に過酷な状況で」描かれたものであると書いているのはフンボルトである。アラゴーは旅人が新体験の訳わからぬ偶発事といつも急に軋轢《あつれき》を起こしてしまう苦労に、さらにひとつ苦労を重ねる。野天で（とは即ち剥ぎ出しで、ということ）「倦むことなき熱情こめて」素描をするなど、初めての環境にあることの危険を倍加させるに他ならないのである[48]。「現場で（on the spot）」、「生きた観察を基に（derived from living observation）」、「その時に（at the moment）精査」して即座にできあがった画文と、記憶を頼りに後から組み立てられていったものとではまさしく雲と泥のちがいである。回想など、「いやが上にも興を掻き立てる見え方に」事物配列を変えてしまうばかりか、仮象の「何かとそれらしい」程度の写しを示すがやっと。精一杯近い姿をなどと気にもかけぬ、濾過され切った「後知恵（seen after）」を読ませられるだけの話だ[49]。

●限らせる

その島の相貌ほど快いものはない。

—L・A・ド・ブーガンヴィル

気球飛行士たちも同様に、空裡の光景や展望をひどく間違って伝えてきた。それら壮麗にも大《おおい》なる光景というのは、周囲の無数の雲の塊が幻想的この上ない形と、考えられないような輝く透明な多彩な色合いをもって、恰《あたか》もそれらの上なる碧空の中心にあるかの観察者に対して描きだすものなのである。

—トマス・ボールドウィン

18世紀末の事実第一旅行実記の主たる特徴とはつまり、熱流動《エントロピック》的な無神の唯物論によって立つということである。さまざまな自然の効果（natural effects）を論じた所で言ったように、この哲学は自足した原子の活動、小止《おや》みなき変化、葛藤確執の常態なることを言い、神が動かす宇宙体系への易々諾々の安住をとらない。それ即ち、自然の貌《かお》というか相貌（aspects）が多重多元であることを認めない、まさしく神のごとき単一の透視視点はちがうのではないかと主張することである。万事擬人化していく（とはつまり自らだけ特別だと思い上っている）ことから自己解放されることで機敏なる観察者は大地の歴史および現時点での組成に入っても行けるし、探険もできるのである。一望看視《パノプティック》的（panoptic）な透視視点の偽りから自由になってこそ、人間個々の眼差しと、自然の特徴的な顔が、時間、空間の等しく特殊個別な一点において交叉することが可能になる。

「現場にいる」とは、「突然」現前した現象の多元的な侵入を経験するとは、旅人が無限という相手に形と内容を与えることを意味した[50]。ひとつの連続体にさまざまな相貌《かお》（aspects）を刻み展望（prospects）を刻むことで、限り（finity）をつくったのである。この表象行為は、一枚岩《モノリス》状の形成物を一瞬において、孤立個別のものとして捉えようとし、複雑に相反し合う事物を突然に関係し合ったもの同士として記録しようとする。

前に垂直と水平の二律背反《アンチノミー》を議論したが、こうしてその終章に遭遇する。高い低いにしろ水平の展《ひろ》がりにしろ、大《だい》であるかないかは、個人の空間内での姿勢、時間内での視点の変化にかかわっている[51]。自然の傑作（natural masterpiece）を見たり、そこに束の間の効果を探ろうとすれば、それで現象《フェノメナ》を経験することになる距離の増大（と時間のずれ）に対応して光学的精度は落ちるはず、ということがある。

透視視点（perspective）もしくは〈透視ノ術（*ars perspectiva*）〉は明瞭に見る、仔細に見る、透過して見る、心眼で見ることを指すラテン語の“*perspicere*”に由来するのだが、15世紀以前には、光学を意味するギリシア語のラテン語訳語として用いられていた。ユークリッド［オイクレーデス］が定式化し、アラビア語テクストとして保存された上、中世にロジャー・ベーコン、ジョン・ペッカム、ウィテロの述作に蘇る視と光の数学的研究を指すのに充《あ》てられた訳語である。

視（vision）と啓明（illumination）の関係はローマ人たちの間では常識であった。人間悟性の幾多の機能を描くのに一貫して光（*lumen*）の観念を使ったのはストア派が最初である。以降、見ることは知力をもって知ることと重なり合うというのは常套の議論となり、デカルトやライプニッツは理性を「自然なる光（*la lumière naturelle*）」と呼んだ。しかし、光学の法則を充全に自然の法則に取り込み、そうすることで視の広汎な世俗化に先鞭をつけ、我々の目下の関心にとってはもっと重要なことだが視のスタイルと知の融合に先鞭をつけたのは、何と言ってもニュートンであろう。ここでは別に遠近法の喩、透視視点のメタファーの歴史を追うのが私の狙いではない（クラウディオ・ギレンその他が既に見事に分析済みだ）。ヨーロッパ文化の中でのその運命の瞬間を、適当な所でふたつ三つ、集中的に俎上にのぼせてみようと思う。

ユークリッドの透視術（*prospectiva*）――それ自体としては芸術と何の関係もない――を芸術的（とはつまりグラフィック）な表象の問題に応用したのはアルベルティとその後継者たちの天才であった。英語の“perspective”は17世紀には、線遠近法の理論を意味したが、同時に望遠鏡（「透視鏡perspective glass」）を、顕微鏡他の屈折レンズ、自然の中の宏壮な展観、線遠近法を意識してそういう展観を表象した絵画、あるいは透視の機巧《からくり》等をも意味した。この錯雑した意味合いの中から我々の議論にとって中心的な幾つかの問題がとび出てくる。距離（実景という“prospect”の語に示されている）、視点、そして真実性の問題である。これら三つ全てが根本的に繋がっているのは、透視――光学や錯映の機械と結びついている――が遠くのごたごたした真実同士（たとえば遠方の風景の諸要素）を、今や単一の一点から見て了解可能な、近くにある単一の映像にするからである。

ルネサンス以降、空間は合理化できるという仮説が、一定の距離を保ち、世界に対して特定の固定した位置から見る人間という図をうみだした。この理論からはある二重になった矛盾が生じる。そのことはレオナルドもよく知っていた。矛盾その一。この理想化された観者、アルベルティ空間中に虚構されて一人孤立して見る人間には一方向を向いた固定視点が前提とされているが、現実の方はと言えばいかなる光景であろうと多元の、というより無限の相貌《かお》を持っている。矛盾その二。「透視鏡」で現実の幻像《イリュージョン》が完璧につくられるだけ、見る人間への欺きは完璧かつ容易になる。実際、アナモルフォーシス遊戯や観掌術は透視法のルールをこれ見よがしに混ぜ合わせて、映像を歪め、また隠すことをもって真様《まさま》の映像をさがすよう仕向ける。一方、さまざまな屈折レンズは実際には不規則だらけの太陽や月面の仮想の姿を見せるし、かと思うと裸眼では見えない物体の世界に機械力で視野を降ろさせる。それにしてもレンズで強化された目が見る証拠にもかかわらず、こうした機器、カメラ・オブスクーラのような他の装置のうみだす騙し絵《トロンプ・ルイユ》映像は二重の性質を帯びざるをえないというパラドックスがある。リアルに見えるのが虚構として完全なればこそ、ということだからである。光学の弄する二枚舌遊戯に 17 世紀初め、どうにもいかがわしいものという疑いの気分があって、目玉人間たちは世界を客観的理性の確かな凝視をもって外から、オリュンポスの神々の全方位全包括の視点をもって高みから自信をもって見ることが最早できなくなってしまった。

その一方、本書がずっと相手にしてきた科学的明察――かけ離れた多彩の空想《ファンタジー》を心裡にパラドックスとして絶妙に結合する機知などではなくて、個別個体の充満の世界に入って行く明察――が事物を異なる視点から、即ち事物自体の視点から見始める。実体を個体化し、間近（up close）に見るとはほとんど貫入（penetration）に等しく、かくて単純、というか真の透明性を志向する視覚習慣が新たに始まった。探険家‐科学者は、不注意な人間なら雑駁に似ている似ていると言いそうな所で、厳密な差異を慎重にあげつらった。透視的に見ると言っても見る人間の心は多重多元だし、第一個体個性はまちまちだということが知れて、外なる世界の存在するか否か自体が問題であり、外界がこの上なく遠くに思われていた 17 世紀に、この科学的な視点は発達を遂げる。

科学的凝視が美学に貢献したとすれば、まさにここであった。博物学者は間に入る空間――彼の空間でもあり外世界の空間でもあるもの――を潰《つぶ》して構造をさがし求めたが、このような敏にして活な洞察内観は透視法の広く浅くの見方を転覆させ、全体の中の部分的相貌、荷電した部分に注意を集中する。遠近透視や観衆からの距離の問題は修辞の術の方からも言うことができる。アリストテレスの『修辞学』へのホラティウスの注解について、ウェズレー・トリンピは口頭弁論にはっきり二種ある、としている。政治のものと法廷でのもの、である。この対立する口頭弁論術を手掛りにトリンピは、透視画（野外で耳にして理解されることをめざす政治演説に似て、遠くから眺められる）と一幅の展示画（間近に精査されるところが個室で一人の判事相手に事件を弁じ立てるのに使われる弁論に似る）の間にも（19 世紀になってもかなりな時期まで信ぜられた）同様な関係がある、とした。広場で公衆を前に滔々《とうとう》と弁じられる演説と、事実説明のホールや聴聞室で少人数相手に行われる抗弁とが形式、体裁に大きなちがいがあるとするトリンピの論は、自然の事物を野外で見る場合の知覚に当てはめ、そうした事物のことを報ずる、距離を置いた、あるいは近接しての報じ方に当てはめてみると、よくわかって面白いかもしれない。

「書かれた」私的で洗練され、ために中挫されぬ静かな熟読と神経集中を要するスタイルと、「語られた」公的で、もう少し大雑把なスタイルということでホラティウスのつけた区別がそっくりオーガスタン時代の文学に持ちこまれた、とトリンピは言う。しかし 18 世紀、精読されるに向き、細部に凝ろうとしたこれ見よがしの文体は、人知れぬ場所でひそやかに伝達され、芸術のための芸術の光被《アウラ》を放ち始め、同時に――かつては炎天下、遠くから相手にされるものであった――公的で実効第一の文体は、我々が既に見てきたように、その叙事詩的焦点を狭めて、断片や細部の個に淫するようになっていた。

両方の場合に主たる関心は表現の形式の方にあるとは言え、形式の選択は勿論内容のそれと関係せざるをえなかった。たとえば、『地理学《ゲオグラフィア》』のストラボンは些事や細かいことは省き、その代り高貴にして大《おおい》なる事象に専念したいと言う。彼はその長い作をさらに長く物語として伸ばした展開の視覚的相等物《アナローグ》として巨像を使ってみせる。彼の作はまさしくそういう巨人像だが、大きな物、全体像であるものについての事実――一個の包括的総体として、とは即ち距離を置いて見られている――を扱った作品だからだし、些事（minutiæ）に頭を用いる気配などないからである[52]。古代の人間のこの一般化する遠い態度をこそ、探険家たちの現場主義は打破しようとした。

聖化された抽象的な地理学でなく、まさしく個別の地方地誌（chorography）を追うことで、画家-旅行者は宇宙を、対峙《たいじ》と中間の消滅とを要求する複数多重の目立った相貌《かお》のシステムとして間近に経験し始めたのである。明快短簡の男性的文体が、描かれる対象の金剛不壊《ふえ》な諸性質と絶妙にぴったりだった。それは同様に旅人たちに物質界の有為と転変をどっぷり浸《ひた》ることで知るのに、ある瞬間の個別で束の間の効果を大気そのものの速筆《スケッチ》で描きとるのが一番と迫った。ホラティウスの二項対立も、一方的透視の方式も18世紀半ばには克服されかかっていた。探険行の間じゅう、近くの事物と遠くの事物は調査され、互いに「侵入」され、（突然、あるいは結果として）貫入され、そしてあるがままに写された。技倆誇示的に、とはつまり圧倒的で、だから邪魔にしかならぬ技倆に頼ってということではなしに写された、という意味である。

こうした観察によって我々は本書最大の主題に戻る。自然の観相学（physiognomies of nature）である。その物象としての相貌《かお》（aspects）に注がれる眼差し、それである。旅行家たちのする科学的研究が、注意深い観察をアートの位置に高めた。見る人間をして現象の現実を（ただ認めるだけでなく）分析するように仕向けることで、探険行為は科学的知覚と美的知覚に大して大きなちがいがなさそうと言おうとする。風景研究は殊に科学的目標――荒らされていない地誌を意志して見ることと、注意深い視覚的解剖の能力――をそっくり真似る。この「事物の相貌の科学」にはアレクザンダー・フォン・フンボルト、ジョン・ラスキンの名ばかりが結びつけられてきたが、二人の先駆けは無数にいたのである[53]。

実験的方法――一個体としてある決った瞬間に見られた変化《へんげ》し止《や》まぬ現実をなぞろうという仕事に唯一ぴったりの方法――は、個々の事物事象にできる限り多様な条件下、遭えば片端から注意深く記録していくことを要求する。この有限の中、帰納的に部分から部分へ進んで行くやり方でのみ、最後にひとつの包括的な図、トータルな遠近透視図が得られるのである。ゲオルク・フォルスターはこう言っている。「そも［科学的観察者は］洞察力を十分働かせて、さまざまな事実を結び合せ、それを基に一般的見解をつくりあげると、それが新発見に大いに導いてくれ、次は何を探究するが良いか示してくれるはずだ」、と[54]。

この方法論は18世紀末という沃土に根ざすもうひとつの革命を表わしてもいる。そして、凡そ科学革命（scientific revolutions）と呼ぶべきものの間には、実験家たちは新しい場にふさわしい新しい見る道具を手に、新しい別の事物を見る、とトマス・クーンも言っている。これら全てで物の見方にいろいろ変化が生じるのである。旅行記のもたらした視覚革命は、新型、改良型の光学装置の縦横の活躍と切っても切り離せぬ関係にある。何が目に入るかは此方から何を、いつ見ようとするかでちがい、過去に何を見、何を考えてきたかでちがうわけだが、どんな道具を使うかでもちがう。アルプス登攀の地球構造学《ジオグノジー》の人間はカメラ・オブスクーラを持ち、気球飛行家は望遠鏡を携えて、おのがじし強く熱い一個の目玉と化したのである。

ヤン・フェルメールが用いたので有名なカメラ・オブスクーラは結局は、予め決められた相貌に世界を平たく映し出す静的な投影に行きついた。この凍りついた「凝然たる」映像は、普通「古典主義的」風景と結びつけられることの多い孤立した宙吊りという意味合いを時間の方では帯びもした。つまり風景画の時間はリアルな世界でのその実際の連続性からは切り離されたものであった。その一方でカメラ・オブスクーラは改良されて、束の間の効果、激しい動きの光景を捉えるようにもされ得る。グァルディ兄弟、カンスタブル、ターナー、そしてドラクロワの絵など見ればよい[55]。

旅行者たちの間で（本当らしさを創りだす装置たる）カメラ・オブスクーラの人気が高かったのは彼らがいかに正確さを望んでいたかを示す重要な目盛りである。それが16世紀半ば、広汎に使われ始めて以来、それは超自然の装置ではなく、自然の物質を複製することで実践科学の方法をなぞることを目指す実験的装置だったことは間違いない。それを使おうという分には、感覚的経験はまやかしなどではなく価値あるものということを前提としていた。勿論、この前提は ── プラトン譲りの ── 装置、とりわけ光学装置はまやかしで信用できないとする、前にもとりあげた考え方に真向うから対立した。光学装置が真理に導くとか、事物の相貌でその内奥の真がわかるという観念は、五感が知をもたらすと考える時代のものである。物質は最早 ── プラトニズムやネオプラトニズムの世界観におけるようには ── ぼんやりと自然の裡《うち》に反映される遠い彼方の［大文字の］**イデア**を覆い隠しなどしない。それは聖刻文字としてあらゆるものを含み、神ならぬ科学者のみに解読できる内在し、密接する具体的な［小文字の］観念《アイディア》で現にある。

かくてカメラ・オブスクーラはナチュラリストが間然するところなき直截の映像をさがすに完全な道具であった。反転した、とはつまり間接的となる世界像を創り出す鏡とは逆に、カメラ・オブスクーラを使う画家は世界を直接即刻に見ることができ、歪みや、自らの鏡映像に悩まされることがなかった[56]。

発見という目的にカメラ・オブスクーラをどう使うかの典型図をジェイムズ・ブルースが見せてくれる。ブルースのナイル水源探険行を記録した記念碑的な『紀行』の序文を見ると、彼が生涯、素描と数学と天文学に熱をあげていたことがわかる。同世代の探険家の例に漏れず、1768年の金星の太陽面通過が観測できるとなると、あとの全てを放りだした。在アルジェの英国総領事の任にあったブルースは自らの仕様のカメラ・オブスクーラをつくらせた。この隙なくつくられた携行用の「線引き器」をもってすれば、十人並みの技術しかない人間でも、「迫真」ということでは、最高級の画工さえ抜く仕事ができる。この線引き装置を用いれば、とブルースは書いている、「絵の背景を成す風景、地域の景観は真そのもので、実際、ピクチャレスク風景で一杯のアフリカのような地域では、最高の天才や想像力のうみだすものより自然がいかばかり上か」を、どうしようもなくはっきりと示すのであり、「束の間の雲塊、特に嵐の空に油然《ゆうぜん》たるそれなど、熟練してもいない鉛筆のほんのふた筆、三筆で描けてしまうはずだ」、と[57]。

非常に異なる環境の特異なることを捉えるということでは望遠鏡も負けてはいなかった。カ

図265　Thomas Wright, *A Perspective View of Visible Creation*, from *An Orignal Theory or New Hypothesis of the Universe*, 1750. pl. 17. Mezzotint. Photo courtesy Library Congress.

メラ・オブスクーラ同様、それは遠くにあるものを突然に、ごく間近に引き寄せる力を持っていた。フォントネルの『世界の複数性についての対話』(1686) で伯爵夫人は、ニュートン光学のした発見の数々のせいで宇宙が大きくなり過ぎたと言ってこぼす。作者の答。「御懸念よく分かりますよ、奥様、と私は言った。私はとても気持良いことと思います。天が星をちりばめた小さなアーチだった時、思ったのはこれでは宇宙は狭すぎ窮屈に過ぎるということで、私は空気欠乏でほとんど窒息するかと思いましたが、それが今や上へも下へも大きく広がって億万の渦がその中にあります。私はもっと自由に息ができるようになっていますし、宇宙だってかつてとは比較にならぬくらい壮麗に見えているのです」、と。18世紀末にかけて、「余りに大きく、その果てに目も得届かぬ」ものへのうそ寒い没時間な観測から、限られ、近くに寄せられた無限性への決定的な転換が生じた。ウィリアム・ハミルトンの『火の平原・補遺』(1779) はこの転換を反映している。アルプス登攀の朋輩たちと同じ気分で、高性能の望遠鏡を持つハミルトンは「まるでこの火山の頂上に本当に坐ってでもいるかのごとくに目が利《き》く」のである。「一瞬にして」、と彼は記している、「透明な炎の流体が泉のように上り、徐々に勢い増して驚くべき高度に達して誰しもの目に入り、人々は恐怖し驚駭して、これを見た」[図183]。同じようにドゥリュックも、大きな物が目に与える力も距離がいかに弱めるか、逆に大きな氷河に近付くにつれていかに驚くべきものと感じられてくるか、に思いをめぐらせている。小から大への変化が瞬時のものであり、レンズの力で遠が突然近と化すならば、衝撃は一段と強烈である。言うまでもないことだ。

とめどなく後退していく空間にフォントネルの相手の伯爵夫人が感じた戸惑いが完全に解消されるには、気圧計、湿度計、望遠鏡装備の気球飛行士の登場を俟《ま》たねばならなかった。『ユーロピアン・マガジン』誌が1784年9月15日のルナルディの昇空飛行について記していることが、こうした経緯を巧く伝えている。この気球実験の幾つもの重要な成果のひとつとして、

図266　John Russell, *Moon in Plano*, from *The Lunar Planisphere*, 1809, pl. 1. Mezzotint. Photo courtesy British Library.

記者は「黄金の炎で一杯の天空が［大衆の］探究の対象となるであろう」ことを挙げている。ベルナルダン・ド・サン=ピエールがイングランド巡礼を考えたのは「ハーシェルの望遠鏡で太陽を見、そしてこの有名人に人類の視野と希望を天にまで広げてくれて有難うと言おう」為であった。ベルナルダンはハーシェルによる発明品を、蚤《のみ》を羊の大きさに拡大するリーベルキューンの太陽望遠鏡になぞらえている。両者ともに、小なるもの、遠方なるものを強力に近くに引き寄せる、と。ジョン・ラッセルは詳細な平面大球図（planispheres）をもって、月面を「直《ちょく》、地球に」持ってきた[58]。

遠の遠がいきなり近の近になってしまうとは結局、一般的性質が具体的な部分もしくは断片にばらけてしまうことを意味した。近視眼的に見ることを要求する物質の多彩に夢中になること、漠々たる広がりに境目を入れる物理的記号という形をとる空間的方向量《ヴェクトル》の短縮形に魅了されること、時間の作用のしるしとして瞬時というものに淫すること、中立的な見え方をうむ仕掛けとしての拡大用光学機器の発明に入れあげること、これらすべて個々の相貌（aspects）に対する人間中心ならざる読み（nonanthropocentric perusal）に資するものだった。

特に地理学がそうだが、18世紀科学全般の分類指向からしても、ある環境の中でのさまざまな事象も別々のものとされる傾向があった。ケルゲレーヌ＝トレマレクがシェットランド諸島の隆起部分にしたような、アレグザンダーがヘイサン諸島のそれにしたような陸塊に対する精密な分析はそれら別々の相貌をたどった。ある場所の「特異な外貌」を「仔細に調査する」ことで決める、というのがすぐに合言葉と化した。ドロミューは玄武岩の生《き》の角柱をヴェスヴィオにおいて調べるのを良しとしたが、それらがなお場所としっかり結びついている間にその外貌を捉える方がはるかに興があったからである。ダントルカストーは、ニューカレドニア周辺の暗礁の連鎖に触れて、それらが「海岸の相貌」を特徴付けているという言い方をしている。フリンダーズがオーストラリア東海岸の山がちな海岸線の「外貌」を丁寧に描き込むのも観相学的同定をめざしているからである。フォレストの言い方では、ガンジス、ジャムナ両河の流域地帯で目につく千もの「標徴（traits）」に、目利《めき》きの観察者は注意を怠ってはならない。岩の造作、湾、港、川そして岬の綴るこの同じ視覚‐アルファベットを、フランクリンはコパーマイン川河口から北米東端にいたる海岸を歩きながら確認していったが、それと同じような粗い外観（rude mien）はブルックがスカンディナヴィアに見出すことになる[59]。要するにある地域のはっきりした「顔（face）」ないし面相（countenance）が、ひとつの総体《アッサンブラージュ》を形づくるはっきりした形態、形象の細かい羅列を通して再構成される。それらは上手に解読されるならば、その土地の中核的な相（physiognomy）への鍵を、その全史を要約する鍵を与えてくれるだろう。今頃改めて念押すまでもないが、「相貌（aspect）」、「外貌（appearance）」、「標徴（trait）」、すべて見事に観相学の用語である。

ところで、どんな奇景奇観といえど、それで決りという唯一絶対の相貌であるわけではない［図188］。環境‐知覚は視点の多元をも意識している。ティエラ・デル・フエゴのクリスマス湾沖10リーグの所にクックの見つけた「ヨーク大聖堂《ミンスター》」は「見られる視角のちがいによって」その外貌を変える。シャストリュ侯爵も同様に、ヴァージニアのナチュラル・ブリッジが時間を追って見え方が変わることに気付いていた。この断崖に横から、そして下から近付いて行くと、ふたつの岩塊がくっ付いて峡谷を覆うのが目に入ってくる。少し経って、今度は上から見ることになると、このふたつの人道が脚下に混り合ってアーチをつくるのが見える。それからこのモニュメントの基底部にはもうひとつ別の構成要素――遠くの穹窿の下を流れる小さな川――が見える。ウィリアム・カークパトリック著『ネパール始末』（1811）を見ると、クチャール山脈の他の山々から図抜けて聳立するジブジビア山がどの視点に立って眺めようと目立つのはその奇怪な相貌のせいである、ということになっている。

形は視点が変わればいくらでも変わる。ファン・ディーメンス・ラント［タスマニア］という、果ての凸凹が凄く、「南極の凍結地域に対しては粗い厳しい面」を向けている島でライセットが感じたのがそのことだった。オーストラリアは割れ目だ亀裂だのが一杯で、それらは揃って見えようなど毫《ごう》も思っていないようで、見る場所を少しでも変えると、どんどん姿を変えるのである[60]。

現在での中核的相貌は、物理的に周りを回ることによってばかりか深く測鉛をおろすことによっても、過去の相貌と対照させられ得る。ウーエルの手になるエトナ山の絵で描かれた「地図」はその三つの歴史的段階を一堂に会させる。生成の炎の段階、成長の牢固たる壁の段階、そして今まさに進行中の衰退の段階である。「新」様相がこうして古いものの上に接木《つぎき》──というか、地質学者の言葉で言えば──積層されていく。

この主題のもう少し下世話な変奏ということでは、古い土地に現代的な顔を与えるというのもある。ジュラ山脈を歩くラウール=ロシェットは、この神さびた岩山地域に産業が「新しい貌《かお》」を残していったと言っている。

相貌を多重化するのは何も、新しい事物を新しい見方で見ることばかりではなく、気紛れな果敢《はかな》い効果が新たに働くということにもよる。ケープ・ブランコとラ・グアイラの外貌についてチャールズ・コクランが言っているように、晴天の時より曇天の時の方が良い景色である。「積み重なる雲の上側表面が光って恰《あたか》も大洋の海面に光る島が浮かんでいるようだ。いろいろな高さから、旅人の目と下の地域の間に蒸気の柱が垂れている。……雲と蒸気の間の間隙から時々、集落や叢林がのぞくが、雲も蒸気も風に吹かれるまま常に形と位置を変えるのである。かくて事物はもっと穏やかで純粋な大気中で見られる場合より深く見える」[61]。

まとめてみよう。相貌への旅人たちの関心の底にはふたつの大きな仮定があるように思われる。アイザック・ウェルドがナイアガラの滝について書いているように、「目が一遍にその全体像を摑むなど不可能に決っていて、先ずは景観を形づくる、その区々《いちいち》がそれ自体、驚異の対《ま》象《と》たり得る各部分部分を、少しずつわかっていくの他ない」。自然の巨大一般、特にその個々の巨大物は時間と空間の断片としてのみ理解されるのである。第二に、これはダントルカストーが簡潔に道破したことだが、「遠くから見て最高に楽しい事物と思えるものに限って、間近で見るとそうではない」。遠くから把握されたところが現にあるがままの現実だというのは完全なまやかしである、と言っても同じだ[62]。

こうやってあれやこれや考えてみても、しかしまだ話半《なか》ばでしかない。「ランドスケープ(landscape)」と「プロスペクト(prospect)」両語は18世紀にはどちらでも良いという使い方をされることが多かったが、「プロスペクト」の方がより広がりのある風景を指すのが普通であった。人気のプロスペクト・ポエム(prospect poem 眺望詩)とランドスケープ・ガーデン(landscape garden 風景式庭園)には個別化(particularization)の欠如という共通のはっきりした特徴があった。この種の詩、こういうタイプの土地体験は、一瞬目の止った事物を探査するというよりは確認-追認(recognition)という趣がある。こうした詩や庭園が相手にする土地は、目に立つ塀や囲いがなくとも、出来方が既に囲われているのである。包括的な画然たるパターンに従って形づくられた雑駁な秩序を示す事物でぶつ切れなのだ[63]。

既に見たが、旅人たちが外なる世界で遭遇した、完全に未知なるが故に無限に開かれてある眺望《プロスペクト》は、遠くから調べることによって突破されたのでなく、貫入(penetration)によってうち破られたのである。そうやって18世紀後半には、アートが充満した景観ばかりか、自然が蓄え、何妨げる相手さえない景観が美意識に入ってきた。展開されていく風景は、文明化の手枷《かせ》足枷からの全たき自由を言うに完璧な舞台となった。

スイスの主だった大山塊《マッシーフ》正面に据えられた天然の「展望台」、見事な観覧の拠点《ステーション》の果たした役割を思いみれば足りる。ショイヒツァーからフォン・ハラーまで、ベルン・アルプスに登攀した旅人たちは上から、下から、横から有名な山頂を見るための見晴らし台《ベルヴェデーレ》をさがし求めた。といってこれらの人々が山を遠くから見て、それで良しとしたわけではない。上から、下から、横からという見通しなど、見ることで近付く、広大な空間を一瞬にして捉えるいろいろあったやり方のひとつというに過ぎなかった。

ヴォルフとラウール=ロシェットは、登山する者が氷河表面の割れ目や亀裂を見ることができるので高い場所は良いと書いている[64]。パトリック・ブライダンも同じような高みからの景観を快としている。彼がエトナから下山中、全自然が「一視点にまとまって」脚下に展開した。「あらゆる季節、あらゆる気候がそれらの所産すべてとともに」ごっちゃにあって、ブライダンはこの常ならぬ凝縮を前に心悸の昂まるのを覚えた。こういう状況にあって、と問うている、「誰がぼんやりなどしていられようか」、と。

高みが極地方にあろうと、ビルマ帝国にあろうと、最大の視野と自由に恵まれた判断力は、空気が清らかで、身体を圧する重たい蒸気など知らぬ場所で一番敏活に働いた。リスボン山上の修道院塔から身をのりだしたランドマンは険峻の眺望と切れ切れになった地域風景に見とれてしまう。ラ・プエブラ平原の中心であり同時に周縁でもある所にいたフンボルトは高みから、コルディエラス山脈の東側斜面にある天然の巨像に目を凝らす。望遠鏡を目に当てると深い森が、軽石だらけで、ほんの所々にシダやミモザが点在するだけの乾き切った平原が同時に、くっきりと見えた。マデイラのジョンソンもジャマイカのヘイクウェルも同様に、フンチャルの眺望を見、ディアボロ山の下に広がる谷を見ていて、遠方が突然直近に見え、地面がだしぬけに上ってくるのを見た[65]。

高みからおり、それから急に「平原ひとつ」、「広大な地域丸ごと」を横切って行く目の前後運動は大平原から聳立する大型の地勢を重要視する傾向がある［図 16・19］。広大な平原の重要な変奏のひとつは沈める大陸の広がりで、眼路の限り下へ、横へ動く。ダントルカストーは 1793 年 1 月、オーストラリアの沖に投錨していたが、目にしたのは「横切る時だけ見える沈める地［で］、瞬時に見えなくなった」[66]。この二重視（double vision）の瞬間、上と下、此処と彼方が、見る者のはっきりした現在の意識において合う。別の眺望指向の見方で書いているベルナルダン・ド・サン=ピエールが、外なる遠いものと内なる五感が急に近付くことのできる場所がもうひとつあると言っていて、面白い。その『自然の調和』（1794 頃）では探険登山に大洋航海が対比されている。高い山の山頂では何変哲ない、見る人間に個人化された世界の立ち上ってくる姿をいきなり見せる鳥瞰図、鳥の目を、「ヒトの目」と対比するのである。はっきり海への好みを隠そうとしないベルナルダン、船乗りと、それから谷に抱かれるハイカーは、自然のダイナミックな力をもっとちゃんと間近で感じるだろうと言う。その効果を文字通り目線の所で見ようと思えば何と言っても、深みをも含むあの広大無辺の虚の基部たる海岸に優る所はない。壮麗な日の出日の入り、束の間の気象現象、潮の干満、水を吐き出す河川の大口が見られ、そして山の腹が波に取り巻かれ、その中身の鉱物の構造をさらしているのを見られるだろう。

最も「快ある世界の眺望」は、その生じている所の目線にまで降りてみると、同時かつ同強度に繰り展《ひろ》げられている感じだ。セント・メリーズ川水路からスペリオル湖に入る口を見つけたジョナサン・カーヴァーは「眼前に蜿々と広がる美しい小島」を沢山目にするが、「右には」、と続けて言うには「小さな地点が少し水の中に突き出ているのが面白く連なって、島ともども、この窪地を……隣りの湖の湖面をしょっちゅう騒がせる強風の猛威から静穏に守っている」のだ。「周囲の」眺望を多重にするのはどうやら水の展がりのようだ。ジョージ・ディクソンは、サンドイッチ諸島を「約束の地」とする巷の俗説を嘲る。コール・ハーバー付近でディクソンは広いばかりで荒涼とした場所に出たが、冷たい雨もよいの悪天候がそう見させたのにちがいない[67]。

ピラミッド群の背後に迫《せ》りだすのがカイロの荒原の底の部分から見られる山々を、アイルズ・アーウィンは「自然の中の最も巨大な物で造られた」壮麗の眺望と呼んだ。ナイルの岸に上陸したベルツォーニは「アスワン遠景」を仄望《そくぼう》したが、今、通過してきたばかりの諸地域の不毛のせいもあって、その姿は一層強く印象に残った。ベルツォーニはかなり遠くにある花崗岩の山々の縁どり成すカーテンを見たばかりでなく、すぐそばの棕櫚の林や、隣接するエレファンタ島が目に入ったはずで、思うにこれが西岸の不毛の印象に「邪魔に入」ったのである[68]。

地上の高みから、また絶対的海抜から見た眺望がいかに広大と言ったところで、時代の寵児たる気球からのパノラマ視野と比べれば何ほどのものか。狭い限定された景色でしかなかった。気球飛行士は、事象の只中を漂いつつ事象全体を観測することができる至上の見晴らし台に立っていたのである。陸路行く者、海路行く者（ナポリ湾の真中行くブライダン、ルッス湖の真中に彳《た》つド・ソシュール、ナイル川はエレファンタ付近に漂うヴィヴァン=ドゥノン、ガンジス川中心部にいるフォレスト等々）は自分の居場所に縛りつけられてもいたわけだが、新しきイカロスは彼らとはちがい、目と感覚の印象を時に完全に理解した［図 233］[69]。相貌《アスペクト》に縛られず、ひとつ展《ひろ》がった全体の枠内での断片などに一向縛られないのは、実際の分割されない空間全てが彼の舞台だからである。この空間、「新しい気」と「蒸気の奔流」でできたこの縁のない「場」は気球の昇空中どの時、どの瞬間にもたしかにそこにある。モンク・メイソンがいみじくも言うように、「実際、そのような景色に普通用いられる形容詞は一切無用の長物であるし、目は大きさ、壮麗さの両方について最大最高の自然の絵を初めて見るわけだが、それを描くに線遠近法の複雑な法など一切関係」なかった[70]。パラドックスと言うべきだが、眺望されるさまざまな特徴を描きだす輪郭の鋭さは「距離とともに強まり、事物が区別つく限り、ずっとそのまま」である。こうして、一番遠くにある事物が、まるで一番近くにあるかのごとく一番明確に見えるばかりか、さらに間が実際に存在しないかの印象である。トマス・ボールドウィンが、「普通のやり方」の旅を気球飛行と対比してみせている。前者にあっては、山頂パノラマへの手間暇かかる骨折りは「永遠に多様性に開かれた完全なる俯瞰」を得ようというのではなく、単に「不完全な側景」のため、といった体《てい》のものなのだ[71]。いずれ望遠鏡が役に立たぬ瞬間が来る、とボールドウィンは加えて言う。高度が上がるにつれて蒸気もふえていく。普通の望遠鏡はそうした雲を拡大した挙句、雲が物としてではなく、不透明な何かが文字通り雲散した状態としか見えなくなる[72]。つまり気球飛行士は最後には全く物の存せぬパノラマに包みこまれてしまうのである。フォントネルが相手をした伯爵夫人があれほど怖れていた頭上遙かに展がる無限空間は、飛行旅行の時代、もっと親密な空間観に、その奥行きについて決してうそを吐かない空間概念にとって代わられた。このもっと文字通り親近感ある（proximateな）見方を、1784 年のある気球頌詩が実に短にして簡に謳いあげている。「汝《いまし》が絢《あか》るき飛行《ひぎょう》の間《ま》にも宇宙を抱く。／……弱き有漏《うろ》の者どもから遠く、ひとり自然とともに……」と謳ったのである。

ガルヌランが 1798 年に昇空した時に同乗飛行したフランス人の逸名女性が、このパリの詩に実体験の証言を加える。「飛行士の眼前に、美と広大の度を増す宇宙スペクタクル以上に素晴らしいもの、壮麗なものは他にない。すべてがすぐに昏《くら》くなった。濃い蒸気を抜けると雲海の上に出た……」。こうして「円形眺望」は太陽の光を浴び、「直径 2 マイル以上に及ぶ深淵の底に一目《ひとめ》にして」事物が見分けられるかと思えば、「靄《もや》か蒸気が掛りでもしたかのように完全に翳《かげ》った」[73]。いずれにしろ、気球飛行士は突然に、先ずは地上の事物に、次には外空間に囲まれたのである。

要するに、気球飛行士の極限のパノラマ体験において、外なる世界のヘゲモニーは最高に神に近いものとなった。地上に縛られたものがいかに崇高に荒ぶるものであれ、魅力的なものであれ、生ける宇宙の央《もなか》に直《じ》かにいるのだという体験にかなうわけはない。気紛れ風にのんびり漂遊する中で、人と自然、意識と無意識が一瞬和解する。人間内奥の生命力と自然のダイナミックな力が深々と融通し合うが、この交換の瞬間はいつも「今」生じる。

ところで物質の内側からのこういう目、視点、あるいは（どれほどの高みかは知らず）上からの目というものは科学的凝視の敵だと知れる。おそらく 19 世紀の理想主義的思想にとっては、より高きに永遠の視点の可能性がいつもあった。ヒトの視力の限界を越えて神の目の位置を占めようというのだ[74]。この哲学によると、個人の視野は限定を運命付けられていて、事象の構造を、事物同士の関係を、ましてや〈物自体〉を発見するなど、とてもとてもである。どんな高い視点であろうと低い視点であろうと、それは常に私的、深く主観的、故に有限なものとする認識に異を唱えたのが、ヒトをも含めあらゆる現象《フェノメナ》を水平に、というかひとしなみに見、それらを、水平に伸び、内側から、ある気質の狭い一週から見られた現在進行形の物質連続体のそれに対応する相貌というふうに見るリアルな行き方であった。

こうして 19 世紀とともに、無数の私的な視点と、それらと対応する物質の相貌が生じた。因襲から自由な物象宇宙経験をめがけた 18 世紀の「瞬間」が、社会の状況、個人の状況によって ── とは即ち日常生活という切迫したパノラマによる濾過と仲介を受けた時間の塊と空間の単位の終りなき連続体の中に取りこまれていったのである。

終　章

自然を「リアル」に、ということ

もしこれらの結び付きが詩人たちの精神によってさまざまであるのなら、国民の精神によってはさらにばらばらであろうその所以は、習慣、風俗、性格みなちがうのだから、その観念を等しく同じに結び付けることなど不可能だからである。同じことが、それぞれに完全な二つの言語にも言え、それぞれがそれぞれの美を持ち、相手にはない表現を持っているのである。……［これらの］美が専らひとつの言語だけのものであろうと、ひとつの言語からもうひとつの言語に移し得るものであろうと、それらの美は等しく自然なのだが、習慣と化した観念の結び付きほど自然なものはないからである。

— アベ・ド・コンディヤック

この幻［ブロッケン現象］は概して、私自身を忠実に表象したものと私は思うのであるが、しかし時々には、それは夢を司る善き神ファンタススの思いのままになってもいるのだ。

— シャルル・ボードレール

問題の 18 世紀から 19 世紀初めの時期の事実第一の旅行記（factual travel account）は、人間精神が何も知らないくせに自らを外に押し出していったり幻想の中に引き籠ったりするのではなく、自然を人間精神に正確に刻印／印象付《インプレスす》けるというベーコン主義を、その最大の目的、というか真諦にしていた。記していった当人たちは、この世界の事物を（完璧な描写を通して）伝えることを、その目的として広言している。この自然ルポルタージュのジャンルは言葉（the verbal）と絵（the visual）を（そしてこの両方を、生きられた経験に）密に結びつけたため、あるいはそれが自然史（natural history）の一分肢だということもあって、担い手たちはいつも、『新機関（*Novum Organum*）』で提起された帰納的方法を試す役を引き受けていたことになる。もっと大きく言えば、古代の人間やスコラ学者たちが演繹的に引き出し、半真理と捏造のうその上に築かれた身勝手創成宇宙から人間を始原の、もっと深い知持つ、劫初《いやさき》の状態に戻す狙いの「新しき知（New Science）」推進者たち、その人々が先駆けた客観という基準《パラメータ》、を改めて再定式化したのである。啓蒙人士にとって始原回帰が他の何を意味していたかは別に、「リアル」への回帰でもあったことだけは間違いない。貫入（penetration）を訓練された科学的凝視（scientific gaze）なる探究の具は、鉱物学者の助けになるのと同じくらい探険家の助けになって、現時点での風景に深く測鉛をおろさせるばかりか、劫初の原人アダムの目と同じくらい事物の実体を見ることができる目をもって大昔の地球の状態を解読させてくれもしたのである。

盛り上りせめぎ合う科学万般から滋養を摂《と》って、進歩だの意味だの主張したく思っている実験的努力のあらゆる分野にとって死活にかかわる発見（discovery）の営為には、新事物を理解し、同化していくための新モデルと新方法の発明が必須だった。それに付随するが、自然界についてわかってきた事に実体ある形式を与えようという企ては、広範な理解と伝達のための「透明な」もの言い《ディスコース》を要求し、引きだした。「平明」文体か、「形而上」派の文体かという 17 世紀の議論が王立協会でさらに深められ、18 世紀の言語改革者一統の主たる関心事にもなり続けた文体改革は、精神（mind）と自然（nature）なるふたつまるで異なるシステムを歪みなくひとつに統《す》べるための精神と知覚の具ができるのに好個の基盤であったと思われる。

自然哲学（natural philosophy）は深いところでは自然を公正客観的に映像《イメージ》化する働きをすると言えば、それはただちに言葉による、絵による記録スタイルと結びつくのである。表象への関心を示すこのふたつの対《ペア》化 ── 科学の野心が美学のレヴェルにまで上げたわけだが ── はベーコンの『学問の進歩』（1605）とホッブズの『リヴァイアサン』（1651）に現われているが、そこでは（クィンティリアヌスの『雄弁家教育論』の言い分を逆転させて）言葉は物質の映像《イメージ》というに過ぎないことが主張されている。この主張はロンドン王立協会による ── ということは他の全科学アカデミーによる、ということだが ── 語と絵（とは即ち人工的構成物万般）を事物に対応《マッチ》させることで物象界の真のモデルを具体化しようといういやましに強い冀望《ねがい》とも正確に符合するものであった。

内と外の照応の関係を結ばせようというこのプログラムは、（自然の現象《フェノメナ》を形づくる実際の材料たる）物質の観念それ自体、そして統覚（apperceive）する能力それ自体が 18 世紀科学の諸発見の結果、大変化を蒙りつつあったわけで、仲々厄介なものになった。人間の知性と外なる世界の結婚を実現しようとすれば戦略としては、エピステモロジー（epistemology 精神が自然を知るやり方をどう解釈するか）と、他方、現実に何がその自然を構成しているのかの定義との間の溝を少しでも埋めることというのが、ひとつはある。物質には生命があり、ダイナミックで、有機的であるという、18 世紀中葉からさかんになった各種発見が一時的にこの間隙を埋める役を果たした。もし自然の事物がひたすら（デカルトの所謂）一次性質 ── 裸の、生命なき延長であるだけの実体 ── でつくられているものとされるしかなかったならば、精神的には中に貫入などできぬものということになる。物質を不活発、不透明、知ることのできぬものとするこの合理主義的解釈は互いにからみ合った無数の唯物論側の展開によって突破され始める。自然の傑作、というか石や粒子が最も徹底した形をとったモニュメントでさえ、18 世紀を通して、その金剛不壊《ふえ》なところを和げられ、「廃墟化」されていった。それが時に静か、時に激烈なそれ自身の身体史を持つという革命的な発見 ── 自然哲学者と探険家の協働の結果と言ってよいコペルニクス革命的聖顕《エピファニー》 ── によって、それは知覚的に透入可能なものと化した。地球の大異変にも耐えてきたモニュメントが 18 世紀後半、地球のほんの「偶発事」、「実体」

が捉えがたなき効果に「揮発」していくこと ── 本書では物質の作為者なき「活動《アクト》」と呼んでいるもの ── によって徐々にとり崩されていく。ニュートン主義の普及、古代物活論の復活とそのフランス生気論生物学、ライプニッツのダイナミズム物理学との混淆が、融解する世界へのもうひとつの《オルタナティヴな》見方を提供する。物象の実体が超物質的力に貫通され、その結果徐々に複雑化していく心理学、さらに敏活化していく目によって一層捉え易いものとなる領域こそそれというのである。

自然のモニュメント、自然の些末事象《エフェメラ》を真芯に追い、写そうというのは、世界を知ることが可能と信ずればこそであった。一般的に言えば、これと対照的にピクチャレスク美学 ── 第二番目の戦略の代表格だ ── は逃げの戦術を体現していた。人間に自分自身の外にあるものを知り、理解できる力があるとは全く思えなくなった美学である。その理論は知識の主観的きわまる分類学に根ざし、デカルト主義者たちからロック経由で、どん詰りをヒュームに見る見事な一本道の必然的な終着点である。こうした懐疑プログラムの中心部には「観念」、「概念」、「名称」が山積して、事物の世界を精神に媒介しようと躍起である。こうしてピクチャレスク愛好者には連続する思考、思弁、夢想、連想の方がよりリアルなのだが、それらが手っとり早いし第一、脳の連続的な構造により近く、より似ているからだった。それらは自らを越えてどこか超越の領域や、知性の外にある点を差し示すことはない。一昔前の哲学と何径庭もない。

人間のする凝視が事物そのものから専ら精神の裡《うち》にのみ存する知覚対象と概念にとした後退が、事物が自らを主張して証拠資料《ドキュメント》 ── 人間とは無関係な、規制受けぬが故に汚染されてもいない証拠資料ということ ── の地位を獲得した歴史的瞬間と共存したのはパラドックスと言うしかない。「実験的自然史（Natural and Experimental History）」、即ち現象《フェノメナ》と直《じ》かに感覚を通して付き合うこと、身を以て物質中に降りることで知の肉感の形式に至ることを言うベーコンの方法論を、そうやって発見者が我がものとする。ここにこそ非人間世界を把握する第三の戦略がありそうだった。探険家は身体的に物質と接し合うことで、知は相対的なものとする理論を否とし、人間の持つ手段としては抽象的にのみ考え、習慣によってのみ知覚するものがあるだけとする理論も否とする、二重の痛撃を加えることに成功した。かつては人間の事象が独占していた地位と、それ以上ではないにしろ同じ地位を、自然史は物象の現象《フェノメナ》に与えた。旅行家は自然を貯蔵庫《レポジタリー》、そして文庫《アーカイヴ》とみて、これに貫入し、野生で粗野、「生の《ナイーヴな》」実例標本をば、人類の文化と人工の達成物全体と肩並べる始原の双児の一方という立場にまで持ちあげた。

こうして存在論的に両者はっきりと別物という重要な認識が出てきた後、カントが『純粋理性批判』（1784）で示したように、自然は（いわば）ヒトのいぬ間の洗濯とばかり、何邪魔もされず移り気にのびのびとやれば良いのだし、そのヒトの方はと言えば、その文化、その言語に従い、彼の悟性を支配する時間と空間の先験的《ア・プリオリ》な規則に従って、その対象変工の技術を追い求めることのみ専らにすべきであるということになった。ヒトと現象界は元々ひとつに結び付いているとする（いかにそうかが議論の争点だった）長く余喘を保ってきた大前提が、ぎりぎり細かい微粒子にまで体系的に自然を探究することで実験第一の旅行記もそれに貢献の片棒担ぎをつとめた大前提が、崩れた。19 世紀とは即ち、自然と人工がどんどん別の言葉を話すようになっていく世紀ということになる。ふたつ何としても融和されねばならない。この二極化は本質的には自律した環境主義の美学と、「芸術のための芸術」美学の対立を表象するものである。

今日、新しい解釈学を背景に、探険家たちの、ものを見る時に個を抑えようという言い分を頑張るねと言って笑ってみていることもできるし、気負い過ぎと見ることさえできる。しかしこういう欲望が18、19世紀の知覚史の主役であったことは否めまい。実際、それ抜きにしては近代の過剰なまでの相対主義が理解できない。精神内部で達成させるか、それとも外なる世界で獲得されるかは別として、経験の純粋（purity）の追求が18世紀思想あらかたの核の所にある。哲学と人間史が、観念や因襲 — つまり自己言及的な解釈 — に媒介《なかだち》されない経験などありえないと説く傍で、自然科学とその実行者たる発見者たちのみ、意識高い観察者、測定者、探査者という特権的役割を持つ彼らに自然が直《じ》かに可触の形で胸襟を開いてくれる、と清々《すがすが》しく言い放つことができた。現場にいて、現在の相貌に捉えられていながら、土地の過去への展望とも切り離されておらず、全身これ注意力という状態で、探険者は自然の個物のうつろい止まぬ形状形態とともにうつろう（move alongする）。そうやって自然個物の断片的外貌を体現し、伝達することができた。

もっと大きな背景から見ると、このような（ウィリアム・アイヴィンズの言い方を借りるなら、反復可解な絵および語による陳述を利用する）絵物語は、西欧人士の本当らしさ（verisimilitude）への強迫観念を証すものとして、ある。新たに手に入った視覚情報を運ぶものとして旅行記は、コピーのコピー、翻訳を翻訳したもの、そして見方、描き方の定型を基にする他の絵入り文書の形式のどれよりも一歩先に出る。こういう運命を、それはその目的そのものによって免れ得ている。機敏な目を持つ旅行家が現象《フェノメナ》と現実に直《じ》かに、物象同士として通じ、彼の達芸ぶりでなく飽くまで現象の個性を、写し描写することで科学的に報じよう、というのがその目的である。性質に妙のある視覚情報の真なることを、その事物存する現場に行き、我れと我が目で見ることによって証すことが、正確ということのためには是非必要と、発見者は理解しており、そしてそこにこそ彼の重要性があるのだ。

さて、主観なるもののごたごたと一切無縁に自律する映像を複製できればという幾久しい夢の必然的結果としての何かが、見、読む大衆のためにやっとはっきり体《てい》をなしたのは、しかしエッチング、アクワティント、エングレーヴィング、あるいはリトグラフといった版画類においてでもなければ、「透明な」テクストにおいてですらなく、ウィリアム・ヘンリー・フォックス・トールボット［タルボット］の「感光素描画（photogenic drawings）」においてである。その『自然の鉛筆』（1844—46）は自然の映像、特に風景映像を再現したが、同時代人から見れば一切の翻訳者を欠いている映像だった。序文でフォックス・トールボット自身言うように、「それらは自然の手が刻んだのである。今のところなお繊細と上々の仕上りに欠けるところがあるのは、自然の法を我々がなお十分には知らないからである」。フォックス・トールボットのカロタイプ、ニエプスの「ヘリオグラフ」よりもその点先へ出た1860年代のドキュメンタリー・フォトグラフィーを俟《ま》って（ウエスタン・ジオロジカル・サーヴェイの写真家たち、T・H・オサリヴァンやジョン・ヒラーズの作品が思いだされる）、何がどう選びとられるかの問題にも一落着が見られ、自然が芸術の桎梏《かせ》とは無縁に自らを肖像できるのだとされるようになった。

以下、本書の結論をめざしてということで、旅行記（というかもう少し広く、意志的な知覚と能動的な解読の試み全体に内在する美的な派生効果）に現われた自然のイメジャリーと、18世紀末から19世紀前半にかけての文学と美術の運動にはっきりしている自然をめぐる基本的考え方の幾つか特殊な接点を明らかにしてみるつもりである。そうなれば、事実追求の旅にどういう重要な前提が働いていたか、そういう旅から不可避的にどういう問題が生じたかが、いろいろ面白く論じられることになる。まず、アートを為すにも科学を為すにも、注意深く見ることで自然の事実について多くを知らねばならないという前提がある。さらに風景は、型にはまってしまった人間世界への脱-文化化（deculturated）した対抗物《アンチテーゼ》として機能しうるという考え方についてはどうか。最後になるが、宇宙を正しく再構造化するのに「平明」、というか脱-個性（depersonalization）への意志が必須という考え方のこともある。不可避的に、というか17世紀もかなり前の時代からの累積効果の必然として、絵入り実記は、巷間での高い人気もあり（大衆は複製の方法にかかわりなく、とにかく絵となった情報に夢中になった）、第一もの凄い刊行量ということもあって、やがて19世紀の表象をめぐる問題の軸《ハブ》となるはずの、そもリアリティとは何で、どこにあるかという問題に人々の注意を一心に向けさせた。

●ノミナル・モード

同じ地域の、まだ航海者たちが知ることのできていない側を、注意深く、詳細この上なく見て回る仕事しかもう残ってはいない。

—— ダントルカストー勲爵士アントワーヌ・レイモン・ジョセフ・ド・ブリュニー

冷たき哲学触るるほどに
魅惑のすべて逃がれざるなし。
……哲学よく天使の翼を括《くく》り
神秘という神秘を規則と線とで抑え、
もののけの気、地霊棲む山を虚《うつろ》にして ——
織られたる虹をほどく……

—— ジョン・キーツ

旅行実記というかノンフィクション紀行の人気 —— アトキンソン、パークス、アダムズ、バッテンといった現代の研究者たちが立証してきた —— はひとつには、地球がかつてそうあったかもしれない、その中に人間の意識が現われる以前にそうだった地球へのほとんど神話的な把え方へ、探険家も大衆も、起源さがしで戻ろうとしていたことにもよる。私の議論の主眼目は、見知らぬ、飾りけもなく、揺れはためく宇宙についての事実を伝えようとする貫入戦略の展開の歴史を追うことであった。旅行家たちは、土地の裸形の個性を歴史的に独自な、具体的なものとして回復させることに、ある程度成功した。彼らの努力の結果、目に見えて、かつては手に負えなかった自然の顔貌が、砕けてばらける叙事詩的断片の複雑な場となり、今や神のではなくて自然の熱流動的《エントロピック》な力の表現と考えられる可触の力ということになっていった。上はモニュメンタルなもの、下は些末《エフェメラル》なものまで、現象《フェノメナ》の個別例が累積されて、科学の方で同時に創られつつあった持続（duration）と変化（process）のパラダイムと符節の合った絵画的構造物が形づくられていった[1]。

探険家たちの息長い文化遺産のひとつが、かたよりのない（とはつまり所有代名詞から解放された）関心がまずは文化と無縁な個に —— 区々《ひとつひとつ》がこの惑星の長い生命の中でヒトとは独立して生きていると認められる馴致されていない個別体の集塊を描く描写の形成に —— 向けられた、というのがいかにも皮肉であった。少し別の言い方をすると、科学的探険家は自然の作用を記録し、自然の作用に入って行くのに、「ニュートラルな」スタイル、名は名でしかないとする唯名的《ノミナル》（nominal）なスタイルを使うというまさにそのことによって、人間の自律を覆滅せしめる非干渉の構えを良しとした。操作しようとはせず人間心理の容喙《ようかい》を許そうとしないこの美学をさらに強化したのは、自然の壮大で英雄的、解放された振舞いと比べヒトの営みの何とけち《ペティ》なことと感じた啓蒙人士の人間観であった[2]。

それにしても認識論的懐疑派が日に日に激しい攻撃をかけるようになっていったが、その言い分は、著述なす者、絵描く人間に —— いかに気配りして〈偶像《イドラ》〉に促われない努力をしたところで —— 外なる現実の複雑に正しく見合ったもの、真正の対応物がうみだせるか、それが彼の極私的な、あるいはいろいろ制約された模倣という以上の何かだと言い切れるかというものであった。他のいかなるジャンルにもましてこの難局を示しているのが多分、事実第一の旅行記である。事物がなお未研究で、それ故ある意味で新しい（というか今まで発見されていない、一般的枠組みの中に取りこまれていない）限り、それはその意表つく差異をもって、見る者の精神に予め先在する観念に挑みかかる。だが（本節初めにダントルカストーの嘆きの言葉を引いておいたように）大きな陸塊が悉く人の目に触れ、人の足に踏まれた時、主だった発見の時代が終った時、そっくり再現できるとか一致できるかという可能性は最早ないと感ぜられる[3]。実際、世界など知らぬとしてゼロから学び直すふりでもするしかないのだ。

要するに、外なる事物が事物として孕むのと同様に、新奇な材料が材料として孕む難点は当然のことながら、驚異の事実なるものは、一旦発見されてしまえばそれは既に二義的で陳腐な連想発動の引き金という以上のものではないことである。同じ理屈で、事実の文学芸術に向いているとされる事態が、主観の吐く気に曇らされることのない窓越しにという感じのスタイルで伝達されるためには、その美的、情報的価値はその事態の経験としての真新しさが鍵のはずである。さまざまな場所で自然事物がいかに重要かよくわかった18世紀の旅行家たちは、新しい風景の発見に熱く夢中になり、人間の振舞いの年代記を綴る同時代の大著述家 —— ロドヴィコ・アントーニオ・ムラトーリ、キュルヌ・ド・サント=パレ、エドワード・ギボン、ベルナール・ド・モンフォーコン —— の書法をもって地球の多様な外貌に目を向けていった。

啓蒙時代に定型《コード》化された科学的旅行記は産業革命の時代にもなお元気を保っていたが、19世紀が開くとその総合の長所が徐々に弛んでいって、語り方の他のふたつのタイプがのしてきた。完全に娯楽向けの旅行本と、旅情報用のガイドブック（いわゆるベデカー本の元祖だ）である。この分裂は同時に科学論文の世界にも起こっていた。快楽が啓蒙と不即不離に一体ということが最早なくなっていた。海空の功利主義的航行者、陸路行くプラグマティックな探険家は、少し前までは教え、かつ娯しませるという役をなんとか果たしていたのが、感傷べったりの自己投映的、というか自伝的な旅、旅行、周遊に押されていった。祖《みやお》たるピクチャレスク狂たちの末裔にして相続者たるこの新しいツーリストたちは、風景はこれを正確に見ることをせず、ひたすら「感じた」[4]。

ウジェーヌ・フロマンタンの抒情的な『サハラの夏』(1856)、『サヘル草原の一年』(1858)は、「発見への情熱」、そっくりな複写、そっくりな記録を追求した探険家、科学者の初期世代と後発の詩的旅行家の世代の懸隔を簡潔に整理している。動機となる欲望は(カサスやソンニーニ言うところの)自然の驚きのディテールを「万人に伝達」しようというベーコン的欲望では最早なく、「自分にとってのもので、ずっと自分のものであり続けてきたもの」を見、感じ、表現する仕方である。フロマンタンはボードレールの「旅への誘い」を先駆けて、19 世紀後半に絵入り旅行記が孕んだかもしれない自己言及的な意味合いを明快に分析している。かつては新奇ぶり一杯だった場所も、変化してその神秘を喪って久しく、物語るよりは細かい描写を言い、外なる自然を細密に研究し、再現しようとしていた人々は覿面に肩身が狭くなっていった。「何もかもを写す」べきとする文学色濃厚な風俗画の描写至上派(ジャン・レオン・ジェローム他の東洋趣味画家《オリエンタリスト》たち)を褒めるのも実は皮肉半分のフロマンタン、目に訴えようとする言語は魂に訴えかけるそれとは別物だ、と警告した。

フロマンタンが書簡形式をとったことで、18 世紀ピクチャレスクの表層を蛇行し続ける趣味が足払いを啖《くら》うと同時に、情報記録へという流れも嗤《わら》われることになる。その手紙も、くっ付いたスケッチも、まさしくそうやってうまれるものである以上、「屈折する映像」、「事物を蒸留したもの」という性質は失っているわけだから、日々、現場で書かれたり描かれたりはしない。何ヶ月後とか、いや何年後とか後に、個人的記憶だけを頼りに、「凝縮された回想」向きのジャンルに則って綴られるこの語りのスタイルの示すのは、我々は我々の感覚(senses)ではなく感覚能(sensibilities)が提供してくれる限りの自然を持つということだ。こうしてフロマンタンは、外にある類似物以外の所に真をたずねざるをえない。その書きものを見れば、完全に真摯という自信は無条件に高い想像力評価と組み合せになっている。時間が回想に篩《ふるい》をかけ、「芸術味が入りこんできた」のである。不変の科学的凝視に置かれていた価値が薄れていく。あらゆる観察事項が迫真十全のディテールをもって報じられるのでなければならぬと言い募り、言葉の壁を自由に乗り越える反復可能な画文の陳述に基礎を置き、(ジョゼフ・バンクスの言い方を借りるなら)「全人類に普遍的に語りかけるひとつの共通の基準」を提供した標準化された科学的方法、それへの信も失せていく。逆に、今度の新しい内的な目には幾多の「切子面《ファセット》」があり、放たれる分光《プリズム》は、事物とではなく、長い旅の間に深く、じっくり経験された感慨感情と結び付いている。新しい方法は焦点を結ばない。ちょうど音楽のように転調して、「しばしば情動が映像にとって代る」。

似ているものの数をふやし、事実を累積し、未整理の珍物を追いかけ、名前や旅行記や一覧表で頭の中を一杯にして何になろうか。外なる世界など一巻の辞書みたいなもので、繰り返しや同義語満載、同一観念を示す語が沢山群がる。観念は単一、形は多様となれば、我々は選《えら》み要約しなければならない。有名な場所のことで言うなら、滅多にお目に掛らぬ言葉みたいなもので、それなくても人類言語、痛くも痒くもないのである。……全てが全ての中にある。私の窓が見切る小さな空間の中にアルジェリア地方の精髄がある以上、アラブ人たちが大道をぞろぞろ歩き、私の庭と接した草地を歩く姿が眼下に見えないなどというはずがなかろう。ここでもいつもながら、私は私の家をぐるり廻る円を描き、必要とあらば円を拡げて、その円周の中に大なり小なり全世界がおさまるようにするのである。

こうしてフロマンタンはまたぞろ視点（point of view）の問題を出してきた。画家として、作家として、見晴らし良い地点を選ぶのだ。但し今やこの手続きは生産的きわまるものに、精神的なものにさえなっている。事物を省略形で示すことで受け手に想像させようとする心的作業になっていて、結果、受け手は最早事物を目で見る必要がない。フロマンタンと同時代の英国人、エドワード・リアの言い方では、これは或る場所の一般的な形態を吸収し、個人的な印象をそれから切り離す方法、ということになる[5]。

力ずくで人工を自然に服さしめようとしたノンフィクション旅行記が先例となり、その目的がはっきりしていたことが、画家や作家を外なる自然の光学的富から「人工的理想」の虚構世界の創造へ — ワイン嗜む人種の外向きな市民活動ができぬ、ボードレール流の夢見る唯我独尊のハシッシュ常飲者にとっての船砕き岩《スキュラ》（Scylla）へ — と向かわせる一方、目を持たない彼の空想という船呑み渦《カリブディス》（Charybdis）近くで身体なき空虚の中、うろうろすることもないようにさせたのだ、とそうフロマンタンは言いたげだ。パラドックスである[6]。

新しい地勢形成や劇的な現象効果など、とんとお目に掛らないとか、すぐ珍しくも何ともなくなるとかで、すると科学的探険家がふらふらうろつき回る旅人の群れと比べて格別偉いということにもならなくなる。そう、フロマンタンは言う。はっきりひとつの目的を持った旅変じて、人生ゲーム即ち終り／目的な《エンドレス》しな旅だと観じ、永遠に後退して行く実存的目標をずっと追い続けて行く運動が人生だと感じる百代の過客的人生観-旅行観が 1790 年代、既に見られる。

シャトーブリアンのとめどない放浪には、通行即ち物理的空間を現実に移動していくことが、なお必須である。ロマン派の探究は最後には、一方向的に未知の手招きする土地のうつろな平原、深い森、霞む空へと出て行くものではなく、こみ入った自我に戻る旅となる[7]。それはそうとしても、科学的探究が — これもたしかに実験的方法のひとつということで — 重要だったればこそ、コンテクストとスタイル変革を言うロマン派の改革狂いを予言し、予め正しいものとしさえしたのである。探険家が思う存分、外なる障壁を貫入突破した奔放が一種の手品で姿を変えて、自律した虚構物の正当化に、既成の規範や境界を想像界裡に彼方へと突破する敢為への是《イエス》にと化《ば》けることができた。形式の独創と幻妖《あやかし》い主題は自然なるものが技《アートフルな》の領域に移し換えられたことを表わしていた。美的物質からつくりだされた牢固な外なる現象《フェノメナ》が、創りだされた宇宙で遊ぶ可触の妖獣《キメラ》にと変えられたことを表わしていたのである[8]。

あらゆる社会階層が、フランクリンの避雷針、ヴォルタの電池、メスメルの帯電棒が捉えた宇宙的エネルギーのスペクタクルに夢中だった。星辰の発する放散気の圏の下には、ラヴォアジェやプリーストリーが発見した捉《とら》え方《がた》なきガスがあり、ロメ・ド・リールが明らかにした精妙な結晶構造があった[9]。さらに、観察せよというベーコンの指令が啓蒙時代に強化されながら、それは目に見える行動、「人類自体が宇宙に示す力と支配を確立伸張する」意力に掛っていた。しかし、大法官［ベーコン］のユートピアを具体的現実に変えたのは何と言っても、1760年代以降、ヨーロッパ各アカデミーに後援された科学的探険という勢いある活動なのであった[10]。

絵入り旅行記は、19世紀もかなりな時期にまで続いていった自然への「平明な」アプローチ、目による孜々《しし》たる研究の形成にとっての科学的背骨《バックボーン》であった。まるっきりピクチャレスクな旅とも、世を疎《うと》ましく思いながら、世にあることへの雅びに凝りあげた言い訳が大好きな疎外され、流浪する彷徨者の日記ともちがい、ノンフィクションの語りは構造単純である。美術が発明の名の下に「様式」を重ねていくのとは対照的な「平明に語る」方法論は、それが読むことになった事物の特徴に照応するしなやかさを示すのである[11]。

科学的言語としての、相手性（ipseity）そのものを転写する透明で民主主義的なメディアとしてのアートは、それが召喚する性質の純粋なあり方を、自己表現を前に出すことで変えたりはしない。18世紀後半、アートの作品は──詩であろうと絵であろうと──遠くの神や規範になる美的モデルを理想的に模す条件にばかりでなく、精神と事物の双方向的共鳴を見せる可触の具体化物の状態にも近付こうとした。自然史研究者たちにそう言われて、アーティストたちは外なる世界（the world out there）を攫もう、所産的自然（*natura naturata*）を捉えようという気になった[12]。外なる世界がリアルな世界であり、我々の感覚は然るべく訓練されるなら、その正確な複製物《レプリカ》を──とりわけ言葉がもっと物に近くなるなら──つくりだすことができるとするベーコンの確信の論理的必然として、短期間ではあれ、アートが科学の頂点とみなされるような流れになった。それは最早端女《はしため》などではなく、視覚的発明という一大事業の対等なパートナーなのであった。このめでたき結託によってアートはうつろな空想三昧と一括《くく》りに蔑《なみ》される屈辱から解放され、あまつさえ現実表象の任にと高められた[13]。

ワーズワースは19世紀劈頭、アーティストと科学者の想像力同士、混り合う日が来ると予言したが、ベーコン主義の線でこの予言が成就されることはなかった。「個別の部分」と「一般自然」の繋がり求めるこうした一般の人間たちがずっと冀《ねが》ってきた融合が、透明な鏡映作用という形式に実現することがなかったのは、科学の言語がその発展の過程で、どんどん門外漢には不透明なものと化していった（とは即ちどんどん量的、数学的なものに、質的に非模倣的なものになりまさっていった）からであった。広汎な18世紀の読者にとって、感覚的経験主義ということで目で見て分かっていた諸領域が、1800年を越すあたりで、無味乾燥な抽象知の典型とみなされるようになっていたのは悲しむべきことである。シャトーブリアンがその『キリスト教精神』（1802）できっぱり言ってのけたのは、宗教とちがって科学は人の心をひからびさせ、自然から魔法を奪っていくということであった[14]。

根本的なところで、科学者の「古典主義的」で「平明」な方法論、冷静な観察、慎重な転写に徹しているところはもう、新古典主義絵画の構造的基盤にあるもの — 可視界は分割（partition）の手続きを介してはっきりと、潔癖なまでの明快表現に移せるという教義 — そのものであろう。騙し絵《トロンプ・ルイユ》（*trompe l'œil*）的事物と外なる物は、一片の不確実も入りこめないスタイルを介して互いに指示《リファー》し合う。さらに、そうやって描かれた現実へのレプリカによって、見る者はいやでも画布の表層を近接して吟味する他なくなる。ノミナル・モードだから一集塊の各々の部分が見た目にも画然とし、明確だし、内部は隅《くま》なく解剖され、はっきりと剖見される[15]。こうした分析的（analytical）なスタイルと、事象の連続的継起を伝達することを専らとするある種の文学ジャンル（歴史、回想記、科学的報告、そして事実第一の旅行記）が伝統的に密に繋がっていることに、疑いの余地はない。実際、新古典主義様式をアートの自然史（natural history of art）と呼んでもよさそうだ。

初代ウェルラム男爵［ベーコン］が言語の明瞭明確にこだわったことで、普遍を具体の中に置き直そうとするシステムがさまざま生まれた。17 世紀、18 世紀に重要な言語学的展開が各種生じたについては、不可視ゆえ邪魔にならない語法が功利主義の側から要請されたからであった。異質な部分同士でできる充満の発見が、記録に並列《パラタクシス》（parataxis）を使うことを要求した。かく武装して、作家も画家も溢れる情報の洪水に立ち向ったのである。1770 年代後半から 1780 年代にかけての蘇りし古典主義（Classicism *redivivus*）のことで言えば、現代史、古代史、自然史いずれにおいても事実を正確に記せという力は、抽象的なものを具体化する、それらを生きた現実にするための仕掛けであった。コルネーユやラシーヌの悲劇は、近代科学の実験の孤立化手続きによく似た分離の雰囲気を特徴とする後代のアクション抑制の演劇を先取りしながら、なお論証的（discursive）にできている。人の情念がまるで真空状態の中で並べられ、分析されるのであって、外部から来て邪魔になりそうな要素に、合理的につくられた空間の中で情念がストレートに生《き》のまま出るのを妨げることなど許さなかった。ラシーヌの高尚な悲劇は二、三、はっきり関係し合う事象が、邪魔にならぬような扱いを受けながら、何が人の心を動かすかを表現する[16]。それが、18 世紀後半になると、圧縮された前景は物語に織り込まれた自律した人間俳優のみの支配する場ではなくなっていた。自然哲学者と探険家が、自然の英雄的遺物がいやましに、事象を間近に見せる浅い舞台をそれだけで占めていておかしくないことを請け合った。人事にしろ自然事にしろこの転換はそれ以上何ものにも還元できぬ個というものへの鋭い意識が基になっていた。以前より現象《フェノメナ》としての事物がはるかにふえた（のは、知的にも知覚的にも理解可能なものになったからだ）。それまでは語と絵の映像の中に複製されていたそういう事物が、ということである。

こういう立場に立つと、たとえば 1780 年代におけるジャック＝ルイ・ダヴィッドの歴史画主要作に見られる — 有機的に混り合わず、力ずくで引き出されているふうの — 広範囲の自然主義的要素を、一体どう位置付けてよいものかが、ある程度わかってくる。ダヴィッドの平明体は旧体制《アンシャン・レジーム》末期の結晶学者のノミナル・モードと同じものなのだ、と。ダヴィッドは非連続な人物形象を — 恰も実験ガラス瓶《ベル・ジャー》の中でのように — 並列的、対立的に分離していくので、我々はそれらを合して一個の統一ある集塊にしなければならないが、それだけではない。近視眼的に見られた魅力的な亀裂、割れ目、石の環境を取りこむというやり方で、絵具という物質が捉えたある歴史連続体の可触な一瞬に、そうした人物たちを繋ぎ止めてしまいもする。絵を見る人間に直截という感覚を強く与えるため、1780 年代の自分の主たる歴史画における絵画的陳述の本当らしさ、「客観性」に説得力を持たせるために、ダヴィッドは慎重にスタイルの変化や目立つ放胆な筆致筆触を避け、ひとつひとつ石を積む再構築作業を介して、古代生活そのままの見本が立ち現われてくるようにした。彼の言語は透明たるをめざす —— 累積でつくりあげる道具としての、光学-言語である。洒落て言えば見方（manner）を隠して目方（matter）を伝えるとでも言うか（ダヴィッドの作品が展覧に供された新しい公的美術展《サロン》の —— 通人、大通、蒐集家、珍品狂（*curieux*）の伝統的貴族的な陳列室《キャビネ》（*cabinet*）とは正反対の —— 一変した雰囲気が彼の絵を、「気が抜けて」中立化した空間で、まるで実験室で「民主的に」見られる石の標本とちがわない目線で見られる物理的な事物に変える役を果たしたということもある。

社会史という別の観点からみると、とりわけフランスでアカデミーの体系が自然にハイ・カルチャー組織のパターンを決めるのに与《あずか》って力あったということの大きな理由としては、17 世紀末以来、社会の主たる表現の具もしくは文化的様態がずっと古典主義（Classicism）だったことが考えられる、とされる。「趣味（*goût*）」、「古典主義精神（*esprit classique*）」の形成はアカデミー最初の重要副産物のひとつだったし、科学アカデミー最盛期の啓蒙時代にはフランス人の生活スタイルの根幹とされていた。フランスでも、そして（平明体で表現される情報提供優先の新しい陳述形式をスプラット司教が擁護したことを思いだせばよいが）英国においてもまた、それは芸術、倫理、言語、哲学の規範を決める規則の一束とされた。要するに、広範な話題を分析するための共通の方法を提供したわけである。古典主義は、情報を滑らかに撚《よ》り合わせ、ひとつの集塊からひとつの統一をつくり出す秩序化されたデータ処理であるばかりか、個人の自己露出趣味で飾り立てられることのないスタイルでもあった。生活においても芸術においても、男性的穏健、平衡、抑制が新しい共働のデータ収集の試みにとって、またもっと一般的に人類の知の普遍的で累積的な進歩にとっても必須のものと考えられた[17]。しかしこれが新古典主義になると、そうした結びつきが切れ、作の断片部分がアフォリズムでもあるかの如く同時に唐突に対峙し合い、そうなることでそれらの物質的な自律や活動が啓蒙時代の鉱物学者や化学者の情報伝達第一の方法論と同じものだということがわかる[18]。

これらすべて何が言いたいかと言えば、社会制度に、「高級」芸術《ハイ・アート》に、博物図譜に、あるいはある種の文学ジャンルに明々白々な科学的に形づくられた 18 世紀メンタリティが、物体-身体を概念に着せて、それを自己顕示欲を抑えて他者のシステムを示そうとするモードで伝えようと腐心したということである。並列（parataxis）や分離（partition）に加うるに、このノミナル、というか機能本位な表象スタイルは換喩《メトニミー》（metonymy）の喩《ゆ》を、とは即ちそれで近接し合う実体が相互に正確な関数関係の状態に縮約されていく修辞装置を用いる。もっと簡単に言えば、ある事物の一部分なり一局面をもって全体を代替させるのである。二物併立するそうした熱を帯びた縮約で頭が一杯、というのが、たとえば文法家たちの普遍-聖刻文字の探究であったり、有機の種《しゅ》の標徴的エッセンスを個となったそれらの断片の裡《うち》にさがす博物学者たちの試みであったり、画家（特に風景画家）が地球全体の深いデザインをそのばらばらな顔貌の中にさぐり当てようとする企てだったりした。かくて、個人独自の心理を見せたり隠してみたりということとは無縁な様式ということで、新古典主義は実験という方法に、即ち事物発掘が執拗厳格に必要とする目と腐心に極めて近いものになる。探険の技術では事物個々の存在ははっきり個々別々の単位なり、とされる。

新古典主義を後発の一表現とするノミナル・モードとは、してみると、「平明」志向の探険画家−著述者の主たる表現トゥールということになる。自然のモニュメントを忠実に描写するとか、自然界裡にばらばらになった事実を描くとかということになると、それらを描くことが描き手に与える痛みとか犠牲とかいうものは極力表《おもて》に出してはならない。地殻形成その他の自然の効果の深みには貫入しながら、その知覚者その人の中の深いものは作の中に見えぬままなのである。さらに、世界への入り方としてのノミナリズムは、ただ単に漠然ということでなく飽くまで具体的に「祖型的」と目《もく》された現実の形態学的構造に集中的に目を向けた。こうして大地の傑作は、透明な表現と、雄弁に自らを語り出る対象側の爆発的な主体主張のあざとく均衡した緊張によって、絵画的語彙に入ってきた。

科学者と探険家は見慣れぬものを、テクストの中へ、絵画面の上へ、そしてヨーロッパ人の意識内部へ、文字通り引き寄せることで見慣れたものにしたばかりでなく、力を合して自然は歴史的に理解さるべきであり、実際それが、それ自体として、また人類との関係で唯一適切に理解される方法だと見る見方を、19 世紀に遺した。単にピクチャレスクな風景に対する関心はダヴィッド的観念が出現するや、ほとんど姿を消した。画家たちは由緒正しいクロード流、プーサン風に象形記号だらけの風景を描き始めたばかりか、地質と気象の現象《フェノメナ》も印象的な叙事詩的景色も描き始めた。こういう新しい空気を吸ったヴァランシエンヌは、画家は「自然の歴史家」であるとし、アルプスの景色、ピレネーの景観、アジアの風光、アフリカの景物、何であろうとその画筆が相手にせぬ現象《フェノメナ》はない、と言い切った。地域毎に「新しい 顔貌《フィジオノミー》」を繰り展げ、発見可能な「土地柄の相貌《アスペクト》」を持つ。エジプトの灼熱の気象、浸食の熱風《シムーン》吹くシリアの酷熱の沙漠、ブルースとヴォルネ伯が記述した炎暑の平原と水の蜃気楼、アンティパロスの輝く結晶、あるいはカラブリアの地震で隆起した突然の地殻形成、等々である[19]。

そういうものありとエラズマス・ダーウィンが認め、その孫チャールズ［ダーウィン］の進化論に改めて姿を現わすことになる巨大かつ執拗な「自然の闘争」を探険家たちが孜々《しし》として書き記していった結果、美的には芸術の描く廃墟を大地の廃墟が圧するようなことになった。自然史は、古代史と比べてさえ、崇高な力が具体化したもの、抽象的とか、遠いとか、始源的とかいう地球観が、変化を証し立てる映像に可触化して現前したもので一杯というふうに見える[20]。要するに、自然四大百態のノミナルな表象が、［ダヴィッド描く］ベリサリウス、ブルトゥス、ホラティウス兄弟の生涯の具体的エピソードに比しても重要おさおさ劣らぬ個別事象、歴史的事実を、細密なる再創造によって示していたのである。

●地に地層、心には襞《ひだ》

風景画の描くものと言えば、この広大で、束の間、我れらを囲繞する自然ばかりではないか。これら自然の秘密に満ちた生命を理解すること以上に高貴なものが他にあろうか。

—C. G. カールス

> ザルツブルクの塩山で、久しく人の入らぬ深みに、冬で葉を落とした木の枝を一本投げ込むのである。ふた月か三月経て見てみると、輝く結晶でそれは覆われている。四十雀《しじゅうから》の脚ほどのさらに小さな小枝部分はふるえ輝く無数のダイヤモンドと化して、とてものこと、元の枝とは思えないのである。
>
> ── スタンダール

科学にインスパイアされた現象《フェノメナ》の発見と蒐集は、ロマン派の創造的企ての対蹠《たいせき》地にあるものとも見えそうだ。18 世紀末のオシアン的、「ゴシック的」な感受性の時代に、文学、美術は精神のエネルギー躍動状態を相手にするものであって、外なる事物をうつすなどというものではないとする感覚が、もうはっきりとあった。後発の世代の光学的手続きによって正しい知識を得ることへの関心や、目に見えることへの自信と喜びも、内的な転換作用への深甚な関心と相俟《ま》って、複雑なことになった。今や見えないのは物質界の事物でなく、産み出す力持つ想像力の複雑な作用の方だった。継起的な経験を融かして同時性のそれに変えようとした 18 世紀の企てを引き継ぐ者としてロマン派は、本質的に個人の発明的な努力、相手を変えようという個別の視点に立つ構築的な視法が即ち知覚（perception）であるとした。精神は自然界をもうひとつなぞり出すのではなく、それを解体した上で再形成しようとするのである。

さらに、模倣《ミメーシス》概念また、ロマン派の理論の中で、先行作品の知恵のない引用、あるいは「外に転がる」「字引き」をそのまま引きうつしたものという貶下の感じをたっぷり負わされていった。

「アート（art）」という言葉を考えてみると、伝統的には機械的技倆《スキル》を指していたのが、18 世紀になって、「独創的」天才というものへの評価が前に出てきて、産出する技術の匠みという内容が薄れていくにつれ、高い評点を得るようになっていた。圧倒的な力を想像力に認めることには潜在的な危険がある。アートひとつ取りだし、想像力の「美的」能力をこのただひとつの活動に専門特化し、結果として、主観的で空想的なファイン・アーツと、客観的で知覚的なサイエンスの間にひと昔前までは強固に存在した繫がりを弱めてしまうしかない 19 世紀の動向に早速、その危険が見られる。知は人間がらみ、人間の感覚と観念がらみの相対的そのものののものと化し、人間を取り巻く世界そのものも、人間のそうした感覚と観念から引き出され得る限りのものでしかない。透徹した目利《めき》きのコンドルセは、そう言って嘆いた。

機械的複製に無限の可能性が見え、情報を大衆《マッス》という受容者に広汎に提供できるようになった（すべて第一次旅行本ブームを支えた要因でもある）18 世紀末以後有赴《うけ》に入った商業出版は、「教養ある少数者」こそ目の利《き》く受容者たるべしとするロマン派の受容者観の対蹠地《たいせきち》にあった。歴史的なことで言えば、資本主義の商品や市場の基準に背《そびら》向ける諸芸術の全体こそ文化《カルチャー》とする文化観は、現存する（まさしく眼前にある）世界とははっきり相容れぬ「特殊な人種」として芸術家が現われてきたまさにその瞬間に生じているのである。するとどうなるか。この排他的な環境では、これ見よがしに手の加えられていない、即自然の明示的アートなど、受けるはずもなかった。さらに、教育目的から科学的旅行記中にあるべしとされた絵と言葉との五感に訴える知覚内容（percepts）と精神に訴える観念内容（concepts）との密な繫がりが、絵なら絵、言葉なら言葉と、各アートの自律にこそ関心を持つ画家や述作家からすれば、いきなり屈辱以外の何ものでもなかった。

こうしたばらばらの営みの接合点となれば、別にイラストレーションなどではない。もろもろの経験を再構成していく作用、それである。ベーメ、カント、シェリング、バーダーといったドイツ哲学に養われた英国思想家、中でもコールリッジとブレイクが、感覚の裸形《むきだし》の入り口でなく、再構成する想像力のパワーを顕彰した。ワーズワース宛《あ》て、1815 年の書簡でコールリッジは、死を呼ぶ「機械の哲学」を、「明瞭の映像を明快な概念と取りちがえる自己欺瞞」のゆえに、「**真理**を荘厳《しょうごん》するのが直観にのみ可能とか十分とかいう所に愚かにも概念を望む」ゆえに指弾している。コールリッジはまた、1801 年、プールに宛てて、「深い思考は深い感情の人間にのみ可能」とか、「およそ**真理**は啓示の一種である」とか書き送っている。パーシー・ビッシ・シェリーの美学理論は『詩歌擁護論』（1821、出版 1840）に明らかだが、これまた形成力持つ想像力を定義して、不可視の真理を可視化して表現する包容力ある能力、としている。アートとは個人の精神をエネルギーを込めて世界に投影していく営みだからして、ともかく「強烈に想像」すべし、ということになる。かくてこの族《うから》は、彼らが外の世界の死せる（とはつまり堕落せる）事物の自動化してしまった行列としか見ないもの ── 物質を越えるニュートン主義、ロック流の経験主義、そして我々としてひとつ加えるならしたい放題の旅行の有害な遺産 ── による霊魂支配に抗《あらが》った。科学的凝視の外向きで意志的な明晰さに、ただ物象的に過ぎぬ肉の眼を眩《くら》ませて故意に精神の有機能力、シャトーブリアン言うところの内なる「明暗対比《キアロスクーロ》せる真理」しか見ない動きが一撃を加えた[21]。『リリカル・バラッズ』の 1800 年版で既に、ワーズワースは自己投影、静謐裡の回想が重要という主張に就《つ》いている。この湖沼派詩人の「内向く眼」、ブレイクの鋭い幻視、コールリッジの「第二次的想像力」、そしてシャトーブリアンの目閉じるべき時を弁えた至上の知性などすべて、巷の啓蒙科学崇拝に対する反動、光学的発見と、視覚経験の正確な記録という、創造の営みにあってほんの出発点でしかないものをばアートの究極目的と思い込む傾向に対する反動を表わしている[22]。

フランスでは、この異議申し立てに先鞭をつけたのは最も熱心な科学推進者の一人だった人物であった。自律した天才の力あるイメージを拵《こしら》えることで、ディドロは真の創造者が偶然の状況や観察などでつくられていくはずがないと主張した。同時にルソーが科学や芸術の進歩が良いものかどうかと、大きな疑問を投げつけた。二人一緒に、大革命期に現われる自然に根ざす反理性の動きへの基礎を据えたと言える。もっとも、生気論生物学になじみ、スピノザとライプニッツの徒でもあるディドロには、生理と心理が融通し合っていることの弁《わきま》えもある。自然は創造する個と密に繋がっているが、双方とも動態《イン・プロセス》だからである、と。粒子レヴェルでのこういう自我と世界の交錯はシャトーブリアンには起こるべくもなかった。ラマルティーヌのピクチャレスクな評言に従うと、シャトーブリアンは聖地を、聖書、福音書、十字軍物語を手に巡礼騎士として旅した。より事実に即した『墓の彼方からの回想』よりも、ヨーロッパ文明から追放され、「他者」と向い合うことを余儀なくされた一人物の手になる『旅行記』の「詩的」で主観的な証言の方が次の世代には人気を博すはずである。

ぴったりの例と言えば、「風景と観想」がごたごたと一杯詰まったアルフォンス・ド・ラマルティーヌの『東洋紀行』（1832—33）に止め刺すかもしれない。シャトーブリアンという先蹤《せんしょう》に意識的に倣《なら》って、ラマルティーヌは、心に受けた「深い印象」、頭で受けとめた「崇高にして怖ろしい教訓」の数々を回想している。重要なのは、人間の歴史を欠く現象《フェノメナ》を明視して記録することではなく、文化や因襲伝統を比較研究することである。「思考によって思考を、場所により、事象によって、時代を時代と、習俗を習俗と、信仰を信仰と並べ見ることによって親しく学ぶのであって、これらは旅行者、詩人、哲学者になお手が届き、彼の将来の詩や哲学のための基礎となる」のである。ヨルダン川の川辺のラマルティーヌは、周囲のユデアの火山性の土地、波打つ山々が与える悲哀と恐怖の印象に抗《あらが》うことができなかった。古都エリコにいようがバールベックの神殿群にとぼとぼと向っている時であろうが、重たいもの、悲しいもの——人の通過で静かになったり喫驚《びっくり》したりする自然——が、ラマルティーヌの中に「愁《うれ》わしい気後《きおく》れ」を惹き起こす。彼の語るところに明らかなのは自己-発見の感覚と個人的発見の感覚の両方だが、これを機に大衆消費の対象と化す最初の発見なりという感覚ではない。ラマルティーヌがその線で素直に認めているが、バールベックで目に入った何千という驚嘆驚愕の事物について記そうという気がなかったらしいのである。「私は彫刻家でもなければ建築家でもない。これこれの場所、しかじかの形の何それの石と言ったって、その名を私は知らない。未知の言葉の片言も喋れないのだが、美しいものがどんな愚か者の目にも働きかけ、深秘なるもの、古きものが魂と哲学精神に語りかける普遍言語なら解するし、この驚異の巷に転がるそうした大理石、諸形態、もろもろの謎の混沌の只中にいる時ほどに、それをよく解し得たことはなかった」、と。同じような詩的探究をということでテオフィル・ゴーティエはしばしば旅に出たが、先ずはスペインへ、次に（ルイ＝フィリップの命《めい》を受けて）アルジェリアへ、それからトルコ、ロシア、エジプトと回った。彼のはっきり個人的なアルジェリアへのピクチャレスク旅行（1845）とナイル川への『追想』は、1849年、フロベールを伴ったマクシム・デュ・カンのエジプト旅行の官能的回想とも強烈に通じ合った。この族《うから》の感想に共通するのは漠たるメランコリーの感情であって、探険者を自己から出させる目の快楽ではない。ウジェーヌ・ドラクロワはアルジェリアはレダトの「人気《ひとけ》なき広大な」平原の、静寂を破るものとては蛙その他の動物が時折り鳴くぐらいというのを前にして、名状し難い悲哀感を味ったし、マクシム・デュ・カンもエジプト古王《パロ》たちの国、「その命が刻一刻失われていく瀕死の界域」にいて、それを感じた[23]。

想像力は教えられる教えられないとは無縁の能力にして、自然の力を我がものとするばかりか、それらと競争さえするという考えでいる英仏の述作家たちの対蹠地《たいせき》にいたのが若き日のゲーテであった。ワイマール時代（1775—86）にハルツ山脈に写生旅行を試みたゲーテは、芸術のうみ出すものよりはっきりと秀れた自然の産品を記録することに満足しているように見える。

ドイツにあっては、若きゲーテが自然現象に対してとった模写者《コピースト》の姿勢は、フリードリッヒ・シェリングの自然哲学（*Naturphilosophie*）と、カント流の（とりわけフィヒテ流の）哲学の流行によって体系的に崩されていった。人間の知のリアルであることの無条件の最終的根拠をたずねたその答によるなら、自然は自我《エゴ》の所産以外の何ものでもなく、思惟する自我が意志して定める境界ということでしか存在しない。自然哲学のシェリングにしてみれば、包括的な現実像は、これを精神がつくりだすのである。根本的に知覚本位の見方と、人間がつくり出すという見方の間の懸隔のいかなりしかは、「ひとつ、または二、三の事物に即《つ》いて、それらをあらゆる方面から見、それらと合《がっ》したい」ゲーテの衝迫を、1824年のハルツ紀行（*Harzreise*）でハインリッヒ・ハイネの示す主観剝《む》きだしの回想と比べてみるがよい。ヴェルテル風のもの言いを思わせる、時に皮肉《イロニー》の勝ったエピソードにおいて、山やモミの木の森、「奇妙な形の」雲など、音楽のアナロジーに取り込まれ、青い空、緑の大地と調和的に、しかし沈黙裡に混ぜられる。ハイネに言わせれば自然は大詩人のように創る（が、逆ではない）。そして最小限の数の要素で最も崇高な効果をうみ出すすべを心得ている。ゲーテ風の形態学的個性は「太陽、木、花、水、そして愛」に取って代わられる。情念《パトス》が取り込まれて、物理現象の人間による介入への依存がはっきりし、心理の事実の前に視覚の事実が軽んぜられることがはっきりする。見る者の心に愛なくば、とハイネは言う、「太陽は直径これこれしかじかであり、木は暖をとる役に立ち、花は雌蕊《めしべ》の数で分類され、そして水は濡らすだけのもの」、と[24]。

こうした文学的証言から考えられることは、内面化された風景の流行は、ひとつには外なる世界のヘゲモニーに抗《あらが》う坐りの悪い反動なのではないかということだ。圧倒的で複雑な環境と、それを映そうといういや増しに問題含みな意志もしくは能力との食いちがいが、もう一度一歩一歩改めてリアリティをつくろうという欲望をうみだしていったものと思《おぼ》しい。無限な上に変転しやまぬ自然は、これをそのパノラマ的全容において支配することも、ペンの模倣力をもって相貌から相貌へ捉えることもならぬとなれば、それを再現しようとする企ては精神と物質の間の構造的一致を言う方向しかない。一方では、ロマン派の意識中に広大空間のイメージが内面化して、焦点が外なる空間の宏大から内的な深みの探究に移って行くことを先触れする。他方では、創造する想像力を強調することで、精神の（感覚知覚から上へと築かれていく）層状の諸能力が、（その下等の形態を保持しつつ、積極的に下に抑える）物象界と構造上そっくりだと示す[25]。これら両作用とも、芸術作品がつくられていく、一筆ごと、一層ごと、絵具のひと重ねごとの物質的過程にそっくり追復されるのである。

ワーズワース、ラマルティーヌ、そしてハイネが不可視の霊魂の低い呟《つつめ》きに耳傾けるのに、見慣れぬ美のたぐいを時に締め出さなければならなかった一方、ブレイクとコールリッジは創造作品に徹底した正確さを要求した。メアリー・シェリーも警告しているように、「おとなしく認めた方がよいのだが、創意［は……］形なき暗い物質に形を与えることはできるが、実体そのものを有らしめることはできない」。ロマン派画文の最高の作品群はそれらの細部の具体的なること、その自足した一貫性、見出すことができる論理、それらの創意された世界の整合性──とはつまり、それらのパラドックスそのものの迫真性によって際立《きわだ》っている。この点で特にはっきりしたことを言っているのはウィリアム・ハズリットの『レノルズ講義を論ず』（1814−15）である。元の王立美術院長［J・レノルズ］が、絵を学ぶ者はすべからく、非‐感覚的、抽象的なるもの、「想像力の何もない虚」に没入すべしとした点を怪《け》しからんと言う。「自然から実体や偶像を奪いとることで、彼は形而上学のぼんやりした紗《しゃ》を通し、混沌の煙霧と同じものに覆われた混ぜこぜにして身体欠く曖昧な理想の自然を、自然そのものの代りに示そうとするだろう」、と[26]。

まさしくこの現象《フェノメナ》への高い評価という特別な文脈において、事実第一の旅行記がその前向きで決定的な美的影響力を揮《ふる》うはずである。ロマン派が億万の好ましく再発明された自然形態の精妙と独自性を徹底して高く買ったこと、実体的なものを象徴的なものと併せ取り込んだこと、芸術作品の具体的表現と命あるものの生の両方で徹底して個を前に出したことで、探険を促した根本動機たる個別（particulars）追求の問題が改めて見えてこよう。地の表われもろもろに自我が（ルンゲがやったように）共感を通して汎神論的に感入して行くこと、自然を牢固たる物と不可感なもの、暗きと明るきという物質的に表現される両極に（カンスタブルとターナーがやりおおせたように）分割すること、崇高とグロテスク、巨大と微小といった対立項を（ヴィクトル・ユゴーがやろうとしたように）混ぜ合わせてしまうこと — まったき全一をめざすこれらすべての企てが、自然作用に出会う毎にそれらに対する可触の記号を創りだそうとする願いに発している。つくり出された自然宇宙の全体を、その各構成分子を無化することなく人工的に記号化できるような美学を見つけだしたいという願いに発する試みの数々、と、そういうことなのである[27]。

「ロマンティック（romantic）」という英語はその最初の解釈者たちにとっては、その地で一番荒ぶった何かを指すものではなく、最も個別（most particular）な何かを指したのである。フランス語の「ロマネスク（*romanesque*）」も土地の独特な場、所、相貌を指すに使われた点、同じだった。「ピクチャレスク（picturesque）」、「ピトレスク（*pittoresque*）」とはちがい、目にのみ訴えるものではなく、魂を詩的に巻き込むものをも指したのである[28]。

僅かなのだが説得力ある画像を少し選びだして、孤立した圧倒的な自然の傑作（natural masterpiece）がその後どうなったか、19 世紀初めの風景画に見ることができそうだ。リューゲン島の孤独な荒ぶるイコンに夢中になって、1801～1802 年頃、それをセピア・トーンの連作素描に描いたカスパール・ダーフィット・フリードリッヒが出発点に良い。世紀が変わる当時、旅行記類を見るとすぐわかるが、この島は大変な呼びものであった。謎めいたシュトゥベンカンマーやアルコナと息呑む出会いをすると、孤り立つカシの木、大口あいた割れ目、何とも名状し難い先史の石塚など、フリードリッヒおなじみの画題画藻の際立つ目印《ランドマーク》にずっと目を向けないでいられようか。

絵の中心に配されて見る者に直接衝撃を与える自然の驚異の数々に対する入れ込みの独り芝居には絵入り旅行記の影響もあるようだ。個々の岩山の形態に対する彼の関心を最近の評家の間では当り前の見方のようになってしまった厳密に宗教的な見方で見るなら、あらゆる個別性が力ずくで精神の喪失と贖《あがな》いの訓話の中に捻《ね》じ入れられるのだが、どうやらこの解釈はちがうのである[29]。フリードリッヒの同時代人、G・H・シューベルトの『自然知の夜の側（*Ansichten von der Nachtseite der Naturwißenschaft*）』（1808）を見ると、もっとまともな解釈法あり、と知れる。マイエの宇宙－瞑想に似なくもない宇宙創世の幻想を得て、シューベルトは地球を巨大な錬金蒸留器《ランビキ》と幻視する。先史の大海が退《ひ》き始めた時、我れらが惑星の形成意志（*Bildungstrieb*）は先ず個々の山巓山頂に姿を現わしたが、それら山頂こそ原始の混沌の海の波頭の固まった姿に他ならない。今日見る不屈の岩塊もかつては生きた大海だったのであり、太古の地球がどうだったのかの証言を今日に伝えているのである。リューゲンの白亜の絶壁また然り。斑岩の突出岩塊に比べるなら絶対的に新しい年代のものではあろうが、これら石灰の岩塊は「沈める巨大世界の丈《たけ》高い墓石にして、その上を先史巨岩が墓標となって宰領」するものとも見える。そうした技などかけらもない蒼古たる断片のありようをこれ以上ないほど巧く捉えた者として、シューベルトは真芯にフリードリッヒの名を顕彰している[30]。

芸術と科学の、注意深い探究と旅行の自然史と「もの語る」土地との密接な繋がりは、カール・ダスタフ・カールスが、1819年に初めて訪ったリューゲンの驚異のことで綴った言葉に反映されている。『風景画についての九書簡』(1831) でカールスは、一昔前のシューベルト、さらに前のフリードリッヒ (二人、1817年に出会っている) と同じで、この場所の特異性を記録するのに目で見る比較地形学 (comparative geomorphology) の方法をとる。玄武岩の山々が一気に高みをめざす線をしか示さないのに、「ここでは一切が広がりを、平面をめざす動きをしている」、と。シューベルトがこの絶壁の元々の形成の遺産というか名残りを見た所に、カールスは長い間かかった変化や侵食の効果を見る。雨が地に深い溝を掘るので、白亜の輝く野の表面が割れて、無数の燧石が露出する。二年後のフリードリッヒの絵に克明に描かれる景色である。捉えられた特徴が一緒にされたこの総体《アンサンブル》がつくりだすのは異様なこの地域の顔貌《フィジオノミー》で、これがさらにスウェーデンからの強力な海流によって打ち上げられた花崗岩の巨岩の存在によって一段と強烈になる[31]。

カールスの (1815年から1824年にかけて綴られた) 風景画をめぐる影響力大なる書簡は自然の作用を深く究めよと言って、自然の動く言語への、同時代の同郷人アレクザンダー・フォン・フンボルトの研究欲そっくりのところを見せる。「大地の生命の絵」をこそと言うところで偉大な探険家の顰《ひそみ》に倣《なら》う一方、植物は植物学者のように、光学的効果は「電気師《エレクトリシアン》」さながらに、そしてとりわけ岩山はこれを地質学者として研究したこの18世紀末の芸術家-科学者の行った跡を、カールスは追って行った。玄武岩突起地形へのその現実的関心は、リーゼンビルゲ山脈への旅の後に彼が描いた「地球構造学《ゲオグノギー》」的風景画中に形をとって表わされた。ハルツ山脈中のゲーテそっくりだが、まさしくこの山脈中でカールスも風景画中に自然の物質的生命を捉えることがいかに大事か悟るのである。現象《フェノメナ》の意味ある振る舞いに事情をよく知ってアプローチしていくことが深い洞察には必須という ── フンボルトの『植物観相学 (*Physiognomik der Gewächse*)』(1800) を見てはじけた ── 発想が『山岳観相学論攷 (*Überlegungen in dem Aufsatz, Andeutungen zu einer Physiognomik der Gebirge*)』(1820頃出発) に入り込み、そしてこれは最後には『九書簡』の一部となった[32]。

カールスの綱領《マニフェスト》の紙幅に、初めて18世紀の旅行記に持ち込まれたモティーフが躍動している。その筆頭が投影とか擬人化ではなく、あるがままの地球の齢《よわい》(life states) の老なるか壮なるかという問題である。カールスは物活論 (hylozoism) の生気論的言語を用いて、風景画家の仕事を自然の「秘かな生命」を捉えることと定義してみせる。山岳地帯は「はっきりともの言い」、表現好きな配置と固有の布置に体現された土地の「歴史」を語る。「牢固たる地は、巨礫《きょれき》や山、谷や平野、流れぬ水に流れる水、大気に雲といったさまざまなその表われの千万の効果を伴い、これらは地球の生命が自らを表わす形態に能う限り近いのだが、何しろそうした測り難い生命であるから人々はそれと認めることもしないし、存在すると認めることもしない」。カールスはそうした知覚的科学的凝視が簡単に鍛えられるわけはない、とする。目は現象《フェノメナ》を「恣意的で漠然とし、法なしであるが故に意味もない」ところの「多様な物質」の幽霊だと見ないよう厳酷に「訓練され」なければならない、と。過去の風景画家たちは自らの科学的無知を弁《わきま》えず繰り返し《ルーティン》仕事にあぐらをかくと、覿面《てきめん》にたとえば、とても個別的な隆起の輪郭を「それらの固有な特徴的形象がほとんど何の痕跡もとどめない」ような仕方で描いて恬《てん》として愧《は》じもしなかったではないか。自然の姿や威厳を保ってあげるとは、アルプスの威容、嵐の海、昏《くら》い森、活発な火山、飛沫凄き滝津瀬といったその雄壮魁偉な相貌を描くだけではすまない。論を一歩進めるカールス、もっと穏やかで、もっと内気な有機の言葉に託される静かで単純な地の活力を、芸術家たる者、見逃すべきでないと言っている[33]。

ヨーハン・クリスティアン・ダール、カール・ブレッヒェン、ルートヴィッヒ・リヒテル、そしてヨーハン・ハインリッヒ・ランベルク同様、自然史を究めようとしていたカールスは、風景美術の正しい描写は土地の骨格（osteology）たるべしとする。あからさまに象徴的、寓意的なフリードリッヒの作さえ、自然の形態や力を仔細に研究した結果の、巨礫、山巓、特異な岩の断片の個々別々の形態の描き込みが一目瞭然である。フリードリッヒと言えば油という媒材から徹底して物質性を抜いた禁欲の描法ということになるが、原始の物質的物象の誘惑と背中あわせであった。この形への魅惑の基礎になっていたのが、ノンフィクション旅行記の紙幅の中で声高に唱えられていた、物質の肌理《きめ》そのものに聖刻文字《ヒエログリフィクス》然と堅忍と不抜が刻まれているという事実だった。不能と短命そのものと言わるべき文明人は、その貫入しようとする力の非力をずっと嘲笑《あざわら》う人気《ひとけ》なき地層に、対峙の見本のように向い合うばかりで、交渉はあり得ない。フリードリッヒの絵はそう仕組む。自閉の自我と、「外なる」金剛不壊《ふえ》の断片とでは出会う場も、対話の可能性もない。フリードリッヒにしてみれば、ヒトを萎《な》えさせる風景の自足のドラマの中では、ヒトなどほんの付け足りに佇立《ちょりつ》しているというだけのものなのだ[34]。

地が沈泥《シルト》を通してさえ強力な声で語るというのは、先史時代の牢固たる土、というか岩塚について特に言えることであった。ドレスデンのロマン派に人気のあった原始の石塚《ケルン》の主題はリューゲンの「発見」の、というばかりか、頽壊する記念物を言祝《ことほ》ぐ18世紀「廃墟派《ルーイニスタ》」の伝統全体の重要な遺産でもあった。ヒトの手の入らぬもの、聖《ヌミノース》なるものの感じを失わぬまま、それらはフリードリッヒやカールスの絵の中では、自然進化のある一瞬を体現する孤独な切り株、力ある遺物の働きをした。それを見ると、ヒトの匠《たく》みがここでも大地の贈り物の前に膝を屈している[35]。

最初の大文明にも先立つ時代のものとされる机状石《ドルメン》や立石《メンヒル》、石びつ《キストヴァイン》や塚《バロウ》が遙か現代にまで残存して、自然界裡では彫刻的なものは地質構造（tectonic）と結びついていることが多いことを証していた。実際、それらの形は同じ神話 ── 石が神託によって地面から飛びだしたという縁起譚 ── に発していた。かくしてヘルダーの『人類最古の記録（*Älteste Urkunde des Menschengeschlechts*）』（1774）が劫初の目印類を美的に評価したのも、それらが何かの象徴などではなく、事物そのものが形をとったもの、完全物質の記念物《モニュメント》の最古のものであるが故である。そういうものとして、それらは19世紀初めのドイツ絵画に現われるばかりか、彫刻や建築のさまざまなプロジェクトにも現われる[36]。建築は使わねばならぬ部材が部材だから、アルトゥール・ショーペンハウエルが嘲るはずだが、それが基にしている原材料の活性なき性質を自らも免れ得ない。物象物質の第一性質を不感無覚の重さ、密度、硬さ、強さと ──「形成力（*Formtrieb*）」がないと ── 定義することが時代錯誤だが、ショーペンハウエルは、それに必然、霊的なものを体現することは不可能、とする。ショーペンハウエル流に言えば、建築はそれが材料とする大地の断片と同様、頑固な野性世界の生《な》まの条件を物として見せるのである[37]。

ヒトの手の入らない土地と「自然な」、あるいは自然化した建築は互いを強め合い、ひとつのトータルな物理環境を創るという観念また、旅行物語の遺した遺産だった。それらの物語は一枚岩《モノリシック》な巨石、巨大塊への崇拝の念を培い、巨大塊はその歴史的証言と個性化された顔貌で評価されたが、つまりはなおその土地土地に根差していることが判る性質によって、ということであった。

何の土か判然せぬ巨大な塚への思いが、大革命から1830年にかけての時期に美術アカデミーのコンペに出展の巨大古典彫刻プロジェクトの数々の背後に揺曳《ようえい》するのはパラドックスである。古代エジプトを研究していたアントワーヌ＝クリュソストーム・カトルメール・ド・カンシーが『方法的百科（*Encyclopédie méthodique*）』にはっきりこれを理論として書いているが、自然の塚とか山とか、古代の土地のほとんどいずこにも散在するさまざまな突出物とはっきり区別のつかぬ墳丘（tumulus）の曖昧と喚起力を論じている[38]。彫刻家フランソワ・リュードの改作版の『不滅にめざめるナポレオン』（1845。ルーヴル美術館）を見ると、マレンゴの戦いの時の服装《いでたち》のナポレオンがセント・ヘレナ島の玄武岩の険峻な絶壁に立つ姿が描かれ、この観念に血肉の与えられたものと知れる[39]。

斧鉞《ふえつ》の入らぬモニュメントが崇高の情景と結びつく場面こそ、旅行記の貢献が一番著しい舞台であろう。自然の巨人どもの央《もなか》に凜《りん》として立つのに相応しい人物と言えば、これはナポレオンを措《お》いてない。『マガザン・ピトレスク』（1841）を見ると、有名なモン・ブラン山上のナポレオンをめぐってスイス人芸術家ロドルフェ・テップフェル寄稿の次のような詳しい記事が載っている。その10年ほど前、リヨンから来たある旅人が（夕暮のモン・サレーヴの裏側の山腹からまとめて眺められた）連山のたたずまいが、かの不敗の神将のそれに酷似することに卒然気付いたのだとか。「……閉じた目鼻、こうなれば必須の血の気薄い顔色、何とも知れぬ神さびた峻厳の落ち着きというので、この一致は完璧なものとなった。巨大なる甲が同じい乙《おつ》をなぞるというこの偶然には想像力を掻き立てずには措《お》かぬものがある……」。同じ雑誌が、この比量絶する指導者の記念に「質実剛健の石」「岩塊《マッシーフ》」を、人の栄華の空しさを言うセント・ヘレナ流刑島の堂々の石板と「 対《ペンダント》 」になる顕彰碑を建てようとする流行のあったことも伝えている[39]。その死後、常勝の神将ナポレオンの歴史的偉大に見合うものは、忍びつ「懊悩せる」自然の孤独な特異現象（lonely singularities）の他には最早ありそうにもなかった。まさしくこうした突兀《とつこつ》たる天然驚異をば、ナポレオンその人が若き砲兵連隊士官だった1791年に讃えているのも至極納得がいく。ヴァランス宿営中、ドローム県の最高峰のひとつに登っているし、後にモルトフォンテーヌの森に引っ込んだ折りにも岩山登攀を試みている[40]。

歴史をつくった強力な人間と始原の岩石のそれこそ歴史そのものの堆積をこうして一貫し

て美的に繋げると言えば、彫刻家ダヴィッド・ダンジェ（ピエール・ジャン・ダヴィッド。1788−1856）が生涯かけて有名同時代人に続けた観相学《フィジオノミー》追求以上のものはなかろう。石に具体化される変化《へんげ》する経験の形がこの彫刻家をいかに蠱惑したかは彼の作、『カルネ』を見れば十分だ。1844年、バレージュ近傍の連山を彷徨中のダヴィッド・ダンジェは一個の花崗岩の巨礫《きょれき》に遭遇したが、その魁偉に深く衝撃されるまま、カトルメールやエメリック・ダヴィッドと同様、忽ちそれを古代の記念遺構と結びつけた。「ネボ山上のモーセまたかくもやあらん。私はこのモニュメントが国民公会不滅の山岳派《モンタニャール》の一人そのものだと感じてロベスピエールの名を刻み、天辺に星を戴いた自由の帽子を上に載せることを思い付いた。数日後、どこかの下司野郎の手でこの高貴の名が消されてしまっているのを目にした」。この事件より12年ほど前、彼は父親を亡くしたあるヴァンデー人遺族に、その記念のために構想していた型通り模倣型の石棺を、雄弁そのものだから何ら手を加えるに及ばぬ一個の巨岩（*un gros rocher*）に取り替えたい旨、相談したことが既にあった。高貴な人々の精力、価値、大きさに見合う客観的等価物をさがすダヴィッド・ダンジェが山の泰然として孤高の偉容をそっくり手中にしたいと願って何の不思議があろう。山が「美しく詩であるのは、突出せる、あるいは広く直《す》ぐな輪郭」のつくる堂々の山容が「巨大台座の如くで、ために人間の想像力がその上にこそ、永遠《とこしなえ》たれと願う人々や英雄の彫像を載せることができる」時に限る。その頭は「雲中に見えずなり、彼らの国」も雲も「彼らの脚下」にある。ラモン・ド・カルボニエールの筆によって知られるようになったピレネーでも、偉大な人物の彫像を載せてもらいたがっている真の台座たるべき巨礫をひとつ見つけたダヴィッド・ダンジェではある。氷河圏谷シルク・ド・ガヴァルニー近傍で奇妙な混沌たる山々の山容が見事に横たわる人形《ひとがた》（effigy）に見えるというので、ダヴィッド・ダンジェは人の手の業《わざ》を一切諦棄する。光の効果など完璧だから「誰か偉人の墓陵《みささぎ》を目にしている」気分になったのだという。想像がつくように、彼の注意を惹いたのは始原の岩でできた男性的山のみだが、それらが忽ちに、「優しき顔」へと進んで行くところに妙があったからだ。「大胆になり、鋭鋒を以て天をも脅かす威風である。急喘石走《いわばし》り、亀裂三昧ながら、力ある人物の常にも似てその涙こそが尊崇の念を抱かしむる」のであった[41]。

事実第一の旅行記の広めた生命ある物質の言語を力ずくで徴用、ということになればフランスのユートピアンな「革命建築家たち」（エミール・カウフマン）も同じであった。大地に沈降していく大建築というテーマは、（天然人工を問わず）彫刻的一枚岩《モノリス》が環境と融合し合う状況に通じるところがある。理想都市ショーのための墓地案（1773−1789）におけるクロード＝ニコラ・ルドゥー、「理性の神殿」、「ニュートン祀堂」（1784）におけるエティエンヌ＝ルイ・ブレー、そして神秘の地下都市構想におけるジャン＝ジャック・ルクーはすべて、大廈《たいか》高楼が下方へ、下方へと抗い難く滑落しようとしている景への、はっきりしたひとつの嗜好を共有している[42]。彼らの完成作を見ると、これらの「幻視家たち」が、天文学や結晶学が得意《えて》にするいかにも立体という感じの輝く純粋な物体をいかに偏愛していたかということだけでなく、物象的実体が操作や虚構以前に終りなく豊穣であり、変容神《プロテウス》さながら変身し続けるかにいかに魅了されていたかもわかる。一番強烈なのはブレーの「理性の神殿」で、粗い巨礫でできた地下の基部と、上方へと輝きつつ文字通り聳立する球体の完璧との視覚的緊張が肝《きも》である。光なく形もない基部の上に聳える輝ける結晶という感じで［図216］、神殿は澄明画然たる定義と自然な表現力を、先史の昏《くら》い混沌にぶつけているわけだ。ルドゥーの「ショー製塩所作業場」の飾りない平壁から噴き出す石化し、結晶化した水という文字通り珠玉のモティーフの背後には自然史、ロメ・ド・リールやドロミューの博物学の証言も透けて見える。鉱山への降下の報告文がこのイメージを——やがてスタンダールの強力至極な「愛の結晶化」メタファーをそうするであろうように——インスパイアしたのである[43]。さて、大地のグロテスクで不規則な相貌を昏《くら》い洞穴のような構造に捉えるということなら、ルクーが一番頻繁である。その実現しなかったプロジェクトに付されている厖大な注を見れば、ルクーが自然の大地の（chthonicな）言語にいかに幅広い関心をずっと持ち続けていたか、わかる。その凝固凝結趣味、建物を装飾する「皮膚」の再野生化へのその好みは、旅行記が明らかにするもっと大きな美学的問題、人工と自然の競合、せめぎ合いの問題と関係がある。これがあってルクーは洞窟、亀裂、迷路の流れる設備を、有機の、無機の世界を形づくる動く、時には脆《もろ》くさえある実体を石化していった。「自然の貧しさ」を言うカトルメール・ド・カンシーのプラトニズムを憫笑するルクーの目の冒険は、さらに表層の細部の文字通り極微の世界をも究めんとして止《や》まなかった[44]。

地下空間の流行は洞穴イメージへの趣味としても見られよう。建築も絵画も、高度に完成した人工物〈対〉自然の自発的で洗練味のない試みの二律背反を反映している。連想によって（とはつまり土の洗礼を受けることによって）、人工物は脱-定型（deconventionalization）を果たして、自然史の膝であやされてきたが故の真あって気取りない性質を身に帯びるのである[45]。

モニュメンタルなもの、人手入らぬ《アートレスな》もの、生命あるものが合《がっ》して、少なくともウィリアム・ステュークレーの『ストーンヘンジ』刊行（1740）以降、そしておそらくはジョゼフ・バンクスによるスタッファの玄武岩角柱の発見（1772）以降、英国に生き続けた。始原の祖型はジョン・ソーンの古代化-観念中にも生き、廃坑をトンネルが蛇行するといったジョン・マーティンの地下世界絵画に達するまで、きちんとその役を果たし続けた[46]。

そこでは岩や山や洞穴やらが自分がいて当然という顔のできるジャンルに事実第一の旅行記が与えた免許皆伝、ということになれば、ターナーとカンスタブルのある作品群に指を屈するだろう。J・M・W・ターナー（1775－1851）は1802年の最初のスイス旅行の時、氷河風景を専ら描いた一連の水彩画と油絵を遺している。特に『サンゴタール峠とモンブラン画帖』（大英博物館）は、シャモニーの町を取り巻く山々と彼との強烈な対話を記録したものである。それらは裂けた断片、氷の割れ目、近くから見た孤独な一枚岩《モノリス》として描かれている。ド・ソシュールのやり方に倣《なら》ってターナーも、貫入の、そしてしばしば垂直の視線をアルプス世界の堂々たる相貌と山容に向け、鋭く迫真的に描いた。この氷結地帯の個々の物が個別化されるので、結果として出てくる映像は永続するもの、土地が耐えたある天変地異のヒロイックな生き残り、ないし相貌となる[47]。ターナー最大の好敵手たるジョン・カンスタブル（コンスタブル。1776－1837）も後期作品の中で、焦点を人間化された田園世界というのから、自足した歴史的現象《フェノメナ》としての自然の事物の方に移している。その『ハドレー城』（イエイル大学ポール・メロン英国美術センター）を見ると、ふたつのうつろな塔が倒壊するところである。カンスタブルは旅行記で確立した視法、観法を借りて、丈《たけ》高い方の残骸――絵画面前景に置かれているのも絶妙だ――が画中にいて見ている者に突如、強力な人外《にんがい》の存在として顕現するように仕向けている。世界の過去を知るこの証人が与えられる支配的な位置は、モニュメントと見る者の間に最大の固定した距離を保つことに掛っている、ポール・サンドビー、トマス・ハーン、ミケランジェロ・ルーカー、トマス・ガーティンらが得意《えて》にしたピクチャレスク廃墟画の礼法には何も負ってはいない。逆に、自然化された傑作は直《じ》かに目の前で力一杯、斜面から突出、沈降するようにさせられ、そうなればどうしても強烈なシルエットの塚なり丘を間近に見た図になる他ない。孤り見棄てられた一枚岩《モノリス》の「威風堂々」と見られるなら、それは19世紀風景画最大の巨匠の一人と、力漲《みなぎ》る個物に宿る活力ある真を追い求めた18世紀人士一統を直《じ》かに結びつけることになるだろう[48]。未発達の単発の要素を孤立して取り出す作業はカンスタブルがふたつの謎の巨大物塊を扱った水彩画、『ストーンヘンジ』と『オールド・サルム』(ヴィクトリア・アンド・アルバート美術館)にも続いていく。石どもの始原の性質、当世のいかなる人事からも超然としている点を強調することで、カンスタブルはそれらが根本的に曖昧なこと、芸術と自然、轍《わだち》なき都会と途《みち》なき僻地の間のどこかに位置することの弁《わきま》えくらい自らにもあると言いたげだ。特徴のない広大な平原、「荒原」の只中に行き暮れるということになれば、終りない遺棄された「廃墟の海」の視覚的語彙を間違いなく取り込むことになる[図208]。こうしてその画業の暮れ方、カンスタブルは計算ずくで「不毛の」、「荒蕪の」、「土臭い」物に集中し、それがそれ以上何ににも還元できぬものであること、どうしようもなく此処に、不可避的に世界の生ける基部にずっぽりであることを知る。彼の初期の画風の郷土臭、地域色、ストゥール川を取り巻く「古里《ふるさと》風景」が自然の歴史を知るところまでぐいと深まったのである[49]。

こうして19世紀に自然を研究する族《うから》は旅行家たちの豊かな遺産を相続した。〈物質的崇高(the Material Sublime)〉はひとつ具体的場所を持ち、固有の名を持たねばならぬという深い理解こそ、それであった。

絵入り旅行記には束の間の効果というものに対して絵画的な感受性を高めるという、さらなる効用もある。探険行の科学者たちには、彼らの専門とハイ・アートの間には矛盾はないという感じが強かった。極光、ブロッケン現象、遠日、蜃気楼その他、地と気の数限りない現象《フェノメナ》の原因をさぐろうと世界中で実行された光学的実験で、自然も美を表現し得ることがはっきりした。アーティストの方は自分は「機械的な」科学の人間とはちがうと言いたげな一方、こうした自然史家たちの実践の業は美への強い意識と、自然のダイナミックな原理をさぐりに行くのだという気概に貫かれていたとはパラドックスとしか言いようがない。そういう人々が現象の振る舞いを明らかにした結果、ふたつの表象モードが生じた。視覚的修辞のスペクタクルとして、他方、至微にして纖細な気象《メテオール》として自然現象を表象するのである。

驚愕(surprise)と驚駭(astonishment)の重要部分――たとえばルネ=シャルル・ギルベール・ド・ピクセレクールのフランス・メロドラマに見られ、若きドラクロワの「バイロン風《バイロニック》」な絵に明白で、新聞雑誌類に横溢し、19世紀最初の三分の一を席捲した異国趣味がそれらの大喜利《おおぎり》となった――は、宇宙には驚異させる力がこれ見よがしに遍満しているという18世紀感覚の必然的延長線上にあるものであった。旅行記が探険家の昂揚した眼差しを、誇張表現が「自然に」見えるような緊迫の世界に凝らされている眼差しを助長した。力不足だと嘘っぽく見えるし、第一、最早陳腐である[50]。

それにしても、ディドロの好奇心-美学やメルシエの自然界裡の「狂暴（*férocité*）」崇拝から、自然の束の間の驚愕現象が十全にアートの中に表現され、人々の眼前に完璧に再-現されるようになっていく大変化は 19 世紀を俟《ま》って完結するのである。特にある種の英国絵画だが、繊細とか陰翳とかを意識的に避けたり、色調をどんどん強める風《ふう》が見られる。大風呂敷（grandiloquence）趣味にと傾《かぶ》いていき、地に足ついた頭の働きに競い勝つことが幻想幻燈《ファンタスマゴリア》による逐一詳細な魔景複製には必須なのだった。

ターナー若年の天変地異-歴史画、たとえば『エジプト初子《ういご》の病禍』、『十番目の悪疫』、『ソドム壊滅』、そして『大洪水』（テート・ギャラリー蔵）を見ると、宇宙的痙攣を誇張表現して驚異させようという生涯の趣味が既に歴然としている。旅行記文学から淙《そう》々滾《こん》々と湧き出るところの、地震、雪崩、海竜巻、大噴火その他大地の一時的痙攣の克明な描写という濁悪《じょくあく》の水が、遍在する仮借なき天災なる大主題に渇くターナーの喉をしとどにうるおした[51]。

しかし、発熱する効果、鏡のような表面の眩暈《めまい》させる風景となれば、極点はジョン・マーティンを筆頭とする英米の「黙示録画派（School of Apocalyptics）」に止めを刺す。ジョン・マーティン（1789－1854）は、溶岩の色をした炎の輝きに照らしだされた —— 自然の「性格」のほとんど戯画すれすれの —— 涯《は》てない地下洞窟の絵は正確なものだと主張している。ミルトンの『失楽園』に付けたマーティンの過剰気味の挿画は、探険家たちの見た採石場、鉱山、灯明《みあかし》がゆらゆらと照らしだす立坑《たてこう》風景に競い勝とうとして過激に走った舞台装置で一杯である。さらには、人気のノアの洪水テーマと結びついたマーティン生涯の地殻変化への強迫観念的関心は先史の山や沼の姿に入れあげた物語群から滋養を摂《と》った。マーティンの洪水趣味をソーン、ターナー、ベンジャミン・ウエスト、ジョン・リネル、ウィリアム・ウエストール、そしてダンビーが共有する。フランシス・ダンビー（1793－1861）がノルウェーの高地の岩の荒原の中で強烈な効果を直《じ》かに観察したことが、さまざまな旅行記の伝える証言と相俟《ま》って、『第六の封印解かれたり』（テート・ギャラリー）の異様を生み落とした[52]。

大袈裟で過剰な修辞と、（天変地異派《カタストロフィスト》の選ぶ圧倒的に物質的な画題になお入り込んでいた）牢固たる形態の最後の形跡が、カンスタブルの言葉を借りて言えば、画家が「蒼穹《そら》の博物学」に目を向けだした時、覿面に消滅したのである。守り固かった個物が霧消蒸散すると、物象に表現される光、空間、時間の複雑な相互作用が見え始める。ここでも旅行記が役を果たし、人々の目を突然の、捉《とら》え方《がた》ない光と気象の事件の方に向けていった。つまりそれは、もっと牢固としていた宇宙を表現するのにかつて成功していたように、今やこの実体なき圏域の詳細を喚起することに成功したのである。

自然の微《かそ》かな部分、流れる部分、一番触感なき部分への捉われが、シェリーやコールリッジ、キーツの「融かす」詩にはある、とは随分以前から言われ続けてきていることだ。漂い広がる芬香《かおり》や流れる幻は、精神を精妙物質（subtle matter）とし、物質を霊気《エーテル》化された流体と見た18世紀に流行の諸理論をそっくり詩にしたものと言えよう。ニュートンの「電気霊（electric spirit）」や弾力原理、ラヴォアジェの「ガス」のことを思いだせば足りようが、現象の世界を、それが有機的作用だと言うことで超越によって曇らせてしまったのが、いかにもこれら著述家の二元論的姿勢に似つかわしい。

こうしてロマン派風景の中心題目は、溶解する、というかダイナミックになる二項対立の枠組の中に存在し、抗う事物を分離する仕切りは浸透していく霊気《エーテル》によって廃される。19世紀も時闌《た》けるにつれ、著述家も画家も、時代を超える何かよりも流動する何かの方に力点を置くことで、デカルト二元論の破壊をさらに進めた[53]。

土地のどんな複雑な描写でも、現実に少しでも近いものたらんとすれば、ほとんど知覚不能の現象《フェノメナ》の描写をも含まざるをえない。荒原《デザート》ですら、ヴィヴァン＝ドゥノン、ブルックハルトが言うように、夜明けの結晶の如き澄明があっという間に埃《ほこり》で一杯の大気の陽炎《かげろう》ゆらめく炎熱に一変する。海では、こちらはフォルスター父子やホッジズの言うように、自然が過ぎ行く瞬間を区切る束の間のやり方が、たとえば突風、波浪、雲、霞というわけなのである。これ見よがしの常なる変化のダイナミズムに、物質の生成分子中に隠されている生き生きしたアニミズムが対応する[54]。

こういう知覚の二重構造の必然として、重く暗い個物を扱った19世紀初めの画家が同時に靄《もや》の風景の巨匠でもありうるというようなことにもなった。カスパール・ダーフィット・フリードリッヒは生涯を通じて幾度となく、蒸散気（the vaporous）に魅了された。錨を取り巻く霧、こっそり渓谷に忍び入る霧、リーゼンゲビルゲの山々を昏《くら》くする霧、北極光の下に濃縮される霧、フリードリッヒの描いたさまざまな霧がその朧然たるパワーを克明に記録している。それは大山塊《マッシーフ》を毛布のように包み、樹木より滴り、手応えなく頭上に漂う。手応えなく無色でもあるために、フリードリッヒの世界に人気《ひとけ》絶えていることが一層強調される。それは閉じ閉ざされた領域で、人はそれを外から眺めるという特権に恵まれてこそおれ、啓蒙時代の科学的旅行家とそこがちがうが、その世界に入って行くことは最早できない。特に目を惹く併置がなされているのが『霧の海を眺める旅人』（1818。ハンブルク美術館蔵）で、物質性なき狭霧《さぎり》が牢固たる巨岩の凝縮して強い押し出しの物質性と融け合わされる。自然界裡に形なきものが形なしたものと融通し合う。ひとり人間のみが異物である。その画然たる輪郭の黒い影《シルエット》の帯びた幾何学的形態は人工のものにのみ相応しい[55]。

フランスでは「繊細な灰色《グレー》使い」はその美術遺産であり、靄《もや》や光の効果趣味に適《かな》ったものでもある。しかるに18世紀末には、マクファーソンによる『オシアン』偽作あり、ゴシックの影狂いあり、科学や擬似科学にはなじみの各種放散物あり、とりわけ気球の昇空があって、ロココの輝く靄《もや》はその厚みをさらに増していた[56]。

フリードリッヒやルンゲが物象的実体の牢固たる特徴、他方、融通していく特徴の両方に答《いら》えを返したように、ブレーも無機的形態の結晶的明晰、安定と、それらの上を漂遊する雲のような影の両方にインスパイアされた。『建築芸術論（*Architecture, Essai sur l'arts*）』という論文に記されたブレーの理論や構想に、石の巨大モニュメントを自然力の変化と始原の活力と総合したいという願いが反映されている。典型的なブレーの二項対立の図は、ピラミッド、先端なき塔、そして球が乾いた砂の風景の中に沈んでいる一方、それらの天辺は、カンスタブルやターナーの雲より漠としたちぐはぐに湿った大気に囲まれているというものである[57]。『建築芸術論』でブレーは軽飛行機（*aérostat*）の話を持ちだして流石だが、それで必要な無限のイメージが可触化もされれば、星霧にかすむ空間のいかなるかが見えてくるからである。そのニュートン記念祀堂（1784 頃）案の素描を見ると、その気球《シャリエール》の形といい、「夜」ヴァージョンで囲繞する無限に乳白色に浮く蒸散物といい、背後に気球の発明があったのは間違いない。さらに言えば、ブレーがこのプラネタリウム内部にからっぽの石棺を、「大平原」もしくは「広大な海」の中心の北極星という位置に置く時、その発想が科学的旅行記から出てきているのも、ほぼ間違いない[58]。

ルドゥーの『芸術、風俗、法との関連に於いて考察されたる建築（*L'architecture considérée sous le rapport de l'art, des moeurs et de la législation*）』（1804）は、旅行家が記録したのと同じように次から次へ自然の効果を挙げていく。その風景描写は乾き切った砂漠から、海浪に鏡映される太陽へ、燐光放つ溝へ、とよもし響く雷へ、そして漠々たる空に燃えるように輝くものどもの気紛れ現象へと、どんどん展開していく。特にその煙霧体験を備給したのはひとり気球昇空ばかりか、鉱道降下 ── ショーという「理想」の都市計画のためにヨーロッパ中の塩山塩鉱で積み重ねた経験 ── でもあった。採鉱場を見てルドゥーがいきなり感じた恍然たる気分は現場を見知るにつれ、忽ち暗然たるものに変わった。壁は「蒸気」で汚れ、穹窿《ヴォールト》は泥土が「吐き散らす」「雲」で見えないし、「濃い煙がものの姿を、夜の怪物《キメラ》とごちゃごちゃにして見えなくする」のであった[59]。

ぼんやりした蒸散気に包まれる快を描かせればこの人と言えば、ジロデ=トリオゾンことア

図 267 E. L. Boullée, *Cenotaph for Newton: Exterior View*, from *Essai sur l' art*, 1784, Ha, 57, no. 7. Watercolor. Photo courtesy Cabinet des Estampes, Bibliothèque Nationale.

図268 E. L. Boullée, *Cenotaph for Newton: Interior, "Night" Effect*, from *Essai sur l' art*, 1784, Ha, 57, no. 8. Watercolor. Photo courtesy Cabinet des Estampes, Bibliothèque Nationale.

ンヌ=ルイ・ジロデ・ド・ルーシ・トリオゾン（1767−1824）を措《お》いて他にあるまいではないか。ド・ラウザーバーグ［ド・ルーテルブール］の透し絵《トランスペアランシーズ》、ベルギー人気球飛行家ロベルトソン［ロベール］の幻燈機ファンタスマゴリア（*fantasmagories*）、そしてフランス人気球家たちの語る「大気の波の央《もなか》」に漂う体験記などの影響を受けたこのダヴィッドの弟子は、上から見た大気の昏《くら》い景色を明暗対比《キアロスクーロ》の効果もけざやかに巧みに描いた[60]。水の気象《メテオール》の科学的観察にはっきり通ずるものがジロデ若年のふたつの傑作の主役であると言ってもよい。『フランス兵士の神格化』（1802。マルメゾン美術館）と『エンデュミオンの眠り』（1791。ルーヴル美術館）だが、これらの作で捉《とら》え方《がた》なき霧、蒸気、露、そして夜の降水のたぐいの束《つか》の間であることが、稲妻のような星の亡霊、霞《かす》む亡霊、燐光のような光、一陣の突風——といったつまりはすべて気球飛行士によって間近から、そして初めて観察されたはずのものども——によって一層強調されているのである。雲の上というジロデの構想には別にも重要な出所があって、それは有名人を「雲の上に」上げた、大分後の「幻視肖像」の連作にはっきり窺える。ジロデは、大気中を「遊弋《ゆうよく》」する有名な気球飛行士たちの横顔《プロフィール》を描く18世紀末版画の民衆的イメジャリーを計算ずくで借用したのである。ピラートル・ド・ロジエ、シャルル、ラランド、サドラー、ガルヌラン、ルーデルなどがそうして、彼らが勝利したはずの靄《もや》だの蒸気だのそのものに周りを囲まれる姿で、おのがじし勲《いさおし》を言祝《ことほ》がれていたのである［図161・232］[61]。

　ロココの日の当たる霞を、取り囲むガスの帯へと科学的に変えるとりわけフランスの美術伝統は18世紀半ばで終りというはずはない。捉《とら》え方《がた》なきもの、瞬時《たまゆら》のものを初めて見出したのがクロード・モネ、そして印象派の19世紀末だったはずがなかろう。モネが1870年代に、その選んだ束の間のもののモティーフに見合う速筆風描法で自然の効果を描いたのは否むべくもない（し、それは絵入り旅行記が始めたやり方ではない）が、しかし水を、動く透明のものが最後に凝縮して泡だの、靄《もや》だのの小滴と化す変化《へんげ》の物質と看做《みな》す伝統の完成者ではあって、火点け役であったはずはないのだ。

概して、安定なき水の気象《メテオール》に対するフランス人たちの途切れぬ関心というものは、雲に対する英国人のもっと牢固とした情熱とは別のものとせねばならない[62]。盛りあがりつつあった時代の気象学趣味に染まってはいるが、カンスタブルの自然学への入れ込み ― ハムステッドの『風景講義』（1833）に示されている ― は今まで見てきたフランス人画家のとは正反対の形をとる。雲は間断なき蒸発作用の所産、即ち地表から発される間断なき蒸散気であるとするドゥリュックやコットの理論を斥《しりぞ》けるように見える。逆に、トマス・フォースターの『大気現象研究』（1813）やリューク・ハワードの『ロンドン気象』（1818－1820）が出した、雲は大気の海の電気的揺ぎからつくられるとする仮説の方に即《つ》く風《ふう》である。カンスタブルの、自然の明暗対比《キアロスクーロ》を表現する具としての雲は上昇するあるかない蒸発気といわんよりは、渦巻く微《かそ》かな、しかしたしかに不壊《ふえ》の**実体**として、頭上はるか凝集している何ものかなのである。それにはフランス人たちの雲の、幽霊じみ、ガスじみた幻視の風情は、ない[63]。

一方でターナーの後期風景画は、まさしく漠然たるものを物理的エネルギーとして表象するところで、ふたつの国が通じ合うのではと問いかけている。カンスタブルは自然を具体的な生成のさなかに描く（木は切られ、巻層雲はカンヴァスから漂い出る。絵枠《フレーム》になど邪魔されない）。対してターナーはその風景を光によって絵の中に切り離す。個の効果の光学的パワーを旅行記が発見したのをさらに竿頭一歩進めて、ターナーは明滅する光芒を神格化し、あまつさえそれを主だった一ジャンルとした。

ターナーの風景は繊細な薄物の色合いに満ち、「無かそれに類したものの絵」だという、流石はハズリットと言うべき認識を間に置いて、この英国人巨匠は 18 世紀科学の強力な二極化に、ノンフィクション旅行記から出てくるはずの自然図示に底流する二項対立の定石に繋がる。霊の物質化と物質の非物質化である。ターナーがつくって、1809 年出展のロンドンを描いた一幅に添えた詩ほど、フランス人と共有のこの信念を、旅行文学という共通の根にまで遡る近親ぶりを見事に絵解きするものも少なかろう。

重荷負うテムズ、ひしめく帆映《うつ》す辺《あた》り、
商いのわずらい、忙《いそ》がわしき 労《いたずき》 の勝ち、
その首《くら》き面帕《ヴェール》、穹《そら》に広がりゆきつ、
汝《いまし》が美杳《くら》くし、汝《いまし》が形を否《いな》む、
汝《いまし》が尖塔《あららぎ》の、希望よく 労《いたずき》 の世の央《もなか》に
輝ける如《ごと》、疑いの気切り裂く所除き……

煙、霧、電気と燐光の現象、「色のついた蒸気」は、前の時代の、生ける原子たちの流れが間断なく拡張し続ける宇宙のおぼろな距離の中に消えていくとする大気観のものである[64]。科学と大気の正確な研究に根差すシェリーの水っぽく、霧もよい、霊気《エーテル》一杯の印象と同様、ター

ナーの『ポリュヘモス』（ナショナル・ギャラリー。ロンドン）と、1840 年代以降にヴェネツィアの干潟や港を描いた絵は先ずは、絵具を塗ることで調和の裡に解消される気と流体の相剋《そうこく》の記録であろう。この相剋は、「黒き虚の冷たき気をば温い翳で汚す／愛のつくれる光と運動／その混合ほどかれたる片や激しき／放散、片や静もれる遍在……」[65]。

ラスキンがカンスタブルよりもターナーを評価したというのも、雲そのものの画家としてというのではなく、まさしくこうした未完のプロセス、漠《ばく》たるものの画家としてであった。『近代画家論』の中でラスキンは、現代画家たる者、事物の可感の外観、客観の配置にばかりでなく、ぼんやりさせる靄《もや》の効果、大気という幕越しに瞥見された事物の束の間の外観にも気を遣うのである、と言っている。実際、現代の風景画家は、理解するのが難しいというばかりでな

図 269 A. L. Girodet, *Apotheosis of the French Warriors*. 1802, Oil, 75.8 × 72.4 inches. Photo courtesy Musée de Malmaison, Malmaison-Rueil.

図 270 A. L. Girodet, *Sleep of Endymion*, 1793, Oil, 77.6 × 102.4 inches. Photo courtesy Documentation Photographieque de la Réunion des Musées Nationaux.

く、伝統的な意味ではそもそも描くことが不可能な、風や稲妻、屈折作用や透明性、雲の影といったものをも描くのでなければならない。「［雨雲は］色こそ喫驚するほど多様だが、形はとなるとぐっと少なく、面白味もないのは、主として性格にも輪郭にも凡そはっきりしたところが無いからである。時にはただもやもやした霞でしかなく、筆でなぞりようもない。……実際それは弾力ある蒸気というより飛沫の状態の本当の水の性格と外観を帯びる。……風に運ばれる固体というのではなく、それらの方が風を起こすのである」。

それにしても、二人の巨匠を冷静に比較するラスキンだが、もっと深い所に別の二項対立がある。またしても芸術《アート》〈対〉自然《ネイチャー》の対立だ。自然現象を描く絵画はまともにはひとつの実験科学、即ち「自然現象を精確に観察することでいつも続く学習過程」を含む何かだとする（その風景論の第二講に示された）カンスタブルの根本的なスタンスは最終講の頃には、まさしく伝統や型のことをめぐり、芸術に対して露骨な煽動を行うようになっていた。（若い頃には公然とクロード・ロランに傾倒したりして）はっきり芸術派《アートフルな》のターナーを擁護するラスキンが、初めて事実第一の旅行記に顔を見せるミメーシス攻撃の革命的発想に色良い反応など示すはずもなかろう。カンスタブルはずばり、こう言ってのけた。

どうも、そもそも絵画そのものが買いかぶられてきたようだ。理想的なものと言われて持ち上げられ、ほとんど自然を測る物差しにされてもいるが、その逆ではない。そしてこの誤れる過褒はさらに、画家を指して言う「神々《こうごう》しい」だの「神気に触れた」だのという大仰な形容詞によって一段とひどいものになってきている。しかるに実際には、鉛筆のうみ出すこれ以上ない崇高美にしたところが自然形態の幾つかを選びだしたもの、自然の束の間の効果のほんの一部をなぞったものというに過ぎぬ。要は神気といったものの所産に非ず、良き感覚に導かれての長く辛抱強い研鑽の結果というに他ならないのだ[66]。

流れも得《え》やまぬもやもや(flowing nebulosities)に心奪われた英国人画家の玄妙(impalpabilities)を上回るのはアメリカの所謂ルミニスム(Luminism)の画家たちの至微(ineffabilities)のみであった。かつて北米の湖沼地帯を領した沈黙と静寂――18世紀の旅行家たちによって初めて讃美された――はソローやエマソンの述作で超越的意味合いを帯びるにいたる。フィッツ・ヒュー・レイン、マーティン・ヒード、ウィリアム・ケンセットの静もりの画面をひたす静寂主義(Quietism)は、「新世界」の孤独に我を忘れた探険家たちの初めて受けた印象のはるかな延長線上にあった[67]。

●旅、この芸術と生のメタファー

私の見るところ、悪の根源は古代の風景芸術のやり方であって、根は深い。要するに画家が神の御業を恣《ほしいまま》に変えるのを任と心得違いをして、見るもの全てに画家自身の影を投げかけ、弟子であってこそ誉れである所で教師面《づら》をし、それが不可能なればこそ最高であるはずの組合せを成し得たとして自らの明察ぶりを見せびらかすのである。……技巧感覚、本当らしさの完全欠如、人間の混乱ばかり表沙汰になるぎこちない組合せ、彼が無機化した怪物の上に烙印された彼の手の脆弱が、発明力ある証しとされ、抽象的構想力のしるしとされている。――そうではなかろう、固有の形態の破壊、事物の有機的個別的性格の根こそぎの廃棄(古い巨匠たちから幾らでも列挙できるこの例は以下の頁で挙げてみよう)、これらは思慮分別なき批評家によっていつも、荘重な歴史的スタイルの基礎だとか、純粋理念達成への第一歩だとか言われる。しかるに、あらゆる主題を扱える唯一の荘重体しかなく、この荘重体は、人間であろうと動物、植物、何であろうと任意の事物の固有の性格を完璧に熟知していることを基本に、自由短簡に表現するのである。

――ジョン・ラスキン

私はあらゆる存在におのがじしなる自然な機能を認め、それに私の絵の中で正しい意味合いを与える。私は石に考えさせさえする。

――ギュスターヴ・クールベ

自然の業《わざ》と人間のそれとの長きに亘《わた》る角逐も近代に入ると、言葉によるにしろ絵具によるにしろ、世界にあるものの具体的な絵をどんどんつくりあげることで解消する流れだった。こうして、文学でも美術においても、外なる事物のみとすることへ強力な反動があった。もっともそれだけで話は終わらない。19 世紀初めにはマダム・タッソー蠟人形館の苦心して創った人形《ひとがた》に巷が夢中になった。そうした瑕瑾《きず》なき複製品《レプリカ》が時代に固有の病として猖獗《しょうけつ》したは、ハインリッヒ・フォン・クライストの『マリオネット劇に就て（*Über das Marionettentheatre*）』（1810）が言祝《ことほ》いだ操り人形《パペット》ないし自動機械《オートマータ》と同じである。自然の無垢が失われたところで、自意識に満ちた鏡映／自照の反省力が見出されるというのがクライスト作の寓話である[68]。

人間身体の複製をつくること、縫目なきアイデンティティをひとつつくり出すことは、同時代のパノラマ狂、ディオラマ好き、ダゲロタイプ趣味同様、完璧な表象をこそという強迫のしからしむるところであった。実際に存在しているというイリュージョン――余りに見事な拵《こしら》えにされて（artifactualize されて）間然《かんぜん》するところ無き自然――が見る者を魅了するのは、まさしくそれがあらゆる境界、とりわけ芸術の伝統的なミメーシスの境界をはみ出してしまうからである。純粋な複製《ファクシミリ》を虚構したものとして見るからに発明とか個人的印とかに頼るということのない「絶対的」写《コピー》しとしてのヴェリズモ（verism）は、創造的想像力（creative imagination）に対する評価と重なる[69]。

リアリスティックな世界理解をという強迫観念を 19 世紀ヨーロッパ文化はどの局面でも必ず露わにした、とはさんざん論じられてきた。それにしても、リアリスティックな世界理解と言っても啓蒙時代の啓蒙哲学者《フィロゾーフ》たちの考えに縛られた旅人が求めていた自然の包括的理解というところとは、意味するところが違った。この知覚モードは、徐々に主観性に高い価値が置かれるようになるにつれ、そしてかつては相互依存し合う全体同士と考えられていた分野領域がばらばらになるにつれて、世界を一気質の一偶から眺められた相貌ないし断片の総和と見る各人各様の個人的世界観へと道を譲ってしまう。実証主義者（Positivists）と社会進化論者（Social Darwinians）は自らの「リアリズム」を、科学者たちによる自然法則の分析と同じものとした。この考え方で行くと、自然科学におけるリアリズムは、ベーコンの時代この方ずっと自然の諸作用に対する分析のために発展してきていた「科学的方法」となお同じものと看做《みは》され得ていたわけである。

自然史の秘密の探究者にとっては、リアリストであるとは即ち事物を平明に、とはつまりそのあるがままに見ることと、この正確な理解から適当な判断を引きだすことを意味した。画家や作家にとっては、**リアリスト**であること即ち、風景をあらゆる表情において（普通には極めて日常的なそれにおいて）再現しようとするだけでなく真を表層の外観に（とはつまり近現代の社会的な環境《ミリュー》の複雑な現実に）捉えようとすることをも意味した。真たることの美的要請があった。芸術作品においては、どう「自分が自分の時代の存在《もの》たろう」と、美と醜とが重要性で変ることがない、というのがそれであった[70]。

シャンフルーリことジュール＝フランソワ＝フェリックス・ユソン（1821－1889）はリアリズム派中最も鋭い批評家の一人で、「綺麗な絵」をという強迫から自由な素朴で民衆的な絵画を擁護した人物だが、上に述べたこのような態度を見事に代表している。『民衆的イメジャリー史』の中からの「1860 年のクールベ」という論文、「未来のための絵画」といってサン＝シモン主義を盛った一文を考えてみても、彼が 19 世紀に相応しい風景として産業化の風景を考えていることは動かない。この主張が、アルプス山中に靴下工場の姿を認めて衝撃を受けたルソーの立場とは対蹠《たいせき》地にあるにちがいない。旅、そして型にはまってしまったピクチャレスク趣味への否《ノン》というモティーフがシャンフルーリの中でぐっと大きくなって、『オルナンの埋葬』と『施《ほどこ》しする村の娘たち』の画家［クールベ］に鉄道駅に大型壁画を描くように勧めるまでになる。これらのフレスコ画は、疲れ知らずに移動する都市の乗客の現実の運動を描くことで、汽車を待つ無聊《ぶりょう》を慰めようというものだった。「機械［汽車］とそれが風景の中で果たす役割。美しい絵ができるにそれで十分ではあるまいか」。

シャンフルーリにしてみれば、「強い」風景画家ギュスターヴ・クールベは伝統的象徴運用から解放された近代的画像制作の仕事にお誂《あつら》え向きの画家である。クールベを特徴付ける絵の骨法は「強い（*forte*）」から、あくせく働く地域の鉄の相貌とも、従ってぴったりである。それらの地域の間を「鉄の巨像《マストドン》が轍《わだち》を走り、樹木を岩を裂き、村々は後に飛んで去り、大胆不敵の橋で村ひと跨《また》ぎで、ぶうぶう、しゅうしゅう、大汗かく。そして大群衆が行くの帰るの、とりまぜてわいわいがやがや、ぼうっとし、大呼し、抱擁し合う」。

世紀半ばに物理空間の発見から社会空間の発見への転換《シフト》が生じつつあったことが、オスマン男爵改造のパリ街区を印象派画家たちがまるで風景のように描いていたり、汗水たらす自然を都市の大衆移動民を運ぶ機関車が貫通して行く景観をこそ表象する必要ありとシャンフルーリが喝破していたりということからもわかるわけだが、このシフトは旅行文学中に「新世界ひとつを占有《ポゼス》する」という言い方でパロディ的に扱われていたものなのである。さらに言えば、自然の広範囲で認められていた個（particularity）が深いが狭い地方性、局地性への趣味に変化して、クールベの絵にしてもその生地フランシュ＝コンテの地域と習俗とが分かち難くからみついている。シャンフルーリから見れば、一昔前、旅行記の中では現場で、あるいは野で遭遇したような自然の現象《フェノメナ》すべて、今や人間にとっての用途に繋ぎとめられているのである。「大地よりとりだされる産品の探索が駅の壁の上に描かれて面白くないわけがあろうか。鉱道で働く人々、即ち美しい絵ではないか！」、と。

もっと深いレヴェルというか、カリカチュアその他の民衆絵画諸形式の歴史を扱う主著群を下支えするレヴェルでも、シャンフルーリは定型《コンヴェンション》なきアートの問題に我々を直面させる。古代の人獣彫込《グリュッツリ》み（*grylli*）、中世の聖棘像（*images d'épinal*）、そしてフランス革命期の粗い軟質陶器《ファイアンス》（faience ware）の新しい（というか、古い）蛮風（barbarism）が近代生活に批判的な人間を魅了するが、それらの様式と主題の素朴と粗野のお蔭で同時代人が人間性の「初発の胚状態へ深く貫入」できるからに他ならない。民衆的イメジャリーが示すのは「子供たちの吃音はあらゆる国で同じであって、発達が遅れているわけだが、無垢の魅力を放つし、現代の絵師たち［オノレ・ドーミエと、シャルル・フィリポン周辺のリトグラファーの仲間たち］の魅力とは即ち、彼らが子供のままでいること、つまり都市芸術の歩みからはぐれていることに尽きる」点だ。

あざやかな逆転が生じて、物象の地誌学が人間の地理学、人口統計学に取って代わられていた。事実さがしの18世紀の旅行家が鉱物と植物の始原性に求め、自然の科学によって手にしたものを、19世紀の民衆の情念の考古学者は民衆芸術、そして人間の科学の中に発見した。

しかしそのシャンフルーリにして、何が真の自然かということになると、俄然どちらつかずの体《てい》である。「霧と露と。シャントルイユ」という文章では、都市から脱出して、攻め来る郊外との境界域で仕事するある風景画家を讃える。ジャン・ド・ベランジェあたり詩に詠《よ》みそうな田園風景がこうして視覚化されているのを前に、シャンフルーリは都会化の進行のためどんどん失われていくあるエデン的体験を引き合いに出す。「自然と向い合いつつ一人歩く、外気にふれ、太陽の下……」、と。シャントルイユの風景画を見ると、この画家が「孤独の友［で］……そこではエニシダやサンザシがはびこり放題である」。シャンフルーリは続けて、「のんびりした雲がちらりとその上をよぎる静かな池の傍らに坐る誰もいない。風に抱かれてゆっくり頭《こうべ》を垂れる丈高いポプラの根元には誰もいない」、と言う。コローでも描きそうな、もはや無い田園の物質を描いた風景画に対するこの田園牧歌風な眼差しを、どう理解すべきなのか。自然を描いた一幅ではあるが ── 文化だの定型因襲だのから自由ではないし、啓蒙時代が見据えていた堕落の人類史の負荷をそっくり担ったまま、〈現実（*actualité*）〉からは、近代化された自然からは一息つかさせてくれるのである。シャンフルーリによれば、こういう形式の風景画も「あらゆる人工のない自然」を表わしている。所謂バルビゾン派（*Ecole de Barbizon*）の描いたような絵だったし、それは時には旅することを促した。シャルル=フランソワ・ドービニー（1817−1878）は、家族友人がたえず入れ替って同乗する宿泊可能の舟「ボタン」号でフランスの水路にあちこち遊んだ。川や小川の田舎世界に文字通り首まで漬《つ》かって、画家は我《おら》が郷国《くにさ》（*mon pays*）の水の地誌学、ならぬ水誌学を不朽にした。旅また旅、年々歳々、ドービニーはセーヌ県とオワーズ県の同じ水域を飽かずスケッチし続けた。1869年、ある友人からスペイン俄《にわ》か旅の誘いを受けた時の話が典型的かもしれない。スペイン滞在はほんの二週にも満たず、馴染の田舎に飛んで帰った。ドービニーにとって旅は（フロマンタンが洞察したように）新たにエキゾティックなモティーフを見つけるためのものでは最早なく、我れと我が郷国の生涯かけての経験を深めるためのものなのである[71]。

1848年から1857年にかけての写実主義者《リアリスト》たち（クールベ、、ジャン=フランソワ・ミレー、バルビゾンの「ボヘミアン《ボエーム》」たち、シャンフルーリ）と、1850年から1895年にかけての自然主義者《ナチュラリスト》たち（アーダルベルト・シュティフター、ヴィクトリア朝の風俗《ジャンル》画家たち、エミール・ゾラ、ゲルハルト・ハウプトマン）は、時代の生きられた真実を再−現しようとする観念的核をこそ共有したが、方法はちがっていた。30年にも亙《わた》るゾラの批評的仕事が、19世紀の写実主義と自然主義の微妙なちがい、イポリット・テーヌの環境理論に依拠したものとクロード・ベルナールのまさに画期的な実験的方法論に拠るものとのちがいをよく示している。既に若書きの「小説の12の定義」（1866）でゾラは文学的自然主義の将来に亙《わた》る擁護という大テーマに触れていた。このエッセーはエクスで開かれた第33回フランス科学会議のために書かれたものだが、この尊重さるべきジャンルにどういう変化が生じたかを論じている。いつも神々で頭が一杯のギリシア人たちが「真の生活の正確な絵」を遺していないという理論がゾラの論の中心になっている。ローマ人でもペトロニウスのように完全なつくり物を避け得た者は少ない。『サテュリコン（*Saturæ*）』がゾラの気に入ったのは、主人公の冒険譚など実は二の次で、本当は作者が現実にその目で観察した光景を読者の前に繰り展《ひろ》げたかったからなのである。しかし、小説がただ面白可笑《おか》しい嘘、現実の世界と似ても似つかぬ幻想世界で起きる驚異冒険譚のごった煮という以上の何かになるのは近代を俟《ま》たねばならない。ゾラが観察と分析の所産と定義する近代小説は、いわば不可逆的に「今ここに、片隅に生きる」都会人間の明け暮れの年代記《クロニクル》を書くにまさしくうってつけだ。古い歴史を持つ「おはなし《コント》」が、主潮と化した科学的流れと方法論の圧力の下、オノレ・ド・バルザックのペンによって道徳の総覧《アナトミー》分析の論と化した。くだんの文章の革命的結論部でゾラは、修辞の分類や文学ジャンルの人為的区分はその金属疲労ゆえ廃棄されるだろうと予言し、社会だの環境だのによって姿を変える人間の思考を言う新しい包括的な定式をこそ、と祈念する。若き小説家は「自分の周りを見回し、それから自分の目にしたことを述べるだけで良い」と、これがゾラの御託宣である。

構想されていた『歴史的修辞学論』は日の目を見なかったが、ゾラは若年の思い付きに『実験小説論（*Le roman expérimental*）』（1880）で血肉を与えた。クロード・ベルナールの『実験医学序説』を詳しく分析する中で、この偉大な実証主義生理学者の方法論を我が物とする。冒頭いきなり観察と実験をきちんと区別するあたり、ベルナールそっくりである。自然主義の小説家たる者（同族の画家もまた、ということはゾラの美術評論の方でわかるが）、啓蒙時代の自然史家風に観察したり「写真」したり（真《まこと》を写《うつ》す）、というだけではすまない。干渉して入り込みもするのだ。『従姉ベット』のユロ男爵を例に引いて、話者が動かす力持つ（科学者の「誘導観察」に似た）状況の中に男爵を置くバルザックの技術を褒めている。現場で観察された自然と操作された現実との二律背反がこうしていきなりはっきり論じられる。ベルナールが及び腰で論じていた区別が徹底的にはっきりさせられる。観察者が自分で変えることのない現象を辛抱強く見るだけなのに対して、実験家の方は ── 予測のないのはこちらも同じだが ── 自然の示すものをある特定の目的で変えようとするのである。かくて科学的実験家にとっても、実験的芸術の芸術家にとっても、自然現象は自然界裡での見え方とはちがって見えるほど人工的につつかれる。もっとも、ベルナール-ゾラが呉々も注意をと言うのは、実験の結果が出てきたら解釈者を演じた実験家はいなくなって、彼は素早く身を変じて純粋観察者に戻らねばならないということである。ゾラが近代小説家がやっている実験と見るものは、人間《ひと》が行う。ただ単にうつすとか「写真する」ということであるはずはなかろう。一個の特殊個人の気質が行なう修正、解釈、「実験」、と言うべきである。こうした個人的改変という性質が天才というものを形づくる。「見るとは即ち創意すること」だからである。

ゾラの議論は自然現象を明確に記すか否かということではなく、人間生理の現実を相手にしている。おなじみの論争が問題となっているのである。ベルナール-ゾラによれば、新しい「生《せい》の現象の科学」は生《き》の現象を専ら研究する科学の上に成り立っている。どちらの場合にしろ、とはつまり自然科学においてであろうと同時代習俗の解剖《アナトミー》においてであろうと、現象《フェノメナ》は実験過程を通して、そのそれぞれの存在の条件、直接の原因と改めて結びつけられなければならない。18 世紀哲学の主流が皆抱えこんでいた生気論的な唯物論〈対〉機械論の対立図を蘇らせながら、ベルナールはひとつの実証主義《ポジティヴィスト》的な答を出す。物理-化学のレヴェル、分子のレヴェルでは、ふたつ別々の環境が（生理-心理の環境と無機的環境が、内と外が）密に結びつくことがあり得るとする。生理学者と批評家はこうして、流体的な知と、熱流動《エントロピック》的な物質の理論を融和させたいという 18 世紀人士の努力に直接向き合うことになる。事実、使われる言語はフランス唯物論者たち、『人間機械論』のラ・メトリの言語であり、ハートレーの機械的「振動（vibrations）」の言語でさえある。「路傍の石と人の意志とをふたつながら同じ決定論が支配しなければならない」のである。この前提が是とされるなら、複雑を極めるヒトの内的、内有機的（interorganic）な環境《ミリュー》と、純粋にモノの自然の外的、外有機的（extraorganic）なそれとの間に共通部分を想定することができる。シャンフルーリの言い分そのものだが、鉱物の複雑さなど、生命あるものどものそれに比べればまるで問題にならない。こうして実験小説の任は現象《モノ》の世界の有機無機の自然を研究することに非ず、自然な（とはつまり、抽象的に理念化されたり形而上存在にされていない）ヒトの研究を、啓蒙時代が裸形の自然、「自然《じねん》なる」自然を研究しようと腐心していたのを受けてしていくことにこそある。ゾラはベーコン以後の発見時代が鍛えあげてきた語法に即《つ》く。即ち 19 世紀のあらゆる営為が「自然の征服」なる大いなる科学的仕事に収斂するというわけだが、征服されるのがここではヒトの周りに蝟集するヒト状未知（the human unknown）の征服のことだというのは敢えて言うまでもない。人間という役者たちが、「人間喜劇（humana comedia; *comédie humaine*）」の央《さなか》を彷徨しつつ、その社会という名の舞台《いた》の上で演じる生理的貫入の劇のことである。

こういう流れの中でゾラは文体《スタイル》のことを俎上にのせる。自然主義（*naturalisme*）とは平明な観察、公平な実験の方法であり、個々人の幻想など入り込む余地がないこと、個人の権威の代りに科学の基準《クライテリア》が宰領することを特徴とする。主題と文体は分離不能である。ゾラはこれ見よがしの修辞と科学的方法は別物と断言した。まさにここでゾラはベルナールと袂《たもと》をわかつ。どうやらベルナールの方は文体には個性があるという思いが大元にあるらしく、美術は実験的方法の透明というのには当てはまらない、と逃げをうった。それに対してゾラは（論じる作品はどういうものかの問題はひとまず措《お》いて）、美術の領域と生理学者の領域は何もちがわないと喝破する。

具体的現実像を精密にしていくことという同じ前提がゾラの『我が院展《サロン》』他の美術批評にも働く。この批評家にとって、自然主義画家（エドゥアール・マネ、カミーユ・ピサロ）とはヒトを描く存在であって、画面《タブロー》制作者（つまり絵画文体《スタイル》をこれ見よがしに用いる存在）ではない。そうとはっきり言われてはいないが、この感覚は現実を自らの気質（tempérament）を通して解釈し、変形し、濾過する者というベルナールの実験科学者の定義にどんぴしゃに当てはまる。つまり、「芸術的瞬間」という文章でゾラは写実派の不正確、その概念のさまざまな限界への苛立ちを隠さないのだ。ゾラが言うには、環境の中でそうであるように芸術作品にとってもふたつの構成要素が重要だが、リアルな要素（現象としての自然）と個の要素（つまりヒト）がそれだ。しかるに、今やこれで当り前という逆転が生じて、自然の方が「固定され、いつも同じ」だし、「まったく変らぬまま」である。逆に「人間は限りない変化の存在だから、作品の数ほど精神の数もある。もし気質《テンペラマン》というものが存在しなければ、あらゆる絵がただの写真と化すの他はあるまい」。こうしてゾラはベルナールの決定論的な物理－化学的観点に立って（内と外の大宇宙－小宇宙的照応には妥当）、芸術作品を、変化する生きて多様なヒトと固定された原子の自然の一時的連繫の所産と定義する。してみるとゾラにとって重要なのは時代の話題としての写実主義だとか中立的なスタイル（例えば「写真」）といったものではない。フランソワ・ボンヴァンのオランダ風「味付け」でも、ジャン=ルイ=エルンスト・メッソニエやジャン=レオン・ジェロームのうんざりさせる細密描写でもなく、ひたすらに近代的方法論、人間の気質《テンペラマン》の無限の複雑に対する創造的反応が、とは即ちマネやドガの天才が問題だったのだ。

自然主義（印象派）の風景画にとって、また自分の時代を解釈する「時局好き（*actualistes*）」にとっては、偉大な芸術家は感覚の良い観察者に（ゾラがひたすら軽蔑する無知な公衆に、ではない）、新しい個人的な翻訳版を提示するということを、これは意味する。人間が自然に性格を与えるのであって、性格は自然の相貌の中に内在しているわけではない。換言するなら、有機の流体の意味なきパノラマは具体的な相貌《かお》（aspects）、特徴《きも》（point）を、要するに与えられるのである。

ゾラの実証主義《ポジティヴィズム》が彼の同時代芸術プログラムの出発点、そして到達点として観察を強調したにもせよ、現象《フェノメナ》の自然の完全な再編は、揺れ動く意識と外界との間に架構される密なる連繋によらねばならない。風景画家たちは単なる模写に終るまいとすれば兎角も自らの個性を保持せざるを得ず、一人のヒトとしての自らの唯我独尊を六塵《ちり》の世の物質と綯《ないま》ぜざるを得ない。ゾラや自然主義趣味の画家-作家にとっては文化から自由な風景など存在しない。絶対の**美**あれば同じくらい蜃気楼《ミラージュ》がある。写実主義者にとって真、即ち「時局時俗（*actualités*）」の記録であるとするなら、ゾラ風自然主義者にとって真とは「平明な」方法に、コンディヤック提案のものを思い出させる科学的言語にこそ存するのであり、それは知覚者による、生きられたものとしての世界の探険と、人類のあらゆるタイプ、あらゆる種類についての発見を謳《うた》う[72]。

実験室の話法とアトリエのそれが合《がっ》するというのはアーダルベルト・シュティフター（1805−1868）の穏やかにしてラディカル、まったくフランス的なところのないビーダーマイヤー式の「自然主義」にもはっきり見られる。画文両スケッチに力を発揮したこのオーストリア人作家は、喚起力たっぷりに『とりどりの石（*Bunte Steine*）』という標題の短編集を1855年刊行して、有機・無機ふたつの世界の「物《もの》性」に驚嘆し、顕彰してみせている。これらの掌編《ノヴェラ》（実際にはティロル紀行）でシュティフターがめざしているのは大と小、異様と常凡、「空気のそよぎ、水のさざなみ、草木の成長、大海の膨らみ、大地の緑、空のきらめき、星のまたたき」のことである。厨房の主婦のどうということのない鍋の中でミルクを沸《わ》かす原因となる力は、溶岩を押し流して山ひとつの堅固たるべき稜線を一変させてしまう力と同じなのだ、と。溶岩を流す力の方が圧倒的で、教養なき匹夫の目を引くのはこちらだろうが、科学的探究者の鋭い視野はどんどん広がって、「全体と普遍」まで見るが、そこにはあらゆる個物、最も常凡の物までが最終的に包摂されているはずだ。このふたつの眼差しが合《がっ》すべきことをシュティフターは言う。もし、光にこれほど鋭敏な人間の目をもっと鋭くして電気とその磁流をも知覚できるようになれば、「どんな大いなる世界、どんな数限りない仮象の充満した世界が我れらの前に展《ひろ》がることだろう」。勿論、肉眼にそうした玄妙至極の視力など望むべくもないが、「科学という知性の目」があって、宇宙にはさまざまな不可視のエネルギーが流れ、万物の周りを流れ、包んでは、永遠に亘《わた》ってそれらを変え続けていると教えてくれる。稲妻など、自然界のこの強力な霊気の存在を示すしるし、というか効果の一例というにすぎない。こう主張するシュティフター、その美学が19世紀科学の考え方と綯《ないま》ぜにならないわけがない。

> 科学は理屈に理屈を重ね、観察また観察を重ね、個から一般を撚《よ》り合わせるだけだし、一方現象の集塊、所与の物どもの場は無限に広大であるが故、神はこうして研究の喜びと幸福を無尽蔵のものになされているわけである。我々はまた我々の［芸術］研究においては一般ではなく個物を表現しようと思うが、それでこそ**創造**だからである。かくして自然界の大《おお》いなるものの歴史はその大《おお》いさをめぐるさまざまな考え方のたえざる変化からつくられる。

シュティフターの『山の結晶』の楽天的抒情も、『トゥルマリン』のより暗い調子でさえ、ゾラの決定論的な生理学的方法とはまるで異るにも拘らず、シュティフターまた外なる自然と人間の内的生の同じ結合をめがけている。思慮、天真、勤勉といった人間の気質、また動きの激しい、陰鬱な、不穏な、嫉妬深い、野望を抱く、破壊的、あるいは自殺までしかねない性格は、そっくりのものを、人間でない石化した、あるいは生命力ある自然の中に、氷の洞窟、黒花崗岩塊、嵐、溶岩を噴き出す山、地震の中に持つ。シュティフターによれば、これらふたつの領域の照応は一番深い所で働く。文明化されていない生《き》のままの個我や利己主義と対立する優しい社会的力があって、人々に集合的に働き、個の野蛮なエネルギーに脅やかされることもない。シュティフターは新たに道徳化された自然を、ちょうど人類が倫理的廉直や真摯に向って進むと予言し得るに似て、科学する法と律に満ちた発見によって強烈に「実直《ビーダー》（*bieder*）」であることがわかってくる自然を話題にしているのである。ゾラにおいてそうだったように、近代芸術、近代の物語は、シュティフターから見れば叙事詩や悲劇といったレヴェルでは働かず、それらの内容は「常凡、日常のもの」に形づくられるが、人の世のことどもは生命の樹の「億万の根毛」そっくりなものだからである。道徳の法は自然の法同様に働く。人が人と契約した無限の営みの中でそれは働く。シュティフターの描く未来像の中では、自然の中での人と芸術の進化が、一視点で見る偏って官能と幻想で一杯の個から、共通の善をめがける多視点のポリフォニーへの動きとして予言されている。若年のシュティフターが山歩きの折りに集めた本当に普通の小石、草、石、ガラス破片など、磨かれておのがじしの「美しい青、緑、赤の線を輝やかせた」。個を積み重ねるということの動機たる蒐集の営み（ここではいかにもという貴石に対してではなく最も卑しい鉱物に対するものである）が後から、芸術の透明な釉薬《うわぐすり》をかけられる。もとはこれといった考えも目的もなく始められたぶらぶら歩きから、シュティフターは陶冶《とうや》と倫理の博物学を、未来の若者に対するいかにも 19 世紀と言うべき修学の旅行（*Bildungsreise*）をひねりだしたのである[73]。

しかし、19 世紀半ば、いかなる**自然主義**の定義にとっても最重要の人物はラスキンだろう。ジョン・ラスキン（1819−1900）の複雑で、どんどん変わっていく意見は事実第一の旅行記で出会う主要テーマの多くを反映し、再編集し、再編成している。ラスキンもシュティフター同様、異物としての自然の絶対的他者性を、人間の手が触れたことのない風景がいかに恐怖でしかないかを時折り記している。シュティフターの『山の結晶』では、クリスマス・イヴに怪物じみた氷河の世界に迷いこんでしまった二人の子供の物語が語られるが、そこでは二人はあちこち動く小さなふたつの点にすぎず、馴染《なじみ》深いティロルの谷間や草原が、クレヴァスあり、雪崩、氷窟ありの敵愾心に満ちた北極の荒原に変えられている。コル・ダンテルヌに聳える人寄せつけぬロッシェ・デ・フィの岩山の石灰の山頂を見ながら、ラスキンも似たような経験を（ビーダーマイヤーの平明体とノミナル・モードとは隔絶した凝り上げた言葉遣いで）、こういうふうに記している。「怖ろしげな尖塔群」が完全に剝きだしなのは「度を越していて、風にそよぐ一葉の葉すらなく、涓流の傍らの一草木だにない――自らの身震い、即ち頽壊していく石の中で次々と原子が砕けては死んでいく以外、何微動するものもなく、生ける声の立つことも、生ける足の踏み入ることもない」、と。

シュティフターの地方愛、素朴愛好に跼蹐《きょくせき》することのないラスキン、もっと大きな恐怖が予見できた。松《パイン》の森を登攀中のことだが、自らが即《そく》惹き起こす以外のどんな関心とも独立して成るかに見える風景ですら、実際にはヒトの体温が通じて記憶、回想に依存しているのだということに改めて思い当ってしまった時のことである。その界隈の圧倒的なのは何故なのかもっと正確にわかろうという段になって、ラスキンは一瞬、識らずして、恰もそれが「新大陸のどこか原生林」であると観じる想像力の奸策にはまったのである。一見無害そうなこの脳裡のいたずらがジュラ山系の木々の鬱蒼たる渓谷に、「突然の空白」と「寒気」をもたらす。「須臾《しゅゆ》の間《ま》に花々はその光を、川はその音楽を失い、丘は荒寥として人心を圧する気を帯び、昏《くら》い森の重たげな大枝小枝はそれらの昔の活力が今や自分のものではない生命にいかに負うところ大であったか物語り、不壊《ふえ》にして永劫に更新されるその創造の栄光のあらかたはそれ自らからではなく、更新される時、記憶の中でこそもっと美しいその反射像から出ているのである」。

ラスキンは（その散文の文体では実に見事な修辞効果をあげるために使った）想像力の構造化する力への讃美と、自然の現象《フェノメナ》を平明に観察するのに必要な謙虚さとの間に永遠に引き裂かれていた。スイスの「文明化された」アルプスと探険家たちの人気《ひとけ》なき空虚の間で揺れていたのである。この二極分解はもうひとつ別の姿をとった。セルヴァン山［マッターホルン］とズムット氷河が時折りラスキンを居心地悪い気分にさせたのは、片麻岩、粘板岩の結晶した赤味がかった岩塊の呈する変化なく音も立たぬ風景が「余りにも人の存在からばかりか、人の想念からも隔絶」しているが故だった。逆に（表面こそ摩損しているが）象形紋様だらけのヴェネツィア風景の水色情緒は大いなる想像力の慈悲心を掻きたてるのだった。いつだってラスキンが対蹠《たいせき》地に見出し得ず、時にヨーロッパの連山山頂には仲々見出し得ないと嘆いたもの、それが連想連合するもろもろの観念と独特な道徳的感受性との結び付きである。ヴェネツィアを先史の、命なき、越えることも旅することもかなわぬ文明化されざる沼として濃密な物質的描写を試みるラスキンに、自然に神の目的を読みとろうという強迫観念が――そしてそれ故、18世紀世俗主義に対してこの批評家のとった心理的距離の典型的ケースが――隠れもない。「その御手の中に地の全域があった神の御心にその時存したはずの神さびたる目的を、いかに知らぬか、ましてや今我々にとって悲惨、暗黒、無目的にしか見えぬものについてはなおのことそうであることか！　これは実りなき堤の昏《くら》い縁にずっと手をひろげ、浅瀬の苦い草を養う法《のり》のあれこれの中に、将来地球を取り巻く帯に黄金の留金ともなる都市を築いていくはずの素地が、可能な唯一の素地があると、誰がまともに想像し得ただろう」。

そこに個人的、歴史的、あるいは宗教的な思惟の反映を見ることができる都市や自然の景観に対する文学的趣味にも拘らず、ラスキンは「それに対しては言語の裡に語なく、精神の中に観念なき」等しく絵画的でもある現象《フェノメナ》を、「目で見えている間のみ考えられ得る」ところの事物を大いに擁護する。観察眼を凝らし続けのラスキンはやがて、持続していく瞬間と逃げていく効果の宇宙的な二元論を知覚するにいたった。『近代画家論』は「ふたつの永遠」、即ち「空虚と巖」が束の間の現われ、雲、落日、嵐の多色の「推移」と対峙する例で溢れかえっている。これら対立項が相互協和をすれば、それらの力を個の意識に加えることで物質的事物の美を超えることになるはずだ。例はラスキンの述作からそれこそ山のように引っぱりだせる。『塵の倫理』では結晶の冷たく緩慢な、不感無覚の変容が女子生徒相手に説明されているし、自伝『プレーテリタ』で蘇る記憶の中での脆《もろ》さと強さ、柔と活、直立と彷徨、分裂と結合の対比《コントラスト》も思いだされる。

ド・ソシュールとフンボルトの知の轍《わだち》に従うままに、ラスキンは自然を北と南、男と女という相貌に裂いた。イタリアの燦たる宝石、滑らかな彫刻、碧玉の柱、そして久方の真澄の空と、ムアランドからとってきた岩塊の「不気味な生命力」── 不様で硬直していながら「豺狼《さいろう》の命に満ちた」ものども ── を、ラスキンは併置している。さらに言えば、視野の拡大を言ったフォルスターの言葉を思いださせるわけだが、そこから自然の事物を見るに適当な距離について、ラスキンはこんなふうに言っている。

> もし諸君が岩山の形態の大いなる調和を感得したいと思うなら、山腹を登攀しない方が良かろう。そこにあるのは混沌であり、偶発事である、というかそういうふうに見えるのである。……そこから後退するのだ、そして諸君の目がどんどん相手を見はるかすようになっていき、廃墟のような山の世界をより広い視野で見られるようになるにつれて、見よ！　漠たる共感作用がばらばらな物塊の間に働き始めていることであろう。線は撚《よ》じれて他の線と秘かな友誼《よしみ》を結び合い、ひと塊ふた塊と、助け手もない断片どもは自ら秩序あるお仲間として蝟集するし、歩兵大隊の手勢の新たな指揮官が一人また一人と姿が見え始め、遠くで足が足に答え、骨が骨に応じていって、ついには力なき混沌《カオス》が緊褌《きんこん》一番して立ち上るのが眺められ、今やこれら顧られない堆積の一片なりと深秘《じんぴ》めくその全体からよく切り離され得るはない[74]。

ところでラスキンの思想にはっきりしている事実第一の旅行記最重要の遺産ということになれば、それはおそらくは素材に忠実たれという金科玉条である[75]。ラスキンはその『建築の詩美』でスイスの小屋《コテージ》とウエストモーランドのそれを、周囲の景観との関係、景観に及ぼす効果というところを手掛りに比較分析してみせている。ラスキンはスイスの小屋を厳しく批判するが、ひとつにはそれが余りに「生《き》一本（raw）」で、画然たるところが致命的、おまけにグラデーション、というかにじみの部分がないからである。人工を隠すという手続きを、周囲の動きなき巨大風景に融け合う、あるいは恫喝されることを否としているからである。このような住民は山岳のスペクタクルと融け合おうとも、土地の静かな一偶につつましく沈みこもうともしない。環境へのこうした否《ノン》の故に、スイスの小屋がおよそ高地の持つ最高の魅力のひとつたる

［周りあっての］孤絶感が却ってゼロになったのはパラドックスとしか言いようがない。してみると理想的なコテージの色と建築素材は、それが人の棲家であることがじっと目を凝らして見ないとわからないというくらいに環境と一体化すべきなのである。粘板岩《スレート》と硬砂岩《グレイワッケ》でつくられるウエストモーランドのコテージはびっくりするほどこの要求にぴったりである。このことからラスキンは「どこの土地であれ自然が与えてくれる素材、自然が良しとする形が結局適切なものなるが故、建物を一番美しくするのが常なのである」と考えるようになる。そうした原始的な小屋の色は周囲の土の色と同じで、「まるで元々そこにある岩の上でのように」、絶妙の斑《まだら》となっている地衣類（*Lichen geographicus*）と混り合っている。「こうやって距離をとって見た塊はまるで大きな石のように、その形態の単純のみ伝え、それでまた一段と目立たなくなる」。ラスキンは巨視の真実と同様、微視の真実にも驚いている。小屋の壁面を形づくる区々《いちいち》の石が壁に活気を与えているのは、それが小砂利から山にいたるまで、あらゆる鉱物中にある構造の無限の複雑と至微を明らかにするミニチュア展示場だからである。不活発な素材などない自然の歴史で武装したラスキンはただ単なるピクチャレスク趣味にまた別のもう一撃を加える。緑色の鎧《よろい》戸をし、燧石の庭に囲まれた英国に立つ厭《いと》わしきスイスのコテージはスイス・アルプスの山小屋《シャレー》とは似ても似つかない。それよりは気取りもこれ見よがしの「趣味《テースト》」もない地元風「賤家《しづがや》」建築で、いかなる「種類の装飾も、自然が与えようというもの以外」はなしというスタイルのものをこそ、とラスキンは勧める。そのような棲いは、とラスキンは続けて、「すべて野性が装飾であり、その裸を覆うのに農夫が植えそうなものを以てはせず、習々と風が吹きもたらすものを以てす」、と。

ラスキンのした重要極まる理解 ― はっきりと述べたのは『建築の詩美』中の煙突論と、『ふたつの途《みち》』中の「自然の中の鉄」の行文である ― とはつまり、非模倣、定型無用のアートは「文明の素材よりつくられてはならない」ということである。それが建てられる土地の標徴的な実体、まさしく土地ならではの材料と親密な繋がりを持っているのでなければならない。紳士方の「高尚な」山荘 ―（個別の地方地誌、地方の土に固有の物理的特質などとは無縁に）個性個性と言い張る趣味の気紛れな言い分と、一般化する諸神混淆的原理に従って設計された ― とは対照的に「低い」国別の田舎ぶりジャンル ― 元は教養ない田舎者御用達ながら今や生《き》の自然を愛する人々にぴったりということになっている ― は、物質を形成している分子たちを前にした謙虚さをこそ体現している。この明敏な論は19世紀絵画を再活性化しようという新しい、活力に満ちたプリミティヴィズムを擁護するシャンフルーリの論と軌を一《いつ》にしている。こうして主題とスタイルの両面の蛮（*barbarism*）と素（*naiveté*）が、工業社会以前の民《みん》（folk）がまずつくっていたスタイル無し、趣味なしの民衆芸術の中から出てこようとしていた。

ラスキンの考え方が特異なのは、こうした建築タイプの根を自然に求め、（いかに粗野を謳《うた》おうが）アートには求めなかった点である。彼が建築家たちに勧めるのは、素材、その内的な性格や性質に対する心優しい感覚を、ちょうど何としても身体を魂と結び付けなければならないように、芸術的エネルギーと融け合わせなければならないということであった。「自然は自らの石灰岩や燧石を用いて間断なく非常に妙なる仕事を為し続けているではないか。それらの床《とこ》を海の底に展《ひろ》げ、その海から島を造り、山々の亀裂には珍宝を満たし、苔、樹木、貝殻を石にし続けている。実際、地の下、海の底でありとあらゆる仕事をしていて、それで裨益し生計《たずき》立てる我々が、それらの仕事の有様に目を向けるのが好ましくないわけがあろうか」。

こうした唯物の確信とぴたりと表裏になっているのが、スイス・アルプスを石と氷の崇高世界と尊ぶ彼の18世紀的神経を逆撫でしつつあった心なきツーリストの大群に対するラスキンの悔蔑である。この瀆聖《とくせい》行為を糺《ただ》すには、アルプスの画藻主題については、気取った「組合せ芸」よりはとにかく地誌的に正確な絵がもっともっと描かれるべきだ、と『近代画家論』は主張している。実際、ラスキンの歴史風景画には、「旅行できない人々に信用に値する知識を与える」殊勝の目的があった。客観的科学的観察をさらに促し、意識的に詳細に地理、地質について記録することを言祝《ことほ》ごうというので、ジョン・ウィリアム・インチボルドとジョン・ブレットを励まし、庇護までしたラスキンである[76]。

こうして前の世代の美学としっかり結びついたラスキンだが、先蹤《せんしょう》と目《もく》されていた人々の思想から自由という面もある。もっと冒険心あった時代に、山や谷から宗教感情を引きだす必要など最早なくなっていた観察者一統が恵まれた強烈に世俗的な自然からの快楽など、どこかに行ってしまっていた。地質の層はまずはそれらの形成と進化の歴史を体現し、明示しているという堕落以前の素朴な信念にしても、ひとりラスキンからのみかはヴィクトリア朝という時代全体からも、どこかへ行ってしまっていたのだ。

精密な観察、多様な地質形成の微細な再現に興味を剝《む》きだしにはしながらラスキンは、無機の世界の多彩多様と孤独に無媒介の関係を持つことの危うい厳酷に即《つ》く余りにヒトの社会を拒否するなどという挙には出なかった。彼が自然を変えたとすれば、（ワーズワースがそうしたように）主体のさまざまな状態を示す自足の視覚-記号に変えたのではなく、それを道徳的生の組成に取り込もうとしてということであった。こうして、厳格な別邸《ヴィッラ》の正面芝にパンパスグラスを運ばせたり、風吼える荒地を郊外に確保したりした工業世界も、異国的と国内的の結婚のみはこれを許し、倫理に購《あがな》われた自然のみはこれを許すことができた。

ラスキンはいつも見者としての活動と思想家としての機能の間を行ったり来たりしているし、何かを観察してそれを「平明に」語るかと思えば、情動の分析と描写にと急転するが、これを見ていると究極の自然主義の仕事 ── 諷刺家の明晰な芸術 ── のことに話が進まないではすまない。オリュンポス山の高みにあろうと神気にふれて空想の翼はばたかせようと、想像力また疲れる作用だ、とラスキンは言う。それは周期的に「草生《くさぶ》の上に、単純な物の間に、暫時安静に」しておいてやらなければならない、と。鋭峰エギュイーユ・ド・ヴァランの山容、レポソワールの険峻な連峰、モン・ブランの尖り岩でさえ何の感興も惹き起こさないことがあることを思いだしたラスキンは、旅のもたらす心の摩耗感について流石と思わせる鋭い指摘をしている。こうだ。発明力が疲れた時は「小さな物 ── 蛾のふさ毛、ヴァラン山頂の割れ目ひとつ、ナン・ダルペナの底の泡くれの一、二」がそれを蘇生させてくれるであろう[77]。

モン・ブランとそのすばらしい松《パイン》の森がどこにでもあるわけではないから、人間精神は蟻《あり》そっくりに、「日々の仕事でたまたま手中にすることになる棒切れだの結晶粒だの」でも幸福を感じるのでなければならぬというラスキンの感覚が、ロドルフ・テップフェルが旅行文学をやんわり諷刺した『ジグザグ旅行（*Voyages en zigzag*）』の核心の所にある。それらのカリカチュアは「リアルな」世界が次々外貌を変えていくのを前にした創造的反応を示している。外界をめぐる知識の深まり、現象《フェノメナ》として具体的なものをこそという感覚、目に見えることの強調が事実第一の旅行記につきまとったものだが、それらが最も真面目に考えられたのが19世紀の諷刺《サタイヤ》においてであったというのが、いかにも皮肉である。方向の決った科学的凝視、ピクチャレスク旅行の水平に定めなく広がって行く動き、そして〈修学旅行《ビルドゥングスライゼ》〉の博学指向が英雄的–喜劇的アマルガムとなったものを創りだすことで、テップフェルは絵入り旅行記の新ジャンルを世に送りだした。目的に向けて飛矢の如く直《す》ぐに行く旅でもなければ、無目的な彷徨でもなく、自我内向の旅でもなく、テップフェルのは「ジグザグ」に進む博物学「歩き」旅（“pedestrian” excursion）である。

サント＝ブーヴが1853年に書いているように、ジュネーヴの風景画家、画工、観相学者にして大胆不敵なハイカーだったテップフェルは、要するに物理学者–旅行家のド・ソシュールの足跡を追い歩いたことになる。しかし、テップフェルのアルペン物語およびそれに付くスケッチ画の田舎ぶりは、ただ単に「田吾作風（the *fruste*）」（テップフェル好みの言い方だ）、自然の傑作の「粗野な」特徴に対する好みを示しているばかりか、人間の性格の粗雑で「洗練のない」、田舎ぶりな相貌への関心も示している。テップフェルの画文両方の描写は壮麗な山景に堂々一頁を充《あ》てるが（木版はアレクサンドル・カラムかフランソワ・ディデ、ジャン＝ルイ・ディデ）、歩き好き教師と腕白な生徒一統のしっちゃかめっちゃかぶりを描く滑稽で日常的で生き生きとした逸話と小挿絵が必ずバランスをとる。帳消し、というか台無しにしてくれるのである。風景の活力はこの賑やかしの一団の愉快な冒険がうむのであって、ケルヴァン山の崇高な外貌《フィジオノミー》からうまれるのでも、「生命なきこれら［山の］被造物の粗野な存在、もの言わぬ大いさ」からうまれるものでもないというのが面白い。

話柄にしろスタイルにしろ、高きと低きとをごっちゃにすること、嗤《わら》いを誘う余りにも人間的な時局現実と重たい訳知りの純粋自然愛とのごたまぜが、現場でスケッチする、歩くとはどういう営みかをめぐるテップフェルの文章ほど目に立つものは他にあるまい。事実を求めて一方向に真直ぐ向かう旅人が言いそうなこととは逆に、遊歩者《フラヌール》（*flâneur*）は何もしないことと真反対の営みに耽る。1823年、寄宿学校の代用教員だったテップフェルは休暇旅行に出て、グランド・ツアーの旅行者のように召使い、荷物、狭くて不快な乗物の三点セットなし、徒歩《かち》で行く旅がいかに楽しく、自由なものかを、（「より高貴な」探険家たちみたいに）改めて悟る。「右へ行くも左へ行くも、下に、上に、足向い足登る所いずこなりと」行きたい放題、居心地良い宿にとまることも、とりわけ空腹を満たすことも意の儘なのである。

テップフェルの自由愛、逃げだしたいという強迫観念、学問生活の狭い暮しから逃げることで自然の現実に対する「記憶の圧制を避け」ようという冀望《ねがい》、どんなに困難で疲れ果てようが、何もかもを失おうが年々歳々、こうしてアルプスを山歩きしようという情熱――これらは悉く、発見の趣味の遺産であろう。テップフェルはアカデミー発の「指示、報告、科学的旅行の間に解かるべき問題の告知」への彼なりの機知ある即妙の応答さえ返している。フランソワ・アラゴーの正確な同時代人ということもあって、この有名な探険家–科学者が極北、アルジェリアに向う将校たちに出した指示の感じに近いが、実は巧妙に逆転させている。

テップフェルの余人に能わぬ「遠足の理論」は20日ほどの遠足を巧くやりおおせるための条件というのを三つ掲げている。第一に、1ダース程度の人数は若くて、楽天的でめいっぱい陽気で、しなやかな活力を持ちながら、真の快味にはなお擦《す》れていない愛を抱き続けているのでなければならない。参加者のある一定の頭数が是非必要なのは、とテップフェルの言うには、彼に生徒が野外でのびのびしているのを見る喜びを与えるためというばかりか、多様な関係、視点、そして会話が成り立てばこそ、ひとまとまりの社会という感覚もうまれるからである。条件その二は、引率者は疲れを知らず勇敢で、助けにもなってくれる相方が一人いなければならない。一番望ましい、というか大事なのは旅の相方に生涯の相方を、やんちゃな一団を支配でき、慰めることもできれば、雄大な物、新しい事物のスペクタクルに掻き立てられる親密な思いや感懐をば共に分かち合うこともできるもう一人の大人の助け手を持つことである。条件その三。徒歩による遠出は「固定した方法と案内に抑制されることない」自由な探険のできる絶好の遊びの機会である。実際、テップフェルは、「偉大な発見の大方は、誰もそれを予見せず、誰も考えさえしないのに、ひとりでに生じる」とするアラゴーの立場に近かった。

テップフェルの博物学旅行は、人生そのもの。「ジグザグ」に進むのだ。体系に従って無味乾燥に収集するリンネ方式から解放されて、テップフェルは大喜びの生徒たちが興のおもむくままに「右を向き、左を向き、虫が鳴けばこちらに、花の香りがすればそちらに、岩の残骸から何か発見できそうな感じがすればあちらに目をやるのを楽しく眺めている。テップフェルは続けて、こう言っている。「渓谷から平原へ、空地から下生《したばえ》へ、娯しみから宝へ、人は動き、おそろしく長い日々が、もし幸運にも得た富をなお数え、分類する必要がないのであれば、かけだしの博物家にとっては余りに短か過ぎる散策と感じられるだろう。もし、そういう富を背嚢《はいのう》の革の下の、あるいはもっと望ましくは途次に買って、整理し、大きくし、そして中仕切りで仕切った何かの箱、間断なき改良、快、そして厳しい管理の具の中の安全な場所に入れる必要などないのであれば……」、と。

娯しみとして始まったテップフェルの異端派教育哲学《ペタゴギー》の魅力と叡知だったが、最後は「科学的熱狂」の爆発に行きつく。誰もが草木をさがして土を堀り、石をひっくり返し、お互い助け合って「研究者」と化し、「幸福な、あるいは有能な発見者」となりつつある。ジュネーヴの学校教師は、集合的に自然界を研究せよというベーコン主義の熱い呼びかけの箍《たが》のはまった言葉で、科学的改良家の「高い《ハイ・アート》」学芸を何とも低い一団に当てはめようとしている。彼の「旅人たちの隊列《キャラヴァン》」は現場にいることの喜びを通して、物象世界の征服を目的とする「陽気な入植者《コロニアル》」に変身する。そしてこの「たのしい知識《ゲイ・サイエンス》」の引率者は植物や昆虫をではなく、展観、風景、風習を集めていく — どこへ行っても素描し、スケッチし、世界の些事《トリヴィア》と偉大とを、批判的に、そして笑いをふくんで検証していくのである[78]。

博学《ペダントリ》なき科学（そんなものはラスキンにとってはあり得ない）、真面目なゲームとしての旅、ないしは生きざまが、写真家、気球飛行家にして生涯、重航空気学の使徒であり、そういう探険形式の「英雄的-喜劇的」歴史をものしてその進歩の中での自らの位置というか果たした役割を整理してみせたフランス人、ナダールの夢であった。ナダールこと本名ガスパール=フェリックス・トゥルナション（1820－1910）が、1863年10月19日にハノーファー近郊で起きた気球事故の後に書いた『巨人号回想』を見ると、実験飛行の艱難《かんなん》辛苦がテップフェルを思わせる口語体で記されている。そして空中移動がモンゴルフィエ兄弟、ピラートル・ド・ロジエ、シャルル、コンテ、デュピュイ＝デルクールの時代からまるで前進していないと嘆息する。実際、19 世紀半ばにこの「崇高にして劣等なる発見」は曲芸師、曲馬団芸人、空飛ぶ女精や魚を見せる機巧《からくり》師たちの専売特許と化していた。ナダールはこうした「気球芸人ども」を嗤《わら》い、巨大な「巨人（*Géant*）」号の発明によって、「空飛ぶ魚たちの池に大きな一石を投じたが、なおそやつらを魚《ギョ》ッと言わせるには足らない」。ナダールはテップフェルともども、啓蒙時代の旅行家たち直系の末裔《すえ》と見て間違いない。飛行実験に没頭して再三再四、破産し、科学アカデミーに対して、彼の雑誌『気球飛行士（*Aéronaute*）』誌上で、重航空機促進協会を通して改宗を表明した。気球飛行家－写真家としてのナダールの熱意は 1783 年の発明家たち［モンゴルフィエ兄弟］にも匹敵する。

ナダールはテップフェル同様、戯画化《カリカチュール》を通じて、科学的探険の近代史を簡潔に要約し、それを彼の同時代の環境の中に位置づけたのみか、斬新な一ジャンルに見事に構成し直しもした。昇空の喜劇、悲劇を生き生きと記録しているが、資金のごたごた、無作法な群集、信頼できない航空士、崇高な燐光放つ夜景、そして空裡の惨事など、あり得ぬ話を、しかし実に迫真的に繋ぎ合わせていった。ナダールの筆には何も取るに足らぬものなど、ない。全てが、写真に修正なしというその美的信念に沿って完全に現実化される。我々の目的から言えば、最も痛烈に効《き》くパロディは「巨人」号クルー中の一人の屈強な人物、最初の飛行の時の陽気な偏執狂料理人、贅沢三昧の調達係、ウジェーヌ・ドゥルセールに向けられたものである。地球一周は「10 回とか 12 回」やりながら、カリフォルニア行きは 5 回だけ、オーストラリアは 6 回というこの「モデル」に、ナダールは次々めいっぱい諷刺の矢を放つ。

> 彼は知られている全ての言語を、多分ジャワ語まで含めて話す。草原の野牛をデラウェア族やオジブウェー族と一緒に狩り、ノルウェーでは白熊を、グリーンランドでは北極ギツネを狩り、ヒマラヤの死火山から出るのに最後に燃えている溶岩で葉巻きに火をつけたし、サン・フランシスコでは自警団の副団長をして、10 人か 12 人か、ならず者を縛り首にしたが、思うに縄は彼自身が引っ張ったのだろうし、役に立つと面白いを一緒くたにし、カリフォルニアに最初のフランス病院を創設した。武器弾薬を製造し、馬に乗り、船に荷を積み、高い契約をし、水彩を描いた。全てを見、一切を知っている。

ナダールは、蛮人の間でする長い執拗な探険しか知らないこの探険の調達係に、14 名のクルーがひたすら 6 ヶ月も天壌間に浮きっ放しになるわけではないとわかってもらおうとして大いに苦労する。ナダールが毎朝、練兵場に来るたびに、ドゥルセールは長々と糧食を並べ、釣り籠の中に詰めこもうとする。「皿の入った籠、ボルドー酒グラス、シャンパン・グラス、リキュール・グラス、缶詰め野菜、燻製肉、アルコール・バーナー……」のオンパレードである。そして、とナダールは続けて、「神と人の面前で、公表する時がついに来たが、そもそも第一回目の飛行の時に凱旋の花綱の如く我々の籠から垂れていた羊肉、ロブスター、鶏、カブなどはこのドゥルセールの仕事だったのである。……余りに久しくこの壮観を人々が喝采するのでついつい言いそびれてきたが、このドゥルセールただ一人《いちにん》の鴻業たるべき栄光を本日、御当人のものに復せしめたいと願う」。この滑稽な挿話は、（おそらくは用途と美という）目的を持つ旅の歴史全部を寸鉄詩《エピグラム》のようにドゥルセール一人に要約してみせているのである。さらにこの一文は別の目のつけ所からも真面目さの核心にあるものを突いている。ドゥルセールは玩具の兵隊たちに召集をかける時の純粋かつ新鮮な情熱をもって気球「ごっこ」に夢中なのだ。ナダール最大のテーマがさりげなく顔を出している次第。ナダールの博学なき科学の理想を体現しているのはジャック・バビネだが、厳酷無比の科学アカデミーの会員にして、頓知自在の啓蒙家でもあり、「気に入った場所で気儘に止っては、娯しそうに道の右、道の左の石やら花やらを採取」して「ジグザグ」流そのものであった。まさしく同様に、気球操縦の難問の答を、ナダールは玩具の中に発見するのである。

ナダールの「神聖螺旋」（なる一種のヘリコプター）への熱烈礼讃は玩具類を「テスト」した結果である。フランス、ベルギー、ドイツをほっつき歩いて手に入れた「風車（*stropheors*）」から、ナダールは飛行科学をつくりだそうとし、気球による探険を真面目なゲームにしようとした。この真剣な娯楽にはそれ自体のルールがあったし（『気球船巨人号諸規則』の名で出版）、即宣伝者も出てきた（アメリカ人ジャーナリストのロバート・ミッチェルである）[79]。

まとめてみる。事実第一の旅行記（factual travel account）は実にさまざまな局面で19世紀美学に重要な貢献をしたのである。生きるというたえざる調整の営みの中、自然が人間自我とする直接の出会いもがアートの対象になることを、他のジャンルがこれほどもはっきり示し得たであろうか。してみるとその最も歴然たる遺産は方法論（methodology）の領域に確認されるべきであろう。事実（facts）探究の旅行家は、物象の現実についての仮説の終りなき連続を、相手の変化《へんげ》しやまぬデータを、これにずっと身をさらしながら追跡することの上に組み立てる習慣にとば口をつけた。それ故、根本的な知覚レヴェルで科学的発見者は探険的（exploratory）な世界の見方を促すことになる。現象《フェノメナ》に貫入（penetrate）することで存在の現実の形に新しい展観《パースペクティブ》が開かれた。それは今や、リアリティの具体的断片と変化し続ける相貌（aspects）に束《つか》の間《ま》「リアライズ（realize「現-想」実現／理解）」されるさまざまな経験の交錯し、終ることなく開かれた連続体と見られるにいたったのである。

この感覚の延長線上で、旅の画家が先ず、そのアトリエを、「野にある」可触の外界を綿密に検討するための実験室に変えた[80]。彼は世界の前に佇立《ちょりつ》するばかりではない。世界に入って行ったのである。同じ伝で、19世紀中葉の画家や著述家たちが仮象（appearances）の飾られぬ実体性が可触の表層に現われているのを、用いられる美的媒材《メディウム》の並行する隠れもない物質性に具体化することで露わにしようという試みもまた、自然の自律した標徴を旅人たちが発見したことの結果なのである。要するに、人間中心ならざる（nonanthropocentricな）宇宙が初めて力強く出現してきたとして、それは問題の旅する人間が、他の導きなど無用にひたすら「自己投影」をこととする境位を否とし、先入主を捨てて実験的観察に信を置いたことの結果であったのだ。

収集（collecting）の習慣でさえもが、天然物《もの》、人工物《もの》の区別なく可視の物体の民主化、というか平等化に貢献した[81]。間遠《まどお》な崇高美を常凡が、滑稽が克服するのに資した。探究の目で自然の文書館《アーカイヴ》全体を見通し、自然の振る舞いが刻印や痕跡に具体している様を見る探険家は、一方では自ら巻きこまれることなく遠くから観想するオリュンポス山からの遠望（Olympian perspective）と対決し、もう一方で狭くも主観的に過ぎる擬人化（personification）の常道とも対決する未聞の光学をひとつ確立したのである。こういうふうに考えると、自然の作が美的に評価され、人工の芸術作品の傍に等価な、しかしリアル・ワールド中にはっきり別なパートナーとしてあるその存在を主張できるようになる途《みち》を切りひらいた功績は、たしかにこの旅人のものであったと言ってよいと思うのである。

原　注

序章

1. 「ザ・ピクチャレスク」「ピトレスコ」美学を旅行記と繋げて論じているものとしては次のようなものがある。Jean Adhémar, "Les lithographies de paysage en France à l'époque romantique," *Archives de l'art français* 19 (1938), 268; *Le voyage pittoresque* (London: Arts Council Gallery, 1967); Ingrid G. Daemmrich, "The Ruins Motif as Artistic Device in French Literature," *Journal of Aesthetics and Art Criticism* 30 (summer 1972), 454–455; R. K. Raval, "The Picturesque in Knight, Turner, and Hipple," *British Journal of Aesthetics* 18 (summer 1978), 249–250.

2. J. Hardy, *A Picturesque and Descriptive Tour in the Mountains of the High Pyrenees: Comprising Twenty-Four Views of the Most Interesting Scenes, from Original Drawings taken on the Spot; With Some Account of the Bathing Establishments in that Department of France* (London: R. Ackermann, 1825). p. 1. 最近ザ・ピクチャレスクとピレネー山脈の関係を論じたものにMarguerite Gaston, *Images romantiques des Pyrénées, Les Pyrénées dans la peinture et dans l'estampe à l'époque romantique* (Pau: Amis du Musée Pyrénéen, 1975), pp. 62–70.

3. William Gilpin, *Remarks on Forest Scenery, and Other Woodland Views relative chiefly to Picturesque Beauty. Illustrated by the Scenes of New Forest in Hampshire*, third edition (London: T. Cadell and W. Davies, 1808), 9. ピクチャレスク美学にギルピン師のした貢献を分析するのはLuke Hermann, *British Landscape Painting of the Eighteenth Century* (Oxford University Press, 1974), pp. 111–112; Russell Noyes, *Wordsworth and the Art of Landscape* (Bloomington: Indiana University Press, 1968), p. 24. 田舎ぶり（rustic style）が不調和な要素の混合物と見る見方の重要な先蹤がシャフツベリーであったことについてはAnthony, Earl of Shaftesbury, *The Moralists, A Philosophical Rhapsody* (Indianapolis: Bobbs-Merrill, 1964; first published in 1709), part iii, section ii, pp. 130–132.

4. Uvedale Price, *On the Picturesque*, 1810 edition (Edinburgh: Caldwell, Lloyd, and Co., 1842), pp. 77–82. ナイトとプライスそれぞれが弁じた対立するピクチャレスク観についての秀れた分析はMartin Price, "The Picturesque Moment," In *From Sensibility to*

Romanticism. Essays presented to Frederick A. Pottle, ed. Frederick W. Hilles and Harold Bloom (Oxford University Press, 1965), pp. 259–260; Raval, "The Picturesque," p. 253.

5. Dora Wiebenson, *The Picturesque Garden in France* (Princeton University Press, 1978), pp. 7–9.

6. 英国人は時代の精神的過酷さから逃げようとして自然を使ったという考え方を取り上げた人間は多い。主要なものとして次など。H. F. Clark, "Eighteenth-Century Elysiums. The Role of 'Association' in the Landscape Movement," *Journal of the Warburg and Courtauld Institutes* 6 (1943), 189; Christopher Hussey, *English Gardens and Landscapes, 1700–1750* (New York: Funk and Wagnalls, 1967), p. 101; John Dixon Hunt, "Gardening, and Poetry, and Pope," *Art Quarterly* 37 (spring 1974), 4. それから Peter Willis は The *Genius of the Place: The English Landscape Garden, 1620–1820* ed. John Dixon Hunt and Peter Willis (London: Paul Elek, 1975), pp. 15–16. これらの論者はそれぞれの解釈は多様だが、クロードやプーサンの風景画に明らかなように、ピクチャレスク庭園が自然を人間精神にと「上げ(raiseす)る」ことを目ざしているとする一点では皆一致している。

7. R. P. Knight, *The Landscape, a Didactic Poem* (London: W. Bulmer and Co., 1974), ii, 156–161. ピクチャレスクの方式では、風景庭園は最早何か先在する (a prioriな) 形態に組織されることはない。John Dixon Hunt, *The Figure in the Landscape: Poetry, Painting, and Gardening during the Eighteenth Century* (Johns Hopkins University Press, 1976), p. 120. 同様に次も。John Gage, "Turner and the Picturesque, I and II ," *Burlington* 107 (January and February 1965), 17.

8. H. Newton Barker, "Sir Joseph Banks and the Royal Society," in *Employ'd as a Discoverer*, ed. J. V. S. Megaw (Sydney: A. H. and A. W. Reed, 1971), p. 84. 観光の旅 (scenic travel) と目的持つ旅 (travel for a purpose) のちがいについてはJohn Barrell, *The Idea of Landscape and the Sense of Place, 1730–1840: An Approach to the Poetry of John Clare* (Cambridge University Press, 1972), p. 92.

9. 経験形式がいろいろあるというのは、あるものを見る見方がひとつなどではないからだというヴィトゲンシュタイン的観念、およびこの観念と18世紀知覚理論の関係を論じたものは次。
H. W. Piper, *The Active Universe: Pantheism and the Concept of Imagination in the English Romantic Poets* (Athlone Press of University of London, 1962), pp. 209–215.

10. 観念連合理論を概観させてくれるのはMartin Kallich, "The Association of Ideas and Critical Theory: Hobbes, Locke, and Addison," *ELH* 12 (December 1945), 219–314 passim.

11. トピアリー趣味は、そもそもピクチャレスク庭園趣味と同じで、飾りない自然への否が基礎にあった。次を。Miles Hadfield, *Topiary and Ornamental Hedges: Their History and Cultivation* (London: Black, 1971), pp. 47–48. ヨーロッパの観念連合理論とピクチャレスクの両方が、18世紀探検家たちが見出した新しい環境 ── 西欧史に繋がる遺構も神話伝承も見当らない環境 ── に本質的に害あるものだ、というのが、私の一貫した立場になるはずである。Jay Appleton, *The Experience of Landscape* (New York: Wiley, 1975), p. 41は、アメリカの生《き》の風景が美として敬意を払われるべきものとする議論はまさしくそこに元々何の連想もないから、と言いたげである。

12. Gerald Finley, "The Encapsulated Landscape: An Aspect of Gilpin's Picturesque," in *City and Society in the Eighteenth Century*, ed. Paul Fritz and David Williams (Toronto: Hakkert, 1973), 197–202は、ウィリアム・コウムによる諷刺作『シンタックス博士のピクチャレスク旅』(William Combe, *Tour of Dr. Syntax in Search of the Picturesque* [1812])の目を通して見られたピクチャレスクの「方法」を分析している。ギルピンの目はピクチャレスクな力を孕む風景の一部をとり出すのだが、「カプセル入り (encapsulation)」の作用は自然に見つけられる基本的成分の再編成と総合を要求する。かくて旅人は光景全体を再構築しうるだけの絵画的枠組を頭の中に持っていなければならないのである。

13. 文学現象として性格における個ということがいや増しに言われるようになっていったことについてはW. Houghton Taylor, " 'Particular Character', An Early Phase of a Literary Evolution," *PMLA* 60 (March 1945), 161–171 passim. (風景画に性格付けなど否んだ) レノルズにとって、また (そのピクチャレスクな絵において事物を従属させて、解放することなどしなかった) ギルピンにとって、風景の諸要素は人間の想像力と別個に存在しうるものなどではなかった (次を。Barrell, *Idea of Landscape*, pp. 51–54).

14. Hunt and Willis, *Genius of the Place*, pp. 3, 31–35.

15. 庭は単にイリュージョンの圏域であるばかりか物質の「博物館」でもありうるとする観念についてはHunt, *The Figure in the Landscape*, p. 32. それと、別して*Jardins en France, 1760-1820. Pays d'illusion. Terre d'expériences* (Paris: Caisse Nationale des Monuments Historiques et des Sites, 1977), pp. 18–19. 19世紀初め、庭はひとつの地域全体の地理と歴史を提供しさえした。次を。Alfred Hoffmann, *Der Landschaftsgarten* (Hamburg: Broschek, 1963), p. 271.

16. Pierre-Henri Valenciennes, *Eléments de perspective partique à l'usage des artistes, suivis de réflexions et conseils à un élève sur la peinture et particulièrement sur le genre du paysage* (1800) (Geneva: Minkoff Reprint, 1973), p. 351. もっと以前、英国庭園のごた混ぜぶりを前に同じように気にくわなかったのがブロンデルであって、次を。J. F. Blondel, *Cours d'architecture civile* (Paris: Chez la Veuve Desaint, 1773), IV, p. 6. もっと野性的な景観をフランス庭園が取りこんでいた点についてはWiebenson, *Picturesque Garden in France*, pp. 105–106. 英国人が庭を捨てて旅に出たということについてはHunt and Willis, *Genius of the Place*, p. 33.

17. François Le Vaillant, *Voyage de ... dans l'intérieur de l'Afrique, par le Cap de Bonne-Espérance, dans les années 1780, 81, 82, 83, 84, & 85* (Paris: LeRoy, 1790), I, pp. 166–167. 別に珍しい経験ではない。1738年、バンゴール司教トマス・ヘリングはウェールズ司教管区を旅し、自然の壮麗に打たれ、ストウ風景が早晩心楽しく眺められる日が来るだろうと懸念している。次を。Elizabeth W. Manwaring, *Italian Landscape in Eighteenth-Century England* (Oxford University Press, 1925), pp. 170–171.

18. Désiré Raoul-Rochette, *Lettres sur la Suisse* (Paris: G. Engelmann, 1824), I, part II, pp.10–11.

19. 舞台装置 (décor) としてのピクチャレスク庭園についてはE. de Ganay, "Les rochers et les eaux dans les jardins à l'anglaise," *Revue de l'art Ancien et Modern* 66 (July 1934),

66–69; Wiebenson, *Picturesque Garden in France*, pp. 104–105. 芸術のエネルギーが抗う自然の物質とせめぎ合う、英国ピクチャレスク庭園に内在する劇的確執についてはPrice, "The Picturesque Moment," p. 277. 庭と劇場の融通はイタリア・ルネサンスにまで遡る。Hunt and Willis, *Genius of the Place*, p. 36を見よ。

20. この伝統全体を概観させてくれるのはE. H. Gombrich, *The Heritage of Apelles, Studies in the Art of the Renaissance* (Cornell University Press, 1976), pp. 13, 32–33; Kenneth Clark, *Landscape into Art*, second edition (London: Murray, 1976), p. 17.

21. Robert A. Koch, *Joachim Patinir* (Princeton University Press, 1968), p. 19. パティニールの「構造物」が光学の現実と相いれないのは、遠方の岩山も近くの岩山と同じぐらい正確に描かれるためだとするコックの立場は次の周到な分析と対比してみるべきだろう。Henrich Gerhard Franz, *Niederländische Landschaftsmalerei im Zeitaler des Manierismus* (Graz: Akademische, 1969), I, p. 42.

22. William Smiley Eddelmann III, Landscape on the Seventeenth– and Eighteenth– Century Italian Stage, Ph. D. diss., Stanford University, 1972, pp. 52–72. 「サテュロス」風景の展開と進展についてはE. H. Gombrich, *Norm and Form, Studies in the Art of the Renaissance* (London: Phaidon, 1966), pp. 119–121; John Reese Rothgeb, The Scenographic Expression of Nature (1545–1845): The Development of Style, Ph. D. diss., Case Western Reserve University, 1971, pp. 102–120, 152–160 passim; S. Lang, "The Genesis of the English Landscape Garden," in *The Picturesque Garden and its Influence outside the British Isles*, ed. Nikolaus Pevsner (Washington, D.C.: Dumbarton Oaks, 1974), p.18.

23. フィリッポ・ユヴァーラの改革についてはM. Viale Ferrero, *Filippo Juvarra, scenegrafo e architetto teatrale* (Turin: Pozzo, 1970). 18世紀における劇場と現実との間の対話についてはHerbert Dieckmann, "Die Wandlung des Nachahmungsbegriffes in der Französischen Ästhetik des 18. Jahrhunderts," in *Nachahmung und Illusion*, ed. H. R. Jauss (Munich: Wilhelm Fink, 1965), pp. 47–49: Osvald Siren, *China and the Gardens of Europe of the Eighteenth Century* (New York: Ronald, 1950), pp. 104–105; E. H. *Gombrich, Meditations on a Hobby Horse* (London: Phaidon, 1968), chapter "Imagery and Art in the Romantic Period."

24. バークおよびチェンバーズが中国式庭園を、その「恐怖」の景色が「崇高美」と通じるとして引き合いに出していると言うのはDora Wiebenson, "'L'architecture terrible' and 'jardin anglo-chinois,'" *Journal of the Society of Architectural Historians*, 27 (May 1968), 138.

25. 17世紀フランスにおけるエグゾティ(シ)ズムの盛行についてはGeoffroy Atkinson, *Les relations de voyages du XVII*^{e} *siècle et l'évolution des idées* (Paris: Librairie Ancienne Edouard Champion, 1924), pp. 171–174; Martin Eidelberg, "A Chinoiserie by Jacques Vigouroux Duplessis," *Journal of the Walters Art Gallery* 35 (1977), 72.

26. John Nieuhof, *An Embassy from the East-India Company of the United Provinces to the Grand Tartar Cham, Emperor of China,* tr. John Ogilby (London: John Macock, 1669), pp.50–55, 64–65. 宋の時代以後、凌駕されることのない自然の傑作とされた有名な太湖石(T'ai hu stones)への近代的分析が欲しければ次など。Osvald Siren, *Gardens of China* (New

York: Ronald, 1949), pp. 21–28. 中国の山岳崇拝を西欧に伝えたイエズス会の役割についてはD. F. Lunsingh Scheurleer, *Chinese Export Porcelain Chine de Commande* (Salem, N.H.: Faber and Faber, 1974), p. 81.

27. 人間と自然は親密な関係にあるとする考え方（中国思想独特の特徴のひとつ）の誕生とその風景画との関係についてはMichael Sullivan, "Pictorial Art and the Attitude toward Nature in Ancient China," *Art Bulletin* 36 (March 1954), 1–2. 自然の気韻が生動するのを絵に捉えようとする道《タオ》の考え方が 18 世紀に広がったことについてはSiren, *Gardens of China*, pp. 17–19; Numa Broc, *La géographie des philosophes. Géographes et voyageurs français au XVIII*^{e} *siècle* (Paris: Ophrys, 1975), p. 407.

28. 自然を芸術素材に使う日本のやり方についてはGérard Barrière, "L'emotion que peut donner un arpent de terre quand on sait ce que signfie un jardin au Japon," *Connaissance des arts* 270 (August 1974), 62–63; Toshio Takeuchi, "Die Schönheit des Unbelebten," in *Proceedings of the Sixth International Congress of Aesthetics*, ed. Rodolf Zeitler (University of Uppsala Press, 1972), pp. 670–671.

29. Jean Ehrard, *L'idèe de la nature en France dans la première moitié du XVIII*^{e} *siècle* (Paris: S.E.U.P.E.N., 1963), II, p. 742.

30. この古典的議論としては今なおArthur O. Lovejoy and George Boas, *Primitivism and Related Ideas in Antiquity* (Johns Hopkins University Press, 1935). 少し時代が新しいのはR. G. Collingwood, *The Idea of Nature* (Oxford University Press, 1960).

31. Philostratus, *The Life of Apollonius of Tyana*, tr. F. C. Conybeare (London: William Heinemann, 1926), I, p. 309. 宇宙を大いなる動物とみる観念が長く続いたことについては次を。Marjorie Hope Nicolson, *The Breaking of the Circle: Studies in the Effect of the "New Science" upon Seventeenth-Century Poetry* (Columbia University Press, 1960), p. 2.

32. Jan Bialostocki, "The Renaissance Concept of Nature and Antiquity," in *Acts of the Twentieth International Congress of the History of Art* (Princeton University Press, 1963), pp. 19–20, 23–24. また、自然とはどういうものかのルネサンス的概念についてハイラム・ハイドンの卓説あり。Hiram Haydn, "Il Controrinascimento e la natura della natura," in *Problemi del Manierismo*, ed. Amadeo Quondam (Naples: Guida, 1975), pp. 186, 190–195, 205–206. ハイドンはルネサンス思想家をそれぞれの自然観を基に 5 つのグループに分けている。(1) キリスト教人文主義のマルティン・ルターとジャン・カルヴァン。(2) キリスト教隠秘主義のコルネリウス・アグリッパとパラケルスス。(3) 急進的自然主義者たち（たとえばミッシェル・ド・モンテーニュ）。(4) ロマン主義。ピコ・デルラ・ミランドーラおよびジョルダーノ・ブルーノ。(5) 唯物論者のニッコロ・マキャベルリ、そしてフランチェスコ・グイチャルディーニ。ピコの象徴主義的汎神論よりさらに世俗的なモンテーニュの原始–自然主義が面白い。モンテーニュにとって自然は巨大な「繁殖のウィヌス（Venus Genetrix）」、即ち世界の無限の変化と多様性を生む無関心な原母である。モンテーニュの自然主義は（ジャン・ド・レリとアンドレ・テヴェの報じる）アメリカ大陸原住民の衣服習俗への深い関心に如実で、ブラジル人たちの「典型的な裸」（つまり自然）を、ヨーロッパ人に特徴的な過剰な衣服（即ち人工）と対照的に扱っている。18 世紀になるとこの態度が広がって、飾りなき化粧せざる風景、即ち文化と無縁の自然をも含むはずである。本書第 4 章も見られたい。

33. Götz Pochat, *Der Exotismus des Mittelalters und der Renaissance* (Stockholm: Almquist and Wiksell, 1970), p. 46 も。

34. Lester G. Crocker, *Diderot's Chaotic Order, Approach to Synthesis* (Princeton University Press, 1974), p. 71.

35. プルタルコスとホラティウスが見出し、ルネサンス、バロック、そして18世紀美学にとって重要となるエネルゲイア（*energeia*）概念をめぐってはMary E. Hazard, "The Anatomy of 'Liveliness' as a Concept in Renaissance Esthetics"（*Journal of Aesthetics and Art Criticism*に発表予定）; Bernard Teyssèdre, *Roger de Piles et les débats sur le coloris au siècle de Louis XIV* (Paris: Bibliothèque des Arts, 1957), p. 68, n. 3; Eric Rothstein, "'Ideal Presence' and the 'Non–Finito' in Eighteenth-Century Aesthetics," *Eighteenth-Century Studies* 9 (spring 1976), 320–322; Rose Frances Egan, "The Genesis of the Theory of 'Art for Art's Sake' in Germany and England," *Smith College Studies in Modern Language* 2 (July 1921), 60.

36. *The Works of the Right Honourable Joseph Addison*, coll. Mr. Ticknell (London: Vernor and Hood, 1804), II, 367, *Spec*. 414. アディソンの「偶然の風景」の提供する想像力の快楽を見事に論じているのは次の2点。Ernest Lee Tuveson, *The Imagination as a Means of Grace, Locke and the Aesthetics of Romanticism* (University of California Press, 1960), pp. 115–117. そしてHans-Joachim Possin, *Natur und Landschaft bei Addison*, ed. Gerhard Müller–Schwefe and Friedrich Schubel (Tübingen: Niemeyer, 1965), pp. 157–158.

37. 自然がその「建築」としての規則性ゆえに美的に秀れたものとされることについては次の2点。Arthur O. Lovejoy, "The Chinese Origin of a Romanticism," *Journal of English and Germanic Philology* 32 (January 1933), 11; Gary Iseninger, "The Work of Art as Artifact," *British Journal of Aesthetics* 19 (spring 1979), 148–151.

38. Henri Focillon, *The Life of Forms in Art*, tr. Charles Beecher Hogan and George Kubler, second English edition (New York: Writtenborn, Schulz, 1948), p. 33. 西欧的伝統についてはH. W. Janson, "The 'Image made by Chance' in Renaissance Thought," in *De Artibus Opuscula, Essays in Honor of Erwin Panofsky*, ed. Millard Meiss (Zurich: Buehler, 1960), pp. 254–255. この展開にとってはルネサンス期、ポストルネサンス期の芸術陳列室（*Kunstkammer*）、驚異博物室（*Wunderkammer*）の歴史が鍵であるが、そうした「部屋」なり「キャビネ（ット）」なりでは、貝殻、珊瑚、海生植物が、ちょうど父プリニウスがやったような仕方で、凝りあげた人工産品とあざとく併置されていたからである。天然物（*naturalia*）と人工物（*artificialia*）が、科学と芸術が、真と偽が、と言っても良い。父プリニウスが鉱物や宝石の研究の付録としてアートの歴史を付けているのが象徴的だ。17世紀を俟《ま》って、博物学キャビネ（ット）はこうしたごた混ぜ状態に訣別したが、大体が科学の衝撃が原因である。ユリウス・フォン・シュロッサーの記念碑な書を見よ。Julius von Schlosser, *Die Kunst- und Wunderkammern der Spätrenaissance. Ein Beitrag zur Geschichte des Sammelwessens*, ed. Jean-Louis Sponsel (Leipzig: Klinkhardt and Biermann, 1908), pp. 73–76, 101.

39. レオナルドとミケランジェロが奉じた「偶然映像の理論」（ジャンソンが論じている）と、まるでレリーフ状の地形に宿る真の美の知覚には大きなちがいがある。まさしくこの感覚で、1690年、『ゲオロギア』のエラズマス・ウォレンは「大地表面に見られる、いつか……彫刻とか、装飾彫刻とかとして見られることもありそうな粗削り、断裂、多形の混乱を、そうしたものが自然の美観とは言わぬまでも自然の輪郭と造作を形づくっている」のを褒めたのである。この引用はMarjorie Hope Nicolson, *Mountain Gloom and Mountain Glory: The Development of the Aesthetics of the Infinite* (Cornell University Press,1959), p. 267に。William Hamilton, *Campi Phlegraei: Observations on the Volcanos of the Two Sicilies* (Naples, 1776), II, pl. Vは「ファンタシア（*phantasia*）」よりも模倣欲を刺激する自然の実際の「際立つしるし」に対して、科学的な好奇心がいや増しに大きくなっていったことを証す。

40. 1722年、ジョゼフ・バンクスはアイスランドへ赴く途次、スタッファ島で止まる。細かいスタッファの描写はジョン・フレデリック・ミラーの絵を伴い、玄武岩形成の測定値を入れて、次の中で公表された。Thomas Pennant, *A Tour in Scotland and Voyage to the Hebrides* (Chester: John Monk, 1774), 262–263. ウィリアム・ダニエル（William Daniell）の重要作*Illustrations of the Island of Staffa, in a Series of Views* (London: Longman, Hurst, Rees, Orme, and Brown, 1818), p. 5 はバンクスの熱狂を自らも繰り返し、「この自然の手になる作品は、ギリシア人の間で、かつて発明が、豪奢が、趣味がうみだした一切を遙かに凌ぐ」と言っている。同じ気分のシャルル・ボネが塩の微視の結晶について、芸術のうんだそれよりも秀れた「オベリスク」だと言っている。Charles Bonnet, *Contemplation de la nature,* second edition (Amsterdam: Marc-Michel Rey, 1769), I, pp. 236–238.

41. Jean-Baptiste-Joseph Le Gentil, *Voyage dans les mers de l'Inde fait par ordre du roi à l'occasion du passage de Vénus, sur le disque du soleil, le 6 juin 1761 & le 3 du même mois 1769* (Paris: Imprimerie Royale, 1779), II, p. 641.

42. George Vancouver, *A Voyage of Discovery to the North Pacific Ocean, and Round the World; in which the Coast of North-West America has been carefully Examined and Accurately Surveyed, Undertaken by His Majesty's Command, principally with a View to Discover the Existence of Any Navigable Communication between the North Pacific and North Atlantic Oceans; and Performed in the Years 1790, 1791, 1792, 1793, 1794, and 1795* (London: G. and G. and J. Robinson and J. Edwards, 1798), III, pp. 334–335.

43. Carl Lang, *Gallerie der unterirdischen Schöpfungswunder und des menschlichen Kunstfleises unter der Erde* (Leipzig: Karl Tauchniss, 1806–1807), I, p. 101.

44. Shaftesbury, *The Moralists*, part iii, ii, p. 125. 連想習慣化の議論が18世紀いっぱい続いた結果、芸術における「自然」の基準は、精神の中に連想が形成した習慣の関数とする観念が徐々に導かれた。この観念に反対がないはずはなかったということは既に見てある。プラトニズムの観念主義と心理的直観主義を結びつけたシャフツベリーは、観念連合主義と手をたずさえた相対主義に抗して自然の形式的な基準を改めて確認したのみか、それが見る者の精神の外に「リアルに」存することを主張しもした。こうしてシャフツベリーは、見ることのありきたりに慣れ切った人々に対して、生き生きした批判的代替物を差しだした。次を。Lawrence Manley, *Convention, 1500–1750* (Harvard University Press, 1980), pp. 340–341.

45. Denis Diderot, *Le rêve de D'Alembert* (1782), ed. Paul Vernière (Paris: Marcel Didier, 1951), p. 4. 似た観念もろもろについてはJean-Baptiste-René Robinet, *Considérations philosophiques de la gradation naturelle des formes de l'être, ou les essais de la nature qui apprend à faire l'homme* (Paris: Charles Saillant, 1768), pp. 14–15. ニュートンの『プリン

キピア』の1713年版の有名な「一般的論議」に展開された新しい理論は、超自然の諸特徴を物象物理界に帰すように作用した。次を。Ernest Tuveson, "Space, Deity, and the 'Natural Sublime,'" *Modern Language Quarterly* 12 (March 1951), 32.

46. Wolfgang Herrmann, *Laugier and Eighteenth-Century French Theory* (London: Zwemmer, 1962), pp. 197–198, 215.

47. Roseline Bacou, *Piranesi, Etchings and Drawings* (Boston: New York Graphic Society, 1975), pp. 19, 154. 次も。John Wilton–Ely, *The Mind and Art of Giovanni Battista Piranesi* (London: Thames and Hudson, 1978), p. 119. ここでは『コーラの遺跡』(1764) のコーリの巨石式市壁は人の手になるといわんよりははっきり自然の業であるように見える。このタイプの例ならなお幾らもある。

48. Jean Houel, *Voyage pittoresque des isles de Sicile, de Malte et de Lipari, où l'on traite des antiquités qui s'y trouvent encore; des principaux phénomènes que la nature y offre; du costume des habitans & de quelques usages* (Paris: De l'Imprimerie de Monsieur, 1782), IV, p. 32.

49. Ibid., I, p. 28, pl. 20.

50. *Oeuvres complètes de Jacques-Henri Bernardin de Saint-Pierre* (1784), ed. Louis Aimé-Martin (Paris: Méquigonon-Marvis, 1818), V, pp. 93–95 と "Ruines de la nature" というセクション全部。Gilpin、*Observations on the Mountains and Lakes of Cumberland* (1808 editon) も同じように、我々が廃墟を人工のものでなく自然の所産とみなしがちだとコメントしている。次を。Noyes, *Wordsworth and the Art of Landscape*, p. 25.

51. W. D. Robson-Scott, *The Literary Background of the Gothic Revival in Germany* (Oxford: Clarendon, 1965), pp. 101–103.

52. Ibid., pp.96–97. アートも自然の一表現形式とする若きゲーテの芸術観にヘルダーの及ぼした影響についてはEgan, "The Genesis of the Theory of 'Art for Art's Sake,'" p. 48.

53. Samuel Simon Witte, *Ueber die Bildung und der Ursprung des keilformigen Inschriften zu Persepolis, Ein philosophisch-geschichtler Versuch* (Rostock and Leipzig: Karl Christop Stiller, 1799), pp. 1–2. 序文でヴィッテは、楔型文字を自然に因する何かと解釈しようとした自分の昔の仮説のことを論じている。しかし問題の研究が公刊される頃には見解が変化してしまっており、楔形文字の銘刻が絶対にペルセポリスの遺跡の起源と関係あり、とは最早主張していない。ヴィッテの昔の考え方がいかに執拗なものだったかを証言する、彼を叱る有名な二人の旅人の言葉を引いておく。次だ。Alexander von Humboldt, *Zerstreute Bemerkungen über den Basalt der ältern und neuern Schriftsteller* (1800), pp. 23–33 passim; Luigi Mayer, *Views in Egypt from the Original Drawings in the Possession of Sir Robert Ainslie, Taken during his Embassy to Constantinople by ... ; Engraved by and under the Direction of Thomas Milton; with Historical Observations, and Incidental Illustrations for the Manners and Customs of the Natives of This Country* (London: R. Bowyer, 1801), p. 17. こういうふうに考えていたのはヴィッテ一人ではないとマイヤーは言う。ジェイムズ・ブライアント(神話学者)は、上から順に大きい三大ピラミッドは石とモルタルでつくった人工構造物などでなく、巨岩をまさしくピラミッド型に切ったものだと主張しているし、ジェイムズ・ブ

ルース（探検家）も、ピラミッド最基層部は岩の現実の積層そのままだと言って、こうした意見を支持している。

54. Marjorie Hope Nicolson, *Science and Imagination* (Hamden, Conn. : Archon, 1976), pp. 206–209. 17 世紀と 18 世紀の間で、顕微鏡学に表われた博物学趣味中の軸変化については François Delaporte, "Des organismes problématiques," *Dixhuitième Siècle* 9 (1977), 58.

55. Johann Beckmann, *Beyträge zur Geschichte der Erfindungen* (Leipzig: Paul Gotthelf Kummer, 1799), IV, p. 225 ; V. pp. 144–146.

56. Antoine Sabatier, *Dictionnaire des origines, découvertes, inventions, et établissemens* (Paris: Moutard, 1776), III, p. 240.

57. *Voyage de d'Entrecasteaux, envoyé à la recherche de La Pérouse. Publié par order de sa majesté l'Empereur et roi, sous le ministère de S. E. le vice-amiral Decrés, Comte de l'Empire*, ed. M. de Rossel (Paris: Imprimerie Impériale, 1801), I, p. 55. そこで示されるような 18 世紀中の展開たるや、奇妙に 1960 年代の「アースワーク」彫刻を先取りしていたもののように思われる。彫刻的とは何か示す環境をめぐってはJack Burnham, *Great Western Salt Works, System Esthetics. Essays on the Meaning of Post-Formalist Art* (New York: Braziller, 1974), p.20.

58. Jean-Baptiste-René Robinet, *De la nature* (Amsterdam: E. van Harrevelt, 1763–1766), IV, 111–112. この問題には、アート自らが定型化した習慣から逃れられずに、人工物をつくり、また知覚する中で、視が機械化していくということのコンテクストの中で考えねばならないところがある。アートのアートレスなこと、作為なしなことを言う修辞の伝統の全体が ── 事物が目の前のその形以外のどんな形でもありえず、完成態が「自然」という効果をつくっているというイリュージョンが ── 世紀半ばには、機械的定型に則っていると考えられていたというところが皮肉ではないか。つまり、アートの「第二の天性［自然］」は性格上完全にレトリカルなものとされ、現実の細かい所を経験することによってではなく、ひたすら慣習によって認可されるものとみなされたのである。アートは技術的珍品の扱いと化していた。次を。Manley, *Convention*, pp.176–177, 343.

59. Jörg Garms, "Machine, Composition und Histoire in der Französischen Kritik um 1750," *Zeitschrift für Asthetik und allgemeine Kuntswissenschaft* 16, no. 1 (1971), 28–33.

60. この観念の行きつく所は 18 世紀人士の自動機械（automaton）狂い、即ち「自ら動き、自らの裡に自ら自身の運動原理を蔵せる……機械」（Sabatier, *Dictionnaire des origines*, I, pp. 154–156）への魅惑であった。この究極の機械を、エドマンド・バークの褒めた完全に「自然な」ストーンヘンジと並べてみると面白い。こうだ。「……この作物の粗削りは、人のわざや工夫の観念が薄れるほどに魁偉の力を増すのである。手先の器用さがうむ効果は別種のもので、これとはかなりちがうのだ」。*A Philosophical Inquiry into the Origin of Our Ideas of the Sublime and the Beautiful* [1757] (New York: Harper and Brothers, [1844], part ii, section xiii, p. 98).

61. Barthélemy Faujas de Saint-Fond, *Essai de géologie ou mémoires pour servir à l'histoire naturelle du globe* (Paris: Gabriel Dufour, 1803–1809), II, pp. 197–199.

62. Robert Ker Porter, *Travelling Sketches in Russia and Sweden during the Years 1805, 1806, 1807, 1808* (London: John Stockdale, 1813), I, pp. 31–34. このフランス人彫刻家の、丈高い岩塊の縁に馬を立ち上らせようという——ナヴォナ広場の「四聖河の泉」のベルニーニ発明の効果に霊感得た——構想を現代的に解そうとする次を。George Levitine, *The Sculpture of Falconet* (Greenwich, Conn.: New York Graphic Society, 1971), pp. 55–59.

63. Porter, *Travelling Sketches in Russia*, I, pp. 34–35.

64. オーガスタン・エージの各種の意味多重（polysemous）な形式——バトラー、ドライデン、スウィフト、ポープの地口（puns）、くびき語法（zeugmas）、併置——とは何かについてはロナルド・ポールソンが詳しい。Ronald Paulson, "Hogarth and the English Garden: Visual and Verbal Structures," in *Encounters: Essay on Literature and the Visual Arts*, ed. John Dixon Hunt (London: Studio Vista, 1971), pp. 84–90; *Emblem and Expression: Meaning in English Art of the Eighteenth Century* (London: Thames and Hudson, 1975), p. 43.

65.. グロッタ建築に見るマニエリスムの曖昧趣味についてはLucile M. Golson, "Serlio, Primaticcio and the Architectual Grotto," *Gazette des Beaux-Arts* 70 (February 1971), 95–96; Erik Forssman, *Säule und Ornament. Studien zum Problem des Manierismus in den Nordischen Säulenbüchern und Vorlageblättern des 16. und 17. Jahrhunderts* (Stockholm: Almquist and Wiksell, 1956), pp. 140–144; Ernst Guldau, "Das Monster-Portal am Palazzo Zuccari in Rom," *Zeitschrift für Kunstgeschichte* 32, no. 3–4 (1969), 249–250.

66. Ernst Kris, "Der Stil 'rustique', die Verwendung des Naturabgusses bei Wenzel Jamnitzer und Bernard Palissy," *Jahrbuch der Kunsthistorischen Sammlungen in Wien*, N.F., I (1926), 179–196 passim.

67. Bernard Palissy, *Oeuvres complètes,* ed. Paul-Antonie Cap (Paris: J.-J. Dubochet et Cie, 1844), p. xii. 次も。Henri Delange, *Monographie de l'oeuvre de Bernard Palissy, suivie d'un choix de ses continuateurs ou imitateurs* (Paris: Quai Voltaire, 1862), pp. 28–29; Serje Grandjean, *Bernard Palissy et son école* (Paris: Au Pont des Arts, 1952), pp. 23–36 passim.

68. Peter Ward-Jackson, "Some Mainstreams and Tributaries in European Ornament, 1500–1750: Part III," *Victoria and Albert Museum Bulletin* 3 (Octorber 1967), 123–124.

69. パリッシーの「科学」について最良の近代的解釈をしている次を。H. R. Thompson, "The Geographical and Geological Observations of Bernard Palissy the Potter," *Annals of Science* 10 (June 1954), 149–165.「未完成体（*stilo non-finitio*）」の形式というもっと大きな問題についてはElisabeth Herget, *Die Sala Terrena im Deutschen Barock* (Frankfurt-am-Main; Vita, 1954), pp. 69–73; Bertha Harris Wiles, *The Fountains of Florentine Sculptors and their Followers from Donatello to Bernini* (Harvard University Press, 1933), pp. 80–85.

70. 形態変容、グリュッリ（*grilli*）、キメラに対するマニエリスムの入れ込みについてはThomas DaCosta Kaufmann, "Arcimboldo's Imperial Allegory," *Zeitschrift für Kunstgeschichte* 39, no. 4 (1974), 281–286.

71. Georges Marlier, "Pourquoi ces rochers à visages humains?" *Connaissances des Arts* 124 (June 1962), 90–91. 次も。Pochat, *Exotismus*, p. 177.

72. Ludwig von Baldass, "Die Niederländische Landschaftsmalerie von Patinir bis Brueghel," *Jahrbuch der Kunsthistorischen Sammlungen des allerhöchsten Kaiserhauses, Wien* 34 (winter 1918), 113.

73. Eva-Maria Schenck, *Das Bilderrätsel* (Cologne: Kleikamp, 1968), P. 108.

74. Stuart Cary Welch, *Wonders of the Age. Masterpieces of Early Safavid Painting, 1501–1576* (Cambridge, Mass.: Fogg Art Museum, Harvard University, 1979), pls. 24, 27, 37, 51. 他にも沢山あるが、これらのミニチュア画が描いているのは、石の霊、地霊、土地にひそむ悪鬼たちの珍妙な集会である。

75. *Anamorfosen, Spel met Perspectief* (catalog), Rijksmuseum, Amsterdam, 1975–76.

76. Heinrich Gerhard Franz, "Meister der Spätmanieristischen Landschaftsmalerei in den Niederlanden," *Jahrbuch des Kunsthistorischen Institutes der Universität Graz* 3–4 (1968–69), 21, 44–48.

77. Olaf Koester, "Joos de Momper, the Younger, Prolegomena to the Study of His Paintings," *Artes* 2 (1966), 14–17.

78. Herget, *Sala Terrena*, p. 65.

79. Roger de Piles, *Cours de peinture par principes* (1708) (Paris: Barrois l'aîné, Firmin-Didot, 1791), pp. 158–160 ("Du paysage" のセクション).

80. Dean Tolle Mace, "*Ut pictura poesis*, Dryden, Poussin, and the Parallel of Poetry and Painting in the Seventeenth-Century," in *Encounters*, pp. 73–77.

81. 引用は次に。Manwaring, *Italian Landscape*. pp. 49–50. ジョシュア・レノルズによる「独創的」「標徴的」スタイルの議論、その「不規則、野性的、そして不正確な」性質をサルヴァトール・ローザが体現していたことについては*Discourses on Art*, ed. Robert R. Wark (Yale University Press, 1975), pp. 84–85.

82. Joseph Lycett, *Views in Australia or New South Wales, & Van Diemen's Land, Delineated, in Fifty Views with Descriptive Letter Press, Dedicated by Permission, to the Right Hon. Earl Bathurst, etc. by ... Artist to Major-General Macquarie, Late Governor of These Colonies* (London: J. Souter, 1824), pl.17. ウィンギーカラビー川景観は「自然の荒ぶる景色の描写」が「自然自体の崇高にさも近い」ローザの「超俗の稟才」を必要とする。

83. Bernhard Fehr, "The Antagonism of Forms in the Eighteenth Century," in *Von Englands geistigen Beständen* (Frauenfeld: Huber, 1944), p. 86.

84. Albert Ilg, *Die Fischer von Erlach,* (Vienna: Carl Konegen, 1895), I, 532–534.

85. Ibid., 527.

86. Johann Bernhard Fischer von Erlach, *Entwurff einer historischen Architektur* (Vienna, 1721), pl. 18. デイノクラテスの企てがバロック期に与えた影響の近代的解釈は次に。Werner

Körte, "Deinocrates und die Barocke Phantasie," *Die Antike* 13 (1937), 290–293.

87. Axel Janeck, "Naturalismus und Realismus. Untersuchungen zur Darstellung der Natur bei Pieter van Laer und Claude Lorraine," *Storia dell'Arte* 28 (1976), 287. 17世紀美術の途方もない地誌的正確さと、折しも勃興中の近代科学につながりがあるか問う秀れた記事である。

88. 近代美術史学なお、マンテーニャの絵に出てくる標本的な地殻形成について、その理由も、ソースも論じ切れていない。次を。Paul Kristeller, *Andrea Mantegna* (Berlin and Leipzig: Cosmos, 1902), pp. 174, 239–240; Andrew Martindale, *The Complete Paintings of Mantegna* (New York: Abrams, 1972), pp. 89, 113, 117.

89. マンテーニャ同様、レオナルドの『巌窟の聖母』のような重要作を論じた論文がこの舞台装置について包括的説明ができていない。次を。A. Richard Turner, *The Vision of Landscape in Renaissance Italy* (Princeton University Press, 1966), pp. 19–27. もっと新しいものをというなら、(とりわけ無原罪受胎論者に身近な) マリア心像 ―「岩の裂け目」とか「壁の穴」とか ―『ソロモン雅歌』由来のメタファーを論じたマーティン・ケンプの論がある。Martin Kemp, *Leonardo da Vinci, The Marvellous Works of Nature and Man* (Harvard University Press, 1981), p. 96. レオナルドとデューラーの植物図の経験的基盤についてはBrian Morley, "The Plant Illustrations of Leonardo da Vinci," *Burlington* 121 (September 1979), 553-560. レオナルドの素描は1760年のジョージ3世即位の直後に再発見された。次を。Arthur S. Marks, "An Anatomical Drawing by Alexander Cozens," *Journal of the Warburg and Courtauld Institutes* 30 (1967), 437–438.

90. Koch, *Patinir*, p. 19.

91. Arthur K. Wheelock, Jr., *Perspective, Optics, and Delft Artists around 1650* (New York: Garland, 1977), p. 49. もっと早い時期に科学、テクノロジー、そして魔術がルドルフ2世のプラハ・マニエリスム宮廷で密に結びつき合っていた。次を。Maria Poprzecka, "Le paysage industriel vers 1600," *Bulletin du Musée National de Varsovie* 14 (1973), 46.

92. Clarence J. Glacken, *Traces on the Rhodian Shore; Nature and Culture in Western Thought from Ancient Times to the End of the Eighteenth Century* (University of California Press, 1967), p. 25. グラッケンは文化地理学の視点に立つ。古代風景画の生起と展開に対する美術史からの最良の分析はPeter Heinrich von Blanckenhagen and Christine Alexander, *The Paintings from Boscotrescase* (Heidelberg: Kerle, 1962), pp. 26–30, 55–57; Peter Heinrich von Blanckenhagen, "The Odyssey Frieze, "*Mitteilungen des Deutschen Archaeologischen Instituts Roemische Abteilung* 70 (1963), 112–115.

93. トポグラフィー研究はかなりな数にのぼる。次は、最近の目立ったもの、二、三点というに過ぎない。Luigi Salerno, "La pittura di paesaggio," *Storia dell'Arte* 24–25 (1975), 111–124; Germain Bazin, "Paesaggio redivivo," *L'Oeil* 258–259 (January–February 1977), 2–9; Rosario Assunto, *Speccio vivente del mondo (Artisti stranieri in Roma)* (Rome: De Luca, 1978), pp. 25 ff.

94. Philip Conisbee, "French Landscapes in London," *Burlington* 120 (January 1978), 43–44.

95. Giovanni Paolo Lomazzo, *Idea del Tempio della Pittura*, ed. Robert Klein (Florence:

Nella Sede dell'Institute Palazzo Strozzi, 1974), I, p. 298 と、第32章の"Paesi e loro forme diverse"および"Paesi e loro forme applicate ai Dei."

96. Hunt, *Figure in the Landscape*, p. 39. この18世紀の心のあり方を、風景画家の細密狂いと博物家ルイス・アガシのそれと比べる時にラスキンが擁護した心のあり方と比較すると面白い。次を。W. F. Axton, "Victorian Landscape Painting: A Change in Outlook," in *Nature and the Victorian Imagination*, ed. Ulrich Knoepflmacher and G. B. Tennyson (University of California Press, 1977), p. 291.

97. Iola A. Williams, *Early English Watercolours and Some Cognate Drawings by Artists Born not later than 1785* (London: The Connoisseur, 1952), PP. 5–8, 43.

98. Janeck, "Naturalismus und Realismus," pp. 285–287.

99. Dorothea Nyberg, *Meissonnier, an Eighteenth-Century Phenomenon. Oeuvre de Juste-Aurèle Meissonier* (New York: Blom, 1969), p. 38.

100. 田園牧歌の文学美術における「甘き場所」の歴史・伝統についてはRensselaer W. Lee, *Names on Trees. Ariosto into Art* (Princeton University Press, 1977), pp. 29–30.

101. Oliver T. Banks, *Watteau and the North: Studies in the Dutch and Flemish Baroque Influences on French Rococo Painting* (New York: Garland, 1977), pp. 69–70.
次も。Nyberg, *Meissonnier*, p. 37; Ward-Jackson, "Mainstreams and Tributaries," part III, pp. 124–129.

102. Georg Weise, "Vitalismo, animismo e panpsichismo e la decorazione nel Cinquecento e nel Seicento," *Critica d'Arte* 6 (November–December, 1959), part I, 386-388.

103. Hermann Bauer, *Rocaille, zur Herkunft und zum Wesen eines Ornament-Motivs* (Berlin: de Gruyter, 1962), pp. 56–58. 廃墟美学のより広い議論が次に。Paul Zucker, *Fascination of Decay. Ruins: Relic-Symbol-Ornament* (Ridgewood, N.J.: Gregg, 1968), p. 3.

104. Marianne Roland Michel, "Le cabinet de Bonnier de La Mosson, et la participation de La Joue à son décor," *Bulletin de la Société de l'histoire de l'art français* 1975 (1976), 220. シュロッサーを見てみる。Schlosser, *Kunst- und Wunderkammern* (pp. 98–100) であるが、偏倚、洗練、複雑な遊び（scherzo）へのマニエリストのコレクターの偏愛とロココの装飾形式の関係が論じられている。実際、オートマータに具体化したルドルフ2世流の「宮廷」的テクノロジー愛と、「淑女たちのための」アルガロッティ流ニュートン主義の「ギャラン（galant）な」社交的科学が似ていると言うことさえ可能だろう。さらに、博物学キャビネ（ット）の狭い世界を広い世界そのものへ開いていけという重要な発想は、はっきり次の仕事に表現された。Albertus Seba, *Locupletissimi Rerum naturaliam Thesauri accurata Descriptio et Iconibus artificiosissimis expressin, per universam Physices historiam* (Amsterdam: Janssonio–Waesbergios, & J. Wetstonium, & Gul. Smith, 1734–1765), I, p. 2. 実際、セバが言うには、古代人に対する近代人の、とりわけ18世紀人の美質は、彼がひとり他の人間の目のみか、まずは自らの目を信じている点である。しかし、セバが言うには、ただ一人では自然の広大な宝庫を見尽くすことも、物質の無限に分割可能なあり方を秩序立てることも不可能だからこそ、科学アカデミーの複数メンバーによる発見や、アカデミーの経費で旅行して自らの目で見たものを記録する物理学者、数学者によって定式化される新しい旅行記が重要になるのである。

105. 1660年から1800年にかけて、旅行記集成が異様に人気になった。18世紀半ばには、感覚可能な宇宙の厖大な記述をめざし、概して巧くいった大旅行がよく行われることになっている。Percy G. Adams, *Travelers and Travel Liars, 1600-1800* (University of California Press, 1962), p. 88; Albert Béguin, *L'âme romantique et le rêve. Essai sur le romantisme allemand et la poésie française* (Paris: Editions des Cahiers du Sud, 1937), I, p. 113; Michel Duchet, "L'historie des voyages: Originalité et influence," in *L'Abbé Prevost* (Aix-en-Provence: Ophrys, 1965), p. 154; Paul van Tieghem, *Le sentiment de la nature dans le préromantisme européen* (Paris: Nizet, 1960), pp. 97–98.

106. André Chenier, *L'invention, poème*, ed. Paul Dimoff (Paris: Nizet, 1966), pp. 116–118.

107. P. L. Moreau de Maupertuis, "Lettre sur le progrès des sciences," in *Oeuvres* (Hildesheim: Olms, 1965), pp. 378–388.

108. Ibid., p. 391.

109. Ibid., 423–430.

110. Denis Diderot, *Pensées sur l'interprétation de la nature* (Paris, 1755), p. 14.

111. "Découverte," in *Encyclopédie, ou dictionnaire raisonné des sciences, des arts et métiers*, 1754, IV, p. 705.

112. Charles de Brosses, *Histoire des navigations aux terres australes. Contenant de ce que l'on sçait des moeurs & des productions des contrées découvertes jusqu'à ce jour; & où il est traité de l'utilité d'y faire de plus amples découvertes, & des moyens d'y former un établissement* (Paris: Durand, 1756), I, pp. 11–12.

113. Edward Young, *Conjectures on Original Composition* (1759) (Leeds: Scholar, 1966), p. 48.

114. William Duff, *An Essay on Original Genius; and Its Various Modes of Exertion in Philosophy and the Fine Arts, particularly in Poetry*, second edition (London: Edward and Charles Dilly, 1767), p. 86.

115. John Hawkesworth, *An Account of the Voyages Undertaken by the Order of His Recent Majesty for Making Discoveries in the Southern Hemisphere, and Successively Performed by Commodore Byron, Captain Wallis, Captain Carteret, and Captain Cook, in the Dolphin, the Swallow, and the Endeavour; Drawn Up from the Journals Which Were Kept by the Several Commanders and from the Papers of Joseph Banks, Esq.* (London: W. Strahan & T. Cadell, 1773), I, p. iii.

116. Mona Ozouf, *La fête révolutionnaire, 1789–1799* (Paris: Gallimard, 1976), p.16 に引用。

117. Andrew Sparrman, *A Voyage to the Cape of Good Hope, towards the Antartic Polar Circle, and round the World; But chiefly into the Country of the Hottentots and Caffres from the Year 1772 to 1776,* tr. from the Swedish (London: G. G. J. and J. Robinson, 1777), p. iii あらゆるものが新奇に見え、熱狂的に迎えられたこの時代を巧く現代的に捉えたものに次がある。Broc, *La géographie des philosophes,* p. 9

118. Cornelius Le Bruyn, *Travels into Muscovy, Persia, and Part of the East-Indies, Containing an Accurate Description of Whatever is Most Remarkable in Those Countries, and Embellished with Three Hundred and Twenty Copper Plates, Representing the Finest Prospects, and Most Considerable Cities in Those Parts; The Different Habits of the People; the Singular and Extraordinary Birds, Fishes and Plants which are There to be Found: As Likewise the Antiquities of Those Countries ... The Whole Being Delineated on the Spot, from the Respective Objects,* tr. from the French (London: A. Bettesworth and C. Hitch, S. Birt, C. Davis, J. Clarke, S. Harding, D.Browne, A. Millar, J. Shuckburgh, and T. Osborne, 1737), I, p. 2. この版の図版には元のフランス語キャプションが付いたままである。

119. *A Voyage to the Pacific Ocean, Undertaken by the Command of His Majesty, for Making Discoveries in the Northern Hemisphere. To Determine the Position and Extent of the West Side of North America; Its Distance from Asia; and the Practicability of a Northern Passage to Europe, Performed under the Direction of Captains Cook, Clerke, and Gore in H. M. Ships the Resolution and Discovery, In the Years 1776, 1777, 1779, and 1780* (London: W. and A. Strahan, 1784), I. p. xxvi.

120. Vancover, *Voyage of Discovery*, I, p. i.

121. Richard Colt Hoare, *The History of Modern Wiltshire* (London: John Nichols and Son, 1825), II, p. 57.

122. A. J. von Krusenstern, *Voyage round the World in the Years 1803, 1804, 1805, & 1806 by Order of His Imperial Majesty Alexander the First, on Board the Ships* Nadeshda *and* Neva, tr. Richard Belgrave Hoppner (London: John Murray, 1813), p. vi.

123. John Franklin, *Narrative of a Journey to the Shores of the Polar Sea; in the Years 1819, 20, 21, and 22. With an Appendix on Various Subjects relating to Science and Natural History. Illustrated by Numerous Plates and Maps* (London: John Murray, 1823), p237.

124. "Machine aérostatique," *Journal de Monsieur, Frère du Roi,* April 1783, pp. 64–69.

125. De Brosses, *Histoire des navigations*, I, p. 5. 18世紀思想に対するベーコン思想の貢献については次を。Edgar Zilsel, "The Genesis of the Concept of Scientific Progress," in *Roots of Scientific Thought: A Cultural Perspective,* ed. Philip P. Wiener and Aaron Noland (New York: Basic, 1957), p. 259.

126. L'Abbé des Granges Gagnière, "Lettre sur le globe aérostatique du 21 décembre 1783," *Journal Encyclopédique*, January 1784, p. 293.

127. G.-H. Le Roy, "Le globe Montgolflier, ode," *Journal Encyclopédique*, January 1784, p. 293.

128. Pierre Bertholon, *Des avantages que la physique, et les arts qui en dépendent, peuvent rétirer des globe aérostatiques* (Montpellier: Jean Martel aîné, 1784), p. 62.

129. Antoine de Parcieux, *Dissertation sur les globes aérostatiques* (Paris: de Parcieux, 1783), p. 13.

130. Bertholon, *Avantages*, pp. 17-21, 25-27, 37-40.

131. Tiberius Cavallo, *The History and Practice of Aerostation* (London: C. Dilly, 1785), p. 322.

132. Eric Nørgaard, *The Book of Balloons*, translated and revised by Eric Hildesheim (New York: Crown, 1971), p. 38.

133. Gaston Tissandier, *Simples notions sur les ballons et la navigation aérienne* (Paris: Librairie Illustrée, 1876), pp. 53–60.

134. Bertholon, *Avantages*, p. 24. こうした人気になった気球昇空をめぐる最も包括的で最も最近の総覧ということなら*Leichter als Luft. Zur Geschichte der Ballonfahrt* (Münster: Landschafts–Verband Westfalen–Lippe, 1978).

135. N. Horwood, "James Cook and His Predecessors in Australian Discovery," in *Employ'd as a Discoverer*, p. 21 に引用。

136. M. L. A. Milet-Mureau, ed., *Voyage de La Pérouse autour du monde* (Paris: Imprimerie de la République, An V), I, p. lxxi; Samuel Hearne, *A Journey from Prince of Wales's Fort, in Hudson's Bay to the Northern Ocean, Undertaken by Order of the Hudson's Bay Company. For the Discovery of Copper Mines, a North West Passage, etc. in the Years 1769, 1770, 1771, 1772* (Dublin: P. Byrne, 1796), p. xxvii.

137. James Bruce, *Travels to Discover the Source of the Nile, in the Years 1768, 1769, 1770, 1771, 1772, 1773* (Edinburgh: G. G. J. and J. Robinson, 1790), I, "Dedication to the King."

138. Broc, *Géographie des philosophes*, pp. 284–286.

139. Cook, *Voyage to the Pacific*, I, p. iii.

140. J. S. Bailly, "Eloge du Capitaine Cook," in *Discours et mémoires, par l'auteur de l'Histoire de l'astronomie* (Paris: de Bure, 1790), I, p. 348.

141. 地理描写の古代的伝統については次を。Batten, *Pleasurable Instruction*, pp. 41–44; George P. Parks, "The Turn to the Romantic in the Literature of the Eighteenth Century," *Modern Language Quarterly* 25 (March 1964), 23.

142. Adams, *Travels and Travel Liars*, pp. 223–236. アダムズは相手の内容を基準に旅行記を三種類に分けている。本当の経験を正確に報じる旅行記（ウィリアム・ダンピアの『新世界周航記』等）、架空旅行もしくは「驚異」の旅（スウィフトの『ガリヴァー旅行記』他）、そして「うその旅行記（travel lie）」（ウィリアム・シムソンの『新東インド旅行記』といった、旅したと称して他人の旅行記からどんどん内容を盗んできたフィクション）の三つである。18 世紀末に夥しい架空旅行記（imaginary voyages）については次も。Gilbert Chinard, *L'Amérique et le rêve exotique dans la littérature française au XVIIe et au XVIIIe siècle* (Paris: Droz, 1934), pp. 408–409.

143. Auguste LeFlamanc, *Les utopies prérévolutionaires et la philosophie du dixhuitième siècle* (Paris J. Vrin, 1934), pp. 145–147.

144. Van Tieghem, *Le sentiment de la nature*, p. 178.

145. Dora Wiebenson, *Sources of Greek Revival Architecture* (Pennsylvania State University Press, 1969), pp. 13–25, 39.

146. Richard Pococke, *A Description of the East and Some Other Countries. Observations in Palestine or the Holy Land, Syria, Mesopotamia, Cyprus and Candia* (London: Pococke, 1745), II, part I, p. iv.

147. Adam Neale, *Travels through some Parts of Germany, Poland, Moldavia and Turkey* (London: Longman, Hurst, Rees, Orme and Brown, 1818), p. 195.

148. La Pérouse, *Voyage*, I, p. ii. 次も。*Crozet's Voyage to Tasmania, New Zealand, the Ladrone Islands, and the Philippines in the Years 1771–1772*, tr. H. Ling-Roth (London: Truslove and Shirley, 1791), pp. 68–69.

149. George Levitine, *The Dawn of Bohemianism. The Barbu Rebellion and Primitivism in Neoclassical France* (Pennsylvania State Univesity Press, 1977), pp. 14–20. 18世紀末なお、美術と機械技術の古来の混同が尾を引いていたことの面白い指摘である。職業的画工たちは役者と同じで、長い間、汚名を着せられたままだった。レヴィタインによれば、手仕事に対するさまざまな偏見強く、正しいと認められない放れ業は、作家や詩人とはちがって、画家には考えられないところであった。画家が自ら望んで危険に身をさらせるのは、ただ研究という目的あって、ラ・ペルーズ、ドロミューといった大探検家の先例に倣うという場合に限られていた。

第１章

1. M. H. Abrams, *Natural Supernaturalism: Tradition and Revolution in Romantic Literature* (New York: Norton, 1971), p. 341. 孤立した個の集合ということで現実を捉える見方への侮蔑は、同時代、ひとりブレイクのみのものではなかった。レノルズは第８講話（p. 151）で、「人工の度が過ぎ、芸術の困難を避けているとしか思えぬ単純さなど、怪しげな代物としか言いようがない」と言い、ケイムズは事物の二種類の美について論じながら、他との関係持たず単独に見られた事物に内在する第一種類目の物は「ただ感覚のもの」で、「必要なものは最早、目で見るという作業のみ」と言っている。Henry Home, Lord Kames, *Elements of Criticism* (1762) (New York: S. Campbell & Son, E. Duyckinck, G. Long, Collins & Co., Collins & Hannay, and W. B. Gilley, 1823), I, p. 166.

2. Sparrman, *Voyage to the Cape of Good Hope*, I, pp. v–vi. 幻視と科学的合理との協調をめざしたコールリッジの反ブレイク的試みを論じて卓越するのが次。Thomas McFarland, "The Origins and Significance of Coleridge's Theory of the Secondary Imagination," in *New Perspectives on Coleridge and Wordsworth*, ed. Geoffrey H. Hartman (Columbia University Press, 1972), pp. 214–216. 次も。Bernard Smith, "Coleridge's "Ancient Mariner" and Cook's Second Voyage," in *The Antipodean Manifesto; Essays in Art and History* (Oxford University Press, 1976), pp. 176–177.

3. 18世紀末の科学的方法の展開および具体の個に集中しようというその企てについて、特にと言うべきはM・フーコー、N・フライ等、次のようなもの。Michel Foucault, *The Birth of*

the Clinic: An Archaeology of Medical Perception, tr. A. M. Sheridan Smith (New York: Pantheon, 1973), pp. xiii–xv; Northrop Frye, "The Imaginative and the Imaginary," in *Fables of Identity: Studies in Poetic Mythology* (New York: Harcourt, Brace & World, 1963), pp. 151–153; Hans Sachsse, "Naturwissenschaft, Technik und Wirklichkeit," in *Zum Wirklichkeitsbegriff*, ed. Günter Bandmann (Mainz: Steiner, 1974), pp. 12–14; Trevor H. Levere, "The Rich Economy of Nature: Chemistry in the Nineteenth Century," in *Nature and the Victorian Imagination*, pp. 192–193.

4. Alexander Gerard, *An Essay on Genius* (London and Edinburgh: W. Strahan, T. Cadell, and W. Creech, 1774), pp. 367–368.

5. 永遠という背景に置かれた事物の作用に目を向ける科学的な自然観察の静態についてはErich Auerbach, *Mimesis: The Representation of Reality in Western Literature*, tr. Willard R. Trask (Princeton University Press, 1953), pp. 3–15 passim; Harcourt Brown, "Tensions and Anxieties: Science and the Literary Culture of France," in *Science and the Creative Spirit. Essays on the Humanistic Aspect of Science*, ed. Harcourt Brown (University of Toronto Press, 1958), pp. 107–108; Van Tieghem, *Le sentiment de la nature*, p. 252. この伝統とゲーテとの関連についてはW. D. Robson-Scott, *The Younger Goethe and the Visual Arts* (Cambridge University Press, 1981), pp. 85–89. ロブソン＝スコットはこの態度をゲーテのヴァイマール時代（つまりイタリア紀行前）のはっきりした目印だとしている。

6. F. E. L. Priestley, "'Those Scattered Rays Convergent': Science and Imagination in English Literature," in *Science and the Creative Spirit*, pp. 62–64; H. Newton Barber, "Sir Joseph Banks and the Royal Society," in *Employ'd as a Discoverer*, pp. 66–70. 諸科学アカデミーの果たした役割、及びその探険隊に対する指示についてはPercy G. Adams, "The Achievements of James Cook and His Associates in Perspective," in *Exploration in Alaska: Captain Cook Commemorative Lectures, June–November 1978* (Anchorage, Alaska: Cook Inlet Historical Society, 1980), pp. 19–23. この関連では次も。Urs Bitterli, *Die "Wilden" und die "Zivilisierten." Grundzüge einer Geistes- und Kulturgeschichte der Europäische-Überseeischen Begegnung* (Munich: Beck, 1976), pp. 28–35. 王政復古期のロンドン王立協会史と、そのピューリタニズムとの融通についてはCharles Webster, *The Great Instauration. Science, Medicine, and Reform, 1626–1660* (London: Duckworth, 1975), pp. 88–89.

7. 次を。Thomas Sprat, *The History of the Royal Society of London, for the Improving of Natural Knowledge* (London: F. Martyn, 1667), pp. 61–62, 111–114; Charles Perrault, *Paralèlle des anciens et des modernes, en ce qui regarde les arts et les sciences. Dialogues. Avec le poëme du Louis Le Grand, et une epistre en vers sur le génie* (Paris: Jean Baptiste Coingard, 1688), preface. この「平明体」はいわゆる形而上派詩の屈曲好みな強靭体と対比されるべきもの。次を。George Williamson, "Strong Lines," *English Studies* 18 (August 1936), 153; R. F. Jones, "The Background of the Attack on Science in the Age of Pope," in *Pope and His Contemporaries. Essays Presented to George Sherburn*, ed. James L. Clifford and Louis A. Landa (Oxford: Clarendon, 1949), pp. 99–104. 古代人を彼らが科学に疎いという非難から擁護しようという興味津々の試みが次に。A. L. Millin, *Minéralogie*

homérique, ou essai sur les minéraux, dont il est fait mention dans les poèmes d'Homère (1790), second edition (Paris: C. Wasermann, 1816), pp. xi–xiii.

8. Lynn Thorndike, "Newness and Novelty in Seventeenth-Century Science and Medicine," in *Roots of Scientific Thought*, pp. 444–450. 職業的科学者という感覚が、国際的に広がった書物市場の中の儲けある一分野に科学書がなりつつあった時代にうまれたということをめぐってはHarcourt Brown, *Science and the Human Comedy: Natural Philosophy in French Literature from Rabelais to Maupertuis* (University of Toronto Press, 1976), pp. 84–92, 130–131. 次も。François-Marie-Arouet de Voltaire, *Letters Concerning the English Nation* (London: C. Davis and A. Lyon, 1733), pp. 242–243.

9. Edgar Zilsel, "The Genesis of the Concept of Scientific Progress," in *Roots of Scientific Discovery*, pp. 253–274 passim. 進歩の観念が前科学時代の著述にのみ現われているとするジルセルの立場への批判はA. C. Keller, "Zilsel, the Artisans, and the Idea of Progress," in *Roots of Scientific Discovery*, pp. 283–285. こういう論争はあるが、英国のベーコン、フランスのデカルトが科学的進歩の理念を定式化したことに疑いの余地はない。次を。Paolo Rossi, *Francis Bacon: From Magic to Science*, tr. Sacha Rabinovitch (London: Routledge & Kegan Paul, 1968), p. 25; Pierre Garari, "Le cartésianisme et le classicisme anglais," *Revue de Littérature Comparée* 31 (July–September 1957), 375–380.

10. ベーコン的伝統が芸術と科学の間の分離のみか対立をもはっきりさせてしまったことを徹底的に論じたのはプリーストリーである。Priestley, "These Scattered Rays Convergent," in *Science and the Creative Spirit*, pp. 56–61. 精神は一度にひとつの営みしかできない（科学者は感情抜きに、想像力の活動なしに理を追うし、詩人は想像するのみで思惟とは無縁）という広く行きわたった考えは、18 世紀半ばにはちがうのだと考えられだしていた。こうして、ダフやヤングはベーコンとニュートンの崇高な想像力を讃えることができた。Duff, *Essay on Original Genius*, pp. 115–120; Young *Conjectures on Original Composition*, pp. 69–71. 反対にヒューム、ジェラード、チェンバーズは、美術と同じものとされた美の感受にあって我々は適切な感情を感じるに正しい理性を行使しなければならない、と論じている。次を。Eileen Harris, "Burke and Chambers on the Sublime and Beautiful," in *Essay in the History of Architecture Presented to Rudolf Wittkower* (London: Phaidon, 1967), p. 211.

11. Jones, "Background of the Attack on Science," in *Pope and His Contemporaries*, p. 104. このベーコン流の態度の最終局面がアースワークに関心持つ今日の芸術運動と言えるかもしれない。表象が滅じ、真の事物がその代りとなる。イリュージョンが後退し、地の基本成分でできる具体の現実が前に出る。次を。Virginia Gunter, *Earth, Air, Fire, Water: Elements of Art* (Boston: Museum of Fine Arts, 1971), I, p. 7.

12. Cecil Albert Moore, *Backgrounds of English Literature, 1700–1760* (New York: Octagon, 1969), pp. 76–77.

13. Garai, "Cartésianisme et classicisme," pp. 384–387. 経験主義的伝統を最近概観してくれるものとしてDorion Cairns, "An Approach to Phenomenology," in *Philosophical Essays in Memory of Edmund Husserl*, ed. Marvin Farber (New York: Greenwood, 1968), pp. 4–12.

14. Martin Kallich, "The Association of Ideas and Critical Theory: Hobbes, Locke, and Addison," *ELH* 12 (December 1945), 306-308. この点では次も。Wallace Jackson, *Immediacy: The Development of a Critical Concept from Addison to Coleridge* (Amsterdam: Rodopi, 1973), p. 103. 重要な行文は次に。John Locke, "Essay Concerning Human Understanding," in *Works* (London: Thomas Tegg; W. Sharpe and Son; G. Offer; G. and J. Robinson; J. Evans and Co., 1823), I–II, 4.3.6, 4.10. 10-17, pp. 120–126, 330–332, 359-367. また Locke, *Second Reply to Stillingfleet*, IV, pp. 460–469 と Nicolas Malebranche, *De la recherche de la vérité. Ou l'on traite de la nature de l'esprit de l'homme, & de l'usage qu'il en doit faire pour éviter l'erreur dans les sciences* (Paris: André Pralard, 1678), 3.2.1, section 1, pp. 188–190. 経験主義の葛藤については、次に載るコメントを。Manley, *Convention*, pp. 241–242, 282–285. 英国とフランスで感じられる異れる「世界」については Voltaire, *Letters*, p. 11. こうした厄介な概念をはっきりさせてくれる力になったのは1981年秋にフォルジャー協会で開かれたジョン・ヨールトン教授のセミナー「空間と時間、物質と運動」の参加メンバーである。この場を借りて深甚の感謝を表しておきたい。

15. Collingwood, *Idea of Nature*, pp. 70 ff., 113–115. プラトンの完成した形式観念とバークレー哲学についての議論は、特に。次も。Wheelock, *Perspective, Optics*, p. 113.

16. Guy Sircello, *Mind and Art* (Princeton University Press, 1972), pp. 3–6.

17. Kallich, "Association of Ideas," pp. 302–309. 観念連合理論は、感覚的起源への、あるいはジョンソンやバークの芸術における「一般的」なものへの入れ込みとは正反対の知識の表われへの関心において、折りから勃興中の物理科学と何らかの繋がりがあったかもしれない。次を。Walter J. Ong, "Psyche and the Geometers: Associationist Critical Theory," in *Rhetoric, Romance, and Technology* (Cornell University Press, 1971), pp. 213–223. しかし結局、オン（グ）は観念連合主義も、アリストテレス、クィンティリアヌス、フェヌロンよりはっきり経験的であるわけではないと結論している。古典的美学における記憶の役割を論じて、精神は物理的事物の侵入で紛らわされることはないとするのは Steffi Röttgen, "Mengs, Alessandro Albani und Winckelmann—Idee und Gestalt des Parnass in der Villa Albani," *Storia dell'Arte* 30–31 (1977), 154–155.

18. Herrmann, *Laugier*, pp. 35–36.

19. L. Rosenfield, "Condillac's Influence on French Scientific Thought," in *The Triumph of Culture: Eighteenth-Century Perspectives*, ed. Paul Fritz and David Williams (Toronto: Hakkert, 1972), pp. 158–162. 次も。Frederick Charles Green, *Minuet: A Critical Survey of French and English Literary Ideas in the Eighteenth Century* (St. Clair Shores, Mich.: Scholarly Press, 1971), pp. 267-268.

20. Isabel F. Knight, *The Geometric Spirit: The Abbé de Condillac and the French Enlightenment* (Yale University Press, 1968), p. 16.

21. Etienne Bonnot, Abbé de Condillac, "Essai sur l'origine des connaissances humaines" (1746) and "Traité des sensations" (1754), in *Oeuvres philosophiques*, ed. Georges LeRoy (Paris: Presses Universitaires de France, 1947), I, pp. 61–73, 254–256. 次も Jacques Derrida, *L'archéologie du frivole* (Paris: Galilée, 1973), pp. 11–26 passim; Rossenfield,

"Condillac," pp. 163–164.

22. Jacques Derrida, *De la grammatologie*, Collection "Critique" (Paris: Minuit, 1967), pp. 194–200. 次も。Leland Thielemann, "Diderot and Hobbes," in *Diderot Studies* 2 (1952), 221–231 passim.

23. Newton Barber, "The Botany of the South Pacific," in *Captain Cook, Navigator and Scientist*, ed. G. M. Badger (Canberra: Australian National University Press, 1970), p. 88. 発見という行為が知覚の変換を伴うというのはトマス・クーンの余りにも有名な議論である。Thomas S. Kuhn, *The Structure of Scientific Revolutions* (University of Chicago Press, 1962), p. 121.

24. Barrell, *Idea of Landscape*, pp. 22–23. 展観・展望を指す"view"、"prospect"、"scene"といったような18世紀的語は、目が地平線に向けて進む時に事物を眺め過ぎていく知覚習慣に依拠するもの、とバレルは言う。目が事物と本気でかかわったり、事物に止められたりすることのない視のこうした形式を転覆させたのが探険家だった、というのが私の考えである。

25. J. B. Pujoulx, *Paris à la fin du XVIII*^{e} *siècle, ou esquisse historique et morale des monuments et des ruines de cette capitale; de l'état des sciences, des arts et de l'industrie à cette époque, ainsi que des moeurs et des ridicules de se habitans* (Paris: Brigite Mathé, 1801), p. 376.

26. H. W. Beechey, *Proceedings of the Expedition to Explore the Northern Coast of Africa, from Tripoly Eastward; in MDCCCXXI and MDCCCXXII. Comprehending the Greater Syrtis and Cyrenaica; and of the Ancient Cities Composing the Pentapolis* (London: John Murray, 1828), p. v.

27. R. P. du Fesc, "Dissertation sur la lumière septentrionale, avec l'explication de ses divers phénomènes," *Journal de Trévoux* (July 1732), 1205 ff.

28. P. Cotte, *Mémoires sur la météorologie pour servir de suite & de supplément au Traité de météorologie publié en 1774* (Paris: Imprimerie Royale, 1788), I, p. ix.

29. *The Endeavour Journal of Joseph Banks, 1768 — 1771*, ed. J. C. Beaglehole (Sydney: Trustees of the Public Library of New South Wales in Association with Angus and Robertson, 1962), I, pp. 19, 29. 次も。Brown, *Science and the Human Comedy*, pp. 141–144.

30. Heinrich Bosse, "The Marvellous in Romantic Semiotics," *Studies in Romanticism* 14 (summer 1975), 225.

31. Duff, *Original Genius*, p. 97. 次も。Gerard, *Essay on Genius*, pp. 415–434. ジェラードの言うには、芸術の天才がしかし、科学の天才と両立しないわけではない。そう論じるのに彼が引き合いに出すのがパンフィルス、メトロドロス、レオナルド・ダ・ヴィンチ、アゴスティーノ・カルラッチ、パルミジャニーノ、そしてエドマンド・ハレーである。こういう天が二物を与えたあり方は天才に通有のしなやかな想像力による、とする。しかし、その彼にしても、そうした天才が卓越するのはひとつの領域においてのみなので、他領域では劣ることを認めざるをえなかった。次を。Howard Mumford Jones, *Revolution and Romanticism* (Belknap

Press of Harvard University Press, 1974), pp. 67–71.

32. Rémy-Gilbert Saisselin, *Taste in Eighteenth-Century France. Critical Reflections on the Origin of Aesthetics* (Syracuse University Press, 1965), pp. 67–71.

33. George P. Landow, *The Aesthetic and Critical Theories of John Ruskin* (Princeton University Press, 1971), pp. 32–33, 378–384. ラスキンによれば知覚に三種ある。感じないが故に正しく知覚し、彼にとってサクラソウがサクラソウでしかないのは彼がそれを愛さないためという人間の知覚。それから、感じるが故に誤った知覚をし、彼にとってサクラソウはサクラソウ以外の何でもで、太陽、星、等々であるような人間の知覚。第三は、感じながらなお正しく知覚し、彼にとってサクラソウは永久にそれ自身でしかない、そういう人間の知覚、である。

34. Hélène Metzger, "La littérature scientifique française au XVIIIe siècle," *Archeion* 16 (1934), 14–15.

35. William Thorn, *Memoir of the Conquest of Java; With the Subsequent Operations of the British Forces in the Oriental Archipelago, to Which is Subjoined a Statistical and Historical Sketch of Java; Being the Result of Observations Made in a Tour through the Country; With an Account of Its Dependencies* (London: T. Egerton, 1815), p. vii.

36. Horace-Bénédict de Saussure, *Voyage dans les Alpes, précédes d'un essai sur l'histoire naturelle des environs de Génève* (Neufchâtel: Louis Fauché-Borel, 1779–1796), I, p. i. 新しい科学的ロマン派を煽り立てた者としてのソシュールについては Helmut Rehder, *Die Philosophie der unendlichen Landschaft, Ein Beitrag zur Geschichte der Romantischen Weltanschauung* (Halle/Saale: Max Neumeyer, 1932), pp. 31–35. ジョンソン的「情熱的知性」観念と、その探険との関係については Hans-Joachim Possin, *Reisen und Literatur: Das Thema des Reisens in der Englischen Literatur des 18. Jahrhunderts* (Tübingen: Max Niemeyer, 1972), pp. 80–82; Schwartz, "Johnson in an Age of Science," in *Johnson and Science.* 次も。Samuel Johnson, *The Rambler*, ed. W. J. Bate and A. B. Strauss (Yale University Press, 1969), 2, p. 187.

37. Jacques-Henri Bernardin de Saint-Pierre, *Voyage à l'Isle de France, à l'Isle de Bourbon, au Cap de Bonne-Espérance* (Amsterdam and Paris: Merlin, 1773), I, p. 94. 18世紀フランスの風景にかかわる語彙の観念的不足を矯めたベルナルダンの役割については Louis Roule, *Bernardin de Saint-Pierre et Harmonie de la nature* (Paris: Flammarion, 1930), p.192; Broc, *Géographie des philosophes*, p. 477; Daniel Mornet, *Le sentiment de la nature en France de J. J. Rousseau à Bernardin de Saint-Pierre* (Paris: Hachette, 1907), pp. 435–436.

38. *Voyage de Humboldt et Bonpland. Relation historique* (Paris: Gide, 1814–1834), I, p. 4. フンボルトとバークの論争については Douglas Botting, *Humboldt and the Cosmos* (New York: Harper & Row, 1973), p. 260. アディソンからラスキンにいたる無私客観(disinterestedness)の美学伝統については Martin Price, *To the Palace of Wisdom: Studies in Order and Energy from Dryden to Blake* (Garden City, N. Y.: Doubleday, 1964), p. 361; Robert Hewison, *John Ruskin: The Argument of the Eye* (Princeton University Press,

1976), p. 20; Kermal, "Natural Beauty," p. 149.

39. Georg Forster, *A Voyage round the World in His Britannic Majesty's Sloop, Resolution, Commanded by Captain James Cook, during the Years 1772, 3, 4, and 5* (London: B. White, J. Robson, P. Elmsly, and G. Robinson, 1777), I, p. xi.

40. Mungo Park, *Travels in the Interior Districts of Africa: Performed under the Direction and Patronage of the Africa Association in the Years 1795, 1796, and 1797*, fifth edition (London: W. Bulmer, 1807), p. 2.

41. Harold Fisch, "The Scientist as Priest: A Note on Robert Boyle's Natural Theology," *Isis* 44 (September 1953), 259; Jacques Proust, *L'encyclopédie* (Paris: Colin, 1965), pp. 131–133. 18世紀が事実第一の旅行記を、事件を盛った科学と見、探険家を地図上でさまざまな土地から知識を「吸収」してくる「研究者」と見ていたことは次に。Batten, *Pleasurable Instruction*, pp. 7, 49.

42. Sparrman, *Voyage to the Cape of Good Hope*, I, p. 81; Alfred Orian, *La vie et l'oeuvre de Philibert Commerson des Humbers* (Mauritius Printing Co., 1973), p. 16.

43. Barthélemy Faujas de Saint-Fond, *Recherches sur les volcans éteints du Vivarais et du Vélay; avec un discours sur les volcans brûlans* (Grenoble and Paris: Chez Joseph Cuchet, Nyon aîné, Née et Masquelier, 1778), p. 364.

44. Le Vaillant, *Voyage dans l'Afrique*, p. ix.

45. Ibid., p. x. ル・ヴェヤンの熱狂は『百科全書』が、そして啓蒙哲学者たちがあらゆる発明・発見にした高い評価というものを考えると、よくわかるはずだ。次を。"Invention," *Encyclopédie*, 1765, XIII, p. 849; "Découverte," *Encyclopédie*, 1754, IV, p. 706.

46. Paulson, *Emblem and Expression*, p. 51.

47. Carol T. Christ, *The Finer Optic: The Aesthetic of Particularity in Victorian Poetry* (Yale University Press, 1975), p. 13.

48. Robert Aubin, *Topographical Poetry in XVIII-Century England* (New York: Modern Language Association of America, 1936), p. 57.

49. Reynolds, *Discourses*, pp. 59–60.

50. Williams, *English Watercolors*, p. 38.

51. Pococke, *Description of the East*, I, p. v.

52. George Heriot, *A Picturesque Tour Made in the Years 1817 and 1820 through the Pyrenean Mountains, Auvergne, the Departments of the High and Low Alps, and in Part of Spain* (London: R. Ackermann, 1824), p. i.

53. Michel Faré, "De quelques termes désignant la peinture d'object," in *Etudes d'art français offertes à Charles Sterling*, ed. Albert Châtelet and Nicole Renaud (Paris: Presses Universitaires de France, 1975), pp. 271–274.

54. Ong, *Psyche and the Geometers*, pp. 223–224; Dieckmann, "Wandlung des

Nachahmungsbegriffes," in *Nachahmung und Illusion*, pp. 29–30.

55. Aristotle, Poetics, IX. 1451 b 5–10. 次も。Scott Elledge, "The Background and Development in English Criticism of the Theories of Generality and Particularity," *PMLA* 62 (March 1947), 167–169.

56. Wesley Trimpi, "The Meaning of Horace's *Ut pictura poesis,*" *Journal of the Warburg and Courtauld Institutes* 36 (1973), 22 ff. 精密に見る必要のある芸術の持つ正確さを讃える古代文学、修辞学の伝統を論じる秀れた論文である。

57. Walter Jackson Bate, "The Sympathetic Imagination in Eighteenth-Century English Criticism," *ELH* 12 (June 1945), 158–159. 次も。Barrell, *Idea of Landscape*, pp. 2–3; Aubin, *Topographical Poetry*, pp. 46–47. 英国からの、そしてそれほどではないがドイツからの攻勢あってのフランスの描写詩の伝統については Guitton, *Jacques Delille*, pp. 65–70, 263–265. 地域にも人々と同じで個性があり、そして風景（landscape）なる地理学用語はある地域の状態なり現実なりを指すのだとする考え方については Douglas Crary, "A Geographer Looks at the Landscape," *Landscape* 9 (autumn 1959), 23.

58. Johann Wolfgang Goethe, *Dichtung und Wahrheit*, in *Goethes Werke in sechs Bänden*, ed. Erich Schmidt (Leipzig: Insel, 1940), V, 115.

59. Valenciennes, *Eléments de perspective*, pp. 279–280. ヴァランシエンヌは、ジョヴァンニ・マリア・デルラ・トルレ、ウィリアム・ハミルトン、デオダ・ド・ドロミューによるこうした材料の中の正確志向を引き合いに出している。

60. Paul Fussell, Jr., "Patrick Brydone, the Eighteenth-Century Traveller as Representative Man," in *Literature as a Mode of Travel: Five Essays and a Postscript* (New York Public Library, 1963), p. 55. ロック心理学は外界べったりというわけでもない。ロックが実はニュートン科学批判になりえていること、また外界における個（particulars）と呼ばれる経験成分が唯一のリアリティではあるが、それらは不可知にして、精神自身の機能以外にそれらを繋いだり支えたりする可知のものはないことは既に論じられてきた。Donald P. Ault, *Visionary Physics: Blake's Response to Newton* (University of Chicago Press, 1974), p. 66. こういう懐疑が一方にありながら、船乗り、陸の旅人、鉱夫、気球乗りたちが根源に分け入ること、あらゆる現象を記録することは可能かの如く行動に出たのもたしかである。ガストン・バシュラールの次の名文を。Gaston Bachelard, *La terre et les rêveries de la volonté* (Paris: José Corti, 1948), pp. 260–261.

61. Richard Walter, *Voyage autour du monde fait dans les années 1740, 1, 2, 3, 4*, tr. from the English (Amsterdam and Leipzig: Arkste'e & Merkus, 1751), pp. xiii–xiv. センチュリオン号付き牧師たるリチャード・ウォルターの航海日誌他の書き物からアンソンの航海記は書かれたと言ってもよいが、ウォルターは船乗りを彼らが相手にする世界同様、荒くれたと見る偏見に異を唱えている。たとえば、王が英国海軍の各職分を決める時、海軍基地ポーツマスに海軍画家を置くよう命ぜられたではないかと言っている。さらに、無学無教養の船乗りの時代は終り、どうということのない普通の航海にさえ科学の知識が多方面に必要とされている、とも。

62. Michel Adanson, *Histoire naturelle du Sénégale. Coquillages avec la relation abrégée d'un voyage fait en ce pays, pendant les années 1749, 50, 51, 52 & 53* (Paris: Claude-

Jean-Baptiste Bauche, 1757), p. 1.

63. Banks, *Endeavour Journal*, p. 263.

64. Giuseppe Acerbi, *Travels through Sweden, Finland, and Lapland, to the North Cape, in the Years 1798 and 1799* (London: Joseph Mawman), I, p. viii.

65. Jacques-Gérard Milbert, *Voyage pittoresque à l'Ile de France, au Cap de Bonne-Espérance et à l'Ile de Teneriffe* (Paris: A. Nepveu, 1812), I, p. viii.

66. J. E. V. Arago, *Narrative of a Voyage round the World in the Uranie and Physicienne Corvettes, Commanded by Captain Freycinet, during the Years 1817, 1818, 1819, and 1820; on a Scientific Expedition Undertaken by Order of the French Government, In a Series of Letters to a Friend by ... Draughtsman to the Expedition, tr. from the French* (London: Truettel and Wurtz, 1823), p. ii.

67. Henry James, "The Real Thing," in *Selected Short Stories*, ed. Quentin Anderson, revised edition (New York: Holt, Rinehart and Winston, 1961), pp. 124, 131.

68. Wilbur Samuel Howell, "De Quincey on Science, Rhetoric, and Poetry," in *Poetics, Rhetoric, and Logic: Studies in the Basic Disciplines of Criticism* (Cornell University Press, 1975), pp. 192–200. 古代のふたつの文体をめぐっては既に論じ尽くされた感あり。荘重体（*genus grande; genus nobile*）は雄弁体の一般的かつ共同体的観念向き、そして卑俗体（*genus humile; genus submissum*）は哲学から発して、個々の経験を伝えるに向く。次を。Morris William Croll, "'Attic' Prose in the Seventeenth Century," in *Style, Rhetoric, and Rhythm; Essays*, ed. J. Max Patrick (Princeton University Press, 1966), pp. 59–61. クロールの古典「平明体」解釈は大間違いとするのは次。Robert Adolph, *The Rise of the Modern Prose Style* (MIT Press, 1968), pp. 272–285. その中にふたつ矛盾し合うものがある、とアドルフは言うのである。王政復古以前には平明体はキケロ、クィンティリアヌスの語法に従って、語は精神の事象をなぞったのである。それが復古期を境に、とりわけベーコンや王立協会流の立証文体になると、語は外界事物をなぞらねばならなくなった。アドルフはさらに、ベーコンが目的・聴衆に応じて変幻自在に文体を使いわけたとし、話し手と聴き手の間の「誤謬の契約」を排そうと、暗示的意味（connotations）を含まぬ非常に反セネカ的な文体をも使うが、これは『学問の進歩』では功利主義的目的と結び付いていた。「修辞的」対「真面目」という人生観・芸術観なるもっと大掛りな対立が古代にまで遡ることは、リチャード・レイナム［ランハム］の次。Richard A. Lanham, *The Motives of Eloquence: Literary Rhetoric in The Renaissance* (Yale University Press, 1976).

69. Howell, *De Quincey on Science*, pp. 210-211.

70. とりわけ次。Wesley Trimpi, *Ben Jonson's Poems: A Study of the Plain Style* (Stanford University Press, 1962), pp. viii–ix and 4–32 passim. トリンピは、華麗体モデル（誤ってキケロと結び付けられていた）への反修辞学による反動と、古典平明体擁護を論じる。アジア文体とアッティカ文体のちがい、即ちデノテーション（内容）とコノテーション（表現）のずれということである。「デノテーション（denotation）」は大体、語の単純な指示対象を意味し、「コノテーション（connotation）」は語のコンテクストやコンテクストが押しつける性質を意味する。コノテーションは拡大されて、本来はコンテクストがもたらす観念連合を含むのみか、読者個々の才がもたらし得るいかなる観念連合をも含むようになった。18世紀末の歴たる**アソシエーショニズム**でそうだったように、こうした連想は大体において〈感情（feelings）〉として記述された。かくして、「コノテーション」の語は読み手が経験する情動を、それらがコンテクストに合っているいないと関係なく、意味するようになった。平明体ではデノタティヴなもの、コノタティヴなものが、合わない連合をコンテクストから排することで互いにほとんど同じものとなる。さらに平明体の特徴を言語学的に言えば、メタファーの抑制、古語法の節約、他の詞姿における装飾の排除である。要するに「生彩」なきことをこそ、というわけだ。

71. Elledge, "Generality and Particularity," pp. 157–159. ベーコン主義が科学的陳述に何を要求したかは Rossi, *Bacon*, pp. 197–201.

72. Paul Bénichou, *Le sacre de l'écrivain, 1750－1830* (Paris: José Corti, 1973), pp. 48–50. 精神には**アソシエーショニズム**の法の外にあって、詩と科学で機能する積極力があるとする18世紀末的感覚については McFarland, "Origin and Significance of Coleridge's Theory of the Secondary Imagination," p. 235.

73. Schenck, *Das Bilderrätsel*, p. 166.

74. Dean Tolle Mace, *"Ut Pictura Poesis,"* in *Encounters*, pp. 63–65. エネルゲイアとエナルゲイアの観念については、その "The Anatomy of 'Liveliness' as a Concept in Renaissance Esthetics" なるタイプ原稿を読ませていただいたMary E. Hazardに感謝する。この点では次も。Eric Rothstein, "'Ideal Presence' and the 'Non Finito' in Eighteenth-Century Aesthetics," *Eighteenth-Century Studies* 9 (spring 1976), 318–319.

75. Auerbach, *Mimesis*, pp. 110, 116, 120–121, 166–167. 18世紀後半の詩と演劇における模倣（replication）の観念の生起と、それに伴なった無意識的イリュージョンへの訣別については次を。Marian Hobson, *The Object of Art: The Theory of Illusion in Eighteenth-Century France* (Cambridge University Press, 1982), p. 209.

76. Forster, *Voyage round the World*, I, pp. vi, xiv. 次も。Louis-Antoine de Bougainville, *Voyage autour du monde par la frégate du roi* la Boudeuse *et la Flüte l'Etoile, en 1766, 1767,1768, & 1769*, second revised edition (Paris: Saillant & Nyon, 1772), I, pp. xi, xxxix; James Morier, *A Journey through Persia, Armenia, and Asia Minor, to Constantinople, in the Years 1808 and 1809; in which is Included Some Account of the Proceedings of H. M.'s Mission, under Sir Harford Jones, Bart. K. C. to the Court of the King of Persia* (London: Longman, Hurst, Rees, Orme, and Brown, 1812), p. vii; George Landmann, *Historical, Military, and Picturesque Observations on Portugal, Illustrated by Seventy-Five Coloured Plates, Including Authentic Plans of the Sieges and Battles Fought in the Peninsula during the Late War* (London: T. Cadell and W. Davies, 1818), I, preface, p. vi; and *Voyage de Humboldt et Bonpland*, II, pp. iii-iv.

77. Jacob Opper, *Science and the Arts: A Study in Relationships from 1600－1900* (Rutherford, N.J.: Fairleigh Dickinson University Press, 1973), pp. 67–68. メタファーによる転置をめぐる同時代の議論は次を。Donald A. Schon, *Invention and the Evolution of Ideas* (London: Tavistock, 1963), pp. 35, 51–53, 68–72.

78. Derrida, *De la grammatologie*, pp. 412–413.

79. Denis Diderot, *Salons*, ed. Jean Séznec and Jean Adhémar (Oxford: Clarendon, 1963), III, 153.

80. Duff, *Original Genius*, pp. 34–36, 39.

81. De Brosses, *Histoire des navigations*, I, p. ix; La Pérouse, *Voyage autour du monde*, I, p. v. 海軍省の方では、クックが航海日誌を巧く出版用に編めるなどとは思っていなかったから、同時代に文名をはせ、ジョンソン博士と親交もあったジョン・ホークスワースに委嘱して、クックの航海記を自由に編纂させた。ホークスワースは第一次航海のバンクスの書いたものも手中にした。平明にして飾り気のない話を、ギリシアのお伽話に変えるのである。さらに、アレグザンダー・バカン、シドニー・パーキンソンの素描も、ヨーロッパ人感覚の好尚に合うよう「編集」させている。次を。Judith Nash, "Homage to James Cook," *Connoisseur* (February 1979), 79.

82. Matthew Flinders, *A Voyage to Terra Australis; Undertaken for the Purpose of Completing the Discovery of that Vast Country, and Prosecuted in the Years 1801, 1802, and 1803, in His Majesty's Ship the* Investigator*, and Subsequently in the Armed Vessel* Porpoise *and* Cumberland *Schooner. With an Account of the Shipwreck of the* Porpoise*, Arrival of the* Cumberland *at Mauritius, and Imprisonment of the Commander during Six Years and a Half in that Island* (London: W. Bulmur, 1811), I, p. ix.

83. Otto von Kotzebue, *A Voyage of Discovery into the South Sea and the Beering's Straits, for the Purpose of Exploring a North-East Passage, Undertaken in the Years 1815–1818* (London: Longman, Hurst, Rees, Orme, and Brown, 1821), I, p. vi.

84. 美術における"naturalism"と"realism"両語の区別と定義で一番犀利な仕事はどうやらドイツ人研究者たちがしてきた気配がある。とりわけ次など。J. A. Schmoll, gen. Eisenwerth, "Naturalismus und Realismus: Versuch zur Formulierung verbindlicher Begriffe," *Städel-Jahrbuch*, N.F., V (1975), 252–253; Winfried Nerdinger, "Zur Entstehung des Realismus-Begriffes in Frankreich und zu seiner Anwendung im Bereich der ungegendständlichen Kunst," *Städel-Jahrbuch*, N.F., V (1975), 230–231. この議論を本書結論部で少し拡大してみよう。17 世紀の専門文献（1677 年にヤーコプ・スラートゥスがラ・ロッシェルで刊行した有名な『沈黙の書（*Mutus Liber*）』とか、もっと前のテオドール・ド・ブリやマタエウス・メーリアンの工房のエングレーヴィングなど含む）のナチュラリズム形成になした貢献については Lee Stavenhagen, "Narrative Illustration and the Mute Books of Alchemy," *Explorations in Renaissance Culture* 5 (1979), 58–65. とりわけスラートゥスの本は無駄なお喋りもなく、そういうものである以上、言葉の壁を越えて諸国民の「読む」ところとなった。実験室の作業を描くエングレーヴィングは言葉に頼らず実証実地の情報を素（す）で伝えることを意図していた。一方、ド・ブリや追随者たちは物語の技法と連続挿絵に関心があった。しかしながら、リアルな時間の世界 ── 彼らのプロテスタントとしての背景に繋がった ── に対する彼らの関心は、ヨーロッパ的コンテクストにおける自然主義の現象と関係がある。

85. Vivant-Denon, *Voyage en Egypte*, I, pp. 1–2.

86. G. A. Olivier, *Voyage dans l'Empire Othoman, l'Egypte et la Perse, fait par L'ordre du gouvernement, pendant les six premières années de la République* (Paris: H. Agasse,

1801), I, p. xi.

87. A. F. Skjöldebrand, *Description des cataractes et du canal de Tröllhatta en Suède; avec un précis historique* (Stockholm: Charles Delen, 1804), p. 11.

88. Günther Bandmann, "Das Kunstwerk und die Wirklichkeit," in *Zum Wirklichkeitsbegriff*, pp. 28–38; Herbert Spiegelberg, "The 'Reality-Phenomenon' and Reality," in *Husserl*, pp. 86–87. 19世紀の文学のリアリズムについては次を。George Levine, *The Realistic Imagination: English Fiction from Frankenstein to Lady Chatterly* (University of Chicago Press, 1981), pp. 67–70. それからHans Robert Jauss, *Literaturgeschichte als Provokation* (Frankfurt-am-Main: Suhrkamp, 1970), pp. 107-143.

89. このことでレノルズをハズリットと対比すると面白い。その第4講話でレノルズは発明の問題を取り上げ、それがカンヴァスの上に心像を描き出すことだと言う。「……この観念の絵を描くについて精神が衣服、家具、行動の細かい点に入ることがないように、画家がそれを描くに際して彼がそれに必要として伴われる小さな状況を、見る人を驚かせないように工夫するのは、物語を最初につくった時にそれが彼自身を驚かせなかったのと同じである」(Reynolds, *Discourses*, p. 59)。対するハズリットはアンソニー・ヴァン・ダイクの手になるさる英国人淑女の肖像をめぐって、個の表現のいかに重要かを、こう言っている。「……外なる可視の形態の模倣が唯一正しい、とかほぼ完璧なのは、目の情報、手の方向が、表現された事物の性格を予め知っていたこと、今感じていることに助けられ、確かめられる時のみである……」。*The Complete Works of William Hazlitt*, ed. P. P. Howe (London: J. M. Dent, 1931), XII, p. 289.

90. 芸術における描写(description)対物語(narration)というもっと大きな問題についてはスヴェトラーナ・アルパースの次のもの。Svetlana Alpers, "Describe or Narrate? A Problem in Realistic Representation," *New Literary History* 8 (autumn 1976), 15-27 passim.

91. Ralph Cohen, "Literary Criticism and Artistic Interpretation: Eighteenth-Century English Illustrations of 'The Seasons'," in *Reason and the Imagination: Studies in the History of Ideas, 1600–1800*, ed. J. A. Mazzeo (Columbia University Press, 1962), pp. 280–281. 語と版画の関係については、Aubin, *Topographical Poetry*, pp. 48–51.

92. Ibid., pp. 290, 305-306. 次も。C. V. Deane, *Aspects of Eighteenth-Century Nature Poetry* (Oxford: Blackwell, 1935), pp. 63–64; James Malek, "Charles Lamotte's 'An Essay upon Poetry and Painting' and Eighteenth-Century British Aesthetics," *Journal of Aesthetics and Art Criticism* 29 (summer 1971), 472.

93. Batten, *Pleasurable Instruction*, pp. 82–84.

94. Banks, *Endeavour Journal*, pp. 110–111.

95. Alexandre Cioranescu, "La découverte de l'Amerique et l'art de la description," *Revue des Sciences Humaines* 104 (April–June 1962), 163–168. シオラネスクはコロンブスの航海後に生じた知覚と言語の革命を描いている。シオラネスクの言うことの大半が18世紀後半にも当てはまる。観察術のお蔭で、物書きが事物を個別化するようになったのである。この改革は新しい現実をよりよく理解するのに正確さを望む動向への反応であった。自然を模倣しよう、自然をその多岐多面において把えようとする同じ欲望が、古い先例には余り重きを置かず、移す／写す時の絶対の迫真忠実を強調し止まぬ 18 世紀の光学機械、グラフィック技術の盛行に後押しされる。次を。Joan Friedman, "Every Lady Her Own Drawing Master," *Apollo* 105 (April 1977), 265–266.

96. Forster, *Voyage round the World*, I, p. iv.

97. Denis Diderot, *Pensées sur l'interprétation de la nature* (Paris, 1754), p. 105. 次も。Pujoulx, *Paris*, pp. 227–228.（17 世紀後半の 3 分の 1 くらいからの）教養階級の広範部分が物理、化学、天文学の実験に顔を出す長い伝統については Hans Kortum, *Charles Perrault und Nicolas Boileau, Der Antike-Streit im Zeitalter der Klassischen Französischen Literatur* (Berlin: Rütten & Loening, 1966), pp. 28–29. Levitine, *Dawn of Bohemianism*, pp. 33–34 は 19 世紀初めのフランスに科学が人気あったことを論じている。

98. Paul Dimoff, *La vie et l'oeuvre d'André Chenier jusqu'à la révolution française, 1762–1790* (Paris: Droz, 1936), II, pp. 38–39. 次も。Jones, *Revolution and Romanticism*, pp. 373–374.

99. Metzger, "La littérature scientifique," pp. 11–14. 18 世紀後半における科学の人気については、とりわけロバート・ダーントンの次の名作。Robert Darnton, *Mesmerism and the End of the Enlightenment in France* (Harvard University Press, 1968), pp. 2–45.

100. Philip Wiener, "Leibniz's Project of a Public Exhibition of Scientific Inventions," in *Roots of Scientific Thought*, pp. 460–461. 次も。Adrienne L. Kaeppler, "Ethnography and the Voyage of Captain Cook," in *Artificial Curiosities, An Exposition of Native Manufactures Collected on the Three Pacific Voyages of Captain James Cook* (Honolulu: Bishop Museum Press, 1978), pp. 37–48 passim.

101. Barthélemy Faujas de Saint-Fond, *Description des expériences de la machine aérostatique de MM. de Montgolfier et de celles auxquelles cette découverte à donneé lieu* (Paris: Cuchet, 1783), I, p. 10.

102. Edouard Guitton, "Un thème 'philosophique': 'l'invention' des poètes de Louis Racine à Népomucène Lemercier," *Studies on Voltaire and the Eighteenth Century* 88 (1972), 693.

103. Daniel Mornet, *Le romantisme en France au XVIII*[e] *siècle* (Geneva: Slatkine Reprints, 1970), p. 27. 次も。Le Flamanc, *Les utopies prérévolutionnaires*, pp. 92–93; Rehder, *Unendlichen Landschaft*, p. 15. 見つかったばかりのブラジル原住民の「日常の裸」（即ち自然）をヨーロッパ人の過剰な衣服（つまりアート）と対比する重要なルネサンスの先例にも注目。André Thévet, *Singularités de la France Antarctique* (1557) の扉絵に付いた E. ジョデル (Jodelle) の詩がこの修辞学的対立をはっきりさせていて、こうだ。「蛮人どもの裸で歩む／我れら歩めど誰かは知られず／化粧重ね、仮面重ねつ……」(Haydn, "La Natura naturata," p. 206 に引用)。本書第 4 章で、この「裸形」が原始の人間からその環境に移され、西欧文化の虚飾と無縁の風景に移されていったことを示すつもりである。

104. *L'invention humaine: technique, morale, science: Leurs rapports au cours de l'évolution.* Dix-septième semaine de synthèse (Paris: Albin Michel, n.d.), p. 71. 次も。Joseph

Warren Beach, *The Concept of Nature in Nineteenth-Century English Poetry* (New York: Macmillan, 1936), p. 4. J・W・ビーチは、ロマン派の汎神論詩人たちが自然観の中で、科学の中から出てきた要素を強調しているとしている。科学が昔の描写や分類の局面を出た19世紀半ばにあっても、その神話的な力は、激しくせめぎ合う力でできた世界像を明らかにする中になお続いていた。Hewison, *Ruskin*, p. 20を見よ。

105. Michel Foucault, *Les mots et les choses, une archéologie des sciences humaines* (Paris: Gallimard, 1966), pp. 141–142.

106. Ibid., pp. 142–145. 次も。Glacken, *Traces*, pp. 508–509.

107. Jan Huizinga, "Naturbild und Geschichtsbild im achtzehn Jahrhundert," in *Parerga* (Basel: Burg, 1945), pp. 166–172. 18世紀に生じた歴史とその多様性に対する大きな関心については Bertha Bessmertny, "Les principaux ouvrages sur l'histoire des sciences parus en France pendant le XVIIIe siècle," *Archeion* 16 (1934), 325–328; Karl Kroeber, "Romantic Historicism: the Temporal Sublime," in *Images of Romanticism: Verbal and Visual Affinities*, ed. Karl Kroeber and William Walling (Yale University Press, 1978), pp. 149–150. カール・クローバーは、新古典主義はそれが浸った物理的、地誌的、物質的崇高に歴史的に対応するものを持たなかったとしていて、それ以外の点では刺激的な論稿のこれは大きな玉の瑕《きず》であろう。その芸術と歴史には何の関係もない、というのだが、本書第4章で示すように、博物学テクスト（と、及びノンフィクションの旅行記）がその役を果たしたのである。

108. T. D. Kendrick, *The Lisbon Earthquake* (London: Methuen, 1956), pp. 133–140. 旅人たちがそうした変化をよく知っていたのはマイヤーの記録からわかる。こうだ。「敢えてつき止めようとはしないが、一連の物理的、道徳的な原因によって、エジプトの相貌はそこな住民たちの顔貌同様に、変ってきた」(*Egypt*, p. 3)。

109. Rehder, *Unendlichen Landschaft*, p. 30.

110. Philibert Commerson, "Lettre de … à M. de Lalande," in *Supplément au voyage de M. de Bougainville; ou journal d'un voyage autour du monde, fait par MM. Banks & Solander, Anglois, en 1768, 1769, 1770, 1771*, tr. M. de Fréville (Paris: Saillant & Nyon, 1772), p. 256. 名なしで刊行されたが、クックもしくはホークスワースのものと考えられている。

111. Georg Weise, "Vitalismo, animalismo e panpsichismo e la decorazione nel Cinquecento e nel Seicento," *Critica d'Arte* 7 (March–April 1960), part II, 89–90. 18世紀中の生気論的動きの継続については J. L. Carr, "Pygmalion and the *Philosophes*. The Animated Statue in Eighteenth-Century France," *Journal of the Warburg and Courtauld Institutes* 23 (1960), 250–252.

112. Patrick Coleman, "The Idea of Character in the *Encyclopédie*," *Eighteenth-Century Studies* 13 (fall 1979), 28–29.

113. Carl Linnaeus, *Reflections on the Study of Nature*, tr. from the Latin (London: George Nicol, 1785), p. 20.

114. George-Louis LeClerc, Comte de Buffon, "Histoire naturelle," in *Oeuvres complètes avec les supplémens* (Paris: P. Dumenil, 1835), I, p. 43.

115. Francis X. J. Coleman, *The Aesthetic Thought of the French Enlightenment* (University of Pittsburgh Press, 1971), pp. 131–133. 次　も。Bénichou, *Le sacre de l'écrivain,* p. 131; Brown, *Science and Creative Spirit*, p. 93.

116. Gustav Solar and Jost Hösli, *Hans Conrad Escher von der Linth, Ansichten und Panoramen der Schweiz. Die Ansichten 1780–1822* (Zurich: Atlantis, 1974), pp. 79–81. これの指摘によると、エッシャーはスイスとその驚異のピクチャレスク素描画を、彼自身の型破りな地誌と地質の記録と比べて、ただの飾りとみなしていた。実際、彼らは（私同様）、この地域の科学的研究がピクチャレスクな展観図（*vedute*）よりも情動に溢れ、美的感受性にも長けていたとして、それはそれらが土地のジオグノジー的（geognostic）な性格を帯びているからである。

117. Sparrman, *Voyage to the Cape of Good Hope*, I, pp. iii–v.

第２章

1. Walter Burkert, *Lore and Science in Ancient Pythagoreanism*, tr. Edwin L. Minar, Jr. (Harvard University Press, 1972), pp. 28–38; Nicolson, *Breaking of the Circle*, pp. 1–2.

2. Ralph Cudworth, *The True Intellectual System of the Universe* (London: Richard Royston, 1678), pp. 105–108; *Mr. Bayle's Historical and Critical Dictionary, The Second Edition to Which is Prefixed, the Life of the Author, by Mr. Des Maizeaux, Fellow of the Royal Society* (London: J. J. and P. Knapton, D. Midwinter, J. Brotherton, 1735–1738), II, pp. 657–661.

3. Weise, "Vitalismo," part I, pp. 385–386.

4. Jean-Claude-Izouard de l'Isle de Sales, *De la philosophie de la nature, ou traité de morale pour l'espèce humaine, tiré de la philosophie et fondé sur la nature*, third edition (London, 1777), II, pp. 411–412.

5. Antoine Fabre d'Olivet, *The Golden Verses of Pythagoras, Explained and Translated into French and Preceded by a Discourse upon the Essence and Form of Poetry among the Principal Peoples of the Earth*, tr. Nayan Louise Redfield (New York: G. P. Putnam's Sons, 1917; first published in 1813), pp. 275 ff. 霊魂輪廻観（metempsychosis）とそれにつきものの普遍的アニミズム信仰を典型的に説明してくれているのは次の報告。John Henry Grose, *A Voyage to the East-Indies with Observations on Various Parts There* (London: S. Hooper and A. Morley, 1757), p. 297.

6. M. Raymond, "Saint-Martin et l'Illuminisme contre l'Iluminisme," in *Sensibilità e Razionalità nel Settecento*, ed. Vittore Branca (Venice: Sansoni, 1967), I, p. 47. 次も。Locke, *Essay*, in *Works*, II, 4.10.14–17, 4.3.6, pp. 331–336, 359. ニュートンの『プリンキピア』、および万有引力の理論が――特にデカルト主義者に惹き起こした――論争については A. Rupert Hall, *The Scientific Revolution, 1500–1800. The Formation of the Modern Scientific Attitude*, second edition (Boston: Beacon, 1962), pp. 258–265; Alexandre Koyré, *Newtonian Studies* (University of Chicago Press, Phoenix Books, 1965), pp. 15–17.『プリンキピア』と『光学』に入り込んだ物質とその運動についてのニュートン理論が 18 世紀科学

書の大半に見つかるということでは、次を。Schofield, *Mechanism and Materialism*, p. 4.

7. Marx W. Wartofsky, "Diderot and the Development of Materialistic Monism," *Diderot Studies* II (1952), 286–287.

8. Diderot, *Le rêve de D'Alembert*, p. 70.

9. G. W. Leibniz, *On the Reform of Metaphysics and on the Notion of Substance* (1694), in *Philosophical Works*, ed. George Martin Duncan (second edition) (New Haven: Tuttle, Morehouse & Taylor, 1908), pp. 75-76.ライプニッツが「美しき予定調和」を信じ、機械論と目されるニュートンの立場に反対した点については*A Collection of Papers, Which Passed between the Late Learned Mr. Leibniz and Dr. Clarke, in the Years 1715 and 1716. Relating to the Principles of Natural Philosophy and Religion. With an Appendix* (London: James Knapton, 1717), pp. 7-11.

10. Diderot, *Le rêve de D'Alembert*, p. 70.

11. Bonnet, *Contemplation de la nature*, I, p. 221. 次も。Aram Vartanian, "Trembley's Polyp, La Mattrie and Eighteenth-Century French Materialism," in *Roots of Scientific Thought*, pp. 497–513 passim.

12. Nicolson, *Science and Imagination*, p. 211.

13. Bonnet, *Contemplation de la nature*, I, 31.

14. Louis-Sebastien Mercier, *Mon bonnet de nuit* (Neufchâtel, 1784–85), I, pp. 21–22.

15. 物質の「女性的」、「男性的」な特徴を18世紀人がどう考えていたかについては Ault, *Visionary Physics*, p. 119; P. M. Heiman and J. E. McGuire, "Newtonian Forces and Lockean Powers: Concepts of Matter in Eighteenth-Century Thought," in *Historical Studies in the Physical Sciences*, III, ed. Russell McCormmach (University of Pennsylvania Press, 1971), pp. 236–237.

16. A.-F. Frézier, *Relation du voyage de la mer du sud aux côtes du Chily et du Pérou fait pendant les années 1712, 1713, & 1714* (Paris: Jean-Géoffrey Nyon, Etienne Ganeau, Jacque Quillau, 1716), p. 146. こうある。「時たつうちに我々は同じ鉱山を堀り直し、そして木の中、頭蓋の中、そして骨の中に、静脈さながら入りこんでいく黄金の繊維を見出した」。

17. ロビネはイングランドはダービーにある、ある距離から見えるようになったさる鐘塔のことを引き合いに出している(*De la nature*, I, p. 223)。百年前にはそうではなかったのだ。見る者の視線と教会の間にあった山が低くなり、それに伴って教会の立つ岡が相対的に高くなったからだろうと、ロビネは言っている。さらにロビネが言うには、サンテリーニはセネカの時代以前には存在せず、現在も住民の脚下で「成長」し続けている。

18. Claude-Henri Watelet, *L'art de peindre. Poème avec des réflexions sur les différentes parties de la peinture* (Paris, 1760), pp. 123–124. こうある。「表現は単純そのものの事物より、もっとも複雑な事物へ、動くとしも思えぬ物体より激しく動く物へと、つまりは物質から精神へと広がる」。

19. T. Takeuchi, "Die Schönheit des Unbelebten," in *Proceedings of the VIth International*

Congress of Aesthetics, ed. Rudolf Zeitler (Uppsala, 1972), p. 669.

20. Teyssèdre, *Roger de Piles*, p. 66.

21. 特に次を。Piper, *Active Universe*, p. 4. 18 世紀生気論の科学的根拠については Elizabeth L. Haigh, "The Vital Principle of Paul-Joseph Barthez : The Clash between Monism and Dualism," *Medical History* (Great Britain) 21 (January 1977), 1–14; "The Roots of the Vitalism of Xavier Bichat," *Bulletin of the History of Medicine* 79 (spring 1975), 72–86. モンペリエ大学で一番大きい影響力をふるった生気論者はポール=ジョセフ・バルテス (1734–1806) である。1778 年、バルテスは『人間科学の新基礎』を公刊して、生命体の機能を生命力 (vital principle) に帰した。バルテスは、生命力は人間身体とは別に存在するのであり、世界を賦活しようと大神がお創りになった普遍原理から流出してくると、証拠が示している、とした。ヘーグによるビシャ論はビシャをモンペリエ的伝統の中に位置付けるのみか、ヘルマン・ブールハーフェ、ゲオルク=エルンスト・シュタール、アレブレヒト・フォン・ハラー、そしてバルテスといった生理学者との関係でどこら辺に位置を占めるかも分析している。この原理の美的分肢を展開し切れぬ論文だが、ラ・メトリとディドロがその影響を受けていたことは、これをはっきりさせている。フランス語の重要観念たる"*sensibilité*"(感覚能) がどの程度まで、"irritability" (刺激反応性) の観念に負い、感覚の隠れた力が宇宙万有の中に存するという予見知に負うものだろうか。

22. William Borlase, *Antiquities Historical and Monumental of the County of Cornwall* (London: W. Bowyer and J. Nichols, 1769), pp. 211–222; A. C. Quatremère de Quincy, *Encyclopédie méthodique* (Paris: Henri Agasse, 1788–1825), III, p. 541. この現象をめぐる近代の甲論乙駁については Vincent Scully, *The Earth, the Temple, and the Gods: Greek Sacred Architecture* (Yale University Press, 1962), pp. 19 ff.

23. Nieuhof, *Embassy*, p. 269. 富める中国人が墓をつくろうとして「山の形と性質が墓に良いかどうか熱心に調べ、良い土地を見つけると安堵するが、特に龍の頭か心臓の形に似ているとこの上ない。一旦見つかるや、願い通り、子孫長久間違いないと、彼らは思うのである」。

24. Siren, *Gardens of China*, pp. 17 ff. もっと最近の論としては Patrick Conner, "China and the Landscape Garden: Reports, Engravings and Misconceptions," *Art History* 2 (December 1979), 429–440.

25. Barbara Maria Stafford, "Toward Romantic Landscape Perception: Illustrated Travel Accounts and the Rise of 'Singularity' as an Aesthetic Category," *Art Quarterly*, N.S., 1 (autumn 1977), 89–124.

26. Tuveson, "Space, Deity, and the 'Natural Sublime,'" p, 32.

27. Vartanian, *Diderot and Descartes*, pp. 47–49, 129, 135–137. ヴァルタニアンは、デカルト物理学が啓蒙哲学者 (特にディドロと周辺) に与えた影響を論じ、それが自然科学をひたすら物質成分の研究に矮小化したとする。かくて自然は科学に好個の対象と化し、どういう重要な意味においても神学の問題と関係しないものとなった。物質観の変化についてなら Günther Bandmann, "Der Wandel der Materialbewertung in der Kunsttheorie des 19. Jahrhunderts," in *Beiträge zur Theorie der Künste im 19. Jahrhunderts*, ed. Helmut Koopmann and J. Adolf Schmoll, gen. Eisenwerth (Frankfurt am Main: Vittorio

Klostermann, 1971), I, pp. 1301–1302. 物質が美的に認められた結果として、文化や人の業（わざ）にかかわらぬ傑作がありうるという話になる。逆に人の神工の手練の歴史もあって、それは Walter Cahn, *Masterpiece: Chapters on the History of an Idea* (Princeton University Press, 1979), pp. 29, 47, 89, 91 ff. これに関連するところの、まず古代ギリシアや近東、後にはローマの古代遺構の七つの建築の驚異（*mirabilia*）については Maria Luisa Madonna, "'Septem Mundi Miracula' come Templi della Virtu. Pirro Ligorio e l'Interpretazione cinquecentesca della meraviglio del Mondo," *Psicon* (1976), 25–33. 輪郭の「非物質」たることをめぐる 18 世紀的見方については Barbara Maria Stafford, "Beauty of the Invisible: Winckelmann and the Aesthetics of Imperceptibility," *Zeitschrift für Kunstgeschichte* 43, no. 1 (1980), 65-78.

28. Bonnet, *Contemplation de la nature*, I, pp. 33–36. 次も。Wilson L. Scott, "The Significance of 'Hard Bodies' in the History of Scientific Thought," *Isis* 50 (June 1959), 199–200. スコットの論じているのは原子論で、それによると 1850 年まで原子はハードで弾性あるものとみなされることが多かったわけだが、物質が塊になったハードな固体で、貫入不能なものとする見方をうべなうスコットの主張は本章にとって都合良いものである。

29. Marcia Pointon, "Geology and Landscape Painting in Nineteenth Century England," *British Society for the History of Science* 1 (1979), 93. このエッセーは 18 世紀の伝統を無視してはいるが、この関連で、ジョン・ブレットの『アオスタ渓谷』を評するラスキンが「歴史的風景」の理論に目を向けたのを思い出してみるのも無駄ではない。この語が意味するのは、風景の物象史がはっきりするような環境の絵画表象であった。

30. Georges-Louis Le Rouge, *Jardins anglo-chinois* (Paris, 1775–1788), VII, pl. 22. こう、ある。「フォンテーヌブローの森で 1734 年……クレルモント伯爵殿下の地図技師により自然より生写。英国式庭園中の岩山造成案なり」。こうした「特徴ある」岩さがしを論じているのは E. de Ganay, "Les rochers et les eaux dans le jardins à l'anglaise," *Revue de l'art ancien et moderne* 66 (July 1934), 66, 及び C. C. L. Hirschfeld, *Theorie der Gartenkunst* (Leipzig: M. G. Weidmanns Erben und Reich, 1779–1785), I, p. 192.

31. De Piles, *Cours de peinture*, pp. 173–174. 岩や割れ目、亀裂のむき出し絶壁を初期に擁護した人間については Francis Edward Litz, "Richard Bentley on Beauty, Irregularity, and Mountains," *ELH* 12 (December 1945), 327–332.

32. Hubert Burda, *Die Ruine in den Bildern Hubert Roberts* (Munich: Wilhelm Fink, 1969), p. 56.

33. P. G. Anson, "Rocks and Gardens," *Landscape* 11 (winter 1961–62), 3. 18 世紀の東西の絵画の関係という概して未研究の領域を取り上げて役に立つ本は次の二点である。Cécile and Michel Beurdeley, *Castiglione, peintre jésuite à la cour de Chine* (Paris: Bibliothèque des Arts, 1971) 及び Lunsingh Scheurleer, *Chine de Commande.*

34. Bashō, *"The Narrow Road to the Far North" and Selected Haiku*, tr. Dorothy Britten (Tokyo: Kodansha,1974), pp. 33–34, 37.

35. Le Bruyn, *Travels*, I, p. 176. 次も。Frederick Lewis Norden, *Travels in Egypt and Nubia*, tr. Peter Templeman (London: Lockyer; Davis and Charles Reymers, 1756–57), pl. 74,

fig. b. こうした「奇岩」、およびル・ブロイン、ノルデン、ケイトの旅行記中のそれらの記述については L. L. Viel de Saint-Maux, *Lettres sur l'architecture des anciens* (Brussels, 1779–1784), pp. 24–25.

36. William Marsden, *Views of Sumatra* (London, 1799), pl. 7.

37. John Barrow, *A Voyage to Cochin China in the Years 1792 and 1793* (London: T. Cadell and W. Davies, 1806), plate facing p. 5. この本はヴェトナム、ジャワへの旅の記録だが、アフリカ、カナリヤ諸島、リオ・デ・ジャネイロ、マデイラ、そしてトリスタンダクーニャ島群への旅の記録も付いている。

38. John Barrow, *An Account of Travels into the Interior of Southern Africa, in the Years 1797 and 1798; Including Cursory Observations on the Geology and Geography of the Southern Part of that Continent; The Natural History of Such Objects as Occurred in the Animal, Vegetable, and Mineral Kingdoms; and Sketches of the Physical and Moral Characters of the Various Tribes of Inhabitants Surrounding the Settlement of the Cape of Good Hope* (London: T. Cadell, Jr., and W. Davies, 1801), I, p. 60. バロウはマカートニー伯の秘書官で、ケープ地区公共会計監査主任官であった人物。

39. George Hutchins Bellasis, *Views of Saint Helena* (London: John Tyler, 1815), pl. 5. ロバート・ハヴェルがアクワティントにしたこれら6点の景観図は、その人の尽力によって「セント・ヘレナ島が当時全世界の注目を浴びることになった」ウエリントン公に献げられた。次も。Clarke Abel, *Narrative of a Journey in the Interior of China, and of a Voyage to and from that Country in the Years 1816 and 1817* (London: Longman, Hurst, Rees, Orme, and Brown, 1818), p. 193.

40. Thomas and William Daniell, *Oriental Scenery; One Hundred and Fifty Views* (London: T. and W. Daniell, 1816), part V, pls. 9, 10. ダニエルの叔父トマス（1749–1840）と甥のウィリアム（1769–1837）で二人の記念碑的な6部構成作を1795年から1808年にかけて公刊している。それはこのところ、インド史、およびその地域での英国の力の伸張という面から解釈されている。このように大掛りな地誌の仕事は、ある未知の領域をどう捉えるかの方法を表現し、占有・占拠のドキュマンを示す。次を。Kenneth Bendiner, "Thomas and William Daniell's 'Oriental Scenery': Some Major Themes," *Arts* 55 (December 1980), 98–103.

41. Thomas Sutton, *The Daniells, Artists and Travellers* (London: The Bodley Head, 1954), p. 19. 次も。Anson, *Voyage*, p. 278.

42. Neale, *Travels*, pp. 71–72.

43. J. K. Tuckey, *Narrative of an Expedition to Explore the River Zaire, usually Called the Congo, in South Africa, in 1816, under the Direction of ... to which is Added the Journal of Professor Smith; Some General Observations on the Country and Its Inhabitants; and an Appendix: Containing the Natural History of that Part of the Kingdom of the Congo through which the Zaire Flows* (London: John Murray, 1818), p. 95. 14枚のエングレーヴィングはジョン・ホーキー大尉のスケッチを基にしたもの。

44. George Waddington, *Journal of a Visit to Some Parts of Ethiopia* (London: John Murray,

1822), p. 125; John William Edy, *Boydell's Picturesque Scenery of Norway with the Principal Towns from the Naze, by the Route of Christiana, to the Magnificent Pass of the Swinesund; from Original Drawings Made on the Spot, and Engraved by ... With Remarks and Observations Made in a Tour through the Country, and Revised and Corrected by William Tooke, F.R.S., Member of the Imperial Academy of Sciences, and of the Economical Society at Saint Petersburg* (London: Hurst, Robinson, and Co.; Late Boydell and Co., 1820), pl. 63 and letterpress; Robert Melville Grindlay, *Scenery, Costumes, and Architecture, Chiefly on the Western Side of India* (London: R. Ackermann, 1826–1830), I, pl. 15.

45. Albert V. Carozzi, "Rudolph Erich Raspe and the Basalt Controversy," *Studies in Romanticism* 8 (summer 1969), 239, 245.

46. John Whitehurst, *An Inquiry into the Original State and Formation of the Earth*, second edition (London: W. Bent, 1786; first published in 1778), pp. 251, 256–257. 水成論－火成論論争と、「巨人の畷（なわて　Giant's Causeway)」を18世紀に描いた絵との特殊な関係については Martyn Anglesea and John Preston, "'A Philosophical Landscape': Susanna Drury and the Giant's Causeway," *Art History* 3 (September 1980), 252–273.

47. Jean-Benjamin de Laborde, *Description générale et particulière de la France* (Paris, 1781–1796), II, pl. 3 and letterpress.

48. Houel, *Voyage*, II, pl. 112, pp. 71–74.

49. *Voyage de Humboldt et Bonpland*, atlas, pl. XXII, pp. 123–124. 同じ地点に関して Jacques-Gérard Milbert, *Itinéraire pittoresque du fleuve Hudson et des parties latérales de l'Amerique du Nord, d'après les dessins originaux pris sur les lieux* (Paris: Henri Gaugain et Cie, 1828), p. 51.

50. Cook, *Voyage*, I, pp. 314–315. 大分後になって、ロシア人画家ルイス・チョーリスはキャプテン・オットー・フォン・コッツェブーが1815年6月にブリグ型帆船「ルーリク」号でセント・ペテルスブルグから出た探険隊に同行し、美しい珊瑚のスケッチをしている。次を。Louis Choris, *Vues et paysages des regions équinoxiales, recueillis dans un voyage autour du monde ... avec un introduction et un texte explicatif* (Paris: Paul Renouard, 1827), pl. 10. このあざやかな彩色リトグラフにはアカサンゴとイシサンゴが描かれているが、チョーリス画帖（現在ホノルルのビショップ美術館フラー・コレクション所蔵）中のすばらしい珊瑚礁の水彩スケッチを基にしている。

51. La Pluche, *Spectacle de la nature*, III, p. 241.

52. H. Diane Russell, *Jacques Callot: Prints & Related Drawings* (Washington, D.C.: National Gallery of Art, 1975), figs. 229, 240, 241; p. 283.

53. Sydney Parkinson, *A Journal of a Voyage to the South Seas in His Majesty's Ship, the* Endeavour, *Faithfully Transcribed from the papers of the Late ... Draughtsman to Joseph Banks, Esq. on His Late Expedition, with Dr. Solander, round the World. Embellished with Views and Designs, Delineated by the Author, and Engraved by Capital Artists* (London:

Stanfield Parkinson, 1773), pls. 20, 24; pp. 99, 117. 次も。Bernard Smith, *European Vision and the South Pacific, 1768–1850. A Study in the History of Art and Ideas* (Oxford: Clarendon, 1960), pp. 17–18. スミスはこのくだりを、芸術と科学の理念のせめぎ合いが如実なものと解釈している。

54. John Henry Grose, *A Voyage to the East-Indies, with Observations on Various Parts there* (London: S. Hooper and A. Morley, 1757), p. 89; Cook, *Voyage*, I, pl. 4, p. 66; Charles Cordiner, *Remarkable Ruins and Romantic Prospects of North Britain. With Ancient Monuments and Singular Subjects of Natural History* (London, 1791), viz. *Rock of Dunby*; William Alexander: 870 Drawings Made during Lord Macartney's Embassy to the Emperor of China, 1792–1794, India Office Library, III, fol. 21 v, no. 68.

55. Louis-François Cassas, *Voyage pittoresque de la Syrie, de la Phénicie, de La Palestine, et de la Basse Egypte* (Paris: Imprimerie de la Republique, An VI), II, pl. 67, p. 8; W. F. W. Owen, *Narrative of Voyages to Explore the Shores of Africa, Arabia, and Madagascar* (London: Richard Bentley, 1833), I, pp. 280-281. 海軍省発行の「覚書」が序文にあるが、シエラ・レオーネとガンビア川の間のアフリカ海岸の完全な探険と測量を英国海軍が望んでいたことがわかる。こういう事実はあるとしても、オーウェンの口吻は、ザイール川にもっと早くに科学的旅行を試みた旅行家（たとえば1816年のタッキー）のそれとははっきりちがう。ピクチャレスク美学の特徴が如実なのである。次も。Arthur de Capell Brooke, *Travels through Sweden, Norway, and Finmark to the North Cape in the Summer of 1820* (London: Rodwell and Martin, 1823), pls. 7, 8; pp. 208–210.

56. Yves-Joseph, Baron de Kerguelen-Trémarec, *Relation d'un voyage dans la mer du Nord aux côtes d'Islande, du Greenland, de Férro, de Schettland, des Orcades & de Norwège; fait en 1767 & 1768* (Paris: Prault, 1771), pl. 10, p. 158. 次も。pl. V, fig. 18, and pl. IX, fig. 19. そうした中がうつろな岩山の魅惑は19世紀中、大衆的な印刷物にも、クロード・モネの風景画にもずっと見られる。前者については "Les Feroe," *Le Magasin Pittoresque* 35 (1840), 297.

57. De Laborde, *Description*, II, pl. 14. N.B. 第4巻以降、題名変更されて *Voyage pittoresque de la France, avec la description de toutes ses provinces* となった。

58. Alexander von Humboldt, *Researches concerning the Institutions and Monuments of the Ancient Inhavitants of America*, tr. Helen Maria Williams (London: Longman, Hurst, Rees, Orme & Brown, J. Murray, & H. Colburn, 1814), I, pls. 4, 53. 次も。Jean-Benjamin de Laborde, *Tableaux topographiques, pittoresques, physiques, historiques, moraux, politiques, littéraires de la Suisse et de l'Italie, ornée de 1200 estampes ... d'après les dessins de MM. Robert, Perignon, Fragonard, Paris, Poyet, Raymond, Le Barbier, Berthelemy, Menageot, Le May, Houel, etc.* (Paris: Née & Masquelier, 1777), I, part II, pl. 163. スイスの（天然、そして人工の）橋に対するヨーロッパ人の関心については Pierre du Prey, "Eighteenth-Century English Sources for a History of Swiss Wooden Bridges," *Zeitschrift für Schweizerische Archäologie und Kunstgeschichte* 36, no. 1 (1979), 51–63. これらの一番最初の絵のひとつはF・メルキオール・フュッスリの銅版画で、次の中に。Johann Jacob Scheuchzer, *Beschreibung der Natur-Geschichten des Schweizerlandes* (Zurich:

Scheuchzer, 1706–1708), III, pls. facing p. 27; p. 42.

59. National Maritime Museum, Greenwich, "Anson's Voyage. Lieut. Brett's Original Drawings, Dec. 1740–July 1743. Engraved for the Narrative, 1748," 次も。Richard Walter, *A Voyage round the World in the Years 1740, I, II, III, IV* (London: John and Paul Knapton, 1744), I, p. 260.

60. Alexander, Drawings, III, fol. 79, no. 252; George Staunton, *An Authentic Account of an Embassy from the King of Great Britain to the Emperor of China* (London: W. Bulmer and Co., 1797), I, pp. 94–98.

61. Loius-François Cassas, *Voyage pittoresque et historique de l'Istrie et Dalmatie*, ed. Joseph Lavallée (Pierre Didot-l'aîné, 1802), p. 156.

62. De Laborde, *Description de la France*, II, pl. 5; Park, *Travels*, p. 53.

63. William Daniell, *Interesting Selections from Animated Nature with Illustrative Scenery* (London: T. Cadell, 1807–1812), pl. 29; Tuckey, *River Zaire*, pp. 131–132.

64. Robert Smith, *Views of Prince of Wales Island* (London, 1821), plate entitled View of Mt. Erskine and Pulo Ticoose Bay, Prince of Wales Island. 1813年にロバート・スミスは北インド、ミルザプールの南辺境を測量中であった。1814年にはプリンス・オヴ・ウェールズ島（ペナン）の主任技官となるが、1818年にまた戻って来ている。そこで彼のしたスケッチを基にウィリアム・ダニエルはその見事な大型エングレーヴィングを製した。次も。John Davy, *An Account of the Interior of Ceylon, and of its Inhabitants* (London: Longman, Hurst, Rees, Orme, and Brown, 1821), pp. 6 ff.; James Pattison Cockburn, *Views to Illustrate the Route of the Simplon Pass* (London: Rodwell and Martin, 1822); Robert Ker Porter, *Travels in Georgia, Persia, Armenia, Ancient Babylonia* (London: Longman, Hurst, Rees, Orme, and Brown, 1822); pl. 59. pp. 146, 150–151; Charles Forrest, *A Picturesque Tour along the Rivers Ganges and Jumna, in India: Consisting of Twenty-Four Highly Finished and Coloured Views, a Map, and Vignettes, from Original Drawings made on the Spot; With Illustrations, Historical and Descriptive* (London: R. Ackermann, 1824), pl. 7, pp. 140-141.

65. Acerbi, *Travels*, I, pp. 182–184.

66. スイス探険関連の概説二点。John Grand-Carteret, *La montagne à travers les ages: Rôle joué par elle; façon dont elle a été vue* (Grenoble: H. Falque et F. Perrin, 1903), および Numa Broc, *Les montagnes vues par les géographes et les naturalistes de langue française au XVIII*^{e} *siècle*, Mémoires de la section de géographie, IV (Paris: Bibliothèque Nationale, 1969). 山巓やシャモア狩りの絵で一杯の最も古いアルプス登攀の視覚的記録は*Das Jagdbuch Kaiser Maximilians I* (Brussels) である。1510年、デューラーの弟子だったハンス・レオナルド・ショイフェレンは、皇帝をアルプス世界に配する寓意詩『トイアーダンク』(1517) に絵を入れるという注文をもらっている。レオナルド・ベックとハンス・ブルクマイアーも関与。次 を。Conard Gesner, *On the Admiration of Mountains ... (1543); A Description of the Riven Mountain, Commonly Called Mount Pilatus (1555)*, tr. from the Latin by H. B. D. Soulé and ed. W. Dock and J. Monroe Thorington (San Francisco: Grabhorn, 1937). pp.

44–45.

67. Parks, "Turn to the Romantic," p. 27.

68. Koester, "Joos de Momper," pp. 11–13. 次も。Palissy, *Oeuvres complètes*, p. 31.

69. Diderot, *Salons*, II, P. 167. この賛美はディドロによる画家フィリップ=ジャック・ド・ルーテルブール［ラウザーバーグ］礼讃の直後のものである。次も。Friedrich Kammerer, *Zur Geschichte des Landschaftsgefühls im Frühen achtzehnten Jahrhundert* (Berlin: S Calvary, 1909), p. 79. カマラーは巨大集塊としての山岳への好みは、万事に巨大なものを好んだ17世紀のバロック様式にまさしくぴったりのものだった、とする。バロックにおける先蹤については、さらに次を。Katherine Brownell Collier, *Cosmogonies of Our Forefathers. Some Theories of Seventeenth and Eighteenth Centuries* (New York: Octagon, 1968), pp. 59–61.

70. Glacken, *Traces*, pp. 408–427 passim; Litz, "Richard Bentley," pp. 327–331; Vartanian, *Diderot and Descartes*, pp. 67–68.

71. W. R. Schweizer, "The Swiss Print," *Connoisseur* 130 (November 1952), 85–86; *Les joies de la nature au XVIII*^{e} *siècle*, Exhibition Bibliothèque Nationale (Paris, 1971), pp. 8–12; Jean Furstenberg, *La gravure originale dans l'illustration du livre française au dix-huitième siècle* (Hamburg: Dr. Ernst Hauswedell & Co., 1975), p. 295. 特にカスパール・ヴォルフの貢献については次。Yvonne Boerlin-Brodbeck, *Caspar Wolf (1735–1783), Landschaft im Vorfeld der Romantik*. exhibition, Kunstmuseum (Basel, 1980) 及び Willi Raeber, *Caspar Wolf, 1735–1783, Sein Leben und Sein Werk*, (Munich: Sauerländer, 1979). 初期のアルプス記録資料としてはGustav Solar, *Hackaert, Die Schweizer Ansichten, 1653–1656. Zeichnungen eines Niederländischen Malers als frühe Bilddokumente der Alpenlandschaft* (Dietikon-Zurich: Josef Stoeker, 1981). ヤン・ハッカートはアムステルダムの法律家ラウレンス・ファン・デル・ヘームの注文で働いたオランダ人画家12人の1人であった。ファン・デル・ヘームの所有地は17世紀アムステルダムの地図業者ヨアン・ブラウ編纂の有名な地図に載っている。スイス景観図のあらかたは、1655年、チューリッヒからグラウビュンデンにいたる4ヶ月の旅で描かれた。同行画工はチューリッヒのコンラート・マイヤーと、彼らの弟子ハンス・ルドルフ・ヴェルトミューラー。ソラーの研究一番の勘どころは、ヤン・ボトのこの若き弟子が、ライン川水源へのオランダ人のナショナリズム的関心に、そしてとりわけ、アルプス中の一番戦略的に重要なグラウビュンデンの南北路諸地点探険というデル・ヘームの注文背後にいたオランダ人商人たちの商業的経済的利害に、いかに巻きこまれていったものか、追跡しているところであろう。

72. Broc, *Les montagnes*, pp. 67–68; Mornet, *Le sentiment de la nature*. pp. 261–274 passim; Van Tieghem, *Préromantisme*, p. 169.

73. Solar, Hösli, *Escher von der Linth*, p. 67. まずは英国人顧客のための18世紀スイスのエングレーヴィングにさまざまあったことについては T. S. R. Boase, *Les peintres anglais et la vallée d'Aoste*, tr. A. P. D'Entrèves (Novara: Département du Tourisme, des Antiquités et Beaux-Arts Région Autonome Vallée d'Aoste, 1959), pp. 5–6.

74. Mercier, *Mon bonnet de nuit*, II, pp. 123–125. メルシエの「科学的」イメジャリーがヴィクトル・ユゴーのロマン主義的書き物の中に引き継がれていったことについては Helen Temple

Patterson, "Poetic Genesis: Sebastien Mercier into Victor Hugo," *Studies on Voltaire and the Eighteenth Century* 11 (1960), 68–70.

75. Broc, *Les montagnes*, p. 62.

76. Louis-François Elizabeth, Baron Ramond de Carbonnières, *Observations faites dans les Pyrérées, pour servir de suite à des observations sur les Alpes, insérées dans un traduction des Lettres de W. Coxe, sur la Suisse* (Paris: Belin, 1789), pp. 35–36. 次も。Gaston, *Images romantiques des Pyrénées*, p.12; Boase, *Vallée d'Aoste*, pp. 20–25.

77. Ramond de Carbonnirère, *Obaervations*, pp. 71–73, 195–197, ラモン・ド・カルボニエールとその「ピレネー趣味」勃興への貢献については次の卓れた論。Cuthbert Girdlestone, *Poésie, politique, Pyrénées. Louis-François Ramond (1755–1827). Sa vie, son oeuvre littéraire et politique* (Paris: Minard, 1968), pp. 146 ff. ラモンの「観察の精神」を助け、かつ減じたものに J. Dusaulx, *Voyage à Barège et dans les Hautes Pyrénées, fait en 1788* (Paris: Didot jeune, 1796) とFrançois Pasumot, *Voyages physiques dans les Pyrénées en 1788 et 1789. Histoire naturelle d'une partie de ces montagnes; particulièrement des environs de Barège, Bagnères, Cantères et Gavarnie. Avec des cartes géographiques* (Paris: Le Clare, 1797) がある。

78. Gaston, *Images romantiques de Pyrénées*, pp. 75–80. フランスでのパノラマ発明者にして、1790年代初めてピレネーを「科学的に」描いた画家の一人たるコンスタン・ブルジョワについては Marcel Durliat, "Alexandre du Mège, ou les mythes archéologiques à Toulouse dans le premier tiers du XIXe siècle," *Revue de l'Art* 23 (1974), 32–33.

79. Pierre Bouguer, *La figure de la terre, determinée par les observations des Messieurs ... & de la Condamine, de l'Académie Royale des Sciences, envoyés par ordre du Roy au Pérou, pour observer aux environs de l'équateur. Avec une relation abrégée de ce voyage, qui contient la description du pays dan lequel les opérations ont été faites* (Paris: Charles-Antoine Jombert, 1749), pl. p. cx; pp. xxix–xxx.

80. William Inglis Morse, ed., *Letters of Alejandro Malaspina (1790–1791)*, tr. Christopher M. Dawson (Boston: Mclver-Johnson, 1944), pp. 27, 32. この探険の公式な記録は次。Alejandro Malaspina, *Viaje al Rio de La Plata en el Siglo XVIII*, ed. Hector R. Ratto (Buenos Aires: "La Facultad," 1939). ラヴェネ（Ravenet）の手に帰される『景観』複製については Jose Torre Revello, *Los Artistas Pintores de la Expedicion Malaspina* (Buenos Aires: Jacobo Pevser, 1944), pl. XXXIX.

81. Halina Nelken, *Humboldtiana at Harvard* (Cambridge, Mass.: Harvard University Press, 1976), pp. 8–9, 17.

82. *Voyage de Humboldt et Bonpland*, I, p. vi.

83. Ibid., pls. X, XVI; pp. 42. 102–104.

84. Alexander Caldcleugh, *Travels in South America, during the Years 1819, 20, 21, Containing an Account of the Present State of Brazil, Buenos Ayres, and Chile* (London: John Murray, 1825), I. pl. p. 319: *View of the Great Chain of the Andes*; Charles Sruart

Cochrane, *Journal of a Residence and Travels in Colombia, during the Years 1823 and 1824* (London: Henry Colburn, 1825), I, pp. 177–179. 及び Conrad Martens, "*Beagle* Watercolours from *The Beagle Expedition and Survey to Southern Australia, 1837–1843*," National Maritime Museum, Greenwich, no. 13: *Cordillera of the Andes Seen from the East from Mystery Plain*. 最近のチャールズ・ダーウィン伝および彼の探険の概説ということでは John Chancellor, *Charles Darwin* (New York: Taplinger, 1976). 元の草稿から編まれたこの探険の最もベーシックな記録は Nora Barlow, ed., *Charles Darwin's Diary of the Voyage of the H.M.S.* Beagle (Cambridge University Press, 1933). 次のスタンダードな記録も。Robert Fitzroy, *Narrative of the Surveying Voyages of His Majesty's Ships* Adventure *and* Beagle, *between the Years 1826 and 1836, Describing Their Examination of the Sourthern Shores of South America, and the* Beagle*'s Circumnavigation of the Globe* (London: Henry Colburn, 1839), II, pp. 338, 349–350. フィッツロイ文書の第3巻にはダーウィンの*Journal and Remarks, 1832–1836*が含まれる。ドイツ人の血を引く英国人画家で、フィッツロイに1832年、モンテ・ヴィデオで画工として雇われたコンラッド・マーテンスについて一番ととのった資料は次である。Lionel Lindsay, *Conrad Martens: The Man and His Art,* ed. Douglas Dundas, second revised edition (Sydney: Angus and Robertson, 1968).

85. Jerome Lobo, *A Voyage to Abyssinia*, tr. M. Le Grand (London: A. Bettesworth, 1735), p. 204.

86. Patterson, *Poetic Genesis*, p. 70.

87. Bruce, *Travels*, III, pp. 64, 125.

88. George Annesley, Viscount Valentia, *Voyages and Travels to India, Ceylon, the Rea Sea, Abyssinia, and Egypt* (London: William Miller, 1809), III, pl. 5.

89. Charles Gold, *Oriental Drawings: Sketched between the Years 1791 and 1793* (London: Bunney, 1806), pl. 34 and glossary.

90. Grindlay, *Western India*, I, pls. 8, 9 and commentary.

91. William Hodges, *Select Views in India, Drawn on the Spot in the Years 1780, 1781, and 1783, and Executed in Aqua Tinta* (London: J. Edwards, 1786), pls. 8. 9. 16, 22. ホッジズのインド旅行については次。William Foster, "William Hodges, R.A., in India," *Bengal Past & Present* 30 (July-September 1925), 1–8.

92. Alexander Allan, *Views in the Mysore Country* (London: A. Allan, 1794), pl. 4. 私が借りてきているのはその図版（WD 107）のためのペン画素描（現在インド公文書館所蔵）。第三次、第四次マイソール戦争に参加したアレグザンダー・アラン、およびインドにいたこれらの画家については Mildred Archer, *British Drawings in the India Office Library* (London: Her Majesty's Staitonery Office, 1969), I, pp. 93 ff.

93. Robert Home, *Select Views in Mysore, the Country of Tipoo Sultan; from Drawings Taken on the Spot by ... , With Historical Descriptions* (London: Bowyer, 1794), p. 9; Daniell, *Oriental Scenery*, II, part III, pl. 13; Robert Elliott, *Views in the East: Comprising India, Canton, and the Shores of the Red Sea; With Historical and Descriptive Illustrations*

(London: H. Fisher, 1833), II, plate and text: *Hill Fortress of Dowlutabad.*

94. William Orme, *Twenty-Four Views in Hindostan from the Original Pictures Painted by Mr. Daniell & Col. Ward now in the Possession of Richard Chase, Esq.* (London: Edward Orme, 1805), pl. 10 and p. 4. ムガル皇帝の侍医だったフランソワ・ベルニエは1664年、カシミールに旅し、目にしたものを科学アカデミーに報告した。次を。François Bernier, *Voyages de ... , docteur en medécine de la Faculté de Montpellier, contenant la description des états du Grand Mogul, de l'Hindoustan, du Royaume de Kachemire, etc.* (Amsterdam: Paul Marret, 1699), II, p. 270. この本は銅版エングレーヴィングの絵が一杯なのに、268ページの図版がコーカサスとティベットの山々の地図しか示してくれないのは残念である。フランス科学探険全体の中でのベルニエの位置については P. Huard and M. Wong, "Les enquêtes scientifiques françaises et l'exploration du monde exotique aux XVIIe et XVIIIe siècles," *Bulletin de l'Ecole Française d'Extrême-Orient* 52, no. 1 (1964), 143–144.

95. William Kirkpatrick, *An Acount of the Kingdom of Nepaul; Being the Substance of Observations Made during a Mission to That Country in the Year 1793* (London: William Miller, 1811), pp. v-xiv; pls. pp. 153, 158.

96. J. B. Fraser, *Views in the Himala Mountains* (London: Rodwel & Martin, 1820). 次も。Albert W. Bettex, *L'invention du monde,* tr. Armel Guerne (Paris: Delpire, 1960), p. 96.「古きイマウス、あるいは現在のヒマラヤ山脈の雪の畝」の魅惑は大きくなり続けたのに、19世紀前半にフレーザーの画文を凌駕するものはなかった。次と比較。William Thorn, *Memoir of the War in India, Conducted by General Lord Lake, Commander-in-Chief and Major-General Sir Arthur Wellesley, Duke of Wellington: from Its Commencement in 1803, to Its Termination in 1806, On the Banks of the Hyphasis. With Historical Sketches, Topographical Description, and Statistical Observations* (London: T. Egerton, Military Library, 1818), p. 488; Robert Elliot, *Views in the East; Comprising India, Canton, and the Shores of the Red Sea. With Historical and Descriptive Illustrations* (London: H. Fisher, 1833), I, plates *Grass Rope Bridge at Teree, in the Province of Gurwall* (D. Cox, dr., W. Taylor, engr.) and *Jerdair* (D. Cox, dr., W. Higham, engr.) ; Carl, Freiherr von Hügel, *Kaschmir und das Reich der Siek* (Stuttgart: Hallberger'sche Verlagshandlung, 1840–1842). この最後の本は巨大壮麗の岩塊をヴィニェットの枠内に圧縮している。

97. James Manson, "Twelve Drawings of Almorah." ca. 1826. 次に付いている。*Report of the Mineral Survey of the Himalaya Mountains Lying between the Rivers Sutlej and Kalee,* India Office Library, MSS Eur. E. 96, fols. 6, 12. 次も。Archer, *British Drawings,* II, pp. 558–559.

98. Francis Hamilton (formerly Buchanan), *An Account of the Kingdom of Nepal, and of the Territories Annexed to This Dominion by the House of Gorkha* (Edinburgh: Archibald Constable, 1819), pp. 89–90; pls. 1, 2.

99. Pococke, *Description of the East,* II, part I, p. 95.

100. Bruce, *Travels* III, pp. 582–583.

101. James Grey Jackson, *An Account of the Empire of Marocco, and the Districts of Suse*

and Tafilelt; Compiled from Miscellaneous Observations Made during a Long Residence in, and Various Journies through, These Countries. To which is Added an Acount of Shipwrecks on the Western Coast of Africa, and an Interesting Acount of Timbucutoo, the Great Emporium of Central Africa, second revised edition (London: J. Bulmer, 1811), pp. 10–11.

102. Geroge Heriot, *Travels through the Canadas, Containing a Description of the Picturesque Scenery on Some of the Rivers and Lakes; With an Acount of the Productions, Commerce, and Inhabitants of Those Provinces; to which is Subjoined a Comparative View of the Manners and Customs of Several of the Indian Nations of North and South America* (London: Richard Phillips, 1807), pp. 2–3.

103. Abel, *China*, pl. 2 and pp. 184–185.

104. Heinrich Lichtenstein, *Reisen im Sudlichen Africa in den Jahren 1803, 1804, 1805, und 1806* (Berlin: C. Salfold, 1811), I, pl. i, p. 102.

105. John Oxley, *Journals of Two Expeditions into the Interior of New South Wales, Undertaken by Order of the British Government in the Years 1817–1818* (London: John Murray, 1820), pl. p. 235 and p. 236.

106. Davy, *Ceylon*, pl. 13 and p. 4.

107. Pococke, *Description of the East*, II, part I, pl. 5 and pp. 20, 65; Broc, *La géographie des philosophes,* p. 280.

108. Jacques-Gérard Milbert, *Voyage pittoresque à l'Ile de France, au Cap de Bonne-Espérance et à l'Ile de Teneriffe* (Paris: A. Nepveu, 1812), I, p. 53. ミルベールが言うには、ヴァランシエンヌの所で風景画を学ぶと、すぐに旅行を始めた。作品題名とは裏腹に、ミルベールは（「真の旅」と彼が呼ぶ）発見の探険行の一員である。彼は、ナポレオンがまだ第一統領だった頃に命じた発見の旅、ペロン率いる南方探険の間に罹病し、モーリシャスで上陸させられたが、この作品は強いられたこの二年間の滞留の産物である。

109. "William Alexander's Journal of a Voyage to Pekin in China on Board the *Hindostan* which Accompanied Lord Macartney on His Embassy to the Emperor," British Library, Add. Mss. 35174, fol. 3.

110. Le Gentil, *Voyage*, II, pp. 644–646.

111. Bernardin de Saint-Pierre, *L'Isle de France*, II, pp. 28–29; Forster, *Voyage round the World*, I, pp. 63–64; Thomas and William Daniell, *A Picturesque Voyage to India by Way of China* (London: Longman, Hurst, Rees, and Orme, 1810), pl. 7. 次も。Abbé de La Caille, *Journal historique du voyage fait du Cap de Bonne-Espérance* (Paris: Guillyn, 1763), pp. 148–149, 155–156.

112. Jacques-Julien, Houton de Labillardière, *Atlas pour servir à la relation du voyage à la recherche de La Pérouse par ... en 1791, 1792, et pendant la* 1ere *et* 2eme *année de la République* (Paris: H. Jansen, An VIII), I, p. 430; Vancouver, *Voyage of Discovery*, I, pl. 3, p. 268; Cassas, *L'Istrie et Dalmatie*, pl. 33 and pp. 119–120; Alexandre-Louis-Joseph

de Laborde, *Voyage pittoresque et historique de l'Espagne* (Paris: Pierre Didot l'aîné, 1806–1818), I, part I, p. 75; James Cordiner, *A Description of Ceylon, Containing an Acount of the Country, Inhabitants and Natural Productions* (London: Longman, Hurst, Rees, and Orme, 1807), I, p. 200; Valentia, *Voyages and Travels*, I, p.266; *Voyage de Humboldt et Bonpland,* I, *Supplément,* pl. 64 and p. 296; Edmond Temple, *Travels in Various Parts of Peru, Including a Year's Residence in Potosi* (London: Henry Colburn and Richard Bentley, 1830), I, pp. 283–285; H. A. West, *Six Views of Gibraltar in Two Parts with Six Views Each* (London: R. Ackermann, 1828), part II, pl. 11.

113. James Pattison Cockburn, *Swiss Scenery* (London: Rodwell and Martin, 1820), pp. 165–166; J. J. Wetzel, *Voyage pittoresque au Lac des Waldstettes ou des IV Cantons* (Zurich: Orell, Fussli et Compagnie, 1820), II.

114. リチャード・ウィルソン、ジョージ・バレット、ポール・サンドビー、トマス・ペナントによるウェールズ発見については Peter Hughes, "Paul Sandby and Sir Watkin Willams-Wynn," *Burlington* 114 (July 1972), 460–463; Robert Rosenblum, "The Dawn of British Romantic Painting, 1760–1780," in *The Varied Pattern: Studies in the Eighteenth Century,* ed. Petter Hughes (Toronto: Hakkert, 1971), pp. 191–192; Daniel Stempel, "Revelation on Mount Snowdon: Wordsworth, Coleridge, and the Fichtean Imagination," *Journal of Aesthetics and Art Criticism* 29 (spring 1971), 381.

115. Eugenio Battisti, *L'Antirinascimento* (Milan: Feltrinelli, 1962), pp. 182–184. 次も。Wolfgang Kemp, "Die Höhle der Ewigkeit," *Zeitschrift für Kunstgeschichte* 32, no. 2 (1969), 135–148. 当時の旅行記が支えた18世紀初めの「植物の発酵」をめぐる甲論乙駁を徹底的に見たければコロンナの作品群。F. M. P. Colonna (Crosset de La Haumerie), *Les principes de la nature ou de la génération des choses* (Paris: André Cailleau, 1731), pp. 271–276; *Les secrets les plus cachés de la philosophie des anciens, découvertes et expliqués, à la suite d'une histoire des plus curieuses* (Paris: d'Houry, 1722), pp. 59 ff.; *Histoire naturelle de l'univers, dans laquelle on rapporte des raisons physiques, sur les effets les plus curieux, & les plus extraordinaires de la nature* (Paris: André Cailleau, 1734), I, pp. viii–ix.

116. Delange, *Palissy*, p. 19; Herget, *Sala Terrena*, pp. 134–135. 特に次。Salomon de Caus, *Les raisons des forces mouvantes* (Paris: Hierosme Droüart, 1624).

117. Benjamin Boyce, "Mr. Pope in Bath Improves the Design of His Grotto," in *Restoration and Eighteenth-Century Literature,* ed. Carroll Camden (University of Chicago Press, 1963), pp. 144–151; Robert A. Aubin, "Grottoes, Geology, and the Gothic Revival," *Studies in Philology* 31 (July 1934), 408–410, 412; Alexandre-Louis-Joseph, Comte de Laborde, *Description des nouveaux jardins de la France et de ses anciens châteaux* (Paris: Desmarquette, 1808–1815), pl. 67.

118. Johannes Langner, "Architecture pastorale sous Louis XVI," *Art de France* 3 (1963), 182–183.

119. Joseph Pitton de Tournefort, *Relation d'un voyage du Levant, fait par ordre du*

roy. Contenant l'histoire ancienne & moderne de plusieurs isles de l'Archipel, de Constantinople, des côtes de la Mer Noire, de l'Armenie, de la Géorgie, des frontiers de Perse & de l'Asie Mineure ... enrichie de descriptions & de figures d'un grand nombre de plantes rares, de divers animaux; et de plusieurs observations touchant l'histoire naturelle (Paris: Imprimerie Royale, 1717), I, pls. 187, 190, and pp. 190–192; M. G. F. A. Choiseul-Gouffier, *Voyage pittoresque de la Grèce* (Chez Tilliard, Graveur, De Bure Père et Fils, Tilliard Frères, 1782–1809), I, pls. 36, 37, 38, and pp. 71–76. フランス人がずっとグロットに魅了されていったことは、アベ・ド・サン=ノンの画家だったクロード=ルイ・シャトレの絵を見るとよくわかるが、このことでは Phillippe Huisman, *French Watercolors of the Eighteenth Century*, tr. Diana Imber (New York: Viking, 1969), p. 127.

120. Lang, *Unterirdischen Wunder*, I, pl. p. 100 and pp. 105–106.

121. Partha Mitter, European, Attitudes to Indian Art from the Mid-Thirteenth to the End of the Nineenth-Century, Ph.D. diss., University of London, 1970, pp. 181–184; Martin Hardie and Muriel Clayton, "Thomas Daniell, R.A. (1749–1840), William Daniell, R.A. (1769–1837)," *Walker's Quarterly* 35–36 (1932), 74; James Wales, *Hindoo Excavations in the Mountain of Ellora near Aurungabad in the Decan, in Twenty-Four Views, Engraved by and under the Direction of Thomas Daniell* (London, 1803). pls. IX, XX. ダニエル全アクワティント作がインド旅行に従って並べられているのは Mildred Archer, *Early Views of India* (London: Thames and Hudson, 1980).

122. William Hodges, *Travels in India during the Years 1780, 1781, 1782, and 1783,* second revised edition (London: J. Edwards, 1794; first published in 1793), p. 71. 18世紀末人士の地下的（chthonic）なものへの好み — あらゆる洞窟趣味もそのひとつ — を論じているのは Frederic V. Bogel, "The Rhetoric of Substantiality: Johnson and the Later Eighteenth Century," *Eighteenth-Century Studies* 12 (summer 1979), 457–480.

123. James Forbes, *Oriental Memoirs, Selected and Abridged from a Series of Familiar Letters Written during Seventeen Years Residence in India: Including Observations on Parts of Africa and South America* (London: T. Bensley, 1813), I, pp. 423–425.

124. Thomas Anburey, *Hindoostan Scenery Consisting of Twelve Select Views in India, Drawn on the Spot by ... of the Crops of Engineers, Bengal, during the Campaign of the Most Noble Marquis Cornwallis Shewing the Difficulty of a March thro' the Gundecotta Pass* (London, 1799), pl. 7; Thomas Postans, 212 Drawings and Twelve Lithographs Depicting Costumes, Occupations, Scenery, and Buildings in Sind, Cutch, and Bombay, 1830–1845, India Office Library, W.D. 485. fol. 74 b. ポスタンス伝は次に。Archer, *British Artists*, I, pp. 278 ff.

125. Joseph Aignan Sigaud-Lafond, *Dictionnaire des merveilles de la nature* (Paris: Rue et Hotel Serpente, 1781), pp. 97–98; Louis Boisgelin de Kerdu, *Ancient and Modern Malta: Containing a Description of the Ports and Cities of the Islands of Malta and Goza, together with the Monuments of Antiquity still rmaining, The Different Governments to which They Have Been Subjected, Their Trade and Finances, and History of the Knights of St. John of Jerusalem and a Particular Account of the Events which Preceded and Attended Its*

Capture by the French and Conquest by the English (London: G & J. Robinson, 1804), I, pl. 16 and p. 46; Botting, *Humboldt*, pp. 84–85.

126. Jan Knops, *Misighit Sela, Nusa Kambangan, Java (Indonesia),* ca. 1815, *The Raffles Drawings,* India Office Library, W.D. 2991, fol. 23. 次も。Mildred Archer and John Bastin, *The Raffles Drawings in the India Office Library*, London (Oxford Unversity Press, 1975), p. 54. このコレクションは鉛筆、淡彩、水彩の素描38点から成るが、ほとんどが1804年から1841年にかけてシンガポール、ペナン、ベンクレン、ジャワで描かれた。一般にはラッフルズ・ドローイングと呼ばれるが、ジャワ総督（1811–1816）、スマトラのベンクレン知事（1818–1824）をつとめ、シンガポールを建設した一代の植民地経略家スタンフォード・ラッフルズ（1781–1826）の所有物だったとされているためである。その歴史はこみ入っている。キャプテン・G・P・ベイカーがラッフルズの『ジャワ史』（ロンドン。1817）の挿絵を描く時、このコレクションのあらかたに基づいた、と言うだけで足りよう。クノプスの素描を彫ったのはキャプテン・ベイカーである。

127. William Westall, *Views of the Caves near Ingleton, Gordale Scar, and Malham Cave in Yorkshire* (London: John Murray, 1818), pp. 4–5; Hodges, *Travels in India*, pp. 73–74; William Mariner, *Voyage aux Iles des Amis, situées dans l'Océan Pacifique fait dans les années 1805 à 1810 avec l'histoire des habitans depuis leur découverte par le Capitaine Cook*, second edition (Paris: J. Smith, 1819), I, p. 277.

128. Botting, *Humboldt*, p. 22. その創立者にして初代校長たる人物については W. Mühlfriedel and M. Guntau, "A. G. Werner's Wirken fur die Wissenschaft und sein Verhältnis zu den geistigen Strömungen des 18. Jahrhunderts," in *Abraham Gottlob Werner Gedenkschrift* (Leipzig: UEB, 1967), pp. 9–46.

129. Le Bruyn, *Travels*, II, pls. 250, 251, and pp. 189–191.

130. Heinrich Winkelmann, *Der Bergbau in der Kunst* (Essen: Glückauf, 1958), pp. 84–88; Poprzecka, "Le paysage industriel," p. 42.

131. *French Painting 1774–1830; The Age of Revolution*, exibition at Grand Palais, Paris, Detroit Insitute of Arts, and Metropolitan Museum of Art (1975), pl. p. 94, cat. no. 101, pp. 493–494; Rüdiger Joppien, *Philippe-Jacques de Loutherbourg, R. A.,1740–1812,* exhibiton at Iveagh Bequest (Kenwood: Greater London Council, 1973); Winkelmann, *Bergbau*, pp. 332, 373; Michael McCarthy, "Sir Roger Newdigate: Some Piranesian Drawings," *Burlington* 120 (Octorber 1978), fig. 39 and pp. 671–672.

132. Daniell, *Animated Nature*, I, pl. 18; Pierre Boisgelin de Kerdu, *Travels through Denmark and Sweden, to which is Prefixed a Journal of a Voyage down the Elbe to Hamburgh; Including a Compendious Historical Account of the Hanseatic League ... With Views from Drawings Taken on the Spot by Dr. Charles Parry* (London: Wikie and George Robinson, 1810), II, pp. 199–204, 222–235; Porter, *Russia and Sweden*, II, pp. 193–194; Edy, *Norway*, I, pp. x–xiii; Beechey, *Northern Coast of Africa*, pp. 317–318. ドイツ・ロマン派文学の鉱山の主題の重要性については Josef Durler, *Die Bedeutung des Bergbaus bei Goethe und in der Deutschen Romantik* (Frauenfeld and Leipzig: Huber, 1936), p. 196.

及び Pierre-Maxime Schuhl, "La machine, l'homme, la nature, et l'art au XVIIIe siècle, in *Rappresentazione artistica e Rappresentazione scientifica nel "Secolo dei Lumi,"* ed. Vittore Branca (Venice: Sansoni, 1970). pp. 117–118.

133. T. M. Perry and Donald H. Simpson, *Drawings by William Westall, Landscape Artist on Board H.M.S.* Investigator *during the Circumnavigation of Australia by Captain Matthew Flinders R.N. in 1801–1803* (London: Royal Commonwealth Society, 1962), pp. 14–21, 25–26; Jane Roundell, "William Hodges' Paintings of the South Pacific," *Connoisseur* 200 (February 1979), 86. こうした正確で美しい海岸線のフランスの例をといわれれば次。Jules Dumont D'Urville, *Voyage de la corvette* l'Astrolabe *exécuté pendant les années 1826–1827–1828–1829 sous le commandement de ... capitaine de vaisseau* (Paris: J. Tastu, 1830–1834), atlas, pls. 43, 44.

134. Blanckenhagen, "The Odyssey Frieze," p. 129.

135. J. C. Beaglehole, *The Journals of Captain James Cook*, vol. IV: *The Life of Captain James Cook* (London: Black, 1974), p. 228.

136. Adanson, *Senégalé*, pp. 57–58, 67–68; Constantine John Phipps. *A Voyage towards the North Pole Undertaken by His Majesty's Command, 1773* (London: W. Bowyer and J. Nichols, 1774), p. 44. フィップスとバンクスの繋がりについては A. M. Lysaght, *Joseph Banks in Newfoundland and Labrador, 1766. His Diary, Manuscripts, and Collections* (London: Faber and Faber, 1971), pp. 59–62.

137. 悲運の人 ケルゲレーヌ＝トレマレク（1734–97）については Crozet, *Voyage to Tasmania,* p. 7, n. 1, and Forster, *Voyage round the World*, I, pp. 110–112. ラ・ペルーズの行方不明を論じているのは Renè Pomeau, "La Pérouse philosophe," in *Approches des Lumières, Mélanges offerts à Jean Fabre* (Paris: Klincksiek, 1974), pp. 357–358. 日本の火山島の海岸の昏さについては La Pérouse, *Voyage*, III, p. 29. William Robert Broughton, *A Voyage of Discovery to the North Pacific Ocean ... Performed in His Majesty's Sloop* Providence *and Her Tender in the Years 1795, 1796, 1797, 1798* (London: T. Cadell and W. Davies, 1804), pl. p. 141 and pp. 140–141.

138. Daniell, *Voyage to India by Way of China*, pl. 43; Alexander, "Drawings Made during Lord Macartney's Embassy," fol. 40, no. 128. アレグザンダー（1767–1816）の訓練については Herrmann, *British Landscape Painting*, p. 131.

139. Vancouver, *Voyage of Discovery*, III, pl. 2, p. 150; pl. 3, p. 204; Krusenstern, *Voyage round the World*, I, p. 129; Franklin, *Journey to the Polar Sea*, pl. p. 366 and pp. 364–366.

140. Morier, *Journey through Persia*, pl. p. 5 and pp. 3–5; Lycett, *Australia*, pl. 14; François Péron, *Mémoires du Capitaine ... sur ses voyages* (Paris: Brissot-Thivars, 1824), I, p. 233; Beechey, *Northern Coast of Africa*, pl. p. 112 and p. 140; J. B. Debret, *Voyage pittoresque et historique au Brésil depuis 1816 jusqu'à 1831. Séjour d'un artist français au Brésil* (Paris: Firmin-Didot, 1834–1839), II, pls. 1–2, and I, p. 4. このダヴィッドの弟子と、そのヨーロッパでの人気の現代的研究として Alfonso Arinos de Melo Franco, *J. B. Debret:*

Estudios ineditos, tr. John Knox (Rio de Janeiro: Fontana, 1974).

141. Bougainville, *Voyage autour du monde*, II, pp. 24–25. ブーガンヴィルとその旅の影響について は L. Davis Hammond, ed., *News from New Cythera. A Report of Bougainville's Voyage, 1766–1769* (University of Minnesota Press, 1970), pp. 3–4, 53–55.

142. Parkinson, *Journal of a Voyage*, p. 13.

143. Johann Reinhold Forster, *Obervations made during a Voyage round the World, on Physical Geography, Natural History, and Ethic Philosophy, Especially on 1) the Earth and Its Strata 2) Water and the Ocean 3) the Atmosphere 4) the Changes of the Globe 5) Organic Bodies, and 6) the Human Species* (London: G. Robinson, 1778), pp. 15–16, 105–107.

144. Forster, *Voyage round the World*, I, p. 556; Pennant, *Scotland and the Hebrides*, pl. 29. and p.264; James Wales, *Twelve Views of the Island of Bombay and Its Vicinity Taken in the Years 1791 and 1792* (London: R. Goodwin, 1804), pl. 12; Flinders, *Voyage to Terra Australis*, II, pl. p. 172 and pp. 168–172; Henry Salt, *A Voyage to Abyssinia and Travel into the Interior of That Country. Executed under the Orders of the British Government in the Years 1809 and 1810; In Which Are Included an Account of the Portuguese Settlements on the East Coast of Africa, Visited in the Course of the Voyage* (London: F. C. and J. Rivington, 1814), pl. a, p. 169; Edy, *Norway*, I, p, xxxviii; Brooke, *Travels*, p. 373 and vignette p. 376; Davy, *Ceylon*, p, 2; Kotzebue, *Voyage of Discovery*, III, p. 229.

145. Arago, *Voyage round the World*, I, p. xxiv.

146. Saussure, *Voyage dans les Alpes*, I, pp. ii–vi.

147. Le Bruyn, *Travels*, II, pp. 12, 24, 30 and pl. 148. ル・ブロインの記述のいかに正確かは Johannes Dobai, *Die Kunstliteratur des Klassizismus und der Romantik in England* (Berne: Benteli, 1974), I. p. 880.

148. W. G. Browne, *Travels in Africa, Egypt, and Syria, from the Year 1792 to 1798* (London: T. Cadell, Jr,, and W. Davies, 1799), p. 134; Mayer, *Views in Egypt*, p. 2, pl. p. 22, and pp. 22–23. 場所に根ざす廃墟の主題については Robert Ginsberg, "The Aesthetics of Ruins," *Bucknell Review* 18 (winter 1970), 100–102.

149. "Les ruines de Petra," *Magasin Pittoresque* 46 (1836), p. 367 and fig. p. 368.

150. William Hamper, *Observations on Certain Ancient Pillars of Memorial Called Hoar-Stones* (Birmingham: William Hodgetts, 1820), p. 4; Borlase, *Antiquities of Cornwall*, pp. 175–182; Thomas Pennant, *The Journey to Snowdon* (London: Henry Hughes, 1781), pp. 261–262; Pierre-François Hugues, called d'Hancarville, *Recherches sur l'origine, l'esprit et les progrès des arts* (London: B. Appleyard, 1785), I, p. viii; Richard Payne Knight, *The Symbolical Language of Ancient Art and Mythology, an Inquiry* (New York: J. W. Bouton, 1876), pp. 147–149; Jacob Grimm, *Teutonic Mythology*, tr. James S. Stallybrass (London: George Bell and Sons, 1882), II, pp. 529–532.

151. Borlase, *Antiquities of Cornwall*, pl. 20, fig. 7, and pp. 240–256; Laborde, *Espagne*, I, pl.

41 and pp. 25–26.「巖の盆」をさらに記述するのは William Borlase, *Observations on the Ancient and Present State of Islands of Scilly and Their Importance to the Trade of Great Britain* (Oxford: W. Jackson, 1756), p. 22.

152. Barthélemy Faujas de Saint-Fond, *Voyage en Angleterre, en Ecosse et aux Iles Hébrides* (Paris: H. J. Janson, 1797), I, pp. 354–355; Hoare, *Wiltshire*, II, pp. 49–50; William Stukeley, *Stonehenge, A Temple Restored to the British Druids* (London: W. Innys and R. Manby, 1740), p. 8; M. Cambry, *Monumens celtiques, ou recherches sur le culte des pierres* (Paris: Chez Mad. Johanneau, 1805), pls. 1, 3, 5; Godfrey Higgins, *The Celtic Druids* (London: R. Hunter, 1829), pls. 42, 44. こうした粗い石に対する啓蒙時代の好みを現代的に論じるのは Stuart Piggott, *William Stukeley, an Eighteenth-Century Antiquarian* (Oxford: Claredon, 1950).

153. Cordiner, *Ceylon*, II, 122, 139; Porter, *Russia and Sweden*, II, p. 181; M. Taylor, Baron de Roujoux and Charles Nodier, *Histoire pittoresque de l'Angleterre et de ses possessions dans les Indes* (Paris: Administration de l'Histroire Pittoresque d'Angleterre, 1835), I, pp, 17–18. テイラーの時代にあってなお、ドルメンがどっちつかずの曖昧なモニュメントという扱いだったことが判る。

154. Rosario Assunto, *Il Paesaggio e l'Estetica, Geminae Ortae*, XIV, ed. Raffaello Franchini (Naples: Giannini, 1973), I, pp. 317–319. トマス・ガーティン、J・S・コットマン、トマス・ローランドソンといった画家が「ドルイドの深秘かつ驚愕の遺構」に抱いた関心は、何人かの美術史家の論ずるところながら、彼らもこうした「サブライム」な——とはつまり、暴力的に生じた——形成物を、平明をこそという美学と結びつけては考えていない。特に見てほしいのは次。Herrman, *British Landscape Painting*, pp. 123–124; Adele M. Holcomb, "*Devil's Den*; An Early Drawing by John Sell Cottman," *Master Drawing* 2, no.4 (1973), 393–396; Eugenie de Keyser, *The Romantic West, 1789–1850* (Geneva: Skira, 1965), pl. 122.

155. Chappe d'Auteroche, *Voyage en Siberie*, I, p. 86; Neale, *Travels*, I, pp. 154, 249–250; *Histoire des kosaques, epreuve* (Paris, 1813), pp. 200–201; Staunton, *Embassy to China*, II, pp. 82–83; Cook, *Voyage*, III, pl. 70 and pp. 201–202.

156. Jonathan Carver, *Travels through the Interior Parts of North America in the Years 1766, 1767, 1768* (London: Carver, 1778), pp. 173–174; Constantin-François Chasseboeuf, Comte de Volnay, *Tableau du climat et du sol des Etats-Unis d'Amerique* (Paris: Chez Courcier, Chez Dentu, An XII), I, p. 30; Paul Allen, ed., *History of the Expedition under the Command of Captains Lewis and Clark, to the Sources and down the River Columbia to the Pacific Ocean. Preformed during the years 1804–5–6. By order of the Government of the United States* (Philadelphia and New York: Bradford and Inskeep, 1814), I, pp. 51, 121, 199.

157. *Voyage de Humboldt et Bonpland*, I, p. 20; Vancouver, *Voyage of Discovery*, III, pl. 5 and pp. 412–414; E. E. Vidal, *Picturesque Illustrations of Buenos Ayres and Monte Video Consisting of Twenty-Four Views: Accompanied with Descriptions of the Scenery, and of the Costumes, Manners etc. of the Inhabitants of Those Cities and Their Environs* (London: R. Ackermann, 1820). pls. pp. 53, 67, 85, 91 and pp. 94–95; Fitzroy, *Narrative of a*

Beagle *Voyage*, II, pp. 93–94, 338; Darwin, *Narrative of Voyages of the* Beagle, III, pp. 87–88.

158. Vincent Lunardi, *An Account of the First Aerial Voyage in England. In a Series of Letters to his Guardian, Chevalier Gherardo Compagni* (London: Lunardi, 1784), p. 36; Hatton Christopher Turnor, *Astra Castra. Experiments and Adventures in the Atmosphere* (London: Chapman and Hall, 1965), p. 357 (reproduces Monck Mason's 1837 *History of Aerostation* in an appendix); Thomas Baldwin, *Airopaidia: Containing the Narrative of a Balloon Excursion from Chester, the Eighth of September, 1785. Taken from Minutes Made during the Voyage* (Chester: J. Fletcher, 1786), pls. pp. 58, 154 and pp. 81–83.

159. Cook, *Voyage*, II, pls. 35, 50 and pp. 111, 204; *Proceedings of the Association for Promoting the Discovery of the Interior Parts of Africa* (London: W. Bulmer, 1810), I, p. 25.

160. J. C. Hobhouse, *A Journey through Albania, and Other Provinces of Turkey in Europe and Asia, to Constantinople, during the Years 1809 and 1810* (London: James Cawthorn, 1813). pl. p. 433 and pp. 428–430; R. H. Colebrook, *Twelve Views of Places in the Kingdom of Mysore, the Country of Tippoo Sultan, from Drawings Taken on the Spot* (London: Edward Orme, 1805), pl. 3; Hamilton, *Nepal*, p. 62; Browne, *Travels*, p. 175; Lichtenstein, *Reisen*, I, pp, 607–608, 685; *Voyage de Humboldt et Bonpland*, I, pl. 26 and p. 204; Temple, *Peru*, II, pp. 60–62; Smith, *Antipodean Manifesto*, p. 160; Oxley, *Journals*, pp. 26–27; G. Belzoni, *Narrative of the Operations and Recent Discoveries within the Pyramids, Temples , Tombs, and Excavations in Egypt and Nubia; and of a Journey to the Coast of the Red Sea, in Search of the Ancient Berenice; and another to the Oasis of Jupiter Ammon* (London: John Murray, 1820), pp. 79, 86–90.

161. George Steuart MacKenzie, *Travels in the Island of Iceland, during the Summer of the Year 1810* (Edinburgh: Thomas Allan and Company, 1811), p. 109; Porter, *Russia and Sweden*, II, p. 185.

162. Forster, *Voyage round the World*, I, pp. 93–94, 97–98; Bailly, *Discours et mémoires*, I, p. 333; Franklin, *Polar Sea*, p. 277. 第二次航海でクックは未来の南極海岸学のための礎を築くが、そこにおけるクックの英雄的忍耐についてはJ. C. Beaglehold, "Cook the Man," in *Captain Cook Navigator and Scientist*, p. 19. ロスやパリーのような後代の探険家たちは氷海航行にもっと通じており、その探険は当時のパノラマ興行がよく取りあげている。次を。Richard D. Altick, *The Shows of London* (Belknap Press of Harvard University Press,, 1978), pp. 128 ff. Eric Adams, *Francis Danby: Varieties of Poetic Landscape* (Yale University Press, 1973), p. 74 も。

163. Flinders, *Voyage to Terra-Australis*, II, pp. 115–116; Kotzebue, *Voyage of Discovery,* II, p. 366. 次も。Dorothy Hill, "The Great Barrier Reef," in *Captain Cook Navigator and Scientist*, pp. 70–71; Daniell, *Animated Nature*, I, pl. 47.

164. Appleton, *Experience of Landscape*, p. 241. 「茫々たる広がり」の孕む「崇高美」については勿論先ずは Burke, *Sublime and Beautiful*, part II, secs. vii–viii, pp. 61–62.

165. Forster, *Voyage round the World*, II, p. 407; Cordiner, *Ceylon*, I, pp. 285–286; Davy, *Ceylon*, p. 68; *Voyage de Humboldt et Bonpland*, I, p. 4; Cook, *Voyage*, I, pl. 49 and p. 288; La Pérouse, *Voyage*, II, p. 81.

166. Wiebenson, *Picturesque Garden in France*, p. 29; Addison, *Works*, II, p. 358.「デザート」は、古代との、聖地との連想があって――少くとも言語による描写では――初期旅行記の中でどんどん大きな存在になっていく。たとえば次を。Bernhard von Breydenbach, *Le Saint voiage et pélérinage de la cité saincte de Hierusalem*, tr. Jean de Hersin (Lyons, 1489); *Les saintes pérégrinations de Bernard de Breydenbach* (1483), tr. F. Larrivaz (Cario: Imprimerie Nationale, 1904), p. 40. カイロへの途次、マインツ大聖堂参事会長は「荒地の深い孤独と乾燥の恐怖」はつくづくいやだと言い、カイロのみずみずしい庭園、肥沃な土壌と対比している。次も。D'O. Dapper, *Description de l'Afrique, contenant les noms, la situation & les confins de toutes ses parties, leurs rivières, leurs villes & leurs habitations, leure plantes & leurs animaux; les moeurs, les côutumes, la langue, les richesses, la religion & le gouvernement de ses peuples,* tr. from the Flemish (Amsterdam: Wolfgang, Waesberge, Boom & Van Someren, 1686), pl. 58 and pp. 203–204. カイロからメッカに向かうキャラヴァン隊を描いたエッチングは完全盛装のラクダやトルコ人が砂漠でなく山岳中を進むところを描いている。サハラの描写（図版なし）を見ると、「嵐の道」、「砂の」「痩せた」、「未耕の」という意味のアラビア語を使っている。

167. Le Rouge, *Jardins anglo-chinois*, VIII, pp. 5–6.「自然の野生」と支那庭園趣味の関係については Arthur O. Lovejoy, "The Chinese Origin of a Romanticism," *Journal of English and Germanic Philology* 32 (January 1993), 13–20. 次も。Laborde, *France*, V, pl. 25 and p. 32.

168. Strabo, *The Geography* 2. 5, 33; 17. 1, 52; 1. 2, 25.「秩序も形も存しない」カオスとして野生を論じた面白い議論について次を。John R. Stilgoe, *Common Landscape of America, 1580 to 1845* (Yale University Press, 1982), pp. 7–12.

169. Le Bruyn, *Travels*, I, pp. 161–164; Bernard Maillet, *Telliamed, ou entretiens d' un philosophe indien avec un missionnaire françois sur la diminution de la mer, la formation de la terre, l'origine de l'homme* (Amsterdam: Chez l'Honoré & fils, 1748), I, pp. 133–135.

170. Eyles Irwin, *A Series of Adventures in the Course of a Voyage up the Red-Sea on the Coasts of Arabia and Egypt; And of a Route through the Desarts of Thebais, hitherto unknown to the European Traveller, in the Year 1777* (London: J. Dodsley, 1780), p. 310; Bruce, *Travels*, IV, pp. 552–553; I, "Dedication to the King"; Park, *Africa*, pl. p. 338 and pp. 493, 506.

171. Vivant-Denon, *Voyage en Egypte*, I, p. 141, 150–152; Mayer, *Egypt*, pp. 9–10. ナポレオン遠征でのヴィヴァン＝ドゥノンの役割、および総裁政府時代、帝政時代のフランスを席捲した廃墟趣味への影響については René Jullian, "Le Thème des ruines dans la peinture de l'époque néo-classique en France," *Bulletin de la Scociété de l'histoire de l'art français* 1976 (1978), 271. 英国軍がエジプトを占領した同時代の劣った小粒の測量と比べると面白い。次を。Thomas Walsh, *Journal of the Late Campaign in Egypt: Including Descriptions*

of that Country, and of Gibraltar, Minorca, Malta, Marmorice, and Macri; With an Appendix Containing Official Papers and Documents (London: T. Caddell. Jr., and W. Davies, 1803), pls. 48, 49 and pp. vi–viii. 英国第 93 歩兵連隊にいて将軍アイアー・クート卿の副官をつとめたキャプテン・ウォルシュが、1800 年 10 月 24 日（出航命令がジブラルタルに来た日）に生じたことから英国によりエジプト征圧の日までの「経緯を簡潔に」記している。その素描は、ヴィヴァン=ドゥノンのものとは対照的に、「全く安全な所で必要な準備万端整えた上で」描かれたもので、「少くとも、孤独な旅人が……ふるえる手で鉛筆を握っていたぞんざいなスケッチではない」。しかし、フランス人の素描同様、これらもまた「密室に引きこもって、ひとりこっそり二筆三筆、記憶で描かれた作品」ではない。エジプト遠征から出てきた砂漠の景に匹敵するものとしては、英国人は William Burchell, *Travels in the Interior of Southern Africa* (London: Longman, Hurst, Rees, Orme, and Brown, 1822), (I, pl. 4 and pp. 282–284; II, pp. 27–28) を俟たねばならなかった。次も。Hellen M. Mckay, *The South African Drawings of William J. Buchell* (Johannesburg: Witwatersrand University Press, 1952), II, introduction. もっと有名なのが David Roberts, *The Holy Land, Syria, Idhumia, Egypt and Arabia. With Historical Descriptions by the Rev. George Croly, L.L.D. Lithographed by Louis Haghe* (London: F. G. Moon, 1842), II, pls. 46, 50. ロバーツのすばらしい本は世紀末のフランス人の仕事とはふたつの大きな点で異なる。宗教的意味合いがはっきりしているし、リトグラフ技術のせいで——図版はたしかに美しいが——砂漠の特徴に全体的な特徴ばかり与えられている。

172. Luigi Mayer, *Views in Palestine, from the Original Drawings by ... with an Historical and Descriptive Account of the Country, and Its Remarkable Places* (London: T. Bensley for R. Bowyer, 1804), pp. 1–4; Olivier, *L'Empire Othoman*, III, pp. 168–171; *Proceedings of the Africa Association*, I, pp. 121–122, 173.

173. Jackson, *Marocco*, pp. 107–108; M. Saugnier, *Relations de plusieurs voyages à la côte d'Afrique, à Maroc, au Sénégal, à Gorée, à Galam, etc., avec des détails intéressans pour ceux qui se destinent à la traite des nègres, de l'or, de l'ivoire, etc., tirées des journaux de ... qui a été long-temps esclave des maures et de l'empereur de Maroc* (Paris: Gueffier Jeune, 1791), pp. 103–105; *Proceedings of the Africa Association*, I, 112, 120–121; Browne, *Travels*, pp. 184–185; John Leyden, *A Historical & Philosophical Sketch of the Discoveries and Settlements of the Europeans in Northern & Western Africa at the Close of the Eighteenth Century* (Edinburgh: J. Moir, 1799), pp. 33–34.

174. James Grey Jackson, *An Account of Timbuctoo and Housa, Territories in the Interior of Africa by El Hage Abd Salam Shabeeny, with Notes, Critical and Explanatory. To Which Is Added Letters descriptive of Travels through West and South Barbary, and across the Mountains of Atlas* (London: Longman, Hurst, Rees, Orme, and Brown, 1820), pp. 2–6; G. F. Lyon, *A Narrative of Traveles in Northern Africa, in the years 1818, 19, and 20; Accompanied by Geographical Notices of Soudan, and of the Course of the Niger* (London: John Murray, 1821), pl. p.325 and pp. 323–327.

175. John Leyden, *Historical Account of Discoveries and Travels in Africa, by the late ... , Enlarged, and Completed to the Present Time with Illustrations of Its Geography and*

Natural History, as well as of the Moral and Social Condition of Its Inhabitants by Hugh Murray, Esq. F.R.S.E. (Edinburgh: George Ramsay, 1817), I, pp. 417–420; John Lewis Burckhardt, *Travels in Nubia; by the Late ... Published by the Association for Promoting the Discovery of the Interior Parts of Africa,* ed. Col. Leake (London: John Murray, 1819), pp. v–vi, xlvii–xlix; Belzoni, *Narrative*, pl. 25 and pp. 146–147.

176. Beechey, *Northern Coast of Africa*, pl. p. 112 and pp. 106–107; Lycett, *Australia*, p. 2; Robert Mignan, *Travels in Chaldea, Including a Journey from Bussorah to Bagdad, Hillah, and Babylon, Performed on Foot on 1827* (London: Henry Colburn and Richard Bentley, 1829), p. 5.

177. Pococke, *Description of the East*, I, pl. 30 and pp. 97–99; Fifty Drawings of the Landscapes and Antiquities of Southern India, 1784–1818, India Office Library, MacKenzie Collection, W. D. 625–674, portfolio 3. マドラスの技師で後にはインド公有地検査局主任となり、手稿、銘刻の模写、そして素描を、奉職中ずっと収集したコリン・マケンジー（1754 − 1821）については Archer, *British Artists*, II, pp. 472 ff. マケンジーおよび助手たちの素描の多くは彼が測量に従事した 1784、1787−88 年に描かれた。

178. Hodges, *Select Views in India*, pl. 27; Daniell, *Oriental Scenery*, II, part IV, pl. 15.

179. Annesley, *Voyage and Travels*, I, pl. 1 and p. 18; *Voyage de Humboldt et Bonpland*, I, pl. 4 and p. 9; Lichenstein, *Reisen*, II, pl. p.338 and p. 341.

180. Allen F. Gardiner, *Narrative of a Journey to the Zoolu Country in South Africa, Undertaken in 1835* (London: William Crofts, 1836), pl. p. 334; Belzoni, *Narrative*, pl. 1 and p. 124; Lyon, *Northern Africa*, p. 23.

181. Stuart Piggott, *The Druids* (New York: Praeger, 1975), pp. 48, 80.

182. "Religion des gaulois," *Magasin Pittoresque* 41 (1836), 331–333. 避難場所としての森のシンボリズムについては Appleton, *Experience of Nature*, p. 104. 1600 年頃の森の風景表象の伝統の展開については Terez Gerszi, "Brueghels Nachwirkung auf die Niederlandischen Landschaftmäler um 1600," *Oud Holland* 90, no. 4 (1976), 229.

183. Le Flamanc, *Les utopies prérévolutionnaires*, p. 79; André Monglond, *Le préromantisme français* (Grenoble: B. Arthaud, 1930), II, pp. 427–428; Philip C. Ritterbush, *Overtures to Biology, The Speculations of Eighteenth-Century Naturalists* (Yale University Press, 1964), pp. 143–151.

184. Issac Weld, *Travels through the States of North America, and the Provinces of Upper and Lower Canada, during the years 1795, 1796, and 1797* (London: John Stockdale, 1799), pp. 2, 23; Alexander MacKenzie, *Voyages from Montreal, on the River St. Lawrence, through the Continent of North America to the Frozen and Pacific Oceans in the Years 1789 and 1793. With a Preliminary Account of the Rise, Progress, and Present Stage of the Fur Trade of That Country* (London: T. Cadell, Jr., and W. Davies, 1801), p. vi; Volney, *Tableau*, I, pp. 7–8; Milbert, *Hudson*, I, pp. xxi–xxiv. 森は有害とする見方については、グラッケンが 1669 年のフランス森林法を議論した、Glacken, *Traces*, pp. 485–489. 乱伐の美

的結末については Nicolai Cikovsky, Jr., "'The Ravages of the Axe': The Meaning of the Tree Stump in Nineteenth-Century American Art," *Art Bulletin* 61 (December 1979), 611–617. 乱伐は北米だけでのことではなかった。Captain Thomas Williamson, *Oriental Fieldsports; Being a Complete, Detailed, and Accurate Description of the Wild Sports of the East and Exhibiting, in a Novel and Interesting Manner, the Natural History* (London: Edward Orme, 1807) (see letterpress for pl. 23) は、かつては「虎や野牛等々」に満ちていたボーグラティー川の土手付近の「密林」、「草の大ジャングル」の消滅を嘆いている。ウィリアムは加えて、「コシンバザー島に、大体がインディゴの投機筋のせいと言ってよい改良作業の手が入って、草地の多くがなくなって耕地と化し、かつ人口増加につれて、おそらくは多くの木ともども下生えが燃料用にとられてしまい……［そして］破壊は未曾有のもので、二、三年もするとドードポア駅から 12 ないし 15 マイルの地域は……丸裸になってしまった」。C. S. Sonnini, *Voyage en Grèce et en Turquie, fait par order de Louis XVI, et avec l'autorisation de la cour ottomane* (Paris: F. Buisson, An IX) (I, pp. 96-97) は、キプロスの美しく木々茂る島の乱伐を嘆き、やがて同じことがフランスで起こると懸念している。

185. Forster, *Voyage round the World*, I, p. 207; Cook, *Voyage*, I, pp. 95, 198–200; Hawkesworth, *Carteret, Relation des voyage ... Carteret*, I, p. 277; Crozet, *Tasmania*, pp. 85–89; Lesseps, *Journal*, I, pp. 187–188; Franklin, *Polar Sea*, p. 97.

186. Louis O'Hier de Grandpré, *Voyage à la côte occidentale d'Afrique, fait dans les années 1786 et 1787... Suivi d'un voyage fait au Cap de Bonne-Espérance, contenant la description militaire de cette colonie* (Paris: Dentu, 1801), I, p. 10, II, pl. p. 49; John Lewis Burckhardt, *Travels in Syria and the Holy Lands by the Late ... Published by the Association for Promoting the Discovery of the Interior Parts of Africa* (London: John Murray, 1822), p. 488.

187. Miguel Rojas-Mix, "Die Bedeutung Alexander von Humboldts für die künstlerische Darstellung Latein Amerikas," in *Alexandar von Humboldt—Werk und Werkgeltung*, ed Hanno Beck (Munich: Piper, 1969), pp. 112–114. この旅行記は次に復刻。João Mauricio Rugendas, *Viagem Pitoresca a través do Brasil*, ed. Rubens Borba de Morals (Saõ Paolo: Martins, 1940). 次も。*Voyage de Humboldt et Bonpland*, I, pl. 41; Kotzebue, *Voyage of Discovery*, III, pp. 6–9; Caldcleugh, *South America*, I, pp. 13–14. しかし、フンボルトの本が刊行された後、熱帯雨林が風景画にされだしたのも当然であった。次を。Albert Berg, *Physiognomy of Tropical Vegetation in South America; A Series of Views Illustrating the Primeval Forests on the River Magdalena and in the Andes of New Granada with a Fragment of a Letter from Baron Humboldt to the Author and a Preface by Frederick Klotzsch* (London: Paul and Dominic Colnaghi and Co., 1854). 少し前のテオドール・ド・ブリの記念碑的新世界連作にしても原始林のことはほとんど伝えられていない。次を。de Bry, *Dritte Buch Americae, darinn Brasilia durch Johann Staden von Homberg aus eigener Erfahrung in Teutsch beschrieben. Item Historia der Schifffahrt Joannis Lerii in Brasilien Welche Er selbst publiciert hat* (Frankfurt-am- Main, 1593), pl. p. 54. 一世紀後の Captain Thomas Bowery, "Asia: Wherein is Contained ye Scituation, Comerse, etc. of many Provinces, Isles, etc., in India, Per., Arabia, and ye South Seas—Experienced by Me T.B. in ye Aforementioned India, Viz. from Anno MDCLXIX to MDCLXXIX" (ms. EUR D782,

India Office Libray), fol. 95. 二頭の猛獣（多分ライオンとイノシシ）がなおベンガルの鬱蒼たる「林」の中にいることになっている。18世紀末には、ジョージ・ストーントンはブラジルの原生林のことを記述しているのに、その画家ウィリアム・アレグザンダーの方は絵に描いていない。次を。*Embassy to China*, I, pp. 177–178.

188. Engelbertus Kaempfer, *The History of Japan, Giving an Account of the Ancient and Present State and Government of that Empire; of Its Temples, Palaces, Castles and Other Buildings; of Its Metals, Minerals, Trees, Plants, Animals, Birds, and Fishes ... Together with a Description of the Kingdom of Siam*, tr. J. G. Scheuchzer (London: Scheuchzer, 1727), I, pp. 14, 26; Lt. J. Moore and Capt. Marryat, *Views of Rangoon and Combined Operations in the Burman Empire* (London: 1825–26), pls. 4, 16; J. Grierson, *Twelve Selective Views of the Seat of War, Including Views Taken at Rangoon, Cachar and Andaman Islands from Sketches Taken on the Spot by ...* (Calcutta: Asiatic Lithographic Press, 1825), pl. *View on a Lake near Rangoon; J. Kershaw, Description of a Sreries of Views in the Burman Empire, Drawn on the Spot by ... and Engraved by William Daniel, R.A.* (London: Smith, Elder, and Co., [1831?], pl. 1; Captain Trant, *Two Years in [J]ava. From May 1824 to May 1826. By an Officer on the Staff of the Quarter-Master General's Department* (London: John Murray, 1827), pp. 278–279, 439–440; Hodges, *Select Views in India*, pl. 91; Williamson, *Oriental Field-sports*, pl. 22 and p 87; J. G. Stedman, *Voyage à Surinam et dans I'intérieur de la Guiane, contenant la relation des cinq années de courses et d'observation faites dans cette contrée intéressante et peu connue; avec des détails sur les Indiens de la Guiane et les nègres*, tr. P. F. Henry (Paris: F. Buisson, An VII), atlas, pls. 13, 25, 32.

189. James Johnson, *The Oriental Voyager; or, Descriptive Sketches and Cursory Remarks, on a Voyage to India and China in His Majesty's Ship* Caroline, *Performed in the Years 1803-4-5-6* (London: James Asperne, 1807), p. 348.

190. Daniel Beeckman, *A Voyage to and from the Island of Borneo, in the East-Indies. With a Description of the Said Island: Giving an Account of the Inhabitants, Their Manners, Customs, Religion, Product, Chief Ports, and Trade* (London: T. Warner and J. Batley, 1718), pl. p. 37 and pp. 35–37. 次の有益な編書も。John Bastin and Pauline Rohatgi, *Prints of Southeast Asia in the India Office Library* (London: Her Majesty's Stationery Office, 1979).

191. Lysaght, *Banks in Newfoundland*, p. 144; Neale, *Travels*, p. 153; Georg Forster, "Ein Brick in das Ganze der Natur. Einleitung zu Anfangsgründe der Tiergeschichte," in *Schriften zu Natur, Kunst, Politik*, ed. Karl Otto Conrady (Reinbeck bei Hamburg: Rowohlt, 1971), p. 60; *Voyage round the World*, II, pp. 117, 424; Weld, *Travels*, pp. 102–103; Milbert, *Hudson*, I, pp. 93–94.

192. Pococke, *Description of the East*, I, p. 142; La Pluche, *Spectacle de la nature*, III, pl. p. 243 and pp. 241–243; Le Gentil, *Voyage*, II, p. 657. そうした海底の光景の先蹤はジャック・ルモインとジョン・ホワイトの絵をテオドール・ド・ブリがエングレーヴィングにしたものに見られる。本としては *Voyages en Virginie et en Floride* (Paris: Duchartre et Van

Buggenhoudt, 1585), pls. 17, 27.

193. De Piles, *Cours de peinture*, pp. 184–191; Bashō, *Narrow Road to the Far North*, introduction and pp. 35, 40, 44; Macartney, *Embassy to China*, I, pp. 428–431.

194. Le Bruyn, *Travels*, II, pl. p. 233 and pp. 132–133; Hodges, *Travels in India*, pl. p. 26; Gold, *Oriental Drawings*, pl. 39; Sir Charles D'Oyly, Scrap-Book, India Office Library, fol. 72; Maria Graham, *Journal of a Residence in India* (Edinburgh: George Ramsay and Company, 1812), pl. p. 7; *Journal of a Residence in Chile, during the Year 1822, and a Voyage from Chile to Brazil* (London: Longman, Hurst, Rees, Orme, Brown, and Green, 1824), pl. 2, p. 85; pl. 4, p. 135; Grierson, *Seat of War,* letterpress for plate *Port Cornwallis, Andaman Islands.*

195. Pococke, *Description of the East*, II, part I, pp. 104–105; Louis Moland, ed., *Oeuvres poètiques d'André Chenier* (Paris: Garnier Frères, 1884), II, p. 72; *Lewis and Clark Expedition*, II, p. 155.

196. Weld, *Travels*, p. 39; Heriot, *The Canadas*, pp. iii, 35; Carver, *North America*, pp. 167–168; Frédéric Gaetan, Marquis de La Rochefoucauld-Liancourt, *Voyage dans les Etats-Unis d'Amerique fait en 1795, 1796, et 1797* (Paris: Du Pont, Buisson, Charles Pougens, An VII), I, pp. 358–359; Houel, *Voyage*, I, pl. 63 and p. 116.

197. Landmann, *Portugal*, II, pl. 124; Wetzel, *Lacs de Suisse*, II, p. 7; Brooke, *Travels*, pp. 352–353.

198. Tuckey, *Expedition to Zaire*, p. 116; Elliott, *Views in the East*, I; Vidal, *Buenos Ayres*, p. vi; Cochrane, *Journal*, II, pp. 117–178; Le Bruyn, *Travels*, I, p. 63.

199. Browne, *Travels*, pp. 65, 121; Vivant-Denon, *Voyage en Egypte*, I, p. 4; Burckhardt, *Travels in Nubia*, pp. 16, 42, 350–351; *Proceedings of the Africa Association*, I, p, 123.

200. Cook, *Voyage*, I, p. viii; Crozet, *Voyage*, p. 71; *Lewis and Clark Expedition*, II, p. 110; Pococke, *Description of the East*, II, part I, pp. 34–35. 18世紀末に海の主題に人気があったことは Broc, *La géographie des philosophes*, pp. 280–281.

第3章

1. Stephen Toulmin and June Goodfield, *The Architecture of Matter* (New York: Harper & Row, 1962), pp. 202–208; Heiman and McGuire, "Newtonian Forces and Lockean Powers," pp. 242–260 passim. 五感に訴える万般の物に画家や芸術家が急に関心を抱き始めたことについてはJacques Guillerme, "Le malsain et léconomie de la nature," *Dixhuitième Siècle* 9 (1977), 61–62.

2. Scott, "Significance of 'Hard Bodies,'" p. 203; Colm Kiernan, *Science and the Enlightenment in Eighteenth-Century France, Studies on Voltaire and the Eighteenth Century* 59 (1968), 167; Jérôme Richard, *Histoire naturelle de l'air et des météores* (Paris: Saillant & Nyon, 1770), I, pp. 37, 61, 128. ニュートン思想とその余波のこの側面を一番見

事に論じるのは今だにアレクサンドル・コイレである。Alexandre Koyré, *From the Closed World to the Infinite Universe* (Johns Hopkins University Press, 1957), pp. 159–178, 252 passim; *Newtonian Studies*, appendixes A–D, pp. 115–169 passim. 勿論次も。Isaac Newton, *The Mathematical Principles of Natural Philosophy*, tr. Andrew Motte, third edition (London:B. Motte, 1729), I, pp. 8–17. とりわけこの版が重要なのはロジャー・コートの序文が入ったからで、これはニュートンのもろもろの原理を再編成して重要なばかりか、引力が「オカルトな」ものということを（デカルト主義者たち、ライプニッツを駁して）強く否定しているからである。ヴォルテールの言い方でどうなるかはVoltaire, *Letters*, pp. 136–138, 147–148.

3. Henry Guerlac, "An Augustan Monument:The Optics of Isaac Newton," in *The Varied Pattern*, pp. 155–161; John Wild, "Husserl's Critique of Psychologism: Its Historic Roots and Contemporary Relevance," in *Philosophical Essays*, pp. 28–29.

4. David B. Wilson, "Concepts of Physical Nature: John Herschel to Karl Pearson," in *Nature and the Victorian Imagination*, pp. 202–203.

5. Shaftesbury, *Moralists*, p. 102, part iv; John Stewart, *The Revelation of Nature with the Prophecy of Reason* (New York: Stewart [1813]), p. 7.

6. Albert Bettex, *The Discovery of Nature* (New York: Simon and Schuster, 1965), p. 73; Les Flamanc, *Les utopies prérévolutionnaire*, pp. 135–138; H. A. M. Snelders, "Romanticism and Naturphilosophie and the Inorganic Natural Sciences, 1797–1840," *Studies in Romanticism* 9 (summer 1970), 200–202. 次も。Koyré, *Closed World*, pp. 221–222, 258. ライプニッツまた、物質的自然をひとつの純粋で自足し、自己増殖するメカニズムにと還元し、結果、機械的でなく、故に物質的でない作用者が自然に介入することが一個の奇跡となるよう祈念しているように思われる。次を。*Clarke-Leibniz Correspondence*, p. 27. 同時に「存在の大いなる連鎖」論へのライプニッツの貢献ゆえ、フランスの生気論者たちにライプニッツは重要となった。

7. 気球昇空は1783年以降、年を追うごとの盛行ぶりだが、実体なさそうなものを実体化した他のさまざまな発明と雁行している。たとえば蒸気機関だが、謎だらけだった蒸気に似たような枷《かせ》をかませ、了解不能だったプネウマを脱神話化した。次を。*Découvertes et inventions depuis les temps les plus anciens jusqu'à nos jours*, third revised edition (Paris, 1846), pp. 7, 107–113.

8. Kiernan, *Enlightenment and Science*, pp. 165–166; Le Flamanc, *Les utopies prérévolutionnaire*, p. 60; Guitton, *Jacques Delille*, pp. 118–119; Guillerme, "Le Malsain," p. 68.

9. Louis S. Greenbaum, "The Humanitarianism of Antoine-Laurent Lavoisier," *Studies on Voltaire and the Eighteenth Century* 88 (1972), 653–656; Pierre Bertholon, "De la salubrité de l'air des villes, & en particulier des moyens de la procurer," *Journal Encyclopédique* (May 1787), 408–410; "Lettre à M. C. par P. C. J.," *Journal de Trévoux* (December 1722), 2087–2089. 18世紀末の科学、公共衛生とその建築、都市計画との関係についてはRichard A. Etlin, *The Architecture of Death: The Transformation of the Cemetery in Eighteenth-Century Paris* (Cambridge, Mass.: MIT Press, 1983).

10. Glacken, *Traces*, pp. 489–490; "Lettre à M. C.," pp. 2075–2086; Guillerme, "Le malsain," p. 63; Bernardin de Saint-Pierre, *Harmonies de la nature*, in *Oeuvres complètes*, Ⅶ－Ⅷ, pp. 47–49.

11. Glacken, *Traces*, pp. 430, 460.

12. La Pluche, *Spectacle de la nature*, Ⅲ, pp. 248–254, 290; *Table analytique et raisonnée du Dictionnaire des sciences, arts et métiers* (Paris and Amsterdam: Chez Panckoucke, Marc-Michel Rey, 1780), I, pp. 39–40.

13. Béguin, *L'âme romantique*, I, p. 118; Kiernan, *Enlightenment and Science*, pp. 170–171; Ritterbush, *Overtures to Biology*, pp. 5–7.

14. A. F. G. Gode-von-Aesch, *Natural Science in German Romanticism* (New York: AMS, 1941), pp. 201–203; Gaston Bachelard, *The Poetics of Reverie*, tr. Daniell Russell (New York: Orion; 1969), p.180; John Arthos, *The Language of Natural Description in Eighteenth-Century Poetry* (New York: Octagon, 1966), pp. 342–343; Alfred Biese, *Das Naturgefühl im Wandel der Zeiten* (Leipzig: Quelle & Meyer, 1926), p. 137.

15. Fabre d'Olivet, *Pythagoras*, pp. 226–229; J.-L. Vieillard-Baron, "Hemsterhuis, platonicien, 1721–1790," *Dixhuitième Siècle* 17 (1975), 142; Bettex, *Discovery of Nature*, pp. 17–18.

16. Béguin, *L'âme romantique*, I, p. 100; Robert Klein and Henri Zerner, "Italian Art 1500–1600," *Sources and Documents in the History of Art*, ed. H. W. Janson (Englewood Cliffs, N. J.: Prentice-Hall, 1966), p. 185; Kiernan, *Enlightenment and Science*, pp. 167–168.

17. G. W. von Leibniz, *On the Reform of Metaphysics and on the Notion of Substance, in Philosophical Works*, pp. 75–76; *Considerations on the Principles of Life, and on Plastic Natures*, p. 251; Johann Gottfried von Herder, *Vom Erkennen und Empfinden der menschlichen Seele; Bemerkungen und Träume,* in *Gesammelte Werke* (Potsdam: Rütten & Loening, 1939), I, pp. 119, 128. こうした近代力学と生気論的活動の成分の歴史についてはMax Jammer, *Concepts of Force: A Study in the Foundations of Dynamics* (Harvard University Press, 1957), pp. 158–166; M. H. Abrams, *The Mirror and the Lamp* (Oxford University Press, 1953), p. 202. ヒュームの『人性論』(1748) の力点と対照的に、ハートレーが連想の生理学的原因を言ったことと、その「振動 (vibrations)」理論についてはDavid Hartley, *Various Conjectures on the Perception, Motion, and Generation of Ideas* (1746), tr. Robert E. A. Palmer (Los Angeles: Augustan Reprint Society, 1959), p. vii.

18. Wallace E. Anderson, "Immaterialism in Jonathan Edwards' Early Philosophical Notes," *Journal of the History of Ideas* 25 (April–June, 1964), 181–200 passim; Herbert Piper, "The Pantheistic Sources of Coleridge's Early Poetry," *Journal of the History of Ideas* 20 (January 1959), 48–50. バークレーの唯心論とそのヴィジュアルな意味合いの性質・種類をめぐる最高の論は次など。I. C. Tipton, *Berkeley, the Philosophy of Immaterialism* (London: Methuen, 1974); Gary Thrane, "Berkeley's 'Proper Object of Vision'," *Journal of the History of Ideas* 38 (April–June 1977), 243–260; John W. Yolton, "As in a Looking Glass:

Perceptual Acquaintance in Eighteenth-Century Britain," *Journal of the History of Ideas* 40 (April–June, 1979), 207–234

19. "Vapeurs, vaporeux," *Encyclopédie*, XVI, p. 836; "Evaporation," VI, p. 124; "Crépuscule," IV, p. 455; Valenciennes, *Eléments de perspective*, pp. 260–263. 一日のちがった時間を絵にしようという新種の関心、現実的方法によるさまざまな大気効果についてはP. Walton, "The Educated Eye: Neo-Classical Drawing Masters & Their Methods," in *The Triumph of Culture: Eighteenth-Century Perspectives* (Toronto: Hakkert, 1972), pp. 113–115.

20. Richard, *Histoire naturelle de l'air*, V, p. 311; Jan Hendrik van Swinden, *Mémoires sur les observations météorologiques* (Amsterdam: Marc-Michel Rey, 1780), p. 72; Alexandre-Guy Pingré, "Précis du mémoire sur l'isle qui a paru en 1783, au sud-ouest de l'Islande, lu par... dans la séance publique de l'académie royale des sciences de Paris, tenue le 12 novembre dernier," *Journal Encyclopédique* (January 1784), 116–118.

21. Rudolf Tombo, *Ossian in Germany* (New York; AMS, 1966), pp. 95–101; Gaston Bachelard, *L'air et les songes. Essais sur l'imagination du mouvement* (Paris: José Corti, 1943), pp. 227–229; Bachelard, *L'eau et les rêves, Essai sur l'imagination de la matière* (Paris: José Corti, 1942), p. 29. こうした１８世紀の理論は、最近次によって解釈し直されたボードレールやラスキンの美学と驚くほど通じ合う。Lee McKay Johnson, *The Metaphor of Painting. Essays on Baudelaire, Ruskin, Proust, and Pater* (Ann Arbor, Mich.: UMI Research Press, 1980), pp. 11–146 passim.

22. Marjorie Hope Nicolson, *Newton Demands the Muse. Newton's "Opticks" and the Eighteenth-Century Poets* (London: Archon, 1963), p. 32; Louis Hourticq, "L'exposition du paysage français de Poussin à Corot, 1ere partie," *Revue de l'art ancien et moderne*, 48 (June 1925), 5–6; James Dallaway, *Constantinople Ancient and Modern, with Excursions to the Shores and Islands of the Archipelago and to the Troad* (London: T. Bensley for T. Cadell, Jr., and W. Davies, 1797), p. 180.

23. Gombrich, *Heritage of Apelles*, p. 17.

24. Blanckenhagen, "Odyssey Frieze," p. 119; *Paintings from Boscotrecase*, pp. 36–37; Rothgeb, "Scenographic Expression of Nature," p. 32.

25. Beurdeley, *Castiglione*, pp. 81–87.

26. Damisch, *Théorie du nuage*, p. 192; Guitton, *Jacques Delille*, p. 533; Biese, *Naturgefühl*, p. 145.

27. "Effet," *Encyclopédie*, V, p. 406. 18世紀の〈効果〉概念が孕むさまざまな意味の結節点についてはAlbert Boime, *The Academy and French Painting in the Nineteenth Century* (London: Phaidon, 1971), p. 167.

28. Anne-Marie Chouillet-Roche, "Le clavecin-oculaire du Père Castel, "*Dix-Huitième Siècle* 8 (1976), 158; Alexandre Ananoff, "Effets d'aquarelle et de gouache," *Connaissance des Arts* 197 (July-August 1968), 101; Charles-Yves Cousin d'Avallon, *Lingetiana, ou recueil* (Paris: Vater Jouannet, 1801), pp. 63–64.

29. Richard Bruce Carpenter, The Dutch Sources of the Art of J.-H. Fragonard, Ph. D. diss., Harvard University, 1955, pp. 11, 166–169; Pierre Rosenberg and Isabelle Compin, "Quatre nouveaux Fragonard au Louvre," *Revue du Louvre* 2, no. 4–5 (1974), 274–275; Arlette Serullaz, "Dessins inédits Nathalie Volle de Fragonard, David, et Drouais," *Revue du Louvre* 2 no. 4–5 (1974), 77–78; Carol Greene Duncan, The Persistence and Re–Emergence of the Rococo in French Painting, Ph. D. diss. , Columbia University, 1969, pp. 180–189; Robert Raines, "Watteaus and 'Watteaus' in England before 1760," *Gazette des Beaux-Arts* 93 (February 1977), 60–61. ロココ絵画に見る合理的な特定空間の抹消についての議論はNorman Bryson, *Word and Image; French Painting of the Ancien Régime* (Cambridge University Press, 1981), pp. 95–96.

30. Jean Cailleux, "Les artistes français du dix-huitième siècle et Rembrandt, "in *Etudes d'Art offertes à Charles Sterling* (Paris: Presses Universitaires de France, 1975), p. 290; Bernard Hercenberg, *Nicolas Vleughles, peintre et directeur de l'Académie de France à Rome* (Paris: Léonce Laget, 1975), pls. 24, 28; Martin Kemp, "A Date for Chardin's 'Lady Taking Tea,'" *Burlington* 120 (January 1978), 22. シャルダンの官能的ファクチュールを分析しようとして生じたディドロの唯物論–言語についてはElse Marie Bukdahl, *Diderot critique d'art*, tr. from the Danish by Jean-Paul Faucher (Copenhagen: Rosenkilde et Bagger, 1980), I, pp. 339–344.

31. Ann Percy, *Giovanni Benedetto Castiglione (1616-1670)* (Philadelphia: Museum of Art, 1971), pp. 17–20; Jonathan Scott, *Piranesi* (New York: St. Martin's 1975), pp. 50–52; Roseline Bacou, *Piranesi, Etchings and Drawings* (Boston: New York Graphic Society, 1975), pls. 6, 10; *Piranèse et les français, 1740–1790* (Rome: Elefante, 1976), catalog nos. 6, 144 and pp. 41–42, 273. ぼんやりしたものが大いなることについては Burke, *Sublime and Beautiful*, pp. 114–119; Marcia Allentuck, "Sir Uvedale Price and the Picturesque Garden: The Evidence of the Coleorton Papers, "in *Picturesque Garden*, p. 60. 美術内部の証拠の他にも、煙や蒸気を表すことのできる技術があったことも忘れてはならず、『百科全書』の手工業の項の、たとえばゴブランにおける布の染色とか、ガラス製造とかの図版を見よ。次、である。*Recueil de planches sur les sciences, les arts liberaux, et les arts méchaniques* (Paris: Briassen, 1772), X, pls. 1, 10–14.

32. Bernardin de Saint-Pierre, *Harmonies de la nature,* in *Oeuvres complètes,* IX-X, p. 430; Goethe, *Dichtung und Wahrheit*, in *Werke*, IV, p. 109; Deane, *Nature Poetry*, pp. 97–98; Hunt, *Figure in the Landscape*, pp. 107–108. 束の間に逃れゆくもの（the fugitive）の新しい美学についてはFernand Maury, *Étude sur la vie et les oeuvres de Bernardin de Saint-Pierre* (Geneva: Slatkine Reprints, 1971), pp. 422, 426.

33. Hugh Blair, *A Critical Dissertation on the Poems of Ossian the Son of Fingal*, second edition (London: T. Becket and P. A. De Hondt, 1765), p. 29; Mornet, *Romantisme en France*, pp. 117–118; Paul van Tieghem, *L'Année Littéraire (1754–1790) comme intermediaire en France des littératures étrangères* (Geneva: Slatkine Reprints, 1966), no. 39, p. 63. オシアン狂いの趨勢が美術にもたらした影響についてはHenry Okum, "Ossian in Painting," *Journal of the Warburg and Courtauld Institutes* 30 (1967), 328, 333, 336;

Ossian und die Kunst um 1800 (Munich: Prestel,1974), catalog nos. 6, 8, 9 and pp. 61–63, 66.

34. Roger Mercier, "La Théorie des climats des 'Reflexions critiques' à 'L'esprit des lois," *Revue d'Histoire Littéraire de la France* 53 (1953), part I, 23; Marcel Raymond, "Entre la philosophie et le romantisme: Senancour," in *Sensibilità e Razionalità*, p. 39.

35. Gode-von-Aesch, *Natural Science in German Romanticism*, pp. 163–164; Ernest Hauterive, *Le merveilleux au XVIIIe siècle* (Geneva: Slatkine Reprints, 1973), pp. 213–216; Béguin, *L'âme romantique*, I, pp. 7–10; [Jérôme] Richard, "La théorie des songes," *Journal de Trévoux* (June 1766), 2484–2485. 夢のイメジャリーについては*Ossian und die Kunst*, pp. 43, 47–49; *Johan Tobias Sergel 1740–1814* (Munich: Prestel, 1975), pls. 80, 82, 83.

36. Moore, *Backgrounds of English Literature*, pp. 190, 195; Glacken, *Traces*, p. 457. この「英国病」をめぐる最近の論としては次の本の第3章を。Vieda Skultans, *English Madness, Ideas on Insanity 1580–1890* (London: Routledge & Kegan Paul, 1979). 18世紀の早い頃の、もっと面白い夢論、夢と気鬱の関係論（即ち、人間体液の「スピリット」の調子と肌理に夢は依存する、とする）が見つけられるのは次。Bernard Mandeville, *Treatise of the Hypochondriae and Hysterick Diseases. In Three Dialogues*, second revised edition (London: J. Tonson, 1730), pp. 231–236. 可能な限りの映像、幻像に対する古代最重要のネタ本のひとつがCicero, *De Divinatione*, i. 3. 18世紀から見ての問題はマンデヴィル、そしてベール（*Dictionary*, II, p. 660）が示しているように、夢みる者は物質的ならざる思考という何かを持つのか否か、即ちその霊魂が身体とのあらゆる関係を完全に免れ得ているものか否かという点である。精神が物質から除外ということはあり得るのか、それとも霊魂また物質的であるのか。

37. A. S. P. Woodhouse, "The Poetry of Collins Reconsidered," in *Sensibility to Romanticism*, pp. 104–105; Duff, *Original Genius*, pp. 138–141, 177; Thielemann, "Diderot and Hobbes," p. 257; Jean Seznec, *L'ombre de Tiresias*, in *Essais sur Diderot et l'antiquité* (Oxford: Clarendon, 1957), pp. 54–56.

38. Seznec, *L'ombre de Tiresias*, pp. 53–54; James Henry Rubin, "Endymion's Dream as a Myth of Romantic Inspiration," *Art Quarterly*, N. S., 2 (spring 1978), n. 90, p. 83; Giuliano Briganti, *I pittori dell'immaginazio. Arte e rivoluzione psicologica* (Milan: Electa, 1977), p. 167; Geoffrey Hartman, *Romantic Poetry and the Genius Loci,* in *Beyond Formalism. Literary Essays 1958-1970* (Yale University Press, 1970), pp. 325–330. 抽象観念に受肉させたことの歴史をめぐる現代最高の研究といえば、ロベール・クラインのいくつかのエッセー。特にRobert Klein, "L'imagination comme vêtement de l'âme chez Marsile Ficin et Giordano Bruno," in *La forme et l'intelligible, Ecrits sur la renaissance et l'art moderne*, ed. André Chastel (Paris: Gallimard, 1970).

39. Nicolas Lenglet-Dufresnoy, *Recueil de dissertations anciennes et nouvelles sur les apparitions, les visions & les songes* (Avignon and Paris: Jean-Noël Leloup, 1751), pp. 246–249. この論を通じて、ラングレ＝デュフレノワはよく、彼の有名なベネディクトゥス会の先達の仕事を非難している。次を。Augustin Calmet, *Traité sur les apparitions des esprits, et sur les vampires ou les révénans de Hongrie, de Moravie, etc.* (1754), revised and

augmented edition (Senonnes: Joseph Pariset, 1754), I, pp. 381, 403–406. カルメ師は亡霊を説明するのにいろいろと宗教的原理に手を出すことが多いのだが、この論文の第４８章は「超自然と目さるる物理学と化学の秘密」に割かれている。そこで師は大喜びで、燐《りん》が、「粒子の流れ」が、「身体からの感ぜられぬ蒸散」が因で生じる「数限りない驚異の効果」を次々記述していく。死者たちを焼いた灰が、自然創造者が予め刻み込んでおいた形をつくりだすとか、なお温かみ残し、なお霊気とか輝発性硫酸とかが一杯の人間血液が、墓に埋葬された人々の「面影（ideas）」というか幻妖像をうみだすとか、と主張する。この二人の著述家とも依拠しているのは次である。Artemidorus, *Interpretation of Dreams,* Robert J. White (Park Ridge, N. J.: Noyes, 1975).

40. M. Roux, "Histoire naturelle, chymique & médicinale des corps des trois règnes de la nature, ou abrégé des oeuvres chymiques de M. Gaspard Neumann," *Journal de Monsieur* (February 1781), 349–350; J. L. D'Alembert, C. Bossut, and J.-J. Lalande, *Dictionnaire encyclopédique des mathématiques* (Paris: Panckoucke, 1789), I, p. 24; "Gaz," *Encyclopédie*, VII, p. 520; Guerlac, "Optics of Newton," pp. 141, 147, 150; Robert E. Schofield, *The Lunar Society of Birmingham, A Social History of Provincial Science and Industry in Eighteenth-Century England* (Oxford: Clarendon, 1963), pp. 181–182; Jean-Louis Carra, *Nouveaux principes de physique, ornés de planches* (Paris: Esprit, 1781), III, pp. 236–237; Toulmin and Goodfield, *Architecture of Matter*, p. 214.

41. Pliny, *Natural History,* 35.10.次も見よ。Franciscus Junius, *The Painting of the Ancients, in Three Bookes: Declaring by Historical Observations and Examples, the Beginning, Progresse, and Consummation of that Most Noble Art* (London: Richard Hodgkinsonne, 1638), pp. 5, 17–19, 223. 次も。Pliny, *Natural History*, 35, 10; Quintilian, *Orat. Inst.*, 12. 10. 実現不能のものの実現についてはアタナシウス・キルヒャーの鏡魔術論（鏡面に事物を「捉える」操作）も。Athanasius Kircher, *Ars magna lucis et umbrae* (1646). 光学魔術のマニエリスト、キルヒャー師の鏡の劇場 — 遊具であり、一方では視覚力学を教える教具でもある — は、60面の鏡を張ったキャビネ（ット）の上に展開する。正面扉を下すと、空と蓋が同時に反映されて、彗星だの、飛行体だの、その他の気象現象が映しだされるが、勿論下にある事物も、但し今や上下逆さまで宙に浮いて見える。この「鏡の間（galerie des glaces）」で自然がどうされたかは、ユルギス・バルトルシャイティスに詳しい。Jurgis Baltrušaitis, "Un musée des miroirs," *Macula* 2 (1977), 2–16.

42. Lomazzo, *Idea*, I, p. 126; Erwin Panofsky, "Nebulae in Pariete, 'Notes on Erasmus' Eulogy on Dürer," *Journal of the Warburg and Courtauld Institutes* 14 (1951), 35–40; Dasmisch, *Théorie du nuage*, pp. 50, 180–183; Janson, "'Image Made by Chance,'" p. 264; Andrea Busiri Vici, *Trittico paesistico romano del'700. Paolo Anesi–Paolo Monaldi–Alessio de Marchis* (Rome: Bozzi, 1976), pp. 163–165; Martin Hardie, *Water-Colour Painting in Britain* (New York: Barnes & Noble, 1967), III, p. 134

43. Clovis Whitfield, "Nicolas Poussin's 'l'Orage' and 'Temps calme'," *Burlington* 119 (January 1977), 10; Oskar Bätschmann, "Poussins Narziss und Echo im Louvre: Die Konstruktion von Thematik und Darstellung aus den Quellen," *Zeitschrift für Kunstgeschichte* 42 (June 1979), 38. これら絵にも描けぬ美がいずこにもあったことを、少

し徹底して論じこんでくれるのが、次。Louise Vinge, *The Narcissus Theme in Western European Literature up to the Early Nineteenth Century*, tr. Robert Dewsnapt and Lisbeth Grönlund (Lund: Gleerups, 1967).

44. De Piles, *Cours de peinture*, pp. 164–167, 198–200; Jean Bernard Le Blanc, *Lettre sur l'exposition des ouvrages de peinture, sculpture, de l'année 1747. Et en général sur l'utilité de ces sortes d'expositions* (Paris, 1747).

45. Rothgeb, "Scenographic Expression of Nature," pp. 306–313, 327–330; Rüdiger Joppien, "Philippe Jacques de Loutherbourg's Pantomime 'Omai, or a Trip round the World' and the Artists of Captain Cook's Voyages," *British Museum Yearbook* III, 85–86, 94–95; M. and W. G. Archer, *Indian Painting for the British 1770–1880* (Oxford University Press, 1955), p. 24.

46. Valenciennes, *Eléments de perspective*, pp. 244–250, 264–266; "Exhalaison," *Encyclopédie*, VI, p. 253.

47. Louis Cotte, *Traité de météorologie* (Paris: Imprimerie Royale, 1774), p. xvii; *Mémoires sur la météorologie*, I, pp. iii–vii; J. A. Deluc, *Recherches sur les modifications de l'atmosphère,* revised edition (Paris: Chez la Veuve Duchesne, 1784), III, pp. 238–239; N. Rouland, *Tableau historique des propriétés et des phénomènes de l'air* (Paris: Gueffier, 1784), pp. 450–451. フランス最初期の大気科学の研究家たちをめぐる最良の議論は次の中にこそ。Broc, *Géographie des philosophes*, pp. 435–440.

48. Thomas Forster, *Researches about Atmospheric Phaenomena* (London: Thomas Underwood, 1813), pp. 12–13; James Capper; *Meteorological and Miscellaneous Tracts Applicable to Navigation, Gardening and Farming, with Calendars of Flora for Greece, France, England, and Sweden* (Cardiff: J. D. Bird, ca. 1800), pp. 149–150. 雲発生のメカニズムの現代的議論としてはH. H. Lamb, *Climate: Present, Past and Future* (London: Methuen, 1972), I, pp. 46–47, 56–57, 361. 英国の気象と、田園描写とのその関係をめぐる議論としてDavid Lowenthal and Hugh C. Prince, "The English Landscape," *Geographical Review* 54 (July 1964), 315–316.

49. Aristotle, *Meteorologica*, 3; "Estimation de la temperature de différens dégrés de latitude par Richard Kirwan, écuyer de la société royale de Londres," *Journal Encyclopédique* (May 1790), 196–199. たしかにアリストテレス流の気象現象分類法が17世紀の絵入り論文によく引用されたが、広く記述されるというのはやはり18世紀を俟（ま）たねばならなかった。たとえば次などを。Gaspar Schott, *Physica curiosa, sive Mirabilia naturae et artis* (Herbipol: Johannis Andreae Endteri & Wolf, 1667), book XI: *De Mirabilibus meteororum,* pp. 1181 ff. ひとつはっきりと例外なのがデカルトの1632年の『気象論（*Les météores*）』で、大気中の蒸気形成を示す粒子の「渦巻（*tourbillons*）」のエングレーヴィングを挿絵として入れているのには、やはり喫驚せざるをえない。

50. Richard, *Historie naturelle de l'air,* V, pp. 21, 45–46; Arthur de Capell Brooke, *Winter Sketches in Lapland, or Illustrations of a Journey from Alten on the Shores of the Polar Sea in 69° 55″ North Latitude through Norwegian, Russian, and Swedish Lapland to Tornea*

at the Extremity of the Gulf of Bothnia Intended to Exhibit a Complete View of the Mode of Travelling with Rein-Deer, the Most Striking Incidents that Occurred during the Journey, and the General Character of the Winter Scenery of Lapland (London: J. Rodwell, 1827), pl. 22 and p. 532; Phipps, *North Pole*, p. 71; Smith, *Antipodean Manifesto*, p. 186.

51. Pierre Bertholon, *De l'électericité des météores* (Paris: Croullebois, 1787), II, pp. 122–128. 「昨夏の霧その他の異様なる高温の原因、及び本年蒙れる厳寒の冬の原因に就て本誌記者達への注記」、とあるのは*Journal Encyclopédique* (May 1784), 303–306. 革命前フランスで啓明団（the Illuminati）の人間は、気象現象と政治状況の間にあるらしき一致に呆然としている。次を。Le Flamanc, *Les utopies prérévolutionnaire*, p. 78. 英国の理神論者で化学者にして、ラヴォアジェの好敵手だったジョゼフ・プリーストリー（1733−1804）は「電気」分野におけるベルトロンの重要な先蹤だった。次を。Joseph Priestley, *History and Present State of Electricity, with Original Experiments* (1768), second revised edition (London:J. Dodsley, J. Johnson and J. Payne, and T. Cadell, 1769), pp. ix–xi. プリーストリーは、「これほども短期間、これほども最近に」なされた発見に満ち満ちるこの自然哲学の一分野にいかに熱狂しているか、一向に隠さない。それが用いる「哲学的な具」は——地球儀とかオルラリー太陽系儀とちがい——人間の巧智を反映などしない代わり、自然の運行そのものを目に見せる。「これらの機械のお蔭で」と、プリーストリーは言う、「無数の事物を無数の状況に置くことができるが、自然という作為者は結果を目に見せる」、と。

52. Lesseps, *Journal historique*, I, p. 146; Brooke, *Winter in Lapland*, pls. 9, 11 and pp. 451–455; William Scoresby, *An Account of the Arctic Regions, with a History and Description of the Northern Whale-Fishery* (Edinburgh:Archibald Constable and Co., 1820), I, p. 163; John Franklin, *Narrative of a Second Journey to the Shores of the Polar Sea, in the Years 1825, 1826, and 1827. Including an Account of the Progress of a Detachment to the Eastward, by John Richardson, M. D., F. R. S., F. L. S.* (London: John Murray, 1828), pl. p. 155 and pp. 154–155.

53. La Pérouse, *Voyages autour du monde*, II, pp. 10, 248; G. Mollien, *Travels in the Interior of Africa, to the Sources of the Senegal and Gambia; Performed by Command of the French Government, in the Year 1818*, ed. T. E. Bowdich (London: Henry Colburn & Co., 1820), p. 270; Graham, *Chile*, pp. 154–156, 351–353; *Journal of a Voyage to Brazil, and Residence There, during Part of the Years 1821, 1822, 1823* (London: Longman, Hurst, Rees, Orme, Brown, and Green, 1824), pls. 6, 8 and pp. 170, 220; Cochrane, *Colombia*, I, p. 14.

54. Kaempfer, *History of Japan*, I, p. 105; Daniell, *Oriental Scenery*, II, Part IV, pl. 22; Grindlay, *Western India*, I, pl. 18; Wales, *Hindoo Excavations*, pl. 24; Henry Salt, *These Twenty-Four Views Taken in Saint Helena, the Cape, India, Ceylon, Abyssinia, and Egypt* (London: William Miller, 1809), pls. 21, 22.

55. Bruno Weber, "Die Figur des Zeichners in der Lasndschaft," *Zeitschrift für Schweizerische Archäologie und Kunstgeschichte* 34, no. 1 (1977), 48–49; Richard, *Histoire naturelle de l'air* 7, 223–234; Rodolphe Hentzi, *Vues remarquables des montagnes de la Suisse* (Berne: Wagner, 1776), pl. 5 and p. 14; Raoul-Rochette, *Lettres sur la Suisse*, I, part I, pp. 39–40.

セナンクールによる次も。Etienne-Pivert de Senancour, *Oberman* (1804). その第84書簡でセナンクールはピスヴァッシュ滝の前で深いもの思いに捉われ、その石走る水を非物質化と究極の放散のシンボルとみなす（引いているのはRaymond, "Senancour," in *Sensibilità e Razionalità*, I, p. 30). スイス名瀑の初期景観図のひとつは次二点。Scheuchzer, *Natur-Geschichte des Schweizerlandes*, II, p. 44. 及び Gottlieb Siegmund Gruner, *Eisgebirge des Schweizerlandes: beschrieben von... Fürsprech vor den Zweyhunderten des Freystaates Bern* (Bern: Abraham Wagner, Sohn, 1760), I, plate facing p. 104.

56. Bruce, *Travels*, III, p. 425; Cochrane, *Colombia*, II, pp. 178–179.

57. Grose, *East Indies*, p. 17; Le Gentil, *Les mers de l'Inde*, II, pl. 1, and p. xiv.

58. Chappe d'Auteroche, *Voyage en Siberie*, III, pl. 15 and pp. 342–343; Giovanni Maria della Torre, "Incendio del Vesuvio accadute li 19 d'octobre del 1767," *Journal des Sçavans* 36 (1769), 46–55; Cook, *Voyage*, II, pl. 59 and pp. 61–62; Patrick Brydone, *A Tour through Sicily and Malta, in a Series of Letters to William Beckford, Esq. of Somerly in Suffolk* (London: W. Strahan and T. Cadell, 1773), I, pp. 195–196. さまざまな火山活動を描く図版を含む次も。Jean Blaeu, *Nouveau théâtre d'Italie, ou description exacte de ses villes, palais, églises, etc. Et les cartes géographiques de toutes ses provinces* (Amsterdam: Pierre Mortier, 1704), III, pls. 9, 13.

59. Dürler, *Bedeutung des Bergbaus* pp. 187–191; Boisgelin de Kerdu, *Travels in Denmark and Sweden*, II, pl. p. 221 and pp. 220–221; William Borlase, *The Natural History of Cornwall* (Oxford: W. Jackson, 1758), p. 12. 鉱床採掘のイメジャリーが幾星霜どうであったかは次で見られる。Marcel N. Barbier, *Les mines et les arts a travers les âges* (Paris: Société de l'Industrie Minérale, 1956). ピクチャレスク美学の「司祭」ウィリアム・ギルピンのWilliam Gilpin, *Observations on the Highlands of Scotland* (1789)でも、*Observations on the Mountains and Lakes of Cumberland and Westmoreland*でも、地球内部にピクチャレスクな美を見出すことがない。せいぜいで洞穴の入口くらいである。鉱山の深奥部が特に重要ということになっているのはドイツ・ロマン派の、たとえばノヴァーリス（フリードリッヒ・フォン・ハルデンベルク伯）、シューベルト、そしてとりわけE. T. A. ホフマン、である。特に次。E. T. A. Hoffmann, "The Mines of Falun," in *The Best Tales of Hoffmann* (1819), ed. E. F. Bleiler (New York: Dover, 1967), pp. 285 ff.

60. Damisch, *Théorie du nuage*, pp. 54–55, 258; Appleton, *Experience of Landscape*, p. 113; Bachelard, *L'air et les songes*, pp. 218–219.

61. "Nuée," *Encyclopédie*, XI, p. 278; Richard, *Histoire naturelle de l'air*, V, pp. 308–309; J. Frederic Daniell, *Meteorological Essays and Observations* (London: Thomas and George Underwood, 1823), p. 110. 18世紀は何とも雑駁な「空気（air）」という語しか使えていない割りには、大気現象の研究・測定の面では大いに進歩があった。次を。Broc, *Les montagnes*, pp. 173–174.

62. Macartney, *Embassy to China*, I, p. 103; Forster, *Voyage round the World*, I, p. 65; Barrow, *Southern Africa*, I, pp. 38–40; Johnson, *Oriental Voyager*, pp. 17, 49–50.

63. Bernard O'Reilly, *Greenland, the Adjacent Seas, and the North-West Passage to the Pacific*

Ocean, Illustrated in a Voyage to Davis's Strait during the Summer of 1817, With Charts and Numerous Plates from Drawings by the Author Taken on the Spot (London: Baldwin, Cradock, and Joy, 1818), pls. p. 196 and pp. ii–iv, 37–38.

64. Faujas de Saint-Fond, *La machine aérostatique*, I, pp. 1–2; II, frontispiece and p. 19.「気球機械に関する各種注記」の載るのは*Journal Encyclopédique* (January 1784), 306–307. M. Laudier寄稿の「本誌記者に向けられた気球機械に関する体験と観察」は*Journal Encyclopédique* (April 1784), 299–300.「(兄) モンゴルフィエ氏による気球航学に関する、1783年11月、リヨン市にて催されたる科学・文学・美術学会例会に於ける議論」は*Journal Encyclopédique* (April 1784), 10–14; "Letter to Charles," Library of Congress, Tissandier Collection. 気球昇空の「祝宴 (*fêtes*)」は本当に旧体制下に展開された他の大型公式催事もろもろとまさしく「お祭り」気分を共有していたわけだが、そのことについてはAlain-Charles Gruber, *Les grandes fêtes et leurs décors à l'époque de Louis XVI* (Paris:Droz, 1972), p. 22.

65. François Bruel, *Histoire aéronautique par les monuments peints, sculptés, dessinés et gravés des origines à 1830* (Paris: André Marty Imprimerie de Frazier–Soye, 1909), pl. 92 and pp. 18, 59; Baldwin, *Airopaidia*, pp. 57–58, 110, 128–141.

66. "Rapport fait par MM. Duhamel du Monceau & Tillet, présenté à l'Académie par le Père Cotte, prêtre de l'Oratoire, & correspondent de cette Académie," *Observations sur la physique, sur l'histoire naturelle et sur les arts* 2 (April 1772), 11; Richard, *Histoire naturelle de l'air*, VII, p. 329.「大いなる真は崇高な光にこそ宿れる」という感覚についてはNicolson, *Newton Demands the Muse*, p. 121. 詩の中に水や気象のイメジャリーが増加していったことについてはGuitton, *Jacques Delille*, p. 101.

67. Kerguelen-Trémarec, *Relation*, p. 9; Richard, *Histoire naturelle de l'air*, VII, pp. 357–360; Bouguer, *Figure de la terre*, p. xii; Thorn, *Java*, p. 286; O'Reilly, *Greenland*, pl. p. 46 and p. 161. そうしたさまざまな異変事を「映しだす」光に古代人、中世人がいかに大きな関心を寄せていたかは、バルトルシャイティスの名著『鏡』で見ることができる。19世紀半ばの絵をかなり入れてくれている本でもある。Jurgis Baltrušasitis, *Essai sur une légende scientifique. Le Miroir. Révélations, science-fiction et fallacies* (Paris:Elmayan, Le Seuil, 1978), pp. 49–65.

68. Richard, *Histoire naturelle de l'air*, VII, pp. 224–225; "Le spectre du Brocken," *Magasin Pittoresque* 43 (1833), pl. p. 341; Smith, *Antipodean Manifesto*, pp. 177–179. 次も。Lawrence Rooke, "Directions for Seamen Bound for Long Voyages," *Philosophical Transactions of the Royal Society* 1 (1666), 50–51. これは船乗りたちが船旅の間に何に目を向けるべきか——たとえば発光現象——、それをどう記録すべきかを、いろいろ教えようというものである。短い序文はロンドン王立協会の目的をきちんと示している。フランスでの同様な指南に、ブーダンの探検隊に加わる博物学者たちにルドリュー (André Pierre Ledru) がしたものがある。次を。André-Pierre Ledru, *Voyage aux Iles de Ténériffe, la Trinité, Saint-Thomas, Sainte-Croix et Porte-Ricco, exécuté par ordre du gouvernement français, depuis le 30 septembre 1796 Jusqu'au 7 juin 1798 sous la direction du Capitaine Baudin, pour faire des recherches et des collections relatives à l'histoire naturelle* (Paris: Arthus Bertrand, 1810), I, p. xvii. ブロッケン現象や同類にきちんと分類を施したのはSir David Brewster,

Letters on Natural Magic, Addressed to Sir Walter Scott, Bart. (London: John Murray, 1834), pp. 127–148. 山、クレーター、そして「斑」など、月面の地誌は17世紀以後、いよいよしばしば、ますます正確に絵にされていた。特に次。Gaspar Schott, *Iter Extaticum coeleste, quo Mundi opificium, id est, Coelestis Expansi, siderung...* (Herbipoli: Scumptibus Joh. Abdr. & Wolffg. Jun. Endterorum, 1660), pl. 3, p. 64; Tobias Mayer, *Bericht von den Mondskugeln, welche bey der kosmographischen Gesellschaft in Nürnberg, aus neuen Beobachtungen verfertigt werden durch...* (Nuremberg: Homännischen Officin, 1750), pls. 1, 2. しかし、こうした月面ポートレート中一番秀逸なのは次だろう。John Russell, *The Lunar Planispheres, Engraved by the Late..., Esq., R. A. from His Original Drawings. With a Description* (London: William Bulmer and Company, 1809), pls. 1, 2. このフォリオ版本を先駆していたのがRussell, *Lunar Globe* (1797)である。

69. Bernardin de Saint-Pierre, *Harmonies de la nature*, in *Oeuvres complètes*, IX–X, p. 320; Barrow, *Southern Africa*, I, pp. 40–41.

70. Forster, *Observations made during a Voyage*, pp. 120–121; Chauncey C. Loomis, "The Arctic Sublime," in *Nature and the Victorian Imagination*, pp. 100–102. Joseph Priestley, *History and Present State of Discoveries Relating to Vision, Light and Colours* (London: J. Johnson, 1772)は、18世紀末における知の状況の要覧の趣がある。J. R. フォルスターはこれを一冊所有しており、クックの第二次航海に携行していった可能性大である。

71. Ritterbush, *Overtures to Biology*, pp. 25–26; R.P. du Fesc, "Dissertation sur la lumière septentrionale, avec l'explication de ses divers phénomènes," *Journal de Trévoux* (July-September 1732), 1216–1217, 1575–1576; Fredrich Daniel Behn, *Das Nordlicht* (Lübeck: Christian Gottfried Donatus, 1770), pp. 27–29. ベッカリーアにも通じるプリーストリーの結論は、天壌間の、北極光、流星から海竜巻、旋風、ハリケーン、地震といった異常現象の原因は電気(electricity)である、とする。次を。Priestley, *History of Electricity*, pp. 341–361 passim. かくして、この新しい実験科学分野で発見をなそうと思う知恵ある観察者に、プリーストリーは「未踏圏域への探険」を試みよと勧める。次を。Joseph Priestley, *Experiments and Observations on Different Kinds of Air, and Other Branches of Natural Philosophy* (Birmingham: Thomas Pearson, 1790), I, p. xxv.

72. Roger-Joseph Boscovich, "Dissertatio de Lumine," *Jounal de Trévoux* (July 1750), 1654–1656; Bertholon, *Électricité des météores*, II, p. 39; Carra, *Nouveaux principes physiques*, III, p. 174. カーラについてはThomas Crow, "The *Oath of the Horatii* in 1785, Painting and Pre-Revolutionary Radicalism in France," *Art History* 1 (December 1978), 440.

73. Jean–Jacques Dortous de Mairan, *Traité physique et historique de l'aurore boréale* (Paris: Imprimerie Royale, 1733), pp. 65–66, 245–251. この現象に対する最近の論としてはJohn A. Eddy, "The Maunder Minimum," *Science* 192 (June 18, 1976), 1189–1202; Emmanuel Le Roy Ladurie, *Histoire du climat depuis l'an mil* (Paris: Flammarion, 1967), pp. 222. 専門家が一般人向けに著わした実に読んで面白く為にもなる北極光の議論が次。Robert H. Eather, *Majestic Lights. The Aurora in Science, History, and the Arts* (Washington, D. C.: American Geophysical Union, 1980), pp. 2–3. この現象は現代では、太陽風の粒子が太陽か

ら四方八方に飛び出ていくことの結果として説明される。それが地球磁場と接触すると、帯電した粒子の軌道に影響が出る。地球磁場の形から、これら粒子は両極周辺のふたつの楕円の圏域に導かれるが、毎夜北極光が姿を現わすのがまさしくそこになるのだ。これら粒子が地球上層の大気圏の酸素と窒素と衝突して、そのエネルギーをガスに与えると、これらのガスが色を持った光の形に輝きだすわけである。

74. Forster, *Voyage round the World*, I, pp. 115–116; Kerguelen–Trémarec, *Relation*, p. 165; Franklin, *Journey to Polar Sea*, p. xii; Brooke, *Winter in Lapland*, pl. 18 and pp. 125–126; Turnor, *Astra Castra*, pp. 123–124. 北極光の最も驚くべきフォリオ版の絵（M. ベヴァレの絵から刷ったリトグラフ）については次を。Paul Gaimard, *Voyages de la commission scientifique du Nord en Scandanavie, en Laponie, au Spitzberg et aux Feröe pendant les années 1838, 1839, et 1840 sur la corvette* La Recherche, *commandé par M. Fabvre, Lieutenant de vaisseau. Publiés par ordre du roi sous la direction de... , président de la commission scientifique du Nord* (Paris: Arthus-Bertrand, 1842–1852). その「自然図説」のうちの 12 点（番号なし）が、フィンランドのボセコップ上空に出現した北極光を描いている。

75. Cotte, *Traité de météorologie*, p. 90; Thomas Wright, *An Original Theory or New Hypothesis of the Universe* (London: Wright, 1750), pp. 24, 59–61; Bettex, *Discovery of Nature*, pp. 118–119; La Pluche, *Spectacle de la nature*, III, p. 483; D'Alembert, *Dictionnaire encyclopédique*, II, pp. 443–445; Skjöldebrand, *North Cape*, pp. 8–9, 19.

76. Sigaud-Lafond, *Dictionnaire des merveilles*, p. 65; Bertholon, *Électricité des météores*, I, pp. 1–3; Valenciennes, *Eléments de perspective*, p. 257. ニュートン以降の人間の感性、および無限で巨大な自然に対するその好みについては次を。Tuveson, "Space, Deity, 'Natural Sublime,'" p. 21.

77. Rooke, "Directions for Seamen," p. 52; Cotte, *Traité de météorologie*, pp. 79–82; Ritterbush, *Overtures to Biology*, pp. 21–23.

78. Belzoni, *Narrative*, p. 33; Kaempfer, *History of Japan*, I, 45.

79. Pujoulx, *Paris*, p. 33; C. L. Berthollet, *Essai de statique chimique* (Paris: Imprimerie de Demonville et Soeurs, 1803), I, pp. 257–258; François Péron, *Voyage de découvertes aux terres australes, exécuté par ordre de sa majesté l'empereur et Roi, sur les corvettes Le Géographe, Le Naturaliste, et la goelette Le Casuarima, pendant les années 1800, 1801, 1802, 1803, 1804* (Paris: Imprimerie Impériale, 1807), I, pp. 40–41; Forster, *Observations Made during a Voyage*, pp. 65–66; Beaglehole, *Endeavour Journal of Banks*, p. 179. 次も。Marie Louise Hemphill, "Le carnet de croquis du séjour en Angleterre en 1815 de Charles-Alexandre Lesueur (1778–1846)," *Bulletin de la Société de l'histoire de l'art français* 1975 (1976), 239. この現象に対する現代の徹底した研究ということで Harvey E. Newton, *The History of Luminescence from the Earliest Times until the Present* (Philadelphia: American Philosophical Society, 1957).

80. Bernardin de Saint-Pierre, *Voyage à l'Ile de France*, I, p. 37; *Harmonies de la nature*, in *Oeuvres complètes*, VII–VIII, pp. 114–117. 同様に Erasmus Darwin, *The Botanic Garden* の第一部、第二部とも（「植物経済」、「植物の愛」）燐光現象にふれている。

81. 夜光虫(*Noctiluca*)はロバート・ボイルの一連の実験報告でまず有名になった。Robert Boyle, *The Aerial Noctiluca or Some New Phenomena and a Process of a Facetious Self-Shining Substance* (London: T. Snowdon, 1680); *New Experiments and Observations Made upon the Icy Noctiluca* (London: 1681–82). ボイル、あるいはずっと古くデカルト(*Les météores*, 1637)から18世紀末まで、この冷たい光の原因は何かが熱く議論された(腐敗、摩擦、渦鞭毛虫)。次も。Macartney, *Embassy to China*, I, p. 295; Booke, *Winter in Lapland*, pp. 53–54.

82. Broc, *La géographie des philosophes*, p. 438; Jean D'Alembert, "Réflexions sur la cause générale des vents" in *Histoire de l'Académie des sciences* (1750), pp. 41–47; Rouland, *Phénomènes de l'air*, pp. 528–533; Gaspard Monge, Jean-Dominique Cassini, Pierre Bertholon, *Dictionnaire de physique* (Paris: Hotel de Thou, 1793), I, p. 227.

83. Forster, *Voyage round the World*, I, p. 253; Kaempfer, *History of Japan*, I, pp. 50–53; Louis de Grandpré, *Voyages dans l'Inde et au Bengale, fait dans les années 1789 et 1790... Suivi d'un voyage fait dans la Mer Rouge, contenant la description de Moka, et du commerce des Arabes de l'Yemen; des détails sur leur caractère et leurs moeurs* (Paris: Dentu, 1801), II, p. 125; Perry and Simpson, *Drawings by William Westall*, p. 28; Daniell, *Oriental Scenery*, V, pl. 8; Grindlay, *Western India*, II, pl. 21.

84. Brydone, *Sicily and Malta*, II, pp. 63, 139; Jackson, *Marocco*, pp. 283–284; Belzoni, *Narrative*, p. 195. 次も。Thorn, *Memoir of the War in India*, pp. 345–346; Fitzroy, *Narrative of a Beagle Voyage*, II, p. 93.

85. "Trombe," *Encyclopédie*, XVI, p. 689; *Recueil de planches*, IV, pl. 2, figs, 3–4; Bertholon, *Eléctricité des météores*, II, pp. 216, 221–223; William Dampier, *A Collection of Voyages* (London: James and John Knapton, 1729), I, p. 451; Forster, *Voyage round the World*, I, p. 193; F. W. Beechey, *Narrative of a Voyage to the Pacific and Beering's Strait, to Co-Operate with the Polar Expeditions:Performed in His Majesty's Ship* Blossom, *under the Command of... in the Years 1825, 26, 27, 28* (London: Henry Colburn and Richard Bentley, 1831), pl. p. 149 and p. 5; Le Gentil, *Voyage*, II, pls. 1, 9 and p. xv; M. La Place, *Voyage autour du monde par les mers de l'Inde et de la Chine de la corvette de sa majesté La Favorite, exécuté pendant les années 1830, 1831, 1832* (Paris: Arthus Bertrand, 1835), pls. 3, 4: Johnson, *Oriental Voyager*, p. 136; Peter Schmidtmeyer, *Travels into Chile, over the Andes, in the Years 1820 and 1821, with Some Sketches of the Productions and Agriculture; Mines and Metallurgy; Inhabitants, History, and Other Features of America; particularly of Chile and Aranco* (London: S. McDowall, 1824), pl. p. 8. 18世紀末、(特にコールリッジの)大変な注目の対象となった海上現象としての海竜巻(waterspout)についてはSmith, *Antipodean Manifesto*, pp. 181–182.

86. Forster, *Observations Made during a Voyage*, pp. 43–44; Martin Sauer, *An Account of a Geographical and Astronomical Expedition to the Northern Parts of Russia, for Ascertaining the Degrees of Latitude and Longitude of the Mouth of the River Kovima; of the Whole Coast of the Tshutski, to East Cape and of the Islands in the Eastern Ocean, Stretching to the American Coast, by Command of Catherine II, by Commodore Joseph Billings in the Years 1785, etc.* (London: T. Cadell, Jr. , and W. Davies, 1802), pl. p. 303;

MacKenzie, *Iceland*, pls. pp. 224–225 and p. 224; "Voyage de M. Monge en Islande," *Journal des Voyages de Découvertes et Navigations Modernes, ou Archives Géographiques du XIX*^{e} *Siècle* 6 (1820), 15–17; "Voyage en Islande et au Mont Hécla en 1827, "pl. p. 128 and pp. 124 ff; *An Historical and Descriptive Account of Iceland, Greenland, and the Faroe Islands; with Illustrations of Their Natural History,* second edition (Edinburgh and London:Liver & Boyd; Simpkin, Marshall, & Co. , 1841), pl. 3 and p. 56.

87. Dominique Bouhours, *La mer*, in *Les entretiens d'Ariste et d'Eugène* (Amsterdam: Jacques Le Jeune, 1671), pp. 24–29; De Piles, *Cours de peinture*, pp. 177–179; Valenciennes, *Eléments de perspective*, p. 215; Bettex, *Discovery of Nature*, pp. 139–142. 18世紀の芸術と理論の中での水のメタファーの役割については次。Stafford, "Beauty of the Invisible, "pp. 65 ff.

88. Grandpré, *Voyage dans l'Inde et au Bengale*, II, pp. 184, 265–267; Valenciennes, *Eléments de perspective*, p. 216; Cordiner, *Remarkable Ruins*, plates "Findlater Castle" and "Coast of Moray"; Forrest, *Ganges and Jumna*, pl. 7 and p. 141.

89. Le Flamanc, *Les utopies prérévolutionnaire*, p. 64; Jack Lindsay, *J. M. W. Turner, His Life and Work, a Critical Biography* (Greenwich, Conn.:New York Graphic Society, 1966), pp. 50–51; Chappe d'Auteroche, *Voyage en Siberie*, II, p. 713; Smith, *European Vision*, pp. 41, 52; Geoffrey Callender," 'Cape Town' by William Hodges, R. A.," *Burlington* 79 (September 1941), 93–94; Bernardin de Saint-Pierre, *Voyage à l'Isle de France*, I, pp. 60–61, Basil Hall, *Account of a Voyage of Discovery to the West Coast of Corea, and the Great Loo-Choo Island; with an Appendix Containing Charts, and Various Hydrographical and Scientific Notices* (London: John Murray, 1818), frontispiece and pp. 58–59; Krusenstern, *Voyage round the World*, I, pp. 228–229.

90. Broc, *Les montagnes*, pp. 147–154; Biese, *Naturgefühl*, p. 144; David Irwin, "Jacob More, Neo-Classical Landscape Painter," *Burlington* 114 (November 1972), 778; "Charles Steuart, Landscape Painter", *Apollo* 104 (October 1977), 302; Liselotte Fromer-Im-Obersteg, *Die Entwicklung der Schweizerischen Landschaftsmalerei im 18. und frühen 19. Jahrhundert* (Basel: Birkhauser, 1945), pp. 73–77; F. C. Lonchamp, *Un siècle d'art suisse (1730–1830). L'estampe et le livre à gravures. Guide de l'amateur* (Lausanne:Librarie des Bibliophiles, 1920), p. 66; *J.-L. Aberli (1723–1786), son temps, sa vie et son oeuvre* (Paris and Lausanne: Librairie des Bibliophiles, 1927), p. 39; "J.-L. Aberli Engravings," Cabinet des Estampes, Bibliothèque Nationale, Paris, yb.^{3} 2069, pl. 15; Cockburn, *Simplon Pass*.

91. Skjöldebrand, *Cataractes de Trollhätta*, pl. 3 and pp. 8–9.「ロマンティックな」ノルウェーについて英国大衆が初めて何で知ったかについてはAdams, *Francis Danby*, p. 55. Boisgelin de Kerdu, *Denmark and Sweden*, II, pl. 3 and pp. 24–25.

92. Cassas, *L'Istrie et Dalmatie*, pl. 30 and pp. 105–106, 157. 次も。Colin McMordie, "Louis-François Cassas:The Formation of a Neo–Classical Landscapist," *Apollo* 3 (March 1976), 228–230.

93. Bougainville, *Voyage autour du monde*, II, pp. 213–214; Cook, *Voyage*, I, pp. 73, 77;

Forster, *Voyage round the World*, I, pp. 136, 143.

94. Carver, *North-America*, pl. p. 70 and p. 69; François–Auguste Chateaubriand, *Mémoires d'outre-tombe*, ed. Maurice Le Vaillant, second revised edition (Paris: Flammarion, 1964), I, pp. 302–306; Heriot, *Canadas*, pls. pp. 161, 171 and pp. 159–161; Milbert, *Hudson*, I, pp. 198–201.

95. Annesley, *Voyages and Travels*, I, pl. 2 and p. 39; pl. p. 444 and p. 443; Pococke, *Description of the East*, I, p. 122; Mayer, *Views in Egypt*, p. 8; Vivant-Denon, *Voyage en Egypte*, I, p. 160.

96. Hamilton, *Campi Phlegraei*, II, pl. 38; Laborde, *Tableaux de la Suisse*, I, pp. 86–88; *France*, I, pl. 15; J. B. L. Romé de l'Isle, *Cristallographie, ou description des formes propres à tous les corps du règne minéral, dans l'état de combinaison saline, pierreuse, ou métallique* (Paris: De l'Imprimerie de Monsieur, 1783), I, pp. 51–52; Lang, *Unterirdischen Wunder*, I, pl. p. 24 and pp. 24, 28. 地上の滝をそっくり真似る地下の滝は大昔から知られていた。ティヴォリのヴィッラ・マエチェナスにあるそうした滝についての次の議論を。Kenneth Woodbridge, *Landscape and Antiquity, Aspects of English Culture at Stourhead 1718-1838* (Oxford: Clarendon, 1970), pp. 96–97.

97. D'Avallon, *Linguetiana*, pp. 73–74; Athanasius Kircher, *Mundus Subterraneus* (Amsterdam: Joannis Janssonÿ et Elizaei Weyerstraet, 1665), I, pls. pp. 16, 180, 186; Valenciennes, *Eléments de perspective*, pp. 224–225. このルネサンス博識人間の最後の一人、アタナシウス・キルヒャーの重要性についてはJoscelyn Godwin, *Athanasius Kircher, A Renaissance Man and the Quest for Lost Knowledge* (London: Thames and Hudson, 1979), pp. 84 ff; Nicolson, *Mountain Gloom and Mountain Glory*, p. 168. シチリアの「痙攣的な美」を18世紀中葉がこうして発見したことについてはRose Macaulay, *Pleasure of Ruins* (New York: Walker, 1966), pp. 222–226.

98. E. H. Gombrich, "Renaissance Artistic Theory and the Development of Landscape Painting," *Gazette des Beaux-Arts* 41 (May–June 1953), 353; Busiri Vici, *Trittico paesistico*, pp. 179–182; Pascal de La Vaissière, "Passagistes et paysages voyageurs, Philibert-Bénoit Delarue et l'Encyclopédie," *Nouvelles de l'Estampe* 29 (September–October 1976), 17. 次も。Alexandra R. Murphy," *Visions of Vesuvius* (Boston: Museum of Fine Arts, 1978).

99. Hamilton, *Campi Phlegraei*, II, pls. 34, 35; Brydone, *Sicily and Malta*, I, pp. 24, 30; Fussell, "Patrick Brydone," in *Five Essays*, pp. 58–61; Houel, *Voyage*, I, pl. 69 and pp. 130–131. ウーエルの水彩とグワッシュを混ぜて光の効果をはるかに簡単に出す新技術と、院展における成功についてはJ.-F. Méjanès, "A Spontaneous Feeling for Nature: French Eighteenth-Century Landscape Drawings," *Apollo* 103 (November 1976), 403; Diderot, *Salons*, IV, p. 264.

100. Faujas de Saint-Fond, *Volcans éteints*, pls. 7, 10, 19 and pp. 285, 297–298, 365–366. フォージャの野外スケッチ画を図版用の素描に変えた画才ある素人ジュリアン=ヴィクトル・ヴェイラン（J.-V. Veyrenc）についてはDenys Sutton, "Enchantment and Intellectualism,"

Apollo 97 (January 1973), 8. 玄武岩論争と、1780年代における科学的な火山研究文献中のその役割についてはGrand-Carteret, *La montagne*, I, pp. 487–489.

101. *Voyage de Humboldt et Bonpland*, I, pl. 10 and pp. 44–46; Landmann, *Portugal*, II, pl. p. 168 and p. 167; Arago, *Voyage round the World*, I, pl. 5, p. 206, pp. 205–206. 普通にはウィリアム・ホッジズの作とされることの多い『太平洋のクレーター』(ブライトン美術館)は、ジョン・ノックスの絵ではなかったということになっている。この絵が疑わしい絵とされているのは、クック一行が第2次航海の時、クレーター内部に入ったことなどないからである。次を。Isabel Combs Stuebe, *The Life and Works of William Hodges* (New York:Garland, 1979), p. 357.

102. Carozzi, "Basalt Controversy, "pp. 236–238; Forster, *Voyage round the World*, I, pp. 371, 267–268; Sparrman, *Cape of Good Hope*, I, p. 96; La Pérouse, *Voyage*, II, pp. 97–100; Louis Choris, *Voyage pittoresque autour du monde, avec des portraits de sauvages d'Amerique, d'Asie, d'Afrique, et des Iles du Grand Océan; des paysages, des vues marines* (Paris: Firmin–Didot, 1820), pl. 5; Péron, *Mémoires*, p. 285; Bernardin de Saint-Pierre, *Voyages à l'Isle de France*, I, p. 28; Le Gentil, *Voyage*, II, pp. 635–636. 太平洋上の千万の島々とはプラトンのあの失われたアトランティスの目に見える残骸なのだという18世紀末の面白い観念については、次の拙著がある。Barbara Maria Stafford, *Symbol and Myth: Humbert de Superville's Essay on Absolute Signs in Art* (Cranbury, N. J.: Associated University Presses, 1979), pp. 123–127.

103. Beaglehole, *Endeavour Journal of Banks*, pp. 83–84; MacKenzie, *Iceland*, pl. 3 and p. 108; Paul Gaimard, *Voyage en Islande et Groënland* (Paris: Arthus Bertrand, 1838–1842), I, pl. 32; Edy, *Norway*, I, pp. xli–xliv; P. Gaimard, *Voyage en Islande et au Groënland publié par ordre du roi sous la direction de M... Atlas historique. Lithographié d'après les dessins de M. A. Meyer* (Paris: Arthus Bertrand, 1838–1842), II, pl. 132. ウジェーヌ・ロベールの次の中にある地質学的描写。*Voyage en Islande et au Groënland, exécuté pendant les années 1835 et 1836 sur la corvette* La Recherche... *dans le but de découvrir les traces de La Lilloise... Publié... sous la direction de M. P. G.* (Paris: Arthus Bertrand, 1838–1852), II, pp. 293–294.

104. Broc, *Les montagnes*, p. 173; *La géographie des philosophes,* p. 198; Kendrick, *Lisbon Earthquake*, pp. 25, 156; Sebastien Mercier, *Tableau de Paris* (1782), II, p. 312; Cochrane, *Colombia*, I, pp. 37–41; Déodat de Dolomieu, *Mémoire sur les îles Ponces et catalogue raisonné des produits de l'Etna; pour servir à l'histoire des volcans* (Paris: Cuchet, 1788), n. 1, p. 291; Laborde, *France*, I, pl. 6; Grandpré, *L'Inde et Bengale*, II, p. 268.

105. Marc-Théodore Bourrit, *Nouvelle description des vallées de glace et des hautes montagnes qui forment la chaîne des Alpes Pennines & Rhétiennes* (Geneva: Paul Barde, 1783), I, pp. 219–220; Anson, *Voyage*, pp. 62–63; A. J. Pernety, *Journal historique d'un voyage fait aux îles Malouînes en 1763 & 1764* (Berlin: Etienne de Bourdeaux), II, p. 526; Hodges, *Travels in India*, p. 72; Laborde, *Nouveaux jardins*, pl. 20 and p. 76.

106. Gottfried Siegmund Gruner, *Histoire naturelle des glacières de Suisse*, tr. M. de Keralio (Paris:Panckoucke, 1770), pls. 2, 12, 16, 17; Broc, *Les montagnes*, pp. 197–204; Van

Tieghem, *Sentiment de la nature*, pp. 185–186; Walter Schmid, *Romantic Switzerland, Mirrored in the Literature and Graphic Art of the Eighteenth and Nineteenth Centuries* (Bern:Hallwag, 1965); Caspar Wolf, *Vues remarquables des montagnes de la Suisse avec leur description, Iere partie* (Bern: Wagner, 1778), preface. アルプス氷河の後退を現代的に見たものがLeRoy Ladurie, *Histoire du climat*.

107. Bourrit, *Nouvelle description*, III, p. 37; Markham Sherwill, *Mont Blanc. Fourteen Narratives Written by Those Travellers who Have Successfully Attained the Summit of This Mountain, between the Years 1786 and 1838... Accompanied by a Series of Views, portraits, and Original Letters Collected by...* (1840), I, pl. p. 336 and pp. 334–340; Wolf, *Vues remarquables*, p. 10; Laborde, *Tableaux de la Suisse*, I, p. xxv. スイスの版画が19世紀に徐々にこうした風景に焦点を合わすようになったことについてはAlfred Schreiber-Favre, *La lithographie artistique en Suisse au XIXe siècle. Alexandre Calame: le paysage* (Neuchâtel: A la Baconnière, 1966).

108. Cockburn, *Swiss Scenery*, p. 65; John Ross, *Voyage of Discovery Made under the Orders of the Admiralty in His Majesty's Ships Isabella and Alexander for the Purpose of Exploring Baffin's Bay and Inquiring into the Probability of a North-West Passage*, second edition (London: John Murray, 1819), pl. p. 161; Gaimard, *Islande et Groënland*, II, pl. 80.

109. LeRoy Ladurie, *Histoire du climat*, pp. 116-122, 140-141; Weber, "Zeichner in der Landschaft," p. 56; Bashō, *Narrow Road to the Far North*, p. 42; *Voyages de M. le Marquis de Chastellux dans l'Amerique Septentrionale dans les années 1780, 1781 & 1782* (Paris: Prault, 1786), I, pp. 301-302; Friederika Brun, "Reise von Genf auf dem See durch die Westliche Schweiz," *Journal für die neuesten Land- und Seereisen und das Interessanteste aus der Völker- und Länderkunde* 1 (1808), 313.

110. Mercier, *Mon bonnet de nuit*, IV, p. 37; Cockburn, *Swiss Scenery*, p. 70; Raoul-Rochette, *Lettres sur la Suisse*, I, part I, pl. 21 and p. 72; Hilaire Sazerac, *Un mois en Suisse, ou souvenirs d'un voyageur* (Paris: Sazerac & Duval, 1825), pl. 29; Gruner, *Glacières de la Suisse*, p. 55; Wolf, *Vues remarquables*, p. 11; Johann George Sulzer, *Tagebuch einer von Berlin nach den mittäglichen Ländern von Europa in den Jahren 1775 und 1776 gethanen Reise und Rückreise* (Leipzig: Weidmanns Erben und Reich, 1780), pp. 374–375.

111. Loomis, "Arctic Sublime," pp. 96–98; Cook, *Voyage*, I, pl. 30 and p. 37; Roundell, "Hodges' Paintings of the South Pacific," p. 86; Forster, *Voyage round the World*, I, p. 96; *Observations Made during a Voyage*, p. 70; Phipps, *North Pole*, pl. 7 and p. 70; Edward Chappell, *Narrative of a Voyage to Hudson's Bay in His Majesty's Ship* Rosamond, *Containing Some Account of the North-Eastern Coast of America and of the Tribes Inhabiting That Remote Region* (London: J. Mauwman, 1817), pls.: *View of the* Rosamond *Passing to Windward of an Iceberg, Cape Saddleback*, and *The* Rosamond *Grappled among Close Ice:* John Laing, *A Voyage to Spitzenbergen, Containing an Account of that Country*, second revised edition (Edinburgh: Adam Black, 1818), p. 48.

112. Ross, *Voyage of Discovery*, pp. lxv, 5–6, and pls. 47, 48; William Parry, *Journal of*

a Voyage for the Discovery of a North-West Passage from the Atlantic to The Pacific, Performed in the Years 1819-20 (London: John Murray, 1821), pl. 17; Scoresby, *Arctic Regions*, II, pl. 14; I, pp. 205, 252, 502; George Back, *Buchan's Voyage towards the North Pole* (London, 1818), pls.: *H. M. Brig* Trent *in the Ice off Spitsbergen, June, 1818, H. M. S.* Dorothea *Nipped in the Ice off Spitsbergen, June 10, 1820; Expedition to the McKenzie River 1824-27* (London: G. Murray, 1828), pl. 20.

113. Ross, *Voyage of Discovery*, pl. p. 139 and pp. 138–139; P. S. Pallas, *Nouveau voyage dans les gouvernemens méridionaux de l'Empire de Russie dans les années 1793 et 1794*, tr. from the German (Paris: Amand Koenig, 1801), I, p. 41 and vignette p. 60. ロシアでパラスの探険を真似しようとした者に興味があるならTachoff, *Travels to the Icy Sea* (1770–1773) とChvoinoff, *Journey to the Icy Sea* (1775)に目を向けよ。次に引用されている。Sauer, *Geographical and Astronomical Expedition*, pp. 163 ff.

114. Adanson, *Sénégale*, pp. 24, 48; Jackson, *Marocco*, pp. 46–47; Lyon, *North Africa*, pl. p. 70 and p. 221; Bruce, *Travels*, IV, pp. 553–556, 557, 582; Moritz von Kotzebue, *Narrative of a Journey into Persia in the Suite of the Imperial Russian Embassy in the year 1817* (London: Longman, Hurst, Rees, Orme, Brown, 1819), pp. 217, 261; Vidal, *Buenos Ayres*, pl. p. 91 and p. 92.

115. Belzoni, *Narrative*, p. 196; Brydone, *Sicily and Malta*, I, pp. 86–89; Houel, *Voyage*, II, p. 21; P. Domenico Giardina, *Discorso sopra la Fata Morgana di Messina, comparsa nell'anno 1644 al di XIV d'agosto... della Compagnia di Gesu, con alcune note dell' eruditissimo Sig. Andrea Gallo, Messinese,* in *Opuscoli di Autori Siciliani*, I (Catania: Giachimo Pulejo, 1753), pp. 125–129; Bernardin de Saint-Pierre, *Harmonies de la nature*, in *Oeuvres Complètes*, IX–X, pp. 55, 65–66; *Voyages à l'Ile de France*, I, p. 51. ヴァランシエンヌは弟子に、こうした光学的イリュージョンには気をつけ、絵の画題にしないよう、なぜなら「この効果は自然にあっては不快かつ虚偽であり、絵の中ではさらに滑稽となるだろう」から、と言っている。イリュージョンは画工の失敗と見えるだろうし、絵ではいかにわずかな虚偽(*fausseté*)も許されず、ましてや(科学を標榜する)遠近法絵画では一層許し難いのである以上、こうした錯誤は避けるのが良い、と。*Eléments de perspective*, pp. 212–213 を見よ。水の光学的イリュージョンをめぐる古今の観念の初期最良の総覧のひとつが、あの17世紀きっての学者の家系のはみだし者、ピエール・ペローの手で編まれた。次を。*On the Origin of Springs*, tr. Aurèle La Rocque (New York: Hafner, 1967), pp. 58–59.

116. Cook, *Voyage*, I, p. xx; Hawkesworth, *Relation... Byron*, I, p. 12; Le Gentil, *Voyage*, II, pl. 8 and p. 725; Turnor, *Astra Castra*, p. 383. さまざまなミラージュについての —— フンボルト、アラゴー、ル・ジャンティの正確な記録に基づいた —— 最初期の正確で科学的な研究のひとつが次である。Jean-Baptiste Biot, *Recherches sur les réfractions extraordinaires qui ont lieu près de l'horizon* (Paris: Bachelier, 1810).

117. Henry G. Van Leeuwen, *The Problem of Certainty in English Thought, 1630-1690*, second edition (The Hague: Martinus Nijhoff, 1970), pp. 2–9, 106–120. いわゆる古代人–近代人論争という別の観点についてはRichard Foster Jones, *Ancients and Moderns: A Study of the Rise of the Scientific Movement in Seventeenth-Century England,* second revised edition (St.

Louis: Washington University, 1961), pp. 41–61. 17 世紀フランスの粒子-哲学、ガッサンディの原子論が、英国人たちが化学や生物から出てきた無数の新事実を説明しようとした時の大きな手掛かりになったということについてはRobert G. Frank, Jr. , *Harvey and the Oxford Physiologists: A Study of Scientific Ideas* (University of California Press 1980), pp. 90–97. ニュートンのフランスにおける後継者たち（バイイ、モーペルテュイ、クレロー、ダランベール）の見たニュートン革命についてはI. Bernard Cohen, *The Newtonian Revolution* (Cambridge University Press, 1980), pp. 120–127; Hahn, *Anatomy*, p. 94.

第 4 章

1. Lee, *Names on Trees*, pp. 3–9; Plotinus, *Ennead*, II, 3.7; Maillet, *Telliamed*, I, pp. 125–126; Whitehurst, *Original State and Formation of Earth*, pp. 257–258. 地質学と言語学の ── 地質学者が「モニュメント」に含まれる自然の過去を解読するという意味での ── アナロジーについてはMartin J. S. Rudwick, "Tansposed Concepts from the Human Sciences in the Early Work of Charles Lyell," *British Society for the History of Science* 1 (1979), 69–72. 大洪水前の世界をなまなましく再構成するこの「新種の尚古学」が引金になって、新しい視覚言語がうまれていくことについてはRudwick, "The Emergence of a Visual Language for Geological Science," *History of Science* 14 (1976), 149–195 passim. 実際には非常に古くからある観念である。セバ（Seba, *Locupletissimi*, IV, 123）はアヴィニヨン近傍の山岳で見つかった化石の貝殻を「自然の古代遺物ないしモニュメント」と呼んでいる。次も。Niebuhr, *Description de l'Arabie*, p. 348.

2. "Sur les races d'animaux perdues," *Magasin Pittoresque* 26 (1834), pl. 204 and pp. 204–205. 18 世紀人士がいかに天然のヒエログリフに魅せられたか追いながら、本章では、この世の「物質」がまずは霊的アナローグとして、即ち神の精神へのコメンタリーとして見られなければならないとする見方を非とするはずだ。次を。Earl R. Wasserman, "Nature Moralized: The Divine Analogy in the Eighteenth Century," *ELH* 20 (March 1953), 39–41, 55–61, 65, 76. 18 世紀半ばには、「事物の外観は科学の領域のもの」とするベーコン的観念を、進歩的な画工や大衆は、理念化された翻訳、変容させる翻訳など必要ないものとして受けいれていたはず、というのが私の見解である。

3. Rehder, *Unendlichen Landschaft*, pp. 37–38; Whitehurst, *Original State and Formation of Earth*, pp. 119–120; Maillet, *Telliamed*, II, pp. 99, 108. 18 世紀半ばは夥しい数の宇宙論の出版をみた。フランスのエジプト総領事だったマイエは、地球の歴史は単にその過去の研究のみか、その現在の研究でもあるという考え方を前に出す点でMaupertuis, *Essai de cosmologie* (Leiden, 1751) やNicolas Boulanger, *Anecdotes de la nature* (ca. 1750) と比べらるべきものだ。次を。Collier, *Cosmogonies of Our Forefathers*, pp. 219–227; Ehrard, *Idée de la nature*, I, p. 204.

4. Buffon, *Les époques de la nature*, in *Oeuvres complètes*, II, pp. 73 ff.; Daniel Mornet, *Les sciences de la nature en France au XVIIIe siècle, un chapitre de l'histoire des idées* (Paris: Armand Colin, 1911), pp. 117–126; Jacques Roger, "Le Feu et l'histoire: James Hutton et la naissance de la géologie," in *Approches des Lumières*, pp. 417–423; John Playfair, *Illustrations of the Huttonian Theory of the Earth* (London: Cadell and Davies: Edinburgh:

William Creech, 1802), pp. 97, 483 ff.; Monglond, *Préromantisme*, I, pp. 135–137; Mircea Eliade, *Cosmos and History, The Myth of the Eternal Return* (New York: Harper & Row, 1959), pp.87, 145.

5. Paracelsus [Theophrastus, Philip of Hohenstein], *A New Light of Alchymie: Taken out of the Fountaine of Nature, and Manuall Experience. To Which Is Added a Treatise of Sulphur:...Also Nine Books of the Nature of Things*, tr. Gerardus Dorn (London: Richard Cotes, 1650), pp. 101–130. パラケルススの「署名」理論のもたらした美的影響を現代的に論じる最良のものは、マイケル・バクサンドールの次の議論。Michael Baxandall, *The Limewood Sculptors of Renaissance Germany* (Yale University Press, 1980), pp. 32–40, 161. 手相を見るゲームさえ 18 世紀初めには人気があった。次を。F. M. P. Colonna [Crosset de la Haumerie], *Le nouveau miroir de la fortune, ou abrégé de la géomance. Pour la recréation des personnes curieuses de cette science* (Paris: André Cailleau, 1726).

6. プリニウスから 18 世紀末までの化石解釈の概観は Emile Guyénot, *Les sciences de la vie aux XVII*^{e} *et XVIII*^{e} *siècles. L'idée d'évolution* (Paris: Albin Michel, 1941), pp. 341–343. 鉱物や化石、その延長線で自然のモニュメントに通有の銘刻は、ヒトの手が木、石、彫刻に刻んだエピグラムと峻別されなければならない。特殊な形式、エレジー風な自然銘刻は 18 世紀庭園と関係あり。ジェフリー・ハートマンの次を。Geoffrey H. Hartman, *Wordsworth, Inscriptions, and Romantic Nature Poetry,* in *Beyond Formalism*, pp. 207–210.

7. Bachelard, *La terre et les rêveries de la volonté*, pp. 17–21; Bauer, *Rocaille*, pp. 25–26. ブレイクこそは、「光の宝石」が硬化し、『エルサレム』におけるように、「あらゆる微細の粒子が硬まって砂粒」とはなる石化ないし結晶化のこれ以上ないストレートなイメージを示してくれる存在である（引用は Ault, *Visionary Physics*, p. 147）。ニュートンの両にらみの、影響力あるがややこしい欲望 — 小さく硬い分子が同時に「ある力、効力、威力」を持つのである — については、次の問題（Query）第 31。*Opticks, or a Treatise of the Reflections, Refractions, Inflections & Colours of Light* (New York: Dover, 1951), pp. 375–376; and *Principles of Natural Philosophy*, II, p. 393（ある玄妙なる霊が、あらゆる粗悪の物質中に隠れひそむ...). こうした観念が 18 世紀思想に与えた影響を現代的に追うのは次の 2 点。Ernan McMullin, *Newton on Matter and Activity* (University of Notre Dame Press, 1978), pp. 54–55 及び Arnold Thackray, *Atoms and Powers: An Essay on Newtonian Matter-Theory and the Development of Chemistry* (Harvard University Press, 1970), pp. 134 ff. 一方、トマス・マクファーランドは、その他の点では刺激的なその Thomas McFarland, *Romanticism and the Forms of Ruin: Wordsworth, Coleridge, and Modalities of Fragmentation* (Princeton University Press 1981), pp. 5–55 で、廃墟の美学を当時さかんだった物質の性質をめぐる議論とは結びつくとはしない。

8. Battisti, *Antirinascimento*, n. 73, p. 437; Paul Zucker, "Ruins—Aesthetic Hybrid," *Journal of Aesthetics and Art Criticism* 20 (winter 1961), 128–129; André Chastel, "Le fragmentaire, l'hybride, et l'inachevé," in *Das Unvollendete als künstlerische Form: Ein Symposion*, ed. J. A. Schmoll, gen. Eisenwerth (Bern and Munich: Francke, 1959), pp. 87–88.「自然の廃墟」観念は 17 世紀末にかけて、トマス・バーネットなど「洪水論者（Diluvialists）」の間で生じてきたものらしい。次を。Aubin, "Grottoes, Geology," p. 414. その

変わらぬ魅力、およびそれが美の思想に与えた刺激についてはJ. B. Jackson, *The Necessity for Ruins, and Other Topics* (University of Massachusetts Press, 1980).

9. Macaulay, *Pleasure of Ruins*, pp. 128–129; Burda, *Die Ruine*, pp. 35–36.

10. 自然の腐敗頽壊の観念、および古代人-近代人論争におけるその役割についてはRichard Foster Jones, *Ancients and Moderns: A Study of the Rise of the Scientific Movement in Seventeenth-Century England*, second edition (St. Louis: Washington University, 1961), pp. 22–40. 古代人-近代人論争全体とその18世紀への波及への再評価が必要と言うのはJoseph M. Levine, "Ancients and Moderns Reconsidered," *Eighteenth-Century Studies* 15 (fall 1981), 72–89. さらには Glacken, *Traces*, pp. 124, 69–72; Diderot, *Salons*, III, pp. 228–229. エネルギーと変化というふたつの対立する力に体現される普遍的プロセスという観念に依拠するディドロの生物学的ダイナミックスの議論ではLester G. Crocker, *Diderot's Chaotic Order, Approach to Synthesis* (Princeton University Press, 1974), pp. 9, 29–30. 次の中の生気論の存在にも注目。Mercier, *Mon bonnet de nuit* (I, p. 47) 及び Desmond King-Hele, *Erasmus Darwin* (New York: Scribner, 1963) (pp. 71–72).

11. *Pythagoron. The Religious, Moral, and Ethical Teachings of Pythagoras*, reconstructed and edited by Hobart Huson (1947), pp. 3, 15, 17, 19, 21. 18世紀のピュタゴラス文献の人気、普及についてはCarlos Sommervogel, *Table méthodique des Mémoires des Trévoux* (Geneva: Slatkine Reprints, 1969), p. 133. 次も。Le Bruyn, *Travels*, II, pp. 13–14, 19–20. 半ば埋もれる彫刻というテーマについてはErnst Guldan, "Das Monster-Portal am Palazzo Zuccari in Rom," *Zeitschrift für Kunstgeschichte* 32, no. 3–4 (1969), 243–245; Körte, "Deinocrates," pp. 304–306.

12. Daemmrich, "Ruins Motif," Part II, p. 35; Ginsberg, "Aesthetic of Ruins," p. 90; Roland Mortier, "'Sensibility,' 'Neoclassicism,' or 'Preromanticism,'" in *Eighteenth-Century Studies Presented to Arthur M. Wilson*, ed. Peter Gay (University Press of New England, 1972), p. 158; Carra, *Physique*, I, pp. 87–88; Van Tieghem, *Sentiment de la nature*, p. 195; Glacken, *Traces*, p. 119.

13. 英仏両国において、一昔前の物質観念が18世紀後半、いかに「不可量物(imponderables)」になっていったか、ニュートンの動的粒子の理論さえ再解釈されて、いかにその物質的内容を減らし、非物質的内容をふやしていったか、についてはSchofield, *Mechanism and Materialism*, pp. 162–169; Robert Darnton, *Mesmerism and the End of the Enlightenment in France* (Harvard University Press, 1968), pp. 2–45. 一種類の「エネルギー」に集中する見事に幅広い議論はJ. L. Heilbron, *Electricity in the 17th and 18th Centuries: A Study of Early Modern Physics* (University of California Press, 1979), pp. 436–448.

14. Snelders, "Romanticism and Naturphilosophie," p. 194; Dürler, *Bedeutung des Bergbaus*, pp. 91–93; Wolf von Engelhardt, "Schönheit im Reiche der Mineralien," *Jahrbuch für Ästhetik und Allgemeine Kunstwissenschaft* 4 (1958–59), 56–57. ドイツばかりかフランスにおいても鉱物学への関心が大きくなり始め、そのきっかけが1745年、王立植物園でビュフォンがこのテーマで話をしたこと、及び主要コレクションが数をふやしだしたことであった、といった状況についてはKiernan, *Enlightenment and Science*, pp. 152–153.

15. Junius, *Painting of the Ancients*, pp. 94–96. 次 も。Seneca, *De. Benef.* 4.7 and *Quaest. nat.* 2. 45; Pliny, *Nat. hist.* 1.7, 1. 自然のさまざまな印の問題を論じる古代以降の中心的論のあれこれについてはGiambattista della Porta, *Phytognomonica* (Naples: Apud Horatium Saluianum, 1588); Schott, *Physica curiosa*: Robert Boyle, *An Essay about the Origine & Virtues of Gems. Wherein Are Propos'd and Historically Illustrated Some Conjectures about the Consistence of the Matter of Precious Stones, and the Subjects wherein Their Chiefest Virtues Reside* (London: William Godbid, 1672); Philippo Bonanni, *Musaeum Kircherianum sive Musaeum A. P. Athanasio Kirchero in Collegio Romano Societatis Jesu jam pridem incoeptum nuper restitutum, auctum, descriptum, & Iconibus illustratum* (Rome: Typis Georgii Plachi Caelaturam Profitentis, & Characterum, 1709).

16. Louis Bourget, *Traité des pétrifications avec figures* (Paris: Briasson, 1742), pp. 54–55; Johann Jacob Scheuchzer, *Natur-Geschichte des Schweizerlandes, samt seinen Reisen über die Schweizerische Gebürge*, ed. Johann Georg Sulzer (Zurich: David Gessner, 1746), I, pp. 8–10; II, p. 127. こういう驚くべくモダンな見方が展開していく時の重要人物だったのは、ダ・コロンナというローマの多作な医家にして化学者だった人物と見える。Sieur de Colonna, *Histoire naturelle de l'univers*, II, pp. 300–319 passim. 彼の大きな影響力については、次が讃えている。Antoine-Joseph Dézallier d'Argenville, *L'Histoire naturelle éclaircie dans une de ses parties principales, l'Oryctologie, qui traite des terres, des pierres, des métaux, des minéraux, et autres choses* (Paris: De Bure l'aîné, 1755), p. 29. その化石の貝殻についてはデザリエ・ダルジャンヴィルの次も。*La Conchyliologie, ou histoire naturelles des coquilles de mer, d'eau douce, terrestres et fossiles; avec un traité de la zoomorphose, ou représentation des animaux qui les habitent: Ouvrage dans lequel on trouve une nouvelle méthode de les diviser* (Paris: De Bure l'aîné, 1780), I, pp. 88–89. デザリエ・ダルジャンヴィルはフランスの化石概史を初めて書いた人物である。次も。Johann Friedrich Henckel, *Flora Saturnis; Die Verwandschaft des Pflanzen mit dem Mineral-Reich* (Leipzig: Johann Christian Martini, 1722), pp. 550–553.

17. Nicolson, *Mountain Gloom*, p. 148; *Breaking of the Circle*, pp. 143–145; Weise, "Vitalismo," Part I, pp. 394–396; Jurgis Baltrušaitis, *Le moyen âge fantastique, antiquités et exotismes dans l'art gothique* (Paris: Armand Colin, 1955), p. 216; Heinrich Gerhard Franz, "Niederländische Landschaftsmaler im Künstlerkreis Rudolf II," *Umĕni* 18 (1970), 224; Jacques Guillerme, "LeQueu et l'invention du mauvais goût," *Gazette des Beaux-Arts* 66 (September 1968), 161. 18世紀後半はパリッシーの石の活力説を、ニュートンの親和力の「法」で取り代えた。次を。René-Just Haüy, *Traité de minéralogie* (Paris: Louis, 1801), I, p. 1.

18. Kircher, *Mundus subterraneus*, II, pls. 23, 24, 30–36. こうした観念は18世紀に流れ入る。次を。Sherwill, *Mont Blanc*, I, p. 83; *Voyages de M^{r} [Jean] Du Mont, en France, en Italie, en Allegmagne, à Malthe, et en Turquie. Contenant les recherches & observations curieuses qu'il a faites en tous ces païs: Tant sur les moeurs, les coütumes des peuples, leurs différens gouvernemens & leurs religions; Que sur l'histoire ancienne & moderne, la philosophie & les monumens antiques* (The Hague: Etienne Foulque & François L'Honoré, 1699), I, p. 27; Colonna, *Les secrets*, pp. 86–87, pls. pp. 112, 114; M. E. Bertrand,

Recueil de divers traités sur l'histoire naturelle de la terre et des fossiles (Avignon: Louis Chambeau, 1766), pp. 152–153.アグリコラの『地下世界の源と原因(Agricola, *De Ortu et Causis subterraneorum*)が18世紀後半に復権していたのも重要。見るべきは、例えば *Georg Agricola's aus Glauchau mineralogische Schriften, übersetzt und mit erläuternden Anmerkungen und Excursionen von Ernst Lehmann* (Freiburg: Craz und Gerlach, 1806–1812), I, pp. 201–209.

19. Bourguet, *Pétrifications*, pp. 56, 61; Perrault, *Origin of Springs*, pp. 35–37; Johann Georg Freüdenberg, *Dissert. physicomedica de Filtre Lapide* (Giessen: Typis Henningi Mülleri, 1702), pp.13–15; Colonna, *Principes de la nature*, pp. 271–274.石の生成という観念の息の長さについてはMarjorie Nicolson and G. S. Rousseau, *"This Long Disease, My Life": Alexander Pope and the Sciences* (Princeton University Press, 1968), pp. 256–258.

20. *Frézier, Relation*, pp. 146–147; Robinet, *De la nature*, I, p. 203; Johannis Philippi Breynii, *Epistola de melonibus petrefactis Montis Carmel vulge creditis* (Leipzig: Literis Immanuelis Titii, 1722), pp. 9–11; Pitton de Tournefort, *Voyage du Levant*, I, pl. p. 190 and pp. 187–192; Robinet, *De la nature*, IV, p. 203; Laborde, *Espagne*, I, pp. 10–13; Lang, *Unterirdischen Wunder*, I, pl. p. 76 and pp. 43, 49, 76–77.

21. De l'Isle de Sales, *Philosophie de la nature*, II, pp. 411–413; Diderot, *Rêve de D'Alembert*, p. 59; Mercier, *Mon bonnet de nuit*, I, pp. 21–22; Robinet, *Considérations philosophiques*, pp. 6–7, 16–18, 59 and pl. 4, p. 54; *De la nature*, IV, pp. 21–26.ロビネの重要性についてはGode-von-Aesch, *Natural Science*, p. 141; A. J. L. Busst, "The Image of the Androgyne in the Nineteenth Century," in *Romantic Mythologies*, ed. Ian Fletcher (New York: Barnes & Noble, 1967), p. 2. この理論のピュタゴラス的基礎はオウィディウス『変身譚』第15巻に確認できる。ここでサモスの哲人(ピュタゴラス)は自らの輪廻転生説(metemphychosis)を説き、動物を食すことを否としている。「万物変化《へんげ》し合って、死すものさらになし。魂《こん》よく漂い歩いて、此処かと思うと彼方に、その望みの形を帯ぶ。獣よりそれは人身に入り、人身より獣に入りて、滅ぶことのなき」と(Ovid, *Metamorphoses*, tr. Frank Justus Miller [Harvard University Press, 1944] II, pp. 377, 391)。しかしピュタゴラスは18世紀の理論家たちとはちがい、石が石の生命を持つことには思いいたらない。「ぬるりとした泥」の抱く胚からは「緑ガエル」、即ち無機体よりは高等な動物がうまれる」、とする。見るべきは、例えばBernardin de Saint-Pierre, *Voyage à l'Isle de France*, I, pp. 120–122 and pl. 3, p. 122.

22. *The Select Works of Antony van Leeuwenhoek, Containing His Microscopical Discoveries in Many of the Works of Nature*, tr. Samuel Hoole (London: Henry Fry, 1798), I, p. v; Jan Swammerdam, *Histoire générale des insectes. Ou l'on expose clairement la manière lente & pres'qu'insensible de l'accroissement de leurs membres, & ou l'on découvre evidemment l'erreur ou l'on tombe d'ordinaire au sujet de leur prétendue transformation* (Utrecht: Guillaume de Walcheren, 1682), p. 28.顕微鏡による発見の美学への展開は、次の挿絵となった手彩銅版など見よ。Jacob Christian Schäffer, *Die Blumenpolypen der süssen Wasser beschrieben und mit den Blumenpolypen der salzigen Wasser verglichen* (Regensburg: Emanuel Adam Weiss, 1755), pls. I–III. 次も。Vartanian, "Trembley's Polyp," in *Roots of*

Scientific Thought, pp. 497–501; Bonnet, *Contemplation de la nature*, I, p. 221; Diderot, *Rêve de D'Alembert*, pp. 69–70. 英国人の間でのこうした観念の人気についてはPeter S. Dance, *Shell Collecting, A History* (University of California Press,1966), pp. 58–59. 院展では、この時代の博物誌的好奇心はアンヌ・ヴァライエ＝コステルやアントワーヌ・ベルジョンの「だまし絵」静物画に反映されていた。次を。*French Painting, 1774–1830*, pp. 309–310, 615–617, 638–640.

23. La Pluche, *Spectacle de la nature*, III, p. 386; Eugène-Mélchior Patrin, *Histoire naturelle des minéraux* (Paris: Crapelet, An IX), III, pl. p. 280 and pp. 281–282.

24. Collier, *Cosmologies of Our Forefathers*, pp. 443–447; Ehrard, *Idée de nature*, I, p. 201; "Le cabinet de Courtagnon, poëme," dédié à Madame la Douairière de Courtagnon, avec un discours préliminaire sur l'histoire naturelle *Dea Fossilea* de Champagne (Challons: Seneuze, 1763), pp. 15–16.

25. Linnaeus, *Reflections on the Study of Nature*, pp.5–14.

26. Romé de l'Isle, *Cristallographie*, I, pp. xv–xvi; n. 20, p. 19; 106–109.

27. Jean-Claude de La Métherie, *Analyse des travaux sur les sciences naturelles pendant les années 1795, 1796 & 1797* (Paris: A. J. Dugour, 1798), pp. 77–78; Patrin, *Histoire naturelle*, II, pp. 203–205; Bachelard, *La terre et les rêveries de la volonté*, p. 282.

28. Romé de l'Isle, *Cristallographie*, I, n. 4, p. 24; A. G. Werner, *On the External Characters of Minerals*, tr. Albert V. Carozzi (University of Illinois Press, 1962), chapter 1. ヴェルナーのカラクテロロギーについての挑発的議論ならびに批判はDéodat Guy Sylvain Tancrède de Gratet de Dolomieu, *Sur la philosophie minéralogique et sur l'espèce minéralogique par le citoyen..., membre de l'Institut National et un de professeurs-administrateurs du Jardin des Plantes* (Paris: Bossange, An 9), pp. 16–17, 37–41, 60. ヴェルナーが鉱物の性質の研究に分析的手続きを導入したとして褒める一方で、ドロミューはヴェルナーがあらゆるものを外的キャラクターに結びつけることは否とする。ドロミューは、新興の化学が、各々の種《しゅ》の個別の形態を発見できるということで、鉱物学を救ってくれるのだと主張する。こうしてドロミューは表面の表れのみか、基底の化学組成にも、あらゆる結晶内部にひそむ「特徴化する因」にも関心を持った。この理論にはもう少し大きな意味合い —— 何だろうと形になった物の形・形態は各部分の相互に牽引する（そして最大物体と同時に最小原子にも影響する）力によるという捉え方 —— を論じているのがJoseph Priestley, *Disquisitions Relating to Matter and Spirit. To which Is Added the History of the Philosophical Doctrine Concerning the Origin of the Soul, and the Nature of Matter; With Its Influence on Christianity: Especially with Respect to the Doctrine of the Pre-Existence of Christ* (London: J. Johnson, 1777), p. 5. 次世代のドイツ・ロマン派の理論では、形象化されるものはアート —— 物質ではなく —— である。次を。Karl Phillip Moritz, *Schriften zur Ästhetik und Poetik*, ed. Hans Joachim Schrimpf (Tübingen: Niemeyer, 1962), pp. 93–99.

29. Janson, "'Image Made by Chance,'" p. 255; Pliny, *Natural History*, 36.5; 37.1; Faujas de Saint-Fond, *Essai de géologie*, II, pp. 178–182; Patrin, *Histoire naturelle*, I, pl. p. 101 and pp. 100–102; Jean-Fabien Gautier-D'Agoty, *Histoire naturelle ou exposition générale de*

toutes ses parties. Gravées et imprimées en couleurs naturelles; avec des notes historiques; Première partie: Règne minéral (Paris: D'Agoty, 1781), pls. 11, 12, 16, 17, 27, 29, 30, 47, 65. 図版に付く注はロメ・ドリールによる。ダゴティ（DagotyかD'Agotyか）という大きな、面倒臭い一族についてはE. Bénézit, *Dictionnaire des peintres, sculpteurs, dessinateurs, et graveurs* (1776), IV, 646–647. 1767年くらいに『百科全書』中の「鉱山学」の項の仕事をしていたフランスの博物画のイラストレーターたち（たとえばジャン＝ジャック・ボワシューとかドラリューとか）についてはPascal de La Vaissière, "Un regain d'activité graphique de Philibert-Benôit Delarue. Une recherche d'Abosolu," *Gazette des Beaux-Arts* 90 (October 1977), 120–121; "Paysagesistes et paysages voyageurs," p. 17. 英国人たちも博物画家として活躍した。特に次。Borlase, *Natural History of Cornwall*, pls. 15, 16, figs. 28, 29, 35, and pp. 121–122, 137. ドイツで先頭を切って走っていたのがニュルンベルクのナチュラリストのクノールである。次をGeorg Wolfgang Knorr, *Recueil de monumens des catastrophes que le globe de la terre a essuiées, contenant des pétrifications dessinées, gravées, et enluminées, d'après les originaux commencé par..., et continué par ses hérétiers avec l'histoire naturelle de ces corps* (Nuremberg, 1768–1775), especially I, pp. 44, 55.

30. Samuel Simon Witte, *Über den Ursprung der Pyramiden in Egypten und der Ruinen von Persepolis, ein neuer Versuch* (Leigpig: J.G. Müllerischen Buchhandlung, 1789), pp. 21–27. ヴィッテの考えがいかに流布していたかは、フォン・フンボルトの次の中の駁論の長さからもわかる。Alexander von Humboldt, *Zerstreute Bemerkungen über den Basalt*, p. 38. 次も。Hamilton, *Campi Phlegraei*, II, pl. 46.

31. カズンズの美学の秀れた分析はJean-Claude Lebensztejn, "En blanc et noir," *Macula* 1 (1977), 4–13. 文学の方のアナロジー、即ち言語の物理的事象（句読点、空白、タイポグラフィー）への関心ということについてはRoger B. Moss, "Sterne's Punctuation," *Eighteenth-Century Studies* 15 (winter 1981–82), 179–200. *A New Method of Assisting the Invention in Drawing Original Composition of Landscape* のテクストが次に復刻されている。A. P. Oppé, *Alexander and Robert Cozens* (London: Black, 1952). こうである。「真の斑《ブロット》は、紙にインクで書いた黒い形と、何もしない紙のままという明るい形の足し算《アッサンブラージュ》である。すべての形が粗く無意味なのは、これ以上ない速筆だからである。しかし同時に、どうやら物塊に漠と配置があって、ひとつ包括的形態をうみだすかに見え、斑が始まる前に着想され、目的もって計算されていたのかとも見える」(p. 2)。

32. *Narrative of A. Gordon Pym*, in *The Complete Tales and Poems of Edgar Allan Poe (1809–1849)* (New York: Vintage, 1975), p. 873. John Irwin, *American Hieroglyphics, The Symbol of the Egyptian Hieroglyphics in the American Renaissance* (Yale University Press, 1980) は、物質が自らの歴史を書く18世紀的伝統のことを知らないのだろうか（Irwin, pp. 167–177を見よ）。

33. Gary Shapiro, "Intention and Interpretation in Art: A Semiotic Analysis," *Journal of Aesthetics and Art Criticism* 33 (fall 1974), 33–34, 38–39; J. H. Lambert, *Anlage zur Architectonic, oder Theorie des Einfachen und des Ersten in der philosophischen und mathematischen Erkenntniss* (Riga: Johann Friedrich Hartknoch), II, pp. 276–277; Wilhelm Mrazek, "Metaphorische Denkform und Ikonologische Stilform. Zur Grammatik

und Syntax bildlicher Formelelemente der Barockkunst," *Alte und Moderne Kunst* 9 (March-April 1964), 15, 21–23; and Joseph H. Summers, "The Poem as Hieroglyph," in *Seventeenth-Century English Poetry: Modern Essays in Criticism*, ed. William R. Keast (Oxford University Press, 1962), pp. 215–216.

34. Coleman, "Idea of Character," pp. 23, 26, 30, 36, 40.17世紀と18世紀それぞれの言語-構想のちがいについてはMurray Cohen, *Sensible Words: Linguistic Practice in England, 1640–1785* (Johns Hopkins University Press, 1977), pp. 60–69; 80 ff.; James Knowlson, *Universal Language Schemes in England and France, 1600–1800* (University of Toronto Press, 1975), pp. 139 ff. 18世紀末には、「書くこと」のイメージが広がる一方で、ついにはあらゆる物理的形がぼんやり何か意味する手稿の形態となり、そしてそうした形態のそれぞれ（観相学、植物学、鉱物学、地質学）にそれ自体の解読学があった。

35. Marianne Thalmann, *Zeichensprache der Romantik* (Heidelberg: L. Stiehm, 1967), pp. 27–30; Ludwig Volkmann, "Die Hieroglyphen der Deutschen Romantiker," *Münchner Jahrbuch der Bildenden Kunst*, N. F., 3 (1926), 174–178.

36. Jones, *Ancients and Moderns*, pp. 49, 57; Leeuwen, *Problem of Certainty*, pp. 49–56; Williamson, *Senecan Amble*, pp. 154–158; Francis Bacon, *Advancement of Learning, Novum Organum, New Atlantis* (Chicago: Encyclopaedia Britannica, 1952), pp. 12, 16.

37. William Warburton, *The Divine Legation of Moses Demonstrated (1741)* (New York: Garland, 1978), II, pp. 65–167 passim.エジプト聖刻文字が — 特に14世紀以来、ルネサンス美術と人文主義で — 果たした伝統的にアレゴリカル、エンブレム的な役割についてはKarl Giehlow, "Die Hieroglyphenkunde des Humanismus in der Allegorie der Renaissance besonders der Ehrenpforte Kaisers Maximilian I; mit einem Nachwort von Arpad Weixlgärtner," *Jahrbuch der Kunsthistorischen Sammlungen des Allerhöchsten Kaiserhauses Wien*, 32, no. 1 (1915), 1–232. 次も。Clifton Cherpack, "Warburton and Some Aspects of the Search for the Primitive in Eighteenth-Century France," *Philological Quarterly* 36 (April 1957), 221–231 passim; Derrida, *De la grammatologie*, pp. 398–402, 408.少くとも17世紀初めからヨーロッパの学者が絵文字（pictograms）に抱いた関心、および旅行記の中でのその引き写しについてはRüdiger Joppien, "Etude de quelques portraits ethnologiques dans l'oeuvre d'André Thevet," *Gazette des Beaux-Arts* 89 (April 1978), 132. 次も。Etienne Bonnot de Condillac, *Oeuvres philosophiques,* ed. Georges Le Roy, in *Corpus Général des philosophes français* (Paris: Presses Universitaires de France, 1974), I, 61–64.

38. Antoine Court de Gebelin, *Monde primitif, analysé et comparé avec le monde moderne, considéré dans son génie allégorique et dans les allégories auquelles conduisit ce génie* (Paris: Court de Gebelin, 1773–1782), I, pp. 11–13; III, pls. 4, 5.クールの原始世界観、および神話の人物イクオール擬人化された自然というその考え方の重要性についてはLe Flamanc, *Les utopies prérévolutionaire*, pp. 101–103, 115–116, 157–159, n. 1, p. 83; Guitton, *Jacques Delille*, pp. 415–416; Piper, *Active Universe*, p. 139; Rehder, *Unendlichen Landschaft*, p. 44. クールの知的先蹤ということではアタナシウス・キルヒャーが一番手である。次を。*Oedipus Aegyptiacus* (Rome: Vitalis Mascardi, 1652–1654), II, p. 106; *Turris Babel sive Archontologia* (Amsterdam: Janssonie-Waesbergiana, 1679), p.

177; *China Monumentis*, p. 227.

39. Arthur H. Scouten, Review of *Vico and Herder: Two Studies in History of Ideas* by Isaiah Berlin, *Comparative Literature Studies* 15 (1978), 336–340; Patrick Hutton, "The New Science of Giambattista Vico: Historicism in Its Relation to Poetics," *Journal of Aesthetics and Art Criticism* 30 (spring 1972), 361–363.神話体系は自然がつくりだした芸術作品とみる観念についてはWolfgang Kayser, *The Grotesque in Art and Literature*, tr. Ulrich Weisstein (New York: McGraw-Hill, 1963), p. 50.

40. Paulson, *Emblem and Expression*, pp. 91–92; Terence Doherty, *The Anatomical Works of George Stubbs* (Boston: Godine, 1974); C. Neue, "Dog beneath the Skin: Stubbs' Dog Portraits," *Country Life* 157 (February 6, 1975), 314–315; Valenciennes, *Elémens de perspective*, p. 223; *Les carnets de David d'Angers*, ed. André Bruel (Paris: Plon, 1958), II, pp. 274–275, 335.

41. Rehder, *Unendlichen Landschaft*, p. 179; Annedore Müller-Hofstede, *Der Landschaftsmaler Pascha Johann Friedrich Weitsch (1723–1803)* (Braunschweig: Waisenhausbuchdrückerei und Verlag, 1973), pp. 133–136.

42. Piggott, *Druids*, pp. 156–158, 168–170; Borlase, *Antiquities of Cornwall*, pp. 172, 160.

43. Paul Shepherd, Jr., "The Cross Valley Syndrome," *Landscape* 10 (spring 1961), 4–5; "Formes singulières des rochers," *Magasin Pittoresque* 46 (1840), 363–366.観相学の観念を地形塊にあてはめようとすることについてはPatterson, *Poetic Genius*, pp. 50–51; Gode-von-Aesch, *Natural Science*, p. 239; Rehder, *Unendlichen Landschaft*, pp. 38–39, 107; Broc, *Les montagnes*, p. 56; Dürler, *Bedeutung des Bergbaus*, p. 84; Alfred G. Roth, *Die Gestirne in der Landschaftsmalerie des Abendlandes*, ed. Hans R. Hahnloser (Bern-Bümpliz: Benteli, 1945), p. 83.

44. Bourrit, *Mont-Blanc*, p. 142; Laborde, *Tableaux de la Suisse*, I, p. lv; Raoul-Rochette, *Lettres sur la Suisse*, I, part 2, p. 28; II, part 4, p. 40; Wetzel, *Lac de Suisse*, I, p. 30; Macartney, *Embassy to China*, II, p. 205; Bernardin de Saint-Pierre, *Etudes de la nature*, in *Oeuvres*, V, p. 96.

45. Forster, *Voyage round the World*, I, p. 453; Faujas de Saint-Fond, *Essai de géologie*, II, pp. 2–3; Samuel Georg Gmelins, *Reise durch Russland zur Untersuchung der drey Natur-Reiche. Reise von St. Petersburg biss nach Ischerkask, der Hauptstadt der Donsichen Kosacken in den Jahren 1768 und 1769* (St. Petersburg: Kayserliche Akademie der Wissenschaft, 1770–1774), II, p. 12; "Petrifications de Chiramyn en Perse," *Journal des Voyages de Découvertes*, I (1819), 197; Cook, *Voyage*, II, p. 485; Forster, *Observations*, p. 19.

46. Edy, *Norway*, I, pl. 23; Kotzebue, *Voyage of Discovery*, II, p. 404.

47. Burke, *Sublime and Beautiful*, part II, section v, p. 72; Gotthilf Heinrich Schubert, *Ansichten von der Nachtseite der Naturwissenschaft* (Darmstadt: Wissenschaftliche Buchgesellschaft, 1967), pp. 191–192; Romé de l'Isle, *Cristallographie*, I, p.ix.鉱物学者と

地質学者は、岩根の「骨格」をさぐりつつ、語彙と方法を天文学や植物学分野の科学者たちから借りてきた。次を。Toby Gelfand, "The Paris Manner of Dissection: Student Anatomical Dissection in Early Eighteenth-Century Paris," *Bulletin of the History of Medicine* 46 (1972), 99–130 passim; William Le Fanu, "Natural History Drawings Collected by John Hunter F.R.S. (1728–1793) at the Royal College of Surgeons of England," *Journal of the Society for the Bibliography of Natural History* (Great Britain) 8, no. 4 (1978), 319–333.

48. Shepherd, "Cross Valley Syndrome," p. 708; Yi-Fu Tuan, *Topophilia, A Study of Environmental Perception, Attitudes, and Values* (Englewood Cliffs, N.J.: Prentice-Hall, 1974), pp. 27–29; *Carnets de David d'Angers*, II, p. 15; I, p. 24.

49. Jürgen Paul, "Die Kunstanschauung John Ruskins," in *Theorie der Künste*, I, p. 292; Levere, "Rich Economy of Nature," and Bruce Johnson, " 'The Perfection of the Species' and Hardy's Tess," in *Nature and Victorain Imagination*, pp. 191, 259–261. しかしラスキンの説得が唯一の説得というわけではない。19 世紀人士が科学者を自然の神秘への（むろん性的意味合いもたっぷりな）アモラルな貫入者であるとした感覚は、インゴルシュタットにおけるヴィクター・フランケンシュタインの化学研究の話に具体化されている。Mary Wollstonecraft Shelley, *Frankenstein or the Modern Promotheus* (New York: Harrison Smith and Robert Haas, 1934; first published in 1817), pp. 41–42.

50. Foucault, *Birth of the Clinic*, pp. 88–90, 135–137, 162–169.

51. Herder, *Erkennen und Empfinden*, in *Werke*, I, p. 145; Chenier, *Oeuvres poétiques*, II, pp. 67–68.

52. Gerard, *Genius*, pp. 322–323; Duff, *Original Genius*, p. 35.

53. Bate, "Sympathetic Imagination," pp. 144, 147–149. ディドロからクールベにいたるフランスの「没入（absorption）」の伝統については、勿論マイケル・フリードの名作。Michael Fried, *Absorption and Theatricality: Painting and Beholder in the Age of Diderot* (University of California Press, 1980), chapter 1: "The Primacy of Absorption." 勿論、フリードが論じているのは絵画であって、自然の事物ではないし、それも 18 世紀半ばにフランスで始まった絵画のみの研究だが、しかし（シャルダン、グルーズ、ヴィアン、カルル・ヴァン・ローに見出される）恍然たる注意集中は科学的な自然観察の国際「様式」を特徴づける脱我（*oubli de soi*）にそっくり移し換えられる。しかし、夢と夢想の輪に広げられるフリードの分析は、1747年にジョン・ベイリーのした崇高論に通じるところがもっと大きいように思われる。この論文にサミュエル・モンクが認めるのは、事物の中に崇高美をさがすというところから、主体側の情動を中心にという方へ重要な方向転換が生じつつあるという点である。私が使おうとしている没入（absorption）という語は、対照的に、中心から出ていく動きを指す。次を。Thomas Weiskel, *The Romantic Sublime: Studies in the Structure and Psychology of Transcendence* (Johns Hopkins University Press, 1976), p. 14.

54. Bate, "Sympathetic Imagination," pp. 161–162; Biese, *Naturgefühl*, p. 143; Stafford, "Beauty of the Invisible," n. 106, p. 73.

55. Daniell, *Oriental Scenery*, II, part IV, pl. X; Maurice Shellim, *The Daniells in India and the Waterfall at Papanasam* (Calcutta: The Statesman Ltd., 1970), pp. 9–10; Siren, *China*

and Gardens of Europe, p. iv; Beurdeley, *Castiglione*, p. 138.

56. Forster, *Ein Blick*, pp. 49–53; Takeuchi, "Schönheit des Unbelebten," p. 669; Carr, "Pygmalion and *Philosophes*," p. 255; Gaston Bachelard, *La terre et les rêveries du répos* (Paris: José Corti, 1948), pp. 77–11.

57. Bachelard, *La terre et rêveries de la volonté*, pp. 32–33; James Hakewell, *A Picturesque Tour of the Island of Jamaica, from Drawings Made in the Years 1820 and 1821 by...Author of "The Picturesque Tour of Italy"* (London: Hurst and Robinson, 1825), p. 3; Glacken, *Traces*, p. 391.私はラスキンの「連想的想像力(Imagination Associative)と「貫入的想像力(Imagination Penetrative)を、18世紀後半の発見美学にぴったりくるように変えている。次を。Piper, *Active Universe*, pp. 215–220.

58. P. L. M. de Maupertuis, *Lettre sur le progrès des sciences* (1752), pp. 53–54; Mercier, *Mon bonnet de nuit*, I, p. 22.地下の地理学という話柄については、次も。Jean-Claude-Izouard Delisle de Sales, *Histoire philosophique du monde primitif (1780)*, fourth revised edition (Paris: Didot l'Aîné, 1793), I, pp. 39–46.この人気高い研究書に入れられた図版30点はフォージャ・ド・サン=フォン、サン=ノン、ペナント、パリッシー、クール・ド・ジェブラン伯、クノールから採られている。

59. Jean-Jacques Rousseau, *Les rêveries du promeneur solitaire* (Paris: Bibliothèque Indépendente d'Édition, 1905), pp. 255–256; Christophe Traugott Delius, *Anleitung zu der Bergbaukunst nach Ihrer Theorie und Ausübung, nebst einer Abhandlung von den Grundsätzen der Bergkammerwissenschaft* (Vienna: Joh. Thomas Edlen v. Tratternern, 1773), pp. 1–2.ヴェルナーとはちがって、デリウスは鉱物の基盤理論、即ち地球はあらゆる鉱物にとって基底となる物質を山々の核部分に持っているという理論を支持している。次を。Dürler, *Bedeutung des Bergbaus*, pp. 19–24.こういう文献は、もっと技術本位で、採掘器具とか精製工程とかを図説の主眼にするような論文とはっきり区別されなければならない。たとえば次など。Lazarum Ercker, *Aula subterranea Domina dominantium subdita subditorum. Das ist: Untererdische Ofhaltung ohne Welche weder die Herren regiren/noch die Unterthanen gehorchen können. Oder gründliche Beschreibung derjenigen Sachen/ so in der Tiefe der Erde wachsen/ als aller Ertzen der königlichen und gemeinen Metallen/ auch fürnehmster Mineralien/ durch Welche/ nächst Gott/ alle Künste/ Übungen und Stände der Welt gehandhabet und erhalten werden/...* (Frankfurt: Johann David Sunners and Johannes Haass, 1684), frontispiece.

60. Eugenio Battisti, "Natura Artificiosa to Natura Artificialis," in *The Italian Garden*, ed. David Coffin (Washington, D.C.: Dumbarton Oaks, 1972), pp. 30–32; Claudia Lazzaro-Bruno, The Villa Lante at Bagnaia, ph.D. diss., Princeton University, 1974, pp. 195–196; Kris, "Stil 'rustique,'" pp. 200–201.

61. Leyden, *Discoveries and Travels in Africa*, II, p. 372; Pitton de Tournefort, *Voyage du Levant*, I, "Éloge."

62. Bonnet, *Contemplation de la nature*, I, p. 232; Saussure, *Voyage dans les Alps*, I, pp. ii–iv.

63. La Pérouse, *Voyage autour du monde*, II, p. 109; D'Entrecasteaux, *Voyage*, I, p. x. 次も。Sauer, *Geological and Astronomical Expedition to North Russia*, p. 230.

64. Bailly, *Discours et mémoires*, I, pp. 322–323; Broc, *La géographie des philosophes*, pp. 298–299, 304–305, 311. シャトーブリアンのように、「映像を追う」「ロマンティックな」追求者にとっては、貫入の欲望はもっと個人的な性格を、ある場所の現存に加わりたいという願いというところを持つ。次を。Paul Viallaneix, "Chateaubriand voyageur," in *Approaches des Lumières*, pp. 564–565; Clarence J. Glacken, "On Chateaubriand's Journey from Paris to Jerusalem, 1806–07," in *The Terraqueos Globe: The History of Geography and Cartography* (Los Angeles: William Andrews Clark Memorial Library, 1969), p. 50.

65. Broc, *Les montagnes*, pp. 19–20, 65; *La géographie des philosophes*, pp. 314–315.

66. W. B. Carnochan, *Confinement and Flight: An Essay on English Literature of the Eighteenth Century* (University of California Press, 1977), p. 103. 大気の中に包みこまれたいという願いは、空気を女性的なものとする古代の空気観（プラトン、エンペドクレス、キケロ）と結びつけて考えられるべきである。古代以後、空気が女性的とされるのはそのまっさらな処女性のためというよりは、予測不能で気分がすぐに変わり、忽ち嵐と化すという性質のためとなる。こうして、大気の混淆した性格は処女と娼婦の二面を示す。次を。Clive Hart, "Flight in the Renaissance," *Explorations in Renaissance Culture* 5 (1979), 20–32.

67. Bertholon, *Avantages des globes aérostatiques*, pp. 36–37; de Villers, Le Camus, and Le Fevre, *Dissertation sur le fluide. Principe de l'ascension des aérostats de MM. Montgolfier* (Paris, 1784), p. 19.

68. Rouland, *Propriétés de l'air*, p. 311; Monge, Cassini, and Bertholon, *Dictionnaire de physique*, I, p. 223.

69. Faujas de Saint-Fond, *La machine aérostatique*, I, p. 199. モンク・メイソンが『気球飛行史』を出した 1837 年という遅い時期にさえ（引いているのは Turnor, *Astra Castra*, p. 368）、気球飛行士たちを「侵入」しつつある媒質がいろいろ異様、という議論がなおあった。そうした「空中視」と結びつく気分昂揚を現代的に解釈したのはロラン・バルトの次。Roland Barthes, *The Eiffel Tower and Other Mythologies*, tr. Richard Howard (New York: Hill and Wang, 1979).

70. "Particulars of the Parachute, with a Circumstantial Account of Mr. Garnerin's Ascent in the Balloon, and His Descent in the Parachute, on Tuesday, September 21, 1802," *European Magazine* 44 (1802), 515. 次のアクワティントも。Simon Petit, *Expérience du parachute* (October 22, 1797). この空気に浸るという気分が 1783 年より先、揺籃期の気象学を育てるということが次でわかる。Tissandier, *Simples notions*, pp. 66–67.

71. Kotzebue, *Voyage of Discovery*, III, p. 261; Martha Noel, "Le thème de l'eau chez Senancour," *Revue des Sciences Humaines* 107(July-September 1962), 361–363; MacKenzie, *Iceland*, pl. p. 119. 次も。"Les geysers, sources d'eau bouillante en Islande," *Magasin Pittoresque* 28 (1833), 224.

72. Jean-Claude-Richard, Abbé de Saint-Non, *Voyages pittoresque ou description des*

royaumes de Naples et de Sicile (Paris, 1781–1786), I, p. 181.エンペドクレスが活火山口に跳躍という珍しい画題についてはMichael Kitson, *Salvator Rosa* (London: Arts Council of Great Britain, 1973), catalog 44, pl. 35 and p. 36.

73. Hamilton, *Supplement to Campi Phlegraei*, pp. 3–4; *Campi Phlegraei*, II, pls. 9, 10; Houel, *Voyage*, I, II, pl. 123 and p. 105.この伝統の息の長さは、フランスによる画期的なアイスランド、グリーンランド探検の時の地質学者ウジェーヌ・ロベールが、クロファ=イエークルから噴き出た古代溶岩流を描写するくだりなど見るとよい。アイスランド横断は即ち「生ける岩滓の平原行く横断旅」である、とされている。次を。Gaimard, *Voyage en Islande: Histoire du voyage*, II, p. 237.

74. Forster, *Voyage round the World*, I, pp. 191–192; Lesseps, *Journal historique*, I, pp. 72–73.

75. Revello, *Expedicion Malaspina*, pls. 44, 45 and p. 89; Morse, *Malaspina Letters*, pp. 22–25; *The Malaspina Expedition*: *"In the Pursuit of Knowledge..."* (Santa Fe: Museum of New Mexico Press, 1977), pp. 4–10; Otto von Kotzebue, *Entdeckungs-Reise in die Süd-See, und nach der Berings-Strasse* (Weimar: Gebr. Hoffmann, 1821), I, pp. 145, 147; Franklin, *Second Journey to Polar Sea*, pl. p. 171 and pp. 169–170. 次も。Gaimard, *Islande et Greenland*, II, pl. 137: "La Corvette *La Recherche* au milieu des glaces."

76. George Adams, *Lectures on Natural and Experimental Philosophy, Considered in Its Present State of Improvement* (London: R. Hindmarsh, 1794), V, pp. 462–465.

77. Bernardin de Saint-Pierre, *Harmonies de la nature*, in *Oeuvres*, IX–X, pp. 74–75; Macaulay, *Pleasure of Ruins*, pp. 229–230; Forbes, *Oriental Memoirs*, p. 311.

78. Pococke, *Description of the East*, II, part I, p. 36; Jean Chappe d'Auteroche, *Voyage en Californie pour l'observation du passage de Vénus sur le disque du soleil, le 3 juin 1769; contenant les observations de ce phénomène, & la description historique de la route de l'auteur à travers le Mexique,* ed. Jean-Dominique Cassini (Paris: Charles-Antoine Jombert, 1772), pp. 13–14; Sparrman, *Cape of Good Hope*, I, pp. 4, 6; Milbert, *Ile de France*, I, pp. 111–112.燐光各種を同時代に概観した有難い研究はJoseph Placidus Heinrich, *Die Phosphorescenz der Körper oder die Dunkeln bemerkbaren Lichtphänomene der anorganischen Natur* (Nuremberg: Johann Leonhard Schrag'schen Buchhandlung, 1811).

79. Carver, *North-America*, pp. 48, 132–133; Milbert, *Hudson*, I, p. 127; Houel, *Voyage*, III, pp. 67–68.

80. Salt, *Abyssinia*, pl. p. 357 and pp. 354–356.

81. Jackson, *Marocco*, p. ix; *Timbuctoo*, p. ix; *Proceedings of the Association for Promoting the Discovery of the Interior Parts of Africa* (London: C. Macrae, 1790), pp. 3, 6–8.

82. Saugnier, *Relations*, p. ii; Grandpré, *Afrique*, I, p. iii; Leyden, *Discoveries and Travels*, I, pp. 397–398; Philip Beaver, *African Memoranda: Relative to an Attempt to establish a British Settlement on the Island of Bulama on the Western Coast of Africa, in the Year*

1792. With a Brief Notice of the Neighbouring Tribes, Soil, Productions, etc., and Some Observations on the Facility of Colonizing That Part of Africa, with a View to Cultivation; and the Introduction of Letters and Religion to Its Inhabitants; but more particularly as the Means of Gradually Abolishing African Slavery (London: C. and R. Baldwin, 1805), p. iii; Mollien, *Interior of Africa*, pp. v, 1; T. Edward Bowditch, *Mission from Cape Coast Castle to Ashantee, with a Statistical Account of That Kingdom, and Geographical Notices of Other Parts of the Interior of Africa* (London: John Murray, 1819), p. 5.

83. Leyden, *Discoveries and Travels*, II, pp. 365–370, 312–321; Beechey, *Northern Coast of Africa,* p. v; Thomas Legh, *Narrative of a Journey in Egypt and the Country beyond the Cataracts* (London: John Murray, 1816), pp. vi–vii; Burckhardt, *Nubia*, p. xlix.

84. *The Narrative of the Honourable John Byron (Commodore in a Late Expedition round the World) Containing an Account of the Great Distresses Suffered by Himself and His Companions on the Coast of Patagonia, from the Year 1740, till Their Arrival in England, in 1746, with a Description of St. Jago de Chile* (London: S. Baker and G. Legh and T. Davies, 1768), p. iii; *Supplément au voyage de Bougainville*, p. 258.

85. Forster, *Voyage round the World*, I, p. 197; Oxley, *Journals of Two Expeditions*, pp. vii–ix; Lycett, *Australia*, p. 4.

86. Forster, *Voyage round the World*, I, pp.567, 269; Cook, *Voyage*, I, pp. xi, lx.

87. MacKenzie, *Montreal*, p. iv; Milbert, *Hudson*, I, p. viii; Samuel Davis, *Views in Bootan: From the Drawings of... by William Daniell* (London, 1813), letterpress; "Antiquités trouvés dans l'île de Java," *Journal des Voyages de Découvertes* 3 (1819), 373; Arago, *Voyage round the World*, I, p. 280; James Johnson, *N° 1 of a Series of Views in the West Indies: Engraved from Drawings Taken recently in the Islands: With Letter Press Explanations Made from Actual Observations* (London: Underwood, 1827), plate "View in the Tortola from Ruthy Hills," letterpress.

88. Cook, *Voyage*, I, p. lx.

89. Arthos, *Language of Natural Description*, p. 64; Peter Hughes, "Language, History & Vision: An Approach to Eighteenth-Century Literature," in *Varied Pattern*, pp. 83, 91.

90. Forster, *Ein Blick*, p. 54; Cassas, *Istrie et Dalmatie*, pl. 30 and p. 107; Lewis and Clark, *History of Expedition*, I, pp. 263, 310; Vidal, *Buenos Ayres*, p. 100.

91. Brydone, *Sicily and Malta*, I, p. 174; Houel, *Voyage*, I, pl. 62 and p. 115.物質の永遠の変身についてはウーエルのエトナ山頂への登攀記を (II, p. 100)。

92. Faujas de Saint-Fond, *Volcans éteints*, pls. 2, 11 and pp. 271, 300; *Essai de géologie*, III, pl. 25 and pp. 412–415; Borlase, *Natural History of Cornwall*, pl. 13 and pp. 125–127.

93. J. F. Henckel, *Unterricht von der Mineralogie oder Wissenschaft von Wassern, Erdsäfften, Sältzen, Erden, Steinen und Ertzen* (Dresden: Joh. Nicol Gerlachen, 1747), pp. 32–33; Bourguet, *Pétrifications*, p. 32; Romé de l'Isle, *Cristallographie*, I, pp. 6–7; Daniell, *Staffa*, pp. 7–9; *Animated Nature*, I, pl. 24.

94. Edy, *Norway*, I, pl. 1 and letterpress; "Action destructive de l'océan," *Magasin Pittoresque* 16 (1836), pl. p. 44; "Changemens de forme des continens," ibid. 15 (1835), 115; Barrow, *South Africa*, I, pp. 34–35.

95. Kendrick, *Lisbon Earthquake*, pp. 112, 118–124; Le Flamanc, *Les utopies prérévolutionnaire*, p. 66; Henry F. Majewski, "Mercier and the Preromantic Myth of the End of the world," *Studies in Romanticism* 7 (autumn 1967), 1–2.「この地球表面の間断なき変化」に早々に対応できていたのはShaftesbury, *The Moralists*, part III, section i, pp. 122–123. 18世紀後半の記述的科学——特に地質学——が、現実に地球に生じている事象を基に自分たちの根本的観念を次々と革新していった流れを現代的に評価しているのがCharles Coulston Gillispie, *Genesis and Geology. The Impact of Scientific Discoveries upon Religious Beliefs in the Decades before Darwin. A Study in the Relations of Scientific Thought, Natural Theology, and Social Opinion in Great Britain, 1790–1850* (New York: Harper, 1959), pp. 41–72, 98–120 passim; *The Edge of Objectivity: An Essay in the History of Scientific Ideas* (Princeton University Press, 1960), pp. 260–302 passim. 激烈、猛烈というものに「暴力」の語がつく長い連想史についてはWilliams, *Keywords*, pp. 278–279.

96. この前提は、歴史それ自体が言語の歴史に根差すとする18世紀末の考え方と結びつけられるべきだ。次など。Cohen, *Sensible Words*, pp. 122–127; Arthur O. Lovejoy, *A Documentary History of Primitivism and Related Ideas* (Baltimore: Johns Hopkins University Press, 1935), I, pp. 103–117; "'Nature' as Aesthetic Norm," *Modern Language Notes* 42 (1927), 444–450.

97. Eisenstein, *Printing Press*, I, pp. 272–284. 次も。Uwe Japp, "Aufgeklärtes Europa und natürliche Südsee. Georg Forster's *Reise um die Welt*," in *Reise und Utopie. Zur Literatur der Spätaufklärung*, ed. Hans Joachim Piechotta (Frankfurt-am-Main: Suhrkamp, 1976), pp. 14–30. ヤップは、啓蒙時代の理性と自然の二極化、「脱自然化」としての文明観、そしてこれがなじみない状況への観察と記述にもたらす困難の問題をとりあげている。

第5章

1. 次は。Mandeville, *Treatise of Hypochondriac*, p. 232; Forster, *Voyage round the World*, I, p. iv. アートと知覚の研究で現代を代表する一人がゴンブリッチ卿（Sir Ernst Gombrich）である。特にその*Art and Illusion: A Study in the Psychology of Pictorial Representation* (New York: Pantheon, 1961), chapter 4, and *The Sense of Order: A Study in the Psychology of Decorative Art* (Ithaca, N.Y.: Cornell University Press, 1979), introduction. このふたつの章でゴンブリッチは——新実証派、反ヘーゲル主義の立場で——「リアリスティックな」表象とは何かを論じている。第一の本の議論を再び取りあげ、アップ・トゥ・デートにしたのが第二の本という形になっている。再び主張されるその大前提というのは、人はリアルな世界をさぐり、その表象をつくるのに、精神に規則性（regularity）ありという仮説を立てる傾向がある、というものである。こうしてまずつくり（making）あり、次に合わせ（matching）がある。つまり求めること（seeking）が見ること（seeing）より先にあるのだ。こうして、まずシェーマ、図式が形づくられ、次にこれをリアリティに合わせていくのである。真に「歴史的な」「リアリティ」

観念とは何か、ゴンブリッチとアウエルバッハのさまざまな意見を比較してみるとどうなるかは、ヘイデン・ホワイトの『メタヒストリー』が扱っている。

2. Gombrich, *Sense of Order*, p. 105. 次の Yi-Fu Tuan, *Topophilia: Study of Environmental Perception, Attitudes, and Values* (Englewood Cliffs, N.J.: Prentice-Hall, 1974), pp. 59 ff.も見ると、「文化、経験、環境主義的対応」についての議論あり。

3. Jean Babelon, "Découverte de monde et littérature," *Comparative Literature* 2 (spring 1950), 166; Moore, *Backgrounds of English Literature*, p. 71. H. A. ウエストの次の社会学よりする博論も。Hugh Allen West, From Tahiti to Terror: George Forster, the Literature of Travel, and Social Thought in the Late 18th Century, Ph.D. diss., Stanford University, 1980, pp. 84–105.フォルスターの知的、政治的経歴の中で個人的野心と科学的野心がいかに分かちがたくからみ合っていたか、ウエストは論じてみせる。啓蒙時代科学史の専門家より広い視野からということならCharles Coulston Gillespie, *Science and Polity in France at the End of the Old Regime* (Princeton University Press, 1980), pp. 77–78.ギルスピは、科学的発見家たちを行動に駆った（そして、他のあらゆる発見家たちに広げて考えることもできる）二重の駆動力、即ち科学自身のため、人類福利のために自然研究に没頭するということ、そして科学的企て全体が独創性に置いていたウエートというものを取り上げてみせる。

4. Forster, *Voyage round the World*, I, p. viii–ix, 125, 244–245, 117, 104–105, 250.

5. Arago, *Voyage round the World*, I, p. 211; Porter, *Russia and Sweden*, II, p. 31; Landmann, *Portugal*, II, pl. p. 62 and p. 63; Belzoni, *Narrative*, p. 109.

6. 「心理風景」については次。Hunt, *Figure in the Landscape*, pp. 175–180; Broc, *Géographie des philosophes*, p. 219; Lambert, *Anlage zur Architectonic*, I, p. 372.

7. Moore, *Backgrounds in English Literature*, pp. 219–220, 226–229; Rouland, *Phénomènes de l'air*, p. 86.

8. Forster, *Voyage round the World*, I, p. xii–xiii.

9. Auerbach, *Mimesis*, pp. 307–310, 321–322.

10. Appleton, *Experience of Landscape*, p. 127; Giulio Carlo Argan, "Lo Spazio 'oggetivo' nella pittura Inglese dell Settecento: La teorica del Pittoresco," in *Sensibilità e Razionalità*, pp. 305–306; Ozouf, *La fête révolutionnaire*, p. 150; Atkinson, *Relations de voyages*, p. 3.現代の人類学者、言語学者には、経験のバイナリーな組織化（言語の構造化、空間の組織化を上と下、前と後、夜と昼、左と右のアナロジーで行なう）は人間知覚に固有の部分であると主張する人々がいる。有名どころではRoman Jakobson and Morris Halle, *Fundamentals of Language* (The Hague: Mouton, 1956), pp. 44–49; Claude Lévi-Strauss, *The Raw and the Cooked* (New York: Harper and Row, 1969).

11. Weiskel, *Romantic Sublime*, pp. 4–5, 19–21; Karl Viëtor, "De Sublimitate," *Harvard Studies and Notes in Philology and Literature* 19 (1937), 268–274.こうした二項対立の背後にある長い修辞的伝統についてはDavid Summers, "Contrapposto: Style and Meaning in Renaissance Art," *Art Bulletin* 59 (September 1977), 360.

12. Guitton, *Jacques Delille*, p. 111; Pitton de Tournefort, *Voyage du Levant*, I, pl. p. 190

and pp. 189–191; Boisgelin de Kerdu, *Denmark and Sweden*, II, pp. 203–205. こうした企てには王の許可が出た。たとえば自らドイツの鉱山に降りたピョートル大帝とか、スウェーデンの鉱山を歩き、それをエリアス・マーティン（1739−1818）の連作アクワティントに記念されたグスターヴ3世とか、である。次を。*La gravure en Suède*, exhibition at Bibliothèque Nationale (Paris, 1980); Per Bjurström, "La gravure en Suède," *Nouvelles de l'Estampe* 51 (May-June 1980), 10–11. あらゆる有機体の基本形式、というかプロトタイプが、表層的特徴の雑然と錯綜している背後に隠れているのを、18世紀末に追求していった試みについてはBettex, *Discovery of Nature*, p. 168; Dürler, *Bedeutung des Bergbaus*, pp. 108, 122–123. 洞穴、亀裂、渓谷——というか、地球内部の組織に物理的に対面させてくれる開口部万般——がいかに力ある逃避後退のシンボルであるかを言うのはAppleton, *Experience of Landscape*, p. 103.

13. Lycett, *Australia*, pl. 23 and letterpress; Turnor, *Astra Castra*, p. 356.

14. Bachelard, *La terre et les rêveries de la volonté*, pp. 357–359; Belzoni, *Narrative*, pp. 156–157; De Piles, *Cours de peinture*, p. 163.

15. Bougainville, *Voyage autour du monde*, II, pp. 69–70; Hammond, *News from New Cythera*, p. 44. 次も。J.-E. Martin-Allanic, Bougainville navigateur et les découvertes de son temps, Ph.D. diss., University of Paris, 1964.

16. J. F. Pilâtre de Rozier, *Premier expérience de la montgolfière construite par l'ordre du roi*, second edition (Paris: De l'Imprimerie de Monsieur, 1784), pp. 13–14.

17. W. H. Auden, *The Enchafèd Flood, or, the Romantic Iconography of the Sea* (New York: Random House, 1950), pp. 16–20; Vivant-Denon, *Voyage en Egypte*, I, pl.73 and pp. 169–170, 188; Beechey, *Northern Coast of Africa*, pl. p. 113 and p. 39; Oxley, *New South Wales*, pl. p. 235 and p. 234; Lycett, *Australia*, p. 1. さらに、18世紀末では大気が「この空気の大いなる広がり」と呼ばれるようになったことは、次に確証。Richard, *L'air et des météores*, VII, p. 12.

18. Bachelard, *La terre et les rêveries de la volonté*, pp. 379–380; Appleton, *Experience of Landscape*, pp. 89–91; Michel Foucault, *Folie et deraison. Histoire de la folie à l'âge classique* (Paris: Plon, 1961), p. 172; Faujas de Saint-Fond, *La machine aérostatique*, I, pp. 19–20; Antoine de Parcieux, *Dissertation sur les globes aérostatiques* (Paris: de Parcieux, 1783), pp. 18, 28.

19. Abrams, *Natural Supernaturalism*, pp. 171, 290–291; Arthos, *Language of Natural Description*, p. 54. 私の考えは、最近出てきたPeter Schwenger, "The Masculine Mode," *Critical Inquiry* 5 (summer 1979), 622–625とは異なる。ピーター・シュウェンガーは、この論文でも、「ファリックな批評」をめぐって予告されている一著においても、男性性と文体の関係を、身体のある個別な感覚が一生命の態度・応対の中に浸透していく経緯を吟味しようとしている。人間のセクシュアリティという根本事実が人間の自分自身に対してばかりか世界に対しての知覚にも影響を与えないではおかないというのが、シュウェンガーの大前提である。こうして書き手の文体はその人の身体自らの性質と一致して、男性的文体は、自意識から慎重に離れてあること、贅肉なし、控え目、省略、どっちつかずの表面といったことで特徴づけられる。Sandra M. Gilbert and Susan Gubar, *Madwoman in the Attic: The Woman Writer and the Nineteenth-Century Literary Imagination* (Yale University Press, 1978)も同じように、はっきりと女性的な想像力が存在する、とする。私の論はまったく反対を向いていて、男性的エゴなどにではなく純粋に現象たる事物に宿ると考えられる男性的牢固さと自侍をこそ示したいと思う。一方、男性性の最も力強い原型のひとつは真の男は考えるよりも行動するとする信念だというシュウェンガーの否定しがたい言い分は、真の探険家に当てはまる。

20. Arnold van Gennep, *The Rites of Passage*, tr. Monika B. Vizedom and Gabrielle L. Caffee (University of Chicago Press, 1960), pp. 15–17; Virginia Bush, *Colossal Sculpture of the Cinquencento* (New York: Garland, 1976), pp. 37, 51; Borlase, *Antiquities of Cornwall*, pl.17, fig. 1, and p. 188; Pennant, *Journey to Snowdon*, pl. 9 and pp. 174–175; Bellasis, *Saint Helena*, pl. 5, and letterpress.

21. Acerbi, *Travels*, I, p. x.雄勁男性的なアルプスを「微笑し、より豊沃なる」ピレネーと、老兵分遣中隊の査閲官が比べている。次を。*Voyages de Guibert, dans diverses parties de la France et en Suisse. Faits en 1775, 1778, 1784 et 1785. Ouvrage posthume, publié par sa veuve* (Paris: D'Hautel, 1806), pp. 329–331.逆に、彼の同国人による作、Dusaulx, *Voyage à Barège* (II, p. 79)は、ジェードル地方の山が、ガーヴ川に刻まれた他の渓谷の山より「もっと男性的、もっと毅然」としているとしている。

22. Mercier, "La théorie des climats," pp. 31–32.

23. 半ば神話的存在たる老子(周王朝の役人だが、宮廷生活に倦み困じていた)の教義では、定め難き「道《タオ》」は生命の源たる水に比せられている。さらに老子は、流れに満ちた谷が女性で山が男性である生ける風景の、根本的に性的な捉え方を説く。しかし、西洋の画家や作家の心裡でこの陰陽二元の考え方がどうなっているのか言うのは難しい。マイケル・サリヴァンの次。Michael Sullivan, "Pictorial Art and the Attitude toward Nature in Ancient China," *Art Bulletin* 36 (March 1954), 4–5. 次 も。Adam Müller, *Von der Idee der Schönheit. In Vorlesungen gehalten zu Dresden im Winter 1807/1808* (Berlin: Julius Eduard Hitzig, 1809), pp. 154–155; Bachelard, *L'eau et les rêves*, pp. 49–52, 175–180.ガストン・バシュラールは、水をその汚れなき静謐な(同意的な)表れにおいては「女」とし、荒れ狂う波において「男」とする——特にノヴァーリスのようなロマン派にはっきりした——文学的伝統を論じている。大気の霧・水蒸気という同様に「ソフトな」領域については次を。Cotte, *Traité de météorologie*, pp. 47–48.幸福と飛翔の繋がりについてはクライヴ・ハートを。Hart, "Flight in the Renaissance," pp. 22–29.

24. Shaftesbury, *Moralists*, part III, section i, p. 122.さらにシャフツベリーが「空間が驚愕させるのだ。沈黙そのものに一杯孕まれるものあり、未知のある力が人の心に働きかけ、よくわからぬ物がめざめた感覚をつき動かす」と言っている文章も(引かれているのはMoore, *Backgrounds of English Literature*, pp. 73, 89–95; Possin, *Natur und Landschaft bei Addison*, p. 132).

25. *Ossian und die Kunst um 1800*, p. 57; Roy Harvey Pearce, "The Eighteenth-Century Scottish Primitivists: Some Reconsiderations," *ELH* 12 (September 1945), 216–219; Bernardin de Saint-Pierre, *L'Ile de France,* in *Oeuvres*, I, pp. 66–67.人の気配なき野生の風景を「科学的に」讃美した存在としてのベルナルダン・ド・サン=ピエールについては

Monglond, *Le préromantisme*, I, p. 139; Mornet, *Les sciences de la nature*, pp. 155–157. ベルナルダンにとって原始の自然と社会は、文明化されたそれより秀れていた。この立場はドゥーガルド・ステュワート、アダム・ファーガソン、ジェイムズ・ダンバーといったスコットランド人たちが支持した立場と対立した。後者は原始社会に何の美点も認めず、ヒュー・ブレア、ジェイムズ・マクファーソンの誇張した礼讃を非とした。

26. Grand-Carteret, *La montagne à travers les âges*, I, pp. 362, 371; Hirschfeld, *Theorie der Gartenkunst*, I, pp. 194–195.

27. Laborde, *Espagne*, I, p. 18; *Voyage de Humboldt et Bonpland*, I, pl. 25 and p. 200.

28. George Levine, "High and Low: Ruskin and the Novelists," in *Nature and the Victorian Imagination*, pp. 137–138; Pilâtre de Rozier, *Premier expérience*, pp. 11–12; Lunardi, *First Aerial Voyage in England*, pp. 32–33; Turner, *Astra Castra*, p. 92.

29. Bourrit, *Nouvelle description*, I, p. 59; Brydone, *Sicily and Malta*, I, pp. 201–212.

30. LeBruyn, *Travels*, II, p. 7; Sauer, *Expedition to Russia*, pl. p. 44 and p. 47; Park, *Interior of Africa*, pp. 264–266; Vivant-Denon, *Voyage en Egypte*, I, pl. p. 44 and p. 145; Salt, *Abyssinia*, pl. p. 352 and p. 352; Mollien, *Interior of Africa*, p. 209; Lichtenstein, *Reisen*, II, pl. p. 338 and pp. 339–340; *Wahreste und neueste Abbildung des Türckischen Hofes/ Welche nach denen Gemählden der königliche Französische Ambassadeur, Monsr, de Ferriol, Zeit seiner Gesandtschafft in Constantinopel im Jahr 1707 und 1708. Durch einen geschickten Mahler [J.-B. Vanmour] nach den Leben hat verfertigen lassen in fünff und sechzig Kupffer-Blatten gebracht werden. Nebst einer aus dem Französischens ins Teutsche übersetzen Beschreibung* (Nuremberg: Adam Jonathan Felssecker, 1719), p. 1. ヴァンムールの貢献——特に衣服の習作と風景。G. ウェイゲル彫版——についてはR. van Luttervelt, *De "Turkse" Schilderijen van J. B. Vanmour en zijn Schoel. De Verzameling van Cornelis Calkoen, Ambassadeur bij de Hoge Porte, 1725–1743* (Istanbul: Nederlands Historisch-Archaeologisch Instituut in het Nabije Oesten, 1958), pp. 2, 46; A, Boppe, *Les peintres du Bosphore au dix-huitième siècle* (Paris: Hachette, 1911), pp. 1–55 passim. デザートの静寂については、次も。Pierre-Marie-François, Vicomte de Pagès, *Voyages autour du monde, et vers les deux Pôles, par terre et par mer, pendant les années 1767, 1768, 1769, 1770, 1771, 1773, 1774, & 1776* (Paris: Moutard, 1782), I, pp. 304, 315–316; Burchell, *Southern Africa*, I, pp. 282–286, 288.

31. William Bligh, *A narrative of the Mutiny on Board His Britannic Majesty's Ship* Bounty*; and the Subsequent Voyage of Part of the Crew from Tofoa, One of the Friendly Islands, to Timor, a Dutch Settlement in the East-Indies* (Philadelphia: William Spotswood, 1790), p. 11; James Wathen, *Journal of a Voyage in 1811 and 1812, to Madras and China, Returning by the Cape of Good Hope and Saint Helena* (London: J. Nichols, Son, and Bentley), p. 233; Flinders, *Terra Australis*, I, pl. p. 184 and p. 183.

32. Pierre Poivre, *Voyage d'un philosophe, ou observations sur les moeurs & les arts des peuples de l'Afrique, de l'Asie, et de l'Amerique* (Yverdon, 1768), pp. 7–8; D' Entrecasteaux, *Voyage*, I, p. 54; Flinders, *Terra Australis*, II, p. 236; *Voyage de Humboldt*

et Bonpland, I, pl. 5 and pp. 14–15; Ledru, *Voyages aux Iles de Ténériffe*, II, p. 67; Belzoni, *Narrative*, p. 308.

33. Milbert, *Hudson*, I, p. 104; Kynaston McShine, *The Natural Paradise: Painting in America 1800–1950* (New York: Museum of Modern Art, 1976), p. 102; Chateaubriand, *Mémoires d'outretombe*, I, pp. 240–241, 320–321. シャトーブリアンは今あるカナダ湖沼が、ジャック・カルティエ(Jacques Cartier)の最初のカナダ旅行の時(1534—35)のそれともちがえばSamuel Champlain, *Relation des voyages* (1640), Louis-Armand de Lom d'Arce, Baron de La Hontan, *Nouveaux Voyages* (1703), Joseph-François Lafitau, *Moeurs des sauvages americains* (1724), Pierre-François-Xavier de Charlevoix, *Histoire et description générale de la Nouvelle France* (1744)のそれともちはやちがうことに思いをめぐらせる。アメリカ風景が知られていく過程でのシャトーブリアンの重要性についてはHugh Honour, *The European Vision of America* (Kent State University Press, 1975), pp. 286 ff. アメリカ風景流行へのトマス・ジェファーソンの貢献についてはWilliam Howard Adams, ed., *The Eye of Thomas Jefferson* (Washington, D.C.: National Gallery of Art, 1976), pp. 314 ff. 次も。Cochrane, *Colombia*, II, p. 200.

34. Parkinson, *Journal*, p. 10; Boisgelin de Kerdu, *Denmark and Sweden*, II, pl. p. 260 and pp. 263–264; Edy, *Norway*, I, p. xxxvii.

35. Darwin, *Narrative of Voyages of* Beagle, III, p. 11 を。(ヴィンケルマンに先立って)バウムガルテンが『エステティカ』(1750–1758)で試みた「崇高美」と静もりの古典的結びつきについてはViëtor, "De Sublimitate," p. 276. 次も。Forster, *Voyage round the World*, I, p. 99; Gmelins, *Reise durch Sibirien*, IV, p. 163. 極光に音が伴うかという議論は18世紀を通じて本当に盛んだった。それをうみだす物理的機構がまるであるようにも見えないため、そんな音はないということになったが、かそかにさらさらとか、しゅうしゅうとか、ひゅうひゅうとかいう音を耳にしたという話は絶えない。Samuel Hearne, *Journal from Prince of Wales Fort in Hudson's Bay to the North Ocean* (1759)は極光のぱたぱたはためく音を文字通り大きな旗が風にはためく音にたとえている。次も。Eather, *Majestic Lights*, pp. 154–155. 次も。La Pérouse, *Voyage autour du monde*, II, p. 158; MacKenzie, *Iceland*, p. 243; Gaimard, *Voyage en Islande, Géologie et minéralogie*, I, p. v; Pagès, *Voyage autour du monde*, II, p. 135; Chevalier de La Poix de Fréminville, *Voyage to the North Pole in the Frigate the* Syrene (London: Sir Richard Phillips and Co., 1819), p. 84.

36. Bourrit, *Nouvelle description*, I, pp. 61–62; Saussure, *Voyages dans les Alpes*, II, p. 562.

37. Mieczystawa Sekrecka, "L'expérience de la solitude dans *Obermann* de Senancour," in *Approches des Lumières*, pp. 449–450; Levine, "High and Low," pp. 140–142; Alexander, *Voyage to Pekin*, p. 32; Chateaubriand, *Mémoires d'outre-tombe*, I, pp. 325, 327–328. 世界中の野生から持ってきており、かつ18世紀半ばのアルプス初探険まで遡ってみせた私の示す例からだけでも、アメリカの「ルミニズム」の絵画伝統ひとり屹立という言い分に、少くともこの点では「ちがう」と言えるのではなかろうか。ルミニストたちが「事物そのものの詩」に、「ルミニストな光」を浴びるそれらの静けさにいかに魅了されたかについてはBarbara Novak, *American Painting of the Nineteenth-Century: Realism, Idealism, and the American Experience,* second edition (New York: Harper & Row Icon Editions, 1979), pp. 92 ff. 最

近のエッセーでのノヴァックのNovak、"On Defining Luminism", *American Light*, pp. 24, 27–28は、John Frederick Kensett, Fitz Hugh Lane, Martin J. Heade, William Stanley Haseltineなどの絵の「屹立せる」特徴に対する入れこみを少しやわらげている。さらにノヴァックは沈黙に対する昔の入れこみの方を竿頭一歩進めて、「ルミニズムの相関物」としては沈黙が鍵とまで言う。アメリカ風景画の中での沈黙の神学的意味合いについてはNovak, *Nature and Culture: American Landscape Painting 1825–1875* (Oxford University Press, 1980), pp. 47–50.

38. Lang, *Unterirdischen Wunder*, I, pl. p. 120, pp. 121, 25–26, pl. p. 34. 次も。Sulzer, *Natur-Geschichte des Schweizerlandes*, I, p. 7.

39. 洞窟が聖なるものたること、グロッタが古代には至聖域であったことについてはNaomi Miller, *Heavenly Caves: Reflections on the Garden Grotto* (New York: Braziller, 1982), pp. 13–29. デザートの無限性については次も。Lang, *Unterirdischen Wunder*, I, pp. 22–23; Olivier, *L'Empire Othoman*, III, p. 241; Mollien, *Interior of Africa*, p. 97; Beechey, *Northern Coast of Africa*, pp. 210–211.

40. Ozouf, *La fête révolutionnaire*, pp. 49–54, 67–69; Guitton, *Jacques Delille*, p. 419; Faujas de Saint-Fond, *La machine aérostatique*, I, p. 17; Baldwin, *Airopaidia*, pp. 84–85, 108–109; "An Exact Narration of M. Blanchard's Observations during His Third Aerial Voyage, on the 18th of July 1784," *Universal Magazine* (September 1784), p. 357; Bruel, *Histoire aéronautique*, numbers 39, 173.

41. Bernardin de Saint-Pierre, *L'Ile de France,* in *Oeuvres*, I, pp. 100–103; Forster, *Voyage round the World*, I, p. 148; Hentzi, *Vues remarquables*, p. 7, plates 6, 10, p. 15. 次も。H. W. Williams, *Travels in Italy, Greece, and the Ionian Islands* (Edinburgh: Archibald Constable, 1820), I, p. 37.

42. *Voyages de Chastellux*, I, p. 96; Heriot, *The Canadas*, pl. p. 120 and pp. 119–120, 163; Valentia, *Voyages and travels*, I, pl. p. 39 and pp. 39–40; Cochrane, *Colombia*, II, pp. 178–180.

43. Kaempfer, *History of Japan*, I, pp.102–103; Le Gentil, *Les mers de l'Inde*, II, p. 652; Heriot, *The Canadas*, p. 17; "Grotte basaltique de l'Ile de Staffa, en Ecosse," *Magasin Pittoresque* 5 (1833), pl. p. 37 and pp. 36–37.

44. Gruner, *Histoire naturelle*, p. 43; Sherwill, *Mont Blanc*, III, p. 163; I, p. 341; Phipps, *North Pole*, pl. p. 70 and p. 70; Laing, *Spitzbergen*, pp. 149–151; Scoresby, *Arctic Regions*, I, p. 254; Weld, *North America*, p. 228. 次も。Fitzroy, *Narrative of* Beagle *Voyages*, II, p. 403.

45. Hamilton, *Campi Phlegraei*, II, pl. 21, and letterpress; MacKenzie, *Iceland*, pl. p. 119, pp. 118, 196, pl. 4, p. 116; "Voyage de M. Monge en Islande," *Journal des Voyage de Découvertes* 6 (1820), 18.

46. Bernardin de Saint-Pierre, *L'Ile de France*, II, in *Oeuvres*, I, pp. 29–30; Williamson, *Oriental Field Sports*, pl. 34, p. 123; Lesseps, *Journal historique*, 1, pp. 150–152,

254–256.

47. Lewis and Clark, *History of the Expedition*, II, pp. 339–340, 395; Tuckey, *River Zaire*, p. 96; Mollien, *Interior of Africa*, p. 93; O'Reilly, *Greenland*, p. 177.

48. Johnson, *Oriental Voyager*, p. 120; Stedman, *Surinam*, I, pp. 330–332, 339; Arago, *Voyage round the World*, II, pl. 24 and pp. 204–205.

49. Sparrman, *Cape of Good Hope*, II, p. 271; William Henry Smyth, *Memoir Descriptive of the Resources, Inhabitants, and Hydrography of Sicily and Its Islands, Interspersed with Antiquarian and Other Notices* (London: John Murray, 1824), pl. 13 and pp. 167–168; Kotzebue, *Voyage of Discovery*, II, p. 361; III, p. 76; Salt, *Abyssinia*, pl. p. 399 and pp. 398–399; Kershaw, *Burman Empire*, pl. 2 and p. 2.知覚不能なものの美的なものとしての意味擁護する次を。Joseph Margolis, "Aesthetic Appreciation and the Imperceptible," *British Journal of Aesthetics* 16 (autumn 1976), 306–308.

50. Viëtor, "De Sublimitate," p. 264; Blanckenhagen, *Paintings from Boscotrecase*, pp. 35, 50–53, 58–61.「ウェルギリウス的」風景の特徴を論じるのはClark, *Landscape into Art*, p. 128.

51. Bosse, "The Marvellous," pp. 213–216. 17世紀の用法についてはBouhours, *Entretiens d'Ariste et d'Eugène*, pp. 273–274.「驚異的なるもの」と周辺文学ジャンルのことで一番綿密かつ包括的なものはツヴェタン・トドロフによる研究である。Tzvetan Todorov, *The Fantastic: A Structural Approach to a Literary Genre*, tr. Richard Howard (Press of Case Western Reserve University, 1973), pp. 41–57.

52. Bourrit, *Nouvelle description*, III, p. 68; "La Suisse," *Journal des Voyages de Decouvertes* 26 (1825), 351–352; Edy, *Norway,* II, letterpress for pl. 39; Landmann, *Portugal*, II, pl. p. 166 and p. 166; Sparrman, *Voyage to Cape of Good Hope*, I, p. 36; Skjöldebrand, *Journey to North Cape*, pp. 50–51.

53. Tuckey, *Expedition to Zaire*, p. 173; "Description des salines de Durrenberg, près de Hallein dans le pays de Saltzbourg, "*Journal des Voyages de Découvertes* 2 (1819), 379; George Thompson, *Travels and Adventures in Southern Africa by...Eight Years a Resident at the Cape. Comprising a View of the Present Sate of the Cape Colony. With Observations on the Progress and Prospects of British Emigrants,* second edition (London: Henry Colburn, 1827), I, pls. 276, 280 and pp. 275–277; "Le basalte," *Magasin Pittoresque* 9 (1839), 67–69; "Grotte des Demoiselles ou des Fées," *Magasin Pittoresque* 9 (1839), 373; "Les montagnes trachytiques," *Magasin Pittoresque* 11 (1840), 87–88.

54. Malaspina, *Letters*, p. 47; Lyon, *Journal*, p. 274; Brooke, *Lapland*, pl. p. 518 and pp. 517–518.

55. Duff, *Original Genius*, pp. 86–97 passim; Bosse, "The Marvellous," pp. 218–220; Hunt, *Figure in the Landscape*, pp. 183–184.

56. 見る者の思いが人工風景によって遠くの地に運ばれていくという発想の概説としてはSiren, *China and the Gardens of Europe*, pp. 88, 153–155; Harris, "Burke and Chambers,"

pp. 208–213; Jurgis Baltrušaitis, "Lands of Illusion: China and the Eighteenth-Century Garden," *Landscape* 11 (winter 1961–62), 10–11; Hirschfeld, *Theorie der Gartenkunst*, I, p. 193. あらゆる物がその生来の環境に置いて見らるべきという観念がロマン派にいかに重要だったかについてはEveline Schlumberger, "La foi artistique de Chateaubriand," *Connaissance des Arts* 197 (July-August 1968), 130–131. 次も。James H. Bunn, "The Aesthetics of British Mercantilism," *New Literary History* 11 (winter 1980), 303–321. ジェイムズ・バンの言うには、1688年から1763年にかけて異郷からの贅沢品輸入は厖大かつパターンがなく、それ自身の命を持ったかのようであった。交易者の、彼が統一していく原理なく、これら人工物がとってこられた元々の土地を必然無視して、彼が一般的な収集経済の一部分としか見ぬ細々しい物ども収集のコレクション趣味は、自らの美的な対応物をピクチャレスク庭園に見出す。個人の珍物コレクションに野外において相当するのである。これら珍物のアッサンブラージュはその文化と自然のコンテクストから切り離され、個々の有用性を否定する。これこそは探険家が支持するのと正反対の態度である。探険家にとって個々の標本の価値はそのコンテクストの検証に比例して定まる。この「商美学」を一歩進めてみると、それ即ち、リトグラフィーから写真までさまざまな「複製」を閲《けみ》した後の「オリジナルな」芸術作品の運命というわけだ。ヴァルター・ベンヤミンも言ったように、複製技術のお蔭で、オリジナルのイメージは、もはやオリジナルなど見つけられない状況に置かれる。つまり複製は事物をその地盤、その伝統から奪いとる。というかその伝統的価値、「アウラ」を奪いとるのである。次を。Benjamin, *Das Kunstwerk im Zeitalter und seiner technischer Reproduzierbarkeit. Drei Studien zur Kunstsoziologie* (Frankfurt-am-Main: Suhrkamp, 1963), pp. 15–16.

57. Carnochan, *Confinement and Flight*, pp. 21–28; Duchet, *"L'histoire des voyages"* pp. 153–154; Alan D. McKillop, "Local Attachment and Cosmopolitanism in the Eighteenth-Century Pattern," in *Sensibility to Romanticism*, p. 201; Paul Zweig, *The Adventurer* (London: Dent, 1974), pp. 4–9; Auerbach, *Mimesis*, pp. 135, 267–270; Cook, *Voyage*, I, p. lvii. 次も。George Sarton, *Six Wings: Men of Science in the Renaissance* (Bloomington: Indiana University Press, 1957), p. 137; Eisenstein, *Printing Press as an Agent of Change*, II, pp. 472–478.

58. Mauritius Augustus Benyowsky, *The Memoirs and Travels of..., Magnate of the Kingdoms of Hungary and Poland, One of the Chiefs of the Confederation of Poland, etc., etc.* (London: G. G. J. and J. Robinson, 1789), I, p. i; C. A. Helvétius, *De l'Esprit, or Essays on the Mind and Its Several Faculties* (1758) (New York: Bert Franklin, 1970), pp. 96–97, 359–365, 372; Gerard, *Essay on Genius*, pp. 8–9; William Sharpe, *A Dissertation upon Genius* (1755) (New York: Scholars' Facsimiles & Reprints, Delmar, 1973), p. 56. ウィリアム・シャープはジェラードやダフとちがって、教育を強調する。フランス人百科全書派クロード・アドリエン・エルヴェシウス（1715–1771）同様、シャープも「オリジナルな天才」よりも知識獲得の能力の方に興味がある。あらゆる精神の元々の平等を、そしてそれゆえ天才への道として教育の必要を、言う。天才があらゆるものを利用し、自らの無知に敏感ならざるはなく、いたるところに教えを見出すだろうという意見をエルヴェシウスと共有するにちがいない。

59. McKillop, "Local Attachment and Cosmopolitanism," pp. 196–197. 次も。Charles Dédéyan, *Le cosmopolitisme européen sous la révolution et l'empire* (Paris: Société

d'Edition d'Enseignement Superieur, 1976), II, pp. 588–591.偉人は国籍など軽く越えてしまうということについてはLeopold Ettlinger, "Denkmal und Romantik, Bemerkungen zu Leo von Klenze's Walhalla," in *Festschrift für Herbert von Einem zum 16. Februar 1965,* ed. Gert von der Osten (Berlin: Mann, 1965), pp. 65–66.

60. Zweig, *Adenturer*, pp. 15–16; Batten, *Pleasurable Instruction*, p. 96; Atkinson, *Relations de voyages*, pp. 16–17; Girdlestone, *Ramond*, p. 94.

61. Beaglehole, "Cook the Man," in *Captain Cook Navigator and Scientist*, pp. 20–21; Bruce, *Travels*, I, "Dedication to the King"; Lunardi, *Account of the First Aerial Voyage in England*, p. 11; Weber, "Die Figur des Zeichners in der Landscaft," p. 54; Valenciennes, *Eléments de perspective*, pp. xxvii–xxviii, 519–521.

62. Chappe d'Auteroche, *Voyage en Californie*, p. 5; Beaglehole, "Cook the Man," in *Captain Cook Navigator and Scientist*, p. 21; Cook, *Voyage*, I, p. iv; Malaspina, *Letters*, p. 38; La Pérouse, *Voyage autour du Monde*, II, p. 134; Rudolf Braunburg, *Leichter als Luft. Aus der Geschichte der Ballonluftfahrt* (Hamburg: Marion von Schröder, 1963), p. 17; Tissandier, *Simples notions sur les ballons*, pp. 30–31.

63. Leyden, *Historical and Philosophical Sketch of Discoveries*, p. 6; MacKenzie, *Voyages from Montreal*, pp. vii–viii; Luigi Mayer, *Views in the Ottoman Empire, Chiefly in Caramania, a Part of Asia Minor hitherto Unexplored; with Some Curious Selections from the Islands of Rhodes, and Cyprus, and the Celebrated Cities of Corinth, Carthage, and Tripoli: from the Original Drawings in the Possession of Sir. R. Ainslie, Taken during his Embassy to Constantinople by... With Historical Observations and Incidental Illustrations of the Manners and Customs of the Natives of the Country* (London: R. Bowyer, 1803), pp. 1, 17–21; Heriot, *The Canadas*, p. 2; Tuckey, *Expedition to Zaire*, pp. 285–286; Kotzebue, *Voyage of Discovery*, III, p. 5; Cochrane, *Colombia*, I, p. 3; Burckhardt, *Travels in Syria and the Holy Land*, p. 311; Lycett, *Australia*, p. 1; Milbert, *Hudson*, I, pp. xii–xiii.

64. Johann Georg Gmelins, *Reise durch Sibirien, von dem Jahr 1733 bis 1734* (Göttingen: Verlegts Abram Bandenhoecks Seel., Wittwe, 1751–1752), I, preface; Sauer, *Expedition*, p. 196; Belzoni, *Narrative*, p. vi; Gerard, *Essay on Genius*, p. 319.

65. Jean-Baptiste Tavernier, *Recueil de plusieurs relations et traitez singuliers et curieux de... Escuyer, Baron d'Aubonne, qui n'ont point esté mis dans ses six premiers voyages*, second edition (Paris: Chez la Veuve Clouzier, Pierre Aubouyn, Pierre Emery, 1685), p. iii; Jean-Sylvain Bailly, *Lettres sur l'origine des sciences et sur celle des peuples de l'Asie adressés à M. de Voltaire* (London: Elmsley; Paris: De Bure l'aîné, 1777), pp. 21–25.旅と発見がアンニュイの解毒剤であるという観念についてはYoung, *Conjectures on Original Composition*, pp. 12–13; Ozouf, *La fête révolutionnaire*, p. 205; Parks, "Turn to the Romantic," p. 23; Levine, "High and Low," in *Nature and the Victorian Imagination*, p. 146.

66. Atkinson, *Les relations de voyages*, p. 186; Pomeau, "La Pérouse philosophe," in *Approches de Lumières*, pp. 359–360; Cook, *Voyage*, I, pp. vi, xiv, xviii; Kerguelen, *Voyage*, p. 67; Phipps, *North Pole*, pl. p. 60 and p. 61; Forster, *Voyage round the World*, I,

pp. 87–88, 114–115, 569–570; Forster, *Observations*, p. 107.

67. La Pérouse, *Voyage autour du monde*, II, p. iii; Vancouver, *Voyage of Discovery*, III, pl. I and p. 14; Krusenstern, *Voyage round the World*, I, p. 125; Flinders, *Voyage to Terra Australis*, II, pl. p. 312 and pp. 300–311. 次も。Perry and Simpson, *Drawings by William Westall*, pp. 12–13.

68. Lesseps, *Journal historique*, I, pp. 264–265, 173–178; Hamilton, *Supplement to Campi Phlegraei*, pp. 13–15. 次も。Landmann, *Portugal*, II, pl. p. 202 and p. 202.

69. Faujas de Saint-Fond, *La machine aérostatique*, II, pp. 161–164; *La vie et les mémoires de Pilâtre de Rozier, écrits par lui-même, publiés par Tournon de la Chapelle* (Paris, 1786), pp. 54–55; Vivant-Denon, *Voyage en Egypte*, I, p. 141; Jackson, *Marocco*, pp. 284–285. この種の事故は、デザートのさまざまな場所で見つかる人間その他の骨の厖大な量とよく見合っている。しかし、ブルックハルトとベルツォーニは兇猛の部族民のことも引き合いに出している。Burckhardt, *Travels in Nubia*, pp. 348–349; Belzoni, *Narrative*, p. 155; Vidal, *Buenos Ayres*, pl. p. 91 and p. 193.

70. *Voyage de Humboldt et Bonpland*, I, pl. 5 and pp. 15–16; Caldcleugh, *South America*, II, frontispiece and pp. 105–109; Heriot, *Canadas*, p. 32; Franklin, *Polar Sea*, pl. p. 412 and p. 412; *Second Journey to Polar Sea*, p. x.

71. Gaston Tissandier, *Voyages dans les airs* (Paris: Hachette, 1898), pl. 8 and pp. 20–28; Raymond Trousson, *Le thème de Promethée dans la littérature européene* (Geneva: Droz, 1964), pp. 225–227, 381–384; "A l'année 1783," *Almanach des Muses* (Paris: Lalain l' aîné, 1785), pp. 3–4; Abbé Hollier, "La navigation aérienne, ode," pp. 91–92; Raimond Verninac de Saint Maur, "Le siècle de Louis XVI," p. 102; abbé Monti, "La navigation aérienne," p. 53.

72. Addison, *Spec*. 415. 次も。Guitton, "Un thème 'philosophique,'" pp. 678–680; *Jacques Delille*, p. 361.私が気球飛行家を指している宇宙旅行家とは正反対に、世界を我が故里と言って憚らぬ近代の英雄−旅行家の、ルネサンスに持つ根についてはThomas Goldstein, "The Role of the Italian Merchant Class in Renaissance and Discoveries," *Terrae Incognitae* 8 (1976), 23.

73. Jackson, *Immediacy*, p. 17; Damisch, *Théorie du nuage*, p. 258; Carnochan, *Confinement and Flight*, pp. 7–12, 157–160; Turnor, *Astra Castra*, p. 121.

74. Ozouf, *La fête révolutionnaire*, pp. 151–156, 120.

75. "Carruthers Scrapbook," National Air and Space Museum, Washington, D.C.; Goethe, *Briefe aus der Schweiz* (1779), in *Werke*, VI, pp. 93, 119; Braunburg, *Leichter als Luft*, pp. 15–17; M. Gudin de La Brenellerie, "Sur le globe ascendant," *Almanach des Muses* (1784), pp. 25–27; Baldwin, *Airopaidia*, p. 128; Helen Rosenau, "The Sphere as an Element in the Montgolfier Monuments," *Art Bulletin* 50 (March 1968), 65; Chateaubriand, *Mémoires d'outre-tombe*, I, pp. 254–255; Kurt R. Biermann and Fritz G. Lange, "Alexander von Humboldts Weg zum Naturwissenschaftler und Forschungsreisenden," in *Alexander*

von Humboldt Festschrift, aus Anlass seine 200. Geburtstages (Berlin: Akademie-Verlag, 1969), pp. 97, 101.

76. 発明にはある程度の個人的自由を持つ文明が必要という考え方についてはCrosby Field, Invention through the Ages, address to Patents and Research Seminar of National Association of Manufacturers, Cleveland, June 21, 1948, pp. 3–18; Boime, *Academy and French Painting*, pp. 175–176; Jones, "Background of the Attack on Science," in *Pope and His Contemporaries*, p. 97; A. C. Quatremère de Quincy, *Architecture*, in *Encyclopédie Méthodique* (Paris: Henri Agasse, An IX), II, pp. 570–571; T. J. Beck, *Northern Antiquities, French Learning and Literature (1755–1855): A Study in Preromantic Ideas* (Columbia University Press, 1934), pp. 60–61, 121, 126.

77. Brydone, *Sicily and Malta*, II, p. 26; Forster, *Voyage round the World*, II, p. 303; Bougainville, *Voyage autour du monde*, II, p. 45; Acerbi, *Travels*, II, pl. p. 107 and p. 106; Beechey, *Northern Coast of Africa*, p. 40.

78. Victor Brombert, "Pascal's Happy Dungeon," in *The Classical Line: Essays in Honor of Henri Peyre, Yale French Studies* 38 (1967), pp. 231–242; Lorenz Eitner, "Cages, Prisons, and Captives in Eighteenth-Century Art," in *Images of Romanticism*, pp. 26–27; George Poulet, *Trois essais de mythologie romantique* (Paris: José Corti, 1966), pp. 143–146; Brown, "Tensions and Anxieties," in *Science and the Creative Spirit*, pp. 99–100; Gaston Bachelard, *The Poetics of Space*, tr. Maria Jolas (New York: Orion, 1964), p. 221; Carole Fabricant, *Swift's Landscapes* (Johns Hopkins University Press, 1982), pp. 43–54. ロマン派風景の濃密ができていく時、1760年以降のピラネージのエッチング作の持った重要性についてはNorbert Miller, *Archäologie des Traums* (Munich: Hanser, 1978), pp. 325–353; Bruno Reudenbach, *G. B. Piranesi Architektur als Bild. Der Wandel in der Architekturauffassung des achtzehn Jahrhunderts* (Munich: Prestel, 1979), pp. 41–53.

79. Glacken, *Traces*, pp. 623–635. この見方は18世紀初めのベールの見方と対比さるべきである。ベールは自然のエネルギーと、終りなくダイナミックな宇宙を讃えた。次を。Crocker, *Diderot's Chaotic Order*, pp. 4–6.

80. Le Flamanc, *Les utopies prérévolutionnaires*, pp. 143–144; H. F. Clark, "Eighteenth-Century Elysiums. The Role of 'Association' in the Landscape Movement," *Journal of the Warburg and Courtauld Institutes* 6 (1943), 174; Schubert, *Ansichten*, p. 179.

81. しかし、外界について知ることができるということに対するロックの懐疑を極限までつきつめ、感覚に我々自身と外界の区別ができると考えるなど愚の極みだと喝破したのはヒュームである。次を。David Hume, *A Treatise of Human Nature*, ed. L. A. Selby-Bigge (Oxford: Clarendon, 1949), p. 190. この見解は、約30年後に同国人プリーストリーの立てた見解と対比さるべきであろう。次を。Joseph Priestley, *The History and Present State of Discoveries Relating to Vision, Light, and Colours* (London: J. Johnson, 1772), pp. 30, 390–394. 化学者の立場からプリーストリーは、知識の進歩には終りなく、「あらゆる新発見がさらなる発見のほんの入口に過ぎ」ず、この進歩にはさらに速度が加わるように思われる、と言う。この論文の後の方では、クロアティア人天文学者・数学者ルッジェーロ・ジュセッペ・ボスコヴィッチ（フランスでは重要人物。1711–1787）の見解を支持しながら、物質は頭脳同様、貫入不能でなく物質的なものにして、従って頭脳によって知ることができる、とする。

第6章

1. Assunto, *Il paessagio e l'estetica*, I,pp. 64–67; Bonnet, *Contemplation de la nature*, II, pp. 104–105. 現代のアースワーク運動と似通う点についてはGermano Celant, ed., *Art Povera, Conceptual, Actual or Impossible Art?* (London: Studio Vista, 1969), p. 230. この自然四大の価値を認めるアートは「脱文化、後退、原始、そして前論理、前図像段階への後退、原初的自発的な政治、自然における基本要素（土地、海、雪、鉱物、熱、動物）、生命の基本要素（身体、記憶、思考）、そして行動の基本要素（家族、自発的行為、階級闘争、暴力、環境）をめざす契機」を表現する。神経反射を基にする、そして現在の機能と過去の経験双方において身体全システムと複雑にからむプロセスとしての現代的視覚理論についてはArnold Gesell, Frances L. Ilg, and Glenna E. Bullis, *Vision, Its Development in Infant and Child* (New York: Paul B. Hoeber, 1949), p. vi; Vasco Ronchi, *Optics: The Science of Vision* (New York University Press, 1957), pp. 67–123 passim; Ward C. Halstead, *Brain and Intelligence: A Quantitative Study of the Frontal Lobes* (University of Chicago Press, 1947), p. 61.

2. Béguin, *L'âme romantique*, II, pp. 329–332; Noel, "Le thème de l'eau chez Senancour," pp. 357–358, 364; Bachelard, *Poetics of Reverie*, pp. 29–34, 185. 古い体液理論概説としてはGlacken, *Traces*, pp. 81–82.

3. Bouhours, *Les entretiens*, pp. 2–4, 10; Hermann Bauer, "Architektur als Kunst. Von der Grösse der idealistischen Architektur-Ästhetick und ihrem Verfall," in *Probleme der Kunstwissenschaft* (Berlin: de Gruyter, 1963), I, n. 9, p. 136.

4. Rousseau, *Les rêveries*, pp. 177–182, 251–255. 次も。Derrida, *La grammatologie*, pp. 200–206; Jean Starobinski, "Rousseau's Happy Days," *New Literary History* 11 (autumn 1979), 153, 157–159; James S. Hans, "Gaston Bachelard and the Phenomenology of the Reading Consciousness," *Journal of Aesthetics and Art Criticism* 35 (spring 1977), 322; Vinge, *Narcissus Theme*, p. 308.

5. Jacques G. Benay, "L'honnète homme devant la nature, ou la philosophie du Chevalier de Méré," *PMLA* 79 (March 1964), 26; Ralph Cohen, "Association of Ideas and Poetic Unity," *Philological Quarterly* 36 (October 1957), 470–474; Derek Clifford, *A History of Garden Design* (New York: Praeger,1963), p. 145; Hunt and Willis, *Genius of the Place*, p. 38; Paulson, *Emblem and Expression*, p. 57.

6. Mary Carmen Rose, "Nature as Aesthetic Object: An Essay in Meta-Aesthetics," *British Journal of Aesthetics* 16 (winter 1976), 6–7; Maren-Sofie Røstvig, *The Happy Man: Studies in the Metamorphoses of a Classical Idea,* second edition (New York: Humanities Press, 1971), II, pp. 93–94. カントの『判断力批判』が、情動ではなく反射思考を美的快の特徴とするに際して重要な役割を果たした点についてはRose Frances Egan, "The Genesis of the Theory of 'Art for Art's Sake' in Germany and in England," *Smith College Studies in Modern Language* 2 (July 1921), 34–37. Sprat, *History of Royal Society*, p. 72 の "Race of Inquisitive Minds"についてのくだりも想起せよ。

7. Foucault, *Birth of the Clinic*, pp. 121–122.人間存在は、事物の場を占めるその事物のイメージがなければ事物の中に我を失ってしまうだろうというロマン派的恐怖の表現については Friedrich Schlegel, *Kölner Vorlesungen* (1804–1805) (Bosse, "The Marvellous in Romantic Semiotics," pp. 227, 234 に引用). かくてイメージは、自我がその自由（つまり距離）を保ち、しかもその事物をなおしっかり把握しようと自我がうみだした一種の反事物（*Gegen-Ding*）として機能する。感覚の衝撃が圧倒的過ぎるため、イメージだけでは抵抗力が弱い。この恐怖に耐えようとして、自らが自然の「巨大にして強力な形」の感覚に押し入られる瞬間に、なくしていた自然との一体感が詩人には見つかるとするワーズワース的信念が出てくる（引用はNorthrop Frye, *A Study of English Romanticism* (New York: Random House, 1968), p. 19).

8. *Encyclopédie*, VII, pp. 583–584; Bailly, *Lettres*, pp. 21, 25–30; Gerard, *Essay on Genius*, pp. 31, 58; Duff, *Original Genius*, p. 171.

9. Trousson, *Le thème de Prométhée*, p. 210; Jack J. Spector, *Delacroix: The Death of Sardanapalus* (London: Allen Lane, 1974), pp. 104–105; Bate, "Sympathetic Imagination," p. 156.ラスキンが不活発な夢想、有用な思考、高度の思弁につけた区別（『近代画家論』Ⅲ）と比べてみると面白い（引用はFrederick Kirchoff, "A Science against Sciences: Ruskin's Floral Mythology," in Knoepflmacher and Tennyson, *Nature and Victorian Imagination*, p. 146).

10. Deane, *Aspects of Nature Poetry*, pp. 93–95; Bush, *Colossal Sculpture*, p. 154; Michael Fried, "The Beholder in Courbet: His Early Self-Portraits and Their Place in his Art," *Glyph* 4 (1978), n. 35, p. 128.フランシス・H・ダウリーには十分一冊の本の分量のある草稿"The Moment in Seventeenth and Eighteenth-Century Art Criticism"を読ませていただいたことに改めて感謝したい。この瞬間を「彫刻、絵画作の統一の軸になる時」として浮上させる。模倣の与える印象は現物の与えるそれより強いわけがないとするデュ・ボスの主張も（引用しているのはDieckmann, "Wandlung Nachahmungsbegriffes," in Jauss, *Nachahmung und Illusion*, pp. 43–44)。模倣物のつくり出す表面的印象はあっという間に消失する。かくして、自然のエネルギーが大きいほど、それはより強い、より長く持続する圧倒的な印象と対応する。自然の傑作の突然大きくなる性質に対する一貫する知覚についてはLéon de Laborde, *Voyage de l'Arabie Pétrée par...et Linant* (Paris: Giard, 1830), preface.

11. Faujas de Saint-Fond, *Volcans éteints*, pl. 4 and pp. 278–279; Hamilton, *Supplement to Campi Phlegraei*, pl. 2, and letter-press; *Campi Phlegraei*, II, pls. 13, 14, and letterpress; Houel, *Voyage*, I, pl. 72 and pp. 133–134; Forster, *Voyage round the World*, II, p. 282; Edy, *Norway*, I, p. xlv.

12. Forster, *Voyage round the World*, I, pp. 268–269; J. A. Deluc, *Lettres physiques et morales sur les montagnes et sur l'histoire de la terre et de l'homme* (The Hague: Detune, 1778), p. 152; Saussure, *Voyages dans les Alpes*, II, p. 7; Scoresby, *Arctic Regions*, II, pl. 5 and p. 159; Fitzroy, *Narrative of Beagle Voyages*, II, plate facing p. 404 and p. 403.

13. Banks, *Endeavour Journal*, pp. 177–178; Hawkesworth, *Relation des Voyages*, II, p. 9; Le Gentil, *Voyage*, II, pl. 8 and pp. 660–661; Vidal, *Buenos Ayres*, pl. p. 91 and pp. 96–97; Thorn, *War in India*, p. 485; Pilâtre de Rozier, *Premier expérience*, p. 13.

14. Baldwin, *Airopaidia*, pp. 71–73; "Notices diverses concernant la machine aérostatique," pp. 313–315; Turnor, *Astra Castra*, p. 356. 次も。Tissandier, *Les ballons*, pp. 82–83.

15. Boisgelin de Kerdu, *Malta*, I, p. 74; Milbert, *Hudson*, I, p. 191. ヴァランシエンヌ（*Eléments de perspective*, p. 219）は、かけだし風景画家に忠告して、雲は刻々に変化するので、画家は特に心して雲を描く必要があると言っている。

16. Le Bruyn, *Travels*, I, p. 171; Forster, *Observations*, p. 64; Krusenstern, *Voyage round the World*, I, p. 40; Lyon, *Private Journal*, p. 204; "Garnerin's Nocturnal Ascension," Carruthers Scrapbook, National Air and Space Museum, Washington, D.C.

17. Mackenzie, *Iceland*, pl. p. 224 and pp. 222–224; Gaimard, *Voyage en Islande; Histoire du voyage*, II, atlas, pls. 130–132, and pp. 293–294; Forster, *Observations*, pp. 69–70, 55–56.

18. Graham, *Chile*, pls. 3, 4 and pp. 196–197; Volney, *Tableau des Etats-Unis*, I, pl. 3, p. 112, and pp. 107–110; Grindlay, *Western India*, I, pl. 2 and pp. 3–4; Hamilton, *Supplement to Campi Phlegraei*, pl. 3 and pp. 5–6; Forster, *Observations*, pp. 104–105.

19. Burke, *Sublime and Beautiful*, part II, section xviii, p. 58. ヘルダーが抱き、ゲーテ、コールリッジの抱いた現象的なるものへの嗜好、生命第一の宇宙論と結びつく直かに経験された事実への嗜好についてはOpper, *Science and the Arts*, pp. 40–43. 事物に目を向けなければならなかったスタール夫人の倦怠についてはR. G. Saisselin, "Tivoli Revisited or the Triumph of Culture," in Fritz and Williams, *Triumph of Culture*, p. 15.

20. Jacques Guillerme, "Lequeu, entre l'irregulier et l'éclectique," *Dix-Huitième Siècle* 6 (1974), 176; Dora Wiebenson, "'L'architecture terrible' and the 'Jardin anglo-chinois,'" *Journal of the Society of Architectural Historians* 27 (May 1968), 137; *Picturesque Garden in France*, p. 35.

21. Kames, *Elements of Criticism*, I, pp. 211–219. ケイムズのした「理念存在（ideal presence）」と「現実存在（real presence）」の区別（前者は観念連想主義者たちの想像する統一、後者は事実存在する事物。さらに反射思考が呼びだす「思惟存在［reflective presence］もあり）についてはCohen, "Association of Ideas," p. 470. 驚きの「情動」の分析でケイムズの重要な先達なのがヒュームである。それ自体では快なる驚愕（surprise）は、精神を撹乱させ、快の情、苦の情をこもごも増大させる。「かくて、新しきもろもろは非常に情を動かせ、厳密に言って本来それに具わる以上の快もしくは苦を我々にもたらすのである」。新奇も繰り返されれば色褪せ、情念は鎮められ、「我々はより静かに事物を見るようになる」。次を。Hume, *Treatise on Human Understanding*, p. 423. チャールズ・ダーウィンの博物学述作、とりわけ『種の起源』が呼びさます「驚駭（astonishing）」と「瞠目（remarkable）」の（「驚愕［surprise］」のではない）事実をめぐるヘイデン・ホワイトの議論も。Hayden White, "The Fictions of Factual Representation," in *The Literature of Fact: Selected Papers from the English Instutute,* ed. Angus Fletcher (New York: Columbia University Press, 1976), p. 39.

22. Kuhn, *Structure of Scientific Revolutions*, pp. 52–57, 91; Gaston Bouthoul, *L'invention* (Paris: Marcel Giard, 1930), pp. 4–6. １８世紀人の科学狂い一般の一項目としての旅行について、科学的問題を解くという約束の上に盛行した旅行記、ということでは次。Roger Hahn,

The Anatomy of a Scientific Institution (University of California Press, 1971), p. 90.

23. Forster, *Voyage round the World*, I, pp. 190–191; Forster, *Observations*, pp. 109–112; Boisgelin de Kerdu, *Malta*, I, pl. 7, p. 69, and pp. 68–70.

24. Cook, *Voyage to Pacific*, II, pl. 51 and p. 455; Labillardière, *Voyage*, I, p. 43.

25. Hawkesworth, *Relation des Voyages*, II, p. 92; La Pérouse, *Voyage autour du monde*, II, pp. 136–137; Franklin, *Journey to Polar Sea*, pl. p. 366 and p. 367; Brooke, *Lapland*, pp. 443–444, and *Atlas*, pls. 7, 11; Grindlay, *Western India*, I, pl. 18, and letterpress; Houel, *Voyage*, I, pl. 66 and p. 120.

26. O'Reilly, *Greenland*, pl. p. 46 and p. 32; George Cockburn, *A Voyage to Cadiz and Gibraltar up the Mediterranean to Sicily and Malta, in 1810, & 11, Including a Description of Sicily and the Lipari Islands, and an Excursion in Portugal* (London: J. Harding, 1815), pl. p. 252 and p. 252; Tuckey, *Expedition to River Zaire*, pp. 235, 253; Davy, *Ceylon*, p. 53. 次も。"Puits de feu, Souvenirs de Chine," *Magasin Pittoresque* 4 (1833), 30–31.

27. De Piles, *Cours de peinture*, p. 109; Weiskel, *Romantic Sublime*, pp. 29–30, 18–24; Jackson, *Immediacy*, pp. 5–6, 23.

28. *Encyclopédie*, VII, p. 582. ロックの『人間悟性論』の第2版（1694）に出てくる個のアイデンティティ、意識自我の観念の起源についてはChristopher Fox, "Locke and the Scriblerians: the Discussion of Identity in Early Eighteenth-Century England," *Eighteenth-Century Studies* 16 (fall 1982), 1–25. ロックが充足した自我なるものを非とし、新しいアイデンティティの基準をとったために、意識の疎外の可能性、即ち「同じ人間」が文字通り"not himself"［彼でない／頭がおかしい］、もしくは"beside himself"［彼の外だ／我を忘れて］である可能性を開いた、とフォックスは言っている。

29. Diderot, *Salons*, III, p. 156; *Recherches philosophiques sur l'origine et la nature du Beau*, in *Oeuvres complètes*, ed. J. Assezat (Paris: Garnier, 1876), X, p. 42. 興ある（the interesting）」というカテゴリーについてはBurda, *Die Ruinen*, n. 390, p. 87.「特徴を示す（characteristic）」、「興ある（interesting）」というカテゴリーこそが近代詩の目印だというシュレーゲルの考え方についてはFriedrich Schlegel, *Die Griechen und Römer*, in *Kritische Friedrich-Schlegel Ausgabe*, ed. Ernst Behler (Neustrelitz: Michaelis, 1797), I, 213–223.

30. ハイ・ルネサンス期が芸術作品の効果を記述するのに用いた「呆然（stupore）」とか、お仲間の「驚異（meraviglia）」・「恐駭（terribilità）」といった語の用法についてはDavid Summers, *Michelangelo and the Language of Art* (Princeton University Press, 1980), pp. 171–173. ヴァザーリに忠告していたヴィンチェンツォ・ボルギーニ（Vincenzo Borghini）によると、画家が期待以上のことをする時に、物質の敗北によって彼は驚異をうむのである。「呆然（stupore）」は、我々の感覚の限界を越える、たとえば非常に大きいか非常に小さいスケールで目を眩惑しさる人工物の隠喩的な絢爛といった物を知覚するところに生じる。デイヴィッド・サマーズは全くのアートの力で大きくも絢爛たるものにもしうる人工構成物を肯う（ロンギノスの『崇高について』に由来する）修辞の伝統を追ってみせる。科学的探険家たちは隠喩的な大小ではなくて、リアルな事物の実際の大小を問題にする。次も。Carl Lamb, *Die Villa*

d'Este in Tivoli, ein Beitrag zur Geschichte der Gartenkunst (Munich: Prestel, 1966), p. 94; Elledge, "Generality and Particularity," p. 166; Johnson, *Oriental Voyager*, p. 65.

31. Broc, *Les montagnes*, p. 42; Deluc, *Lettres physiques*, p. 127.

32. Faujas de Saint-Fond, *Voyage en Angleterre*, II, p. 117; Cook, *Voyage*, I, pl. 33 and p. 306.

33. Lesseps, *Journal*, II, pp. 140–143; Dallaway, *Constantinople*, p. 179; Cassas, *Voyage en Syrie*, II, pl. 62 and p. 11.

34. Barrow, *Travels*, I, p. 33; II, frontispiece; Fitzroy, *Narrative of* Beagle *Voyage*, I, plate facing p. 26 and pp. 26–27; II, plate facing p. 360; Burchell, *South Africa*, I, pp. 297–298; Broughton, *Voyage of Discovery*, p. 288; Hamilton, *Campi Phlegraei*, II, pl. 11 and letterpress; Vivant-Denon, *Voyage en Égypte*, I, pl. 69 and pp. 160–161, 3; Temple, *Peru*, II, vignette p. 55 and pp. 54–55; Orme, *Hindostan*, p. 3; Gold, *Oriental Drawings*, pl. 45 and letterpress: Forbes, *Oriental Memoirs*, p. 434; Hodges, *Select Views in India*, pl. 32 and letterpress.

35. Flinders, *Terra Australis*, II, p. 111; "N. Perrin voyage inédit: Notice sur l'Ile-Barbe, près de Lyon," *Journal des Voyages de Découvertes* 7 (1820), 211; Henry Ellis, *Journal of the Proceedings of the Late Embassy to China;... Interspersed with Observations upon the Face of the Country, the Polity, Moral Character, and Manners of the Chinese Nation* (London: John Murray, 1817), p. 332; Lichtenstein, *Reisen im Südlichen Africa*, II, pl. p. 338 and p. 336; John M'Leod, *Narrative of a Voyage in His Majesty's Late Ship* Alceste, *to the Yellow Sea, along the Coast of Corea, and through Its Numerous Hitherto Undiscovered Islands, to the Island of Lewchew, with an Account of Her Shipwreck in the Straits of Gaspar* (London: John Murray, 1817), p. 27.

36. "Zwei Briefe über die Insel Rügen," *Journal für die neuesten Land- und Seereisen* 1 (1802), 9; Lang, *Unterirdischen Wunder*, II, plate facing p. 152, p. 155; Porter, *Russia and Sweden*, II, pp. 178–180; "Description d'une grotte près de Tetjusch, Kasan" [from Franz von Erdmann, *Beytrage*], *Journal des Voyages de Découvertes* 27 (1825), 336–338; Raoul-Rochette, *Lettres sur la Suisse*, II, part III, pl. 7, and vignette p. 21; Baldwin, *Airopaidia*, pp. 89–91; "Mr. Smeathams Account of the Balloon Ascent at Paris," *Morning Chronicle*, October 15, 1784, in Carruthers Scrapbook, National Air and Space Museum, Washington, D.C.

37. Cochrane, *Colombia*, I, pp. 178–179.

38. Johnson, *Oriental Voyager*, pp. 45–47; Hobhouse, *Albania*, pl. p. 246 and p. 246; Westall, *Caves in Yokshire*, p. 8; Porter, *Travels in Georgia*, II, pl. 85 and pp. 624–625.

39. Dusaulx, *Voyage à Barège* II, p. 58; Kotzebue, *Journey into Persia*, p. 75; Cookburn, *Voyage to Cadiz*, I, pl. p. 137 and p. 137; MacKenzie, *Iceland*, pl. p. 101 and pp. 100–101. 次も。Gaimard, *Voyage en Islande; Histoire du Voyage*, II, pp. 149–150 and atlas, pls. 77–79.

40. Forster, *Voyage round the World*, I, pp. 146–147; Mollien, *Interior of Africa*, pl. p. 233 and pp. 233–234; Oxley, *New South Wales*, pl. p. 300 and p. 299; Lycett, *Australia*, pl. 24 and letterpress; Heriot, *Pyrenean Mountains*, pl. p. 46 and pp. 45–46.

41. John Hawkesworth, *An Account of a Voyage round the World with a Full Account of the Voyage of the* Endeavour *in the Year 1770 along the East Coast of Australia by Lt. James Cook, Commander of His Majesty's Bark* Endeavour. *Compiled by D. Warrington Evans, Illustrated with a Variety of Cuts and Charts Related to the Country Discovered* (1773) (Brisbane: Smith & Paterson, 1969), pl. p. 545 and pp. 544–545. クックとバンクスの航海誌は、この旅を旅行記にまとめる任をまかされていたジョン・ホークスワース博士に渡された。1774年、独・仏版刊。このファクシミリはブリスベーンはニューステッド・ハウスのクイーンズランド王立歴史学協会図書館蔵の初版からとられた。前の注で私はホークスワースの海軍省の公的コレクションの3巻本（仏語版）も引いたが、これにはクックの旅行記の他に、バイロン、ウォリス、カータレットの旅行記も入っている。深い所への鋭い眼差しの例は次にも。Flinders, *Terra Australis*, II, pl. p. 312 and pp. 311–312; Skjöldebrand, *North Cape*, p. 5.

42. Rehder, *Unendlichen Landschaft*, pp. 205–206; Piper, *Active Universe*, pp. 3–5. この18世紀末のアニミズムは、テニソンやウィリアム・ホールマン・ハントの、正確な自然観察を強烈に追求しながら、共感する方の力はどんどん失っていったヴィクトリア朝的なそれと区別しなければならない。ヴィクトリア朝人の自然のディテールへの細かい眼差しは自然そのものへのリアルな関心からは奇妙に遠ざかってしまうことが多かった。Christ, *Finer Optic*, pp. 17–20.

43. Batten, *Pleasurable Instruction*, p. 70. そこにあること、現在であることの強調はポーズであるとバッテンは言いたげなのだが、発見とは兎角そこにいることが必須の行為、と私はずっと言ってきた。自然に対する知、真理の発明は公的なことであるとするベーコン流を信奉するこれら探険家たちは、自らの経験を直かに伝えなければという強い気持を持っていた。啓蒙時代に知識に与えられた新しい地位についてはHahn, *Anatomy of a Scientific Institution*, pp. 36–37.

44. Geoffrey H. Hartman, *Wordsworth's Poetry: 1787–1814* (Yale University Press, 1964), pp. 85–86, 166–173; *Beyond Formalism*, pp. 207–208; Lowenthal, "English Landscape," p. 310; George H. Ford, "Felicitous Space: The Cottage Controversy," in Knoepflmacher and Tennyson, *Nature and Victorian Imagination*, p. 48. 17世紀が荒原を、飾りなきもの、裸のもの、老朽化したもの、文化なきもの、怪物的なもの — とはつまり、自然の秩序の外にあるもの — と同じとみていたことについてはBernadette Bucher, *Icon and Conquest: A Structural Analysis of de Bry's Great Voyages*, tr. Basia Miller Gulati (University of Chicago Press, 1981), pp. 107–113. 主体と視点 — 即ち個人の観点で見られ形づくられた世界 — の生成、言い換えれば「知的な目」もしくは「内観・洞察」の発達についてはSummers, *Michelangelo and Language of Art*, p. 133; Claudio Guillén, "On the Concept and Metaphor of Perspective," in *Literature as System: Essays toward the Theory of Literary History* (Princeton University Press, 1971), p. 309. これらの研究のはっきりした先蹤に当たるのがMurray Wright Bundy, *Theory of Imagination in Classical and Mediaeval Thought* (Folcroft, Pa.: Folcroft Library Editions, 1976), pp. 51–59. ここでバンディはプラトンにお

ける「幻想」観念を分析し、視のパワーをば内観、直観のパワーとして概観してみせる。

45. Weber, "Figur in der Landschaft," pp. 44–48; Valenciennes, *Eléments de perspective*, pp. 490–493, 508.

46. Le Bruyn, *Travels*, preface; Bouguer, *Figure de la terre*, pp. lvii, xliv; Anson, *Voyage*, p. vii.

47. J. Aegidius van Egmont, *Travels through Part of Europe, Asia Minor, the Islands of the Archipelago; Syria, Palestine, Egypt, Mount Sinai, etc., Giving a Particular Account of the Most Remarkable Places, Structures, Ruins, Inscriptions, etc. in These Countries*, tr. from the Dutch (London: L. Davis and C. Reymers, 1759), I, pp. vi, viii; Forster, *Voyage round the World*, I, p. 427; George Dixon, *A Voyage round the World, Performed in 1785, 1786, 1787, and 1788 in the King George and Queen Charlotte* (London: G. Goulding, 1789), p. xxiii; Vivant-Denon, *Voyage en Egypte*, I, pp. 2–3; Burckhardt, *Travels in Nubia*, p. xci.

48. *Voyage de Humboldt et Bonpland*, I, p. v; Arago, *Voyage round the World*, I, p. xxvi.

49. Landmann, *Portugal*, I, preface; Boisgelin de Kerdu, *Denmark and Sweden*, I, p. x; Heriot, *Canadas*, pp. iv–v; Milbert, *Ile de France*, II, p. 64; Hobhouse, *Albania*, p. 242; Schmidtmeyer, *Chile*, p. 222.「つまらぬ主題の最後の分野が即ち或る場所を大人しくなぞるだけで手一杯という体の風景画である」とするフュッスリの判断についてはPerry and Simpson, *Drawings by William Westall*, p. 21.

50. Cohen, *Sensible Words*, pp. 60, 76, and the entirety of chapter 3 ("Theories of Language and the Grammar of Sentences, 1740–1785," pp. 78–136).

51. Longinus, *On the Sublime*, tr. A. O. Prickard (Oxford: Clarendon, 1906), p. xix; Weiskel, *Romantic Sublime*, pp. 25–26; Possin, *Nature und Landschaft bei Addison*, pp. 106–108.

52. 遠近法理論に私が試みる概説は次のような仕事から自由に所論を使わせていただいたものである。Guillén, "Metaphor of Perspective," in *Literature as System*, pp. 284–321 passim; Ernest B. Gilman, *The Curious Perspective: Literary and Pictorial Wit in the Seventeenth Century* (Yale University Press, 1978), pp. 17–47, 76–77, 228–229; James Turner, "*Landscape* and the 'Art Prospective' in England, 1584–1660," *Journal of the Warburg and Courtauld Institutes* 42 (1979), 290–293; Joel Snyder, "Picturing Vision," in *The Language of Images,* ed. W.J. T. Mitchell (University of Chicago Press, 1980), pp. 219–246. 修辞学の次元で考えるにはTrimpi, "Ut pictura poesis," pp. 1–34; Summers, *Michelangelo and the Language of Art*, pp. 17–18; Wendy Steiner, *The Colors of Rhetoric: Problems in the Relation between Modern Literaure and Painting* (University of Chicago Press, 1982), pp. 62, 87–90.

53. Rojas-Mix, "Alexander von Humboldt's Künstlerische Darstellung," in Back, *Alexander von Humboldt*, pp. 106–111; Halina Nelken, *Humboldtiana at Harvard* (Harvard University Press, 1976), pp. 21–22; *Alexander von Humboldt. His Portraits and Their Artists: A Documentary Iconography* (Berlin: Dietrich Reimer, 1980), pp. 68–73; *Voyage de Humboldt et Bonpland*, I, pp. 122–124 and atlas, pl. 22; Kirchoff, "Science against

Sciences," in Knoepflmacher and Tennyson, *Nature and Victorian Imagination*, pp. 250–251; Hewison, *Ruskin*, pp. 29–31; Brown, *Science and Creative Spirit*, p. 111. ブレイクがこの一方的な世界観（彼に言わせるなら正面のみから見られたそれ）を批判、（明快、具体性、鮮明の印象を与えながら完全の印象を与えない）「実験的な知覚」を嫌悪していたことについてはAult, *Visionary Physics*, p. 175. ラスキンの本質／様相の区別はヴィクトリア朝以前の観察者たちには意味を持たなかった。ドロミュー、ゲーテ、あるいはフンボルトにとって、自然現象の「中心存在」は、科学的観察者から見れば、その表面の特徴に対するより深い追求を行えば知ることができるものである。本書第4章を。

54. Auerbach, *Mimesis*, p. 292; Forster, *Voyage round the World*, I, p. xii.

55. Kuhn, *Structure of Scientific Revolutions*, pp. 110–111; Weber, "Figur in der Landschaft," pp. 60, 88; Schmoll, "Naturalismus und Realismus," p. 257; Finley, "Encapsulated Landscape," in Fritz, *City and Society*, pp. 204–205. 次も。William K. Carr and Amiel W. Francke, "Culture and the Development of Vision," *Journal of the American Optometric Association* 47 (January 1976).

56. Wheelock, *Perspective*, pp. 115, 143–162 passim.

57. Bruce, *Travels*, I, pp. i–x.

58. Bernard Bouvier de Fontenelle, *A Plurality of Worlds* (1686), tr. John Glanville (London: Nonesuch, 1929), p. 115; Perrault, *Paralèlle*, p. 3; Hamilton, *Supplement to Campi Phlegraei*, pp. 9–10; Deluc, *Lettres physiques*, p. 146; Tuckey, *Expedition to River Zaire*, p. 257; "A View and Description of Mr. Lunardi's Aerial Voyage, from the Artillery-Ground, London, to a Field near Ware, in Hertfordshire, on Wednesday the 15th of September," *European Magazine* (September 1784), in Carruthers Scrapbook, National Air and Space Museum, Washington, D.C.; Bernardin de Saint-Pierre, *Harmonies*, IX–X, in *Oeuvres*, VII–VIII, pp. 321–322; Russell, *Lunar Planisphere*, pls. 1 and 2 and pp. 1–3. 月の特徴が原因の曖昧さについては"Habitans lunaires," *Journal des Voyages de Découvertes* 24 (1824), 120.

59. Bernardin de Saint-Pierre, *Voyage à l'Ile de France*, in *Oeuvres*, I, pp. 89–92; Pernety, *Iles Malouïnes*, II, p. 526; Kerguelen-Trémarec, *Voyage*, pls. 10, 11 and pp. 156–157; Dixon, *Voyage round the World*, pl. p. 206 and p. 205; Gratet de Dolomieu, *Mémoire sur Iles Ponces*, p. 455; D'Entrecasteaux, *Voyage*, I, p. 106; Flinders, *Terra Australis*, II, pl. p. 38 and p. 36; Forrest, *Ganges and Jumna*, p. 1; Franklin, *Journey to Polar Sea*, p. xii; Brooke, *Sweden, Norway*, pp. 137–138.

60. Cook, *Voyage*, II, pl. 32 and p. 185; Chastellux, *L'Amerique Septentrionale*, II, pls. 1, 2 and pp. 69–71; Kirkpatrick, *Nepaul*, p. 124; Lycett, *Australia*, p. 10. こうした自然体験に対する反応、もしくは描写（たとえば自然の橋に対するシャストリュの描写）には典型的な「思考の運動」があるという見解についてはGarry Wills, *Inventing America: Jefferson's Declaration of Independence* (New York: Doubleday, 1978), chapter 19. これに注意するよう教えてくれたJ.カーソン・ウェブスターに感謝したい。自然への応接が強化されたものとしての「環境的知覚」を絶妙に論じているのはGlacken, "Chateaubriand's Journey to

Jerusalem," pp. 50–51.

61. Houel, *Voyage*, II, pl. 102 and p. 58; Raoul-Rochette, *Lettres sur la Suisse*, I, part II, p. 29; Milbert, *L'Ile de France*, I, p. 216; Cochrane, *Colombia*, I, pp. 11–12.

62. Weld, *North America*, pp. 314–320; D'Entrecasteaux, *Voyage*, I, p. 117.

63. Deane, *Aspects of Nature Poetry*, pp. 103, 106; Røstvig, *Happy Man*, II, pp. 37, 41–42.

64. Broc, *Les montagnes*, p. 31; Hentzi, *Vues remarquables*, pl. 1 and p. 11. 特に山岳中でひとつの視点を確立しにくいことについてはGrand-Carteret, *La montagne*, I, p. 490.

65. Brydone, *Sicily and Malta*, I, pp. 200–201; Kershaw, *Burman Empire*, p. 5; Franklin, *Second Journey to Polar Sea*, pl. p. 4 and p. 4; Landmann, *Portugal*, II, pl. p. 168 and p. 167; *Voyage de Humboldt et Bonpland*, I, p. 233, and atlas, pl. 34; Johnson, *Oriental Voyager*, pp. 8–9; Hakewell, *Jamaica*, pl. 14 and letterpress.

66. Forster, *Voyage round the World*, I, p. 349; Johnson, *West Indies*, plate: *English Harbour, Antigua from Great George Fort*, and letterpress; D'Entrecasteaux, *Voyage*, I, pp. 218–219.

67. Bernardin de Saint-Pierre, *Harmonies*, IX–X, in *Oeuvres*, VII–VIII, pp. 192–193; Carver, *North-America*, p. 143; Cook, *Voyage*, I, p. xxvii; Dixon, *Voyage round the World*, p. 61.

68. Irwin, *Voyage up Red Sea*, p. 329; Belzoni, *Egypt and Nubia*, p. 59. 次も。Fréminville, *Voyage to North Pole*, p. 88.

69. *Leichter als Luft*, p. 115; Brydone, *Sicily and Malta*, I, pp. 18–19; Saussure, *Voyages dans les Alpes*, I, p. 307; Forrest, *Ganges and Jumna*, p. 136.

70. *Rapport fait à l'Académie des sciences sur la machine aérostatique, inventée par MM. de Montgolfier* (Paris: Moutard, 1784), pp. 11, 23–26; George Adams, *An Essay on Electricity*, second revised edition (London: Logographic Press, 1785), p. 250; Buhan Armand-Gouffé, *Des fougerais, Gilles aéronaute, ou l'Amerique n'est pas loin* (Paris: Logerot, 1799), p. 34; Turnor, *Astra Castra*, pp. 363–364.

71. Baldwin, *Airopaidia* n. 5, pp. 141–142. 完全に囲繞されているというこの経験に幾分似るのが山岳パノラマであろう。Solar and Hösli, *Panoramen der Schweiz*, pp. 65, 82; Faujas de Saint-Fond, *Essai de géologie*, I, pp. 2–3; Williams, *Travels*, I, p. 36.

72. Baldwin, *Airopadia*, p. 171.

73. E. Salchi, *L'origine de l'univers, ou la philosophe des voyages autour du monde* (Bern: Emmanuel Haller, 1799), pp. 3–4; M. Paris, "Le globe aérostatique, ode," (1784), p. 64; "Account of a French Lady in a Balloon with Mr Garnerin [1798]," Carruthers Scrapbook, National Air and Space Museum, Washington, D.C.; Baldwin, *Airopaidia*, plate facing p. 58 and pp. 75, 81. この新しい空間体験に通じる舞台装置があった。17 世紀舞台装置の極端な空間的奥行きと一層遠い無限は、18 世紀のもっと親近感ある、もっと近い空間の観念にとって代わられた。Eddelman, "Landscape on Stage," p. 238.

74. 芸術文学におけるロマン派（特にドイツ・ロマン派）の高みからの視線については Marshall Brown, *The Shape of German Romanticism* (Ithaca, N.Y.; Cornell University Press, 1979), pp. 42–47. 啓蒙時代のシステムが ― 神話思考と科学思考を明快に二分した刹那に ― それらがひとつの文化、社会、個人の意識の各位相ということでお互いに繋っているということの理解に「失敗」した。次を。White, *The Irrational and Historical Knowledge*, in *Tropics of Discourse*, p. 143.

終章

1. 文化的に決定された分析習慣、というか視覚経験を特殊なやり方で絵画から引きだす共有された方法はマイケル・バクサンドールが研究している。Michael Baxandall, *Painting and Experience in Fifteenth-Century Italy: A Primer in the Social History of Pictorial Style* (Oxford: Clarendon, 1972) pp. 89, 101.

2. White, *Metahiostry*, pp. 50, 69–79; *Tropics of Discourse*, pp. 231–236; "Fictions of Factual Representation," in Fletcher, *Literature of Fact*, pp. 33–36. 1760−1800 年頃の英国詩（とくに「描写詩」）で科学や博物誌がいかに重要なテーマであったか、書き手が自然の秘密に分け入るのをいかに助ける力となったか、次を。William Powell Jones, *The Rhetoric of Science: A Study of Scientific Ideas and Imagery in Eighteen-Century English Poetry* (University of California Press, 1966), pp. 182–185.

3. White, *Tropics of Discourse*, pp. 239–251 passim; Richard Woodfield, "Thomas Hobbes and Formation of Aesthetics in England," *British Journal of Aesthetics* 20 (spring 1980) 146–152; Carolyn Korsmeyer, "The Two Beauties: A Perspective on Hutcheson's Aesthetics," *Journal of Aesthetics and Art and Art Criticism* 38 (winter 1979), 146–150; Batton, *Pleasurable Instruction*, p. 92; D'Entrecasteaux, *Voyage*, I, pp. ix–x. ホッブズは、芸術家は自然の正確な表象をうむのであって、それをどう感じたか伝えるというだけではないとする観念に早々と否と言った批判者ということで重要。（フランシス・ハッチソンを含む）「内在感覚」の心理学者たちは、ある事物の知覚的性質はこれを客観的にたのしむことができる一方、美は事物そのものにはなく、見る人間の精神に孕まれる一観念なり、とした。人類堕落の後、人間は具体世界との交渉に直接性を喪ってしまい、あらゆる疏通に媒介を必要とする地獄に堕ちた、とする観念については Walter Benjamin, *Reflections, Essays, Aphorisms, Autobiographical Writings*, ed. Peter Demetz and tr. Edmund Jephcott (New York: Harcourt Brace Jovanovich, 1978), p. 328.

4. White, "Fictions of Factual Representation," in Flecher, *Literature of Fact*, pp. 37–38. この点でヘイデン・ホワイトのダーウィン『種の起源』論はとりわけ面白い。この博物学者は、平明な事実の世界から出たくはないので、自然の中に何らかの精神や技術力の結果たる秩序でない真の秩序があるはずと言い張る。彼がデータに求める秩序は事実そのものの中にはっきりしていなくてはならない。ダーウィンもカント同様、あらゆる誤りの原因は類似にあり、とし、かくて事実の単に隠喩的な性格たるアナロジーを非とした。科学者として、探険家として、彼は真の親和性を肯い、あらゆる物がはっきりそう見えているものと理解されるべき、とした。次も、White, *Metahistory*, p. 51; Batten, *Pleasurable Instruction*, pp. 6, 30–38,

72–81, 107; Viallaneix, "Chateaubriand voyageur," p. 563; Grand-Carteret, *La montagne*, II, p. 40; Gerald Finley, "The Genesis of Turner's 'Landscape Sublime,' " *Zeitschrift für Kunstgeschichte* 42, no. 2–3 (1979), 153, 163. 19世紀に出版が拡大し、人々の本や雑誌での絵との出会いが、元の素描との出会いをはるかに上回るようになるプロセスの一部としての旅行本の扱いは Clive Ashwin, "Graphic Imagery, 1837–1901; A Victorian Revolution," *Art History* 1 (September 1978), 360.

5. Eugène Fromentin, *Sahara & Sahel*, third edition (Paris: Plon, 1879), I, pp. vii–xi; II, pp. 195, 339–343; Cassas, *Voyage de la Syrie*, I, p. 2; Sonnini, *Voyage dans l'Egypte*, I, p. 4; Edward Lear, *Journals of a Landscape Painter in Southern Calabria* (London: Richard Bentley, 1852), pp. 111–112. リアの実際の方法については、次も。*Views in Rome and Its Environs. Drawn from Nature and on Stone* (London: T. M'Lean, 1841), pl. 5; John Carne, *Syria, The Holy Land, Asia Minor, etc. Illustrated. In a Series of Views Drawn from nature [by] W. H. Bartlett, William Purser, etc. With Descriptions of the Plates by ... Author of "Letters from the East"* (London: Fisher, 1836), I, pl. p. 46; *Memoir and Letters of the Late Thomas Seddon, Artist. By His Brother* (1854–1856) (London: James Nisbet, 1858), pp. 52–53. フロマンタンとドラクロワが自然と旅に同じ対応をしたことも。次を。Eugène Delacroix, *Journal*, 1822–1852, ed. André Joubin (Paris: Plon, 1950), I, pp. 124–127, 137, 147, 152. ジェロームその他「オリエンタリスト」たちがしたような異邦の住民たちへのジャーナリスティックな扱いとは全く異なっている。次を。Pilippe Julian, *Les orientalistes. La vision de l'Orient par les peintres européens au XIXe siècle* (Freiburg: Office du Libre, 1977). pp. 58–61; Gerald M. Ackermann, *Jean-Léon Gérôme (1824–1904)* (Dayton, Ohio: Dayton Art Institute, 1972), pp. 11–12, 16–26. Edward Said, *Orientalism* (New York: Pantheon, 1978), p. 42 は、こうした「帝国主義的」表象、即ち文化による他文化の「略取」であると言おうとしている。

6. Charles-Pierre Baudelaire, *Paradis artificiels* (1851), in *Oeuvre complètes*, ed. Y.–G. Le Dantec and Claude Pichois (Paris: Gallimard, 1961), pp. 342–343, 348–350. ノンフィクションの旅行記に対するロマン派の否は、ひとつには彼らがそれをただの科学図解として見たからと考えて間違いない。これら科学図解のルネサンスこの方の歴史と重要性、伝達用の描写技術への、観察したことの十全にして正確な報告への、細緻で自然な画像複製の新しい可能性へのその関心については Eisenstein, *Printing Press as Agent of Change*, II, pp. 468–470. 同様に、ヘーゲルの歴史記述の、真実の散文的陳述と詩的創造に分かたれる多様性の観念については White, *Metahistory*, pp. 86–88.

7. Smith, *European Vision and South Pacific*, p. 251; Viallaneix, "Chateaubriand voyageur," pp. 569–573; Carnochan, *Confinement and Flight*, p. 104.

8. 革新に対する熱狂と反対については A. C. Quatremère de Quincy, *Considérations sur les arts du dessin en France* (Paris: Desenne, 1794), pp. 44–45; Etienne-Louis Boullée, *Architecture. Essai sur l'art*, ed. J.-M. Pérouse de Montclos (Paris: Hermann, 1968), pp. 43–44; Boime, *Academy and French Painting*, p. 178; Emil Kaufmann, *Architecture in the Age of Reason* (Cambridge, Mass.: Archon, 1966), pp. 146, 161–166. 技術時代の詩法としてのロマン派の詩法は（見たところは正反対だが）同じ土壌から出て、それぞれがそれぞれの

仕方で思惟の豊穣から生まれでた。次を。Ong, *Rhetoric, Romance, and Technology*, p. 279.

9. 18世紀人士を煽った科学の誘惑については研究急増中。特に次。Darnton, *Mesmerism*, pp. 2–45; Gillespie, *Edge of Objectivity*, pp. 151–201 passim; Heilbron, *Electricity*, pp. 344–372. 次も。Hahn, *Anatomy*, pp. 257–261, 274–275; Ann Lorenz Van Zanten, "The Palace and the Temple: Two Utopian Architectural Visons of the 1830s," *Art History* 2 (June 1979), 179–187.

10. Eisenstein, *Printing Press as Agent of Change*, II, pp. 465–469; Robert McRae, "The Unity of the Sciences: Bacon, Descartes, Leibniz," in Wiener and Noland, *Roots of Scientific Thought*, pp. 390–397. アートがつくられる場に一貫してベーコンの観念が重要ということについては Erizabeth Sewell, *The Orphic Voice: Poetry and Natural History* (Yale University Press, 1960), pp. 57–62.

11. Foucault, *Birth of the Clinic*, pp. 113–120; Raymond Williams, *Keywords: A Vocabulary of Culture and Society* (Oxford University Press, 1976), pp. 233–234.「サイエンス(Science)」という語は英語に、フランス語で知識を意味する言葉から14世紀に入ってきた。その後、もっと普通に知や技倆の個別な塊(*scientia*)の意味で、しばしば「アート(art)」と区別もなく使われるようになった。しかし17世紀半ばにははっきりある変化が生じた。サイエンスとアートは難しさのちがいで分かたれていく(即ち理論知を必要とする技〈対〉ただ実践あるのみという技の差だ)。18世紀初めに理論的レヴェルでは、"science"はある種の主題を指さず、ある種の知識、議論、方法を指した。

12. Guitton, *Jacques Delille*, p. 558; Frye, *English Romanticism*, pp. 10–12; Albert Boime, " Marmontel's *Bélisaire* and the Pre-Revolutionary Progressivism of David," *Art History* 3 (March 1980), 81. それ自体でひとつの知的領域たるアートとサイエンスの研究が現場の画工にも有益という観念の17世紀的背景については Charles Dempsey, *Annibale Carracci and the Beginnings of Baroque Style* (Glückstadt: J. J. Augustin, 1977), p. 47.

13. Walter R. Davis, "The Imagery of Bacon's Late Work", in *Seventeenth-Century Prose: Modern Essays in Criticism*, ed. Stanley E. Fish (Oxford University Press, 1971), pp. 239–250; Badt, *Constable's Clouds*, p. 27; White, *Metahistory*, pp. 51–54.

14. Knoepfelmacher and Tennyson, *Nature and Victorian Imagination*, pp. viii–xix; Frye, *English Romanticism*, p. 88; Bénichou, *Le sacre de l'écrivain*, pp. 130–133; François-August Chateaubriand, *Génie du christianisme, ou beautés de la religion chrétienne. Edition abrégée à l'usage de la jeunesse* (Paris: d'Herhan, 1807), II, pp. 163 ff.

15. Foucault, *Les mots et les choses*, pp. 146–147. Anthony D. Smith, "The Historical Revival' in Late Eighteenth-Century England and France," *Art History* 2 (June 1979), 162.

16. Fletcher, *Literature of Fact*, pp. viii–xii, xxii–xxiii; Auerbach, *Mimesis*, pp. 374–390 passim. Fish, *Seventeenth-Century Prose*に収録の次の各エッセーも。R. F. Jones, "Science and Laungage in England of The Mid-Seventeenth-Century," pp. 94–111; Perry Miller, "The Plain Style," pp. 147–186; A. C. Howell, "*Res et Verba*: Words and Things," pp. 187–199である。

17. Remy G. Saisselin, "Néoclassicisme, discours et temps," *Gazette des Beaux-arts* 94 (July-August 1979), 21–23; "Tivoli Revisited," in Fritz, *Triumph of Culture*, pp. 20–22; Hahn, *Anatomy*, pp. 48–49; Baker, *Condorcet*, pp. 120–122. 個人コレクターが自分は遠い国、過去の国にいるだけでなく、事物が役に立つ立たないという軛から自由というさらに良き国にもいると夢想する、ということについては Benjamin, *Reflections*, p. 155.

18. Fredrick Accum, *Elements of Crystallography, After the Method of Haüy; With or Without a Series of Geometrical Models* (London: Longman, Hurst, Rees, Orme, and Brown, 1813), pp. 5–9. 有機的（生物学的）モデルと無機的（結晶学的）モデルのちがいは 18 世紀末の美学論議においても有効、と思われる。ロマン派の芸術作品が動植物の複雑なメカニズムに似たでき方をしているとすると、新古典主義の構造感覚は、幾何学的に結合し、増殖する立体の成り立ちと通じる。このちがいは組織の原理と集合のシステムの間のちがいと要約することもできる。

19. Adhémar, "Lithographies de paysage," p. 204; Valenciennes, *Eléments de perspective*, pp. 453, 476, 528, 538–543, 567, 573, 615. ハロルド・オズボーンによる、科学者の合理的理解と秩序志向をアートの企てと結びつけようとする面白い企てに注目せよ。Harold Osbourne, "Concepts of Order in the Natural Sciences and in the Visual Fine Arts," *Leonardo* 14 (autumn 1981), 290–294.

20. Peter Gay, *Art and Act. On Causes in History—Manet, Gropius, Mondrian* (New York: Harper & Row, 1976), pp. 3–7; King-Hele, *Erasmus Darwin*, p. 87; Nicolson, *Mountain Gloom*, p. 379; David Watkin, *Thomas Hope (1769–1831) and the Neo-Classical Idea* (London: Murray, 1968), p. 113. 風景は生命を欠くという逆の観念についてはドゥレクーズ（Delécluze）の次 *Journal des Débats*, June 22, 1861 の中のエッセー。次に引用。Pierre Miquel, *Le paysage français au XIX*^{e} *siècle, 1824-1874. L'école de la nature* (Maurs-La-Jolie: Martinelle), I, pp. 56, 73.『近代画家論』中にあるラスキンの、特殊で歴史的な事実（地衣、岩の層紋）が、漠然たる、あるいは束の間の事実（光、大気）より重要とする考え方については Allen Staley, *The Pre-Raphaelite Landscape* (Oxford: Clarendon, 1973), p. 51.

21. Guillén, *Literature as System*, pp. 287, 330–332, 310–311; Summers, *Michelangelo and Language of Art*, pp. 166–167, 181; Raymond Williams, *Culture and Society, 1780–1950* (London: Chatto & Windus, 1973), pp. xv–xvii, 32–38, 43–44, 67–70; *Keywords*, pp. 28, 34–35; Baker, *Condorcet*, p. 189; Eisenstein, *Printing Press as Agent of Change*, II, pp. 559–563; R. G. Saisselin, "Neo–Classicism: Images of Public Virtue and Realities of Private Luxury," *Art History* 4 (March 1981), 34; Dorothy Walsh, "Some Functions of Pictorial Representation," *British Journal of Aesthetics* 21 (winter 1981), 33–34; Michael Kitson, "Painting from Nature," *Burlington* 123 (February 1981), 112; Gilman, *Curious Perspective*, pp. 70–71; Marc H. Bernstein, "The Ecological Approach to Visual Perception," *Journal of Aesthetics and Art Criticism* 39 (winter 1980), 204. ロマン派の「精神の中の旅」の重要な先駆ということで、ホッブズの『リヴァイアサン』および『人間論』中の、動物精気が幻想から幻想へ思念が高速展開していく「広大な空間」の論はある。手引きなきホッブズの心的ディスコース（つまり判断力を欠く機知）は精神作用と同じジグザグ道をたどる。Elizabeth J. Cook, "Thomas Hobbes and the Far-Fetched," *Journal of the Warburg and Courtauld Institutes* 44 (1981), pp. 231–232.

22. 精神に、受身でなく能動的かつ形式的たれと、まるでカントのようなことを要求し、想像力には装飾的でなく、最高の意味で創造的たれとするのに、コールリッジが中心的な役割を果たしたことについては Basil Willey, *Samuel Taylor Colerigde* (New York: Norton, 1972), pp. 88–89. ロマン派の創造的想像力（creative imagination）の理論の複雑なでき方については James Engell, *The Creative Imagination: Enlightement to Romanticism* (Harvard University Press, 1981), pp. 338–353. 次も。Frye, *Fables of Identity*, pp. 135-137; McFarland, "Coleridge's Theory of Secondary Imagination," in Hartman, *New Perspectives*, pp. 195–200; Werner Hofmann, "Les écrivains-dessinateurs, I: Introduction," *Revue de l'Art* 44 (1979), n. 9, 18; Levitine, *Dawn of Bohemianism*, p. 132. 展覧会カタログの Melinda Curtis, *Search for Innocence: Primitive and Primitvistic Art of the Nineteenth Century* (College Park: University of Maryland Art Gallery, 1975) にジョージ・レヴィタインのつけた序文エッセーも見よ。

23. Alphonse de Lamartine, *Souvenirs, impressions, pensées et paysages pendant un voyage en Orient 1832–1833, ou notes d'un voyageur*, in *Oeuvres complètes* (Paris: de Lamartine, 1862), I, pp. 5–6; II, pp. 5–9, 154, 160, 169–170; Théophile Gautier, *Voyage pittoresque en Algérie* (1845), ed. Madeleine Cottin (Geneva: Droz, 1973), p. 64; Delacroix, *Journal*, I, p. 147; Maxime de Camp, *Le Nil. Egypte et Nubie*, fourth edition (Paris: Hachette, 1877), p. 9. エッチャーのプロスペル・メリヨン（Prosper Méryon）は 1842 年から 1846 年にかけて世界周航の旅に出ているが、「ラン（Rhin）」号上の 200 人の人間がそれぞれ個人的に、「感覚、想像力が大自然と接すること」がうむ「強烈な詩」を体験したのだ、と言っている。次を。Philippe Néagu, "Méryon: le voyage en Océanie. Lettres de Méryon à l'Adminstration des Beaux–Arts concernant la publication de son *Voyage en Océanie*," *Nouvelles de l'Estampe* 58–59 (July-October, 1981), 16.

24. Robson-Scott, *Goethe and Visual Arts*, p.85. デカルト以降、仮象／現実の対立項が焦点でなくなって、代りに内／外の対立がはっきりし、この解決はカントにゆだねられる。次を。Richard Rorty, *Philosophy and the Mirror of Nature* (Princeton, N.J.: Princeton University Press, 1979), pp. 160–164. リチャード・ローティによれば、カントの時代まで、知にはオルタナティヴなふたつの基盤があったようなのだ。一方にプラトン主義の形相の内面化されたもの、デカルトの明快明晰の観念があり、他方に外なる自然由来のヒューム的な「印象」があるどちらかを選ばねばならなかったわけだ。カントは、これら仮定の事物をふたつながら、「総合」され結びつけられぬ限り不完全として否定して、要するに知識の基盤を事物でなく、精神が自らつくらねばならぬ規則とみなした最初の人間となった。自然がどんなふうであるか我々に決定させるカントの体系は過激な主体の哲学へと、ヨーハン・ゴットリープ・フィヒテとフリードリッヒ・シェリングによってつきつめられていった。次を。Schelling, *The Unconditional in Human Knowledge. Four Early Essays (1794–1797)*, tr. Fritz Marti (Bucknell University Pres, 1980), pp. 71–72. 内面へのロマン派の旅についてはエーリッヒ・ヘラーのもろもろのエッセー。特に次のようなものに入っている作。Erich Heller, *The Artist's Journey into the Interior, and Other Essays* (New York: Random House, 1965) 及び *The Disinherited Mind; Essays in Modern Literature and Thought* (Cambridge: Bowes & Bowes, 1952). それからもっと最近の作、Marshall Brown, *The Shape of German Romanticism* (Cornell University Press, 1979), pp. 142–160. ゲーテの軽快で「ギリシア的な」ヴィジョンとハインリッヒ・ハイネのイロニーの対立については Heine, *Die Harzreise*, in *Werke* (Munich: Beck, 1973), I, pp. 288–289.

25. Foucault, *Les mots et les choses*, p. 150; Béguin, *L'âme romantique*, II, p. 328; Jörg Traeger, *Philip Otto Runge und sein Werk, Monographie und Kritischer Katalog* (Munich: Prestel, 1975), p. 38; Gaston, *Pyrénées*, p. 47; Peter Brooks, "Godlike Science/Unhallowed Arts: Language and Monstrosity in *Frankenstein*," *New Literary History* 9 (spring 1978), 591–592; Bachelard, *Poetics of Space*, p. 205.

26. Guitton, "L'invention," p. 697; *William Hazlitt's Essays on Reynolds' Discourses, Written for the Champion*, in Wark, *Discourses*, pp. 331–332; Martin Meisel, "'Half Stick of Shadows': The Aesthetic Dialogue in Pre-Raphaelite Painting," in Knoepflmacher and Tennyson, *Nature and Victorian Imagination*, n. 3, p. 311; Mary Poovey, "Mary Shelley and the Feminization of Romanticism," *PMLA* 95 (May 1980), 345.

27. Hugh Honour, *Romanticism* (New York: Harper & Row, 1979), p. 17; Traeger, *Runge*, pp. 39, 45; J.-L. Vieillard-Baron, "Hemsterhuis, platonicien, 1721–1790," *Dix-Huitième Siècle* 7 (1975), 144–145; Leslie Parris, Ian Fleming-Williams, and Conal Schields, *Constable: Paintings, Watercolours & Drawings* (London: Tate Gallery, 1976), entries for catalog nos. 263, 311, 331 and pp. 156, 174, 188; Andrew Wilton, *Turner and the Sublime* (London; British Museum, 1980), pp. 25 ff.; Pierre Georgel, "Le romantisme des années 1860 et la correspondance Victor Hugo–Philippe Burty," *Revue de l'Art* 20 (1973), 33; Patterson, *Poetic Genius*, p. 70.

28. Mongland, *Le préromantisme français*, I, pp. 12, 114–115; Mornet, *Romantisme en France*, pp. 35–38. Williams, *Culture and Society*, pp. 45–47 も。これでキーツの「消極能力(negative capability)」というロマンティックな命名のいわれがわかる。「……人間が、事実とか理とかにいらいら手を伸ばさないで、不確実、神秘、疑いの中でじっとしていられること」、と。

29. Werner Sumowski, *Caspar David Friedrich-Studien* (Wiesbaden: Steiner, 1970), pp. 7, 116; Helmut Börsch-Supan, *Caspar David Friedrich* (Munich: Prestel, 1973), pp. 16–20, 29, 46–48, 138, 154; "L'arbre aux corbeaux de Caspar David Friedrich," *Revue du Louvre* 4 (1976), 285–289. 最近の評家では、ヴェルナー・ホフマンやウィリアム・ヴォーンだけが、フリードリッヒの絵に、とりわけベルシュ=スパンがいたる所に見つけようとした宗教的意味を否んでいる。次を。Werner Hofmann, *Caspar David Friedrich und Deutsche Nachwelt* (Frankfurt-am-Main: Suhrkamp, 1977). しかし、彼のマルクス主義傾向と純粋に社会・政治的な解釈とが、私にはやはり不完全なものに思えてしまう。次も。William Vaughan, *German Romantic Painting* (Yale University Press, 1980), p. 74.

30. Schubert, *Nachtseite der Naturwissenschaft*, pp. 184–188, 192–196.

31. Carl Gustav Carus, *Neun Briefe über die Landschaftsmalerei* (Leipzig: Gerhard Fleischer, 1831), pp. 182–184; Marianne Prause, *Carl Gustav Carus: Leben und Werk* (Berlin: Deutscher Verlag für Kunstwissenschaft, 1968), pp. 15–16, 26; Sumowski, *Friedrich-Studien*, pp. 19–20.

32. Nelken, *Humboldtiana at Harvard*, pp. 21–26; Prause, *Carus*, pp. 44, 104; Carus, *Neun Briefe*, pp. 173–179.

33. Carus, *Neun Briefe*, pp. 27, 50, 108–109, 118–119, 135, 139–141.

34. Badt, *Constable's Clouds*, pp. 22–23; Prause, *Carus*, pp. 42–43, 53; Marie Bang, "Two Alpine Landscapes by C. D. Friedrich," *Burlington* 107 (November 1966), 571–572; Helmut Börsch-Supan, "Caspar David Friedrich et Carl Friedrich Schinkel," *Revue de l'Art* 45 (1979), 9, 11, 18; Eva Börsch-Supan, "Architektur und Landschaft," in *Karl Friedrich Schinkel. Werke und Wirkungen* (Berlin: Martin-Gropius-Bau, 1981), p. 55; Müller-Hofstede, *Weitsch*, pp. 146–147, 164–180; Börsch-Supan, *Friedrich*, pp. 98, 108, pls. 15, 20; Bachelard, *La terre et rêveries de la volonté*, pp. 201–203. フリードリッヒに及ぼした旅行記の影響の、遅いが記録に残っている例（パリーの北西航路探索の 1819 − 1820 の旅）については Wolfgang Stechow, "Caspar David Friedrich und der 'Griper,'" in *Festschrift für Herbert von Einem*, ed. Gert von der Osten and Georg Kauffman (Berlin: Mann, 1965), pp. 241–245.

35. *Ossian und die Kunst um 1800*, pp. 90–93; Prause, *Carus*, p. 28; Otto Schmitt, "Ein Skizzenbuch C. D. Friedrichs im Wallraf-Richartz Museum," *Wallraf-Richartz Jahrbuch* 11 (1930), 292; Andreas Aubert, *Caspar David Friedrich: Gott, Freiheit, Vaterland* (Berlin: Bruno Cassirer, 1915), pls. 7, 8.

36. Wilhelm Weber, "Luther-Denkmäler—Frühe Projekte und Verwirklichungen," in *Denkmäler im 19. Jahrhunderts Deutung und Kritik*, ed. Hans Ernst Mittig and Volker Plagemann (Munich: Prestel, 1972), pp. 183, 187; Nikolaus Pevsner, "The Egyptian Revival," in *Studies in Art, Architecture and Design* (New York: Walker, 1968), I, p. 233; Robson-Scotto, *Literary Background of Gothic Revival*, p. 63; Maurice Rheims, *La sculpture au XIXe siècle* (Paris: Arts et Métiers Graphiques, 1972), p. 45; Fred Licht, *Sculpture, Nineteenth and Twentieth Centuries* (Greenwich, Conn.: New York Graphic Society, 1967), pp. 308, 318; "Vue de Corse: Le lion de Bastia," *Magasin Pittoreque* 39 (1833), 232.

37. Bauer, "Archiektur als Kunst. Von der Grösse der Idealistischen Architekutur–Asthetik und ihrem Verfall," in *Kunstgeschichte*, pp. 147–152; Béguin, *L'âme romantique*, I, p. 102; Burda, *Die Ruine*, p. 21.

38. James Fergusson, *Rude Stone Monuments in All Countries; Their Age and Uses* (London: John Murray, 1872), pp. 43–44, 57–58; Friedrich Piel, *Das Ornament-Groteske in der Italienishen Renaissance; zu Ihrer Kategorialen Struktur und Entstehung* (Berlin: De Gruyter, 1962), pp. 8, 44–45; Bush, *Colossal Sculpture*, pp. 13, 18–36; René Schneider, *L'esthétique classique chez Quatremère de Quincy* (Paris: Hachette, 1910), p. 70; Quatremètre de Quincy, *Encyclopédie méthodique*, III, p. 542; J. F. Sobry, *La poétique des arts ou cours de peinture et de littérature comparée* (Paris: Delaunay, 1810), p. 302; Jean Humbert, "Les obélisques de Paris—projets et réalisations," *Revue de l'Art* 23 (1974), 16–17. Henri Focillon, *The Life of Forms in Art* (New York: Wittenborn, Schultz, 1948), の「手を讃えて」のセクション。フォションは言っている。「幾星霜、それ〔手〕は、刻まれぬ石

くれを積み重ねて、死者を葬い、神々を言祝いだ。野の草の汁を用いてそうした事物の単調さにあやをつけて、手は改めて大地の恵みに服したのだ」と(p. 71)。

39. Alexis Bertrand, *François Rude* (Paris: Librairie de l'Art, 1888), pp. 69–71; Licht, *Sculpture*, p. 313; "Le Napoléon du Mont-Blanc," and "Un monument en l'honneur de Napoléon," *Magasin Pittoresque* 48 (1841), 8, 311; Grand-Carteret, *La montagne*, I, pp. 28–29. 文字通りに人を山と混ぜ合わせようというこのアイディアの息の長さと、その国際的広がりついては、エミール・ノルデが 1894 年に描いたアルプスの一枚岩が巨大な超自然生物に変容する絵を見ればよい(引き合いに出しているのは Robert Rosenblum, *Modern Paintng and the Northern Romantic Tradition: From Friedrich to Rothko* (New York: Harper & Row, 1975), p. 135. Diane Lesko, "Cézanne's 'Bather' and a Found Self-Portrait," *Artforum* (December 1976), pp. 53–54, n. 9, p. 57 はこうした擬人的イメジャリーがセザンヌ、ゴーギャンの後期印象派的風景画に隠されていることを指摘する。1960 年代にランド・アートのロバート・スミッソン、ハンス・ハックが環境に融けこむ巨大土塊をつくった。次を。Celant, *Art Povera*, pp. 139, 179. 18 世紀末のそうしたアナモーフィックな形象の再流行と、そのロマン派にとっての重要性はバルトルシャイティス。Baltrušaitis, *Anamorphoses*, pp. 74–76. そして本書序文と第 2 章も。

40. "Napoléon et l'écologie," editorial, *Gazette des Beaux-Arts*, 90 (November 1977), 1–2. 多分ここで政治的教訓 —— 混沌から何としても秩序を引き出さねばならない —— が学ばれた。

41. *Les carnets de David d'Angers*, I, pp. 50, 165; II, pp. 4–35, 187, 190, 213. ピレネー山脈とその巨大な現象がフランシスコ・デ・ゴヤの初期、後期双方のイメジャリーの中で重要な役を果たしている。次を。F. D. Klingender, *Goya in the Democratic Tradition* (New York: Schocken, 1968), pp. 207–208; José Gudiol, *Goya, 1746–1828, Biography, Analytical Study and Catatlogue of his Paintings*, tr. Kenneth Lyons (Barcelona: Poligrafa, 1971), I, pls. 863–866, 325; II, pls. 965, catalog no. 610.

42. Werner Oechslin, "Pyramide et sphère. Notes sur l'architecture révolutionnaire du XVIIIe siècle et ses sources italiennes," *Gazette des Beaux-Arts* 77 (April 1971), 204; Oscar Reutersvärd, "De 'sjunkande' Cenotafierna hos Moreau, Fontaine, Boullée och Gay," *Konsthistorisk Tidskrift* 28 (1959), 125–126; Majewski, "Mercier," n. 13, p. 21; Viel de Saint-Maux, *Lettres*, p. 7. 18 世紀唯物論美学 —— カルロ・ロドーリ、マルク=アントワーヌ・ロージエの建築論に見えるような —— についての議論は、次を。Joseph Rykwert, *The First Moderns: The Architects of the Eighteenth Centruy* (MIT Press, 1980), pp. 288 ff.

43. Kaufmann, *Architecture in Age of Reason*, p. 151; J.-M. Pérouse de Montclos, *Etienne-Louis Boullée (1728-1799), de l'architecture classique à l'architecture révolutionnaire* (Paris: Arts et Métiers Graphiques, 1969), pp. 200–202; Boullée, *Architecture*, pp. 25, 33; Klaus Lankheit, *Der Temple der Vernunft. Unveröffentliche Zeichnungen von Etienne-Louis Boullée* (Basel: Birnkhäuser, 1968), pp. 20–22; Barbara Maria Stafford, "Science as Fine Art: Another look at Boullée's *Cenotaph for Newton*," *Studies in Eighteenth-Century Culture* 11 (1981); Allan Braham, *The Architecture of the French Enlightenment* (London: Thames and Hudson, 1980), pp. 181–182; Michel Gallet, *Claude-Nicolas Ledoux, 1736–1806* (Paris: Picard, 1980), pp. 12–14, 104–125. ドイツ表現主義の建築

とデザインにおける結晶の役割（といって、18 世紀の祖型のことを知っているとも見えないが）についての研究は Rosemary Haag Bletter, "The Interpretation of the Glass Dream—Expressionist Architecture and the History of the Crystal Metaphor," *Journal of the Society of Architectual Historians* 40 (March 1981), 20–43. ロマン派が結晶化のメタファーをいろいろ重用して、累加累積のプロセスを表わそうとした中でブレッターが触れていないのが、恋愛を終りない結晶化プロセスと見たスタンダールの恋愛観で、これはスタンダールがザルツブルグの塩山に降下して得た直観であった。スタンダール［本名アンリ・ベイル］の次。Stendhal [Henri Beyle], "De l'amour," in *Oeuvres complètes*, ed. Daniel Muller and Pierre Jourda (Paris: Librairie Ancienne Honoré Champion, 1926), I, pp. 33–34.

44. Jacques Guillerme, "Lequeu, entre l'irregulier et l'éclectique," pp. 167–173; "Lequeu et l'invention du mauvais goût," p. 161; Jean-Jacques Marty, "Les cas de Jean-Jacques Lequeu," *Macula* 5–6 (1979), 140–141, 149.

45. 「革命の建築家たち」が求めた限界知らずの感覚、自然の強力な効果に倣った「標徴」の追求は Le Camus de Mézières, *Le génie de l'architecture ou l'analogie de cet art avec nos sensations* (Paris, 1780) に予見され、そして Erik Forssman, *Dorisch, Jonisch, Korinthisch. Studien über den Gebrauch der Säulenordnungen in der Architektur des 16.-18. Jahrhunderts* (Stockholm: Almquist & Wiksell, 1961), pp. 121–124 に引かれている。新秩序をつくる時に 17 世紀中葉この方、発明（invention）の促進が言われたことについては J. M. Pérouse de Montclose, "Le sixième order d'architecture, ou la pratique des orders suivants les nations," *Journal of the Society of Architectual Historians* 36 (December 1977), 226–227, 232, 240. ロマン派が「黒い岩」「秘やかな洞窟」を好んでいたことについては G. Wilson Knight, *The Starlit Dome: Studies in the Poetry of Vision* (London: Oxford University Press, 1941), pp. 183–186; Rosenblum, *Northern Romantic Tradition*, pp. 102, 112; Inge Eichler, "Die Cervarafeste der Deutschen Künstler in Rom," *Zeitschrift des Deutschen Vereins für Kunstwissenschaft* 31, no. 1 (1977), 82.

46. Lister, *British Romantic Painting* (London: Bell, 1973), pp. 43–44, 107; Geoffrey Grigson, "Fingal's Cave," *Architectural Review* 104 (August 1948), 51–54; Hardie, *Water-Colour Painting in Britain* II, pls. 12, 18, 20, 76, 77; Adele M. Holcomb, *John Sell Cotman* (London: British Museum. 1978), pls. 23, 33, 160, 161; John Summerson, "Le tombeau de Sir John Soane," *Revue de l'Art* 30 (1975), 52; William Feaver, *The Art of John Martin* (Oxford: Clarendon, 1975), pp. 88–89, 98, 149.

47. Wilton, *Turner and the Sublime*, catalog nos. 19–31 and pp. 116–122; John Russell and Andrew Wilton, *Turner in der Schweiz* (Dübendorf: De Clive, 1976), pp. 9–11.

48. Louis Hawes, "Constable's *Hadleigh Castle* and British Romantic Ruin Painting," *Art Bulletin* 65 (September 1983), 455–470 を見よ。

49. John Constable, *Discourses*, ed. R. B. Becktett (Suffolk Records Society 1970), XIV, pp. 24–25, 82. 次も。Adele M. Holcomb, "The Bridge in Middle Distance: Symbolic Elements in Romantic Landscape," *Art Quarterly* 37 (spring 1974), 43–46; Louis Hawes, *Constable's Stonehenge* (London: Her Majesty's Stationery Office, 1975), pp. 3–5, 12; John Dixson Hunt, "Wondrous Deep and Dark: Turner and the Sublime," *Georgia*

Review 30 (spring 1976), 152. この種の知覚と巨大モニュメントを見る時との知覚がそっくりだということについては、次を。Marvin Trachtenberg, "The Statue of Liberty: Transparent Banality or Avant-Grade Conundrum," *Art in America* 62 (May-June, 1974), 36–37.

50. C. J. Wright, "The 'Spectre' of Science. The Study of Optical Phenomena and the Romantic Imagination," *Journal of the Warburg and Courtauld Instiutes* 43 (1980),193–199; D. H. Carnahan, "The Romantic Debate in the French Daily Press of 1809," *PMLA* 53 (June 1938), 475, 483, 488; Peter Brooks, "The Aesthetics of Astonishment," *Georgia Review* 30 (fall 1976), 615, 617, 627–639; Mercier, *Mon bonnet de nuit*, II, pp. 145–146.

51. Jack Lindsay, *Turner*, pp. 77, 89-90, 156, 179, 186, 193. Wilton, *Turner and the Sublime*, pp. 72–76をも見ると、ターナーのさまざまな崇高美の分類が、嫌畏（the horrific）と恐怖（the terrific）を含め、試みられている。こうした災害画をもっと広いメランコリーの「空間的」風景というカテゴリーの中で考えてみると、さらにいろいろわかるかとも思われる。湿って、重く、冷たく、ほとんど洪水的な、フーコーの『狂気の歴史』（p. 121）に描かれているような風景の中で、ということだ。

52. Feaver, *John Martin*, p. 72; Richard Green, "John Martin Rediscovered," *Connoisseur* 181 (December 1972), 250–252; Curtis Dahl, "Bulwer-Lytton and the School of Catastrophe," *Philological Quarterly* 32 (October 1953), 428–434; "The American School of Catastrophe," *American Quarterly* 11 (fall 1959), 380–388; Adams, *Danby*, pp. 56–58; Hardie, *British Water-Colour Painting*, II, pp. 27–28, 46–47.

53. Wilson, *Starlit Dome*, pp. 181–182, 188, 220; W. K. Wimsatt, Jr., "The Structure of Romantic Nature Imagery," in *The Verbal Icon: Studies in the Meaning of Poetry* (Lexington, University of Kentucky Press 1954), pp. 111–116; Jackson, *Immediacy*, pp. 57, 62, 69; Marcia Pointon, "Pictorial Narrative in the Art of William Mulready," *Burlington* 122 (April 1980), 230; Steven Z. Levine, *Monet and His Critics* (New York: Garland, 1976), pp. 223 ff.

54. Crary, "Geographer Looks at Landscape," p. 23. むきだしの表面に滴る霧、自然の結晶の「成長」、そしてぶつぶつ泡を噛む流水のつくりだすパターンなどの美的可能性へ示されたこの頃の関心としては*Earth, Air, Fire, Water: Elements of Art*, I, pp. 74, 78, 87–90, 107.

55. Werner Hofmann, *Caspar David Friedrich, 1774–1840* (Hamburg: Kunsthalle, 1974), p. 18; *Friedrich und die Nachwelt*, pp. 20–21; Börsch-Supan, *Friedrich*, pp. 53, 90, 110, 118-122; Helmut Börsch-Supan and Karl-Wilhelm Jähnig, *Caspar David Friedrich: Gemälde, Druckgraphik und bildmässige Zeichnungen* (Munich; Prestel, 1973), pp. 295–300, 342, 349, 364, 380.

56. Hourticq, "Poussin à Corot," II, pp. 112–114; *Ossian und die Kunst um* 1800, pp. 56, 63–64; *Carnets de David d'Angers*, I, p. 274; Schlumberger, "La foi artistique de Chateaubriand," pp. 133–134; Raymond, "Senancour," in Branca, *Sensibilità e Razionalità*, p. 41. 1760年代中葉から院展に展示される風景画が3分の1ほどふえたことについては、次も。Smith, "The 'Historical Revival,'" p. 167. しかしスミスが言うところでは、

英国の劇場狂い、ピクチャレスク好み、大気への関心は、フランスには該当するものがなかったことになる。しかし、たとえば気球飛行の旅が、フランス人が大気の効果を認める手掛りになったはず、というのが私の意見である。

57. Traeger, *Runge*, p. 57; Helen Rosenau, *The Ideal City, Its Architectual Evolution* (New York: Harper & Row, 1972), pp. 93–94; *Piranèse et les français*, p. 61; Rosenblum, *Northern Romantic Tradition*, p. 31.

58. Adolf Max Vogt, *Boullées Newton-Denkmal. Sakralbau und Kugelidee* (Basel: Birkhäuser, 1969), pp. 362, 372–375; Pérouse de Montclose, *Boullée*, pp. 194, 198; Braham, *Architecture of French Enlightenment*, pp. 115–116.

59. Yvan Christ, *Projets et divations de Claude-Nicolas Ledoux, architecte du roi* (Paris: Minotaure, 1961), pp. 42, 60, 73, 118, 122; Braham, *Architecture of French Enlightenment*, pp. 180–181. 古代ローマの栄光でなくて自然や情感のそれを呼び出すために都市モニュメントを創る(1770年代盛行の)もっと大きなトレンドについはWiebenson, *Picturesque Garden in France*, pp. 118–119.

60. Sarah Burns, "Girodet-Trioson's *Ossian*: The Role of Theatrical Illusionism in a Pictorial Evocation of Otherworldly Beings," *Gazette des Beaux-Arts* 95 (January 1980), 17–19; J. J. L. Whiteley, "Light and Shade in French Neo-Classicism," *Burlington* 117 (December 1975), 771–772. ジロデの英国美術との関係、そして初期ロマン派のテーマと様式のフランスへの導入に際し、それがいかに重要であったかについては、次。James Henry Rubin, "Gros and Girodet," *Burlington* 121 (November 1979), 719–721.

61. George Levitine, "Quelques aspects peu connus de Girodet," *Gazette des Beaux-Arts* 65 (April 1965), 237, 240–241; Barbara Maria Stafford, "Les météores de Girodet," *Revue de l'Art* 46 (1979), 51 ff.; "Endymion's Moonbath: Art and Science in Girodet's Eatly Masterpiece," *Leonardo* 15, no. 3 (1982), 193–194. 次も。Sir David Salomon's Balloon Collection, Cabinet des Estampes, Bibliothèque Nationale, Ib. 18, III, fols. 6, 37.

62. Nørgaard, *Book of Balloons*, pp. 51–52; Hendrik de Leeuw, *From Flying Horse to Man in the Moon* (New York: St. Martin's, 1963), p. 15; Levine, *Monet and His Critics*, pp. 20, 23, 33–34; Michel Butor, "Monet, or the World Turned Upside Down," *Art News Annual* 34 (1968), 21–32; Bernard Dorival, "Ukiyo-e and European Painting," in *Dialogue in Art: Japan and the West* (Tokyo: Kodansha, 1976), pp. 47–48, 59; Alberto Wirth, "Kandinsky and the Science of Art," *British Journal of Aesthetics* 19 (autumn 1979), 362–364.

63. Constable, *Discourses*, pp. 68–69. 次も。John Thornes, "Constable's Clouds," *Burlington* 121 (November 1979), 698–704. リューク・ハワードによる雲の分類が1821～1822年のカンスタブルの習作に刺激を与えている可能性ありとする点で、ルイス・ホーズとソーンズは意見を異にする。次を。Louis Hawes, "Constable's Sky Sketches," *Journal of the Warburg and Courtauld Institutes* 32 (1964), 344–365. 次も。Cotte, *Traité de météorologie*, pp. 49, 50, 63; Daniel, *Meteorological Essays*, pp. 2–3. その『モン・ブラン』で、雲を変化するが永遠の実体、きらめき、はかなく、融けるが不壊なるものとするシェリーとの類似に注意。次を。Knight, *Starlit Dome*, pp. 198–199. 幽霊じみることのない幻視世界を創りだそうとするワー

ズワース的試みとも類似。引き合いに出すのはHartman, *Beyond Formalism*, p. 331.

64. Finley, "Encapsulated Landscape," in Fritz, *City and Society*, p. 211; Adams, *Danby*, pp. 139–140; R. K. Raval, "The Picturesque: Knight, Turner, and Hipple," *British Journal of Aesthetics* 18 (summer 1978), 255; John Gage, "Turner and the Picturesque–II," *Burlington* 107 (February 1965), 80; J. R. Watson, "Turner and the Romantic Poets," in Hunt, *Encounters*, pp. 111, 115, 122.

65. John Gage, *Colour in Turner, Poetry and Truth* (London: Studio Vista, 1969), pp. 128–132; Ritterbush, *Overtures to Biology*, pp. 203–205; Damisch, *Théorie du nuage*, pp. 259–261, Ruskin, *Modern Painters*, part II, section III, chapter 4, p. 255.「ぼけた曖昧な美」を言うヴィンケルマン的伝統の執拗さと、それがフランスで1830年代高踏派パルナシアン詩人たちの「芸術のための芸術」美学に及ぼした影響力について次も。Raymond Giraud, "Winckelmann's Part inn Gautier's Conception of Classical Beauty," in *The Classical Line: Essays in Honor of Henri Peyre* (Yale French Studies, 1967), pp. 179–181.

66. Ruskin, *Modern Painters*, part II, section III, chapter 4, p. 242; Constable, *Discourses*, p. 68.

67. *The Natural Paradise*, pp. 74, 79–80; Barbara Novak, "On Defining Luminism," in John Wilmerding, *American Light: The Luminist Movement, 1850-1875. Paintings, Drawings, Photographs* (Washington, D. C.: National Gallery of Art, 1980), pp. 27–28; Novak, *American Painting of the Nineteenth Century*, pp. 92–98. 次も。Henry David Thoreau, *Walden or, Life in the Woods* (New York: Libra, 1960). 特にその"The Ponds," pp. 155–178.

68. Heather Martienssen, "Madame Tussaud and the Limits of Likeness," *British Journal of Aesthetics* 20 (spring 1980), 128–133; Heinrich von Kleist, *Über das Marionettentheater* (Zurich: Flamberg, 1971), pp. 18, 25; Erich Heller, "The Dismantling of a Marionette Theatre; or, Psychology and the Misinterpretation of Literature," *Critical Inquiry* 9 (spring 1978), 420.

69. 「本当らしさ (verisimilitude)」に対する西欧人の強迫と、これがどうオリジナル・プリントの歴史、写真を撮ることとつながるのかは、次などを。William M. Ivins, Jr., *Prints and Visual Communication* (Cambridge, Mass.: Harvard University Press, 1953), pp. 3–24, 50–69; M. Daguerre, *Diorama, Regent's Park. Two Views: Ruins of Holyrood Chapel, A Moonlight Scene ... and the Cathedral of Chartres* (London: C. Schulze, 1825), p. 8; *Historique et description des procédés du daguerréotype et du diorama*, revised edition (Paris: Alphonse Giroux et Cie, 1839), pp. 1–2, 19–32, 73 ff.; William Henry Fox Talbot, *The Pencil of Nature* (1844–1846) (New York: Da Capo, 1969). 初期の探険写真は、実際生じたこと、実際に目撃されたことを転写したものが芸術とする芸術観を科学的に実践したものと考えられていたと主張するのはWeston J. Naef and James N. Wood, *Era of Exploration: The Rise of Landscape Photography in the American West, 1860–1885* (Boston: New York Graphic Society 1975), p. 133. 次も。Joel Snyder and Doug Munson, *The Documentary Photograph as a Work of Art: American Photographs, 1860–1876* (David and Alfred Smart Gallery, University of Chicago, 1976), pp. 11–13. 19世紀が単純に写真のリアリズムを信

じてはいなかったとする昨今の見方についてはBob Rogers, "Realism and the Photographic Image," *Gazette des Beaux-Arts* 98 (September 1981), 89–94.

70. 「リアリズム」「ナチュラリズム」という19世紀の「ムーヴメント」を概観する一番最近の──力不足ということはあるにしろ──試みがGabriel P. Weisberg, *The Realist Tradition: French Painting and Drawing, 1830–1900* (Indiana University Press, 1980). この両者の文体的ちがいを捉えようとしている唯一のエッセーとしては Petra T. D. Chu, "Into the Modern Era: The Evolution of Realist and Naturalist Drawing" あるのみ。ナチュラリズムはこのカタログ（pp. 188–189）では、ひどく軽いあしらいで、要するに1870年代の風土病的現象、「印象派」と混同されてばかりの現象という扱いである。ヴィクトリア朝のリアリズムの文学、そしてある程度は絵画、そしてその歴史上の先蹤についてはChrist, *Finer Optic*, pp. 3–5. 自然を分析的に研究する長い伝統を思いださせるものとしてはKenneth Clark and Carlo Pedretti, *Leonardo da Vinci Nature Studies from the Royal Library at Windsor Castle* (New York: Johnson Reprint, 1980), pp. 9–11, 29–46. 最近では、このふたつの語の現下なお続く混同を一番見事に論じているのは依然としてSchmoll, "Naturalismus und Realismus" である。次も。F. W. J. Hemmings, "The Origins of the Terms *naturalisme, naturaliste," French Studies* 8 (April 1954), 111–114; H. U. Forest, "Théodore Jouffroy et le problème de l'imitation dans les arts," *PMLA* 56 (February 1941), 1095–1101.

71. Champfleury [Jules Fleury], *Le réalisme*, ed. Geneviève and Jean Lacambre (Paris: Hermann, 1973), pp. 180–192, 88–90; *Histoire de l'imagerie populaire*, new and revised edition (Paris: Dentu, 1886), pp. xii, 159–174; *Histoire des faiences patriotiques sous la révolution* (Paris: Dentu, 1867), pp. v–vii, x; *Histoire de la caricature antique*, third revised edition (Paris: Dentu, 1879), p. xv. 次も。Madeleine Fidell-Beaufort and Janine Bailly-Herzberg, *Daubigny* (Paris: Geoffroy-Dechaume, 1975), pp. 48–49; Robert Hellebranth, *Charles-François Daubigny, 1817–1878* (Morges: Matute, 1976), pp. xvii–xx; T. J. Clark, *The Absolute Bourgeois: Artists and Politics in France, 1848–1851* (London: Thames and Hudson, 1973), pp. 78, 102–103; Petra T. D. Chu, *French Realism and the Dutch Masters: The Influence of Dutch Seventeenth-Century Painting on the Development of French Painting between 1830 and 1870* (Utrecht: Haentjens, Dekker and Gumbert, 1974), p. 18.

72. Emile Zola, *Oeuvres complètes*, ed. Henri Mitterand (Paris: Cercle du Livre Précieux, 1968), X, pp. 277–282, 1175–1201; XI, pp. 286–287, 339; XI, pp. 796–797, 808–853, 860–879.

73. Adalbert Stifter, "Bunte Steine," in *Gesammelte Werke* (Wiesbaden: Im Insel-Verlag, 1959), III, pp. 7–17, 19, 133–240. 次も。Herbert von Einem, *Deutsche Malerei des Klassizismus und der Romantik, 1760 bis 1840* (Munich: Beck, 1978), pp. 164–168; Fritz Novotny, *Adalbert Stifter als Maler*, second revised edition (Vienna: Schroll, 1941), pp. 40–68. 自然現象の精密な観察、正確な記述を尊ぶ、ゲーテからシュティフターにいたるドイツの伝統についてはHerbert von Einem, "Das Auge, der edelste Sinn," in *Goethe-Studien* (Munich: Wilhelm Fink, 1972), pp. 14–15; Günter Weydt, *Naturschilderung bei Annette von Droste Hülshoff und Adalbert Stifter* (Berlin: Emil Ebering, 1930), pp. 62–65, 71–82;

Christine Oertel Sjögren, *The Marble Statue as Idea: Collected Essays on Adalbert Stifter's Der Nachsommer* (University of North Caroline Press, 1972), pp. 2–7. 52–61.

74. John Ruskin, *Selections from the Writings* (New York: Wiley, 1890), pp. 5–15, 20–29, 33–35, 56–58, 71, 94–99, 441–458; *Modern Painters*, part IV, chapter 1, sections 1-5, pp. 266–269; *The Ethics of the Dust: Ten Lectures to Little Housewives on the Elements of Crystallisation,* second edition (New York: Wiley, 1886), pp. 57–58, 219; *Praeterita. Outlines of Scenes and Thoughts Perhaps Worthy of Memory in My Past Life* (London: Rupert Hart-Davis, 1949), pp. 93–102, 150–156.

75. David J. DeLaura, "The Context of Browning's Painter Poems: Aesthetics, Polemics, Historics," *PMLA* 95 (May 1980), 370–379; Bandmann, "Wandel der Materialbewertung," in Koopmann, *Theorie der Kunst*, I, pp. 133–139, 141, 151; G. L. Hersey, *High Victorian Gothic; A Study in Associationism*, ed. Phoebe Stanton (Johns Hopkins University Press, 1972), pp. 28–32; Nicholas Penny, "Ruskin's Ideas on Growth in Architecture and Ornament," *British Journal of Aesthetics* 13 (summer 1973), 277–279; Ellen E. Frank, "The Domestication of Nature: Fine Houses in the Lake District," in Knoepflmacher and Tennyson, *Nature and Victorian Imagination*, pp. 68–69. 物質への積極評価——問題の著述家たちが属している伝統——の起源と展開に対するバンドマンのすばらしい分析に加うるに、次。Friedrich Piel, "Anamorphose und Architektur," in *Festschrift Wolfgang Braunfels*, ed. Friedrich Piel and Jörg Traeger (Tübingen: Wasmuth, 1977), pp. 292–293. ピールは反対の問題、即ちバロック時代のイリュージョニズム三昧の天井画——彼はこれをマニエリストたちのアナモーフィックな「遠近法の引き伸ばし」の発展形と結びつける——が、いかに絵を描かれた建築の物としての実体を否定する効果をうみ、空間を「架空域」に変えてしまうかという問題に取り組む。脱物質化のプロセスにおいて、多様なアート間に統一がもたらされ、かくして「総合芸術(*Gesamtkunst*)」の理論的基礎が形づくられる。それこそ私が示してきたことだが、唯物論の伝統は逆に、事物の個々の性質と実体性にウェートを置くのである。

76. John Ruskin, *The Poetry of Architecture: or, The Architecture of the Nations of Europe Considered in Its Association with Natural Scenery and National Character* (Sunnyside, Orpington: George Allen, 1893), pp. 41–43, 48–49; *The Two Paths: Being Lectures on Art, and Its Application to Decoration and Manufacture, Delivered in 1858–9* (New York: Wiley, 1876), pp. 117, 132, 134, 140, 146, 153–160; *Modern Painters*, part II, chapter 2, section 5. 次も。David Robertson, "Mid-Victorians amongst the Alps," J. Hillis Miller, "Nature and the Linguistic Moment," and Walter L. Greese," "Imagination in the Suburb," in Knoepflmacher and Tennyson, *Nature and Victorian Imagination*, pp. 113, 443, 54–55; Staley, Pre-Raphaelite Landscape, pp. 117–132. もっと最近だと、エリザベス・ヘルシンガーが、ラスキンが言語による記述と、風景画体験の両方で「散策視(excursive vision)」を用いていることを詳説している。次を。Elizabeth K. Helsinger, *Ruskin and the Art of the Beholder* (Harvard University Press, 1982), especially pp. 63–84. しかし、視による発見のこの形式がピクチャレスク美学と結びついているとするヘルシンガーの立場と、私のそれは異なる。高尚な趣味と低俗なそれとの融合についてはDaniel Cottom, "Taste and the Cultivated Imagination," *Journal of Aesthetics and Art Criticism* 134 (summer 1981), 376–380. コットムが言うには、18 世紀には非常に洗練されたものと非常に無知なものの間に

良き趣味を持つため、ほとんど一切に否と言う人間と、余りに没趣味なるが故に、これと同じ相手を同じ言語で否定する人間との間に一致が見られた。ラスキンもまた、自らの貴族的な美的な価値観を日常性にぶつけるようなことをしないで、むしろ日常まで呑みこむのは明白だ。ラスキンはアートを追求してアートレスな所にまで突き抜けた。ウエストモーランドの小屋が余りに自然に見えるので、自然の持つアートを発見させてくれる、というわけである。

77. Ruskin, *Selections*, pp. 396–397.

78. Rodolphe Töpffer, *Nouveaux voyages en zigzag á la Grande Chartreuse, autour du Mont Blanc, dans les vallées d'Herenz, de Zermatt, au Grimsel, à Gênes et à La Corniche, précédés d'une notice par Sainte-Beuve. Illustrés d'après les dessins orginaux de ...* (Paris: Victor Lecou, 1854), pp. iii–xiii, 57–67; *Premières voyages en zigzag, ou excursion d'un pensionnat en vacances dan les cantons suisses et sur le revers italien des Alpes, illustrés d'après les dessins de l'auteur et ornés de 15 grands dessins par M. Calame*, fourth edition (Paris: Victor Lecou, 1855), pp. 5–13, 92–95; François Arago, *Oeuvres complètes* (Paris: Gide; Leipzig: Weigel, 1857), IX, pp. 1–4; Carl Linnaeus, *Select Dissertations from the Amoenitates Academicae*, tr. F. J. Brand (New York: Arno, 1977), p. 12.

79. Nadar [Félix Tournachon], *Mémoires du Géant, avec une introduction par M. Babinet*, second edition (Paris: Dentu, 1865), pp. 76, 101–111, 148–155, 215–222, 248–263, 287–297; *Le droit au vol* (Paris: J. Hetzel, 1865), pp. 106–107; *Les ballons en 1870. Ce qu'on aurait pu faire, ce quon a fait* (Paris: E. Chatelain, 1870), pp. 10–11.

80. James Henry Rubin, *Realism and Social Vision in Courbet and Proudhon* (Princeton University Press, 1980), pp. 63, 72–76.

81. Jean-Claude Lebensztejn, *Zigzag. La philosophie en effet* (Paris: Flammarion, 1981), pp. 27–37, 44.

文献

The bibliography is organized as follows:

Primary Sources
  Travel Accounts
  Related Aesthetic, Philosophical, and Scientific Treatises

Secondary Sources

Primary Sources
Travel Accounts

Abel, Clarke. *Narrative of a Journey in the Interior of China, and of a Voyage to and from tha Country in the Years 1816 and 1817*. London: Longman, Hurst, Rees, Orme, and Brown, 1818

Acerbi, Joseph. *Travels through Sweden, Finland, and Lapland, to the North Cape, in the Year 1798 and 1799*. Two vols. London: Joseph Mawman, 1802. Engravings.

Adanson, Michel. *Histoire naturelle du Sénégale. Coquillages avec la relation abrégée d'un voyag fait en ce pays, pendant les années 1749, 50, 52 & 53*. Paris: Claude-Jean-Baptiste Bauche 1757. Drawings and engravings by T. Reboul.

Alexander, William. Journal of a Voyage to Pekin in China on Board the Hindostan Whicl Accompanied Lord Macartney on His Embassy to the Emperor. Add. Mss. 35174, Britisl Library, London.

Alexander, William. 870 Drawings Made during Lord Macartney's Embassy to the Empero of China, 1792–1794. 3 vols. W.D. 959/1–70, 960/1–66, 960/1–89, India Office Library London.

Allom, Thomas. *China in a Series of Views, Displaying the Scenery, Architecture, and Socia Habits of That Ancient Empire. Drawn from Original and Authentic Sketches by . . . With Historica and Descriptive Notices by the Reverend G. N. Wright, M.A.* Four vols. in two. London anc Paris: Fisher, Son, & Co., 1843. Steel engravings.

Anburey, Thomas. *Hindoostan Scenery Consisting of Twelve Select Views in India Drawn or the Spot . . . of the Corps of Engineers, Bengal during the Campaign of the Most Noble the Marqui Cornwallis Shewing the Difficulty of a March thro' the Gundecotta Pass*. London: n.p., 1799 Drawings by author, color engravings by Francis Tukes.

Annesley, George [Viscount Valentia]. *Voyages and Travels to India, Ceylon, the Red Sea Abyssinia, and Egypt*. Three vols. London: William Miller, 1809. Drawings by Henry Salt fo engravings.

Anson, George. *A Voyage round the World in the Years 1740, I, II, III, IV*. Two vols. London John and Paul Knapton, 1744. Drawings by Piercy Brett for engravings.

Anson, George. *Voyage autour du monde fait dans les années, 1740, 1, 2, 3, 4. Drawn from the Journals and Other Papers of Richard Walter, Chaplain on the Centurion.* Amsterdam and Leipzig: Arkste'e & Merkus, 1751.

Anson, George. Anson's Voyage: Lieutenant [Percy] Brett's Original Drawings, December 1740–July 1743. Engraved for the narrative, 1748. National Maritime Museum, Greenwich, England.

Arago, Dominique-François-Jean. *Instructions, rapports et notices sur les questions à resoude pendant les voyages scientifiques; Mémoires scientifiques. Oeuvres complètes.* Vols. IX, X, XI. Paris: Gide; Leipzig: T. O. Weigel, 1857–1859.

Arago, Jacques-Etienne-Victor. *Narrative of a Voyage round the World, in the* Uranie *and* Physicienne *Corvettes, Commanded by Captain Freycinet, during the Years 1817, 1818, 1819, and 1820; on a Scientific Expedition Undertaken by Order of the French Government. In a Series of Letters to a Friend by . . . , Draughtsman to the Expedition.* Two vols. in one. London: Treuttel and Wurtz, 1823. Drawings by author for engravings.

Back, George. *Expedition to Complete the Coastline between Regent Inlet and C. Turnagain.* London: G. Murray, 1836. Drawings by author and F. W. Beechey for engravings.

554

Back, George. *Expedition to the McKenzie River, 1824–27.* London: G. Murray, 1828. Drawings by author and E. N. Kendall, engravings by E. Finden.

Baldwin, Thomas. *Airopaidia: Containing the Narrative of a Balloon Excursion from Chester, the Eighth of September, 1785, Taken from Minutes Made during the Voyage.* Chester: J. Fletcher, 1786. Drawings by author for hand-colored engravings.

Banks, Joseph. *The Endeavour Journal of . . . , 1768–1771.* Edited by J. C. Beaglehole. Two vols. Sydney: Trustees of the Public Library of New South Wales in association with August Robertson, 1962.

Banks, Joseph. *Newfoundland and Labrador, 1766. His Diary, Manuscripts and Collections.* London: Faber and Faber, 1971.

Barrow, John. *An Account of Travels into the Interior of Southern Africa, in the Years 1797 and 1798; Including Cursory Observations on the Geology and Geography of the Southern Part of That Continent; the Natural History of Such Objects as Occurred in the Animal, Vegetable, and Mineral Kingdoms; and Sketches of the Physical and Moral Characters of the Various Tribes of Inhabitants surrounding the Settlement of the Cape of Good Hope.* Two vols. London: T. Cadell, Jr., and W. Davies, 1801. Drawings by William Alexander for color aquatints.

Bashō. *The Narrow Road to the Far North and Selected Haiku.* Translated by Dorothy Britton, photographs by Dennis Stock. Tokyo, New York, and San Francisco: Kodansha, 1974.

Beaumont, Albans. *Travels through the Rhaetian Alps in the Year 1786, from Italy to Germany, through Tyrol.* London: C. Clarke, 1792. Drawings and aquatints by author.

Beaver, Philip. *African Memoranda: Relative to an Attempt to Establish a British Settlement on the Island of Bulama on the Western Coast of Africa, in the Year 1792. With a Brief Notice of the Neighbouring Tribes, Soil, Productions, etc., and Some Observations on the Facility of Colonizing That Part of Africa, with a View to Cultivation; and the Introduction of Letters and Religion to Its Inhabitants; but More Particularly, as the Means of Gradually Abolishing African Slavery.* London: C. and R. Baldwin, 1805. Drawings and engravings by author.

Beechey, F. W. *Account of Buchan's Voyage towards the North Pole,* 1818. London: n.p., 1843. Drawings by author and George Bank for engravings.

Beechey, F. W. *Narrative of a Voyage to the Pacific and Beering's Strait, to Co-Operate with the Polar Expeditions: Performed in his Majesty's Ship* Blossom, *Under the Command of . . . , in the Years 1825, 26, 27, 28, and Published by the Authority of the Lords Commissioners of the Admiralty.* London: Henry Colburn and Richard Bentley, 1831. Drawings by author for aquatints.

Beechey, H. W. *Proceedings of the Expedition to Explore the Northern Coast of Africa, from Tripoly Eastward; in MDCCCXXI and MDCCCXXII. Comprehending the Greater Syrtis and Cyrenaica; and of the Ancient Cities Composing the Pentapolis.* London: John Murray, 1828. Drawings by author for aquatints.

Beeckman, Daniel. *A Voyage to and from the Island of Borneo, in the East-Indies. With a Description of the Said Island: Giving an Account of the Inhabitants, Their Manners, Customs, Religion, Products, Chief Ports, and Trade.* London: T. Warner and J. Batley, 1718. Engravings.

Bellasis, George Hutchins, *Views of Saint Helena.* London: John Tyler, 1815. Drawings by author, color aquatints by Robert Havell.

Belzoni, Giuseppi. *Narrative of the Operations and Recent Discoveries within the Pyramids, Temples, Tombs, and Excavations in Egypt and Nubia; and of a Journey to the Coast of the Red Sea, in Search of the Ancient Berenice; and Another to the Oasis of Jupiter Ammon.* London: John Murray, 1820.

Belzoni, Giuseppi. *Plates Illustrative of the Researches and Operations of . . . in Egypt and Nubia.* London: John Murray, 1820. Drawings by author, colored etchings by A. Aglio.

Belzoni, Giuseppi. *Six New Plates Illustrative of the Researches and Operations of . . . in Egypt and Nubia.* London: John Murray, 1822. Drawings by author, hand-colored lithographs by A. Aglio.

Benucci, F. P. *Six Views of Gibraltar and Its Neighborhood.* Munich: n.p., 1825. Drawings and hand-colored lithographs by author.

Benyowsky, Mauritius Augustus, Count of. *The Memoirs and Travels of . . . , Magnate of the Kingdoms of Hungary and Poland, One of the Chiefs of the Confederation of Poland, etc., etc.* Two vols. London: G. G. and J. and J. Robinson, 1789. Engravings.

Berg, Albert. *Physiognomy of Tropical Vegetation in South America; A Series of Views Illustrating the Primeval Forests on the River Magdalena and in the Andes of New Granada, With a Fragment of a Letter from Baron Humboldt to the Author and a Preface by Frederick Klotzsch.* London: Paul and Dominic Colnaghi and Co., 1854. Drawings and lithographs by author.

Bernardin de Saint-Pierre, Jacques-Henri. *Voyage à l'Ile de France, à l'Ile de Bourbon, au Cap de Bonne-Espérance.* Two vols. Amsterdam and Paris: Merlin, 1773.

Bernardin de Saint-Pierre, Jacques-Henri. *Voyage à l'Ile de France, 1768–1771. Oeuvres complètes.* Edited by L. Aimé-Martin. Vol. I. Paris: Méquignon-Marvis, 1818. Drawings by author for engravings.

Bernier, François. *Voyage de . . . , docteur en médecine de la Faculté de Montpellier, contenant la description des états du Grand Mogol, de l'Hindoustan, du royaume de Kachemire, etc.* Two vols. Amsterdam: Paul Marret, 1699. Engravings.

Blaeu, Jean. *Nouveau théâtre d'Italie, ou description exacte de ses villes, palais, églises, etc. Et les cartes géographiques de toutes ses provinces.* Three vols. Amsterdam: Pierre Mortier, 1704. Drawings by Jan Hackaert et al. for engravings.

Blagdon, Francis William. *A Brief History of Ancient and Modern India, from the Earliest Periods of Antiquity to the Termination of the Late Mahratta War. Embellished with Color Engravings by T. Daniell, Col. [F. S.] Ward, and James Hunter.* London: Edward Orme, 1805.

Bligh, William. *A Narrative of the Mutiny on Board His Britannic Majesty's Ship* Bounty; *and the Subsequent Voyage of Part of the Crew, from Tofoa, One of the Friendly Islands, to Timor, a Dutch Settlement in the East-Indies.* Philadelphia: William Spotswood, 1790.

Blunt, James Tillyer. Thirty-One Drawings of Landscapes in Delhi, U.P., Bihar, Orissa, Madras and Mysore between 1788–1800. 156/1–29, India Office Library, London.

Boisgelin [de Kerdu], Louis. *Ancient and Modern Malta: Containing a Description of the Ports and Cities of the Islands of Malta and Goza, together with the Monuments of Antiquity Still*

Remaining, the Different Governments to Which They Have Been Subjected, Their Trade and Finances. And a History of the Knights of St. John of Jerusalem and a Particular Account of the Events Which Preceded and Attended Its Capture by the French and Conquest by the English. Three vols. in two. London: G. and J. Robinson, 1804. Engravings.

Boisgelin [de Kerdu], Louis. *Travels through Denmark and Sweden, to Which is Prefixed a Journal of a Voyage Down the Elbe to Hamburgh; Including a Compendious Historical Account of the Hanseatic League . . . With Views from Drawings Taken on the Spot by Dr. Charles Parry.* Two vols. London: Wilkie and George Robinson, 1810. Drawings by Charles Parry for color aquatints.

Bougainville, Louis-Antoine de. *Voyage autour du monde par la frégate du roi* La Boudeuse *et la flûte* L'Etoile, *en 1766, 1768, & 1769.* Two vols. Second revised edition. Paris: Saillant & Nyon, 1772. Drawings by Philibert Commerson des Humbers, engravings by Croisey.

Supplément au voyage de M. de Bougainville; ou journal d'un voyage autour du monde, fait par MM. Banks & Solander, anglois, en 1768, 1769, 1770, 1771. Traduit d'anglois, par M. de Fréville. Paris: Saillant & Nyon, 1772.

Bouguer, Pierre. *La figure de la terre, déterminée par les observations de Messieurs . . . , & De La Condamine, de l'Académie Royale des Sciences, envoyés par ordre du roy au Pérou, pour observer aux environs de l'équateur. Avec une relation abrégée de ce voyage, qui contient la description du pays dans lequel les opérations ont été faites.* Paris: Charles-Antoine Jombert, 1749. Engravings.

Bourrit, Marc-Théodore. *Description des aspects du Mont-Blanc.* Lausanne: Société Thypographique, 1776.

Bourrit, Marc-Théodore. *Nouvelle description des vallées de glace et des hautes montagnes qui forment la chaîne des Alpes Pennines & Rhétiennes.* Three vols. in one. Geneva: Paul Barde, 1783. Drawings by author, engravings by Moitte.

Bowdich, T. Edward. *Mission from Cape Coast Castle to Ashantee, with a Statistical Account of That Kingdom, and Geographical Notices of Other Parts of the Interior of Africa.* London: John Murray, 1819. Drawings by author, color aquatints by R. Havell and son.

Bowery, Thomas. Asia: Wherein Is Contained ye Scituation, Comerse, etc. of Many Provinces, Isles, etc, in India, Per., Arabia, and ye South Seas—Experienced by Me . . . in ye Aforementioned India. viz from Anno MDCLXIX to MDCLXXIX. Ms. EUR D 782, India Office Library, London. Pen-and-ink drawings by author.

Breydenbach, Bernard von. *Le saint voiage et pélérinage de la cité saincte de Hierusalem.* Translanted by Jean de Hersin. Lyons: n.p., 1489. Woodcuts by Erhard Rervich.

Brooke, Arthur de Capell. *Travels through Sweden, Norway, Finmark to the North Cape in the Summer of 1820.* London: Rodwell and Martin, 1823. Drawings by author, lithographs by C. Hullmandel and J. D. Harding.

Brooke, Arthur de Capell. *Winter Sketches in Lapland, or Illustrations of a Journey from Alten on the Shores of the Polar Sea in 69° 55″ North Latitude through Norwegian, Russian, and Swedish Lapland to Tornea at the Extremity of the Gulf of Bothnia Intended to Exhibit a Complete View of the Mode of Travelling with Rein-Deer, the Most Striking Incidents That Occurred during the Journey, and the General Character of the Winter Scenery of Lapland.* London: J. Rodwell, 1827. Drawings by Brooke and D. Dighton, lithographs by J. D. Harding and C. Hullmandel.

Brosses, Charles de. *Histoire des navigations aux terres australes. Contenant de ce que l'on sçait des moeurs & des productions des contrées découvertes jusqu'à ce jour; & ou il est traité de l'utilité d'y faire de plus amples découvertes, & des moyens d'y former un établissement.* Two vols. Paris: Durand, 1756.

Broughton, William Robert. *A Voyage of Discovery to the North Pacific Ocean . . . Performed in His Majesty's Sloop* Providence *and Her Tender in the Years 1795, 1796, 1797, 1798.* London: T. Cadell and W. Davies, 1804. Engravings.

Browne, W. G. *Travels in Africa, Egypt, and Syria, from the Years 1792 to 1798.* London: T. Cadell, Jr., and W. Davies, 1799.

Bruce, James. *Travels to Discover the Source of the Nile in the Years 1768, 1769, 1770, 1771, 1772, and 1773.* Five vols. Edinburgh: J. Ruthven for G. and G. J. and J. Robinson, 1790. Drawings by author for engravings.

Bry, Theodor de. *Dritte Buch Americae, darinn Brasilia durch Johann Staden von Homberg aus eigener Erfahrung in Teutsch beschrieben. Item Historia der Schiffart Joannis Lerii in Brasilien Welche Er selbst publiciert hat.* Frankfurt-am-Main: de Bry, 1593. Engravings by author and sons.

Bry, Theodor de. *Sammlung von Reisen nach dem Occidentalischen Indien.* Fifteen vols. Frankfurt-am-Main: de Bry, 1590. Engravings by author and sons.

Brydone, Patrick. *A Tour through Sicily and Malta, in a Series of Letters to William Beckford, Esq. of Somerly in Suffolk.* Two vols. London: W. Strahan and T. Cadell, 1773.

Buchanan, Francis. *A Journey from Madras through the Countries of Mysore, Canara, and Malabar, Performed under the Orders of the Most Noble Marquis Wellesley, Governor General of India, for the Express Purpose of Investigating the States of Agriculture, Arts, and Commerce; the Religion, Manners, and Customs; the History Natural and Civil, and Antiquities.* Three vols. London: T. Cadell and W. Davies, 1807. Engravings.

Burchell, William. *Travels in the Interior of Southern Africa.* Two vols. London: Longman, Hurst, Rees, Orme, and Brown, 1822. Drawings by author for color aquatints.

Burckhardt, John Lewis. *Travels in Arabia, Comprehending an Account of Those Territories in Hedjas [Holy Land] Which the Mohammedans Regard as Sacred by the Late . . . Published by Authority of the Association for Promoting the Discovery of the Interior of Africa.* Two vols. Edited by William Ouseley. London: Henry Colburn, 1829.

Burckhardt, John Lewis. *Travels in Nubia; by the Late. . . . Published by the Association for Promoting the Discovery of the Interior Parts of Africa. With Maps, etc.* Edited by Col. Leake. London: John Murray, 1819.

Burckhardt, John Lewis. *Travels in Smyrna and the Holy Land; by the Late. . . . Published by the Association for Promoting the Discovery of the Interior Parts of Africa.* Edited by Col. Leake. London: John Murray, 1822.

Byron, John. *The Narrative of the Honourable. . . . Commodore in a Late Expedition round the World, Containing an Account of the Great Distresses Suffered by Himself and His Companions on the Coast of Patagonia, From the Year 1740, till Their Arrival in England in 1746, With a Description of Saint Jago de Chile.* London: S. Baker and G. Leigh and T. Davies, 1768. Etchings by S. Wale and C. Grignion.

Caldcleugh, Alexander. *Travels in South America, during the Years 1819, 20, 21, Containing an Account of the Present State of Brazil, Buenos Ayres, and Chile.* Two vols. London: John Murray, 1825. Sketches by William Waldegrave, drawings by William Daniell for color aquatints by Finden.

Carne, John. *Syria, the Holy Land, Asia Minor, etc. Illustrated. In a Series of Views Drawn from Nature [by] W. H. Bartlett, William Purser, etc. With Descriptions of the Plates by . . . Author of "Letters from the East."* Two vols. in one. London: Fisher, Son, & Co., 1836. Drawings by author for steel engravings.

Carruthers's scrapbook. National Air and Space Museum, Washington, D.C.

Carver, Jonathan. *Travels through the Interior Parts of North-America, in the Years 1766, 1767, and 1768.* London: printed for the author, 1778. Drawings by author for engravings.

Cassas, Louis-François. *Voyage pittoresque et historique de l'Istrie et de la Dalmatie, rédigé d'après l'itineraire de . . . , par Joseph Lavallée, de la Société Philotechnique, de la Société Libre des Sciences, Lettres et Arts de Paris, de celle d'Agriculture du Département de Seine et Marne, etc.* Paris: Pierre Didot, 1802. Drawings by author, engravings by Levée.

Cassas, Louis-François. *Voyage pittoresque de la Syrie, de la Phénicie, de la Palestine, et de la Basse Egypte: Ouvrage divisé en trois volumes, contenant environ trois cent trente planches, gravées sur les dessins et sous la direction du . . . , peintre, l'un des artistes employés par l'auteur du voyage de la Grèce.* Text by C. F. C. Volney, J. J. G. La Porte, J. G. Legrand, and L. Langles. Paris: Imprimerie de la République, An VII [1798–99]. Drawings by author, etchings by Née.

Chappe d'Auteroche, Jean. *Voyage en Californie pour l'observation du passage de Vénus sur le disque du soleil, le 3 Juin 1769; contenant les observations de ce phénomène, & la description historique de la route de l'auteur à travers le Mexique.* Paris: Charles-Antoine Jombert, 1772.

Chappe d'Auteroche, Jean. *Voyage en Siberie, fait par ordre du roi en 1761; contenant les moeurs, les usages des russes, et l'état actuel de cette puissance; la description géographique & le nivellement de la route de Paris à Tobolsk; l'histoire naturelle de la même route; des observations astronomiques, & des expériences sur l'électricité naturelle.* Two vols. in three. Paris: Debure, Père, 1768. Drawings by J. B. Le Prince, engravings by J. B. Tilliard.

Chappell, Edward. *Narrative of a Voyage to Hudson's Bay in His Majesty's Ship* Rosamond, *Containing Some Account of the North-Eastern Coast of America and of the Tribes Inhabiting That Remote Region.* London: J. Mauman, 1817. Engravings.

Voyages de M. le Marquis de Chastellux dans l'Amerique Septentrionale dans les années 1780, 1781 & 1782. Two vols. Paris: Prault, 1786.

Choiseul-Gouffier, Marie-Gabriel-Auguste-Florent de. *Voyage pittoresque de la Grèce.* Two vols. Paris: Tilliard, De Bure, Père et Fils, and Tilliard Frères, 1782 and 1809. Drawings by J. B. Hilaire and L. F. Cassas, engravings by J. B. Tilliard.

Choris, Louis. *Voyage pittoresque autour du monde, avec des portraits de sauvages d'Amerique, d'Asie, d'Afrique, et des Iles du Grand Océan; des paysages, des vues maritimes.* Paris: Firmin-Didot, 1820. Drawings by Adelbert von Chamisso, lithographs by author and Langlumé.

Choris, Louis. *Vues et paysages des régions équinoxiales, recueillis dans un voyage autour du monde . . . avec un introduction et un texte explicatif.* Paris: Paul Renouard, 1826. Drawings and color lithographs by author.

Choris, Louis. Sketchbook, 1816. Fuller Collection, Bishop Museum, Honolulu.

Cochrane, Charles Stuart. *Journal of a Residence and Travels in Colombia, during the Years 1823 and 1824.* Two vols. London: Henry Colburn, 1825. Drawings by author for color aquatints.

Cockburn, George. *A Voyage to Cadiz and Gibraltar up the Mediterranean to Sicily and Malta, in 1810, & 11, Including a Description of Sicily and the Lipari Islands, and An Excursion in Portugal.* Two vols. London: J. Harding, 1815. Color aquatints by John Harding.

Cockburn, James Pattison. *Swiss Scenery from Drawings by. . . .* London: Rodwell and Martin, 1820. Engravings by C. Westwood et al.

Cockburn, James Pattison. *Views to Illustrate the Route of Mont Cenis.* London: Rodwell and Martin, 1822. Drawings by author, lithographs by C. Hullmandel.

Cockburn, James Pattison. *Views to Illustrate the Route of Simplon Pass.* London: Rodwell and Martin, 1822. Drawings by author, lithographs by J. Harding.

Colebrooke, R. H. *Twelve Views of Places in the Kingdom of Mysore, the Country of Tippoo Sultan, from Drawings Taken on the Spot.* London: Edward Orme, 1805. Color aquatints by J. W. Edy.

Conté, Nicolas-Jacques. Watercolors Recording Activities of the Ecole Aérostatique de Meudon. 1794. Musée de l'Air, Paris.

Cook, James. *A Voyage towards the South Pole, and Round the World. Performed in His Majesty's Ships the* Resolution *and* Adventure, *in the Years 1772, 1773, 1774, and 1775. In Which Is Included Captain Furneaux's Narrative of His Proceedings in the Adventure during the Separation of the Ships. Illustrated with Maps, Charts, a Variety of Portraits of Persons, Views of Places Drawn during the Voyage by Mr. [William] Hodges, and Engraved by the Most Eminent Masters.* Fourth edition. Two vols. and atlas. London: W. Strahan and T. Cadell, 1777.

Cook, James. *A Voyage to the Pacific Ocean, Undertaken by the Command of His Majesty, for Making Discoveries in the Northern Hemisphere. To Determine the Position and Extent of the West Side of North America; Its Distance from Asia and the Practicability of a Northern Passage to Europe. Performed under the Direction of Captains . . . , Clerke, and Gore, in His Majesty's Ships the* Resolution *and* Discovery *in the Years 1776, 1777, 1779, and 1780.* Three vols. and atlas. London: W. and A. Strahan, 1784. Drawings by John Webber, engravings by Newton, Byrne, Ellis, Heath, Middiman, et al.

Cook Collection. National Maritime Museum, Greenwich.

Cordiner, Charles. *Remarkable Ruins and Romantic Prospects of North Britain. With Ancient Monuments and Singular Subjects of Natural History.* London: Peter Mazell, 1791. Drawings by author, engravings by Peter Mazell.

Cordiner, James. *A Description of Ceylon, Containing an Account of the Country, Inhabitants and Natural Productions.* Two vols. London: Longman, Hurst, Rees, and Orme, 1807. Drawings by author for engravings.

Coxe, William. *Travels in Switzerland. In a Series of Letters to William Melmoth, Esq.* London: T. Cadell, 1789.

Crozet's [Nicolas-Thomas] Voyage to Tasmania, New Zealand, the Ladrone Islands, and the Philippines in the Years 1771–1772. Translated by H. Ling-Roth. London: Truslove & Shirley, 1791. Engravings.

Dallaway, James. *Constantinople Ancient and Modern, with Excursions to the Shores and Islands of the Archipelago and to the Troad.* London: T. Bensley for T. Cadell, Jr., & W. Davies, 1797. Color aquatints by Mereati and Stadler.

Dampier, William. *A Collection of Voyages.* Four vols. London: James and John Knapton, 1729.

Daniell, William. *Illustrations of the Island of Staffa, in a Series of Views.* London: Longman, Hurst, Rees, Orme, and Brown, 1818. Drawings and aquatints by author.

Daniell, William. *Interesting Selections from Animated Nature with Illustrative Scenery.* Two vols. London: T. Cadell and W. Davies, 1807–08. Drawings and aquatints by William and Thomas Daniell.

Daniell, William, and Hobart, Counter. *The Oriental Annual, or Scenes in India.* London: Edward Churton, 1834–1840. Drawings by Daniell and H. Warren from sketches by Capt. Meadows; engravings by John Pye, T. Jeavons, et al.

Daniell, William, and Thomas Daniell. *Antiquities of India. Twelve Views from the Drawings of . . . , in Two Parts.* London: Thomas and William Daniell, 1799.

Daniell, William, and Thomas Daniell. *Hindu Excavations in the Mountains of Ellora, Near Aurungabad, in the Decan in Twenty-Four Views from the Drawings of James Wales, Under the Direction of. . . .* London: Thomas and William Daniell, 1816.

Daniell, William, and Thomas Daniell. *Oriental Scenery.* Six vols. London: Longman, Hurst, Rees, Orme, and Brown, 1795–1815. Color aquatints.

Daniell, William, and Thomas Daniell. *A Picturesque Voyage to India by Way of China.* London: Longman, Hurst, Rees, and Orme, 1810. Color aquatints.

Daniell, William, and Thomas Daniell. Sketches and Drawings. India Office Library, London.

Dapper, d'O. *Description de l'Afrique, contenant les noms, la situation & les confins de toutes ses parties, leur rivières, leurs villes & leurs habitations, leurs plantes & leurs animaux; les moeurs, les coutumes, la langue, les richesses, la religion & le gouvernement de ses peuples.* Translated from the Flemish. Amsterdam: Wolfgang, Waesberge, Boom & Van Someren, 1686. Etchings.

Darwin, Charles. Sketches from the Voyage of the *Beagle*. National Maritime Museum, Greenwich.

Davis, Samuel. *Views in Bootan: From the Drawings of . . . .* London: William Daniell, 1813. Color aquatints by Daniell.

Davy, John. *An Account of the Interior of Ceylon, and of Its Inhabitants, With Travels in That Island.* London: Longman, Hurst, Rees, Orme, and Brown, 1821. Drawings by William Littleton; aquatints and engravings by J. Clark, Charles Auber, et al.

Debret, Jean-Baptiste. *Voyage pittoresque et historique au Brésil depuis 1816 jusqu'à 1831. Séjour d'un artiste français au Brésil.* Three vols. Paris: Firmin-Didot, 1834. Drawings by Debret; lithographs by J. Motte and Thierry Frères.

D'Entrecasteaux, Antoine de Bruny, Chevalier. *Voyage de . . . , envoyé à la recherche de La Pérouse. Publié par ordre de sa majesté l'empereur et roi, sous le ministère de S.E. le vice-amiral Décres, comte de l'empire.* Edited by M. de Rossel. Two vols. Paris: Imprimerie Impériale, 1808.

Descourtis, Charles-Melchior, *Vues remarquables des montagnes de La Suisse.* Amsterdam: J. Yntema, 1785. Drawings by Caspar Wolf, color aquatints by author.

Dixon, George. *A Voyage Round the World, Performed in 1785, 1786, 1787, and 1788, in the* King George *and* Queen Charlotte. London: Geo. Goulding, 1789. Engravings.

D'Oyly, Charles. Scrapbook: Drawings and Lithographs. 1828–1830. India Office Library, London.

Du Camp, Maxine. *Le Nil. Egypte et Nubie.* Fourth edition. Paris: Hachette et Cie, 1877.

Du Mont, Jean. *Voyages de Mr. . . . en France, en Italie, en Allemagne, à Malthe, et en Turquie. Contenant les recherches & observations curieuses qui'il a faites en tous ces païs: Tant sur les moeurs, les coutumes des peuples, leurs différens gouvernements & leurs religions; que sur l'histoire ancienne & moderne, la philosophie & les monumens antiques.* Four vols. The Hague: Etienne Foulque & François l'Honoré, 1699. Engravings.

Dumont D'Urville, Jules-Sébastien-César. *Voyage de la corvette* l'Astrolabe, *executé par ordre du roi pendant les années 1826–1829, sous le commandement de. . . .* Seven vols. and atlas. Paris: J. Tastu, 1830–1834. Drawings by Auguste de Sainson.

Duperrey, Louis Isidore. *Voyage autour du monde, executé par ordre du roi, sur la corvette de la majesté,* la Coquille, *pendant les années 1822, 1823, 1824 et 1825.* Text and Atlas. Paris: Arthus Bertrand, 1827. Drawings by Le Jeune and T. A. Chazal.

Dupré, Louis. *Voyage à Athènes et à Constantinople, ou collection de portraits, de vues et de costumes grecs et ottomans, peints sur les lieux, d'après nature, lithographiés et coloriés par . . . Accompagné d'un texte orné de vignettes.* Paris: Dondey-Dupré, 1825.

Dusaulx, Jean. *Voyage à Barège et dans les Hautes Pyrénées, fait en 1788.* Two vols. in one. Paris: Didot Jeune, 1796.

Edy, John William. *Boydell's Picturesque Scenery of Norway; with the Principal Towns from the Naze by the Route of Christiana, to the Magnificent Pass of the Swinesund; From Original Drawings Made on the Spot, and Engraved by . . . With Remarks and Observations Made in a Tour through the Country, and Revised and Corrected by William Tooke, F.R.S., Member of the Imperial Academy of Sciences, and of the Economical Society at St. Petersburgh.* Two vols. in one. London: Hurst, Robinson, and Co., 1820.

Egmont, J. Aegidius van. *Travels through Part of Europe, Asia Minor, the Islands of the Archipelago; Syria, Palestine, Egypt, Mt. Sinai, etc. Giving a Particular Account of the Most Remarkable Places, Structures, Ruins, Inscriptions, etc. in These Countries.* Two vols. Translated from the Dutch. London: L. Davis and C. Reymers, 1759. Engravings.

Elliott, Robert. *Views in the East: Comprising India, Canton, and the Shores of the Red Sea. With Historical and Descriptive Illustrations.* Two vols. in one. London: H. Fisher, Son, &

Co., 1833. Drawings by S. Prout, T. Boys, W. Purser, and D. Cox; engravings by W. Taylor, W. Higham, et al.

Ellis, Henry. *Journal of the Proceedings of the Late Embassy to China;... Interspersed with Observations upon the Face of the Country, the Polity, Moral Character, and Manners of the Chinese Nation.* London: John Murray, 1817. Drawings by Charles Abbot, color aquatints by J. Clark.

Erdmann, Johann Friedrich. *Beiträge zur Kentniss des Innern von Russland.* Riga: Meinshausen, 1822–1825.

Faujas de Saint-Fond, Barthélemy. *Description des expériences de la machine aérostatique de MM. de Montgolfier et de celles auxquelles cette découverte à donné lieu.* Two vols. Paris: Cuchet, 1783. Engravings by Chevalier Lorimer.

Faujas de Saint-Fond, Barthélemy. *Recherches sur les volcans éteints du Vivarais et du Vélay; avec un discours sur les volcans brûlans.* Grenoble and Paris: Chez Joseph Cuchet et Chez Nyon aîné, Née et Masquelier, 1778. Drawings by A. E. Gautier Dagoty, engravings by P. C. Le Bas.

Faujas de Saint-Fond, Barthélemy. *Voyage en Angleterre, en Ecosse et aux Iles Hébrides.* Two vols. Paris: H. J. Jansen, 1797. Drawings by author for engravings.

Wahreste und neueste Abbildung des Türchischen Hofes/ Welche nach denen Gemählden der königliche Französische Ambassadeur Monsr. de Ferriol, zeit seiner Gesandschafft in Constanipol im Jahr 1707 und 1708. Durch einen geschickten Mahler [Jean-Baptiste Vanmour] nach den Leben hat verfertigen lassen in fünff und sechzig Kupffer-Blatten gebracht worden. Nebst einer aus dem Französischens ins Teutsche übersetzen Beschreibung. Nuremberg: Adam Jonathan Felssecker, 1719. Hand-colored engravings by C. Weigel.

Fitzroy, Robert. *Narrative of the Surveying Voyages of His Majesty's Ships* Adventure *and* Beagle, *between the Years 1826 and 1836, Describing Their Examination of the Southern Shores of South America, and the* Beagle's *Circumnavigation of the Globe.* Three vols., appendix, and atlas. London: Henry Colburn, 1839. Drawings by Augustus Earle and Conrad Martens; etchings by S. Bull et al.

Flinders, Matthew. *A Voyage to Terra Australis; Undertaken for the Purpose of Completing the Discovery of That Vast Country, and Prosecuted in the Years 1801, 1802, and 1803, in His Majesty's Ship the* Investigator, *and Subsequently in the Armed Vessel* Porpoise *and* Cumberland *Schooner. With an Account of the Shipwreck of the* Porpoise, *Arrival of the* Cumberland *at Mauritius, and Imprisonment of the Commander during Six years and a Half in That Island.* Two vols. and atlas. London: W. Bulmer and Co., 1814. Drawings by William Westall; engravings by J. Byrne, W. Woolnoth, L. Scott, John Pye, and J. Middiman.

Forbes, James. *Oriental Memoirs, Selected and Abridged from a Series of Familiar Letters Written during Seventeen Years Residence in India: Including Observations on Parts of Africa and South America.* London: T. Bensley, 1813.

Forrest, Charles. *A Picturesque Tour along the Rivers Ganges and Jumna, in India: Consisting of Twenty-Four Highly Finished and Coloured Views, a Map, and Vignettes, from Original Drawings Made on the Spot; With Illustrations, Historical and Descriptive.* London: R. Ackermann, 1824. Drawings by author, color aquatints by G. Hunt and T. Sutherland.

Forster, Georg. *Ein Blick in das Ganze der Natur* [1794]. *Schriften zu Natur, Kunst, Politik.* Edited by Karl Otto Conrady. Reinbeck bei Hamburg: Rowohlt, 1971.

Forster, Georg. *A Voyage round the World, in His Brittanic Majesty's Sloop,* Resolution, *Commanded by Captain James Cook, during the Years 1772, 3, 4, and 5.* Two vols. London: B. White, J. Robson, P. Elmsly, G. Robinson, 1777.

Forster, Georg. *Voyage philosophique et pittoresque sur les rives du Rhin, à Liège, dans la Flandre, le Brabant, la Hollande, l'Angleterre, la France, etc, fait en 1790.* Translated by Charles Pougens. Two vols. Paris: F. Buisson and Charles Pougens, An VIII [1799–1800].

Forster, Johann Reinhold. *Observations Made during a Voyage round the World, on Physical Geography, Natural History, and Ethic Philosophy. Especially on 1) the Earth and Its Strata 2) Water and the Ocean 3) the Atmosphere 4) the Changes of the Globe 5) Organic Bodies, and 6) the Human Species.* London: G. Robinson, 1778.

Fortia de Piles, Alphonse-Toussaint-Joseph-André-Marseilles, Comte de. *Voyage de deux français en Allemagne, Danemarck, Suède, Russie et Pologne, fait en 1790–1792.* Paris: Desenne, 1796.

Franklin, John. *Narrative of a Journey to the Shores of the Polar Sea, in the Years 1819, 20, 21, and 22. With an Appendix on Various Subjects Relating to Science and Natural History. Illustrated by Numerous Plates and Maps.* London: John Murray, 1823. Drawings by Lt. Hood and Lt. Back, color aquatints by Edward Finden.

Franklin, John. *Narrative of a Second Journey to the Shores of the Polar Sea, in the Years 1825, 1826, and 1827. Including an Account of the Progress of a Detachment to the Eastward, by John Richardson, M.D., F.R.S., F.L.S. Illustrated by Numerous Plates and Maps.* London: John Murray, 1828. Drawings by Capt. Back and Lt. Kendall, engravings by Edward Finden.

Fraser, John Baillie. *Views in the Himala Mountains.* London: Rodwell & Martin, 1820. Drawings by author, color aquatints by R. Havell and son.

Freminville, Chevallier de La Poix de. *Voyage to the North Pole in the Frigate the* Syrene. Translated from the French. London: Sir Richard Phillips and Co., 1819.

Freycinet, Louis-Claude de Saulces de, and Rose-Marie de Freycinet. *Voyage de découvertes aux Terres Australes, éxecutés sur les corvettes le* Géographe, *le* Naturaliste, *et la goélette le* Casuarina, *pendant les années 1800, 1801, 1802, 1803 et 1804.* One vol. and atlas. Paris: Imprimerie Royale, 1815. Drawings by Jacques-Etienne-Victor Arago for engravings.

Frézier, A.-F. *Relation du voyage de la Mer de Sud aux côtes du chily et du Pérou fait pendant les années 1712, 1713, & 1714.* Paris: Jean-Géoffroy Nyon, Etienne Ganeau, Jacque Quillau, 1716. Etchings by N. Guerard, le fils.

Fromentin, Eugène. *Sahara & Sahel: Un été dans le Sahara (1856); Une année dans le Sahel (1858).* Third Edition. Two vols. in one. Paris: E. Plon et Cie, 1879. Drawings and etchings by author.

Fromentin, Eugène. *Voyage en Egypte (1869). Journal publié d'après le carnet manuscrit.* Edited by Jean-Marie Carré. Paris: Montaigne, 1935.

Gaimard, Paul. *Voyage en Islande et Groenland. Atlas historique.* Three vols. Paris: Arthus-Bertrand, Firmin-Didot Frères, 1838–1842. Drawings by A. Mayer, lithographs by Sabatier and Bayot.

Gaimard, Paul. *Voyages de la commission scientifique du Nord en Scandanavie, en Laponie au Spitzberg et aux Feröe pendant les années 1838, 1839, et 1840 sur la corvette la* Récherche, *commandé par M. Fabvre, lieutenant de vaisseau. Publiés par ordre du roi sous la direction de . . . , président de la commission scientifique du Nord.* Twenty vols. and seven atlases. Paris: Arthus-Bertrand, 1839–1852. Drawings by MM. Mayer, Lauvergne, Giraud, and Bevalet; lithographs by Sabatier and Ackermann.

Gardiner, Allen F. *Narrative of a Journey to the Zoolu Country in South Africa, Undertaken in 1835.* London: William Crofts, 1836. Lithographs by T. M. Baynes and C. Hullmandel.

Gautier, Theophile. *Voyage pittoresque en Algérie (1845).* Edited by Madeleine Cottin. Geneva: Droz, 1973. Etchings.

Gessner, Conrad. *On the Admiration of Mountains (1543); A Description of the Riven Mountain, Commonly Called Mount-Pilatus (1555).* Translated by H. B. D. Soule and edited by W. Dock and J. Monroe Thorington. San Francisco: Grabhorn, 1937.

Gilpin, William. *Remarks on Forest Scenery, and Other Woodland Views, Relative Chiefly to Picturesque Beauty. Illustrated by the Scenes of New Forest in Hampshire.* Third edition. Two vols. London: T. Cadell and W. Davies, 1808.

Gmelins, Samuel Georg. *Reise durch Russland zur Untersuchung der drey Natur-Reiche. Reise von St. Petersburg bis nach Ischerkask, der Hauptstadt der Donischen Kosacken in den Jahren 1768 und 1769.* Four vols. Saint Petersburg: Kayserliche Akademie der Wissenschaften, 1770. Line engravings.

Gmelins, Samuel Georg. *Reise durch Sibirien, von dem Jahr 1733 bis 1743.* Four vols. Göttingen: Abram Bandenhoecks See., Wittwe, 1751–1752. Line engravings.

Gold Charles. *Oriental Drawings: Sketched between the Years 1791 and 1793.* London: Bunney and Co., 1806. Colored aquatints.

Golovnin, Vasili. *Voyage de . . . contentant le récit de sa captivité chez les Japponais pendant les années 1811, 1812 et 1813. Traduit sur la version allemande par J. B. B. Eyries.* Two vols. Paris: n.p., 1818.

Graham, Maria. *Journal of a Voyage to Brazil, and Residence there, during Part of the Years 1821, 1822, 1823.* London: Longman, Hurst, Rees, Orme, Brown, and Green, 1824. Drawings by author, aquatints by Edward Finden.

Graham, Maria. *Journal of a Residence in Chile, during the Year 1822, and a Voyage from Chile to Brazil.* London: Longman, Hurst, Rees, Orme, Brown, and Green, 1824. Drawings by author, aquatints by Edward Finden.

Graham, Maria. *Journal of a Residence in India.* Edinburgh: George Ramsay and Company, 1812. Drawings by author, aquatints by James Storer.

Grandpré, Louis O'Hier de. *Voyage à la côte occidentale d'Afrique, fait dans les années 1786 et 1787 . . . Suivi d'un voyage fait au Cap de Bonne-Espérance; contenant la description militaire de cette colonie.* Two vols. Paris: Dentu, 1801. Drawings by author, engravings by Le Villain, Godfroi, and Michel.

Grandpré, Louis O'Hier de. *Voyage dans l'Inde et au Bengale, fait dans les années 1789 et 1790 . . . Suivi d'un voyage fait dans la Mer Rouge, contenant la description de Moka, et du commerce des arabes de l'Yemen; des détails sur leur caractère et leurs moeurs.* Two vols. Paris: Dentu, 1801. Drawings by author, engravings by Michel.

Gratet de Dolomieu, Guy Sylvain Tancrède. *Mémoires sur les Iles Ponces et catalogue raisonné des produits de l'Etna; pour servir à l'histoire des volcans.* Paris: Cuchet, 1788.

Grierson, J. *Twelve Selective Views of the Seat of War, Including Views Taken at Rangoon, Cachar, and Andaman Islands from Sketches Taken on the Spot by . . . .* Calcutta: Asiatic Lithographic Press, 1825. Lithography by E. Billon.

Grindlay, Robert Melville. *Scenery, Costumes, and Architecture, Chiefly on the Western Side of India.* Two vols. London: R. Ackermann, 1826, 1830. Drawings by author, color aquatints by R. Ackermann.

Grose, John Henry. *A Voyage to the East-Indies, with Observations on Various Parts There.* London: S. Hooper and A. Morley, 1757.

Gruner, Gottlieb Siegmund. *Histoire naturelle des glacières de Suisse.* Translated by M. de Keralio. Paris: Panckoucke, 1770. Drawings by S. H. Grim, engravings by A. Zingg.

Gruner, Gottlieb Siegmund. *Die Eisgebirge des Schweizerlandes: Beschrieben von . . . Fürsprech vor den zweyhunderten des Freystaates Bern.* Three vols. Bern: Abraham Wagner, Sohn, 1760. Engravings by A. Zingg.

Guibert, Jacques-Antoine Hippolyte de. *Journal d'un voyage en Allemagne fait en 1773.* Two vols. Paris: Treuttel et Wurtz, An XI [1802–03].

Guibert, Jacques-Antoine Hippolyte de. *Voyages de . . . dans diverses parties de la France et en Suisse. Faits en 1775, 1778, 1784 et 1785. Ouvrage posthume, publié par sa veuve.* Paris: D'Hautel, 1806.

Hakewell, James. *A Picturesque Tour of the Island of Jamaica, from Drawings Made in the Years 1820 and 1821 by . . . , Author of the "Picturesque Tour of Italy."* London: Hurst and Robinson, 1825. Aquatints by Sutherland.

Hall, Basil. *Account of a Voyage of Discovery to the West Coast of Corea, and the Great Loo-Choo Island; with an Appendix Containing Charts, and Various Hydrographical and Scientific Notices.* London: John Murray, 1818. Drawings by author, color aquatints by Robert Havell and son.

Hamilton, Francis [formerly Buchanan]. *An Account of the Kingdom of Nepal and of the Territories Annexed to This Dominion by the House of Gorkha.* Edinburgh: Archibald Constable and Company, 1819. Engravings by J. Hawksworth.

Hamilton, William. *Campi Phlegraei; Observations on the Volcanoes of the Two Sicilies.* Two vols. Naples: n.p., 1776. Drawings by author, color aquatints by Peter Fabris.

Hardy, Joseph. *A Picturesque and Descriptive Tour in the Mountains of the High Pyrenees: Comprising Twenty-Four Views of the Most Interesting Scenes, from Original Drawings Taken on the Spot; with Some Account of the Bathing Establishments in That Department of France.* London: R. Ackermann, 1825. Color aquatints.

Hawkesworth, John. *An Account of a Voyage Round the World with a Full Account of the Voyage of the* Endeavour *in the Year 1770 along the East Coast of Australia by Lt. James Cook, Commander of His Majesty's Bark* Endeavour. *Compiled by D. Warrington Evans, Illustrated with a Variety of Cuts and Charts related to the Country Discovered (1773).* Brisbane: W. R. Smith & Paterson, 1969. [Facsimile of first edition.] Drawings by Sidney Parkinson, Andrew Sparrmann, and Alexander Buchan.

Hawkesworth, John. *Relation des voyages entrepris par ordre de sa majesté britannique, actuellement régnante, pour faire découvertes dans l'hemisphère meridional, et successivement executés par le commodore Byron, le capitaine Carteret, le capitaine Wallis & le capitaine Cook, dans les vaisseaux le* Dauphin, *le* Swallow *& l'*Endeavour. Four vols. Translated from the English journals of the commanders and from the papers of Joseph Banks. Paris: Saillant et Nyon and Panckoucke, 1774.

Hearne, Samuel. *A Journey from Prince of Wales's Fort, in Hudson's Bay to the Northern Ocean. Undertaken by Order of the Hudson's Bay Company. For the Discovery of Copper Mines, a North West Passage, etc. in the Years 1769, 1770, 1771, & 1772.* Dublin: P. Byrne. Engravings.

Heine, Heinrich. *Reisebilder.* In *Werke.* Edited by Stuart Atkins and Oswald Schonberg. Two vols. Munich: C. H. Beck, 1973.

Hentzi[y], Rodolphe. *Vues remarquables des montagnes de la Suisse, première partie.* Bern: Wagner, 1776. Preface by Albert Haller, natural-history commentary by Jac. Sam. Wyttenbach, drawings by Caspar Wolf, color aquatints by R. Hentzi.

Heriot, George. *A Picturesque Tour Made in the Years 1817 and 1820 through the Pyrenean Mountains, Auvergne, the Departments of the High and Low Alps, and in Part of Spain. The Engravings are Taken from Drawings Executed on the Spot by. . . .* London: R. Ackermann, 1824. Color aquatints by F. C. Lewis.

Heriot, George. *Travels through the Canadas, Containing a Description of the Picturesque Scenery on Some of the Rivers and Lakes; with an Account of the Productions, Commerce, and Inhabitants of Those Provinces. To Which Is Subjoined a Comparative View of the Manners and Customs of Several of the Indian Nations of North and South America.* London: Richard Phillips, 1807. Aquatints.

Herschel, Frederick William. *Altre Scoverte fatte nella Luna dal Sigr. Herschel.* Naples: n.p., 1836. Hand-colored engravings by L. Gatti e Dura and Leopoldo Galluzzo.

Hobhouse, J. C. *A Journey through Albania, and Other Provinces of Turkey in Europe and Asia, to Constantinople, during the Years 1809 and 1810.* London: James Cawthorn, 1813. Color aquatints.

Hodges, William. *Select Views in India, Drawn on the Spot in the Years 1780, 1781, 1782, and 1783, and Executed in Aquatinta.* London: J. Edwards, 1786.

Hodges, William. *Travels in India during the Years 1780, 1781, 1782, and 1783.* Second revised edition. London: J. Edwards, 1794.

Home, Robert. *Select Views in Mysore, the Country of Tipoo Sultan; from Drawings Taken on the Spot by . . . ; With Historical Descriptions.* London: Bowyer, 1794. Engravings.

Hooge, Romein de. *Les Indes Orientales et Occidentales, et autres lieux: représentés in très belles figures (1645–1708.)* New York: Abner Schram, 1980. [41 facsimile engravings]

Horsfield, Thomas. Horsfield Collection and portfolio of Javanese Drawings (1805–1817) [for Raffles' *History of Java*]. India Office Library, London.

Houel, Jean. *Voyage pittoresque des isles de Sicile, de Malte et de Lipari, ou l'on traite des antiquités qui s'y trouvent encore; des principaux phénomènes que la nature y offre; du costume des habitans, & de quelques usages.* Four vols. Paris: Imprimerie de Monsieur, 1782. Aquatints.

Hugel, Carl Freiherr von. *Kaschmir und das Reich der Siek.* Four vols. in three. Stuttgart: Halberger'sche Verlagshandlung, 1840–1842. Drawings by Prosper Marilhat, engravings.

Humboldt, Alexander von. *Aspects of Nature, in Different Lands and Different Climates.* Translated by Mrs. Sabine. Two vols. London: Longman, Brown, Green, and Longmans, 1850.

Humboldt, Alexander von. *Geographie der Pflanzen.* Tübingen: F. G. Cotta, 1807.

Humboldt, Alexander von. *Researches Concerning the Institutions and Monuments of the Ancient Inhabitants of America.* Translated by Helen Maria Williams. Two vols. London: Longman, Hurst, Rees, Orme & Brown, J. Murray, & H. Colburn, 1814.

Humboldt, Alexander von. *Voyage de Humboldt et Bonpland. Relation historique.* Paris: Librairie de Gide, 1813–1834. Three vols. and two atlases. Drawings by author; color aquatints by F. Schoell, Koch, Schick, Marchais, and Gmelin.

Humboldt, Alexander von. *Zerstreute Bemerkungen über den Basalt der ältern und neuern Schriftsteller.* n.l.: n.p. [1800].

An Historical and Descriptive Account of Iceland, Greenland, and the Faroe Islands; with Illustrations of Their Natural History. Edinburgh: Oliver & Boyd; London: Simpkin, Marshall, & Co., 1841. Engravings by Jackson and Bruce.

Irwin, Eyles. *A Series of Adventures in the Course of a Voyage up the Red-Sea on the Coasts of Arabia and Egypt; and of a Route through the Desarts of Thebais, hitherto Unknown to the European Traveller, in the year 1777.* London: J. Dodsley, 1780. Drawings and aquatints by E. Irwin.

Jackson, James Grey. *An Account of the Empire of Morocco, and the Districts of Suse and Tafilelt; Compiled from Miscellaneous Observations Made during a Long Residence in, and Various Journies through, These Countries. To Which Is Added an Account of Shipwrecks on the Western Coast of Africa and an Interesting Account of Timbuctoo, the Great Emporium of Central Africa.* Second revised edition. London: J. Bulmer and Co., 1811. Engravings.

Jackson, James Grey. *An Account of Timbuctoo and Housa, Territories in the Interior of Africa by El Hege Abd Salam Shabeeny, with Notes, Critical and Explanatory. To Which is Added Letters Descriptive of Travels through West and South Barbary, and across the Mountains of Atlas.* London: Longman, Hurst, Rees, Orme, and Brown, 1820.

Johnson, James. *The Oriental Voyager; or, Descriptive Sketches and Cursory Remarks on a Voyage to India and China in His Majesty's Ship* Caroline, *Performed in the Years 1803–4–5–6.* London: Joyce Gold for James Asperne, 1807.

Johnson, James. *No. [1] of a Series of Views in the West Indies: Engraved from Drawings Taken Recently in the Islands: With Letter Press Explanations Made from Actual Observations.* London: Underwood, 1827. Color engravings by T. Fielding.

Journal des voyages de découvertes et navigations modernes, ou archives géographiques du XIXe siècle. Paris: C. Ballard, 1819–1841.

Journal für die neuesten Land- und Seereisen und das Interessanteste aus der Volker- und Landerkunde. Berlin: Friedrich Braunes, 1808.

Kaempfer, Engelbertus. *The History of Japan, Giving an Account of the Ancient and Present State and Government of That Empire; of Its Temples, Palaces, Castles and Other Buildings; of its Metals, Minerals, Trees, Plants, Animals, Birds, and Fishes . . . Together with a Description of the Kingdom of Siam*. Translated by J. G. Scheuchzer. Two vols. London: J. G. Scheuchzer, 1727. Engravings.

Kerguelen-Trémarec, Yves-Joseph de. *Relation d'un voyage dans la mer du Nord aux côtes d'Islande, du Groenland, de Ferro, de Schettland, des Orcades & de Norwège; fait en 1767 & 1768*. Paris: Prault, 1771. Engravings.

Kershaw, J. *Description of a Series of Views in the Burman Empire. Drawn on the Spot by . . . and Engraved by William Daniell, R.A.* London: Smith, Elder, and Co., [1831?]. Color aquatints.

Kirkpatrick, William. *An Account of the Kingdom of Nepaul, Being the Substance of Observations Made during a Mission to That Country, in the Year 1793. Illustrated with a Map and Other Engravings*. London: William Miller, 1811. Drawings by A. W. Devis, engravings by J. Greig.

Kotzebue, Moritz von. *Narrative of a Journey into Persia in the Suite of the Imperial Russian Embassy in the Year 1817*. London: Longman, Hurst, Rees, Orme, Brown, 1819.

Kotzebue, Otto von. *Entdeckungs-Reise in die Süd-See und nach der Berings-Strasse zur Erforschung einer nordöstlichen Durchfahrt, unternommen in den Jahren 1815, 1816, 1817, und 1818*. Three vols. in one. Weimar: Gebrüder Hoffmann, 1821. Color engravings after drawings by Adelbert von Chamisso.

Kotzebue, Otto von. *A Voyage of Discovery into the South Sea and the Bering Straits, for the Purpose of Exploring a North-East Passage, Undertaken in the Years 1815–1818*. Translated by H. E. Lloyd. Three vols. London: Longman, Hurst, Rees, Orme, and Brown, 1821. Color engravings after drawings by Adelbert von Chamisso.

Krusenstern, A. J. von. *Voyage round the World in the Years 1803, 1804, 1805, & 1806 by Order of His Imperial Majesty Alexander the First, on Board the Ships* Nadeshda *and* Neva. Translated by Richard Belgrave Hoppner. Two vols. in one. London: John Murray, 1813. Sketches by W. Tilesius, drawings by H. Alexander Orloffsky, color engravings by J. A. Atkinson.

Labillardière, Jacques-Julien Houton de. *Relation du voyage à la recherche de La Pérouse*. Two vols. Paris: H. J. Jansen, An VIII [1799–1800].

Labillardière, Jacques-Julien Houton de. *Atlas pour servir à la relation du voyage à la recherche de La Pérouse fait par l'ordre de l'assemblée constituante pendant les années 1791, 1792, et pendant la 1ere et 2eme année de la république française*. Paris: H. J. Jansen, An VIII [1799–1800]. Drawings by Piron and Redouté for engravings.

Laborde, Alexandre-Louis Joseph de. *Description des nouveaux jardins de la France et de ses anciens châteaux*. Paris: Desmarquette, 1808–1815. Drawings by Constant Bourgeois for engravings.

Laborde, Alexandre-Louis Joseph de. *Voyage pittoresque et historique de l'Espagne*. Four vols. Paris: Pierre Didot, l'aîné, 1806–1818. Engravings.

Laborde, Jean-Benjamin de. *Description générale et particulière de la France*. Twelve vols. Paris: Imprimerie de Monsieur, 1784–1788. Etchings.

Laborde, Jean-Benjamin de. *Voyage pittoresque de la France, avec la description de toutes ses provinces*. Eight vols. Paris: Imprimerie de Monsieur, 1781–1796. Etchings.

Laborde, Jean-Benjamin de. *Tableaux topographiques, pittoresques, physiques, historiques, moraux, politiques, littéraires de la Suisse et de l'Italie, ornée de 1200 estampes . . . d'après les dessins de MM. Robert, Perignon, Fragonard, Paris, Poyet, Raymond, Le Barbier, Berthélémy, Ménageot, Le May, Houel, etc.* Three vols. Paris: Née & Masquelier, 1780–1786. Etchings.

Laborde, Leon-Emmanuel-Simon-Joseph de. *Voyage de l'Arabie Petrée par . . . et Linant*. Paris: Giard, 1830. Drawings by author and Linant, lithographs by Sabatier and Villeneuve.

La Follie, Louis-Guillaume. *Le philosophe sans prétention, ou l'homme rare. Ourvrage physique, chymique et moral, dedié au savans*. Paris: Clousier, 1775. Engravings by C. Boissel.

Dialogues de Monsieur le baron de Lahontan et d'un sauvage, dans l'Amerique . . . avec les voyages du même en Portugal & en Danemarc, dans lesquels on trouve des particularitez très curieuses, & qu'on n'avoit point encore remarqués. London: David Mortier; Amsterdam: Bolteman, 1704. Engravings.

Laing, John. *A Voyage to the Spitzbergen, Containing an Account of That Country*. Second revised edition. Edinburgh: Adam Black, 1818.

Lamartine, Alphonse-Marie-Louis de. *Souvenirs, impressions, pensées et paysages pendant un voyage en Orient, 1832–1833*. In *Oeuvres complètes* (Paris: author, 1861), vols. VI–VIII.

Landmann, George. *Historical, Military, and Picturesque Observations on Portugal, Illustrated by Seventy-Five Coloured Plates, Including Authentic Plans of the Sieges and Battles Fought in the Peninsula during the Late War*. Two vols. London: T. Cadell and W. Davies, 1818. Drawings by author for color aquatints.

Lang, Carl. *Gallerie der unterirdischen Schöpfungswunder und des menschlichen Kunstfleisses unter der Erde*. Two vols. Leipzig: Karl Tauchniss, 1806–1807. Drawings by author for color aquatints.

La Pérouse, Jean-François de Galaup de. *Voyage de . . . autour du monde, publié conformement au décret du 22 avril 1791, et rédigé par M.L.A. Milet-Mureau général de brigade dans le corps du génie, directeur des fortifications, ex-constituant, membre de plusieurs sociétés littéraires de Paris*. Four vols. and atlas. Paris: Imprimerie de la République, An V [1796–97]. Drawings by Duché de Vancy for engravings.

La Place, M. *Voyage autour du monde par les mers de l'Inde et de la Chine de la corvette de sa majesté la* Favorite, *executé pendant les années 1830, 1831, 1832. Paris: Arthus Bertrand, 1835. Drawings by Sainson for aquatints.*

La Rochefoucauld-Liancourt, François-Alexandre-Frédéric, Duc de. *Voyage dans les Etats-Unis d'Amerique fait en 1795, 1796, et 1797*. Eight vols. Paris: Du Pont, Buisson, Charles Pougens, An VII [1798–99].

Lear, Edward. *Journals of a Landscape Painter in Southern Calabria*. London: Richard Bentley, 1852. Lithographs.

Lear, Edward. *Views in Rome and Its Environs Drawn from Nature and on Stone*. London: C. Hullmandel for T. M'Lean, 1841. Lithographs.

Le Bruyn, Cornelius. *Travels into Muscovy, Persia, and Part of the East-Indies. Containing an Accurate Description of Whatever Is Most Remarkable in Those Countries. And Embellished with 320 Copper Plates, Representing the Finest Prospects, and Most Considerable Cities in Those Parts; the Different Habits of the People; the Singular and Extraordinary Birds, Fishes, and Plants Which Are There to Be Found: As Likewise the Antiquities of Those Countries . . . The Whole Being Delineated on the Spot, from the Respective Objects*. Two vols. Translated from the French. London: A. Bettesworth, C. Hitch, S. Birt, C. Davis, J. Clarke, S. Harding, D. Browne, A. Miller, J. Schuckburg, and T. Osborne, 1737.

Ledru, André-Pierre. *Voyage aux Iles de Ténériffe, La Trinité, Saint-Thomas, Sainte-Croix et Porto-Ricco, executé par ordre du gouvernement français depuis le 30 septembre 1796 jusqu'au 7 juin 1798, sous la direction du capitaine [N.] Baudin, pour faire des recherches et des collections relatives à l'histoire naturelle*. Two vols. Paris: Arthus-Bertrand, 1810.

Le Gentil, Jean-Baptiste-Joseph. *Voyage dans les mers de l'Inde fait par l'ordre du roi à l'occasion du passage du Vénus, sur le disque du soleil, le 6 juin 1761 & du même mois 1769*. Two vols. Paris: Imprimerie Royale, 1779. Engravings.

Legh, Thomas. *Narrative of a Journey in Egypt and the Country beyond the Cataracts.* London: John Murray, 1816.

Lesseps, Jean-Baptiste-Barthélemy, Baron de. *Journal historique du voyage de . . . , consul de France, employé dans l'expedition de M. le comte de La Pérouse, en qualité d'intérprète du roi. Depuis l'instant ou il a quitté les frégates françoises au Port Saint-Pierre & Saint-Paul du Kamtschatka jusqu'à son arrivée en France, le 17 octobre 1788.* Two vols. Paris: Imprimerie Royale, 1790. Engravings.

Le Vaillant, François. *Voyage de . . . dans l'intérieur de l'Afrique, par le Cap de Bonne-Espérance, dans les annés 1780, 81, 82, 83, 84, & 85.* Two vols. Paris: Chez Le Roy, 1790. Engravings.

Lewis, Meriwether, and William Clark. *History of the Expedition under the Command of Captains Lewis and Clark, to the Sources of the Missouri, thence Across the Rocky Mountains and Down the River Columbia to the Pacific Ocean. Performed during the Years 1804–5–6. By Order of the Government of the United States and Prepared for Press by Paul Allen, Esq.* Two vols. Philadelphia: Bradford and Inskeep; New York: A. H. Inskeep, 1814.

Leyden, John. *A Historical & Philosophical Sketch of the Discoveries & Settlements of the Europeans in Northern & Western Africa at the Close of the Eighteenth Century.* Edinburgh: J. Mour, 1799.

Leyden, John. *Historical Account of Discoveries and Travels in Africa, by the Late . . . , Enlarged, and Completed to the Present Time, with Illustrations of Its Geography and Natural History, as well as of the Moral and Social Condition of Its Inhabitants by Hugh Murray, Esq. F.R.S.E.* Two vols. Edinburgh: George Ramsay and Co., 1817.

Lichtenstein, Heinrich. *Reisen im Südlichen Africa in den Jahren 1803, 1804, 1805 und 1806.* Two vols. Berlin: C. Salford, 1811. Engravings.

Liddiard, Nicholas John. *Narrative of a Voyage to New Zealand, Performed in the Years 1814 and 1815.* Two vols. London: James Black and Son, 1817.

Lisiansky, Urey. *A Voyage round the World in the Years 1803, 4, 5, & 6; Performed by the Order of His Imperial Majesty Alexander the First, Emperor of Russia, in the Ship* Neva. Translated from the Russian. London: John Booth, 1814.

Lobo, Jerome. *A Voyage to Abyssinia.* Translated by M. Le Grand. London: A. Bettesworth, 1735.

Lunardi, Vincent. *An Account of the First Aerial Voyage in England. In a Series of Letters to His Guardian, Chevalier Gherardo Compagni.* London: author, 1784.

Lycett, Joseph. *Views in Australia or New South Wales, & Van Diemen's Land, Delineated in Fifty Views, with Descriptive Letter Press, Dedicated by Permission, to the Right Hon.ble Earl Bathurst, etc, by . . . , Artist to Major-General Macquarie, Late Governor of Those Colonies.* London: J. Souter, 1824. Lithographs and aquatints by author.

Lyon, G. F. *A Narrative of Travels in Northern Africa, in the Years 1818, 19, and 20; Accompanied by Geographical Notices of Soudan, and of the Course of the Niger.* London: John Murray, 1821. Drawings by author, lithographs by G. Harley.

Lyon, G. F. *The Private Journal of . . . H.M.S.* Hecla *during the Recent Voyage of Discovery under Captain Parry.* London: John Murray, 1824. Drawings by author, engravings by E. Finden.

Macartney, John. *An Account of an Embassy from the King of Great Britain to the Emperor of China.* Edited by George Staunton. Two vols. and atlas. London: W. Bulmer and Co., 1797. Drawings by William Alexander for engravings.

Macculoch, John. *A Description of the Western Islands of Scotland, Including the Isle of Man: Comprising an Account of Their Geological Structure; with Remarks on Their Agriculture, Scenery, and Antiquities.* Three vols. London: Archibald Constable and Co.; Edinburgh: Hurst, Robinson, and Co., 1819. Drawings by author, engravings by Charles Heath.

MacKenzie, Alexander. *Voyages from Montreal, on the River Saint Lawrence, through the Continent of North America to the Frozen and Pacific Oceans; in the Years 1789 and 1793. With a Preliminary Account of the Rise, Progress, and Present State of the Fur Trade of That Country.* London: T. Cadell, Jr., and W. Davies, 1801.

MacKenzie, Colin. MacKenzie Collection, 1782–1821. India Office Library, London.

MacKenzie, George Steuart. *Travels in the Island of Iceland, during the Summer of the Year 1810.* Edinburgh: Thomas Allan and Company, 1811. Drawings by author, color aquatints by I. Clark.

M'Leod, John. *Narrative of a Voyage in His Majesty's Late Ship* Alceste, *to the Yellow Sea, along the Coast of Corea, and through Its Numerous Hitherto Undiscovered Islands to the Island of Lewchew, with an Account of Her Shipwreck in the Straits of Gaspar.* London: John Murray, 1817. Drawings by author, color aquatints by W. H. Dwarris and I. Clark.

Magalotti, Lorenzo. *Travels of Cosmo the Third, Grand Duke of Tuscany through England, during the Reign of King Charles the Second (1664). Translated from the Italian Manuscript in the Laurentian Library at Florence.* London: J. Mauman, 1821. Aquatints.

Maillet, Benoît de. *Description de l'Egypte, contenant plusieurs remarques curieuses sur la géographie ancienne et moderne de ce païs, sur ses monuments anciennes, sur les moeurs, les coutumes & la religion des habitans, sur le gouvernement & le commerce, sur les animaux, les arbres, les plantes, etc.* Edited by M. l'Abbé Le Mascrier. Two vols. The Hague: Isaac Beauregard, 1740.

Malaspina, Alejandro. *Viaje al Rio de La Plata en el siglo XVIII.* Edited by Hector R. Ratto. Buenos Aires: Libreria y Editorial "La Facultad," 1938.

Malaspina, Alejandro. *Letters of Alexandre Malaspina (1790–1791).* Edited by William Inglis Morse and translated by Christopher M. Dawson. Boston: McIver-Johnson, 1944.

Manson, James. Twelve Drawings of Almorah (1826) accompanying "Report of the Mineral Survey of the Himalaya Mountains Lying Between the Rivers Sutlej and Kalee." Ms. E. 96, India Office Library, London.

Mariner, William. *Voyage aux Iles des Amis, situées dans l'Ocean Pacifique fait dans les années 1805 à 1810, avec l'histoire des habitans depuis leur découverte par le capitaine Cook.* Second edition. Two vols. Paris: J. Smith, 1819.

Marsden, William. *Views of Sumatra.* London: Andrews and Stadler, 1799. Color aquatints.

Martens, Conrad. Watercolors from Beagle *Expedition: Survey to Southern Australia, 1837–1843.* National Maritime Museum, Greenwich.

Mayer, Luigi. *Views in Egypt from the Original Drawings in the Possession of Sir Robert Ainslie, Taken during His Embassy to Constantinople by . . . ; Engraved by and Under the Direction of Thomas Milton: With Historical Observations and Incidental Illustrations of the Manners and Customs of the Natives of This Country.* London: Thomas Bensely for R. Bowyer, 1801. Color aquatints.

Mayer, Luigi. *Views in the Ottoman Empire, Chiefly in Caramania, a Part of Asia Minor hitherto Unexplored; with Some Curious Selections from the Islands of Rhodes, and Cyprus, and the Celebrated Cities of Corinth, Carthage, and Tripoli: From the Original Drawings in the Possession of Sir R. Ainslie, Taken during His Embassy to Constantinople by. . . . With Historical Observations and Incidental Illustrations of the Manners and Customs of the Natives of the Country.* London: R. Bowyer, 1803. Color aquatints.

Mayer, Luigi. *Views in Palestine, from the Original Drawings by . . . , With an Historical and Descriptive Account of the Country, and Its Remarkable Places.* London: T. Bensley for R. Bowyer, 1804. Color aquatints.

Meares, J. *Collection de cartes géographiques, vues, marines, plans et portraits, relatifs aux voyages du . . . , traduits de l'anglois par J.B.L. J. Billecocq.* Paris: F. Buisson, An III [1794–95].

Mignan, Robert. *Travels in Chaldea, Including a Journey from Bussorah to Baddad, Hillah, and Babylon, Performed on Foot in 1827.* London: Henry Colburn and Richard Bentley, 1829. Aquatints and wood engravings by R. Craggs.

Milbert, Jacques-Gérard. *Itinéraire pittoresque du fleuve Hudson et des parties latérales de l'Amerique du Nord, d'après les dessins originaux pris sur les lieux par....* Two vols. in one and atlas. Paris: Henri Gaugain et Cie, 1828. Lithographs by Adam, Bichebois, Deroy, Dupressoir, Jacottet, Joly, Sabatier, Tirpenne, and Villeneuve.

Milbert, Jacques-Gérard. *Voyage pittoresque à l'Ile de France, au Cap de Bonne-Espérance et à l'Ile de Ténériffe.* Two vols. and atlas. Paris: A. Nepveu, 1812. Drawings and engravings by author.

Millin, Aubin-Louis. *Voyage dans les departémens de la France.* Five vols. Paris: Imprimerie Impériale, 1807.

Millin, Aubin-Louis. *Voyage en Savoie, en Piémont, à Nice, et à Gènes.* Two vols. Paris: C. Wasserman, 1816.

Moerenhout, J. A. *Voyages aux iles du Grand Océan* (1837). Two vols. Facsimilie of first edition. Paris: Adrien Maisonneuve, 1942.

Mollien, G. *Travels in the Interior of Africa, to the Sources of the Senegal and Gambia; Performed by Command of the French Government, in the Year 1818.* Edited by T. E. Bowdich. London: Henry Colburn & Co., 1820. Aquatints.

Rapport fait à l'académie des sciences sur la machine aérostatique inventée par MM. de Montgolfier. Paris: Moutard, 1784.

Moore, J., and Capt. Marryat. *Views of Rangoon and Combined Operations in the Birman Empire.* London: n.p., 1825–1826. Color aquatints.

Morier, James. *A Journey through Persia, Armenia, and Asia Minor, to Constantinople, in the Years 1808 and 1809; in Which is Included, Some Account of the Proceedings of His Majesty's Mission, Under Sir Hartford Jones, Bart. K.C. to the Court of the King of Persia.* London: Longman, Hurst, Rees, Orme, and Brown, 1812. Drawings by author for aqautints.

Nadar [Felix Tournachon]. *Mémoirs du Géant.* Second edition. Paris: Dentu, 1865.

Nadar [Felix Tournachon]. Ballooning material. Musée Carnavalet, Paris.

Nadar [Felix Tournachon]. *Les ballons en 1870. Ce qu'on aurait pu faire, ce qu'on a fait.* Paris: E. Chatelain, 1870.

Nadar [Felix Tournachon]. *Le droit au vol.* Paris: J. Hetzel, [1865].

Neale, Adam. *Travels through Some Parts of Germany, Poland, Moldavia and Turkey.* London: Longman, Hurst, Rees, Orme and Brown, 1818. Drawings by author, color aquatints by J. Clark.

Niebuhr, Carsten. *Description de l'Arabie d'après les observations et recherches faites dans le pays même.* Copenhagen: Nicolas Moller, 1773. Engravings.

Nieuhof, John. *An Embassy from the East-India Company of the United Provinces to the Grand Tartar Cham, Emperor of China.* Translated by John Ogilby. London: John Macock, 1669. Engravings.

Norden, Frederick Lewis. *Travels in Egypt and Nubia. Enlarged with Observations from Ancient and Modern Authors, that Have Written on the Antiquities of Egypt by Dr. Peter Templeman.* Two vols. London: Lockyer Davis and Charles Reymers, Printers to the Royal Society, 1756–1757. Engravings by Mark Tuscher.

Olivier, G. A. *Voyage dans l'Empire Othoman, l'Egypte et la Perse, fait par l'ordre du gouvernement, pendant les six premières années de la république.* Three vols. and atlas. Paris: H. Agasse, An IX [1800–1801]. Drawings by A. Caroffe, engravings by R. U. Massaud et al.

Orme, William. *Twenty-Four Views in Hindostan from the Original Pictures Painted by Mr. Daniell & Col. Ward*. London: Edward Orme, 1805. Color aquatints.

O'Reilly, Bernard. *Greenland, the Adjacent Seas, and the North-West Passage to the Pacific Ocean, Illustrated in a Voyage to Davis's Strait, during the Summer of 1817. With Charts and Numerous Plates from Drawings by the Author Taken on the Spot*. London: Baldwin, Cradock, and Joy, 1818. Drawings by S. Koenig, aquatints by F. C. Lewis.

W. F. W. Owen, *Narrative of Voyages to Explore the Shores of Africa, Arabia, and Madagascar*. Two vols. London: Richard Bentley, 1833. Lithographs.

Oxley, John. *Journals of Two Expeditions into the Interior of New South Wales, Undertaken by Order of the British Government in the Years 1817–18*. London: John Murray, 1820. Etchings by J. Clark, color aquatints by William Havell.

Pagès, Pierre-Marie-François de. *Voyages autour du monde, et vers les deux Pôles, par terre et par mer pendant les années 1767, 1768, 1769, 1770, 1771, 1773, 1774 & 1776*. Two vols. in one. Paris: Moutard, 1782.

Pallas, Pierre-Simon. *Nouveau voyage dans les gouvernements mériodionaux de l'Empire de Russie dans les années 1793 et 1794*. Translated from the German. Two vols. and atlas. Paris: Armand Koenig, 1801. Color aquatints.

Park, Mungo. *Travels in the Interior Districts of Africa: Performed under the Direction and Patronage of the African Association in the Years 1795, 1796, and 1797*. London: W. Bulmer, 1799. Sketches by author, drawings by J. C. Barrow, engravings by W. C. Wilson.

Parkinson, Sydney. *A Journal of a Voyage to the South Seas in His Majesty's Ship, the* Endeavour, *faithfully Transcribed from the papers of the Late . . . , Draughtsman to Joseph Banks, Esq., on His Late Expedition, with Dr. Solander, Round the World. Embellished with Views and Designs, Delineated by the Author, and Engraved by Capital Artists*. London: Stanfield Parkinson, 1773.

Parkinson, Sydney. A Collection of Drawings Made in the Countries Visited by Captain Cook in His First Voyage, also of Prints Published in Hawkesworth's *Voyages of Biron, Wallis and Cook* as well as Cook's Second and Third Voyages. By . . . , Alexander Buchan, etc. Add. Ms. 23921, British Library, London.

Parry, William Edward. *Journal of a Voyage for the Discovery of a North-West Passage from the Atlantic to the Pacific, Performed in the Years 1819–20*. London: John Murray, 1821. Drawings and engravings by William Westall.

Pasumont, François. *Voyages physiques dans les Pyrénées en 1788 et 1789. Histoire naturelle d'une partie de ces montagnes; particulièrement des environs de Barège, Bagnères, Cautères et Gavarnie. Avec des cartes géographiques*. Paris: Le Clere, 1797.

Pennant, Thomas. *The Journey to Snowden*. London: Henry Hughes, 1781. Drawings by Moses Griffith.

Pennant, Thomas. *A Tour in Scotland and Voyage to the Hebrides*. Chester: John Monk, 1774. Drawings and engravings by John Frederick Miller.

Pennant, Thomas. *A Tour in Wales*. London: Henry Hughes, 1778. Drawings by Moses Griffith, engravings by P. Mazell and P. C. Canot.

Pernety, A. J. *Journal historique d'un voyage fait aux Iles Malouines en 1763 & 1764*. Two vols. Berlin: Etienne de Bourdeaux, 1769.

Péron, François. *Mémoires du Capitaine . . . sur ses voyages*. Edited by Louis Freycinet. Second edition. Two vols. Paris: Brissot-Thivars, 1824. Drawings by Charles-Alexandre Lesueur.

Pertusier, Charles. *Promenades pittoresques dans Constantinople et sur les rives du Bosphore, suivies d'une notice sur la Dalmatie*. Three vols. and atlas. Paris: H. Nicolle, 1815. Drawing by Preault for engravings by B. Piringer.

Phipps, Constantine John. *A Voyage towards the North Pole Undertaken by His Majesty's Command, 1773*. London: W. Bowyer and J. Nichols, 1774. Drawings by P. d'Auvergne for engravings.

Pigafetta, Antonio. *Magellan's Voyage. A Narrative Account of the First Circumnavigation*. Translated and edited by R. A. Skelton. Two vols. in facsimile. New Haven, Conn.: Yale University Press, 1969.

Pilâtre de Rozier, J. F. *Première expérience de la montgolfière construite par l'ordre du roi*. Second edition. Paris: Imprimerie de Monsieur, 1784.

Pilâtre de Rozier, J. F. *La vie et les mémoires de . . . , écrits par lui-même, publiés par Tournon de La Chapelle*. Paris: Editor, 1786.

Pitton de Tournefort, Joseph. *Relation d'un voyage du Levant, fait par ordre du roy. Contenant l'histoire ancienne & moderne de plusieurs Isles de l'Archipel, de Constantinople, des côtes de la Mer Noire, de l'Arménie, de la Georgie, des frontiers de Perse & de l'Asie Mineure . . . Enrichie de descriptions & de figures d'un grand nombre de plantes rares, de divers animaux; et de plusieurs observations touchant l'histoire naturelle*. Two vols. Paris: Imprimerie Royale, 1717. Drawings by author and engravings.

Pococke, Richard. *A Description of the East, and Some Other Countries. Observations on Palestine or the Holy Land, Syria, Mesopotamia, Cyprus and Candia*. Two vols. in three. London: W. Bowyer, 1745.

Poivre, Pierre. *Voyage d'un philosophe, ou observations sur les moeurs & les arts des peuples de l'Afrique, de l'Asie, et de l'Amerique*. Yverdon: n.p., 1768.

Porter, Robert Ker. *Travels in Georgia, Persia, Armenia, Ancient Babylonia*. Two vols. London: Longman, Hurst, Rees, Orme, and Brown, 1822. Drawings by author, engravings by J. C. Stadler.

Porter, Robert Ker. *Travelling Sketches in Russia and Sweden during the Years 1805, 1806, 1807, 1808*. Two vols. London: John Stockdale, 1813. Drawings by author, engravings by J. C. Stadler.

Postans, Thomas. *Hints to Cadets, with a Few Observations on the Military Service of the Honourable East-India Company*. London: William H. Allen and Co., 1842.

Postans, Thomas. Two hundred and Twelve Drawings and Twelve Lithographs Depicting Costume, Occupation, Scenery and Buildings in Sind, Cutch, and Bombay, 1830–1845. W.D. 485/1–114, India Office Library, London.

Proceedings of the Association for Promoting the Discovery of the Interior Parts of Africa. London: C. Macral, 1790.

Proceedings of the Association for Promoting the Discovery of the Interior Parts of Africa. Two vols. London: W. Bulmer and Co., 1810.

Ramond de Carbonnières, Louis-François-Elizabeth de. *Observations faites dans les Pyrénées, pour servir de suite à des observations sur les Alpes, insérées dans une traduction des Lettres de W. Coxe, sur la Suisse*. Paris: Belin, 1789.

Raoul-Rochette, D. *Lettres sur la Suisse par H. Sazerac and G. Engelmann*. Two vols. Paris: G. Engelmann, 1823. Drawings and lithographs by Villeneuve.

Rattray, James. *Scenery, Inhabitants, & Costumes of Afghanistan. From Drawings Made on the Spot by . . . , Lieut. 2nd Grenadiers Bengal Army*. London: Hering & Remington, 1847. Chromolithographs.

Roberts, David. *The Holy Land, Syria, Idhmia, Egypt, and Arabia. With Historical Descriptions by the Rev. George Croly, L.L.D.* Two vols. London: F. G. Moon, 1842. Lithographs by Louis Haghe.

Ross, John. *A Voyage of Discovery, Made under the Orders of The Admiralty, in His Majesty's Ships* Isabella *and* Alexander, *for the Purpose of Exploring Baffin's Bay, and Inquiring into the Probability of a North-West Passage*. Second edition. London: John Murray, 1819. Color aquatints by R. and D. Havell.

Royal Society. *Directions for Seamen Bound for Far Voyages. Philosophical Transactions*. Vol. I. 1666.

Rugendas, João Mauricio. *Viagem pitoresca a traves dõ Brasil*. Edited by Rubens Borba de Morals. San Paolo: Martins, 1940.

Ruschenberger, W. S. W. *Narrative of a Voyage round the World, during the Years 1835, 36, and 37; Including a Narrative of an Embassy to the Sultan of Muscat and the King of Siam*. Two vols. London: Richard Bentley, 1838.

Saint-Non, Jean-Claude-Richard de. *Voyage pittoresque ou description des royaumes de Naples et de Sicile*. Five vols. Paris: Clousier, 1781–1786. Drawings by Chatelet; etchings by Varin, A. Guttenberg, et al.

Salchi, E. *L'optique de l'univers, ou la philosophie des voyages autour du monde*. Berne: Emmanuel Haller, 1799.

Salt, Henry. *These Twenty-Four Views Taken in Saint Helena, the Cape, India, Ceylon, Abyssinia, and Egypt*. London: William Miller, 1809. Drawings by author, color aquatints by R. Havell.

Salt, Henry. *A Voyage to Abyssinia and Travels into the Interior of That Country, Executed under the Orders of the British Government, in the Years 1809 and 1810; in Which Are Included an Account of the Portuguese Settlements on the East Coast of Africa, Visited in the Course of the Voyage*. London: F. C. and J. Rivington, 1814. Drawings by author, etchings by C. Heath.

Sauer, Martin. *An Account of a Geographical and Astronomical Expedition to the Northern Parts of Russia, for Ascertaining the Degrees of Latitude and Longitude of the Mouth of the River Kovima; of the Whole Coast of the Tshutski, to East Cape; and of the Islands in the Eastern Ocean, Stretching to the American Coast. By Command of Catherine II, by Commodore Joseph Billings in the Years 1785, etc. to 1794*. London: T. Cadell, Jr., and W. D. Davies, 1802. Engravings.

Saugnier, Raymond de. *Relations de plusieurs voyages à la côte d'Afrique, à Maroc, au Sénégal, à Gorée, à Galam, etc. Avec des détails intéressans pour ceux qui se destinent à la traite des nègres, de l'or, de l'ivoire, etc, tirées des journaux de . . . qui a été long-temps esclave des maures et de l'empereur de Maroc*. Paris: Gueffier Jeune, 1791.

Saussure, Horace-Bénédict. *Voyage dans les Alpes, précédés d'un essai sur l'histoire naturelle des environs de Génève*. Four vols. Neufchâtel: n.p., 1779. Drawings by Bourrit, engravings by Carl Hackert, et al.

Sazerac, Hilaire. *Un mois en Suisse, ou souvenirs d'un voyageur*. Paris: Sazerac & Duval, 1825. Drawings by Edouard Pingret, lithographs by Langlumé.

Scheuchzer, Johann Jacob. *Beschreibung der Natur-Geschichten des Schweizerlandes*. Three vols. in one. Zurich: author, 1706–1708. Drawings and engravings by F. Melchior Fuesli.

Scheuchzer, Johann Jacob. *Geschichte des Schweizerlandes, samt seinen Reisen über die Schweizerische Gebürge*. Two vols. Edited and revised by Johann George Sulzer. Zurich: David Gessner, 1746. Engravings.

Schmidtmeyer, Peter. *Travels into Chile, over the Andes, in the Years 1820 and 1821, With Some Sketches of the Productions and Agriculture; Mines and Metallurgy; Inhabitants, History, and Other Features of America; Particularly of Chile and Aranco*. London: Longman, Hurst, Rees, Orme, Brown, & Green, 1824. Sketches by author, lithographs by G. Scharf.

Scoresby, William. *An Account of the Arctic Regions, with a History and Description of the Northern Whale-Fishery*. Two vols. Edinburgh: Archibald Constable and Co., 1820. Sketches by author, drawings by R. K. Greville, engravings by W. & D. Lizars.

Seddon, Thomas. *Memoirs and Letters of the Late . . . , Artist. By His Brother [1854–1856].* London: James Nisbet and Co., 1858. Drawings by author, steel engravings.

Sherwill, Markham. Fourteen Narratives Written by Those Travellers Who Have Successfully Attained the Summit of This Mountain, between the Years 1786 and 1838 . . . Accompanied by a Series of Views, Portraits, and Original Letters Collected by . . . , One of the Intrepid Adventurers. Three vols. 1840. Ub. 72, 72a, 72b, Cabinet des Estampes, Bibliothèque Nationale, Paris.

Shillibeer, James. *A Narrative of the Briton's Voyage to Pitcairn's Island.* Second edition. London: Law and Whittaker, 1817. Etchings by author.

Skjöldebrand, Anders F. *[Les cataractes et le canal de Tröllhatta en Suède.] Description des cataractes et du canal de Tröllhatta en Suède; avec un précis historique.* Stockholm: Charles Delen, 1804. Drawings and aquatints by author.

Skjöldebrand, Anders F. *A Picturesque Journey to the North Cape.* Translated from the French [1805]. London: J. M. Richardson, 1813. Drawings by author, aquatints by Arnald and Alken Senior.

Sonnerat, P. *Voyage aux Indes Orientales et à la Chine, fait par ordre de Louis XVI, depuis 1774 jusqu'en 1781; dans lequel on traite des moeurs, de la religion, des sciences et des arts des indiens, des chinois, des pégouins et des madegasses; suivi d'observations sur le Cap de Bonne-Espérance, les Iles de France et de Bourbon, les Maldines, Ceylan, Malacca, les Philippines et les Moluques, et de recherches sur l'histoire naturelle de ces pays.* Second edition. Two volumes in one. Paris: Dentu, 1806.

Sonnini, C. S. *Voyage dans le Haute et Basse Egypte fait par ordre de l'ancien gouvernement, et contenant des observations de tous genres.* Three vols. and atlas. Paris: F. Buisson, An VII [1798–99]. Drawings by J. B. P. Tardieu for etchings.

Sonnini, C. S. *Voyage en Grèce et en Turquie, fait par ordre de Louis XVI, et avec l'autorisation de la cour ottomane.* Two vols. and atlas. Paris: F. Buisson, An IX [1800–1801]. Etchings by Marechal and Tardieu l'aîné.

Sparrman, Andrew. *A Voyage to the Cape of Good Hope, towards the Antarctic Polar Circle and round the World: But Chiefly into the Country of the Hottentots and Caffres, from the Year 1772 to 1776.* Translated from the Swedish. Two vols. in one. London: G. and G. J. and J. Robinson, 1785. Engravings.

Staunton, George. *An Authentic Account of an Embassy from the King of the Great Britain to the Emperor of China; Including Cursory Observations Made, and Information obtained, in Travelling through That Ancient Empire, and a Small Part of Chinese Tartary . . . Taken Chiefly from the Papers of His Excellency, the Earl of Macartney, Knight of Bath, His Majesty's Ambassador Extraordinary and Plenipotentiary to the Emperor of China; Sir Erasmus Gower, commander of the Expedition.* Two vols. and atlas. London: W. Bulmer and Co., 1797. Drawings by William Alexander and engravings.

Stedman, J. G. *Voyage à Surinam et dans l'intérieur de la Guiane, contenant la relation des cinq années de courses et d'observations faites dans cette contrée intéressante et peu connue; avec des détails sur les indiens de la Guiane et les nègres.* Translated by P. F. Henry. Three vols. and atlas. Paris: F. Buisson, An VII [1798–99]. Drawings by author, etchings by Tardieu l'aîné.

Strabo. *The Geography.* Translated by Horace Leonard Jones. Eight vols. London: William Heinemann; New York: G. P. Putnam's Sons, 1917.

Sulzer, Johann Georg. *Tagebuch einer von Berlin nach den mittaglichen Ländern von Europa in den Jahren 1775 und 1776 gethanen Reise und Rückreise.* Leipzig: Weidmanns Erben und Reich, 1780.

Tavernier, J. B. *Recueil de plusieurs relations et traitez singuliers et curieux de . . . , Escuyer, Baron d'Aubonne, qui n'ont point esté mis dans ses six premiers voyages.* Second edition. Paris: Clouzier, Pierre Aubouyn, Pierre Emery, 1685. Etchings.

Taylor, Baron, and Charles Nodier. *Histoire pittoresque de l'Angleterre et de ses possessions dans les Indes*. Three vols. Paris: Administration de l'Histoire Pittoresque de l'Angleterre, 1835. Lithographs.

Temple, Edmond. *Travels in Various Parts of Peru, Including a Years Residence in Potosi*. Two vols. London: Henry Colburn and Richard Bentley, 1830. Drawings by W. Hornsby, aquatints by J. Clark.

Thompson, George. *Travels and Adventures in Southern Africa by . . . , Eight Years a Resident at the Cape. Comprising a View of the Present State of the Cape Colony. With Observations on the Progress and Prospects of British Emigrants*. Second edition. Two vols. in one. London: Henry Colburn, 1827. Drawings by author for aquatints.

Thorn, William. *Memoir of the Conquest of Java; With the Subsequent Operations of the British Forces in the Oriental Archipelago, to Which is Subjoined a Statistical and Historical Sketch of Java; Being the Result of Observations Made in a Tour through the Country; With an Account of its Dependencies. Illustrated by Plans, Charts, Views, etc.* London: J. Egerton, 1815. Aquatints by J. Jeakes.

Thorn, William. *Memoir of the War in India, Conducted by General Lord Lake, Commander-in-Chief and Major-General Sir Arthur Wellesley, Duke of Wellington; From Its Commencement in 1803, to Its Termination in 1806, on the Banks of the Hyphasis. With Historical Sketches, Topographical Descriptions, and Statistical Observations*. London: T. Egerton, Military Library, 1818.

Thunberg, Carl Peter. *Flora Japonica*. Facsimile of 1784 edition. New York: Oriole, 1980.

Tissandier, Gaston. *Simples notions sur les ballons et la navigation aérienne*. Paris: Librairie Illustrée, [1876].

Tissandier, Gaston. *Voyages dans les airs*. Paris: Hachette et Cie, 1898.

Tissandier, Gaston. Tissander and Landauer Collections of Early Ballooning Material. Library of Congress, Washington, D.C.

Töpffer, Rodolphe. *Nouveaux voyages en zigzag. A la grande Chartreuse, autour du Mont Blanc, dans les vallées d'Henenz, de Zermatt, au Grimsel, à Gènes et à Corniche, précédés d'une notice par Sainte-Beuve*. Paris: Victor LeCou, 1854. Drawings by author; wood engravings by Alexandre Calame, Karl Girardet, Français D'Aubigny, De Bar, Gagnet, and Forest.

Töpffer, Rodolphe. *Premières voyages en zigzag, ou excursions d'un pensionnat en vacances dans les cantons suisses et sur le revers italien des Alpes*. Fourth edition. Paris: Victor LeCou, 1855. Drawings by author, wood engravings by Plon Frères.

[Trant, Captain]. *Two Years in [J]ava. From May 1824 to May 1826. By an Officer on the Staff of the Quarter-Master-General's Department*. London: John Murray, 1827. Drawings by W. Gova after sketches by author; lithographs by G. C. Engelmann.

Trapaud, Elisha. *Twenty Views in India*. London: John Wells, 1788.

Tuckey, J. K. *Narrative of an Expedition to Explore the River Zaire, Usually Called the Congo, in South Africa, in 1816, Under the Direction of . . . , to Which Is Added the Journal of Professor Smith; Some General Observations on the Country and Its Inhabitants; and an Appendix: Containing the Natural History of that Part of the Kingdom of Congo through which the Zaire Flows*. London: John Murray, 1818. Sketches by John Hawkey; engravings by W. Finden, James Fittler, et al.

Valentia, George, Viscount. *Voyages and Travels to India, Ceylon, the Red Sea, Abyssinia, and Egypt, in the Years 1802, 1803, 1804, 1805, and 1806*. Three vols. London: William Miller, 1809. Drawings by Henry Salt for engravings.

Vancouver, George. *A Voyage of Discovery to the North Pacific Ocean and Round the World; in Which the Coast of North-West America Has Been Carefully Examined and Accurately Surveyed, Undertaken by His Majesty's Command, Principally with a View To Ascertain the Existence of*

Any Navigable Communication between the North Pacific and North Atlantic Oceans; and Performed in the Years 1790, 1791, 1792, 1793, 1794, and 1795. Three vols. London: Printed for G. G. and J. Robinson and J. Edwards, 1798. Sketches by J. Sykes; drawings by William Alexander; engravings by J. Landseer, J. Heath, J. Fittler, and T. Hedding.

Vidal, E. E. *Picturesque Illustrations of Buenos Ayres and Monte Video Consisting of Twenty-Four Views: Accompanied with Descriptions of the Scenery, and of the Costumes, Manners, etc, of the Inhabitants of Those Cities and Their Environs.* London: R. Ackermann, 1820. Drawings by author, color aquatints by T. Sutherland.

Vivant-Denon, Dominique. *Description de l'Egypte.* Second edition. Twelve vols. Paris: Panckoucke, 1820. Engravings by Baltard, Paris, Petit, et al.

Vivant-Denon, Dominique. *Voyage dans la Basse et la Haute Egypte, pendant les campagnes du Général Bonaparte.* Two vols. Paris: Didot, 1802. Drawings by author; engravings by L. Petit, Baltard, Duparc, L. Garreau, Paris, et al.

Volney, Constantin-François Chasseboeuf de. *Tableau du climat et du sol des Etats-Unis d'Amerique.* Two vols. Paris: Courcier, 1803; Dentu, 1803. Engravings.

Waddington, George. *Journal of a Visit to Some Parts of Ethiopia.* London: John Murray, 1822. Drawings by author and Linant, lithographs by A. Aglio.

Wales, James. *Hindoo Excavations in the Mountain of Ellora Near Aurungabad in the Decan in Twenty-Four Views.* London: n.p., 1803. Color aquatints by Thomas Daniell.

Wales, James. *Twelve Views of the Island of Bombay and Its Vicinity Taken in the Years 1791 and 1792.* London: R. Goodwin, 1804. Color aquatints.

Walsh, Thomas. *Journal of the Late Campaign in Egypt Including Descriptions of That Country, and of Gibraltar, Minorca, Malta, Marmorice, and Macri; With an Appendix Containing Official Papers and Documents.* London: T. Cadell, Jr., and W. Davies, 1803. Drawings by author for color aquatints.

Wathen, James. *Journal of a Voyage in 1811 and 1812, to Madras and China; Returning by the Cape of Good Hope and Saint Helena.* London: J. Nichols, Son, and Bentley, 1814.

Webber, John. Brown and Grey Sepia Set. Soft ground etchings. 1790. Fuller Collection, Bishop Museum, Honolulu.

Webber, John. Drawings Made on Cook's Third Voyage. 1776–1780. Add. Mss. 15,513, 15,514, 17,277, and 23921, British Library, London.

Webber, John. *Views in the South Seas, from the Drawings by the Late . . . , from the Year 1776 to 1780. With Letter Press Description of the Various Scenery.* London: Boydell and Co., 1808. Color aquatints.

Weddell, James. *A Voyage towards the South Pole, Performed in the Years 1822–24, Containing an Examination of the Antarctic Sea to the 74th [degree] of Latitude: and a Visit to Tierra del Fuego With a Particular Account of the Inhabitants.* London: Longman, Hurst, Rees, Orme, Brown, and Green, 1825. Sketches by author, drawings by A. Masson, aquatints by J. Clark.

Weld, Isaac. *Travels through the States of North America, and the Provinces of Upper and Lower Canada, during the Years 1795, 1796, and 1797.* London: John Stockdale, 1799. Drawings by author, etchings.

West, H. A. *Six Views of Gibraltar in Two Parts with Six Views Each.* London: R. Ackermann, 1828. Color lithographs.

Westall, William. *Views of the Coves near Ingleton, Gordale Scar, and Malham Cove in Yorkshire.* London: John Murray, 1818. Drawings and aquatints by author.

Wetzel, J. J. *Voyage pittoresque aux lacs de Zurich, Zoug, Lowerz, Eggeri et Wallenstadt.* Two vols. Zurich: Orell, Fussli et Compagnie, 1819–1820. Engravings by Franz Hegi.

Williams, H. W. *Travels in Italy, Greece, and the Ionian Islands*. Two vols. Edinburgh: Archibald Constable and Co., 1820.

Williamson, Thomas. *The East India Vademecum; or, Complete Guide to Gentlemen Intended for the Civil, Military, or Naval Service of the Honorable East India Company*. Two vols. London: Black, Parry, and Kingsbury, 1810.

Williamson, Thomas. *Oriental Field Sports; Being a Complete, Detailed, and Accurate Description of the Wild Sports of the East; and Exhibiting in a Novel and Interesting manner the Natural History of the Elephant . . . , the Whole Interspersed with a Variety of Original, Authentic, and Curious Anecdotes, Which Render the Work Replete with Information and Amusement. The Scenery Gives a Faithful Representation of that Picturesque Country, Together with the Manners and Customs of Both the Native and European Inhabitants*. London: Edward Orme, 1807. Drawings by Samuel Howett, color aquatints engraved under direction of Edward Orme.

Wilson, Henry. *An Account of the Pelew Islands, Situated in the Western Part of the Pacific Ocean. Composed from the Journals and Communications of . . . and Some of His Officers, Who, in August 1783, Were There Shipwrecked, in the* Antelope. Edited by George Keate. Third edition. London: author, 1789.

Wolf, Caspar. *Vues remarquables des montagnes de la Suisse*. Second edition. Paris: n.p., 1787–1791. Drawings by author, color aquatints by Jean-François Janinet.

Wolf, Caspar. *Vues remarquables des montagnes de la Suisse avec leur description. Première partie*. Berne: Wagner, 1778. Drawings by author, color aquatints by B. A. Dunker and M. G. Eichler.

Related Aesthetic, Philosophical, and Scientific Treatises

Adams, George. *An Essay on Electricity*. Second revised edition. London: Logographic Press, 1785.

Addison, Joseph. *The Works*. Six vols. Edited by Mr. Ticknell. London: Vernor and Hood, 1804.

Agricola, Georg. *Mineralogische Schriften*. Three vols. Translated and edited by Ernst Lehmann. Freiburg: Craz und Gerlach, 1806–1812.

Almanach des Muses. 1783–1784.

Aristotle. *On Poetry and Music*. Little Library of the Liberal Arts, No. VI. Edited by Oscar Piest, translated by S. H. Butcher. New York: Liberal Arts Press, 1948.

Armand-Gouffe, Buhan. *Gilles aéronaut; ou l'Amerique n'est pas loin*. Paris: Logerot, 1799.

Artemidorus. *The Interpretation of Dreams*. Noyes Classical Studies. Translated and edited by Robert J. White. Park Ridge, N.J.: Noyes, 1975.

Bacon, Francis. *Advancement of Learning; Novum Organum; New Atlantis*. Great Books of the Western World, vol. XXX. Chicago: Encyclopaedia Britannica, Inc., 1952.

Bailly, Jean-Sylvain. *Discours et mémoires, par l'auteur de l'Histoire de l'astronomie*. Two vols. Paris: De Bure, 1790.

Bailly, Jean-Sylvain. *Lettres sur l'origine des sciences et sur celle des peuples de l'Asie adressées à M. de Voltaire*. London: M. Elmsley; Paris: De Bure, 1777.

Baudelaire, Charles-Pierre. *Oeuvres complètes*. Bibliothèque de La Pléiade. Edited by Y.-G. Le Dantec, revised by Claude Pichois. Paris: Gallimard, 1961.

Bayle, Pierre. *Historical and Critical Dictionary. The Second Edition to Which Is Prefixed; the Life of the Author by Mr. Des Maizeaux, Fellow of the Royal Society*. Five vols. London: J. J. and P. Knapton, D. Midwinter, J. Brotherton, 1735–1738.

Beckmann, Johann. *Beyträge zur Geschichte der Erfindung*. Five vols. Leipzig: Paul Gotthelf Kummer, 1799.

Behn, Friedrich Daniel. *Das Nordlicht*. Lubeck: Christian Gottfr. Donatius, 1770.

Bentley, Richard. *Matter and Motion Cannot Think: or, A Confutation of Atheism from the Faculties of the Soul. A Sermon Preached at St. Mary-le-Bow, April 4, 1692* [Second Boyle Lecture]. London: Thomas Parkhurst, 1692.

Beroald, François. *Théâtre des instrumens mathématiques de Jacques Besson Dauphinois, docte mathématicien. Avec l'interprétation des figures d'iceluy par....* Lyon: Barthélemy Vincent, 1579.

Bernardin de Saint-Pierre, Jacques-Henri. *Oeuvres complètes*. Ten vols. Edited by L. Aimé-Martin. Paris: Mequignon-Marvis, 1818.

Berthollet, C. L. *Essai de statique chimique*. Two vols. Paris: Demoiselle et Soeurs, 1803.

Bertholon, Pierre. *Des avantages que la physique, et les arts qui en dépendent, peuvent retirer des globes aérostatiques*. Montpellier: Jean Martel Aîné, 1784.

Bertholon, Pierre. *De l'électricité des météores*. Two vols. Paris: Croullebois, 1787.

Bertholon, Pierre. "De la salubrité de l'air des villes, & en particulier des moyens de la procurer." *Journal Encyclopédique* (May 1787), 407–417.

Bertrand, M. E. *Recueil de divers traités sur l'histoire naturelle de la terre et des fossiles*. Avignon: Louis Chambeau, 1766.

Biot, Jean-Baptiste. *Recherches sur les réfractions extraordinaires qui ont lieu près de l'horizon*. Paris: Bachelier, 1810.

Blair, Hugh. *A Critical Dissertation on the Poems of Ossian, the Son of Fingal*. Second edition. London: T. Becket and P. A. De Hondt, 1765.

Bonanni, Philippo. *Musaeum Kircherianum sive musaeum A.P. Athanasio Kirchero in Collegio Romano Societatis Jesu jam pridem incoeptum nuper restitutum, auctum, descriptum, & iconibus illustratum*. Rome: Typis Georgii Plachi Caelaturam Profitentis, & Characterum, 1709.

Bonnet, Charles. *Contemplation de la nature*. Second edition. Two vols. Amsterdam: Marc-Michel Rey, 1769.

Bonnet, Charles. *Essai analytique sur les facultés de l'âme*. Copenhagen: Frères Cl. & Ant. Philibert, 1760.

Borlase, William. *Antiquities, Historical and Monumental of the County of Cornwall*. Second edition. London: W. Bowyer and J. Nichols, 1769.

Borlase, William. *The Natural History of Cornwall*. Oxford: W. Jackson, 1758.

Borlase, William. *Observations on the Ancient and Present State of the Islands of Scilly and Their Importance to the Trade of Great Britain*. Oxford: W. Jackson, 1756.

Boscovich, Roger-Joseph. "Dissertation sur la lumière." *Journal de Trévoux* (July 1750), 1642–1657.

Bouhours, Dominique. *Les entretiens d'Artiste et d'Eugène*. Amsterdam: Jacques Le Jeune, 1671.

Boullée, Etienne-Louis. *Architecture, Essai sur l'art*. Edited by J.-M. Pérouse de Montclos. Paris: Hermann, 1968.

Bourguet, Louis. *Traité des pétrifications avec figures*. Paris: Briasson, 1742.

Boyle, Robert. *The Aerial Noctiluca: or Some New Phenomena, and a Process of a Facetious Self-Shining Substance*. London: T. Snowdon, 1680.

Boyle, Robert. *An Essay about the Origine & Virtue of Gems. Wherein Are Propos'd and Historically Illustrated Some Conjectures about the Consistence of the Matter of Precious Stones, and the Subjects Wherein Their Chiefest Virtues Reside.* London: William Godbid, 1672.

Bracelli, Giovanni-Battista. *Bizzarie* [1624]. Paris: Alain Brieux, 1963.

Brewster, David. *Letters on Natural Magic, Addressed to Sir Walter Scott, Bart.* London: John Murray, 1834.

Brewster, David. *A Treatise on the Kaleidoscope.* Edinburgh: Archibald Constable & Co.; London: Longman, Hurst, Rees, Orme, & Brown, 1819.

Breynius, Johannis Philippi. *Epistola de melonibus petrefactis Montis Carmel vulgo creditis.* Leipzig: Immanuelis Titii, 1722.

Breynius, Johannis Philippi. *Prodromus fasciculi rariorum plantarum, anno MDCLXXIX in hortis celeberrimis Hollandiae, praefertim incomparabili& nobilissimo illo florae pandocheo.* Gedani: David Fridericus Rhetius, 1680.

Buffon, Georges-Louis-LeClerc de. *Oeuvres complètes avec les supplémens.* Nine vols. Paris: P. Dumenil, 1835.

Burke, Edmund. *Philosophical Enquiry into the Origin of Our Ideas of the Sublime and Beautiful.* New York: Harper & Brothers, 1844.

[Burnet, Thomas]. *Remarks upon an Essay Concerning Human Understanding: In a Letter Addres'd to the Author [John Locke*]. London: M. Wotton, 1697.

Le cabinet de Courtagnon, poème, dédié à Madame la Douairière de Courtagon, avec un discours préliminaire sur l'histoire naturelle *dea Fossilea de Champagne.* Chalons: Seneuse, 1763.

Calmet, Augustin, Dom. *Traité sur les apparitions, des esprits, et sur les vampires, ou les revenans de Hongrie, de Moravie, etc.* Revised edition. Two vols. Senonnes: Joseph Pariset, 1754.

Cambry, M. *Monumens celtiques, ou recherches sur le culte des pierres.* Paris: Johanneau, 1805.

Capper, James. *Meteorological and Miscellaneous Tracts Applicable to Navigation, Gardening, and Farming, With Calendars of Flora for Greece, France, England, and Sweden.* Cardiff: J. D. Bird, [ca. 1800].

Carra, Jean-Louis. *Nouveaux principes de physique, ornés de planches; dédiés au Prince Royal de Prussie.* Three vols. Paris: Esprit, 1781.

Carus, Carl Gustave. *Neun Briefe über Landschaftsmalerei.* Leipzig: Gerhard Fleischer, 1831.

Caus, Salomon de. *Les raisons des forces mouvantes.* Paris: Hierosme Drouart, 1624.

Cavallo, Tiberius. *The History and Practice of Aerostation.* London: C. Dilly, 1785.

Champfleury [Jules Fleury]. *Histoire de la caricature antique.* Third revised edition. Paris: E. Dentu, [1879].

Champfleury [Jules Fleury]. *Histoire de la caricature moderne.* Third revised edition. Paris: Dentu, 1879.

Champfleury [Jules Fleury]. *Histoire de la caricature au moyen âge et sous la renaissance.* Second revised edition. Paris: Dentu, 1875.

Champfleury [Jules Fleury]. *Histoire des faiences patriotiques sous la révolution.* Paris: Dentu, 1867.

Champfleury [Jules Fleury]. *Histoire de l'imagerie populaire.* Revised edition. Paris: Dentu, 1886.

Champfleury [Jules Fleury]. *Le réalisme*. Collection Savoir. Edited by Géneviève and Jean Lacambre. Paris: Hermann, 1973.

Chateaubriand, François-Auguste-René de. *Génie du christianisme, ou beautés de la religion chrétienne*. Paris: Hernan, 1807.

Chateaubriand, François-Auguste-René de. *Mémoires d'outre-tombe*. Edition du Centenaire. Second revised edition. Two vols. Edited by Maurice LeVaillant. Paris: Flammarion, 1964.

Chenier, André. *L'Invention*. Edited by Paul Dimoff. Paris: Nizet, 1966.

Chenier, André. *Oeuvres poétiques*. Two vols. Edited by Louis Moland. Paris: Garnier Frères, 1884.

Colonne, François-Marie-Pompe'e [Crosset de la Haumerie]. *Histoire naturelle de l'univers, dans laquelle on rapporte des raisons physiques sur les effets les plus curieux, & les plus extraordinaires de la nature*. Four vols. Paris: André Cailleau, 1734.

Colonne, François-Marie-Pompe'e [Crosset de la Haumerie]. *Le nouveau miroir de la fortune, ou abrégé de la géomance. Pour la récréation des personnes curieuses de cette science*. Paris: André Cailleau, 1726.

Colonne, François-Marie-Pompe'e [Crosset de la Haumerie]. *Les principes de la nature, ou de la génération des choses*. Paris: André Cailleau, 1731.

Colonne, François-Marie-Pompe'e [Crosset de la Haumerie]. *Les secrets les plus cachés de la philosophie des anciens, découverts et expliqués, à la suite d'une histoire des plus curieuses*. Paris: Houry Fils, 1722.

Constable, John. *Discourses*. Edited by R. B. Beckett. Vol. XIV. Ipswich, England: Suffolk Records Society, 1970.

Cotte, Louis. *Mémoires dur la météorologie pour servir de suite & de supplément au traité de météorologie publié en 1774*. Two vols. Paris: Imprimerie Royale, 1788.

Cotte, Louis. "Rapport fait par MM. Duhamel du Monceau & Tillet, présenté à l'Académie par le Père . . . , prêtre de l'Oratoire, & correspondent de cette Académie." *Observations sur la physique, sur l'histoire naturelle et sur les arts* II (April 1772), 10–15.

Cotte, Louis. *Traité de météorologie*. Paris: Imprimerie Royale, 1774.

Court de Gebelin, Antoine. *Monde primitif, analysé et comparé avec le monde moderne, considéré dans son génie allegorique et dans les allegories auquelles conduisit ce génie*. Nine vols. Paris: author, 1773–1782.

Cudworth, Robert. *The Intellectual System of the Universe: The First Part; Wherein All the Reason and Philosophy of Atheism is Confuted; and Its Impossibility Demonstrated*. London: Richard Royston, 1678.

Cuvier, Georges. *Histoire des progrès des sciences naturelles, depuis 1789 jusqu'à ce jour*. Four vols. Paris: Baudouin Frères, 1826–1828.

Daguerre, Louis-Jacques-Mandé. *Diorama, Regent's Park. Two Views: Ruins of Holyrood Chapel, A Moonlight Scene, Painted by . . . and the Cathedral of Chartres, Painted by M. Bouton*. London: G. Schulze, 1825.

Daguerre, Louis-Jacques-Mandé. *Historique et descripiton des procédés du daguerreotype et du diorama*. Revised edition. Paris: Alphonse Giroux et Cie, 1839.

D'Alembert, J. L., C. Bossut, and J. J. Lalande. *Dictionnaire encyclopédique des mathématiques*. Four vols. Paris: Panckoucke, 1789.

Daniel, J. Frederic. *Meteorological Essays and Observations*. London: Thomas and George Underwood, 1823.

D'Avallon, Charles-Yves-Cousin. *Linguetiana ou recueil.* Paris: Jouannet, 1801.

David d'Angers, Pierre. *Les Carnets.* Two vols. Edited by André Bruel. Paris: Plon, 1958.

De Bononiensi Scientiarum et Artum Instituto atque Academia Commentarii. Seven vols. in ten. Bologna: Laetii a Vulpe, 1748–1791.

Découvertes et inventions depuis les temps les plus anciens jusqu'à nos jours. Third revised edition. Paris: n.p., 1846.

Delacroix, Eugene. *Journal.* Three vols. Revised edition. Edited by André Joubin. 1950.

De l'Isle de Sales, Jean-Claude-Izouard. *De la philosophie de la nature, ou traité de morale pour l'espèce humaine, tiré de la philosophie et fondé sur la nature.* Six vols. Third edition. London: n.p., 1777.

De l'Isle de Sales, Jean-Claude-Izouard. *Histoire philosophique du monde primitif.* Seven vols. Fourth revised edition. Paris: Didot l'aîné, 1793.

Delius, Christoph Traugott. *Anleitung zu der Bergbaukunst nach ihrer Theorie und Ausübung, nebst einer Abhandlung von den Grundsatzen der Berg-Kammerwissenschaft.* Vienna: Joh. Thomas Edlen v. Trattnern, 1773.

Delius, Christoph Traugott. *Traité sur la science de l'exploration des mines, par théorie et pratique, avec un discours sur les principes des finances.* Translated by M. Schreiber. Two vols. Paris: Phillippe-Denys Pierres, 1778.

Deluc, J.-A. *Lettres physiques et morales sur les montagnes et sur l'histoire de la terre et de l'homme.* The Hague: Detune, 1778.

Deluc, J.-A. *Recherches sur les mondifications de l'atmosphère.* Four vols. Paris: Duchesne, 1784.

De Piles, Roger. *Cours de peinture par principes.* Paris: Barrois l'aîné, Firmin-Didot, 1791.

Dézallier D'Argenville, Antoine-Joseph. *La conchyliologie, ou histoire naturelle des coquilles de mer, d'eau douce, terrestres et fossiles; avec un traité de la zoomorphose, ou représentation des animaux qui les habitent: ouvrage dans lequel on trouve une nouvelle méthode de les diviser.* Third edition. Two vols. and atlas. Paris: Guillaume De Bure, l'aîné, 1780.

Dézallier D'Argenville, Antoine-Joseph. *L'histoire naturelle éclaircie dans une de ses parties principales, l'oryctologie, qui traite des terres, des pierres, des métaux, des minéraux, et autres fossiles*: Paris: De Bure, l'aîné, 1755.

Diderot, Denis. *Oeuvres complètes de.* Edited by J. Assezat. Vol. X. Paris: Garnier, 1876.

Diderot, Denis. *Pensées sur l'interprétation de la nature.* Paris, 1754.

Diderot, Denis. *Le rêve de D'Alembert (1769).* Paris: Marcel Didier, 1951.

Diderot, Denis. *Salons.* Edited by Jean Seznec and Jean Adhémar. Four vols. Oxford: Clarendon, 1963–1967.

Du Bos, Jean-Baptiste. *Réflexions critiques sur la poésie et sur la peinture.* Fourth revised edition. Two vols. Paris: Pierre-Jean Mariette, 1746.

Dubuffet, Jean. *Prospectus et tous écrits suivants.* Edited by Hubert Damisch. Two vols. Paris: Gallimard, 1967.

Duff, William. *An Essay on Original Genius; and Its Various Modes of Exertion in Philosophy and the Fine Arts, particularly Poetry.* Second edition. London: Edward and Charles Dilly, 1767.

Encyclopédie, ou dictionnaire raisonné des sciences, des arts et des métiers. Vols. IV–XVI. Paris and Neufchâtel: Briasson and Samuel Faulche & Compagnie, 1754–1765.

Ercker, Lazarum. *Aula subterranea. Domina dominantium subdita subditorum. Das ist: Untererdische Ofhaltung ohne Welche weder die Herren regiren / noch die Unterthänen gehorchen konnen. Oder gründliche Beschreibung derjenigen Sachen / so in der Tiefe der Erde wachsen / als aller Ertzen der königlichen und gemeinen Metallen / auch furnehmster Mineralien / durch Welche / nachst Gott / alle Künste / Übungen und Stände der Welt gehandhabet und erhalten werden.* Frankfurt: Johann David Zunners and Johannes Haass, 1684.

Fabre D'Olivet, Antoine. *The Golden Verses of Pythagoras. Explained and Translated into French and Preceded by a Discourse upon the Essence and Form of Poetry among the Principal Peoples of the Earth* (1813). Translated by Nayan Louise Redfield. New York: G. P. Putnam's Sons, 1917.

Faujas de Saint-Fond, Barthélemy. *Essai de géologie ou mémoires pour servir à l'histoire naturelle du globe.* Three vols. Paris: Gabriel Dufour, 1803–1809.

Fergusson, James. *Rude Stone Monuments in All Countries; Their Age and Uses.* London: John Murray, 1872.

Fesc, R. P. du. "Dissertation sur la lumière septentrionale avec l'explication de ses divers phénomènes," in *Mémoires pour l'histoire des sciences et des beaux-arts [Journal de Trévoux]*, July–September 1732, 1205–1233, 1574–1605.

Fischer von Erlach, Johann Bernhard. *Entwurff einer historischen Architektur.* Vienna: n.p., 1721.

Fontenelle, Bernard Bouvier de. *A Plurality of Worlds* (1686). Translated by John Glanville. London: Nonesuch, 1929.

Forster, Thomas. *Researches about Atmospheric Phaenomena.* London: Thomas Underwood, 1813.

Gautier D'Agoty, Jean-Fabien. *Histoire naturelle ou exposition générale de toutes ses parties. Gravées et imprimées en couleurs naturelles; avec des notes historiques. Première partie, Règne minéral.* Paris: author, 1781.

Gautier D'Agoty, Jean-Fabien. *Minéralogie. Recueil factice de gravures par. . . .* Paris: n.p., ca. 1780.

Gerard, Alexander. *An Essay on Genius.* London and Edinburgh: W. Strahan, T. Cadell, and W. Creech, 1774.

Giardina, P. Domenico. *Discorso sopra la fata morgana di Messina, comparsa nell' anno 1643 al di XIV d'agosto . . . della compagnia di Gesu, con alcune note dell'eruditissimo Sig. Andrea Gallo, Messinese, in Opuscoli di autori siciliani, I.* Catania: Giachimo Pulejo, 1753.

Goethe, Johann Wolfgang von. *Werke.* Edited by Erich Schmidt. Six vols. Leipzig: Insel, 1940.

Gratet de Dolomieu, Déodat-Guy-Sylvain-Tancrède de. *Sur la philosophie minéralogique et sur l'espèce minéralogique par le citoyen . . . , membre de l'Insitut National et und des professeurs-administrateurs du Jardin des Plantes.* Paris: De l'Imprimerie de Bossange, An IX [1801–1802].

Grimm, Jakob. *Teutonic Mythology* (1835–1836). Transcribed by Adolf Warnstedt. Fourth edition. London: E. H. Meyer, 1875–1878.

Hamper, William. *Observations on Certain Ancient Pillars of Memorial Called Hoar-Stones.* Birmingham: William Hodgetts, 1820.

D'Hancarville [Pierre-François Hugues]. *Recherches sur l'origine, l'esprit, et le progrès, des arts de la Grèce.* Three vols. London: B. Appleyard, 1785.

Hartley, David. *Observations on Man, His Frame, His Duty, and His Expectations.* Two vols. London: S. Richardson, 1749.

Hartley, David. *Various Conjectures on the Perception, Motion, and Generation of Ideas (1746).* Translated by Robert E. A. Palmer, edited by Martin Kallich. Los Angeles: Augustan Reprint Society, 1959.

Haüy, René-Just. *Traité de minéralogie.* Five vols. Paris: Delance, 1801.

Hazlitt, William. *The Complete Works.* Edited by P. P. Howe. Vol. XII. London and Toronto: J. M. Dent and Sons, 1931.

Heinrich, Joseph Placidus. *Die Phosphorescenz der Körper oder die im Dunkeln bemerkbaren Lichtphänomene der anorganischen Natur.* Nuremberg: Johann Leonhard Schrag, 1811.

Helvétius, Claude-Adrien. *De l'esprit, or Essays on the Mind and Its Several Faculties.* Translated from the French. New York: Burt Franklin, 1970.

Henckel, Johann Friedrich. *Flora Saturnis. Die Verwandschaft des Pflanzen mit dem Mineral-Reich.* Leipzig: Johann Christian Martini, 1722.

Henckel, Johann Friedrich. *Unterricht von der Mineralogie oder Wissenschaft von Wassern, Erdsäfften, Sältzen, Erden, Steinen und Ertsen.* Dresden: J. N. Gerlachen, 1747.

Herder, Johann Gottfried von. *Vom Erkennen und Empfinden der menschlichen Seele (Bemerkungen und Träume),* in *Gesammelte Werke.* Vol. I. Potsdam: Rütten & Loening, 1939.

Higgins, Godfrey. *The Celtic Druids.* London: R. Hunter, 1829.

Histoire des Kosaques. Epreuve. Paris: n.p., 1813.

Hoare, Richard Colt. *The History of Modern Wiltshire.* Six vols. London: John Nichols and Son, 1825.

Hume, David. *A Treatise of Human Nature (1740).* Edited by L. A. Selby-Bigge. Oxford: Clarendon, 1949.

James, Henry. *"The Real Thing."* In *Selected Short Stories.* Edited by Quentin Anderson. New York: Holt, Rinehart and Winston, 1961.

Johnson, Samuel. *The Rambler.* In *Works.* Edited by W. J. Bate and Albrecht B. Strauss. Three vols. New Haven, Conn.: Yale University Press, 1969.

Junius, Franciscus. *The Painting of the Ancients, in Three Bookes: Declaring by Historicall Observations and Examples, the Beginning, Progresse, and Consummation of That Most Noble Art.* London: Richard Hodgkinsonne, 1638.

Kames, Henry Home, Lord. *Elements of Criticism.* Fourth edition. Two vols. New York: S. Campbell & Son, E. Duyckinck, G. Long, Collins & Co., Collins of Hannay, and W. B. Gilley, 1823.

Kircher, Athanasius. *Arca Noe.* Amsterdam: Apud Joannem Janssonium a Waesberge, 1675.

Kircher, Athanasius. *China Monumentis qua sacris qua profanis.* Amsterdam: Joannem Janssonium a Waesberge & Elizeum Weyerstraet, 1667.

Kircher, Athanasius. *Mundus Subterraneus.* Two vols. in one. Amsterdam: Joannis Janssony a Waesberge and Elizaei Weyerstraet, 1665.

Kircher, Athanasius. *Oedipus Aegyptiacus.* Four vols. in one. Rome: Vitalis Mascardi, 1652–1654.

Kircher, Athanasius. *Turris Babel sive archontologia.* Amsterdam: Janssonio-Waebergiana, 1679.

Kirwan, Richard. "Estimation de la temperature de differens degrés de latitude par . . . , écuyer de la société royale de Londres . . . ouvrage traduit de l'anglois par M. Adet fils, docteur-régent de la faculté de médicine de Paris." *Journal Encyclopédique,* May 1790, 196–209.

Kleist, Heinrich von. *Über das Marionettentheater.* Zurich: Flamberg, 1971.

Knight, Richard Payne. *The Landscape, a Didactic Poem, in Three Books Addressed to Uvedale Price.* London: W. Bulmer and Co., 1794.

Knight, Richard Payne. *The Progress of Civil Society, a Didactic Poem, in Six Books.* London: W. Bulmer and Co., 1796.

Knight, Richard Payne. *The Symbolical Language of Ancient Art and Mythology, an Inquiry* (1818). New York: J. W. Bouton, 1876.

Knorr, George Wolfgang. *Recueil de monumens des catastrophes que le globe de la terre a essuiées, contenant des pétrifications dessinées, gravées, et enluminées, d'après les originaux commencé par . . . , et continué par ses hérétiers avec l'histoire naturelle de ces corps par Mr. Jean Ernest Emanuel Walch, professeur d'eloquence et de poésie à l'Université de Jène.* Three vols. in four. Nuremberg: n.p., 1768–1775.

Lambert, Johann Heinrich. *Anlage zur Architectonic, oder Theorie des Einfachen und des Ersten in der philosophischen und mathematischen Erkenntniss.* Two vols. Riga: Johann Friedrich Hartknoch, 1771.

La Métherie, Jean-Claude de. *Analyse des travaux sur les sciences naturelles pendant les années 1795, 1796 & 1797.* Paris: A. J. Dugour, 1798.

La Pluche, N. A. *Le spectacle de la nature ou entretiens sur les particularités de l'histoire naturelle.* Nine vols. Paris: Estienne & Fils, 1740–1752.

Leeuwenhoek, Anthony van. *The Select Works of . . . , Containing His Microscopical Discoveries in Many of the Works of Nature.* Translated by Samuel Hoole. Two vols. London: Henry Fry, 1798.

Leibniz, Gottfried Wilhelm. *The Philosophical Works.* Second edition. Edited by George Martin Duncan. New Haven, Conn.: Tuttle, Morehouse & Taylor, 1908.

Lenglet Dufresnoy, Nicolas. *Traité historique et dogmatique sur les apparitions, les visions & les révélations particulières.* Two vols. Avignon: Jean-Noël Leloup, 1751.

Leonhard, Karl Caesar von. *Lehrbuch der Geognosie und Geologie. Naturgeschichte der drei Reiche.* Vol. III. Stuttgart: E. Schweizerbart, 1835.

Le Rouge, Georges-Louis. *Jardins anglo-chinois.* Nine vols. Paris: n.p., 1775–1788.

Linnaeus, Carl. *Reflections on the Study of Nature.* London: George Nicol, 1785.

Linnaeus, Carl. *Select Dissertations from the Amoenitates Academicae.* Translated by F. J. Brand. New York: Arno, 1977.

Locke, John. *The Works.* Vols. I and II. New, corrected edition. London: Thomas Tegg, W. Sharpe and Son, G. Offor, G. and J. Robinson, J. Evans and Co., 1823.

Lomazzo, Giovanni Paolo. *Idea del tempio della pittura.* Edited and translated by Robert Klein. Two vols. Florence: Nella Sede dell'Istituto Palazzo Strozzi, 1974.

Longinus, Cassius. *On the Sublime.* Translated by A. O. Prickard. Oxford: Clarendon, 1906.

Le Magasin Pittoresque. 1833–1841.

Maillet, Benoît de. *Description de l'Egypte, contenant plusieurs remarques curieuses sur la géographie ancienne et moderne de ce païs, sur ses monumens anciennes, sur les moeurs, les coutumes & la religion des habitans, sur le gouvernement & le commerce, sur les animaux, les arbres, les plantes, etc.* Edited by M. l'Abbé Le Mascrier. Two vols. The Hague: Isaac Beauregard, 1740.

Maillet, Benoît de. *Telliamed, ou entretiens d'un philosophe indien avec un missionnaire françois sur la diminution de la mer, la formation de la terre, l'origine de l'homme.* Two vols. Amsterdam: Chez l'Honoré et fils, 1748.

Mairan, Jean-Jacques Dortous de. *Traité physique et historique de l'aurore boréale*. Paris: Imprimerie Royale, 1733.

Malebranche, Nicolas. *De la recherche de la vérité. Ou l'on traite de la nature de l'esprit de l'homme, & de l'usage qu'il en doit faire pour éviter l'erreur dans les sciences*. Paris: André Pralard, 1678.

Mandeville, Bernard. *A Treatise of the Hypochondriac and Hysterick Diseases. In Three Dialogues*. Second revised edition. London: J. Tonson, 1730.

Maupertuis, P. L. Moreau de. *Oeuvres*. Two vols. Hildesheim: Georg Olms, 1965.

Mayer, Tobias. *Bericht von den Mondskugeln, Welche bey der kosmographischen Gesellschaft in Nurnberg, aus neuen Beobachtungen verfertigt werden durch. . . .* Nuremberg: Homannischen Officin, 1750.

Mercier, Louis-Sebastien. *Mon bonnet de nuit*. Two vols. Neufchâtel: n.p., 1785.

Millin, A. L. *Minéralogie homerique, ou essai sur les minéraux, dont il est fait mention dans les poèmes d'Homère*. Second edition. Paris: C. Wasermann, 1816.

Monge, Louis, et al. *Dictionnaire de physique*. Vol. I. Paris: Hotel de Thou, 1793.

Montgolfier, Etienne. "Discours de . . . sur l'aérostat, prononcé dans une séance de l'académie des sciences, belles-lettres & arts de la ville de Lyon, en novembre 1783." *Journal Encyclopédique*, April 1784, 10–19.

Moritz, Karl Philipp. *Schriften zur Ästhetik und Poetik. Kritische Ausgabe*. Edited by Hans Joachim Schrimpf. Tübingen: Max Neumeyer, 1962.

Muller, Adam. *Von der Idee der Schönheit. In Vorlesungen gehalten zu Dresden im Winter 1807/8*. Berlin: Julius Eduard Hitzig, 1809.

Newton, Isaac. *The Mathematical Principles of Natural Philosophy*. Third edition. Translated by Andrew Motte. Two vols. London: Benjamin Motte, 1729.

"Notices diverses concernant la machine aérostatique." *Journal Encyclopédique*, January 1784, 304–326.

Palissy, Bernard. *Oeuvres complètes*. Edited by Paul-Antoine Cap. Paris: J.-J. Dobochet et Cie., 1844.

Paracelsus [Theophrastus, Philipp of Hohenstein]. *A New Light of Alchymie: Taken Out of the Fountaine of Nature, and Manuall Experience. To Which Is Added a Treatise of Sulphur: Written by Micheel Sandivogius. . . . Also Nine Books of the Nature of Things Written. . . .* Translated by Gerardus Dorn. London: Richard Cotes, 1650.

Parcieux, Antoine de. *Dissertation sur les globes aérostatiques*. Paris: author, 1783.

Paris, M. *Le globe aérostatique, ode*. 1784.

Patrin, Eugène-Melchior. *Histoire naturelle des minéraux*. Five vols. Paris: Crapelet, An IX [1800–1801].

Perrault, Charles. *Paralèlle des anciens et des modernes, en ce qui regarde les arts et les sciences. Dialogues. Avec le poème du siècle de Louis le Grand, et une épistre en vers sur le génie*. Paris: Jean-Baptiste Coignard, 1688.

Perrault, Pierre. *On the Origin of Springs*. Translated by Aurèle La Rocque. New York and London: Hafner, 1967.

Pingré, Alexandre-Guy. "Précis du mémoire sur l'isle qui a paru en 1783, au sud-oeust de l'Islande, lu par . . . dans la séance publique de l'académie royale des sciences de Paris, tenue le 12 novembre dernier." *Journal Encyclopédique*, January 1784, 116–118.

Playfair, John. *Illustrations of the Huttonian Theory of the Earth.* London: Cadell and Davies; Edinburgh: William Creech, 1802.

Poe, Edgar Allan. *The Complete Tales and Poems.* New York: Vintage, 1975.

Porta, Giambattista della. *Phytognomonica.* Naples: Apud Horatium Saluianum, 1588.

Price, Uvedale. *On the Picturesque.* Edinburgh: Caluwell, Lloyd, and Co., 1842.

Priestley, Joseph. *A Course of Lectures on Oratory and Criticism.* London: J. Johnson, 1777.

Priestley, Joseph. *Disquisitions Relating to Matter and Spirit. To Which Is Added, the History of the Philosophical Doctrine Concerning the Origin of the Soul, and the Nature of Matter; With Its Influence on Christianity, especially with Respect to the Doctrine of the Pre-Existence of Christ.* London: J. Johnson, 1777.

Priestley, Joseph. *Experiments and Observations on Different Kinds of Air, and Other Branches of Natural Philosophy.* Three vols. Birmingham: Thomas Pearson, 1790.

Priestley, Joseph. *The History and Present State of Discoveries Relating to Vision Light, and Colours.* London: J. Johnson, 1772.

Priestley, Joseph. *The History and Present State of Electricity, with Original Experiments.* Second revised edition. London: J. Dodsley, J. Johnson, J. Payne, and T. Cadell, 1769.

Pujoulx, J. B. *Paris à la fin du XVIIIe siècle, ou esquisse historique et morale des monuments et des ruines de cette capitale; de l'état des sciences, des arts et de l'industrie à cette époque, ainsi que des moeurs et des ridicules de ses habitans.* Paris: Brigitte Mathé, 1801.

Pythagoron, The Religious, Moral and Ethical Teachings of Pythagoras. Edited by Hobart Huson. Privately published, 1947.

Quatremère de Quincy, Antoine-Chrysostôme. *Considérations sur les arts du dessin en France.* Paris: Desenne, 1794.

Quatremère de Quincy, Antoine-Chrysostôme. *Encyclopédie méthodique: Architecture.* Vols. II and III. Paris: Henri Agassé. An IX [1800–1801].

"Remarques adressés aux auteurs de ce journal, sur la cause des chaleurs excessives des brouillards, etc., de l'été dernier, & sur celle du rigoureux hiver qu'on a essuyé cette année." *Journal Encyclopédique,* May 1784, 297–306.

Reynolds, Joshua. *Discourses on Art.* Edited by Robert R. Wark. New Haven, Conn.: Yale University Press, 1975.

Richard, Jérôme. *Histoire naturelle de l'air et des météores.* Ten vols. Paris: Saillant & Nyon, 1770.

Richard, Jérôme. "La théorie des songes." *Journal de Trévoux,* June 1766, 1502–1507.

Richter, Jean-Paul. *Sämtliche Werke. Abteilung II: Jugendwerke und vermischte Schriften.* Edited by Norbert Miller. Three vols. Munich: Carl Hanser, 1974.

Richter, Jean-Paul. *Vorschule der Aesthetik nebst einigen Vorlesungen in Leipzig über die Parteien der Zeit.* Second revised edition. Three vols. in one. Stuttgart and Tübingen: J. G. Cotta, 1813.

Robinet, Jean-Baptiste. *Considérations philosophiques de la gradation naturelle des formes de l'être, ou les essais de la nature qui apprend à faire l'homme.* Second edition. Paris: Charles Saillant, 1768.

Robinet, Jean-Baptiste. *De la nature.* Four vols. Amsterdam: E. van Harrevelt, 1763–1766.

Romé de L'Isle, J. B. L. *Cristallographie, ou description des formes propres à tous les corps du règne minéral, dans l'état de combinaison saline, pierreuse ou métallique.* Second edition. Four vols. Paris: Imprimerie de Monsieur, 1783.

Romé de L'Isle, J. B. L. *Description méthodique d'une collection de minéraux du cabinet de M.D.R.D.L.* Paris: Didot-Jeune and Knapen, 1773.

Romé de L'Isle, J. B. L. *Essai de cristallographie, ou description des figures géometriques propres à différens corps du règne minéral, avec un tableau cristallographique. . . . Catalogue raisonné d'une collection de minéraux.* Paris: Didot-Jeune and Knapen, 1772.

Rouland, M. *Tableau historique des propriétés et des phénomènes de l'air.* Paris: Gueffier, 1784.

Rousseau, Jean-Jacques. *Les rêveries du promeneur solitaire.* Paris: Bibliothèque Indépendante d'Edition, 1905.

Roux, M. "Histoire naturelle, chymique & médicinale des corps des trois règnes de la nature, ou abrégé des oeuvres chymiques de M. Gaspard Neumann." *Journal de Monsieur,* February 1781, 349–355.

Ruskin, John. *The Ethics of the Dust. Ten Lectures to Little Housewives on the Elements of Crystallisation.* Second edition. New York: Wiley, 1886.

Ruskin, John. *Modern Painters.* London: Smith, elder and Co., 1851.

Ruskin, John. *The Poetry of Architecture: or the Architecture of the Nations of Europe Considered in Its Association with Natural Scenery and National Character.* Sunnyside, Orpington: George Allen, 1893.

Ruskin, John. *Praeterita. Outlines of Scenes and Thoughts perhaps Worthy of Memory in My Past Life.* Introduced by Kenneth Clark. Two vols. in one. London: Rupert Hart-Davis, 1949.

Ruskin, John. *Proserpina. Studies of Wayside Flowers while the Air was yet Pure among the Alps, and in Scotland and England Which My Father Knew.* New York: Wiley, 1888.

Ruskin, John. *Science. A Ruskin Anthology.* Compiled by William Sloane Kennedy. New York: John B. Alden, 1886.

Ruskin, John. *Selections from the Writings of. . . .* New York: Wiley, 1890.

Ruskin, John. *The Two Paths: Being Lectures on Art, and Its Application to Decoration and Manufacture, Delivered in 1858–9.* New York: Wiley, 1876.

Russell, John. *The Lunar Planispheres, Engraved by the Late . . . , Esq. R.A. From His Original Drawings. With a Description.* London: William Bulmer and Company, 1809.

Sabatier, Antoine. *Dictionnaire des origines, découvertes, inventions, et établissemens.* Three vols. Paris: Moutard, 1776.

Schäffer, Jacob Christian. *Die Blumenpolypen der süssen Wasser beschrieben und mit den Blumenpolypen der sälzigen Wasser verglichen.* Regensburg: Emanuel Adam Weiss, 1755.

Schelling, F. W. J. *The Unconditional in Human Knowledge. Four Early Essays (1794–1796).* Translated by Fritz Marti. Lewisburg, Pa.: Associated University Presses, 1980.

Schott, Gaspar. *Iter extaticum coeleste, quo mundi opificium, id est, coelestis expansi, siderung. . . .* Herbipoli: Johannis Andreae Endteri & Wolf, 1660.

Schott, Gaspar. *Physica curiosa, sive mirabilia naturae et artis.* Herbipoli: Johannis Andreae Endteri & Wolf, 1667.

Schubert, Gotthilf Heinrich. *Ansichten von der Nachtseite der Naturwissenschaft (1808).* Darmstadt: Wissenschaftliche Buchgesellschaft, 1967.

Seba, Albertus. *Locupletissimi rerum naturaliam thesauri accurata descriptio et iconibus artificiosissimis expressio, per universam physices historiam.* Indexes by J. B. Robinet. Four vols. Amsterdam: Janssonio-Waesbergios & J. Wetstenium & Gul. Smith, 1734–1765.

[Serao, Francesco]. *The Natural History of Mount Vesuvius, with the Explanation of the Various Phenomena That Usually Attend the Eruptions of This Celebrated Volcano.* Translated from the Italian. London: E. Cave, 1743.

Shaftesbury, Anthony, Earl of. *Characteristics of Men, Manners, Opinions, Times (1711).* Edited by John M. Robertson. Two vols. in one. Indianapolis: Bobbs-Merrill, 1964.

Sharpe, William. *A Dissertation upon Genius (1755).* Delmar, N.Y.: Scholars' Facsimiles & Reprints, 1973.

Shelley, Mary Wollstonecraft. *Frankenstein or the Modern Prometheus* (1817). New York: Harrison Smith and Robert Haas, 1934.

Sigaud-La Fond, Joseph-Aignan. *Dictionnaire des merveilles de la nature.* Two vols. in one. Paris: Rue et Hôtel Serpente, 1781.

Sobry, J. F. *Poétique des arts, ou cours de peinture et de littérature comparées.* Paris: Delaunay, 1810.

Sprat, Thomas. *The History of the Royal Society of London, for the Improving of Natural Knowledge.* London: T.R. for F. Martyn, 1667.

Stendhal [Marie-Henri Beyle]. *De l'amour, I–II. Oeuvres complètes de Stendhal.* Vol. XII. Edited by Daniel Muller and Pierre Jourda. Paris: Librairie Ancienne Honoré Champion, 1926.

Stewart, John ["Walking"]. *The Revelation of Nature with the Prophecy of Reason.* New York: Mott & Lyon for the author, 1813[?].

Stifter, Adalbert. *Bunte Steine. Gesammelte Werke.* Vol. III. Munich: Insel, 1959.

Stukeley, William. *Abury, a Temple of the British Druids.* London: W. Innys, R. Manby, B. Dod, J. Brindley, 1743.

Stukeley, William. *Stonehenge, a Temple Restored to the British Druids.* Two vols. in one. London: W. Innys and R. Manby, 1740.

Swammerdam, Jan. *Histoire générale des insectes. Ou l'on expose clairement la manière lente & pres'qu'insensible de l'accroissement de leurs membres, & ou l'on découvre evidemment l'erreur ou l'on tombe d'ordinaire au sujet de leur prétendue transformation.* Utrecht: Guillaume de Walcheren, 1682.

Swinden, Jan Hendrik van. *Mémoire sur les observations météorologiques.* Amsterdam: Marc-Michel Rey, 1780.

Switzer, Stephen. *An Universal System of Water and Water-Works, Philosophical and Practical.* Two vols. London: Thomas Cox, 1734.

Table analytique et raisonnée du dictionnaire des science, arts et métiers. Vol. I. Paris: Panckoucke; Amsterdam: Marc-Michel Rey, 1780.

Thoreau, Henry David. *Walden or, Life in the Woods* (New York: Libra, 1960), see, especially: "The Ponds," pp. 155–178.

Torre, Giovanni Maria della. "Incendio del Vesuvio accaduto li 19 d'octobre del 1767." *Journal des Sçavans* 36 (1769): 46–59.

Turnor, Hatton Christopher. *Astra Castra. Experiments and Adventures in the Atmosphere.* London: Chapman and Hall, 1865.

Valenciennes, Pierre-Henri. *Eléments de perspective pratique à l'usage des artises. Suivis de réflexions et conseils à un éleve sur la peinture et particulièrement sur le genre du paysage.* Geneva: Minkoff Reprint, 1973.

Volta, Giuseppi. *Neueste Versuch über Galvanismus. Beschreibung eines neuen Galvanometers und andere kleine Abhandlungen über diesen Gegendstand.* Vienna: Camesinaischen Buchhandlung, 1803.

Voltaire, François-Marie-Arouet de. *Letters Concerning the English Nation.* London: C. Davis and A. Lyon, 1733.

Warburton, William. *The Divine Legation of Moses Demonstrated (1741).* Four vols. New York and London: Garland, 1978.

Watelet, Claude-Henri. *L'art de peindre. Poème. Avec des réflexions sur les différentes parties de la peinture.* Paris: J. L. Guerin & L. F. Delatour, 1760.

Werner, Abraham Gottlob. *Axel von Kronstedts Versuch einer Mineralogie. Aufs neue und nachst verschiedenen Anmerkungen vorzüglich mit äussern Beschreibungen der Fossilien. Vermehrt von. . . .* Leipzig: Siegfried Lebrecht Crusius, 1780.

Werner, Abraham Gottlob. *On the External Characters of Minerals (1774).* Translated by Albert V. Carozzi. Urbana: University of Illinois Press, 1962.

Whitehurst, John. *An Inquiry into the Original State and Formation of the Earth.* Second edition. London: W. Bent, 1786.

Witte, Samuel Simon. *Ueber die Bildung und den Ursprung des keilformigen Inschriften zu Persepolis. Ein philosophisch-geschichtlicher Versuch.* Rostock and Leipzig: Karl Christoph Stiller, 1799.

Witte, Samuel Simon. *Ueber den Ursprung der Pyramiden in Egypten und der Ruinen von Persepolis, ein neuer Versuch.* Leipzig: J. G. Müller, 1789.

Wright, Thomas. *An Original Theory or New Hypothesis of the Universe.* London: author, 1750.

Young, Edward. *Conjectures on Original Composition (1759).* Leeds: Scolar, 1966.

Secondary Sources

Abbey, J. R. *Scenery of Great Britain and Ireland in Aquatint and Lithography, 1770–1860.* London: Curwen, 1952.

Abbey, J. R. *Travel in Aquatint and Lithography, 1770–1860.* Two vols. London: Curwen, 1956.

Abrams, M. H. *Natural Supernaturalism. Tradition and Revolution in Romantic Literature.* New York: Norton, 1971.

Adams, Eric. *Francis Danby: Varieties of Poetic Landscape.* New Haven, Conn.: Yale University Press, 1973.

Adams, Percy G. "The Achievements of James Cook and His Associates in Perspective." In *Exploration in Alaska: Captain Cook Commemorative Lectures, June–November 1978.* Anchorage: Cook Inlet Historical Society, 1980.

Adams, Percy G. *Travellers and Travel Liars, 1600–1800.* Berkeley and Los Angeles: University of California Press, 1962.

Adams, William Howard, ed. *The Eye of Thomas Jefferson.* Washington, D.C.: National Gallery of Art, 1976.

Adhémar, Jean. *Les joies de la nature au XVIIIe siècle.* Paris: Bibliothèque Nationale, 1971.

Adhémar, Jean. "Les lithographies de paysage en France à l'époque romantique." *Archives de l'art français* 19 (1938).

Adolph, Robert. *The Rise of the Modern Prose Style.* Cambridge, Mass.: MIT Press, 1968.

Allen, David Elliston. "The Lost Limb: Geology and Natural History." *British Society for the History of Science* 1 (1979): 200–212.

Allen, John Logan. *Passage through the Garden: Lewis and Clark and the Image of the American Northwest.* Urbana: University of Illinois Press, 1975.

Alpers, Svetlana. "Describe or Narrate? A Problem in Realistic Representation." *New Literary History* 8 (autumn 1976): 15–42.

Altick, Richard D. *The Shows of London.* Cambridge, Mass.: Belknap Press of Harvard University Press, 1978.

Anamorfosen, Spel met Perspectief. Amsterdam: Rijksmuseum, 1975.

Ananoff, Alexandre. "Effets d'aquarelle et de gouache." *Connaissance des arts* 197–198 (July–August 1968): 97–103.

Anderson, Wallace E. "Immaterialism in Jonathan Edwards' Early Philosophical Notes." *Journal of the History of Ideas* 25 (April–June 1964): 182–200.

Anglesea, Martyn, and John Preston. " 'A Philosophical Landscape.' Susanna Drury and the Giant's Causeway." *Art History* 3 (September 1980): 252–273.

Anson, P. G. "Rocks and Gardens." *Landscape* 11 (winter 1961–62): 3–4.

Appareils de laboratoire. Matériel d'enseignement. Presse et documentation techniques rétrospective: Sciences et techniques au temps de la révolution et de l'empire, 1789–1815. Paris: Ecole Technique Supérieure du Laboratoire, 1959.

Appleton, Jay. *The Experience of Landscape.* New York: Wiley, 1975.

Archer, Mildred. *Artist Adventurers in Eighteenth-Century India: Thomas and William Daniell.* London: Spink & Son, 1974.

Archer, Mildred. *British Drawings in the India Office Library.* Two vols. London: Her Majesty's Stationery Office, 1969.

Archer, Mildred. *Early Views of India.* London: Thames and Hudson, 1980.

Archer, Mildred, and W. G. Archer. *Indian Painting for the British, 1770–1880.* Oxford: Oxford University Press, 1955.

Archer, Mildred, and John Bastin. *The Raffles Drawings in the India Office Library, London.* Kuala Lumpur: Oxford University Press, 1975.

Arthos, John. *The Language of Natural Description in Eighteenth-Century Poetry.* New York: Octagon, 1966.

Ashton, Mark. "Allegory, Fact and Meaning in Giambattista Tiepolo's Four Continents in Wurzburg." *Art Bulletin* 60 (March 1978): 109–125.

Ashwin, Clive. "Graphic Imagery, 1837–1901: A Victorian Revolution." *Art History* 1 (September 1978): 360–370.

Assunto, Rosario. *Il paesaggio e l'estetica. Geminae ortae.* Vol. XIV. Edited by Rafaello Franchini. Two vols. Naples: Giannini, 1973.

Assunto, Rosario. *Specchio vivente del mondo (Artisti straineri in Roma, 1600–1800.* Rome: De Luca, 1978.

Atkinson, Geoffroy. *Les relations de voyages du XVIIe siècle et l'évolution des idées.* Paris: Librairie Ancienne Edouard Champion, 1924.

Atkinson, Geoffroy. *Le sentiment de la nature et le retour à la vie simple (1690–1740).* Geneva: Droz, 1960.

Aubert, Andreas. *Caspar David Friedrich: Gott, Freiheit, Vaterland.* Berlin: Bruno Cassirer, 1915.

Aubin, Robert A. "Grottoes, Geology, and the Gothic Revival." *Studies in Philology* 31 (July 1934): 408–416.

Aubin, Robert A. *Topographical Poetry in XVIII-Century England.* New York: Modern Language Association of America, 1936.

Auden, W. H. *The Enchafèd Flood, or, the Romantic Iconography of the Sea.* New York: Random House, 1950.

Auerbach, Erich. *Mimesis. The Representation of Reality in Western Literature.* Translated by Willard R. Trask. Princeton, N.J.: Princeton University Press, 1953.

Auerbach, Erich. "*Passio* als Leidenschaft." *PMLA* 56 (1941): 1178–1196.

Ault, Donald P. *Visionary Physics, Blake's Response to Newton.* University of Chicago Press, 1974.

Babelon, Jean. "Découverte du monde et littérature." *Comparative Literature* 2 (spring 1950): 157–166.

Bache, Christopher. "Towards a Unified Theory of Metaphor." *Journal of Aesthetics and Art Criticism* 39 (winter 1980): 185–194.

Bachelard, Gaston. *L'air et les songes. Essai sur l'imagination du mouvement.* Paris: José Corti, 1943.

Bachelard, Gaston. *L'eau et les rêves. Essai sur l'imagination de la matière.* Paris: José Corti, 1942.

Bachelard, Gaston. *The Poetics of Reverie.* Translated by Daniell Russell. New York: Orion, 1969.

Bachelard, Gaston. *The Poetics of Space.* Translated by Maria Jolas. New York: Orion, 1964.

Bachelard, Gaston. *La terre et les rêveries du répos.* Paris: José Corti, 1948.

Bachelard, Gaston. *La terre et le rêveries de la volonté.* Paris: José Corti, 1948.

Bacou, Roseline. *Piranesi, Etchings and Drawings.* Boston: New York Graphic Society, 1975.

Badger, G. M., ed. *Captain Cook Navigator and Scientist.* Canberra: Australian National University Press, 1970.

Bätschmann, Oskar. "Poussins Narziss und Echo im Louvre: Die Konstruktion von Thematik und Darstellung aus den Quellen." *Zeitschrift für Kunstgeschichte* 42 (June 1979): 31–47.

Baker, Keith Michael. *Condorcet. From Natural Philosophy to Social Mathematics.* University of Chicago Press, 1975.

Baltrušaitis, Jurgis. *Anamorphoses, ou perspectives curieuses.* Paris: Olivier Perrin, 1955.

Baltrušaitis, Jurgis. *Essai sur une légende scientifique: Le miroir. Révélations, science-fiction et fallacies.* Paris: Elmayan, Le Seuil, 1978.

Baltrušaitis, Jurgis. "Lands of Illusion. China and the Eighteenth-Century Garden." *Landscape* 11 (winter 1961–62): 5–11.

Baltrušaitis, Jurgis. *Le moyen âge fantastique, antiquités et exotismes dan l'art gothique.* Paris: Armand Colin, 1955.

Baltrušaitis, Jurgis. "Un musée des miroirs." *Macula* 2 (1977): 2–16.

Bang, Marie. "Two Alpine Landscapes by C. D. Friedrich." *Burlington* 107 (November 1966): 571–575.

Banks, Oliver Talcott. *Watteau and the North: Studies in the Dutch and Flemish Baroque Influences on French Rococo Painting*. New York: Garland, 1977.

Bandmann, Günter, Hans Blumenberg, Hans Sachsse, Heinrich Vormweg, and Dieter Wellershoff, eds. *Zum Wirklichkeitsbegriff*. Mainz: Franz Steiner, 1974.

Barbier, Carl Paul. *William Gilpin, His Drawings, Teachings, and Theory of the Picturesque*. Oxford: Clarendon, 1963.

Barrell, John. *The Idea of Landscape and the Sense of Place, 1730–1840: An Approach to the Poetry of John Clare*. Cambridge University Press, 1972.

Barrell, John. *The Dark Side of the Landscape: The Rural Poor in English Painting 1730–1840*. Cambridge University Press, 1980.

Barrière, Gérard. "L'émotion que peut donner un arpent de terre quand on sait ce que signifie un jardin au Japon." *Connaissance des Arts* 270 (August 1974): 62–67.

Barthes, Roland. *The Eiffel Tower and Other Mythologies*. Translated by Richard Howard. New York: Hill and Wang, 1981.

Bate, Walter Jackson. "The Sympathetic Imagination in Eighteenth-Century Criticism." *ELH* 12 (June 1945): 144–164.

Batten, Charles L., Jr. *Pleasurable Instruction: Form and Convention in Eighteenth-Century Travel Literature*. Berkeley and Los Angeles: University of California Press, 1978.

Battisti, Eugenio. *L'antirinascimento*. Milan: Feltrinelli, 1962.

Bauer, Hermann. *Probleme der Kunstwissenschaft*. Vol. I. Berlin: Walter de Gruyter & Co., 1963.

Bauer, Hermann. *Rocaille, zur Herkunft und zum Wesen eines Ornament-Motivs*. Berlin: Walter de Gruyter & Co., 1962.

Bauer, Linda Freeman. " 'Quanto si disegna, si dipinge ancora;' Some Observations on the Development of the Oil Sketch." *Storia dell'Arte* 32 (January–April 1978): 45–58.

Baxandall, Michael. *The Limewood Sculptors of Renaissance Germany*. New Haven, Conn.: Yale University Press, 1980.

Beach, Joseph Warren. *The Concept of Nature in Nineteenth-Century English Poetry*. New York: Macmillan, 1936.

Beaglehole, J. C. *The Life of Captain James Cook*. London: Adam & Charles Black, 1975.

Beck, Hanno, ed. *Alexander von Humboldt—Werk und Werkgeltung*. Munich: R. Piper, 1969.

Béguin, Albert. *L'âme romantique et le rêve. Essai sur le romantisme allemand et la poésie française*. Two vols. Paris: Editions des Cahiers du Sud, 1937.

Benay, Jacques G. "L'hônnete homme devant la nature, ou philosophie du Chevalier de Méré." *PMLA* 79 (March 1964): 122–132.

Bendiner, Kenneth. "Thomas and William Daniell's 'Oriental Scenery': Some Major Themes." *Arts* 55 (December 1980): 98–103.

Benichou, Paul. *Le sacre de l'écrivain, 1750–1830*. Paris: José Corti, 1973.

Benjamin, Walter. *Das Kunstwerk im Zeitalter seiner technischer Reproduzierbarkeit. Drei Studien zur Kunstsoziologie*. Frankfurt-am-Main: Suhrkamp, 1963.

Benjamin, Walter. *Reflections: Essays, Aphorisms, Autobiographical Writings*. Translated by Edmund Jephcott and edited by Peter Demetz. New York: Harcourt Brace Jovanovich, 1978.

Bertrand, Alexis, *François Rude*. Paris: Librairie de l'Art, 1888.

Bessmertny, Bertha. "Les principaux ouvrages sur l'histoire des sciences parus en France pendant le XVIIIe siècle." *Archeion* 16 (1934): 325–328.

Bettex, Albert. *The Discovery of Nature*. New York: Simon and Schuster, 1965.

Bettex, Albert. L'invention du monde, une histoire des découvertes illustrés par les images du temps. French text by Armel Guerne. Paris: Delpire, 1960.

Beurdeley, Cecile, and Michel Beurdeley. *Castiglione, peintre jésuite à la cour de Chine*. Paris: Bibliothèque des Arts, 1971.

Biermann, Kurt R., and Fritz G. Lange. *Alexander von Humboldt Festschrift aus Anlass seiner 200. Geburtstages*. Berlin: Akademie-Verlag, 1969.

Biese, Alfred. *Das Naturgefühl im Wandel der Zeiten*. Leipzig: Quelle & Meyer, 1926.

Bitterli, Urs. *Die "Wilden" und die "Zivilisierten." Grundzüge einer Geistes- und Kulturgeschichte der Europaisch-überseeischen Begegnung*. Munich: C. H. Beck, 1976.

Bjurström, Per. "La gravure en Suède." *Nouvelles de l'Estampe* 51 (May–June 1980): 9–18.

Blanckenhagen, Peter Heinrich von. "The Odyssey Frieze." *Mitteilungen des Deutschen Archaelogischen Instituts Roemische Abteilung* 70 (1963): 100–146.

Blanckenhagen, Peter Heinrich von, and Christine Alexander. *The Paintings from Boscotrecase*. Heidelberg: F. H. Kerle, 1962.

Bland, David. *A History of Book Illustration: The Illuminated Manuscript and the Printed Book*. Berkeley and Los Angeles: University of California Press, 1969.

Bluche, François. *La vie quotidienne au temps de Louis XVI*. Paris: Hachette, 1980.

Boase, T. S. R. *English Art, 1800–1870*. Oxford: Clarendon, 1959.

Boase, T. S. R. *Les peintres anglais et la vallée d'Aoste*. Translated by A. P. d'Entrèves. Novara: Departement du Tourisme des Antiquités et Beaux-Arts Région Autonome Vallée d'Aoste, 1959.

Boerlin-Brödbeck, Yvonne. *Caspar Wolf (1735–1783). Landschaft im Vorfeld der Romantik*. Basel: Kunstmuseum, 1980.

Boppe, A. *Les peintres du Bosphore au dix-huitième siècle*. Paris: Hachette, 1911.

Börsch-Supan, Helmut. *Caspar David Friedrich*. Munich: Prestel, 1973.

Börsch-Supan, Helmut. "Caspar David Friedrich et Carl Friedrich Schinkel." *Revue de l'Art* 45 (1979): 9–20.

Börsch-Supan, Helmut, and K. W. Jahnig. *Caspar David Friedrich Gemälde, Druckgraphik und bildmässige Zeichnungen*. Munich: Prestel, 1973.

Bogel, Fredric V. "The Rhetoric of Substantiality: Johnson and the Later Eighteenth Century." *Eighteenth-Century Studies* 12 (summer 1979): 457–480.

Boime, Albert. *The Academy and French Painting in the Nineteenth Century*. London: Phaidon, 1971.

Boime, Albert. "Marmontel's *Belisaire* and the Pre-Revolutionary Progressivism of David." *Art History* 3 (March 1980): 81–101.

Boime, Albert. *Thomas Couture and the Eclectic Vision*. New Haven, Conn.: Yale University Press, 1980.

Bornstein, Marc H. "The Ecological Approach to Visual Perception." *Journal of Aesthetics and Art Criticism* 39 (winter 1980): 203–206.

Bosse, Heinrich. "The Marvellous in Romantic Semiotics." *Studies in Romanticism* 14 (summer 1975): 211–234.

Botting, Douglas. *Humboldt and the Cosmos.* New York: Harper & Row, 1973.

Bouthoul, Gaston. *L'invention.* Paris: Marcel Giard, 1930.

Boyce, Benjamin. "Mr. Pope in Bath Improves the Design of His Grotto." In *Restoration and Eighteenth-Century Literature.* Edited by Carroll Camden. University of Chicago Press, 1963.

Braham, Allan. *The Architecture of the French Enlightenment.* Berkeley and Los Angeles: University of California Press, 1980.

Branca, Vittore, ed. *Rappresentazione artistica e rapresentazione scientifica nel "Secolo dei Lumi."* Venice: Sansoni, 1970.

Branca, Vittore, ed. *Sensibilità e razionalità nel settecento.* Venice: Sansoni, 1967.

Braunburg, Rudolf. *Leichter als Luft. Aus der Geschichte der Ballonluftfahrt.* Hamburg: Marion von Schoder, 1963.

Bredvold, Louis I. "The Tendency toward Platonism in Neo-Classical Esthetics." *ELH* 1 (September 1934): 91–119.

Briganti, Giuliano. *I pittori dell'immaginazio. Arte e rivoluzione psicologica.* Milan: Electa, 1977.

Briganti, Giuliano. *I vedutisti.* Milan: Electa, 1970.

Broc, Numa. *La géographie des philosophes. Géographes et voyageurs français au XVIIIe siècle.* Paris: Ophrys, 1975.

Broc, Numa. *Les montagnes vues par les géographes et les naturalistes de langue française au XVIIIe siècle.* Paris: Bibliothèque Nationale, 1969.

Brombert, Victor. "Pascal's Happy Dungeon." In *The Classical Line: Essays in Honor of Henri Peyre. Yale French Studies,* 38 (1967).

Brooks, Peter. "The Aesthetics of Astonishment." *Georgia Review* 30 (fall 1976): 615–639.

Brooks, Peter. "Godlike Science/Unhallowed Arts: Language and Monstrosity in *Frankenstein.*" *New Literary History* 9 (spring 1978): 591–606.

Brossard, C.-A. *Kerguelen le découvreur et ses îles.* Two vols. Paris: Gallimard, 1970.

Brown, Harcourt. *Science and the Creative Spirit: Essays on the Humanistic Aspect of Science.* University of Toronto Press, 1958.

Brown, Harcourt. *Science and the Human Comedy: Natural Philosophy in French Literature from Rabelais to Maupertuis.* University of Toronto Press, 1976.

Bruel, François. *Histoire aéronautique par les monuments peints, sculptés, dessinés et gravés des origines à 1830.* Paris: André Marty, Imprimerie de Frazier-Soye, 1909.

Bryson, Norman. *Word and Image: French Painting of the Ancien Régime.* Cambridge University Press, 1981.

Bucher, Bernadette. *Icon and Conquest: A Structural Analysis of de Bry's Great Voyages.* Translated by Basia Miller Gulati. University of Chicago Press, 1981.

Bukdahl, Else Marie. *Diderot Critique d'Art.* Translated from the Danish by Jean-Paul Faucher. Two vols. Copenhagen: Rosenkilde et Bagger, 1980.

Bundy, Murray Wright. *The Theory of the Imagination in Classical and Mediaeval Thought.* Urbana: University of Illinois Press, 1927.

Bunn, James H. "The Aesthetics of British Mercantilism." *New Literary History* 11 (winter 1980): 303–321.

Burda, Hubert. *Die Ruine in den Bildern Hubert Roberts.* Munich: Wilhelm Fink, 1969.

Burkert, Walter. *Lore and Science in Ancient Pythagoreanism.* Translated by Edwin L. Minar, Jr. Cambridge, Mass.: Harvard University Press, 1972.

Burnell, Devin. "The Good, the True and the Comical: Problems Occasioned by Hogarth's *The Bench.*" *Art Quarterly*, N.S., 2 (spring 1978): 17–46.

Burns, Sarah. "Girodet-Trioson's *Ossian*: The Role of Theatrical Illusionism in a Pictorial Evocation of Otherworldly Beings." *Gazette des Beaux-Arts* 95 (January 1980): 13–24.

Bush, Virginia. *Colossal Sculpture of the Cinquecento.* New York: Garland, 1976.

Busiri Vici, Andrea. *Trittico paesistico romano del '700. Paolo Anesi-Paolo Monaldi-Alessio de Marchis.* Rome: Ugo Bozzi, 1976.

Butor, Michel. "Monet, or the World Turned Upside Down." *Art News Annual* 34 (1968).

Cahn, Walter. *Masterpieces: Chapters on the History of an Idea.* Princeton, N.J.: Princeton University Press, 1979.

Callender, Geoffrey. " 'Capetown' by William Hodges, R.A." *Burlington* 79 (September 1941): 93–94.

Calvesi, Maurizio. "Il Sacro Bosco di Bomarzo. "*Scritti di Storia dell'Arte in Onore di Lionello Venturi.* Rome: De Luca, 1956.

Cantor, G. N. "Revelation and the Cyclical Cosmos of John Hutchinson." *British Society for the History of Science* 1 (1979): 3–22.

Carnahan, D. H. "The Romantic Debate in the French Daily Press of 1809." *PMLA* 53 (June 1938): 475–488.

Carnochan, W. B. *Confinement and Flight: An Essay on English Literature of the Eighteenth Century.* Berkeley and Los Angeles: University of California Press, 1977.

Carpenter, Richard Bruce. The Dutch Sources of the Art of J.-H. Fragonard. Ph.D. diss., Harvard University, 1955.

Carr, J. L. "Pygmalion and the *philosophes.* The Animated Statue in Eighteenth-Century France." *Journal of the Warburg and Courtauld Institutes* 23 (1960): 239–255.

Celant, Germano, ed. *Art Povera, Conceptual, Actual or Impossible Art?* London: Studio Vista, 1969.

Cherpack, Clifton. "Warburton and Some Aspects of the Search for the Primitive in Eighteenth-Century France." *Philological Quarterly* 36 (April 1957): 221–233.

Chinard, Gilbert. *L'Amerique et le rêve exotique dans la littérature française au XVIIe et au XVIIIe siècle.* Paris: Droz, 1934.

Chouillet-Roche, Anne-Marie. "Le clavecin-oculaire du Père Castel." *Dix-Huitième Siècle* 8 (1976): 141–166.

Christ, Carol T. *The Finer Optic: The Aesthetic of Particularity in Victorian Poetry.* New Haven, Conn.: Yale University Press, 1975.

Christ, Yvan. *Projets et divagations de Claude-Nicolas Ledoux, architecte du roi.* Paris: Minotaure, 1961.

Chu, Petra ten Doesschate. *French Realism and the Dutch Masters. The Influence of Dutch Seventeenth Century Painting on the Development of French Painting between 1830 and 1870.* Utrecht: Haentjens Dekker & Gumbert, 1974.

Cikovsky, Nikolai, Jr. " 'The Ravages of the Axe': The Meaning of the Tree Stump in Nineteenth-Century American Art." *Art Bulletin* 61 (December 1979): 611–626.

Cioranescu, Alexandre. "La découverte de l'Amerique et l'art de la description." *Revue des Sciences Humaines* 29 (April–June 1962): 161–168.

Clark, H. F. "Eighteenth-Century Elysiums. The Role of 'Association' in the Landscape Movement." *Journal of the Warburg and Courtauld Institutes* 6 (1943): 165–189.

Clark, Kenneth. *Landscape into Art.* New edition. London: John Murray, 1976.

Clark, T. J. *The Absolute Bourgeois: Artists and Politics in France, 1848–1851.* London: Thames and Hudson, 1973.

Clark, T. J. *Image of the People: Gustave Courbet and the 1848 Revolution.* London: Thames and Hudson, 1973.

Clasen, Wolfgang. "Piranesi und die Architektur-Phantasie." In *Aspekte zur Kunstgeschichte von Mittelalter und Neuzeit.* Weimar: Hermann Böhlaus Nachfolger, 1971.

Clifford, Derek. *A History of Garden Design.* New York: Praeger, 1963.

Coffin, David R., ed. *The Italian Garden.* Washington, D.C.: Dumbarton Oaks, 1972.

Coffin, David R., ed. *The Villa d'Este at Tivoli.* Princeton, N.J.: Princeton University Press, 1960.

Cohen, I. Bernard. *The Newtonian Revolution. With Illustrations of the Transformation of Scientific Ideas.* Cambridge University Press, 1980.

Cohen, Murray. *Sensible Words: Linguistic Practice in England, 1640–1785.* Baltimore: Johns Hopkins University Press, 1977.

Cohen, Ralph. "Association of Ideas and Poetic Unity." *Philological Quarterly* 36 (October 1957): 465–474.

Coleman, Francis X. J. *The Aesthetic Thought of the French Enlightenment.* University of Pittsburgh Press, 1971.

Coleman, Patrick. "The Idea of Character in the *Encyclopédie.*" *Eighteenth-Century Studies* 13 (fall 1979): 21–47.

Collier, Katharine Brownell. *Cosmogonies of Our Forefathers: Some Theories of the Seventeenth and Eighteenth Centuries.* New York: Octagon, 1968.

Collingwood, R. G. *The Idea of Nature.* New York: Oxford University Press, 1960.

Colton, Judith. *The Parnasse François: Titon du Tillet and the Origins of the Monument to Genius.* New Haven, Conn.: Yale University Press, 1979.

Conisbee, Philip. "French Landscapes in London." *Burlington* 116 (January 1978): 43–44.

Conner, Patrick. "China and the Landscape Garden: Reports, Engravings and Misconceptions." *Art History* 2 (December 1979): 429–440.

Captain Cook in the South Seas. London: British Museum and British Library, 1979.

Captain James Cook: His Artists and Draughtsmen. Auckland City Art Gallery, 1964.

Corboz, André. *Peinture militante et architecture révolutionnaire. A propos du thème du tunnel chez Hubert Robert.* Basel and Stuttgart: Birkhäuser, 1978.

Cottom, Daniel. "Taste and the Cultivated Imagination." *Journal of Aesthetics and Art Criticism* 34 (summer 1981): 367–380.

Crary, Douglas. "A Geographer Looks at the Landscape." *Landscape* 9 (autumn 1959): 22–25.

Crocker, Lester G. *Diderot's Chaotic Order: Approach to Synthesis.* Princeton, N.J.: Princeton University Press, 1974.

Croll, Morris William. *"Attic" and Baroque Prose Style; the Anti-Ciceronian Movement.* Edited by J. Max Patrick, Robert O. Evans, and John M. Wallace. Princeton, N.J.: Princeton University Press, 1969.

Croll, Morris William. *Style, Rhetoric, and Rhythm: Essays.* Edited by J. Max Patrick. Princeton, N.J.: Princeton University Press, 1966.

Crow, Thomas. "The *Oath of the Horatii* in 1785. Painting and Pre-Revolutionary Radicalism in France." *Art History* 1 (December 1978): 424–471.

Curtis, Melinda. *Search for Innocence: Primitive and Primitivistic Art of the Nineteenth Century.* College Park: University of Maryland Art Gallery, 1975.

Daemmrich, Ingrid G. "The Ruins Motif as Artistic Device in French Literture." *Journal of Aesthetics and Art Criticism* 30 (summer 1972): 449–457; 31 (fall 1972): 31–41.

Dahl, Curtis. "The American School of Catastrophe." *American Quarterly* 11 (fall 1959): 380–390.

Dahl, Curtis. "Bulwer-Lytton and the School of Catastrophe." *Philological Quarterly* 32 (October 1953): 428–442.

Damisch, Hubert. *Théorie du nuage. Pour une histoire de la peinture.* Paris: Seuil, 1972.

Dance, Peter S. *The Art of Natural History.* Woodstock, N.Y.: Overlook, 1978.

Dance, Peter S. *Shell Collecting: A History.* Berkeley and Los Angeles: University of California Press, 1966.

Darnton, Robert. *Mesmerism and the End of the Enlightenment in France.* Cambridge, Mass.: Harvard University Press, 1968.

Darnton, Robert. *The Widening Circle: Essays on the Circulation of Literature in Eighteenth-Century Europe.* Philadelphia: University of Pennsylvania Press, 1976.

D'Aubarade, Gabriel. *André Chenier.* Paris: Hachette, 1970.

De David à Delacroix, la peinture française de 1774 à 1830. Paris: Grand Palais, 1975.

Deane, C. V. *Aspects of Eighteenth Century Nature Poetry.* Oxford: Blackwell, 1935.

Dedeyan, Charles. *Le cosmopolitanisme éuropéen sous la révolution et l'empire.* Paris: Société d'Edition d'Enseignement Supérieur, 1976.

Delange, Henri. *Monographie de l'oeuvre de Bernard Palissy, suivie d'un choix de ses continuateurs ou imitateurs.* Paris: Quai Voltaire, 1862.

De Laura, David J. "The Context of Browning's Painter Poems: Aesthetics, Polemics, Historics." *PMLA* 95 (May 1980): 367–388.

Dempsey, Charles. *Annibale Carracci and the Beginnings of Baroque Style.* Gluckstadt: J. J. Augustin, 1977.

Deprun, Jean. "Mystique, Lumières, Romantisme: Jalons pour une histoire des 'miroirs vivants.' " In *Approaches des Lumières: Mélanges offerts à Jean Fabre.* Paris: Klincksieck, 1974.

Derrida, Jacques. *L'archéologie du frivole.* Paris: Galilée, 1973.

Derrida, Jacques. *De la grammatologie*. Collection "Critique." Paris: Minuit, 1967.

Dobai, Johannes. *Die Kunstliteratur des Klassizismus und der Romantik in England.* Vol. I. Berne: Bentelli, 1974.

Dorival, Bernard. "Ukiyo-e and European Painting." In *Dialogue in Art: Japan and the West.* Tokyo: Kodansha International, 1976.

Duchet, Michele. "*L'histoire des voyages*: Originalité et influence." In *L'Abbé Prevost. Actes du Colloque d'Aix-en-Provence*, 1963. Aix-en-Provence: Ophrys, 1965.

Duncan, Carol Greene. The Persistence and Re-Emergence of the Rococo in French Painting. Ph.D. diss., Columbia University, 1969.

Dunmore, John. *French Explorers in the Pacific*. Two vols. Oxford: Clarendon, 1965.

Du Prey, Pierre. "Eighteenth-Century English Sources for a History of Swiss Wooden Bridges." *Zeitschrift für Schweizerische Archaologie und Kunstgeschichte* 36, no. 1 (1979): 51–63.

Durler, Josef. *Die Bedeutung des Bergbaus bei Goethe und in der Deutschen Romantik.* Edited by Emil Ermatinger, Frauenfeld and Leipzig: Huber, 1936.

Durliat, Marcel. "Alexandre du Mège, ou les mythes archéologiques à Toulouse dans le premier tiers du XIXe siècle." *Revue de l'Art* 23 (1974): 30–41.

Eather, Robert H. *Majestic Lights. The Aurora in Science, History, and the Arts.* Washington, D.C.: American Geophysical Union, 1980.

Earth, Air, Fire, Water: Elements of Art. Two vols. Boston: Museum of Fine Arts, 1971.

Eddelmann, William Smiley, III. Landscape on the Seventeenth and Eighteenth-Century Italian Stage. Ph.D. diss., Stanford University, 1972.

Eddy, John A. "The Maunder Minimum." *Science* 192 (June 18, 1976): 1189–1202.

Egan, Rose Frances. "The Genesis of the Theory of 'Art for Art's Sake' in Germany and in England." *Smith College Studies in Modern Language* 2 (July 1921): 34–37.

Ehrard, Jean. *L'idée de la nature en France dans la première moitié du XVIIIe siècle.* Two vols. Paris: S.E.U.P.E.N., 1963.

Eichler, Inge. "Die Cervarafeste der Deutschen Künstler in Rom." *Zeitschrift des Deutschen Vereins für Kunstwissenschaft* 31, no. 1 (1977): 81–114.

Einem, Herbert von. *Deutsche Malerei des Klassizismus und der Romantik 1760 bis 1840.* Munich: C. H. Beck, 1978.

Einem, Herbert von. *Festschrift für . . . zum 16. Februar, 1965.* Edited by Gert von der Osten. Berlin: Gebr. Mann, 1965.

Einem, Herbert von. *Goethe-Studien.* Munich: Wilhelm Fink, 1972.

Eisenstein, Elizabeth L. *The Printing Press as an Agent of Change. Communications and Cultural Transformations in Early-Modern Europe.* Two vols. Cambridge University Press, 1979.

Elledge, Scott. "The Background and Development in English Criticism of the Theories of Generality and Particularity." *PMLA* 62, no. 3 (1947): 147–182.

Eliade, Mircea. *Cosmos and History, the Myth of the Eternal Return.* New York: Harper & Row, 1959.

Engelhardt, Wolf von. "Schonheit im Reiche der Mineralien." *Jahrbuch für Asthetik und Allgemeine Kunstwissenschaft* 4 (1958–59): 55–72.

Engell, James. *The Creative Imagination: Enlightenment to Romanticism.* Cambridge, Mass.: Harvard University Press, 1981.

Etlin, Richard A. *The Architecture of Death: The Transformation of the Cemetery in Eighteenth-Century Paris*. Cambridge, Mass.: MIT Press, 1983.

Etlin, Richard A. The Cemetery and the City: Paris, 1744–1804. Ph.D. diss., Princeton University, 1978.

Fabre, Jean. *Chenier*. Connaissance des Lettres. Paris: Hatier, 1966.

Fabre, Jean. *Approches des Lumières: Mélanges offerts à. . . .* Paris: Klincksieck, 1974.

Fabricant, Carole. *Swift's Landscape*. Baltimore: Johns Hopkins University Press, 1982.

Farber, Marvin, ed. *Philosophical Essays in Memory of Edmund Husserl*. New York: Greenwood, 1968.

Faré, Michel. "De quelques termes designant la peinture d'objet." *Etudes d'Art français offertes à Charles Sterling*. Edited by Albert Chatelet and Nicole Reynaud. Paris: Presses Universitaires de France, 1975.

Feaver, William. *The Art of John Martin*. Oxford: Clarendon, 1975.

Fidell-Beaufort, Janine, and Jean Bailly-Herzberg. *Charles-François Daubigny*. Translated by Judith Schub. Paris: Geoffroy-Dechaume, 1975.

Field, Crosby. *Invention through the Ages*. Cleveland: National Association of Manufacturers, 1948.

Finley, Gerald. "The Genesis of Turner's 'Landscape Sublime.' " *Zeitschrift für Kunstgeschichte* 42, no. 2/3 (1979): 141–165.

Fisch, Harold. "The Scientist as Priest: A Note on Robert Boyle's Natural Theology." *Isis* 44 (September 1953): 252–265.

Fletcher, Angus, ed. *The Literature of Fact: Selected Papers from the English Institute*. New York: Columbia University Press, 1976.

Fletcher, Ian, ed. *Romantic Mythologies*. New York: Barnes & Noble, 1967.

Focillon, Henri. *The Life of Forms in Art*. New York: Wittenborn, Schultz, 1948.

Forbes, Vernon S. *Pioneer Travellers of South Africa: A Geographical Commentary upon Routes, Records, Observations and Opinions of Travellers at the Cape, 1750–1800*. Capetown and Amsterdam: A. A. Balkema, 1965.

Force, Roland W., and Maryanne Force. *Art and Artifacts of the Eighteenth Century*. Honolulu: Bishop Museum Press, 1968.

Forest, H. U. "Théodore Jouffroy et le problème de l'imitation dans les arts." *PMLA* 56 (1941): 1095–1102.

Forssman, Erik. *Dorisch, Jonisch, Korinthisch. Studien über den Gebrauch der Säulenordnungen in der Architektur des 16.–18. Jahrhunderts*. Stockholm: Almquist & Wiksell, 1961.

Forssman, Erik. *Säule und Ornament. Studien zum Problem des Manierismus in der Nordischen Säulenbüchern und Vorlageblättern des 16. und 17. Jahrhunderts*. Stockholm: Almquist & Wiksell, 1956.

Foster, William, "William Hodges, R.A., in India." *Bengal Past & Present* 30 (July–September 1925): 1–8.

Foucault, Michel. *The Archaeology of Knowledge*. Translated by A. M. Sheridan Smith. London: Tavistock, 1972.

Foucault, Michel. *The Birth of the Clinic: An Archaeology of Medical Perception*. Translated by A. M. Sheridan Smith. New York: Pantheon, 1973.

Foucault, Michel. *Folie et déraison. Histoire de la folie à l'âge classique*. Paris: Plon, 1961.

Foucault, Michel. *Les mots et les choses. Une archéologie des sciences humaines*. Paris: Gallimard, 1966.

Fox, Christopher. "Locke and the Scriblerians: The Discussion of Identity in Early Eighteenth Century England." *Eighteenth-Century Studies* 16 (fall 1982): 1–25.

Frank, Robert G., Jr. *Harvey and the Oxford Physiologists: A Study of Scientific Ideas*. Berkeley and Los Angeles: University of California Press, 1980.

Franz, Heinrich Gerhard. "Meister der Spätmanieristischen Landschaftsmalerei in den Niederlanden." *Jahrbuch des Kunsthistorischen Institutes der Universitäts Graz*, no. 3/4 (1968–69): 19–72.

Franz, Heinrich Gerhard. "Niederlandische Landschaftsmaler im Künstlerkreis Rudolf II." *Umĕni* 18 (1970): 224–244.

Franz, Heinrich Gerhard. *Niederlandische Landschaftsmalerei im Zeitalter des Manierismus*. Graz: Akademische Druck und Verlagsanstalt, 1969.

Fried, Michael. *Absorption and Theatricality: Painting and Beholder in the Age of Diderot*. Berkeley and Los Angeles: University of California Press, 1980.

Fried, Michael. "The Beholder in Courbet: His Early Self-Portraits and Their Place in His Art." *Glyph* 4 (1978): 85–129.

Friedlander, Max J. *Landscape, Portrait, Still-Life*. Oxford: Bruno Cassirer, 1949.

Fritz, Paul, and David Williams, eds. *City & Society in the Eighteenth-Century*. Toronto: Hakkert, 1973.

Fritz, Paul, and David Williams, eds. *The Triumph of Culture: Eighteenth-Century Perspectives*. Toronto: Hakkert, 1972.

Fromer-Im-Obersteg, Liselotte. *Die Entwicklung der Schweizerischen Landschaftsmalerei im 18. und fruhen 19. Jahrhundert*. Basel: Birkhauser, 1945.

Fry, Edward F. Projects in Nature: Eleven Environmental Works Executed at Merriewold West, Far Hills, New Jersey (1975).

Frye, Northrop. *Fables of Identity: Studies in Poetic Mythology*. New York: Harcourt, Brace & World, 1963.

Frye, Northrop. *A Study of English Romanticism*. New York: Random House, 1968.

Furstenberg, Jean. *La gravure originale dans l'illustration du livre français du dix-huitième siècle*. Hamburg: Hauswedell, 1975.

Fussell, Paul, Jr., ed. *Literature as a Mode of Travel: Five Essays and a Postscript*. New York Public Library, 1963.

Gage, John. "Turner and the Picturesque." *Burlington* 107 (February 1965): 75–81.

Gage, John. *Turner on Colour*. London: Oxford University Press, 1969.

Ganay, E. de. "Les rochers et les eaux dans les jardins à l'anglaise." *Revue de l'Art Ancien et Moderne* 66 (July 1934): 63–80.

Garai, Pierre. "Le cartesianisme et le classicisme anglais." *Revue de Littérature Comparée* 31 (July–September 1957): 373–387.

Garms, Jörg. "Machine, Composition, und Histoire in der Französischen Kritik un 1750." *Zeitschrift für Asthetik und Allgemeine Kunstwissenschaft* 16, no. 1 (1971): 27–42.

Gaston, Marguerite. *Images romantiques des Pyrénées. Les Pyrénées dans la peinture et dans l'estampe à l'époque romantique*. Pau: Amis du Musée Pyrénéen, 1975.

Gay, Peter. *Art and Act. On Causes in History—Manet, Gropius, Mondrian*. New York: Harper & Row, 1976.

Georgel, Pierre, "Le romantisme des années 1860 et correspondance Victor Hugo-Philippe Burty." *Revue de l'Art* 20 (1973): 8–64.

Gerszi, Terez. "Brueghels Nachwirkung auf die Niederländischen Landschaftmaler um 1600." *Oud Holland* 90, no. 4 (1976): 201–229.

Giehlow, Karl. "Die Hieroglyphenkunde des Humanismus in der Allegorie der Renaissance besonders der Ehrenspforte Kaisers Maximilian I; mit einem Nachwort von Arpad Weixlgartner." *Jahrbuch der Kunsthistorischen Sammlungen der Allerhöchsten Kaiserhauses, Wien*, 32, no. 1 (1915): 1–232.

Gilbert, Sandra M., and Susan Gubar. *The Madwoman in the Attic: The Woman Writer and the Nineteenth-Century Literary Imagination*. New Haven, Conn.: Yale University Press, 1979.

Gille, Bertrand. *Exposition internationale de l'industrie minérale, 18 juin–3 juillet 1955: Les mines, les forges, et les arts*. Paris: P. Fournie et Cie, 1955.

Ginsberg, Robert. "The Aesthetics of Ruins." *Bucknell Review* 18 (winter 1970): 89–102.

Giraud, Raymond. "Winckelmann's Role in Gautier's Conception of Classical Beauty." In *The Classical Line. Essays in Honor of Henri Peyre. Yale French Studies* 38 (1967): 172–182.

Girdlestone, Cuthbert. *Poésie, politique, Pyrénées. Louis-François Ramond (1755–1827). Sa vie, son oeuvre littéraire et politique*. Paris: Lettres Modernes Minard, 1968.

Glacken, Clarence. "On Chateaubriand's Journey from Paris to Jerusalem, 1806–07." In *The Terraqueous Globe: The History of Geography and Cartography*. Los Angeles: William Andrews Clark Memorial Library, 1969.

Glacken, Clarence. *Traces on the Rhodian Shore: Nature and Culture in Western Thought from Ancient Times to the End of the Eighteenth Century*. Berkeley and Los Angeles: University of California Press, 1967.

Godechot, Jacques. "L'aérostation militaire sous le Directoire." *Annales de la Révolution Française* 8 (1931): 213–228.

Goldstein, Thomas. "The Role of the Italian Merchant Class in Renaissance and Discoveries." *Terrae Incognitae* 8 (1976): 19–28.

Golson, Lucile M. "Serlio, Primaticcio and the Architectural Grotto." *Gazette des Beaux-Arts* 77 (February 1971): 95–108.

Gombrich, E. H. *The Heritage of Apelles: Studies in the Art of the Renaissance*. Ithaca, N.Y.: Cornell University Press, 1976.

Gombrich, E. H. *Meditations on a Hobby Horse*. London: Phaidon, 1968.

Gombrich, E. H. "Renaissance Artistic Theory and the Development of Landscape Painting." *Gazette des Beaux-Arts* 41 (May–June 1953).

Gombrich, E. H. *The Sense of Order. A Study in the Psychology of Decorative Art*. Wrightsman Lectures. Ithaca, N.Y.: Cornell University Press, 1979.

Grand-Carteret, Jean, and Leo Delteil. *La conquête de l'air vue par l'image (1495–1909)*. Paris: Libraires des Annales, 1909.

Grand-Carteret, Jean, and Leo Delteil. *La montagne à travers les âges. Rôle joué par elle. Façon dont elle a été vue*. Two vols. Grenoble: H. Falque et F. Perrin Librairie Dauphinoise, 1903–04.

Grandjean, Serge. *Bernard Palissy et son école*. Paris: Au Pont des Arts, 1952.

Grant, R. "Hutton's Theory of the Earth." *British Society for the History of Science* 1 (1979): 23–38.

Green, Richard. "John Martin Reconsidered." *Connoisseur* 181 (December 1972): 247–252.

Greenbaum, Louis S. "The Humanitarianism of Antoine-Laurent Lavoisier." *Studies on Voltaire and the Eighteenth Century* 88 (1972): 651–675.

Grigson, Geoffrey. "Fingal's Cave." *Architectural Review* 104 (August 1948): 51–54.

Gruber, Alain-Charles. *Les grandes fêtes et leurs décors à l'époque de Louis XVI*. Histoire des idées et critique littéraire, XXII. Geneva and Paris: Droz, 1972.

Gruber, Alain-Charles, and Dominique Keller. "Chinoiserie-China als Utopie." *Du* 4 (April 1975): 18–55.

Grundmann, Gunther. *Das Riesengebirge in der Malerei der Romantik*. Third revised edition. Munich-Pasing: Bergstadtverlag Wilh. Gottl. Korn, 1965.

Gudiol Jose. *Goya, 1746–1828: Biography, Analytical Study and Catalogue of His Paintings*. Translated by Kenneth Lyons. Four vols. Barcelona: Poligrafa, 1971.

Guerlac, Henry. "An Augustan Monument: The Optics of Isaac Newton." In *The Varied Pattern: Studies in the Eighteenth Century*. Edited by Peter Hughes. Toronto: Hakkert, 1971.

Guillén, Glaudio. *Literature as System: Essays toward the Theory of Literary History*. Princeton, N.J.: Princeton University Press, 1971.

Guillerme, Jacques. "Lequeu, entre l'irregulier et l'éclectique." *Dix-Huitième Siècle* 6 (1974): 167–180.

Guillerme, Jacques. "Lequeu et l'invention du mauvais gôut." *Gazette des Beaux-Arts* 66 (September 1968): 153–166.

Guillerme, Jacques. "Le malsain et l'économie de la nature." *Dixhuitieme Siècle* 9 (1977): 61–72.

Guitton, Edouard. *Jacques Delille (1738–1813), et le poème de la nature en France de 1750 à 1830*. Paris: Klincksieck, 1974.

Guitton, Edouard. "Un theme 'philosophique': 'l'invention' des poètes de Louis Racine à Népomucène Lemercier." *Studies on Voltaire and the Eighteenth Century* 88 (1972): 677–709.

Guldan, Ernst. "Das Monster-Portal am Palazzo Zuccari in Rom." *Zeitschrift für Kunstgeschichte* 32, no. 3/4 (1969): 229–261.

Guyenot, Emile. *Les sciences de la vie au XVIIe et XVIIIe siècles. L'idée d'évolution*. Paris: Albin Michel, 1941.

Hadfield, Miles. *Topiary and Ornamental Hedges: Their History and Cultivation*. London: A. and C. Black, 1971.

Hagen, Victor Wolfgang von. *F. Catherwood, Architect-Explorer of Two Worlds*. Barre, Mass.: Barre, 1968.

Hahn, Roger. *The Anatomy of a Scientific Institution*. Berkeley and Los Angeles: University of California Press, 1971.

Haigh, Elizabeth. "The Roots of the Vitalism of Xavier Bichat." *Bulletin of the History of Medicine* 79 (spring 1975): 72–86.

Haigh, Elizabeth. "The Vital Principle of Paul Joseph Barthez: The Clash between Monism and Dualism." *Medical History [Great Britain]* 21, no. 1 (1977): 1–14.

Hall, A. Rupert. *The Scientific Revolution, 1500–1800: The Formation of the Modern Scientific Attitude*. Second edition. Boston: Beacon, 1962.

Hall, Richard. "The Wilder Shores of Art." *Connoisseur* 188 (July 1980): 194–201.

Hammel-Haider, Gabriele. "Bemerkungen zu Meryons Stadtlandschaften." *Zeitschrift für Kunstgeschichte* 40, no. 3–4 (1977): 245–264.

Hammond, L. Davis, ed. *News from New Cythera: A Report of Bougainville's Voyage, 1766–1769*. Minneapolis: University of Minnesota Press, 1970.

Hans, James S. "Gaston Bachelard and the Phenomenology of the Reading Consciousness." *Journal of Aesthetics and Art Criticism* 35 (spring 1977): 315–327.

Hardie, Martin. *Watercolour Painting in Britain*. Three vols. New York: Barnes & Noble, 1967.

Hardie, Martin, and Muriel Clayton. "Thomas Daniell, R.A. (1749–1840), William Daniell, R.A. (1769–1837)." *Walker's Quarterly* 35/36 (1932): 70–75.

Harris, Eileen. "Burke and Chambers on the Sublime and the Beautiful." In *Essays in the History of Architecture Presented to Rudolf Wittkower*. London: Phaidon, 1967.

Harris, Eileen. *Thomas Wright, Arbours & Grottos. Facsimile*. New York: Scolar, 1979.

Hart, Clive. "Flight in the Renaissance." *Explorations in Renaissance Culture* 5 (1979): 20–32.

Hartman, Geoffrey H. *Beyond Formalism: Literary Essays 1958–1970*. New Haven, Conn.: Yale University Press, 1970.

Hartman, Geoffrey H. *Wordsworth's Poetry: 1787–1814*. New Haven, Conn.: Yale University Press, 1964.

Hauterive, Ernest. *Le merveilleux au XVIIIe siècle*. Geneva: Slatkine Reprints, 1973.

Hawes, Louis. *Constable's Stonehenge*. London: Victoria and Albert Museum, 1975.

Haydn, Ira. "Il Controrinascimento e la natura della natura." In *Problemi del Manierismo*. Edited by Amadeo Quondam. Naples: Guida, 1975.

Heidegger, Martin. *Der Ursprung des Kunstwerkes*. Stuttgart: Reclam, 1960.

Heilbron, J. L. *Electricity in the 17th and 18th Centuries: A Study of Early Modern Physics*. Berkeley and Los Angeles: University of California Press, 1979.

Heimann, P. M., and J. E. McGuire. "Newtonian Forces and Lockean Powers: Concepts of Matter in Eighteenth-Century Thought." In *Historical Studies in the Physical Sciences*, III. Edited by Russell McCormmach. Philadelphia: University of Pennsylvania Press, 1971.

Hellebranth, Robert. *Charles-François Daubigny (1817–1878)*. Morges: Matute, 1976.

Heller, Erich. *The Artist's Journey into the Interior, and Other Essays*. New York: Random House, 1965.

Heller, Erich. *The Disinherited Mind: Essays in Modern German Literature and Thought*. Cambridge: Bowes & Bowes, 1952.

Heller, Erich. "The Dismantling of a Marionette Theatre; or, Psychology and the Misinterpretation of Literature." *Critical Inquiry* 4 (spring 1978): 417–432.

Helsinger, Elizabeth K. *Ruskin and the Art of the Beholder*. Cambridge, Mass.: Harvard University Press, 1982.

Hemmings, F. W. J. "The Origins of the Terms *naturalisme, naturaliste*." *French Studies* 8 (April 1954): 109–121.

Hemphill, Marie-Louise. "Le carnet de croquis du séjour en Angleterre en 1815 de Charles-Alexandre Lesueur (1778–1846)." *Bulletin de la Société de l'Histoire de l'Art Français, 1975* (1976): 237–244.

Hennebo, Dieter, and Alfred Hoffmann. *Geschichte der Deutschen Gartenkunst*. Vol. III. Hamburg: Broschek, 1963.

Hercenberg, Bernard. *Nicolas Vleughels peintre et directeur de l'Académie de France à Rome, 1668–1737*. Paris: Léonce Laget, 1975.

Herget, Elisabeth. *Die Sala Terrena im Deutschen Barock*. Frankfurt-am-Main: n.p., 1954.

Herrmann, Luke. *British Landscape Painting of the Eighteenth-Century*. New York: Oxford University Press, 1974.

Hermann, Wolfgang. *Laugier and Eighteenth-Century French Theory*. London: A. Zwemmer, 1962.

Hewison, Robert. *John Ruskin: The Argument of the Eye*. Princeton, N.J.: Princeton University Press, 1976.

Hilles, Frederick W., and Harold Bloom, eds. *From Sensibility to Romanticism: Essays Presented to Frederick A. Pottle*. New York: Oxford University Press, 1965.

Hobson, Marian. *The Object of Art. The Theory of Illusion in Eighteenth-Century France*. Cambridge University Press, 1982.

Hocke, Gustav René. *Die Welt als Labyrinth. Manier und Manie in der Europäischer Kunst*. Hamburg: Rowohlt, 1957.

Hofmann, Werner. *Caspar David Friedrich, 1774–1840*. Hamburg: Kunsthalle, 1974.

Hofmann, Werner. *Caspar David Friedrich und die Deutsche Nachwelt*. Frankfurt-am-Main: Suhrkamp, 1977.

Hofmann, Werner. "Les écrivains-dessinateurs." *Revue de l'Art* 44 (1979): 7–18.

Holcomb, Adele M. "The Bridge in the Middle Distance: Symbolic Elements in Romantic Landscape." *Art Quarterly* 37 (spring 1974): 31–58.

Holcomb, Adele M. "Devil's Den: An Early Drawing by John Sell Cotmann." *Master Drawings* 2, no. 4 (1973): 393–398.

Honour, Hugh. *The European Vision of America*. Kent, Ohio: Kent State University Press, 1975.

Honour, Hugh. *Romanticism*. New York: Harper & Row, 1979.

Hourticq, Louis. "L'exposition du paysage français de Poussin à Corot." *La Revue de l'Art Ancien et Moderne* 48 (July–August 1925): 101–114.

Howell, Wilbur Samuel. *Poetics, Rhetoric, and Logic: Studies in the Basic Disciplines of Criticism*. Ithaca, N.Y.: Cornell University Press, 1975.

Huard, P., and M. Wong. "Les enquêtes scientifiques françaises et l'exploration du monde exotique aux XVIIe et XVIIIe siècles." *Bulletin de l'Ecole Française d'Extrême Orient* 52, no. 1 (1964): 143–156.

Huisman, Philippe. *French Watercolors of the Eighteenth Century*. Translated by Diane Imber. New York: Viking, 1969.

Huizinga, Jan. *Parerga*. Basel: Burg, 1945.

Humbert, Jean. "Les obélisques de Paris—projets et réalisations." *Revue de l'Art* 23 (1974): 9–29.

Hunt, John Dixon, ed. *Encounters: Essays on Literature and the Visual Arts.* London: Studio Vista, 1971.

Hunt, John Dixon, ed. *The Figure in the Landscape: Poetry, Painting, and Gardening during the Eighteenth Century.* Baltimore: Johns Hopkins University Press, 1976.

Hunt, John Dixon. "Wondrous Deep and Dark: Turner and the Sublime." *Georgia Review* 30 (spring 1976): 139–164.

Hunt, John Dixon, and Peter Willis, eds. *The Genius of the Place. The English Landscape Garden 1620–1820.* London: Paul Elek, 1975.

Husserl, Edmund. *Ideas: General Introduction to Pure Phenomenology.* Translated by W. R. Boyce Gibson. London: Allen & Unwin, 1931.

Hussey, Christopher. *English Gardens and Landscapes, 1700–1750.* New York: Funk & Wagnalls, 1967.

Hussey, Christopher. *The Picturesque: Studies in a Point of View.* New York: G. P. Putnam's Sons, 1927.

Ilg, Albert. *Die Fischer von Erlach.* Two vols. Vienna: Carl Konegen, 1895.

Irwin, David. "Jacob More, Neo-Classical Landscape Painter." *Burlington* 114 (November 1972): 775–778.

Irwin, David, and Francina Irwin. *Scottish Painters at Home and Abroad, 1700–1900.* London: Faber and Faber, 1975.

Irwin, John T. *American Hieroglyphics: The Symbol of the Egyptian Hieroglyphics in the American Renaissance.* New Haven, Conn.: Yale University Press, 1980.

Iseninger, Gary. "The Work of Art as Artifact." *British Journal of Aesthetics* 13 (winter 1973): 3–16.

Ivins, William M., Jr. *Prints and Books. Informal Papers.* Edited by A. Hyatt Mayor. New York: Da Capo, 1969.

Ivins, William M., Jr. *Prints and Visual Communication.* Cambridge, Mass.: Harvard University Press, 1953.

Jackson, J. B. *The Necessity for Ruins and Other Topics.* Amherst: University of Massachusetts Press, 1980.

Jackson, Wallace. *Immediacy: The Development of a Critical Concept from Addison to Coleridge.* Amsterdam: Rodopi, 1973.

Jammer, Max. *Concepts of Force: A Study in the Foundations of Dynamics.* Cambridge, Mass.: Harvard University Press, 1957.

Janeck, Axel. "Naturalismus und Realismus. Untersuchungen zur Darstellung der Natur bei Pieter van Laer und Claude Lorraine." *Storia dell'Arte* 28 (1976): 285–307.

Janson, H. W. "The 'Image Made by Chance' in Renaissance Thought." In *De Artibus Opuscula, XL, Essays in Honor of Erwin Panofsky.* Edited by Millard Meiss. Zurich: Buehler, 1960.

Jauss, H. R., ed. *Nachahmung und Illusion, Colloquium, Giessen, Juni 1963.* Munich: Wilhelm Fink, 1965.

Jauss, H. R., ed. *Literaturgeschichte als Provokation.* Frankfurt-am-Main: Suhrkamp, 1970.

Johnson, Lee McKay. *The Metaphor of Painting. Essays on Baudelaire, Ruskin, Proust, and Pater.* Ann Arbor, Mich.: UMI Research Press, 1980.

Jones, Howard Mumford. *Revolution and Romanticism.* Cambridge, Mass.: Belknap Press of Harvard University Press, 1974.

Jones, Richard Foster. *Ancients and Moderns: A Study of the Rise of the Scientific Movement in Seventeenth-Century England.* Second revised edition. St Louis: Washington University, 1961.

Jones, Richard Foster. "The Background of the Attack on Science in the Age of Pope." In *Pope and His Contemporaries: Essays Presented to George Sherburn.* Oxford: Clarendon, 1949.

Jones, William Powell. *The Rhetoric of Science: A Study of Scientific Ideas and Imagery in Eighteenth-Century Poetry.* Berkeley and Los Angeles: University of California Press, 1966.

Joppien, Rüdiger. "Etude de quelques portraits ethnologiques dans l'oeuvre d'André Thévet." *Gazette des Beaux-Arts* 89 (April 1978): 125–136.

Joppien, Rüdiger. *Philippe Jacques de Loutherbourg, R.A.* Kenwood, Iveagh Bequest: Greater London Council, 1973.

Jullian, Philippe. *Les orientalistes. La vision de l'Orient par les peintres européens au XIXe siècle.* Fribourg: Office du Livre, 1977.

Kaeppler, Adrienne L. *"Artificial Curiosities": An Exposition of Native Manufactures Collected on the Three Pacific Voyages of Captain James Cook, R.N.* Honolulu: Bishop Museum Press, 1978.

Kallich, Martin. "The Association of Ideas and Critical Theory: Hobbes, Locke, and Addison." *ELH* 12 (December 1945): 290–315.

Kammerer, Friedrich. *Zur Geschichte des Landschaftsgefühls im frühen achthzehnten Jahrhundert.* Berlin: S. Calvary, 1909.

Kaufmann, Emil. *Architecture in the Age of Reason.* Cambridge, Mass.: Archon, 1966.

Kaufmann, Thomas Da Costa. "Arcimboldo's Imperial Allegories." *Zeitschrift für Kunstgeschichte* 39, no. 4 (1976): 275–296.

Kayser, Wolfgang. *The Grotesque in Art and Literature.* Translated by Ulrich Weisstein. New York: McGraw-Hill, 1963.

Keast, William R., ed. *Seventeenth-Century English Poetry: Modern Essays in Criticism.* New York: Oxford University Press, 1962.

Keith, W. J. *The Rural Tradition: A Study of the Non-Fiction Prose Writers of the English Countryside.* University of Toronto Press, 1974.

Kemp, Martin. "A Date for Chardin's 'Lady Taking Tea.' " *Burlington* 120 (January 1978): 22–25.

Kemp, Martin. *Leonardo da Vinci: The Marvellous Works of Nature and Man.* Cambridge, Mass.: Harvard University Press, 1981.

Kemp, Wolfgang. "Die Höhle der Ewigkeit." *Zeitschrift für Kunstgeschichte* 32, no. 2 (1969): 133–155.

Kendrick, T. D. *The Lisbon Earthquake.* London: Methuen, 1956.

Kermal, Salim. "The Significance of Natural Beauty." *British Journal of Aesthetics* 19 (spring 1979): 147–166.

Keyes, George S. "Pieter Mulier the Elder." *Oud Holland* 90, no. 4 (1976): 230–261.

Kiernan, Colm. *"Science and the Enlightenment in Eighteenth-Century France." Studies on Voltaire and the Eighteenth Century* 59 (1968).

King-Hele, Desmond. *Erasmus Darwin.* New York: Charles Scribner's Sons, 1963.

Kitson, Michael. "Painting from Nature." *Burlington* 123 (February 1981): 112–115.

Kitson, Michael. *Salvator Rosa.* London: Arts Council of Great Britain, 1973.

Klein, Robert. *La forme et l'intelligible. Ecrits sur la renaissance et l'art moderne.* Edited by André Chastel. Paris: Gallimard, 1970.

Klein, Robert, and Henry Zerner. *Italian Art 1500–1600.* Edited by H. W. Janson. New York: Prentice-Hall, 1966.

Knight, G. Wilson. *The Starlit Dome. Studies in the Poetry of Vision.* London: Oxford University Press, 1941.

Knoepflmacher, U. C., and G. B. Tennyson, eds. *Nature and the Victorian Imagination.* Berkeley and Los Angeles: University of California Press, 1977.

Koch, Robert A. *Joachim Patinir.* Princeton, N.J.: Princeton University Press, 1968.

Körte, Werner. "Deinocrates und die Barocke Phantasie." *Die Antike* 13 (1937): 289–312.

Koester, Olaf. "Joos de Momper the Younger. Prolegomena to the Study of His Paintings." *Artes* 2 (1966): 5–69.

Koopmann, Helmut, and Schmoll, J. Adolf, gen. Eisenwerth, eds. *Beiträge zur Theorie der Künste im 19. Jahrhundert.* Two vols. Frankfurt-am-Main: Vittorio Klostermann, 1971.

Korsmeyer, Carolyn. "The Two Beauties: A Perspective on Hutcheson's Aesthetics." *Journal of Aesthetics and Art Criticism* 38 (winter 1979): 145–151.

Kortum, Hans. *Charles Perrault und Nicolas Boileau. Der Antike-Streit im Zeitalter der Klassischen Französichen Literatur.* Berlin: Rütten & Loening, 1966.

Koyré, Alexandre. *From the Closed World to the Infinite Universe.* Baltimore: Johns Hopkins University Press, 1957.

Koyré, Alexandre. *Newtonian Studies.* Phoenix Books of University of Chicago Press, 1965.

Kris, Ernst. "Der Stil 'rustique,' die Verwendung des Naturabgusses bei Wenzel Jamnitzer und Bernard Palissy." *Jahrbuch der Kunsthistorischen Sammlungen in Wien* N.F. 1 (1926): 137–208.

Kristeller, Paul. *Andrea Mantegna.* Berlin and Leipzig: Cosmos Verlag fur Kunst und Wissenschaft, 1902.

Kroeber, Karl, and William Walling, eds. *Images of Romanticism: Verbal and Visual Affinities.* New Haven, Conn.: Yale University Press, 1978.

Kuhn, Thomas S. *The Structure of Scientific Revolutions.* University of Chicago Press, 1962.

Lacambre, Géneviève. "Pierre-Henri de Valenciennes en Italie: Un journal de voyage inédit." *Bulletin de Société de l'Histoire de l'Art Français, 1978* (1980): 139–172.

Lamb, Carl. *Die Villa d'Este in Tivoli, ein Beitrag zur Geschichte der Gartenkunst.* Munich: Prestel, 1966.

Lamb, H. H. *Climate: Present, Past and Future.* Two vols. London: Methuen, 1972.

Lamb, Jonathan. "Language and Hartleian Associationism in *A Sentimental Journey.*" *Eighteenth-Century Studies* 13 (spring 1980): 285–312.

Landow, George P. *The Aesthetic and Critical Theories of John Ruskin.* Princeton, N.J.: Princeton University Press, 1971.

Langner, Johannes. "Architecture pastorale sous Louis XVI." *Art de France* 3 (1963): 171–186.

Lanham, Richard A. *The Motives of Eloquence: Literary Rhetoric in the Renaissance.* New Haven, Conn.: Yale University Press, 1976.

Lankheit, Klaus. *Der Tempel der Vernunft. Unveröffenliche Zeichnungen von Etienne-Louis Boullée.* Basel and Stuttgart: Birkhäuser, 1968.

La Vaissière, Pascal de. "Paysagistes et paysages voyageurs. Philibert-Bénôit Delarue et L'Encyclopédie." *Nouvelles de l'Estampe* 29 (September–October 1976): 13–17.

La Vaissière, Pascal de. "Un regain d'activité graphique de Philibert-Bénôit Delarue. Une recherche d'absolu." *Gazette des Beaux-Arts* 90 (October 1977): 113–123.

Lazzaro-Bruno, Claudia. The Villa Lante at Bagnaia. Ph.D. diss., Princeton University, 1974.

Lebensztejn, Jean-Claude. "En blanc et noir." *Macula* 1 (1977): 4–13.

Lee, Rensselaer W. *Names on Trees: Ariosto into Art.* Princeton, N.J.: Princeton University Press, 1977.

Leeuw, Hendrik de. *From Flying Horse to Man in the Moon.* New York: Saint Martin's, 1963.

Le Flamanc, Auguste. *Les utopies prérévolutionnaires et la philosophie du 18ᵉ siècle.* Paris: Librairie Philosophique J. Vrin, 1934.

Leichter als Luft. Zur Geschichte der Ballonfahrt. Edited by Peter Berghaus and Bernard Korzus. Münster: Westfälisches Landesmuseum für Kunst und Kulturgeschichte, 1978.

Le Roy Ladurie, Emmanuel. *Histoire du climat depuis l'an mil.* Paris: Flammarion, 1967.

Levine, George. *The Realistic Imagination: English Fiction from Frankenstein to Lady Chatterly.* University of Chicago Press, 1981.

Levine, Joseph M. "Ancients and Moderns Reconsidered." *Eighteenth-Century Studies* 15 (fall 1981): 72–89.

Levine, Steven Z. *Monet and His Critics.* New York: Garland, 1976.

Levitine, George. *The Dawn of Bohemianism: The Barbu Rebellion and Primitivism in Neoclassical France.* University Park: Pennsylvania State University Press, 1977.

Levitine, George. "The Influence of Lavater and Girodet's *Expression des sentiments de l'âme.*" *Art Bulletin* 36 (March 1954): 32–44.

Levitine, George. "Quelques aspects peu connus de Girodet." *Gazette des Beaux-Arts* 65 (April 1965): 230–246.

Levitine, George. *The Sculpture of Falconet. With Translations of Eda Mezer Levitine of the Réflexions sur la sculpture.* Greenwich, Conn.: New York Graphic Society, 1971.

Licht, Fred. *Sculpture 19th and 20th Centuries. A History of Western Sculpture.* Edited by Fred Licht. Greenwich, Conn.: New York Graphic Society, 1967.

Lindsay, Jack. *J. M. W. Turner, His Life and Work, a Critical Biography.* Greenwich, Conn.: New York Graphic Society, 1966.

Lindsay, Lionel. *Conrad Martens: The Man and His Art.* Revised by Douglas Dundas. Sydney: Angus and Robertson, 1968.

Lippky, Gerhard. "Eduard Hildebrandt: der Maler des Kosmos aus Danzig." *Westpreussen Jahrbuch* 19 (1969): 78–84.

Litz, Francis Edwards. "Richard Bentley on Beauty, Irregularity, and Mountains." *ELH* 12 (December 1945): 327–332.

Löschner, Renate. *Deutsche Künstler in Latein Amerika. Maler und Naturforscher des 19. Jahrhunderts illustrieren einen Kontinent.* Berlin: Dietrich Reimer, 1978.

Lonchamp, F. C. *J.-L. Aberli (1723–1786), son temps, sa vie et son oeuvre.* Paris and Lausanne: Librairie des Bibliophiles, 1927.

Lonchamp, F. C. *Un siècle d'art suisse (1730–1830). L'estampe et le livre à gravures. Guide de l'amateur.* Lausanne: Librairie des Bibliophiles, 1920.

Lovejoy, Arthur O. "The Chinese Origin of Romanticism." *Journal of English and Germanic Philology* 32 (January 1933): 1–20.

Lovejoy, Arthur O., and George Boas. *Primitivism and Related Ideas in Antiquity.* Vol. I. Baltimore: Johns Hopkins University Press, 1935.

Lowenthal, David, and Hugh C. Prince. "The English Landscape." *Geographical Review* 54 (July 1964): 309–346.

Lukács, Georg. *Studies in European Realism: A Sociological Survey of the Writings of Balzac, Stendhal, Zola, Tolstoy, Gorki and Others.* Translated by Edith Bowe. London: Hillway, 1950.

Lunsingh Scheurleer, D. F. *Chinese Export Porcelain. Chine de commande.* Salem, N.H.: Faber and Faber, 1974.

McCarthy, Michael. "Sir Roger Newdigate: Some Piranesian Drawings." *Burlington* 120 (October 1978): 671–674.

Macaulay, Rose. *Pleasure of Ruins.* New York: Walker, 1966.

Mack, Maynard. *The Garden and the City: Retirement and Politics in the Later Poetry of Pope, 1731–1743.* University of Toronto Press, 1969.

McFarland, Thomas. *Romanticism and the Forms of Ruin: Wordsworth, Coleridge, and Modalities of Fragmentation.* Princeton, N.J.: Princeton University Press, 1981.

McKay, Helen M., ed. *The South African Drawings of William J. Burchell.* Two vols. Johannesburg: Witwatersrand University Press, 1952.

McMordie, Colin. "Louis-François Cassas: The Formation of a Neo-Classical Landscapist." *Apollo* 103 (March 1976): 228–230.

McMullin, Ernan. *Newton on Matter and Activity.* Notre Dame, Indiana: University of Notre Dame Press, 1978.

Majewski, Henry F. "Mercier and the Preromantic Myth of the End of the World." *Studies in Romanticism* 7 (autumn 1967): 16–29.

The Malaspina Expedition: "In the Pursuit of Knowledge." Santa Fe: Museum of New Mexico Press, 1977.

Malek, James. "Charles Lamotte's 'An Essay upon Poetry and Painting' and Eighteenth-Century British Aesthetics." *Journal of Aesthetics and Art Criticism* 29 (summer 1971): 467–473.

Malins, Edward. *English Landscaping and Literature, 1660–1840.* London: Oxford University Press, 1966.

Manley, Lawrence. *Convention, 1500–1700.* Cambridge, Mass.: Harvard University Press, 1980.

Manwaring, Elizabeth. *Italian Landscape in Eighteenth-Century England.* New York: Oxford University Press, 1925.

Marandel, Jean Patrice. "Pittori stranieri a Napoli." *Civilità del '700 a Napoli, 1734–1799.* Vol. I. Naples: Centro Di, 1979.

Margolis, Joseph. "Aesthetic Appreciation and the Imperceptible." *British Journal of Aesthetics* 16 (August 1976): 305–312.

Marlier, Georges. "Pourquoi ces rochers à visages humains?" *Connaissances des Arts* 129 (June 1962): 82–91.

Martienssen, Heather. "Madame Tussaud and the Limits of Likeness." *British Journal of Aesthetics* 20 (spring 1980): 128–134.

Marty-L'Herme, Jean-Jacques. "Les cas de Jean-Jacques Lequeu." *Macula* 5/6 (1979): 138–149.

Mauner, George. *Manet, peintre-philosophe.* University Park: Pennsylvania State University Press, 1975.

Maury, Fernand. *Etude sur la vie et les oeuvres de Bernardin de Saint-Pierre.* Geneva: Slatkine Reprints, 1971.

Mazzeo, J. A., ed. *Reason and the Imagination: Studies in the History of Ideas 1600–1800.* New York: Columbia University Press, 1962.

Megaw, J. V. S., ed. *Employ'd as a Discoverer: Papers Presented at the Captain Cook Bi-Centenary Symposium.* Sydney: A. H. & A. W. Reed, 1971.

Méjanès, J.-F. "A Spontaneous Feeling for Nature. French Eighteenth-Century Landscape Drawings." *Apollo* 104 (November 1976): 396–404.

Mercier, Roger. "La théorie des climats des 'Réflections critiques' à 'l'Esprit des lois.' " *Revue d'Histoire Littéraire de la France* 53 (1953): part I, 17–37.

Methken, Günter. "Jean-Jacques Lequeu ou l'architecture rêvée." *Gazette des Beaux-Arts* 65 (April 1965): 213–230.

Metzger, Hélène. "La littérature scientifique française au XVIIIe siècle." *Archeion* 16 (1934): 1–17.

Miller, Craig W. "Coleridge's Concept of Nature." *Journal of the History of Ideas* 25 (January–March 1964): 77–96.

Miller, Naomi. *Heavenly Caves: Reflections on the Garden Grotto.* New York: Braziller, 1982.

Miller, Norbert. *Archäologie des Traums.* Munich and Vienna: Hanser, 1978.

Mitchell, T. C. *Captain Cook and the South Pacific.* British Museum Yearbook 3 London: British Museum Publications, 1979.

Mittig, Hans-Ernst, and Völker Plagemann. *Denkmaler im 19. Jahrhundert, Deutung und Kritik.* Studien zur Kunst des 19. Jahrhunderts, vol. 20. Munich: Prestel, 1972.

Monglond, André. *Le préromantise français.* Two vols. Grenoble: B. Arthaud, 1930.

Moore, Cecil Albert. *Backgrounds of English Literature, 1700–1760.* New York: Octagon, 1969.

Mornet, Daniel. *Le romantisme en France au XVIIIe siècle.* Geneva: Slatkine Reprints, 1970.

Mornet, Daniel. *Les sciences de la nature en France au XVIIIe siècle. Un châpitre de l'histoire des idées.* Paris: Armand Colin, 1911.

Mornet, Daniel. *Le sentiment de la nature en France de J.-J. Rousseau à Bernardin de Saint-Pierre.* Paris: Hachette, 1907.

Mortier, Roland. " 'Sensibility,' 'Neoclassicism,' or 'Preromanticism.' " In *Eighteenth-Century Studies Presented to Arthur M. Wilson.* Edited by Peter Gay. Hanover, N.H.: University Press of New England, 1972.

Moss, Roger B. "Sterne's Punctuation." *Eighteenth-Century Studies* 15 (winter 1981–82): 179–200.

Mosser, Monique. *Jardins en France, 1760–1820. Pays d'illusion, terre d'expériences.* Paris: Hôtel de Sully, 1977.

Mrazek, Wilhelm. "Metaphorische Denkform und ikonologische Stilform. Zur Grammatik und Syntax bildlicher Formelelemente der Barockkunst." *Alte und Moderne Kunst* 9 (March–April 1964): 15–23.

Muller-Hofstede, Annedore. *Der Landschaftsmaler Pascha Johann Friedrich Weitsch (1723–1803).* Braunschweig: Waisenhaus, 1973.

Murphy, Alexandra R. *Visions of Vesuvius.* Boston: Museum of Fine Arts, 1978.

Naef, Weston J., and James N. Wood. *Era of Exploration. The Rise of Landscape Photography in the American West, 1860–1885.* Boston: New York Graphic Society, 1975.

National Maritime Museum: Catalogue of the Library. Voyages and Travels. Vol. I. London: Her Majesty's Stationery Office, 1968.

The Natural Paradise: Painting in America 1800–1950. Edited by Kynaston McShine. New York: Museum of Modern Art, 1976.

Néagu, Philippe. "Meryon: Le voyage en Océanie. Lettres de Meryon à l'administration des beaux-arts concernant la publication de son *Voyage en Océanie.*" *Nouvelles de l'Estampe* 58–59 (July–October 1981): 12–23.

Nelkin, Halina. *Alexander von Humboldt. His Portraits and Their Artists: A Documentary Iconography.* Berlin: Dietrich Reimer, 1980.

Nelkin, Halina. *Humboldtiana at Harvard.* Cambridge, Mass.: Harvard University Press, 1976.

Nemitz, Fritz. *Caspar David Friedrich, die unendliche Landschaft.* Munich: F. Bruckmann, 1940.

Nerdinger, Winfried. "Zur Entstehung des Realismus-Begriffs in Frankreich und zu seiner Anwendung im Bereich der ungegendständlichen Kunst." *Städel-Jahrbuch,* N.F., 5 (1975): 227–246.

Nicolson, Marjorie Hope. *The Breaking of the Circle: Studies in the Effect of the "New Science" upon Seventeenth-Century Poetry.* New York: Columbia University Press, 1960.

Nicolson, Marjorie Hope. *Mountain Gloom and Mountain Glory: The Development of the Aesthetics of the Infinite.* Ithaca, N.Y.: Cornell University Press, 1959.

Nicolson, Marjorie Hope. *Newton Demands the Muse. Newton's "Opticks" and the Eighteenth-Century Poets.* London: Archon, 1963.

Nicolson, Marjorie Hope. *Science and the Imagination.* Hamden, Conn.: Archon, 1976.

Nicolson, Marjorie Hope, and G. S. Rousseau. *"This Long Disease, My Life." Alexander Pope and the Sciences.* Princeton, N.J.: Princeton University Press, 1968.

Noël, Martha. "Le thème de l'eau chez Senancour." *Revue des Sciences Humaines* 29 (July–September 1962): 357–365.

Nørgaard, Eric. *The Book of Balloons.* Translated and revised by Eric Hildesheim. New York: Crown, 1971.

Novak, Barbara. *American Painting of the Nineteenth Century: Realism, Idealism, and the American Experience.* New York: Harper & Row, 1979.

Novak, Barbara. *Nature and Culture: American Landscape Painting 1825–1875.* New York: Oxford University Press, 1980.

Novotny, Fritz. *Adalbert Stifter als Maler.* Vienna: A. Schroll, 1941.

Noyes, Russell. *Wordsworth and the Art of Landscape.* Bloomington: Indiana University Press, 1968.

Nyberg, Dorothea. *Meissonnier, an Eighteenth-Century Maverick.* New York: Benjamin Blom, 1969.

Oechslin, Werner. "Pyramide et sphère. Notes sur l'architecture révolutionnaire du XVIIIe siècle et ses sources italiennes." *Gazette des Beaux-Arts* 77 (April 1971): 200–238.

O'Gorman, Edmundo. *The Invention of America.* Bloomington: University of Indiana Press, 1961.

Okun, Henry. "Ossian in Painting." *Journal of the Warburg and Courtauld Institutes* 30 (1967): 327–356.

Ong, Walter J. *Rhetoric, Romance, and Technology.* Ithaca, N.Y.: Cornell University Press, 1971.

Opper, Jacob. *Science and the Arts: A Study in Relationships from 1600–1900.* Rutherford, N.J.: Fairleigh Dickinson University Press, 1973.

Orgel, Stephen. *The Illusion of Power: Political Theater in the English Renaissance.* Berkeley and Los Angeles: University of California Press, 1975.

Orgel, Stephen, and Roy Strong. *Inigo Jones: The Theatre of the Stuart Court.* Two vols. Berkeley and Los Angeles: University of California Press, 1973.

Orian, Alfred. *La vie et l'oeuvre de Philibert Commerson des Humbers.* Mauritius: Mauritius Printing Co., 1973.

Osbourne, Harold. "Concepts of Order in the Natural Sciences and the Visual Fine Arts." *Leonardo* 14 (autumn 1981): 290–294.

Ossian und die Kunst um 1800. Hamburg: Kunsthalle, 1974.

Ozouf, Mona. *La fête révolutionnaire 1789–1799.* Paris: Gallimard, 1976.

Panofsky, Erwin. " 'Nebulae in Pariete': Notes on Erasmus' Eulogy on Dürer." *Journal of the Warburg and Courtauld Institutes* 14 (1951): 34–39.

Parks, George P. "The Turn to the Romantic in the Travel Literature of the Eighteenth Century." *Modern Language Quarterly* 25 (March 1964): 22–23.

Parris, Leslie, Ian Fleming-Williams, and Conal Shields. *Constable: Paintings, Watercolours & Drawings.* London: Tate Gallery, 1976.

Patterson, Helen Temple. "Poetic Genesis: Sebastien Mercier into Victor Hugo." *Studies on Voltaire and the Eighteenth Century* (1960).

Paulson, Ronald. *Emblem and Expression. Meaning in English Art of the Eighteenth-Century.* London: Thames and Hudson, 1975.

Pearce, Roy Harvey. "The Eighteenth-Century Scottish Primitivists: Some Reconsiderations." *ELH* 12 (September 1945): 203–220.

Penny, Nicholas. "Ruskin's Ideas on Growth in Architecture and Ornament." *British Journal of Aesthetics* 13 (summer 1973): 276–286.

Percy, Ann. *Giovanni Benedetto Castiglione (1616–1670).* Philadelphia: Museum of Art, 1971.

Pérouse de Montclos, J.-M. *Etienne-Louis Boullée (1728–1799) de l'architecture classique à l'architecture révolutionnaire.* Paris: Arts et Métiers, 1969.

Pérouse de Montclos, J.-M. "Le sixième ordre d'architecture, ou la pratique des ordres suivants les nations." *Journal of the Society of Architectural Historians* 36 (December 1977): 223–240.

Pevsner, Nikolaus, ed. *The Picturesque Garden and Its Influence outside the British Isles.* Washington, D.C.: Dumbarton Oaks, 1974.

Pevsner, Nikolaus, ed. *Studies in Art, Architecture and Design.* Two vols. London: Thames and Hudson, 1968.

Piechotta, Hans Joachim, ed. *Reise und Utopie. Zur Literatur der Spätaufklarung.* Frankfurt-am-Main: Suhrkamp, 1976.

Piel, Friedrich. *Das Ornament-Groteske in der Italienischen Renaissance; zu Ihrer kategorialen Struktur und Entstehung.* Berlin: de Gruyter, 1962.

Piel, Friedrich, and Jörg Traeger, eds. *Festschrift Wolfgang Braunfels.* Tübingen: Ernst Wasmuth, 1977.

Piggott, Stuart. *The Druids.* New York: Praeger, 1975.

Piper, H. W. *The Active Universe: Pantheism and the Concept of Imagination in the English Romantic Poets.* London: Athlone, 1962.

Piper, H. W. "The Pantheistic Sources of Coleridge's Early Poetry." *Journal of the History of Ideas* 20 (January 1959): 47–59.

Piranèse et les français, 1740–1790. Rome: Edizione dell'Elefante, 1976.

Pochat, Götz. *Der Exotismus des Mittelalters und der Renaissance.* Stockholm: Almquist & Wiksell, 1970.

Pointon, Marcia. "Geology and Landscape Painting in Nineteenth-Century England." *British Society for the History of Science* 1 (1979): 84–108.

Pomeau, René. "La Pérouse philosophe." *Approches des Lumières. Mélanges offerts à Jean Fabre.* Paris: Klincksieck, 1974.

Popyzecka, Maria. "Le paysage industriel vers 1600." *Bulletin du Musée National de Varsovie* 14 (1973): 42–51.

Possin, Hans-Joachim. *Natur und Landschaft bei Addison.* Edited by Gerhard Müller-Schwefe and Friedrich Schubel. Tübingen: Max Niemeyer, 1965.

Possin, Hans-Joachim. *Reisen und Literatur. Das Thema des Reisens in der Englischen Literatur des 18. Jahrhunderts.* Tübingen: Max Niemeyer, 1972.

Poulet, Georges. *The Metamorphoses of the Circle.* Translated by Carley Dawson and Elliott Coleman. Baltimore: Johns Hopkins University Press, 1966.

Poulet, Georges. *Trois essais de mythologie romantique.* Paris: José Corti, 1966.

Prause, Marianne. *Carl Gustav Carus, Leben und Werke.* Berlin: Deutscher Verlag für Kunstwissenschaft, 1968.

Price, Martin. *To the Palace of Wisdom. Studies in Order and Energy from Dryden to Blake.* Garden City, N.Y.: Doubleday, 1964.

Prince, Hugh C. "The Geographical Imagination." *Landscape* 11 (winter 1961–62): 22–25.

Proust, Jacques. *L'Encyclopédie.* Paris: Armand Colin, 1965.

Raeber, Willi. *Caspar Wolf, 1735–1783, sein Leben und sein Werk. Ein Beitrag zur Geschichte der Schweizer Malerei des 18. Jahrhunderts.* Munich: Sauerländer, Prestel, 1979.

Raines, Robert. "Watteaus and 'Watteaus' in England before 1760." *Gazette des Beaux-Arts* 88 (February 1977): 51–64.

Rappaport, Rhoda. "Geology and Orthodoxy: The Case of Noah's Flood in Eighteenth-Century Thought." *British Journal of the History of Science* 11 (1978): 1–18.

Raval, R. L. "The Picturesque: Knight, Turner and Hipple." *British Journal of Aesthetics* 18 (summer 1978): 249–260.

Ray, N. R. *A Descriptive Catalogue of the Daniells' Work in the Victoria Memorial.* Calcutta: M. R. Mitra, n.d.

Rehder, Helmut. *Die Philosophie der unendlichen Landschaft. Ein Beitrag zur Geschichte der Romantischen Weltanschauung.* Halle and Saale: Max Niemeyer, 1932.

Reudenbach, Bruno. *G. B. Piranesi. Architektur als Bild.* Munich: Prestel, 1979.

Reutersvärd, Oscar. "De 'sjunkande' cenotafierna hos Moreau, Fontaine, Boullée och Gay." *Könsthistorisk Tidskrift* 28 (1959): 110–126.

Revello, Jose Torre. *Los artistas pintores de la expedicion Malaspina.* Buenos Aires: Jacobo Pevser, 1944.

Rheims, Maurice. *La sculpture au XIX*^{e} *siècle.* Paris: Arts et Métiers Graphiques, 1972.

Richert, Gertrud. *Johann Moritz Rugendas. Ein Deutscher Maler im Ibero-Amerika.* Munich: Filser, 1952.

Ritterbush, Philip C. *Overtures to Biology: The Speculations of Eighteenth-Century Naturalists.* New Haven, Conn.: Yale University Press, 1964.

Robson-Scott, W. D. *The Literary Background of the Gothic Revival in Germany.* Oxford: Clarendon, 1965.

Robson-Scott, W. D. *The Younger Goethe and the Visual Arts.* Cambridge University Press, 1981.

Røstvig, Maren-Sofie. *The Happy Man: Studies in the Metamorphoses of a Classical Ideal.* Two vols. New York: Humanities Press, 1971.

Röttigen, Steffi. "Mengs, Alessandro Albani und Winckelmann—Idee und Gestalt des Parnass in der Villa Albani." *Storia dell'Arte* 30/31 (1977): 87–156.

Role, A. *Vie adventureuse d'un savant: Philibert Commerson, martyr de la botanique, 1727–1773.* Saint Denis: Cazal, 1973.

Rose, Mary Carmen. "Nature as Aesthetic Object: An Essay in Meta-Aesthetics." *British Journal of Aesthetics* 16 (winter 1976): 3–12.

Rosenau, Helen. *The Ideal City, Its Architectural Evolution.* New York: Harper & Row, 1972.

Rosenberg, Albert. "Bishop Sprat on Science and Imagery." *Isis* 43 (September 1952): 220–222.

Rosenberg, Pierre, and Isabelle Compin. "Quatre nouveaux Fragonard au Louvre." *Revue du Louvre* 2, no. 4–5 (1974): 263–278.

Rosenblum, Robert. *Modern Painting and the Northern Romantic Tradition: Friedrich to Rothko.* New York: Harper & Row, 1975.

Rosenthal, Bernard. *City of Nature: Journeys to Nature in the Age of American Romanticism.* East Brunswick, N.J.: University of Delaware Press, 1980.

Rossi, Paolo. *Francis Bacon: From Magic to Science.* Translated by Sacha Rabinovitch. London: Routledge & Kegan Paul, 1968.

Roth, Alfred G. *Die Gestirne in der Landschaftsmalerei des Abendlandes.* Edited by Hans R. Hahnloser. Bern-Bümplitz: Benteli, 1945.

Rothgeb, John Reese. The Scenographic Expression of Nature (1545–1845): The Development of Style. Ph.D. diss., Case Western Reserve University, 1971.

Rothstein, Eric. " 'Ideal Presence' and the 'Non Finito' in Eighteenth-Century Aesthetics." *Eighteenth-Century Studies* 9 (spring 1976): 307–332.

Roule, Louis. *Bernardin de Saint-Pierre et Harmonie de la nature.* Paris: Flammarion, 1930.

Rubin, James Henry. "Endymion's Dream as a Myth of Romantic Inspiration." *Art Quarterly,* N.S., 2 (spring 1978): 47–84.

Rubin, James Henry. "Gros and Girodet." *Burlington* 121 (November 1979): 716–721.

Rubin, James Henry. *Realism and Social Vision in Courbet and Proudhon.* Princeton, N.J.: Princeton University Press, 1980.

Rudwick, M. J. S. "The Emergence of a Visual Language for Geological Science, 1760–1840." *History of Science* 14 (1976): 149–195.

Rudwick, M. J. S. "Transposed Concepts from the Human Sciences in the Early Work of Charles Lyell." *British Society for the History of Science* 1 (1979): 67–83.

Russell, H. Diane. *Jacques Callot: Prints & Related Drawings.* Washington, D.C.: National Gallery of Art, 1975.

Russell, John, and Andrew Wilton. *Turner in der Schweiz.* Dubendorf: De Clivo, 1976.

Said, Edward W. *Orientalism.* New York: Pantheon, 1978.

Saisselin, Remy G. "Neoclassicisme, discours et temps." *Gazette des Beaux-Arts* 94 (July–August 1979): 18–24.

Saisselin, Remy G. *Taste in Eighteenth-Century France: Critical Reflections on the Origins of Aesthetics.* Syracuse, N.Y.: Syracuse University Press, 1965.

Salerno, Luigi, "La pittura di paesaggio." *Storia dell'Arte* 34/35 (1975): 111–124.

Sarton, George. *Six Wings. Men of Science in the Renaissance.* Bloomington: Indiana University Press, 1957.

Saunders, Jason Lewis. *Justus Lipsius, the Philosophy of Renaissance Stoicism.* New York: Liberal Arts Press, 1955.

Schapiro, Meyer. *Words and Pictures: On the Literal and the Symbolic in the Illustrations of a Text.* Edited by Thomas A. Sebeok. The Hague and Paris: Mouton, 1973.

Schenck, Eva-Maria. *Das Bilderrätsel.* Cologne: Walter Kleikamp, 1968.

Schinkel, Karl Friedrich. Werke und Wirkungen. Berlin: Martin-Gropius-Bau, 1981.

Schlosser, Julius von. *Die Kunst und Wunderkammern der Spätrenaissance. Ein Beitrag zur Geschichte des Sammelwesens.* Edited by Jean-Louis Spousel. Leipzig: Klinkhardt & Biermann, 1908.

Schlumberger, Eveline. "La foi artistique de Chateaubriand." *Connaissance des Arts* 197/198 (July–August 1968): 129–135.

Schmid, Walter. *Romantic Switzerland, Mirrored in the Literature and Graphic Art of the Eighteenth and Nineteenth Centuries.* Bern: Hallwag, 1965.

Schmitt, Otto. "Ein Skizzenbuchblatt C.D. Friedrich im Wallraf-Richartz-Museum." *Wallraf-Richartz Jahrbuch* 11 (1939): 290–295.

Schmoll, J. A., gen. Eisenwerth. "Naturalismus und Realismus: Versuch zur Formulierung verbindlicher Begriffe." *Städel-Jahrbuch*, N.F., 5 (1975): 247 ff.

Schofield, Robert E. *The Lunar Society of Birmingham, A Social History of Provincial Science and Industry in Eighteenth-Century England.* Oxford: Clarendon, 1963.

Schofield, Robert E. *Mechanism and Materialism: British Natural Philosophy in an Age of Reason.* Princeton, N.J.: Princeton University Press, 1970.

Schofield, Robert E. "John Wesley and Science in Eighteenth-Century England." *Isis* 49 (December 1953): 331–340.

Schon, Donald A. *Invention and the Evolution of Ideas.* London: Tavistock, 1963.

Schreiber-Favre, Alfred. *La lithographie artistique en Suisse au XIXe siècle: Alexandre Calame: le paysage.* Neuchâtel: A la Baconnière, 1967.

Schwartz, Richard B. *Samuel Johnson and the New Science.* Madison: University of Wisconsin Press, 1971.

Schweiger, Peter. "The Masculine Mode." *Critical Inquiry* 5 (summer 1979): 621–633.

Schweizer, W. R. "The Swiss Print." *Connoisseur* 130 (November 1952): 85–89.

Scott, Jonathan. *Piranesi.* New York: Saint Martin's, 1975.

Scott, Wilson L. "The Significance of 'Hard Bodies' in the History of Scientific Thought." *Isis* 50 (June 1959): 199–210.

Scully, Vincent. *The Earth, the Temple, and the Gods: Greek Sacred Architecture.* New Haven, Conn.: Yale University Press, 1962.

Sergel, Johan Tobias, 1740–1814. Hamburg: Kunsthalle, 1975.

Serullaz, Arlette, and Nathalie Volle. "Dessins inédits de Fragonard, David et Drouais." *Revue du Louvre* 2 (1974): 77–81.

Sewell, Elizabeth. *The Orphic Voice: Poetry and Natural History.* New Haven, Conn.: Yale University Press, 1960.

Seznec, Jean. *Essais sur Diderot et l'antiquité.* Oxford: Clarendon, 1957.

Shapiro, Gary. "Intention and Interpretation in Art: A Semiotic Analysis." *Journal of Aesthetics and Art Criticism* 33 (fall 1974): 33–42.

Shearman, John. *Mannerism.* Harmondsworth: Penguin, 1967.

Shellim, Maurice. *The Daniells in India and the Waterfall at Papanasam.* Calcutta: The Statesman Ltd., 1970.

Shephard, Paul, Jr. "The Cross Valley Syndrome." *Landscape* 10 (spring 1961): 4–8.

Sircello, Guy. *Mind and Art.* Princeton, N.J.: Princeton University Press, 1972.

Siren, Osvald. *China and Gardens of Europe of the Eighteenth Century.* New York: Ronald, 1950.

Siren, Osvald. *Gardens of China.* New York: Ronald, 1949.

Sjögren, Christine Oertel. *The Marble Statue as Idea: Collected Essays on Adelbert Stifter's Der Nachsommer.* Chapel Hill: University of North Carolina Press, 1972.

Skultans, Vieda. *English Madness: Ideas on Insanity 1580–1890.* London: Routledge & Kegan Paul, 1980.

Smith, Anthony D. "The 'Historical Revival' in Late Eighteenth-Century England and France." *Art History* 2 (June 1979): 156–178.

Smith, Bernard. *The Antipodean Manifesto: Essays in Art and History.* Melbourne: Oxford University Press, 1976.

Smith, Bernard. *Art as Information: Reflections on the Art from Captain Cook's Voyages.* Sydney University Press, 1978.

Smith, Bernard. *Australian Painting, 1788–1960.* Melbourne: Oxford University Press, 1962.

Smith, Bernard. *European Vision and the South Pacific, 1768–1850. A Study in the History of Art and Ideas.* Oxford: Clarendon, 1960.

Snelders, H. A. M. "Romanticism and Naturphilosophie and the Inorganic Natural Sciences, 1797–1840." *Studies in Romanticism* 9 (summer 1970).

Snyder, Joel. "Picturing Vision." In *The Language of Images.* Edited by W. J. T. Mitchell. University of Chicago Press, 1980.

Snyder, Joel, and Doug Munson. *The Documentary Photograph as a Work of Art: American Photographs, 1860–1876.* Chicago: David and Alfred Smart Gallery, 1976.

Soboul, Albert. *La civilisation et la révolution française.* Collections les grandes civilisations. Edited by Raymond Bloch. Vol. I. Paris: Arthaud, 1970.

Solar, Gustav, and Jost Hösli. *Hans Conrad Escher von der Linth. Ansichten und Panoramen der Schweiz. Die Ansichten 1780–1822.* Zurich: Atlantis, 1974.

Sommervogel, Carlos. *Table méthodique des Mémoires de Trévoux.* Geneva: Slatkine Reprints, 1969.

Spector, Jack J. *Delacroix: The Death of Sardanapalus.* London: Allen Lane, 1974.

Stafford, Barbara Maria. "Beauty of the Invisible: Winckelmann and the Aesthetics of Imperceptibility." *Zeitschrift für Kunstgeschichte,* Sonderdruck, 43 (1980): 65–78.

Stafford, Barbara Maria. "Endymion's Moonbath: Art and Science in Girodet's Early Masterpiece." *Leonardo* 15, no. 3 (1982): 193–198.

Stafford, Barbara Maria. "Les météores de Girodet." *Revue de l'Art* 46 (1979): 46–51.

Stafford, Barbara Maria. "Rude Sublime: The Taste for Nature's Colossi in the Late Eighteenth and Early Nineteenth Centuries." *Gazette des Beaux-Arts* 97 (April 1976): 113–126.

Stafford, Barbara Maria. "Toward Romantic Landscape Perception: Illustrated Travel Accounts and the Rise of 'Singularity' as an Aesthetic Category." *Art Quarterly,* N.S., 1 (autumn 1977): 89–124.

Stafford, Barbara Maria. *Symbol and Myth. Humbert de Superville's Essay on Absolute Signs in Art.* Cranbury, N.J.: Associated University Presses, 1979.

Staley, Allen. *The Pre-Raphaelite Landscape.* Oxford: Clarendon, 1973.

Starobinski, Jean. "Rousseau's Happy Days." *New Literary History* 11 (autumn 1979): 147–166.

Starobinski, Jean. *1789, Les emblèmes de la raison.* Paris: Flammarion, 1973.

Stavenhagen, Lee. "Narrative Illustration and the Mute Books of Alchemy." *Explorations in Renaissance Culture* 5 (1979): 56–69.

Stechow, Wolfgang. *Peter Brueghel, the Elder.* London: Thames and Hudson, 1970.

Stechow, Wolfgang. *Dutch Landscape Painting of the Seventeenth Century*. London: Phaidon, 1966.

Steiner, George. *After Babel: Aspects of Language and Translation*. New York: Oxford University Press, 1975.

Steiner, Wendy. *The Colors of Rhetoric: Problems in the Relation between Modern Literature and Painting*. University of Chicago Press, 1982.

Stempel, Daniel. "Revelation on Mount Snowdon: Wordsworth, Coleridge, and the Fichtean Imagination." *Journal of Aesthetics and Art Criticism* 29 (spring 1971): 371–384.

Stilgoe, John R. *Common Landscape of America, 1580 to 1845*. New Haven, Conn.: Yale University Press, 1982.

Stuebe, Isabel Combs. *The Life and Works of William Hodges*. New York: Garland, 1979.

Stuebe, Isabel Combs. "William Hodges and Warren Hastings: A Study in Eighteenth-Century Patronage." *Burlington* 115 (October 1973): 659–666.

Sullivan, Michael. "Pictorial Art and the Attitude toward Nature in Ancient China." *Art Bulletin* 36 (March 1954): 1–20.

Summers, David. "Contrapposto: Style and Meaning in Renaissance Art." *Art Bulletin* 59 (September 1977): 336–361.

Summers, David. *Michelangelo and the Language of Art*. Princeton, N.J.: Princeton University Press, 1980.

Summers, Joseph H. "The Poem as Hieroglyph." In *Seventeenth-Century English Poetry*. Edited by William R. Keast. Revised edition. London: Oxford University Press, 1971.

Summerson, John. "Le tombeau de Sir John Soane." *Revue de l'Art* 30 (1975): 51–54.

Sumowski, Werner. *Caspar David Friedrich-Studien*. Wiesbaden: Franz Steiner, 1970.

Sutton, Thomas. *The Daniells, Artists and Travellers*. London: Bodley Head, 1954.

Taillemite, Etienne. *Bougainville et ses compagnons autour du monde, 1766–1769*. Two vols. Paris: Imprimerie Nationale, 1977.

Takeuchi, Toshio. "Die Schönheit des Unbelebten." In *Proceedings of the VIth International Congress of Aesthetics*, 1968. Edited by Rudolf Zeitler. Uppsala: Almquist and Wiksell, 1972.

Teyssèdre, Bernard. *Roger de Piles et les débats sur le coloris au siècle de Louis XIX*. Paris: Bibliothèque des Arts, 1957.

Thackray, Arnold. *Atoms and Powers: An Essay on Newtonian Matter-Theory and the Development of Chemistry*. Cambridge, Mass.: Harvard University Press, 1970.

Thalmann, Marianne. *Zeichensprache der Romantik*. Heidelberg: Stiehm, 1967.

Theurillat, Jacquelline. *Les mystères de Bomarzo et des jardins symboliques de la renaissance*. Geneva: Trois Anneaux, 1973.

Thielemann, Leland. "Diderot and Hobbes." *Diderot Studies* 2 (1952): 221–278.

Thompson, H. R. "The Geographical and Geological Observations of Bernard Palissy the Potter." *Annals of Science* 10 (June 1954): 149–165.

Thornes, John. "Constable's Clouds." *Burlington* 121 (November 1979): 697–704.

Todorov, Tzvetan. *The Fantastic: A Structural Approach to a Literary Genre*. Translated by Richard Howard. Cleveland: Press of Case Western Reserve University, 1973.

Tombo, Rudolf. *Ossian in Germany*. New York: AMS, 1966.

Toulmin, Stephen, and June Goodfield. *The Architecture of Matter*. New York: Harper & Row, 1962.

Trachtenberg, Marvin. "The Statue of Liberty: Transparent Banality or Avant-Garde Conundrum." *Art in America* 62 (May–June 1974): 36–42.

Traeger, Jörg. *Philipp Otto Runge und sein Werk. Monographie und kritischer Katalog*. Munich: Prestel, 1975.

Trimpi, Wesley. *Ben Jonson's Poems, A Study of the Plain Style*. Stanford, Calif.: Stanford University Press, 1962.

Trimpi, Wesley. "The Meaning of Horace's *ut pictura poesis*." *Journal of the Warburg and Courtauld Institutes* 36 (1973): 1–34.

Trousson, Raymond. *Le thème de Prométhée dans la littérature éuropéene*. Two vols. in one. Geneva: Droz, 1964.

Tuan, Yi-Fu. *Topophilia. A Study of Environmental Perception, Attitudes, and Values*. Englewood Cliffs, N.J.: Prentice-Hall, 1974.

Tucker, Susie I. *Enthusiasm, A Study in Semantic Change*. Cambridge University Press, 1972.

Turner, A. Richard. *The Vision of Landscape in Renaissance Italy*. Princeton, N.J.: Princeton University Press, 1966.

Turner, James. "Landscape and the 'Art Prospective' in England, 1584–1660." *Journal of the Warburg and Courtauld Institutes* 42 (1979): 290–293.

Tuveson, Ernest Lee. *The Imagination as a Means of Grace. Locke and the Aesthetics of Romanticism*. Berkeley and Los Angeles: University of California Press, 1960.

Tuveson, Ernest Lee. "Space, Deity, and the 'Natural Sublime.' " *Modern Language Quarterly* 12 (1951): 20–38.

Twyman, Michael. *Lithography, 1800–1850*. London: Oxford University Press, 1970.

Van Gennep, Arnold. *The Rites of Passage*. Translated by Monika B. Vizedom and Gabrielle L. Caffee. University of Chicago Press, 1960.

Van Leeuwen, Henry G. *The Problem of Certainty in English Thought*. Second edition. The Hague: Martinus Nijhoff, 1970.

Van Luttervelt, R. *De "Turkse" Schilderijen van J. B. Vanmour en zijn School. De Verzameling van Cornelis Calkoen, Ambassadeur bij de Hoge Porte, 1725–1743*. Istanbul: Nederlands Historisch-Archaeologisch Instituut in het Nabije Oosten, 1958.

Van Tieghem, Paul. *L'Année Littéraire (1754–1790) comme intermediare en France des littératures étrangères*. Geneva: Slatkine Reprints, 1969.

Van Tieghem, Paul. *Le sentiment de la nature dans le préromantisme européen*. Paris: A. G. Nizet, 1960.

Van Zanten, Ann Lorenz. "The Palace and the Temple: Two Utopian Architectural Visions of the 1830's." *Art History* 2 (June 1979): 179–200.

Vartanian, Aram. *Diderot and Descartes. A Study of Scientific Naturalism in the Enlightenment*. Princeton, N.J.: Princeton University Press, 1953.

Vartanian, Aram. "Trembley's Polyp, La Mettrie, and Eighteenth-Century French Materialism." In *Roots of Scientific Thought, A Cultural Perspective*. Edited by Philip P. Wiener and Aaron Noland. New York: Basic, 1957.

Viallaneix, Paul. "Chateaubriand voyageur." *Approches des Lumières. Mélanges offerts à Jean Fabre*. Paris: Klincksieck, 1974.

Viellard-Baron, J.-L. "Hemsterhuis, platonicien, 1721–1790." *Dix-Huitième Siècle* 7 (1975): 130–146.

Vietor, Karl. "De Sublimitate." *Harvard Studies and Notes in Philology and Literature* 19 (1937): 255–289.

Vinge, Louise. *The Narcissus Theme in Western European Literature up to the Early Nineteenth Century*. Lund: Gleerups, 1967.

Vogt, Adolf Max. *Boullées Newton-Denkmal. Sakralbau und Kugelidee*. Basel and Stuttgart: Birkhäuser, 1969.

Volkmann, Ludwig. "Die Hieroglyphen der Deutschen Romantiker." *Münchner Jahrbuch der Bildenden Kunst*, N.F., 3, no. 1 (1926).

Les Voyageurs naturalistes français de la Renaissance à la fin de l'ancien régime. XXI Semaine du laboratoire. Présentation philatelique. Paris: Ecole Technique Superieure du Laboratoire, 1966.

Voyages et découvertes au XVIIIe siècle. Lille: Bibliothèque Municipale, 1973.

Walsh, Dorothy. "Some Functions of Pictorial Representation." *British Journal of Aesthetics* 21 (winter 1981): 32–38.

Wartofsky, Marx W. "Diderot and the Development of Materialistic Monism." *Diderot Studies* 2 (1952): 279–329.

Wasserman, Earl R. "Nature Moralized: The Divine Analogy in the Eighteenth Century." *ELH* 20 (March 1953): 39–76.

Watkin, David. *Thomas Hope (1769–1831) and the Neo-Classical Idea*. London: Murray, 1968.

Weber, Bruno. "Die Figur des Zeichners in der Landschaft." *Zeitschrift für Schweizerische Archaologie und Kunstgeschichte* 34, no. 1 (1977): 44–82.

Webster, Charles. *The Great Instauration. Science, Medicine and Reform, 1626–1660*. London: Duckworth, 1975.

Weisberg, Gabriel P. *The Realist Tradition: French Painting and Drawing 1830–1900*. Bloomington: University of Indiana Press, 1980.

Weise, Georg. "Vitalismo, animismo e panpsichismo e la decorazione nel cinquecento e nel seicento." *Critica d'Arte* 6 (November–December 1959): 375–398; 7 (March–April 1960): 85–96.

Weiskel, Thomas. *The Romantic Sublime: Studies in the Structure and Psychology of Transcendence*. Baltimore: Johns Hopkins University Press, 1976.

Wellek, Rene. *Concepts of Criticism*. Edited by Stephen G. Nichols, Jr. New Haven, Conn.: Yale University Press, 1963.

Werner, Abraham Gottlob, Gedenkschrift. Leipzig: UEB Deutscher Verlag für Grundstoffindustrie, 1967.

Werner, Thomas. "Zeichner der Admiralität." *Die Kunst* 93 (July 1981): 464–468.

West, Hugh Allen. From Tahiti to Terror: Georg Forster, the Literature of Travel, and Social Thought in the Late Eighteenth Century. Ph.D. diss., Stanford University, 1980.

Weydt, Günter. *Naturschilderung bei Annette von Dröste-Hulshoff und Adalbert Stifter*. Berlin: Emil Ebering, 1930.

Wheelock, Arthur K., Jr. *Perspective, Optics, and Delft Artists around 1650.* New York: Garland, 1977.

White, Hayden. *Metahistory: The Historical Imagination in Nineteenth-Century Europe.* Baltimore: Johns Hopkins University Press, 1973.

White, Hayden. *Tropics of Discourse: Essays in Cultural Criticism.* Baltimore: Johns Hopkins University Press, 1978.

Whiteley, J. J. L. "Light and Shade in French Neo-Classicism." *Burlington* 117 (December 1975): 768–773.

Whitfield, Clovis. "Nicolas Poussin's 'l'Orage' and 'Temps calme.' " *Burlington* 119 (January 1977): 4–12.

Wiebenson, Dora. " 'l'Architecture terrible' and the 'Jardin anglo-chinois.' " *Journal of the Society of Architectural Historians* 27 (May 1968): 136–139.

Wiebenson, Dora. *The Picturesque Garden in France.* Princeton, N.J.: Princeton University Press, 1978.

Wiebenson, Dora. *Sources of Greek Revival Architecture.* University Park: Pennsylvania State University Press, 1969.

Wiener, Philip P., and Aaron Noland, eds. *Roots of Scientific Thought: A Cultural Perspective.* New York: Basic, 1957.

Wiles, Bertha Harris. *The Fountains of Florentine Sculptors and Their Followers from Donatello to Bernini.* Cambridge, Mass.: Harvard University Press, 1933.

Wilhelmy, Herbert. *Geographische Forschungen in Südamerika. Ausgewählte Beiträge.* Edited by Hanno Beck. Berlin: Dietrich Riemer, 1979.

Willey, Basil. *Samuel Taylor Coleridge.* New York: Norton, 1977.

Williams, Iolo A. *Early English Watercolours and Some Cognate Drawings by Artists Born Not Later than 1785.* London: The Connoisseur, 1952.

Williams, L. Pearce. "Science, Education and the French Revolution."*Isis* 44 (December 1953): 311–330.

Williams, Raymond. *The Country and the City.* London: Chatto & Windus, 1973.

Williamson, George. *The Senecan Amble: A Study in Prose Form from Bacon to Collier.* University of Chicago Press, 1951.

Williamson, George. " 'Strong Lines.' " *English Studies* 18 (August 1936): 152–159.

Wilmerding, John. *American Light: The Luminist Movement, 1850–1875. Paintings, Drawings, Photographs.* New York: Harper & Row, 1980.

Wilson, Harold S. "Some Meanings of 'Nature' in Renaissance Literary Theory." *Journal of the History of Ideas* 2 (October 1941): 430–438.

Wilton, Andrew. *Turner and the Sublime.* London: British Museum, 1980.

Wilton-Ely, John. *The Mind and Art of Giovanni Battista Piranesi.* London: Thames and Hudson, 1978.

Wimsatt, W. K. *The Verbal Icon: Studies in the Meaning of Poetry.* Lexington: University of Kentucky Press, 1954.

Winkelmann, Heinrich. *Der Bergbau in der Kunst.* Essen: Gluckauf, 1958.

Wirth, Alberto. "Kandinsky and the Science of Art." *British Journal of Aesthetics* 19 (autumn 1979): 361–365.

Wittkower, Rudolph. *Allegory and the Migration of Symbols.* London: Thames and Hudson, 1977.

Woodbridge, Kenneth. *Landscape and Antiquity, Aspects of English Culture at Stourhead 1718 to 1838.* Oxford: Clarendon, 1970.

Woodfield, Richard. "Thomas Hobbes and the Formation of Aesthetics in England." *British Journal of Aesthetics* 20 (spring 1980): 146–152.

Woolfe, Harry. *The Transits of Venus: A Study of Eighteenth-Century Science.* Princeton, N.J.: Princeton University Press, 1959.

Worrall, David. "Blake's Derbyshire: A Visionary Locale in *Jerusalem.*" *Blake* 9 (summer 1977): 34–35.

Wright, C. J. "The 'Spectre' of Science. The Study of Optical Phenomena and the Romantic Imagination." *Journal of the Warburg and Courtauld Institutes* 43 (1980): 186–200.

Yolton, John W. "As in a Looking Glass: Perceptual Acquaintance in Eighteenth-Century Britain." *Journal of the History of Ideas* 40 (April–June 1979): 207–234.

Yolton, John W. " Locke and Malebranche: Two Concepts of Ideas." *John Locke Symposium, Wolfenbüttel.* Edited by Reinhard Brandt. Berlin and New York: Walter de Gruyter, 1981.

Zobel, M. *Les naturalistes voyageurs et les grands voyages maritimes au XVIIIe et XIXe siècles.* Paris: Presses Universitaires, 1961.

Zucker, Paul. *Fascination of Decay: Ruins: Relic-Symbol-Ornament.* Ridgewood, N.J.: Gregg, n.d.

Zucker, Paul. "Ruins—An Aesthetic Hybrid." *Journal of Aesthetics and Art Criticism* 20 (winter 1961): 119–130.

Zweig, Paul. *The Adventurer.* London: J. M. Dent & Sons, 1974.

訳者あとがき

世界ってそんなに「平明」だろうか

Barbara Maria Stafford, *Voyage into Substance: Art, Science, Nature, and the Illustrated Travel Account, 1760−1840* (The MIT Press, 1984)の全訳をここにお届けする。最新刊 *Echo Objects*（2007）を手にしている現時点で７冊となったスタフォード女史の単著のうち、これで５冊を完璧に高山宏の宰領下に日本の読者へと媒介することができ、残る２冊、一番最初の本、『象徴と神話』（1979）を訳したものも、『エコー・オブジェクツ』も、この2008年内に邦訳が同じ産業図書から出る手筈なので、「神経系美学」と号してかなり別系統の問題系に入っていきそうな女史のこの先の仕事のことはそれとして、現在までの女史の仕事の**基幹部分は全て**訳し遂げたことになる。最初の『アートフル・サイエンス』邦訳（1997年国際翻訳大賞）からきっかり十年ということで、全体としてこれはこれでぼくなりのまとまった一「偉業」（!）と言ってもらって構わない、といえるほどの自負はある。二千年紀への変り目のいずこも同じ大学「改革」の中でも、ワンマン独裁都知事に翻弄された哀れな大学で過ごした十年の空しい繁忙は永劫の怨みとなって残るだろうが、そっくりその「失われた十年」とスタフォードと付き合った十年《ディケード》が重なる。スタフォードを訳し抜くということがひょっとして、ぼくを生き延びさせてくれたモティヴェーション源だったのかと今気付いて、改めて心から感謝したい思いである。**女史の元気にすがるようにして生きてきた**のだ、と。

同じ個人的な事柄でも、もう少し大きな物差しで注記しておくと、だらだら続くぼくの仕事の中で、ただひとつもの凄い集中力で、ある頂点を極めたひと塊が、1985年の『目の中の劇場』であり、翌年の『ふたつの世紀末』はこれを少し易しく説き直したものであるし、その次の年の小著『パラダイム・ヒストリー』は逆に、同年の直後出る『メデューサの知』の早々に出た縮約版という体裁になっている。今、一定の「逆遠近法」で顧るに、1984年刊のスタフォードの『実体への旅』が巧くひとつにまとめた問題系ふたつを、ぼくは二極化してふたつの系列に論じ分けていたのだとわかってきて、面白かった。『目の中の劇場』はピクチャレスク美学の生成を18世紀から現在に向けて広げようとしていたし、描写という「問題《プロブレマティック》」をぼくは『メデューサの知』で ── 端的には王立協会の普遍言語構想《スキーム》とその後産ということで ── 論じていた。顧るほどに『実体への旅』がピクチャレクスを描写や表象の問題と、ひとつの矛盾なきストーリーにしてまとめた議論の、その掌《たなごころ》に勝手に跳躍した浅知恵の猿《ましら》のような気がしないでもない。

必要な示標のみ少しとりあげて状況を呑みこんでいただくなら、ほぼ次のようである。

そもそもスタフォードが世に出る『象徴と神話』は1979年に出ているが、前年が近代文学史の最大の問題作にして今や最大の正典《カノン》たる故エドワード・サイードの『オリエンタリズム』が出た年。ほんの少しおいて『実体の旅』が出るまでの間、1982年に建築史の泰斗デイヴィッド・ワトキンの『イングリッシュ・ヴィジョン』が出た。1927年にクリストファー・ハッシーの『ザ・ピクチャレスク』が出てから、一巻あげてピクチャレスクを論じた本は実に久々で、1980年代ピクチャレスク再評価の動きはこの大著で始まったと言ってよいだろう。そして翌1983年には「新美術史」派の旗手、スヴェトラーナ・アルパースの『描写の芸術』が出て、フーコーの『言葉と物』をヴィジュアル文化史の方に竿頭一歩進めるという明確な意図の下、「描写（description）」が改めてゼロから問題化《プロブレマタイズ》されることになる。そこに、随分前の本ではあるが、パオロ・ロッシの伝説的名著、『普遍の鍵』の日本語邦訳版が出るのが1984年というタイミングが重なり、そして『実体への旅』が1984年というわけだ。

畢竟、問題は1660年設立のロンドン王立協会の業績に要約される。1660年といえばわかるように、フーコーの『言葉と物』（1966。邦訳1974）が「表象の古典主義時代」――『実体への旅』の副題の示す時代はその後半部に相当――の入口としたのが1660年代である。フーコーはこれをフランスに見たが、アルパースはオランダに見、そしてたとえばスタフォードはフランスのアカデミー・デ・シアンスと並べて、英国のロンドン王立協会に見ている。

一方に国際公用語だったラテン語の崩壊あり、他方に市場経済の急進展あって、言葉の無力化、インフレ状況が生じた。言葉というか記号が膨満し、曖昧になっていく結果として、コミュニケーションを単純化して、知識や認識を確度高いものにしようというのが、王立協会を中心にする西欧各国の「普遍言語」の工夫、「平明体」への動きの正体である。

パオロ・ロッシが明らかにしてくれたそうした普遍言語狂いの17世紀後半は、思想史からもう少し広い思潮の中で見るなら“certainty”“probability”“palpability”…、そう一番端的には“reality”をキーワードにする、「リアル・シング」の実感や手触りを持てない、（フーコー流に言えば）「言葉」が「物」との対応を失ってしまった時代ということができる。1980年代前半に、こういう世界の実感触感を喪失した17世紀末を照射する秀れた研究書が、バーバラ・シャピロ『17世紀における確実性思想』はじめびっくりするほど集中的に出てきた様子を一度整理してみようとしたのが拙著『パラダイム・ヒストリー』なので、詳細な情報はそちらを見られたい。そうして、こうした“certainty”や“probability”のお仲間としてよく使われたのが“substance”“substantiality”という語、ないし観念であったことさえ思いだしていただけるなら、この『実体への旅』の属する大きなコンテクストのひとつはほとんど自動的にわかる。

大体が、“real”という英語の今日的意味の初出が1601年と、『OED（オックスフォード英語大辞典）』に教えられて、その新しさに驚かされるのだが、そんなことを言えば、『実体への旅』に出てくる旅行記が固執する“fact”だって実は「データ」という今日的意味で使われだすのは1632年ということらしいし、その“datum”だってデータの今日的意味になるのは1646年のことであるという。

どうやら17世紀半ばに「言葉」が「物」に追いつけず、人々が無力感を抱えこみだした時点が、同時により単純で、より正確な（「物」に即した）コミュニケーションを欲した時点でもある。そしてこの新しい「平明体」をめざした同じ王立協会が、クックはじめグローバルな探険隊を丸ごと援助していったとしたら、これら探険隊の人間が単純で正確な「事実第一の旅行記」を書き連ねたというのも至極納得がいくのである。

そして逆に、「物」をはなれ、記号や表象（「言葉」）のみ自閉し、自己増殖していくような「外」なき、「他者」なき不毛の営みを、「描写」の過剰化、そしてピクチャレスク美学に見ていく。サイードの『オリエンタリズム』がこれらの本の近辺に出ていたことの繋がりも実にぴったりだ。ピクチャレスクは、その造園術の極たる「英国支那式庭園《ジャルダン・アングロ・シノワ》」が端的に示しているように、中国かくあれかしの虚像が、西洋が真の中国を見られる可能性を予め奪いとってしまうのである。ピクチャレスクこそはオリエンタリズムの極致なのであった。

ぼくはよくわからないなりに、1980年代初めにひと塊になって刊行されたこうした秀れた研究に触発され、挑発されて、先に述べた『目の中の劇場』以下の本を書いた。ワトキンの『イングリッシュ・ヴィジョン』が、半世紀以上も忘れられていた「ピクチャレスク」を再びようやっと復活させたところで、『実体への旅』の間髪を入れずのピクチャレスク批判はいかにも新鮮で、いかにも衝撃的だった。王立協会の「単純」志向表象論が加われば当然のストーリーだが、これだけ大掛りなピクチャレスク批判は未曾有であった。早過ぎるくらい早かった。

とにかく空前の構想力と、下支えする絶後の博識である。面白いことに『実体への旅』刊行の頃、スタフォードも大いに依拠している斯界の中心的人物、バーナード・スミスを中心としたキャプテン・クックと周辺をめぐる時ならぬ研究ブームがあった。1960年に出て18世紀探険史研究のとば口となったBernard Smith, *European Vision and the South Pacific, 1768－1850*の復刊と、Rüdiger Joppien and Bernard Smith, *The Art of Captain Cook's Voyages*, 2 vols.の刊行が、ともに1985年、イエール大学出版局によって果たされた。図版満載の大著なのだが、アプローチの多彩、視角の自在奔放ということでは、スタフォードの敵ではない。まさに怪物的な一著なのである。

しかるに、同じような材料で、ある所まで同じような議論をできたが故に**残る疑問が、ぼくにはどうしても**あるのだ。ピクチャレスクは最初からの「外」なき自閉だが、これら探険家たちだって実は歴然と植民地経略の先兵だったわけで（否定しようもなかろう）、むしろ「単純」な世界観を「外」に当てはめ続けながら「外」を忽ちに「内」と化す、「他者」殺戮の装置、「文化的帝国主義」の権化ということでは、実はピクチャレスクと構造的に何径庭ないもので、ここにこそむしろ典型的な「驚異と占有」（S・グリーンブラット）の問題《アポリア》を見る必要があるのではないか、とぼくなど思う。ぼくの『目の中の劇場』から『メデューサの知』までの4冊はその感覚で書かれていて、スタフォードとは**ヴェクトルが正反対に**なっている。グリーンブラットの『驚異と占有』が1991年刊というのが象徴的だ。サイクルがひとつ変る。「単純」かつ「男性的」に伝えられる「外」の世界を**むしろ再び解体する**ものとして本書後半、蒸気（vapors, effluvia, atomosphere）や雲、靄といった「気象学（climatology）」的環境が意味を帯びてくるのだが、この気象のジェンダー論、二枚腰の脱構築がはっきりそれと意識されてくるのは次作『ボディ・クリティシズム』で、これが1991年。さて、あなたはどうお読みになるか。**本書評価の最大の岐路と**なろう。「ソフトな」世界を「ハード」に変えた「男性」意志の近代を、元々の(「人間の姿のぬぐわれた」)世界に変える(というか、戻す)。スタフォードはそこまでは追った。しかし、それをさらに「確実性」・「蓋然性」の「ハードな」世界にまた変えようとする「天気予報」の文化史・精神史の研究がついに出てきた。代表的な一冊、Katharine Anderson, *Predicting the Weather : Victorians and the Science of Meteorology* (Univ. of Chicago Press, 2005)。『実体への旅』を完全に「咀嚼」した上での仕事。**転換、また転換**で、実に面白い。

テネシー大学のパーシー・アダムズが原書表紙に印刷された推薦文で「注」の圧倒的なことを褒めているし、博読博学のスタフォードの大著の例に漏れず、文献一覧はその**時点でのほとんど完璧**を誇るので、ぼくがあれ読めこれ読めという必要もない。ただ、二千年紀を過ぎたあたりから、旅行と描写の関係を追う「スタフォード圏《スフィア》」で落とし難いものが二、三あるので、それを是非に勧めておきたい。まずは先に名を挙げた秀れた「観念史」派バーバラ・シャピロの「ファクト」論。Barbara J. Shaprio, *A Culture of Fact: England, 1550－1720* (Cornell Univ. Press, 2000)。次が、視点・支配・自閉の問題系そのものずばりの「パノプティカルな小説」論、*Imagining the Penitentiary* (1987)のジョン・ベンダーの「描写」論。John Bender and Michael Marrinan (eds.), *Regimes of Description: In the Archive of the Eighteenth Century* (Stanford Univ. Press, 2005)。そして極めつけの一著は『実体への旅』邦訳のさなかに読め、大層面白かった。旅行記でなく18世紀小説を相手の「実体旅行」を試みたシンシア・ウォールの最新刊だ。Cynthia Sundberg Wall, *The Prose of Things: Transformations of Description in the Eighteenth Century* (Univ. of Chicago Press, 2006)で、『実体への旅』の絶妙のペアとして推輓。「物語による視覚化の営みがいかにして認識の中でも可能か、それがどう心理の中で働くか、イデオロギー的にどういう意味を持つのかを大掛りに議論してきた(have extensively considered how the act of narrative visualization is possible epistemologically, how it works psychologically, what it means ideologically)」一人として、「プラトン、アリストテレス、ホラティウス、パトナム、チャップマン、シドニー、ドライデン、ロック、ヒューム、アディソン、レッシング、ジェイムズ、ルカーチ、ジャン・ハグストラム、W・J・T・ミッチェル、スヴェトラーナ・アルパース、ナオミ・ショア、バーバラ・スタフォード、ジョン・ベンダー」と並べられているのを見て(p.14)、早くも古典・正典《カノン》か、と微苦笑してしまわざるをえない。スタフォード本(1984)**以降の**、「描写」をめぐる「旅と表象」の関連研究文献が、はっきりスタフォードばりの目利き目配りで巻末に一覧表化されているのを仔細に点検すると、『実体への旅』のスタフォードの**最良の後継者はシンシア・ウォール**と見て間違いない。1993年辺から18世紀文化の中で描写の問題をずっとつき詰めた。同じ頃から本格化しつつある描写の近代の一般的問題化のフィリップ・アモン(Philippe Hamon)などの大きな企ての中の貴重な一章になり得る仕事であろう。シンシア・ウォールは1959年生れということだから、1941年生れのスタフォードとのこのおよそ20年のちがい、その間、文化を見る目がどうちがってきたのか見るのに恰好のペアでもある。

我々の周りでは、どうなのだろう。壮大な「人類学精神史」をめざす俊才の高知尾仁氏がはっきりと「スタフォード圏《スフィア》」の一角を占めつつある。たとえば氏と同族の原田範行氏が「18世紀後半から19世紀にかけての旅行記に見られる表象と、それによって変容して行くイギリスの世界観や人間観、芸術理念などについては、例えばN. Leask, *Curiosity and the Aesthetics of Travel Writing 1770―1840* (Oxford Univ. Press 2002)など、最近でも優れた研究書が少なくないが、高知尾氏は、こうした研究動向についても資料を咀嚼した上で、原典を精密に扱い、近代イギリスにおけるエチオピアの表象から〈異質性〉理解に関する可能性と限界を見極めている」と絶賛した高知尾仁『表象のエチオピア――光の時代』（悠書館［発売 八峰出版］。2006）を、『実体への旅』のスタフォード圏《スフィア》の代表作として、同じ日本人として大なる誇りをもって強力推輓しておこう。旅を介してオリエンタリズムとオクシデンタリズム（逆オリエンタリズム）の身勝手な他者幻想が輻輳するあたりは、まさしく日本のバルトルシャイティスというべき国際的仏教学者、名作『幻想の東洋』の彌永信美氏の独擅《どくせん》場かと思ってきたが、西欧流の表象論・ピクチャレスク論を「咀嚼」し切った新しい才能がいくらも出てきて、好ましい限りである。「旅と表象」といえば、「戦記という旅の表象」、南米イエズス会の活動、T. E. ロレンスとアラビア、から「玄奘の旅」まで扱ってびっくりさせる大型論叢『旅と表象』（東洋書林）を思いだすが、考えてみればこれを編んでいたのが文化人類学を一挙「精神文化史」化しようという現下、人文科学の中で一番スリリングな脱領域の境界域（中沢新一、今福龍太、管啓次郎）の旗手、高知尾仁という存在であった。逆にいえば、異文化交流論の稲賀繁美、高知尾仁から、フェミニズム文化史の宇沢［富島］美子まで、それらを予めそっくり包摂しているスタフォード圏《スフィア》の途方もない大きさ、孕む胚種の厖大に改めて脱帽するしかない。

目をアビシニア（エチオピア）から極北に転ずれば異色の英文学者、谷田博幸氏の『極北の迷宮――北極探検とヴィクトリア朝文化』（名古屋大学出版会。2000）もあり、同じ2000年には、まさしくピクチャレスクをめぐる「内」と「外」のパラドックスを追った安西信一『イギリス風景式庭園の美学――〈開かれた庭〉のパラドックス』（東京大学出版会）も出た。『実体への旅』の邦訳の意義をめぐって多木浩二氏がジェイムズ・クックの三回の航海になぞらえるウィッティな名三部作『船がゆく』、『船とともに』、『最後の航海』（新書館）にどれだけ元気をもらったかわからないし、そこまで恩義を口にするのなら、ここ十年の岩波書店のシリーズ出版中の傑作というべき「世界周航記」シリーズ全8巻をあげておかずにはすむまい。クック、フォルスター、ラ・ペルーズの三大周航記が全訳で読める。バイロン、ロバートソン、カートレット、ブーガンヴィルが読める。邦訳の中心になっているのは上に記した原田範行氏。氏が石原保徳氏と二人で形にしたシリーズ別巻（『新しい世界への旅立ち』）こそは今日本で『実体への旅』に一番近い構想力の大きさを誇りうる大変な労作と思う。『ゲオルク・フォルスター・コレクション――自然・歴史・文化』（関西大学出版部　2008）では本邦初訳のテクストが読めもする。

『グラモフォン・フィルム・タイプライター』のフリードリッヒ・キトラー、『コズミック・ウェッブ』のナンシー・K・ヘイルズ、『錯乱のニューヨーク』のレム・コールハースなど、びっくりするようなメンバーの国際セッション「堀場国際会議　ユビキタス・メディア」に招かれて、2007年7月13日にスタフォード女史がついに東京に来た。東京大学大学院情報学環の主催。関東直撃の台風に災いされたが、著作で十分想像される通りのエネルギッシュできさくな喋りで若い聴衆を魅了しさった。いろいろごたごたし通しだったこの十年の区切りに最高のイヴェント、最高のマイ・ブームであった。生きていて良かった、とさえ思うのである。

　編集の鈴木正昭さんにはいつもながら公私にわたってお力添えいただいた。徹底的につくり込んだ索引（酷烈作業中、左眼失明）では、とりわけ御苦労をおかけした。感謝にたえない。

2008年6月13日識

地球温暖化の戦慄知らぬ
遠き世紀の海空を思いつ

人名索引

ア 行

アイヴィンズ　Ivins, William……384
アーウィン　Irwin, Eyles……133, 378
アーウィン　Irwin, John……509
アウエルバッハ　Auerbach, Erich……32, 308, 446, 517, 536, 540
アウグスティヌス　Saint Augustine……209, 246, 349
アウソニウス　Ausonius……178-179
アガシ　Agassiz, Louis……441
アグリコラ　Agricola, Georg……506
アグリッパ　Agrippa, Cornelius……125, 170, 433
アダムズ　Adams, Percy G.……vii, 442, 444
アダムズ　Adams, George……10, 288
　『顕微鏡論』*Essays on the Microscope*……10
アダンソン　Adanson, Michel……43, 110, 236
アチェルビ　Acerbi, Giuseppe……43, 76, 126, 313
アディソン　Addison, Joseph……4, 8, 316, 355, 360, 434, 450
　アートvsネイチャーと──……8
　第一, 第二の快と──……31, 36
　『スペクテイター』の──……31, 132, 177, 341
アドルフ　Adolf, Robert……453
アーノルド　Arnold, Matthew……41
アプルトン　Appleton, Jay……430
アプレイウス　Apuleius……252
アベルリ　Aberli, Johann Ludwig……212, 232
アペレース　Appelles……16, 173, 178
アラゴー　Arago, François……423
アラゴー　Arago, J. E. V.……43, 117, 294, 306, 330, 332, 367, 423, 424, 502
アラン　Allan, Sir Alexander……88, 89
アラン・ド・リール　Alain de Lille……248
アリストテレス　Aristotle……29, 37, 42, 254, 448, 491
　──の文学理論……42-44, 370
　──の物質論……59, 181
アルヴァラード　Alvarado, Pedro de……83
アルチンボルド　Arcimboldo, Giuseppe……13
アルテミドロス　Artemidorus……271
アルトドルファー　Altdorfer, Albrecht……12
アルトマン　Altmann, Johann Georg……80
アルパース　Alpers, Svetlana……456
アルベルティ　Alberti, Leon Battista……8, 167, 369
アルベルトゥス　Albertus, Magnus……262
アールント　Arndt, Ernst Moritz……189
アレグザンダー　Alexander, William……72, 73, 94, 112, 207, 322, 375, 482
アレクサンドロス大王　Alexander the Great……15, 150
アンズレー　Annesley, George……140
アンソン　Anson, George, Baron……65, 73,

293, 367, 452

『世界周航記』*Voyage round the World*……73

アンブレー　Anburey, Thomas……103

アンマナーティ　Ammanati, Bartolommeo……12

イーヴリン　Evelyn, John……167

イー・フー・トゥアン　Yi-Fu Tuan……vii, 512

イベットソン　Ibbetson, Julius Caesar……94

インチボールド　Inchbold, John Williams……422

インヘンホウス　Ingenhousz, Jan……167

ヴァイチュ　Weitsch, P. J, F.……273

ヴァザーリ　Vasari, Giorgio……532

ヴァッロ　Varro……251

ヴァトー　Watteau, Antoine……174-175

ヴァライエ=コステル　Vallayer-Coster, Anne……507

ヴァランシエンヌ　Valencienne, Pierre-Henri……5, 43, 172, 180, 209, 214, 336, 367, 392, 452, 502

ヴァルタニアン　Vartanian, Aram……461, 507

ヴァレンシア　Valentia, George, Viscount……88, 96, 215, 292, 326

ヴァン・エイク　Van Eyck, Jan & Hubert……6

ヴァンクーヴァー　Vancouver, George……9, 20-21, 96, 111, 339

『北部太平洋発見航海』*Voyage of Discovery to the North Pacific Ocean*……9, 96

ヴァン・ダイク　Van Dyck, Anthony……79,456

ヴァン・ティーゲム　Van Tieghem, Paul……vii, 442, 500

ヴィアン　Vien, Joseph-Marie……512

ヴィヴァン=ドゥノン　Vivant-Denon, Dominique……46, 134-135, 153-154, 215-216, 311, 318, 339-340, 362, 367, 378, 405,479-480

ヴィーコ　Vico, Giambattista……272

ヴィダル　Vidal, E. E.……126, 295, 340, 352

ヴィッテ　Witte, Samuel……10, 262-263, 436, 509

ウィテロ　Witelo……369

ヴィトゲンシュタイン　Wittgenstein, Ludwig……430

ウィトルウィウス　Vitruvius……6, 9, 167

ウィーベンソン　Wiebenson, Dora……viii, 430, 432, 444, 531, 548

ヴィーラント　Wieland, Christoph Martin……55

ウィリアムソン　Williamson, Thomas……148, 329

ウィルキンズ　Wilkins, John……268

ウィルソン　Wilson, Richard……472

ヴィンケルマン　Winckelmann, Johann Joachim……32, 179, 279, 315, 349, 522

ウェイスケル　Weiskel, Thomas……512, 518

ヴェイレーヌ　De Veyrene……223

ウェスト　West, Benjamin……11, 65, 404

ウェストール　Westall, William……88, 106, 109, 115, 206, 339, 365, 404

ヴェスプッチ　Vespucci, Amerigo……57, 194, 260

ヴェッツェル　Wetzel……275

ウェッバー　Webber, John……63, 95, 111, 191, 213, 357

ウェラー　Wheler, Sir George……26

ウーエル　Houel, Jean……9, 67, 108, 152, 188, 222-223, 287, 290, 295, 351, 359, 376, 499

『ピトレスク紀行』*Voyage pittoresque*……9

ウェルギリウス　Vergil……251, 330

ウェールズ　Wales, James……75, 101, 115, 182

ウェールズ　Wales, William……181, 198, 207, 321

ウェルド　Weld, Isaac……109, 142, 144, 149, 152, 214, 328, 376

ヴェルナー　Werner, Abraham……49, 261, 274, 508, 513

ヴェルネ　Vernet, Joseph……179, 220, 360

ウェルラム　Verulam　→　ベーコン

ウォーバートン　Warburton, William……45, 269-271, 274

『神の特使モーゼ』*The Divine Legation of*

Moses……269-270
ウォリス　Wallis, Samuel……20, 57, 283, 351, 357
ウォルター　Walter, Richard……43, 367, 452
ヴォルテール　Voltaire, François-Marie-Arouet de……30, 34, 35, 36, 50, 220, 246, 299, 345, 485
— とニュートン……34, 162-163
『哲学書簡』*Lettres philosophiques ou Lettre sur les Anglais*……34, 162-163
ヴォルネ　Volney, Constantin-François de Chasseboeuf, Comte de……126, 144, 284, 291, 354, 392
ヴォルフ　Wolf, Caspar……72, 80, 186-188, 212, 231-233, 336, 377, 467
ウォレン　Warren, Erasmus……434
ヴォレール　Volaire, Pierre-Jacques……179
ウズーフ　Ozouf, Mona……342
ウッド　Wood, Robert……26
ウッドウォード　Woodward, John……254

エイブラムズ　Abrams, M. H.……445
エイベル　Abel, Clark……65
『支那航海記』*Narrative of a Voyage in China*……65
エカテリーナ　Catherine the Great……7, 11, 284
エグモント　Egmont, Aegidius van……367
エッシャー　Escher, Hans Conrad……459
エディ　Eddy, John……108-109, 115, 276, 297, 321, 331, 351
エドリフィ　Edriffi, Xeriff……291
エヌパン　Hennepin, Jean Louis……214
エピクロス　Epicurus……55, 164, 169
エリオット　Elliott, Robert……79, 148
エルヴェシウス　Hérvetius, Claude-Adrien……333-334, 525
エルドマン　Erdmann, Franz von……364
エンペドクレス　Empedocles……viii, 286, 307, 315, 514

オイクレーデス（ユークリッド）　Euclid……369
オイラー　Euler, Leonhard……164
オウィディウス　Ovidius……59, 251, 507
王槩　Wang Gai……62
オクスレー　Oxley, John……129, 293, 311
オーグルヴィ　Ogilvie, John……42
オサリヴァン　O'Sullivan, T.H.……384
オスマン　Haussmann, Georges Engène……413
オナー　Honour, Hugh……522
オーム　Orme, William……89, 362
オライリー　O'Reilly, Bernard……191, 197, 359
オラーフソン　Olafsson, Eggert……115
オリヴィエ　Olivier, G. A.……47, 135, 322
『オットマン帝国旅行』*Voyage dans l'Empire Othoman*……47
オン（グ）　Ong, W.J.……448, 539

カ　行

カイザー　Kayser, Wolfgang……511
カーヴァー　Carver, Jonathan……126, 152, 214, 289, 378
カヴァルロ　Cavallo, Tiberius……22
カウフマン　Kaufmann, Thomas DaKosta……438
カークパトリック　Kirkpatrick, William……90-91, 375
カサス　Cassas, Louis-François……72, 73, 96, 213, 294, 295, 361, 387
カサノヴァ　Casanova……333
カスティリョーネ　Castiglione, Giuseppe……174
カスティリョーネ　Castiglione, Giovanni Battista……175
カズンズ　Cozens, Alexander……41, 264, 266, 267
『風景画発明試論』*A New Method for assisting Invention*……41, 264
カズンズ　Cozens, J. R.……46
カータレット　Carteret, Philip……20, 57, 283
ガッサンディ　Gassendi, Pierre……502
ガーディナー　Gardiner, Allen……141
ガーティン　Girtin, Thomas……403, 477
カトリーヌ・ド・メディシス　Chaterine de

Medici……12

カトルメール・ド・カンシー　Quatremère de Quincy, Antoine-Crysostôme……58, 400, 401, 402

カドワース　Cudworth, Ralph……30, 55, 56, 80, 162

『宇宙の知的体系』*True Intellectual System of the Universe*……30

ガマ　Gama, Vasco da……93

カーラ　Carra, Jean-Louis……200

カーライル　Carlyle, Thomas……41

カラム　Calame, Alexandre……423

カリオストロ　Cagliostro……165

ガリレオ　Galileo……338

カールス　Carus, Carl Gustav……273, 392, 398-399

カルダーノ　Cardano, Gerolamo……58

カルティエ　Cartier, Jacques……522

ガルヌラン　Garnerin, Jacques……201, 285, 353, 379, 407

ガㇽリ・ダ・ビビエーナ一族　Galli da Bibiena……6

カン　Camp, Maxim du……395

カーン　Cahn, Walter……54

カンスタブル　Constable, John……372, 397, 402-403, 404, 406, 408, 409, 410-411

カント　Kant, Immanuel……8, 30, 267, 349, 383, 394, 395, 529, 538, 542

『純粋理性批判』*Kritik der reinen Vernunft*……383

キケロ　Cicero……315, 453, 514

キーツ　Keats, John……385, 404, 543

ギベール　Guibert, Jacques-Antoine Hippolyte de……315, 317

ギボン　Gibbon, Edward……50, 386

キャンベル　Campbell, George……42

キュヴィエ　Cuvier, Georges……12

ギルバート　Gilbert, Sandra M.……519

キルヒャー　Kircher, Athanasius……14, 58, 219, 254, 269, 490, 499, 510

ギルピン　Gilpin, William……3, 4, 429, 431, 493

ギルベール・ド・ピクセレクール　Guilbert de Pixérécourt, René-Charles……403

ギレン　Guillén, Claudio……369, 534, 535

グァルディ　Guardi, Francesco……16, 175, 179, 372

グァルディ　Guardi, Giovanni Antonio……16, 175, 179, 372

クィンティリアヌス　Quintilianus, Marcus Fabius……382, 448,453

クサーヌス　Cusanus, Nicolaus……59, 170

ダスターヴ３世　Gustave III……518

クセノフォン　Xenophon……25

クック　Cook, James
……4, 10, 20, 23, 24, 32, 48, 58, 72, 111, 125, 129, 130, 132, 144, 154, 181, 188, 198, 205, 206-207, 214, 225, 240, 276, 283, 284, 293, 294, 306, 307, 333, 334, 338, 344, 357, 361, 365, 375, 478, 534

—と危険……334, 336, 338

—と倦怠……306

—と発見……20, 24, 294, 336

—の海岸線……109-110

—への評価……24, 283, 333, 455

クノープス　Knops, Jan……106

クノール　Knorr, Georg Wolfgang……262, 509, 513

クーパー　Cooper, James Fenimore……320

グメーリンス　Gmelins, Samuel Georg……276, 321

クライスト　Kleist, Heinrich von……412

クライン　Klein, Robert……489

クラーク　Clark, Kenneth……432, 524, 550

クラーク　Clark, William……126, 294, 329

グラッケン　Glacken, Clarence J.……vii, 440, 481

グランプレ　Grandpré, Louis O'Hier de……144, 206, 209, 291

グリム　Grimm, Jakob……119

グリンドレー　Grindlay, Robert……88, 101, 182, 206, 354, 359

グルーズ　Greuze, Jean Baptiste……512
クルーゼンシュテルン　Krusenstern, Adam Johann von……21, 112, 211, 339, 353
『世界周航記』*Voyage round the World*…111
クール・ド・ジェブラン　Court de Gebelin, Antoine……45, 272-273, 278, 510, 513
グルナー　Gruner, Gottlieb Siegmund……80, 231, 233
クールベ　Courbet, Gustave……411, 413, 414
グレアム　Graham, Maria…129, 150, 182, 354
クレメンス　Clemens Alexandrinus…269-270
クレロー　Clairaut, Alexis Claude……503
グロース　Grose, John Henry……71, 188
クロゼ　Crozet, Nicolas-Thomas……144, 154
クロップシュトック　Klopstock, Friedrich Gottlieb……273
クロード・ロラン　Claude Lorraine
→　ロラン
クロール　Croll, William……453
クーン　Kuhn, Thomas……371, 449, 531, 536

ケイムズ　Kames, Henry Home, Lord…4, 42, 279, 355-356, 445, 531
『批評原論』*Elements of Criticism*……355-356
ゲイ＝リュサック　Gay-Lussac, Jean-Louis……22, 194, 341
ゲゼル　Gesell, Arnold……347, 529
ゲーテ　Goethe, Johann Wolfgang von……10, 29, 31, 32, 42, 49, 122, 175, 212, 223, 252, 273, 279, 395, 396, 436, 446, 531, 536
──と気球……336, 343
──と山……42, 315, 398
──の経験主義……29, 31, 42
ゲマール　Gaimard, Paul……322
ケルゲレーヌ＝トレマレク　Kerguelin-Trémarec, Yves-Joseph de…72, 110-111, 200, 338, 375, 475
ケンセット　Kensett, William……411
ケント　Kent, William……3
ケンプ　Kemp, William……440
ケンプファー［ケンペル］　Keampfer, Engelbert……7, 62, 147, 182, 205, 326

コイレ　Koyré, Alexandre……161, 484
ゴーヴ　Gove, Philip Babcock……vii
コウム　Combe, William……431
コクバーン　Cockburn, James Pattison……76, 212, 365
コクラン　Cochrane, Charles Stuart……85, 182, 321, 326, 364-365, 376
コックス　Coxe, William……79, 82, 213
『スイス書簡』*Letters on Switzerland*……82
コッツェブー　Kotzebue, Otto von……46, 116, 130, 276, 286, 287, 337, 365, 464
『南洋探険記』*Voyage of Discovery into the South Seas*……46
コット　Cotte, Louis……38, 168, 194, 201, 202, 205, 209, 408
『気象学論叢』*Mémoires sur la méteorologie*……38
コットマン　Cotman, J. S.……477
ゴーティエ　Gautier, Théophile……395
ゴーティエ＝ダゴティ　Gautier-Dagoty, G. F.……46, 508
コーディナー　Cordiner, James……72, 96, 122, 131, 210
コニンクスロー　Coninxloo, Gilles van……13
コメルソン　Commerson, Philibert……41, 114, 293
ゴヤ　Goya y Lucientes, Francisco José de……545
ゴールド　Gold, Charles……85, 141, 150, 362
コールドクラフ　Caldcleugh, Alexander……85, 340
コルネーユ　Corneille, Pierre……390
コルネーユ　Corneille, Thomas……34
コルブルック　Colebrooke, R. H. 88, 129, 148
コルベ　Kolbe, Peter……292
コールリッジ　Coleridge, Samuel Taylor……32, 43, 207, 307, 360, 394, 396, 404, 445, 531, 541
コロー　Corot, Jean Baptiste Camille……414
コロンナ　Colonna, F. M. P.……472

コロンブス（コロン）　Columbus, Christopher ……283
コンテ　Conté, Nicolas-Jacques ……23, 425
コンディヤック　Condillac, Étienne Bonnot de ……37, 271, 381, 417
　『認識起源論』*Essai sur l'origine des connaissances humaines* ……37
　『感覚論』*Traité des sensations* ……37
コンドルセ　Condorcet, Marquis de ……393
ゴンブリッチ　Gombrich, E. H. ……305, 432, 517

サ　行

サイード　Said, Edward ……539
ザウアー　Sauer, Martin ……207, 283, 318, 337
サズラック　Sazerac, Hilaire ……232
サドラー　Sadler, James ……407
サバイン　Sabine, Edward ……235
サフェリ　Savery ……291
サマーズ　Summers, David ……532
サリヴァン　Sullivan, Michael ……433, 520
サント＝パレ　Sainte-Palaye, Curne de ……386
サンドビー　Sandby, Paul ……108, 403, 472
サント＝ブーヴ　Saint-Beuve, Charles Augustin ……81, 423
サン＝ノン　Saint-Non, J. C. Richard de ……100, 175, 286, 513
サン＝ランベール　Saint-Lambert, J. F. de ……333, 360

シェイクスピア　Shakespeare, William ……248, 308
ジェイムズ　James, Henry ……43
シェニエ　Chenier, André ……279
ジェファーソン　Jefferson, Thomas ……vii, 522
ジェラード　Gerard, Alexander ……279, 350, 447, 449, 525
シェリー　Shelley, Mary ……277, 303, 396, 512
シェリー　Shelley, Percy ……394, 404, 408, 548
シェリング　Schelling, Friedrich ……394, 395-396, 542
シェルデブランド　Skjöldebrand, Anders ……202, 213, 331, 366
シェーレ　Scheel, Carl Wilhelm ……167
ジェローム　Gerôme, Jean-Léon ……387, 417, 539
ジオット　Giotto di Bondone ……6
シオラネスク　Cioranescu, Alexandre ……456
シムソン　Symson, William ……444
シャーウィル　Sherwill, Markham ……327
ジャクソン　Jackson, James ……135, 138, 206, 236, 290, 292, 340
シャストリュ　Chastellux, Marquis de ……232, 325, 375, 536
シャップ・ドートロッシュ　Chappe d'Auteroche, Jean ……109, 123, 188, 211, 289, 336
シャトーブリアン　Chateaubriand, François-Auguste René de ……25, 214, 320, 322, 388, 389, 394-395, 514, 522
シャトレ　Châtelet, Claude-Louis ……472
ジャニネ　Janinet, Jean-François ……80, 194
シャープ　Sharpe, William ……334, 525
シャフツベリー　Shaftesbury, Anthony Ashley Cooper, Earl of ……1, 9, 56, 165, 252, 316, 340, 355, 429, 435
シャミッソー　Chamisso, Adelbert von ……130
シャルダン　Chardin, Jean ……118, 262
シャルダン　Chardin, Jean-Baptiste-Siméon ……175, 488, 512
ジャルディーナ　Giardina, Domenico ……239
シャルル　Charles, J. A. C. ……22, 166, 194, 322, 336, 345, 352, 407, 425
シャロン　Charron, Pierre ……315
シャントルイユ　Chintreuil, Antoine ……414
シャンフルーリ　Champfleury ……412-414, 416, 421
シューウェル　Sewell, Elizabeth ……540
シュウェンガー　Schwenger, Peter ……519-520
シュウォーツ　Schwartz, Richard B. ……viii, 450
シュジェ　Suger of Saint-Denis ……59
ジュシュー　Jussieu, Joseph de ……320
シュタール　Stahl, Georg Ernst ……167, 461
シュティフター　Stifter, Adalbert ……414,

417-418, 419
シュトルベルク　Stolberg, Graf……42
シュペーリンク　Spöring, H. D.……41, 71
シューベルト　Schubert, Gotthilf Heinrich
……273, 276, 397-398, 493
シュポン　Spon, Jacob……26
シュミットマイヤー　Schmidtmeyer, Peter
……207
シュレーゲル　Schlegel, A. W.……273, 360, 532
シュロッサー　Schlosser, Julius von……434, 441
ショイヒツァー　Scheuchzer, Johann Jacob
……80, 254, 316, 377
『端西旅行』*Itinera Helvetica*……80
『スイス自然誌』*Natur-Geschichte des Schweizerland*……254
ジョヴァンニ・ダ・ボローニャ　Giovanni da Bologna……12
ジョージ３世　George III……20, 48, 336
ショット　Schott, Gaspar……491, 494
ショワスール=グーフィエ　Choiseul-Gouffier, Marie-Gabriel-Auguste-Florent de……100
ショーペンハウエル　Schopenhauer, Arthur
……349, 400
ジョーンズ　Jones, R. F.……245
ジョンソン　Johnson, James……148, 191, 207, 294, 329, 360, 365, 377
ジョンソン　Johnson, Samuel……40, 42, 173, 448, 450
シラー　Schiller, Friedrich von……315
ジロデ=トリオゾン　Girodet-Trioson, Anne-Louis……406-407, 548

スウィンバーン　Swinburne, Henry……219
スコールズビー　Scoresby, William……182, 191, 236, 328, 351
スタニョン　Stanyon, Abraham……80
スタール　Mme. de Staël……531
スタロビンスキー　Starobinski, Jean……529
スターン　Sterne, Laurence……263
スタンダール　Stendhal……393, 402, 546
ステッドマン　Stedman, J. G.……329
ステーフェンス　Stevens, Peter……13
ステュークレー　Stuckeley, William……119, 402
ステュワート　Stewart, Dugald……521
ステュワート　Stewart, John (“Walking”)
……163, 165
ストラトン（ランプサコスの）　Strato Lampsacenus……55
ストラボン　Strabo……25, 133, 138, 141, 169, 370
ストーントン　Staunton, George……73, 482
スパルマン　Sparrman, Andrew……20, 32, 41, 51, 225, 289, 292, 331
スピーク　Speke, John……139
スピノザ　Spinoza, Benedicte de……36, 55, 56, 169, 394
スプラット　Sprat, Thomas……33-34, 245, 268, 391
『王立協会史』*History of the Royal Society*
……34
スミス　Smith, Bernard……464, 539
スミス　Smith, Robert……75, 466
スミッソン　Smithson, Robert……545
スラートゥス　Sulatus, Jacob……455
ズルツァー　Sulzer, Johann Georg……233, 254
スワンメルダム　Swammerdam, Jan……257

セバ　Seba, Albertus……441, 503
セナンクール　Senancour, Étienne Pivert de
……212, 348
セネカ　Seneca……251, 252, 312
ゼノン（エレアの）　Zeno of Elea……170
セルゲル　Sergel, Tobias……177

ソシュール　Saussure, Horace Bénédict de
……27, 40, 50, 79, 80-82, 191, 211, 231, 252, 274, 279, 283, 322, 351, 361, 378, 402, 420, 423, 450
——と観察……283
——と高さ……117
『アルプス登攀記』　*Voyage dans les Alps*

……40, 80-81
ソーニエ　Saugnier, Raymond de……18, 136, 291
ゾラ　Zola, Emile……414-418
ソランダー　Solander, Daniel……40
ソールト　Salt, Henry……85, 101, 115, 184, 290, 292, 318, 326
ソロー　Thoreau, Henry David……411
ソーン　Soane, John……402, 404
ソーン　Thorn, William……39, 197, 206, 352
　『ジャワ誌』*Memoir of Java*……39
ソンニーニ　Sonnini, C. S.……387

タ　行

ダヴィット　David, Gerard……16
ダヴィッド　David, Eméric……401
ダヴィッド　David, Jacques-Louis……390-391, 392
ダヴィッド・ダンジェ　David d'Angers, Pierre-Jean……277, 401
ダーウィン　Darwin, Charles……20, 85, 128, 245, 252, 321, 392, 468, 531, 538
ダーウィン　Darwin, Erasmus……50, 56, 251, 392
　『植物の愛』*Loves of the Plants*……55
ダ・ヴィンチ　→　レオナルド・ダ・ヴィンチ
タッキー　Tuckey, J. K.……66, 75, 290, 331, 337, 359
　『ザイール探険記』*Expedition to Zair*……66, 465
タッソー　Tussaud, Madame……412
ターナー　Turner, James Mallord William……341, 372, 397, 402, 404, 406, 408-409
ターナー　Turner, Samuel……90, 294, 547
ダニエル　Daniell, J. F.……191
ダニエル　Daniell, Samuel……63
ダニエル　Daniell, Thomas……54, 65, 75, 89, 95, 100, 108, 111, 140, 182, 206, 279, 296, 463
　『東洋風景』*Oriental Scenery*……65, 279
　『命ある自然』*Animated Nature*……108, 296
ダニエル　Daniell, William……54, 64, 65, 75, 89, 95, 100, 108, 111, 140, 182, 206, 279, 296, 297, 435, 463, 466
ダフ　Duff, William……18, 19, 38-39, 177, 279, 350
　『独創的天才論』*Essay on Original Genius*……19, 38-39, 447, 525
ダミッシュ　Damisch, Hubert……487
ダランベール　D'Alembert, Jean……37, 45, 57, 114, 177, 202, 205, 503
ダール　Dahl, Johann Christian……399
タールマン　Thalmann, Marianne……510
ダルガーノ　Dalgarno, George……268
タルボット　→　トールボット
ダルランド　D'Arlande, Marquis……166
ターレス　Thales……7, 55, 254
ダレム　Dalem, Cornelius van……13
ダロウェイ　Dalloway, James……173, 361
ダンカルヴィル　D'Hancarville……119
ダンテ　Dante Alighieri……248
ダントルカストー　D'Entrecasteaux, Antoine Raymond Joseph de Bruni, Chevalier……283, 320, 375, 376, 377, 385, 386
　『ラ・ペルーズ探索行』*Voyage à la recherche de La Pérouse*……10
ダンバー　Dunbar, James……521
ダンビー　Danby, Francis……404
ダンピア　Dampier, William……206, 444

チェンバーズ　Chambers, Richard……65, 73, 229
チェンバーズ　Chambers, William……5, 6, 355, 432, 447
　『支那建築・家具・デザイン集』*Designs for Chinese Buildings*……6

ツヴァイク　Zweig, Paul……525, 526

デイヴィー　Davy, John……75, 131, 359
ティエポロ　Tiepolo, Giovanni Battista……175
ディオゲネス（アポロニアの）　Diogenes of Apollonia……349

ディオドロス・シクルス　Diodorus Siculus……140
ディカイアルコス　Dicaearchus……55
ディクソン　Dixon, George……378
ディデ　Diday, François & Jean-Louis……423
ディドロ　Diderot, Denis……19, 37, 46, 48, 50, 55, 79-80, 114, 252, 255, 260, 333, 360, 394, 404, 461, 505
——とアート〈対〉自然……8
——とヴィジョン……177
——と科学……19
——と『百科全書』……19, 34, 40, 42, 172, 174, 177, 206, 350, 360,
——と物質……55-58, 79, 169, 177, 251, 255-256
——と普遍的プロセス……251
『自然解釈論』*Pensée sur l'intérpretation de la nature*……19
『サロン』*Salon*……80, 177, 251, 360
デイノクラテス　Deinocrates……15, 439
テイラー　Taylor, Isidore-Justin-Séverin, Baron……83
テオフラストゥス　Theophrastus……255
デカルト　Descartes, René……29, 30, 34, 35, 54, 56, 166, 338, 369, 382, 447, 491, 497
『省察』*Méditation*……30
デクルティ　Descourtis, Charles-Melchior……80
デザリエ・ダルジャンヴィル　Dézallier d'Argenville, Antoine-Joseph……11, 506
テステュ=ブリシー　Testu-Brissy, Pierre……323
テップフェル　Töpffer, Rodolfe……400, 422-425
テーヌ　Taine, Hippolyte……414
デフォー　Defoe, Daniel……25
デマレ　Desmarest, Nicolas……10, 66, 223, 225, 296
デモクリトス　Democritus……7, 55, 165, 169
デュソー　Dusaulx, Jean……365
デュピュイ=ドゥルクール　Dupuis-Delcourt, Jules-François……425
デュ・フェス　Du Fesc, R. P.……38, 198
テューヴソン　Tuveson, Ernest L.……343, 436, 496
デュ・ボス　Du Bos, Jean-Baptiste……389, 530
『詩画批判』*Réflexions critiques sur la poésie et sur la peinture*……39
デューラー　Dürer, Albrecht……16, 46, 179, 440
デリウス　Delius, Christoph Traugott……282, 513
テンプル　Temple, Edmond……129, 362

ドイリー　D'Oyly, Sir Charles……150
トゥープート　Toeput, Lodewijk……6
ドゥフランス　Defrance, Léonard……108
ドゥブレ　Debret, J. B.……114
ドゥリュック　Deluc, Jean-André……80, 351, 361, 373, 408
ドゥルセール　Delessert, Eugène……425-426
トゥルヌフォール　Tournefort, Joseph Pitton de……31, 100, 255, 282, 283, 284, 309, 320
トゥ・ワン　Tu Wan……62
ドガ　Degas, Edgar……417
ド・クインシー　De Quincey, Thomas……43
トドロフ　Todorov, Tzvetan……304, 524
ドービニー　Daubigny, Charles-François……414
ド・ピール　De Piles, Roger……13, 61-62, 149, 174, 179, 310
『絵画講義』*Cours de peinture*……13
ド・ブリ　De Bry, Theodor……482, 483
ド・ブロス　De Brosses, Charles……19-23, 46
『南方大陸航海史』*Histoire des navigations aux terres australes*……19
ドーミエ　Daumier, Honoré……413
トムソン　Thompson, George……331
トムソン　Thomson, James……42, 175
ドラクロワ　Delacroix, Eugène……372, 395, 403, 539
トランブレー　Trembley, Abraham……257
ドリヴェ　D'Olivet, Antoine Fabre……55
ドリール　Delille, Jacques……230
ド・リール・ド・サル　De L'Isle de Salle,

Jean-Claude-Izouard …… 55, 247, 255, 366
トリンピ　Trimpi, Wesley …… 370, 453
トールボット　Talbot, William Henry Fox …… 384
トㇽレ　Torre, Giovanni Maria della …… 188, 452
トレㇽリ　Torelli, Giacomo …… 6
ドロミュー　Dolomieu, Déodat de …… 81, 228, 261-262, 375, 402, 445, 452, 508, 536

ナ　行

ナイト　Knight, Richard Payne …… 3, 119, 429
ナダール　Nadar …… 424-426
ナポレオン・ボナパルト　Napoléon Bonaparte …… 23, 46, 134, 138, 292, 400

ニーウホフ　Nieuhof, Johan …… 7, 58, 461
『阿蘭陀諸州連合東印度会社使節入華布教記』 *Embassy from the East Indian Company of the United Provinces* …… 7
ニエプス　Niepce, Joseph Nicéphore …… 384
ニコラウス（クサの）　Nicholaus Cusanus …… 59, 170
ニコルソン　Nicolson, Marjolie Hope …… 433, 435, 437, 499, 506, 507
ニーブール　Niebuhr, Carsten …… 248
ニュートン　Newton, Isaac …… 18, 30, 31, 39, 54, 56, 58, 161-166, 179, 184, 193, 246, 247, 249, 252, 338, 405, 447, 503
—と光 …… 186-187, 164-165, 196, 369
—と物質 …… 36, 37, 161-166, 168, 170-194, 247, 250, 252, 261, 339, 383, 394, 405, 459, 504, 505
『光学』*Opticks* …… 161, 162, 164, 177-178, 250,459, 504
『プリンキピア』*Principia mathematica* …… 161-162, 250, 435, 459
ニール　Neale, Adam …… 27, 65, 123, 148

ノヴァック　Novak, Barbara …… 522-523
ノヴァーリス　Novalis …… 520
ノックス　Knox, John …… 500
ノルデ　Nolde, Emile …… 545
ノルデン　Norden, Frederick L. …… 62, 462

ハ　行

バイイ　Bailly, Jean-Sylivain …… 24, 279, 283, 337-338, 350, 503
ハイドン　Haydn, Hiram …… 433
ハイネ　Heine, Heinrich …… 396, 542
バイロン　Byron, John …… 20, 129, 148, 241, 283, 293
ハインゼ　Heinse, Johann Jakob Wilhelm …… 10
バウァー　Bauer, Ferdinand …… 129
ハヴェル　Havell, Robert …… 91, 463
ハヴェル　Havell, William …… 211
パウサニウス　Pausanius …… 25
ハウスマン　Hausmann, Johann Friedrich Ludwig …… 189
ハウプトマン　Hauptmann, Gerhart …… 414
バウムガルテン　Baumgarten, Alexander Gottlieb …… 522
パーキンソン　Parkinson, Sidney …… 71, 114, 455
バーク　Burke, Edmund …… 6, 14, 40, 175, 309, 355, 360, 432, 448, 450
『崇高と美の観念』*Essay on the Sublime and the Beautiful* …… 175, 276, 309, 315, 345,437
パーク　Park, Mungo …… 40, 73, 134, 290, 292, 318
バクサンドール　Baxandall, Michael …… 504, 538
バークレー　Berkeley, George …… 36, 56, 163, 170, 194, 486
『シリス』*Siris* …… 170
パジェス　Pagès, Pierre-Marie-François de …… 318, 322
ハーシェル　Herschel, William …… 198, 202, 209, 279, 374
バシュラール　Bachelard, Gaston …… 349,452, 504, 508, 512-513, 519-520, 528, 529
芭蕉　Bashō …… 62, 149, 232

パース　Pars, William……94
パスカル　Pascal, Blaise……345
ハズリット　Hazlitt, William……396, 408, 456
バーダー　Baader, Franz von……394
バーチェル　Burchell, William……319, 361
ハック　Hacke, Hans……545
バック　Back, George……198, 288
ハッシー　Hussey, Christopher……430
ハッチソン　Hutcheson, Francis……4, 279, 355, 538
バッティスティ　Battisti, Eugenio……472, 504, 513
バッテン　Batten, Charles L.……viii, 444, 534
ハットン　Hutton, James……249, 262
ハーディ　Hardy, Joseph……3, 41
パティニール　Patinir, Joachim……6, 12, 16, 432
バトゥー　Batteux, Charles……39
ハートマン　Hartman, Geoffrey……489, 504, 534
パトラン　Patrin, Eugène-Mélchior……260-262
ハートレー　Hartley, David……170, 416, 486
バートン　Burton, Richard……139
バートン　Burton, Robert……176
バーネット　Burnet, Thomas……80, 504
ハミルトン　Hamilton, Francis……91, 129, 292
ハミルトン　Hamilton, Sir William
……8，54, 122, 129, 216, 219-220, 223, 263, 286-287, 329, 351, 354, 362, 367, 373, 452
『火の平原，両シチリア島の火山について』 *Campi Philegraei*……8, 263, 286-287, 435
ハラー　Haller, Albrecht von……80, 212, 316, 339, 377, 461
パラケルスス　Paracelsus……58, 170, 249-250, 333, 433, 504
パラス　Pallas, Peter Simon……284, 502
パリー　Parry, Edward……198
パリー　Parry, William Edward……109, 129, 191, 235-236, 478
パリッシー　Palissy, Bernard……11, 12, 17, 58, 97, 254, 255, 438, 506, 513
バルザック　Balzac, Honoré de……415
パルシュー　Parcieux, Antoine de……312
バルテス　Barthez, Paul-Joseph……461
バルト　Barthes, Roland……31, 514
バルトルシャイティス　Baltrušaitis, Jurgis
……490, 494, 506, 524, 545
パルメニデス　Parmenides……170
ハレー　Halley, Edmund……288, 449
バレット　Barrett, George……472
バレル　Barrell, John……430, 449
バロウ　Barrow, John……63, 191, 198, 292, 298-299, 361, 463
『南アフリカ奥地旅行』*Travels into the Interior of South Africa*……298
ハワード　Howard, Luke……408, 548
バン　Bunn, James H.……525
ハーン　Hearne, Samuel……24, 294
『ハドソン湾から北洋へ』*Hudson's Bay to the Northern Ocean*……24
ハーン　Hearne, Thomas……403
バンクス　Banks, Joseph……2, 4, 8, 43, 70, 110, 148, 205, 225, 290, 296, 339, 351, 402, 435, 455, 534
パングレ　Pingré, Alexandre-Guy……172
バンディ　Bundy, Murray Wright……534
ハント　Hunt, John Dixon……viii, 430
パンニーニ　Pannini, Giovanni Paolo……16

ビーヴァー　Beaver, Philip……292
ビオ　Biot, Jean=Baptiste……22-23, 194, 341, 502
ピカール　Picart, Bernard……175
ヒギンズ　Higgins, Godfrey……122
ビークマン　Beekeman, Daniel……148
ピサロ　Pissaro, Camille……416
ピサロ　Pizarro, Francisco……83
ビシャ　Bichat, Xavier……278, 461
ビソン　Bisson, Hippolyte……79
ビーチ　Beach, Joseph Warren……457
ビーチー　Beechey, H. W.……38, 109, 114, 140, 292, 311, 322
ヒード　Heade, Martin……411

ピノー　Pineau, Nicolas……17
ヒポクラテス　Hippocrates……176
ピュイセギール　Puységur, Amand-Marc-Jacques de Chastenet, Marquis de……176
ピュジュー　Pujoulx, J. B.……48, 49
ピュタゴラス　Pythagoras……55, 170, 247, 255, 507
ビュフォン伯　Buffon, George Louis-Leclerc, Comte de……11, 49, 50, 51, 59, 205, 225, 249, 252, 279, 284, 356, 447, 505
　——と分類……50, 51
　『自然の年代』*Epoque de la nature*……249
　『地球の理論』*Théorie de la terre*……59
ヒューム　Hume, David……50, 161, 246, 303, 304, 447, 528, 531
　『人性論』*Treatise of Human Nature*……304, 486
ピョートル大帝　Peter the Great……11, 518
ヒラーズ　Hillers, John……384
ピラートル・ド・ロジエ　Pilâtre de Rozier, Jean-François……166, 194, 311, 316, 317, 323, 336, 352, 407, 425
ピラネージ　Piranesi, Giovanni Battista……9, 175-176, 345, 528
ビリングズ　Billings, Joseph……207, 283
ヒルシュフェルト　Hirschefeld, C. C. L.……316
ヒルデブラント　Hildebrandt, Edward……147
ヒレストレーム　Hilleström, Pehr……108

ファーガソン　Ferguson, Adam……521
ファビアン　Fabien, Gautier-Dagoty, G.……46, 223
ファブリス　Fabris, Peter……220
ファルケンボルヒ　Valckenborch, Lucas van……13
ファルコネ　Falconet, Étienne……11, 438
ファン・ダレム　van Dalem, Cornelis……13
フィアミンゴ　Fiammingo, Paolo……6
フィッシャー・フォン・エルラッハ　Fischer von Erlach, Johann Bernhard……14-15
　『歴史的建築図集』*Entwurf einer historische Architektur*……14
フィッツロイ　Fitzroy, Robert……127, 206, 329, 361
フィップス　Phipps, Constantine……110, 181, 235, 328, 338, 475
フィヒテ　Fichte, Johann Gottlieb……395, 542
フィリポン　Philipon, Charles……413
フィールド　Field, Barron……129
フィロストラトゥス　Philostratus……7
　『ティアーナのアポロニオス伝』*Life of Apollonius of Tyana*……7
フィンレイ　Finley, Gerald……viii, 431
ブーウール　Bouhours, Dominique……209, 349
フェヌロン　Fénelon, François de Salignac de la Mothe……448
フェリビアン　Felibien, André……179
フェルバー　Ferber, Johann Jacob……296
フェルメール　Vermeer, Jan……372
フォージャ・ド・サン=フォン　Faujas de Saint-Fond, Barthélemy……10, 11, 22, 41, 193, 219, 223, 224, 262, 274, 285, 296, 312, 323, 351, 361, 499, 513
　『死火山研究』*Recherches sur les volcans éteints*……351
　『地質論』*Essai de géologie*……11, 262
　『飛行機械』*La machine aérostatique*……193, 285
フォション　Focillon, Henri……434, 544
フォックストールボット　→　トールボット
フォーブス　Forbes, James……103, 289
フォルスター子　Forster, Georg Adam……10, 31, 32, 40, 45, 48, 95, 114, 129, 144, 149, 181, 200, 205, 207, 214, 225, 234-235, 276, 279-280, 287, 293, 295, 304, 305, 306, 307, 308, 316, 321, 324, 338, 351, 356-357, 367, 371, 405, 420, 518
　——と自然……279-280
　——と発見観察……115, 304-306, 308, 371
　——と廃墟……10
　——と文体……45
　『全自然展観』*Ein Blick in das Ganz der*

Natur……149, 279
『低ライン風景論』*Ansichten vom Niederrhein*……10
『世界周航記』*Voyage round the World*……45, 306
『観測航海記』*Observations made during a Voyage*……114
フォルスター父　Forster, Johann Reinhold……48, 181, 205, 321, 353-354, 357, 405, 495
フォルバン　Forbin, Auguste, Comte de……219
フォレスタ　Foresta, Marie-Joseph, Marquis de……219
フォレスト　Forrest, Charles……76, 210, 375, 378
ブオンタレンティ　Buontalenti, Bernardo……6
フォントネル　Fontenelle, Bernard de……11, 30, 49, 282, 373, 379
ブーガンヴィル　Bougainville, Louis-Antoine de……38, 45, 57, 111, 114, 154, 214, 284, 293, 311, 338, 368
『世界一周』*Voyage autour du monde*……45
ブキャナン　Buchanan, Francis……236
ブゲール　Bouguer, Pierre……83, 197, 284
フゴ　Hughe de Saint Victoire……35, 246, 350
フーコー　Foucault, Michel……20, 31, 49, 278-279, 305, 445, 457, 512, 519, 529, 540, 547
プーサン　Poussin, Nicolas……3, 13, 14, 173, 179, 392, 430
ブーシエ　Boucher, François……174
ブーシャルドン　Bouchardon, Edmé……177
プトレマイオス　Ptolemaios Klaudios……16, 173
フュッスリ　Fußli, Johann Heinrich……177
フュッスリ　Fußli, F. Melchior……465
フラ・アンジェリコ　Fra Angelico (Guido di Pietro)……6
フライ　Frye, Northrop……445
ブライアント　Bryant, James……436
プライス　Price, Uvedale……3, 429
ブライソン　Bryson, Norman……488
ブライダン　Brydone, Patrick……122, 188, 206, 211, 219, 222, 238, 239, 295, 317, 377, 378
ブラウ　Blaeu, Joan……467
ブラウン　Brown, Lancelot（“Capability”）……5
ブラウン　Browne, William……118, 129, 136, 153, 292
フラゴナール　Fragonard, Jean-Honoré……174-175
プラトン　Platon……29, 280, 315, 345, 349, 372, 514, 534
——と物質……59, 165, 170, 372
『国家』*Politeia*……345
フランクリン　Franklin, Benjamin……49, 196, 207, 340, 388
フランクリン　Franklin, John……21, 111, 129, 182, 198, 200, 288, 340, 357, 375
『極洋探険』*Journey to the Polar Sea*……112
ブランシャール　Blanchard, Jean-Pierre-François……194, 323
ブランビラ　Brambila, Fernando……287
フランツ　Franz, Heinrich……13
ブーリ　Bourrit, Marc-Théodore……79, 80, 229, 231, 252, 274, 317, 322, 331
ブリガンティ　Briganti, Giuliano……489
プリーストリー　Priestley, Joseph……49, 59, 167, 177, 198, 389, 447, 492, 495, 528
『物質と霊性』*Disquisitions Relating to Matter and Spirit*……59
フリード　Fried, Michael……512, 530
フリードリッヒ　Friedrich, Caspar David……46, 273, 397-398, 399, 405
フリードリッヒ大王　Friedrich, der Grosse……18
プリニウス　Pliny……viii, 8, 150, 173, 253, 262, 286, 293, 300, 307,434, 504
プリマティチオ　Primaticcio, Francesco……12
ブリューゲル父　Brueghel, Pieter, the Elder……16, 220
フリンダーズ　Flinders, Matthew……46, 106, 109, 115, 130, 320, 339, 365, 375
『南方大陸航海記』*Voyage to Terra Australis*

……46

フルクロワ　Fourcroy, Antoine-François……177

ブールジェ　Bourget, Louis……254, 296

ブルジョワ　Bourgeois, Constant……468

ブルース　Bruce, James……24, 58, 85, 134, 188, 237, 284, 290, 311, 318, 336, 367, 372, 392, 436

『ナイル水源探険記』*Travels to discover the Source of the Nile*……24

『紀行』*Narrative*……372

ブルースター　Brewster, David……494

プルタルコス　Plutarch……8, 434

ブルック　Brooke, Arthur……72, 181, 182, 201, 205, 332, 358, 375

ブルックハルト　Bruckhardt, John Lewis……119, 138-139, 144, 153, 292, 337, 367, 405, 527

ブルーノ　Bruno, Giordano……170, 433

ブールハーフェ　Boerhave, Hermann……257, 461

ブレー　Boullée, Étienne-Louis……401-402, 405-406

プーレ　Poulet, George……528

ブレア　Blair, Hugh……42, 176, 279, 521

ブレイク　Blake, William……31, 32, 43, 163, 394, 396, 445, 504, 536

『四つのゾア』*Four Zoas*……31

フレイザー　Fraser, James Ballie……91

フレジエ　Frézier, Amadée-François……58, 255

フレシネ　Freycinet, Louis Claude de Saulces de……43, 117

ブレス　Bles, Herri met de……6, 108

フレッチャー　Fletcher, Angus……viii, 531, 538, 540

ブレット　Brett, John……422, 462

ブレッヒェン　Blechen, Karl……399

ブロック　Broc, Numa……vii, 442, 450, 467, 484, 491, 493, 498, 500, 514, 518

ブロックドン　Brockedon, William……82

プロティノス　Plotinus……7-8, 247, 349

ブロートン　Broughton, William……362

フロベール　Flaubert, Gustave……395

フロマンタン　Fromentin, Eugène……387-388, 414, 539

ブロンデル　Blondel, J. F.……431

フンボルト　Humboldt, Alexander von……40, 45, 69, 73, 83-85, 96, 106, 122, 126, 129, 131-132, 140, 144, 150, 182, 242, 252, 262, 284, 317, 320, 337, 340, 344, 359, 367, 371, 377, 398, 420, 450, 502, 509, 536

—と言語……45

『植物地理学』*Geographie der Pflanzen*……144

『歴史的報告』*Relation historique*……84

ヘイクウェル　Hakewell, James……280-281, 377

ベイリー　Baillie, John……512

ベガン　Béguin, Albert……442

ヘーゲル　Hegel, Georg Wilhelm Friedrich……539

ベーコン　Bacon, Francis……viii, 30, 34-35, 51, 53, 162, 248, 333, 337, 344, 389, 416, 447

—と発見……21, 383

—と言語……47, 268, 390, 453

—の方法……30, 35-51（随所）, 245-246, 344, 381

『学問の進歩』*Advancement of Learning*……34, 268, 270, 382, 453

『学知増大の大革新』*Instauratio Magna Augmentis Scientarum*……21, 34

『新アトランティス』*New Atlantis*……34

『新機関』*Novum Organum*……30, 34, 381

ベーコン　Bacon, Roger……369

ヘシオドス　Hesiod……251

ペッカム　Peckham, John……369

ベッカリーア　Beccaria, Giovanni Battista……198, 495

ペドロ・デ・キロス　Pedro de Quiros……283

ペトロニウス　Petronius……414

ペナント　Pennant, Thomas……115, 313, 472,

513
ベニョフスキ伯　Benyowsky, Mauritius Augustus, Count of……333
ヘムステルホイス　Hemsterhuis, Frans……170
ベーメ　Boehme, Jakob……394
ヘラー　Heller, Erich……542, 549
ヘラクレイトス　Heraclitus……165, 168, 172, 349
ベラシス　Bellasis, George……64, 313
ヘリオット　Heriot, George……42, 152, 214, 325-327, 337, 340, 365
ヘリング　Herring, Thomas……431
ベール　Bayle, Pierre……55, 56, 489, 528
　『歴史的批評的辞典』*Dictionnaire historique et critique*……55
ベルジョン　Berjon, Antoine……507
ヘルダー　Herder, Johann Gottfried von……55, 170, 279, 399, 436, 531
ベルツォーニ　Belzoni, Giovanni Battista……129, 139-140, 141, 154, 204, 206, 238, 307, 310, 320, 337, 378, 527
ベルトレ　Berthollet, Claude-Louis……22, 177
ベルトロン　Bertholon, Pierre……22-23, 166, 168, 180, 181, 200, 202, 206, 492
ベルナール　Bernard, Claude……414, 416
ベルナルダン・ド・サン＝ピエール　Bernardin de Saint-Pierre, Jacques Henri……9, 40, 95, 142, 175, 205, 211, 225, 240, 256, 276, 284, 288, 316, 323, 329, 377, 450, 520
　――アート対ネイチャーと……10
　――と望遠鏡……198, 374
　――と旅行記……40
　『自然の調和』*Harmonies de la nature*……175, 205, 377
　『モーリシャス島周航記』*Voyage à l'Ile de France*……40, 95, 256
ベルニーニ　Bernini, Giovanni Lorenzo……438
ベルヌーイ　Bernoulli, Daniel……164
ペルヌティ　Pernety, A. J.……229
ベレルマン　Bellerman, Ferdinand……147
ペロー　Perrault, Charles……30, 34
　『古代人と近代人の比較』*Parallèles des anciens et des modernes*……30, 34
ヘロドトス　Herodotus……25
ペロン　Péron, François……204-205
ベーン　Behn, Friedrich Daniel……199
ヘンケル　Henckel, Johann Friedrich……254, 266
ベンヤミン　Benjamin, Walter……525, 538, 540

ポー　Poe, Edgar Allan……180, 266
ボイデル　Boydell, John……213
ボイル　Boyle, Robert……255, 496-497
ホガース　Hogarth, William……274
ホークスワース　Hawkesworth, John……20, 333, 455, 458, 534
ポコック　Pococke, Richard……26, 42, 93, 140, 149, 151, 155, 215, 288
　『東方詳記』*Description of the East*……26, 42
ボシュ　Bossut, Charles……177
ボス　Bosch, Hieronymus……16, 220
ポスタンス　Postans, Thomas……103
ボスコヴィッチ　Boscovich, Roger Joseph……528
ポーター　Porter, Robert Ker……11, 76, 108, 119, 129, 306, 364, 365
ボダン　Bodin, Jean……315
ボーダン　Baudin, Nicolas……320
ホッジズ　Hodges, William……48, 67, 88, 100, 109, 140, 147, 150, 211, 214, 229, 234, 336, 357, 362, 500
　『精選インド景観』*Select Views of India*……89
　『インド旅行記』*Travels in India*……101
ポッシン　Possin, Hans Joachim……vii, 434, 450
ホッブズ　Hobbes, Thomas……4, 29, 161, 177, 191, 538, 541
　『リヴァイアサン』*Leviathan*……382
ボードレール　Baudelaire, Charles-Pierre……381, 387, 388, 487
ボナヴェントゥラ　Bonaventura……349
ボネ　Bonnet, Charles……8, 57-58, 260,

277, 282-283, 310, 348, 435
ポープ　Pope, Alexander……3, 5, 25, 97-98, 309, 355, 359, 362
ホブハウス　Hobhouse, J. C.……129, 365
ホフマン　Hoffmann, E. T. A.……108,493
ホフマン　Hofmann, Werner……543
ホーム　Home, Robert……89
ホメロス　Homer……32
ボーラス　Borlase, William……58, 97, 119, 190, 262, 273-274, 296, 313
ホラティウス　Horace……8, 23, 25, 371, 434
ホール　Hall, Basil……211
ボルギーニ　Borghini, Vincenzo……532
ポールソン　Paulson, Ronald……viii, 438
ボールドウィン　Baldwin, Thomas……128, 194, 317, 323, 344, 352, 364, 368, 378-379
ホルネマン　Horneman, Friedrich……138-139
ポルフュリオス　Porphyrios……269-270
ホワイト　White, Hayden……517, 531, 538
ホワイトハースト　Whitehurst, John……66, 248
ボワジュラン・ド・ケルデュ　Boisgelin de Kerdu, Louis……106, 108, 189, 213, 309, 321, 353, 357
『デンマーク・スウェーデン旅行記』*Travels in Denmark and Sweden*……108
ポワーブル　Poivre, Pierre……93, 95, 320
ボンヴァン　Bonvin, François……417
ボンプラン　Bonpland, Aimé……84

マ　行

マイエ　Maillet, Benôit de……55, 133, 138, 210, 248, 397, 503
『テリアメッド』*Telliamed*……59, 133, 248
マイヤー　Mayer, Luigi……118, 125, 337, 436
マカートニー　Macartney, George……73, 94, 149, 191, 205, 276, 463,
マクファーソン　MacPherson, James……141, 316, 393, 405, 521
マクファーランド　McFarland, Thomas……504
マクロビウス　Macrobius, Ambrosius Theodosius……271
マケール　Macquer, Pierre-Joseph……177
マケンジー　MacKenzie, Alexander……144, 336
マケンジー　MacKenzie, Colin……481
マケンジー　MacKenzie, George……129, 207, 226, 284, 286, 294, 322, 329, 353, 365
マースデン　Marsden, William……63
マゼラン　Magalhães, Fernão de……283
マーティン　Martin, John……402, 404
マーテンス　Martens, Conrad……85, 128, 469
マネ　Manet, Eduard……416
マラスピーナ　Malaspina, Alejandro……83, 287, 331, 336
マリナー　Mariner, William……107
マルキス　Marchis, Alessio de……179, 220
マルテル　Martel, Peter……231, 232
マルブランシュ　Malebranche, Nicolas……29, 36, 170
『真理論』*De la recherche de la vérité*……36
マンソン　Manson, James……91
マンデヴィル　Mandeville, Bernard de……303, 489
マンテーニャ　Mantegna, Andrea……16, 440
マンリー　Manley, Lawrence……29

ミケランジェロ　Michelangelo Buonarotti……12, 434
ミニャン　Mignan, Robert……140
ミュッセンブルーク　Musschenbroek, Pieter van……205
ミル　Mill, John Stuart……41
ミルトン　Milton, John……150, 404
ミルベール　Milbert, Jacques-Gérard……43, 94, 144, 149, 214, 289-290, 294, 320, 471
ミレ　Millet, Jean-François……414

ムラトーリ　Muratori, Ludovico Antonio……386

メイソン　Mason, Monck……128, 310, 352, 378, 514
メスメル　Mesmer, Anton Franz……165, 176, 388

メッソニエ　Meissonier, Jean-Louis-Ernst ……417
メッソニエ　Meissonier, Juste-Aurèle……17
メラン　Mairan, Jean-Jacques Dortous de ……200, 202
メルシエ　Mercier, Louis-Sebastien……58, 85, 232, 251, 256, 281, 404, 467

モア　More, Henry……80, 162, 170, 171
モスコス　Moschus……169
モスタールト　Mostaert, Jan……12
モネ　Monet, Claude……407-408
モーペルテュイ　Maupertuis, Pierre-Louis Moreau de……18-19, 50, 164, 281, 503
『科学の進歩を論ず』*Lettre sur le progrès des science*……18
モリアー　Morier, James……45, 111, 276
モリエール　Molière……34
モリエン　Mollien, George……182, 292, 322, 365
モンク　Monk, Samuel……512
モンゴルフィエ　Montgolfier, Joseph Michel & Jacques-Étienne……22, 166, 284, 312, 341, 425
モンテスキュー　Montesquieu……37, 50, 315, 344
『法の精神』*L'esprit des lois*……315
モンテーニュ　Montaigne, Michel de……433
モンフォーコン　Montfaucon, Bernard de ……273, 386
モンペール　Momper, Joos II de……79
モンモラシー　Duc du Monmorency……12

ヤ　行

ヤウス　Jauss, Hans Robert……456
ヤコブソン　Jakobson, Roman……518
ヤング　Young, Edward……19
『独創的制作法』*Conjectures on Original Composition*……19

ユヴァーラ　Juvarra, Filippo……6, 432
ユゴー　Hugo, Victor……85, 345, 397, 467
ユニウス　Junius, Franciscus……178, 253
ヨゼフ２世　Joseph II……213

ラ　行

ライオン　Lyon, George……137, 141, 237, 332, 353
ライセット　Lycett, Joseph……112, 140, 293, 310, 337, 365, 375
ライト　Wright, Joseph……108
ライト　Wright, Thomas……202
ライプニッツ　Leibniz, Gottfried Wilhelm ……7, 39, 56, 163, 252, 254, 369, 394, 460, 485
──と物質……56, 163-164, 169-171, 252, 383
──と普遍言語……268
──のモナドロジー……57, 170
ラヴォアジェ　Lavoisier, Antoine Laurent ……50, 166, 167, 170, 177, 193, 307, 389, 405
ラウザーバーグ［ルーテルブール］ Loutherbourg, Philippe-Jacques de ……6, 179-180, 212, 467
ラヴジョイ　Lovejoy, Arthur O. ……433, 434, 479, 517
ラウール＝ロシェット　Raoul-Rochette, Désiré……5, 187, 232, 274-275, 364, 376, 377
『スイス書簡』*Letters Sur la Suisse*……5
ラ・カイユ　La Caille, Nicolas-Louis de ……198, 292
ラ・コロンナ　La Colonna, Sieur de……255
ラ・コンダミン　La Condamine, Charles-Marie de……83, 197, 284
ラシーヌ　Racine, Jean-Baptiste……390
ラ・ジュー　La Joue, Jacques……17
ラスキン　Ruskin, John……ix, 41, 278, 341, 371, 411, 424, 441, 450, 462, 487, 512, 513, 536, 541, 551-552
──とカンスタブル／ターナー……409-410
──とナチュラリズム……418-422
『近代画家論』*Modern Painters* ……39, 409-411, 420, 422, 530

ラスペ　Raspe, Rudolf Erich……66, 223, 296
ラッセル　Russell, John……374
ラッフルズ　Raffles, Thomas Stamford……474
ラビヤルディエール　Labillardière, Jacques-Julien Houton de……96, 357
ラファーター　Lavater, Johann Kaspar……177, 274
ラ・フォンテーヌ　La Fontaine, Jean de……34
ラ・フォン・ド・サンティエンヌ　La Font de Saint-Yenne……11
ラプラス　LaPlace, Pierre-Simon de……22
ラ・プリュシュ　La Pluche, N. A.……49, 69-70, 149, 167, 202, 260
ラ・ペルーズ　La Pérouse, Jean-François de Galaup, Comte de……20, 23, 27, 38, 46, 96, 111-112, 125, 132, 181, 182, 283-284, 321, 336, 338, 357, 445, 475
　──と海岸線……111-112
　──とクック……283, 344
　──と発見……23, 27
ラボルド　Laborde, Jean-Benjamin de……67, 72, 73, 79, 96, 132, 230, 232, 255, 274, 317, 362
　『フランス実記』*Description de la France*……67
　『スイス地誌譜』*Tablaux topographiques de la Suisse*……79
ラ・ポワ・ド・フレマンヴィル　La Poix de Fréminville, Edmé de……322
ラマルティーヌ　Lamartine, Alphonse de……394-395, 396
ラ・メトリ　La Métherie, Jean Claude de……261
ラ・メトリ　La Mettrie, Julien Offroy de……37, 260, 415, 461
ラモン・ド・カルボニエール　Ramond de Carbonnières, Louis-François-Elizabeth de……79, 82, 252, 361, 401
ラランド　Lalande, Jean-Jacques……177, 407
ラ・ロシュフーコー＝リャンクール　La Rochefoucauld-Liancourt, François-Alexandre-Frédéric, Duc de……152
ラング　Lang, Carl……9, 100, 255, 322, 364
ラングル　Langle, Jean-Marie-Jérôme Fleuriot, Marquis de……125, 225
ラングレ＝デュフレノワ　Langlet-Dufresnoy, Nicolas……177, 489
ランドマン　Landmann, George……45, 152, 306, 331, 377
　『ポルトガル見聞録』*Observations on Portugal*……45
ランベルク　Ramberg, Johann Heinrich……45, 399
ランベルト　Lambert, Johann Heinrich……267

リー　Legh, Thomas……153, 292
リア　Lear, Edward……388, 539
リシアンスキー　Lisiansky, Urey……339
リシャール　Richard, Jérôme……172, 181, 184, 186, 188, 191, 205
リッター　Ritter, Johann Wilhelm……209
リネー（リンネウス）　Linnaeus, Carl……48, 49, 50-51, 54, 142, 260-261, 273, 320
　『自然研究論』*Reflexions on the Study of Nature*……50-51, 260
リネル　Linnell, John……404
リヒテル　Richter, Ludwig……399
リヒテンシュタイン　Lichtenstein, Martin Heinrich……129, 141, 318-319
リーベルキューン　Lieberkühn, Johann……374
リュクワート　Rykwert, Joseph……545
リュード　Rude, François……400
李流芳　Li Liufang……62
リンド　Lind, John……307

ルー　Roux……178
ルイ14世　Louis XIV……255
ルイス　Lewis, Meriwether……126, 294, 329
ル・ヴェヤン　Le Vaillant, François……5, 41, 291, 292, 541
　『アフリカ奥地旅行』*Voyage dans l'intérieur de l'Afrique*……5, 41
ルーカー　Rooker, Michel Angelo……403
ルカヌス　Lucan……141
ルキアノス　Lucian……333

ルクー　Lequeu, Jean=Jacques ………… 401-402
ルクレティウス　Lucretius …………164-165, 169, 251, 295
ルゲンダス　Rugendas, Johann Moritz ……144, 146, 284
ル・ジャンティ　Le Gentil, Jean Baptiste ………… 9, 95, 149, 188, 207, 225, 241, 284, 326, 352, 502
『インド洋航海記』*Voyages dans les mers d'Inde* ……………………………………………95, 207
ルシュウール　Lesueur, Charles-Alexandre ……………………………………………………………204
ルソー　Rousseau, Henri ……………………………148
ルソー　Rousseau, Jean-Jacques …………25, 45, 50, 80, 132, 279, 280, 281-282, 394, 413
──と合理 ………………………………………………395
──と夢想 …………………279, 281, 286, 348-349
『ジュリー』*Julie, ou la Nouvelle Héloise* … 80
ルーデル　Luder, Giovanni …………………………407
ルドゥー　Ledoux, Claude-Nicolas …· 401-402, 406
ルドリュー　Ledru, André-Pierre ……… 320, 494
ルドルフ２世　Rudolph II ………………… 440, 441
ルナルディ　Lunardi, Vincenzo ……… 128, 194, 317, 336, 373
ルブラン　LeBlanc, Jean-Bernard ………11, 179
ル・ブロイン　Le Breuyn, Cornelius ………… 20, 62-63, 118, 133, 150, 252, 255, 262, 284, 317, 367, 462
『モスクワ大公国及びペルシア旅行記』*Travels to Muscow and Persia* ………………20, 118
ルーラン　Rouland, N. ………………285, 307, 491
ル・ルージュ　Le Rouge, George-Louis ··· 132
ルロワ　LeRoy, Louis ……………………………………26
ルロワ・ラデュリ　LeRoy Ladurie, Emmanuel ……………………………………………500
ルンゲ　Runge, Philipp Otto …………… 397, 405

レイ　Ray, John ……………………………………………80
レイデン　Leyden, John ……………………… 137, 282
レイナム　Lanham, Richard ………………………453
レイン　Laing, John ………………………… 235, 328
レイン　Lane, Fitz Hugh ……………………………411
レインウァルト　Reinwardt ……………………… 293
レヴィ＝ストロース　Lévi=Strauss, Claude ……………………………………………………………518
レヴィタイン　Levitine, George ……… 445, 542
レーウェンフック　Leeuwenhoek, Antoine van ……………………………………………… 256-257
レウキッポス　Leucippus …………………………169
レオ・アフリカヌス　Leo Africanus …………291
レオナルド・ダ・ヴィンチ　Leonardo da Vinci ………… 16, 46, 56, 179, 212, 254, 266, 369, 434, 440, 449
レオミュール　Réaumur, René=Antoine Ferchault de ……………………………… 257, 305
レセップス　Lesseps, Jean-Baptiste-Barthélemy ··· 125, 181, 287, 329, 339, 361
レッシング　Lessing, Gotthold Ephraim ····· 32, 179, 315
レドヤード　Ledyard, John ……………… 129, 336
レノルズ　Reynolds, Sir Joshua …… 14, 41, 42, 396, 431, 439, 445, 456
『列伝』*Lives* …………………………………………… 14
レプトン　Repton, Humphry …………………………5

ロー　Loo, Carle van …………………………………512
ロイスダール　Ruisdael, Jacob van …………… 16
ローザ　Rosa, Salvator ………………………14, 439
ロージエ　Laugier, Marc-Antoine …………9, 545
ロス　Ross, James Clark ····· 129, 198, 235, 478
ロス　Ross, John ………………………………… 198, 235
ロック　Locke, John ……4, 29, 30, 35, 38, 43, 56, 161, 252, 452, 528
──と物質 ……………30-31, 35-37, 56-58, 161
『人間悟性論』*Essay Concerning Human Understanding* …………30, 35, 37, 56, 532
ロッシ　Rossi, Paolo ………………………………447
ロッヘフェーン　Roggeveen, Jacob …………132
ローティ　Rorty, Richard …………………………542
ロドーリ　Lodoli, Carlo ……………………………545
ロビネ　Robinet, Jean-Baptiste-René ………… 10, 58-59, 252, 255, 256, 310, 460, 507
『哲学的考察』*Considérations philosphiques*

……59, 256
ロベスピエール　Robespierre……401
ロベール　Robert, Eugène……226, 353, 364, 500, 515
ロベール　Robert, Hubert……5, 251
ロベルトソン　Robertson, E. G.……22
ロボ　Lobo, Jerome……85
ロマッツォ　Lomazzo, Giovanni Paolo……16
ロメ・ド・リール　Romé de L'Isle, J. B. L.
……216, 261, 262, 274, 276, 296, 389, 402
ロラン　Lorrain, Claude (Claude Gellét)
……3, 14, 16, 171, 173, 392, 410, 430
ローランドソン　Rowlandson, Thomas……477
ロンギノス　Longinus……309

ワ　行

ワーズワース　Wordsworth, William
……31, 366, 389, 394, 396, 422, 530, 548
ワトソン　Watson, Richard……178
ワトレ　Watelet, Claude-Henri……6
『庭園論』*Essai sur le jardin*……6

事項索引

あ 行

アイスランド　Iceland……115, 181, 226, 228, 321, 351, 353, 358, 365, 515

アーカイヴ　Archive……247, 276, 278, 383, 427

アカデミー・デ・シアンス　Académie des Sciences……33, 34, 38, 58, 117, 282, 391, 425, 441, 446

アクワティント　Aquatint……48, 63, 91, 182, 211, 220, 384

アースワーク　Earth works……437, 447, 529, 545

アジアイズム　Asiatic style……271, 453

アスペクト　Aspect 42, 81, 152, 375, 392, 417
　→　フィジオノミー

アソシエーショニズム　Associationism
　→　観念連合

アッティカイズム　Attic Style……271, 453

アート　Art……11, 54, 58-59, 178, 266, 389, 393-394, 413
　── と科学……vii-ix, 30-31, 53, 371, 389, 390, 393, 403, 447, 540
　── と自然……7-17, 27, 39-40, 70, 98, 179, 215, 247, 266, 383, 410, 437

アトランティス　Atlantis……225, 500

アナモルフォーシス　Anamorphic games……249, 369, 545, 551

アナロジー　Analogy……36, 100, 503, 538

アニミズム　Animism……7, 55, 459, 534

アビシニア　Abyssinia……85, 115, 184, 206, 215, 284, 290, 292

アフォリズム　Aphorism……33, 267, 268, 269, 292, 300, 311, 318, 334, 391

アフリカ探険　Exploration of Africa……110, 135-139, 141, 282, 284, 290-292, 318, 322

アポカリプス　Apocalyptics……404

「甘き場所」*Locus amoenus*……17, 441

アマゾン　Amazon……83

アメリカ　America……142, 144, 214, 289, 320-321, 324-325, 329, 411

嵐　Storms……210-211

アラスカ　Alaska……211, 276

アラベスク　Arabesque……17, 46

アルケイウス　Archeius……250, 262

アルス・コンビナトリア　Ars combinatoria……278

アルプス　Alps……42, 50, 80-82, 84, 140, 197-198, 212, 232-233, 261, 274-275, 314-315, 316-317, 322, 392, 402, 419-423

アレゴリー　Allegory……1, 14, 49, 246

アンティパロス洞穴　Grotto of Antiparos……9, 100, 255, 309, 392

アンデス　Andes……83-85, 96, 132, 182, 284, 337, 354

イエズス会　Jesuits……6, 14, 58, 85, 174, 212, 254, 284, 433
異化　Alienation……360
イギリス　English……30, 38, 54, 56, 90-91
石　Stones……62, 247, 260
石の書きもの　Lithic writing……250, 254, 257, 262, 266
イースター島　Easter Island……41, 115, 132, 211, 225, 276, 283, 293
イタリア　Italy……219
一元論　Monism……56, 169-170
イデア　Idea……47, 59, 165, 266, 372
イマジナリー・ヴォエッジ　Imaginary voyage……vii, 25
意味多重　Polysemiousness……11, 13, 438
イラストレーション　Illustration……47
イリュージョン　Illusions and Visions……176-178, 237-238, 305, 330, 352, 355, 369, 412, 502, 551
イリュミナーティ　Illuminati……166, 272
色　Colors……162
岩　Rocks……14, 58, 59, 61-78
　──とアソシエーショニズム……6-7, 12-13, 15-16
　──とロマン派……399-402
　──の形成……53, 66, 70, 109
　──の描写……59-109, 273
　形のある──　figured……252, 257, 260-263, 266
　　→　玄武岩、化石、結晶化、山
岩山画　Rock painting……5-6
インカ　Inca……10
「印象」　“Impression”……36
印象派　Impressionism……407-408, 413, 417
インド　India……55, 85, 88-89, 100-101, 103, 140, 148, 206, 207, 229
　──のガーツ／ドルーグ　ghauts and droogs 85, 88-89
インプレッション　Impression……36
引力／重力　Gravitation……56, 162, 164-165, 171, 178, 249
ヴィクトリア朝　Victorian……20, 41, 422, 534
ヴィジョン　Vision and illumination……176-177, 369
　→　イリュージョン、光
ヴェスヴィオ山　Mount Vesuvius……8, 82, 122, 132, 181, 188, 211, 216, 220, 222, 263, 286, 287, 339, 351, 354, 367, 375
うそ旅行　Travel Lies……vii, 25
ヴェドゥータ　Veduta……16, 47, 459
海　Sea……154, 188, 208-211, 288-289, 298, 311, 326-327, 353, 405
運動　Motion……4, 59, 152, 153, 162, 165, 251

絵　Picture……vii, 2-3, 9, 11, 38, 42, 47, 245, 270, 385, 393, 539
英国アフリカ協会　British African Association……1, 19, 136, 154, 290-292
エイドフューシコン　Eidophusikon……6, 179-180
エグゾティシズム　Exoticism……6, 432
エジプト　Egypt……46-47, 118-119, 133-135, 153-154, 270, 281, 362, 479-480
　──の探険……133-135, 206, 215, 292, 311, 322
　──のヒエログリフ……45, 269-271, 510
　──のモニュメント……10, 80, 119, 281, 362
エティオピア　Ethiopia……66, 85, 133
エーテル　Ether theory……56, 162, 164-165, 167, 170-171, 178, 205, 405
エトナ山　Mount Etna……82, 117, 122, 167, 188, 222, 228, 286, 287, 296, 317, 359, 365, 376, 377
エネルギー　Energy……10, 42, 168, 170, 172, 207, 233, 251, 280, 505
エネルゲイア　Energeia……8, 12, 44, 434, 454
　──とエナルゲイア　and enargeia……7-8, 44, 454
エピステモロジー　Epistemology……382
エレファンタ　Elephanta……75, 100-103, 115, 206, 378
エローラ　Ellora……10, 100
遠近法　→　パースペクティヴ

エントロピック　Entropic……347, 350, 368, 386, 415
エンピリシズム　Empiricism……1, 12, 43, 58-59, 161, 241, 247, 394
　──とヴィジョン……176-177
　──とイラストレーション……47-48
　──の勃興……29-30, 35-41, 43

オーヴェルニュ　The Auvergne……223, 296
王立協会　→　ロイヤル・ソサエティ
オーガスタン　Augustans……8, 11, 35, 41, 370, 438
オシアン狂い　Ossian mania……488
オーストラリア　Australia……109, 129, 130, 140, 293, 310, 311, 320, 337, 339, 365, 375, 377
オデュッセイ・フリーズ　Odyssey Frieze……109, 174
音　Noises
　旅行記中の──……178, 268
　→　ノイズ
オートマトン　Automaton……11, 412, 437
オーロラ　→　極光
オントジェネシス　Ontogenesis……257

か　行

快　Pleasure……31
海岸線　Coastal mapping……109-114, 130
懐疑　Skepticism……30, 35, 246, 304, 386
壊血病　Scurvy……307, 336
『芥子園画伝』　*Jieziyuan Huazhuan*……62
『海事指南』　*Directions for Seamen, Bound for Far Voyages*……201, 494
雅宴画　Fête galante……17, 175
貌（かお）　Aspect
　土地の──……42, 80
カオス　Chaos……9, 134, 247, 252, 274, 361, 379
化学　Chemistry……viii, 178, 268, 508
科学　Science……19, 24, 35, 37, 48, 49, 54, 178, 241, 350, 389
科学アカデミー……29, 32, 33
　→　アカデミー・デ・シアンス
科学革命　Scientific Revolution……48, 371
科学的凝視　Scientific gaze……29-32, 36-38, 48, 281, 370, 379, 382, 387, 394, 399, 423
科学的方法　Scientific method……29-30, 32-33, 305, 371, 387, 391-392, 412, 414-415, 416
架空旅行　Voyage imaginaire……vii, 25, 444
確実性　Certainty……29
火崗岩　Granite……63, 65, 66, 80, 82, 224, 401
火山　Volcanos……8, 66, 93, 129, 172, 179, 188-189, 216-228, 230, 249, 263, 296, 351, 404
可視化　Visualization……44
河食輪廻　Fluvialism……212
「ガス」　Gaz……177
霞（かすみ）　Haze　→　蒸気
風　Winds……167, 205-206, 211, 237-238
化石　Fossils……9, 58, 247, 250, 254, 260-261, 296, 504
火成論　Vulcanism……249, 464
カタストロフィズム　Catastrophism……212, 299
ガーツ（渓谷）　Ghauts［インド］……85
「活動」　"Acts"
　物質の──……163, 172, 174, 273, 383
活動物質　Active matter……59
カナダ　Canada……45, 144, 152, 214, 321, 337, 522
カプリッチオ　Capriccio……16
神　God……18, 56, 162, 209, 280, 379
カメラ・オブスクーラ　Camera obscura……22, 48, 369, 371-373
カラブリア　Calabria……228, 392
カルナック　Carnac……119, 273
川　Rivers……153-155
感覚能　*Sensibilité*……37, 461
感覚論　Sensualism……37
カンガルー島　Kangaroo Island……320
環境保護理論　Environmental theories……176
観察　Observation……48, 49, 50, 163, 245-246, 280, 308, 350

ガンジス川　The Ganges……65, 76, 140, 148, 153, 210, 329, 375

環礁　Atoll……114-115

観相　Physiognomy……42, 247, 273, 295, 371, 375, 511

貫入　Penetration……53, 246, 247, 249, 252, 273, 277, 278-279, 282-283, 288, 290, 294-295, 303, 305, 362, 370, 376, 382, 385

観念史　History of ideas……11

観念連合　Associationism……3-5, 8-9, 36, 58, 266, 308, 355-356, 430, 435, 448, 453, 531

観念論　Idealism……54-55, 59, 164-165

機械　Machine……11, 54

機械論　Mechanism……56, 80, 170, 415

帰納　Induction……12, 38, 245-246, 268, 347, 371, 381

気球　Baloon voyages……21, 24, 49, 166, 284, 310-312, 315, 317, 336, 364, 372, 373, 406, 425, 485

　──と孤独, 音, 沈黙……317, 323

　──と貫入……284-285, 288

　──と発見……21-23

　──と儚い効果……166, 193-197, 406

　──と「新しきイカロス」……340-344, 378

　──の具……372

　──の見た土地……128, 364

　──の知覚モード……310, 352, 364, 378-379

　──の空間的メタファー……310-312, 315

　──への諷刺……424-425

危険　Danger……338

気象　Meteors……22, 171, 180, 181, 197, 201, 202, 211, 234, 312, 315, 351-352, 403

気象学　Meteorology……22, 38, 167-169, 172, 180, 285, 344, 408

擬人化　Personifying……viii, 12, 35, 190, 312, 427

擬人化された風景　Campus Anthropomorphus……12-13

機知　Wit……4, 370

キャビネ（ット）　Cabinet……18, 19, 391, 434, 441

「キャラクター」　Character / *caractère*……61-62, 163, 247, 262, 267, 276

驚異　Marvel / Wonder……3, 12, 14, 18, 21, 53-54, 132, 262, 304, 309, 330-331, 356, 403, 461-462, 524, 531, 532

驚異博物館　*Wunderkammer*……16, 434, 441

協力　Collaboration……24, 33, 34

巨人の畷（なわて）　Giant's Causeway……67, 130, 248, 464

極　Polar regions……198, 200-201, 225-226, 234-236, 321, 328, 331-332

極光　Auroras……38, 40, 195, 196, 198-202, 321, 357, 403

巨石文化　Megalithic culture……119, 273, 399

ギリシア　Greece……7, 14, 30, 58, 98, 174, 270, 414

銀河　Milky Way……170, 201-202

空間　Space……162, 348, 369, 413

　──の近接 contiguity of……350-351, 366-368

　──のパースペクティヴ……347, 368-379

　──のメタファー……309

　──への貫入……276-279

　社会的な──……413

　絶対の──……162

空気　Air……177, 180, 514

　──の理論……166, 169, 171-172, 180, 307-308, 315

　　→　蒸気

空気遠近法　Aerial perspective……171-172

偶然　Accidents / Contingencies……41, 42

雲　Clouds……177, 190-197, 285, 286, 408-410

グランド・ツアー　Grand Tour……vii, 4, 11, 26, 338, 423

クリエーショニズム　Creationism……248

グリンデルヴァルト氷河　Grindelwalt Glacier……231, 274, 351

グリーンランド　Greenland……191, 197, 359, 515

苦しみ　Suffering

旅行記中の── ……338-340
グレート・ゲイザー　Great Geyser ……207, 329, 353
グレート・ディズマル・スウォンプ　Great Dismal Swamp……149
グレート・バリア・リーフ　Great Barrier Reef……130
グロット　Grottos……12, 17, 438, 523
→　洞窟

景観図　View painting……16
経験　Experiencing……2
──の直截　immediacy of……348-366
──のパースペクティヴ……347, 368-379
「現場」での──　"on the spot"……ix, 367-368
経験主義　Empiricism　→　エンピリシズム
軽航空機学　Aerostatics……22
渓谷　Ravine……61
ゲイザー（間欠泉）　Gaysers……207-208, 286, 329, 353
形而上派詩　Metaphysical Poetry……446
劇場性　Theatricality……5-6, 355, 431
傑作　Masterpiece……53-54, 461
結晶化　Crystallization……9, 58, 254-255, 260-261, 276, 278, 296
──とロマン派……546
結晶学　Crystallography……216, 261, 310, 390
ケルト　Celtic……176
言語　Language……1
──の普遍文字　Universal character in ……33, 267-273, 391-392
──の透明　Transparency of……32
アクションの──　of action……348, 350
闘争の──　of conflict……295-300
平明な──　Plain……24, 33-34, 44-47, 49-50, 267-268
原子　Atoms……37, 55, 216, 462
現象的　Phenomenal……122, 245, 295, 303, 330, 347, 386, 390
幻日　Parhelia……10, 22, 191, 195, 197
原生林　Forest primeval……141
建設的想像力　Constructive imagination ……31-32, 393-396
倦怠　Tedium in travel accounts……21, 125, 306-307, 337, 360
建築　Architecture……8-10, 14, 85, 399-400
──対自然の　versus nature……9-12, 14-15
──とラスキン……420-422
──とショーペンハウエル……400
巨大な──……9-10, 53-54
ユートピアの──……401-402
→　廃墟
「現場で」 "On the spot"……ix, 366-368
顕微鏡　Microscope……10, 34, 57, 202, 256-257, 260, 369, 437, 507
玄武岩　Basalt……8, 10, 66-67, 69, 130, 216, 223, 224-225, 262, 297, 327, 398
ケンブリッジ・プラトニスト　Cambridge Platonists……55, 80, 162, 171, 252

個　→　パーティキュラリティ
効果　Effects……viii, 174
光学　Optics……371
「高貴なる野蛮人」 Bon sauvage……25
広教会派　Latitudinarian……36
洪水　Flood……248
鉱物学　Mineralogy……viii, 27, 50, 58, 248, 254, 262-264, 278, 282, 310, 505, 508
鉱山　Mines……108-109, 189-190, 254, 276, 309-310
呼吸宇宙　Cosmic respiration……169
語源　Etymology……45, 272
国際協力　International cooperation……292
ゴシック　Gothic……393, 405
「ゴースト」 Ghosts……viii, 175-178
古代人／近代人　Ancients/Moderns controversy……33, 34, 53, 502, 505
ゴーデイル・スカー　Gordale Scar……365
古典主義　Classicism……31, 372, 391
孤独　Solitude in travel accounts……316-321, 329-330
言葉と物　res et verba……36, 44, 382, 389
コトパヒ　Cotopaxi……72, 84, 85, 96, 224, 295
コルディエラス　Cordillera……83, 84, 85, 128,

140, 182, 284, 317, 362, 377
コレクション　Collection……18, 427, 525
コログラフィー　Chorographies……16
コロンビア　Columbia……364

サ　行

「サイエンス」Science……540
サハラ　Sahara……135-137, 206, 479
山岳学　Orography……81
酸素　Oxygen……167
散文　Prose……33, 49

死　Mortality……251
詩　Poetry……33, 44, 312
　── とアリストテレス……42
　── と科学……19, 44, 51
　── とロック……35
　── と天才……38-39
　眺望と ──……376
　理神の ──　Deistic……316
ジオグノジー　Geognogy……276, 371, 398
時間　Time……347-366, 387
紫禁城　Imperial Garden at Peking……6
子午線通過　Transits of Venus……20, 24, 38, 109, 372
事実　Fact……viii-ix, 26, 32, 40, 303, 386
事実第一旅行記　Factual travel accounts……vii-viii, 1, 15, 17, 19, 24, 35, 39, 42, 44, 45, 47, 53, 70, 93, 118, 140, 148, 149, 180, 205, 273, 278, 283, 286, 295, 297, 309, 332, 356, 368, 381, 383, 385, 386, 390, 397, 399, 401, 402, 408, 410, 418, 420, 423, 427, 441, 450
「事実の文芸」 "Literature and art of fact"……viii, 2, 386
磁石　→　マグネティズム
地震　Earthquakes……10, 228-230, 250, 299, 329, 351, 404
『詩神たちの暦』 *Almanach des Muses*……341
自然　Nature……30, 35, 54, 58, 163, 281, 303, 307, 385, 392, 395
自然（という語）　Nature, use of term……7-8
自然主義　→　ナチュラリズム
自然哲学　Natural philosophy……382, 390, 395
自然のアーチ　Natural arches……9, 70-72
自然の傑作　Natural masterpieces……ix, 7, 10, 17, 59, 93, 153-155, 161, 163, 241, 247, 305, 368, 382, 397
　── の定義……53-54, 58, 59, 350
　── の廃墟 "ruined"……382
　19 世紀絵画の ──……397, 399-404
自然の橋　Natural bridge……72
自然のヒエログリフ　Natural hieroglyph……246-248, 263-266, 278
四大　Elements……14, 59, 155, 170, 280, 297, 392
シチリア　Sicily……69, 109, 122, 219, 223, 232, 359
実験　Experiment……22, 34, 49, 246
実験的方法　Experimental method……371, 388
　→　科学的方法
湿地　Swamp……148
視点　Point of view……312, 347-348, 355, 368-370, 375, 379, 388, 420-421, 427
ジブラルタル　Gibraltar……97
シベリア　Siberia……123, 204, 211, 284
島　Islands……58, 114-117, 128, 172, 224-225, 320
しみ　Blots……247, 250, 266
ジャイアント・コーズウェイ　Giant's Causeway　→　「巨人の畷（なわて）」
社会進化論　Social Darwinism……412
写真　Photography……vii, 384
写本飾画　Illumination……46
ジャワ　Java……106
ジャングル　Jungles……147-149, 320, 329-330
自由　Freedom……341-344, 377
充溢　Plenum formarum……44, 59, 166, 170, 344, 348
宗教　Religion……49
獣形的　Zoomorphic……12, 62, 190
修辞　Rhetoric……33, 43, 44, 370
　── とアリストテレス……43-44
　── とホラティウス……370

—— と平明体……33

シュタウプバッハ滝　Staubbach waterfall ……187-188, 212, 286, 324

趣味　Taste……2, 391

『ジュルナル・アンシクロペディック』 *Journal encyclopédique*……172, 193

『ジュルナル・デ・ヴォワヤージュ・ド・デクーヴェルト』 *Journal des Voyages de Découvertes*……208-210, 331

『ジュルナル・デ・サヴァン』 *Journal des Sçavants*……34

『ジュルナル・ド・ムッシウ』 *Journal de Monsieur*……21, 178

瞬間　Instant……ix, 350-354, 361-362, 366

照応　Correspondences……250, 418

蒸気　Vapors……164

—— の描写……180-202, 285-286, 357-359

—— の理論……167, 171-172, 176-178, 180, 307-308

アート中の —— ……17, 172-175, 179, 405-406

→　空気

小説　Novel……414-417

情動／経験　Emotion & Experiencing……39-40, 305-307

情動の虚偽　→　パセティック・フォラシー

植物学　Botany……10, 50, 282

所産的自然　natura naturata……7, 9, 12, 389

女性的　Feminine……46, 48, 297, 312-315, 460, 514, 520

署名理論　Doctrine of Signatures……249-250, 504

シリア　Syria……295, 361

シロッコ　Sirocco……206

「新科学」 "New Science"……18, 36, 162

新奇　Novelty……21, 132, 307, 356, 366, 386

「新旧論争」 Ancients / Moderns controversy ……33, 251, 502, 505

シンギュラリティ　Singularity……4, 79

蜃気楼　→　ミラージュ

真空恐怖　Horror vacuity……282

新古典主義　Neoclassicism……390-392, 541

新石器時代の塚　Neolithic mounds……119, 122

神道　Shintoism……7

人文主義　Humanism……27, 29-33, 35, 308

神話　Myth……33, 272-273, 340, 344

スイス　Switzerland……5, 42, 76, 79, 80, 82, 97, 152, 191, 212, 324, 343, 344, 377, 420

水成論　Nepunism……249, 276, 464

垂直　Perpendicularity……63, 72, 80, 208, 276, 281, 289, 311, 347, 361, 368

水平　Horizontality……276, 281, 322, 347, 368

スウェーデン　Sweden……vii, 43, 108, 122, 313, 364, 398

数学　Mathematics……50, 162, 170, 268

崇高　Sublime……2, 6, 14, 50, 175, 222, 276, 304, 309, 330, 345, 355, 360

スカンディナヴィア　Scandinavia……108, 126, 213, 375

スコットランド　Scotland……69, 72, 210, 361

スタッファ島　Staffa……296-297, 435

ストア派　Stoics……54, 55, 80, 251, 252, 369

ストロンボリ山　Stromboli……167, 222, 351

ストーンヘンジ　Stonehenge……54, 90, 119

スペイン　Spain……vii, 82, 83

スペリオル湖　Lake Superior……289, 378

スマトラ　Smatra……63

スミルナ　Smyrna……50

正確さ　Exactitude……80, 109, 372, 384, 452

生気論　Vitalism……7, 10, 11, 17, 37, 56, 58, 97, 210, 256, 280, 296, 312, 383, 394, 398, 415, 460

聖刻文字　→　ヒエログリフ

聖書　Bible……33, 132, 135, 141, 197, 247-248, 254, 271

精神　Mind……36, 59, 176, 246, 282, 307, 308, 341, 347, 349-350, 356, 360, 383, 386, 393, 396

性的イメジャリー　Sexual imagery……58, 298-299, 312-315

静物画　Still-life……58

生物学　Biology……viii, 50, 282

生物発光　Bioluminescence……204-205,

289-290
セイロン　Ceylon……75, 96, 116, 122, 131, 147, 359, 360
世界の七不思議　Wonders of the world……53
世界風景　*Weltlandschaft*……12-13
世界霊　World soul……56, 166, 169, 280
セネガル　Senegal……43, 134, 236
線　Lines……249
潜水鐘　Diving bell……22, 288
セント・エルモの火　Saint Elmo's fire……195, 202
専門化　Specialization……308

造化の戯れ　*Ludi*; Sports of nature……8, 12, 14, 247, 252-254, 256-260, 262, 266
想像力　Imagination……ix, 2, 4, 19, 31-32, 38-39, 44, 163, 177, 266, 307, 333, 349, 355, 387, 393, 394, 395, 419
ソクラテス前派　Pre-Socratics……7, 54-55, 168, 170, 252, 280
ソフィスト　Sophists……165
「ソフト」ネス　"soft"……viii, 164, 173, 182, 191, 194, 250, 295
存在の大いなる連鎖　Great Chain of Being……57

た 行

第一次的物性　Primary qualities……30-31, 36, 241
体液理論　Humoral theory……176-177, 349
大気　Atmosphere……165, 166, 171, 176, 179, 180, 184
太湖石　T'ai hu stones……432
太陽　The Sun……200
太平洋　Pacific Ocean……225, 276, 283, 284, 334, 338, 357
タオ　→　道教
滝　Waterfalls……184, 186-187, 211-216, 219, 286, 295, 323-326, 365
竜巻（海の）　Waterspouts……196, 206-207, 287, 357, 404
谷　Valleys……140-141, 316
「種子たる言葉」Logos spermatikos……80
旅　Voyaging……356, 362
タヒティ　Tahiti……43, 114, 115, 144, 205, 283, 293, 306, 311, 355, 357, 366
騙し絵　*Vexierbild*……13, 15, 369, 390
ダルマティア　Dalmatia……73
ダーレイオス宮　Palace of Darius……10, 118
探険　Exploration……32, 38, 303, 331, 332, 333, 337, 344-345, 356, 366, 525
探険隊　Group effort……290, 337
探険の心理学　Psychology of exploration……19, 282
男性的　Masculine……viii, 44, 46, 48, 297, 312-313, 315, 460, 519

地下　Subterranean……122, 129, 175, 216, 219, 228, 322, 329, 402
地球　The Earth……50-51, 59, 133, 172, 249, 385
地質学　Geology……viii, 247-250, 252, 503, 517
中国　China……7, 58, 65, 73, 284, 293, 322
中国絵画　Chinese painting……62, 174
中国語　Chinese language……270-271
中国庭園　Chinese gardening……6-7, 58, 355, 432, 479
眺望　Prospect……131, 283, 376-377
眺望詩　Prospective poetry……376
直截性　Immediacy……ix, 27, 31-32, 45, 348-366
地理学　Geography……375
チンボラソ山　Chimborazo……72, 83, 96, 129, 317
沈黙　Silence……317, 411
　旅行記中の──……321-331

ディアレクティケー　Dialectic……43
ティエラ・デル・フエゴ　Tierra del Fuego……229
ディケイ（頽壊・腐敗）　Decay……251
ディテーリズム　Detailism……41-42, 534
ティベット　Tibet……89-90

デカルト主義　Cartesianism　→　デカルト
テクスト　Text……247, 262, 269, 295
デザート（荒原・砂漠）　Deserts……131-140, 237, 270, 311, 318, 322, 405, 479, 534
手相見　Chiromancy……249-250, 369
テネリフェ　Teneriffe……73, 82, 93, 150, 191, 225
テーブル　Table, Tableau, Tablature……300
テーブル・マウンテン　Table Mountain……95, 191, 329, 361
テルニ瀑布　Terni cataract……184
田園様式　*Style rustique*……12, 17
電気　Electricity……162, 165, 167, 172, 178, 196-197, 200, 205, 206-207, 219, 240, 495
天才　Genius……19, 34, 38-39, 279, 333-334, 337, 340, 350, 360, 393, 449, 525

ドイツ　Germany……vii, 55
トゥイックナム洞窟　Twickenham grotto……3, 5, 97
道教　Taoism……7, 58, 62, 182, 433, 520
洞穴　Caves / Caverns……6, 8-9, 12, 97-109, 255, 276, 281-282, 309-310, 322, 331, 364, 402, 523
同時性　Simultaneity, in experiencing……359-366
道徳的風景　*Paysage meralisé*……14
動物　Animals……329-330
都市　Cities……166, 342, 413
突然性　Sudden, apprehension of……355-359
トピアリー　Topiary……4, 430
トポグラフィー　Topography……16-17
トラメントゥム　*Tramentum*……173-174
ドルイド　Druidic monuments……119, 141, 273, 313, 477
ドルーグ　Droogs［インド］……85, 88-89
ドルメン　Dolmens……273, 399, 477
『トレヴー報知』　*Journal de Trévoux*……38

な 行

ナイアガラ瀑布　Niagara Falls……214, 325, 354, 376
ナイル　Nile……129, 134-135, 153, 188, 215-216, 372
流れ　Flow……152, 165-166, 176, 208, 404
雪崩　Avalanches……172, 212, 232-233, 404
ナチュラリズム　Naturalism……46, 414-419, 455, 549-550
ナトゥラリア　*Naturalia*……12
軟骨様式　*Knorpelstil*……17, 55

虹　Rainbow……10, 22, 164, 195, 197, 353
ニジェール川　River Niger……40, 154, 236
日本　Japan……7, 111, 149, 182, 211, 284, 293, 326, 433, 475
ニュージーランド　New Zealand……70, 144, 306, 324
ニューファンドランド　Newfoundland……110, 236, 327
ニューヘブリディーズ　New Hebrides, the……115,225, 351
庭　Garden, Gardening……3-6, 132
人間　man
—による干渉……61
人間機械論　Man-machine controversy……56
認識　Cognition……36-37

ヌビア　Nubia……215, 237, 292
沼　Swamps……148-149

ネオプラトニズム　Neoplatonism……7, 59, 170, 344-345, 372
ネパール　Nepal……129
眠り　Sleep……176

ノイズ　Noise……323-330
能産的自然　Natura naturans……7, 12
ノミナリズム　Nominalism……1, 44-45, 50, 305, 386, 389-390, 392
ノルウェー　Norway……66, 108, 204, 276, 297-298, 404, 498
ノンフィニート　*Nonfinito*……12

は 行

ハイ・アート　High art……2, 391, 403, 424
廃墟　Ruins……118, 250-258
　──の趣味……9-10, 26-27, 247, 399-400
　──の描写……118-120
　地の──　earth in……250-252
　沈下の──　submerged……288-289
　　→　建築
はかない効果　Fugitive effect……viii, 10, 17, 161-241, 305, 331
　──と知覚モード……349, 351-359, 376
　19世紀絵画の──……403-411
博物学／自然史　Natural history……viii, 15, 27, 48, 49, 50-51, 59, 80, 245, 246, 250, 267, 272, 280, 344, 347, 383
パストラル　Pastoral……25, 132, 330, 414
パースペクティヴ　Perspective……11, 308, 347, 369-379, 535
パセティック・フォラシー　Pathetic fallacy……39, 58
発見　Discovery……2, 18-22, 93, 278, 291, 344, 356, 372, 382, 384, 423, 449
発散気　Effluvia……164-166
パティキュラリティ　Particularity……ix, 2, 3, 9, 11, 14, 16, 27, 34, 37, 41-42, 45, 47, 149, 164, 173, 241, 376, 384
「ハード」ネス　"Hard"……viii, 162, 163, 164, 171, 182, 188, 191, 250, 295
パノプティシズム　Panopticism……31, 368
パノラマ　Panorama……13, 16, 109, 194, 342, 378-379, 390, 397, 412, 413, 478
パラタクシス　Parataxis……viii, 32, 44-45, 390-391
パラドックス　Paradoxes……viii, 3, 11, 12, 18, 40, 70, 132, 144, 179, 180, 295, 321, 345, 352, 355, 362, 369-370, 378, 383, 386, 388, 396, 400, 403, 420, 423, 437
バルビゾン派　Barbizon School……414
バロック　Baroque……13-15, 98, 267, 467
ハワイ　Hawaii……24, 283
斑岩　Porphyry……398
汎心論　Panpsychism……55, 260
バンヤンジュ　Banyan Tree……150

美　Beauty……40
ヒエログリフ　Hieroglyphs / Hieroglyphics……270
　楔形の──　curiologic……269-272, 300
　エジプトの──……45, 269-270
　自然の──……246-248, 256, 262-267, 278, 296
美学　Aesthetics……ix, 1, 31, 58-59, 176-177, 247, 264, 370, 397, 422
光　Light……180, 198, 202, 204, 369
　──のニュートン理論……162-165, 196, 369
ピクチャレスク　Picturesque……vii-viii, 2-6, 8, 9, 13, 14, 18, 24, 42, 58, 81, 223, 280, 286, 304, 332, 338, 343, 349, 356, 383, 387, 392, 397, 412, 413, 420, 423
　──と貫入……280-281, 286
　──と蒸気……171
　──とデザート……132
　──の個　particularity in……42
　──のイラストレーション……47
　──の中のコントラスト……355
　──〈対〉事実第一の旅行記……2-7, 11, 14, 24, 26, 383, 429
ピクチャレスク庭園　Picturesque gardens……3-5, 11, 132, 332, 349, 355, 430, 525
ピクトグラム　Pictograms……45, 270-273, 510
飛行　Flight……341
　→　気球
美術　Fine arts……45, 46, 345
ピック・デュ・ミディ　Pic du Midi……82, 91
ヒマラヤ　Himalayas……89-91, 210
『百科雑誌』　*Journal encyclopédique*……172, 193
『百科全書』　*Encyclopédie*……19, 34, 40, 42, 172, 174, 177, 206, 350, 360, 451
比喩　→　メタファー
ピュタゴラス主義　Pythagorism……7, 55, 251, 505

氷河　Glaciers……172, 230-233, 322, 327, 351, 353, 366
氷河学　Glaciology……231
氷山　Icebergs……234-236, 287-288, 353
表現　Expression……14, 58
描写　Description……38, 44, 45, 47, 50, 456
描写詩　Descriptive Poetry……42, 538
表象　Representation……37, 42, 44, 47, 385, 403, 412
ピラミッド　Pyramids……10, 80, 281, 436
ピレネー　Pyrenees……3, 42, 80, 82-83, 140, 261, 314-315, 317, 365, 392, 401, 429

ファイレ　Philae……362
ファキール岩　Fakeer's Rock……65
ファルン　Falum……108, 189, 309
ファンタシア　Fantasia……179, 435
ファンタスマゴリア　Phantasmagoria……6, 22, 407
ファン・ディーメンス・ラント　Van Diemen's Land……112, 283, 375
フィジオノミー　Physiognomy
　地球の──……viii, 13-14, 42, 53, 61, 81, 84, 105, 155, 249, 273, 277, 375, 392, 398
フィレンツェ石　Florentine Stones……260
フィロゾーフ　*Philosophe*……25, 34, 58, 114, 451
『フィロソフィカル・トランザクション』 *Philosophical Transactions*……33, 34, 63
フィンガル洞穴　Fingal's Cave……8, 67, 115, 296, 327
フィンランド　Finland……43, 76, 306, 313, 331, 365, 366
風景　Landscape……42, 45, 307, 316, 366
「風景」Landscape, use of term……376, 452
風景画　Landscape painting……13, 16, 49
　──と科学的記述……47-48
　──とトポグラフィー……15-17
　──のプロット……264, 266
　──のはかない効果……173-175, 178-180, 219
　──の英雄的使い方……14-15
　中国の──……62, 174
　マニエリスムの──……13-14, 70, 79, 108
　バロックの──……13
　古典主義・新古典主義の──……372, 390-392
　ラスキンと──……421-422
　19 世紀の──……396-398, 402-405
　「現場での」──……367-368
　解剖／貫入としての──……273
風景庭園　Landscape gardening……3-7, 12, 17, 355, 376
諷刺　Satire……423-426
富士山　Mount Fuji……182
物活論　Hylozoism……54-59, 162, 166, 168-171, 295, 312, 382, 398
物質　Matter……50, 53-54, 56-57, 164, 261
　──と非物質　corporeal and incorporeal……164, 171
　──と自然の傑作……53, 61
　──と精神の対応　mind's correspondence with……347-348, 382
　──の弱体化　Enfeebling of……4
　──の力　potency of……164-165
　崩壊の──　in ruins……250-252
　自然のヒエログリフとしての──……246
　　→　物活論、観念論、マテリアリズム（物質主義）、モニズム、ニュートン、ロック
物質主義　Materialism　→　マテリアリズム
船乗り　Sailors……33, 43, 46
普遍言語　Universal language……33, 268, 510
普遍文字　Universal character……33, 267-273, 278, 391
フュジティヴ　Fugitive　→　はかなさ
フライア岩　Friar Rock……64, 313
フライブルク鉱山学校　Freiburg School of Mines……47, 108, 262
ブラジル　Brazil……337
プラトニズム　Platonism……55, 56, 59, 165, 280, 344, 372
　→　ケンブリッジ・プラトニスト, ネオプラトニズム
プラトリーノ　Pratolino……12
フランス　France……3, 5, 18, 21, 24, 34, 36,

114, 207, 291
フランス革命　French Revolution……111, 141, 166, 320
フリーメイソン　Masonic……166
フロギストン　Phlogiston……165, 167, 178
プロスペクト・ポエム　Prospect poem……376
ブロッケン現象　Brocken Specter……197-198, 403
ブロット　Blot……42, 264, 266
プロバリズム　Probalism……29
プロメテウス　Prometheus……340-341, 350
分類　Classification……50-51, 375

平原　Plains……117-119, 122, 123, 125-129
併置　Juxtapositon……32
平明体　Plain style……viii, 24-25, 32-34, 43-47, 49-50, 267-268, 382, 389, 417
古典主義の――……389-392
ベデカー本　Beadeker books……386
ペトラ　Petra……119
ペルー　Peru……84, 96
ヘルクラネウム　Herculaneum……50
ペルシア　Persia……45, 62, 75-76, 118, 133, 284
ペルセポリス　Persepolis……10, 118, 436
ヘルメス主義　Hermeticism……170
ヘレニズム　Helenism……16, 53, 109, 174
変容　Transformation……56-57, 165-166, 248, 251, 257

望遠鏡　Telescope……34, 198, 202, 279, 369, 372-374, 377, 379
「呆然」Stupore……12, 532
北西航路　Northwest passage……38, 109, 198, 320
ポジティヴィズム　Positivism……412, 415, 417
没入　Absorption……279, 349-350, 512
ホモウシオス　Homoousiast……165
ポリプ論争　Polyp controversy……57-58, 257, 260
ポルトガル　Portugal……306, 331, 364
ポンペイ　Pompeii……50
本メタファー　Book metaphor……247-248, 252

マ行

『マガザン・ピトレスク』 *Magasin Pittoresque*……359, 400
マグネティズム　Magnetism……162, 165, 178
マテリアリズム　Materialism……54-55, 169, 171-172, 176, 180-181, 312
マニエリスム　Mannerism……2, 11-15, 17, 70, 79, 108, 132, 220, 438, 441, 551
魔法的　Enchantment……331-332
マルタ　Malta……106
マングローヴ　Mangrove……150, 323

ミクロコスモス　Microcosmos……254
水　Water……62, 152-155, 208, 212-213, 216, 249, 287, 315, 349, 407-408, 498
ミメーシス　Mimesis……32, 42, 393, 410, 412
ミラヴィリア　*Mirabilia*……53, 262
ミラージュ　Mirages……174, 237-241, 352, 417, 502
民衆的イメジャリー　Popular imagery……413

無限　Infinity……18, 373
無常　Mutability……251-252
夢想　Reverie……xiii, 307, 348-349, 356, 366
夢遊病　Somnambulism……176

メキシコ　Mexico……69, 73, 96
メタファー　Metaphor……1, 4, 33, 44-45, 49, 246, 270, 309
――とアリストテレス……43-44
空間の――……309
メッシーナ　Messina……228, 238
メトニミー　Metonymy……270-271, 300, 391
メランコリー　Melancholy……176, 307, 395
メレヴィル庭園　Méréville……5

黙示録的　Apocalyptics……404
モナド　Monads……57, 170
モニズム　→　一元論
モニュメント　Monuments……10, 95, 109,

110, 119, 162, 163, 191, 245, 263, 273, 298, 350, 361, 382, 383, 392, 399, 400, 402
モノリス　Monolith……63, 82, 83, 96, 122, 230, 250, 350, 361, 368, 400
靄（もや）　Mist　→　蒸気
森　Forests……141-149, 481
モーリシャス島　Mauritius; L'Ile de France……9, 43, 95, 110, 205, 225, 240, 289, 323
モルフォロジー　Morphology……82, 177, 279
モロッコ　Moroco……236
モント・ピラトゥス　Mont Pilatus……97
モン・ブラン　Mont Blanc……50, 79, 80, 97, 117, 231, 249, 317, 327, 400, 422
紋様石　Figured stones……262, 264

や　行

夜光虫　Noctiluca……204-205, 496
山　Mountains……9, 59, 61, 62, 76-97, 276-277, 310, 314-315, 361, 377-379
　→　火山

唯名論　→　ノミナリズム
幽霊　Phantoms……177
夢　Dreams……176-177, 489
　—とヒエログリフ……271
夢判断　Onirocritic……177, 271
『ユーロピアン・マガジン』　*European Magazine*……285, 373

欲望　Desire……40-41
「蘇ったマニエリスム」　Mannerism *redivius*……17

ら　行

ラファエル前派　Pre-Raphaelite Brotherhood……41
ラップランド　Lapland……201, 205, 321, 332
ランド・アート　Land art　→　アースワーク
「ランドスケープ」　Landscape……376

リアリズム　Realism……42, 412-418, 455, 456, 549-550
リアル　*Realitas / actualitas*……47, 358, 412
「リアル・シング」　"Real thing"……viii, 1, 8, 43-44, 70, 163, 267
理神論　Deism……316
リスボン震災　Lisbon Earthquake……50, 228-229, 299
リーフ　Reefs……130
リマ　Lima……50
リューゲン　Rügen……363, 397-398, 399
燐光　Phosphorescence……202, 204-205, 289
輪廻転生　Metempyschosis……55, 459

ルイス-クラーク探険隊　Lewis and Clark expedition……vii, 126, 155, 294, 295
ルネサンス　Renaissance……2, 6, 7, 8, 13, 16, 18, 46, 54, 55, 98, 170, 179, 247, 250, 260, 282, 308, 369, 433
ルミニスト　Luminists……411, 522
ルーン文字　Runes……262

霊魂　Spirits……177-178
レヴァント　The Levant……26, 255, 309
歴史　History
　アリストテレスの—……42
　用語としての—……49-50
錬金術　Alchemy……16, 49, 170, 315
連想主義　→　アソシエーショニズム

ロイヤル・アカデミー　Royal Academy……109, 369
ロイヤル・ソサエティ　Royal Society of London……29, 31, 33-36, 63, 201, 245, 268, 382, 446, 494
牢獄　Imprisonment……344-345
ロカイユ　*Rocaille*……17
ロココ　Rococo……13, 17-18, 55, 174, 175, 405, 407, 441, 484
ロシア　Russia……vii, 153, 181, 283, 318, 329
ロマン派　Romanticism……366, 388, 393-397, 399, 541

〈訳者略歴〉

高 山　宏（たかやま　ひろし）

1972年　東京大学文学部卒業
1974年　東京大学大学院人文科学研究科修士課程修了
1976年　東京都立大学人文学部講師
1991年　東京都立大学人文学部教授
2008年　明治大学国際日本学部教授
　　　　現在に至る

実体への旅
1760年−1840年における美術、科学、自然と絵入り旅行記

2008年8月5日　初　版

著　者　バーバラ・M・スタフォード
訳　者　高山　宏
発行者　飯塚尚彦
発行所　産業図書株式会社
〒102-0072　東京都千代田区飯田橋2-11-3
電話　03(3261)7821(代)
FAX　03(3239)2178
http://www.san-to.co.jp
装　幀　戸田ツトム

ISBN978-4-7828-0164-2 C1010
平河工業社・小高製本工業

バーバラ・M・スタフォード／高山　宏　訳　　[既刊 3 点]

アートフル・サイエンス

啓蒙時代の娯楽と凋落する視覚教育

A5判〈ハードカバー〉
486頁
4410円（税込）

二千年人類史の終りに沸騰する電子メディア革命。その渦中に滅ぶも生きるもこの本次第だ。18 世紀視覚文化の驚異の異貌に 21 世紀の黎明を透かしみる未聞の博識知、登場！　図版 197。

グッド・ルッキング

イメージング新世紀へ

A5判〈ハードカバー〉
320頁
3990円（税込）

17 世紀バロックの驚異博物館、18 世紀ピラネージの廃墟絵画、そして近代科学を準備した博物学、顕微鏡学。近年話題を集める視覚文化の画期的現象を、新千年紀劈頭いよいよ急転回するコンピュータ文化の先駆として一線上に系譜化して学界、読書界をアットいわせた名著、ついに邦訳！

ヴィジュアル・アナロジー

つなぐ技術としての人間意識

A5判〈ハードカバー〉
260頁
3360円（税込）

「分ける」が「分かる」を生んだ近代四百年の二元論思考崩壊の今、かつてマギア（魔術）と呼ばれエロス（愛）と呼ばれた類比と共感のバロック・ヴィジョンを最新の脳科学の只中に蘇らせる奇跡的説得の書。バロック哲学者G・W・ライプニッツの世界再積分の夢、今こそ！
認知科学は完全に美学となる！